Be prepared.

(800) 882-1343   www.hamcity.com   5563 Sepulveda Blvd., Suite D, Culver City, CA 90230

Authorized dealer for  YAESU

Where the frugal ham shops for great service and prices !

Alinco - Arrow Antennas - ARRL - Chameleon - Comet - Daiwa - GRE - Gordon West - Heil - Jetstream - LDG - QJE - Tigertronics - Uniden - Unidilla - W2IHY - West Mountain Radio - Wouxun and More!

Amateur -- CB - Marine - Pro Audio - Scanners - Electronic Parts

www.Cheapham.com

Hometek LLC - 1575 Route 37 W., Unit 4
Toms River NJ 08755
732-716-1600

The ARRL Repeater Directory® 2012-2013

Edited by Steve Ford, WB8IMY

"The Authoritative Source of VHF/UHF Repeater Listings"

Published by:

ARRL *The national association for* **AMATEUR RADIO**

ARRLWeb: www.arrl.org
225 Main Street, Newington, CT 06111-1494

Repeater Directory® is a registered trademark of the American Radio Relay League, Inc.

Copyright © 2012 by
The American Radio Relay League, Inc.

Copyright secured under the Pan-American Convention

International Copyright secured

All rights reserved. No part of this work may be reproduced in any form except by written permission of the publisher. All rights of translation are reserved.

Printed in USA

Quedan reservados todos los derechos

ISBN: 978-0-87259-534-7

Abbreviations Used in Directory Listings

Note: CTCSS frequencies, if applicable, precede any other abbreviations shown. Example: 88.5s indicates a repeater using 88.5 Hz CTCSS that is also ARES affiliated ("s").

#	-	Uncoordinated System
o	-	Open system (if status is known)
Bi	-	Bi-lingual system
●	-	Closed, limited access system (if status is known)
LiTZ	-	(Ltz) Long-Tone Zero. Used to alert users to an emergency in some areas of the country.
t	-	Tone-Access (CTCSS tone) required to access the system.
TT	-	Touch-Tone® access to specialized features
RB	-	Remote Base (Auxiliary)
SNP	-	Shared Non-Protected pair.
a	-	autopatch
(CA)	-	closed autopatch
e	-	emergency power
E-SUN	-	solar power
E-WIND	-	wind power
l	-	linked or crossband system
p	-	portable system
PKT	-	digital/packet capability
r	-	RACES affiliated
s	-	ARES® affiliated
x	-	wide area coverage system
y	-	RTTY/ASCII system
z	-	direct access to law enforcement
WX	-	weather net/weather usage
EXP	-	experimental system

TABLE OF CONTENTS

- **14** Chapter 1—General Information
- **25** Chapter 2—Band Plans
- **46** Chapter 3—Coordinators
- **63** Chapter 4—Repeater Lingo/Hints
  Repeater and Emergency Message Handling
- **73** ARRL Radiogram
- **75** National Weather Service SKYWARN

Repeater Listings

- **77** 29.5-29.7 MHz
- **85** 51-54 MHz
- **115** 144-148 MHz
- **371** 222-225 MHz
- **421** 420-450 MHz
- **669** 902-928 MHz
- **689** 1240 MHz and Above
- **701** Amateur Television (ATV)
- **709** APCO 25 Repeaters
- **715** D-Star Repeaters
- **737** IRLP Repeaters
- **751** Echolink Repeaters
- **765** Wires Repeaters
- **768** Index of Advertisers

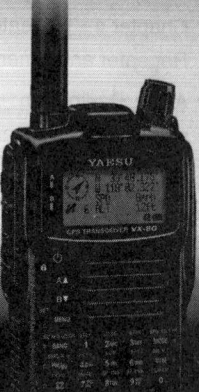

Advanced Dual Band Mobile Radio
5.2" x 1.6" Large dot matrix (264 x 64 dots) LCD display
GPS / APRS® / Bluetooth® Features

FTM-350AR

New Vacuum Cup-Mounting Bracket permits Angle Adjustment
New APRS® Operation Capability, and newly Expanded User Friendly Functions

144/(220)*/430 MHz 50 W FM Dual Band Transceiver

FTM-350AR

220 MHz 1 W (USA version only)

New Features of The FTM-350AR

1. New Vacuum Cup-Mounting Bracket with Angle Adjustment

The new MMB-98 Mounting bracket allows easy installation of the radio control display to your Dashboard by placing the vacuum mount in the desired location and pressing a lever. You may then adjust the display to the optimum viewing angle.

2. Expanded APRS® functions

- Uses the worldwide-accepted GPS NMEA data format
- Navigation to another APRS® BEACON station is possible, even if the beacon station is moving.
- Waypoint data (Data in/out) is available from the ACC connector on the rear of the main unit.
- Sub-Band APRS® operation may be active in the background, even when operating in Mono-Band Display mode.
- Newly added Voice Alert function
- Re-allocated often used keys to more convenient positions for easier operation
- Programmable keys on the DTMF Microphone provide direct access to APRS® functions

For the latest Yaesu news, visit us on the Internet:
http://www.yaesu.com

YAESU Choice of the World's top DX'ers™

Vertex Standard U.S.A. Inc.
6125 Phyllis Drive, Cypress, CA 90630 (714) 827-7600

FOREWORD

This new 41st edition of the *ARRL Repeater Directory* contains information provided by frequency coordinators through early February 2012. These dedicated amateurs volunteer their services and strive to provide interference-free operation and we all appreciate their contributions. Without these coordinators, the *Repeater Directory* could not exist.

We depend on reader suggestions to improve each edition. It was reader feedback that brought the separate D-STAR and APCO 25 sections. Reader feedback also resulted in the EchoLink, IRLP and WIRES-II listings. If you have more suggestions for future *Directories*, please let us know. You can simply drop an e-mail message to **pubsfdbk@arrl.org.**

David Sumner, K1ZZ
Chief Executive Officer, ARRL

Newington, CT
February 2012

The ULTIMATE FCC LICENSE

Get your FCC <u>Commercial</u> License

It's the highest class FCC Commercial License you can get!

Turn your interest in electronics into a high paying career in Communications, Radio-TV, Avionics & more.

Our proven home study course will prepare you for the *"FCC General Radiotelephone Operator License with Radar Endorsement"*.

You don't need to quit your job or go to school. This home study course is easy, fast and low cost!

GUARANTEED PASS: You will get your FCC License or your money will be refunded.

Call Now for FREE Info
800-932-4268 ext. 204

www.LicenseTraining.com

COMMAND PRODUCTIONS · FCC License Training
480 Gate Five Road - Suite 107 · P.O. Box 3000 · Sausalito, CA 94966-3000

ANNUAL UPDATE INFORMATION

This edition of the *Repeater Directory* has been completely revised. Updates were received from all coordinators recognized by the National Frequency Coordinators' Council (NFCC) throughout the United States and Canada. In the few areas, noted throughout the book, served by a coordinator not recognized by the NFCC, information was provided by coordinating bodies seeking NFCC recognition.

FOREIGN LISTINGS

Listings outside the United States and Canada have been moved to ARRL's comprehensive reciprocal licensing Web site. ARRL welcomes thesubmission of additional foreign listings. Overseas travelers should refer to **www.arrl.org/international-regulatory**

MFJ VHF/UHF Headquarters
...the world's largest assortment of ham radio accessories!

$12.95
MFJ-281
MFJ speaker turns your HT into a *super loud* base!

$39.95
MFJ-1702C 2-Pos. coax switch, lightning surge protection, center ground.

$34.95
MFJ-916B HF/144/440 Duplexer, 200W, Low loss SO-239s.

$39.95
MFJ-812B 144-220 MHz SWR/Wattmeter 30/300W F/R ranges. Relative field strength.

$79.95
MFJ-844 Tiny 144/440 SWR/Wattmeter 15, 60, 200W ranges.

$24.95
MFJ-288 K,I,Y,R headset with PTT boom mic for handheld radios.

$24.95
MFJ-293 K,I,Y,R earbud & 5-inch boom mic for handheld radios.

$16.95
MFJ-295 K,I,Y,R mini speaker mic for tiny new handheld radios.

$59.95
MFJ1868 *Ultra* wideband discone antenna receives 25-1300 MHz & transmits 50-1300 MHz, 200W, Ideal for 2/6/220/440.

$34.95
MFJ-1750 2-Meter, *high-gain* 5/8 Wave ground plane antenna. Strong, lightweight aluminum. Single U-bolt mount.

$21.95
MFJ-1717/S 15" *very high gain* 144/440 rubber duck antenna. Flexible and tough. Full 1/2 wave 440. BNC or SMA.

$24.95
MFJ-1724B World's best selling 144/440 MHz mag mount antenna. Only 19" tall, 300W, 15' coax, *free* BNC adapter.

$34.95
MFJ-1728B *Long range* 5/8 Wave on 2M, 1/4 Wave on 6M. Mag mount, 12' coax, stainless radiator.

$39.95
MFJ1729 *Highest gain* 144/440 MHz magnet mount antenna. Long 27.5" radiator, 300W, 15' coax, PL-259/BNC.

$29.95
MFJ-1730 Pocket *Roll-up* 1/2 Wave 2-Meter antenna easily fits in pocket.

$19.95
MFJ-1722 UltraLite™ 144/440 MHz magnet mount mobile antenna, strong 1⅛" dia. 2 oz. magnet, thin 20" whip, 12 ft. coax.

$44.95
MFJ-1734 *Glass mount* 144/440 MHz. High gain 26" stainless radiator, low SWR, 50 W, 12 ft. coax.

$16.95
MFJ-1714 LongRanger™ ½ wave 2-Meter HT antenna, 40" ext.! 10.5" collapsed. *Ultra long range* -- outperforms a 5/8 Wave!

$49.95
MFJ1422 RuffRider™ Hi-gain 41.5 inch deluxe mobile antenna has *super gain* on 2M and *ultra-gain* on 440, 150W, PL-259.

$34.95
MFJ-345S Trunk lip SO-239 Mount with 14 ft. coax, rubber guard.

$15.95
MFJ-335BS 5' Magnet mount. 17' coax. For antennas with PL-259.

$34.95
MFJ-336S 5" tri-mag mount. SO-239, NMO, ⅜x24. 17 foot coax.

Free MFJ CATALOG!
Nearest Dealer or to Order . . . **800-647-1800**

MFJ ENTERPRISES, INC.
300 Industrial Pk. Rd., Starkville, MS 39759
PH: (662) 323-5869 **Fax:** (662) 323-6551
E-Mail: mfjcustserv@mfjenterprises.com

MFJ . . . the world leader in ham radio accessories!
www.mfjenterprises.com

™ 2011 MFJ Enterprises, Inc.

MIRAGE POWER!
Dual Band 144/440 MHz Amp

45 Watts on 2 Meters or 35 Watts on 440 MHz

FREE Catalog!

BD-35
$179.95
Suggested Retail

Call your dealer for your best price!

- 45 Watts on 2 Meters or . . .
- 35 Watts on 440 MHz
- Single connectors for dual band radios and antennas
- Automatic band selection
- Reverse polarity protection
- Full Duplex Operation
- Auto RF sense T/R Switch
- Superb RF Performance
- Works with all FM HTs
- Compact size: 5Wx1³/₄Hx5D inches.
- One Year MIRAGE Warranty

35 Watts Out for 2M Handheld!

MIRAGE Rugged!

B-34-G
$119.95
Suggested Retail

- 35 Watts Output
- All Modes: FM, SSB, CW
- 18 dB GaAsFET preamp
- Reverse polarity protection
- Includes Mobile bracket
- Auto RF sense T/R switch
- Custom Heatsink runs cool
- Works with all HTs to 8 Watts
- Superb RF Performance
- Low input SWR
- Compact size: 5¹/₄Wx1³/₄Hx4¹/₄D in.
- One Year MIRAGE Warranty

Power Curve -- typical B-34-G output power for your HT								
Watts Out	8	12	18	30	33	35	35+	35+	35+
Watts In	.25	0.5	1	2	3	4	5	6	8

More Mirage Amplifiers!
B-34, $99.95. 35W out. For FM 2-Meter HTs, 3Wx1Hx4¹/₄ in.
B-310-G, $229.95. 100W out. For 2M fm/ssb/cw HTs. Preamp.
B-320-G, $499.95. 200W out. 2M all mode for HTs/Mobiles.

50 Watts In, *160W Out!*

B-5018-G, **$329.95**
FM, SSB, CW, Superb GaAsFET 20 dB preamp, Over-drive and high SWR protection, remote w/RC-2 option

MIRAGE

300 Industrial Park Road
Starkville, MS 39759 USA
Call Toll-Free: 800-647-1800

MIRAGE . . . the world's most rugged VHF/UHF Amplifiers

www.mirageamp.com ©2011 Mirage

Cushcraft Ringos

W1BX's famous Ringo antennas are time tested and proven performers that remain unbeaten for solid reliability. The Ringo is broadbanded, lightning protected, extremely rugged, economical, electrically bullet-proof, low-angle and more -- but mainly, **it PERFORMS!** Discover for yourself why hams *love* this antenna!
ARX-2B, $109.95. 135-160 MHz. 14 ft., 6 lbs. 1000 Watts.

Cushcraft
Amateur Radio Antennas
308 Ind'l Pk. Rd., Starkville, MS 39759
Toll-Free: 800-973-6572
www.cushcraftamateur.com

Hygain VHF FM Beam Antennas

VB-214FM
$89.95
14 Elements

VB-23FM, $49.95.
3 Elements.
VB-25FM, $59.95.
5 Elements.
VB28FM, $79.95.
8 Elements.

Hygain features tooled manufacturing: die-cast aluminum boom-to-mast bracket and element-to-boom compression clamps, tooled, swaged tubing that is easily and securely clamped in place and durable precision injection molded parts.

hy-gain.
308 Ind'l Pk. Rd., Starkville, MS 39759
Toll-Free, 1-800-973-6572
www.hy-gain.com

Techs... 10 Meters is WIDE open!
Work exciting worldwide DX on SSB!

Complete 10 Meter SSB DX Station for base and mobile. Includes **MFJ-9410X** SSB Transceiver and mic, **MFJ-1790** Base Station low-angle DX vertical antenna, **MFJ-1610T** tough fiberglass mobile antenna and **MFJ-345T** Mobile Trunk Lip Mount with coax. Just add coax for base operation and 12-14 VDC and work exciting worldwide DX!

MFJ-9410PKG $399.95
Package Deal! Save $$$!

MFJ-9410X's powerful 20-Watt SSB signal gets you heard around the world. Covers all 28.3 to 28.6 MHz SSB frequencies. MFJ *ConstantCurrent*™ syllabolic speech processing adds 4-6 dB punch . . . busts through QRM. Real analog S-meter, smooth continuous tuning. Powerful top-mounted speaker. Low-noise front end, double balanced mixer fights intermod, sharp 2.3 kHz crystal filter, built-in low pass filter. 6½Wx2½Hx6D inches. 2 pounds.

MFJ . . . the World leader in ham radio accessories!

MFJ ENTERPRISES, INC.
300 Industrial Park Road, Starkville, MS 39759
PH: (667) 323-5869 **FX:** (662) 323-6551
Free MFJ Catalog! Nearest Dealer or Order . . . 800-617-1800
www.mfjenterprises.com

CHAPTER ONE

GENERAL INFORMATION

This chapter will address repeater operating practices, give you a few user notes, and discuss what to do if your repeater experiences jamming. A section listing CTCSS tone frequencies is also included for your information.

Repeater Operating Practices

The following suggestions will assist you in operating a repeater "like you've been doing it for years."

1) Monitor the repeater to become familiar with any peculiarities in its operation.

2) To initiate a contact simply indicate that you are on frequency. Various geographical areas have different practices on making yourself known, but, generally, "This is NUØX monitoring" will suffice. Please don't "ker-chunk" (key up without identifying yourself) the repeater "just to see if it's working."

3) Identify legally; you must identify at the end of a transmission or series of transmissions and at least once each 10 minutes during the communication.

4) Pause between transmissions. This allows other hams to use the repeater (someone may have an emergency). On most repeaters a pause is necessary to reset the timer.

5) Keep transmissions short and thoughtful. Your "monologue" may prevent someone with an emergency from using the repeater. If you talk long enough, you may actually time out the repeater. Your transmissions are being heard by many listeners, including non-hams with "public service band" monitors and scanners. Don't give a bad impression of our service.

6) Use simplex whenever possible. If you can complete your QSO on a direct frequency, there is no need to tie up the repeater and prevent others from using it.

7) Use the minimum amount of power necessary to maintain communications. This FCC regulation [97.313(a)] minimizes the possibility of accessing distant repeaters on the same frequency.

8) Don't break into a contact unless you have something to add. Interrupting is no more polite on the air than it is in person.

9) Repeaters are intended primarily to facilitate mobile operation. During the commuter rush hours, base stations should relinquish the repeater to mobile stations; some repeater groups have rules that specifically address this practice.

10) Many repeaters are equipped with autopatch facilities which, when properly accessed, connect the repeater to the telephone system to provide a public service. The FCC has liberalized Part 97.113 regarding business communications by amateurs. Amateur operators may not accept compensation for the use of their radios. Under certain conditions, however, the radio/autopatch can be utilized to make appointments and order items. This, though, is a decision that is made by the local repeater owner, so check with yours before making such calls. Autopatch facilities should never be used to avoid a toll call or where regular telephone service is available. Remember, autopatch privileges that are abused may be rescinded.

11) All repeaters are assembled and maintained at considerable expense and inconvenience. Usually an individual or group is responsible, and those who are regular users of a repeater should support the efforts of keeping the repeater on the air. Repeater owners may restrict individuals from using their machines, and the FCC expects users to comply with these restrictions. See Section 97.205(e) of the FCC's rules.

USER INFORMATION

Except where noted, repeaters are listed according to their Geographic Area (metropolitan area or county). There are, however, some state Frequency Coordinators who prefer to list their systems alphabetically by location.

This directory lists private (closed) repeater systems as well as open systems. Many private systems, including repeaters, remote bases, control and link channels are in properly coordinated operation on authorized frequencies but are not included in this directory. This is especially common on the 220 and MHz bands, commonly utilized for linking and/or remote control systems. Please consult your Frequency Coordinator for their recommendations for operating frequencies on new repeaters, remote bases or control links.

With an increase in the number of reports of repeater-to-repeater interference, the FCC is placing more emphasis on repeaters being coordinated. Repeater coordination is an example of voluntary self-regulation within the Amateur Service. Non-coordinated repeater operation may imply non-conformance with locally recognized band plans (eg, an unusual frequency split) or simply that the repeater trustee has not yet applied for, or received "official" recognition from the Frequency Coordinator. Known non-coordinated repeaters are indicated in this directory with a pound sign (#) in the Notes field. This symbol does not indicate anything about the relative merit of any particular repeater.

PLEASE NOTE: It is the responsibility of the TRUSTEE to provide the Frequency Coordinator with annual updates for inclusion in the *ARRL Repeater Directory*. Most coordination organizations have their own criteria for annual updates.

DONATE YOUR RADIO

SITTING ON A TAX WRITE-OFF?

Turn your excess Ham Radios and related items into a tax break for you and learning tool for kids.

Donate your radio or related gear to an IRS approved 501 (c)(3) charity.
Get the tax credit and help a worthy cause.

Equipment picked up <u>anywhere</u> or shipping arranged.
Radios you can write off - kids you can't.

Call (516) 674-4072
FAX (516) 674-9600
crew@wb2jkj.org

**THE RADIO CLUB OF JUNIOR HIGH SCHOOL 22
P.O. Box 1052
New York, NY
10002**

Bringing Communication to Education Since 1980

REPEATER-TO-REPEATER INTERFERENCE

In an effort to resolve repeater-to-repeater interference complaints, FCC has adopted the following rules. Where an amateur radio station in repeater or auxiliary operation causes harmful interference to the repeater or auxiliary operation of another amateur radio station, the two are equally and fully responsible for resolving the interference unless one station's operation is coordinated and the other's is not. In that case, the station engaged in the non-coordinated operation has primary responsibility to resolve the interference. See Sections 97.201 (c) and 97.205 (c) of the Commission's Rules.

REPEATER JAMMERS AND THE LOCAL INTERFERENCE COMMITTEE

Interference on VHF or UHF repeaters is primarily a local problem requiring local resolution. This kind of problem varies from non-existent in some parts of the country to extremely serious in others. The Amateur Auxiliary mechanism for dealing with any local amateur-to-amateur interference (primarily on VHF) is the local interference committee. The philosophy of the committee approach to solving this type of problem was provided in 1980 by the ARRL Interference Task Force. Many repeater groups have already successfully established local interference committees, some employing very sophisticated methods. The committee approach to solving this type of problem and Public Law 97-259 have proven most effective.

The Amateur Auxiliary incorporates this program of local interference committees into its comprehensive program of dealing with all types of amateur variations with the regulations. Since the ARRL Field Organization is the focus of Amateur Auxiliary involvement as recognized by agreement with FCC, the local interference committee now comes within the purview of the Section Manager's overall Amateur Auxiliary program. The local interference committee gains official standing through the Section Manager. It is, in effect, a "group appointment" of the Section Manager, for specific authorization to deal with local problems of amateur-to-amateur interference. Thus the local interference committee plays a crucially important role in the make-up of the Amateur Auxiliary.

For more information on local interference committees, Amateur Auxiliary and the ARRL Field Organization, contact your ARRL Section Manager, or the *Field and Educational Services Department* at ARRL HQ.

What follows is a discussion of some of the specialized features used in repeater listings in the Directory.

NOTES AND SPECIAL FEATURES

LOCATION — The city, town, or site at which a repeater is located.
OUTPUT — The output frequency in megahertz.
INPUT — The frequency offset (difference between input and output frequencies). Either a (+) or (−). A frequency printed in the input field indicates a "non-standard" offset.

Standard offsets by band:
- 29 MHz - 100 kHz
- 52 MHz - VARIOUS
- 144 MHz - 600 kHz
- 222 MHz - 1.6 MHz
- 440 MHz - 5 MHz
- 902 MHz - 12 MHz
- 1240 MHz - 12 MHz

CALL — The call sign of the repeater.

NOTES — How the repeater may be accessed and other specialized features are indicated by the following abbreviations:

- \# - Uncoordinated System
- o - Open system
- Bi - Bi-lingual system
- c - Closed, limited access system
- LiTZ - (Ltz) Long-Tone Zero. Used to alert users to an emergency in some areas of the country. A more in-depth discussion of LiTZ systems and their usage follows later in this chapter.
- t - Tone-Access (CTCSS tone) required to access the system.
- TT - Touch-Tone® access to specialized features
- RB - Remote Base (Auxiliary)
- SNP - Shared Non-Protected pair. In some areas there are repeater frequencies listed as SNP.

These frequencies are intended to provide spectrum for experimental repeaters, search and rescue operations, portable public service systems and to act as a holding place for repeaters awaiting coordination. Users of SNP frequencies do so under the following guidelines:

1) The frequencies are shared by all users.
2) Operators receive no protection from other co-channel users.
3) All systems use CTCSS or other approved method of limited access.
4) The frequency coordinator shall coordinate the CTCSS tones.

SPECIALIZED FEATURES:

a	- autopatch
(CA)	- closed autopatch
e	- emergency power
E-SUN	- solar power
E-WIND	- wind power
l	- linked or crossband system
p	- portable system
PKT	- digital/packet capability
r	- RACES affiliated
s	- ARES affiliated
x	- wide area coverage system
y	- RTTY/ASCII system
z	- direct access to law enforcement
WX	- weather net/weather usage
EXP	- experimental system

SPONSOR — The sponsor of the repeater. Plus (+) sign indicates the listed call plus additional calls sponsor the repeater.

NOTE: Listings of two CTCSS tones in the notes field indicates both the input and output are tone encoded.

LiTZ OVERVIEW
Mutual Assistance Procedures for VHF/UHF FM
Brief Overview for ARRL Repeater Directory
By: Paul Newland, AD7I
35 Barrister Lane
Middletown, NJ 07748
ad7i@arrl.net

Introduction

One of the great features of Amateur Radio is it gives hams the ability to provide mutual assistance to one another. There are two common procedures currently in place for mutual assistance on VHF/UHF FM frequencies. The first is "LiTZ," a DTMF (Touch-Tone) based all-call priority alerting system. The second is the "Wilderness Protocol".

LiTZ (i - added to make it easier to pronounce)

LiTZ is a simple method to indicate to others on an amateur VHF/UHF FM radio channel that you have an immediate need to communicate with someone, anyone, regarding a priority situation or condition.

LiTZ stands for LONG TONE ZERO. The LiTZ signal consists of transmitting DTMF (Touch-Tone) Zero for at least 3 seconds. After sending the LiTZ signal the operator announces by voice the kind of assistance that is needed. For example:

(5-seconds-DTMF-zero) "This is KA7BCD. I'm on Interstate 5 between mile posts 154 and 155. There's a 3 car auto accident in the southbound lane. Traffic has been completely blocked. It looks like paramedics will be needed for victims. Please respond if you can contact authorities for help. This is KA7BCD."

If your situation does not involve safety of life or property, try giving a general voice call before using LiTZ. Use LiTZ only when your voice calls go unanswered or the people who respond can't help you.

When you see the notation "LiTZ" for a repeater in this directory that means that it's highly likely that someone will receive and respond to LiTZ signals transmitted on the input frequency of the repeater. Please note, however, that if a CTCSS tone is needed to access that repeater you should transmit that CTCSS tone along with your LiTZ signal.

The type and nature of calls that justify the use of LiTZ may vary from repeater to repeater, just as other uses vary. Here are some general guidelines that may be suitable for most repeaters and simplex calling channels. Items with a star (*) should be acceptable on any frequency at any time.

LiTZ Use Guidelines

Event/Situation	Waking Hours (0700-2200 LT)	Sleeping Hours (2200-0700 LT)
Calling CQ	no	no
Calling a buddy	no	no
Weekly Test of LiTZ	yes	no
Club Message	yes	no
Need Driving Directions	yes	no
Report Drunk Driver	yes	yes
Car Break Down	yes	yes
Safety of Life or Property	yes	yes

For more information on LiTZ and LiTZ decoders refer to *QST* (Oct 92, page 82; Nov 92, pages 108-110; Dec 95, pages 25-31).

Wilderness Protocol

The Wilderness Protocol is a suggestion that those outside of repeater range should monitor standard simplex channels at specific times in case others have priority calls. The primary frequency is 146.52 MHz, with 52.525, 223.5 446.0 and 1294.5 MHz serving as secondary frequencies. This system was conceived to facilitate communications between hams that were hiking or backpacking in uninhabited areas, outside repeater range. However, the Wilderness Protocol should not be viewed as something just for hikers. It can (and should) be used by everyone anywhere repeater coverage is unavailable. The protocol only becomes effective when many people use it.

The Wilderness Protocol recommends that those stations able to do so should monitor the primary (and secondary, if possible) frequency every three hours starting at 7 AM, local time, for 5 minutes (7:00-7:05 AM, 10:00-10:05 AM, ..., 10:00-10:05 PM). Additionally, those stations that have sufficient power resources should monitor for 5 minutes starting at the top of every hour, or even continuously.

Priority transmissions should begin with the LiTZ signal. CQ-like calls (to see who is out there) should not take place until four minutes after the hour.

For more information on the Wilderness Protocol refer to *QST* (Feb 94, page 100; Apr 94, pages 109; May 94, pages 103-104.).

CTCSS AND DCS INFORMATION

The purpose of CTCSS (PL)™ is to reduce co-channel interference during band openings. CTCSS (PL)™ equipped repeaters respond only to signals having the sub-audible CTCSS tone required for that repeater. These repeaters do not retransmit distant signals without the required tone, and congestion is minimized.

The standard Electronic Industries Association (EIA) tones, in hertz, with their Motorola alphanumeric designators are as follows:

67.0 - XZ	97.4 - ZB	141.3 - 4A	210.7 - M2
69.3 - WZ	100.0 - 1Z	146.2 - 4B	218.1 - M3
71.9 - XA	103.5 - 1A	151.4 - 5Z	225.7 - M4
74.4 - WA	107.2 - 1B	156.7 - 5A	233.6 - M5
77.0 - XB	110.9 - 2Z	162.2 - 5B	241.8 - M6
79.7 - WB	114.8 - 2A	167.9 - 6Z	250.3 - M7
82.5 - YZ	118.8 - 2B	173.8 - 6A	
85.4 - YA	123.0 - 3Z	179.9 - 6B	
88.5 - YB	127.3 - 3A	186.2 - 7Z	
91.5 - ZZ	131.8 - 3B	192.8 - 7A	
94.8 - ZA	136.5 - 4Z	203.5 - M1	

Some systems use tones not listed in the EIA standard. Motorola designators have been assigned to the most commonly used of these tones: 206.5 (8Z), 229.1 (9Z), and 254.1 (0Z). Some newer amateur transceivers support additional tones of 159.8, 165.5, 171.3, 177.3, 183.5, 189.9, 196.6 and 199.5 hertz.

Some newer amateur gear supports Digital Code Squelch (DCS), a similar form of access control less susceptible to false triggering than CTCSS. DCS codes are designated by three digit numbers and are enabled in a manner similar to CTCSS tones.

Those wishing to use a CTCSS or DCS equipped system should check equipment specifications prior to purchase to ensure capability for the specified tone(s) or code(s).

CHAPTER TWO
BAND PLANS

This chapter will address band plans. These exist only as "traffic control" devices, allowing the most efficient use of limited spectrum space and varied amateur interests. The band plans published herein were developed by ARRL. Also discussed are the Line "A" restrictions, and a map delineating repeater offsets is provided.

Although the FCC rules set aside portions of some bands for specific modes, there's still a need to further organize our space among user groups by "gentlemen's agreements." These agreements, or band plans, usually emerge by consensus of the band occupants, and are sanctioned by a national body like ARRL. For further information on band planning, please contact your ARRL Division Director (see any issue of *QST*).

VHF-UHF BAND PLANS

When considering frequencies for use in conjunction with a proposed repeater, be certain that both the input and output fall within subbands authorized for repeater use, and do not extend past the subband edges. FCC regulation 97.205(b) defines frequencies which are currently available for repeater use.

For example, a 2-meter repeater on exactly 145.50 MHz would be "out-of-band," as the deviation will put the signal outside of the authorized band segment.

Packet-radio operations under automatic control should be guided by Section 97.109(d) of the FCC Rules.

Regional Frequency Coordination

The ARRL supports regional frequency coordination efforts by amateur groups. Band plans published in the ARRL Repeater Directory are recommendations based on a consensus as to good amateur operating practice on a nationwide basis. In some cases, however, local conditions may dictate a variation from the national band plan. In these cases, the written determination of the regional frequency coordinating body shall prevail and be considered good amateur operating practice in that region.

28.000-29.700 MHz

Please note that this bandplan is a general recommendation. Spectrum usage can be different depending upon local and regional coordination differences. Please check with your Frequency Coordinator for information.

28.000 – 28.070	CW
28.070 – 28.150	Data/CW
28.120 – 28.189	Packet/Data/CW
28.190 – 28.225	Foreign CW Beacons
28.200 – 28.300	Domestic CW Beacons (*)
28.300 – 29.300	Phone
28.680	SSTV
29.300 – 29.510	Satellites
29.510 – 29.590	Repeater Inputs
29.600	National FM Simplex Frequency
29.610 – 29.690	Repeater Outputs

*User note: In the United States, automatically controlled beacons may only operate on 28.2-28.3 MHz [97.203(d)].

In 1980, the ARRL Board of Directors adopted the following recommendations for CTCSS tones to be voluntarily incorporated by 10 meter repeaters:

Call Area	Tones	Call Area	Tones
W1	131.8/91.5	W7	162.2/110.9
W2	136.5/94.8	W8	167.9/114.8
W3	141.3/97.4	W9	173.8/118.8
W4	146.2/100.0	W0	179.9/123.0
W5	151.4/103.5	VE	127.3/88.5
W6	156.7/107.2		

The following band plan for 6 meters was adopted by the ARRL Board of Directors at its July, 1991 meeting.

50-54 MHz

Please note that this bandplan is a general recommendation. Spectrum usage can be different depending on location and regional coordination differences. Please check with your Frequency Coordinator for information.

50.0-50.1	CW, beacons
50.060-50.080	beacon subband
50.1-50.3	SSB,CW
50.10-50.125	DX window
50.125	SSB calling
50.3-50.6	all modes
50.4	AM calling frequency
50.6-50.8	nonvoice communications
50.62	digital (packet) calling
50.8-51.0	radio remote control (20-kHz channels)
	NOTE: Activities above 51.10 MHz are set on 20-kHz-spaced "even channels"
51.0-51.1	Pacific DX window
51.5-51.6	simplex (6 channels)
51.12-51.48	repeater inputs (19 channels)
51.12-51.18	digital repeater inputs
51.62-51.98	repeater outputs (19 channels)
51.62-51.68	digital repeater outputs
52.0-52.48	repeater inputs (except as noted; 23 channels)
52.02, 52.04	FM simplex
52.2	TEST PAIR (input)

52.5-52.98	repeater output (except as noted; 23 channels)
52.525	primary FM simplex
52.54	secondary FM simplex
52.7	TEST PAIR (output)
53.0-53.48	repeater inputs (except as noted; 19 channels)
53.0	base FM simplex
53.02	simplex
53.1, 53.2, 53.3, 53.4	radio remote control
53.5-53.98	repeater outputs (except as noted; 19 channels)
53.5, 53.6, 53.7, 53.8	radio remote control
53.52-53.9	simplex

Notes: The following packet radio frequency recommendations were adopted by the ARRL Board of Directors in July, 1987.

Duplex pairs to consider for local coordination for uses such as repeaters and meteor scatter:

50.62-51.62	50.68-51.68	50.76-51.76
50.64-51.64	50.72-51.72	50.78-51.78
50.66-51.66	50.74-51.74	

Where duplex packet radio stations are to be co-existed with voice repeaters, use high-in, low-out to provide maximum frequency separation from low-in, high-out voice repeaters.

144-148 MHz

Please note that this bandplan is a general recommendation. Spectrum usage can be different depending on location and regional coordination differences. Please check with your Frequency Coordinator for information.

144.00-144.05	EME (CW)
144.05-144.10	General CW and weak signals
144.10-144.20	EME and weak-signal SSB
144.200	SSB calling frequency
144.20-144.275	General SSB operation
144.275-144.300	Propagation beacons
144.30-144.50	OSCAR subband
144.50-144.60	Linear translator inputs
144.60-144.90	FM repeater inputs
144.90-145.10	Weak signal and FM simplex (145.01,03,05,07,09 are widely used for packet radio)
145.10-145.20	Linear translator outputs
145.20-145.50	FM repeater outputs
145.50-145.80	Miscellaneous and experimental modes
145.80-146.00	OSCAR subband
146.01-146.37	Repeater inputs
146.40-146.58	Simplex (*)
146.52	National Simplex Calling Frequency
146.61-147.39	Repeater outputs
147.42-147.57	Simplex (*)
147.60-147.99	Repeater inputs

NOTES: (*) Due to differences in regional coordination plans the simplex frequencies listed may be repeater inputs/outputs as well. Please check with local coordinators for further information.

1) Automatic/unattended operations should be conducted on 145.01, 145.03, 145.05, 145.07 and 145.09 MHz.

a) 145.01 should be reserved for inter-LAN use.

b) Use of the remaining frequencies should be determined by local user groups.

2) Additional frequencies within the 2-meter band may be designated for packet radio use by local coordinators.

Footnotes

Specific VHF/UHF channels recommended above may not be available in all areas of the US.

Prior to regular packet radio use of any VHF/UHF channel, it is advisable to check with the local frequency coordinator. The decision as to how the available channels are to be used should be based on coordination between local packet radio users.

Some areas use 146.40-146.60 and 147.40-147.60 MHz for either simplex or repeater inputs and outputs.

States use differing channel spacings on the 146-148 MHz band. For further information on which states are currently utilizing which spacing structure see the Offset Map immediately following.

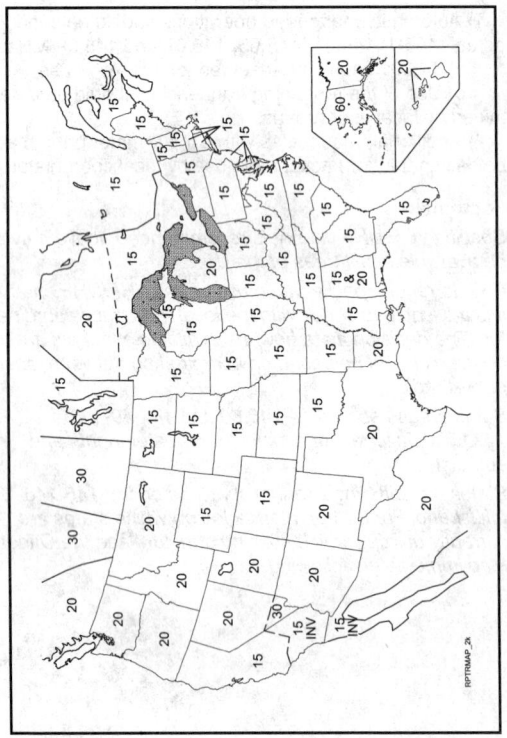

Note: This map shows channel spacing in the US and southern Canada. Spacing is in kHz unless otherwise specified. Please check with your Regional Frequency Coordinator for further information.

The following band plan for 222-225 MHz was adopted by the ARRL Board of Directors in July, 1991.

222-225 MHz

222.00-222.15	Weak signal modes (No repeater operating)
222.00-222.025	EME
222.05-222.060	Propagation beacons
222.1	SSB & CW Calling
222.10-222.150	Weak signal CW & SSB
222.15-222.25	Local coordinator's option: weak signal, ACSB, repeater inputs and control
222.25-223.38	FM repeater inputs only
223.40-223.52	FM simplex
223.50	Simplex calling
223.52-223.64	Digital, packet
223.64-223.70	Links, control
223.71-223.85	Local coordinator's option; FM simplex, packet, repeater outputs
223.85-224.98	Repeater outputs only

Notes: Candidate packet simplex channels shared with FM voice simplex. Check with your local fre-quency coordinator prior to use. Those channels are:

223.42	223.46
223.44	223.48

Footnotes

Specific VHF/UHF channels recommended above may not be available in all areas of the US.

Prior to regular packet radio use of any VHF/UHF channel, it is advisable to check with the local frequency coordinator. The decision as to how the available channels are to be used should be based on coordination between local packet radio users.

420-450 MHz

Please note that this bandplan is a general recommendation. Spectrum usage can be different depending on location and regional coordination differences. Please check with your Frequency Coordinator for information.

Frequency	Usage
420.00-426.00	ATV repeater or simplex with 421.25 MHz video carrier, control links and experimental
426.00-432.00	ATV simplex with 427.25 MHz video carrier frequency
432.00-432.07	EME (Earth-Moon-Earth)
432.07-432.10	Weak signal CW
432.10	Calling frequency
432.10-432.30	Mixed-mode and weak-signal work
432.30-432.40	Propagation beacons
432.40-433.00	Mixed-mode and weak signal work
433.00-435.00	Auxiliary/repeater links
435.00-438.00	Satellite only (internationally)
438.00-444.00	ATV repeater input with 439.250-MHz video carrier frequency and repeater links
442.00-445.00	Repeater inputs and outputs (local option)
445.00-447.00	Shared by auxiliary and control links, repeaters and simplex (local option)
446.00	National simplex frequency
447.00-450.00	Repeater inputs and outputs (local option)

The following packet radio frequency recommendations were adopted by the ARRL Board of Directors in January, 1988.

1) 100-kHz bandwidth channels

430.05	430.35	430.65
430.15	430.45	430.85
430.25	430.55	430.95

2) 25-kHz bandwidth channels

431.025	441.000	441.050
440.975	441.025	441.075

Footnotes

Specific VHF/UHF channels recommended above may not be available in all areas of the US.

Prior to regular packet radio use of any VHF/UHF channel, it is advisable to check with the local frequency coordinator. The decision as to how the available channels are to be used should be based on coordination between local packet radio users.

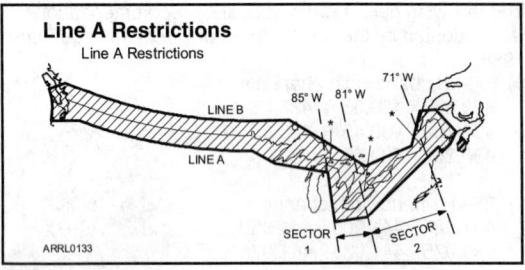

The band is shared by amateurs with government Radio Location Services (RADAR); amateurs must not interfere with these priority government stations. As part of WARC-79 proceedings, the 420-430 MHz portion of the band was removed from the Amateur Radio Service north of Line "A" (see figure).

In a later action, FCC allocated portions of the band 421-430 MHz to the Land Mobile Service within 50-mile radii centered on Buffalo, Detroit and Cleveland. Amateur stations south of Line "A" in the vicinities of these cities may continue to operate in the 421-430 MHz spectrum as long as they do not cause interference to land mobile or government radio-location users. Additionally, 50-watt PEP output power limitations apply to certain amateurs operating within circles of designated military installations in the US.
See 97.313(f).

902-928 MHz

Please note that this bandplan is a general recommendation. Spectrum usage can be different depending on location and regional coordination differences. Please check with your Frequency Coordinator for information.

902.0-903.0	Weak signal
902.1	Calling frequency
903.0-906.0	Digital
903.1	Alternate calling frequency
906.0-909.0	FM repeater inputs
909.0-915.0	Amateur TV
915.0-918.0	Digital
918.0-921.0	FM repeater outputs
921.0-927.0	Amateur TV
927.0-928.0	FM simplex and links

NOTE: A new bandplan is under development that reflects our need to avoid causing interference to AVM systems at 904-912 MHz and 918-926 MHz.

Notes: Adopted by the ARRL Board of Directors in July, 1989. The following packet radio frequency recommendations were adopted by the ARRL Board of Directors in January, 1988 as interim guidance. Two 3-MHz-bandwidth channels are recommended for 1.5 Mbit/s links. They are 903-906 MHz and 914-917 MHz with 10.7 MHz spacing.

Packet Footnotes

Specific VHF/UHF channels recommended above may not be available in all areas of the US.

Prior to regular packet radio use of any VHF/UHF channel, it is advisable to check with the local frequency coordinator. The decision as to how the available channels are to be used should be based on coordination between local packet radio users.

Canadian amateurs note: *The Amateur Service will continue to have secondary status in the band 902-928 MHz throughout Canada, using any of the following emissions: N0N, A1A, A2A, A3A, A3E, C3F, F1A, F2A, F2B, F1C, F3E.*

Before operating in this band, Canadian amateur licensees are required to consult with their DOC District Office to ensure interference will not be caused to other services operating in the area as per Section 45 of the General Radio Regulations Part II, given in TRC 25.

Government of Canada shipborne radiolocation service is permitted within 150 km of the east and west coasts, Arctic Ocean, Hudson Bay, James Bay and up the St Lawrence River as far as Rimouski on precoordinated channels in the 902-928 MHz band.

Footnotes:

1) Extracts of FCC Rules & Regulations, 97.303(g)(1): No amateur station shall transmit from within the states of Colorado and Wyoming, bounded on the south by latitude 39 degrees North, on the north by latitude 42 degrees North, on the east by longitude 105 degrees West, and on the west by longitude 108 degrees West.(*)

(*) Waived July 2, 1990 to permit amateurs in the restricted areas to transmit in the following segments: 902.0-902.4, 902.6-904.4, 904.7-925.3, 925.7-927.3 and 927.7-928-MHz.

This band is allocated on a secondary basis to the Amateur Service subject to not causing harmful interference to, and not receiving protection from any interference due to the operation of, industrial, scientific and medical devices, automatic vehicle monitoring systems or government stations authorized in this band.

2) Coordinated frequency assignments are required.

3) ATV assignments should be made according to modulation type, e.g. VSB-ATV, SSB-ATV or combinations. Coordination of multiple users of a single channel in a local area can be achieved through isolation by means of cross-polarization and directional antennas.

4) Coordinated assignments at 100 kHz until allocations are filled, then assign 50 kHz until allocations are filled, before assigning 25 kHz channels.

5) Simplex services only; permanent users shall not be coordinated in this segment. High altitude repeaters or other unattended fixed operations are not permitted.

6) Voice and nonvoice operation.

7) Spread-spectrum requires FCC authorization.

8) Consult FCC (97.307) for allowable data rates and bandwidths.

The following band plan was adopted by the ARRL Board of Directors meeting in January, 1985.

1240-1300 MHz

Please note that this bandplan is a general recommendation. Spectrum usage can be different depending on location and regional coordination differences. Please check with your Frequency Coordinator for information.

1240-1246	ATV #1
1246-1248	Narrow-bandwidth FM point-to-point links and digital, duplex with 1258-1260.
1248-1252	Digital Communications
1252-1258	ATV #2
1258-1260	Narrow-bandwidth FM point-to-point links and digital, duplexed with 1246-1252
1260-1270	Satellite uplinks, experimental simplex ATV
1270-1276	Repeater inputs, FM and linear, paired with 1282-1288. (239 pairs, every 25 kHz, e.g. 1270.025, 050, etc.)
1271/1283	Non-coordinated test pair
1276-1282	ATV #3
1282-1288	Repeater outputs paired with 1270-1276
1288-1294	Wide band experimental, simplex ATV
1294-1295	Narrow band FM simplex, 25-kHz channels
1294.50	National FM Simplex calling
1295-1297	Narrow band weak signal (no FM)
1295-1295.80	STV, FAX, ACSSB experimental
1295.8-1296	Reserved for EME, CW expansion
1296-1296.05	EME exclusive
1296.07-1296.08	CW beacons

1296.1	CW/SSB calling frequency
1296.40-1296.60	Crossband linear translator input
1296.60-1296.80	Crossband linear translator output
1296.80-1297.00	Experimental beacons (exclusive)
1297-1300	Digital communication

Notes: The following packet radio frequency recommendations were adopted by the ARRL Board of Directors in January, 1988.

1) 2-MHz-bandwidth channels at:
    1249.00   1251.00   1298.00
2) 100-kHz-bandwidth channels
    1299.05   1299.45   1299.75
    1299.15   1299.55   1299.85
    1299.25   1299.65   1299.95
    1299.35
3) 25-kHz-bandwidth channels
    1294.025   1294.125
    1294.050   1294.150
    1294.075   1294.175
    1294.100 National packet simplex calling

Footnotes

1) Deleted

2) Coordinated assignments required

3) ATV assignments should be made according to modulation type (for example, VSB-ATV, SSB-ATV or combinations). Coordination of multiple users of a single channel in a local area can be achieved through isolation by means of cross polarization and directional antennas. DSB ATV may be used, but only when local and regional activity levels permit. The excess bandwidths from such users are secondary to the assigned services.

4) Coordinate assignments with 100-kHz channels, beginning at the lower end of the segment until allocations

are filled, then assign 50-kHz channels until allocations are filled before assigning 25-kHz channels.

5) Wide bandwidth experimental users are secondary to the satellite service and may be displaced upon the installation of any new satellites. Users are EIRP-limited to the noise floor of the satellites in service and may suffer interference from satellite uplinks.

6) Simplex services only: permanent users shall not be coordinated in this segment. High altitude repeaters or other unattended fixed operations are not permitted.

7) Voice and nonvoice operations.

8) Consult 47 CFR 97.307 for allowable data rates and bandwidths.

9) Provide guard bands at the higher frequency end of segments, as required, to avoid interference to ATV.

10) 1274.0-1274.2 and 1286.0-1286.2 MHz are optionally reserved for contiguous Linear Translators supporting multiple narrow bandwidth users. These may also be duplexed with other noncoordinated band segments.

The following band plan was adopted by the ARRL Board of Directors in January, 1991.

2300-2310 and 2390-2450 MHz

Please note that this bandplan is a general recommendation. Spectrum usage can be different depending on location and regional coordination differences. Please check with your Frequency Coordinator for information.

2300-2303	High-rate data
2303-2303.5	Packet radio
2303.5-2303.8	TTY, packet
2303.8-2303.9	Packet, TTY, CW, EME
2303.9-2304.1	CW, EME
2304.1-2304.2	CW, EME, SSB
2304.2-2304.3	SSB, SSTV, FAX, Packet, AM, AMTOR
2304.3-2304.32	Propagation beacon network
2304.32-2304.4	General propagation beacons
2304.4-2304.5	SSB, SSTV, ACSSB, FAX, Packet, AM, AMTOR experimental
2304.4	Calling frequency
2304.5-2304.7	Crossband linear translator input
2304.7-2304.9	Crossband linear translator output
2304.9-2305	Experimental beacons
2305-2305.2	FM simplex (25-kHz spacing)
2305.2	FM simplex calling frequency
2305.2-2306	FM simplex (25-kHz spacing)
2306-2309	FM repeaters (25-kHz) input
2309-2310	Control and auxiliary links
2390-2396	Fast-scan TV
2396-2399	High-rate data
2399-2399.5	Packet
2399.5-2400	Control and auxiliary links

2400-2403	Satellite
2403-2408	Satellite high-rate data
2408-2410	Satellite
2410-2413	FM repeaters (25-kHz spacing) output
2413-2418	High-rate data
2418-2430	Fast-scan TV
2430-2433	Satellite
2433-2438	Satellite high-rate data
2438-2450	Wideband FM, FSTV, FMTV, SS experimental

3300-3500 MHz

The following beacon subband was adopted by the ARRL Board of Directors in July, 1988.

3456.3-3456.4   Propagation beacons

5650-5925 MHZ

The following beacon subband was adopted by the ARRL Board of Directors in July, 1988.

5760.3-5760.4   Propagation beacons

10.000-10.500 GHZ

The following subband recommendation was adopted by the ARRL Board of Directors in January, 1987

10.368.1 GHz   Narrow-band calling frequency

The following beacon subband was adopted by the ARRL Board of Directors in July, 1988.

10368.3-10368.4   Propagation beacons

CHAPTER THREE

REPEATER LISTINGS—
COMMITTEES & COORDINATORS

Within the confines of this chapter you will find a description of repeater listing procedures, how and why repeaters are registered, and listings of Regional Frequency Coordinators. Also included for your information is a list of the ARRL Officers.

As you can imagine, many changes occur to the Frequency Coordinator's list during the course of the year. For the most current contact information of the Frequency Coordinator in your area, visit the ARRL Web site at: **www.arrl.org/nfcc**.

REPEATER LISTINGS

All repeater listings in the *Repeater Directory* are provided by regional frequency coordinators. Except for minor editorial changes and shuffling of field locations, all data appears exactly as it was submitted by the coordinator. If you notice any errors or omissions, please notify your frequency coordinator.

Repeater listings are accurate to the best of our ability; however, no guarantee of accuracy is made or implied. The listing of a repeater in the Repeater Directory does not imply that the listed repeater has any greater legal status than any other amateur station.

REPEATER REGISTRATION

Repeater registration and updates are necessary in order to compile a current and accurate *Repeater Directory*. In some cases the changes only involve the addition or deletion of a specialized feature—in other cases it may involve a frequency or location change. Your Frequency Coordinator is in charge of seeing to it that this updated information is provided to the *Repeater Directory* in a timely manner for publication.

Please note that all repeater registration is carried out through Frequency Coordinators.

ARRL Officers 2012

President
Kay C Craigie, N3KN
570 Brush Mountain Rd
Blacksburg, VA 24060
n3kn@arrl.org

First Vice President
Rick Roderick, K5UR
PO Box 1463
Little Rock, AR 72203
k5ur@arrl.org

Vice President
Bruce Frahm, K0BJ
1553 County Road T
Colby, KS 67701
k0bj@arrl.org

International Affairs Vice President
Jay Bellows, K0QB
1925 Bidwell St
West St Paul, MN 55118
k0qb@arrl.org

ARRL Headquarters
225 Main Street
Newington, CT
06111-1494
Phone: 860-594-0200
Fax: 860-594-0259
info@arrl.org

FREQUENCY COORDINATORS

The ARRL is not a Frequency Coordinator, nor does the ARRL "certify" coordinators. Frequency Coordinators are volunteers normally appointed by a coordinating body. The ARRL *Repeater Directory* reports only the fact of coordination or non-coordination as instructed by the coordinating body. Publication in the Repeater Directory does not constitute nor imply endorsement or recognition of the authority of such coordinators, as coordinators derive their authority from the voluntary participation of the entire amateur community in the areas they serve.

In some cases the person or group listed only compiles the information for listings in the Repeater Directory. In other cases the listed individual or group offers guidance but not coordination.

Frequency Coordinators keep extensive records of repeater input, output and control frequencies, including those not published in directories (at the owner's request). The coordinator will recommend frequencies for a proposed repeater in order to minimize interference with other repeaters and simplex operations. Therefore, anyone considering the installation of a repeater should check with the local frequency coordinator prior to such installation.

The following is a listing of groups or individuals for the United States and Canada who are active in Frequency Coordination and are acknowledged, by virtue of the recognition accorded them by the entire amateur community they serve, as the sole Frequency Coordinators in their respective jurisdictions.

ALABAMA

Alabama Repeater Council (ARC)
**www.alabamarepeater
council.org**

Coordinator
Howard Grant, K4WWN
280 Martin Lane
Guntersville, AL 35976
**coordinators@alabama
repeatercouncil.org**

President
Dave Drummond, W4MD
5001 Lakehurst Dr
Northport, AL 35473
**coordinators@alabama
repeatercouncil.org**

ALASKA

www.alaskarepeaters.k17.net
Coordinator—South Central
Mel Bowns, KL7GG
23708 The Clearing
Eagle River, AK 99577
kl7gg@arrl.net

Coordinator—North, West, and Interior
Jerry Curry, KL7EDK
940 Vide Way
Fairbanks, AK 99712
jercurry@att.net

Coordinator—Panhandle
Jerry Prindle, KL7HFI
PO Box 210123
Auke Bay, AK 99821
kl7hfi@att.net

ARIZONA

Amateur Radio Council of Arizona (ARCA)
www.azfreqcoord.org

Chairman
Lance Halle, KW7LH
419 W. Cape Royal Ln
Phoenix, AZ 85029
602-902-6669
8AM-5PM MST M-F

6 meters (50 MHz)
Gary Duffield, WK7B
4102 W Paradise Ln
Phoenix, AZ 85053
602-843-7724

2 meters (144 MHz)
Rick Tannehill, W7RT
5410 W Diana Ave
Glendale, AZ 85302-4870
623-930-7507

222 MHz
Bill Jorden, K7KI
6861 Kenanna Pl
Tucson, AZ 85704
520-297-1006 (H)

420-440 MHz
Doug Pelley, WB7TUJ
PO Box 4355
Mesa, AZ 85211-4355
480-892-2929

440-450 MHz
Dennis Mills, WA7ZZT
Po Box 10416
Glendale, AZ 85318
623-934-4480

902 MHz
Walter Carter, WB4LDS
1715 W. Greenleaf Dr
Tucson, AZ 85746
520-741-0942 (H)

1200 MHz
Tom Sharp, WA9OXY
20619 N 21st St
Phoenix, AZ 85024-4411
602-569-6512 (H)
FAX 602-569-6599

2 GHz and Up
Troy Hall, WA7ELN
PO Box 899
Oracle, AZ 85623
520-896-2813 (H) evenings

Packet
George Strickroth, WA3PNT
13523 S. Hilltop Rd
Yuma, AZ 85365
928-341-0191

Database Coordinator
Hal Hostetler, WA7BGX
1934 S. Lillian Circle
Tucson, AZ 85713-2601
520-792-2270 (W)

ARKANSAS

Arkansas Repeater Council (ARC)
www.arkansasrepeatercouncil.org

President
Mark Mullins, NN5NN
1 Foxboro Cir
Little Rock, AR 72209
nn5nn@ranch.cx

Coordinator
Bob King, W5LVB
217 Oak St
Hot Springs, AR 71901
w5lvb@arrl.net

CALIFORNIA—NORTHERN

Northern Amateur Relay Council of California (NARCC)
PO Box 8448
Santa Rosa, CA 95407-8448
www.narcc.org

CALIFORNIA—SOUTHERN

10 meters, 6 meters, 70 centimeters and above:
Southern California Repeater and Remote Base Association (SCRRBA)
PO Box 5967
Pasadena, CA 91117-5967
www.scrrba.org

2 meters
Two-Meter Area Spectrum
Management Association
Attn: Technical Committee
358 S Main St #90
Orange, CA 92868-3834
www.tasma.org

Chairman
Bob Dingler, NO6B
PO Box 412
Walnut, CA 91788-0412
info@tasma.org

222 MHz
220 MHz Spectrum
Management Association
Attn: 222 MHz Coordination
Committee
21704 Devonshire St #220
Chatsworth, CA 91311-2949
www.220sma.org

Contact
Jim Fortney, K6IYK
PO Box 3419
Camarillo, CA 93011-3419
k6iyk@arrl.net

COLORADO
Colorado Council of Amateur
Radio Clubs (CCARC)
www.ccarc.net

Chairman: John Maxwell,
N0WBW, **n0wbw/net**
Vice Chairman: Jeff Ryan,
K0RM, **k0rm@arrl.org**
Secretary: David Markham,
W0CBI, **w0cbi@arrl.org**
Treasurer: Wayne Heinen,
N0POH, **n0poh@arrl.org**
Frequency Coordinator: Doug
Sharp, K2AD, **k2ad@ccarc.net**

CONNECTICUT
Connecticut Spectrum
Management Association
(CSMA)
www.ctspectrum.com

Coordinator
Dana Underhill, KB1AEV
42 Douglas Dr
Enfield, CT 06082-2544
kb1aev@cox.net

DELAWARE
T-MARC—See Maryland

DISTRICT OF COLUMBIA
T-MARC—See Maryland

FLORIDA
Florida Repeater Council
(FRC)
www.florida-repeaters.org

Database Manager
Dana Rodakis, K4LK
6280 Fairfield Ave South
St Petersburg, FL
33707-2323
**coordinator@
florida-repeaters.org**

GEORGIA

Southeastern Repeater Association (SERA)
www.sera.org/ga.html

Director
Ron Johnson, WB4GWA
PO Box 306
Concord, GA 30206

Vice Director
John Davis, WB4QDX
201 Hanarry Dr
Lawrenceville, GA 30046

HAWAII

Hawaii State Repeater Advisory Council (HSRAC)
www.pdarrl.org/pacsec/HSRAC/index.html

Coordinator
Rick Ching, KH7O
PO Box 10868
Honolulu, HI 96816-2536
kh7o@arrl.net

IDAHO—SOUTHEAST

Southeast Idaho Coordination Committee (SEICC)

Coordinator
Rod Wilde, AB7OS
1061E 1100N
Shelley, ID 83274
ab7os@direcway.com

IDAHO—SOUTHWEST

Coordinator
Larry E. Smith, W7ZRQ
8106 Bobran St
Boise, ID 83709
larry.smith@idahoptv.org

IDAHO—PANHANDLE

IACC—See Eastern Washington

ILLINOIS

Illinois Repeater Association (IRA)
ilra.net

Coordinator
Aaron Collins, N9OZB
1338 S Arlington Hts Rd
Arlington Heights, IL 60085
collins@knowideas.com

INDIANA

Indiana Repeater Council
www.ircinc.org

Chairman
Dan Dahms, N9WNH
1320 E. Greenbriar Dr
Columbia City, IN 46725
260-503-4163
n9wnh@arrl.net

IRC Secretary / Treasurer
Mike Brant, KA9CXY
1549 W. Co. Rd 50 N
New Castle, IN 47362
765-744-7812
kc9cxy@incirc.org

IRC Web Master
James Smith, K9APR
4161 Carlos Rd
Greensfork, IN 47345
765-969-6911

IRC Coordinator and
Database Admin
Charlie Sears, N9MEW
551 Mooreland Dr
New Whiteland, IN 46184
317-535-4829
n9mew@ircinc.org

Send Membership Applications, Renewals and Other Correspondence To:
Indiana Repeater Council Inc
PO Box 6041
New Castle, IN 47362

IOWA
Iowa Repeater Council (IRC)
www.iowarepeater.org

President
Chris Conklin, N0CF
126 Magnolia Dr
Cedar Falls, IA 50613

Coordinator
Dennis W. Crabb, WB0GGI
1306 4th Ave North
Denison, IA 51442-1413
dwcrabb@frontiernet.net

Secretary
Thomas G. Crabb, N0JLU
813 South 26th St
West Des Moines, IA 50265
tgcrabb.rphjd@juno.com

Coordinator
Jay Mabey, NU0X
PO Box 19022
Cedar Rapids, IA 52409
nu0x@arrl.net

KANSAS
Kansas Amateur Repeater Council (KARC)
www.ksrepeater.com

Coordinator
Brian Short, KC0BS
12170 S Prairie Creek Pkwy
Olathe, KS 66061
kc0bs@arrl.net

KENTUCKY
Southeastern Repeater Association (SERA)
www.sera.org/ky.html

Director
Tim Osborne, K4TDO
PO Box 711
Hazard, KY 41702

LOUISIANA

Louisiana Council of Amateur Radio Clubs (LCARC)

Chair
Roger Farbe, N5NXL
12665 Roundsaville
Baton Rouge, LA 70818
n5nxl@bellsouth.net

Coordinator
Kevin Thomas, W5KGT
1573 Brownless Dr
Calhoun, LA 71225
lacoord@lacouncil.net

MAINE

(NESMC)
Apply for coordination online at **www.nesmc.org**, or you may apply by US mail:
New England Spectrum Management Council
PO Box 185
Berlin, MA 01503

10 Meter Coordinator
George Cleveland, WA1QGU
10m@nesmc.org

6 Meter Coordinator
George Cleveland, WA1QGU
6m@nesmc.org

2 Meter Coordinator
Bob DeMattia, K1IW
2m@nesmc.org

222 Coordinator
Bob Nelson, N1EUN
222@nesmc.org

440 Coordinator
Lou Harris, N1UEC
440@nesmc.org

902 and above Coordinator
Lew Collins, W1GXT
ghz@nesmc.org

MARYLAND

The Mid Atlantic Repeater Council (TMARC)
PO Box 1022
Savage, MD 20763-1022
www.tmarc.org

President
Dave Prestel, W8AJR
10160 Tanfield Ct
Ellicott City, MD 21042
w8ajr@arrl.net

MASSACHUSETTS

NESMC — See Maine

MICHIGAN—LOWER PENINSULA

Michigan Area Repeater Council (MARC)
2266 E Vermontville Hwy
Charlotte, MI 48813-8705
www.miarc.com

Coordinator
Phil Manor, W8IC
4865 Bates Dr
Warren, MI 48092-1991
w8ic@miarc.com

Database Manager
Dave Johnson, WD8DJB
2266 East Vermontville Hwy
Charlotte, MI 48813
wd8djb@mjarc.com

MICHIGAN—UPPER PENINSULA

Upper Peninsula Amateur Radio Repeater Association (UPARRA)
Coordinator
Noel Beardsley, K8NB
W7021 CR 356
Stephenson, MI 49887
k8nb@hotmail.com

MINNESOTA

Minnesota Repeater Council (MRC)
www.mrc.gen.mn.us

Coordinator
Jerry Dorf, NØFWG
1402 Pulaski Rd
Buffalo, MN 55313
jerryd@jerryd.net

MISSISSIPPI

Southeastern Repeater Association (SERA)
www.sera.org/ms.html

Coordinator
Steve Grantham, N5DWU
PO Box 127
Ellisville, MS 39437-0127
n5dwu@sera.org

MISSOURI

Missouri Repeater Council (MRC)
www.missourirepeater.org

Coordinator
Bryon Jeffers, KØBSJ
15585 Lovers Ln
Excelsior Springs, MO 64024
k0bsj@missourirepeater.org

Assistant Coordinators
Jeff Young, KB3HF
6 Long Beach Ct,
St Peters, MO 63376
kb3hf@missourirepeater.org

James Adkins, KØNHX
1004 SE Windstar Ct
Lee's Summit, MO 64081
kb0nhx@missourirepeater.org

MONTANA

Coordinator
Kenneth Kopp, KØPP
PO Box 848
Anaconda, MT 59711-0848
k0pp@arrl.net

NEBRASKA

Coordinator
John Gebuhr, WBØCMC
2349 North 64th St
Omaha, NE 68104
wb0cmc@radiks.net

NEVADA—SOUTHERN

Southern Nevada Repeater Council (SNRC)

President
Noel Lozada, N6JFO
n6jfo@snrc.us

Coordinator
Nat Talpis, W7OQF
w7oqf@snrc.us

Treasurer
Frank Kostelac, N7ZEV
n7zev@snrc.us

Coordinator
Blayne Ence, KG7SS
kg7ss@snrc.us

Secretary
Billy Smith, W4HMV
w4hmv@snrc.us

Coordination requests to:
www.snrc.us
email: **info@snrc.us**

NEVADA—NORTHERN

Combined Amateur Relay Council of Nevada (CARCON)
PO Box 71
Reno, NV 89504-0071
www.carcon.org

NEW HAMPSHIRE
NESMC—SEE MAINE

NEW JERSEY—All counties except Bergen, Essex, Hudson, Middlesex, Monmouth, Morris Passaic, Somerset and Union

Area Repeater Coordination Council (ARCC)
PO Box 244
Bedminster, PA 18949
www.arcc-inc.org
info@arcc-inc.org

NEW JERSEY—Bergen, Essex, Hudson, Middlesex, Monmouth, Morris Passaic, Somerset and Union

Metropolitan Coordination Association (MetroCor)
PO Box 107
New York, NY 10008-0107
www.qsl.net/metrocor
metrocor@qsl.net

NEW MEXICO

New Mexico Frequency Coordination Committee (NMFCC)
www.qsl.net/nmfcc

Chairman
Bill Kauffman, W5YEJ
1625 36th St SE
Rio Rancho, NM 87124
W5yej@arrl.net

NEW YORK— FAR NORTHERN

Saint Lawrence Valley
Repeater Council (SLVRC)
www.slvrc.org

NEW YORK—EASTERN AND CENTRAL UPSTATE

Upper New York Repeater
Council (UNYREPCO)
www.unyrepco.org

All correspondence to:
Upper New York Repeater
Council
PO Box 858
Vails Gate, NY 12584

NEW YORK—WESTERN

Western New York and
Southern Ontario Repeater
Council (WNYSORC)
PO Box 123
Athol Springs, NY 14010-0123
http://www.wnysorc.org

NEW YORK—NYC AND LONG ISLAND

Metropolitan Coordination
Association (MetroCor)
PO Box 107
New York, NY 10008-0107
www.metrocor.net

President
Mario Sellitti, N2PVP
n2pvp@n2pvp.com

NORTH CAROLINA

Southeastern Repeater
Association (SERA)
www.sera.org/nc.html

Director
Danny Hampton, K4ITL
5453 Rock Service Station Rd
Raleigh, NC 27603-9513
k4itl@sera.org

Coordinator
Frank A. Lynch, W4FAL
2528 Oakes Plantation Dr
Raleigh, NC 27610-9328
w4fal@sera.org

NORTH DAKOTA

Coordinator
Al Bennefeld, KØCGY
801 19th St South
Fargo, ND 58103
k0cgy@arrl.net

OHIO

Ohio Area Repeater Council
(OARC)
www.oarc.com

Coordinator
Ken Blrd, W8SMK
244 North Parkway Dr
Delaware, OH 43015-8788
ken@midohio.net

OKLAHOMA

Oklahoma Repeater Society, Inc. (ORSI)
PO Box 512
Owasso, OK 74055
www.qsl.net/orsi

Coordinator
Merlin Griffin, WB5SOM
wb5osm@hotmail.com

OREGON

Oregon Region Relay Council (ORRC)
PO Box 4402
Portland, OR 97208-4402
www.orrc.org

Chair
Daron Wilson, N7HQR
PO Box 4402
Portland, OR 97208-4402
541-270-5886
daron@wilson.org

PENNSYLVANIA— EASTERN

Area Repeater Coordination Council (ARCC)
PO Box 244
Plumsteadville, PA 18949
www.arcc-inc.org
info@arcc-inc.org

PENNSYLVANIA— WESTERN

Western Pennsylvania Repeater Council (WPRC)
10592 Perry Highway
PMB 173
Wexford, PA 15090
wprc@qsl.net
www.qsl.net/wprc

PUERTO RICO

Puerto Rico/Virgin Islands Volunteer Frequency Coordinators (PR/VI VFC)

Coordinator
Victor M. Madera, KP4PQ
PO Box 191917
San Juan, PR 00919
vmmadera@prtc.net

RHODE ISLAND

NESMC—See Maine

SOUTH CAROLINA

Southeastern Repeater Association (SERA)
www.sera.org/sc.html

Director and Coordinator
Roger Gregory, W4RWG
119 Royal Oak Dr,
Union, SC 29379

SOUTH DAKOTA

Coordinator
Richard L. Neish, WØSIR
Box 100
Chester, SD 57016-0100
neish@itctel.com

TENNESSEE

Southeastern Repeater
Association (SERA)
www.sera.org/tn.html

Director and Coordinator
Randy Bennett, W4RFB
178 Bakers Chapel Rd
Medina, TN 38355

TEXAS

Texas VHF/FM Society (TVFS)
www.txvhffm.org

President
Rusty Herman, KB5R
116 S. Ave C
Humble, TX 77336
281-548-1500

State Frequency Coordination
Paul Baumgardner, W5PSB
12936 Honey Locust Cir
Euless, TX 76040
817-868-7663
coord@txvhffm.org

UTAH

Utah VHF Society (UVHFS)
www.ussc.com/~uvhfs

Coordinator
John Lloyd K7JL
2078 Kramer Dr
Sandy, UT 84092
lloyd@ussc.com

VERMONT

Vermont Independent
Repeater Coordination
Committee (VIRCC)
www.ranv.org/rptr.html

Mitchell Stern, W1SJ
PO Box 99
Essex, VT 05451
w1sj@arrl.net

VIRGINIA—SOUTH OF 38TH PARALLEL AND US 33

Southeastern Repeater
Association (SERA)
www.sera.org/va.html

Coordinator—West
Mike Knight, K4IJ
4267 Prices Fork Rd
Blacksburg, VA 24060
k4ije@sera.org

Coordinator—East
Jim Campbell, K4YM
835 Meadow Dr
Tappahannock, VA 22550
k4ym@sera.org

Coordinator—Central
Jay Campbell, N4YMY
12085 Cheroy Woods Ct
Ashland, VA 23005
n4ymy@sera.org

VIRGINIA—NORTH OF 38TH PARALLEL AND US 33
T-MARC—See Maryland

WASHINGTON—EASTERN

Inland Amateur Coordination Council (IACC)
Coordinator
Doug Rider, KC7JC
19410 E. Buckeye Ave
Spokane Valley, WA 99027-9584
djr876@comcast.net

WASHINGTON—WESTERN

Western Washington Amateur Relay Association (WWARA)
PMB 243
16541 Redmond Way
Redmond WA 98052-4482
www.wwara.org
secretary@wwara.org

Chair
John Schurman, AA7UJ
12057 NE 97th St
Kirkland, WA 98033
aa7uj@aol.com

Vice Chair
Bob Lewis, W7AN
PO Box 10215
Bainbridge Island, WA 98110
w7an@arrl.net

Secretary
Mark McClain, N6OBY
10803 164th Place NE
Redmond, WA 98052
n6oby@prodigy.net

WEST VIRGINIA—EASTERN PANHANDLE
T-MARC—See Maryland

WEST VIRGINIA—ALL OTHER AREAS

Southeastern Repeater Association (SERA)
www.sera.org/wv.html

Director
H. Alex Hedrick, N8FWL
1021 Woodlawn Ave
Beckley, WV 25801-6431
n8fwl@sera.org

Vice Director
Richard Dillon, K8VE
PO Box 1177
Buckhannon, WV 26201-1777
k8ve@sera.org

Coordinator
Chris Hatcher, KC8AFH
PO Box 992
Beaver, WV 25813
kc8afh@sera.org

WISCONSIN
Wisconsin Association of Repeaters (WAR)
www.wi-repeaters.org

Chair
Gary Bargholz, N9UUR
8273 North 53rd St
Brown Deer, WI 53223
n9uur@wi-repeaters.org

Coordinator
Dave Karr, KA9FUR
S64 W24740 Susan St
Waukesha, WI 53189
ka9fur@wi-repeaters.org

WYOMING

Wyoming Council of Amateur Radio Clubs (WCARC)
www.breazile.com/ham

Chair
Greg Galka, N7GT
310 East Iowa
Cheyenne, WY 82009
galka6@bresnan.net

ALBERTA

Don Moman, VE6JY
PO Box 127
Lamont, AB T0B 2R0
ve6jy@3web.net

BRITISH COLUMBIA

British Columbia Amateur Radio Coordination Council (BCARCC)
www.bcarcc.org

Coordinator
George Merchant, VE7CHU
15021 Semiahmoo Place
Surrey, BC
Canada V4P 2K3
coordinator@bcarcc.org

MANITOBA

Coordinator
Tom Blair, VE4TOM
121 Miramar Rd
Winnipeg, MB R3R 1E4
tom1@mts.net

MARITIME PROVINCES

MARCAN Frequency Coordinator
Ron MacKay, VE1AIC
Box 188
Cornwall, PEI C0A 1H0
ve1aic@rac.ca
ve1cra.no-ip.com

NEWFOUNDLAND AND LABRADOR

VOARA
Ken Whalen, VO1ST
24 Wadland Crescent
St. John's, NF A1A 2J6
vo1st@rac.ca
www.avalon.nf.ca/~techline

ONTARIO—EAST AND NORTH

SLVRC—See Far Northern New York

ONTARIO—SOUTHWEST

Western New York and
Southern Ontario Repeater
Council
647 View Lake Rd
Janetville, ON L0B 1K0
http://www.wynsorc.org

QUEBEC—WITHIN 50 km OF THE OTTAWA RIVER

SLVRC—See Far Northern
New York

QUEBEC—ALL OTHER AREAS

Radio Amateur du Quebec, Inc
(RAQI)
4545 ave Pierre du Coubertin,
CP1000
Montreal, QC H1V 3R2
www.raqi.ca
raqi@sympatico.ca

SASKATCHEWAN

Saskatchewan Amateur Radio
League (SARL)
Stan Ewert, VE5SC
7 Federal Dr
White City, SK S0G 5B0
sewert@sk.sympatico.ca

OTHER CANADIAN AREAS

Ken Oelke, VE6AFO
729 Harvest Hills Dr NE
Calgary, AB T3K 4R3
ve6afo@rac.ca

CHAPTER FOUR

REPEATER LINGO / HINTS

This chapter covers a basic course in "repeater-speak" and explains many of the terms heard on your local repeater.

REPEATER LINGO:

Definitions of the words and phrases commonly used on repeaters:

Autopatch - A device that interfaces the repeater system with the telephone system to extend ham communications over the telephone communications network.

Breaker - A ham who interjects his call sign during a QSO in an attempt to get a chance to communicate over a repeater.

Channel - The pair of frequencies (input and output) a repeater operates on.

Closed Repeater - A repeater whose use is limited to certain individuals. These are completely legal under FCC rules.

Control Operator - An individual ham designated to "control" the repeater, as required by FCC regulations.

COR - Carrier-Operated-Relay, a device that, upon sensing a received signal, turns on the repeater's transmitter to repeat the received signal.

Courtesy Tone - A short tone sounded after each repeater transmission to permit other stations to gain access to the repeater before the tone sounds.

Coverage - The geographical area in which the repeater may be used for communications.

CTCSS - Continuous Tone Coded Squelch System, a sub-audible tone system which operates the squelch (COR) of a repeater when the corresponding sub-audible tone is present on a transmitted signal. The squelch on a repeater which uses CTCSS will not activate if the improper CTCSS tone, or if no tone, is transmitted.

Crossband - Communications to another frequency band by means of a link interfaced with the repeater.

Desense - Degradation of receiver sensitivity caused by strong unwanted signals reaching the receiver front end.

Duplexer - A device that permits the use of one antenna for both transmitting and receiving with minimal degradation to either the incoming or outgoing signals.

Frequency Synthesis - A scheme of frequency generation in modern transceivers using digital techniques.

Full Quieting - Signal strength in excess of amount required to mask ambient noise.

Hand-Held - A portable FM transceiver that is small enough to use and carry in one hand.

Input - The frequency the repeater receiver is tuned to: The frequency that a repeater user transmits on.

Intermod - Interference caused by spurious signals generated by intermodulation distortion in a receiver front end or transmitter power amplifier stage.

Key-Up - Turning on a repeater by transmitting on its input frequency.

LiTZ - Long Tone Zero (LiTZ) Alerting system. Send DTMF zero (0) for at least three seconds to request emergency/urgent assistance.

Machine - The complete repeater system.

Mag-Mount - A mobile antenna with a magnetic base that permits quick installation and removal from the motor vehicle.

Offset - The spacing between a repeater's input and output.

Omnidirectional - An antenna system that radiates equally in all directions.

Output - The frequency the repeater transmits on; the frequency that a repeater user receives on.

Picket-Fencing - Rapid flutter on a mobile signal as it travels past an obstruction.

Polarization - The plane an antenna system operates in; most repeaters are vertically polarized.

Reverse Autopatch - A device that interfaces the repeater with the telephone system and permits users of the phone system to call the repeater and converse with on-the-air repeater users.

Reverse Split - A split-channel repeater operating in the opposite direction of the standard.

RPT/R - Abbreviation used after repeater call signs to indicate that the call sign is being used for repeater operation.

Simplex - Communication on one frequency, not via a repeater

Splinter Frequency - 2-meter repeater channel 15 kHz above or below the formerly standard 30 kHz-spaced channel.

Split Sites - The use of two locations for repeater operation (the receiver is at one site and the transmitter at another), and the two are linked by telephone or radio.

Squelch Tail - The noise burst that follows the short, unmodulated carrier following each repeater transmission.

Time-Out-Timer - A device that limits the length of a single repeater transmission (usually 3 minutes).

Tone Pad - A device that generates the standard telephone system tones used for controlling various repeater functions.

ARRL MESSAGE FORM INSTRUCTIONS

Every formal radiogram message originated and handled should contain the following four main components in the order given.

1. Preamble

The Preamble includes information used to prioritize and track the message and ensure its accuracy.

(A) Number. Assigned by the Station of Origin and never changed. Begin with 1 each month or year.

(B) Precedence. Determines the order in which traffic is passed. Assign each message a Precedence of R (Routine), W (Welfare), P (Priority) or EMERGENCY. See the guidelines on page 76.

(C) Handling Instructions (HX). Optional, used only if a specific need is present.

(D) Station of Origin. The call sign of the station originating (creating) the message.

(E) Check. The number of words or word groups in the text of the message. A word group is any group of one or more consecutive characters with no interrupting spaces.

(F) Place of Origin. The location (city and state) of the party for whom the message was created, and not necessarily the location of the Station of Origin.

(G) Time Filed. Optional, used only when the filing time has some importance relative to the Precedence, Handling Instructions or Text.

(H) Date. The date the message was filed. (If Time Filed is used, date and time must agree.)

2. Address

Name, address, city, state, ZIP and telephone number of the intended recipient, as complete as possible. Note that punctuation is not used in the Address section.

3. Text

The message information, limited to 25 words or less if possible. Normal punctuation characters are not used in the text. A question mark is sent as QUERY, while DASH is sent for a hyphen. The letter X is used as a period (but never after the last group of the text) and counts as a word when figuring the Check. The letter R is used in place of a decimal in mixed figure groups (example: 146R52 for 146.52).

4. Signature

The name of the party for whom the message was originated. May include additional information such as Amateur Radio call sign, title, address, phone number and so on.

Message Example

1. Preamble   1   R   HXG   W1AW   8   NEWINGTON CT   1830Z   JULY 1
               (A)   (B)   (C)   (D)   (E)   (F)   (G)   (H)

2. Address   DONALD SMITH
                 164 EAST SIXTH AVE
                 NORTH RIVER CITY MO 00789
                 555 1234

3. Text   HAPPY BIRTHDAY X SEE YOU SOON X LOVE

4. Signature   DIANA

ARRL MESSAGE PRECEDENCES

EMERGENCY—Any message having life and death urgency to any person or group of persons, that is transmitted by Amateur Radio in the absence of regular commercial facilities. This includes official messages of welfare agencies during emergencies requesting supplies, materials or instructions vital to relief efforts for the stricken populace in emergency areas. On CW and digital modes, this designation will always be spelled out. *When in doubt, do not use this designation.*

PRIORITY—Abbreviated as P on CW and digital modes. This classification is for important messages having a specific time limit, official messages not covered in the emergency category, press dispatches and emergency-related traffic not of the utmost urgency.

WELFARE—Abbreviated as W on CW and digital modes. This classification refers to an inquiry about the health and welfare of an individual in the disaster area, or to an advisory from the disaster area that indicates all is well. Welfare traffic is handled only after all Emergency and Priority traffic is cleared. The Red Cross equivalent to an incoming Welfare message is DWI (Disaster Welfare Inquiry).

ROUTINE— Abbreviated as R on CW and digital modes. Most traffic in normal times will bear this designation. In disaster situations, traffic labeled Routine should be handled last, or not at all when circuits are busy with higher-precedence traffic.

ARRL MESSAGE HANDLING INSTRUCTIONS

Handling instructions (HX) convey special instructions to operators handling and delivering the message. The instruction is inserted in the message Preamble between the Precedence and the Station of Origin. Its use is optional with the originating stations, but once inserted it is mandatory with all relaying stations.

PROSIGN	INSTRUCTION
HXA	(Followed by number.) Collect landline delivery authorized by addressee within ____ miles. (If no number, authorization is unlimited.)
HXB	(Followed by number.) Cancel message if not delivered within ____ hours of filing time; service originating station.
HXC	Report date and time of delivery (TOD) to originating station.
HXD	Report to originating station the identity of station from which received, plus date and time. Report identity of station to which relayed, plus date and time, or if delivered report date, time and method of delivery.
HXE	Delivering station get reply from addressee, originate message back.
HXF	(Followed by number.) Hold delivery until ____ (date).
HXG	Delivery by mail or landline toll call not required. If toll or other expense involved, cancel message and service originating station.

ARRL NUMBERED RADIOGRAMS FOR POSSIBLE "RELIEF EMERGENCY USE"

Numbered radiograms are an efficient way to convey common messages. The letters ARL are inserted in the Preamble in the Check and in the text before spelled out numbers, which represent texts from this list. Note that some ARL texts include insertion of information.

Example: NR 1 W W1AW ARL 4 NEWINGTON CT DEC 25 DONALD R SMITH 164 EAST SIXTH AVE NORTH RIVER CITY MO PHONE 733 3968 BT ARL ONE ARL TWO BT DIANA AR.

ONE	Everyone safe here. Please don't worry.
TWO	Coming home as soon as possible.
THREE	Am in ____ hospital. Receiving excellent care and recovering fine.
FOUR	Only slight property damage here. Do not be concerned about disaster reports.
FIVE	Am moving to new location. Send no further mail or communication. Will inform you of new address when relocated.
SIX	Will contact you as soon as possible.
SEVEN	Please reply by Amateur Radio through the amateur delivering this message. This is a free public service.
EIGHT	Need additional ____ mobile or portable equipment for immediate emergency use.
NINE	Additional ____ radio operators needed to assist with emergency at this location.

TEN	Please contact _____. Advise to standby and provide further emergency information, instructions or assistance.
ELEVEN	Establish Amateur Radio emergency communications with _____ on _____ MHz.
TWELVE	Anxious to hear from you. No word in some time. Please contact me as soon as possible.
THIRTEEN	Medical emergency situation exists here.
FOURTEEN	Situation here becoming critical. Losses and damage from _____ increasing.
FIFTEEN	Please advise your condition and what help is needed.
SIXTEEN	Property damage very severe In this area.
SEVENTEEN	REACT communications services also available. Establish REACT communication with _____ on channel _____.
EIGHTEEN	Please contact me as soon as possible at _____.
NINETEEN	Request health and welfare report on _____ (name, address, phone).
TWENTY	Temporarily stranded. Will need some assistance. Please contact me at _____.
TWENTY ONE	Search and Rescue assistance is needed by local authorities here. Advise availability.

TWENTY TWO	Need accurate information on the extent and type of conditions now existing at your location. Please furnish this information and reply without delay.
TWENTY THREE	Report at once the accessibility and best way to reach your location.
TWENTY FOUR	Evacuation of residents from this area urgently needed. Advise plans for help.
TWENTY FIVE	Furnish as soon as possible the weather conditions at your location.
TWENTY SIX	Help and care for evacuation of sick and injured from this location needed at once.

THE AMERICAN RADIO RELAY LEAGUE
RADIOGRAM
VIA AMATEUR RADIO

73

NUMBER	PRECEDENCE	HX	STATION OF ORIGIN	CHECK	PLACE OF ORIGIN	TIME FILED	DATE

TO

THIS RADIO MESSAGE WAS RECEIVED AT

AMATEUR STATION _____ PHONE _____

NAME _____ E-MAIL _____

STREET _____

CITY, STATE, ZIP _____

PHONE NUMBER

E-MAIL

FROM	DATE	TIME	TO	DATE	TIME

REC'D | | | **SENT** | |

 THIS MESSAGE WAS HANDLED FREE OF CHARGE BY A LICENSED AMATEUR RADIO OPERATOR, WHOSE ADDRESS IS SHOWN IN THE BOX AT RIGHT ABOVE. AS SUCH MESSAGES ARE HANDLED SOLELY FOR THE PLEASURE OF OPERATING, NO COMPENSATION CAN BE ACCEPTED BY A "HAM" OPERATOR. A RETURN MESSAGE MAY BE FILED WITH THE "HAM" DELIVERING THIS MESSAGE TO YOU. FURTHER INFORMATION ON AMATEUR RADIO MAY BE OBTAINED FROM ARRL HEADQUARTERS, 225 MAIN STREET, NEWINGTON, CT 06111

THE AMERICAN RADIO RELAY LEAGUE, INC. IS THE NATIONAL MEMBERSHIP SOCIETY OF LICENSED RADIO AMATEURS AND THE PUBLISHER OF QST MAGAZINE. ONE OF ITS FUNCTIONS IS PROMOTION OF PUBLIC SERVICE COMMUNICATION AMONG AMATEUR OPERATORS. TO THAT END, THE LEAGUE HAS ORGANIZED THE NATIONAL TRAFFIC SYSTEM FOR DAILY NATIONWIDE MESSAGE HANDLING.

PRINTED IN USA

Disaster Welfare Message Form

Number	Precedence	HX	Station of Origin	Check	Place of Origin	Time Filed	Date

TO:

Message Receipt or Delivery Information
Operator and station: _____
Sent to: _____
Delivered to: _____
Date: _____ Time: _____

Telephone number:

(Circle not more than two standard texts from list below)

ARL ONE — Everyone safe here. Please don't worry.
ARL TWO — Coming home as soon as possible.
ARL THREE — Am in _____ hospital. Receiving excellent care and recovering fine.
ARL FOUR — Only slight property damage here. Do not be concerned about disaster reports.
ARL FIVE — Am moving to new location. Send no further mail or communications. Will inform you of new address when relocated.
ARL SIX — Will contact you as soon as possible.
ARL SIXTY FOUR — Arrived safely at _____

Time	Date	Telephone	Signature	Name

National Weather Service SKYWARN

In many areas local repeaters are used to conduct SKYWARN severe weather nets. In the ARRL Repeater Directory these nets are designated with the abbreviation WX (weather net/weather usage).

Severe weather nets play an important role in relaying information to National Weather Service (NWS) Weather Forecast Offices (WFOs). Amateurs who have completed NWS SKYWARN training play a key role in providing ground truth reports to NWS meteorologists. This information helps the NWS in issuing timely severe weather warnings to the public.

Reports submitted to your NWS WFO may be made via Amateur Radio, telephone or Internet. Here are some general guidelines for submitting a severe weather report:

• Follow the specific reporting guidelines for your area (available through your WFO)

• Remain calm, speak clearly, and do not exaggerate the facts

• If you are unsure of what you are seeing, make your report, but also express your uncertainty

• Your report should contain the following information
  WHO you are: trained spotter
  WHAT you have witnessed: the specific weather event
  WHEN the event occurred: NOT when you make your report
  WHERE the event occurred, (not necessarily your location) using well known roads or landmarks

Immediate, real-time reports are most helpful for warning operations, but delayed reports are also important, even days after an event. Delayed reports are used for climatological and verification purposes. Weather events should be reported according to the instructions provided by your local NWS office.

For more information contact your local WFO. You can find their information at **www.weather.gov**. Also consider reading Storm Spotting and Amateur Radio available through the ARRL. The NWS' Weather Spotter's Field Guide is available at **www.nws.noaa.gov/os/brochures/SGJune6-11.pdf**.

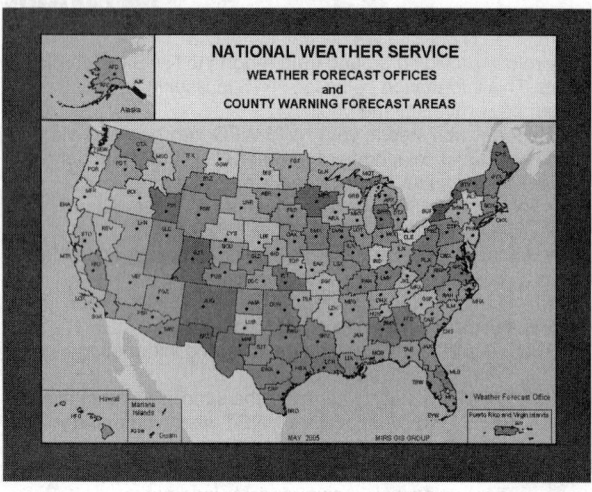

29.5-29.7 MHz

Location	Output	Input	Notes	Call	Sponsor
ALABAMA					
Foley	29.6600	–	O 118.8 TT(RACES)r	WB4GMQ	WB4GMQ
Tuscaloosa	29.6400	–	●x	KX4I	KX4I
ARKANSAS					
NORTHWEST					
Springdale	29.6400	–	Os	KE5LXK	NWAUHF
CALIFORNIA					
FREQUENCY USAGE - SOUTHERN CALIFORNIA					
So Cal	29.5000			SIMPLEX	
So Cal	29.6000			SIMPLEX	
NORCAL-CENTRAL COAST					
Santa Cruz	29.6600	–	O 156.7esx	K6HJU	IRCSLV
NORCAL-NORTH BAY					
Clear Lake	29.6800	–	O 156.7elx	N0EDS	N0EDS
NORCAL-SACRAMENTO VALLEY					
Auburn	29.6200	–	O 156.7x	N6JSL	PARK
NORCAL-SAN JOAQUIN VALLEY					
Ahwahnee	29.6800	–	O 82.5ex	WB6NIL	WB6NIL
Copperopolis	29.6600	–	O 141.3elx	KG6TXA	SALAC
NORCAL-SOUTH BAY					
Los Altos	29.6400	–	O 156.7elx	KB6LED	KB6LED
San Jose	29.6200	–	O 127.3#l	KD6AOG	KD6AOG
NORCAL-TAHOE					
So Lake Tahoe	29.6800	–	O 156.7elx	W6SUV	W6SUV
SOCAL-#LA CENTRAL					
Arcadia	29.6600	–	107.2	K6TY	------------
Los Angeles	29.6200	–	107.2	NI8H	BHARC
SOCAL-#ORANGE					
Santiago Peak	29.6400	–	107.2	W6KRW	OC RACES
CONNECTICUT					
FREQUENCY USAGE					
Snp	29.6800	–	O		
FLORIDA					
EAST CENTRAL					
Cocoa	29.6400	–	O 103.5/103.5	N4LEM	N4LEM
NORTH CENTRAL					
Ocala	29.6800	–	OL(145.43)	KA2MBE	KA2MBE

29.5-29.7 MHz
FLORIDA-INDIANA

Location	Output	Input	Notes	Call	Sponsor
NORTH EAST					
Tavares	29.6800	–	O 103.5/103.5 L(147)	WN4AMO	WN4AMO
NORTH WEST - TALLAHASSEE					
Tallahassee	29.6600	–	O 94.8/94.8 eL(444.8)sx	K4TLH	TARS
SOUTH EAST					
Indiantown	29.6800	–	O 146.2/146.2eL(449.225 NY)	K4NBC	K4NBC
SOUTH EAST - MIAMI/FT LAUD					
Miami	29.6200	–	O 82.5/82.5 L(145.150 442.800 443.525 224.160) BI	WB4TWQ	WB4TWQ
Miami	29.6600	–	O 100/100 L(145.150 442.800 443.525 224.160 443.700)	WY4P	WY4P

GEORGIA

Location	Output	Input	Notes	Call	Sponsor
Dalton	29.6800	–	Oal	N4BZJ	7.135 RPTR
Monroe	29.6200	–	O	KQ4XL	KQ4XL
Sharpsburg	29.6400	–	146.2	AG4ZR	AG4ZR
Warner Robins	29.6600	–	O	WR4MG	WR4MG

ILLINOIS

Location	Output	Input	Notes	Call	Sponsor
CHICAGO					
Park Ridge	29.6600	–	107.2	WA9ORC	CFMC
DECATUR					
Decatur	29.6200	–	103.5e	K9HGX	CENOIS ARC
NORTHEAST					
Woodstock	29.6800	–	114.8	WB9YWX	WB9YWX
ROCKFORD					
Rockford	29.6200	–	118.8el	K9AMJ	K9AMJ
ST LOUIS					
Mascoutah	29.6800	–	l	AA9ME	AA9ME
Troy	29.6400	–	l	AA9MZ	AA9MZ
WEST CENTRAL					
Versailles	29.6800	–	103.5	KB9JVU	KB9JVU

INDIANA

Location	Output	Input	Notes	Call	Sponsor
EAST CENTRAL					
Greens Fork	29.6600	–	O 110.9ers WX	K9APR	K9APR
INDIANAPOLIS					
Indianapolis	29.6400	–	O 127.3 (CA)el	N9ILS	N9ILS
NORTH CENTRAL					
South Bend	29.6800	–	O 131.8e	W9AMR	W9AMR
NORTHWEST					
Valparaiso	29.6400	–	O 131.8x	KB9KRI	Duneland

29.5-29.7 MHz
INDIANA-MISSISSIPPI

Location	Output	Input	Notes	Call	Sponsor
SOUTH CENTRAL					
Bedford	29.6800	–	O 136.5elr sWXx	N9UMJ	N9UMJ
IOWA					
DES MOINES					
Des Moines	29.6200	–	103.5	W0AK	DMRAA
KANSAS					
SOUTHEAST					
Parsons	29.6800	–	O 91.5/91.5 W0PIE L(ECHOLINK#305758)	W0PIE	W0PIE
KENTUCKY					
Ingle	29.6800	–	O 146.2e	AC4DM	AC4DM
Louisville	29.6400	–	O	KK4CZ	KK4CZ
MAINE					
PORTLAND/SOUTH COAST					
Lisbon Falls	29.6200	–	O(CA) E-SUN L(E517417 423344)sWX	W1LWT	Lee Trask
PORTLAND/YORK					
West Newfield	29.6400	–	O 156.7/156.7aeL(CCS NET) EXPx	N1KMA	CLEOSYS
Windham	29.6800	–	O 173.8/173.8eL(444.9500)	N1FCU	N1FCU
MARYLAND					
WASHINGTON AREA					
Silver Spring	29.6600	–	O 141.3el	N3AUY	+KD3R
Silver Spring	29.6600	444.0250	O 156.7el	N3AUY	+KD3R
MASSACHUSETTS					
METROWEST					
Marlborough	29.6800	–	O 131.8/131.8x	W1MRA	MMRA
MICHIGAN					
LOWER PEN SOUTHEAST					
Ann Arbor	29.6400	–	O 114.8elx	WD8DPA	WD8DPA
MINNESOTA					
METRO					
Credit River	29.6200	–	O	N0KP	SCAN
MISSISSIPPI					
Bay Saint Loui	29.6400	–	O 136.5el	KB5MPW	WQRZ

80 29.5-29.7 MHz
MONTANA-NORTH CAROLINA

Location	Output	Input	Notes	Call	Sponsor
MONTANA					
SOUTH CENTRAL					
Bozeman	29.6200	–	Ol	KB7KB	BARBS
NEBRASKA					
OMAHA					
Bellevue	29.6400	–	Oe L(444.875)r	WB0QQK	WB0QQK
NEVADA					
E SIERRA/TAHOE					
Lake Tahoe	29.6800	–	O 156.7	W6SUV	W6SUV
NORTH CENTRAL					
Elko	29.6800	–	O 100	KE7LKO	WV3LMA
NEW HAMPSHIRE					
LAKES REGION					
Rochester	29.6600	–	O 131.8/131.8 L(224.78/53.030)	WM1P	MLP
NEW YORK					
CATSKILLS NORTH					
Walton	29.6600	–	O 107.2	K2NK	K2NK
MID HUDSON					
Mahopac	29.6200	–	O 146.2#l	KQ2H	KQ2H
Mahopac	29.6600	–	74.4l	K2HR	ALIVE NETWORK A
Nyack	29.6400	–	O 114.8l	N2ACF	ROCKLAND REPEA
Wurtsboro	29.6200	–	O 146.2l	KQ2H	KQ2H
NEW YORK CITY - KINGS					
Brooklyn	29.6600	–	O 114.8 TT	WB2HWW	------------
NEW YORK CITY - MANHATTAN					
Manhattan	29.6200	–	146.2	KQ2H	------------
Manhattan	29.6800	–	O 136.5 TT eL(441.100)rsBl WX	N2HBA	PSARN
NIAGARA					
Buffalo	29.6800	–	O 107.2 L(BARRA)	AB2UK	BARRA
ROCHESTER					
Avon	29.6200	–	O	WR2AHL	GRIDD
Rochester	29.6800	–	O 123l	N2HJD	ROCHESTER RADIO
NORTH CAROLINA					
Angier	29.6400	–	82.5	NC4RA	NC4RA
Newport	29.6600	–	O	K4GRW	K4GRW
Rocky Mt	29.6600	–	Oe	N4JEH	N4JEH
Sparta	29.6400	–	151.4e	WA4PXV	WA4PXV
Thomasville	29.6800	–	O 88.5l	WW4DC	WW4FL
Wilkesboro	29.6200	–	Ol	WB4PZA	BLUE RIDGE

29.5-29.7 MHz
NORTH CAROLINA-TENNESSEE

Location	Output	Input	Notes	Call	Sponsor
Youngsville	29.6200	–	100.0el	WB4IUY	WB4IUY
OHIO					
CARROLL					
Malvern	29.6600	–	aelrz	K8NNC	CC ARES
LORAIN					
N Ridgeville	29.6200	–		W8HF	W8HF
LUCAS					
Toledo	29.6800	–	O	W8HHF	TMRA
MONTGOMERY					
Dayton	29.6400	–	O	WF8M	MVRFG
STARK					
Massillon	29.6400	–	O 103.5	W8NP	K8LK
WARREN					
Mason	29.6200	–	Ot	KD8C	FARA
OREGON					
PORTLAND METRO					
Portland	29.6200	–	O 162.2	AD7O	WCRI
Portland	29.6800	–	O 162.2e	KR7IS	KR7IS
PENNSYLVANIA					
NORTHWEST					
Meadeville	29.6400	–	O	W3MIE	CrwfrdARS
PITTSBURGH					
Apollo	29.6800	447.8000	O 131.8ael rxz	N1RS	SARA
Apollo	29.6800	–	O 141.3ael rxz	N1RS	SARA
Pittsburgh Homestead	29.6200	–		WA3PBD	GatewayFMA
SOUTHWEST					
Indiana	29.6600	–	O	W3BMD	ICARC
YORK					
York	29.6800	–	O 123elrs	W3HZU	Keystone
PUERTO RICO					
N					
Aguas Buenas	29.6200	–	OE-SUN	KP4IA	-----------
Corozal	29.6600	–	O	KP3AV	-----------
W					
San Sebastian	29.6400	–	85.4	KP4IP	-----------
SOUTH CAROLINA					
Sumter	29.6600	–	O	W4GL	SARA, INC.
TENNESSEE					
Culleoka	29.6600	–	O 91.5	AG4TI	AG4TI

82 29.5-29.7 MHz
TENNESSEE-ALBERTA

Location	Output	Input	Notes	Call	Sponsor
Gallatin	29.6400	–	O 107.2el	W4CAT	CATS
Gleason	29.6400	–	151.4ewX	KA4BNI	KA4BNI
Memphis	29.6200	–	Otel	W4ZJM	W4ZJM
Springfield	29.6800	–	●	N8ITF	N8ITF
Tellico Plains	29.6800	–	O 146.2el	KE4VQM	AJ4D

TEXAS

Location	Output	Input	Notes	Call	Sponsor
Fort Worth	29.6600	–	O 192.8	W5DFW	DFW Remote Base A
Houston	29.6400	–	O 103.5el	WB5UGT	SALTGRASS
Rosehill	29.6800	–	O 123	K5SOH	------------

VIRGINIA

Location	Output	Input	Notes	Call	Sponsor
Fancy Gap	29.6600	–	88.5l	KE4QOX	KE4QOX

WASHINGTON AREA

Location	Output	Input	Notes	Call	Sponsor
Middleburg	29.6800	–	O 146.2e	KA4DCS	KA4DCS

WASHINGTON
FREQUENCY USAGE - WESTERN WA

Output	Input	Notes
29.5200	29.5800	RPTR INPUTS (20KHZ SPACIN
29.6000		SIMPLEX
29.6000		CROSSBAND USE
29.6200	29.6800	RPTR OUTPUTS (20KHZ SPACI

W WA - NORTH

Location	Output	Input	Notes	Call	Sponsor
Mt Constitution	29.6800	–	O 110.9el	W7UMH	10/6/440 RPTR GRP

WEST VIRGINIA

Location	Output	Input	Notes	Call	Sponsor
Beckley	29.6200	–	O	KA8OTX	KA4OTX
Beckley	29.6800	–	O 88.5lr	KE4QOX	KE4QOX
Charleston	29.6400	–	O 203.5l	WB8CQV	WB8CQV
Dry Fork	29.6400	–	162.2e	WV8ZH	WV8ZH
Summersville	29.6600	–	88.5l	KE4QOX	KE4QOX

WISCONSIN
NORTH CENTRAL 114.8

Location	Output	Input	Notes	Call	Sponsor
Wausau	29.6400	–	114.8ex	W9SM	WVRA

WYOMING
NORTH WEST

Location	Output	Input	Notes	Call	Sponsor
Cody	29.6800	–	O(CA)	KC7NP	KC7NP

SOUTH CENTRAL

Location	Output	Input	Notes	Call	Sponsor
Rawlins	29.6400	–	Ol	KJ7AZ	KJ7AZ

ALBERTA
HIGH RIVER

Location	Output	Input	Notes	Call	Sponsor
Black Diamond	29.6900	29.5700	Ol	VE6ERW	VE6ERW

29.5-29.7 MHz

NEWFOUNDLAND AND LABRADOR-QUEBEC

Location	Output	Input	Notes	Call	Sponsor
NEWFOUNDLAND AND LABRADOR					
AVALON EAST					
St Johns	29.6200	–	TTIRB	VO1KEN	VO1ST
ONTARIO					
METRO TORONTO					
Uxbridge	29.6200	–	O 103.5e L(TFM IRLP)	VE3TFM	TFMCS
NATIONAL CAPITOL REGION					
Ottawa	29.6200	–	136.5/136.5 L(I 2210)x	VE3TST	VE3HXP
NORTHWESTERN ONTARIO					
Thunder Bay	29.6800	–	O#	VE3XFM	VE3OJ
QUEBEC					
Blainville Nord	29.5000	29.5000	O	VE2RNO	VE2THE
Gatineau	29.6800	–	O 173.8e	VE2REH	VE2ZVL
St-Calixte	28.1900	28.1900	O	VE2RVK	VE2VK
St-Calixte	29.6000	29.6000	141.3ex	VE2RVK	VE2VK
St-Calixte	29.6400	–	O 141.3	VE2RVK	VE2VK
St-Joseph du lac	29.6800	–	O	VE2RST	VE2GSB
OUTAOUAIS					
Gatineau	29.6800	–	173.8/173.8 (CA) L(I 2018)	VE2REH	ARAI

51-54 MHz

Location	Output	Input	Notes	Call	Sponsor
ALABAMA					
Bessemer	53.0900	52.0900	○ae	WB4YRJ	T.H.E. ARC
			L(ECHOLINK 371888) WXz		
Birmingham	53.2500	52.2500	○	W4CUE	BARC
Calvert	53.7500	52.7500	○	WX4MOB	WX4MOB
			123.0/123.0eWX		
Gadsden	53.2700	52.2700	○	K4JMC	Gadsden ARC
			103.5/103.5		
Guntersville	53.6300	52.6300	○	KC0ONR	KC0ONR
			100.0/100.0e		
Huntsville	53.2100	52.2100	○	W4XE	NARA
			100.0/100.0		
Mentone	53.1900	52.1900	○ 114.8ex	W4OZK	W4OZK
Mobile	53.0300	52.0300	○ 118.8	W4IAX	Mobile ARC
Montgomery	53.3500	52.3500	○ 100.0	W4AP	MARC
Moulton	53.1700	52.1700	○eIWX	N4IDX	Bankhead A
Pelham	53.7500	52.7500	100.0eWX	N4PHP	N4PHP
Russellville	53.1300	52.1300	○ 103.5	KI4OKJ	PCRS
Uriah	53.1300	52.1000	○	N4YYX	N4YYX
Vinemont	53.3300	52.3300	○	W4CFI	W4CFI
Warrior	53.0100	52.0100	○	N4CCQ	N4CCQ
ALASKA					
SOUTH CENTRAL					
Anchorage	52.8100	51.1100	○eRB	KA1NVZ	KA1NVZ
ARIZONA					
CENTRAL					
White Tanks	51.8600	51.3600	○ 100lx	WK7B	WK7B
NORTH CENTRAL					
Mt Union	52.5600	52.0600	○ 100x	N7NGM	N7NGM
NORTHWESTERN					
Kingman	51.9400	51.4400	○ 100x	KA6NLS	KA6NLS
PHOENIX					
Pinal Mtn	53.1400	52.1400	○ 100lx	WK7B	WK7B
SOUTHEASTERN					
Heliograph Peak	53.0400	52.0400	○ 141.3lx	K7EAR	K7EAR
Mt Lemmon	53.7200	52.7200	○ 136.5x	K7LHR	K7LHR
ARKANSAS					
CENTRAL					
Conway	53.2100	51.5100	○ 114.8	W5AUU	W5AUU
Little Rock	52.8100	51.1100	○	W5DI	CAREN

51-54 MHz
ARKANSAS-CALIFORNIA

Location	Output	Input	Notes	Call	Sponsor
Searcy/ C Hill	52.8300	51.1300	O 85.4ae	N5ZA	N5ZA
EAST CENTRAL					
Wynne	52.9500	51.9500	O 107.2ers WX	N0HNQ	N0HNQ
NORTH					
Harrison	53.0300	51.3300	Ol	WA9SSO	GathMtARC
Harrison	53.1500	52.1500	OeLITZx	WB5CYX	NAARS
NORTHWEST					
Decatur	51.9250	52.9250	O 114.8/114.8lx	N5UXE	N5UXE
Mountainburg	52.8700	52.1700	OWX	KC5MRE	KC5MRE
Springdale	53.0700	51.3700	Os	KE5LXK	NWAUHF
WEST					
Mena	52.9700	51.2700	O 100.0	W5HUM	Oua. ARA
WEST CENTRAL					
Mt Ida	52.9100	51.2100	O 100.0/100.0ex	KA5WPC	KA5WPC
Mt Magazine	53.1100	51.4100	O 131.8 WX	N5XMZ	N5XMZ

CALIFORNIA
FREQUENCY USAGE - SOUTHERN CALIFORNIA

Location	Output	Input			
So Cal	51.0200				DX
So Cal	51.0400				DX
So Cal	51.0600				DX
So Cal	51.0800				DX
So Cal	51.1000				DX
So Cal	51.5000				SIMPLEX
So Cal	51.5200				SIMPLEX
So Cal	51.5400				SIMPLEX
So Cal	51.5600				SIMPLEX
So Cal	51.5800				SIMPLEX
So Cal	51.6000				SIMPLEX
So Cal	51.6200	51.1200			DIGITAL
So Cal	51.6400	51.1400			DIGITAL
So Cal	51.6600	51.1600			DIGITAL
So Cal	51.6800	51.1800			DIGITAL
So Cal	52.0200				SIMPLEX
So Cal	52.0400				SIMPLEX
So Cal	52.5250				SIMPLEX
So Cal	52.5400				SIMPLEX
So Cal	52.7000	52.2000			TESTPAIR
So Cal	53.0000				SIMPLEX
So Cal	53.0200				SIMPLEX
So Cal	53.1000				RC
So Cal	53.2000				RC
So Cal	53.3000				RC
So Cal	53.4000				RC
So Cal	53.5000				RC

51-54 MHz — CALIFORNIA

Location	Output	Input	Notes	Call	Sponsor
So Cal	53.5200			SIMPLEX	
So Cal	53.6000			RC	
So Cal	53.7000			RC	
So Cal	53.8000			RC	
So Cal	53.9000			SIMPLEX	
NORCAL-CENTRAL COAST					
Ben Lomond	52.8000	–	O 114.8aesx	WR6AOK	SLVARC
Monterey	51.7600	–	●lrs	WE6R	WE6R
New Cuyama	52.6000	–	O 82.5lx	WA6VPL	WA6VPL
Nipomo	52.5800	–	O 82.5el	WA6VPL	WA6VPL
San Ardo	51.8200	–	O 136.5#e	WR6VHF	CERT
Santa Cruz	52.6800	–	O 94.8#esx	KE6IEL	IRCSLV
NORCAL-EAST BAY					
Hayward	52.7600	–	O 114.8ers	K6EAG	Hayward RC
Livermore	52.9000	–	O 114.8elx	K6LRG	L.A.R.G.E.
Oakland	53.7200	–	O 118.8#elrs	W6EBW	East Bay M
Orinda	52.6800	–	O 162.2erx	K6CHA	K6CHA
NORCAL-NORTH BAY					
Clear Lake	51.9600	–	O 114.8elx	N0EDS	CDF/VIP
Guerneville	51.8000	–	O 114.8#e	KM6XU	ChickenNet
Middletown	51.8400	–	O 88.5elx	AC6VJ	AC6VJ
Nacasio	52.8800	–	O 114.8#e	KE6ORI	KE6ORI
NORCAL-NORTH COAST					
Scotia	51.8400	–	O 114.8#aelx	N7HQZ	M.O.F.R.C.
Willits	51.7400	–	O 114.8elrsx	K7WWA	K7WWA
NORCAL-NORTH EAST					
Mt Shasta City	52.7200	–	O 110.9#lx	K6PRN	Patio RS
Redding	52.6600	–	O 107.2ex	WR6TV	W6QWN
NORCAL-SACRAMENTO VALLEY					
Auburn	51.9000	–	O 100elx	W7FAT	W7fat
El Dorado	52.5600	–	O 107.2#rsx	W6OIU	HAWK
ElDoradoHills	52.8200	–	O 110.9ae	WT6G	MEARA
Folsom	51.8600	–	O 94.8elx	AB6LI	AB6LI
Foresthill	52.9800	–	O 131.8#	N6ZQK	N6ZQK
Grass Valley	51.7000	–	O 141.3el	W6WEE	W6WEE
Grass Valley	52.7200	–	O 151.4aelrs	N1OES	CPRA
Grass Valley	52.7600	–	O 131.8ex	KF6GLZ	N6ZN
Grassvalley	52.6000	–	O 151.4rs	WD6AXM	WD6AXM
Magalia	51.9400	–	O 114.8#e	KC6USM	KC6USM
Mount Aukum	52.6400	–	O 88.5e	W6HMT	W6HMT

51-54 MHz
CALIFORNIA

Location	Output	Input	Notes	Call	Sponsor
Pollock Pines	52.9800	–	O 141.3#	WB6DAX	WB6DAX
Quintette	52.7800	–	O 107.2elsx	AG6AU	EDCARC
Sacramento	51.9800	–	●#ex	WU7Q	WU7Q
ShingleSprings	52.9000	–	O 100#	KG6HAT	KG6HAT
Vacaville	52.7400	+	O 127.3#a elrsx	WV6F	WVA
Vacaville	52.8600	–	O 136.5	N6NMZ	N6NMZ
NORCAL-SAN JOAQUIN VALLEY					
Bakersfield	51.8800	–	O 114.8el	KG6KKV	KG6KKV
Bakersfield	52.6000	–	O 82.5#elx	KC6OVD	KC6OVD
Bakersfield	52.7800	–	O 82.5	W6LIE	KCCVARC
Coarsegold	52.7000	–	O 127.3e	W6HMH	W6HMH
Hanford	53.6600	–	O 77e	KC6QIT	KC6QIU
Modesto	51.8000	–	O 136.5esx	WD6EJF	SARA
New Idria	52.5800	–	O 82.5#lx	KC6OVD	KC6OVD
NORCAL-SOUTH BAY					
Los Gatos	51.9200	–	O 114.8elx	KU6V	KU6V
Palo Alto	52.6400	–	O 114.8elrsx	WA6FUL	WA6FUL
San Jose	52.5800	–	O 151.4aels	W6PIY	WVARA
San Jose	52.6600	–	O 127.3#	KD6AOG	KD6AOG
San Jose	52.9400	–	O 100#	KG6HAT	KG6HAT
NORCAL-WEST BAY					
Menlo Park	51.7800	–	O 114.8lrx	KB7IP	NC6MLA
Redwood City	53.6800	–	O 114.8es	K6MPN	SCARES
Woodside	53.6400	–	●esx	N6ZX	KMARC
NORTH EAST					
Susanville	53.1000	52.1000	O 91.5	KE6NDG	KE6NDG
SOCAL-#KE,LA,OR,RIV,SBAR,SBER,VE					
Frazier Mtn	52.5600	52.1600	O	N6BKL	----------
SOCAL-#KERN					
El Paso Pk	52.7200	52.2200	82.5	W6NVY	----------
Shirley Peak	51.9800	51.4800	82.5	W6NVY	----------
SOCAL-#LA CENTRAL					
Arcadia	51.8600	51.3600	103.5	W6VIO	----------
Flint Peak	53.6800	53.1800	114.8	WA6MDJ	BHARC
Los Angeles	51.9000	51.4000	O	KC6MQL	----------
Los Angeles	53.6400	53.1400	100.0	WA6TFD	BHARC
Lukens	52.7400	52.2400	127.3	N6ENL	SCRN
Pico Rivera	52.6600	52.1600	O	WD6EZQ	----------
Wilson	52.5000	52.0000	O	W6ZOI	LARA
Wilson	52.8400	52.3400	94.8	WA6DVG	----------
SOCAL-#LA EAST					
Sunset	52.9000	52.4000	82.5	KB6MIP	----------
SOCAL-#LA NORTH					
Contractors PT	52.8600	52.3600	82.5	W6JW	----------
Oat Mtn	51.8000	51.3000	82.5	N6TCO	----------

51-54 MHz — CALIFORNIA

Location	Output	Input	Notes	Call	Sponsor
Oat Mtn	51.8200	51.3200	82.5	W6NVY	
Santa Clarita	51.8600	51.3600	82.5	N6KNW	SCARC
SOCAL-#LA WEST					
Baldwin Hills	51.9200	51.4200	o	WA6MDJ	BHARC
Topanga Peak	52.5800	52.0800	o	KØJPK	
W Los Angeles	51.7800	51.2800	o	K6PYP	
Westchester	51.8800	51.3800	o	K6LH	
SOCAL-#LOMPOC					
Lompoc	51.8600	51.3600	o	WB6BGK	
Lompoc	52.8800	52.3800	82.5	WA6VPL	
SOCAL-#ONTARIO					
Chino Hills	51.7800	51.2800	o	WA6AJP	
SOCAL-#ORANGE					
Fullerton	51.7400	51.2400	oel	N6ME	WARN
Orange	52.6400	52.1400	103.5	KB6CJZ	
Santiago Peak	52.6200	52.1200	103.5	W6KRW	OC RACES
SOCAL-#PALM SPRINGS					
Indio Hills	51.8400	51.3400	107.2	KA6GBJ	
SOCAL-#PALMDALE					
Hauser	51.9600	51.4600	82.5	W6NVY	
Lancaster	52.6800	52.1800	82.5	N6BCE	
Palmdale	52.6600	52.1600	o	WB6TTS	
SOCAL-#SAN BERNARDINO					
Green Vally LK	52.8800	52.3800	o	AA6PX	
Rimforest	52.9800	52.4800	103.5	KF6MZS	
Sky Forest	51.7600	51.2600	o	WA6BFH	
SOCAL-#SAN DIEGO					
Cuyamaca Peak	52.6000	52.1000	107.2	WA6ZZL	SD RACES
Palomar Mtn	52.6800	52.1800	107.2	W6NWG	PARC
Potrero	52.6600	52.1600	o	N6SXH	
San Diego	52.7800	52.2800	107.2	W6HDC	
SOCAL-#SANTA BARBARA					
Santa Barbara	52.9200	52.4200	88.5	K6BVA	SMUG
SOCAL-#THOUSAND OAKS					
Rasnow Pk	51.9400	51.4400	82.5	WB6RHQ	
SOCAL-#VENTURA					
Camarillo	51.8400	51.3400	82.5	WB6ZCO	
South Mtn	52.9800	52.4800	o	K6SMR	SMRA
SOCAL-KE,LA,OR,RIV,SBAR,SBER,VE					
Covers Area	52.9400	52.4400	●	W6+	
SOCAL-LA,OR,RIV,SBAR,SBER,SD,VE					
Covers Area	52.7200	52.2200	●	W6+	
Covers Area	52.7600	52.2600	●	W6+	
Covers Area	52.8000	52.3000	●	W6+	
SOCAL-LA,OR,RIV,SBER					
Covers Area	51.7200	51.2200	●	W6+	
SOCAL-LA,OR,RIV,SBER,SD					
Covers Area	52.8200	52.3200	●	W6+	

51-54 MHz
COLORADO-FLORIDA

Location	Output	Input	Notes	Call	Sponsor
COLORADO					
FREQUENCY USAGE					
STATEWIDE	53.0700	52.0700		CONTROL	ACCESS
COLORADO SPRINGS					
Colorado Springs	53.1300	51.4300	O 107.2e	KC0CVU	CMRG
DENVER METRO					
Denver	53.0500	52.0500	O 107.2/107.2ex	W0CRA	CRA
Denver	53.0900	52.0900	O 107.2/107.2	W0TX	DRC
Idaho Springs	53.1500	51.4500	O 107.2x	N0PYY	DenPDEEB
SOUTH CENTRAL					
Canon City	53.0300	52.0300	Oe	WB0WDF	WB0WDF
CONNECTICUT					
FREQUENCY USAGE					
Snp	53.5700	52.5700			
FAIRFIELD & SOUTHWEST					
Danbury	53.1300	52.1300	O 100.0/100.0	W1QI	CARA
HARTFORD & N CENTRAL					
Bolton	53.4500	52.4500	O 82.5/82.5 el	W1HDN	PVRA
Bristol	53.0500	52.0500	O 162.2/162.2e	WA1IXU	------------
E Hartland	53.1900	52.1900	162.2e	W1XOJ	YANKEE NET
Tolland	53.1500	52.1500	O 162.2/100.0e	W1GPO	------------
NEW HAVEN & S CENTRAL					
Guilford	53.7500	52.7500	110.9/110.9 e	NI1U	N1OFJ
Milford	53.2700	52.2700	77.0	KA1OYS	------------
NEW LONDON & SOUTHEAST					
Montville	53.4100	52.4100	O 156.7/156.7	K1IKE	K1IKE
New London	53.8500	52.8500	O 156.7/156.7	W1NLC	SCRAMS
DELAWARE					
NORTH					
New Castle	53.5700	52.5700	O 131.8e WX	ND3E	AMROS
FLORIDA					
CENTRAL - ORLANDO					
Eustis	53.2300	52.2300	O 103.5/103.5e	KD4MBN	KD4MBN
EAST CENTRAL					
Cocoa	53.0700	52.0700	O 103.5/103.5	WB4OEZ	WB4OEZ

51-54 MHz
FLORIDA-GEORGIA

Location	Output	Input	Notes	Call	Sponsor
NORTH EAST					
Vero Beach	53.3300	52.3300	O 100/100	W4VRB	RATS
NORTH EAST - JACKSONVILLE					
Jacksonville	53.3300	52.3300	Oa(CA)er	W4RNG	Jax Range
Orange Park	53.1900	52.1900	O 100/100e L(EC-53190)	K4SIX	CC Sixers
St Augustine	53.2500	52.2500	Oe	KF4MX	KF4MX
NORTH WEST					
Marianna	53.0100	52.0100	Oe	W4BKD	Chipola AR
Panama City	53.0500	52.0500	Oex	AC4QB	AC4QB
NORTH WEST - TALLAHASSEE					
Tallahassee	53.0300	52.0300	O 94.8/94.8 esx	K4TLH	TARS
SOUTH CENTRAL					
Okeechobee	53.3100	52.3100	O	K4OKE	OARC
SOUTH EAST - MIAMI/FT LAUD					
Hialeah	53.2100	52.2100	O 110.9/110.9a(CA)ersBlx	WB4IVM	WB4IVM
Miami	53.0300	52.0300	Oel	AC4XQ	AC4XQ
Miami	53.0500	52.0500	Oe	WB4TWQ	WB4TWQ
WEST CENTRAL					
Weeki Wachee	53.1300	52.1300	O 100/100a (CA)	KF4CIK	KF4CIK
WEST CENTRAL - TAMPA/ST PETE					
Brandon	51.6400	51.1400	O 141.3/141.3	W4HSO	STARC

GEORGIA

Location	Output	Input	Notes	Call	Sponsor
Atlanta	53.1500	52.1500	OaRB	KA5WZY	GPEARS/KA5
Augusta	53.0300	52.0300	Oel	K4KNS	COLUMBIA C
Biskey Mt	53.0500	52.0500	O 100.0ael RB	KC4JNN	NGAA
Brunswick	53.1100	52.1100	100.0el	KG4PXG	KG4PXG
Clyattville	53.3900	52.3900	141	WR4SG	SOUTH GA R
Cochran	53.0100	52.0100	O 77.0aelr WX	W4MAZ	W3LAP
Conley	53.6500	52.6500	100	N4MNA	N4MNA
Conyers	51.5500	52.5500	O 151.4el	WB4JEH	-------------
Conyers	53.5500	52.5500	O 151.4l	WB4JEH	-------------
Crawford	53.3300	52.3300	O 88.5z	KD4FVI	QRV ELECTR
Dalton	53.1300	52.1300	O 141.3	N4BZJ	-------------
Gray	54.3300	52.4300	lRB WX	AA4RI	AA4RI
Kingsland	51.9400	51.4400	O 82.5l	KC5BMJ	KC5BMJ
Lawrenceville	53.1100	52.1100	O 82.5	W4GR	GWINNETT A
Lula	53.8900	52.8900	O 82.5	WB4HJG	WB4HJG
Marietta	53.2100	52.2100	O 79.7	N1KDO	N1KDO
McIntyre	53.7300	52.7300	O 77.0	KC4TVY	KF4CXL
Pine Log Mt	53.2900	52.2900	O 198.2l	K4PLM	PINE LOG M

51-54 MHz
GEORGIA-ILLINOIS

Location	Output	Input	Notes	Call	Sponsor
Pine Log Mt	53.4500	52.4500	O	WD4OVN	KA4NNT
Roswell	53.0100	52.0100	Ot	W4OO	WA4YNZ
Summerville	53.7500	52.7500	O 127.3e	K4PS	K4PS
Suwanee	53.8100	52.8100	● 100.0ae	KD4AKZ	KD4AKZ
Warm Springs	53.2300	52.2300	O 97.4	KD4BDB	N4UER
Warner Robins	53.7900	52.7900	O	WR4MG	MID GA RAD
Watkinsville	53.5700	52.5700	O 123.0	KD4AOZ	KD4AOZ
Watkinsville	53.7100	52.7100		KD4AOZ	KD4AOZ
Waycross	53.4100	52.4100	141.3	AE4PO	AE4PO

HAWAII
HAWAII

Location	Output	Input	Notes	Call	Sponsor
Glenwood	52.2000	51.2000	O 141.3a EXP	AH6GG	AH6GG
Hilo	51.8000	51.3000	O 100.0	WH6XM	WH6XM

OAHU

Location	Output	Input	Notes	Call	Sponsor
Honolulu	53.0300	52.0300	O	WH6F	WH6F

IDAHO
N ID - KELLOGG

Location	Output	Input	Notes	Call	Sponsor
Wardner	52.8100	51.1100	136.5	N7SZY	N7SZY

N ID - LEWISTON

Location	Output	Input	Notes	Call	Sponsor
Craig Mtn	53.3500	51.6500	O 100.0l	K7EI	K7EI

N-ID SPIRIT LAKE

Location	Output	Input	Notes	Call	Sponsor
Spirit Lake	53.5900	51.8900	110.9	K7ZOX	K7ZOX

SOUTHEAST IDAHO

Location	Output	Input	Notes	Call	Sponsor
Idaho Falls	52.2500	51.2500	O	AB7OS	------------
Idaho Falls	52.5500	51.5500	O	AB7OS	------------

SW ID

Location	Output	Input	Notes	Call	Sponsor
Boise	52.7800	52.2800	O 123/123l	N7KNL	N7KNL

SW-ID

Location	Output	Input	Notes	Call	Sponsor
Boise	52.6200	51.1200	O 100x	WA9WSJ	WA9WSJ

ILLINOIS
CHAMPAIGN

Location	Output	Input	Notes	Call	Sponsor
Kansas	53.2900	51.5900	162.2	W9COD	W9COD

CHICAGO

Location	Output	Input	Notes	Call	Sponsor
Chicago	52.8100	51.1100	107.2	WA9ORC	CFMC
Chicago	52.8900	51.1900	131.8a	K9SAD	SADFAR
Chicago	53.3300	51.6300	100	W9GG	R-FAR

DECATUR

Location	Output	Input	Notes	Call	Sponsor
Decatur	53.2300	51.5300	103.5e	K9HGX	CENOIS ARC

EAST CENTRAL

Location	Output	Input	Notes	Call	Sponsor
Danville	52.9700	51.2700	88.5aes	NU9R	NU9R

NORTH CENTRAL

Location	Output	Input	Notes	Call	Sponsor
Marseilles	52.9300	51.2300	114.8elwX	KA9FER	KA9FER
Seneca	53.5400	53.0400	100	KF9NZ	KF9NZ

NORTHEAST

Location	Output	Input	Notes	Call	Sponsor
Batavia	53.9100	52.2100	114.8el	W9XA	W9XA

51-54 MHz 93
ILLINOIS-IOWA

Location	Output	Input	Notes	Call	Sponsor
Crystal Lake	52.9100	51.9100	114.8el	K9VI	K9QI
Dekalb	52.8500	51.1500	O 100.0	W9GG	R-FAR
Schaumburg	52.9500	51.9500	114.8e	N9KNS	MOTO ARC
West Chicago	52.8700	51.1700	114.8alx	W9DMW	MOOSEFAR
ROCKFORD					
Rockford	53.0100	52.0100	118.8el	K9AMJ	K9AMJ

INDIANA
EAST CENTRAL

Location	Output	Input	Notes	Call	Sponsor
Glenwood	53.4300	52.4300	O 131.8e	WB9SBI	WB9SBI
Winchester	53.4100	52.4100	O 110.9	N9CZV	N9CZV
Yorktown	53.0700	52.0700	O	W9CSI	W9CSI
INDIANAPOLIS					
Danville	53.4500	52.4500	O 88.5aelrsx	WX9HC	HendrixARC
Indianapolis	52.7000	51.7000	Oel	K9IPL	IPL ARC
Indianapolis	53.0100	52.0100	O	K9TNW	HQ RC
NORTH CENTRAL					
Elkhart	53.1700	52.1700	O 131.8e WX	KC9GMH	KC9GMH
Kokomo	53.3900	52.3900	O 88.5es	W9NWN	W9NWN
South Bend	52.6200	52.1200	Oe	N9OCB	N9OCB
South Bend	53.8500	52.8500	O 131.8	N9JHQ	N9JHQ
NORTHEAST					
Columbia City	53.0500	52.0500	O 141.3ers WX	K9KOP	K9KOP
Fort Wayne	53.2700	52.2700	O 141.3el	N9VZJ	N9VZJ
Huntington	53.1500	52.1500	O 131.8	WB9VLE	WB9VLE
SOUTH CENTRAL					
Nashville	53.0900	52.0900	OersWX	KA9SWI	KA9SWI
Paoli	53.6300	52.6300	OesWX	WB9FHP	WB9FHP
SOUTHEAST					
Brookville	53.3700	52.3700	O	N9HHM	N9HHM
SOUTHWEST					
Evansville	53.5500	52.5500	O 162.2elr sWXx	W9KXP	W9KXP
Jasonville	53.3100	52.3100	O 88.5	KC9AK	DuggerARC
WEST CENTRAL					
Cloverdale	53.7100	52.7100	O 88.5	N9XYY	N9XYY
Terre Haute	52.5250	59.2200	O	W9EQD	TerreHaute
West Lafayette	53.1900	52.1900	O 88.5e	W9YB	PurdueARC

IOWA
CENTRAL

Location	Output	Input	Notes	Call	Sponsor
Sheldahl	53.0900	51.3900	Oel	N0QFK	N0QFK
DES MOINES					
Des Moines	53.0100	51.3100	●	K0HTF	K0HTF
Gilman	53.0300	51.3300	151.4	NF0T	NF0T
Grimes	53.2500	51.5500	110.9e	N0INX	WsideComm

51-54 MHz
IOWA-KENTUCKY

Location	Output	Input	Notes	Call	Sponsor
WEST CENTRAL					
Mondamin	53.3900	51.6900	136.5aers	K0BVC	BVARC
KANSAS					
CENTRAL					
Hays	52.8500	51.1500	O 131.8/131.8eL(IRLP#3917)	N7JYS	N7JYS
KANSAS CITY METRO					
Independence	53.2900	51.5900	O	N0YI	EJCECS
Kansas City	53.1300	52.1300	O 88.5/88.5 elrs	K0HAM	NEKSUN
Kansas City	53.8500	52.1500	O	WB0NSQ	WB0NSQ
Kansas City	53.8500	52.1500	O	WB0NSQ	WB0NSQ
Louisburg	53.1300	52.1300	O 88.5/88.5 (CA)elrs	K0HAM	NEKSUN
Shawnee Msn	53.1900	52.1900	Oe	K0GXL	SMMC
Shawnee Msn	53.1900	52.1900	Oe	K0GXL	SMMC
SOUTH CENTRAL					
Kechi	52.8300	51.1300	O 156.7/156.7	WB0NRV	----------
SOUTHEAST					
Parsons	53.7700	52.0700	O L(ECHOLINK#305758)	W0PIE	W0PIE
Pittsburg	53.7900	52.0900	O 91.5/91.5	K0PKT	SLDDG
TOPEKA					
Topeka	52.9100	51.2100	O 88.5/88.5 elrs	K0HAM	NEKSUN

KENTUCKY

Location	Output	Input	Notes	Call	Sponsor
Ashland	53.0100	52.0100	O 107.2ae	KC4QK	ASHLAND 24
Buffalo	53.2100	52.2100	77.0IRB WX	W4LJM	----------
Dorton	53.3500	52.3500	O	WR4AMS	WR4AMS
Highland Heights	53.3300	52.3300	O 123.0ae RB	AD4CC	NKU & AD4C
Highland Heights	53.7500	52.7500	O 123.0	W4YWH	W4YWH
LaGrange	53.9500	52.9500	O	WB4WSB	WB4WSB
Lawrenceburg	53.1300	52.1300	O 107.2	K4TG	K4TG
Lexington	53.5700	52.5700	O(CA)	KE4LGL	KE4LGL
London	53.9100	52.9100	O 100.0elx	KE4ZJT	KE4ZJT
Louisville	52.0250	53.0250	Oe	WB4LBR	----------
Louisville	54.3400	54.3400	O 167.9	N7BBW	FLOYD CO R
Nancy	53.2700	52.2700	O 100.0e	AC4DM	AC4DM
Nicholasville	53.0900	52.0900	103.5e	N4ALG	----------
Nicholasville	53.7100	52.7100	100.0e	N4LG	JAWS WB4CW
Stanton	53.8100	52.8100	O(CA)	WD4KNE	WD4KNE
Walton	53.8500	52.8500	O 118.8	KE4SHA	KE4SHA
Waynesburg	53.2900	52.3900	O 100.0e	AC4DM	AC4DM
Williamsburg	53.0700	52.0700	O 100.0	KB4PTJ	KB4PTJ

51-54 MHz 95
LOUISIANA-MARYLAND

Location	Output	Input	Notes	Call	Sponsor
LOUISIANA					
REG 4 LAFAYETTE					
Morgan City	52.4500	51.4500	O 103.5/103.5	N5DVI	AADXA
REG 8 MONROE					
Columbia	53.2500	52.2500	O 94.8/94.8 aWX	KB5TLB	KB5TLB
West Monroe	53.6100	52.6100	O 94.8/94.8 aWX	KB5TLB	KB5TLB
REG 9 HAMMOND					
Hammond	53.0900	52.0900	O 107.2/107.2el	WB5ERM	WB5ERM
LaCombe	53.1300	52.1300	O 114.8e	K5OZ	K5OZ
MAINE					
AUGUSTA					
Litchfield	53.0500	52.0500	O 136.5/136.5x	K1AAM	K1AAM
CENTRAL/BANGOR					
Exeter	53.2900	52.2900	O 103.5	AA1PN	AA1PN
MID COAST					
Washington	53.5500	52.5500	O 91.5e	KC1CG	LMRG
NORTHWEST					
Hiram	53.3700	52.3700	O 136.5/136.5ex	K1AAM	K1AAM
Woodstock	53.0900	52.0900	O 136.5/100.0l	W1IMD	W1IMD
PORTLAND/YORK					
Harrison	53.5700	52.5700	O/151.4 (CA) E-WIND L(CLEOCAT)rWX	W1EMJ	jarc
Sanford	53.7100	52.7100	O 156.7/156.7aeL(PT-CCS NET) EXPx	N1KMA	CLEOSYS
So Berwick	50.0300	52.0300	O 131.8	WB1GGI	MLP
West Newfield	53.7100	52.7100	O 156.7/156.7aeL(PT-CCS NET) EXPx	N1KMA	CLEOSYS
MARYLAND					
BALTIMORE					
Catonsville	53.4700	52.4700	O 107.2	N3KTX	N3KTX
Towson	53.3100	52.3100	O 131.8	N3CDY	N3CDY
W Baltimore	53.3900	52.3900	Oa	K3GOD	CARC
FREDERICK					
Frederick	53.7500	52.7500	O 100.0	N3IGM	N3IGM
Frederick	53.9900	52.9900	O 123.0	K3MAD	MADXRA
NORTH CENTRAL					
Manchester	53.1900	52.1900	O	N3KZS	N3KZS
Westminster	53.0900	52.0900	O 107.2e	K3PZN	CCARC
NORTHEAST MD					
Jarrettsville	53.9300	52.9300	O	N3UR	N3UR

51-54 MHz
MARYLAND-MASSACHUSETTS

Location	Output	Input	Notes	Call	Sponsor
Port Deposit	53.8300	52.8300	O 94.8	WA3SFJ	CBRA
WASHINGTON AREA					
Ashton	53.2500	52.2500	O 100.0l	N3AGB	ARCS
Gaithersburg	53.2700	52.2700	O	KV3B	KV3B

MASSACHUSETTS

Location	Output	Input	Notes	Call	Sponsor
BERKSHIRES					
North Adams	53.2300	52.2300	O 162.2/162.2x	K1FFK	NOBARC
BOSTON METRO					
Boston	53.5500	52.5500	O 203.5/203.5e	KB1NZZ	CRN
Hopkinton	51.7400	51.2400	O 71.9/100.0elrsWXx	K1RJZ	Cnharc
Stoneham	53.2500	52.2500	O 71.9/100.0	WA1HUD	WA1HUD
CAPE & ISLANDS					
Barnstable	53.0100	52.0100	O 173.8/173.8e	N1YHS	N1YHS
CENTRAL					
Fitchburg	53.8300	52.8300	O 71.9/71.9 L(PT)	WB1EWS	WB1EWS
Oakham	53.6700	52.6700	O 123.0/100.0 E-SUN	KA1OXQ	KA1OXQ
Princeton	53.3100	52.3100	O 162.2+71.9/100.0ersWXx	WC1MA	MEMA
MERRIMACK VALLEY					
Pepperell	53.8900	52.8900	O 100.0/100.0ers	N1MNX	N1MNX
METROWEST					
Framingham	53.2700	52.2700	O 71.9/100.0 L(PT)x	WA1NVC	WA1NVC
Marlborough	53.8100	52.8100	O 71.9/71.9 L(PT)	W1BRI	MMRA
NORTH SHORE					
Danvers	53.8500	52.8500	O 71.9/71.9 ex	N1UEC	NSRA
PIONEER VALLEY					
Florence	53.3500	52.3500	O 71.9/71.9 e	KB1NTK	KD1XP
Pelham	53.0900	52.0900	O 162.2/100.0	N1PAH	N1PAH
SOUTH SHORE					
Braintree	53.0300	52.0300	O CSQ/100.0	K1GUG	K1GUG
Braintree	53.3900	52.3900	O 71.9/71.9 e	AE1TH	B.E.M.A.
Norwell	53.3300	52.3300	O 71.9/71.9 eL(224.060)	KC1HO	KC1HO

MICHIGAN-MINNESOTA

Location	Output	Input	Notes	Call	Sponsor
MICHIGAN					
LOWER PEN NORTHEAST					
Cheboygan	52.9000	52.4000	O 146.2e	KF8KK	KF8KK
Mayville	51.8200	51.3200	O 131.8lrs WXx	KB8ZUZ	KB8ZUZ
Roscommon	52.6400	52.1400	Ol	WF8R	CRARC
Saginaw	51.8600	51.3600	OersWX	K8DAC	SVARA
LOWER PEN NORTHWEST					
Big Rapids	52.8600	52.3600	O 94.8	KB8QOI	BRAARC
Cadillac	51.7800	51.2800	O 146.2	KF8KK	KF8KK
Glen Arbor	52.9200	52.4200	O 146.2l	WIØOK	IOOK
Kalkaska	52.8200	52.3200	Oe	W8KAL	AA8ZV
Mancelona	51.9800	51.4800	Oe	K8WQK	Cherryland ARC
Muskegon	52.8400	52.3400	O 94.8e	N8CUH	N8CUH
Traverse City	53.9200	53.5200	O 146.2l	N7LMJ	N7LMJ
LOWER PEN SOUTHEAST					
Ann Arbor	51.7400	51.2400	O 88.5	W2PUT	W2PUT
Detroit	52.8200	52.3200	●te	W8DTR	CATVS
Jackson	51.6200	51.1200	O 103.5	WD8PMD	WD8PMD
Lake Angelus	53.9400	53.4400	O 131.8e	NE9Y	NE9Y
Petersburg	52.7800	52.2800	OlWX	K8OF	K8OF
Southfield	52.6800	52.2200	Oaelxz	W8HD	W8HD
LOWER PEN SOUTHWEST					
Cedar Springs	52.7200	52.2200	O 136.5e	NW8J	NW8J
Decatur	52.9400	52.4400	O 94.8	KF8ZF	BASR
Eaton Rapids	52.9000	52.4000	Oe	WZ8DRU	WZ8DRU
Grand Rapids	52.7600	52.2600	O 94.8al	W8DC	GRARA
Hanover	52.6200	52.1200	O 123e	K8WBG	N8RLA
Kalamazoo	51.7200	51.2200	O	K8KZO	SWMART
Lansing	52.9600	52.4600	●teWX	KD8PA	KD8PA
Mason	51.7000	51.2000	●t	WB8RJY	WB8RJY
Ovid	51.9200	51.4200	OWX	WC8CLI	CCARA
Whitehall	52.8000	52.3000	O 94.8ers	K8COP	K8COP
UPPER PEN CENT					
Menominee	53.1100	51.4100	O 114.8e WX	AB9PJ	AB9PJ
MINNESOTA					
DULUTH					
Duluth	53.0500	52.0500	O	NØBZZ	NØBZZ
Duluth	53.1300	52.1300	O 103.5	KBØQYC	LSAC
Two Harbors	53.0200	52.0200	O 103.5	KBØTNB	LSAC
METRO					
Burnsville	53.3700	52.3700	O 100.0	WØBU	TCRC
Chaska	53.0300	52.0300	O	NØQNY	SMARTS
Credit River	53.3300	52.3300	O	NØKP	SCAN
Falcon Heights	53.1500	52.1500	O	WØYC	UOFM RC
Ramsey	53.5500	52.5500	O 114.8e	KØMSP	MIDWESTRA

51-54 MHz
MINNESOTA-NEBRASKA

Location	Output	Input	Notes	Call	Sponsor
NORTH CENTRAL					
Brainerd	53.1100	52.1100	O 123.0	W0UJ	BAARC
NORTH EAST					
Mahtowa	53.1700	52.1700	O 103.5	KB0TNB	LSAC
Virginia	53.1500	52.1500	O 103.5	KB0QYC	LSAC
NORTHCENTRAL					
Grand Rapids	53.2900	52.2900	O 146.2e	KB0CIM	KBOCIM

MISSISSIPPI

Location	Output	Input	Notes	Call	Sponsor
Bay Saint Loui	53.6500	51.1400	O 136.5el	KB5MPW	WQRZ
Ellisville	53.0100	52.0100	Ot	N5EKR	N5EKR
Jackson	53.4700	52.4700	O 77.0e	W5PFC	W5PFC
Laurel	53.4500	52.4500	O 136.5	KC5PIA	KB5ZCX
Nettleton	53.0500	52.0500	O 192.8al	AB5MU	AB5MU

MISSOURI

Location	Output	Input	Notes	Call	Sponsor
CENTRAL					
Eldon	53.0500	51.3500	Ox	KC0KWL	------------
COLUMBIA/JEFF CITY					
Ashland	52.8900	51.1900	O 127.3/127.3a(CA)ex	KB0IRV	KB0IRV
EAST CENTRAL					
Union	52.8100	51.1100	O(CA)	WA0FYA	ZeroBeaters
KANSAS CITY METRO					
Independence	53.2900	51.5900	O	N0YI	EJCECS
NORTHWEST					
Amity	51.1300	52.8300	O 146.2x	KB0ALL	KB0ALL
SOUTHWEST					
Joplin	53.2500	51.5500	Oesx	KB0STN	------------
Nixa	53.2700	51.5700	O 162.2/162.2ex	K0NXA	Nixa ARC

MONTANA

Location	Output	Input	Notes	Call	Sponsor
SOUTH CENTRAL					
Bozeman	53.2900	51.5900	Ol	KB7KB	KB7KB
SOUTHEAST					
Billings	53.2900	51.5900	Ol	KF7FW	KF7FW
Worden	53.0500	52.0500	O	AE7V	AE7V
SOUTHWEST					
Anaconda	53.0300	52.0300	O 131.8	KB7IQO	KB7IQO
Helena	53.1100	51.4100	O	WR7HLN	WR7AGT
WEST CENTRAL					
Missoula	52.8500	51.1500	O	K7UXO	K7UXO

NEBRASKA

Location	Output	Input	Notes	Call	Sponsor
GRAND ISLAND					
Grand Island	53.3500	51.6500	Oes	W0CUO	GIARS

51-54 MHz
NEVADA-NEW JERSEY

Location	Output	Input	Notes	Call	Sponsor
NEVADA					
Angel Peak	53.1900	52.1900	O 110.9	N9CZV	-------------
Henderson	53.6250	52.6250	O	K7KRN	HDRA
Lo Potosi Mtn	53.0100	52.0100	O	WB6TNP	TRISTATE
NORTH CENTRAL					
Battle Mt	52.5250	52.7600	O	WA6TLW	WA6TLW
Elko	53.0100	52.0100	O 100	KE7LKO	WV3LMA
Elko	53.2500	52.2500	O 100l	W7LKO	N7EV
WEST CENTRAL					
New Washoe City	53.0000	53.0000	O 103.5l	NH7M	NH7M
Reno	51.8000	51.3000	O 110.9e	W7NV	W7PEB
Reno	52.9000	52.4000	O 107.2	KB6TDJ	KB6TDJ
Reno/Sparks	52.5800	52.0800	O 114.8	WA7DG	KK7SL
Sparks	52.8000	52.3000	O 123e	N7KP	N7KP
NEW HAMPSHIRE					
LAKES REGION					
Gilford	53.7700	52.7700	O 71.9/100.0 L(51.7400)rsx	K1RJZ	CNHARC
New Durham	53.2100	52.2100	O 88.5e L(PT-442.0500)	N1EUN	N1EUN
MERRIMACK VALLEY					
Brookline	53.4100	52.4100	O 127.3/127.3 L(N1IMO/N1IMN)s	N1IMO	N1IMO/N1IMN
Brookline	53.9300	52.9300	O 88.5/88.5 L(N1IMO/N1IMN)s	N1IMO	N1IMO/N1IMN
Derry	53.9700	52.9700	O 71.9+100.0/71.9aeL(FT 449.8750)sx	N1VQQ	N1VQQ
Goffstown	53.0700	52.0700	O 71.9151.4192.8/100.0ersWXx	W1DC	GEMOTO.com
Hudson	53.1300	52.1300	O 100.0/88.5	NE1B	RRA
Salem	53.4700	52.4700	O 114.8/114.8	N1EXT	N1EXT
Windham	53.6500	52.6500	O 71.9/100.0 L(442.6000)x	N1WPN	N1WPN
MONADNOCK REGION					
Keene	53.7300	52.7300	O 141.3/141.3	WA1ZYX	KA1QFA
NEW JERSEY					
ATLANTIC					
Egg Harbor	53.9100	52.9100	O 131.8lrs WX	W3BXW	BEARS
BERGEN					
Hackensack	53.3500	52.3500	O	W2MR	-------------
CAMDEN					
Waterford Wks	52.6000	52.8400	O 131.8els RB WX	KA2PFL	-------------

100 51-54 MHz
NEW JERSEY-NEW YORK

Location	Output	Input	Notes	Call	Sponsor
CUMBERLAND					
Rosenhayn	53.9500	52.9500	O 94.8e	KE2CK	------------
HUNTERDON					
Cherryville	53.2500	52.2500	O 146.2l	N3MSK	N3ODB
MIDDLESEX CO					
Monroe Twp	53.6700	52.6700	O 151.4lrs	W2CJA	CJRA
Monroe Twp	53.7100	52.7100	O 151.4/151.4 (CA)ersz	KA2CAF	CJRA
MONMOUTH CO					
Creamridge	53.4500	52.4500	O	N3IBX	CR-MRG
MORRIS CO					
Budd Lake	53.6700	52.6700	O 151.4lr	WS2V	------------
Lake Hopatcong	53.3900	52.3900	O 146.2a TTez	WR2M	WR2M-RC
Rockaway Twnshp	53.0100	52.0100	136.5	WA2SLR	------------
PASSAIC CO					
Little Falls	51.7200	51.2200	O 141.3/141.3eL(927.8000)r	W2VER	VRACES
SALEM					
Quinton	53.7100	52.7100	O 74.4e	N2KEJ	------------
SUSSEX					
Hopatcong Boro	53.3900	52.3900	Ot(CA)IRB	WR2M	WR2M RC
Vernon	51.7200	51.2200	O 136.5r	W2VER	Vern RACES
Vernon	51.7200	51.2200	O 136.5elrs	W2VER	VRACES

NEW MEXICO

Location	Output	Input	Notes	Call	Sponsor
NORTH CENTRAL					
La Cueva	53.2000	52.2000	O 107.2e	N9PGQ	N9PGQ
NORTHWEST					
Farmington	53.0100	52.0100	O 131.8	KB5ITS	KB5ITS
Farmington	53.8500	52.8500	O	NO3Y	NO3Y
SOUTH CENTRAL					
Alamogordo	53.4100	52.4100	O 100a	KA5BYL	KA5BYL
SOUTHEAST					
Hagerman	52.9400	52.4400	O 100.0/100.0e	W5GNB	W5GNB

NEW YORK

Location	Output	Input	Notes	Call	Sponsor
ADIRONDACKS/EAST					
Mineville	53.3500	52.3500	O 123elWXx	WA2LRE	ESSEX COUNTY RA
Plattsburgh	53.5900	52.5900	O 123.0elr	WA2LRE	Clin RACES
ALBANY/CAPITAL REGION					
Albany	53.4100	52.4100	O 100ex	W2GBO	W2GBO
Grafton	53.6300	52.6300	O	K2CBA	GURU
Grafton	53.8100	52.8100	Oe	K2RBR	K2RBR

NEW YORK

Location	Output	Input	Notes	Call	Sponsor
AUBURN					
Auburn	53.0500	52.0500	O 71.9	K2INH	K2INH
CATSKILLS/EAST					
Ashokan Rsvoir	51.7600	51.2600	O 103.5	N2NCP	N2NCP
Woodstock	53.1100	52.1100	O 77	N2WCY	N2WCY
CATSKILLS/NORTH					
Fleischmanns	53.4700	52.4700	O 107.2	WA2SEI	KNIGHT RIDER
Schenevus	53.0300	52.0300	O 100e	KC2AWM	CTRC
Stamford	53.2700	52.2700	O 107.2e	K2NK	K2NK
ELMIRA/CORNING					
Elmira Heights	53.6900	52.6900	O	W2AC	W2AC
FRANKLIN					
Malone	53.1500	52.1500	/123.0l	WB2RYB	WB2RYB
LONG ISLAND - SUFFOLK CO					
Dix Hills	53.8500	52.8500	O 114.8e	W2RGM	----------
Mellville	53.1100	52.1100	O 107.2e L(447.950)	WB2CIK	Hilltop Gang
Yaphank	53.7900	52.7900	O 156.7s WXz	KA2RGI	----------
MID HUDSON					
Cragsmoor	53.3300	52.3300	O 100l	WB2BQW	NORTHEAST C
Harriman	53.1700	52.1700	O 136.5elx	W2AEE	COLUMBIA UNI
Mount Beacon	53.3100	52.3100	O 114.8e	K2ROB	MOUNT BEACO
Nyack	53.3700	52.3700	O 114.8l	N2ACF	ROCKLAND RE
NEW YORK CITY - KINGS					
Brooklyn	53.4100	52.4100	O 136.5e L(441.100)rsBl	N2ROW	PSARN
NIAGARA					
Colden	53.5700	52.5700	O 88.5e L(BARC) RB	W2IVB	BARC
Lancaster	53.1700	52.1700	O 107.2e L(LARC)	W2SO	LARC
Royalton	51.6400	51.1400	O 107.2 L(443.450) RB	KD2WA	----------
ROCHESTER					
Rochester	53.3300	52.3300	O 123aelrz	N2HJD	ROCHESTER R
Rochester	53.4300	52.4300	O	WR2AHL	W2HYP
Rochester	53.6300	52.6300	Olx	WR2AHL	GRIDD
SOUTHERN TIER					
Alma	53.0900	52.0900	O 88.5	KA2AJH	----------
Delevan	51.6200	51.1200	O 88.5e L(ILS IRLP ECHOLINK)	K2XZ	ILS
Limestone	53.3100	52.3100	O 127.3 L(442.750)	W3VG	----------
Sherman	53.6100	52.6100	O 127.3 L(442.75)	WB2EDV	----------
ST LAWRENCE					
Potsdam	53.1900	52.1900	O 151.4 EXP	KC2BEZ	----------

102   51-54 MHz
NEW YORK–NORTH DAKOTA

Location	Output	Input	Notes	Call	Sponsor
SYRACUSE					
Syracuse	53.0100	52.0100	Oe	N2TUF	N2TUF

NORTH CAROLINA

Location	Output	Input	Notes	Call	Sponsor
Air Bellows	53.7500	52.7500	151.4rBl	WA4PXV	WA4PXV
Alexander	53.1900	52.1900	100.0	KG4LGY	KG4LGY
Asheville	53.2700	52.2700	O 100.0	WD4BQW	WD4BQW
Boone	53.7900	52.7900	103.5eWX	WA4NC	WA4NC
Chapel Hill	53.4500	52.4500	O 107.2e	W4UNC	OCRA
Cleveland	53.9500	52.9500	100.0l	W4SNA	W4SNA
Fayetteville	53.8100	52.8100	Oe	K4MN	CAPE FEAR
Gastonia	53.1100	52.1100	O 100.0	K4GNC	KC4YOT
Hatteras Islan	53.0100	52.0100	131.8ae	K4OBX	W4HAT
Hendersonville	53.1300	52.1300	100.0el	W4FOT	W4FOT
Johnsonville	53.1500	52.1500	100.0l	N1RIK	N1RIK
Lexington	53.7300	52.7300	107.2e	W4PAR	HSMVHF SOC
Marshall	53.4500	52.4500	100.0	K4MFD	K4MFD
Monroe	53.3700	52.3700	O 100.0ls	W4ZO	W4ZO
Morehead City	53.0900	52.0900	O 162.2e RB	KF4IXW	KF4IXW
Mt Airy	53.0700	52.0700	O 100.0e	KD4FWS	KD4FWS
Mt Mitchell	53.6300	52.6300	O 100.0e	N4YR	N4YR
Raleigh	53.0300	52.0300	O	K4ITL	K4ITL
Robbinsville	53.7100	52.7100	O 167.9e	NC4MO	NC4MO
Rocky Mt	53.0500	52.0500	OeRB	N4JEH	N4JEH
Sauratown Mt	53.2100	52.2100	O	N4QLX	------------
Sauratown Mtn	53.3100	52.3100	100.0l	W4SNA	W4SNA
Sophia	53.3500	52.3500	Ol	WR4BEG	BROADCAST
Southern Pines	53.1900	52.1900	179.9l	N1RIK	N1RIK
Sparta	53.9700	52.9700	100.0	W4DCA	W4DCA
Spruce Pine	53.0500	52.0500	O 151.4ael RB	WA4PXV	WA4PXV
Tarboro	53.1100	52.1100		K4SER	ROANOLE AR
Thomasville	53.0100	52.0100	88.5e	KF4OVA	KF4OVA
Thomasville	53.1700	52.1700	O 88.5l	WW4DC	WW4FL
Williamston	53.3100	52.3100	131.8	K4SER	ROANOKE AR
Wilmington	53.3300	52.3300	88.5el	N4JDW	N4JDW
Wilmington	53.4300	52.4300	O 88.5ae WX	AD4DN	AD4DN
Youngsville	53.0700	52.0700	100.0el	WB4IUY	5CRG
Youngsville	53.3700	52.3700	O 88.5az	KD4MYE	KD4MYE

NORTH DAKOTA

Location	Output	Input	Notes	Call	Sponsor
N W CENTRAL					
Minot	53.4100	52.4100	O	KØAJW	SVARC
SE CENTRAL					
Cleveland	53.0100	52.0100	O	WØFX	NØHNM

51-54 MHz — NORTH DAKOTA-OHIO

Location	Output	Input	Notes	Call	Sponsor
SOUTHEAST					
Horace	52.9600	52.0600	o	W0ZOK	W0ZOK
SW-CENTRAL					
Bismarck	52.5250	52.5250	eL(444.220)	N0FAZ	N0FAZ
OHIO					
ALLEN					
Lima	53.6300	52.6300	O 107.2e	KT8APR	LimaDARTS
AUGLAIZE					
St Marys	53.5500	52.5500	O 107.2	WB8FNB	WB8FNB
BUTLER					
Middletown	51.6200	51.1200	●l	N8COZ	N8COZ
Middletown	53.2100	52.2100	O 77.0 TTel	W8JEU	Dial ARC
Middletown	53.3500	52.3500	O(CA)l	N8COZ	N8COZ
CLARK					
S Charleston	53.3900	52.3900	Oel	KB8GJG	KB8GJG
COLUMBIANA					
N Waterford	53.6300	52.6300	OeRB	KB8SHE	KB8SHE
New Franklin	51.6400	51.1400	O 107.2ex	NC8W	NC8W
Salem	53.0300	52.0300	O 88.5ael RB WXz	KB8MFV	KB8MFV
CUYAHOGA					
Brecksville	53.3100	52.3100		N8BHU	TCG
Cleveland	53.1100	52.1100	t	WA8WSO	WRRA
HighlandHills	53.2300	52.2300	O 136.5	WR8ABC	LEARA
Mayfield Hts	51.6200	51.1200	O	N8QBB	N8QBB
Shaker Hts	53.8300	52.8300	O	K8ZFR	CARS
ERIE					
Sandusky	53.3500	52.3500	O 107.2a (CA)elrwXxx	W8LBZ	SREL
Vermillion	53.2900	52.2900	O 107.2a (CA)elrwXxz	KA8VDW	SREL
FRANKLIN					
Columbus	52.7000	52.9400	O 123.0al	W8RRJ	CORC
FULTON					
Wauseon	53.4100	52.4100	ae	KB8MDF	KB8MDF
GEAUGA					
Newbury	52.6800	52.9200	●x	WB8APD	SMART
GREENE					
Beavercreek	53.7300	52.7300	Ot	N8NPT	N8NPT
Fairborn	51.6600	51.1600	(CA)l	KI6SZ	KI6SZ
HAMILTON					
Cincinnati	53.1900	52.1900	114.8el	KD8TE	KD8TE
HANCOCK					
Findlay	53.3700	52.3700	O	WB8PBR	WB8PBR
JACKSON					
Ray	53.8100	52.8100	Ol	WB8LDB	WB8LDB
LORAIN					
Elyria	53.7700	52.7700	136.5e	WD8OCS	WD8OCS

51-54 MHz
OHIO–OREGON

Location	Output	Input	Notes	Call	Sponsor
MEDINA					
Brunswick	53.1900	52.1900		N8OVW	N8OVW
Leitchfield	51.6600	51.1600	e	W8EOC	M2M
MONTGOMERY					
Dayton	53.0300	52.0300	O	WF8M	MVRFG
Dayton	53.2900	52.2900	Oe	KB8CSL	KB8GDE
ROSS					
Chillicothe	53.2300	52.2300	O	KA8WWI	------------
STARK					
Canton	53.1300	52.1300	Olx	WØOZZ	WØOZZ
Canton	53.5700	52.5700	O 110.9	KB8MIB	KB8MIB
Massillon	53.0500	52.0500	O 136.5ae RBz	WA8GXM	WA8GXM
Uniontown	53.2500	52.2500	O	WD8BIW	WD8BIW
SUMMIT					
Akron	53.1700	52.1700	O 107.2e WXx	N8XPK	N8XPK
Norton	53.1500	52.1500		WB8UTW	WB8UTW
TRUMBULL					
Cortland	53.2100	52.2100	O 110.9	WA8ILI	KC8WY
VAN WERT					
Van Wert	51.6800	51.1800	O 156.7	N8IHP	N8IHP
VINTON					
Zaleski	53.2700	52.2700	O	KB8UIR	KB8UIR
WASHINGTON					
Marietta	53.1700	52.1700	O 141.3	N8OJ	W8JL
WAYNE					
Mt Eaton	53.3300	52.3300	100	KB8PXM	KB8PXM
West Salem	53.2700	52.2700	107.2	KE8X	KE8X
WOOD					
Perrysburg	53.6500	52.6500	Oa	KB8YVY	KA8WPC

OKLAHOMA
Location	Output	Input	Notes	Call	Sponsor
NORTHWEST					
Buffalo	52.8100	51.1100	O 131.8/131.8 E-SUNsWX	W5HFZ	GBARG
OKLAHOMA CITY METRO					
Bethany	53.0100	52.0100	O	KD5AHH	Bojive Rad
Oklahoma City	53.0500	52.0500	O 141.3/141.3 LITZ	KB5XM	KS5B
SOUTHEAST					
Broken Bow	53.0300	52.0300	O 100/100e rsWX	KD5YQ	McCurtain

OREGON
Location	Output	Input	Notes	Call	Sponsor
CENTRAL WILLAMETTE VALLEY					
Oakridge	53.0700	51.3700	O 100.0e	W7ARD	W7ARD
Salem	52.9900	51.2900	O 100.0	WA7ABU	WA7ABU

51-54 MHz — OREGON-PENNSYLVANIA

Location	Output	Input	Notes	Call	Sponsor
COAST - NORTH					
Astoria	52.8100	51.1100	O 118.8	K7GA	K7GA PARC
Hebo	53.1100	51.4100	O 100.0e	KD7YPY	KD7YPY
COAST - SOUTH					
Myrtle Point	52.9300	51.2300	O 131.8e	KD7IOP	WA7JAW
NORTH WILLAMETTE VALLEY					
Estacada	51.7000	51.7000	O	N7VYN	N7VYN
NW OREGON & SW WASHINGTON					
Eugene/Monroe	53.0300	51.3300	O 100.0	W7ARD	W7ARD
Sandy	53.3500	51.6500	O 107.2el WX	KJ7IY	WORC
PORTLAND METRO					
Newberg	52.8300	51.1300	O 107.2el	KR7IS	WORC
Portland	53.0900	51.3900	O 107.2e	N7NLL	N7NLL
Scappoose	52.9100	51.2100	O 100.0	KD7FCA	KD7FCA
PENNSYLVANIA					
BEAVER					
Beaver	53.8500	52.8500		KC3TN	TAARA
New Galilee	51.7200	51.2200		KE3ED	KE3ED
BERKS					
Earlville	53.8700	52.8700	O 131.8	N3KZ	UPenn ARC
BRADFORD					
Towanda	54.4500	52.4500	O 82.5elrs RB Bl WX	K3BM	Magic 45
BUCKS					
Almont	53.2300	52.2300	O 146.2rs	K3MFI	W Rockhill 6
Fairless Hills	53.0300	52.0300	O 131.8 (CA)rsRB WX	W3BXW	BEARS
Warminster	53.3700	52.3700	O 131.8 (CA)	K3MFI	WarmSix
CHESTER					
Honeybrook	53.3300	52.3300	O 131.8l	K3CX	-----------
Valley Forge	53.4100	52.4100	O 131.8lRB	W3PHL	PARA Group
COLUMBIA					
Bloomsburg	53.1300	52.1300	O 131.8e RB	WB3DUC	-----------
DAUPHIN					
Harrisburg	53.0100	52.0100	O 123l	W3ND	CPRA Inc
ERIE					
Albion	53.5500	52.5500	O 186.2l	WA3WYZ	WA3WYZ
JOHNSTOWN					
Barnesboro	52.9000	52.4000	O 141.3	KE3DR	KB3ANT
LACKAWANNA					
Ransom	53.4300	52.4300	Otes	N3EVW	-----------
LANCASTER					
Cornwall	53.8500	52.8500	O 114.8e	N3TJJ	L.R.T.S.
Holtwood	53.6300	52.6300	O 131.8l	WA3WPA	-----------

51-54 MHz
PENNSYLVANIA

Location	Output	Input	Notes	Call	Sponsor
LEHIGH					
Salisbury Twp	51.8400	51.3400	O 94.8e	KC2IRV	--------------
LUZERNE					
Wilkes-Barre	53.8100	52.8100	O 82.5elrs WX	WB3FKQ	--------------
MONROE					
Camelback Mtn	53.7900	52.7900	O 131.8	N3KZ	UPenn ARC
MONTGOMERY					
Eagleville	53.1100	52.1100	Ot(CA)ers	AA3E	Montco OEP
Schwenksville	51.9400	51.4400	O 88.5e	AA3RE	--------------
NORTH CENTRAL					
Kane	53.4700	52.4700		WB3IGM	--------------
Rockton	53.0700	52.0700	Or	N3HAO	N3HAO
NORTHAMPTON					
Easton	51.8200	51.3200	O 88.5 WX	N3LWY	--------------
Nazareth	51.7600	51.2600	O 151.4 (CA)elrsRB WX	W3OK	DLARC
North Bangor	53.8300	52.8300	O 131.8	KA2QEP	--------------
Wind Gap	53.2900	52.2900	●t	N3MSK	
NORTHWEST					
Pleasantville	53.1500	52.1500		N3YEX	--------------
Titusville	51.8200	51.3200	O	WB3KFO	WB3KFO
Vowinkel	51.7000	51.2000	186.2	N3GPM	N3GPM
PHILADELPHIA					
Philadelphia	53.8900	52.8900	O 131.8	N3KZ	UPenn ARC
PITTSBURGH					
Apollo	51.9000	51.4000	O 141.3ael rxz	N1RS	SARA
Bridgeville	51.9400	51.4400	O	N3WX	SHARC
Kilbuck Twp	53.2900	52.2900		WA3RSP	--------------
Pittsburgh Homestead	51.7400	51.2400	O	WA3PBD	GtwyFM
SOUTHWEST					
Acme	51.7800	51.2800	O	N3QZU	LHVHFS
Finleyville	51.9800	51.4800	Oe	N3OVP	N3OVP
Mt Pleasant	51.9600	51.4600	O 141.3 (CA)elx	KA3JSD	KA3JSD
New Stanton	51.8400	51.3400	O 141.3	N3HOM	N3HOM
TIOGA					
Jackson Summit	53.7500	52.7500	O 167.9 LITZ	N3NXC	--------------
WYOMING					
Mehoopany	53.3500	52.3500	O 131.8e	WA3PYI	--------------
YORK					
York	53.9700	52.9700	O 123 (CA) el	W3HZU	Keystone

51-54 MHz — PUERTO RICO-TENNESSEE

Location	Output	Input	Notes	Call	Sponsor
PUERTO RICO					
E					
Luquillo	51.7200	51.2200	Oe	NP4ZB	------------
N					
Aguas Buenas	51.9800	51.4800	Oe	KP4IA	------------
Bayamón	51.6200	51.1200	● 136.5	WP3BM	
W					
Aguadilla	51.7400	51.2400		NP3LW	PR CW Club
RHODE ISLAND					
EAST BAY					
Portsmouth	53.1700	52.1700	O 67.0/67.0 eL(FT 441.350)r	KA1RCI	KA1RCI
NORTHERN					
Cumberland	53.9100	52.9100	O 71.9/71.9	K2BUI	K2BUI
Greenville	53.8700	52.8700	O 146.2el WX	N1MIX	N1MIX
SOUTH COUNTY					
West Greenwich	53.9900	52.9900	O 107.2/107.2	W1VHF	ITRS
SOUTH CAROLINA					
Blacksburg	53.0300	52.0300	O 123.0	AB4OE	AB4OE
Gaffney	53.4700	52.4700	O	KF4BJO	KF4BJO
Greenwood	53.4500	52.4500	erswx	AJ4IS	AJ4IS
Greer	53.4100	52.4100	O 131.8e	KO4MZ	KO4MZ
Leesville	53.2700	52.2700	O 162.2el	N5CWH	N5CWH
Mountain Rest	53.5900	52.5900	Oez	KF4IWA	KF4IWA
Myrtle Beach	53.0500	52.0500	O 123.0el	NE4SC	K4SHP
Orangeburg	53.2100	52.2100	O	AD4U	AD4U
Pickens	53.3500	52.3500	162.2	AC4RZ	TRI COUNTY
Sumter	53.7700	52.7700	Ol	W4GL	SARA, INC.
TENNESSEE					
Castalian Springs	53.9300	52.9300	O 123	KE4SWV	KE4SWV
Chattanooga	53.3500	52.3500	O	K4VCM	K4VCM
Clarksville	53.4100	52.4100	O 110.9	K4ORE	N3ORX
Cookeville	53.3100	52.3100	O 123.0e WX	N4ECW	N4ECW
Dresden	53.1300	52.1300	O 107.2e WX	KB4IBW	KB4IBW
Elizabethton	53.8900	52.8900	O 88.5e	KN4E	KN4E
Gallatin	53.0500	52.0500	O 114.8lRB	WA4BGK	WA4BGK
Greeneville	53.0100	52.0100	O 100.0e	N4FV	N4FV
Guthrie	53.2300	52.2300	O	KA4ZKL	------------
Knoxville	53.2500	52.2500	Oe	W4KEV	W4KEV
Knoxville	53.4700	52.4700	O 100.0	KB4REC	KB4REC
Knoxville	53.7700	52.7700	O 100.0l	W4BBB	W4BBB

108 51-54 MHz
TENNESSEE-TEXAS

Location	Output	Input	Notes	Call	Sponsor
Laneview	53.7100	51.2000	107.2alp LITZ	KE4OVN	KE4OVN
Lexington	53.1500	52.1500	O 100.0e WX	N5YKR	N5YKR
Maryville	53.3700	52.3700	O	KC4PDQ	------------
Memphis	53.0100	52.0100	O	WB4KOG	LIONEL LEJ
Memphis	53.5500	52.5500	O	K4RDK	K4RDK
Memphis	53.9300	52.9300	O 107.2	W4GMM	W4GMM
Monteagle Mtn	53.4500	52.4500	O 114.8rBl	NQ4Y	NQ4Y
Morristown	53.0300	52.0300	e	KF4FTD	KF4JOZ
Morristown	53.2300	52.2300	O	KQ4E	KQ4E
Mtain City	53.3300	52.3300	O 103.5e	K4DHT	K4DHT
Nashville	53.0100	52.0100	O 114.8	WA4BGK	------------
Oak Ridge	53.1100	52.1100	O	WD4GYN	WD4GYN
Tallassee	53.1500	52.1500	118.8	WB4GBI	WB4GBI
Waverly	53.0900	52.0900		NO4Q	NO4Q
TEXAS					
Abilene	53.0300	52.0300	O 167.9	NZ5V	------------
Adkins	53.2500	52.2500	O 123	KK5LA	------------
Amarillo	52.6500	51.6500	O 127.3	N5LUL	------------
Austin	53.6700	52.6700	O 103.5l	WB5PCV	------------
Beeville	53.6500	52.6500	O 107.2	KD5PXB	------------
Cedar Hill	53.1100	52.1100	O	W5AHN	------------
Channelview	53.1100	52.1100	O 141.3	WA5SIX	------------
Cut And Shoot	52.3900	51.3900	O 103.5e	W5WP	------------
Dallas	52.5900	51.5900	O 110.9	W5EBQ	------------
Edge	52.5500	51.5500	O 127.3	K5ENL	------------
El Paso	53.5500	52.5500	Ol	K5WPH	SCARC
Elmendorf	53.0900	52.0900	●	W5ROS	ROOST
Fort Worth	52.6500	51.6500	O	N5HKA	------------
Fort Worth	53.1500	52.1500	O 110.9	K5SXK	------------
Georgetown	53.0500	52.0500	O 88.5	K5AB	------------
Helotes	53.2900	52.2900	O 123	KB5ZPZ	------------
Houston	52.2500	51.2500	O 103.5 (CA)l	K5WH	COMPAQ ARC
Houston	52.6500	51.6500	O 156.7	N5TZ	------------
Houston	53.0500	52.0500	O 141.3	WB5UGT	SALT GRASS
Lufkin	53.3100	52.3100	O 141.3	N5CRW	------------
Lufkin	53.7100	52.7100	O 100	KD5TD	------------
Mesquite	52.7500	51.7500	O 110.9	AK5DX	------------
Midland	53.1100	52.1100	O(CA)elx	WB5RCD	WTX220ASN
Murphy	53.0300	52.0300	●	N5ROY	------------
Overton	53.1500	52.1500	OWX	N5VGQ	------------
Plano	53.6100	52.6100	O	N5TVN	------------
Rose Hill	53.2700	52.2700	O 123a	K5SOH	ALERT-HOU
San Angelo	53.6300	52.6300	O 88.5	N5VSK	------------
San Antonio	53.1300	52.1300	Oe	K5SUZ	SARO
San Antonio	53.1700	52.1700	O 88.5	WA5KBQ	------------

51-54 MHz
TEXAS-VIRGINIA

Location	Output	Input	Notes	Call	Sponsor
San Antonio	53.2100	52.2100	O 103.5	KB5BSU	------------
Tarzan	52.6500	51.6500	O 123	K5MSO	MIDLAND SO
Victoria	53.3700	52.3700	O 103.5	KC5WUA	------------

UTAH
FREQUENCY USAGE

Location	Output	Input	Notes	Call	Sponsor
Statewide	53.2100	52.2100	Ot	SHARED	

WASATCH FRONT

Location	Output	Input	Notes	Call	Sponsor
Farmington	53.0100	52.0100	O 141.3x	K7DAV	------------
Murray	53.1100	52.1100	Oa(CA) L(448.125)	N7HIW	------------
Salt Lake	53.1500	52.1500	O 146.2 L(448.15)x	KI7DX	------------

VERMONT
EAST CENTRAL

Location	Output	Input	Notes	Call	Sponsor
Williamstown	53.8700	52.8700	O 100.0	N1IOE	N1IOE

VIRGINIA

Location	Output	Input	Notes	Call	Sponsor
Amelia Courths	53.1100	52.1100	O(CA)	KB4YKV	KB4YKV
Bedford	53.1500	52.1500	O	N4CH	N4CH
Bedford	53.7700	52.7700	O 103.5	N4TZE	N4TZE
Bluefield	53.3700	52.3700	ae	N8RIG	N8RIG
Buckingham	53.2300	52.2300	110.9 E-SUNrsWX	K4YM	WW4GW
Chesterfield	53.4300	52.4300	Oe	KD4SUU	KD4SUU
Fancy Gap	53.1900	52.1900	Oe	W4BAD	KG4GAI
Gate City	53.2100	52.2100	Oael	N4WWB	SCOTT CO A
Gum Spring	53.0700	52.0700	O 203.5	KB4MIC	KB4MIC
Lexington	53.0100	52.0100	Ol	KI4ZR	ROCKBRIDGE
Lynchburg	53.5700	52.5700	O 103.5	KE4KEH	KE4KEH
Newport News	53.2500	52.2500	O 100 (CA) e	KT4QW	KT4QW
Pearisburg	53.4700	52.4700	O 107.2	KE4JYN	DISMAL PEA
Portsmouth	53.8900	52.8900	sRB	W4POX	W4POX
Rice	53.1700	52.1700	Oe	KE4SFU	KE4SFU
Roanoke	53.0900	52.0900	O 123.0l	WB8BON	WB8BON
Roanoke	53.2500	52.2500	Ol	N4CH	N4CH
Rocky Mt	53.2700	52.2700	O 107.2l	WD4KZK	W4TLM
South Boston	53.6300	52.6300	100	W4HCH	W4HCH
Spotsylvania	51.8600	51.3600	127.3	W1ZFB	SPOTSYLVAN
White Top Mtn	53.6500	52.6500	Oe	KB4YFV	KB4YFV

FREDERICKSBURG

Location	Output	Input	Notes	Call	Sponsor
Fredericksburg	51.8600	51.3600	O 127.3 (CA)el	W1ZFB	W1ZFB
Stafford	51.9000	51.4000	O(CA)er	K5JMP	K5JMP

FRONT ROYAL

Location	Output	Input	Notes	Call	Sponsor
Front Royal	51.9400	51.4400	O 141.3 (CA)e	K4QJZ	K4QJZ

110   51-54 MHz
VIRGINIA-WASHINGTON

Location	Output	Input	Notes	Call	Sponsor
LURAY					
Fork Mountain	53.2300	52.2300	O	N3UR	N3UR
WASHINGTON AREA					
Alexandria	53.1300	52.1300	O 107.2	W4HFH	Alex RC
Ashburn	53.6100	52.6100	O	NV4FM	NVFMA
Bluemont	53.3700	52.3700	O 77.0l	K8GP	DVMS

WASHINGTON

Location	Output	Input	Notes	Call	Sponsor
FREQUENCY USAGE - WESTERN WA					
ALL MODES	50.3000	50.6000			
CROSSBAND	52.5700	52.5700			
CW ONLY	50.0000	50.1000			
DATA	52.5900	52.7900			
PACKET	50.6000	50.8000			
RADIO CNTRL	50.8000	51.8000			
RPTR INPUTS	51.1000	52.2900			
RPTR OUTPUTS	52.8100	53.9900			
SHARED	52.9900	51.2900			
SIMPLEX	52.3100	52.5500			
SIMPLEX	52.5250	52.5250			
SSB	51.0000	51.1000			
SSB, CW	50.1000	50.3000			
E WA - ALMIRA					
NW of Almira	53.2100	51.5100	100.0	N7BHB	N7BHB
E WA - CENTRAL					
Saddle Mtn	52.9500	51.2500	100.0	N7BHB	N7BHB
E WA - COLVILLE					
Monumental	53.0900	51.3900	100.0l	WA7UOJ	WA7UOJ
E WA - PULLMAN					
Kamiak	53.7500	52.0500	100.0elr	N7ZUF	N7ZUF
E WA - SPOKANE					
Mica Peak	53.2900	51.5900	O 100.0alx	K7LVB	WA7UOJ
E WA-SPOKANE					
Wa Mica	53.5100	51.8100		KD7DMP	KD7DMP
E-WA-RIVERSIDE					
Tunk Mtn	53.1100	51.4100	100.0	KK7EC	OCEMgt.
PORTLAND METRO					
Vancouver WA	53.1300	51.4300	O 107.2e	KB7APU	KB7APU
SEATTLE/TACOMA					
Bainbridge Island	53.4300	51.7300	O 100	W7NPC	BAINBRIDGE IS. AR
Baldi Mtn	53.3300	51.6300	O 100e	N7OEP	N7OEP
Buck Mtn	53.2900	51.5900	O 100e	W7FHZ	------------
Eatonville	53.4100	51.7100	O 100	W7PFR	GOBBLERS KNOB R
Everett	53.1300	51.4300	O 100e	KF7T	------------
Grass Mtn	53.8700	52.1700	O 100e	W7SIX	FRED BAKER
Lynnwood	53.2700	51.5700	O 100e	KG7PD	------------
North Bend	53.8500	52.1500	O 100	N9VW	------------
Olalla	53.2300	51.5300	O 103.5	K7PAG	------------
Redmond	53.0700	51.3000	O 100e	KC7IYE	------------

51-54 MHz
WASHINGTON-WISCONSIN

Location	Output	Input	Notes	Call	Sponsor
Seattle	53.2500	51.5500	O 100e	W7ACS	SEATTLE EM
Shoreline	53.2100	51.5100	O 100	NU7Z	-----------
Snohomish	53.6500	51.9500	O 100e	W7QA	-----------
Tacoma	53.1900	51.4900	O 100e	K7HW	-----------
Tiger Mtn	53.1500	51.4500	O 100e	K7CR	CH 1 RPTR
University Place	53.0100	51.3100	O 100l	K7NP	U.P. RPTR
Vashon Island	53.7900	52.0900	O 103.5 (CA)e	K6AJV	
SOUTHWEST WASHINGTON					
Camas	53.0500	51.3500	O	KD7DYR	KD7DYR
Yacolt	52.9500	51.2500	O 94.8	W7AIA	CCARC
W WA - NORTH					
Cultus Mtn	53.5900	51.8900	O 100e	K7OET	
Ferndale	53.2100	51.5100	O 103.5r	W7SSO	WHATCOM CO
Lyman Hill	53.0900	51.5900	O 100e	W7UMH	NW WA 10/6M R
Sultan	53.3500	51.6500	O 100e	W7SKY	SKY VALLEY
W WA - NORTH COAST					
Blyn Mtn	53.3700	51.6700	O 100e	WR7V	-----------
W WA - SOUTH					
Baw Faw Peak	52.9300	51.2300	O 100e	K7CH	K7CH
South Mtn	53.0300	51.3300	O 100l	K7CH	K7CH

WEST VIRGINIA

Location	Output	Input	Notes	Call	Sponsor
Alderson	53.2300	52.2300	123.0el	KE4QOX	KE4QOX
Beckley	53.1700	52.1700	O 123.0	N8FWL	N8FWL 222
Beckley	53.5900	52.5900	O 107.2l	WB8YST	WB8YST
Belington	53.6500	52.6500	141.3ers	N8SCS	N8SCS
Charleston	53.6300	52.6300	O 107.2ez	WB8YST	WB8YST
Charleston	53.7500	52.7500	O 141.3e	N8PEI	-----------
Elkins	53.0300	52.0300	O 162.2e	WV8ZH	WV8ZH
Flatwoods	53.1100	52.1100	O	N8CQQ	N8ZVK
Grafton	53.4300	52.4300	146.2	WD8LNB	WD8LNB
Kenova	53.8700	52.8700	O 91.5l	KC8PFI	KC8PFI
Morgantown	53.4700	52.4700	103.5 WX	W8CUL	WVU ARC -
Mullens	53.0300	52.0300	123	KC8IT	KC8IT
Richwood	53.7100	52.7100	O 107.2	WB8YST	WB8YST
Shirley	53.3100	52.3100	O	KB8TJH	KB8TJH
Snowshoe	53.3300	52.3300	O 156.7	KC8CSE	KC8CSE

WISCONSIN

Location	Output	Input	Notes	Call	Sponsor
NORTH CENTRAL 114.8					
Tomahawk	52.8300	51.1300	O 114.8elx	N9MEA	N9MEA
Wausau	52.8900	51.1900	O 114.8e	W9SM	W.V.R.A.
Wausau	53.4500	51.7500	O 114.8x	W9BCC	RMRA
NORTH WEST 110.9					
Bayfield	53.0900	52.0900	O 103.5lx	KB0TNB	LSAC
Holcombe	52.8100	51.1100	O 110.9lx	N9LIE	N9LIE

51-54 MHz
WISCONSIN-BRITISH COLUMBIA

Location	Output	Input	Notes	Call	Sponsor
SOUTH CENTRAL	123.0				
Madison	53.0700	52.0700	O 103.5 WX	N9KAN	SWRG
Madison	53.1500	52.1500	O 123.0	WD8DAS	NERT
SOUTH EAST	127.3				
Milwaukee	53.0300	52.0300	O 103.5el	W9DHI	WERA

WYOMING
Location	Output	Input	Notes	Call	Sponsor
CENTRAL					
Lander	53.0300	52.0300	Ol	N7HYF	WYAME
Riverton	53.3500	51.6500	Ol	KB7PLA	KB7PLA
SOUTH CENTRAL					
Rawlins	53.9300	51.6900	Ol	KJ7AZ	KJ7AZ
SOUTH EAST					
Rock River	53.0300	52.0300	Ol	K7UWR	K7UWR

ALBERTA
Location	Output	Input	Notes	Call	Sponsor
CALGARY					
Calgary	53.0300	52.0300	Oe	VE6RYC	CARA
Calgary	53.4100	52.4100	O 103.5	VE6ZV	VE6AKQ
CENTRAL WEST					
Limestone Mtn	52.6100	51.6100	Ol	VE6MTR	VE6CMM
EDMONTON					
Edmonton	53.0700	52.0700		VE6UFO	VE6UFO
Edmonton	53.4300	52.4300	Ol	VE6SSM	SARA
HIGH RIVER					
Black Diamond	53.5700	52.5700	Ol	VE6RPX	VE6ERW
KANANASKIS					
Fortress Mountain	53.5100	52.5100	O	VE6SHB	VE6SHB
LETHBRIDGE					
Lethbridge	53.4500	52.4500	O	VE6ZIX	VE6HDO
Red Cliff	53.0100	52.0100	O	VE6TEQ	VE6TEQ
MEDICINE HAT					
Medicine Hat	53.4700	52.4700	O	VE6MLD	VE6MLD
Red Cliff	53.0100	52.0100	O	VE6TEQ	VE6TEQ

BRITISH COLUMBIA
Location	Output	Input	Notes	Call	Sponsor
FRASER VALLEY					
Abbotsford	52.8500	51.1500	100.0e	VE7RVA	FVARESS
GREATER VANCOUVER					
Anvil Island	52.9100	51.2100		VE7QRO	VE7LWB
Vancouver	52.8900	51.1900		VE7HCP	VE7HCP
SOUTH CENTRAL					
Vernon	52.0100	51.4100	110.9	VA7VMR	VE7OHM
VANCOUVER ISLAND					
Victoria	52.8300	51.1300	100	VE7RSX	WARA
Victoria	52.8700	51.1700	100	VE7VIC	WARA
Victoria	52.9700	51.2700		VE7RFR	VE7DAT

51-54 MHz 113
MANITOBA-ONTARIO

Location	Output	Input	Notes	Call	Sponsor
MANITOBA					
WINNIPEG					
Winnipeg	53.4000	52.4000	O	VE4KOG	PMCStaff
NEWFOUNDLAND AND LABRADOR					
AVALON EAST					
St Johns	53.0900	52.0900	TT	VO1KEN	VO1ST
NOVA SCOTIA					
GORE					
Gore	52.6200	51.6200	O	VE1OM	TPARC
HALIFAX					
Halifax	53.5500	52.5500	O 151.4el	VE1PSR	HARC
ONTARIO					
CENTRAL					
Barrie	53.2700	52.2700	O 141.3e	VE3KES	------------
Edgar	53.0700	52.0700	Oe	VA3LSR	LSRA
CENTRAL EAST					
Haliburton	53.0500	52.0500	O 162.2e RB	VE3ZHR	HARC
FRONTENAC/LENNOX-ADDINGTON					
Kingston	53.1300	52.1300		VE3KER	KARC
METRO TORONTO					
Brampton	53.1900	52.1900	OewX	VE3PRC	PARC
Mississauga	53.2500	52.2500	O 103.5#	VE3MIS	MARC
Richmond Hill	53.4900	52.4900	O 103.5e	VE3YRC	YRARC
Toronto	53.3500	52.3500	O 103.5e	VA3GTU	------------
Toronto	53.3900	52.3900	O 103.5	VE3ECT	TAG
NATIONAL CAPITOL REGION					
Ottawa	53.0300	52.0300	L(147.300/444.200)	VE3RVI	O6MIG
Ottawa	53.0900	52.0900	136.5/136.5 L(I 2210)x	VE3TST	VE3HXP
Ottawa	53.2300	52.2300	141.3/110.9	VA3LGP	VE3JGL
NIAGARA					
Fonthill	53.2900	52.2900	O 107.2	VE3PLF	COBRA
NORTHWESTERN ONTARIO					
Thunder bay	53.0300	52.0300		VA3OLA	------------
SOUTH					
Burlington	53.5900	52.5900	O 131.8	VE3BUO	------------
Carlisle	53.1100	52.1100	O 131.8 L(ERA)	VE3WIK	------------
Kitchener	53.3700	52.3700	O 131.8e L(ERA)	VE3SED	------------
SOUTHWEST					
Essex	53.0300	52.0300	O	VE3SMR	------------
Windsor	53.0500	52.0500	O 118.8	VE3RRR	WART

51-54 MHz
PRINCE EDWARD ISLAND-YUKON TERRITORY

Location	Output	Input	Notes	Call	Sponsor
PRINCE EDWARD ISLAND					
CENTRAL					
Glen Valley	53.5900	52.5900	o	VY2SIX	VY2RU
QUEBEC					
Alma	53.2500	52.2500	o	VE2RYK	VE2AYK
Ange-Gardien	53.3100	52.3100	o 110.9ex	VE2REH	VE2ZVL
Blainville Nord	53.3100	52.3100	o	VE2RNO	VE2THE
Boucherville	53.1300	52.1300	o 103.5	VE2MRQ	VE2MRI
Gatineau	53.1100	52.1100	o 110.9e	VE2REH	VE2ZVL
Grand-Mere	53.1100	52.1100	o 141.3	VA2RTI	VE2JTR
Grenville	53.0100	52.0100	o 123e	VE2RCS	VE2HMA
St-Calixte	53.0700	52.0700	o 141.3x	VE2LED	VE2VK
St-Calixte	53.0700	52.0700	o 141.3	VE2RVK	VE2VK
St-Joseph du lac	53.0500	52.0500	o	VE2RST	VE2GDR
Ste-Marguerite	53.0900	52.0900	o	VE2RIX	VE2BPU
LAURENTIDES					
Lachute	53.0100	52.0100	l	VE2RCS	VE2HMA
OUTAOUAIS					
Gatineau	53.1100	52.1100	110.9/110.9 (CA) L(l 2018)	VE2REH	ARAI
PAPINEAU					
Ripon	53.3100	52.3100	110.9/110.9 (CA) L(l 2018)x	VE2REH	ARAI
SASKATCHEWAN					
SASKATOON					
Saskatoon	50.2100	51.5100	#	VE5FUN	MARS
SOUTHEAST					
Estevan	53.7300	52.7300	#	VA5EST	VE5AJ
YUKON TERRITORY					
YUKON					
Carcross	52.2000	52.7000	ol	VY1RMM	YARA

144-148 MHz

ALABAMA

Location	Output	Input	Notes	Call	Sponsor
Albertville	145.1100	–	O 107.2 (CA)eWXx	KF4EYT	KF4EYT
Alexander City	146.9600	–	O 88.5/88.5 l	WA4KIK	96 Radio Club
Andalusia	147.2600	+	O 100.0e WX	WC4M	South AL R
Anniston/Cheaha Mt	147.0900	+	O 131.800a eWXz	WB4GNA	CCARA
Anniston/Oak Mt	146.7800	–	OaelRB WXz	KG4EUD	Calhoun EMA
Arab	146.9200	–	O 77.0/77.0 eRB WXz	KE4Y	BMARA
Argo/Trussville	145.2600	–	O	K4YNZ	KE4ADV / D-STA
Ashland	147.2550	+	O 131.8ae WXz	KI4PSG	KI4PSG
Athens	145.1500	–	N5SEV 100.0/OR OFF/ARES (CA)eWXz		Limestone
Auburn	147.0600	–	O	KA4Y	KA4Y
Auburn	147.2400	+	O 156.7ae	K4RY	Auburn Uni
Auburn	147.3000	+	O 123.0/123.0elRB	W4HOD	HODARS
B,Ham /Shades Mt	147.1400	+	O 156.7/156.7e	WA4CYA	WA4CYA
Bald Rock	145.1300	–	O 103.5/RACESerRB WX	K4SCC	St Clair Ares/Rac
Barton	146.7600	–	O 100.0/100.0/ARES	WX4CC	CCARC
Bay Minette	145.4300	–	O 123.0el	KD4HYG	KD4HYG
Bessemer	145.1500	–	Oaez	WB4YRJ	T.H.E. Club
Birmingham	145.2300	–	O 203.5/203.5e	WB4TJX	UAB ARC
Birmingham	147.3400	+	O	W4RUM	W4RUM
Birmingham / Tuscaloosa	147.5800	146.4800	O	W4TTR	Tall Tower D-ST
Birmingham- East: Bald Rock	146.7600	–	O 114.8ae	K4HAL	HC ARC
Birmingham- North: Springville	146.7600	–	O 103.5ae	K4HAL	HC ARC
Birmingham- South: Pelham	146.7600	–	O 94.8ae	K4HAL	HC ARC
Birmingham/ East Lake	146.7600	–	O 88.5ae	K4HAL	HC ARC

144-148 MHz
ALABAMA

Location	Output	Input	Notes	Call	Sponsor
Birmingham/ Shades Mtn	146.8800	–	O 88.5/88.5 aeRB WX	W4CUE	B,ham ARC
Birmingham Ruffner	146.7600	–	O 88.5e	K4HAL	HC ARC
Birmingham Tuscaloosa	145.3500	–	Ox	W4TTR	KX4I
Boaz	147.2000	+	O 123.0/RACESelrWX	NA4SM	MCARC
Brent	145.3900	–	Oe	NU4A	Bibb Co
Brewton	146.9700	–	O#	WB4ARU	KT4CW
Butler	146.8500	–	O 210.7	KE4ROA	KE4WYK
Carrollton	146.6850	–	O 77.0/77.0 TT(ARES)e	K4HDC	PICKENS CO EMA
Citronelle	147.2250	+	O 203.5/203.5	W4IAX	Mobile ARC
Clanton	145.1800	–	O	KF4LQK	AEMA ARC D-STAR
Clanton	147.1050	+	O 123.00	WB4UQT	Clanton Am WX
Columbiana	147.3200	+	O 88.5/88.5	W4SHL	Shelby Co. ARC
Cordova	147.3900	+	Oe	N5IV	N5IV
Corner	147.1200	+	O WX L(6-MTR)	KD4CIF	KD4CIF
Courtland	145.2500	–	O 100.0/100.0e	W9KOP	W9KOP
Cullman	145.3100	–	O 100.0/ARES-LITZaer	N4TUN	CARC
Cullman	147.4150	146.4160	O 123.0	W4CFI	W4CFI
Decatur	145.2100	–	O/ARESel RB	N4VCN	N4VCN
Decatur	146.7200	–	Oe	W9KOP	W9KOP
Decatur	146.9800	–	O/RACESe rWX	W4ATD	DARC
Decatur/Brindlee Mt	147.0000	+	Oe	W4ATD	DARC
Demopolis	146.7900	–	OaelWX	N4QII	N4QII
Dixons Mills	147.0800	+	O 210.7/210.7	W4WTG	------------
Dothan	145.4300	–	O 186.2	WB4ZPI	WARC
Dothan	146.8500	–	O 186.200/186.200e	KE4GWW	------------
Dothan	147.1400	+	O 186.2/186.2	KC4JBF	KC4JBF
Dothan	147.3400	+	O ARES/RACESaerWxz	N4RNU	Houston Co
Elba / Victoria	146.7800	–	Oe	W4NQ	Troy ARC
Enterprise	145.3900	–	Oaez	KD4BWM	EEARA
Enterprise	147.2400	+	O 100.0/100.0aelz	WD4ROJ	EARS
Eufaula	147.2800	+	O 123.0/123.0	W4EUF	Eufaula ARC

144-148 MHz   ALABAMA

Location	Output	Input	Notes	Call	Sponsor
Eutaw	145.3700	–	O 131.8e	WS4I	Druid City
Fayette	147.2000	+	O 110.9	N4DSS	N4DSS
Flagg Mountain	145.2700	–	O 88.5/88.5	KC4CM	KC4CM
Flint Ridge	146.8600	–	O(CA)elz	W4TH	W4TH
Florence	147.3200	+	O 123.0/123.0	K4NDL	————
Foley	146.6850	–	O 82.5e	KI4ELU	KI4ELU
Fort Deposit	146.6700	–	O 100/203.5/RACESelWx	K4TNS	Butler Co. EMA
Friendship	147.2000	+	107.2e	KE4LTT	KE4LTT
Ft Payne	147.2700	+	O 100.0/ARESaelWxx	W4GBR	DeKalb ARC
Gadsden	145.4900	–	O 107.2/107.2	KI4FLY	KI4FLY
Gadsden	146.6700	–	O 100.0 (CA)e	K4BWR	K4BWR
Gadsden	146.8200	–	O 192.8/RACESaerRB Wxz	K4VMV	Etowah EMA
Gadsden	147.1600	+	O 100.00/100.00aelWxzx	K4JMC	Gadsden AR
Gaylesville	145.2500	–	110.9	K4JS	K4JS
Gaylesville	147.3200	+	O 100.0/100.0e	W4CCA	CCARC
Geneva County	145.2700	–	O 103.5/103.5 WX	W4GEN	GARS
Gold Hill	145.2300	–	O 123.0/123.0	KE4COL	KE4COL
Goodwater	145.3300	–	O 179.9e WX	K4YWE	Lake Martin ARC
Greenville	145.1900	–	OelWX	K4TNS	Jim Bell Wireless
Greenville	146.8800	–	O 100.0/203.5	K4TNS	Butler Co. EMA
Grove Hill	147.2800	+	O 210.8/210.8	AB4BR	Clark Co. ARC
Guntersville	145.1700	–	Oaex	K4WWN	K4WWN
Guntersville/Wyeth Mtn	147.3800	+	O 100.0/ARESz	KC0ONR	GARC
Hamilton	147.0200	+	O 123.0/123.0elRBz	WA4QXB	Marion Co.
Huntsville	145.2900	–	O 100.0ae	KK4AI	MARA
Huntsville	145.3300	–	O	W4ATV	NARA
Huntsville	145.3900	–	OTTe	WD4DNR	WD4DNR
Huntsville	145.4700	–	●CLOSED	W9KOP	W9KOP
Huntsville	147.1000	+	O 103.5ae	W4VM	W4VM
Huntsville	147.2400	+	O 82.5ael RB	KB4CRG	KB4CRG
Huntsville	147.3900	+	O 103.5a	W4QB	NADXC
Huntsville/BrindleyMtn	147.1800	–	O 100.0 L(IRLP 4950)	WD4CPF	NARA

144-148 MHz
ALABAMA

Location	Output	Input	Notes	Call	Sponsor
Huntsville MonteSano	145.2300	–	O 186.2/AICN L(RB) RB	W4XE	W4XE
Huntsville MonteSano	146.9400	–	O 100.0/ARESaesWX	N4HSV	NARA
Huntsville MonteSano	147.2200	+	O 136.5lr	W4HMC	Huntsville-Madison C
Huntsville MonteSano	147.5050	146.5050	O 123.0 (CA)	KC4HRX	KD4TFN
Irvington	145.1300	–	O 203.5/203.5	KD4NGA	ARMY COE
Jasper	146.6400	–	OeWX	WR4Y	Walker ARC
Jasper	146.9000	–	O	WB4ACN	WB4ACN
Jasper	147.2600	+	O	KI4GEA	KI4GEA
Killen	146.6800	–	O 100.0aelz	WB4NQH	WB4NQH
Lanett	147.0000	+	O 141.300/141.300	K4DXZ	Chattahoochee Valley
Leesburg	147.0750	+	O 100.0e WXz	KB4AEA	Cheroke EMA
Leighton	145.4100	144.4100	100.0/100.0	W4ZZK	W4ZZK / N4RTR
Leighton	147.3400	+	O 100.0/100.0 (CA)	AC4EG	NAARC
Littleville	145.1300	–	Oae	WB4KKV	WB4BPS
Loxley	147.3900	+	O 118.8/118.8 ae	WB4GMQ	WB4GMQ
Marion	147.3600	+	O	N4EJF	Perry EMA
Millry	147.1800	+	O 114.8el	KF4ZLK	KF4ZLK
Mobile	146.8200	–	O 203.5l	W4IAX	Mobile ARC
Mobile	146.9400	–	O RACES/ARES (CA)eL(ECHOLINK) WX	WB4QEV	Mob Co EMA
Mobile	147.1500	+	Oe	WB4BXM	WB4BXM
Mobile	147.3450	+	O(CA)	W4IAX	MOBILE AMA
Mobile/Semmes	145.4700	–	O 123.0/123.0eWX	WX4MOB	WX4MOB
Monroeville	147.1600	+	O 167.9 (CA)e	WB4UFT	MARC
Montevallo	145.2900	–	OeRB	N4GEG	N4GEG
Montgomery	145.4900	–	O	N4QYL	N4QYL
Montgomery	146.8400	–	OeWX	W4AP	MARC
Montgomery	147.1800	+	O 123.0/RACESerWXz	W4AP	MARC
Moody	146.6200	–	O	KF4FVH	KF4FVH
Moulton	145.2700	–	O 107.2/ARES (CA)elsWX	KN4CI	Bankhead A
Moulton	146.9600	–	O(CA)elWX	N4IDX	Bankhead A
Moundville	147.2200	+	O 77.0/77.0	K4HDC	HDCP
Muscle Shoals	145.4100	–	203.5/AICNl WX	KF4MH	WB4NQ
Muscle Shoals	146.6100	–	Oae	W4JNB	MSARC

144-148 MHz
ALABAMA

Location	Output	Input	Notes	Call	Sponsor
Nectar/ SkyballMtn	146.7000	−	O 203.5	W4BLT	Blount ARC
Ohatchee	147.0200	+	O 250.3e	WB4LYR	WB4LYR
Opelika	147.1200	+	Oe	W4LEE	East AL ARC
Opelika	147.1500	+	O 123.0/123.0	W4LEE	Lee Co. EMA
Opelika	147.3750	+	OeWX	WX4LEE	EMA ARC
Opp	146.6400	−	O 100.0/100.0	W4ORC	Opp ARC
Ozark	146.9800	−	O 100.0/ARESe	KA4AFI	Dale ARES
Ozark	147.2100	+	O 100.0/100.0#e	WA4GIU	------------
Palmerdale	145.4500	−	O 100IRB	KE4QCY	WB4ZNQ
Pelham	146.9800	−	Oe	W4SHL	Shelby Co. ARC
Pell City	147.0200	+	O 131.8/131.8e	K4CVH	Coosa Valley HR
Perry County Courthouse	147.3600	+	O	N4EJF	Perry EMA
Phenix City	146.6100	−	OeWXz	W4CVY	Columbus ARC
Phenix City	146.7200	−	O 123.0e	WA4QHN	WA4QHN
Phenix City	146.8800	−	O 123.0/123.0	W4CVY	Columbus ARC
Phenix City	147.3200	+	123.0/ARES elrsWX	WX4RUS	Russell EMA
Pike Road	146.9000	−	O 67.0/67.0 eRB	W2YNE	W2YNE
Ranburne/ Turkey Heaven Mtn	146.8650	−	O 131.8	N4THM	Turkey Heaven
Red Bay / Vina	146.7900	−	O 103.5/103.5eL(I-LINK) WXx	NV4B	FCEMA
Roanoke	145.4300	−	O 141.3/141.3aeIrB WXz	KA4KBX	PBI RC
Roanoke	147.2200	+	Ol	WD4KTY	WD4KTY
Roanoke	147.2700	+	O 141.3/141.3aeIsLITZ WX	KA4KBX	KA4KBX
Robertsdale	147.0900	+	Oe	WB4EMA	Baldwin EM
Rogersville	146.7400	−	O 100.0/100.0e	KJ4LEL	ELRA KJ4LEL
Russellville	147.1600	+	OeWX	KE4ZIM	Franklin C
Russellville	147.2100	+	O	WX4FC	W4AQQ
Russellville	147.3600	+	O 103.5/103.5	WX4FC	FC EMA
Salem	146.9400	−	O 123.0e WX	WA4QHN	WA4QHN
Section	147.3600	+	O 123.0el WX	W4SBO	JCAR
Selma	146.7200	−	O 100.0e	N4KTX	N4KTX
Selma	147.0400	+	O 146.2 (CA)eWXz	KI4CNI	Dallas ARC

144-148 MHz
ALABAMA-ALASKA

Location	Output	Input	Notes	Call	Sponsor
Sheffield	146.8800	−	103.5/103.5 eWX	KE4GOG	KE4GOG
Skipperville	147.0300	+	O 71.9/71.9 (CA)el	KD4KRP	KD4KRP
Smiths Station	145.3500	−	O 123.0/123.0eL(ECHOLINK)	KF4AEJ	KE4AEJ
Sylacauga	146.6550	−	O 123.0/123.0eWX	AF4FN	S.T.A.R.S.
Talladega	145.1600	−	OeEXP	N4WNL	EMA/TRAC
Talladega	145.3700	−	●e	N4ZDY	Sleeping G
Talladega	146.7400	−	O 131.8/131.8elWXz	N4WNL	EMA/TRAC
Talladega	146.8050	−	O 131.8/131.8eL(144/220/440) WXx	N4WNL	TRAC
Tecumseh Station	146.8500	−	O	W4RPO	W4RPO
Theodore	147.2000	+	O	N4LMZ	------------
Troy	146.8200	−	O 100.0 (CA)ez	W4NQ	Troy ARC
Tuscaloosa	145.1100	−	O 131.8el	WS4I	Druid City
Tuscaloosa	145.2100	−	O 103.5	W4UAL	Univ. of Alabama
Tuscaloosa	145.3500	−	●x	W4TTR	Tall Twr RC
Tuscaloosa	145.4700	−	● 203.5	KX4I	KX4I
Tuscaloosa	146.8200	−	O 118.8ae WXz	W4XI	Tuscal ARC
Tuscaloosa	146.9250	−	O 131.8e	WS4I	Druid City
Tuscaloosa	147.0600	−	● 179.9x	KX4I	KX4I
Tuscaloosa	147.2400	+	● 186.2/186.2a	KR4ET	W4MD / KX4I
Tuscaloosa	147.3000	+	131.8/RACESa(CA)erWx	W4WYN	West AL ARS
Tuscaloosa	147.5800	146.4800	●x	W4TTR	KX4I D-STAR
Uriah	145.1500	−	O	N4YYX	N4YYX
Vernon	145.4300	−	O 110.9/110.9	KI4QAH	KI4QAH
Vernon	146.6600	−	O 103.5/103.5eWX	N5IV	N5IV
Warrior	146.8400	−	O 156.7/156.7	WA4CYA	Hueytown Repeater A
Winfield	147.0400	+	O 192.8e	KT4JW	KC4RNF
York	147.0000	+	Oe	K4QXT	Sumter ARC

ALASKA
INTERIOR

Location	Output	Input	Notes	Call	Sponsor
Central/Circle	146.7000	−	103.5 E-SUN L(FAIRBANKS)x	AL7FQ	AL7FQ
Chena Dome	146.7900	−	O 103.5e E-SUN E-WINDlsx	KL7XO	AARC
Chicken	147.0900	+	O 103.5 E-SUNlx	KL7B	KL7B / NL7E

144-148 MHz — ALASKA

Location	Output	Input	Notes	Call	Sponsor
Denali Park	146.7600	−	Ol	KL7KC	ARCTIC ARC
Eagle	146.9400	−	O 103.5	KL7KC	KL7KC
Eielson AFB	147.1200	+	O 103.5	KL7KC	KL7KC
Fairbanks	146.8800	−	O 103.5ael x	KL7KC	ARCTIC ARC
Fairbanks	146.9400	−	Oa	KL7KC	ARCTIC ARC
Galena	146.7900	−	O 103.5	AL2J	Al2J
Manley	147.0300	+	O 103.5el	KL7KC	+KL7XO
Nenana	147.0600	+	O	WL7TY	NARC
Northway	146.8200	−	L(FAIRBANKS) 103.5 L(FAIRBANKS)	KL7KC	ARCTIC ARC

SOUTH CENTRAL

Location	Output	Input	Notes	Call	Sponsor
Anchorage	146.9400	−	O 100.0a TTez	KL7AA	AARC
Anchorage	146.9700	−	O 103.5	KL7CC	SCRC
Anchorage	147.3000	+	O 141.3ers	KL7ION	PARKA
Bethel	146.1000	+	O 114.8a TTe	AL7YK	BARK
Chugiak	147.1500	+	O 107.2 E-SUN E-WIND	KL5E	KL5E
Eagle River	145.4500	−	O 100.0 (CA) TTe	KL7GG	KL7GG
Elmendorf AFB	146.6700	−	O 103.5es	KL7AIR	EARS
Ft Richardson	147.1800	+	O 88.5ep	KL1BR	DHS&EM
Ft Richardson	147.3900	+	O 100.0 (CA) TTeRB	KL7GG	GG/ADES
Kodiak	146.8800	−	O 141.3es	AL7LQ	KARES
Kodiak	146.9400	−	O 103.5es	KL7JBV	Kodiak ARES
Mt Susitna	147.2700	+	O 103.5els	WL7CVG	AARC
Palmer	147.3300	+	O 103.5els	WL7CVF	AARC/ARES
Soldotna	146.8800	−	Oe	AL7LE	MARC
Talkeetna	147.1200	+	O 100 E-SUN	NL7E	NL7E
Valdez	147.7600	−	O 100es	WL7CVV	ValdezARES
Wasilla	146.8500	−	O 103.5 TT e	KL7JFU	MARA

SOUTHEAST

Location	Output	Input	Notes	Call	Sponsor
Crystal Mt	147.3600	+	Oelx	W6SJJ	SARA
Haines-Mt Ripinski	147.0600	+	el	KL7GPG	JARC
Juneau-H Ridge	146.6400	−	Oael	KL7HFI	JARC
Juneau-Lena Point	147.0000	−	Oael	KL7PF	JARC
Juneau-Tramsite	146.8200	−	Oael	KL7PF	JARC
Ketchikan	146.7900	−	Oae	KL7ST	KARC
Mendenhall	147.3000	+	Oe	KL7IWC	ARES
Petersburg	146.9600	−	O(CA)	KL7FFP	PARC
Sitka	146.8200	−	O(CA)	KL7FFR	SITKA ARC

144-148 MHz
ARIZONA

Location	Output	Input	Notes	Call	Sponsor
ARIZONA					
CENTRAL					
Black Canyon	146.9000	–	O 118.8	KB7OCY	KB7OCY
Mt Ord	146.9200	–	O 162.2ae L(147.24 SHAW BUTTE)x	W7MDY	ARA
Mt Ord	147.3600	+	O 162.2elx	W7MDY	ARA
Mt Union	147.2600	–	O 103.5ex	K7YCA	ARES/RACES
Payson	147.3900	+	O 100ae	N7TAR	TARA
Pinal Peak	145.4100	–	O 141.3lx	K7EAR	EAARS
Pinal Peak	147.2000	+	O 162.2elx	W7ARA	ARA
Signal Peak	146.7400	–	O 162.2erx	WR7GC	WR7GC
Towers Mtn	145.3700	–	O 162.2ex	W1OQ	MMRG
Usery Pass	145.4900	–	O 107.2ex	KC7WYD	N7LOQ
Usery Pass	146.6600	–	O 162.2ex	WB7TUJ	N7ULY
Usery Pass	147.0200	+	O 162.2elx	W7BSA	BSA EP 599
Wildflower Mtn	145.3500	–	O 162.2ex	W7QHC	DAWN
EAST CENTRAL					
Heber	146.8000	–	O 162.2e	W7RIM	RCARC
S Mtn Alpine	145.2700	–	O 141.3lx	K7EAR	EAARS
EASTERN					
Guthrie Peak	147.2800	+	O 141.3lx	K7EAR	EAARS
GOLDEN VALLEY					
Golden Valley	146.9400	–	O 123	K7MCH	K7MCH
KINGMAN					
Kingman	145.2100	–	O 151.4e	KD7MIA	KD7MIA
NORTH CENTRAL					
Bill Williams	146.7800	–	O 91.5el LITZx	K7NAZ	BWMRC
Lake Havasu City	146.9600	–	O 162.2 (CA) L(224.4 & 449.95)	W7DXJ	W7MCF
Mingus Mtn	145.2900	–	O 127.3ex	K7YCA	YAV RACES
Mingus Mtn	147.0000	+	O 162.2el LITZx	K7MRG	MMRG
Mingus Mtn	147.2200	+	O 162.2e L(438.7 CONTROL)x	W7EI	VVARA
Mt Elden	146.9800	–	O 162.2ae x	W7ARA	ARA
Mt Elden	147.1400	+	O 162.2elx	W7ARA	ARA
Mt Ord	146.9600	–	O 141.3ex	WR7GC	GILA CO RACES
Navajo Mtn	146.9600	–	Ox	W7WAC	W7WAC
Prescott	145.3900	–	Ot	KC7TIL	KC7TIL
Prescott	146.8800	–	O 100	W7YRC	YAV ARC
Squaw Peak	147.1000	+	O 131.8x	KF6FM	Tim Wilcox
Winslow	146.8400	–	O	N7RDZ	N7RDZ
Winslow	147.3800	+	O 162.2	N7RDZ	N7RDZ
NORTH WEST					
Kingman	145.1900	–	O 151.4	K7MPR	KD7MIA
Kingman	145.2100	–	O 151.4e	KD7MIA	KD7MIA
Kingman	146.9400	–	O 151.4	K7RLW	K7RLW

144-148 MHz — ARIZONA

Location	Output	Input	Notes	Call	Sponsor
NORTHEASTERN					
Greens Peak	145.3100	−	O 110.9x	W7EH	KACHINA ARC
Greens Peak	146.6100	−	O 162.2elx	W7OTA	W7OTA
Greens Peak	146.7000	−	O 141.3lx	K7EAR	EAARS
Greens Peak	146.7200	−	O 162.2elx	W7ARA	ARA
Holbrook	146.6800	−	O	KA7ARZ	NCARC
Porter Mtn	146.7600	−	O 162.2elx	W7OTA	W7OTA
Roof Butte	145.2250	−	O 100elx	KB5ITS	KB5ITS
Roof Butte	146.8200	−	O 100	NM5SJ	SAN JUAN CO E
			L(146.85 FARMINGTON / 146.7)x		
St Johns	147.3000	+	● 136.5e	NR7G	NR7G
NORTHERN					
Mormon Mt	145.2700	−	O 162.2x	KD7IC	KD7IC
Mt Elden	145.4500	−	O 103.5ae x	NO7AZ	NO7AZ
NORTHWESTERN					
Bullhead City	145.1700	−	O 131.8e	W7GAA	WARC
Bullhead City	146.6400	−	O 123 (CA)e	K3MK	FREEDOM NT
Chloride	146.7000	−	O 173.8e	N7NVR	Gene Stafford
Dolan Springs	146.9600	−	O 100	AD9R	AD9R
Golden Valley	147.1200	+	O 123el	N7FK	N7FK
Hayden Peak	146.7600	−	O 131.8elx	N7SKO	WECOM INC
Hopi Pt Grand	147.3200	+	Oex	WB6JAA	NORTHLINK
Hualapai Peak	147.2400	+	O 123x	K7MPR	MARC
Kingman	147.2000	+	O 79.7e	KC8UQP	KC8UQP
Mt Francis	147.2600	+	O 127.3ex	K7YCA	YAVAPAI RACE
Potato Patch	146.8000	−	● 100aelx	N7DPS	NW7AZ
Potato Patch	147.1600	+	O 131.8x	WB6RER	HUALAPI ARC
Xmas Tree Pass	145.2700	−	O 131.8elx	N7SKO	WECOM
PAYSON					
Payson	146.9000	−	● 123	KJ7K	KJ7K
PHOENIX					
Bank One	146.8200	−	O 162.2e	N1KQ	MCRG
Bell Butte	146.9800	−	O 100e	AI7R	TEMPE
Central Phx	146.6400	−	O 162.2ae	W7ARA	ARA
Chandler	145.4500	−	O 162.2ae	WW7CPU	IARS
Mesa	145.2100	−	● 151.4 (CA)el	KF7EUO	KF7EUO
Mesa	145.3300	−	O 114.8e	WB7TUJ	WB7QDR
Mesa	146.7200	−	O 100ae	K7DAD	MARA
Mesa	147.1200	+	O 162.2el	WB7TJD	SUP-ARC
Phoenix	145.1700	−	O 162.2el	W7ARA	ARA
Phoenix	145.1900	−	O 162.2	W7ATV	AATV
Phoenix	145.2300	−	O 94.8	WK7B	WK7B
Phoenix	146.7000	−	O 162.2el	W7TBC	TARC
Phoenix	146.8000	−	O 100e	KD7LYO	WW7B
Phoenix	147.0600	+	O 162.2e	W7UXZ	W7UXZ
Phoenix	147.2800	+	O 162.2	WA7UID	MMRG

144-148 MHz
ARIZONA

Location	Output	Input	Notes	Call	Sponsor
Phoenix	147.3200	+	O	K5VT	CADXA
Scottsdale	145.3100	−	O 91.5ae	KB6POQ	KB6POQ
Scottsdale	147.1800	+	O 162.2e	WA7APE	SARC
Scottsdale	147.3400	+	O 162.2ae L(442.025 927.3885)	W7MOT	MARCA
Scottsdale Air	146.7600	−	O 162.2e	W7ARA	ARA
Shaw Butte	146.8400	−	O 162.2ex	W7ATV	AATV
Shaw Butte	147.2400	+	O 162.2ae L(146.92 MT ORD)x	W7ARA	ARA
Sun City West	147.3000	−	O 162.2ae	NY7S	WVARC
Thompson Peak	147.0800	+	O 162.2ex	KG7UN	MARICOPA CNTY
Usery Mtn	146.8600	−	O 162.2elxL	W7ARA	ARA
Usery Pass	145.4700	−	O 79.7ex	KE7JFH	KE7JFH
White Tanks Mt	145.4300	−	O 100ex	N7SKT	N7ULY
White Tanks Mt	145.3800	+	● 79.7ex	N7ULY	WB7TUJ

PINEDALE

Location	Output	Input	Notes	Call	Sponsor
Pinedale	145.2300	−	O 110.9	KB7ZIH	KB7ZIH

SIERRA VISTA

Location	Output	Input	Notes	Call	Sponsor
Sierra Vista	145.2300		● 94.8 (CA) e	AD7BG	AD7BG
Sierra Vista	147.3600	+	O 100ae L(449.825-RPTR)	N0NBH	N0NBH

SOUTH CENTRAL

Location	Output	Input	Notes	Call	Sponsor
Gila Bend	145.2900	−	O 103.5e	K7PO	WB7VVD
Green Valley	145.2900	−	Oex	WE7GV	GVARC
Green Valley	145.4300	−	O	WB6TYP	WB6TYP
Red Mtn/Patago	146.6400	−	Oerx	W7JPI	W7JPI

SOUTHEASTERN

Location	Output	Input	Notes	Call	Sponsor
Duncan	146.9600	−	O	N5IA	DRG
Green Valley	145.2700	−	O	WE7GV	GVARC
Haystack Mt	145.3700	−	O 131.8x	K7SPV	SPVARC
Heliograph Peak	146.8600	−	O 141.3elx	K7EAR	EAARS
Heliograph Peak	146.9000	−	O 141.3ex	K7EAR	EAARS
Juniper Flats	146.7600	−	O 162.2ex	K7RDG	CARA
Juniper Flats	147.0200	+	O 162.2elrx	K7RDG	CARA
Mt Lemmon	147.1600	+	O 141.3erx	K7EAR	EAARS
Mule Mtn	147.0800	+	O 141.3elx	K7EAR	EAARS
Vail	147.1200	+	O 100 (CA) eL(446.55)	KF7FCQ	JOY BARTON

SOUTHERN

Location	Output	Input	Notes	Call	Sponsor
Mt Lemmon	145.2500	−	O 156.7ex	K7RST	RST
Mt Lemmon	145.3900	−	O 100elx	KG7KV	KG7KV
Mt Lemmon	146.8800	−	O 110.9erx	N7OEM	N7OEM
Mt Lemmon	147.1400	+	O 127.3x	KA7SLW	KA7SLW

SOUTHWEST

Location	Output	Input	Notes	Call	Sponsor
Ajo Childs Mt	145.3100	−	O 100 TTerx	W7AJO	AJO ARC-RACES
Cunningham Peak	147.0600	+	Ox	KR7AZ	KR7AZ

144-148 MHz — ARIZONA-ARKANSAS

Location	Output	Input	Notes	Call	Sponsor
Quartzsite	145.3100	−	O 162.2x	WB7FIK	CRC
Quartzsite	147.3600	+	O 107.2ex	K6TQM	Chla Vly Races
Telegraph Pass	146.7800	−	O 103.5e L(449.075)rRBx	N7ACS	YACS
Yuma	146.6200	−	O 103.5er	N7ACS	YACS
TEMPE					
Tempe	145.2700	−	O	KB7KY	KB7KY
TUCSON					
East Tucson	146.6600	−	O 110.9aer	W7GV	OPRC
Mt Lemmon	147.1000	+	O 100ex	KC0LL	KC0LL
Oro Valley	145.1900	−	O 156.7ae L(ECHOLINK 99946)	W0HF	OVARC
Oro Valley	147.2200	+	O 110.9e	W7GV	OPRC
S Tucson	147.3400	+	O 179.9e L(448.75)r	W7SA	CRC
Tucson	145.1700	−	Ot	K0DVH	K0DVH
Tucson	145.2300	−	●77e	NR7J	NR7J
Tucson	145.3300	−	O 127.3 (CA)	KA7LVX	KA7LVX
Tucson	145.4500	−	O(CA)e	W7IBM	IBMARC
Tucson	146.6800	−	O 173.8e	N7IQV	COTE-RAC
Tucson	146.7000	−	O 127.3l	AC7IL	CARBA
Tucson	146.8000	−	O 156.7ael	K7RST	RST
Tucson	146.8200	−	O 110.9er	W7GV	OPRC
Tucson	146.8500	−	Oe	AG7H	AG7H
Tucson	146.9400	−	O 110.9	WD7F	BART
Tucson	146.9600	−	O 127.3	K7UAZ	U OF A ARC
Tucson	147.0000	+	O 110.9r	N7OEM	TARA
Tucson	147.0400	+	O 123e	K7PCC	PAN CHR CH A
Tucson	147.3000	+	O 110.9er	N7OEM	N7OEM
WEST CENTRAL					
Black Peak	146.8500	−	O 162.2ex	WA7RAT	CARRA
Lk Havasu Cty	146.6400	−	O 156.7er	K7LHC	LBARA
Smith Peak	146.6800	−	O 162.2elx	K7LKL	ARA
Wht Tanks Mtn	146.9400	−	O 162.2elx	W7FEX	ARA
YUMA					
Potholes Hill	146.8400	−	O 88.5elr	W7DIN	W7DIN
Yuma	146.8000	−	O 162.2elr RB	N7ACS	YACS
Yuma	147.3000	+	O 162.2e	KD7GXW	MARK BUONO

ARKANSAS
CENTRAL

Location	Output	Input	Notes	Call	Sponsor
Alexander	145.2900	−	O 131.8/131.8e	N5YLE	N5YLE
Benton	146.6400	−	O 131.8elr sWX	N5CG	CAUHF
Benton	146.8050	−	O 114.8/114.8e	W5RHS	W5RHS

144-148 MHz
ARKANSAS

Location	Output	Input	Notes	Call	Sponsor
Benton	147.1200	+	O 114.8/114.8erWX	W5RHS	W5RHS
Cabot	147.1500	+	Oe	W5STR	KB5FOQ
Conway	145.2100	−	O 114.8l	W5AUU	FalkCoARC
Conway	146.6250	−	O 114.8	AE5GH	AE5GH
Conway	146.9700	−	O 114.8rsx	WB5NXJ	FalkCoARC
Conway	147.0300	+	O 114.8/114.8e	W5AUU	W5AUU
Hot Springs	145.2700	−	O	KE5SHR	KE5SHR
Hot Springs	146.7600	−	O 114.8/114.8es	WB5SPA	SpaARA
Hot Springs	146.8800	−	O 114.8/114.8eL(146.715-)rsWXx	W5LVB	W5LVB
Hot Springs	147.1800	+	O 114.8	WB5PIB	WB5PIB
Hot Springs Village	147.0150	+	O 114.8/114.8e	W5HSV	HSV ARC
Little Rock	145.1300	−	O 114.8ers	N5AT	ARES
Little Rock	145.1700	−	O 162.2e LITZ	N5UFO	N5UFO
Little Rock	145.4900	−	O 114.8elr sWXx	N5CG	CAUHF
Little Rock	146.7300	−	O 141.3ex	WA5PGB	WA5OOY
Little Rock	146.7750	−	● 162.2el	N5CG	CAUHF
Little Rock	146.8500	−	Or	WA5LRU	UALR ARC
Little Rock	146.9400	−	O 114.8elr sWXx	W5DI	CAREN
Little Rock	147.0600	+	Oaelz	W5FD	CAREN
Little Rock	147.1350	+	O 114.8ex	W5DI	CAREN
Little Rock	147.3000	+	O 114.8ex	W5DI	CAREN
Malvern	145.1500	−	O 114.8 WX	W5RHS	W5RHS
Malvern	145.3100	−	88.5	KJ5YJ	MalvernARC
Malvern	147.3600	+	O 136.5ael z	W5BXJ	HSCAREN
Malvern	147.3900	+	O 136.5ae	W5BXJ	HSCAREN
Morrilton	145.3300	−	O 114.8el WX	N5CG	CAUHF
Pine Bluff	146.7000	−	OersWX	K5DAK	PinBlufARC
Pine Bluff	147.1650	+	Oes	N5RN	N5RN
Prattsville	145.1900	−	O 114.8e	KD5RTO	KD5RTO
Redfield	147.1950	+	O	N5KWH	PinBlufARC
Searcy	146.6550	−	Oe	AB5EN	NCAARC
Searcy	146.8950	−	O 85.4 (CA) l	N5ZA	N5ZA
Searcy	146.9250	−	O 94.8 (CA) e	KG5S	NCAARS
Searcy	147.3900	+	O 94.8e	AC5AV	WhiteCoARC
Sheridan	146.9850	−	O(CA)er	KB5ZES	GrantCoARC
Sherwood	147.2550	+	O 114.8el	N1RQ	N5QLC

ARKANSAS

Location	Output	Input	Notes	Call	Sponsor
Vilonia	145.4100	–	O 85.4e	NL7RQ	NL7RQ
White Hall	147.2400	+	Oaesz	K5DAK	PinBlufARC
EAST					
Forrest City	146.7600	–	O 100.0/100.0	KD5DF	KD5DF
Forrest City	147.3750	+	O 107.2ers WX	WA5CC	CrossCoARC
Gillette	146.7900	–	O 114.8l WX	N5CG	CAUHF
Helena	145.3900	–	O	WX5J	WX5J
Helena	146.6850	–	O 107.2ex	N5JLJ	N5JLJ
Marion	147.1500	+	O 103.5e	KI5XV	KI5XV
Wynne	145.3100	–	O 107.2	WB5LNG	WB5LNG
Wynne	146.8650	–	O 107.2ers WX	KD5NUB	KD5NUB
EAST CENTRAL					
Bald Knob	147.3150	–	O 114.8elx	WA5OOY	CAREN
Bradford	146.7450	–	O 107.2el RB WXx	W5BTM	W5BTM
Stuttgart	147.0000	–	Oers	KB5LN	KB5LN
NORTH					
Harrison	145.1500	–	O	KØJXI	KØJXI
Harrison	147.0000	–	O 103.5es LITZ WXx	WB5CYX	NAARS
Harrison	147.3150	+	O 103.5l	WA9SSO	GathMtARC
Mountain Home	146.8800	–	O 103.5 (CA)eL(442.300+)rsWX	K5OZK	OZARC
Mountain Home	147.0750	+	Oe	KC5RBO	OzARC
Mountain View	147.1800	+	Os	AD5TQ	AD5TQ
Yellville	147.2400	+	O 107.2e	W5YS	MarionCARC
NORTH CENTRAL					
Batesville	147.2250	+	O 107.2ers WXx	KD5HPK	KD5HPK
Batesville	147.2700	+	OelrsWXx	KD5AYE	BatsevilARC
Clinton	145.3700	–	O 114.8els WXx	W5DI	CAREN
Clinton	146.9100	–	O 114.8/114.8e	KD5GC	KD5GC
Fox	145.1100	–	O L(114.8HZ TO HOLLEY SYS.)	NN5NN	NN5NN
Greers Ferry	147.3300	+	Ox	W5GFC	GFARC
Heber Springs	145.2300	145.2300	O	N5XUN	N5XUN
Heber Springs	145.4300	–	Oaez	KD5GFT	N5XUN
Jasper	146.6100	–	OeLITZ WXx	WB5CYX	NAARS
Jerusalem	145.4500	–	OeWXx	KC5WNU	ADARC
Mountain View	147.1200	+	O 100.0 (CA)elsWX	AA5EM	StonCoARC

128 144-148 MHz
ARKANSAS

Location	Output	Input	Notes	Call	Sponsor
NORTHEAST					
Blytheville	146.6700	−	O 107.2/107.2elrsWx	W5ENL	MissCoARA
Hardy	145.1900	−	Oe	W5SCR	SharpCoARC
Harrisburg	146.8350	−	O	N5OHO	PARC
Jonesboro	145.2900	−	OersWX	KC5TEL	RESPOND
Jonesboro	146.6100	−	OaeWX	W5JBR	JARC
Jonesboro	147.1650	+	O(CA)ers WX	N5MOT	N5MOT
Jonesboro	147.2100	+	Oe	K5CRS	K5CRS
Jonesboro	147.2400	+	O 107.2l	K0JXI	AISTC
Jonesboro	147.2850	+	O	KA5DRT	AISTC
Paragould	145.4700	−	O	W5BJR	GreenCoARS
Trumann	146.9550	−	O 107.2 (CA)el	NI5A	AISTC
Walnut Ridge	147.0450	+	OewX	W5WRA	LawrCoARC
NORTHWEST					
Bella Vista	147.2550	+	Oe	KD5UFY	BVRG
Centerton	145.2900	−	O 110.9e	KD5DMT	BCRO
Clarksville	147.2850	+	O 114.8elr sWXx	W5OI	CAREN
Decatur	146.9250	−	O 114.8/114.8lx	N5UXE	N5UXE
Elkins	146.7000	−	O 110.9elr sWX	WC5AR/E	WashCoEOC
Fayetteville	147.0300	+	O 110.9ers WX	WC5AR/C	WashCoEOC
Fayetteville	147.1350	+	O 110.9e WX	W5YM	ARCUA
Holiday Island	146.8350	−	Oe	K5AA	LitSwitzARC
Lowell	147.2250	+	O 103.5/103.5ersWX	K5SRS	K5SRS
Mountainburg	145.4900	−	Oe	KC5GMG	KC5GMG
Ozone	147.0450	+	OE-SUNrs WX	K5OO	K5OO
Prairie Grove	146.7600	−	O 110.9elr sWX	WC5AR/W	WashCoEOC
Rogers	147.3750	+	OsWX	KE5LXK	NWAUHF
Rudy	147.1650	+	O 123.0ers WX	KD5ZMO	CCARC
Siloam Springs	146.6700	−	O 110.9ael WX	KC5YZI	SSARC
Springdale	146.8650	−	O	KE5LXK	NWAUHF
Springdale	146.9550	−	O 110.9ers WX	WC5AR/N	WashCoEOC
SOUTH					
El Dorado	146.7450	−	OlwX	KC5AUP	ARKLA
Magnolia	147.1050	+	Oarsz	KC5OAS	ClmbaCoARC

144-148 MHz
ARKANSAS

Location	Output	Input	Notes	Call	Sponsor
SOUTH CENTRAL					
Bearden	147.3300	+	O 100.0/100.0ersWX	N5IOZ	N5IOZ
Camden	146.9100	−	O 167.9e	WA5OWG	WA5OWG
Emerson	146.9550	−	O	N5PNB	N5PNB
SOUTHEAST					
Crossett	146.6100	−	O 127.3/127.3	WA5VSE	N5SEA
Huttig	146.6400	−	O 127.3	N5SEA	SEAARC
Monticello	147.2100	+	O 127.3/127.3 L(444.975)x	N5SEA	SEAARC
Star City	146.6700	−	O 114.8/114.8elWxx	W5DI	CAREN
SOUTHWEST					
Ashdown	147.3800	+	O 100.0 (CA)ersWX	KB5SSW	KB5SSW
Dequeen	147.0750	+	O 100.0lrs WXx	WA5LTA	SWARC
Dequeen	147.3150	−		N5THR	N5THR
Hope	146.6850	−	100.0/100.0ersWX	KC5FFN	H-N ARC
Nashville	147.0450	+	O 114.8sx	N5THS	HEARClub
Willisville	146.6550	−	O 94.8/94.8 elsWX	N5ZAY	ARKLA
WEST				OsWXx	
Athens	146.9250	−	O 100.0/100.0esx	KD5NUP	HowCoSAR
Fort Smith	145.4700	−	O 141.3e	KD5CCG	KD5CCG
Fort Smith	146.9400	−	O 88.5ers WXx	W5ANR	W5ANR
Fort Smith	146.9700	−	O 123.0ae LITZ	K3UNX	SPARKS
Hartford	146.8950	−	Oe	KC5JBX	KC5JBX
Mena	146.7900	−	O 100.0	W5HUM	Oua. ARA
Van Buren	145.1900	−	O	KC5YQB	KC5YQB
Van Buren	145.2300	−	Owx	KE5LTZ	KE5LTZ
WEST CENTRAL					
Alpine	147.2250	+	O 114.8ers WX	KD5ARC	DARC
Atkins	145.3900	−	O 107.2/107.2	W5VUB	W5VUB
Bismarck	147.2700	+	O 114.8el WX	W5DI	WA5OOY
Danville	147.0000	+	Oe	WB5UKW	WB5UKW
DeGray Lake	145.1100	−	O 88.5es WX	KD5ARC	DARC
Glenwood	146.8350	−	O 114.8	KC5EYQ	CaddoARC
Mount Ida	146.7150	−	127.3/127.3elsWXx	KA5WPC	KA5WPC

130   144-148 MHz
ARKANSAS-CALIFORNIA

Location	Output	Input	Notes	Call	Sponsor
Mt Magazine	145.3500	−	O 151.4	N5XMZ	N5XMZ
Mt Magazine	147.0900	+	OwXx	W5MAG	MtMagARC
Okolona	145.3700	−	O 88.5ers WX	KD5ARC	DARC
Ola	147.2100	+	Oae	WA5YHN	WA5YHN
Russellville	146.8200	−	OersWX	K5PXP	ARVARF

CALIFORNIA
FREQUENCY USAGE - SOUTHERN CALIFORNIA

CAL	146.4300				ATV
SO CAL	144.3450				ATV
SO CAL	144.3900				APRS
SO CAL	144.5050				RPTR_OUT
SO CAL	144.8950				RPTR_OUT
SO CAL	144.9100				XBND_RPT
SO CAL	144.9300				PORT_IN
SO CAL	144.9500				RPTR_OUT
SO CAL	144.9700				PACKET
SO CAL	144.9850				RPTR_DIG_IN
SO CAL	144.9950				RPTR_DIG_IN
SO CAL	145.0050				RPTR_DIG_IN
SO CAL	145.0150				RPTR_DIG_IN
SO CAL	145.0300				PACKET
SO CAL	145.0500				PACKET
SO CAL	145.0700				PACKET
SO CAL	145.0900				PACKET
SO CAL	145.1050				RPTR_IN
SO CAL	145.4950				RPTR_IN
SO CAL	145.6300				PACKET
SO CAL	145.6500				PACKET
SO CAL	145.6700				PACKET
SO CAL	145.6900				PACKET
SO CAL	146.4000				RPTR_IN
SO CAL	146.4150				RPTR_IN
SO CAL	146.4600				RMT BASE
SO CAL	146.4750				RPTR_IN
SO CAL	146.4900				RPTR_IN
SO CAL	146.5050				RPTR_IN
SO CAL	146.5650				T_HUNTS
SO CAL	147.4200				RPTR_OUT
SO CAL	147.4350				RPTR_OUT
SO CAL	147.4500				RPTR_OUT
SO CAL	147.4950				RPTR_OUT
SO CAL	147.5400				RPTR_DIG_OUT
SO CAL	147.5500				RPTR_DIG_OUT
SO CAL	147.5600				RPTR_DIG_OUT
SO CAL	147.5700				RPTR_DIG_OUT
SO CAL	147.5850				PORT_IN

144-148 MHz CALIFORNIA

Location	Output	Input	Notes	Call	Sponsor
E SIERRA/TAHOE					
Truckee	145.3100	–	O 123	WA6FWU	WA6FWU
Truckee	146.6400	–	O 131.8l	W6SAR	W6SAR
IMPERIAL COUNTY					
Brawley	146.6700	–	O 103.5a (CA)	N6LVR	ECRA
Brawley	147.1200	+	●t	WM6Z	ECRA
Glamis	146.8800	–	O 162.2	WA6LAW	------
Glamis	147.9900	–	●t	N6JAM	DR0NK
Yuma	146.7400	–	Oe	WE7G	------
INYO COUNTY					
Bishop	146.8200	–	O	K6PXF	------
Bishop	146.9100	–	Oel	W6IY	------
Mazourka Peak	146.7600	–	Oae-SUN	K6RFO	LIARS/GRONK
Ridgecrest	147.2100	+	OE-SUN	K6RFO	LIARS/GRONK
Silver Peak	146.9400	–	O 103.5e	W6IY	------
Silver Peak	147.0600	+	O 103.5e	W6IY	------
KERN COUNTY					
Bird Spgs Pass	146.0850	+	O 141.3el	KF6FM	SWRRC
El Paso Pk	147.0000	+	O 107.2ae	WA6YBN	------
El Paso Pk	147.0600	+	O 107.2	W6IY	------
Randsburg	145.3400	–	O 100	WA6YBN	------
Ridgecrest	146.6400	–	Oer	WA6YBN	SARC
Tehachapi	147.0600	+	Oae	W6PVG	SSARS
LOS ANGELES COUNTY					
Baldwin Hills	146.9250	–	O 114.8a (CA)	WA6TFD	BARC
Bel Air	147.0300	+	●ta(CA)e	K6LDO	BelAir RC
Castaic	145.2000	–	●t	KI6AIT	------
Castro Peak	147.2250	+	O 94.8a (CA)er	K6DCS	DCS TEN
Catalina	147.0900	+	Oe	AA6DP	CARA
Contractor's Point	145.1200	–	●t	KC6PXL	LARMC
Covina	145.2800	–	O 141.3	KC6KUI	CARES
Diamond Bar	146.6400	–	O 167.9a (CA)	W7BF	DBARS
Disappointment	145.3000	–	O 100e	K6CPT	LACoDCS
Disappointment	147.2700	+	O 100e	WA6ZTR	LACoDCS
Disappointment	147.3600	+	●tl	K6VGP	DARN
Duarte	146.0850	+	O 110.9a (CA) E-SUN	KA6AMR	SGVRCRA
Duck Mtn	147.2400	+	O 67	W6MEP	N6NMC
Frazier Park	147.7650	–	Oe	K6VGA	------
Glendale	146.0250	+	O 136.5a (CA)e	WB6ZTY	CVARC
Glendale	147.1200	+	O 136.5a (CA)	WA6NRB	SWAPS
Hauser Peak	146.7300	–	O 100er	KE6KIS	------
Hollywood Hills	147.0750	+	O 100ae	KD6JTD	------

144-148 MHz
CALIFORNIA

Location	Output	Input	Notes	Call	Sponsor
Hollywood Hls	144.5050	+	●ta(CA)r	N6ACS	-----------
Hollywood Hls	147.0000	+	●ta(CA)e	WB6BJM	-----------
Johnstone Peak	144.9500	147.4050	●ta(CA)er	W6GLN	GlendoraPd
Johnstone Peak	146.8200	−	●el	W6FNO	Edgwd ARS
La Mirada	146.6550	−	O 114.8a (CA)	KE6UPA	-----------
Lancaster	146.6700	−	Oae	WB6RSM	-----------
Littlerock	145.2000	−	O 114.8a (CA)el	KD6KTQ	-----------
Littlerock	145.3800	−	O 151.4el	K6SRT	-----------
Littlerock	147.0750	+	●t	KN6RW	-----------
Littlerock	147.9150	+	●t	KE6GUC	-----------
Long Beach	146.1450	+	O 156.7	K6CHE	LB RA
Long Beach	146.7900	−	O 103.5	K6SYU	Anaheim AR
Long Beach	146.8050	−	●te	KE6HE	LBYachtCl
Los Angeles	147.1950	+	O 131.8	W6NVY	LAUSD ARA
Loyola Marymount University	147.8550	−	O 127.3	W6LMU	
Malibu	145.2600	−	O 100	N6FDR	-----------
Monrovia	147.7650	−	O 131.8e	W6QFK	SGV ARC
Monterey Park	146.3550	+	O 71.9a (CA)e	KF6YLB	MPEC
Mt Lukens	145.4800	−	O 100	W6AM	SCA DXClb
Mt Lukens	146.6700	−	O 192.8a (CA)	KD6AFA	SSARO
Mt Lukens	147.1950	+	●t	W6NVY	LAUSD ARA
Mt Lukens	147.4350	146.4000	O 103.5	KE6RRI	-----------
Mt Lukens	147.4950	146.4900	●tBl	NH2R	-----------
Mt Wilson	147.3600	+	●tl	K6VGP	DARN
Oat Mtn	145.3400	−	O 131.8e	N7RDA	-----------
Oat Mtn	147.7350	−	O 100	KB6C	MMRA
Oat Mtn	147.9450	−	O 136.5a (CA)	KF6JWT	HA ARC
Palmdale	146.7600	−	O 186.2	KC6ZQR	-----------
Palmdale	146.7900	−	O 103.5	WA6YVL	-----------
Palos Verdes	144.8950	+	O 186.2	KF6ZTY	MCRC
Palos Verdes	145.3800	−	O 100e	N6RBR	PVARC
Palos Verdes	146.2350	+	●ta(CA)e	KA6TSA	SCRAN
Palos Verdes	147.0600	+	●tl	W6RBW	-----------
Palos Verdes	147.1950	+	O 100e	W6NVY	LAUSD ARA
Palos Verdes	147.3600	+	●tl	K6VGP	DARN
Palos Verdes	147.4200	146.4750	●t	AA6RJ	PARA-USA
Pasadena	145.1800	−	O 156.7	W6MPH	Telph ARC
Pasadena	147.1500	+	O 103.5	WR6JPL	JPL ARC
Pomona	146.0250	+	O 103.5a (CA)e	WB6RSK	-----------
Redondo Beach	145.3200	−	O 114.8a (CA)	W6TRW	SEA ARC
Rio Hondo Peak	146.7300	−	O 103.5	KØJPK	COLA

144-148 MHz
CALIFORNIA

Location	Output	Input	Notes	Call	Sponsor
Rowland Heights	147.0300	+	O 100a (CA)IBI	N6XPG	------------
Saddle Peak	147.0000	+	●t	WB6BJM	HH RPT
San Clem Isl	147.1950	+	●tE-SUNr	K6JCC	SD RACES
Santa Clarita	146.7900	−	O 123	W6JW	SCARC
Santa Clarita	146.9700	−	O 123	W6JW	SCARC
Santa Monica	145.2800	−	O 127.3	K6QN	------------
Sherman Oaks	145.2400	−	●ta(CA)	NK6S	Ham Watch
Sunset Ridge	145.4400	−	O 136.5	N6USO	------------
Sunset Ridge	146.7000	−	●t	K4ELE	------------
Sunset Ridge	147.2100	+	●t	K6JSI	WinSystem
Table Mtn	145.2800	−	O 100	WR6AZN	GldstnARC
Tujunga	146.1600	+	O 131.8el	W6JAM	SSSS
Verdugo Peak	147.3000	+	O 146.2	WA6PPS	RAAVN
Verdugo Peak	147.3600	+	●ta(CA)elr	K6VGP	DARN
Whittier	146.1750	+	●tl	W6GNS	RHARC
Woodland Hills	146.2650	+	●el	WA6AQQ	LittonARC
MONO COUNTY			O 103.5		
Mammoth Mountain	146.7300	−	O 100r	NW6C	BARC
NORCAL-CENTRAL COAST					
Arroyo Grande	146.9400	−	O 127.3ers	KD6EKH	SLOECC
Arroyo Grande	147.0300	+	O 127.3e	AE6HC	HVRA
Ben Lomond	147.1200	+	O 94.8aes	WR6AOK	SLVARC
Big Sur	146.9400	−	O 94.8es	KI6PAU	KI6PAU
Boulder Creek	145.3500	−	O 94.8e	KI6YDR	KI6YDR
Cambria	147.2700	+	O 127.3#	KC6TOX	SLOECC
Felton	147.1800	+	O 94.8elsx	W6WLS	W6WLS
Hollister	147.3150	+	O 118.8es	N6SBC	SBC ARES
Hollister	147.3150	+	O 94.8els	N6SBC	SBC OES
King City	145.3700	−	O 100elrsx	N6SPD	N6SPD RG
Lompoc	147.1200	+	O 131.8es	WA6VPL	WA6VPL
Los Osos	146.8600	−	O 127.3ers	WB6MIA	SLOECC
Monterey	146.0850	+	●ers	WE6R	WE6R
Monterey	146.9700	−	O 94.8ers	K6LY	NPSARC
Nipomo	146.9400	−	O 127.3#	N6RAN	SLOECC
Nipomo	147.9900	−	O 127.3rs	WB6MIA	SLOECC
Paicines	146.6250	−	O 94.8els	N6SBC	SBC ARES
Paso Robles	146.9800	−	O 127.3els	W6YDZ	PRARC
Paso Robles	147.0600	+	O 127.3ers	W6PRB	PRHS-ARC
Prunedale	146.9100	−	O 94.8ers	W6OPI	W6OPI
Salinas	145.4100	−	O 146.2el	W6CER	CCARN
Salinas	145.4300	−	O 94.8#es x	W6TAR	ECTAR
Salinas	145.4700	−	O 94.8ersx	K6JE	FPHA
Salinas	145.4900	−	O 100l	W6RTF	W6RTF
Salinas	146.0850	+	O 100#	KC6UDC	KC6UDC
Salinas	146.6550	−	O 94.8#es	KI6FKX	KI6FKX
San Ardo	146.7300	−	O 127.3els x	W6FM	W6FM

144-148 MHz
CALIFORNIA

Location	Output	Input	Notes	Call	Sponsor
San Luis Obispo	146.6200	−	O 127.3ers x	KD6EKH	SLOECC
SanLuisObispo	145.2900	−	●e	KC6WRD	FCC
SanLuisObispo	146.6700	−	O 127.3ers x	KG6AKQ	SLOECC
SanLuisObispo	146.7600	−	O 127.3ael s	W6BHZ	CPARC
SanLuisObispo	146.8000	−	O 127.3#er sx	WB6FMC	WB6FMC
SanLuisObispo	147.3600	+	O 127.3els	W6FM	W6FM
Santa Cruz	145.2500	−	O 100#s	W6PEK	W6PAD
Santa Cruz	146.7450	−	O 94.8ers	W6JWS	SLVARES
Santa Cruz	146.7900	−	O 94.8aelr s	K6BJ	SCCARC
Santa Cruz	146.8350	−	O 94.8ers	AE6KE	SC ARES
Templeton	146.8800	−	O 127.3els x	W6YDZ	W6YDZ
Watsonville	145.1700	−	O 151.4#	W6UNI	W6UNI
Watsonville	145.3300	−	O 123#els x	W6DNC	W6DNC
Watsonville	146.7000	−	O 94.8#e	NS6G	GOB/R
Watsonville	146.7750	−	O 123#a	KB6MET	KB6MET
Watsonville	147.0000	+	O 94.8ers	K6RMW	K6RMWK6GDI
Watsonville	147.9450	−	O 94.8elrs	KI6EH	SCCARC
NORCAL-EAST BAY					
Berkeley	145.2900	−	O 131.8x	K6GOD	K6GOD
Concord	145.3300	−	O 100ex	K6POU	MDRA
Concord	147.0600	+	O 100aers x	W6CX	MDARC
Concord	147.4500	−	O#elx	W6UUU	HORK
Concord	147.7350	−	O 107.2ael rsx	WA6HAM	CCRA
Danville	146.3550	+	O 100ers	K6SRM	SCCC RACES
Fremont	147.0150	+	O	WA6PWW	TRICO ARC
Fremont	147.4625	−	O#lx	W6TCP	W6TCP
Hayward	145.1300	−	O 127.3ers	K6EAG	Hayward RC
Hayward	145.2500	−	●l	KQ6RC	KQ6RC
Hayward	146.9100	−	O 156.7#	KQ6YG	KQ6YG
Hayward	147.9750	−	O 162.2ael sx	KB6LED	KB6LED
Livermore	145.3500	−	O 100erx	AB6CR	LARK
Livermore	145.4300	−	O 100elrs	KO6PW	KO6PW
Livermore	146.7750	−	O 100ers	WA6YHJ	LLNLRC
Livermore	147.1200	+	O 100aer	AD6KV	LARK
Newark	146.0850	+	O 114.8#	KI6AOZ	P.A.R.E
Newark	146.2050	+	O 100#	N1VLA	N1VLA
Oakland	146.6250	−	O 156.7#	W6AY	N6FEG
Oakland	146.6700	−	O 85.4#erx	W6BUR	W6BUR
Oakland	146.8800	−	O 77aersx	WB6NDJ	ORCA

144-148 MHz
CALIFORNIA

Location	Output	Input	Notes	Call	Sponsor
Oakland	147.2100	+	◎ 100ex	WB6TCS	WB6TCS
Orinda	145.4900	−	◎ 107.2ael rsx	WA6HAM	CCRA
Orinda	146.8500	−	◎ 114.8el	K6LNK	CARLA
Pleasanton	147.0450	+	◎ 94.8#elr sx	W6SRR	Sunol Ridg
San Leandro	147.0300	+	◎ 156.7	WB6BDD	ACRC
San Leandro	147.2400	+	◎ 107.2er	W6RGG	NCCC
San Pablo	145.1100	−	◎ 82.5ers	WA6KQB	CCCC
San Ramon	145.4100	−	◎ 107.2ael rsx	WA6HAM	CCRA
Union City	146.6100	−	◎ 123elrs	KM6EF	GSARC

NORCAL-NORTH BAY

Location	Output	Input	Notes	Call	Sponsor
Bodega Bay	146.6700	−	◎ 88.5lr	WA6M	WA6YGD
Clear Lake	147.6750	−	◎ 88.5ex	N1PPP	LCSOOESAA
Cloverdale	146.9700	−	◎ 103.5ls	KI6B	SMRS
Cobb	145.1500	−	◎ 103.5	KI6QCU	KI6QCU
Dillon Beach	146.8650	−	◎ 127.3l	KI6SUD	OceanMarin
Guerneville	146.9400	−	◎ 88.5els	KI6B	SMRS
Inverness	145.1700	−	◎ 88.5elrs	KI6B	SMRS
Kelseyville	146.7750	−	◎ 103.5#e sx	N1PPP	Nice Amate
Middletown	145.3900	−	◎ 88.5el	AC6VJ	AC6VJ
Mill Valley	146.7000	−	◎ 179.9aer x	K6GWE	ACS
Napa	146.1150	+	◎ 127.3elr	N6TKW	NARC
Napa	146.6550	−	◎ 88.5e	N6TKW	NARC
Napa	146.8200	−	◎ 100elrx	W6BYS	NARC
Napa	146.8200	−	◎ 151.4elr x	W6BYS	NARC
Napa	147.1800	+	◎ 151.4ers x	W6CO	SARS
Napa	147.1800	+	◎ 91.5elrs	W6CO	SARS
Novato	146.7750	−	◎ 110.9e	K6BW	HWA
Novato	147.3300	+	◎ 203.5erx	K6GWE	ACS
Petaluma	146.9100	−	◎ 88.5ersx	WB6TMS	SMRS
Pt Reyes Stn	145.4700	−	◎ 88.5elrs	WB6TMS	SMRS
San Rafael	147.3300	+	◎ 173.8er	K6GWE	ACS
Santa Rosa	145.1900	−	◎ 88.5aers	K6CDF	CDF VIP
Santa Rosa	145.3500	−	◎ 88.5lrsx	WA6YGD	WA6YGD
Santa Rosa	146.7300	−	◎ 88.5erx	K6ACS	Sonoma ACS
Santa Rosa	146.7900	−	◎ 88.5er	KD6RC	KD6RC
Santa Rosa	146.8350	−	◎ 88.5es	KE6EAQ	SR ARES
Santa Rosa	147.3150	+	◎ 156.7es	W6SON	SCRA
Sebastopol	147.3150	+	◎ 88.5es	W6SON	SCRA
Sonoma	146.2050	+	◎ 88.5ers	AA6GV	AA6GV
Vallejo	145.3100	−	◎ 88.5	K6LI	NBARA
Windsor	146.9850	−	◎ 88.5	W6IBC	W6IBC

136 144-148 MHz
CALIFORNIA

Location	Output	Input	Notes	Call	Sponsor
NORCAL-NORTH COAST					
Anchor Bay	147.2700	+	O 114.8elr	WA6RQX	SMRA
Anchor Bay	147.8250	−	O 103.5ael	W6ABR	ABARC
Cazadero	147.9750	−	O 88.5el	K6ACS	ACS
Covelo	147.2100	+	O 103.5ex	WB6TCS	WB6TCS
Crescent City	146.8800	−	O 136.5ae s	W6HY	DNARC
Crescent City	147.0600	+	O 100l	K6JSI	WIN System
Crescent City	147.1800	+	O 136.5els x	W6HY	DNARC
Dinsmore	146.9800	−	O 103.5#l	K6FWR	FWRA
Eureka	145.4700	−	O 103.5#	W6ZZK	HARA
Eureka	146.7000	−	O 103.5#l	K6FWR	FWRA
Fort Bragg	147.0300	+	O 103.5#	K6MHE	MCARA
Fortuna	147.0900	+	O 103.5x	KA6ROM	CDF/KA6ROM
Garberville	146.6100	−	O 103.5#lx	K6FWR	FWRA
Garberville	146.7900	−	O 103.5#	W6CLG	KE6WC
Garberville	147.1500	+	O 103.5lrx	KA6ROM	SMRS
Hopland	145.4700	−	O 103.5elr	WA6RQX	WA6RQX
Klamath	147.3900	+	O 103.5ex	KA6ROM	CDF/KA6ROM
Laytonville	145.4300	−	O 103.5el	WA6RQX	WA6RQX
Laytonville	146.6550	−	O 103.5elr x	K7BUG	SMRS
Mendocino	146.8200	−	O 103.5e	WD6HDY	MCARC
Point Arena	146.6100	−	O 88.5el	W6ABR	ABARC
Scotia	145.1700	−	O 103.5elr sx	WB6TMS	SMRS
Scotia	146.7600	−	O 103.5#lx	K6FWR	FWRA
Sea Ranch	147.9450	−	O 88.5#ael	KI6HHA	TRSARA
Ukiah	146.9550	−	O 88.5elsx	AC6ET	SMRS
Ukiah	147.3900	+	O 103.5elr	WA6RQX	WA6RQX
Weott	147.3300	+	O 103.5ex	KM6TE	CDF/KA6ROM
Willits	145.1300	−	O 103.5ers x	K7WWA	K7WWA
Willits	147.1200	+	O 103.5ael rsx	K7WWA	K7WWA
Willow Creek	147.0000	+	O 103.5#lx	K6FWR	FWRA
NORCAL-NORTH EAST					
Belden	146.7000	−	O 110.9#l	K6FHL	FOTHL
Burney	145.3500	−	O 107.2#er x	W6QWN	CARC
Burney	147.0300	+	O 103.5#	KI6WG	KI6WG
Chester	145.3700	−	O 123elrs	KF6CCP	KF6CCP
Dunsmuir	146.8200	−	O 100aelrs	K6SIS	SCARA
FallRiverMills	147.1200	+	O 103.5#	KI6WG	KI6WG
Happy Camp	146.9100	−	O 100aelrs	K6SIS	SCARA
Mt Shasta City	145.1100	−	O 123#elrx	KE6OUD	NCARRA
Mt Shasta City	146.6700	−	O 100	KJ6RA	KJ6RA
Mt Shasta City	146.8800	−	O#	W6BML	MSARC

144-148 MHz   CALIFORNIA

Location	Output	Input	Notes	Call	Sponsor
Quincy	145.4700	–	O 123ers	K6PLU	Plumas OES
Quincy	147.9450	–	O 123rs	AF6AP	AF6AP
Redding	145.1500	–	O 107.2s	W6STA	WO6P
Redding	146.7600	–	O 107.2elx	WB6CAN	WB6CAN
Redding	147.0000	+	O 67#elx	K6MCA	Palo Cedro
Redding	147.0900	+	O 88.5s	NC6I	ARCA
Redding	147.2700	+	O 131.8el	KD6LOM	KD6LOM
Redding	147.3000	+	O 146.2#	K6NP	GBTPRC
Sierra City	145.1700	–	O 114.8	W7FEH	W7FEH
Weaverville	146.7300	–	O 85.4es	N6TKY	TCARC
Weaverville	146.9250	–	O 85.4esx	KF6OAH	TCARC
Yreka	146.7900	–	O 100aelrx	K6SIS	SCARA
Yreka	147.1200	+	O 136.5#a elsx	K7TVL	R.V.L.A.

NORCAL-SACRAMENTO VALLEY

Location	Output	Input	Notes	Call	Sponsor
Auburn	145.2700	–	O 156.7	W6SAR	PCSAR
Auburn	145.4300	–	O 162.2aes	W6EK	SFARC
Auburn	146.3550	+	O 94.8#e	KI6TE	GSARG
Auburn	146.7600	–	O 136.5	N6NMZ	N6NMZ
Cameron Park	147.0300	+	O 77#aelrsx	N6RDE	N6RDE
Camino	147.8250	–	O 82.5aesx	AG6AU	EDCARC
Chico	145.2900	–	O 110.9er	W6SCR	Butte SCR
Chico	146.8500	–	O 110.9ae	W6RHC	GEARS
Chico	146.8950	–	O 110.9lsx	K6CHO	AREA Repea
Chico	146.9400	–	O 100ex	W6ECE	W6ECE
Chico	147.3000	+	O 141.3e	K6NP	GBTPRC
Chico	147.9750	–	O 110.9elrsx	N6TZG	N6TZG
Davis	145.4500	–	O 203.5e	K6JRB	UCDavis EO
Dobbins	147.0450	+	O 77ex	N6NMZ	CDF VIP
ElDoradoHills	145.3700	–	O 100aelx	WT6G	WT6G
ElDoradoHills	147.1500	+	O 85.4elx	WT6G	MEARA
Elk Creek	147.1050	+	O 100ersx	N6YCK	N6YCK
Elk Grove	145.1100	–	O 103.5a	KE6OBO	KE6OBO
Fair Oaks	145.1300	–	O 162.2ex	WB6HEV	PARE
Fair Oaks	146.7900	–	O 100a	W6HIR	RAMS
Fiddletown	146.8800	–	O 156.7lrx	K6SCA	RMRG
Folsom	146.6100	–	O 136.5ael x	KS6HRP	SHARP
Foresthill	146.7450	–	O 156.7	W6SAR	PCSAR
Georgetown	146.6250	–	O 123#elx	WB4YJT	NCAA
Grass Valley	145.3100	–	O 151.4e	KG6TZT	KG6TZT
Grass Valley	146.6250	–	O 151.4ex	WB4YJT	NCAA
Grass Valley	146.9250	–	O 71.9aelx	KI6FEO	KI6FEO
Grass Valley	147.0150	+	O 151.4esx	W6DD	NCARC

138 144-148 MHz
CALIFORNIA

Location	Output	Input	Notes	Call	Sponsor
Grass Valley	147.2100	+	O 141.3#e	W6WEE	W6WEE
Grass Valley	147.2850	+	O 151.4ersx	W6DD	NCARC
Lincoln	147.3600	+	O 179.9#e	K6PAC	WPARC
Maxwell	147.0450	−	O 156.7ex	N6NMZ	N6NMZ
Oroville	146.6550	−	O 136.5elx	K6RCO	O.A.R.S.
Placerville	146.8050	−	O 123aelrsx	KA6GWY	KA6GWY
Placerville	147.2550	+	O 136.5#aes	N6QDY	C.A.R.U.N.
Plymouth	146.6700	−	O 156.7lrx	K6SCA	RMRG
Pollock Pines	146.8650	−	O 146.2ex	WA6BTH	P&F
Red Bluff	145.4500	−	O 88.5ersx	KF6KDD	CDF VIP
Redding	145.2900	−	O 88.5es	W6MAC	McCulley
Rocklin	147.2400	+	O 123#e	KJ6CQT	jeremy
Roseville	146.6400	−	O 156.7er	W6SAR	PCSAR
Roseville	147.3150	+	O 162.2ael	KD6PDD	HPRARC
Sacramento	145.1900	−	O 162.2ae	K6IS	NHRC
Sacramento	145.2300	−	O 162.2ae	KC6MHT	KC6MHT
Sacramento	145.2500	−	O 162.2x	N6NA	RCARCS
Sacramento	146.8200	−	O 127.3#elx	KG6TXA	SALAC
Sacramento	146.9100	−	O 162.2er	W6AK	SARC
Sacramento	146.9550	−	O 136.5#ael	W6YDD	YDD 1.2
Sacramento	146.9850	−	O 94.8erx	AB6OP	AB6OP
Sacramento	147.3000	+	O 136.5ex	K6NP	GBTPRC
Sacramento	147.3900	+	●x	N6FR	WB6RVR
ShingleSprings	146.9400	−	O 136.5aelrx	N6RDE	N6RDE
Stonyford	146.1150	+	O 123elx	K6LNK	CARLA
Sutter	146.0850	+	O 127.3ersx	WD6AXM	YSARC
Tancred	147.2550	+	O 123ersx	N6QDY	V.E.R.A.
Vacaville	145.4700	−	O 127.3ael rsx	W6VVR	Western Va
Vacaville	146.6100	−	O 100#x	KS6HRP	SHARP
Vacaville	146.7450	−	●x	W6SAR	PCSAR
Vacaville	147.0000	−	O 136.5ex	K6MVR	MVRC
Vacaville	147.1950	+	O 123aelrsx	N6ICW	N6ICW
Vacaville	147.2700	+	O 77ex	W6AEX	SARO
Williams	146.7600	−	O 131.8ex	N6NMZ	N6NMZ
Woodland	146.9700	−	O 123esx	KE6YUV	BARK
Yuba City	145.2100	−	O 218.1#l	N6IQY	N6IQY
Zamora	147.1950	+	O 123aelrsx	N6ICW	N6ICW

NORCAL-SAN JOAQUIN VALLEY

Location	Output	Input	Notes	Call	Sponsor
7 mi W of West	146.8950	−	O 114.8#erx	N5FDL	California

144-148 MHz
CALIFORNIA

Location	Output	Input	Notes	Call	Sponsor
Ahwahnee	147.8250	–	O 123aex	WB6NIL	WB6NIL
Angels Camp	145.1700	–	O 100aers x	N6FRG	FPRG
Bakersfield	145.1500	–	O 100ers	W6LIE	KCCVARC
Bakersfield	145.1900	–	O 67elx	KK6AC	KK6AC
Bakersfield	145.2100	–	O 100ers	KF6JOQ	KF6JOQ
Bakersfield	145.3500	–	O 67elrsx	KR6DK	KR6DK
Bakersfield	145.4100	–	O 103.5ae x	W6LI	KRVARC
Bakersfield	145.4900	–	O 186.2elr sx	KR6DK	KR6DK
Bakersfield	146.6700	–	O 100#	WA6CLS	BRS
Bakersfield	146.9100	–	O 100x	W6LIE	KCCVARC
Bakersfield	147.1500	+	O 100el	KG6KKV	KG6KKV
Bakersfield	147.2100	+	O 100#rs	K6RRS	Kern Count
Bakersfield	147.2700	+	O 100el	K6RET	K6RET
Clovis	147.2550	+	O 100l	K6KDK	K6KDK
Clovis	147.3900	+	O 141.3ex	N6IB	N6IB
Clovis	147.6750	–	O 141.3ael x	K6ARP	CARP
Coalinga	147.3300	+	O 100#elrs	N6DL	Kings ARC
Coarsegold	146.6400	–	O 127.3e	W6HMH	W6HMH
Columbia	147.9450	–	O 100aers x	W6FEJ	TCARES
Copperopolis	145.1500	–	O 141.3lx	KG6TXA	SALAC
Fiddletown	147.1650	+	O 107.2lrx	W6SF	KD6FVA
Fresno	145.2300	–	O 141.3e	W6FSC	N6MTS
Fresno	145.4700	–	O 141.3ex	W7POR	FARA
Fresno	146.6100	–	O#ex	WB6QDN	AARC
Fresno	146.7750	–	O 141.3ax	N6BYH	N6BYH
Fresno	146.7900	–	O 100elx	K6JSI	WIN System
Fresno	146.8200	–	O 141.3lx	KE6JZ	SJVARS
Fresno	146.8500	–	O 141.3sx	WQ6CWA	QCWA
Fresno	146.9400	–	O 141.3elx	W6TO	Fresno ARC
Fresno	147.1050	+	O 141.3ex	W7POR	W7POR
Fresno	147.1500	+	O 141.3#ar x	N6HEW	N6HEW
Groveland	145.3100	–	O 127.3	KF6OTM	WB6PHE
Hanford	145.1100	–	O 100aelrs	KA6Q	Kings ARC
Lake Isabella	145.4500	–	O 156.7e	KC6OCA	KC6OCA
Lemoore	145.2700	–	O 88.5l	WB6Y	WB6Y
Lemoore	145.3300	–	O 146.2l	KM6OU	KM6OU
Lodi	147.0900	+	O 114.8elr x	WB6ASU	WB6ASU
Los Banos	146.9250	–	O 123e	K6TJS	AA6LB
Los Banos	147.2100	+	O 123el	K6TJS	K6TJS
Madera	146.7000	–	O 141.3erx	KD6FW	KD6FW
Mammoth	146.7300	–	O 100er	NW6C	BARC/CARS9

144-148 MHz
CALIFORNIA

Location	Output	Input	Notes	Call	Sponsor
Manteca	145.3100	−	O 118.8	KF6NQR	KF6NQR
Manteca	146.9850	−	O 100aers	K6MAN	MARC
Mariposa	146.7450	−	O 146.2#a elx	W6PPM	MMU-VIP
Mariposa	146.7600	−	O 141.3lx	N6BYH	N6BYH
Mariposa	147.0300	+	O 100aelsx	W6BXN	TurlockARC
Merced	146.7450	−	O 123#aex	W6PPM	MMU-VIP
Moccasin	145.2900	−	O 100ers	K6DPB	TCARES
Modesto	145.1100	−	O 136.5es	WD6EJF	SARA
Modesto	145.3900	−	O 136.5els x	WD6EJF	SARA
Modesto	146.3550	+	O 156.7aers	WA6OYF	WA6OYF
Murphys	146.8950	−	O 100elx	WD6STR	SARC
Oakhurst	147.1800	+	O 146.2ersx	W6WGZ	MCARC
Orange Cove	146.8950	−	O 107.2e	KC6QIT	KC6QIU
Parkfield	147.2400	+	O 100elx	W6DCP	W6DCP
Pine Grove	146.8350	−	O 100aex	K6ARC	ACARC
Pinecrest	147.9750	−	O 100ersx	K6TUO	TCARES
Porterville	146.6550	−	O 100rs	KE6DWX	PARA
Selma	145.4300	−	O 100e	K6KDK	K6KDK
Soulsbyville	146.1150	+	O 100ersx	N6HUH	TCARES
Springville	145.3100	−	O 100ersx	KE6DWX	PARA
Stockton	145.2100	−	O 100ex	WA6SEK	WA6SEK
Stockton	147.1050	+	O 67r	KN6KO	KN6KO
Tehachapi	146.7000	−	O 123e	W6SLZ	BVSET
Three Rivers	147.1950	+	O 156.7es	WA7HRG	WA7HRG
Tracy	146.6550	−	O 100aersx	AB6CR	LLNL
Tracy	147.2100	+	O 82.5er	N5FDL	N5FDL
Visalia	146.7300	−	O 141.3elx	KM6OR	TuleRptrGp
Visalia	146.7600	−	O 141.3e	N6BYH	N6BYH
Visalia	146.8800	−	O 103.5elr sx	WA6BAI	TCARC
Visalia	146.9700	−	O 100ers	KE6DWX	PARA
Visalia	147.3000	+	O 141.3lrsx	N6SGW	N6SGW
Westley	147.1200	+	O 77elx	K6RDJ	WB6PBN
Yosemite	147.0000	+	O 100aelsx	W6BXN	TurlockARC

NORCAL-SOUTH BAY

Location	Output	Input	Notes	Call	Sponsor
Los Gatos	145.4500	−	O 100elrsx	K6FB	LCARC
LosAltosHills	146.7450	−	● e	W6LAH	LAHEG
LosAltosHills	146.7450	−	O 110.9e	W6LAH	LAHEG
Milpitas	145.4300	−	O 85.4elrs	W6MLP	MARES
Milpitas	147.9450	−	O 77e	N6QDY	C.A.R.U.N.
Moffett Field	145.2500	−	O 123rs	NA6MF	Ames ARC
Morgan Hill	147.3300	+	O 103.5ae	K7DAA	MHARS

144-148 MHz
CALIFORNIA

Location	Output	Input	Notes	Call	Sponsor
Morgan Hill	147.8250	–	O 100aers	W6GGF	GVARC
Mountain View	145.2700	–	O 100aelrs	W6ASH	SPECS RA
Palo Alto	145.2300	–	O 100aersx	N6NFI	SPARK/SARS
Palo Alto	147.3600	+	O 110.9esx	W6TI	NCDXC
San Jose	145.1900	–	O 151.4ae	WA2IBM	IBM ARC
San Jose	145.2100	–	O 114.8#rs	KB6FEC	AREA
San Jose	145.3100	–	O 162.2rs	KB6FEC	AREA
San Jose	146.1150	+	O 100#aersx	AA6BT	SVECS
San Jose	146.2050	+	O 146.2#	KI6AOZ	P.A.R.E
San Jose	146.3550	+	O 127.3#	KD6AOG	KD6AOG
San Jose	146.6400	–	O 162.2ex	WR6ABD	LPRC
San Jose	146.7600	–	O 151.4alx	WB6OQS	SCVRS
San Jose	146.8200	–	O 123	K6INC	SCAN INT'L
San Jose	146.8950	–	O 110.9rs	KB6FEC	KB6FEC
San Jose	146.9700	–	●l	WA6INC	AD1U
San Jose	146.9850	–	O 114.8aer	W6UU	SCCARA
San Jose	147.1500	+	●elx	WA6YCZ	BAYCOM
San Jose	147.1650	+	O 100rs	KB6FEC	KB6FEC
San Jose	147.1650	+	O 162.2ers	KB6FEC	KB6FEC
San Jose	147.2850	+	O 103.5aer	KF6FWO	MARA
San Jose	147.3900	+	O 151.4ael s	W6PIY	WVARA
San Jose	147.6750	–	O 162.2#	KB6FEC	KB6FEC
San Jose	147.8550	–	O 100ae	WA6TEM	WA6HNE
Saratoga	146.6550	–	O 114.8elrs	K6SA	SARA
Sunnyvale	145.1700	–	O 94.8ers	K6GL	SNNYVLARES

NORCAL-TAHOE

Location	Output	Input	Notes	Call	Sponsor
Douglas Nevada	146.7150	–	O 100#el	W6SUVL	W6SUV
So Lake Tahoe	145.1500	–	O 123elrx	N6ICW	N6ICW
So Lake Tahoe	145.3500	–	O 110.9ael rs	KA6GWY	KA6GWY
So Lake Tahoe	146.1150	+	O 192.8ael	W6SUV	W6SUV
So Lake Tahoe	146.8500	–	O 123ex	WA6EWV	TARA
So Lake Tahoe	147.2400	+	O 123ex	NR7A	TARA
Tahoe City	146.9400	–	O 100#	WA6FJS	Tahoe ARC
Truckee	145.1100	–	O 123elrx	K1BMW	WA6YOP
Truckee	145.3100	–	O 123#es	WA6FWU	WA6FWU
Truckee	146.6400	–	O 131.8elx	W6SAR	PCSAR

NORCAL-WEST BAY

Location	Output	Input	Notes	Call	Sponsor
Belmont	147.0900	+	O 100es	WB6CKT	WB6CKT
Burlingame	146.6250	–	O 77#e	N2RAG	N2RAG
Daly City	146.8350	–	O 123aelx	WD6INC	W1LLE
Half Moon Bay	147.2850	+	O 114.8#er s	WB6ASD	WB6ASD
La Honda	146.7300	–	O 114.8es	W6SCF	SC4ARC

144-148 MHz
CALIFORNIA

Location	Output	Input	Notes	Call	Sponsor
Los Altos Hill	146.9400	–	O 123es	K6AIR	K6AIR
Pacifica	146.9250	–	O 114.8ael rsx	WA6TOW	CARC
Palo Alto	145.3900	–	O 100elsx	WW6BAY	Bay-Net
Pescadero	146.6250	–	O 114.8es	KE6MNJ	PMAC/South
Redwood City	146.8650	–	O 114.8ers x	KC6ULT	SM OES
San Francisco	145.1500	–	O 114.8ers x	W6PW	SFARC
San Francisco	146.7900	–	O 114.8elx	W6TP	GSPLRC
San Mateo	147.3000	+	O 100el	N6MPX	MSARC
Woodside	145.3700	–	O 107.2esx	N6ZX	KMARC

NORTH EAST

Location	Output	Input	Notes	Call	Sponsor
Susanville	146.8350	–	O 91.5	K6LRC	K6ME
Susanville	146.8800	–	O 91.5e	K6LRC	K6ME
Susanville	146.9100	–	O 91.5e	K6LRC	K6ME

ORANGE COUNTY

Location	Output	Input	Notes	Call	Sponsor
Anaheim	147.9150	–	O 136.5a (CA)e	K6NX	BoeingARC
Anaheim Hills	146.2650	+	O 136.5er	K6CF	APD RC
Brea	147.8850	–	O 103.5	W6BII	BeckmanARC
Costa Mesa	147.0600	+	●ta(CA)er	N6TVZ	MESAC
Disneyland	146.9400	–	O 131.8a (CA)	KE6FUZ	DsnyIndRC
Easter Hill	145.1600	–	●ta(CA)e	KA6EEK	ALERT
Fountain Valley	145.2600	–	O 136.5er	WA6FV	FV RACES
Fullerton	145.4000	–	O 103.5el	N6ME	Wstrn ARA
Fullerton	146.7900	–	O 114.8	K6SYU	AARC
Fullerton	146.9700	–	O 136.5a (CA)e	K6QEH	RaytheonSy
Fullerton	147.9750	–	O 114.8a (CA)l	WD6DPY	————
Huntington Bch	145.1400	–	●telr	KH6FL	HB RACES
Huntington Beach	147.4650	146.5050	O 103.5e	W6VLD	BEARS-HB
Laguna Beach	147.6450	–	O 110.9a (CA)er	K6SOA	SOARA
Laguna Hills	146.1600	+	O 110.9	KI6DB	LNACS
Laguna Woods	147.6150	–	O 136.5	W6LY	LW ARC
Lomas Peak	146.8950	–	O 136.5er	W6KRW	OC Races
Newport Beach	145.4200	–	O 136.5a (CA)er	WB6NLU	SOCAL
Orange	147.9750	–	O 114.8a (CA)l	WD6DPY	————
Placentia	147.8550	–	O 100a (CA)e	WA6YNT	NrthropRC
San Clemente	146.0250	+	O 110.9a (CA)e	K6SOA	SOARA
Santiago Peak	145.1400	–	●ta(CA)elr	WD6AWP	HB RACES
Santiago Peak	145.1600	–	●ta(CA)e	KA6EEK	ALERT

144-148 MHz 143
CALIFORNIA

Location	Output	Input	Notes	Call	Sponsor
Santiago Peak	145.2200	–	●ta(CA)	N6SLD	CLARA
Santiago Peak	146.9250	–	O 114.8	WA6TFD	BARC
Santiago Peak	147.4500	146.4150	O 100	N6HOG	------------
Sierra Peak	146.6100	–	O 103.5elr	KD6DDM	KD6DDM
Signal Peak	145.1600	–	●ter	KA6EEK	ALERT
Trabuco Canyon	145.2400	–	O 110.9a (CA)er	K6SOA	SOARA
RIVERSIDE COUNTY					
Anza	145.3400	–	O 107.2r	K6JM	ANZA RC
Anza	146.0850	+	O 107.2	WB6UBG	AVRC
Beaumont	147.9150	–	O 123r	W6CDF	------------
Blythe	147.0000	+	O 203.5el	KB6LJO	PARC
Cactus City	146.0250	+	O 107.2er	NR6P	CVARC
Chuckwalla Mtn	145.3800	–	O 162.2l	W6DRA	ZIA
Chuckwalla Mtn	146.3550	+	O 203.5l	KB6LJQ	PARC
Corona	147.2250	–	●t	W6CPD	CoronaPD
Desert Center	147.0300	–	O 107.2	KA6GBJ	------------
Granados Mt	146.1150	+	O 146.2	W6OY	GoldenSys
Hemet	145.4200	–	O 88.5er	N7OD	LeeDeFores
Idyllwild	146.8950	–	O 118.8e	WA6SSS	------------
Lake Elsinore	147.6700	–	O 136.5	KI6ITV	------------
Menifee	147.9750	–	O 146.2er	KB9YIQ	City's OEM
Moreno Valley	146.6550	–	O 103.5er	AB6MV	MVARA
Norco Hills	147.0600	+	O 162.2	W6PWT	------------
Palm Springs	145.2000	–	O 162.2	K6JM	ANZA RP GP
Palm Springs	145.4800	–	O 107.2ae	W6DRA	DesertRA
Palm Springs	146.1600	+	●tr	KD6QLT	------------
Perris	146.6700	–	O 123a (CA)	WA6HYQ	------------
Rancho Mirage	146.9400	–	O 107.2e	WD6RAT	Dsrt RATS
Redlands	147.1800	+	O 88.5	W6LAR	RedlandsFD
Riverside	145.3600	–	●t	KQ6ZZ	------------
Riverside	146.8800	–	O 146.2a (CA)er	W6TJ	RCARA
Sun City	146.7000	–	O 103.5	KB6SSB	------------
Wildomar	146.8050	–	O 100	W6GTR	GldTrngARC
SAN BERNARDINO COUNTY					
Barstow	146.9700	–	Oa	WA6TST	Brstw ARC
Barstow	147.0300	+	Oa(CA)elr	WD6BNG	------------
Barstow	147.1800	–	Oa(CA)er	WA6TST	------------
Big Bear City	145.1800	–	O 100a (CA)	W6MPH	W6MPH
Big Bear Lake	147.3300	+	O 131.8ael	K6BB	BB ARC
Big Bear Lake	147.6450	–	O 103.5	KC6OKB	------------
Crestline	146.8500	–	O 146.2e	W6JBT	CBARC
Crestline	147.9450	–	O 123	K6JTH	K6SBC
Heaps Pk	145.2400	–	O 118.8e	K6LLU	Arwhd RG
Hesperia	147.3000	+	O 91.5e	KG6PD	HARS
Hesperia	147.8550	–	O 186.2	WW6Y	------------

144   144-148 MHz
CALIFORNIA

Location	Output	Input	Notes	Call	Sponsor
Keller Peak	146.3850	+	O 146.2e	KE6TZG	KPRA
Loma Linda	147.7350	−	O 118.8a (CA)e	K6LLU	LLU ARC
Ludlow	147.8850	−	Oel	WA6TST	------------
Newberry Spgs	146.7000	−	Oel	WA6MTZ	------------
North Yucca Valley	147.7050	−	O 123elr	WB6CDF	WB6CDF.COM
Onyx Peak	145.1200	−	●t	K6SBC	------------
Onyx Peak	146.8200	−	Oel	W6FNO	Edgwd ARS
Running Springs	145.1200	−	O 131.8	WA6ISG	------------
Running Springs	146.9100	−	O 91.5e	KC6WGF	RSRG
Running Springs	147.6150	−	●t	N6NIK	HRAN
Running Springs	147.7050	−	●tel	K6ECS	------------
Sunset Ridge	145.4600	−	O 77	W6IER	IEARC
Trona	146.9700	−	O 123	K6YYJ	------------
Twntynine Plms	147.0600	+	O 136.5e	W6IF	MBRG
Upland	147.3000	+	O 123a (CA)e	WB6QHB	------------
Victorville	145.2200	−	O 114.8	N6SLD	N6SLD
Victorville	145.4200	−	●t	WW6Y	------------
Victorville	146.1150	+	O 91.5	K7GIL	------------
Victorville	146.9400	−	O 91.5a (CA)e	WA6EFW	------------
Victorville	147.1200	+	O 91.5a	WA6EFW	------------
Victorville	147.7050	−	O 136.5	WA6WWB	------------
Wildomar	145.4000	−	O 146.2	KI6ITV	------------
Yucca Valley	146.1150	+	O 136.5	K6JB	------------
Yucca Valley	146.7900	−	O 136.5a (CA)e	W6BA	MARC
SAN DIEGO COUNTY					
Borrego Springs	147.8550	−	O 107.2	K7IKO	------------
Carlsbad	147.9150	−	●t	W6GK	CZB
Carmel Mountain Ranch	146.7900	−	O 107.2e	NG6ST	NorthGrum
Chula Vista	145.2600	−	O 107.2	KK6KD	------------
Chula Vista	146.0850	+	O 100e	K6QM	SOBARS
Chula Vista	147.0600	+	O 127.3a (CA)	KF6QNJ	Hltop ARC
Coronado	147.1800	+	O 110.9a (CA)e	W6SH	CERO ARES
Cuyamaca Pk	147.1950	+	●tr	K6JCC	SD RACES
El Cajon	146.3550	+	O 123	KN6NA	------------
Escondido	146.8800	−	O 107.2a (CA)el	N6WB	EARS
Fallbrook	146.1750	+	O 107.2ae	N6FQ	FallbrookARC
High Pass	145.2800	−	O 107.2	K6GAO	SANDRA
High Pass	147.9900	−	●tl	W6JAM	DR∅NK
La Mesa	145.2400	−	O 131.8	WA6HYQ	------------
La Mesa	146.6700	−	●ta(CA)l	N6QWD	------------

144-148 MHz CALIFORNIA

Location	Output	Input	Notes	Call	Sponsor
La Mesa	147.4200	146.4750	O 107.2	WA6BGS	ECARC
La Mesa	147.7050	–	●ter	WD6APP	------------
Lyons Peak	146.2650	+	O 107.2e	W6SS	SANDRA
Lyons Peak	147.1950	+	●t	K6JCC	SD RACES
Mission Hills	145.3200	–	O 107.2	WD6APP	------------
Monument Peak	147.2400	+	O 103.5a (CA)el	KA6DAC	ECRA
Mt Helix	147.9150	–	O 107.2 (CA)e	K6GHM	------------
Mt Laguna	147.1500	+	O 107.2	WB6WLV	SANDRA
Mt Otay	145.3600	–	Ot	WB6WLV	SANDRA
Mt Otay	146.6400	–	O 107.2e	WB6WLV	SANDRA
Mt Otay	146.9100	–	O 107.2 (CA)el	KN6KM	SoBayRG
Mt Otay	146.9250	–	O 107.2	N6RSH	KN6KM
Mt Otay	147.2100	+	●t	N6VVY	FILAMARS
Mt Otay	147.9900	–	●tl	W6JAM	DRØNK
Mt San Miguel	145.1200	–	O 107.2	W6HDC	------------
Mt Woodson	145.1800	–	●t	W6HDC	------------
Palomar Mtn	145.4400	–	●ta(CA)l	N6NIK	HRAN
Palomar Mtn	146.7000	–	Ot	W6NWG	Palomar AR
Palomar Mtn	146.7300	–	O 107.2a (CA)e	W6NWG	Palomar AR
Palomar Mtn	147.0300	+	O 103.5e	K6RIF	ECRA
Palomar Mtn	147.0750	+	O 107.2a (CA)e	W6NWG	Palomar AR
Palomar Mtn	147.1300	+	O 107.2a (CA)el	W6NWG	Palomar AR
Palomar Mtn	147.1950	+	●t	K6JCC	SD RACES
Palomar Mtn	147.9900	–	●tl	W6JAM	DRØNK
Paradise Hills	145.4800	–	O 127.3a (CA)	W6JVA	------------
Point Loma	145.3800	–	O 107.2a (CA)e	KA4JSR	PLARC
Poway/Rosemont	147.1950	+	●t	K6JCC	SD RACES
Ramona	145.3000	–	O 88.5	KD6RSQ	------------
San Diego	146.1600	+	O 107.2	W6SS	------------
San Diego	147.7650	–	●t	AA6WS	------------
San Diego	147.8550	–	O 107.2a (CA)l	WA6ZMZ	SANDRA
San Diego	147.8850	–	O 107.2a (CA)	WA6AIL	SANDRA
San Diego	147.9450	–	O 107.2a (CA)	N6WYF	------------
Santee	147.9150	–	O 151.4	WA6OSB	------------
Stephenson Peak	147.9900	–	●t	N6JAM	DRØNK
Vista	146.9700	–	O 107.2a (CA)	KA3AJM	DesComNet

144-148 MHz
CALIFORNIA

Location	Output	Input	Notes	Call	Sponsor
SAN LUIS OBISPO COUNTY					
Paso Robles	146.8800	−	O	W6YDZ	----------
SANTA BARBARA COUNTY					
Broadcast Pk	147.0000	+	O 131.8	WB6OBB	----------
Figueroa Mtn	147.2100	+	O 131.8a (CA)	K6SYV	SYVARRG
Gibralter Peak	146.7000	−	O 131.8	N6HYM	----------
Goleta	145.2400	−	O 131.8	K6TZ	SBARC
Guadalupe	146.1750	+	O 100	KA6BFB	----------
La Vigia Hill	146.7900	−	O 131.8aer	K6TZ	SBARC
Lompoc	145.3600	−	O 131.8r	WB6FLY	WSB_ARES
Lompoc	145.4200	−	Oa(CA)e	WA6YZV	Missn ARC
Lompoc	147.1200	+	O 131.8a (CA)	WA6VPL	LOMPOC ARC
Nipomo	146.9400	−	Oe	N6RAN	----------
Santa Barbara	145.4800	−	O 136.5	W6RFU	UCSB
Santa Barbara	147.0750	+	O 131.8	KG6TAT	----------
Santa Barbara	147.9450	−	O 131.8ae	WA6JFM	Gbrltr RA
Santa Maria	145.1400	−	O 131.8 E-SUN	KM6DF	Satellite ARC
Santa Maria	146.6400	−	O	N6UE	----------
Santa Maria	147.3000	+	O 131.8r	WB6FLY	NorSBCARES
Santa Maria	147.9150	−	O 103.5	W6NO	----------
Santa Ynez Pk	145.1800	−	O 131.8e	WA6COT	----------
Solvang	146.8950	−	Oe	N6JNS	----------
Sudden Peak	145.1200	−	O 100el	WA6VPL	WALA
VENTURA COUNTY					
Camarillo	145.2800	−	O 100e	KN6OK	----------
Camarillo H'ght	147.9150	−	O 127.9r	WB6ZTQ	----------
Chatsworth Peak	147.1800	+	O 186.2el	KK6NJ	----------
Grissom Pt	146.8500	−	O 94.2a (CA)er	K6AER	----------
Newbury Park	146.6700	−	O 127.3e	N6JMI	Bozo ARN
Newbury Park	146.9400	−	●t	KE6TOI	----------
Newbury Park	147.8850	−	O 127.3a (CA)e	N6JMI	Bozo ARN
Ojai Valley	145.4000	−	OE-SUNr	N6FL	OJAI Vly ARC
Olivas Park Golf Course	147.7650	−	O 127.3r	K6ERN	SMRA-ERN
Oxnard	146.7300	−	●t	W6KGB	WOLF RN
Oxnard	146.9700	−	O 127.3a (CA)e	WB6YQN	LPMG
Red Mountain	146.8800	−	O 127.3a (CA)el	K6ERN	SMRA-ERN
San Fernando	146.9100	−	O 103.5e	W6IN	----------
SanBuenaventur	146.6100	−	O 127.3a (CA)	N3MBN	----------
Simi Valley	146.6400	−	O 127.3	WA6FGK	----------
South Mtn	146.3850	+	O 127.3elr	WA6ZSN	SMRA-ERN

144-148 MHz
CALIFORNIA-COLORADO

Location	Output	Input	Notes	Call	Sponsor
Thousand Oaks	145.3200	–	O a(CA)e	WD8RCL	------------
Thousand Oaks	146.8050	–	O 127.3	KN6OK	------------
Thousand Oaks	147.1500	+	O 127.3	K0AKS	CHRS&VARS
Ventura	146.6550	–	O 131.8	WD5B	------------
Ventura	147.9750	–	O 127.3a (CA)e	N6VUY	------------

COLORADO
FREQUENCY USAGE

Location	Output	Input	Notes	Call	Sponsor
STATEWIDE	145.1900	–			CONTROL ACCESS
STATEWIDE	145.2050	–			CONTROL ACCESS
STATEWIDE	146.7750	–			CONTROL ACCESS
STATEWIDE	146.8350	–			CONTROL ACCESS
STATEWIDE	146.8650	–			CONTROL ACCESS
STATEWIDE	147.1650	+			CONTROL ACCESS
STATEWIDE	147.3150	+			CONTROL ACCESS

BOULDER COUNTY

Location	Output	Input	Notes	Call	Sponsor
Boulder	145.4600	–	O 107.2/107.2 (CA)e	W0CRA	CRA
Boulder	146.7000	–	O 100 (CA) s	W0DK	BARC
Boulder	146.7300	–	O 91.5/91.5	K0DK	K0DK
Boulder	146.7600	–	O 100esx	W0IA	RMVHFS
Longmont	147.2700	+	O 100 (CA) els	W0ENO	LARC

CENTRAL

Location	Output	Input	Notes	Call	Sponsor
Bailey	146.8950	–	O 100es	AB0PC	ParkCntyRC
Lake George	146.6850	–	O 107.2el	NX0G	MARC
Lake George	147.3600	+	O 107.2ex	KC0CVU	CMRG

COLORADO SPRINGS

Location	Output	Input	Notes	Call	Sponsor
Colorado Springs	145.1300	–	O 123/123e lx	KB0VJJ	Colo Conn
Colorado Springs	145.1600	–	O 107.2/107.2 (CA)ex	W0CRA	CRA
Colorado Springs	145.2650	–	O 100/100 (CA)elrswx	KB0SRJ	PPFMA
Colorado Springs	145.3750	–	O elx	KC0CVU	CMRG
Colorado Springs	146.6250	–	O 123 (CA) elRB	KF0WF	ColoSprARA
Colorado Springs	146.7600	–	O 123 (CA) es	KC0CVU	CMRG
Colorado Springs	146.8500	–	O 103.5/103.5e	W0RSH	W0RSH
Colorado Springs	146.9100	–	O 151.4/151.4e	K0IRP	GGARC
Colorado Springs	146.9700	–	O 100/100 (CA)elrswXx	KB0SRJ	PPFMA
Colorado Springs	147.1350	+	O 100e	AA0L	AA0L
Colorado Springs	147.1800	+	● 100 (CA) E-SUNx	AA0SP	AA0SP

144-148 MHz
COLORADO

Location	Output	Input	Notes	Call	Sponsor
Colorado Springs	147.2700	+	Oe	WA0RGA	TRA
Colorado Springs	147.3450	+	O 107.2 (CA)elx	KC0CVU	CMRG
Colorado Springs	147.3900	+	O 103.5/103.5e	W0MOG	W0MOG
Cripple Creek	147.0150	+	O 107.2el	NX0G	MARC
Woodland Park	145.4150	−	O 179.9 (CA)e	KA0WUC	MARC
Woodland Park	146.8200	−	O 107.2el	NX0G	MARC
DENVER METRO					
Aurora	145.4000	−	O 100aels	KB0UDD	CRRG
Conifer	147.1200	+	O 88.5ex	KC0IAD	ARA
Denver	145.1450	−	O 107.2/107.2esx	W0CRA	CRA
Denver	145.2200	−	O 103.5 (CA)ex	WN0EHE	RMRL
Denver	145.3100	−	O 123/123e lx	KB0VJJ	Colo Conn
Denver	145.3400	−	O 103.5e L(IRLP 3350)xz	N0PQV	RMRL
Denver	145.4300	−	O 103.5esx	W0MTZ	RMRL
Denver	145.4750	−	O 100e	N0JOQ	IRG
Denver	145.4900	−	O 100/100e l	W0TX	DRC
Denver	146.6400	−	O 100ex	WA0KBT	DRL
Denver	146.6700	−	O 100es	KB0UDD	CRRG
Denver	146.7150	−	OE-SUN	N0JXN	EARS
Denver	146.8800	−	O 100ex	WA0KBT	DRL
Denver	146.9100	−	O 118.8/118.8	KB0ZEN	DRAI
Denver	146.9400	−	O 103.5ex	W0WYX	RMRL
Denver	146.9850	−	O 100	K0FEZ	RADOPS EJ
Denver	147.2250	+	O 107.2/107.2 (CA)esx	W0CRA	CRA
Denver	147.3000	+	O 103.5x	N0PYY	DenPDEEB
Golden	145.2800	−	O 100 (CA) elrx	KE0SJ	IRG
Golden	147.1500	+	O 88.5a	W0CBI	ARA
Northglenn	147.0450	+	O 123e	K0ML	NglennRA
EAST CENTRAL					
Flagler	146.8950	−	O 103.5z	KA0EFF	BigSndyARC
Genoa	147.0600	+	O 103.5	KA0EFF	BSARC
Kirk	145.3550	−	O	K0DGI	N0RUR
Leadville	147.2400	+	O 156.7/156.7sx	N0ZSN	N0ZSN
GRAND JUNCTION					
Grand Junction	145.1750	−	O 107.2ers WX	W0RRZ	WCARC
Grand Junction	145.2200	−	O 107.2	KE0TY	KE0TY

147.225
145.145
145.160
145.460
224.980
447.150
447.975
53.050
1287.900
447.575

COLORADO REPEATER ASSOCIATION

SUPPORT AMATEUR RADIO

**COLORADO REPEATER ASSOCIATION, Inc.
POST OFFICE BOX 1013
PARKER, COLORADO 80134**

http://www.w0cra.org
e-mail: cra@w0cra.org
303-840-4CRA

The Colorado Repeater Association's (CRA) membership welcomes all amateurs to the state of Colorado. The CRA's ragchew repeaters are open to all hams. Please feel free to access and use the CRA frequencies listed above. Our repeaters require a 107.2 CTCSS tone for access.

Join our information Net every Sunday at 9 a.m. for license exam info, the NewsLine Report, the Swap Net, a swapfest schedule and much more. CRA repeaters host various special interest nets covering AMSAT, ARES, EOSS, QRP, scanning and other topics. There is also IRLP access for members.

Five of the CRA's repeaters have Colorado Statewide autopatch capabilities. Ask any CRA member to dial a local or emergency number for you.

The CRA repeaters cover 275 miles along Interstate 25 and 100 miles along Interstate 70 providing coverage in Denver, Colorado Springs, Pueblo, Boulder, Longmont, Greeley, Fort Collins and Cheyenne.

Many of the CRA systems are linked for additional coverage. Ask on-air for details.

73 – THE CRA HOPES YOU SAFELY ENJOY COLORADO

144-148 MHz
COLORADO

Location	Output	Input	Notes	Call	Sponsor
Grand Junction	145.3550	−	O 123elx	KBØVJJ	Colo Conn
Grand Junction	146.8200	−	107.2lx	KEØTY	KEØTY
Grand Junction	146.9400	−	O 107.2/107.2 (CA)elrsRB WX	WØRRZ	WCARC
Grand Junction	147.1050	+	Ot	WØSXI	WØSXI
Grand Junction	147.3900	+	O 107.2l	KEØTY	KEØTY
NORTH CENTRAL					
Hayden	146.6400	−	O 107.2/107.2s	ABØAA	KAØBSA
Kremmling	147.0750	+	O 123l	KBØVJJ	Colo Conn
Walden	145.1600	−	O 123l	KBØVJJ	Colo Conn
Wellington	146.6250	−	O 100 E-SUNrs	WØUPS	NCARC
NORTH FRONT RANGE					
Estes Park	146.6850	−	O 123e L(IRLP 7268)	NØFH	EVARC
Fort Collins	145.1150	−	O 100ers WXx	WØUPS	NCARC
Fort Collins	147.3600	+	O 100 (CA)	WØQEY	CSUARC
Greeley	146.8500	−	O 100 (CA) ersWX	WØUPS	NCARC
Greeley	147.0000	+	O 100/100 Z(911)	KCØKWD	WARS
Hudson	147.3300	+	O 100/100 (CA)	WØTX	DRC
NORTHEAST					
Akron	145.4000	−	O 123l	KBØVJJ	Colo Conn
Holyoke	146.9550	−	Oe	NØJUN	PCARC
Peetz	145.3700	−	O 88.5/88.5 e	N5SXQ	N5SXQ
Sterling	145.2950	−	Oaex	WAØJTB	NECARA
NORTHWEST					
Craig	145.2650	−	O 107.2e	WDØHAM	NW Colo ARC
Steamboat Springs	147.2100	+	O 107.2ls WX	KDØH	SSARC
PUEBLO					
Pueblo	145.1150	−	O 88.5 DCS e	NDØQ	PuebloHC
Pueblo	146.6550	−	O	KØST	KØST
Pueblo	146.7900	−	O 88.5eWX x	NDØQ	PuebloHC
Pueblo	146.8800	−	O 88.5ex	NDØQ	PuebloHC
Pueblo	147.0000	+	●	NEØZ	STARS
Pueblo	147.2400	+	O 103.5/103.5eWX	KJØT	TARA
Westcliffe	147.0600	+	O 103.5	KBØTUC	RGARC
SOUTH CENTRAL					
Canon City	145.4900	−	O 103.5ae s	WDØEKR	RGARC

COLORADO CONNECTION

Connecting Colorado's Amateur Community

1	10,600'	145.310–	Denver/Boulder (Hub)*
2	13,600'	145.445–	Leadville*
3	12,600'	146.790–	Breckenridge*
4	11,700'	147.285+	Salida
5	10,600'	146.850–	Glenwood Springs
6	10,300'	449.625–	Steamboat Springs
7	10,000'	145.355–	Grand Junction
8	9,800'	147.345+	Vail
9	9,500'	147.345+	Durango
10	9,300'	145.130–	Colorado Springs*
11	9,200'	147.075+	Kremmling
12	9,000'	145.160–	Walden
13	8,500'	147.270+	Meeker*
14	7,500'	146.970+	Craig*
15	4,700'	145.400–	Akron*

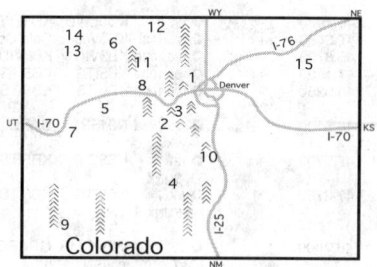

Colorado Connection Repeaters, Inc.
P.O. Box 22134, Denver, CO 80222

The KB0VJJ Repeaters   Send SASE for info
http://www.colcon.org/   kb0vjj@colcon.org

The Colorado Connection is a 501c3 non-profit corporation supported solely by donations. The system is open and fully linked. It requires a 123.0Hz tone on the input (* = tone available on output). National Traffic System net each evening 7:30pm. Before keying up, please allow the system to drop a few seconds after each proceed "k" signal.

144-148 MHz
COLORADO

Location	Output	Input	Notes	Call	Sponsor
Creede	146.9250	−	O 100e	K0IKN	CCRC
Cripple Creek	145.4600	−	O 67 E-SUN	WB0WDF	WB0WDF
La Veta	145.3550	−	O 100 E-SUNl	N0JPX	N0JPX
Salida	145.2950	−	O 107.2lx	KC0CVU	CMRG
Salida	147.2850	+	Otelx	KB0VJJ	Colo Conn
Walsenburg	146.7300	−	O 88.5 E-SUN	ND0Q	PuebloHC

SOUTHEAST

Location	Output	Input	Notes	Call	Sponsor
La Junta	146.7000	−	OeswX	W0KEV	W0KEV
Lamar	146.6100	−	O 123/123l x	KC0HH	LAMAR ARC
Springfield	146.6400	−	O 118.8/118.8lx	KZ0DEM	BCDEARC
Springfield	147.0900	+	O 118.8/118.8elx	KZ0DEM	BCDEARC
Springfield	147.3300	+	O 118.8/118.8eWX	KZ0DEM	BCDEARC
Trinidad	145.4300	−	O 107.2elx	KC0CVU	CMRG
Trinidad	147.3750	+	O 100/100e	K0BV	K0BV

SOUTHWEST

Location	Output	Input	Notes	Call	Sponsor
Cortez	146.7900	−	O 127.3	KD5LWU	KD5LWU
Durango	147.3450	+	O 123/123l	KB0VJJ	Colo Conn
Hesperus	145.3700	−	O 100/100e	KB0VIU	KB0VIU
Ignacio	147.1500	+	O 100/100e	KB5ITS	KB5ITS
Mancos	145.3250	−	O 100/100e x	KB5ITS	KB5ITS
Pagosa Springs	146.6100	−	O 123/123a eWX	N0JSP	DARC
Silverton	147.2700	+	O 127.3 E-SUNx	KB5ITT	KB5ITS
Silverton	147.3750	+	O 156.7 E-SUNx	KB5ITS	KB5ITS

WEST CENTRAL

Location	Output	Input	Notes	Call	Sponsor
Breckenridge	146.7000	−	O 107.2/107.2eL(IRLP3972)	WB0QMR	GRARC
Breckenridge	146.7900	−	O 123elx	KB0VJJ	Colo Conn
Cedaredge	147.1950	+	OeswX	K0SX	CdrdgeRA
Cedaredge	147.3600	+	O 100	W0ALC	W0ALC
Glenwood Springs	146.8500	−	O 123elx	KB0VJJ	Colo Conn
Glenwood Springs	146.8800	−	O 107.2	KI0G	SCARC
Glenwood Springs	147.3000	+	O 107.2 E-SUNx	K0VQ	RFARC
Granby	146.8200	−	O 123/123 E-SUN	KA0YDW	GCARA
Gunnison	147.1200	+	OE-SUN	WB0QCL	GARC

144-148 MHz
COLORADO-CONNECTICUT

Location	Output	Input	Notes	Call	Sponsor
Leadville	145.4450	–	O 123 E-SUNlx	KB0VJJ	Colo Conn
Montrose	146.7900	–	O 107.2/107.2e	KD5OPD	KC0UXX
Nathrop	146.7450	–	O 100 E-SUNs	W0LSD	CLARA
Paonia	147.3300	+	O 107.2/107.2	KI0MR	NFRA
Rifle	146.7600	–	O 107.2 E-SUN E-WIND	N0SWE	N0SWE
Rulison	147.1500	+	O 107.2/107.2 E-SUNl	K0RV	SCARC
Snowmass	146.6700	–	O 107.2lx	K0CL	SCARC
Vail	146.6100	–	Otx	K0EC	ECHO
Vail	147.3450	+	O 123elx	KB0VJJ	Colo Conn

CONNECTICUT
FREQUENCY USAGE

Location	Output	Input	Notes	Call	Sponsor
Snp	145.4300	–			

FAIRFIELD & SOUTHWEST

Location	Output	Input	Notes	Call	Sponsor
Bethel	147.0300	+	O	KA1KD	BEARS
Bridgeport	146.4450	147.4450	O 77.0e	WK1M	------------
Danbury	147.1200	+	O 141.3/141.3el	W1HDN	PVRA
Danbury	147.3000	–	O	W1QI	CARA
Fairfield	146.6250	–	O 100.0/100.0	WB1CQO	------------
Fairfield	146.8950	–	O 77.0/77.0 e	N1MUC	N1LXV
New Canaan	146.7750	–	O 100.0/100.0ae	W1FSM	W1FSM
Newtown	145.2300	–	Oe	WA1SOV	PEARS
Norwalk	146.4750	147.4750	O 100.0/100.0 (CA)e	W1NLK	GNARC
Ridgefield	145.4700	–	O 100.0e	KR1COM	RCOM
Stamford	146.6550	–	O 100.0/100.0e	W1EE	SARA

HARTFORD & N CENTRAL

Location	Output	Input	Notes	Call	Sponsor
Bloomfield	146.8200	–	Oe	W1CWA	BlmfldARC
Bristol	145.3100	–	O 110.9	K1DII	------------
Bristol	146.6850	–	O 141.3/141.3er	W1DHT	CRBRC
Bristol	146.8800	–	Oel	K1DFS	ICRC
Burlington	147.1500	+	O 77.0e	N1JGR	ICRC
E Hartland	145.2300	–	Oe	K1YON	HartlandEM
Glastonbury	147.0900	+	O 110.9/110.9e	W1EDH	CT ARE SVC
Hartford	146.6400	–	O 141.3/141.3elz	W1HDN	PVRA

144-148 MHz
CONNECTICUT

Location	Output	Input	Notes	Call	Sponsor
Hebron	145.4700	−	O	K1PTI	------------
Manchester	145.3300	−	O 88.5/88.5 e	WA1VOA	------------
Newington	145.4500	−	O 127.3/127.3e	W1AW	NARL
Somers	147.0000	+	O 127.3/127.3e	W1TOM	MTARA
Vernon	145.1100	−	O 77.0/77.0 e	W1BRS	BearsMAN
Vernon	145.4100	−	O 141.3/141.3el	W1HDN	PVRA
Vernon	146.7900	−	O 82.5/82.5 (CA)eWX	W1HDN	PVRA
Vernon	147.3450	+	O 77.0/77.0 el	KB1AEV	KB1AEV
W Hartford	146.7450	−	O 141.3/141.3	W1HDN	PVRA
Wethersfield	145.3500	−	Otae	KA1BQO	------------
Windsor	147.0450	+	O 88.5/88.5 e	N1SPI	N1TUP
LITCHFIELD & NORTHWEST					
Barkhamsted	147.2700	+	O 77.0/77.0 el	W1RWC	KB1AEV
New Milford	146.7300	−	O 77.0/77.0 e	NA1RA	NARA
Sharon	147.2850	+	O 77.0/77.0 el	WB1CEI	SBARC
Torrington	145.3700	−	O 77.0/77.0 el	KB1AEV	KB1AEV
Torrington	146.8500	−	O 141.3/141.3el	W1HDN	PVRA
Torrington	147.2400	+	O 141.3e	W1RWC	TorngtnCD
Winsted	147.3300	+	O 141.3/141.3e	W1EOO	Winsted CD
NEW HAVEN & S CENTRAL					
Ansonia	145.1900	−	O 77.0e	WK1M	------------
Ansonia	146.9850	−	O 141.3/141.3a	KD1BD	VLY ARA
East Haddam	147.0150	+	O 110.9	K1IKE	------------
East Haven	147.2550	+	O 110.9/110.9e	AA1VE	SCARA
Killingworth	145.2900	−	O 110.9/110.9aeWX	W1BCG	SARC
Milford	146.9250	−	Oaer	KB1CBD	MilfordARC
Milford	147.2250	+	O 77.0ae	WA1YQE	------------
Portland	147.0300	+	O 110.9/110.9	W1EDH	CT ARE SVC
Prospect	147.1800	+	O 141.3/141.3el	W1HDN	PVRA
Southington	145.1700	−	O 77.0/77.0	W1ECV	SARA

144-148 MHz
CONNECTICUT-DISTRICT OF COLUMBIA

Location	Output	Input	Notes	Call	Sponsor
Wallingford	147.3600	+	O	W1KKF	Meriden ARC
West Haven	146.6100	−	O 162.2/162.2 LITZ	W1GB	SCARA
West Haven	147.5050	146.5050	O 110.9/110.9e 77.0/77.0 (CA)e	K1SOX	SPARC
Westbrook	146.7750	−	O 110.9e	W1BCG	SARC
NEW LONDON & SOUTHEAST					
Groton	146.6700	−	O 156.7a (CA)l	W1NLC	SCRAMS
Lebanon	147.3000	+	O 77.0ae	NA1RC	NatchARA
Ledyard	145.3900	−	O 156.7/156.7l	W1DX	AWASEC
New London	146.9700	−	O 156.7 (CA)	W1NLC	SCRAMS
Norwich	146.7300	−	O 156.7/156.7ae	N1NW	Rason
Salem	147.0600	+	O 156.7l	W1DX	AWASEC
WINDHAM & NORTHEAST					
Killingly	147.2250	+	O 156.7e	K1MUJ	ECARA

DELAWARE
ALL
Location	Output	Input	Notes	Call	Sponsor
SNP	145.1700	−	O		------------

DOVER
Location	Output	Input	Notes	Call	Sponsor
Dover	146.7900	−	OA(*89)	N3YMS	N3YMS
Dover	146.9700	−	O 77.0	W3HZW	KentCoAR
Dover	147.1950	+	O 77.0a	W3HZW	KentCoAR
Hazlettville	147.3000	+	O	N3YMS	K4CHE

SOUTH
Location	Output	Input	Notes	Call	Sponsor
Georgetown	145.3100	−	O	W3DR	STHS
Lewes	147.3300	+	O	W3LRS	LARS
Millsboro	147.0750	+	O 156.7e	KB3BHL	Sussex ARA
Seaford	145.2100	−	O 156.7a	W3TBG	NARC
Seaford	146.7150	−	O 156.7	N3KNT	N3YMS

WILMINGTON
Location	Output	Input	Notes	Call	Sponsor
Newark	146.7000	−	O 131.8e	W3DRA	DRA
Wilmington	146.7300	−	O 131.8e	W3DRA	DRA
Wilmington	146.9550	−	Oae	WA3UYJ	DVARS

DISTRICT OF COLUMBIA
ALL
Location	Output	Input	Notes	Call	Sponsor
Snp	145.1700	−	O		------------

WASHINGTON AREA
Location	Output	Input	Notes	Call	Sponsor
Washington	145.1100	−	Oaz	W3ETX	CCARS
Washington	145.1900	−	O 151.4	W3DOS	DOS ARC
Washington	147.0450	+	O	K3VOA	VOA ARC

144-148 MHz
FLORIDA

Location	Output	Input	Notes	Call	Sponsor
FLORIDA					
CENTRAL					
Bartow	146.9850	–	o	WC4PEM	PCEM
			127.3/127.3eL(444.625 444.950)rsWXx		
Lake Wales	147.3300	+	o	K4LKW	LWRA
			127.3/127.3		
Lakeland	145.2700	–	o	WP3BC	WP3BC
			127.3/127.3eL(444.300 145.130 443.350 EC) Bl		
Lakeland	146.6850	–	o	K4LKL	LARC
			127.3/127.3a(CA)ers		
Poinciana	146.7150	–	o	K9YCG	K9YCG
			103.5/103.5e		
CENTRAL - ORLANDO					
Altamonte Springs	147.0900	+	o	N1FL	SARG
			103.5/103.5rs		
Altamonte Springs	147.2850	–	o	N4EH	LMARS
			103.5/103.5eL(442.975)		
Apopka	147.0150	+	o	N4UMB	OARC
			103.5/103.5a(CA)eL(146.760 443.275 146.820)s		
Bithlo	145.2300	–	o	K4FL	K4FL
			103.5/103.5e		
Bushnell	145.4900	–	o	KI4DYE	SARESRG
			123.0/123.0ers		
Chuluota	147.1650	–	o	N1FL	SARG
			103.5/103.5eL(147.090 442.750 EC)rs		
Clermont	147.1800	+	o	KD4MBN	KD4MBN
			127.3/127.3		
DeLand	147.3150	+	oe	WV4ARS	WESTVARS
			L(EC-80113)		
Kissimmee	146.7000	–	o	N4GUS	ARRGUS
			103.5/103.5 L(444.450 147.210 442.100 927.700		
Kissimmee	147.2100	+	o	N4ARG	MFARRA
			103.5/103.5a(CA)eL(444.4500. 927.7000 EC-471		
Lake Buena Vista	145.1100	–	o	AC0Y	AC0Y
			103.5/103.5eL(442 575 442.500 444.000 146.70		
Leesburg	147.0000	–	o	N4FLA	LCAA
			103.5/103.5rs		
Minneola	145.3900	–	or	KB4NXE	Sugarloaf
Minneola	147.2250	+	o	W4ALR	W4ALR
			103.5/103.5 (CA)ers		
Orlando	145.1300	–	o	WD4IXD	WD4IXD
			103.5/103.5a(CA)eL(443.325) RB		
Orlando	145.2100	–	o	KW4GT	KW4GT
			103.5/103.5a(CA)eL(443.650 IR-8566 EC-53511		
Orlando	145.4500	–	o	N4LRX	PARC
			103.5/103.5		
Orlando	146.7300	–	o	N2HBX	OCCA
			103.5/103.5ers		
Orlando	146.7600	–	o	KB4UT	OARC
			103.5/103.5eL(443.275)		

144-148 MHz **157**
FLORIDA

Location	Output	Input	Notes	Call	Sponsor
Orlando	147.0600	+	O	WD4MRR	CFRA
			103.5/103.5		
Orlando	147.1200	+	O	N4LGH	KT4AZ
			103.5/103.5e		
Orlando	147.3000	+	O	WD4WDW	DEARS
			103.5/103.5 L(EC-632802)		
Sanford	146.8050	−	O	N4EH	LMARS
			103.5/103.5e		
St Cloud	145.3500	−	O	KG4EOC	EOCARDS
			103.5/103.5a(CA)eL(444.100 EC-458245)rs		
St Cloud	146.7900	−	Ot	W4SIE	OCRA
Sumterville	146.9250	−	O 123/123e	W4OE	SCEM
			rs		
Tavares	145.3100	−	O	N4JTS	N4JTS
			103.5/103.5ers		
Tavares	147.2550	+	O	K4FC	LARA
			103.5/103.5a(CA)e		
Winter Park	147.1950	+	Oe	W4PLA	QCWA 45

DEEP SOUTH

Location	Output	Input	Notes	Call	Sponsor
Big Pine Key	146.6700	−	O 94.8/94.8	N9LCK	MCSO
			eL(147.345 147.255 146.715 IR-8042)rx		
Key Largo	147.1650	+	O 94.8/94.8	KC4SFA	CRARC
			aL(IR-5520)		
Key West	145.1300	−		KF4ZCL	KF4ZCL
			114.8/114.8eL(145.430 145.230 145.310 44		
Key West	145.1700	−	O	N2GKG	N2GKG
			110.9/110.9 A(#220) (CA) TT(*05 ON#00OF)		
Key West	145.3100	−	●	W4HN	W4HN
			110.9/110.9rsBlx		
Key West	146.9400	−	O	W4LLO	FKARC
			110.9/110.9e		
Key West	147.3450	+	O 94.8/94.8	N9LCK	MCSO
			eL(146.670 147.255 146.715 EC-8042)rx		
Marathon	147.1050	+	Oe	ND7K	ND7K
Marathon	147.2550	+	O 94.8/94.8	N9LCK	MCSO
			eL(147.345 146.670 146.715 IR-8042)rx		
Plantation Key	146.7150	−	O 94.8/94.8	N9LCK	MCSO
			eL(147.345 146.670 147.255 EC-8042)rx		

EAST CENTRAL

Location	Output	Input	Notes	Call	Sponsor
Cocoa	145.1900	−	O	N4LEM	N4LEM
			103.5/103.5		
Cocoa	145.3700	−	O	W2SDB	IRARC
			156.7/156.7es		
Cocoa	147.3600	+	O	N4LEM	N4LEM
Ft Pierce	146.7750	−	OWXx	AF4CN	3LRA
Ft Pierce	147.0150	+	O	W4SLC	SLC EAR
			107.2/107.2 A(* UP # DOWN)ersz		
Ft Pierce	147.2100	+	Oe	KJ4GM	KJ4GM
Ft Pierce	147.2400	+	O	W4SLC	SLC EAR
			107.2/107.2aeWxxz		

144-148 MHz
FLORIDA

Location	Output	Input	Notes	Call	Sponsor
Ft Pierce	147.3450	+	O	W4AKH	FPARC
			107.2/107.2 A(325) (CA)eL(444.800 IR-4545 EC-		
Melbourne	145.4700	−	O	K4HRS	HIARC
			107.2/107.2e		
Melbourne	146.6100	−	Oa(CA)	W4MLB	PCARS
Melbourne	146.6850	−		AF4Z	Fla Boys
Melbourne	146.8500	−	O	W4MLB	PCARS
			107.2/107.2a(CA)ez		
Melbourne	147.0000	−	O	K4YWC	K4YWC
			167.9/167.9		
Melbourne	147.0300	+	O	K4JC	K4JC
			107.2/107.2		
Mims	146.7750	−	O	KD4HNW	TARC
Palm Bay	145.1700	−	O	W4BQD	W4BQD
			107.2/107.2a(CA)		
Palm Bay	145.2500	−	82.5/82.5 WW4AL	WW4AL	
			OeL(EC) BI		
Palm Bay	146.7150	−	O	KI4ONW	SC REACT
			107.2/107.2 L(EC-346868)		
Palm Bay	146.7450	−	O	KI4HZP	KI4HZP
			107.2/107.2aL(IR EC)		
Palm Bay	146.8950	−	Oer	K4EOC	BEARS
Port St Lucie	146.9250	−	O	AD3N	AD3N
			107.2/107.2a(CA)eL(EC-252325)rsWXz		
Port St Lucie	146.9550	−	O	K4PSL	PSLARA
			107.2/107.2eL(EC-17836)rsx		
Rockledge	146.8800	−	O	W2SDB	IRARC
			107.2/107.2es		
Rockledge	146.9400	−	O	K4GCC	LISATS
Rockledge	147.1350	+	Oers	K4EOC	BEARS
Titusville	146.6700	−	O	W0LRC	W0LRC
			103.5/103.5 E-SUN		
Titusville	146.9100	−	O	K4KSC	TARC
			103.5/103.5aE-SUNsx		
Titusville	146.9700	−	Oae	W4CEL	TARC
Titusville	147.0750	+	O	K4EOC	BEARS
			107.2/107.2er		
Titusville	147.3300	+	O	K4NBR	NBARC
			107.2/107.2esWX		
Vero Beach	145.1300	−	O	AB4AZ	TCRA
			107.2/107.2a(CA)rs		
Vero Beach	145.3100	−	O	W4IRC	TCRA
			107.2/107.2ers		
Vero Beach	146.6400	−	O	W4PHJ	TCRA
			107.2/107.2a(CA)ers		

NORTH CENTRAL

Location	Output	Input	Notes	Call	Sponsor
Anthony	146.9700	−	Oaex	KA4WJA	SCARS
Chiefland	147.3900	+	O 123/123a (CA)esx	W4DAK	DARK

144-148 MHz
FLORIDA

Location	Output	Input	Notes	Call	Sponsor
Dunnellon	147.3600	+	O 127.3/127.3eL(443.250 EC-317403) WX(*55	KI4LOB	KI4LOB
Gainesville	146.6850	−	OersBl	K4GNV	GARS
Gainesville	146.8200	−	O 123/123a (CA)ersz	K4GNV	GARS
Gainesville	146.8500	−	● 123/123a (CA)ez	KD4MGR	KD4MGR
Gainesville	146.9100	−	O 123/123a L(EC-258454)rz	W4DFU	GARC
Gainesville	146.9850	−	Oesx	K4GNV	GARS
Gulf Hammock	147.3300	+	O 123/123e rs	KI4ZRI	LCEM
Hawthorne	147.1050	+	● 123/123a (CA)	K3YAN	K3YAN
Hines	146.7450	−	O 123/123	KJ4ZI	TCARC
Lake City	145.4900	−	Oersx	NF4CQ	CARS
Lake City	146.9400	−	O 123/123e	WA4ZFQ	WA4ZFQ
Lake City	147.1500	+	Oersx	NF4CQ	CARS
Live Oak	145.2700	−	O 123/123r sx	W1QBI	W1QBI
Live Oak	145.4100	−	O 123/123e s	W2DWR	W2DWR
Macclenny	147.0900	+	O 127.3/127.3s	W4YIL	BCHRC
Ocala	145.1700	−	O 123/123e	KG4NXO	MCECT
Ocala	146.6100	−	O 123/123a erxz	K4GSO	SSARC
Old Town	146.7000	−	O 123.0/123.0rs	WB4VBY	DARK
Starke	145.1500	−	O 127.3/127.3es	K4BAR	ARCBA
Summerfield	145.4100	−	O 123.0/123.0a(CA) E-SUN L(EC-498305)	WD4MIC	LEARN
Summerfield	147.0300	+	O 123/123e x	K4VRC	VARC
NORTH EAST					
Bunnell	145.4500	−	O 94.8/94.8 L(224.020 EC)	KB4JDE	KB4JDE
Bunnell	147.3000	+	O 123/123e rs	KB4RSY	FCES
Daytona Beach	147.1500	+	Oaez	K4BV	DBARA
Daytona Beach	147.3750	+	O 103.5/103.5e	N4ZKF	N4ZKF
DeBary	146.8350	−	O 103.5/103.5 L(CO-0Ω100)	WD8JTJ	GOF
Espanola	146.7450	−	O 123/123e rsx	KG4IDD	FECA
Flagler Beach	145.4100	−	O 123/123r s	KG4TCC	FECA

160   144-148 MHz
FLORIDA

Location	Output	Input	Notes	Call	Sponsor
Hollister	147.0600	+	O 123/123e rs	KF4CWI	PARC
Keystone Heights	145.1300	−	OE-SUN	WB4EN	WB4EN
Orange City	147.0450	+	O 103.5/103.5eL(EC-369183)x	KW4LCB	KW4LCB
Ormond Beach	145.2700	−	O 156.7/156.7a(CA)eL(442.65)	KA2AYR	KA2AYR
Ormond Beach	146.8650	−	Ors	KE8MR	KE8MR
Ormond Beach	147.2700	+	Ors	KE8MR	KE8MR
Palatka	145.3700	−	O 123/123e L(442.275 EC-343849)xz	W4SA	PCARC
Palatka	147.3450	+	O 156.7/156.7es	W4OBB	PCDES
Palm Coast	145.4700	−	O 123/123a (CA)eL(EC-24216)rsWXx	KG4IDD	KG4IDD
Palm Coast	146.7150	−	O 123/123 A(123)eL(EC-130077)sWX	W4FPC	WA3QCV
Palm Coast	147.0750	+	O 123/123 A(123) L(EC-130077) WX	W4FPC	WA3QCV
San Mateo	146.7750	−	O 156.7/156.7e	W4OBB	W4OBB
Umatilla	146.8500	−	O 103.5/103.5 L(147)s	WN4AMO	WN4AMO
NORTH EAST - JACKSONVILLE					
Callahan	147.0000	−	O 107.2/107.2a(CA)elrx	N4PAO	N4PAO
Durbin	145.2500	−	O 127.3/127.3	AJ4FR	AJ4FR
Durbin	146.8050	−	O 127.3/127.3	KK4BD	KK4BD
Fernandina Beach	147.3600	+	O 127.3/127.3s	KC5LPA	KC5LPA
Hilliard	146.8350	−	O 127.3/127.3eL(EC-146835)s	W4NAS	NCARS
Jacksonville	146.6400	−	O 156.7/156.7a(CA)elrz	W4IJJ	W4IJJ
Jacksonville	146.7000	−	O 127.3/127.3aeL(444.400 145.370)sxz	W4IZ	NOFARS
Jacksonville	146.7600	−	Oa(CA)	W4RNG	Jax Range
Jacksonville	146.9550	−	O 131.8/131.8rs	AA4QI	AA4QI
Jacksonville	147.1350	+	O 127.3/127.3s	W4EMN	W4EMN
Jacksonville Beach	145.3500	−	O	KB4ARS	BARS
Jacksonville Beach	147.3900	+	O 127.3/127.3eL(EC-408734)s	K2LSF	K2LSF
Keystone Heights	147.2250	+	O 156.7/156.7es	KI4UWC	CC ARES

144-148 MHz 161
FLORIDA

Location	Output	Input	Notes	Call	Sponsor
Orange Park	145.3900	–	O 127.3/127.3e	W4OTH	OTH Gang
Orange Park	146.9250	–	156.7/156.7es	KI4UWC	CC ARES
Orange Park	147.2550	+	O 103.5/103.5es	W4NEK	W4NEK
Ponte Vedra	147.0150	+	O 127.3/127.3es	KX4EOC	SJCARES
St Augustine	145.2100	–	Oers	KX4EOC	SJCARES
St Augustine	146.6250	–	Oe	KF4MX	KF4MX
St Augustine	147.1200	+	O 127.3/127.3	KC4OFI	KC4OFI
Yulee	145.2300	–	O 127.3/127.3e	KC5LPA	KC5LPA

NORTH WEST

Location	Output	Input	Notes	Call	Sponsor
Bonifay	145.1100	–	O 100/100 E-SUN RB	N4LMI	N4LMI
Bonifay	146.9100	–	O 100/100	KF4KQE	KF4KQE
Chipley	146.6250	–	O 103.5/103.5	N4PTW	N4PTW
Chipley	147.1950	+	O 103.5/103.5	WA4MN	WA4MN
Crawfordville	147.2550	+	O 94.8/94.8	KN4NN	KN4NN
DeFuniak Springs	147.2850	+	O 100/100e rs	WF4X	WCARC
DeFuniak Springs	147.3750	+	O 100/100e	KJ4JAH	KJ4JAH
Freeport	145.2300	–	O 100/100 E-SUN L(147.2850 EC-564764)rs	WF4X	WCARC
Greensboro	147.3900	–	O 94.8/94.8 e	K4GFD	K4GFD
Lee	145.1900	–	O 123/123e s	W4FAO	W4FAO
Marianna	147.0900	+	● 88.5/88.5 a(CA)e	WO4J	WO4J
Panama City	145.2100	–	Oe	W4RYZ	PCARC
Panama City	145.3300	–	O 100/100a eL(53.050 444.500)sWX	AC4QB	AC4QB
Panama City	146.9400	–	O 103.5/103.5a(CA) TT(*89)eWX(#311)xZ(*91	KD4EKC	BCSO
Perry	145.3500	–	O 123/123e x	K4III	K4III
Port St Joe	147.3000	+	O 103.5/103.5ers	W4WEB	GARS
Wacissa	147.0000	+	O 94.8/94.8 L(147.375)X	K4TLH	TARS
Wewahitchka	146.8650	–	O 100/100	N4XCI	GARS

NORTH WEST - PENSACOLA

Location	Output	Input	Notes	Call	Sponsor
Crestview	147.3600	+	O 100/100a esx	W4AAZ	NOARC

144-148 MHz
FLORIDA

Location	Output	Input	Notes	Call	Sponsor
Eglin AFB	147.1200	+	O 100/100a	W4NN	EARS
Ft Walton Beach	146.6550	–	Oa(CA)	WD4CKU	WD4CKU
Ft Walton Beach	146.7900	–	O 100/100a	W4ZBB	PARC
Ft Walton Beach	146.8800	–	O	W4RH	W4RH
Ft Walton Beach	147.0000	+	O 100/100a (CA)	W4RH	PARC
Milton	145.4900	–	O 100/100 W4VIY E-SUN L(EC-424886)rsx		Milton ARC
Milton	146.7000	–	O 100/100e K4SRC rsx		SRCACS
Niceville	147.2250	+	Oae	W4ZBB	PARC
Pensacola	145.3500	–	O 100/100a KO4TT (CA)s		KO4TT
Pensacola	145.4100	–	O 100/100	W4EWR	EWRC
Pensacola	145.4500	–	O 100/100a	WA4ECY	CSARC
Pensacola	146.7600	–	O 100/100a W4UC eL(222.2)sz		FFARA
Pensacola	146.8500	–	O 100/100e	WB4OQF	WB4OQF
Valparaiso	146.7300	–	Oae	K4DTV	TCARC

NORTH WEST - TALLAHASSEE

Location	Output	Input	Notes	Call	Sponsor
Crawfordville	145.4500	–	O 94.8/94.8 K4WAK E-SUNrs		SPARC
Monticello	145.4300	–	O 94.8/94.8 WX4JEF es		JCEMA
Tallahassee	146.6100	–	O 203.5/203.5e	N4PG	N4PG
Tallahassee	146.6550	–	O 94.8/94.8 aerx	AE4S	AE4S
Tallahassee	147.0300	+	O 94.8/94.8 K4TLH (CA)esx		TARS

SOUTH CENTRAL

Location	Output	Input	Notes	Call	Sponsor
Arcadia	147.0750	+	O 100/100a eL(444.2)	W4MIN	DARC
Arcadia	147.1800	+	O 100/100 L(EC-213895)s	W4MIN	DARC
Avon Park	145.3300	–	O 100/100e sWx	W4HEM	HCEM
Clewiston	145.3500	–	O 127.3/127.3eL(443.525 442.800 444.500 29.620	WB4TWQ	KJ4GNM
Labelle	145.4700	–	O 97.4/97.4 ers	NØJCC	HCRACES
Lake Placid	145.2100	–	O 100/100a esz	KE4WU	HCEOC
Lake Placid	147.0450	+	O 100/100e s	W4HCA	HCARC
Okeechobee	146.7000	–	O 100/100a (CA)eL(EC-3505)	W7RTK	W7RTK
Okeechobee	147.0900	+	O 100/100e r	K4OKE	OARC

144-148 MHz
FLORIDA

Location	Output	Input	Notes	Call	Sponsor
Okeechobee	147.1950	+	O 100/100	K4OKE	OARC
Sebring	147.2700	+	Oaerz	KE4WU	HCEOC
Wauchula	146.6250	−		N4EMH	HARG
			127.3/127.3eL(442.325)rs		

SOUTH EAST

Location	Output	Input	Notes	Call	Sponsor
Boca Raton	145.2900	−	O	WB4QNX	BRARA
			110.9/110.9ers		
Boca Raton	146.8200	−	O	W4BUG	GCARA
			110.9/110.9a(CA)eWX		
Boca Raton	147.2550	+	O 123/123a	KC4GH	BRFD
			(CA)ers		
Boynton Beach	147.2250	+	O	NR4P	NR4P
			107.2/107.2a(CA)eL(447.065)rsx		
Delray Beach	147.0750	−	O	W2GGI	W2GGI
			103.5/103.5e		
Palm Beach Gardens	145.1700	−	O	AG4BV	AG4BV
			110.9/110.9ex		
Parkland	145.2700	−	O	WR4AYC	WR4AYC RG
			110.9/110.9e		
Royal Palm Beach	147.0450	+	O	K4EEX	PWARC
			110.9/110.9es		
Stuart	145.1500	−	O	WX4MC	MCARES
			107.2/107.2ers		
Stuart	147.0600	+	O	K4ZK	MCARA
			107.2/107.2a(CA)e		
Wellington	147.2850	+	O	K4WRC	WRC
			103.5/103.5erx		
West Palm Beach	146.6700	−	O	WR4AKX	AREC RG
			110.9/110.9a(CA)ersx		
West Palm Beach	146.7150	−	O	KA4JTN	JTRG
			114.8/114.8e		
West Palm Beach	146.9700	−	O 77/77	K4LJP	K4LJP
			E-SUN L(EC-314823) WX(*7)		
West Palm Beach	147.1650	+	O	WA4FAP	WA4FAP
			110.9/110.9ex		

SOUTH EAST - MIAMI/FT LAUD

Location	Output	Input	Notes	Call	Sponsor
Aventura	147.2100	+	Oersx	K4PAL	PARC
Big Pine Key	145.2300	−	O 94.8/94.8	KC2CWC	KC2CWC
			eL(145.370 145.230 146.700 145.170 442.		
Cooper City	146.6850	−	O	WA4STJ	WA4STJ
Coral Gables	146.7600	−	O 94.8/94.8	KD4BBM	S Fla FMA
			ers		
Coral Gables	146.8650	−	O	KD4WET	KD4WET
			103.5/103.5 L(EC-305521)		
Coral Gables	147.2400	+	O 94.8/94.8	KD4BBM	KD4BBM
Coral Springs	145.1100	−	O	WR4AYC	WR4AYC RG
			110.9/110.9eL(443.850 52.525 29.600 EC)		
Coral Springs	146.6550	−	O	N2DUI	WA4EMJ
			131.8/131.8 L(EC-301334)rsRBx		

164   144-148 MHz
FLORIDA

Location	Output	Input	Notes	Call	Sponsor
Deerfield Beach	147.1050	+	O 110.9/110.9a(CA)e	N4KS	NBARA
Ft Lauderdale	146.9100	–	O 110.9/110.9	W4AB	BARC
Ft Lauderdale	147.0300	+	O 103.5/103.5a(CA) DCSeL(444.100)rRB BI WXx	W4RCC	W4RCC
Ft Lauderdale	147.3300	+	O 103.5/103.5	K4FK	SFDXA
Hialeah	145.2300	–	O 110.9/110.9	KC2CWC	KC2CWC
Hialeah	145.2500	–	O 110.9/110.9eRB BI	AE4EQ	AE4EQ
Hialeah	145.3700	–	OA(220) (CA) TT(*05 ON /#05)eL(442.375) RB BI	N2GKG	N2GKG
Hialeah	145.4300	–	ODCS(251) L(443.65)	KF4ZCL	KF4ZCL
Hialeah	145.4900	–	O 110.9/110.9a(CA)ersBIx	WB4IVM	WB4IVM
Hialeah	146.7000	–	O 110.9/110.9	KC2CWC	KC2CWC
Hialeah	147.1200	+	O 110.9/110.9ersBIx	WB4IVM	WB4IVM
Hollywood	145.2100	–	O 103.5/103.5a(CA)el	AC4XQ	AC4XQ
Hollywood	146.9850	–	O 88.5/88.5 ersRB	WB4TON	HARC
Hollywood	147.1800	+	O 91.5/91.5 a(CA)e	WF2C	HMRH
Miami	145.1300	–	OaBI e	WD4RXD	RC de Cuba
Miami	145.1500	–	Oe	WB4TWQ	WB4TWQ
Miami	145.3100	–	● 110.9/110.9rsBIx	W4HN	W4HN
Miami	145.3300	–	OeBI	KB4AIL	KB4AIL
Miami	145.3500	–	O 114.8/114.8lRB BI	KE4RPC	KE4RPC
Miami	145.3900	–	O	AE4WE	AE4WE
Miami	145.4100	–	O 110.9/110.9 L(443.55)rsx	W4HN	W4HN
Miami	145.4300	–	O 103.5/103.5 BIx	KF4ZCL	KF4ZCL
Miami	146.7300	–	Oa(CA) BI	WD4ARC	W4HN
Miami	146.8050	–	O 110.9/110.9e	AE4EQ	AE4EQ
Miami	146.8950	–	O 100.0/100.0l	AE4WE	AE4WE
Miami	146.9550	–	O 110.9/110.9 L(IR-4302)	W4NR	W4NR
Miami	146.9700	–	Oa(CA)ex	WD4FMQ	WD4FMQ
Miami	147.0600	+	O 103.5/103.5a(CA) E-SUN L(29.620 224.940 442.	KB4MBU	KB4MBU

144-148 MHz — FLORIDA

Location	Output	Input	Notes	Call	Sponsor
Miami	147.1500	+	O 94.8/94.8	K4AG	K4AG
Miami	147.3000	+	OeBIx	WB4ESB	SIRA, Inc.
Miami	147.3600	+	O 94.8/94.8 a(CA)l	K4AG	K4AG
Miramar	145.4700	−	OL(223.000 224.600 444.375 147.045 EC-268480)	KC4MNE	KC4MNE
North Miami Beach	146.8500	−	O 91.5/91.5 eL(442.250 147.375 443.825 IR-7740)rsx	WE4B	PARC
North Miami Beach	147.1350	+	O 127.3/127.3a(CA)	KC4MND	KC4MND
North Miami Beach	147.3750	−	O 114.8/114.8eL(442.250 146.850 443.825)rs	K4PAL	PARC
Plantation	145.1900	−	O 131.8/131.8rsLITZ	N4RQY	WA4EMJ
Plantation	147.2100	+	O 131.8/131.8a(EC)rsRB	N4RQY	WA4EMJ
Pompano Beach	146.6100	−	O 110.0/110.0a(CA)lWX	W4BUG	GCARA
Princeton	146.8350	−	O 94.8/94.8 eL(147.000 146.925 147.180 146.865 442.	KF4ACN	KF4ACN
Princeton	147.0000		Oa(CA)elr	KI4GQO	DRC

SOUTH WEST

Location	Output	Input	Notes	Call	Sponsor
Marco Island	146.8500	−	O 141.3/141.3	K5MI	MIRC
Marco Island	146.9850	−	O 141.3/141.3	K5MI	MIRC
Naples	145.2700	−	O 136.5/136.5eL(EC-389568)	WB2QLP	ARASWF
Naples	146.6400	−	O 136.5/136.5x	WA3JGC	WA3JGC
Naples	146.6700	−	O 136.5/136.5e	WB2QLP	ARA of SWF
North Port	146.9700	−	O 136.5/136.5eL(IR-4155 EC-41555)	W0AC	W0AC

SOUTH WEST - FT MYERS

Location	Output	Input	Notes	Call	Sponsor
Ft Myers	145.1700	−	Oa(CA)e L(147.345)	KG4VDS	GCARC
Ft Myers	145.3900	−	O 136.5/136.5 L(444.725)	K4QCW	QCWA196
Ft Myers	147.3450	+	O 136.5/136.5a(CA)eL(145.17)rs	WG4K	FMARC
Lehigh Acres	147.2850	+	O 136.5/136.5rs	W1RP	FMARC
Port Charlotte	146.8650	−	O 100.5/100.5er3x	K8ONV	EARS
Port Charlotte	146.9250	−	O 136.5/136.5	N4FOB	N4FOB
Port Charlotte	147.0150	+	Oa(CA)e	KS4ST	GRA
Port Charlotte	147.2550	+	O 136.5/136.5ersx	W4DUX	PRRA

144-148 MHz
FLORIDA

Location	Output	Input	Notes	Call	Sponsor
Punta Gorda	146.6850	–	O 136.5/136.5rsx	KF4QWC	LCEM
Punta Gorda	146.7450	–	O 136.5/136.5aeL(444.975)rsWXxz	WX4E	CARS
WEST CENTRAL					
Brooksville	145.3700	–	Orx	W1LBV	W1LBV
Brooksville	146.7150	–	Oaersxz	K4BKV	HCARA
Dade City	146.8800	–	Or	K4EX	EPARS
Dade City	146.9100	–	O 146.2/146.2	KD4QLF	KD4QLF
Homosassa Springs	146.7750	–	O 146.2/146.2ers	W4CIT	CARL
Lecanto	146.9550	–	O 103.5/103.5ers	W4CRA	CCARC
New Port Richey	145.3500	–	O 146.2/146.2ersWX	WA4T	SARC
New Port Richey	146.6700	–	O 103.5/103.5a(CA)eL(EC)rz	WA4GDN	GCARC
Spring Hill	146.7600	–	O 123/123e sWX	KC4MTS	HCARES
Spring Hill	146.8050	–	O 123/123a esz	KF4IXU	SHARC
Spring Hill	147.0750	+	O 103.5/103.5e	N4TIA	N4TIA
Wesley Chapel	145.2500	–	O 88.5/88.5	WD4LWG	WD4LWG
Zephyrhills	145.1900	–	O 146.2/146.2	NI4M	NI4M
Zephyrhills	147.1350	+	Oer	W1PB	ZARC
WEST CENTRAL - SARASOTA					
Bradenton	145.1100	–	O 100/100 A(182)eL(EC-6420) Z(*911)	KJ3LR	KJ3LR
Bradenton	146.8200	–	O 100.0/100.0a(CA)erz	K4GG	MARC
Bradenton	146.9550	–	O 100/100e	K4BRC	BARC
Bradenton	147.1950	+	O 103.5/103.5 (CA)ers	KF4MBN	MC ARES/RACES
Englewood	146.7000	–	O 77/77	N4EAR	EARS
Laurel	145.1300	–	Oers	N4SER	SERC
Nokomis	145.1900	–	O 100/100	W4PVC	PVSARC
Sarasota	146.7300	–	O 100/100a eL(147.12)rsx	N4SER	SERC
Sarasota	146.9100	–	O 100/100e L(EC)	W4IE	SARA
Sarasota	147.3000	+	O 141.3/141.3	KD4MZM	KD4MZM
Sarasota	147.3900	+	O 100/100e rsx	N4SER	SERC
WEST CENTRAL - TAMPA/ST PETE					
Brandon	146.6100	–	O 141.3/141.3erz	W4HSO	STARC

FLORIDA

Location	Output	Input	Notes	Call	Sponsor
Brandon	147.1650	+	O	K4TN	BARS
			136.5/136.5e		
Clearwater	145.2900	−	O 100/100e	NI4CE	WCFG
			L(442.825 145.430 442.950 443.450 442.6		
Dunedin	145.2300	−	O	K4LK	K4LK
			146.2/146.2e		
Dunedin	146.7000	−	O	KE4EMC	KE4EMC
			146.2/146.2		
Holiday	146.6400	−	O	N9EE	N9EE
			146.2/146.2eL(EC) WXx		
Land O' Lakes	145.3300	−	O	WA4GDN	GCARC
			103.5/103.5		
Largo	145.1700	−	O	WE4COM	PCECG
			156.7/156.7eL(443.400 442.800 442.400)rs		
Redington Shores	147.0300	+	O	WD4SCD	WD4SCD
			156.7/156.7eL(EC-155568)rsRB WX(70012)		
Riverview	145.2100	−	O 77/77e	KF4MM	KF4MM
			L(443.725 EC-342674) WX(28)		
Seminole	146.8500	−	O	W4ORM	GSOTW
			146.2/146.2l		
St Petersburg	145.3100	−	O	N4AAC	N4AAC
			103.5/103.5a(CA)eL(EC)		
St Petersburg	147.0600	+	O	WA4AKH	SPARC
			146.2/146.2a(CA) L(224.660 444.475)		
St Petersburg	147.1200	+	O	KJ4ZWW	UPARC
			146.2/146.2e		
St Petersburg	147.3150	+	Oa(CA)	N4BSA	PCRA
St Petersburg	147.3600	+	O	W4MRA	MRA
			127.3/127.3		
Sun City Center	147.0900	+	O	W4KPR	KPARC
			162.2/162.2a(CA)eL(EC-278318)		
Sun City Center	147.2250	+	O	KE4ZIP	SCCARC
			146.2/146.2 (CA)ers		
Tampa	145.1500	−	O	KP4PC	KP4PC
			146.2/146.2eL(EC-179273)		
Tampa	145.4100	−	O	WA4SWC	WA4SWC
			131.8/131.8x		
Tampa	145.4500	−	OeL(443)rs	KK4AFB	DISCOM
Tampa	145.4900	−	O 88.5/88.5	W4EFK	W4EFK
Tampa	146.8350	−	O	KC4LSQ	TLRC
			131.8/131.8a(CA)eBI		
Tampa	146.9400	−	O	NI4M	NI4M
			146.2/146.2rsx		
Tampa	147.0000	+	O	W4AQR	W4AQR
			107.2/107.2a(CA) DCS(35) E-SUN L(444.00		
Tampa	147.1050	+	O	N4TP	TARCI
			146.2/146.2a(CA)er		
Tampa	147.2400	+	O 88.5/88.5	KD4HVC	USF REC
Tampa	147.3450	+	O	K4FEZ	Shriners
			146.2/146.2		

144-148 MHz
FLORIDA-GEORGIA

Location	Output	Input	Notes	Call	Sponsor
Valrico	146.7450	–	Oe L(EC-9697)	W7RRS	W7RRS

GEORGIA

Location	Output	Input	Notes	Call	Sponsor
Adairsville	146.6850	–	O 167.9e	K4NGA	N. GA. VHF
Albany	146.7000	–	O(CA)sWX	W4MM	W4MM
Albany	146.7300	–	O	W4MM	W4MM
Albany	146.8200	–	O 110.9es WX	W4MM	W4MM
Allenhurst	147.2700	+	O 162.2e WX	KF4ZUR	KF4ZUR
Americus	147.2700	+	O 131.8	W4VIR	AMERICUS A
Ashburn	145.3500	–	O	N4OME	N4OME
Ashburn	147.2850	+	O 141.3e	W4PVW	COASTAL PL
Athens	144.9800	147.4800	WX	KJ4PXY	GEORGIA D-
Athens	146.7450	–	O 123.0 (CA)	KD4QHB	ATHENS RAD
Athens	146.9550	–	O 123.0ae	KD4AOZ	KD4AOZ
Athens	147.3750	+	O 127.3 (CA)	K4TQU	K4TQU
Atlanta	145.2900	–	88.5 (CA)	W4IBM	IBM RADIO
Atlanta	145.3500	–	O 146.2e	W4DOC	ATL RC, IN
Atlanta	145.4100	–	O 100.0e	W4PME	MATPARC
Atlanta	146.6400	–	Ot	WB4QGR	GALVIN RAD
Atlanta	146.6550	–	O 151.4ael RB	N4NFP	BSRG
Atlanta	146.8200	–	O 146.2 (CA)e	W4DOC	ATL RC,INC
Atlanta	146.9700	–	Ot	K4CLJ	K4CLJ
Atlanta	147.0300	+	O	W4NJQ	ATLANTA AI
Atlanta	147.1050	+	O 107.2	WB4RTH	ATLANTA C.
Atlanta	147.2850	+	OaRB	KC4ZIZ	KA5WZY/GPE
Atlanta	147.3450	+	O 151.4 (CA)lRBz	N4NEQ	AMATEUR TV
Augusta	145.1100	–	Oae	KK4HL	RICH CTY E
Augusta	145.2900	–	O 100.0ez	W4DV	W4DV
Augusta	145.3700	–	Oae	AA4UA	AA4UA
Augusta	145.4100	–	s	K4KNS	COLUMBIA C
Augusta	145.4900	–	OeWXx	W4DV	ARC OF AUG
Augusta	146.9400	–	O	KT4N	RICHMOND C
Augusta	146.9850	–	Oez	K4KNS	COLUMBIA C
Austell	147.1950	+	O 85.4	K4JPD	PAULDING C
Baldwin	147.1800	+	O	WD4NHW	SPARC
Barnesville	147.2250	+	OaeswX	W8JI	W8JI
Black Rock Mt	147.3900	+	O 88.5	KE4SNT	KE4SNT
Blackshear	145.3700	–	141.3	KI4LDE	PIERCE CO
Blairsville	146.9550	–	O 100.0	W9QXW	------------
Blairsville	147.0900	+	100.0a	WB3AYW	WB3AYW

144-148 MHz
GEORGIA

Location	Output	Input	Notes	Call	Sponsor
Blairsville	147.2100	+	O 100.0e	W4GNT	KI4DZY
Bogart	147.0000	+	O 85.4e	W4EEE	OCONEE CTY
Boston	147.1950	+	O 141.3aez	W4UCJ	THOMASVILL
Box Springs	146.7450	–	O 123.0	W4FIZ	COLUMBUS,
Braselton	146.6250	–	esWX	WX4TC	TRI COUNTY
Brunswick	146.6850	–	el	KG4PXG	KG4PXG
Brunswick	146.7300	–	Oa	K4TVE	GWYNN CO C
Butler	145.3100	–	elWX	KC4TVY	WB4OLL
Calhoun	146.7450	–	O 100.0ae	K4WOC	K4WOC
Carrollton	146.6400	–	O 131.8ez	W4FWD	WEST GEORG
Cedar Grove	147.1500	+	123.0ls	WA4FRI	WA4EHO
Cedartown	147.1200	+	O (CA)	WA4CMA	CEDAR VALL
Chatsworth	145.0800	146.4800	elsWX	KJ4KLF	GEORGIA D-
Clarkesville	147.1200	+	Oae	K4HCA	K4HCA
Claxton	147.0750	+	Oa	W4CLA	W4CLA
Clermont	145.3100	–	123.0esWX	W4TL	W4TL
Cleveland	146.9100	–	O 100.0ac	NG1AR	GATEWAY AR
Cochran	145.1100	–	elsWX	WM4B	WM4B
Colbert	147.3000	+	O 123.0	KI4MHF	BUBBA RPT
Commerce	147.2250	+	O 123.0es	NE4GA	NORTHEAST
Concord	145.2500	–	110.9	WB4GWA	CONCORD AM
Conyers	145.2300	–	151.4l	WB4JEH	------------
Conyers	146.6100	–	151.4ael	WB4JEH	------------
Conyers	147.2100	+	O 162.2e	KF4GHF	CONYERS AR
Cordele	145.4900	–	O 103.5e	KA4WUJ	FLINT ARC
Covington	146.9250	–	O 88.5al	WA4ASI	------------
Cumming	145.2000	–	e	NA4MB	NA4MB
Cumming	147.1500	+	O 141.3 (CA)elWX	WB4GQX	WB4GQX
Dahlonega	146.8350	+	O 100.0 (CA)eRB	N4KHQ	N4KHQ
Dallas	146.8950	+	O 77.0eRB	WD4LUQ	WD4LUQ
Dallas	146.9550	–	77.0	WB4QOJ	WB4QOJ
Dalton	145.2300	–	O 141.3a	W4DRC	DALTON ARC
Dalton	147.1350	+	O 141.3ael RBz	N4BZJ	7.135 RPTR
Darien	146.6850	–	O	WA4EPK	WA4EPK
Darien	146.9850	–	E-SUNl	KG4PXG	KG4PXG
Decatur	145.4500	–	O	W4BOC	ALFORD MEM
Doerun	147.2250	+	O	KG4ABK	KG4ABK
Douglas	147.0450	+	es	KE4ZRT	DOUGLAS AR
Douglas	147.1650	+	O 141.3e	KE4ZRT	KK4ED
Douglas	147.3150	+	O 141.3	AD4EQ	AD4EQ
Douglasville	145.1100	–	O 80.5 (OA)e	W4SCR	SKINT CHES
Douglasville	147.3600	+	O 88.5	W4SCR	SKINT CHES
Dublin	145.1800	–	e	KJ4YNR	KD4IEZ
Dublin	147.3300	+	77.0 RB	KD4IEZ	KD4IEZ

GEORGIA

Location	Output	Input	Notes	Call	Sponsor
Dublin	147.3600	+	Oe	WA4HZX	DUBLIN ARC
Eastman	145.2100	−	103.5es	KC4YNB	KC4YNB
Eatonton	146.6550	−	186.2elsWX	K4EGA	K4EGA
Eatonton	147.0900	+	O 179.9ae RBz	KC4YHM	KC4YHM
Elberton	145.2100	−	118.8	KI4CCZ	KI4BST
Elberton	146.6250	−	O	NG4Q	------------
Ellijay	145.1700	−	100.0aes	W4HHH	W4HHH
Ellijay	146.9850	−	77	KC4ZGN	KC4ZGN
Emerson	147.2400	+	O 103.5ez	AE4JO	ETOWAH VAL
Fayetteville	145.2100	−	131.8elsRB	KK4GQ	FAYETTE CO WX
Fayetteville	146.6850	−	O 131.8 (CA)e	KK4GQ	FAYETTE CO
Forsyth	147.3150	+	IRB WX	KI4KHO	AA4RI
Fort Valley	145.4700	−	82.5sWX	WM4B	WM4B
Ga Tech	145.1500	−	O 167.9 (CA)ez	W4AQL	GA TECH
Gainesville	145.0800	146.4800	esWX	AA4BA	AA4BA
Gainesville	145.1200	−	esWX	AA4BA	AA4BA
Gainesville	146.6700	−	O 131.8e	W4ABP	LANIERLAND
Gainesville	147.0000	−	O(CA)	WA4NNO	W4GM
Griffin	145.3900	−	110.9elsRB WX	WB4GWA	WB4GWA
Griffin	146.9100	−	O 88.5rs WX	K4HYB	K4HYB
Guyton	146.7450	−	97.4esWX	W4ECA	EFFINGHAM
Hahira	145.2300	−	O 100.0	KO4QJ	KO4QJ
Hartwell	146.8950	−	O 100.0e	N4VNI	HARTWELL A
Hiawassee	146.8650	+	151.4ers	KI4ENN	TOWNSCO DA
Hinesville	147.0150	+	e	KG4OGC	KD4HDQ
Irwinton	147.2400	+	O 77.0ae	WB4NFG	------------
Jasper	145.3700	−	O 100.0 (CA)e	KB4IZF	KB4IZF
Jasper	145.4300	−	107.2ers WX	WB4NWS	WB4NWS
Jasper	146.7000	−	O 123.0e	K4UFO	N3DAB
Jasper	146.8050	+	O 100.0lRB	KC4AQS	KC4AQS
Jasper	147.1950	+	O 77.0e	N3DAB	N3DAB
Jesup	145.1900	−	Oe	WA4EQL	------------
Jesup	145.4300	−	O 118.8a	WA9RNZ	KA4PCZ
Jesup	146.8650	−	O 141.3e	N4ZON	WAYNE CO.
Jesup	146.9250	−	O 141.3 (CA)el	N4PJR	N4PJR & N4
Jesup	147.3450	+	O 141.3el	N4PJR	N4PJR & N4
Jonesboro	145.3300	−	Oz	WA4OGE	WA4OGE
Kibbee	146.8200	−	Ot	K4HVK	K4HVK
Kingsland	147.1950	+	118.8	N6EMA	CAMDEN CO

144-148 MHz
GEORGIA

Location	Output	Input	Notes	Call	Sponsor
Kingsland	147.2850	+	O 118.8e WX	KC4WWU	KC4WWU
Lagrange	146.7000	−	141.3s	AB4KE	KD4BWK
Lagrange	147.3300	+	Oe	WB4BXO	WB4BXO
Lake Park	147.1350	+	O 141.3el	WR4SG	KB0Y
Lavonia	146.7150	−	O 100.0e	K4NVG	LAVONIA AR
Lawrenceville	145.0600	146.4600	elsWX	WD4STR	WB4QDX
Lawrenceville	147.0750	+	O 82.5	W4GR	GWINNETT A
Lookout Mt	145.3500	−	O 100.0e	W4GTA	W4GTA
Lookout Mt	146.7600	−	O 100.0e	W4LAW	W4LAW
Macon	145.3700	−	O 88.5a	KG4WVL	W4BKM
Macon	145.4300	−	O(CA)lRB	AA4RI	AA4RI
Macon	146.7300	−	100.0lRB	WA4DDI	WM4F
Macon	146.7750	−	100	WA4DDI	WA4DDI
Macon	146.8050	−	O 77.0e	K4PDQ	K4PDQ
Macon	146.8950	−	77.0elWX	KD4UTQ	WB4NFG
Macon	147.0600	+	O 141.3	WA4DDI	WA4DDI
Madison	146.8650	−	O 179.9a	WB4DKY	WB4DKY
Marietta	145.4900	−	O 88.5 (CA) z	W4LMA	LOCKHEED M
Marietta	146.7750	−	O 151.4 (CA)elRB	N4NEQ	BIG SHANTY
Marietta	146.8850	−	O 100.0e	W4BTI	KENNEHOOCH
McDonough	146.7150	−	146.2	KI4FVI	KI4FVI
Milledgeville	146.7000	−	O 67.0a	WB4DOJ	WB4DOJ
Milledgeville	147.1350	+	O 123.0el	KE4UWJ	KE4UWJ
Monroe	147.2700	−	88.5elsWX	WE4RC	WE4RC
Montezuma	146.6400	−	O 97.4	K4FAR	AMERICUS A
Morganton	147.1650	+	O 151.4l	N4NEQ	N4NEQ
Moultrie	146.7900	−		WD4KOW	COLQUITT C
Nashville	145.3100	−	O 141.3l	KB4JF	KB4JF
Newnan	145.1300	−	O 156.7ae WX	K4SEX	B.GREMILLI
Newnan	146.7900	−	Oe	K4SEX	BGMRC
Newnan	147.1650	+	O 131.8e WX	N4OME	N4OME
Nickleville	145.1700	−	141.3els	WR4SG	SGRA
Parrott	147.3600	+	173.8	WG4JOE	ALBANY ARC
Peach County	145.2900	−	82.5elsWX	AF1G	AF1G
Pelham	145.1500	−	131.8esWX	W4MM	W4MM
Pembroke	147.1050	+	as	KF4DG	KF4DG
Perry	146.9550	−	O 107.2ae	WR4MG	MGRA
Perry	147.0150	+	82.5s	KN4DS	KN4DS
Pine Mt	145.1900	−	Oe	WB4ULJ	WA4ULK
Pine Mtain	144.9200	147.4200	esWX	KJ4KLE	WA4YIH
Quitman	146.8800	−	Oe	WA4NKL	WA4NKL
Riceboro	145.4700	−	Oaez	KG4OGC	KD4HDQ
Ringgold	146.7150	−	O 67.0e	W4ABZ	W4BAB
Rockledge	145.1500	−	77.0elWX	KC4TVY	KC4TVY

144-148 MHz
GEORGIA

Location	Output	Input	Notes	Call	Sponsor
Rome	145.3300	–	100	KI4KQH	FLOYD CO A
Rome	146.9400	–	O 88.5 (CA)e	W4VO	NW GEORGIA
Rome	147.3000	+	e	N4EBY	N4EBY
Roswell	147.0600	+	O 100.0z	NF4GA	N FULTON A
Sandersville	145.2700	–	O 77.0a	KT4X	KT4X
Savannah	146.7000	–	100.0esWX	W4LHS	CARS
Savannah	146.8500	–	Oez	K3SRC	AMERICAN R
Savannah	146.8800	–	Oae	W4HBB	ARC OF SAV
Savannah	146.9700	–	O 123.0e	W4HBB	ARC OF SAV
Savannah	147.2100	+		W4LHS	CARS
Savannah	147.3300	+	O 203.5	W4LHS	CARS
Snellville	147.2550	+	O 107.2 (CA)e	W4GR	W4GR
St Simons Isla	145.3300	–	O 131.8e	N4XGI	N4XGI
Statesboro	147.3900	+	O	KF4DG	STATESBORO
Stockbridge	145.1700	–	O 146.2ez	WA4DIW	CLAYTON AR
Stone Mtain	144.9600	147.4600	els	WX4GPB	W4DOC
Stone Mtain	146.7600	–	107.4elsRB	W4BOC	K4CB
Summerville	147.2250	+	O 100.0ae	W4RLP	W4RLP
Sweat Mt/Marie	145.4700	–	O 100.0 (CA)z	NF4GA	N.FULTON A
Thomaston	147.3900	+	O 131.8e WX	W4OHH	W4OHH
Thomasville	147.0600	+	O	W4UCJ	THOMASVILL
Toccoa	145.2500	–	71.9	K4TRS	TOCCOA A.R
Toccoa	147.3300	+	127.3aels RB WX	N4DME	S.C.A.R.S
Twin City	146.7150	–	elWX	N5SFU	N5SFU
Twin City	146.7900	–	O 156.7	N5SFU	N5SFU
Twin City	147.0000	–	156.7els WX	N5SFU	N5SFU
Unadilla	146.7600	–	O 107.2e	WR4MG	WR4MG
Valdosta	146.7600	–	O 141.3e LITZ	W4VLD	VARC
Valdosta	147.0750	+	O 223.0e	KC4VLJ	KC4VLJ
Vidalia	146.6250	+	O 88.5a	K4HAO	FOUR RIVER
Vienna	147.3750	+	131.8s	K4WDN	K4WDN
Villa Rica	147.1800	+	127.3	KB4TIW	VILLA RICA
Waleska	145.2700	–	O 100.0e	KG4VUB	KG4VUB
Waleska	147.0150	+	O 100.0 (CA) WX	KI4GOM	KI4GOM
Warm Springs	146.9850		es	N4UER	N4UER
Warner Robins	146.6700	–	82.5esWX	WM4B	KJ4PSI
Warner Robins	146.8500	–	O(CA)e	WA4ORT	CEN.GA. AR
Warner Robins	147.1800	+	Oae	WB4BDP	WB4BDP
Warner Robins	147.3300	+	O 107.2ae RBz	WR4MG	MID GA RAD
Watkinsville	147.0450	+	O 123.0	KD4AOZ	KD4AOZ

144-148 MHz
GEORGIA-HAWAII

Location	Output	Input	Notes	Call	Sponsor
Waycross	145.2700	−	141.3	AE4PO	AE4PO
Waycross	146.6400	−	O 141.3a	AE4PO	OKEFENOKEE
Waycross	147.2550	+	O 141.3	AE4PO	AE4PO
Waynesboro	145.2300	−	●	K4BR	K4BR
Wrens	146.7750	−	l	N4MOC	N4SFU
Wrens	147.1200	+	O	KT4N	AMERICUS A
Wrightsville	146.9400	−	OaeRB	WA4RVB	WA4RVB
Young Harris	147.2100	+	100	W4NGT	W6IZT

GUAM
Location	Output	Input	Notes	Call	Sponsor
Upper Tumon	146.9100	−	Oe	AH2G	MARC

HAWAII
HAWAII
Location	Output	Input	Notes	Call	Sponsor
Glenwood	145.3500	−	OelEXP	KD6QAI	KD6QAI
Hilo	145.3100	−	Opr	AH6JA	AH6JA
Hilo	146.6800	−	Oaelp	KH6EJ	BIARC
I Iilo	147.1000	+	O	WH6HQ	WH6HQ
Hualalai	147.1600	+	Oaels	WH6DEW	KARS
Kau	145.2900	−	O 100ael	WH6FC	WH6FC
Kau	146.9200	−	Oal	KH6EJ	BIARC
Keaau	147.2800	+	O	NH6HT	AH6HN
Kona	146.6600	−	O 100.0s	WH6FC	ARES
Kona	146.7000	−	O	NH6M	KARS
Kona	146.8600	−	Oel	KH7B	KARS
Kona	147.3000	+	O 100.0	WB6EGR	WB6EGR
Kulani Cone	146.7600	−	Oael	KH6EJ	BIARC
Mauna Kea	146.7200	−	Oaex	KH6EJ	HSVOAD
Mauna Loa	146.8200	−	Oelx	KH6EJ	BIARC
Mauna Loa	147.0400	+	Oelrx	AH6JA	RACES
Naalehu	145.4100	−	Oe	KH6ANA	KH7MS
Pahoa	147.1400	+	Oelx	NH6P	W6YM
Pepeekeo	146.8800	−	Oael	KH6EJ	BIARC
Waimea	147.3200	+	O 100ael	NH7HI	KARS
Waimea	147.3800	+	OaelEXP	KH7T	KH7T

KAUAI
Location	Output	Input	Notes	Call	Sponsor
Hanalei	147.1000	+	O	NH6HF	RACES
Kapaa	147.0800	+	O	NH6JC	RACES
Kapaa	147.3400	+	O 100e	KH6KWS	KH6KWS
Lihue	147.0400	+	Oelrx	NH6HF	RACES
Lihue	147.1600	+	Oael	KH6E	KARC

LANAI
Location	Output	Input	Notes	Call	Sponsor
Lanai City	146.7400	−	O	KH6HC	KH6HC

MAUI
Location	Output	Input	Notes	Call	Sponsor
Haleakala	146.9400	−	O 110.0	KH6RS	MCDA
Haleakala	147.0200	+	Oelrx	KH6H	RACES
Haleakala	147.0800	+	O 107.2	NH6XO	STATE
Kahului	147.1800	+	OaeRBz	AH6GR	AH6GR
Lahaina	146.6400	−	O/136.5az	AL4A	AL4A

144-148 MHz
HAWAII-IDAHO

Location	Output	Input	Notes	Call	Sponsor
Wailuku	146.7600	−	O 100.0aerz	KH6DT	MCDA
MOLOKAI					
Kualapuu	145.3700	−	Oe	W6KAG	W6KAG
OAHU					
Diamond head	146.8800	−	O/88.5elwX	WH6CZB	DEM
Diamond head	147.0600	+	O/103.5elrx	AH6RH	RACES
Ewa	146.6000	−	Oe	WH6PD	WH6PD
Honolulu	145.2100	−	O	AH7HI	AH7HI
Honolulu	145.4700	−	ORB	WH6F	WH6F
Honolulu	146.7800	−	O	KH6WO	HARC
Honolulu	146.8400	−	O	KH6JUU	RAG
Honolulu	146.9200	−	O	WH6DIG	KH6MEI
Honolulu	146.9600	−	O	KH6JUU	RAG
Honolulu	146.9800	−	Oel	WH6CZB	DEM
Honolulu	147.2200	+	O	KH6ICX	SFHARC
Honolulu	147.2800	+	O	KH6ICX	SFHARC
Honolulu	147.3000	+	●t	AH6CP	KARA
Honolulu	147.3400	+	Oe	WH7MN	WH7MN
Kaala	146.6800	−	O 123.0e	NH6XO	STATE
Kailua	146.6600	−	Ol	WH6CZB	EARC
Kailua	147.0000	+	●l	WR6AVM	UFN
Kaimuki	147.2600	+	●l	WR6AVM	UFN
Kaimuki	147.3600	+	O	WH6ARC	RED CROSS
Leeward	145.1300	−	Oa	KH6OJ	Ohana ARC
Leeward	145.4300	−	O 77.0	KH7TK	AH7GK
Leeward	145.4900	−	O	KH7INC	KH6AZ
Leeward	146.7000	−	●#	KH7P	KH7P
Leeward	147.3200	+	O	AH6IH	AH6IH
Mauna Kapu	146.6200	−	O 103.5elx	KH7O	UFN
Mauna Kapu	146.8000	−	Ol	WH6CZB	EARC
Mauna Kapu	147.1200	+	O(CA)eWX	KH6JPL	GTE ARC
North Shore	145.2900	−	Oae	KH6BYU	NEOARG
North Shore	146.6400	−	Oel	WH6CZB	EARC
North Shore	146.7600	−	Oel	KH6FV	DEM
North Shore	146.9000	−	O	KH6LJ	Ohana ARC
Round Top	147.1000	+	O	KH6MEI	KH6MEI
Waimanalo	145.2300	−	O(CA)e	WH6CXI	Ohana ARC
Windward	147.1400	+	O	KH6BS	Ohana ARC
STATE					
STATE	144.5100	+	O	SNP	SNP
STATE	145.2500	−		SNP	SNP

IDAHO
FREQUENCY USAGE--IACC AREAS

SNP	145.1300	−
SNP	145.2900	−

144-148 MHz
IDAHO

Location	Output	Input	Notes	Call	Sponsor
CENTRAL					
Stanley	147.1400	+	O 100l	AE6DX	WRARC
E IDAHO					
Salmon	146.9800	–	O	NQ0O	Lemhi ARC
N ID - BONNERS FERRY					
Black Mtn	146.9600	–	O 123.0r	KE7ADU	KE7ADU
N ID - COEUR D ALENE					
Mica Peak Idaho	147.0800	+	O 100.0er	KC7ODP	KCOEM
Mica Pk Idaho	146.9800	–	O 100.0	K7ID	KARS
N ID - COTTONWOOD					
Cottonwood Butte	146.8400	–	O 100.0	KB7VOL	CPARC
N ID - GRANGEVILLE					
Idaho Mtn	146.6800	–	100.0ae	KC7MGR	CPARC
N ID - KELLOGG					
Wardner Peak	146.9400	–	O 127.3	N7SZY	N7SZY
N ID - LEWISTON					
Craig Mtn	146.9200	–	O 110.9l	K7EI	K7EI
Lewiston Hill	145.2100	–	● 192.8r	W7WWS	NPCEM
Lewiston Hill	146.8600	–	O 100.0	W7VJD	LCARC
N ID - MOSCOW					
Moscow	146.7000	–	Oe	WB7TBM	TARC
Moscow Mtn	146.8200	–	Olx	W7HCJ	NWTriSt
N ID - MULLAN					
Lookout Pass	147.0200	+	Ol	K7HPT	W7OE
N ID - OROFINO					
Orofino	145.4900	–	Oa	KC7VBT	CVARC
Peck	145.2100	–	206.5r	W7WWS	NPCEM
Wells Bench	146.7600	–	131.8e	K7NDX	CVARC
N ID - RATHDRUM					
Rathdrum	147.2200	+	O	N7ESU	N7ESU
N ID - SANDPOINT					
Sagle	145.2700	–	127.3r	AA7XM	AA7XM
Sagle	146.7800	–	100.0e	K7JEP	BCARC
Sandpoint Baldy	145.4900	–	107.2	KC7JLU	KC7JLU
Schweitzer Ski Hill	145.2300	–	Oel	N7JCT	BCEM
N ID - ST MARIES					
Hells Gulch	147.1000	+	O 100.0er	W7KCP	BCARES
N ID - WALLACE					
Goose Hump	147.1800	+	O 110.9	KB7BYR	SCHRA
N NV, SW ID					
Jarbridge, NV	147.1600	+	O 100 E-SUN	KA7CVV	KA7CVV
NORTH					
Burley	145.2700	–	O 100.0e L(146.850)x	WA7FDR	----------
Burley	145.3300	–	O 123.0x	K7ACA	----------
Burley	147.0000	–	O 100x	KC7SNN	----------
Lava Hot Sp	146.8000	–	OA(80*/#)lx	AE7TA	BARC

144-148 MHz
IDAHO

Location	Output	Input	Notes	Call	Sponsor
S CENT					
Burley	145.2700	–	O 100.0e L(440)x	WA7FDR	WA7FDR
Burley	147.0000	–	O 100ex	KC7SNN	ISRA MHCH
Jerome	146.6600	–	Os	W7MVH	TF ARES
Ketchum	147.1800	+	Oel	N7ACB	WRARC
Twin Falls	146.7600	–	O(CA)e	KC7SNX	ISRA MVCh
SOUTH					
Burley	145.3300	–	O 123	K7ACA	MKR,LLC
SOUTHEAST IDAHO					
Driggs	146.9400	–	O	K7ENE	MCCD
Grace	146.8000	–	O 88.5e	AE7TA	FCES
Howe	146.8500	–	O 100.0l	WA7FDR	ERARRA
Idaho Falls	146.6400	–	Oae	K7EFZ	ERARC
Idaho Falls	146.7400	–	O	K7EFZ	ERARC
Idaho Falls	147.1500	+	O	WA7KRP	WB7CCS
Pocatello	146.8200	–	O 100.0	N7LB	-------------
Pocatello	147.0600	+	O	N7DN	PARC
Pocatello	147.3000	+	O	KA7MLM	-------------
Rigby	146.7000	–	O	K7ENE	ERRS
Rigby	146.8800	–	O	K7ENE	ERRS
Roberts	146.7800	–	O	AB7OS	AB7OS
Roberts	147.0300	+	O	AB7OS	AB7OS
Sawtell	145.2300	–	O 100.0 L(W/PL 123.0)	WA7FDR	-------------
Twin Falls	146.7600	–	O	KC7SNX	-------------
SOUTHERN					
Boise	146.8200	–	O 100	WR7ADL	W7OHM
Mt Home	146.7000	–	O 107.2	WR7GEM	W7OHM
SW					
Boise	147.3000	+		N7DJX	N7DJX
SW ID					
Star	147.2800	+	O	KA7EWN	KA7EWN
SW IDAHO					
Emmett	146.7400	–	O 100	W7RGC	W7RGC
Idaho City	145.3100	–	O 100	KA7ERV	BC ARES
Meridian	145.3500	–	O 100	W7LCD	LC ARC
Silver City	145.2300	–	O 100	WA7FDR	WA7FDR
SW- ID					
Ontario, OR	147.1000	+	O 100 DCS(174)l	K7OJI	TVRA
SW-ID					
Boise	145.2500	–	O 100.0/100.0	K3ZFF	BCARC
Boise	146.8400	–	O 100.0 (CA)elxz	W7VOI	VOI ARC
Boise	146.9400	–	O 100.0ex	K7BSE	ISRA BOICH
Boise	147.2400	+	OE-SUNlrs WXx	W7VOI	VOI ARC

144-148 MHz 177
IDAHO-ILLINOIS

Location	Output	Input	Notes	Call	Sponsor
Boise	147.2600	+	O	AB7HP	HP ARC
Boise	147.3200	+	Oex	N7FYZ	N7FYZ
Caldwell	147.3600	+	O 100elx	K7TRH	CCEM
Emmett	147.2000	+	O(CA)x	K7WIR	WIARA
Homedale	146.9200	−	O	KB7AOF	KB7AOF
Marsing	146.8800	−	O 100/100.0el	K7ZZL	DP ARC
Meridian	145.2900	−	O	W7VOI	VOI ARC
Weiser	145.3900	−	O 100.0ael x	K7OJI	TVARC
SW-ID, S EAST OR					
Huntington, OR	147.1200	+	O 100	K7OJI	TVRA
Nyssa, OR	147.2200	+	O	W7PAG	W7PAG
Vale, OR	146.7200	+	OE-SUN	W7PAG	W7PAG
W CENT ID					
Cascade	146.6200	−	Oelx	W7VOI	VOIARC
McCall	147.0200	+	Oex	KC7MCC	CIARC
ILLINOIS					
BLOOMINGTON					
Bloomington	146.7900	−	103.5sWX	WD9HRU	McLNCOARES
Bloomington	146.9400	−	103.5	W9AML	CIRC
Bloomington	147.1500	+	103.5	WD9FTV	WD9FTV
Bloomington	147.1950	+	97.4	W9NUP	W9NUP
Normal	147.0150	+	88.5e	NX9M	McLEANCOAR
CENTRAL					
Clinton	146.9850	−		KA9YPK	KA9YPK
Lincoln	145.3900	−	103.5rWX	N9EZJ	N9EJZ
Lincoln	147.3450	+	103.5	K9ZM	LOGAN ESDA
Nokomis	145.1500	−	88.5	N9TZ	W9COS
Pontiac	147.3900	+	127.3	WB9DUC	FARA
Sparland	147.1800	+	103.5	WB9NNS	WB9NNS
CHAMPAIGN					
Allerton	147.2850	+	146.2	K9LOF	K9LOF
Champaign	146.7600	−	162.2e	K9CU	TCARC
Kansas	147.3750	+	162.2	W9COD	W9COD
Urbana	147.0600	+	131.8e	K9CW	CCEMA
CHICAGO					
Chicago	145.1100	−	107.2	W9GN	UFDA
Chicago	146.7300	−	107.2 (CA)e	WB9RFQ	K9QKW
Chicago	147.7600	−	107.2 (CA)	WA9ORC	CFMC
Chicago	146.8500	−	100.0el	WA9DZO	M.A.P.S.
Chicago	146.8800	−	107.2 (CA)z	K9GFY	SARA
Chicago	147.1500	+	107.2sx	W9SRO	SRO/CFAR
Melrose Park	146.6700	−	107.2 (CA)l x	WB9AET	WAFAR
DECATUR					
Bement	145.4100	−	103.5eWX	K9IYP	PICO RAMS
Cadwell	145.1950	−	e	W9BIL	MARK

144-148 MHz
ILLINOIS

Location	Output	Input	Notes	Call	Sponsor
Cadwell	146.6550	–	162.2e	W9BIL	MARK
Decatur	146.7300	–	123.0z	K9HGX	CENOIS ARC
Decatur	147.1050	+	103.5	WA9RTI	MACONCOARC
EAST CENTRAL					
Charleston	145.3700	–	186.2e	KF9NB	KF9NB
Crescent City	147.0300	+	103.5eWX	AD9L	ICARC
Danville	146.8200	–	88.5s	W9MJL	VCARA
Loda	146.8500	–	179.9	W9NKX	IFARS
Martinsville	147.0300	+	O 107.2e	W9GWF	EIHC-W9GWF
Mattoon	145.3300	–	186.2	KF9NB	KF9NB
Mattoon	146.6250	–	107.2	KA9LRZ	UMRA
NORTH CENTRAL					
Dixon	146.9700	–	82.5e	N9JWI	LEE CO. ES
Elizabeth	147.3300	+	250.3rsWX	W9SBA	NWIL EMA
Freeport	147.3000	+	88.5	KB9QDA	------------
Freeport	147.3900	+	114.8 (CA)e	KB9RNT	SCRA
Joliet	145.2500	–	156.7 (CA)	KB9LWY	KB9LWY
Joliet	146.8200	–	107.2e	W9OFR	KB9LWY
Joliet	147.3000	+	94.8 (CA)z	WD9AZK	MAVERICK A
Lasalle	146.8650	–	103.5ex	KB9LNK	CECIL JR.
Lasalle	146.8950	–	103.5x	KB9LNK	CECIL JR.
Leonore	147.1200	+	103.5 (CA)x	W9MKS	SRRC
Malta	146.7300	–	100.0e	WA9CJN	KARC
Marseilles	147.7450	–	114.8elWX	KA9FER	KA9FER
Oregon	147.0450	+	67.0 (CA)e	KB9DBG	KB9DBG
Oregon	147.1650	+	146.2 (CA)e lrsWXz	N9ECQ	OGLE C OEM
Princeton	146.9550	–	103.5	WB9NTG	RCBARC
Roscoe	146.7750	–	100	W9USA	IHRS
Sterling	146.8500	–	114.8 (CA)e	W9MEP	S/RF ARS
Utica	145.2900	–	103.5eWX	KC9CFU	TCARS
NORTHEAST					
Antioch	145.2900	–	107.2aelz	KA9VZD	STLIN ARC
Argonne	145.1900	–		W9ANL	ARGONNARC
Arlington Heig	146.9850	–	107.2a	WB9TAL	ARCOMLEAGU
Batavia	147.0600	+	103.5e	W9ZGP	NIARC INC
Batavia	147.2250	+		W9CEQ	FRRL
Blue Island	146.6400	–	107.2eWX	W9SRC	STARS
Bolingbrook	147.3300	+	107.2 (CA)e lWX	W9BBK	V BOLNGBRK
Chicago	145.3500	–	114.8	WA9TQS	WA9TQS
Crystal Lake	145.3300	–	107.2 (CA)e	N9HEP	N9HEP
Crystal Lake	146.6550	–	107.2	KB9WGV	KB9WGV
Downers Grove	145.4300	–	107.2 (CA)e l	W9DUP	DARC
East Dundee	145.2700	–	100.0s	W9DWP	W9DWP
Elburn	145.2700	–	107.2 (CA)e	W9DWP	W9DWP
Elburn	147.2100	+	103.5	W9CEQ	FRRL, INC.

144-148 MHz ILLINOIS

Location	Output	Input	Notes	Call	Sponsor
Elgin	146.7900	−	107.2 (CA)e	WR9ABQ	VARA
Elk Grove Vill	147.0150	+	107.2e	KB9L	EGDXA
Gilberts	146.9250	−	100.0 (CA)l WXx	WA9VGI	RATFAR
Glen Ellyn	145.3900	−	103.5 (CA)e z	W9CCU	WCRA
Glendale Heigh	145.1500	−	107.2aez	N9IRG	N9IRG
Glenview	147.0900	+	107.2 (CA)e z	W9AP	NORA
Gurnee	147.2400	+	127.3 (CA)e	W9MAB	GURNEE RG
Hazelcrest	146.8050	−	107.2e	WD9HSY	TRITOWN AR
Hinsdale	146.9700	−	107.2	K9ONA	SMCC
Kankakee	145.1300	−	107.2 (CA)	KB9LXA	FARG
Kankakee	146.9400	−	107.2a	W9AZ	KARS
Kankakee	147.1650	+	107.2a	WD9HSY	WD9HSY
Lake Villa	147.0300	−	107.2aelz	WB9RKD	WB9RKD
Libertyville	147.1800	+	127.3er	W9FUL	LAKE CO RA
Markham	147.1350	+	107.2	W9YPC	AREA
Mchenry	145.4100	−	107.2	KK9DX	ARROW
Morris	146.7150	−	94.8	KC9KKO	JP WATTERS
Morris	147.2700	+	107.2eWX	KB9SZK	GCARC
Naperville	145.1700	−	103.5	WA9WSL	IHARC
New Lenox	145.2100	−	107.2eSWX	WB9IRL	WB9IRL
Niles	147.3150	+	107.2	W9FO	METRO ARC
Northbrook	147.3450	+	107.2e	NS9RC	NSRC
Schaumburg	145.2300	−	107.2 (CA)	K9IIK	SARC
Schaumburg	145.3700	−	107.2	K9SO	AMA
Schaumburg	146.7000	−	100.0 (CA)l	WB9PHK	STROKE
Schaumburg	147.2850	+	107.2 (CA)e lz	N9CXQ	NAPS
St Charles	145.4700	−	103.5e	KC9OEM	KCOEM
Union	146.6850	−	107.2	N9KHI	N9KHI
Westmont	145.4900	−	107.2aelr	WB9UGX	WSTMTESDA
Wheaton	145.3100	−	107.2	W9CCU	WCRA
Wheaton	147.3600	+	136.5l	W9BZW	NIDXA
Woodstock	146.8350	−	91.5erWX	K9ESV	MCEMA
Yorkville	147.3750	+	103.5s	N9FNS	N9FNS
NORTHWEST					
Moline	146.6400	−		W0BXR	DAVRC
Moline	146.9400	−		W0BXR	DAVRC
Morrison	145.2100	−	114.8 (CA)e	KA9QYS	S/RF ARS
Rock Island	146.7750	−	100.0ae	W9WRL	QCRG
Savanna	147.1350	+	e	N9FID	P.A.R.C.
Tampico	146.6250	−	114.8ae	N9ORQ	SRFARS
PEORIA					
Canton	147.2850	+	103.5 (CA)e z	K9ILS	FCARC
Dunlap	145.3700	−	156.7 (CA)e l	N9BBO	N9BBO

144-148 MHz
ILLINOIS

Location	Output	Input	Notes	Call	Sponsor
East Peoria	145.2700	−	103.5aez	KA9GCI	PEKIN RPTG
Kickapoo	146.9700	−	103.5ae	W9BFD	BFD RC
Metamora	147.2550	+	103.5aers WXz	K9UQF	WCRA
Pekin	145.4500	−	103.5az	KA9GCI	PEKIN RPTG
Pekin	146.6700	−	103.5	W9TAZ	TCARS
Peoria	145.1050	−		W9PIA	PAARC
Peoria	147.7600	−	103.5e	W9UFF	HIFC
Peoria	146.8500	−	103.5aez	K9PEO	PAARC
Peoria	147.3300	+	103.5eWXx	WX9PIA	PALS
Tremont	146.9100	−	e	WA9DKO	TCEMA
Washington	147.0750	+	103.5 (CA)z	W9UVI	PAARC

ROCKFORD

Location	Output	Input	Notes	Call	Sponsor
Belvidere	147.3750	+	100.0e	K9ORU	BRC
Byron	147.2700	+	114.8e	KE9ZK	BARC
Mt Morris	145.1300	−	114.8ers WX	K9AMJ	K9AMJ
Mt Morris	147.1050	+	114.8l	K9AMJ	K9AMJ
Rockford	146.6100	−	114.8ae	W9AXD	RARA
Rockford	146.8050	−	114.8 (CA)e l	K9AMJ	K9AMJ
Rockford	147.0000	+	114.8	W9AXD	RARA
Rockford	147.1950	+	114.8e	K9RFD	RTG
Rockford	147.2550	+	114.8esWXx	WX9MCS	NIRA

SOUTH

Location	Output	Input	Notes	Call	Sponsor
Alto Pass	146.8500	−	O 88.5e	K9GOX	MTAVARG
Ava	146.0900	+	88.5	W9RNM	SARA
Benton	146.8050	−	88.5eWX	KB9ADK	LEARS
Carbondale	146.7300	−	88.5	W9UIH	SIU ARC
Carbondale	147.1950	+	88.5e	KA9YGR	KA9YGR
Herald	147.3000	+	88.5e	K9RZP	INRAC
Herod	146.8800	−	88.5el	K9TSI	SCAN
Marion	145.1900	−	88.5	AA9ET	SCAN CLUB
Marion	146.6400	−	88.5 (CA)e	W9RNM	SARA
Metropolis	145.4500	−	● 103.5	N9XWP	N9XWP
Metropolis	147.2250	+	123.0aez	N9IBS	MAMA ARC
Olive Branch	147.2550	+	118.8e	K9IM	904 ARC
Tunnel Hill	147.3450	+	88.5e	W9WG	TRGHILARA
West Frankfort	147.0450	+	97.4e	AB9ST	AB9ST

SOUTH CENTRAL

Location	Output	Input	Notes	Call	Sponsor
Effingham	146.8950	−	110.9e	K9UXZ	NTARC
Greenville	147.1650	+	103.5e	W9KXQ	OVARC
Mt Vernon	147.1350	+	88.5e	KB9KDE	ARCOM
Salem	147.2700	+	103.5ez	W9CWA	CWA
Tamaroa	146.9850	−	107.2	N9LUD	T.A.R.A.

SOUTHEAST

Location	Output	Input	Notes	Call	Sponsor
Flora	146.7000	−	103.5esWX	KC9AGC	CCARC
Mt Carmel	146.9400	−	94.8aesWXz	AI9H	AI9H

144-148 MHz ILLINOIS

Location	Output	Input	Notes	Call	Sponsor
Mt Carmel	147.2550	+	151.4ers WX	KC9MAK	WEMA RACES
Newton	145.4900	−	O 79.7e	K9ZN	JARS
Noble	146.7600	−	O 94.8e	K9QAT	OLNEY ARC
Robinson	147.3600	+	107.2esWX	WA9ISV	CCARC/IEMA
SPRINGFIELD					
Athens	147.0450	+	210.7elWX	WS9V	WS9V
Jacksonville	146.7750	−	103.5aez	K9JX	JARS
Pawnee	146.8050	−	94.8e	N9MAF	N9MAF
Springfield	146.6850	−	94.8	WA9KRL	WA9KRL
Springfield	147.3150	+	O 94.8	W9HJA	W9HJA
Springfield	147.3750	+	94.8	WA9KRL	WA9KRL
Taylorville	145.4300	−	79.7	N9FU	N9FU
Taylorville	146.8350	−	79.7	N9OGL	N9OGL
Taylorville	146.9550	−	79.7e	N9FU	CCARC
ST LOUIS					
Belleville	147.1200	+	127.3 (CA)z	K9GXU	ST CLAIR
Carlinville	145.2900	−	123	N9GGF	N9OWS
Collinsville	146.7900	−	127.3ers WX	W9AIU	EGYPTN RC
Elsah	145.3100	−	79.7 (CA)e	N9YN	PRINCIPIA
Gillespie	146.6400	−	103.5	WB9QHK	MONTEMAC A
Gillespie	146.8200	−	103.5aez	WB9QHK	MONTEMAC A
Godfrey	145.2300	−	79.7aelz	K9HAM	LCRC
Godfrey	145.4700	−	123	N9GGF	N9OWS+
Granite City	145.4500	−	127.3e	KZ9G	KZ9G
Mascoutah	145.3900	−	l	AA9ME	AA9ME
Shiloh	145.1100	−	127.3eWXz	AA9RT	KB9VTP
Valmeyer	145.4300	−	127.3aeWX z	N9OMD	N9OMD
WEST CENTRAL					
Beardstown	146.7150	−	103.5	W9ACU	IVARC
Carthage	147.1050	+	103.5e	N9MTI	HCESDA
Dallas City	145.2500	−	151.4 (CA)e	KC9JIC	KC9JIC
Dallas City	145.3300	−	82.5 (CA)e	KC9JIC	KC9JIC
Galesburg	147.0000	−	103.5aelz	W9GFD	KNOXCARC
Galesburg	147.2100	+	107.2	KA9QMT	KNOX CO CD
Galva	145.4900	−	225.7eWX	AA9RO	AARO
Macomb	147.0600	+	103.5e	W9SSP	LEARC
Monmouth	146.6550	−	173.8	KD9J	KD9J
Quincy	146.8200	−	100.0l	WA9VGI	FISHNET
Quincy	146.9400	−	103.5e	W9AWE	WIARC
Quincy	147.0300	+	103.5e	W9AWE	WIARC
Quincy	147.1350	+	103.5	N9JI	N9JI
Quincy	147.1950	+	103.5e	W9AWE	WIARC
Versailles	145.4300	−	103.5	KB9JVU	KB9JVU

182 144-148 MHz
INDIANA

Location	Output	Input	Notes	Call	Sponsor
INDIANA					
EAST CENTRAL					
Centerville	147.1800	+	O 82.5er WX	KB9SJZ	KB9SJZ
Chassis Ridge	145.1300	−	Oe	KB9BBA	TCRA
Connersville	146.7450	−	O(CA)e	KB9RVR	Fayette
Corydon	146.7750	−	O 103.5ers	WD9HMH	HarrEMA
Glenwood	146.6850	−	O 131.8e WX	WB9SBI	WB9SBI
Marion	145.3100	−	O	WB9UCF	FisherBody
Marion	146.7900	−	O 131.8aer WXx	W9EBN	GrantARC
Marion	147.1950	+	O 131.8er WX	W9EBN	GrantARC
Muncie	146.7300	−	OlrsWX	WB9HXG	MuncieARC
New Castle	145.4500	−	OrsWX	N9EYG	N9EYG
New Castle	147.3600	+	O 82.5rs WX	N9WB	KB9BG/N9WB
Pennville	145.2100	−	O 100.0ers	WA9BFF	Jay ARC
Richmond	147.2700	+	O 131.8ae s	W1IDX	W1IDX
Rushville	147.0000	+	O 127.5r WX	K9PQP	E Ctrl Rpt
Winchester	147.3000	+	O 110.9	WD9EXZ	Ranpolph
INDIANAPOLIS					
Anderson	145.3900	−	O 151.4es	W9VCF	MCARC
Anderson	146.8200	−	O 110.9 (CA)eWX	W9OBH	AndersonRC
Anderson	147.0900	+	O 110.9er WX	KB9VE	AndersonRC
Belleville	147.0150	+	OesWX	K9PZ	HCARS
Danville	145.1300	−	O 88.5aelr sx	WX9HC	HendrixARC
Danville	147.1650	+	OrWX	K9LMK	K9LMK
Franklin	145.1100	−	O 103.5e	AA9YP	AA9YP
Greenfield	145.3300	−	OersWXx	W9ATG	HancockARC
Greenfield	147.1500	+	O	W9ATG	HancockARC
Greenwood	146.8350	−	O 151.4ers WX	WA9RDF	WA9RDF
Indianapolis	145.2100	−	O 100.0	NE9T	IndyMidARC
Indianapolis	145.3700	−	O 88.5 (CA)	W9GTA	MidAmRC
Indianapolis	146.6250	−	OsWX	W9IRA	Indy RA
Indianapolis	146.6700	−	O 88.5e	K9IPL	IPL ARC
Indianapolis	146.6700	−	Oes	W9IRA	Indy RA
Indianapolis	146.7600	−	O 151.4er WX	K9LPW	CentIN RA
Indianapolis	146.8800	−	O 88.5	W9RCA	RCA ARC
Indianapolis	146.9700	−	O 107.2el WX	W9ICE	ICE

Yaesu FT-2900

2-Meter Transceiver

Store Hours (cst)
Mon-Fri: 8AM - 4PM
Sat: 9AM - 1PM
ORDERS & PRICE CHECKS

800-729-4373
LOCAL INFORMATION

812-422-0231
FAX 866-810-9292
e-mail: sales@hamstation.com
http://www.hamstation.com

New and Used Equipment

TERMS:
Prices Do Not Include Shipping.
Price and Availability Subject to Change Without Notice
Most Orders Shipped The Same Day

220 N. Fulton Avenue
Evansville, IN 47710

the HAM STATION

144-148 MHz
INDIANA

Location	Output	Input	Notes	Call	Sponsor
Indianapolis	147.0750	+	o	KA9GIX	KA9GIX
Indianapolis	147.1200	+	oswx	W9IRA	Indy RA
Indianapolis	147.2100	+	o 88.5ers	KC9JYA	Indpls EM
Indianapolis	147.3150	+	o 94.8el	K9DC	K9DC
Lebanon	147.1050	+	o 77.0es	N9HLL	N9HLL
Martinsville	147.0600	+	o 88.5es WX	K9PYI	MorganRA
Martinsville	147.2550	+	o 88.5e	W9ZSK	SGRL
Noblesville	145.1700	–	o 77.0elrs WX	N9EOC	HamCoARES
Plainfield	145.2900	–	o 88.5 (CA)	AB9D	AB9D
Shelbyville	145.4800	–	o	W9JUQ	BRV ARS

NORTH CENTRAL

Location	Output	Input	Notes	Call	Sponsor
Culver	146.6700	–	o 131.8e WX	K9ZLQ	Mrshl ARC
Elkhart	145.2500	–	o 131.8el WX	KC9GMH	KC9GMH
Elkhart	145.4300	–	o 131.8 (CA)erswXz	AA9DG	ElkhartCRA
Elkhart	146.6400	–	o 131.8ae	W9AMR	W9AMR
Frankfort	146.6100	–	oeswX	KC9HNP	ClintonARC
Frankfort	147.0450	+	o	N9SFA	N9SFA
Goshen	146.8950	–	o 131.8 (CA)e	K9TSM	GoshenARC
Kokomo	146.9100	–	oerswX	W9KRC	KRC
Kokomo	147.2400	+	o 88.5ers WX	W9KRC	KRC
Kokomo	147.3750	+	oerswX	W9KRC	KRC
Logansport	145.2300	–	oes	W9VMW	CassARC
Logansport	145.3500	–	o	W9VMW	Cass ARC
Logansport	147.1800	+	o 77.0es	W9VMW	Cass ARC
Mishawaka	146.7450	–	o 100.0lr WX	N8AES	N8AES
Mishawaka	147.0900	+	o 131.8	N9GVU	N9GVU
Mishawaka	147.3300	+	o 131.8ae	W9AMR	W9AMR
Peru	147.3450	+	orswX	K9ZEV	Miami ARC
Plymouth	147.2850	+	o 131.8els WXx	K9WZ	K9WZ
Richvalley	146.9550	–	o 141.3e	WA9RRL	WA9RRL
Rochester	146.8050	–	o 131.8e WX	N9GCG	FultonARC
South Bend	145.2900	–	o 131.8	N9OCB	N9OCB
South Bend	147.2250	+	o	W9AB	MARC
Syracuse	146.9850	–	o 131.8rsx z	KB9AVO	KB9AVO
Wabash	147.0300	+	o 131.8er	KB9LDZ	WabashARC
Warsaw	145.1300	–	o 91.5es WX	KA9OHV	KA9OHV

144-148 MHz — INDIANA

Location	Output	Input	Notes	Call	Sponsor
NORTHEAST					
Angola	147.1050	+	O 131.8el WXx	W9LKI	W9LKI
Angola	147.1800	+	O 131.8el WXx	W9LKI	W9LKI
Angola	147.2100	+	O	AA9MU	AA9MU
Auburn	147.0150	+	OsWX	W9OU	NE In ARC
Berne	146.9700	–	O 97.4	KB9KYM	AdamsARC
Bluffton	145.4200	–	OelrsWX	AB9HP	AB9HP
Bluffton	147.0600	+	Oe	W9SR	W9SR
Columbia City	145.2700	–	O 131.8ers WX	WC9AR	WCARC
Decatur	145.4700	–	O 97.4ers WX	KB9KYM	AdamsARC
Fort Wayne	145.3300	–	Ol	W9FEZ	MizpahARC
Fort Wayne	146.7600	–	O 131.8e	W9TE	FWRC
Fort Wayne	146.8800	–	Oaers	W9INX	ACARTS
Fort Wayne	146.9100	–	O	W9TE	FWRC
Fort Wayne	146.9400	–	Oa	W9TE	FWRC
Fort Wayne	147.1350	+	O 141.3el	N9VZJ	N9VZJ
Fort Wayne	147.1650	+	O 141.3el	N9VZJ	N9VZJ
Fort Wayne	147.2550	+	Oes	W9INX	ACARTS
Huntington	145.1500	–	O 141.3el WXx	KB9UMI	KB9UMI
Huntington	146.6850	–	OeWX	K9HC	HCARS
Laotto	145.1100	–	O 141.3	KB9VTK	KB9VTK
Ligonier	147.1500	+	OersWX	N9BCP	21RptrGrp
Roanoke	146.6250	–	O 131.8	WB9VLE	WB9VLE
Spencerville	147.3600	+	O 131.8	WB9VLE	WB9VLE
Wolflake	147.2700	+	O 131.8e	N9MTF	N9MTF
NORTHWEST					
Cedar Lake	146.8350	–	O 131.8e	WB9VRG	WB9VRG
Crown Point	145.4500	–	Oe	KE9I	KE9I
Crown Point	146.7000	–	O 131.8r WX	W9EMA	LakeEMA
Gary	146.6250	–	O 131.8e	W9SAL	W9SAL
Gary	146.9100	–	O 131.8e WXx	W9CTO	W9CTO
Hammond	147.1950	+	O 131.8 (CA)el	W9FXT	IARA
Laporte	146.6100	–	O 131.8elr sWX	K9JSI	LaPorteARC
Merrillville	147.0000	+	O 131.8elr	W9LJ	LakeCoARC
Michigan City	146.9700	–	O 131.8	W9LY	MCARC
New Carlisle	146.8650	–	O 131,8s	AB9OZ	AB9OZ
North Judson	145.4100	–	O 131.8ae WXx	N9LV	N9LV
St John	147.2400	+	O 131.8rs WX	W9LJ	LakeCoARC

144-148 MHz
INDIANA

Location	Output	Input	Notes	Call	Sponsor
Valparaiso	146.6850	–	O 199.5e WXx	N9IAA	N9IAA
Valparaiso	146.7750	–	O 131.8esx	K9PC	PorterARC
Valparaiso	147.0750	+	O 131.8rs WX	KI9EMA	Porter Emg
Valparaiso	147.1050	+	O 131.8es WXx	KB9KRI	Duneland

SOUTH CENTRAL

Location	Output	Input	Notes	Call	Sponsor
Bedford	145.3100	–	O 107.2er WX	W9QYQ	HoosrHills
Bedford	145.4900	–	O 103.5 (CA)e	AA9WR	AA9WR
Bedford	146.7300	–	O 107.2 (CA)erwWX	W9QYQ	HoosrHills
Bedford	147.3450	+	O 107.2ae WX	KB9MXR	KB9MXR
Bloomington	146.6400	–	O 136.5 (CA)elrsWXxz	WB9TLH	WB9TLH
Bloomington	146.9400	–	O 136.5el	K9IU	K9IU
Bloomington	147.1800	+	O 136.5e WX	WB9HZX	WB9HZX
Columbus	146.7900	–	O 100.0ers WX	W9ALQ	CARC
Floyds Knob	146.7450	–	O 151.4er	WD9HMH	FloydAMA
Frenchtown	146.8200	–	O 103.5s	W9BGW	W9BGW
Leopold	145.1900	–	O 107.2elr sWXx	KC9OBN	PerryCty
Levenworth	147.0150	+	O 103.5e WX	WB4ROI	WB4ROI
Nashville	147.3000	+	O 136.5ers WX	KA9SWI	KA9SWI
Paoli	147.0450	+	O 103.5es WX	KB9OHY	Orange ARC
Salem	146.6550	–	O 103.5ers WX	KB9KPG	WashCoARC
Scottsburg	146.6100	–	O 103.5ers WX	WR9G	WR9G
Seymour	145.4300	–	O 103.5elr sWX	KC9JOY	KC9JOY
Seymour	147.1350	+	O 103.5e	KI9G	KI9G

SOUTHEAST

Location	Output	Input	Notes	Call	Sponsor
Greensburg	146.9550	–	OerswX	N9LQP	DecaturARC
Lawrenceburg	147.2850	+	O 146.2ers WX	WA9BLA	LV ARC
Madison	145.1700	–	OesWX	W9EFU	Clifty ARS
Napoleon	146.8050	–	OerWX	KC9MBX	RipCoRA

SOUTHWEST

Location	Output	Input	Notes	Call	Sponsor
Bloomfield	147.2400	–	O 103.5elr sWX	W9HD	W9HD
Boonville	147.0750	+	O 88.5er	WB9QVR	WarrickEMA

144-148 MHz INDIANA

Location	Output	Input	Notes	Call	Sponsor
Chrisney	146.9100	−	Ors	KC9FTG	SpencerEOC
Dugger	146.7750	−	O 136.5	KC9AK	DuggerARC
Evansville	145.1100	−	O 107.2	AB9JT	AB9JT
Evansville	145.1500	−	O 107.2l WXx	KB9SGN	KB9SGN
Evansville	146.7900	−	O 88.5ae sWXx	W9OG	TARS
Evansville	146.8350	−	O 136.5elr sWXx	W9KXP	W9KXP
Evansville	147.1050	−	Ol	W9MAR	Midwest ARS
Evansville	147.1500	+	Oers	W9OG	TARS
Jasper	147.1950	+	O 107.2aer	KB9LHX	DuboisARC
Linton	145.1700	−	O 100.0	KA9JOK	KA9JOK
Linton	145.3900	−	O 118.8elr sWXx	KB9HIK	GreeneCo
Lynnville	145.2500	−	O 123.0elr sWX	W9KXP	W9KXP
Newburgh	145.4300	−	Oe	KA9VKO	KA9VKO
Petersburg	145.4500	−	Oel	WA9FGT	Petersburg
Princeton	145.4100	−	O 136.5ers WX	KB9NEJ	SoINMobEmg
Princeton	147.3900	+	O 131.8elr sWXx	W9KXP	W9KXP
Ridgeport	145.4700	−	O 136.5ael sWXx	KB9SIP	KB9TUN
Shoals	145.2100	−	Oae	KA9PSX	KA9PSX
Troy	146.9550	−	O 146.2elr sWXx	W9KXP	W9KXP
Vincennes	146.6700	−	O 91.5es WX	W9EOC	Old Post
Vincennes	146.9250	−	O 107.2al WXx	W9EAR	EARS
Washington	147.3150	+	O	WA9IN	DaviessDHL
Winslow	147.0000	+	O 107.2ers WX	W9UL	PikeCoARC
WEST CENTRAL					
Chalmers	147.2550	+	O 131.8es WX	KC9PQA	WhiteARS
Clinton	146.7150	−	O 151.4ers WX	W9COD	W9COD
Covington	145.4900	−	O 156.7el	W9ABH	BARC
Crawfordsville	146.8650	−	O 100.0	KB9GPB	SCRA
Crawfordsville	147.2250	+	O 88.5r	KB9GPB	MontRACES
Crawfordsville	147.2700	+	O	KC9QKL	Livewires
Foster	145.2700	−	O 88.5l	N9UWE	N9UWE
Gosport	146.8950	−	O 136.5ael sx	KB9SGN	K9TC
Rockville	146.7450	−	O	NS9M	NS9M
Spencer	146.9850	−	O 136.5es	KB9MZZ	OwenCoARA

144-148 MHz
INDIANA-IOWA

Location	Output	Input	Notes	Call	Sponsor
Terre Haute	145.2300	–	O 151.4es WX	W9SKI	Skywarn
Terre Haute	145.3500	–	Oe	NC9U	OtrCrkRC
Terre Haute	146.6850	–	O 151.4es WXx	K9IKQ	WVARA
Terre Haute	146.8050	–	OewX	K9HX	K9HX
Terre Haute	147.0900	–	OersWXx	W0DQJ	W0DQJ
Terre Haute	147.1500	+	O 151.4	W9EQD	TerreHaute
West Lafayette	146.7600	–	O 88.5els	W9YB	PurdueARC
West Lafayette	147.1350	+	O 88.5aes WX	WI9RES	WIRES

IOWA
BURLINGTON

Location	Output	Input	Notes	Call	Sponsor
Burlington	146.7900	–	100.0aersz	W0LAC	IA-IL ARC
Burlington	147.3600	+	100.0e	WA6GUF	WA6GUF
Mt Pleasant	147.1650	+	339174e	W0MME	MPARC
Mt Pleasant	147.3900	+	OewX	W0MME	MPARC

CEDAR RAPIDS

Location	Output	Input	Notes	Call	Sponsor
Cedar Rapids	145.1500	–	192.8 (CA)l	W0HUP	CRRA
Cedar Rapids	145.1900	–	192.8x	N0DX	EIDXA
Cedar Rapids	146.7450	–	192.8aers WX	W0GQ	CVARC
Cedar Rapids	147.0900	+	192.8 (CA)l x	W0HUP	CRRA+SEITS
Coralville	147.1500	+	192.8ex	W0FDA	CvlleRPTR
Iowa City	145.4700	–	100.0l	KE0BX	OLRG+SEITS
Iowa City	146.8500	–	192.8eWXx	W0JV	ICARC

CENTRAL

Location	Output	Input	Notes	Call	Sponsor
Ames	147.2400	+	OaersWX	W0YL	SCARC
Ames	147.3750	+	114.8aelz	W0ISU	CyclonARC
Boone	146.8500	–	OaersWX	KB0TLM	BARK
Clarion	146.9550	–	103.5l	N0AGE	N0AGE
Des Moines	145.3500	–	● 114.8aer sx	KD0IAN	DMRAA
Fort Dodge	146.6850	–	110.9aers WX	K0RJV	WebCoEMA
Marshalltown	146.8800	–	141.3	K0MIW	CIRAS
Marshalltown	147.1350	+	141.3e	NF0T	CIRAS
Newton	147.0300	+	114.8aers WX	W0WML	NewtonARA
Sheldahl	147.0750	+	21080aelrs WXx	N0QFK	N0QFK
Stratford	146.6250	–	Oe	W0FS	W0FS
Webster City	146.9100	–	OelWXx	N0PSF	N0PSF
Webster City	147.0150	+	OaersWX	K0KWO	HCARA

COUNCIL BLUFFS

Location	Output	Input	Notes	Call	Sponsor
Council Bluffs	146.8200	–	Oaers	K0SWI	SWIARC

144-148 MHz IOWA

Location	Output	Input	Notes	Call	Sponsor
DAVENPORT					
Davenport	146.7000	–	**O**aers	WØBXR	DvnprtRAC
Davenport	146.8800	–	192.8aers WX	WØBXR	DvnprtRAC
Muscatine	146.9100	–	**O** 417260e	KCØAQS	MARC
Muscatine	147.2250	+	192.8e	WAØVUS	WAØVUS
DES MOINES					
Des Moines	145.2500	–	127.3	KØCSS	KØCSS
Des Moines	146.8200	–	114.8 (CA)e	WØKWM	CITS
Des Moines	146.9400	–	114.8aers IWX	WØAK	DMRAA
Des Moines	147.3000	+	114.8 WX	WAØQBP	WAØQBP
Grimes	146.6100	–	114.8elWXx	NØINX	WsideComm
Indianola	146.6400	–	114.8aers	KDØFGV	WCEM
Johnston/Camp	146.7000	–	114.8elWXx	KCØMTI	KCØMTI
Johnston/Camp	147.1650	+	114.8el	KCØMTI	KCØMTI
Saylor TWP	145.3900	–	114.8aersz	KFØQI	SylrTnshp
Saylor TWP	146.8950	–	114.8aers WXz	KBØNFF	STAR
Truro	146.9850	–	114.8e	WØAK	DMRAA
DUBUQUE					
Dubuque	147.2400	+	646395aer sx	WØDBQ	GRARC
EAST CENTRAL					
Clinton	145.4300	–	100.0aers WX	WØCS	CARC
Clinton	146.7300	–	94.8	KØEII	KØEII
Clinton	147.3150	–	114.8	KDØWY	KDØWY
Maquoketa	147.0600	+	**O**x	KBØCAQ	MARG
Monticello	147.1800	+	192.8elz	NØXUS	NØXUS
MASON CITY					
Mason City	146.7600	–	103.5elWWx	WØMCW	NIARC
Mason City	147.1500	+	**O**	KØUXA	KØUXA
Mason City	147.3150	+	● 103.5/203.5elWXx	KBØJBF	NIARC
NORTH CENTRAL					
Algona	147.2100	+	51020aez	KCØMWG	KARO Rptr
Dumont	145.4300	–	136.5	NØRJJ	NØRJJ
Forest City	147.2700	+	**O**e	WBØURC	WHRS
Humboldt	147.1800	+	**O** 147180a ers	KØHU	KØHU
Humboldt	147.3900	+	**O**	KØHU	KØHU
West Bend	145.1700	–	110.9e	NØDOB	NØDOB
NORTHEAST					
Cresco	146.9250	–	103.5 (CA)e WX	WØCYY	CrescoARC

144-148 MHz
IOWA

Location	Output	Input	Notes	Call	Sponsor
Decorah	147.1650	+	167.9	K0NRA	NordicRA
Frankville	146.6700	−	103.5 (CA)e WX	K0RTF	K0RTF
Manchester	147.3000	+	●ex	W0II	DelCoARC
St Ansgar	147.1950	+	590155e	KC0VII	KC0VII

NORTHWEST

Location	Output	Input	Notes	Call	Sponsor
Estherville	146.7000	−	●aers	W0MDM	W0MDM
Spencer	146.8200	−	110.9eWXx	KG0CK	KG0CK
Spirit Lake	146.6100	−	350195aer sWXx	W0DOG	IGLARC
Storm Lake	146.7750	−	110.9l	WA0UZI	WA0UZI

SIOUX CITY

Location	Output	Input	Notes	Call	Sponsor
LeMars	147.0150	+	110.9	KI0EO	KI0EO
Sioux City	146.9100	−	110.9aers WXx	K0AAR	91FunGp
Sioux City	146.9700	−	110.9ex	K0TFT	SARA
Sioux City	147.0600	+	110.9ex	K0TFT	SARA
Sioux City	147.2700	+	110.9	KC0DXD	KC0DXD

SOUTH CENTRAL

Location	Output	Input	Notes	Call	Sponsor
Lamoni	146.7300	−	● 127a (CA)ersz	W0SHQ	ASCRA
Winterset	147.2700	+	114.8e	WA0O	WA0O

SOUTHEAST

Location	Output	Input	Notes	Call	Sponsor
Fairfield	147.3300	+	●eWXx	K0BPR	FHS ARC
Moravia	146.9250	−	146.2x	W0ALO	W0ALO
Oskaloosa	145.4900	−	146.2 (CA)e xz	KB0VXL	MARC
Ottumwa	145.4100	−	100.0 (CA)e lwx	KE0BX	OLRG+SEITS
Ottumwa	146.9700	−	13213eWX	KE0BX	OLRG
Washington	147.0450	+	3436547e WX	W0ARC	WAARC

SOUTHWEST

Location	Output	Input	Notes	Call	Sponsor
Anita	147.3450	+	●e	N0BKB	N0BKB
Blockton	146.8800	−	●a(CA)ers	KA0ZAD	KA0ZAD
Bridgewater	145.2300	−	136.5aers	WD0FIA	WD0FIA
Clearfield	147.2100	+	136.5aelrs WX	N0BKB	N0BKB
Glenwood	145.2900	−	●aelrsWX xz	N0WKF	N0WKF
Greenfield	146.8650	−	146.2aelrs WX	N0BKB	N0BKB
Menlo	147.0450	+	114.8aelrs WX	N0BKB	N0BKB
Prescott	145.1500	−	127.3eWX	N0DTS	N0DTS
Red Oak	146.6550	−	509846aelr sWX	N0NHB	N0NHB

WATERLOO

Location	Output	Input	Notes	Call	Sponsor
Cedar Falls	146.6550	−	136.5	KM0K	CFARA

144-148 MHz
IOWA-KANSAS

Location	Output	Input	Notes	Call	Sponsor
Fayette	147.3450	+	Oaers	KD0BIJ	NEIaARES
Waterloo	146.8200	−	136.5aers WXx	W0ALO	W0ALO
Waterloo	146.9400	−	136.5aers WXx	W0MG	NE IA RAA
WEST CENTRAL					
Audubon	147.1200	+	OelWX	WA0GUD	CVARC
Breda	147.2850	+	110.9elWX	N0NAF	N0NAF
Carroll	146.8050	−	110.9el	KC0UIO	CCEM
Castana	145.4100	−	136.5aers	K0BVC	BVARC
Denison	147.0900	+	Oaers	K0CNM	DenisonRA
Denison	147.3300	+	O(CA)z	KC0LGI	----------
Mondamin	145.1300	−	136.5123a TTelrsWXz	K0BVC	BVARC
Portsmouth	146.7450	−	136.5aers	K0BVC	BVARC
Sac City	146.9250	−	Oa(CA)ers	WD0CLO	WD0CLO
KANSAS					
CENTRAL					
Abilene	145.3300	−	Oa(CA)er	K0AAC	DKCOEM
Canton	145.2900	−	O 186.2/186.2ae	KC0IFO	----------
Chapman	145.2500	−	●a(CA)r	WA0LXV	NU0S
Clay Center	146.6850	−		N0XRM	N0XRM
Great Bend	146.7600	−	Oaer	KI0NN	----------
Hays	146.7900	−	Ote L(IRLP#3917)	N7JYS	
Hays	147.0450	+	N7JYS 131.8/131.8eL(ECHOLINK ALLST)	N7JYS	N7JYS
Hays	147.1800	+	O 100.0/100.0aer	KC0PID	EllisCO
Hoisington	147.1350	+	O 88.5/88.5 elrsx	K0HAM	NEKSUN
Junction City	146.8800	−	Oer	N0UZT	GC ARS
Lincoln	147.1950	+	Ol	K0MXJ	POST ROCK
Marion	147.0900	+	Oe L(ECHOLINK#241012)	KC0RVV	MCARC
McPherson	147.3300	+	Oe	W0TWU	McPhrsnRC
Russell	147.2850	+	Oelr	AB0UO	RUSSELL CO
Salina	146.7300	−	Oa(CA)er	N0KSC	N0KSC
Salina	147.0300	+	Oa(CA)er	W0CY	CKARC
Salina	147.2700	+	O 118.8/118.8es	N0KSC	N0KSC
Smolan	146.6250	−	Ol	WD0GAH	WB0OPI
Wilson	146.9700	−	118.8/118.8	K0BHN	K0BHN
EAST CENTRAL					
Cadmus	146.8950	−	O	WA0SMG	WA0SMG
Emporia	146.9850	−	O 88.5/88.5 elr	K0HAM	EARS

144-148 MHz
KANSAS

Location	Output	Input	Notes	Call	Sponsor
Garnett	146.8650	–	O	KØVEV	CHPPWARC
Matfield Green	147.0450	+	O 88.5/88.5 elrsx	KØHAM	NEKSUN
Miller	147.3450	+	●a(CA)	KAØWOK	KAØWOK
Mound City	147.2850	+	Oer	WAØPPN	MnCrkARA
New Strawn	147.0750	+	O/91.5	KBØITP	KBØITP
Osage City	146.9250	–	O 203.5/203.5	NØOFG	NØOFG
Ottawa	147.3900	+	Oe L(ECHOLINK#7989)	WØQW	OttawaARA
Paola	147.3600	+	O(CA)er	WSØWA	WhtStWrls

KANSAS CITY METRO

Location	Output	Input	Notes	Call	Sponsor
Basehor	145.3900	–	O 88.5/88.5 elrs	KØHAM	NEKSUN
Basehor	145.3900	–	O 88.5/88.5 elrsx	KØHAM	NEKSUN
Blue Springs	147.0150	+	O 151.4/151.4ex	KBØVBN	BluSprRPTR
Excelsior Spgs	145.1900	–	O 107.2 RB x	KØBSJ	KØBSJ
Excelsior Spgs	147.3750	+	O 156.7/156.7e	KØESM	RayClay RC
Gladstone	145.4300	–	O	KDØFW	KCATVG
Independence	145.3100	–	O 151.4er	KØEJC	EJCECS
Independence	145.3700	–	O	KØEJC	EJCECS
Independence	146.7300	–	Oaer	WØSHQ	ASCRA, Inc
Independence	147.0900	+	Oa(CA)elr	WØTOJ	IndFMARC
Kansas City	145.1300	–	Oa(CA)e	WAØNQA	ArtShrnRC
Kansas City	145.1300	–	Oa(CA)e	WAØNQA	ArtShrnRC
Kansas City	146.7900	–	O 107.2/107.2a(CA)es	WAØKHP	ClayCoARC
Kansas City	146.8200	–	Olrx	KCØARC	NEKSUN
Kansas City	146.9400	–	O 88.5/88.5 elrsx	KØHAM	NEKSUN
Kansas City	146.9400	–	O 88.5/88.5 elrsZ(911)	KØHAM	NEKSUN
Kansas City	146.9700	–	O 151.4/151.4x	WØWJB	WØWJB
Kansas City	147.0450	+	O	WØAV	147.045RG
Kansas City	147.1500	+	O 151.4/151.4er	WØLB	JyhwkARC
Kansas City	147.1500	+	O 151.4/151.4er	WØLB	JyhwkARC
Kansas City	147.2100	+	O 151.4/151.4er	WØKCK	WYCO EM
Kansas City	147.2100	+	O 151.4/151.4er	WØKCK	WYCO EMA
Kansas City	147.2700	+	Oa(CA)e	WAØSMG	WAØSMG
Kansas City	147.3300	+	Oa(CA)er	WAØQFJ	TWA ARC

144-148 MHz   KANSAS

Location	Output	Input	Notes	Call	Sponsor
Kearney	147.3000	+	O 107.2	KØBSJ	KØBSJ
Lee's Summit	145.4100	–	Oa(CA)	WAØTEG	NEKSUN
Lee's Summit	146.7000	–	O 107.2/107.2ex	KCØSKY	KS SKY WRN
Lenexa	145.4900	–	O	KAØVVX	KISS ARC
Lenexa	145.4900	–	O	KAØVVX	KISS ARC
Liberty	145.1100	–	O	NØELK	NØELK
Louisburg	147.3150	+	O 88.5/88.5 eL(ECHOLINK#147315)rs	KØHAM	NEKSUN
Louisburg	147.3150	+	O 88.5/88.5 a(CA)elrs	KØHAM	NEXSUN
Olathe	145.4700	–	O 151.4/151.4a(CA)er	KØECS	JoCoECS
Olathe	145.4700	–	O 151.4/151.4a(CA)er	KØECS	JoCoECS
Olathe	147.2400	–	O 151.4/151.4a(CA)er	KAØFMZ	SFTARC
Olathe	147.2400	+	O 151.4/151.4a(CA)ers	KAØFMZ	SFTARC
Overland Park	145.2900	–	O 151.4/151.4a(CA)er	WØERH	JCRAC
Overland Park	145.2900	–	O 151.4/151.4a(CA)er	WØERH	JCRAC
Overland Park	146.9100	–	O 151.4/151.4a(CA)e	WBØKKA	NEKSUN
Overland Park	146.9100	–	O 151.4/151.4a(CA)e	WBØKKA	NEKSUN
Raymore	147.1200	+	Oes	KCØJGA	SSARC
Raytown	145.1700	–	O 151.4/151.4e	KØGQ	Raytown AR
Shawnee	145.2100	–	Oa(CA)er	WBØHAC	SRACT
Shawnee Msn	145.2100	–	Oa(CA)er	WBØHAC	SRACT
Shawnee Msn	145.2300	–	Oa(CA)el	WBØRJQ	WBØRJQ
Smithville	146.6400	–	Osx	KCØIMO	NØVER
NORTH CENTRAL					
Beloit	145.3100	–	Oe	WAØCCW	SVRC
Clay Center	147.1650	+	O 118.8/118.8elr	NØUJQ	RVARC
Concordia	146.8650	–	Oelr	KØKSN	KNRC
Concordia	146.9250	–	O 118.8/118.8elr	WBØSVM	NCK RC
Greenleaf	147.0600	+	Or	ACØI	BlueVlyRA
Lenora	146.8800	–	O	NØKOM	NTNCTYRUG
Minneapolis	147.2250	+	O 118.8/110.0aorc	NØUJQ	K-Link
Norton	147.3000	+	Oe	KØENU	NrtnSgCrp
Osborne	147.3750	+	Oelr	NZØM	ORUG
Phillipsburg	147.1200	+	Oe	AAØHJ	AAØHJ
Smith Center	146.6100	–	O	NØLL	USCARC

144-148 MHz
KANSAS

Location	Output	Input	Notes	Call	Sponsor
NORTHEAST					
Effingham	146.6100	–	O 100.0/100.0a	KØDXY	ACARS
Hiawatha	147.1800	+	Ota(CA)e	WAØSRR	HARC
Holton	146.7750	–	Oa(CA)e	AAØMM	JacksonARC
Lawrence	147.6000	–	O 88.5/88.5	WØUK	DCARC
Lawrence	147.0300	+	O 88.5/88.5 NØAPJ aer		DG CO EP
Leavenworth	145.3300	–	Oae	NØKOA	WBØYNE
Leavenworth	147.0000	+	O 151.4/151.4a(CA)er	KSØLV	PKARC
Manhattan	145.4100	–	O	WØQQQ	KSU ARC
Manhattan	147.2550	+	O 88.5/88.5 ae	KSØMAN	MAARS
Marysville	147.2850	+	O	WØDOD	MCARC
Mission	147.1650	–	O 151.4/151.4elr	WBØKIA	WYCO RACES
Seneca	146.7150	–	Oer	KBØDEU	NMCOCD
NORTHWEST					
Colby	146.8200	–	O 156.7/156.7a(CA)er	NWØK	TARC
Goodland	147.0300	+	O 88.5/88.5 (CA) L(ECHOLINK#243285)	KSØGLD	SCARE
Norton	145.3500	–	Olr	WDØAVA	WDØAVA
Oberlin	145.1900	–	O	KBØDZB	TRI-STATE
SOUTH CENTRAL					
Anthony	146.6850	–	Oae	NØCR	NØCR
Arkansas City	147.0000	+	O 97.4/97.4 r	WAØJBW	CWLYCOARC
Beaumont	145.1300	–	O 156.7/156.7erLITZ	KSØKE	KARS
Hutchinson	146.6700	–	Oe	WBØEOC	ERCRC
Hutchinson	147.1200	+	Oa(CA)e L(ECHOLINK#105011)	WØWR	RCKARA
Kiowa	147.0150	+	Oaelr	KB5MDH	KDE-TV36
Medicine Lodge	146.8800	–	Oer	KCØGEV	W5ALZ
Medicine Lodge	147.1800	+	O 203.5/203.5el	KCØGEV	GSPARC
Newton	145.1100	–	Oer	NØEVF	SKYWARN
Newton	146.6100	–	Oa(CA)er LITZ	WØBZN	NEWTON ARC
Pratt	146.7000	–	Oae	WBØOAO	WBØOAO
Wellington	146.6400	–	O 103.5/103.5	WAØQPY	WLNGTNARC
Wellington	147.2400	+	O	WAØZFE	WAØZFE
Winfield	145.1900	–	Orx	WAØJBW	CWLYCOARC
SOUTHEAST					
Chanute	145.3500	–	●t	NØWXG	NØWXG
Chanute	146.7450	–	O 100.0/100.0r	AIØE	CAARC

144-148 MHz KANSAS

Location	Output	Input	Notes	Call	Sponsor
Chanute	147.1050	+	O 91.5/91.5	KZ0V	----------
Coffeyville	146.6100	−	O 91.5/91.5 e	WR0CV	COFYVLARC
Coffeyville	147.3000	+	O 91.5/91.5	NU0B	C A R C
Fort Scott	146.7150	−	O 91.5/91.5	KB0SWH	----------
Gas	147.3750	+	O /179.9	WI0LA	IARC
Humboldt	147.1800	+	O	WB0SHN	WB0SHN
Independence	145.4900	−	O 91.5/91.5	N0ID	IARC
Independence	147.0150	+	O 100.0/100.0	N0ID	IARC
Parsons	145.2500	−	O 91.5/91.5 a(CA) L(ECHOLINK#305758)	W0PIE	W0PIE
Parsons	146.6850	−	O 91.5/91.5 e	AA0PK	PAARC
Pittsburg	146.9400	−	O 91.5/91.5 a(CA)e	K0PRO	PRO
Pittsburg	147.2400	+	O 91.5/91.5 a(CA)	K0PRO	PRO
Sedan	146.9550	−	O air	WX0EK	CQ EM
SOUTHWEST					
Dodge City	146.6100	−	O 67.0/67.0 er	K0BAI	K0BAI
Dodge City	147.0300	+	O 123.0/123.0ae L(ECHOLINK)r	KU0L	KU0L
Dodge City	147.1650	+	O 88.5/88.5 (CA)ers	K0HAM	NEKSUN
Garden City	146.9100	−	O 141.3/141.3e	W0GCK	SNDHILSARC
Hugoton	147.2400	+	Oe	W0QS	SPARK
Lakin	146.9850	−	O 156.7/156.7e	N0OMC	N0OMC
Liberal	145.1500	−	O 88.5/88.5 l	W0KKS	SPARK
Liberal	146.8050	−	O 103.5/103.5ae	W0KKS	SPARK
Plains	147.1800	+	O	WK0DX	WK0DX
Sublette	147.3000	+	Oa(CA)	N0DRB	N0DRB/CRO
Ulysses	147.0600	+	Oe	K0ECT	SKECT
TOPEKA					
Carbondale	147.3000	+	O 88.5/88.5 e	KB0WTH	----------
Hoyt	145.2700	−	O 88.5/88.5 er	W0CET	KVARC
Meriden	146.8350	−	Oer	N0LFN	BARCBADS
Overbrook	146.8050	−	Oe	WD0DDG	WD0DDG
St Marys	146.9550	−	O 88.5/88.5 elrsx	K0HAM	NEKSUN
Topeka	145.4500	−	O 88.5/88.5 aer	W0CET	KVARC

144-148 MHz
KANSAS-KENTUCKY

Location	Output	Input	Notes	Call	Sponsor
Topeka	146.6700	−	O 88.5/88.5 aeL(ECHOLINK#157350)r	WA0VRS	911 Top

WEST CENTRAL

Location	Output	Input	Notes	Call	Sponsor
Scott City	146.7000	−	Oe	K0EQH	SNDHILSARC
Syracuse	146.7750	−	Oe	KA0TAO	KA0TAO

WICHITA

Location	Output	Input	Notes	Call	Sponsor
Derby	145.4700	−	O 156.7/156.7 L(ECHOLINK#44447 ALN#2582)	KC0SOK	ALRERC
Derby	146.6400	−	Ote	KD0HNB	------------
Derby	146.8500	−	O 103.5/103.5elrWx	W0UUS	WARC
El Dorado	147.1500	+	O	W0RGB	FlntHlsRC
El Dorado	147.2100	+	O 100.0/100.0e	K0FAO	KARS
Goddard	147.0600	+	O 156.7/156.7 L(ECHOLINK #350393)	WF0A	ALRERC
Haysville	145.4100	−	Oa(CA)er	KA0RT	KA0RT
Haysville	147.1050	+	Oa(CA)er	KA0RT	KA0RT
Hutchinson	146.8200	−	O 103.5/103.5er	W0KA	WARC
Mulvane	146.7150	−	O 100.0/100.0e	N0KTA	MLVANEARC
Valley Center	147.3900	+	Or	K0FFR	K0FFR
Wichita	145.2700	−	O L(ECHOLINK)	W0VFW	VFW3115
Wichita	145.3700	−	ODCS	W0WKS	W0WKS
Wichita	145.4500	−	O 103.5/103.5er	N0JWY	N0JWY
Wichita	146.7900	−	O/103.5e	W0SOE	WARC
Wichita	146.8950	−	Oa	KC0AHN	BEARS
Wichita	146.9400	−	Oa(CA)er	WA0RJE	TECNICHAT

KENTUCKY

Location	Output	Input	Notes	Call	Sponsor
Agnes	145.4500	−	77.0e	W4RRA	W4XXA
Allen	147.3000	+	O 123.0al RB	K4ICN	K4ICN
Artemus	147.3900	+	107.2pr	N4INT	N4INT
Ashland	146.9400	−	O 107.2 (CA)	KG4DVE	RIVER CITI
Ashland	147.2400	+	O 107.2 (CA)e	KC4QK	ASHLAND 24
Ashland	147.3300	+	Oa	WA8KWH	RON CURRY
Auburn	145.4500	−	O 103.5e	W6ZP	W6ZP
Barbourville	147.1350	+	O 100.0	KF4CME	KF4CME
Bardstown	145.4700	−	151.4	KB4KY	KY4Z
Beaver Dam	145.1700	−	136.5	KI4HEC	OHIO CO AR
Benton	145.3900	−	O 118.8e	KI4HUS	N4STW
Berea	146.7150	−	O 100.0e	KF4OFT	WILDERNESS

KENTUCKY

Location	Output	Input	Notes	Call	Sponsor
Bowling Green	147.1650	+	O 100.0e	W4WSM	------------
Bowling Green	147.3300	+	O 107.2e	KY4BG	KY COLONEL
Brooks	146.7000	–	O 79.a(CA) erRB WX	KY4KY	BULLITT AR
Buckhorn Lake	147.3750	+	O 103.5	K4XYZ	K4XYZ
Buffalo	147.2550	+	79.9 RB WX	W4LJM	W4LJM
Buttonsberry	146.7300	–	82.5e	KY4MA	NU4O
Cane Valley	146.6400	–	O	WA4UXJ	CENTRAL KY
Cerulean	147.1950	+	136.5e	KY4KEN	KY4KEN
Cloverport	147.3750	+		K4DJF	K4DJF
Columbia	147.1950	+	136.5e	KY4TF	------------
Corbin	146.6100	–	O(CA)	WD4KWV	WD4KWV
Covington	147.3900	+	O 123.0	WR8CRA	CINCINNATI
Crestwood	147.3900	+	O 151.4 (CA)	KY4OC	OLDHAM COU
Danville	145.3100	–	100.0 (CA)e s	W4CDA	WRARC
David	145.3100	–	Ot!	KC4KZT	KC4KZT
Dawson Springs	146.7750	–	103.5	KF4CWK	KF4CWK
Dewdrop	147.0300	+	107.2esRB	KD4DZE	KD4DZE
Dixon	145.3500	–	71.9es	AJ4SI	------------
Dorton	146.8950	+	O 141.3a RB	KC4KZT	KC4KZT
Drakesboro	146.8200	–	Ot(CA)e	KF4DKJ	MARS (MUHL
Eddyville	147.3150	+	103.5e	KA4NNE	KE4HBU
Edgewood	147.2550	+	O 123.0ars	K4CO	K4CO
Elizabethtown	145.3500	–	103.5eswX	WX4HC	------------
Elizabethtown	146.9800	–	Oael	W4BEJ	LINCOLN TR
Elkton	145.4300	–	O 77.0e	AC4RS	AC4RS
Flemingsburg	146.9550	–	O 107.2	KF4BRO	GREATER MA
Frankfort	147.1050	+	O 107.2e	K4TG	K4TG
Frankfort	147.2400	+	O 100.0	KC4AI	K4NGQ
Franklin	147.1350	+	136.5	KE4SZK	KE4SZK
Georgetown	146.6850	+	O 107.2ae	KF4NTQ	GEO-SCOTT
Glasgow	146.9400	–	e	KY4X	MCARC, INC
Grayson	146.7000	–	O 107.2	KD4DZE	KD4DZE
Greenville	147.7450	–	O(CA)	WA4TTC	MARS (MUHL
Grethel	147.0450	+	O 100.0 (CA)lRB	KJ4VF	KJ4VF
Guthrie	146.8050	–	O 100.0l	KA4NNE	KA4NNE
Halls Gap	145.1700	–	Oal	W8PRH	FAIRFIELD
Halls Gap	146.7900	–	O 79.9aes WX	AG4TY	------------
Hamlin	147.2400	+	O 91.5	W4GZ	MSUARC
Harlan	147.1050	+	103.5 WX	K4TDO	WA4GNP
Hawesville	146.7150	–	O 136.5ae sWX	KY4HC	KY4HC
Hazard	146.6700	–	O 103.5e	KY4MT	KY MOUNTAI
Henderson	145.4900	–	103.5es	W4KVK	W4KVK CLUB

144-148 MHz
KENTUCKY

Location	Output	Input	Notes	Call	Sponsor
Henderson	146.9700	−	Oe	K4DPP	WEHT-TV
Highland Heights	146.7900	−	O 123.0	W4YWH	W4YWH
Highland Heights	146.8950	−	O 123.0rs	K4CO	K4CO
Hopkinsville	147.0300	+	O 103.5	KD4ULE	KD4ULE
Hueysville	145.4700	−	O 79.7	K4NLT	KF4ZTB
Irvine	146.8200	−	O 192.8 (CA)elRBz	W4CMR	CHESTNUT M
Irvine	147.0150	+	Oe	AD4RT	ECHO CLUB
Jackson	145.4100	−	Oa	WA4MXO	JACKSON AR
Jonathan Creek	146.9850	−	O	N4SEI	JOHNATHAN
Lawrenceburg	145.1100	−	107.2e	KYLAW	K4TG
Lawrenceburg	146.8350	−	107.2e	K4TG	K4TG
Lebanon Jct	147.1500	+	79.7el	KD4YGK	N4FND
Leesburg	145.1100	−	O 192.8 (CA)e	KC4UPE	KC4UPE
Lexington	145.2100	−	Oal	W8PRH	FAIRFIELD
Lexington	145.2500	−	O 110.9 (CA)	AD4YJ	AD4YJ
Lexington	146.7300	−	O	AC4AO	AC4AO
Lexington	146.7600	−	O(CA)z	K4KJQ	BLUEGRASS
Lexington	147.1200	+	141.3 (CA)	K4UKH	----------
Lexington	147.1650	+		WA4HBM	BLUEGRASS
Litchfield	147.2250	+	O 179.9	KY4SP	KG4JTV
London	147.1800	+	O 151.4ael RB WXx	KE4ZJT	KE4ZJT
London	147.2850	−	Ote	KC4ZFH	KC4ZFH
Louisa	147.3900	+	O 127.3e RB	N8QCW	WA4SWF
Louisville	145.1300	−	O 151.4e	N4UL	N4UL
Louisville	145.1500	−	141.3l	KG4CCW	KG4CCW
Louisville	145.2300	−	Oal	W8PRH	FARA
Louisville	145.2900	−	O 151.4 RB	AC2DC	AC2DC
Louisville	145.4100	−	O 151.4	KK4CZ	KK4CZ
Louisville	146.8800	−	O(CA)	W4PF	W4PF
Louisville	147.0300	+	O 151.4 (CA)erRBz	W4PJZ	LVL & JEF
Louisville	147.0700	+	O 151.4e	N4MRM	N4MRM
Louisville	147.1200	+	Oe	KA4KMT	KA4MKT
Louisville	147.1800	+	79.9	W4CN	W4CN
Louisville	147.2700	+	O 151.4	WB4EJK	WB4EJK
Louisville	147.3600	+	Oa	KQ9Z	KQ9Z&K9BAW
Lynch	147.2100	+	103.5eWX	KJ4BEN	JOHN SMITH
Lynn Grove	146.8950	−	O 210.7 (CA)	KA4BLZ	KA4BLZ
Madisonville	146.6100	−	O 100.0ae	KC4FRA	HOPKINS CO
Madisonville	147.0900	+	82.5e	KC4FIE	KC4FIE
Magnolia	146.6700	−	O 77.0aes WX	WA4FOB	----------
Manchester	146.9250	−	79.7	KG4LKY	KG4LKY

144-148 MHz
KENTUCKY

Location	Output	Input	Notes	Call	Sponsor
Marion	147.2850	+	Oa	KA4FGA	----------
Maysville	145.4700	−	O 107.2e	KF4BRO	GMCARA
McKee	147.0600	+	192.8	W4CPT	W4CPT
Middlesboro	146.7750	−	e	KA4WZX	KA4WZX
Millard	146.7450	−	O 141.3	KD4RTR	----------
Monticello	145.1500	−	O 100.0 (CA)e	AC4DM	AC4DM
Monticello	146.9950	−	O 88.5	WB9SHH	WB9SHH
Morehead	145.1300	−	O 100.0 (CA)lRB	KJ4VF	KJ4VF
Morehead	146.9100	−	O 123.0	K4GFY	K4GFY
Morgantown	146.6550	−	100.0sWX	W4WSM	W4WSM
Mt Sterling	147.3300	−	103.5sWX	KI4CAZ	GATEWAY AR
Murray	146.9400	−	O 91.5 (CA) e	K4MSU	MSUARC
Nicholasville	145.4900	−	Oaez	WB4CWF	WB4RZD
Oldham	147.2100	+	ae	WB4WSB	----------
Owensboro	145.3300	−	103.5esWX	KI4JXN	KI4JXN
Owensboro	146.6850	−	O 110.9	N4WJS	N4WJS
Owensboro	146.8650	−	O 82.5ae	KY4K	----------
Owensboro	147.2100	+	O 110.9al	K4HY	OARC
Owingsville	147.0750	−	Oaez	N4TLP	CAVE RUN A
Paducah	146.6550	−	Ote	K4CUW	K4CUW
Paducah	146.7600	−	O(CA)e	K4CUW	K4CUW
Paducah	147.0600	+	O 179.9ae	W4NJA	PARA
Paducah	147.1200	+	O 179.9ae	KD4DVI	KD4DVI
Paintsville	145.2700	−	O 127.3ae	N4KJU	JOHNSON CO
Paintsville	147.2250	+	127.3e	KI4OIP	KI4OIP
Paris	147.0450	+	O 141.3	KE4OOS	WD4GPO
Payneville	146.6250	−	O 151.4es WX	K4ULW	KA4MAP
Phelps	147.0900	+	O 100.0e	N4MWA	N4MVY
Pikeville	145.1500	−	127.3	KY4BP	ARCS
Pikeville	146.8500	−	O 100.0lRB z	KM4IV	MARK L SMI
Pleasent Ridge	145.2700	−	77.0elRB WX	KD4BOH	----------
Prestonsburg	147.1650	+	O	WB4UBY	N4MWA
Princeton	145.2300	−	O 179.9e	W4KBL	W4KBL
Radcliff	146.9250	−	Oael	W4BEJ	LTARC
Richmond	145.3700	−	O 192.8 (CA)e	KE4YVD	CKARS
Richmond	146.8650	−	O 192.8a	KG4AEU	MCEMA
Russell Spring	146.9550	−	100.0	N4SQV	N4SQV
Salem	147.3150	+	Oe	??4???	SALEM ARA
Salyersville	145.1900	−	O 127.3 (CA)eRB	KB4SQI	KB4SQI
Sandy Hook	147.1350	+	107.2es	KD4DZE	KD4DZE

200 144-148 MHz
KENTUCKY-LOUISIANA

Location	Output	Input	Notes	Call	Sponsor
Shelbyville	147.0000	+	O e	KE4LR	STUBBLEFIE
Somerset	146.8800	−	O 77.0e	AC4DM	AC4DM
Springfield	147.3000	−	O ael	WA4SJH	J. MURRAY
St Charles	147.2700	+	O	KE4AIE	KE4AIE
Stanton	145.2900	−		N4VOS	------------
Tompkinsville	146.7750	−	O 151.4e	KJ4OG	------------
Uniontown	145.2900	−	77.0e	KJ4HNC	------------
Vanceburg	146.7750	−	O 100.0e RB	AE4SK	AE4SK
Versailles	145.3300	−	e	KY4WC	KY4WC
Walton	147.3750	+	123	K4CO	------------
West Liberty	145.2300	−	O 107.2	KG4GQC	N4EZR
Whitesburg	145.3500	−	186.2eWX	K4TDO	
Williamsburg	147.0000	+		KG4M	STUBBLEFIE
Winchester	145.4300	−	O 203.5e	KF4CBT	KF4CBT
Winchester	147.1950	+	O 100.0l	KJ4VF	------------

LOUISIANA
REG 1 NEW ORLEANS

Location	Output	Input	Notes	Call	Sponsor
Belle Chasse	146.8950	−	O 114.8e L(444.175)rs	KA5EZQ	PPOEP
Marrero	146.9400	−	O 114.8ers	W5ABD	WARC
Marrero	147.1500	+	O 127.3 (CA)ers	N5SC	N5SC
Metairie	145.3900	−	O 114.8e	W5GAD	JARC
Metairie	145.4700	−	O 114.8	W5GAD	JARC
Metairie	146.8200	−	O 114.8	N5OZG	N5OZG
Metairie	147.3600	+	●	W5RU	DDXA
New Orleans	146.7750	−	O 114.8esx	W5MCC	SELCOM
New Orleans	146.8600	−	O 114.8/114.8 (CA)er	W5MCC	SELCOM
New Orleans	146.9600	−	O 114.8	W5UNO	UNOE
New Orleans	147.0300	+	O 114.8esx	W5MCC	SELCOM
New Orleans	147.1200	+	O 114.8e	N5OZG	N5OZG
New Orleans	147.1950	+	O ae	KE5WWX	KE5WWX
New Orleans	147.2400	+	O 114.8e L(444.000)	W5GAD	JARC
Port Shulphur	146.6550	−	O 114.8e L(444.075)rs	KA5EZQ	PPOEP

REG 2 BATON ROUGE

Location	Output	Input	Notes	Call	Sponsor
Baton Rouge	145.2300	−	O 107.2/107.2 (CA)elx	W5GQ	WAFB-TV-E
Baton Rouge	145.4500	−	O aez	WA5TQA	OMIK-BR
Baton Rouge	145.4900	−	O aelx	KD5SL	RASC
Baton Rouge	146.7900	−	O 107.2e	W5GIX	BR ARC
Baton Rouge	146.9400	−	O 107.2er	KD5CQB	EBRP OEP
Baton Rouge	147.2550	+	O	N5NXL	BRRG
Baton Rouge	147.3450	+	O 100ael	W5DOW	Dow ARC
Fordoche	147.1800	+	O ersx	KE5WQB	F-RACES

144-148 MHz LOUISIANA

Location	Output	Input	Notes	Call	Sponsor
Gonzales	145.3100	–	O 10.2 L(444.025)	K5ARC	ASCN ARC
Gonzales	146.9850	–	Oe	K5ARC	ASCN ARC
Gonzales	147.2250	+	O 107.2e	K5ARC	ASCN ARC
Holden	146.7300	–	O 107.2e	W5LRS	LARS
REG 3 THIBODAUX					
Destrehan	146.8050	–	Oe	WB5MUI	Plantation
Dularge/Theriot	147.3000	+	Oe	W5YL	THBDX ARC
Thibodaux	145.2100	–	Oae	WD5IWT	WD5CFM+
Thibodaux	147.3900	+	Oael	W5YL	THBDX ARC
REG 4 LAFAYETTE					
Abbeville	147.0600	+	O	KC5Z	VARC
Berwick	146.7450	–	O 103.5/103.5a	N5BOD	N5BOD
Carencro	145.2900	–	O	KE5KUL	DRCC
Crowley	147.2400	–	O 127.3 (CA)e	K5ET	TV 10 RG
Duson	147.0400	+	O 103.5/103.5e	W5EXI	ACDN ARA
Franklin	147.1200	+	Oaer	N5BOD	ST MRY CD
Lafayette	145.3700	–	O 103.5/103.5e	KF5VH	LRA
Lafayette	146.8200	–	O 103.5/103.5ae	W5DDL	ACDN ARA
Morgan City	146.9100	–	Oaer	N5BOD	ST MRY CD
New Iberia	145.4100	–	O 103.5es	K5BLV	ADXA
New Iberia	146.6800	–	O 103.5/103.5aer	K5ARA	IBR PR OEP
Opelousas	147.1500	+	O 103.5/103.5 BI	W5OPL	OPLS AARC
REG 5 LAKE CHARLES					
DeRidder	146.8500	–	O 203.5	N5BDD	W LA ARS
Kinder	146.9250	–	O 203.5 E-SUN	W5ELM	W5ELM
Lake Charles	145.2100	–	O 103.5	W5BII	SWLARC
Lake Charles	146.7300	–	O 173.8/173.8ae	W5BII	SWLARC
Sulphur	145.3500	–	O 103.5/103.5 (CA)e	W5BII	SWLARC
REG 6 ALEXANDRIA					
Alexandria	147.3300	–	O 173.8ael rZ(911)	KC5ZJY	ARCCLA
Ashland	147.2100	+	●ex	KC5UCV	KC5UCV
Jena	147.1050	+	O 173.8x	KE5KT	KE5KT
Leesville	145.3100	–	O 173.8 (CA)elz	W5LSV	WCLARC
Leesville	147.3900	+	O 203.5	W5TMP	WCLARC
Many	146.8050	–	Oewx	KC5UCV	KC5UCV
Many	147.2800	–	O 173.8ael s	K5MNY	ARCS

144-148 MHz
LOUISIANA

Location	Output	Input	Notes	Call	Sponsor
Moreauville	145.1300	–	O 173.8e	KA5KON	AVOY OEP
Natchitoches	146.8800	–	O 173.8aer	WA5BWX	WA5BWX-CD
Pineville	146.6400	–	O 173.8 (CA)e	AB5IS	AB5IS
Pineville	147.3750	–	O 173.8els	KD5DFL	CL-ARES
Winnfield	147.0600	+	O 173.8esx	KE5IXL	WPARES
REG 7 SHREVEPORT					
Bossier	147.1500	+	O 186.2elr sWXz	K5BMO	B.M.O.
Coushatta	145.2700	–	O 186.2 (CA)er	K5EYG	RRARA
Haughton	147.2400	+	O 123e	KC5UCV	KC5UCV
Mansfield	146.9400	–	Oaer	KC5XR	UNTD R AC
Minden	147.3000	+	O 186.2a	N5RD	MARA
Shreveport	145.1100	–	O 186.2 (CA)eWz	N5FJ	S.A.R.A.
Shreveport	145.4100	–	O 186.2e	KC5OKA	ARK LA TX
Shreveport	145.4300	–	Oal	KB5PKW	MARA
Shreveport	146.6700	–	O 186.2e WXx	N5SHV	ARCOS
Shreveport	146.7000	–	O 186.2er	K5SAR	SARA
Shreveport	146.7600	–	O 186.2ae	N5SHV	ARCOS
Shreveport	146.8200	–	O 186.2 (CA)e	K5SAR	S.A.R.A
Springhill	146.7300	–	Oa	W5KJN	SPHL ARC
Springhill	147.1650	+	OWX	AF5P	ARKLA ARA
REG 8 MONROE					
Bastrop	146.9250	–	O 127.3e	NE5WX	NE5WX
Bernice	145.3300	–	O 127.3	W5JC	W5JC
Bernice	147.0750	+	O 127.3	W5JC	W5JC
Columbia	147.0150	+	Otex	K5NOE	K5NOE
Farmerville	145.2300	–	Oers	KA5JNL	UP-ARES
Holly Ridge	145.3500	–	O 127.3elr sWXx	W5KGT	W5KGT
Jonesboro	146.7900	–	Os	WB5NIN	JAARO
Kilbourne	146.7750	–	O	KJ5NQ	KJ5NQ
Monroe	146.8500	–	Oersx	N5DMX	N5DMX
Rayville	145.4900	–	O	WA5KNV	Beouf R RA
Ruston	145.1900	–	O 94.8ael LITZx	N5WLG	N5WLG
Ruston	147.1200	+	O 94.8es	WC5K	PHARA
West Monroe	145.4500	–	O 127.3els	W5KGT	W5KGT
West Monroe	147.1350	+	O 127.3ael rsLITZ WXxZ(911)	W5KGT	W5KGT
West Monroe	147.3750	+	O 127.3	KB5TLB	KB5TLB
REG 9 HAMMOND					
Hammond	145.1300	–	O 107.2/107.2e	WB5NET	SELARC
Hammond	147.0000	–	O 107.2/107.2 (CA)ez	WB5NET	SELARC

144-148 MHz
LOUISIANA-MAINE

Location	Output	Input	Notes	Call	Sponsor
LaCombe	145.2900	–	O	K5OZ	Ozone ARC
LaCombe	146.6200	–	O 114.8l	W5MCC	SELCOM
LaCombe	146.6400	–	O 114.8l	N5UK	N5UK
LaCombe	147.2700	–	O 114.8/114.8e	W5SLA	Ozone ARC
Madisonville	147.3750	+	O 107.2e	W5NJJ	NLAKE ARC+
Mandeville	146.7150	–	O 107.2/107.2 (CA)e	W5NJJ	NLAKE ARC+
Pine	145.4300	–	O 107.2/107.2e	WA5ARC	WARC

STATEWIDE
Shared	145.1700	–	#		------------

MAINE
AROOSTOOK COUNTY

Location	Output	Input	Notes	Call	Sponsor
Allagash	146.7150	–	O 100.0 E-SUN	N1FG	SJVARA
Fort Fairfield	147.3900	+	O	KB1JVP	KB1JVP
Fort Kent	146.6400	–	O 100.0 E-SUNx	N1FG	SJVARA
Frenchville	147.3300	+	O 103.5	N1FCV	N1FCV
Houlton	146.7900	–	O 110.9e WX	W1NSN	GHCA-ARC
Madawaska	146.8200	–	O 179.9e	KB1NLQ	PChasse
Merrill	145.1700	–	O 123.0e L(KQ1L 147.000) WXx	KB1JVP	KB1JVP
North Wade	146.7300	–	Oe	K1FS	AARA

AUGUSTA

Location	Output	Input	Notes	Call	Sponsor
Augusta	146.6700	–	O 100.0ae L(KQ1L LINK SYSTEM)rsWX	KQ1L	KQ1L
Augusta	146.7900	–	● 157.6er WX	KQ1L	KCEMA
Belgrade Lakes	145.3900	–	O 100.0e L(E15061 443.200)sWXx	W1PIG	KenebecARS
Gardiner	147.2550	+	O 114.8 (CA)eL(MT. WASHINGTON N.H.)s	KB1RAI	Late Night
Kents Hill	147.0000	+	O 100.0e L(449.275)rsWX	W1PIG	KARS
Litchfield	146.7000	–	O 100.0e L(KQ1L LINK SYSTEM)rsWXx	N1ITR	N1ITR/KQ1L
Waterville	146.9250	–	O 100.0e L(KQ1L)r	KQ1L	KQ1L
Winslow	147.7600	–	O 103.5	KD1MM	KD1MM
Winslow	147.2850	+	O 100.0	W1SSF	W1SSF

CENTRAL/BANGOR

Location	Output	Input	Notes	Call	Sponsor
Bangor	145.4500	–	O 67.0eps	WA1RES	PnbCtyARES
Beaver Cove	147.2550	+	O 131.8e	W3VNE	SDHiggins
Brownville	147.1050	+	O 103.5ex	N1BUG	N1BUG
Dixmont	146.8500	–	O 100.0e L(KQ1L LINK SYSTEM)rsWXx	KQ1L	KQ1L

144-148 MHz
MAINE

Location	Output	Input	Notes	Call	Sponsor
East Holden	146.9400	–	O 100.0e	N1ME	PSARC
East Millinocket	146.7450	–	O 100.0 L(145.250 + 449.275)	KA1EKS	KA1EKS
Hampden	147.3000	+	O 100.0 (CA)eWX	W1GEE	W1GEE
Lincoln	147.0000	+	O 100.0 L(KQ1L LINK SYSTEM)	KQ1L	KQ1L
Millinocket	145.2500	–	O 100.0 L(146.745 + 449.275)	KA1EKS	KA1EKS
Milo	147.2100	–	O 71.9	KC1AU	PARC
Orono	145.4700	–	O 71.9	W1YA	U ME ARC
Springfield	147.3750	+	O 100.0ex	WA1ZJL	WA1ZJL

MID-COAST

Location	Output	Input	Notes	Call	Sponsor
Belfast	147.1650	+	O 136.5epr s	W1EMA	WCARA
Ellsworth	146.9100	–	O 151.4ers x	KB1NEB	HC EMCOMM
Hope	147.2400	+	O	WA1ZDA	WA1ZDA
Hulls Cove	147.0300	+	O 100.0.e	W1TU	EAWA
Knox	147.2700	+	O 136.5ers	W1EMA	WCARA
Palermo	145.2700	–	O 100.0e L(145.390 OR 449.275)rsWXx	W1PIG	KARS
Rockport-Ragged Mtn	146.8200	–	O 100.0 L(KQ1L LINK SYSTEM)rsWXx	KQ1L	KQ1L
Washington	145.4900	–	O 91.5 (CA) eL(WZ1J BRUNSWICK)rsx	KC1CG	KC1CG

NORTHWEST

Location	Output	Input	Notes	Call	Sponsor
Buckfield-Strkd Mtn	146.8800	–	O 100.0e L(KQ1L LINK SYSTEM)rsWXx	KQ1L	KQ1L
Farmington	147.1800	+	O 123.0	W1BHR	KY1C
Hiram	147.0150	+	O 103.5ex	K1AAM	K1AAM
Madison	146.7300	–	O 91.5e	KA1C	KA1C
New Sharon	145.3500	–	O 100.0e L(KQ1L MAINE NETWORK)rsWXx	N1UGR	KQ1L
Norway	147.1200	+	O 136.5ers	W1OCA	OCARES
Rangeley	147.1500	+	O 114.8a E-SUN L(E357155 CL-100)x	KD5FUN	KD5FUN
Rumford	146.9100	–	O 100.0ex	N1BBK	N1BBK
Skowhegan	147.3450	+	O	KA2ZGC	KA2ZGC
Sugarloaf Mtn	146.9700	–	O 100.0e L(KQ1L LINK SYSTEM)rsWXx	KQ1L	KQ1L

PORTLAND/SOUTH COAST

Location	Output	Input	Notes	Call	Sponsor
Acton	145.2100	–	O 156.7 L(CCS NETWORK)	N1KMA	CLEOSYS
Alfred	145.4100	–	O 103.5aer	WJ1L	RACES
Arundel	146.9250	–	O 103.5 (CA)eL(WATERBORO 444.600)r	W6BZ	N East ARC
Auburn	146.6100	–	Oe	W1NPP	AARC
Biddeford	147.1500	+	O 79.7	KA1JWM	KA1JWM

MAINE-MARYLAND

Location	Output	Input	Notes	Call	Sponsor
Brunswick	147.1350	+	O 103.5 (CA)eL(444.9)x	WZ1J	G.R.U.
Brunswick	147.2100	+	O 100.0ae prsx	KS1R	MARA
Cornish	145.2100	−	O 156.7e L(CCS SYSTEM) EXPx	N1KMA	CLEOSYS
Falmouth	147.0900	+	O 100.0ae sWXx	W1QUI	W1QUI
Gray	147.0450	+	O 103.5e	K1MV	RRRA
Hollis Center	146.6400	−	O 100.0e	N1ROA	N1ROA
Livermore Falls	147.2250	+	O 123.0	W1BHR	BHRG
Naples	146.8350	−	103.5x	K1AAM	K1AAM
Poland Spring	147.3150	+	O 103.5x	K1AAM	K1AAM
Portland	147.3600	+	O#	K1SA	COORDEXP
Saco	146.7750	−	O	WA1GTT	WA1GTT
Sanford	145.2100	−	O 156.7e L(CCS SYSTEM)x	N1KMA	CLEOSYS
Sanford	146.8050	−	O 156.7/146.2aeL(CCS SYSTEM)x	N1KMA	CLEOSYS
Sanford	147.1800	+	O 88.5/100 eL(KQ1L NETWORK)x	K1PHF	KQ1L
Waldoboro	147.3900	+	O 179.9 (CA)	K1NYY	K1NYY
Wales	145.2900		O 100.0e L(145.390 449.275 145.270 443.200)sWXx	W1PIG	KARS
Waterboro	147.2700	−	O 103.5e L(444.6) WXx	W1CKD	PRG
West Newfield	146.6700	−	O 146.2e L(CCS NETWORK) EXPx	N1KMA	CLEOSYS
Windham	146.7300	−	O 100.0er	K1EU	PAWA
Wiscasset	146.9850	−	O 100.0er	K1LX	K1NI

WASHINGTON COUNTY

Location	Output	Input	Notes	Call	Sponsor
Cooper	146.6100	−	O 114.8	WB5NKJ	WB5NKJ
Cooper	146.9850	−	● 179.9es WXx	W1LH	CMRG
Cooper	147.3300	+	O 118.8s WX	W1LH	W1LH
Marshfield	146.7750	−	O 192.8 E-SUN	K1HF	K1HF
Topsfield	146.6700	−	O 100.0 L(KQ1L LINK SYSTEM)	K1HHC	COORDEXP

MARYLAND
ALL

Location	Output	Input	Notes	Call	Sponsor
SNP	145.1700	−	O		------------

ANNAPOLIS

Location	Output	Input	Notes	Call	Sponsor
Davidsonville	147.1050	+	O 107.2ae z	W3VPR	AARC
Millersville	146.8050	−	O 107.2aer Z(911)	W3CU	MMARC

144-148 MHz
MARYLAND

Location	Output	Input	Notes	Call	Sponsor
BALTIMORE					
Baltimore	147.0300	+	O(CA)elWX	WB3DZO	BRATS
Baltimore	147.3450	+	O 127.3	N3HIA	N3HIA
Cockeysville	145.1900	−	O 110.9	K3NXU	Boumi AR
Columbia	147.1350	+	O 156.7er	K3CUJ	Col. ARA
Cooksville	147.3900	+	O 156.7ers WX	K3CUJ	Col. ARA
Curtis Bay	147.0750	+	O 107.2 (CA)elrsWX	W3VPR	AARC
E Baltimore	147.2400	+	Ol	W3PGA	Aero ARC
Jessup	146.7600	−	O 107.2l	WA3DZD	MFMA
Jessup	146.7600	223.1600	O 107.2l	WA3DZD	MFMA
Jessup	146.7600	449.0000	O 107.2l	WA3DZD	MFMA
Towson	146.6700	−	O 107.2ael r	W3FT	BARC
CENTRAL MD					
Damascus	145.2500	−	O 146.2l	N3VNG	KK3L
CUMBERLAND					
Cumberland	145.4500	−	O 123.0elr sWX	W3YMW	Mtn ARC
Cumberland	147.1050	+	O 192.8	WX3M	WX3M
FREDERICK					
Frederick	146.6400	−	O 156.7	K3ERM	FARC
Frederick	146.7300	−	O 141.3e	W3ICF	FARG
Frederick	147.0600	+	O 123.0 (CA)elrWX	K3MAD	MADXRA
Thurmont	147.1950	+	O 179.9	N3EJT	N3EJT
HAGERSTOWN					
Clear Spring	147.3450	+	O 123.0	K3MAD	MADXRA
Hagerstown	146.9400	−	Oar	W3CWC	AnttmRA
Hagerstown	147.0900	+	Oer	W3CWC	AnttmRA
Hagerstown	147.3750	+	Or	K3UMV	K3UMV
NORTH CENTRAL					
Manchester	146.8950	−	Ol	N3KZS	N3KZS
Sykesville	147.2850	+	O	K3PZN	CCARC
Westminster	145.4100	−	O 114.8ael rz	K3PZN	CCARC
NORTH EASTERN SHORE					
Centerville	146.9400	−	O 107.2l	N8ADN	K.I. ARC
Worton	147.3750	+	O 156.7 (CA)ersWX	K3ARS	Kent ARS
NORTHEAST MD					
Bel Air	146.7750	−	O 146.2aer	WB0EGR	HarfdCoRACES
Bel Air	147.1200	+	O	N3EKQ	N3EKQ
Charlestown	145.4700	−	O 107.2 (CA)rz	N3RCN	N3RCN
Port Deposit	146.8500	−	O 107.2 L(53.83)	WA3SFJ	CBRA
Shawsville	145.3300	−	O	K3HT	W3EHT

144-148 MHz — MARYLAND-MASSACHUSETTS

Location	Output	Input	Notes	Call	Sponsor
SOUTH EASTERN SHORE					
Easton	147.0450	+	O 156.7er Z(911)	K3EMD	EARS
Ocean City	147.0150	+	O 156.7a	N3KZS	Tri-Co A
Princess Anne	146.6250	−	O 156.7a	KA3MRX	SCARES
Salisbury	146.8200	−	O 156.7ae	WA3ROW	DARC
Salisbury	146.9250	−	O 156.7erz	W3PRO	PROS
SOUTHERN MD					
Blossom Point	146.8500	−	Oe	W3BPT	BPARC
Brandywine	147.1500	+	O 114.8els WX	W3SMR	SMARC
Hollywood	147.1950	+	O 156.7er	N3PX	SPARC
Hughesville	145.3900	−	O 186.2e	W3ZO	W7UH
Lexington Park	146.6400	−	O 146.2ae z	K3HKI	StMrysAR
Lexington Park	146.7750	−	O 156.7 A(*911)	N3HRT	N3HRT
Prince Frederick	145.3500	−	O 156.7ael	N3NO	CARC
Sunderland	146.9850	−	O 156.7er	K3CAL	Calvert ARA
WASHINGTON AREA					
Adelphi	145.3700	−	Oe	W3ARL	HDL ARC
Ashton	147.0000	−	O 156.7a	K3WX	ARCS
Bethesda	145.2900	−	O 156.7e	K3YGG	NIHRAC
Bladensburg	146.6100	−	O(CA)er	K3GMR	GMRA
College Park	145.4900	−	OA(*911)z	W3EAX	U of Md ARC
Germantown	147.2700	+	O	WA3KOK	NERA
Greenbelt	146.8350	−	Oe	WA3NAN	Goddard ARC
Greenbelt	146.8800	−	O(CA)er	W3GMR	GMRA
Jessup	146.7600	−	O 107.2l	WA3DZD	MFMA
Jessup	146.7600	223.1600	O 107.2l	WA3DZD	MFMA
Jessup	146.7600	449.0000	O 107.2l	WA3DZD	MFMA
Lanham	145.2300	−	O 110.9	WC3MAR	PGCERA
Laurel	145.4300	−	O 114.8es	K3MRC	DCMARC
Rockville	146.9550	−	O(CA)er	KV3B	MARC
Silver Spring	147.1800	+	O 156.7ar	KA3LAO	Tri-Co A
Silver Spring	147.2250	+	O 156.7ael	WB3GXW	WB3GXW
WESTERN MD					
Frostburg	147.2400	+	O 123.0l	KK3L	KK3L
Lonaconing	147.3150	+	O 118.8e	N3JJK	N3JJK
Midland	146.8800	−	O 123.0/141.3ars	W3YMW	Mtn ARC
Oakland	146.8050	−	O 123.0arz	KB8NUF	GCARES

MASSACHUSETTS

Location	Output	Input	Notes	Call	Sponsor
BLACKSTONE VALLEY					
Medway	147.0600	+	O 100.0 L(224.66)	W1KG	W1KG
Mendon	146.6100	−	O 146.2 (CA) L(MMRA)	AE1C	MMRA

144-148 MHz
MASSACHUSETTS

Location	Output	Input	Notes	Call	Sponsor
BOSTON METRO					
Belmont	145.4300	−	O 67.0	WA1RTT	MMRA
Boston	145.2100	−	O 100.0e	KB1BEM	KB1BEM
Boston	145.2300	−	O 88.5esx	W1BOS	BARC
Boston	145.3100	−	O 123.0ae	W1KBN	NUWireless
Brookline	146.8200	−	O 146.2 E-SUN E-WIND L(MMRA)	K5TEC	MMRA
Brookline	146.9850	−	O 88.5/118.8x	W1FCC	BrklineARC
Burlington	146.7150	−	O 146.2 (CA)eL(MMRA)r	KC1US	MMRA
Newton	147.3600	+	O 67.0 L(E117424)	W1LJO	MDLSX ARC
Quincy	146.6700	−	O 146.2 (CA) L(MMRA)	W1BRI	MMRA
Wakefield	147.0750	+	O 151.4e	WA1RHN	WA1RHN
BOSTON SOUTH					
Attleboro	147.1950	+	O 127.3ers WXx	K1SMH	SMHARC
Canton	146.7450	−	O 146.2 L(E375668 I4632)	K1BFD	EMARG
Foxborough	147.0150	+	O 67.0	KB1CYO	NWS
Norwood	147.2100	+	O 100.0	W1JLI	NARC/NEMA
Sharon	146.8650	−	O 103.5rsx	K1CNX	S EMA
Taunton	145.2800	−	O DCS(NXDN)	WG1U	KA1DTA
Taunton	147.1350	+	O 67.0rsx	KA1GG	PAWA
Walpole	146.8950	−	O 123.0e WX	K1HRV	EMA
Wrentham	147.0900	+	O 146.2e L(E222792 I4751)X	K1LBG	K1LBG
CAPE AND ISLANDS					
Barnstable	146.7300	−	O 67.0e L(I4824)	W1SGL	CC & IARA
Brewster	147.2550	+	O 67.0e L(E403358)	WA1YFV	PARC
Dennis	146.9550	−	O 88.5e L(E20024)rsWX	K1PBO	BARC
Falmouth	146.6550	−	O 88.5 (CA) eL(NEWTON GPO REPEATER)prs	K1RK	FARA
Falmouth	147.3750	+	O 110.9aer s	N1YHS	N1YHS
Nantucket	145.3100	−	O 107.2e	W1UF	W1UF
North Eastham	145.2700	−	O DCS(445)	N1BX	N1BX
West Tisbury	147.3450	+	O 88.5e L(E 242147)rs	KB1QL	MVRC
CENTRAL					
Athol	147.3900	+	O 100.0	N1WW	M.A.R.S.
Clinton	146.6550	−	O 74.4 (CA) er	N1ZUZ	CEMA

MASSACHUSETTS

Location	Output	Input	Notes	Call	Sponsor
Fitchburg	145.4500	−	O 74.4 (CA)er	W1GZ	MARA
Fitchburg	147.3150	+	O 100.0 (CA)eL(224.34/442.95/53.93)px	WB1EWS	WB1EWS
Gardner	145.3700	−	O 136.5ers WXx	W1GCD	GardnerOEM
Oxford	147.2550	+	O 88.5	K1AOI	K1AOI
Paxton	146.9700	−	O 114.8ex	W1BIM	CMARA
Warren	147.2100	+	O 88.5rs	K1QVR	QVARC
Worcester	145.3100	−	O 100.0a L(449.025)	W1WPI	WPIWA
Worcester	146.9250	−	O 100.0 DCS(P25NAC:293)	W1YK	WPIWA
FRANKLIN COUNTY					
Deerfield	145.1300	−	O 173.8	KB1NTK	AB1RS
Leyden	146.9850	−	O 136.5ers WXx	KB1BSS	FCARC
Orange	146.6250	−	O 110.9	NA1P	NQRA
South Deerfield	147.1650	+	O 118.8e	N1PMA	N1PMA
MERRIMACK VALLEY					
Andover	146.8350	−	O 94.8ers	KB1PTZ	Tn Andover
Billerica	147.1200	+	O 103.5	W1DC	1200 ARC
Haverhill	145.3500	−	O 136.5 (CA)e	KT1S	KT1S
North Andover	145.2900	−	O 167.9 (CA)e	KA1LFD	ECAT
Pepperell	147.3450	+	O 100.0ers	N1MNX	N1MNX
Westford	146.9550	−	O 74.4e L(E380799)rsWXx	WB1GOF	PART
METROWEST					
Concord	145.1100	−	O 110.9e	N1CON	CWA
Framingham	147.1500	+	O 100.0 L(E506576 I4355)	W1FY	FARA
Harvard	145.4100	−	O 74.4arsx	W1DVC	Harvard RA
Marlborough	147.2400	+	O 71.9/100ers	WA1NPN	TH Group
Marlborough	147.2700	+	O 146.2 (CA)eL(MMRA)	W1MRA	MMRA
Southborough	145.2700	−	ODCS(244 P25NAC:244)x	W1EMC	EMC ARC
Waltham	146.6400	−	O 136.5 DCS(P25NAC:293) L(E490278)x	W1MHL	WalthamARA
Wellesley	147.0300	+	O 123.0 L(COLOCATED 444.600)	W1TKZ	WellslyARS
Weston	146.7900	−	O 146.2 (CA) L(MMRA)r	N1BE	MMRA
NORTH SHORE					
Beverly	147.3900	+	O 131.8er	WA1PNW	Beverly CD
Danvers	145.4700	−	O 136.5 (CA) L(E314375 I4427)rs	NS1RA	NSRA

144-148 MHz
MASSACHUSETTS

Location	Output	Input	Notes	Call	Sponsor
Gloucester	145.1300	–	O 107.2ae x	W1GLO	CAARA
Ipswich	145.4900	–	O 131.8ers WX	KB1KHO	Ipswich EM
Lynn	145.3300	–	O 88.5	W1DVG	W1DVG
Lynn	147.0150	+	● 88.5	W1DVG	W1DVG
Salem	146.8800	–	O 118.8e	NS1RA	NSRA
Saugus	146.9100	–	O 123.0 (CA)er	K1SVP	E.M.F.r.a.
Topsfield	147.2850	+	O 100.0e	W1VYI	ECRA
West Newbury	146.6250	–	O 131.8 (CA)ersx	K1KKM	PRA

SOUTH COAST

Location	Output	Input	Notes	Call	Sponsor
Dartmouth	147.0000	+	O 67.0ae L(E44347 I4347 RMTBASE)rsx	W1AEC	SEMARA
Fairhaven	145.4900	–	O 67.0ae L(E4611 I4617)rsWXx	W1SMA	SCMARG
Fall River	145.1500	–	O 123.0ers	WA1DGW	BCRA
Fall River	146.8050	–	O 67.0 (CA) NN1D e		SEMARG
New Bedford	145.1100	–	O 67.0 L(E4254 I4245)	NB1MA	LAARA
Swansea	145.3200	145.7200	O DCS(NXDN)e	KC1JET	PAWA

SOUTH SHORE

Location	Output	Input	Notes	Call	Sponsor
Bridgewater	147.1800	+	O 67.0 (CA) eL(E451971 I4388) WXx	W1MV	MARA
Norwell	145.2500	–	O 77.0e	W1QWT	W1QWT
Norwell	145.3900	–	O 67.0 DCS(NXDN) L(I4320 443.600 RMTBASE)	AC1M	NS1N
Plymouth	146.6850	–	O 82.5er WX	N1ZIZ	G.A.R.S.
Plymouth	147.3150	+	O 67.0ex	WG1U	WG1U
West Bridgewater	146.7750	–	ODCS(244) eL(WESTBORO MA 448.775)x	W1WNS	W1WNS
Weymouth	147.3000	+	O 67.0er	N1BGT	SSRA
Whitman	147.2250	+	O 67.0 (CA) eL(E484193 I8691)r	WA1NPO	WhitmanARC

SPRINGFIELD/PIONEER VALLEY

Location	Output	Input	Notes	Call	Sponsor
Agawam	146.6700	–	O 127.3 L(I4322)s	W1TOM	MTARA
Holyoke	146.7150	–	O 100.0e	K1ZJH	K1ZJH
Holyoke	146.9400	–	O 127.3 L(147.000 MTARA REPEATER)sx	W1TOM	MTARA
Monson	147.1050	+	O 162.2	W1OBQ	NYNES
Westfield	147.0750	+	O 88.5	W1JWN	GWMRC

THE BERKSHIRES

Location	Output	Input	Notes	Call	Sponsor
Egremont	145.2500	–	O 114.8x	WB2BQW	NE. Conn.
Great Barrington	145.2700	–	O 136.5e WX	KA1OA	NoBARC

144-148 MHz 211
MASSACHUSETTS-MICHIGAN

Location	Output	Input	Notes	Call	Sponsor
Lenox	145.2900	−	O 77.0e L(E264386)x	WA1WMG	PiveroComm
Mt Greylock	145.2100	−	O 77.0e L(E264386)rx	WA1WMG	PiveroComm
Mt Greylock	146.9100	−	O 162.2e WXx	K1FFK	NoBARC
North Adams	145.4900	−	O 100.0	KC1EB	KC1EB
Pittsfield	147.0300	+	O 162.2e	K1FFK	NoBARC

MICHIGAN
LOWER PEN NORTHEAST

Location	Output	Input	Notes	Call	Sponsor
Alpena	145.4900	−	O 100 (CA) elrs	N8BIT	8BITRG
Alpena	146.7600	−	O 88.5e	K8PA	TBARC
Bad Axe	145.4700	−	O	N8LFR	LHARC
Bad Axe	146.8800	−	Oe	KA8PZP	Thumb ARC
Bay City	145.3100	−	O 131.8ers WX	N8BBR	BARC
Bay City	147.3600	+	OaelrsWX	N8BBR	BARC
Caro	146.6600	−	O 141.3ers WX	KC8CNN	TCARA
Caro	146.8200	−	OaesWxz	WA8CKT	WA8CKT
Cheboygan	146.7400	−	O 103.6ex	W8IPQ	CCARA
Gaylord	147.1200	+	O 151.4ers WXx	WD8DX	N8JCN
Glennie	145.1700	−	O 141.3 (CA)ersWX	K5EKP	K5EKP RS
Hale	147.2200	+	O 141.3 (CA)elrsWX	K5YHA	K5EKP RS
Harrisville	147.0400	+	O 123aers WXz	W8HUF	Alcona County E
Hemlock	145.3300	−	O 88.5e	K8DO	K8DO
Lewiston	145.1900	−	●tl	W8YUC	RARG
Mackinaw City	145.1100	−	O 103.5r	W8AGB	CCECPSCO
Midland	147.0000	+	O 103.5a DCSersWX	W8KEA	MARC
Mio	145.3500	−	Oe	WT8G	AVARC
Mio	146.7000	−	O 156.7 (CA)ersWX	K5YHA	K5EKP RS
Mio	147.1400	+	O 141.3 (CA)ersWX	K5EKP	K5EKP RS
Oscoda	145.2300	−	O 100	WD8RNO	WD8RNO
Pleasant Valley	146.7200	−	O 103.5ex	KA8IBY	CMARA
Rogers City	147.0200	+	O 103.5	WB8TQZ	PICARC
Roscommon	145.4500	−	Oe	WF8R	CHARA
Saginaw	147.2400	+	O 103.5ael rsWX	K8DAC	SVARA
Sandusky	146.8600	−	OesWX	W8AX	Thumb ARC
Sterling	147.0600	+	O 103.5e	K8WBR	N8CJM

144-148 MHz
MICHIGAN

Location	Output	Input	Notes	Call	Sponsor
Watrousville	147.3200	+	O 110.9 DCSersWX	N8UT	AREA
West Branch	145.4100	−	O 91.5el	W8YUC	RARG
West Branch	146.9400	−	O 103.5ers	K8OAR	OARS
LOWER PEN NORTHWEST					
Benzonia	147.0400	+	O(CA)ersWX	W8BNZ	Benzie ARC
Big Rapids	145.2900	−	O 94.8ael WXxz	W8IRA	IRA
Big Rapids	146.7400	−	OaersWxx	KB8QOI	BRAARC
Cadillac	146.9800	−	O(CA)exz	K8CAD	WEXARC
Cadillac	147.1600	+	O 103.5ael WXxz	W8IRA	IRA
East Jordan	147.2800	+	O 103.5ers WX	W8COL	COLARC
Edmore	146.8000	−	O 103.5 (CA)eWXx	WB8VWK	CMARA
Farwell	147.2000	+	O 103.5 (CA)erWX	KA8DCJ	KA8DCJ
Fremont	146.9200	−	O 94.8aers WX	KC8MSE	NCRG
Gaylord	146.8200	−	O 118.8 (CA)ersWXxz	NM8RC	TOMARC
Gladwin	147.1800	+	O 173.8e	W8GDW	GAARC
Grayling	145.1300	−	O 107.2e	N8AHZ	ARAHH
Hart	146.6400	−	O 94.8elrs WX	N8UKH	OCARES
Holton	147.3200	+	O 94.8ers WXz	WD8MKG	WD8MKG
Kalkaska	147.3000	+	O 123e	AA8ZV	AA8ZV
Lake City	145.2100	−	O	KG8QY	Rat Pack
Lake Leelanau	146.9200	−	O 114.8	N8JKV	N8JKV
Leland	145.3900	−	O 103.5aer sz	W8TCM	LRA&CARC
Ludington	145.3100	−	O 94.8ael WXxz	W8IRA	IRA
Ludington	145.4700	−	O 103.5e WX	K8DXF	K8DXF
Ludington	146.6200	−	O 94.8ae	WB8ERN	WB8ERN
Mackinaw City	146.8400	−	O 103.5els WXxz	W8IRA	IRA
Mancelona	147.3800	+	O 107.2el	K8WQK	CARC
Manistee	145.1700	−	O 94.8	KB8BIT	KB8BIT
Manistee	146.7800	−	O 94.8e	W8GJX	WMRA
Moorestown	146.9600	−	O 103.5 (CA)e	KA8ABM	KA8ABM
Mt Pleasant	145.1500	−	O 103.5ael WXxz	W8IRA	IRA
New Era	147.2200	+	●tDCSepr sWX	AB8AZ	AB8AZ

144-148 MHz MICHIGAN

Location	Output	Input	Notes	Call	Sponsor
Peshawbestown	146.6600	–	O 103.5e	W8TVT	LRA
Stutsmanville	146.6800	–	O 110.9e WXx	W8GQN	SAARC
Traverse City	145.1500	–	O 114.8ael WXxz	W8IRA	IRA
Traverse City	145.2700	–	O 114.8el	W8TVC	NMARC / IOOK
Traverse City	146.8600	–	Oarsx	W8SGR	CARC
Traverse City	147.1000	+	O 100.0rsx	K8HIB	Cherryland ARC
Vanderbilt	145.2900	–	O 103.5ael WXxz	W8IRA	IRA
Walkerville	145.4300	–	O 94.8	NW8J	NW8J
White Cloud	145.4500	–	O 94.8eWX	KB8IFE	KB8IFE
LOWER PEN SOUTHEAST					
Adrian	145.3700	–	O 85.4es WX	W8TQE	Adrian ARC
Ann Arbor	145.2300	–	O 100e	W8UM	U of M ARC
Ann Arbor	146.9600	–	O 100es	W8PGW	Arrow ARC
Burton	147.3800	+	O 88.5el	N8NE	FAIR
Chelsea	145.4500	–	O 100es WX	WD8IEL	CARC
Clarkston	146.8400	–	O 100 (CA) ersWX	K8NWD	CRA
Dearborn	145.2700	–	O 100 (CA) e	K8UTT	Ford ARL
Dearborn	147.1600	+	O 100 (CA) ersWX	WR8DAR	N8DJP
Detroit	145.1100	–	●te	W8DET	DM&KC
Detroit	145.2100	–	O 123 DCS x	WW8GM	GMARC
Detroit	145.3300	–	O 100ers WX	WR8DAR	RADAR
Detroit	146.7600	–	O 103.5 (CA) DCSesWXxz	KE8HR	SpiritARC
Durand	145.2900	–	O 100elrs WX	N8IES	N8IES
Fenton	146.7800	–	O 67 (CA) DCSeWXx	W8VHB	FAARA
Flint	147.1000	+	O 100 (CA) elrsWXz	KC8KGZ	Michigan Speciali
Flint	147.2600	+	O 100lrs WXz	KC8KGZ	Michigan Speciali
Flint	147.3400	+	O 100	W8ACW	GCRC
Fort Gratiot	146.8000	–	O 100eWX	K8ARC	ARCARS
Garden City	146.8600	–	O 100 (CA) elrs	KK8GC	GCRA
Grosse Point Woods	146.7400	–	O 100ep	K8BYI	SEMARA
Howell	146.6800	–	O 162.2ael rsWX	W8LRK	LARK

214   144-148 MHz
MICHIGAN

Location	Output	Input	Notes	Call	Sponsor
Lapeer	146.6200	–	O 100 (CA) ersWXxz	W8LAP	LCARA
Livonia	145.3500	–	O 100el	K8UNS	LARC
Manchester	146.9800	–	O 100es	WD8IEL	CARC
Milford	146.9000	–	O 100ers WX	W8OAK	Oakland Co EmerMg
Monroe	145.3100	–	OersWX	W8YZ	MEMRA
Monroe	146.7200	–	O 100 (CA) ersWxz	K8RPT	RRRA
Mt Clemens	147.2000	+	O 100ers WX	WA8MAC	MCEM
Northville	145.1700	–	O 100elrs WX	KA8SPW	KA8SPW
Oak Park	146.6400	–	O 100aers xz	W8HP	DART
Owosso	147.0200	+	O 100 (CA) ersWX	N8DVH	N8DVH
Paw Paw	147.2000	+	94.8	W8GDS	W8GDS
Pontiac	145.2500	–	O 100ers WX	W8OAK	Oakland Co EmerMg
Port Huron	146.7200	–	O 110.9ers WX	WD8DUV	PHART
Port Huron	147.3000	+	OersWXxz	K8DD	PHART
Rankin	145.1900	–	O 100 DCS elWX	W8YUC	RARG
Roseville	147.2200	+	Ol	N8EDV	N8EDV
Royal Oak	146.4000	147.4000	O 100 (CA) e	KA8ZRR	KA8ZRR
Royal Oak Twp	147.1400	+	O 100ax	N8KD	SMART
South Lyon	147.0400	+	O 110.9e	K8VJ	SLARA
Southfield	146.8200	–	O 131.8e	W5TH	W5TH
Sterling Heights	147.0800	+	O 100e	N8LC	LCARC
Utica	147.1800	+	O 100 DCS e	K8UO	USECA
Waterford	145.4300	–	O 100 (CA) elWX	W8JIM	W8JIM
White Lake	145.4900	–	O 67 (CA)el rsWXxz	N8BIT	8BITRG
Wyandotte	147.2400	+	O 100	WY8DOT	DARES
Ypsilanti	146.9200	–	O 100lrs WXx	K8RUR	I 94 ARC
LOWER PEN SOUTHWEST					
Allegan	147.2400	+	O 94.8ers WX	AC8RC	ACARC
Alma	145.3700	–	O 100aers WXz	KC8MUV	Alma RC
Bangor	147.3600	+	O 94.8ers WXx	K8BRC	BRARC
Battle Creek	145.1500	–	O 94.8ael WXxz	W8IRA	IRA

MICHIGAN

Location	Output	Input	Notes	Call	Sponsor
Battle Creek	146.6600	−	O 94.8aez	W8DF	SMARS
Berrien Springs	145.3700	−	O(CA)x	W8YKS	DOCRG
Cassopolis	146.9200	−	O 156.7ers WX	N8VPZ	N8VPZ
Cedar Springs	146.8800	−	O 141.3e	NW8J	NW8J
Centreville	145.3100	−	O 94.8els WX	KC8AAF	ARPSA
Charlotte	147.0800	+	O 103.5ers WX	K8CHR	ECARC
Coldwater	147.3000	+	O 100ers WX	WD8KAF	BCARC
Dowagiac	145.2100	−	O 94.8er WX	KU8Y	KU8Y
Grand Haven	145.4900	−	O 94.8es WX	W8CSO	NOARC
Grand Rapids	145.1100	−	O 94.8ers	NW8J	Kent Co Emerge
Grand Rapids	145.2300	−	O 94.8e	W8USA	MARA
Grand Rapids	145.4100	−	O 94.8ers WX	K8WM	541 Inc
Grand Rapids	146.7600	−	O 94.8e	W8DC	GRARA
Grand Rapids	147.1600	+	O 94.8ael WXxz	W8IRA	IRA
Grand Rapids	147.2600	+	O 94.8al	W8DC	GRARA
Holland	146.5000	147.5000	O 94.8	K8DAA	HARC
Holland	147.0600	+	O 94.8elrs WX	K8DAA	HARC
Jackson	145.4700	−	O 114.8 (CA)e	KA8HDY	KA8HDY
Jackson	146.8800	−	O 100aers WX	W8JXN	CARS
Jackson	147.3600	+	O 100aers WX	KA8HDY	CARS
Jonesville	147.0600	+	O 151.4ers WX	KC8QVX	HARC
Kalamazoo	145.1700	−	O 94.8e	N8FYZ	N8DXB
Kalamazoo	147.0000	+	O 94.8 (CA) erWX	W8VY	KARC
Kalamazoo	147.0400	+	O 94.8 (CA)	K8KZO	SWMART
Lansing	146.7000	−	O 100aers	WB8CQM	LCDRA
Lansing	146.9400	−	O 100ers	WB8CQM	LCDRA
Lansing	147.2800	+	O 107.2	KB8LCY	KB8LCY
Lowell	145.2700	−	O 94.8aers WXxz	W8LRC	LARC
Marshall	145.3500	−	O	K8UCQ	ECCRA
Mattawan	146.5000	147.5000	O 94.8ers WX	W8GDS	W8GDS
Muskegon	145.3300	−	O 94.8ael WXxz	W8IRA	IRA
Muskegon	146.8200	−	O 94.8ers WX	K8WNJ	MCES

144-148 MHz
MICHIGAN

Location	Output	Input	Notes	Call	Sponsor
Muskegon	146.9400	−	O 94.8e	W8ZHO	MAARC
Muskegon	147.3800	+	O 94.8	KE8LZ	N8UKF
Nashville	146.5000	147.5000	O 110.9ael rsWxz	W8BMZ	W8BMZ
Niles	147.1800	+	O 94.8es WX	KC8BRS	Four Flags ARC
Okemos	145.3900	−	O 100ers WXx	WB8CQM	LCDRA
Portland	145.1300	−	O 94.8	N8ZMT	Ionia ARES
Sister Lakes	146.8200	−	O 88.5elrs WXx	W8MAI	BARA
St Joseph	145.4700	−	O 94.8ael WXxz	W8IRA	IRA
St Joseph	146.7200	−	O 131.8 DCSersWX	KB8VIM	SCRA/BARA
Whitehall	146.5000	147.5000	O 127.3ers WX	W8WPD	W-M ES
Whitehall	146.6800	−	O 94.8ers WX	K8COP	K8COP
UPPER PEN CENT					
Escanaba	145.1300	−	Oe	KB9BQX	KB9BQX
Escanaba	147.1500	+	O 100.0e	W8JRT	DCARS
Gladstone	147.2400	+	O 107.2	N8DP	N8DP
Gwinn	146.6400	−	OIwx	N8RRZ	HARA
Iron Mountain	146.8500	−	OaeWX	WA8FXQ	MichACon
Ishpeming	146.9100	−	OeWX	K8LOD	HARA
Marquette	146.9700	−	Oe	KE8IL	MrquttRA
Marquette	147.2700	+	O 100.0el WX	KG8YT	HARA
Menominee	147.0000	+	O 107.2e WX	W8PIF	M&MARC
Munising	145.4100	−	O 100.0l	KC8BAN	AlgerARC
Republic	147.0900	+	OE-SUN E-WIND	KG8ZL	CUPRA
Trenary	147.0300	+	O 100.0e	W8FYZ	TRA
UPPER PEN EAST					
Cooks	146.7000	−	Owx	WA8WG	WA8WG
Deer Park	147.0900	+	O 114.8e	W8NBY	LARS
Drummond Island	147.3600	−	Oez	W8IN	EARS
Grand Marais	147.1950	+	Ol	KC8BAN	AlgerARC
Manistique	146.7900	−	O	W8NI	MARA
Moran	146.9850	−	OEXP	K8EUP	MADARC
Newberry	146.6100	−	Oe	W8NBY	LARS
Pickford	146.6400	−	Oe	W8EUP	EUPAR
SaultSte Marie	147.1050	+	Oe	KB8SKC	KB8SKC
SaultSte Marie	147.2100	+	O 107.2e	W8EUP	EUPAR
Strongs	147.3300	+	Oe	W8EUP	EUPAR
UPPER PEN WEST					
Bessemer	146.7600	−	Oe	K8ATX	BlkJckRA

144-148 MHz
MICHIGAN-MINNESOTA

Location	Output	Input	Notes	Call	Sponsor
Calumet	147.3150	+	O 100.0ae sWXz	K8MDH	KewCoRA
Gaastra	145.1700	−	O 107.2e	N8LVQ	IRARC
Hancock	146.8800	−	O 100.0ae	W8CDZ	CCRAA
Houghton	147.3900	+	O 100.0	N8WAV	N8WAV
Ironwood	146.8050	−	O 110.9e	K9MLD	K9MLD
Winona	146.7300	−	Oae	W8UXG	SARA

MINNESOTA
CENTRAL

Location	Output	Input	Notes	Call	Sponsor
Annandale	145.2100	−	O 127.3	N0GEF	N0GEF
Avon	147.1050	+	O 85.4ae WX	K0STC	STEARNS
Becker	147.3450	+	O 85.4	K0OS	K0OS
Cambridge	146.6400	−	O 146.2e	WR0P	ICSES
Collegeville	147.0150	+	O 100.0x	W0SV	STCLOUDRC
Crown	145.2100	−	O 114.8	N0GEF	NOGEF
Darwin	146.6850	−	O 146.2	W0CRC	CRARC
Elk River	146.9700	−	O	K0CJD	ELKRVRRA
Foley	147.0750	+	O 85.4es WX	KB0PXT	BCEM
Foreston	146.7450	−	O 107.2	N0GOI	MAGIC
Hutchinson	147.3750	+	O 146.2 WX	KB0WJP	CITYOFHUT
Litchfield	146.6250	−	O 146.2e	KC0YGD	KC0YGD
Little Falls	147.1350	+	O 123.0e	W0REA	LARA
Long Prairie	146.6550	−	Oe	KC0TAF	TODDCTYES
Maple Lake	145.2300	−	114.8	W0EQO	HANDIHAM
Milaca	145.3500	−	O 141.3	WB0MPE	WB0MPE
Paynesville	145.2700	−	O	WD0DEH	PAYNSRA
Sauk Centre	147.2550	+	O	W0ALX	RUNEARC
Sebeka	147.3300	+	O	K0JO	WADENARC
St Cloud	146.8350	−	O 85.4eWX	N0OYQ	N0OYQ
St Cloud	146.9400	−	O 100.0a	W0SV	STCLDARC
Wyoming	146.8950	−	O 82.5	N0VOW	N0VOW

DULUTH

Location	Output	Input	Notes	Call	Sponsor
Duluth	145.3100	−	O 110.9	N0EO	SVAMATRS
Duluth	145.4100	−	Oe	KC0HXC	N0BZZ
Duluth	145.4500	−	O 103.5e	KC0RTX	KC0RTX
Duluth	146.9400	−	Oae	W0GKP	AROWHDRC
Duluth	147.0600	+	O 110.9a	KC0IPA	LSAC
Duluth	147.1800	−	O 103.5e	KA0TMW	KA0TMW
Proctor	147.3300	−	O 151.4	N0BZZ	LSAC

EAST CENTRAL

Location	Output	Input	Notes	Call	Sponsor
Carlton	146.7900	−	O 103.5e	KC0RTX	KC0RTX
Forest Lake	146.7300	−	O 114.8	K0HPY	K0HPY
Isle	146.6100	−	O 141.3	WB0SYO	WB0SYO
Mahtowa	147.0000	−	Oe	N0BNG	MOOSELKRA
Ogilvie	147.2400	+	O 146.2el WX	KD0CI	KCEMO

144-148 MHz
MINNESOTA

Location	Output	Input	Notes	Call	Sponsor
Rush City	145.3300	−	O 146.2e	KØECM	ECMARC
METRO					
Blaine	146.6700	−	O 114.8ae	WØYFZ	ANOKACRC
Bloomington	147.0900	+	O(CA)e	KDØCL	ARAB
Burnsville	147.2100	+	O 100.0ae WXx	WØBU	TCRC
Carver	147.1650	+	O 107.2ae	WBØRMK	SMARTS
Chaska	147.2700	+	O 127.3	KDØJOS	WBØZKB
Cottage Grove	147.1800	+	O 74.4s	KSØJ	SEMARC
Eden Prairie	146.8800	−	O	WAØVLL	SWRPTRASN
Edina	145.4300	−	O 127.3e	WCØHC	HC RACES
Gem Lake	145.2300	−	O 94.8	KØLAV	KØLAV
Golden Valley	146.8200	−	O 127.3 (CA)e	WØPZT	HC SHERIFF
Hampton	147.3600	+	O 136.5e	KØJTA	KØJTA
Inver Grove	146.9850	−	O	WØCGM	SARCASM
Little Canada	146.9250	−	O 127.3a	KBØUPW	RAMCOES
Maple Plain	147.0000	+	O 114.8 (CA) WX	KØLTC	RARC
Maplewood	146.9250	−	O 127.3	KBØUPW	RAMCOES
Maplewood	147.1200	+	Oe	WØMR	MINING ARC
Minneapolis	145.1100	−	O	NØTL	TWINSLAN
Minneapolis	146.7000	−	O 127.3e	WCØHC	HC RACES
Minneapolis	147.0300	+	O	WBØMPE	WBØMPE
Minneapolis	147.1500	+	O 114.8	WØYC	UOFM RC
Minnetonka	145.4500	−	Oel	NØBVE	MHRA
New Brighton	145.2900	−	O 114.8	NØFKM	NØFKM
Oakdale	146.8500	−	O(CA) WXx	WDØHWT	MARA
Plymouth	146.7000	−	O 127.3e	WCØHC	HENNRACES
Ramsey	145.3700	−	O 118.8e	KØMSP	MIDWESTRA
Richfield	145.3900	−	O 103.5e	WBØPWQ	RICHPSAF
St Louis Park	146.7600	−	Oe	WØEF	TCFMCLUB
St Paul	145.1700	−	O 100.0	NØGOI	KØGOI
St Paul	145.3100	−	Oa	KØAGF	STPAULRC
Stillwater	147.0600	+	O 114.8s	WØJH	SARA
West St Paul	147.3900	+	O 77.0r	WØDCA	DCEC
NORTH CENTRAL					
Aitkin	146.8050	−	O 156.7	KCØQXC	ACRC
Aitkin	147.3600	+	O 203.5l	NØBZZ	L.S.A.C.
Bemidji	145.4500	−	Oe	KBØMM	TURTLRVRH
Bemidji	146.7300	−	Oa	WØBJI	PBARC
Brainerd	145.1300	−	O	WØUJ	BAARC
Brainerd	147.2250	+	OaeWX	WØUJ	BAARC
Crosslake	147.0300	+	O	WØUJ	BAARC
Grand Rapids	146.8800	−	O 123.0ae	KØGPZ	NLARC
Grand Rapids	147.0750	+	Oel	KØGPZ	NLARC
Hibbing	147.1200	+	OrsWX	WØHRF	WØHRF
International	146.9700	−	Oe	KØHKZ	KØHKZ
Lengby	147.2700	+	Oel	WØBJI	PBARC

144-148 MHz — MINNESOTA

Location	Output	Input	Notes	Call	Sponsor
Outing	145.4300	−	O 127.3ex	WR0G	WR0G
Park Rapids	147.3900	+	Oe	K0NLC	CWARC
NORTH EAST					
Cloquet	146.6700	−	Oa	WA0GWI	WA0GWI
Coleraine	147.1650	+	O 114.8	KB0QYC	LSAC
Cook	147.3600	+	O 162.2l	N0BZZ	L.S.A.C.
Deer River	146.6250	−	O 103.5	KD0JFI	KD0JFI
Deer River	147.2550	+	O 103.5	KD6FFN	KD6FFN
Ely	146.6400	−	O 151.4e	N0OIW	LSAC
Giese	146.8650	−	O 146.2e	KB0QYC	LSAC
Grand Marais	146.7300	−	O 151.4 (CA)el	W0BBN	BWARC
Grand Marais	146.8950	−	O 151.4 (CA)e	W0BBN	BWARC
Grand Marias	147.3600	+	O 114.8l	N0BZZ	LSAC
Grand Portage	146.6550	+	O 151.4el	W0BBN	BWARC
Isabella	147.3000	+	O 114.8e	KB0QYC	KG0QR
Knife River	147.1350	+	O 103.5	KC0RTX	KC0RTX
Marcell	147.2550	+	O 103.5elr	KD6FFN	KD6FFN
Silver Bay	147.0900	+	O 114.8	N0BZZ	LSAC
Tofte	146.8650	−	O 151.4el	W0BBN	BWARC
Wales	147.2700	+	O 103.5e	WB0DGK	LSAC
NORTH WEST					
Barnsville	147.0600	−	O 123.0lx	KC0SD	KC0SD
Detroit Lakes	147.1950	+	Oe	W0EMZ	DETLKSARC
Karlstad	145.4700	−	O 77.0	KA0NMV	KA0NMV
Karlstad	146.6550	−	O 127.3	KA0NMV	KA0NMV
Park Rapids	147.3000	+	O	K0GUV	K0GUV
Thief River Fa	146.8500	−	OewX	WB0WTI	WB0WTI
NORTHCENTRAL					
Cohasset	146.9850	−	O 118.8e	KB0CIM	KB0CIM
NORTHEAST					
Aurora	147.2400	+	O 156.7	N0BZZ	N0BZZ
Cromwell	146.9100	−	O 203.5r	N0GGF	N0GGF
Virginia	147.0600	+	O 103.5e	KB0QYC	LSAC
NORTHWEST					
Angle Inlet	147.2100	+	O 123.0ers wX	N0MHO	LOWRA
Detroit Lakes	146.7750	−	O	N0IZZ	N0IZZ
Moorhead	145.3500	−	O 123.0el	W0ILO	W0ILO
SOUTH CENTRAL					
Blue Earth	147.0000	+	Os	K0USR	BLUERTHCD
Fairmont	146.6400	−	O	K0SXR	FAIRMTRC
Faribault	145.1900	−	O 100.0	N0ZR	N0ZR
Le Sueur	146.6100	−	O 136.5a	WB0ERN	WB0ERN
Mankato	147.0450	+	O 136.5ae	W0WCL	MARC
Mankato	147.2400	+	O 136.5 wX	W0WCL	MARC
New Ulm	146.8050	−	O 151.4	N0VQA	N0VQA

220 144-148 MHz
MINNESOTA

Location	Output	Input	Notes	Call	Sponsor
Sleepy Eye	147.3300	+	O 100.0	K0MTW	NEWULMARC
St Peter	147.1350	+	O 100.0	WQ0A	SCAN
Waseca	146.7150	−	O 141.3e WX	KB0UJL	WCEM
Waseca	146.9400	−	OewX	WA0CJU	VARS
SOUTH EAST					
Austin	145.4700	−	O 100.0	W0AZR	AUSTINRC
Austin	146.7300	−	O 100.0ae z	W0AZR	AARC
Faribault	146.7900	−	O 100.0ae	WB0NKX	WB0NKX
Glenville	146.8800	−	O 100.0	WA0RAX	ALBLEARC
La Crescent	146.9700	−	O 131.8ae WX	WR9ARC	RVRLNDARC
Northfield	146.6550	−	O 136.5e	N0OTL	CCRC
Owatonna	145.4900	−	O 100.0ers WX	K0HNY	OSCAR
Owatonna	147.1050	+	O 100.0ael	WB0VAJ	WB0VAK
Red Wing	147.3000	+	O	KC0LXM	HIWATVATC
Rochester	146.6250	−	O 100.0	W0MXW	ROCHARC
Rochester	146.8200	−	O 100.0ae	W0MXW	ROCHARC
Rochester	147.2550	+	O 100.0es WX	W0EAS	OEOC
Spring Valley	147.0150	+	O 110.9e	N0ZOD	SPGVLYEMS
Wabasha	146.7450	−	O 136.5e	WA0UNB	WA0UNB
Winona	146.6400	−	Oae	W0NE	WINONARC
Winona	147.1500	+	Oe	WD0HAD	WD0HAD
Winona	147.2850	+	O 100.0e	N0PDD	N0QZU
SOUTH WEST					
Beaver Creek	147.0300	+	O 146.2	WA0YRI	WA0YRI
Marshall	147.1950	+	O	W0BMJ	MARSHALRC
Pipestone	147.0750	+	O 141.3es WX	W0DRK	NPRRC
Redwood Falls	146.8650	−	O 141.3ae z	KB0CGJ	REDWARA
Tracy	147.1500	+	O 141.3es WX	W0DRK	NPRRC
Verdi	145.1100	−	O 146.2	KA0BWS	KA0BWS
Windom	147.2550	+	O 141.3es WX	W0DRK	NPRRC
Worthington	146.6700	−	O 141.3e WX	K0QBI	WORTHTARC
SOUTHEAST					
Glenville	146.6850	−	100.0ae	NX0P	NX0P
WEST CENTRAL					
Alexandria	146.7900	−	Oe	W0ALX	RUNESTNRC
Fergus Falls	146.6400	−	Oae	K0QIK	LKREGARC
Madison	146.7300	−	O 146.2els WXx	K0LQP	WC MN ARC
Montevideo	147.1200	+	O 146.2e	NY0I	WCMARC

144-148 MHz   MINNESOTA-MISSISSIPPI

Location	Output	Input	Notes	Call	Sponsor
Ulen	146.6850	–	ⓞa	W0QQK	W0QQK
Willmar	145.2300	–	ⓞ 91.5	KC0UEA	RIDGEWATER
Willmar	146.9100	–	ⓞewXx	W0SW	WILLEAR
Willmar	147.0300	–	ⓞe	W0SW	WILLEAR

MISSISSIPPI

Location	Output	Input	Notes	Call	Sponsor
Abbeville	145.4700	–	ⓞ 107.2el	WB5VYH	WB5VYH
Aberdeen	147.2700	+	ⓞ 210.7ae	WB5USN	MONROE CO
Ackerman	147.1200	+	ⓞ	NO5N	------------
Amory	146.9400	–	ⓞ 192.8l	KB5DWX	N MONROE C
Batesville	146.6100	–	107.2ers WX	KM5WX	KM5WX
Biloxi	146.7300	–	ⓞ 136.5a	W5SGL	MISS. COAS
Biloxi	146.7900	–	ⓞae	K5TYP	KEESLER AR
Booneville	145.1900	–	ⓞ 110.9ae	K5YD	BOONEVILLE
Booneville	147.1500	+	ⓞ 107.4az	KI5WI	------------
Brandon	147.3450	+	100.0rs	K5RKN	KD5RWF
Bude	146.8500	–	ⓞ 103.5e	W5WQ	SW MS ARC
Byhalia	145.3500	–	110.9ers	W5GWD	W5GWD
Chatawa	145.3100	–	ⓞ(CA) RB	WB5GOJ	WB5GOJ
Chunky	147.3900	+	ⓞ 77.0el	W5PPB	W5PPB
Cleveland	147.2850	+	ⓞ 107.2el	N5LRL	------------
Collins	146.9850	–	ⓞ 136.5e RB	N5LRQ	------------
Columbia	147.2850	+	ⓞe	N5LJC	N5LJC
Columbus	146.6250	–	ⓞ 136.5e	KC5ULN	KC5ULN
Columbus	147.0000	+	ⓞ 136.5e	KC5ULN	KC5ULN
Corinth	145.3900	–	ⓞa	WF5D	
Corinth	146.9250	–	ⓞ 107.2s	WB5CON	ACARES
Corinth	147.0000	–	ⓞ	K5UFH	K5UFH
Corinth	147.2850	–	ⓞ 203.5ael RB	K5WHB	CRA
Corinth	147.3450	+	123.0aelRB WX	KJ5CO	KJ5CO
Ellisville	144.5500	+	179.0el	W5NRU	AA5SG
Ellisville	145.2300	–	ⓞ 136.5el WX	W5NRU	AA5SG
Ellisville	146.8650	–	ⓞ 136.5el	W5NRU	AA5SG/N5HO
Ellisville	146.9550	–	ⓞt	N5EKR	N5EKR
Fulton	145.4500	–	ⓞ 192.8ae	WX5P	WX5P
Gloster	145.4300	–	ⓞ 136.5	KX5E	ONARC
Greenville	147.3450	+	ⓞ 107.2e	N5PS	N5PS
Grenada	146.7000	–	ⓞe	W5LV	W5LV
Gulfport	147.3750	+	ⓞ 136.5	KA5VFU	------------
Guntown	147.0750	+	103.5es	W5NEM	W5NEM
Hattiesburg	145.1900	–	136.5ae	W5CJR	W5CJR
Hattiesburg	145.3700	–	ⓞ 136.5	K5IJX	K5IJX
Hattiesburg	146.7750	–	136.5eWX	W5CJR	W5CJR

222 144-148 MHz
MISSISSIPPI

Location	Output	Input	Notes	Call	Sponsor
Hattiesburg	147.3150	+	O 136.5el RB	KD5MIS	KD5MIS
Hattiesburg	147.3630	+	136.5e	W5CJR	HATTIESBUR
Hernando	145.3700	−	O 107.2ez ers	N5PYQ	SRA
Hernando	146.9100	−	ers	W5GWD	W5GWD
Hernando	147.2250	+	O 107.2ers WX	KD5VMV	KD5VMV
Horn Lake	145.2700	−	O 107.2 (CA)	N5NBG	REDNECKS
Houston	146.8950	−	141.3esWX	KD5YBU	KD5YBU
Isola	146.9550	−	O	KC5OB	KC5OB
Iuka	146.8500	−	141.3es	W5TCR	W5TCR
Jackson	145.3900	−	O	KB5KGE	------------
Jackson	146.7600	−	O	W5AXQ	JARC, INC
Jackson	146.8800	−	O 100.0az	K5QNE	JARC, INC.
Jackson	146.9400	−	O 100.0e RB WXz	KA5SBK	KA5SBK
Jackson	147.0000	+	Ot	W5IQ	W5IQ
Jackson	147.0750	+	Ota	NC5Y	NC5Y
Kiln	145.3300	−	Oe	K5XXV	WEST COAST
Kosciusko	146.8500	−	O	KB5ZEA	MID-MS ARC
Laurel	146.6100	−	O 136.5e	W5LAR	LAUREL ARC
Laurel	147.0300	−	Ot	WV5D	WV5D
Laurel	147.2550	+	Oe	KC5RC	JONES CO A
Leakesville	147.0000	+	136.5	KE5WGF	GREENE CO
Louisville	147.3600	+	Oae	KC5QGC	WINSTON CO
Lucedale	146.9100	−		WA5JZL	WA5JZL
Lucedale	147.1200	−	136.5el	N5LRQ	N5LRQ
Madison	146.6400	−	O	K5XU	JARC, INC
Magee	146.8200	−	O 100.0e	KA5LNY	SIMPSON CO
Magee	147.3000	+	O 100.0e	KA5LNY	KA5LNY
Mccomb	146.9400	−	O 103.5e	W5WQ	SW MS ARC
Meridian	146.6550	−	●	KC5ZZH	KC5ZZH
Meridian	146.7000	−	O 100.0ez	W5FQ	MERIDIAN A
Meridian	146.9700	−	O 100.0e	NO5C	LAUDERDALE
Monticello	147.0150	+	Oae	N5JHK	N5JHK
Mooreville	146.6400	−	Oa	WB5NAY	------------
Morton	145.1100	−	100.0sWX	W5PES	W5PES
Morton	147.0450	+	O 141.3el	KB5LCL	------------
Natchez	146.6850	−	O 100.0	W5KHB	W5KHB
Natchez	146.7450	−	O 100.0e	K5SVC	K5SVC
Natchez	146.9100	−	O 91.5	K5OCM	OLD NATCH
Natchez	147.3600	+	O 100.0e	K5SVC	K5SVC
New Albany	145.2300	−	O	KC5VZI	KC5VZI
New Albany	146.6700	−	Otae	W5UBG	NEMARC
New Albany	146.7450	−	Ot	KC5VZI	------------
New Hebron	147.0900	+	OtaelRBz	N5MRS	N5MRS
Olive Branch	147.2550	+	tersWX	KD5CKP	KD5CKP
Oxford	147.3300	+	O 107.2es WX	W5LAF	W5LAF

144-148 MHz
MISSISSIPPI-MISSOURI

Location	Output	Input	Notes	Call	Sponsor
Pascagoula	146.9700	–	123.0rs	N5OS	N5OS
Pearl	147.1500	+	O 88.5aez	KF5IZ	--------------
Pelahatchie	145.3900	–	77.0eIRB WX	W5PPB	W5PPB
Perkinston	147.1650	+	136.5eIRB WX	K5GVR	K5GVR
Philadelphia	147.3300	+	O	N5EPP	NESHOBA AR
Pontotoc	147.3800	+	Oe	WB5NAY	--------------
Poplarville	145.1500	–	136.5eWX	K5PRC	K5PRC
Poplarville	145.2100	–	136.5e	WA5WRE	--------------
Poplarville	145.4100	–	136.5el	N5LRQ	N5LRQ
Port Gibson	146.6250	–	136.5e	KE5WO	KE5WO
Purvis	146.6700	–	O	KB5ZCX	KB5ZCX
Richton	147.0600	+	Ot	N5OCF	N5OCF
Saltillo	146.8350	–	123.0elWX	KD5YBE	KD5YBE
Senatobia	146.9850	–	O 107.2	KB5DMT	--------------
Sharon	145.4500	–	O 77.0eRB WX	W5PPB	W5PPB
Southaven	145.4500	–	79.9	WB4KOG	WA4KOG
Starkville	146.7300	–	O 210.7alz	KD5GVU	MAGNOLIA A
Starkville	146.8050	–	9192.8	KF5C	--------------
Stennis Space	147.2100	+	136.5e	N5GJB	N5GJB
Sumner	147.0900	+		WB5FXH	WB4FXH
Taylorsville	146.8950	+	O 136.5IRB	W5NRU	AA5SG/N5HO
Tupelo	145.4900	–	Oe	N5VGK	--------------
Tupelo	147.2400	+	Oa	KK5K	TUPELO ARA
Union	147.2100	+	O 100.0elz	N5SPJ	ECMARC
Union	147.2400	+	103.5es	K5SZN	K5SZN
Utica	145.3500	–	O	N5ZMZ	N5ZMZ
Utica	147.3450	+	O	N5ZMZ	N5ZMZ
Vancleave	145.1100	–	O 123.0aers	W5WA	W5WA
Vicksburg	145.2900	–	Oae	KD5CQX	LESTER GRA
Vicksburg	145.4100	–	100.0aeWX	W5WAF	W5WAF
Vicksburg	147.2700	+	O 100.0e	K5ZRO	VICKSBURG
Vossburg	147.1350	+	O 136.5	KB5UIX	KB5UIX
Water Valley	147.0000	–	O	N5DXM	TRI-LAKE H
Waynesboro	145.2100	–	O	W5SAR	W5SAR
Waynesboro	147.1050	+	O	W5SAR	W5SAR
West Point	147.1800	+	Oae	KD5RZQ	CLAY CO AR
Wiggins	145.2700	–	136.5esWX	N5UDK	N5UDK
Winona	146.9700	–	O 110.9a	N5EYM	N5EYM
Yazoo City	147.2250	+	77.0e	KE5YES	KINGS DAUD

MISSOURI
BRANSON

Location	Output	Input	Notes	Call	Sponsor
Branson	145.3100	–	O 186.2el	W0DLR	W0ACE
Branson	147.1500	+	Os	NA9X	TriLks ARC
Branson	147.1950	+	Oes	NA9X	TriLks ARC

144-148 MHz
MISSOURI

Location	Output	Input	Notes	Call	Sponsor
CAPE GIRARDEAU					
Cape Girardeau	146.6100	−	O a	W0QMF	WB0TYV
Cape Girardeau	146.6850	−	O 100x	W0QMF	SEARC
Cape Girardeau	146.9400	−	O	WB0TYV	WB0TYV
CENTRAL					
Boonville	147.3600	+	O	W0BRC	BnvilleRC
Brinktown	146.8950	−	O x	N0GYE	N0GYE
Eldon	146.6250	−	O 131.8s	AA0NC	LkOzksARC
Fulton	147.3150	+	O E-SUN E-WINDr	KC0MV	C.A.R.L.
Gainesville	145.2900	−	O e	KF0BA	------------
Hermitage	147.2550	+	O er	KB0AL	OlHickARC
Laurie	146.7300	−	O es	N0ZS	LkOzksARC
Laurie	146.9550	−	O 192.8a (CA)elx	KA0RFO	KRMS
Marshall	147.1650	+	O 127.3a	WB0WMM	IndFtHARC
Mexico	147.2550	+	O lsx	AA0RC	AudrainARC
Moberly	147.0900	+	O 127.3/127.3	K0MOB	TriCtARC
Paris	146.8350	−	O e	N0SYL	N0SYL
Sedalia	147.0300	−	O 179.9/179.9ers	WA0SDO	SPARK
Stover	147.3900	+	O	N0AYI	------------
Warsaw	146.9250	−	O 107.2/107.2e	KD0CNC	KD0CNC
Warsaw	147.0750	+	O 146.2	KI0IP	KI0IP
Warsaw	147.3000	+	O a(CA)	KC0RDO	TwnLkesARC
COLUMBIA/JEFF CITY					
Ashland	146.6850	−	O 77a(CA) ers	W0DQJ	W0DQJ
Columbia	146.6100	−	O 127.3/127.3a(CA) L(441.7)	K4CHS	------------
Columbia	146.7600	−	O 127.3/127.3asx	K0SI	CMRA
Jefferson City	146.8650	−	O 127.3elr sx	KC0CZI	KC0CZI
Jefferson City	147.0000	−	O 127.3/127.3es	K0ETY	MidMO ARC
Linn	145.3900	−	O 127.3/127.3ex	KM0HP	MULEBARN
EAST CENTRAL					
De Soto	146.7000	−	O	K0MGU	SHO-ME
De Soto	146.8800	−	O a	K0MGU	K0MGU
Hermann	146.7450	−	O ae	KB0TZG	------------
Hermann	147.1350	+	O erWX	KC0JYV	------------
Hillsboro	147.0750	+	O 141.3a (CA)l	KB0TLL	JeffCoARC
Imperial	147.1050	+	O 141.3 L(446.95)	KB0TLL	JeffCoARC

144-148 MHz MISSOURI

Location	Output	Input	Notes	Call	Sponsor
Sullivan	145.1500	−	Ol	K0CSM	SARC
Sullivan	146.8050	−	Oe	KC0DBS	SARC
Warrenton	147.0450	+	O 141.3s	KA0CWU	-----------
Warrenton	147.3300	+	O 123/123e r	WA0EMA	WCEMA
Washington	147.1800	+	Ox	WA0FYA	WA0FYA
Washington	147.2400	+	141.3/141.3a(CA)erx	WA0FYA	ZBARC

JOPLIN

Location	Output	Input	Notes	Call	Sponsor
Duneweg	147.2100	+	O 91.5/91.5 ersx	W0IN	JoplinARC
Joplin	145.3500	−	O 91.5/91.5 x	N0CSW	N0CSW
Joplin	147.0000	+	Oe	WB0IYC	WB0IYC

KANSAS CITY METRO

Location	Output	Input	Notes	Call	Sponsor
Blue Springs	147.0150	+	O 151.4/151.4ex	KB0VBN	BluSprRPTR
Excelsior Spgs	145.1900	−	O 107.2 RB x	K0BSJ	K0BSJ
Excelsior Spgs	147.3750	+	O 156.7/156.7e	K0ESM	RayClay RC
Gladstone	145.4300	−	O	KD0FW	KCATVG
Independence	145.3100	−	O 151.4er	K0EJC	EJCECS
Independence	145.3700	−	O	K0EJC	EJCECS
Independence	146.7300	−	Oaer	W0SHQ	ASCRA, Inc
Independence	147.0900	+	Oa(CA)elr	W0TOJ	IndFMARC
Kansas City	146.7900	−	O 107.2/107.2a(CA)es	WA0KHP	ClayCoARC
Kansas City	146.8200	−	Olrx	KC0ARC	NEKSUN
Kansas City	146.9700	−	O 151.4/151.4x	W0WJB	W0WJB
Kansas City	147.0450	+	O	W0AV	147.045RG
Kansas City	147.2700	+	Oa(CA)e	WA0SMG	WA0SMG
Kansas City	147.3300	+	Oa(CA)er	WA0QFJ	TWA ARC
Kearney	147.3000	+	O 107.2	K0BSJ	K0BSJ
Lee's Summit	145.4100	−	Oa(CA)	WA0TEG	NEKSUN
Lee's Summit	146.7000	−	O 107.2/107.2ex	KC0SKY	KS SKY WRN
Liberty	145.1100	−	O	N0ELK	N0ELK
Raymore	147.1200	+	Oes	KC0JGA	SSARC
Raytown	145.1700	−	O 151.4/151.4e	K0GQ	RaytownARC
Smithville	146.6400	−	Osx	KC0IMO	N0VER

NORTHEAST

Location	Output	Input	Notes	Call	Sponsor
Brookfield	147.3450	+	Oa(CA)	W0CIT	W0TH
Eolia	145.1900	−	Oelr	KA0EJQ	KA0EJQ
Glenwood	145.1100	−	O 103.5/103.5	KD0IZE	Sch-Co-RA
Hannibal	146.6250	−	O 103.5er	W0KEM	HannibARC

144-148 MHz
MISSOURI

Location	Output	Input	Notes	Call	Sponsor
Hannibal	146.8800	−	O 103.5er	W0KEM	HannibARC
Kirksville	145.1300	−	Oex	W0CBL	NEMOARC
Lancaster	145.3300	−	O 100el	KE0BX	OLRG
Macon	146.8050	−	Oer	N0PR	MARC
Madison	146.9850	−	O 110.9e	N0SYL	N0SYL
Monroe City	146.7000	−	Oel	KA0EJQ	KA0EJQ

NORTHWEST

Location	Output	Input	Notes	Call	Sponsor
Amity	147.3900	+	O 146.2	KB0ALL	------------
Chillicothe	147.2250	+	Ol	K0MPT	GHARC
Grant City	147.0600	+	O	WB0UJF	RWElliott
Guilford	146.6850	−	O	N0OEV	N0OEV
Osborn	145.1500	−	O 107.2 WX L(442.675)	KB0UDL	------------
Plattsburg	146.8950	−	O 114.8/114.8eL(444.925+ PL 100.0)sRB	KC0QLU	KC0QLU
Tarkio	145.3500	−	O 146.2/146.2l	N0NHB	N0NHB
Trenton	146.9550	−	Oes	KB0RPJ	NC Mo ARC

ROLLA

Location	Output	Input	Notes	Call	Sponsor
Rolla	145.4500	−	O 110.9/110.9a(CA)l	W0EEE	UMR ARC
Rolla	146.7900	−	O 88.5els	W0GS	RollaRARS

SOUTH CENTRAL

Location	Output	Input	Notes	Call	Sponsor
Ava	146.6250	−	O 110.9els	N0RFI	DouglasEMA
Bunker	147.2700	+	O 156.7 (CA)	KD0IM	------------
Cuba	147.3450	+	O 110.9/110.9	AA0GB	AA0GB
Gainesville	147.3900	+	O 110.9/110.9erx	WB0JJJ	ARCO
Grove Spgs	147.3750	+	O 88.5/88.5e	K5HEZ	K5HEZ
Houston	147.1350	+	O 100a (CA)e	KB0MPO	------------
Lebanon	145.4700	−	O 88.5/88.5es	K0LH	LebanonARC
Lebanon	146.7000	−	O 88.5/88.5e	K0LH	LebanonARC
Mansfield	147.0900	+	O 162.2/162.2l	K5HEZ	K5HEZ
Mountain Grove	147.2850	+	Oae	KG0LF	KG0LF
Prescott	146.8500	−	Oe	N0KBC	OMRG
Rolla	147.2100	+	O 88.5/88.5 L(146.79)	WB9KHR	WB9KHR
Salem	146.6550	−	Oer	WB0NRP	WB0NRP
Thayer	146.8050	−	O	WB0LLS	OrgnCoARC
Van Buren	146.8650	−	O 100/100a (CA)	N0IBV	N0IBV
Viburnum	147.3000	+	O 110.9/110.9	N0KUQ	ShoMe ARC

144-148 MHz
MISSOURI

Location	Output	Input	Notes	Call	Sponsor
West Plains	145.2500	−	O 110.9/110.9s	KD0AIZ	HoCoARC
West Plains	146.9400	−	O 110.9ex	W0HCA	HoCoARC

SOUTHEAST

Location	Output	Input	Notes	Call	Sponsor
Benton	146.7900	−	O	N0GK	CrlRDgARC
Bloomfield	147.3300	+	O 100/100e x	KM0HP	MULE BARN
Dexter	147.0000	−	O 100	N0GK	CR ARC
Dexter	147.1500	+	O 100	N0DAN	------------
Farmington	147.0300	+	O 100e	K0EOR	EtnOzkARC
Ironton	146.8350	−	O 100/100	KC0EUB	ShoMelARC
Kennett	147.1950	+	O	KC0LAT	BARC
Kennett/Hayti	146.9850	−	O 100/100e WX	KB0UFL	BARC
New Madrid	146.9250	−	O	KB0UFL	BARC
Piedmont	147.3750	+	O 100/100e rx	N0QAQ	W.C. ARC
Poplar Bluff	145.3500	−	O 100a (CA)	AB0JW	SEMOARA
Poplar Bluff	146.9100	−	O 100/100e rx	KM0HP	Mulebarn
Potosi	146.7150	−	O 88.5/88.5	N0VOJ	N0VOJ
Potosi	147.1950	+	O	KC0EUB	ShoMelARC
St Genevieve	146.6250	−	O 100/100r s	K0QOD	SteGenARC

SOUTHWEST

Location	Output	Input	Notes	Call	Sponsor
Aurora	146.9700	−	OE-SUNrx	W0OAR	OzarkARS
Bolivar	147.0600	+	O 107.2els	KD0JAU	LksAraARA
Buffalo	147.1800	+	Oa(CA)e	K9HOI	BARK
Cape Fair	145.4100	−	O	K0JPK	------------
Carthage	146.8800	−	O	W0LF	CARC
Caulfield	145.1700	−	Oe	KB0RPA	Cld9RptC
El Dorado Sprg	146.6700	−	Oe	K0KRB	WCFMAssn
Elkhead	146.9250	−	● 110.9	K0RGT	DouglasARES
Highlandville	145.2300	−	O 162.8ers	WA6JGM	CC ARS
Kimberling Cty	147.3450	+	O 162.2ae s	K0EI	KmbrlnARC
Lamar	147.2400	+	O 91.5/91.5 x	K0PRO	pr
Marshfield	146.8650	−	O 156.7	K0NI	------------
Neosho	146.8050	−	O	KC0NJZ	SW ARG
Nevada	147.1350	+	127.3/127.3es	WB0NYD	N.A.R.C.
Nixa	145.2700	−	Oes 162.2/162.2elx	K0NXA	Nixa ARC
Pineville	147.0750	+	O 162.2	WB6ARF	McDonaldEMA
Shell Knob	145.2100	−	O 162.2r	NA0X	TableRock
Walnut Grove	147.3300	+	O 162.2	AK0C	------------

144-148 MHz
MISSOURI

Location	Output	Input	Notes	Call	Sponsor
SPRINGFIELD					
Republic	146.8200	−	O 162.2e	K0EAR	EARS
Rogersville	147.1200	+	●	KB0E	SARA
Springfield	145.3300	−	O 156.7	KC0DBU	BSAPost30
Springfield	145.4300	−	O 136.5/85.4 A(*)ex	KA0FKF	MSU ARC
Springfield	145.4900	−	O 136.5/136.5elrRBx	N0NWS	----------
Springfield	146.6400	−	O 100aer	W0EBE	SW MO ARC
Springfield	146.9100	−	O 100elr	W0EBE	SW MO ARC
Springfield	147.2250	+	O 162.2/162.2elrsx	W0PM	----------
ST JOSEPH					
St Joseph	146.7450	−	O	WB0HNO	----------
St Joseph	146.8500	−	O 100/100er	W0NH	MOValARC
ST LOUIS METRO					
Bridgeton	146.7300	−	O 141.3a (CA)e	KB0TUD	NWAR/EAsn
Clayton	146.9400	−	O 141.3ers LITZ WX	KB0MWG	SLSRC
Crystal City	146.7750	−	O 100x	K0TPX	TwnCtyARC
Des Peres	146.9100	−	O 141.3/141.3a(CA)e	N0TYZ	SLSRC
Ferguson	147.0000	−	O 107.2/107.2	WA0WKI	FVCC ARC
Harvester	145.4900	−	O 141.3/141.3ersLITZ	W0ECA	ARESRACES
Kirkwood	147.1500	+	●/141.3a (CA)e	KB0ZRI	TelemRC
Maryland Hghts	145.3700	−	O 88.5a (CA)el	KJ0A	KJ0A
O'Fallon	145.4100	−	O/141.3e	K0RBR	RBARC
O'Fallon	146.6700	−	O/141.3e WX	WB0HSI	StChasARC
Olivette	146.8500	−	O 141.3a (CA)ers	W0SRC	SLSRC
St Charles	145.3300	−	Oes	KO0A	StChasARC
St Louis	145.1700	−	●a(CA)e	K0KYZ	K0KYZ
St Louis	145.2100	−	O 123a (CA)el	WB0QXW	K0YCV
St Louis	145.2700	−	O 123/123a (CA)	KA9HNT	XEEARC
St Louis	145.3500	−	O 123erx	KA0YXU	----------
St Louis	146.6100	−	Oa(CA)elr	KC0TPS	CARS
St Louis	146.7600	−	O 141.3 (CA)es	W9AIU	EgyptnRC
St Louis	146.9250	−	O 192.8/192.8 (CA) L(444.55)	K0AMC	AMARC

MISSOURI-MONTANA

Location	Output	Input	Notes	Call	Sponsor
St Louis	146.9700	–	O 141.3ers WX	WØFF	SLSRC
St Louis	147.0000	–	O 141.3/141.3	KØDO	MonsantARA
St Louis	147.0600	+	O 141.3a (CA)e	WØMA	BEARS-STL
St Louis	147.2250	+	Oe	NØFLC	NØFLC
St Louis	147.2850	+	Oa(CA)	WØQEV	WashUARC
St Louis	147.3600	+	O/141.3a (CA)ex	KØDO	MonsantARA
St Louis	147.3900	+	O 100/100e l	WØSLW	44405RPTR

WEST CENTRAL

Location	Output	Input	Notes	Call	Sponsor
Appleton City	146.8500	–	O 107.2/107.2	WA9QME	WA9QME
Butler	147.2250	+	Ox	KBØPSG	KBØPSG
Carrollton	146.6550	–	O 94.8esx	NØSAX	NØSAX
Concordia	146.7750	–	O 156.7	AAØIY	KCØBQB
Nevada	145.4500	–	O 91.5x	WØHL	WØHL
Warrensburg	146.8800	–	O 107.2esx	WØAU	WAARCI

MONTANA

CENTRAL

Location	Output	Input	Notes	Call	Sponsor
Lewistown	146.9600	–	O 100.0	K7VH	W7YM

EAST CENTRAL

Location	Output	Input	Notes	Call	Sponsor
Glendive	146.7600	–	Oelx	W7DXQ	LYARC
Miles City	146.9200	–	O	W7YUP	SEMARC
Sidney	147.3800	+	Ol	W7DXQ	LYARC

NORTH CENTRAL

Location	Output	Input	Notes	Call	Sponsor
Chester	146.6400	–	O	KD7JZ	Mt. Royal Rptr S
Cut Bank	146.7000	–	O 103.5el	K7HR	K7HR
Cut Bank	146.8200	–	O 100.0	K7JAQ	HARK
Cut Bank	147.2000	+	O	KE7QIP	KE7QIP
Great Falls	146.6800	–	O 100.0	AA7GS	MRLA
Great Falls	146.7300	–	O 100.0elx	W7ECA	GFAARC
Great Falls	147.0800	+	Ol	WR7MT	MRLA
Great Falls	147.1200	+	O 100.0lx	W7ECA	GFAARC
Great Falls	147.3000	+	Oaez	W7ECA	GFAARC
Great Falls	147.3600	+	O 100.0	W7GMC	W7GMC
Havre	146.9100	–	O 100.0	W7HAV	HI-LINE ARC
Millegan	146.9800	–	O 100.0	W7ECR	N7SEE
Zortman	147.2600	+	O 100.0	W7ECA	GFAARC

NORTHEAST

Location	Output	Input	Notes	Call	Sponsor
Culbertson	147.1600	+	Ol	KØWSN	Williston Basin A
Fort Peck	146.8400	–	O 100.0	WX7GGW	Valley RC
Plentywood	146.6600	–	Ol	KB7QWG	KB7QWG
Plentywood	147.3000	+	Ol	KB7QWG	KB7QWG
Plentywood	147.3400	+	O 100.0l	KD7ZEB	Sheridan County
Whitetail	147.1000	+	O	W7WZW	NLARG

230   144-148 MHz
MONTANA

Location	Output	Input	Notes	Call	Sponsor
NORTHWEST					
Bigfork	146.6200	−	O 100.0ael RBxz	KA5LXG	FVRG
Eureka	145.3900	−	O 100.0	WR7DW	WR7DW
Eureka	145.4300	−	O 100.0	K7EUR	Tobacco Valley ARC
Eureka	146.8200	−	O 100.0	WR7DW	WR7DW
Eureka	147.2800	+	O	WR7DW	WR7DW
Eureka	147.3200	+	O 100.0	K7BIR	K7BIR
Eureka	147.3400	+	O 100.0ael	KC7CUE	FVRG
			RBxz		
Happy's Inn	145.3100	−	O 100.0ael RBxz	KB7TPD	FVRG
Lakeside	146.7400	−	O	KA7G	NMRG
Lakeside	146.7600	−	O 100.0l	K7LYY	FVARC
Lakeside	146.8600	−	O 100.0	W7ZKA	W7ZKA
Lakeside	147.1600	+	O 123.0	KA7G	KA7G
Lakeside	147.1800	+	O 100.0	K7LYY	FVARC
Libby	146.8400	−	O 100.0r	K7LBY	LCARG
Lookout Pass	147.0200	+	O	K7HPT	W7OE
Noxon	145.3300	−	O	KD7OCP	KD7OCP
Plains	147.1400	+	O 103.5l	K7KTR	K7KTR
Polson	145.3500	−	O 100.0ael RBxz	W7CMA	FVRG
Thompson Falls	146.6800	−	O	KC7BEP	KC7BEP
Whitefish	145.2700	−	O 100.0ael RBxz	KO8N	FVRG
Whitefish	147.2600	+	O 100.0 E-SUN	WR7DW	WR7DW
Whitefish	147.3800	+	O 100.0l	K7LYY	FVARC
Yaak	147.0000	+	O	W3YAK	N3AAW
SOUTH CENTRAL					
Big Sky	146.8200	−	O 82.5 E-SUN	W7LR	ERA
Bozeman	145.2500	−	O 107.2l	KB7KB	BARBS
Bozeman	146.8800	−	O 100.0ael x	W7YB	ERA
Bozeman	147.1800	+	O 100.0elx	WR7MT	MRLA
West Yellowstone	145.2300	−	O 100.0l	WA7FDR	WA7FDR
West Yellowstone	146.7200	−	O 100.0	KL7JGS	KL7JGS
SOUTHEAST					
Big Timber	146.7000	−	O	WA7KQO	WA7KQO
Billings	147.0400	+	O 100.0 E-SUN	KA7MHP	KA7MHP
Billings	147.0800	+	O 100.0elx	WR7MT	MRLA
Billings	147.2000	+	O 100.0	N7YHE	N7YHE
Billings	147.2400	+	O 100.0	K7EFA	YRC
Billings	147.3000	+	O 100.0l	K7EFA	YRC
Billings	147.3600	+	O 100.0	K7EFA	YRC
Forsyth	147.2000	+	O 100.0	KC7BOB	KC7BOB

144-148 MHz
MONTANA-NEBRASKA

Location	Output	Input	Notes	Call	Sponsor
Greycliff	147.2800		O 100.0elx	WR7MT	MRLA
Joliet	147.1400	+	O	KF7SN	BARC
Park City	147.1000	+	O	N7YHE	N7YHE
Pompey's Pillar	147.1800		Ol	WR7MT	MRLA
Red Lodge	147.0000	+	Oe	WB7RIS	BARC
Roundup	145.4100	–	O 100.0el	K7EFA	YRC
SOUTHWEST					
Anaconda	147.0200	+	O 107.2	KB7IQO	KB7IQO
Anaconda	147.0800	+	O 107.2l	KØPP	AARC
Butte	146.6800	–		N7SKI	N7SKI
Butte	146.9400	–	O 100.0aer	W7ROE	BARC
Dillon	146.7600	–	O 107.2l	K7IMM	DARC
Helena	145.4500	–	O 100.0el WXx	WR7MT	MRLA
Helena	146.8500	–	O 146.2	KE7YPP	KE7YPP
Helena	147.1000	+	O 100.0	WR7HLN	WR7AGT
Helena	147.3200	+	O 100.0	W7MRI	W7MRI
Helena	147.8200	+	O 100.0	W7TCK	CCARC
Philipsburg	147.1600	+	O 107.2l	KA7NBR	AARC
Salmon, ID	146.9800		O	KE7NYR	LARC
Three Forks	147.3800	+	O 100.0elx	WR7MT	MRLA
Townsend	145.3100	–	O 100.0	KE7ZVK	KE7ZVK
Wisdom	147.0600	+	O 107.2l	N7YET	DARC
STATEWIDE APRS					
Statewide APRS	144.3900	–	O	------------	------------
STATEWIDE EMERGENCY					
Statewide Emergency	145.4700	–	O	------------	------------
WEST CENTRAL					
Frenchtown	146.8400	–	O 146.2	N7DWB	N7DWB
Hamilton	146.7200	–	O 203.5	W7FTX	BARC
Hamilton	146.7800	–	O 151.4e	AE7OD	AE7OD
Lolo	146.9600	–	O 88.5l	W7PX	HARC
Missoula	146.8000	–	O 88.5	W7PX	HARC
Missoula	146.9000	–	O 88.5al	W7PX	HARC
Missoula	146.9200	–	O 100.0	WR7HLN	WR7AGT
Missoula	147.0000	+	O(CA)	NZ7S	NZ7S
Missoula	147.0400	+	Oe	W7PX	HARC
Stevensville	145.2300	–	O 203.5	W7FTX	BARC
Stevensville	146.6600	–	88.5	KE7WR	KE7WR
Stevensville	147.3200	+	O 192.8	KD7HP	KD7HP

NEBRASKA
CENTRAL

Location	Output	Input	Notes	Call	Sponsor
Broken Bow	146.8650	–	O	KRØA	KRØA
Broken Bow	147.0600	+	O	KRØA	KRØA
Burwell	147.0900	+	Oe	WØEJL	------------
Edison	146.7450	–	Oe	WØJJO	------------
Waco	147.2700	+	Oels	WAØHOU	Blue valley ARC

144-148 MHz
NEBRASKA

Location	Output	Input	Notes	Call	Sponsor
COLUMBUS					
Columbus	146.6400	−	**O**ae	KA0S	Pawnee ARC
Columbus	146.7750	−	**O**(CA)es	N0RHM	PLATTE CO.
FREMONT					
Colon	146.6700	−	**O**es	WN0L	WN0L
Fremont	147.1050	+	**O**es	KF0MS	KF0MS
GRAND ISLAND					
Aurora	147.1800	+	**O**ls	W0CUO	GIARS
Elba	147.2400	+	**O**els	W0CUO	GIARS
Grand Island	145.4150	−	**O**	W0CUO	NE STATE FAIR
Grand Island	146.6650	−	**O**	W0MAO	NEMA
Grand Island	146.9400	−	**O**els	W0CUO	GIARS
KEARNEY					
Kearney	145.2350	−	**O**es	KC0WZL	BUFFALO CO.
Kearney	147.3150	+	**O**l	KA0RCZ	KA0RCZ
Kearney	147.3900	+	**O**esWX	KA0DBK	KA0DBK
LEXINGTON					
Lexington	147.1350	+	**O**e	W0SOK	HARA
LINCOLN					
Lincoln	145.1900	−	**O**es	N0FER	N0FER
Lincoln	145.3250	−	**O**e	N0FER	------------
Lincoln	145.4900	−	**O**e	KA0WUX	KA0WUX
Lincoln	146.7600	−	**O**es	K0KKV	LARC
Lincoln	146.8500	−	**O**aes	K0LNE	LINC RPT CLUB
Lincoln	147.1950	+	**O**(CA)ez	K0SIL	K0SIL
Lincoln	147.2400	+	**O**es	N0FER	N0FER
Lincoln	147.3300	+	**O**es	W0MAO	NE. EMA
NORFOLK					
Norfolk	146.7300	−	**O** 131.8 (CA)ez	W0OFK	EVARC
Wayne	147.0300	+	**O**e	N0ZQR	WAYNE ARA
NORTH CENT					
Ainsworth	147.3600	+	**O**	WM0L	WM0L
O'Neill	146.6100	−	**O**	KB0GRP	------------
Spencer	147.3300	+	**O**	KC0HMN	KC0HMN
NORTH EAST					
Sioux City (IA)	146.9700	−	**O** 110.9/110.9	K0TFT	SARA
Stanton	147.1200	+	**O**(CA)e	KB0ITM	NE RPT ASSN
NORTH WEST					
Gordon	146.6700	−	**O**es	N0UVP	SHARC
OMAHA					
Bellevue	145.1150	−	**O**es	WB0QQK	WB0QQK
Omaha	145.4500	−	**O**el	K0BOY	K0BOY
Omaha	146.9400	−	**O**/131.8es	K0USA	AKSARBEN A
Omaha	147.0000	−	**O**/131.8ael	WB0CMC	WB0CMC
Omaha	147.3000	+	●e	WA0WTL	WA0WTL
Omaha	147.3600	+	**O**e	K0BOY	K0BOY
Omaha (E)	147.0000	+	**O**/131.8ael	WB0CMC	WB0CMC

144-148 MHz
NEBRASKA-NEVADA

Location	Output	Input	Notes	Call	Sponsor
PANHANDLE					
Angora	147.2850	+	O el	AG0N	AG0N
SCOTTSBLUFF					
Scottsbluff	145.4750	–	O aes	WD0BQM	RWMC
SOUTH CENT					
Alma	145.2050	–	O ls	KA0RCZ	----------
Loomis	146.8950	–	O es	K0PCA	PCEMA
Oxford	146.7150	–	O (CA)	KX0M	KX0M
SOUTH EAST					
Fairbury	147.1200	+	O aels	WB0RMO	JCARS
Friend	147.1500	+	O es	KC0AKH	Saline Co
NE City	146.7000	–	O aelz	K0TIK	K0TIK
NE City	146.7300	–	O l	KJ0Z	KA0IJY
Wilber	146.9850	–	O 100.0/100.0aes	N0YNC	Saline EMA
SOUTH WEST					
Cambridge	146.9700	–	O e	KA0TDT	Camb. 2M Club

NEVADA

Location	Output	Input	Notes	Call	Sponsor
Apex Mtn	147.0600	+	O 100	KC7TMC	Nellis
Beacon Hill	145.3000	–	● 100rs	N7SGV	----------
Beatty	145.6400	–	O	AC7EL	----------
Black Mtn	145.3900	–	O 100	NK2V	FARS
Ely	147.1800	+	O 114.8	WB7WTS	----------
Glendale	147.3900	+	O	W7MZV	----------
Henderson	145.4200	–	O 100/100e L(447.675)x	K7FED	----------
Henderson	146.6400	–	O	W6JCY	----------
Henderson	146.9700	–	O 100	KE7MWY	----------
Hi Potosi Mtn	146.7900	–	O 100	KB6XN	----------
Hi Potosi Mtn	146.8800	–	O 100	WA7HXO	LVRA
Highland Peak	145.2200	–	O 100	WA7HXO	LVRA
Las Vegas	145.3500	–	O 100.0	N7LD	AllStar
Las Vegas	145.3500	–	O 100	WR7NV	Nevada ARC
Las Vegas	145.6200	–	O	AC7EL	----------
Las Vegas	146.6700	–	O 136.5	WA7CYC	----------
Las Vegas	146.9400	–	O 100	K7UGE	LVRAC
Las Vegas	147.0900	+	O 100	N7OK	SDARC
Las Vegas	147.2700	+	O 100	KC7DB	MARA
Las Vegas Plaza Hotel	145.2500	–	O 100	K6JSI	WINS System
Laughlin	147.1800	+	O 100rs	N7SGV	----------
North Las Vegas	145.4600	–	O 100/100e rs	N7RNR	----------
Pahrump	145.6200	–	O 100	W7NYE	----------
Pahrump local	145.1300	–	O 100	W7NYE	----------
Pahrump local	146.8500	–	O 173.8/173.8	AD7DP	----------

144-148 MHz
NEVADA

Location	Output	Input	Notes	Call	Sponsor
Pioche	147.1200	+	O 123	W7AOR	-----------
Red Mtn	145.1100	−	O	WA7HXO	LVRA
CENTRAL					
Dyer	147.0600	+	Oe	W7WOW	W7WOW
Tonopah	145.3300	−	O 151.4l	WA6MNM	WA6MNM
Tonopah	146.6400	−	O 123e	WB5KLJ	WB5KLJ
Warm Springs	146.8500	−	O	WB7WTS	WB7WTS
E SIERRA/TAHOE					
Benton	146.6700	−	O 100	KA6HGI	KE6VVB
Bishop	146.9400	−	O	N6OV	K6BDI
Glenbrook	146.7000	−	O 123	N3KD	N3KD
Lake Tahoe	146.1150	+	O 203.5	WA6SUV	W6SUV
Lake Tahoe	147.2400	+	Oe	NR7A	WA6EWV
EAST CENTRAL					
Ely	145.3500	−	Ol	WB7WTS	WB7WTS
Ely	146.6100	−	Olx	WB7WTS	WB7WTS
Ely	146.8800	−	O 114.8l	WB7WTS	WB7WTS
Eureka	147.0600	+	O 114.8	WB7WTS	WB7WTS
Lund	147.1800	+	O 114.8lx	WB7WTS	WB7WTS
Pioche	147.2400	+	O 100l	K7NKH	K7NKH
IRLP					
Angel Peak	145.3700	−	O 123	N7ARR	NARRI
Las Vegas	147.0000	−	O 123	N7ARR	NARRI
Pahrump local	146.9100	−	O 123	N7ARR	NARRI
NEVADA SUPER LINK					
Battle Mtn	146.7900	−	Olx	WA6TLW	WA6TLW
Carlin	146.9400	−	O 100l	KE7LKO	WB7BTS
Elko	147.3300	+	O 100	W7YDX	W7YDX
Ely	146.6100	−	Olx	WB7WTS	WB7WTS
Eureka	147.0600	+	O 114.8	WB7WTS	WB7WTS
Hawthorne	146.7900	−	O 192.8l	WA6TLW	WA6TLW
Wells/Wendover	146.7900	−	O 156.7l	WA7MOC	WA7MOC
Winnemucca	146.8650	−	O 146.2l	WB7WTS	WA6TLW
NORTH CENTRAL					
Battle Mountain	146.7600	−	O 100e	KE7LKO	WV3LMA
Battle Mountain	146.7900	−	Olx	WA6TLW	WA6TLW
Battle Mountain	146.9100	−	O 100l	W7LKO	N7EV
Carlin	146.9400	−	O 100l	KE7LKO	WB7BTS
Elko	147.2100	+	O 100lx	W7LKO	N7EV
Elko	147.3300	+	O 100	W7YDX	W7YDX
Jarbidge	146.7000	−	O 100	KA7CVV	KA7CVV
Jarbidge	146.7600	−	O 100l	KA7CVV	KA7CVV
Spring Creek	146.7450	−	● 127.3	NB9E	NB9E
Winnemucca	146.6400	−	O 100l	W7LKO	W7LKO
Winnemucca	146.7300	−	O 88.5	WO7I	WO7I
Winnemucca	146.8650	−	O 146.2l	WB7WTS	WA6TLW
Winnemucca	146.9850	−	O 131.8el	N2CWI	N2CWI
Winnemucca	147.0900	+	O 100e	W7TKO	W7TKO

144-148 MHz
NEVADA

Location	Output	Input	Notes	Call	Sponsor
NORTH EAST					
Contact	146.8500	–	O 192.8l	KA7CVV	KA7CVV
Jackpot	147.2700	+	O 100l	W7GK	W7GK
Wells/Wendover	146.7900	–	O 156.7lx	WA7MOC	WA7MOC
NORTH WEST					
Empire	146.6550	–	O	KS2R	KS2R
Gerlach	145.2300	–	O 123l	KD7YIM	KD7YIM
Gerlach	146.7000	–	O 100	KD6KAC	KD6KAC
Gerlach	147.0000	+	O 100p	KD6THY	KD6THY
PORTABLE					
Portable Repeat	145.3100	–	O 123p	NK7W	NK7W
Portable Repeat	147.0000	–	O 123ep	W7TA	K7JN
SOUTH					
LaVegas	147.1050	+	O 146.2	W0JAY	W0JAY
WEST					
Rocky Point NV	146.9600	–	Ox	WA7BWF	EARC
WEST CENTRAL					
Carcon City	147.2700	+	O 123el	W7DI	K7VC
Carson City	145.2400	–	Oe	KB7MF	KB7MF
Carson City	145.2700	–	● 141.3	KC7STW	KC7STW
Carson City	146.8200	–	O 123lx	WA7DG	N7LPT
Fallon	145.3100	–	O 123	NK7W	NK7W
Fallon	145.3500	–	O 123el	KE6QK	KE6QK
Fallon	147.0900	+	O 123	KF7ETH	KF7ETH
Fernley	147.3600	–	O 123l	N7PLQ	N7PLQ
Hawthorne	146.7900	–	O 192.8lx	WA6TLW	WA6TLW
Hawthorne	147.1200	+	● 114.8l	KB7PPG	KB7PPG
Lovelock	146.9250	–	O 123el	W7TA	K7JN
Loveock	145.3100	–	O 123	KE7INV	KE7INV
Minden	145.4300	–	● 141.3	KB7PDF	KC7PAO
Minden	147.2700	+	O 123	W7DI	K7VC
Minden	147.3300	–	O 123	NV7CV	WA6EYD
New Washoe City	145.4100	–	O 97.4	NH7M	NH7M
Reno	145.1500	–	O 123	KD7DTN	KD7DTN
Reno	145.2100	–	O 123l	W7RHC	W7NIK
Reno	145.2900	–	O 123e	W7UNR	NS9E
Reno	145.3100	–	O 110.9e	W7RHC	KF6DZZ
Reno	145.3700	–	Ol	W7UIZ	W7UIZ
Reno	145.3900	–	O	W7UIZ	W7UIZ
Reno	145.4500	–	O 123	K7AN	W7FD
Reno	145.4700	–	O 123	WA7UEK	W1BUS
Reno	145.4900	–	O 123	W6JA	W7AB
Reno	146.6100	–	O 123l	W7TA	K7JN
Reno	146.6700	–	O 110.9el	W7RHC	W7NIK
Reno	146.7300	–	O 123	K7RDO	W7FD
Reno	146.7600	–	O 123	WA7SIX	W7URL
Reno	146.8650	–	O 103.5	KK7RON	KK7RON
Reno	146.9400	–	O 131	N7VXB	N7YPZ
Reno	147.0300	+	O 123e	WA7DG	KK7SL

236 144-148 MHz
NEVADA-NEW HAMPSHIRE

Location	Output	Input	Notes	Call	Sponsor
Reno	147.1200	+	O 123e	KE7R	NN7B
Reno	147.1500	+	O 123el	WA7DG	KK7SL
Reno	147.2100	+	O 123l	WA7DG	KK7SL
Reno	147.3000	+	O 123elx	WA7DG	KK7SL
Reno	147.3900	+	O 100e	W7TA	K7JN
Silver Springs	146.9700	−	O 103.5l	KE6QK	KE6QK
Sparks	145.2300	−	O	N7KP	N7KP
Sparks	146.8200	−	O 146.2	WA6TLW	WA6TLW
Sparks	146.8950	−	O 123	KA7ZAU	KA7ZAU
Sparks	147.0600	+	O 123	N7PLQ	N7PLQ
Sparks	147.0900	+	O 100	KK7RON	KK7RON
Topaz Lake	146.7150	−	O 203.5e	W6SUV	W6SUV
Wellington	146.8800	−	O 123e	KD7NHC	KD7NHC

NEW HAMPSHIRE
DARTMOUTH/LAKE SUNAPEE

Location	Output	Input	Notes	Call	Sponsor
Charlestown	146.9250	−	O 118.8	NX1DX	NX1DX
Claremont	147.2850	+	O 103.5es	KU1R	SCARG
Etna	147.1500	+	O 110.9e	W1UWS	CVFMA
Hanover	145.3300	−	O 100.0esx	W1FN	TSRC
New London	145.2500	−	O 88.5e	W1VN	K1JY/SCARG
			L(147.285 CLAREMONT NH)		
New London	147.1200	+	O 136.5ep	WA1ZCN	NHARES
			s		
Unity	147.1800	+	O 123.0e	WA1UNN	WA1UNN
			L(WA1UNN NH 2 METER NETWORK)x		

GREAT NORTH WOODS

Location	Output	Input	Notes	Call	Sponsor
Berlin	145.1100	−	O 100.0	N1ZGK	SCI
Clarksville	146.7150	−	O 100.0ers	KB1IZU	MartinRR
Colebrook	147.3000	+	O 110.9e	W1HJF	LMRAPP
Groveton	147.3150	+	O 100.0	N1PCE	N1PCE
			L(NNH REPEATER NETWORK)s		

LAKES REGION

Location	Output	Input	Notes	Call	Sponsor
Alton	146.8650	−	O 88.5	K1JEK	K1JEK
Franklin	147.3000	+	O 88.5es	W1JY	CNHARC
Gilford	146.9850	−	O 123.0e	W1JY	CNHARC
			L(E147390)sWXx		
Moultonborough	145.3100		O 88.5	N1TZE	N1TZE
			L(N1IMO-N1IMN)		
Moultonborough	147.2550	+	O 156.7	W1RLM	LksRgn ARC
			(CA) E-SUN E-WIND L(E147255)px		
Moultonborough	147.3900	+	O 123.0es	W1JY	CNHARC
			WX		
Ossipee	147.0300	+	O 88.5e	W1BST	LRRA
Pittsfield	146.7900	−	O 88.5	N1IMO	N1IMO
			L(N1IMO-N1IMN)sx		

MERRIMACK VALLEY

Location	Output	Input	Notes	Call	Sponsor
Bedford	146.6850	−	O 141.3e	N1QC	GSARA
			L(E309786)s		

144-148 MHz — NEW HAMPSHIRE

Location	Output	Input	Notes	Call	Sponsor
Bow	147.3300	+	O 141.3	N1SM	N1SM
Bow Center	145.1700	−	O 131.8x	K1OX	K1OX
Chester	145.1900	−	O 100.0x	K1OX	K1OX
Concord	146.9400	−	O 114.8	W1ALE	W1ALE
Concord	147.2250	+	O 100.0	KA1OKQ	KA1OKQ
Deerfield	147.0000	−	O 100.0	W1SRA	Saddlbk RA
Derry	146.7450	−	O 114.8e L(E501047)	NM1D	NM1D
Derry	146.8500	−	O 85.4 (CA) ex	K1CA	IntrStRS
East Derry	147.2100	+	107.2 L(KC2LT)	KC2LT	KC2LT
Goffstown	147.1350	+	O 100.0e L(E600646)sx	W1AKS	NHRADIO
Henniker	146.8950	−	O 100.0ers	K1BKE	CVRC
Hollis	146.7300	−	O 88.5e L(N1IMO-N1IMN)s	N1IMO	N1IMO
Hudson	147.1050	+	O 88.5 L(E15837)	NE1B	RRA
Nashua	147.0450	+	O 100.0e	WW1Y	WW1Y
New Boston	147.3750	+	O 88.5	W1VTP	GSARA
Northwood	146.7000	−	O 88.5e L(E232623)x	K1JEK	K1JEK
Salem	147.1650	+	O 136.5	NY1Z	MtMRH RS
MONADNOCK REGION					
Greenfield	147.0600	+	O 123.0e L(448.525)	WA1UNN	WA1UNN
Keene	146.8050	−	O 100.0 (CA)eL(440 MHZ LINKING)s	K1TQY	ChsCntyDXA
Peterborough	147.1950	+	O 88.5e L(N1IMO-N1IMN)sx	N1IMO	N1IMO
Rindge	146.7750	−	O 123.0 L(WA1UNN / R)	KA1BBG	KA1BBG
Walpole	147.0300	+	O 100.0e L(WA1UNN NH VHF NETWORK)s	WK1P	MARKEM
Winchester	146.8650	−	O 100e L(K1TQY)	N1NCI	CCDX ARC
SEACOAST					
Kensington	145.1500	−	O 127.3 E-SUN E-WINDs	W1WQM	PCARC
Seabrook	146.6100	−	O 141.3r	WA1NH	WA1NH
WHITE MOUNTAINS					
Cannon Mountain	145.4300	−	O 114.8e WXx	K1EME	LARK
Littleton	147.3450	+	O 114.8	K1EME	LARK
Mt Washington	146.6550	−	O 100.0ers	W1NH	WA1WOK
North Conway	145.4500	−	O 100.0s	W1MWV	WhtMtnARC
Twin Mountain	147.0600	+	O 107.2	KB1UVD	SeacoastDA
Whitefield	145.3700	−	O 114.8 L(NNH REPEATER NETWORK)s	N1PCE	N1PCE

144-148 MHz
NEW JERSEY

Location	Output	Input	Notes	Call	Sponsor
NEW JERSEY					
ATLANTIC					
Absecon	147.2100	+	O 123 (CA) eRB	N2HQX	DVRC
Brigantine	146.7150	−	O 91.5eWX	KA2OOR	------------
Buena	146.8050	−	O 118.8	KE2CK	KC2YWJ
Egg Harbor	146.6400	−	O 131.8elrsRB WX	W3BXW	BEARS
Egg Harbor Twp	146.7450	−	O 146.2 (CA)erWX	K2BR	SCARA
W Atlantic City	146.9850	−	O 146.2 (CA)e	W2HRW	SPARC
BERGEN					
North Arlington	147.2100	+	O 088.5e	K2DCG	------------
BERGEN CO					
Alpine	146.9550	−	O 141.3a TT	K2ETN	CRRC
Fair Lawn	145.4700	−	O 107.2	W2NPT	Fair Lawn ARC
Fort Lee	145.4500	−	O 100.0r	W2MPX	METROPLX
Paramus	146.7900	−	O 141.3	W2AKR	BCFMA
BURLINGTON					
Chatsworth	145.4700	−	O 127.8elrs	KC2QVT	BURLCO OEM
Medford Twp	145.2900	−	O 91.5 (CA) e	K2AA	SJRA
Robbinsville	147.0750	+	O 71.9 (CA) elr	KX2D	Robbinsvil
Westampton	147.1500	+	O 127.3 (CA)elrsWX	KC2QVT	BURLCO OEM
Willingboro	146.9250	−	O 131.8 (CA)e	WB2YGO	WARG Inc.
CAMDEN					
Camden	146.8200	−	O 131.8es	W3PHL	PARA Group
Cherry Hill	145.3700	−	O 91.5 (CA) e	NJ2CH	CH OEM
Pine Hill	146.8650	−	O 131.8 (CA)el	K2UK	CCAPRA
Pine Hill	146.8950	−	O 192.8ersWX	K2EOC	CamCoRACES
Runnemede	147.2250	+	O 192.8e	WA2WUN	------------
Waterford Wks	145.2100	−	O 71.9e	W2FLY	------------
Waterford Wks	147.3450	+	O 127.3erWX	WA3BXW	SNJ-ARES
Winslow	145.1500	−	O 91.5e	K2AX	JTRA
CAPE MAY					
Avalon	147.1200	+	O 203.5eWX	KC2KAX	ECLWA
Cape May Ct Hse	146.6100	−	O 88.5	N2CMC	CMCARC
Cape May Ct Hse	147.2400	+	O 146.2ers	W2CMC	------------

240 144-148 MHz
NEW JERSEY

Location	Output	Input	Notes	Call	Sponsor
Ocean City	147.2850	+	O 156.7 (CA)elrRB LITZ WX	W3PS	METRO-COMM
Wildwood	145.4500		O 167.9er	KA3LKM	------------
CUMBERLAND					
Bridgeton	147.2550	+	O 179.9 (CA)erswX	KC2TXB	Cum.Co.OEM
ESSEX CO					
Livingston	146.5950	147.5950	O 100.0ez	NE2S	SBARC
Newark	145.3500	–	O 107.2 Bl	W2JDS	------------
Newark	147.2250	+	O 141.3 L(440.500)	K2MFF	NJIT
North Caldwell	147.1800	+	O 151.4	W2JT	NJDXA
West Orange	146.4150	147.4150	● 85.4 (CA) eL(224.480)rsLITZz	WA2JSB	WORA
West Orange	147.2850	+	O 141.3/141.3 (CA)elrsLITZ WXz	WA2HYO	NJRA
GLOUCESTER					
Franklinville	146.4750	147.4750	O 162.2e	W2RM	------------
Monroe Twp	145.3900	–	O 91.5rs	K2DX	------------
Pitman	147.1800	+	O 131.8 (CA)rs	W2MMD	GCARC
HUNTERDON					
Cherryville	147.3750	+	O 151.4ae	WB2NQV	W2CRA
Holland Twp	146.8500	–	O 151.4ae LITZ	WA2GWA	K2PM
Mt Kipp	147.0150	+	O 151.4 (CA)elrwX	WB2NQV	W2CRA
MERCER					
Allentown	147.1050	+	● 123 (CA)	K2UQ	Allentown
Lawrenceville	146.4600	147.4600	O 131.8	N2RE	SarnoffRC
West Trenton	146.6700	–	O 131.8 (CA)erswX	W2ZQ	DVRA
MIDDLESEX CO					
Old Bridge	147.1200	+	O 162.2/162.2 (CA)elrsz	W2CJA	PSARN
Sayreville	146.7600	–	O 156.7/156.7 (CA)eL(443.200)rsLITZ	K2GE	RBRA
MONMOUTH CO					
Creamridge	147.2400	+	O 131.8 (CA)er	N2DRM	CR-MRG
Ellisdale	145.4500	–	O 131.8e	K2NI	HRG
Middletown	145.4850	–	O 151.4 (CA)er	N2DR	MT RACES OEM
Ocean Twp	147.0450	+	O 67.0 (CA) ersLITZ WX	WB2ABT	MCRA
Wall Twp	145.1100	–	O 127.3es	N2MO	OMARC
Wall Twp	146.7750	–	Oe	N2CTD	WALL OEM
MORRIS CO					
Boonton	147.0300	+	O 151.4/151.4e	W2TW	WARC

144-148 MHz 241
NEW JERSEY

Location	Output	Input	Notes	Call	Sponsor
Butler	147.1350	+	O 141.3elrsRB WX	WB2FTX	ButlrRACES
Long Valley	147.0300	+	O 141.3/141.3ers	N2GS	CWRACES
Morris Twp	146.8950	−	O 151.4/151.4 (CA)erWX	WS2Q	MORISOEM
Roxbury	146.9850	−	O 131.8 (CA)e	K2RF	SARA
OCEAN					
Lakehurst	145.1700	−	O 131.8ers	N2IFP	CrmRdgRG
Lakewood	146.9550	−	O 103.5e	W2RAP	EARS
Manahawkin	146.8350	−	O 127.3 (CA)ers	N2OO	835UserGrp
Toms River	146.4450	147.4450	O 131.8ae sWX	KC2GUM	O.C.R.G.
Toms River	146.9100	−	O 127.3eBI	W2DOR	JSARS
Tuckerton	146.7000	−	O 192.8ers	N2NF	------------
PASSAIC CO					
Little Falls	146.9250	−	O 151.4/151.4er	W2VER	VRACES
Passaic	147.3450	+	O 067.0/067.0 (CA) TTersRB WX(845)	KC2MDA	TECNJ
Wanaque	146.4900	147.4900	a	WA2SNA	RAMPOARC
Wanaque	146.7000	−	O 141.3 (CA) TT(1070)ersLITZ WXz	W2PQG	10-70 RA
Wayne	145.2100	−	O 141.3e	W2GT	Partyline Net
West Patterson	146.6100	−	151.4	W2FCL	LND ROVERS A
SALEM					
Pennsville	146.6250	−	O 131.8 (CA)er	N2KEJ	S.C.R.A.
SOMERSET CO					
Green Brook	146.6250	−	O 141.3	W2QW	RVRC
Green Brook	146.9400	−	O 141.3/141.3 (CA)ers	K2ETS	ETS OF NJ
Hillsboro	147.1350	+	O 151.4/151.4ersz	K2NJ	WJDXG
Martinsville	147.2850	+	O 141.3e	W2NJR	NJRA
SUSSEX					
Newton	147.2100	+	O 151.4rs	W2LV	SCARC
Newton	147.3000	+	O 151.4 (CA)elrs	W2LV	SCARC
Newton	147.3300	+	O 151.4rs	W2LV	SCARC
Vernon	146.9250	−	O 151.4er WX	W2VER	Vern RACES
UNION CO					
Elizabeth	145.4100	−	O 107.2 RB BI	W2JDS	------------
Murray Hill	147.2550	+	O 141.3 (CA)rsWX	W2LI	TRI-CNTYARA

144-148 MHz
NEW JERSEY-NEW MEXICO

Location	Output	Input	Notes	Call	Sponsor
Roselle Park	146.6850	−	O 123.0/123.0 (CA)er	WA2ZDN	------------
Springfield	147.5050	146.5050	O 123.0 (CA) TTerz	WA2BAT	SPFD EMRC
WARREN					
Columbia	146.4750	147.4750	O 110.9e	WB2NMI	------------
Washington	146.8200	−	O 110.9r	W2SJT	PJARC

NEW MEXICO
ALBUQUERQUE

Location	Output	Input	Notes	Call	Sponsor
Albuquerque	145.1300	−	O 162.2e L(145.160)rs	K5BIQ	BC-OEM
Albuquerque	145.3300	−	O 100.0e L(444.0)X	W5CSY	ARCC
Albuquerque	146.7200	−	O 100.0/127.3ex	K5CQH	K5CQH
Albuquerque	146.9000	−	O 67.0e L(147.0600)X	K5FIQ	URFMSI
Albuquerque	146.9200	−	O 67.0e	W5RAZ	------------
Albuquerque	146.9200	−	O E-WIND BI	W5RAZ	------------
Albuquerque	147.3200	+	O 100.0 (CA)	K5LXP	K5LXP
Albuquerque	147.3600	+	O e	KB5XE	KB5XE
Rio Rancho	145.3700	−	O 162.2e	NM5HD	High Desert ARC
Rio Rancho	147.1000	+	O 100.0e L(443.000)rsRB	NM5RR	SCARES
Sandia Crest	147.3800	+	O 162.2e L(442.1000)X	KB5GAS	ABQ Gas Balloon
Tijeras	145.1600	−	O 162.2e L(145.130)rs	K5BIQ	BC-OEM

ARES/RACES NET

Location	Output	Input	Notes	Call	Sponsor
Abiquiu	147.0400	+	O 141.3ers	NM5EM	NMEMA ARC
Caprock	145.2500	−	O 141.3ers	NM5EM	NMEMA ARC
Cloudcroft	145.3700	−	O 156.7ers	NM5EM	NMEMA ARC
Clovis	145.3700	−	O 141.3ers	NM5EM	NMEMA ARC
Corona	145.1150	−	O 141.3ers	NM5EM	NMEMA ARC
Cuba	145.1750	−	O 141.3ers	NM5EM	NMEMA ARC
Davenport	147.3200	+	O 141.3ers	NM5EM	NMEMA ARC
Des Moines	145.1750	−	O 141.3ers	NM5EM	NMEMA ARC
Eagle Nest	147.0400	+	O 141.3ers	NM5EM	NMEMA ARC
Grants	146.9800	−	O 141.3ers	NM5EM	NMEMA ARC
Reserve	147.3400	+	O 141.3ers	NM5EM	NMEMA ARC
Santa Fe	147.0200	+	O 141.3ers	NM5EM	NMEMA ARC
Santa Rosa	147.0400	+	O 141.3ers	NM5EM	NMEMA ARC
Silver City	145.1450	−	O 141.3ers	NM5EM	NMEMA ARC
Socorro	145.1750	−	O 141.3ers	NM5EM	NMEMA ARC
Tres Piedras	145.1750	−	O 141.3ers	NM5EM	NMEMA ARC
Truth or Consequences	145.1300	−	O 141.3ers	NM5EM	NMEMA ARC

144-148 MHz 243
NEW MEXICO

Location	Output	Input	Notes	Call	Sponsor
Wagon Mound	145.3700	–	O 141.3ers	NM5EM	NMEMA ARC
CENTRAL					
Belen	146.7000	–	O 100.0ers	KC5OUR	Val.CoARA
Belen	146.9600	–	O 100.0 (CA)elxZ(123)	K5URR	URFMSI
Clines Corners	147.0600	+	O 67.0 (CA) eL(146.9000) Z(123)	K5FIQ	URFMSI
La Madera	147.0800	+	O 100.0/100.0ers	NM5SC	SCARES
Los Lunas	145.3900	–	O 85.4ers	NM5LL	LLARA
Los Lunas	145.4900	–	O 85.4 (CA) elrsx	NM5LL	LLARA
Socorro	146.6800	–	O 100.0/123.0aexz	W5AQA	Soc. ARA
Socorro	147.1600	+	O 100.0ae prs	W5AQA	SocorroARA
EAST CENTRAL					
Clovis	147.2400	+	O 67.0ers	KA5B	ENM ARC
Clovis	147.3200	+	O 71.9/71.9 e	WS5D	WS5D
Portales	146.8200	–	O 67.0e	N5HXL	Greyhound ARC
Portales	147.0000	–	O 67.0es	W5OMU	W5OMU
Redlake	146.8400	–	O 67.0ers	KE5RUE	Greyhound ARC
MEGA-LINK					
Alamogordo	145.3500	–	O 67.0 (CA) elxZ(123)	NM5ML	Mega-Link
Albuquerque	145.2900	–	O 100.0 (CA)elxZ(123)	NM5ML	Mega-Link
Bloomfield	147.2800	+	O 67.0 (CA) elxZ(123)	NM5ML	Mega-Link
Clovis	147.2800	+	O 67.0 (CA) elxZ(123)	NM5ML	Mega-Link
Conchas Dam	147.3600	+	O 100.0 (CA)elxZ(123)	NM5ML	Mega-Link
Corona	147.2800	+	O 100.0 (CA)elxZ(123)	NM5ML	Mega-Link
Cuba	147.2400	+	O 67.0 (CA) elxZ(123)	NM5ML	Mega-Link
Datil-Davenport	147.0400	+	O 100.0 (CA)elrsxZ(123)	NM5ML	Mega-Link
Datil-Luera Peak	147.1400	+	O 100.0 (CA)elxZ(123)	NM5ML	Mega-Link
Deming	147.0200	+	O 100.0 (CA)lxZ(123)	NM5ML	Mega-Link
Ft Sumner	147.1400	+	O 100.0 (CA)elxZ(123)	KB5ZFA	Mega-Link
Gallup	147.2200	+	O 67.0 (CA) elxZ(123)	NM5ML	Mega-Link
Grants	146.6600	–	O 100.0 (CA)elxZ(123)	NM5ML	Mega-Link

244 144-148 MHz
NEW MEXICO

Location	Output	Input	Notes	Call	Sponsor
Las Cruces	147.1800	+	O 100.0 (CA)elxZ(123)	NM5ML	Mega-Link
Las Vegas	147.2600	+	O 67.0 (CA) E-SUNlxZ(123)	NM5ML	Mega-Link
Maljamar	147.1400	+	O 67.0 (CA) elxZ(123)	NM5ML	Mega-Link
Raton	147.2800	+	O 100.0 (CA)elxZ(123)	NM5ML	Mega-Link
Reserve	147.3600	+	O 67.0 (CA) lxZ(123)	NM5ML	Mega-Link
Roswell	146.6600	−	O 67.0 (CA) lsxZ(123)	NM5ML	Mega-Link
Roswell	147.2600	+	O 100.0 (CA)lxZ(123)	NM5ML	Mega-Link
Silver City	145.1150	−	O 100.0/100.0 (CA)lxZ(123)	NM5ML	Mega-Link
Socorro	147.2400	+	O 100.0 (CA)elxZ(123)	NM5ML	Mega-Link
T or C	147.2600	+	O 100.0 (CA)elxZ(123)	NM5ML	Mega-Link
Taos Ski Valley	147.1400	+	67/67 (CA)lrsx	NM5ML	Mega-Link
Tijeras	147.4400	147.4400	O 100.0 (CA)lZ(123)	NM5ML	Mega-Link
Tres Piedras	147.2200	+	O 100.0 (CA)elxZ(123)	NM5ML	Mega-Link
Tucumcari	147.2200	+	O 100.0 (CA)elxZ(123)	NM5ML	Mega-Link
Wagon Mound	147.2000	+	O 67.0/67.0 (CA)elrsZ(123)	NM5ML	Mega-Link
NORTH CENTRAL					
Angel Fire	147.3400	+	Oex	N5LEM	N5LEM
Chama	147.0800	+	O 162.2 E-SUN L(146.82)	W5SF	SFARC
Embudo	147.1800	+	O	K5PEY	-----------
La Cueva	145.4100	−	O 100.0/100.0eLITZ	W5HO	-----------
La Cueva	146.8400	−	O 107.2elx	N9PGQ	-----------
Las Vegas	145.4500	−	Oe	KB5WEZ	KB5WEZ
Las Vegas	147.3000	+	O 162.2elx	W5SF/ELK	SFARC
Las Vegas	147.3800	+	Oe	KB5ENM	ALOST RS
Los Alamos	145.1900	−	O 100 (CA) es	KD5CUC	SFARC
Los Alamos	146.8800	−	O	W5PDO	LAARC
Taos	147.1200	+	Oelx	WU5B	WU5B
Tres Piedras	146.7600	−	O 67.0ex	KD5CHU	HiVly ARC
NORTH EAST					
Des Moines	146.8500	−	O 100.0ex	N5BOP	SGRC
Raton	145.4900	−	O 100/100 TTeLITZ WX	N0DRC	-----------

144-148 MHz
NEW MEXICO

Location	Output	Input	Notes	Call	Sponsor
NORTH WEST					
Aztec	146.7400	–	O 100.0 (CA)eL(146.85)	NM5SJ	SJC EMCOMM
Blanco	147.1000	+	O 100.0	KB5ITS	KB5ITS
Bloomfield	146.9200	–	O 100.0 (CA) L(146.85)	NM5SJ	SJC EMCOMM
Farmington	146.7600	–	O 100.0 (CA)e	KB5ITS	KB5ITS
Farmington	146.8500	–	O 100.0 (CA) L(TOTAH ARC)	NM5SJ	SJC EMCOMM
Farmington	147.0000	+	O 100.0ae	KB5ITS	KB5ITS
Lybrook	145.4900	–	O 100.0 (CA) L(146.85)	NM5SJ	SJC EMCOMM
Navajo Dam	147.3600	+	O 100.0/100.0e	KB5ITS	------------
Tank Mountain	146.8800	–	O 100.0e	KB5ITS	KB5ITS
SANTA FE					
Santa Fe	146.8200	–	O 162.2ae x	W5SF/TESSFARC	
Santa Fe	147.2000	+	O 162.2e	W5SF/SVHSFARC	
SOUTH CENTRAL					
Alamogordo	146.8000	–	O 100.0e	K5LRW	Alamo ARC
Alamogordo	146.8600	–	O 100.0/100.0e	N6CID	------------
Alamogordo	146.9000	–	O 77.0a	KC5OWL	------------
Benson Ridge	145.2300	–	O 123.0lx	K5BEN	JPARA
Benson Ridge	145.2700	–	O 162.2	K5KKO	ELP Dig Int Gp
Capitan	146.6100	–	O E-SUNx	KB5ZFA	------------
Cloudcroft	146.9600	–	O 100.0e L(147.34)rsRBx	KE5MIQ	SMRC
Cloudcroft	147.2200	+	O 100.0/100.0eL(147.34)rsx	KE5MIQ	SMRC
Cloudcroft	147.3400	+	O 100.0/100.0eL(147.22)rsx	KE5MIQ	SMRC
High Rolls	147.0000	+	O 141.3/141.3 E-SUNrs	W5AKU	------------
Las Cruces	146.6400	–	O 100.0 (CA)e	N5BL	MVRC
Las Cruces	146.7800	–	Oe	N5IAC	------------
Las Cruces	147.3800	+	O 100.0a TT	W7DXX	------------
Ruidoso	145.4500	–	O 100.0/100.0eL(146.92)	KR5NM	SBARC
Ruidoso	146.7400	–	O 100.0e L(443.825)rsWx	K5FBK	------------
Ruidoso	146.9200	–	O 100.0/100.0eL(145.45)	KR5NM	SBARC
Ruidoso	146.9800	–	O 100.0/100.0 (CA)eE-SUN L(145.31)rsRB WX	K5RIC	ARC

246 144-148 MHz
NEW MEXICO

Location	Output	Input	Notes	Call	Sponsor
T or C	146.7600	–	O 100.0 (CA)ex	N5BL	MVRC
Tularosa	147.0800	+	O 100.0e	W5TWY	------------
SOUTH EAST					
Caprock	147.1800	+	Oex	KB5ZFA	------------
Carlsbad	146.8800	–	Ors	W5TD	------------
Carlsbad	147.2800	+	O 123.0e L(442.4500)sSRB LITZx	K5CNM	Eddy Co ARES/SKY
Hobbs	147.2200	+	O 173.8e	K5INW	------------
Hope	147.3800	+	O 123.0e L(442.4500)sSRB LITZx	K5CNM	Eddy Co ARES/SKY
Jal	147.1000	+	O	N5SVI	N5SVI
Loving	147.3600	+	O 123.0e L(442.4500)sSRB LITZx	K5CNM	Eddy Co ARES/SKY
Queen	147.3000	+	O 123.0e L(442.4500)sSRB LITZx	K5CNM	Eddy Co ARES/SKY
Roswell	146.6400	–	OTTe	N5MMI	NMMI ARC
Roswell	146.9400	–	O(CA)rs	W5TD	------------
Roswell	147.3200	+	O 162.2/162.2e	W5GNB	W5GNB
Tatum	146.7000	–	O 127.3/127.3#L(147.22)x	AH2AZ	------------
SOUTH WEST					
Columbus	145.4300	–	O 88.5rs	W5DAR	DARC
Deming	146.8200	–	Oex	W5DAR	DARC
Deming	147.0800	+	O	W5JX	------------
Deming	147.1200	+	O 88.5/88.5 E-SUN	K5UPS	K5UPS
Jacks Peak	145.1700	–	O 100.0e L(MEGALINK)	N5IA	N5IA
Jacks Peak	145.2100	–	O 141.3 L(EAARS)	N5IA	JPARA
Jacks Peak	145.2500	–	O 88.5x	WB5QHS	JPARA
Little Florida Mtns	147.0400	+	O 127.3 L(147.06)	N5IA	N5IA
Little Florida Mtns	147.0600	+	O 127.3 L(147.04)	N5IA	N5IA
Reserve	147.3800	+	O 103.5#	K7QCW	CCARS
Silver City	146.9800	–	O 103.5 (CA)elsx	K5GAR	Gila ARS
STATEWIDE					
Statewide	147.1600	+	Oprs		ARES/SAR
WEST CENTRAL					
Gallup	147.2600	+	O 100.0rs	KC5WDV	KC5WDV
Grants	146.6400	–	O(CA)e L(146.7400)xZ(123)	K5URR	URFMSI
Grants	146.9400	–	O 100.0 (CA)elxZ(123)	K5URR	URFMSI
Grants	147.1800	+	O 100.0	WB5EKP	CARCUS

144-148 MHz
NEW MEXICO-NEW YORK

Location	Output	Input	Notes	Call	Sponsor
Zuni	145.4300	–	O 162.2 (CA)x	WA5SOX	ZARCOM

NEW YORK
ADIRONDACKS EAST

Location	Output	Input	Notes	Call	Sponsor
Blue Mtn	145.4900	–	O 123lx	N2JKG	RACES
Lake Placid	147.3000	+	O 100.0	N2NGK	N2NGK
Long Lake	146.6400	–	● 162.2/162.2ex	KCZZO	Bear Bait Radio
Lyon Mtn	147.2850	+	O 123.0e	W2UXC	ChmpVlyRC
Mineville	147.2550	+	O 123elr WX	WA2LRE	Essx RACES
Plattsburgh	147.1500	–	O 123.0e	W2UXC	ChmpVlyRC
Saranac Lake	147.0300	–	O 100.0	W2WIZ	Red Cross
Speculator	147.1650	+	Oer	KA2VHF	Hmltn ARC
Whiteface Mtn	145.1100	–	O 123.0elrx	N2JKG	Clin RACES

ALBANY/CAPITAL REGION

Location	Output	Input	Notes	Call	Sponsor
Albany	145.1900	–	O 103.5e	K2CT	ALBANY AMATE
Albany	147.1200	+	Oer	K2ALB	Albany County A
Albany	147.3750	+	O 100	KA2QYE	KA2QYE
Averill Park	145.3700	–	O 127.3l	W1GRM	W1GRM
Columbia	146.6700	–	O 100	N2JVE	N2JVE
Delmar	146.6400	–	Or	W2VJB	BethRACES
East Galway	147.3600	+	O	N2FEP	N2FEP
Fonda	147.1950	+	O 156.7erz	KC2AUO	MOHAWK VALL
Galway	147.2400	+	O 100e L(147.00)r	K2DLL	Saratoga County
Glenville	146.7900	–	O 100	W2IR	Schenectady Mu
Gloversville	146.7000	–	Oar	K2JJI	TRYON AMATE
Grafton	145.2500	–	O 100 (CA) e	WB2BQW	NORTHEAST C
Grafton	145.3100	–	O	K2CBA	GURU
Grafton	147.1800	+	O(CA)elrsz	N2LOD	RENSSELAER A
Hoosick Falls	147.3450	+	Oer	K2RBR	K2RBR
Middle Grove	145.4300	–	O 156.7	WB2BGI	WB2BGI
Rensselaer	147.3300	+	O 146.2	WB2HZT	WB2HZT
Schenectady	147.0600	+	Oaer	K2AE	SCHENECTADY
Schenectady	147.3000	+	Oa	WA2AFD	WA2AFD
Troy	145.1700	–	Oelrswx	N2TY	TROY AMATEU
Troy	145.3300	–	Olr	K2RBR	NiMo ARC
Troy	146.7600	–	O 100elrs	KB2HPX	RENSSELAER A
Troy	146.8200	–	O(CA)l	W2SZ	RPI AMATEUR
Troy	146.9400	–	Oael	W2GBO	Tel Pionrs
Troy	147.2700	+	O 100elrs	KG2BH	ColnEddy Ct

AUBURN

Location	Output	Input	Notes	Call	Sponsor
Auburn	145.2300	–	O 71.9aep sxz	W2QYT	W2QYT
Auburn	147.0000	+	O 71.9aep xz	W2QYT	W2QYT

144-148 MHz
NEW YORK

Location	Output	Input	Notes	Call	Sponsor
Auburn	147.2700	+	O 71.9aer	K2RSY	CayugaEMO
Moravia	146.6700	−	O 151.4ers WXx	AK2K	AK2K
Seneca Falls	145.1300	−	Ol	N2POH	Sen ARES
Skaneateles	147.1950	+	O 82.5e	WB2FOF	WB2FOF
BATH/HORNELL					
Alfred	146.9550	−	Oe	K2BVD	ALFRED RADIO AM
Arkport	147.0450	+	O 110.6elr	KC2FSW	Keuka LARA
Bath	145.1900	−	Oael	KB2WXV	KEUKA LAKE AMAT
Bath	146.8050	−	OelWXx	N2HLT	RENSSELAER ARES
Groveland	147.0300	+	O	W2COP	W2COP
Jasper	147.3300	+	O	KC2JLQ	Keuka LARA
Naples	146.9250	−	Ol	NO2W	Telcourier
Prattsburg	147.2400	+	O 110.9l	K1NXG	N2PA MtnGp
Springwater	146.7600	−	O(CA)elz	WA2DHB	Lvgnstn ARS
BINGHAMTON					
Bing Airport	146.8650	−	O 146.2r WX	WA2QEL	Susquehanna Valley
Binghamton	145.4700	−	O	W2EWM	W2EWM
Binghamton	146.7300	−	O 100ex	K2TDV	K2TDV
Binghamton	146.8200	−	O 146.2 WXx	WA2QEL	Susquehanna Valley
Binghamton	147.0750	+	OeWXx	K2VQ	K2VQ
Binghamton	147.3900	+	Ot#	W2OW	BINGHAMTON AMR
Endicott	145.3900	−	O 123 EXP	N2YR	W.A.G.
Endicott	147.2550	+	O 100 (CA) e	WA2VCS	N2ZOJ
Hancock	147.3450	+	O 146.2r WX	WA2QEL	Susquehanna Valley
Owego	146.7600	−	OWX	W2VDX	TIGARS
Vestal	147.1200	+	O 100l	K2ZG	K2ZG
CANANDAIGUA					
Bristol	145.1100	−	O 110.9l	WR2AHL	GRIDD
Canandaigua	146.8200	−	O 110.9ers WXx	K2BWK	SQUAW ISLAND AM
Farmington	145.4100	−	O 110.9	N2HJD	N2HJD
CATSKILLS EAST					
Cairo	146.7450	−	O 210.7e	KB2DYB	KB2DYB
Cairo	147.0900	+	O(CA)ersz	N2SQW	GRN CTY RC
Hunter	145.1500	−	O	WB2UYR	Mtntop ARA
Jewett	145.4500	−	O	W1EQX	W1EQX
Krumville	146.7450	−	O 123es	KC2BYY	RIDGE TOP AMATE
Roxbury	146.9850	−	Oe	K2AGF	Mrgrtvl RC
CATSKILLS NORTH					
Cherry Valley	145.3500	−	O 167.9e	NC2C	OTSEGO COUNTY A
Cobleskill	146.6100	−	O 123ar	WA2ZWM	SCHOHARIE COUNT
Cooperstown	146.6400	−	Oer	NC2C	OTSEGO COUNTY A
Delhi	146.7450	−	Oersz	K2NK	Del Cty ES
Oneonta	146.8500	−	O 167.9 (CA)ersWXxz	W2SEU	OARC

144-148 MHz 249
NEW YORK

Location	Output	Input	Notes	Call	Sponsor
Stamford	145.2300	–	Orsx	W2SEU	W2SEU
Walton	145.2500	–	O 100rLITZ WXz	WB2BQW	NORTHEAST C
Walton	146.9550	–	O 127.3ers z	K2NK	Walton RA
Walton	147.3150	+	Oer	W2LZ	WALTON RADIO
CORTLAND/ITHACA					
Burlington	146.7150	–	O 167.9r	W2EES	W2EES
Cortland	145.4900	–	O 151.4ae z	KB2LUV	SKYLINE AMAT
Cortland	147.0300	+	O	WA2VAM	FngrLksRA
Cortland	147.1800	+	O 71.9e	K2IWR	SKYLINE AMAT
Cortland	147.2250	+	O/71.9	KB2FAF	KB2FAF
Ithaca	146.6100	–	Oaez	W2CXM	CORNELL UNIV
Ithaca	146.8950	–	O 107.2ex	K2ZG	K2ZG
Ithaca	146.9400	–	O 103.5	KC1RM	KC1RM
Ithaca	146.9700	–	O 103.5ae sWxz	AF2A	TOMPKINS COU
Norwich	146.6850	–	O	W2RME	CHENANGO VA
ELMIRA/CORNING					
Corning	147.0150	+	O(CA)elz	N2IED	CARA
Elmira	146.7000	–	Ol	W2ZJ	ELMIRA AMATE
Elmira	147.3600	+	OaelrswX xz	N3AQ	ROOKIES
FRANKLIN					
Malone	147.0900	+	a(CA)	NG2C	------------
Malone	147.2250	+	151.4/151.4l	WB2RYB	------------
Saranac lake	145.3100	–	127.3	W2TLR	TLARC
Tupper lake	147.3300	+	100.0 L(449.700)x	KA2DRE	Greater Adironda
LONG ISLAND - NASSAU CO					
Mineola	146.6400	–	●telr	W2EJ	PLAZA RPTR
Plainview	146.8050	–	O 136.5 (CA)lsRB WX	WB2WAK	NC ARES
Plainview	147.1350	+	O 136.5 (CA)rsRB	WB2CYN	PHNX ARTS
Plainview	147.3300	+	O 114.8/114.8 DCS(023)eL(927.1125)	N2BBO	------------
LONG ISLAND - SUFFOLK CO					
Bethpage	146.7450	146.1460	O 136.5	WA2LQO	Grumman ARC
Dix Hills	147.0750	+	O 136.5el Bl	W2RGM	------------
Hauppauge	145.3300	–	O 136.5ers	WA2LQO	Grumman ARC
Hauppauge	145.4300	–	O 136.5 L(443.425)	W2LRC	LARKFIELD AR
Holbrook	145.4100	–	O 136.5/136.5eL(927.1125) RB	N2BBO	------------
Holbrook	147.3900	+	O 136.5/136.5eL(927.1125) RB	N2BBO	------------

144-148 MHz
NEW YORK

Location	Output	Input	Notes	Call	Sponsor
Huntington	147.2100	+	O 136.5 (CA)eL(443.675)rs	WR2ABA	LARKFIELD ARC
Huntington	147.2850	+	● 97.4/167.9	KB2AKH	------------
Islip	147.3450	+	O 100.0 (CA)rs	K2IRG	ISLIP RG
Manorville	145.3700	–	O 136.5 (CA)eL(442.3)rs	N2NFI	PARC
Middle Island	146.8200	–	O 151.4/151.4eL(449.7353)r	W2OQI	------------
N Babylon	147.2550	+	O 136.5 (CA)elrsZ(911)	KB2UR	SSARC
N Lindenhurst	146.6850	–	O 110.9/110.9eL(INTERNET)rsWXx	W2GSB	GSBARC
Port Jefferson	145.1500	–	O 136.5 (CA)el	W2RC	RCARC
Rocky Point	146.5950	147.5950	O 136.5 RB WX	N2FXE	------------
Selden	146.7150	–	● 136.5a (CA)el	WA2UMD	------------
Selden	146.7600	–	O 136.5e L(52.8&448.825)	WA2VNV	SBRA
Selden	147.3750	+	136.5 (CA)e	WB2NHO	LIMARC
Setauket	146.9400	–	O 136.5elr	WB2MOT	MST ARC
Southampton	147.1950	+	O 136.5 (CA)esWX	WA2UEG	EARS
Yaphank	145.2100	–	O 136.5 (CA)ers	W2DQ	SCRC
LOWER HUDSON - WESTCHESTER					
Chappaqua	145.1100	–	O 123.0/123.0 (CA)ers	N2FMC	NWARA
New Rochelle	147.0400	+	O 192.8z	N2ZTE	SWRA
Vallhalla	147.0600	+	O 114.8 (CA)ersx	WB2ZII	WECA
Yonkers	146.8650	–	O 110.9 (CA)er	W2YRC	YNKRS ARC
Yorktown Hts	146.9400	–	O 123.0aer	WA2TOW	YCDARC/MSARC
Yorktown Hts	147.0150	+	O 114.8 (CA)er	WB2IXR	NWARA
MID HUDSON					
Carmel	145.1300	–	O 136.5r	K2PUT	PUTNAM EMERGEN
Cragsmoor	147.0750	+	O 114.8ael z	W2NYX	W2NYX
Harriman	147.1050	+	O 114.8l	N2JTI	ROCKLAND REPEA
Highland	147.0450	+	O 100es	N2OXV	MOUNT BEACON A
Hudson	147.2100	+	Oes	K2RVW	Rip Van Winkle Amat
Kingston	147.2550	+	O 77erz	WA2MJM	OVERLOOK MTN A
Lake Peekskill	146.6700	–	O 156.7 (CA)es	W2NYW	PEEKSKILL CORTLA

Serving The Amateur Radio Community Since 1965

Our 47th Year

LIMARC
Long Island Mobile Amateur Radio Club

The **Long Island Mobile Amateur Radio Club** is an ARRL Affiliated Special Service Club serving the Amateur Radio community since 1965. LIMARC, one of the largest Amateur Radio clubs in the USA, is a nonprofit organization, dedicated to the advancement of Amateur Radio, public service and assistance to fellow amateurs.

LIMARC operates five club repeaters, all using a 136.5 PL.

Repeater Frequencies [Note: Our two 2m repeaters are linked via IRLP.]

W2VL 146.850 [-]
ECHOLINK W2VL-R, Node 487981

W2KPQ 147.375 [+]
ECHOLINK W2KPQ-R, Node 503075

IRLP Access Through Reflector
Node 9126

W2VL 1288.00 [-]

W2KPQ 449.125 [-] IRLP Node 4969,
ECHOLINK W2KPQ-L, Node 500940

W2KPQ 224.820 [-]

Repeater Trustees; W2VL: W2QZ,
W2KPQ: WB2WAK

Weekly Nets
Technical Net: Sunday @ 8:00 PM
Club Info Net: Monday @ 8:30 PM
followed by the **Swap & Shop Net**

Other Regularly Scheduled Nets
Computer Net: 3rd and 4th Wednesday of each month @ 8:30 PM (to 10:00 PM)

Nostalgia/Trivia Net @ 8:30 PM on the fifth Wednesday of those months where one occurs.

Note: All Nets are linked between the 146.850 and 147.375 Repeaters

Special Events Callsign WV2LI; Trustee N2GA

Some of LIMARC's regular activities are
- **General Meetings:** 2nd Wednesday (except July and August) at Levittown Hall, Hicksville, NY @ 8:00 PM
- **VE Tests:** 2nd Saturday in odd numbered months at Levittown Hall – check our web-site for additional information
- **Hamfests:** Winter, Spring & Fall
- **License Classes** and **Field Day**

SPONSOR OF THE SCHOOL CLUB ROUNDUP

LIMARC Officers
President: Richie Cetron K2KNB **Vice President:** Jay Marcucci KC2YSK
Secretary: Ken Gunther WB2KWC **Treasurer:** Jerry Abrams WB2ZEX
Past President: Rick Bressler K2RB
Directors: Bob Batchelor W2OSR, Al Bender W2QZ,
Harry Gross KC2FYJ, Stephen Greenbaum WB2KDG,
Joe Schierer KC2BZB, George Sullivan WB2IKT

For more information on current LIMARC events:
Access LIMARC on the World Wide Web:
http://www.limarc.org or e-mail us at: limarc@limarc.org
Write: **LIMARC, P.O. Box 392, Levittown, NY 11756**

144-148 MHz
NEW YORK

Location	Output	Input	Notes	Call	Sponsor
Liberty	147.1350	+	O 94.8l	KC2AXO	SOUTHERN CATSKI
Mahopac	145.3900	–	O 74.4	NY4Z	ALIVE NETWORK A
Middletown	146.7600	–	O 100ers WXx	WA2VDX	WA2VDX
Middletown	146.9400	–	O 156.7lsx	WR2MSN	METRO 70 CM NET
Middletown	147.3900	+	O 123lx	WA2ZPX	WA2ZPX
Millbrook	146.8950	–	O 100el	N2EYH	MOUNT BEACON A
Mount Beacon	146.9700	–	O 100 (CA) esWXx	KC2DAA	MOUNT BEACON A
New Windsor	147.1500	+	O 88.5/88.5 e	KD2ANX	Orange County Repe
Nyack	145.1700	–	O 114.8l	N2JTI	ROCKLAND REPEA
Nyack	147.1650	+	O 114.8 (CA)elsx	K2CIB	ROCKLAND REPEA
Pearl River	146.8350	–	O 141.3	N2HDW	StatelineRA
Washingtonville	145.2500	–	O 100el	WB2BQW	NORTHEAST CONN
West Point	146.7300	–	O#r	W2KGY	USMA AMATEUR RA
MONROE COUNTY					
Churchville	145.2100	–	O 110.9	N2EPO	-----------
NEW YORK CITY - KINGS					
Brooklyn	145.2300	–	O 114.8/114.8es	WA2JNF	-----------
Brooklyn	146.7300	–	O 88.5es	KB2NQT	KCRC
NEW YORK CITY - MANHATTAN					
Manhattan	145.2900	–	O 094.8/094.8 TTlRB	K2HR	Alive Net
Manhattan	147.1500	+	O 123.0/123.0z	N2JDW	Manh RS
Manhattan	147.1950	+	O 136.5	W2ML	-----------
Manhattan	147.2700	+	O 141.3 (CA)elRB WX	W2ABC	BEARS
New York	147.3600	+	O 107.2er	WA2ZLB	MAARC
NEW YORK CITY - NEW YORK					
Manhattan	145.2700	–	O 136.5es	KC2PXT	HOSARC
NEW YORK CITY - QUEENS					
Flushing	147.0900	+	● 114.8/82.5 (CA) DCSeZ(911)	K2HAM	ELECHSTR VHFC
Glen Oaks	146.8500	–	O 136.5 (CA)e	W2VL	LIMARC
NEW YORK CITY - STATEN ISLAND					
Staten Island	146.4300	147.4300	O 136.5/136.5e	KC2RA	KCRA
Staten Island	147.3150	+	Ot(CA)ez	WA2RXQ	-----------
NIAGARA					
Boston	146.9100	–	O(CA)e L(BARRA)rsWXxz	W2EUP	BARRA
Buffalo	146.8650	+	O 151.4 L(443.525)	WB2ECR	-----------
Buffalo	147.3900	+	O 88.5 L(ECHOLINK)	W2DXA	WNYDXA

144-148 MHz
NEW YORK

Location	Output	Input	Notes	Call	Sponsor
Colden	145.3100	−	O 88.5e L(BARC) RB	W2IVB	BARC
Colden	147.0900	+	O 107.2e	WB2ELW	STARS
Kenmore	147.0000	+	O 107.2	N2YDM	BARRA
Lancaster	147.2550	+	O 107.2e L(LARC IRLP) WX	W2SO	LARC
Lancaster	147.3600	+	O 107.2e	W2GUT	------------
Lewiston	146.7750	−	O 107.2e	WB2NCR	RACES
Lockport	146.8200	−	O 107.2	W2RUI	LARA
North Tonawanda	146.9550	−	O 151.4 (CA)e	W2SEX	ARATS
Wheatfield	146.7300	−	O 107.2	K2ILH	BARRA

OSWEGO/FULTON

Location	Output	Input	Notes	Call	Sponsor
Fulton	145.3300	−	Oalr	KW2M	NiMo ARC
Fulton	147.1500	+	O 103.5r	N2GIV	NiMo ARC
Oswego	146.8500	−	O 123er	K2QQY	OswegoCEMO

ROCHESTER

Location	Output	Input	Notes	Call	Sponsor
Fairport	146.6100	−	O 110.9 (CA)esz	W2COP	FLARES
Fairport	147.1350	+	O(CA)ep	WB2SSJ	WB2SSJ
Mendon	146.9250	−	O 110.9alr z	N2HJD	ROCHESTER R
Rochester	145.2900	−	Oaelxz	KE2MK	XEROX AMATE
Rochester	146.6550	−	O 110.9l	WR2AHL	BARRA
Rochester	146.7150	−	O	W2KZD	W2KZD
Rochester	146.7900	−	Oa	K2SA	Genesee RA
Rochester	146.8800	−	O 110.9 (CA)elrsz	K2RRA	ROCHESTER R
Rochester	147.3000	+	O	WB2TRC	WB2TRC

SOUTHERN TIER

Location	Output	Input	Notes	Call	Sponsor
Alma	147.2100	+	O 123.0el WX	KA2AJH	------------
Bemus Point	145.2900	−	O 127.3	WA2LPB	STAN
Delevan	145.3900	−	O	K2XZ	------------
Frewsburg	146.7900	−	O	W2DRZ	------------
Jamestown	145.3300	−	O 127.3	KS2D	C.A.R.S.
Jamestown	146.9400	−	O 127.3ae L(445.225)	K2LUC	CCAFMA
Knapp Creek	146.8500	−	O	W3VV	MCARC
Napoli	147.1950	+	O 127.3e	N2KZB	------------
Pomfret	146.6250	−	O 127.3 (CA)ex	W2SB	NCARC
Ripley	145.4700	−	O 127.3e	K2OAD	------------

ST LAWRENCE

Location	Output	Input	Notes	Call	Sponsor
Fine	147.1350	+		WA2NAN	Oswegatchie Vall
Ogdensburg	147.1650	+		N2MX	N2MX
Parishville	147.3900	+	151.4	W2LCA	NCARC
Potsdam	146.8950	−	151.4 L(443.350) Z(*911)	K2CC	CUARC

144-148 MHz
NEW YORK

Location	Output	Input	Notes	Call	Sponsor
Russell	146.9250	–	A(*+9/#)r	KA2JXI	SLVRA
SYRACUSE					
Cazenovia	147.0750	+	O 97.4e	N2LZI	James I McHerron M
Jamesville	145.1500	–	O 123eRB	KB2SWA	KB2SWA
Lafayette	145.3500	–	O	WW2N	WW2N
Liverpool	145.2100	–	O 103.5e	W2ISB	W2ISB
Phoenix	147.3450	+	O	W2ZC	SALT CITY DX ASSN
Pompey	146.7750	–	O 151.4	W2CNY	Onondaga County De
Sentinel Hgts	145.3100	–	O 151.4ex	KB2RES	KB2RES
Syracuse	145.2700	–	Oe	W1MVV	W1MVV
Syracuse	145.4300	–	O 141.3l	K2SDD	K2SDD
Syracuse	146.6250	–	O 103.5 (CA)	N2PYK	N2PYK
Syracuse	146.6400	–	O 103.5ep z	W2JST	W2JST
Syracuse	146.9100	–	O 103.5z	KC2AWD	LARC
Syracuse	147.1050	+	Oarz	K2JVL	K2JVL
Syracuse	147.2100	+	O 103.5 (CA)	WA2U	LARC
Syracuse	147.3000	+	Oerz	N2ACO	OndgaRACES
Syracuse	147.3900	+	O 151.4lr	K2BFH	NiMo ARC
UPPER HUDSON					
Glens Falls	146.7750	–	OewX	KA5VVI	SoAdRG
Lake George	147.3300	–	O 100r	KT2M	Warr RACES
North Creek	147.1350	+	O 123r	KT2M	Warr RACES
Saratoga Spr	147.0000	–	O 91.5/91.5 eL(147.240)r	K2DLL	Saratoga County RA
UTICA/ROME					
Boonville	146.6550	–	Oe	KC2NBU	BRVRA
Ilion	145.1100	–	O 167.9 (CA)erswX	N2ZWO	HERKIMER COUNTY
Ilion	146.8050	–		KB3BIU	KB3BIU
Kirkland	147.2400	+	O 71.9/71.9 (CA) TT(MOVED 17 MILES EAST ON DEATH OF	KA2FWN	K1DCC
Mohawk	147.0900	+	O	W2JIT	Deerfld RA
Norway	147.0450	+	O 167.9ers wX	N2ZWO	HERKIMER COUNTY
Rome	146.8800	–	Oel	W2OFQ	ROME RADIO CLUB
Rome	147.1200	+	Or	K2GVI	Rome ARC
Rome	147.2850	+	O(CA)	WA2ZXS	416 COMBAT SUPP
Utica	145.4500	–	O	W2JIT	Deerfld RA
Utica	146.7600	–	O	W2JIT	Deerfld RA
Utica	146.9700	–	O	WB2FAW	RACOM
Utica	147.3750	+	Oe	K2GVI	Rome ARC
Verona	145.1700	–	Oae	KA2NIL	KA2NIL
Westmoreland	146.9400	–	O	K2GVI	Rome ARC
WATERTOWN					
Lowville	146.9550	–	O 156.7aer	W2RHM	BLACK RIVER VALL
Watertown	146.7000	–	O 151.4ez	WB2OOY	WB2OOY

144-148 MHz   NEW YORK-NORTH CAROLINA

Location	Output	Input	Notes	Call	Sponsor
Watertown	147.2550	+	O 151.4ars WXxz	N2KFJ	CANAMARA
Watertown	147.3750	+	Ol	K2BFH	NiMo ARC
WATKINS GLEN					
Branchport	146.9850	–	O 110.9	N2LSJ	N2LSJ
Penn Yan	145.2500	–	O 100	N2HLT	N2HLT
Penn Yan	145.3700	–	Oelrsx	WA2UKX	WA2UKX
Penn Yan	146.8350	–	O	KE2BV	KE2BV
Watkins Glen	147.1650	+	Olr	KA2IFE	KA2IFE
WAYNE/NEWARK					
Clyde	145.4700	–	O	KA2NDW	KA2NDW
Newark	146.7450	–	O	WA2AAZ	DRUMLINS AMA
Sodus	146.6850	–	Oaer	WB2QKO	Wyn RACES
WEST					
Albion	145.2700	–	O 141.3	WA2DQL	OCARC
Batavia	147.2850	+	O 141.3 (CA)e	W2SO	LARC
Gainsville	145.4900	–	O 88.5e L(ILS IRLP ECHOLINK)	WB2JPQ	ILS
Wethersfield	145.1700	–	O 110.9e L(BARRA) RBx	K2ISO	BARRA
Wethersfield	145.4500	–	O 141.3e WX	N2FQN	------------
Wethersfield	146.6400	–	O 88.5	K2XZ	------------
Wethersfield	147.1050	+	O 141.3	N2FQN	------------
Wethersfield	147.3150	+	O 141.3e L(443.625)	WA2CAM	------------

NORTH CAROLINA

Location	Output	Input	Notes	Call	Sponsor
Ahoskie	145.1300	–	O 131.8a	WB4YNF	WB4YNF
Ahoskie	146.9100	–	131.8rsRB	KG4GEJ	FRANKLIN A
Albemarle	146.9850	–	O 100.0	K4OGB	STANLY COU
Albemarle	147.2100	+	110.9l	KD4ADL	KD4ADL
Andrews	147.0450	–	151.4el	K4AIH	WD4JEM
Asheville	146.8350	–	O(CA)e	WB4PLA	WB4PLA
Asheville	147.1800	+	136.5e	KF4TLA	KF4TLA
Ashville	146.9100	–	O 91.5ae	W4MOE	W.CAROLINA
Bakersville	145.3100	–	123.0es	KK4MAR	MAYLAND AR
Bath	146.9550	–	82.5rs	N4VJJ	N4VJJ
Benson	146.9700	–	O	KD4BJD	JARS
Bethel	147.3750	+	O 151.4ae	KD4EAD	KD4EAD
Boone/Rich Mtn	147.3600	–	103.5aelz	WA4J	WATAUGA AR
Brevard	147.1350	+	O(CA)e	K4HXZ	TRANSYLVAN
Broadway	147.1050	+	82.5el	K4ITL	PCRN
Burgaw	146.9400	–	O	K4CTY	4-CTY ARC
Burlington	146.6700	–	ae	K4EG	K4EG
Burnsville	146.9550	–	Oaez	KD4WAR	KD4WAR
Burnsville	147.3750	+	Oaez	KD4WAR	KD4WAR

144-148 MHz
NORTH CAROLINA

Location	Output	Input	Notes	Call	Sponsor
Butner	146.9400	–	te	WA4IZG	FALLS LAKE
Canton	146.8050	+	82.5ae	KI4GMA	W4DJB
Carthage	147.2400	+	91.5e	NC4ML	MOORE COUN
Chapel Hill	145.2300	–	O 107.2el	W4UNC	OCRA
Chapel Hill	147.1350	+	82.5l	K4ITL	PCRN
Charlotte	145.2300	–	Ot	W4BFB	MECKLENBUR
Charlotte	145.2900	–	Ot	W4BFB	MECKLENBUR
Charlotte	145.3500	–	Ol	WA4AOS	-----------
Charlotte	146.9400	–	Oae	W4BFB	MECKLENBUR
Charlotte	147.0600	–	O	W4CQ	CHARLOTTE
Cherry Mtn	147.2400	+	O 94.8ae WX	KG4JIA	KG4JIA
China Grove	145.4100	–	O 136.5a	N4UH	KQ1E
Clayton	147.3900	+	O 88.5aelz	WB4IUY	TEARA
Clinton	146.7900	–	Oe	W4TLP	SAMPSON CO
Coinjock	145.2900	–	O 131.8ez	WN3X	CARES
Columbia	146.8350	–	O 131.8ael z	KX4NC	COLUMBIA E
Concord	146.6550	–	Oaes	K4CEB	CABARRUS A
Dobson	146.9250	–	100.0	W4DCA	W4DCA
Dunn	146.7000	–	O 82.5 (CA)	W4PEQ	CHICORA AM
Durham	145.3700	–	100.0	W4BAD	W4BAD
Durham	145.4500	–	Oal	WR4AGC	DURHAM FM
Durham	146.9850	–	156.7rs	KB4WGA	KB4WGA
Durham	147.3600	+	136.5ae	W4REG	MID-STATE
Elizabeth City	146.6550	–	O 131.8e	WA4VTX	TAARS
Elizabethtown	145.2500	–	118.8e	W4MKD	W4MKD
Elizabethtown	146.9850	–	162.2el	N4DBM	N4DBM
Elm City	145.1500	–	88.5a	K2IMO	K2IMO
Englehard	147.6150	–	131.8e	K4OBX	W4HAT
Farmington	146.6100	–	85.4s	N2DMC	N2DMC
Farmville	145.2700	–	O 131.8ae	K4ROK	PITT CO AR
Fayetteville	146.9100	–	O 100 (CA)	K4MN	CAPE FEAR
Fayetteville	147.3300	+	O 100.0e	WA4FLR	CAPE FEAR
Forest City	146.6700	–	114.8	K4OI	K4OI
Franklin	145.4900	–	167.9el	K2BHQ	WB4GUD
Franklin	147.2400	+	151.4	W4GHZ	84/24 REP
Gastonia	145.4500	–	Ol	WD4LCF	-----------
Gastonia	146.8050	–	O 100.0ael RBz	K4GNC	GAARC
Gastonia	147.1200	+	O(CA)	N4GAS	GCARS
Gibsonville	145.4900	–	O 107.2a RB	WB4IKY	WB4IKY
Goldsboro	145.3300	–	100.0elsRB	K4JDR	CAROLINA 4
Goldsboro	146.8500	–	O 88.5 (CA)	K4CYP	WAYNE CO A
Graham	147.3750	+	O 114.8e	K4GWH	K4GWH
Grantsboro	145.2300	–	85.4	KF4IXW	KF4IXW
Greensboro	145.1500	–	O 100.0ae	W4GSO	GREENSBORO
Greensboro	145.2500	–	O 88.5eWX	W4GG	GUILFORD A

144-148 MHz NORTH CAROLINA

Location	Output	Input	Notes	Call	Sponsor
Greensboro	146.7600	−	O 156.7	K4GWH	K4GWH
Greenville	145.3500	−	O 131.8ael z	WD4JPQ	PITT CTY R
Greenville	147.0900	+	O	W4GDF	GREENVILLE
Grifton	146.6850	−	O 88.5l	W4NBR	ENC REPEAT
Hatteras Island	145.1500	−	O 131.8ael z	K4OBX	W4HAT
Hatteras Island	146.6250	−	131.8elpr	K4OBX	W4HAT
Hendersonville	145.2700	−	O 91.5a	WA4KNI	WA4KNI
Hendersonville	146.6400	−	91.5elp	WB4YAO	W4FOT
Hendersonville	147.1050	+	O 91.5a	WA4KNI	WA4KNI
Hendersonville	147.2550	+	O 91.5a	WA4KNI	WA4KNI
Hertford	147.3300	+	O 131.8ae	WA4VTX	TAARS
Hickory	145.1700	−	O 88.5er	K4CCR	CATAWBA CO
Hickory	145.4900	−	O 146.2	KF4LUC	KF4LUC
Hickory	146.8500	−	O	WA4DSZ	UNIFOUR AR
High Point	145.2900	−	O 88.5a	NC4AR	NC4AR
High Point	147.1650	+	O(CA)e	W4UA	HPARC
Hillsborough	147.2250	+	O al	WR4AGC	DURHAM FM
Holden Beach	146.7750	+	O 100.0 (CA)eWX	W4ZU	W4ZU
Hope Mills	146.8350	+		W4KMU	W4IDR
Jacksonville	145.1900	−	88.5es	WD4FVO	ONSLOW ARC
Jacksonville	147.0000	−	88.5es	NC4OC	ONSLOW ARC
Jefferson	147.3000	+	O 103.5a	W4YSB	ASHE CO AR
Kannapolis	147.3000	+	O 136.5a	N4JEX	W1WBT
Kill Devil Hills	145.1100	−	O 131.8ae z	W4PCN	OUTERBANKS
King	147.3150	+	100.0e	K4MPJ	K4MPJ
Kinston	145.4700	−	88.5ae	W4OIX	KINSTON AR
Laurinburg	146.6250	−	Oe	KI4RR	SCOTLAND C
Lawndale	147.0450	+	127.3	NA4CC	NA4CC (CCA
Lenoir	146.6250	−	94.8es	N4NIN	LENOIR ARC
Lenoir	147.3300	+	O 141.3	N4NK	HIBRITEN R
Level Cross	147.2550	+	O 82.5el	K4ITL	PCRN
Lexington	145.3100	−	O 107.2	N4LEX	HSMVHF SOC
Lexington	146.9100	−	O 107.2 (CA)ez	W4PAR	HSMVHF SOC
Lincolnton	147.0150	+	O 141.3	NC4LC	LINCOLN CO
Locust	147.3900	+	O 100.0l	WA4CHZ	BENTON BLA
Louisburg	146.8050	−	118.8eRB	KD4MYE	KD4MYE
Lumberton	145.1500	+	O	W4LBT	ROBESON CO
Lumberton	147.0450	+	Olz	W4LBT	ROBESON CO
Lumberton	147.1650	+	O 88.5 (CA)	KD4PBK	-------------
Lumberton	147.3600	+	O 82.5 (CA) e	W4LBT	ROBESON CO
Madison	147.3450	+	O 103.5el	N4IV	RC ARC
Malmo	147.0600	+	88.5e	K4MAL	TELEPATCH
Marion	146.9850	−	O 118.8ae RB WX Z(911)	WD4PVE	WD4PVE

144-148 MHz
NORTH CAROLINA

Location	Output	Input	Notes	Call	Sponsor
Millers Creek	146.7150	–	O 94.8a	N4GGN	N4GGN
Monroe	145.3900	–	O 94.8e	NC4UC	UNION CTY
Moravian Falls	147.2250	+	162.2e	N1KKD	N1KKD
Morehead City	146.8050	–	88.5elsRB	KD4RAA	KD4RAA RPT
Morganton	145.2100	–	94.8el	K4OLC	K4OLC/KI4V
Morganton	146.7450	–	94.8alWX	KC4QPR	KC4QPR
Morganton	147.1500	+	94.8esWX	W4YIU	W.PIEDMONT
Mt Airy	145.1300	–	O 103.5 RB	N4VL	BRIARPATCH
Mt Airy	145.3300	–	O 100.0	N4VRD	N4VRD
Mt Gilead	147.0900	+	100.0	KI4DH	KI4DH
Mt Mitchell	145.1900	–	e	N2GE	N2GE
Mt Pisgah	146.7600	–	e	N2GE	N2GE
Nashville	145.2900	–	O 107.2l	WA4WPD	WA4WPD
New Bern	146.6100	–	O 100.0al	W4EWN	NEW BERN A
Newport	145.4500	–	100.0aes WX	K4GRW	KD4KTO
Newton	147.0750	+	O 88.5aerz	K4CCR	CATAWBA CT
Oriental	147.2100	–	O 151.4	W4SLH	W4SLH
Oxford	145.1700	–	100.0	W4BAD	W4BAD
Powells Point	146.9400	–	131.8e	W4PCN	OUTER BANK
Raleigh	145.1300	–	O 82.5	W4RNC	RALEIGH AR
Raleigh	145.1900	–	O 156.7ez	K4GWH	K4GWH
Raleigh	145.2100	–	82.5el	K4ITL	PCRN
Raleigh	145.4900	–	82.5e	W4BWC	CAPITAL AR
Raleigh	146.6100	–	O 131.8	WB4TOP	W4FMN
Raleigh	146.6400	–	Oaez	W4DW	RALEIGH AR
Raleigh	146.7750	–	O 88.5elRB	KD4RAA	KD4RAA REP
Raleigh	146.8800	–	Ol	WB4TQD	PCRN
Raleigh	147.0150	+	110.9	KA0GMY	KA0GMY
Raleigh	147.2700	+	Oe	AK4H	JARS (JOHN
Red Springs	147.3000	+	O(CA)e	W4MZP	W4MZP
Reidsville	146.8500	–	O 103.5ez	N4IV	RC ARC
Reidsville	147.0300	+	118.8esWX	W4BJF	ROCKINGHAM
Roanoke Rapids	146.7450	–	O 131.8aer sRB	N4WFU	N4WFU
Roanoke Rapids	147.0300	+	OeRB	KB4DJT	ROANOKE VA
Roanoke Rapids	147.1500	+	O 82.5l	K4ITL	PCRN
Robbinsville	145.1100	–	151.4ae	N4GSM	SMOKY MTNS
Rockingham	146.9550	–	Oaez	K4RNC	RCARC
Rocky Mt	147.1200	+	O 131.8ez	WR4RM	ROCKY MOUN
Rocky Mt	147.3450	+	91.5e	K4ITL	PCRN
Rolesville	147.3150	+	88.5	KF4HFQ	FCARC
Salisbury	146.7300	–	O 94.8az	KU4PT	BARBER JCT
Salisbury	146.7750	–	O 94.8e	KG4WAD	KG4WAD
Sanford	147.5050	146.5050	131.8	KE4DSU	
Sauratown Mt	145.4700	–	O 100.0e	W4NC	FORSYTH AR
Sauratown Mt	146.7900	–	O 107.2 RB	KG4ASL	TRIAD ARA
Shallotte	145.3700	–	O 118.8e	K4PPD	BRUNSWICK
Shallotte	147.3150	+	O 118.8e	K4PPD	BRUNSWICK

144-148 MHz
NORTH CAROLINA-NORTH DAKOTA

Location	Output	Input	Notes	Call	Sponsor
Shelby	146.8800	–	Oaes	W4NYR	SHELBY ARC
Shelby	147.3450	+	(CA)	W4NYR	SHELBY ARC
Southern Pines	145.3700	–	O 179.9l	N1RIK	N1RIK
Sparta	145.4300	–	Ol	K4QFQ	PIED COAST
Statesville	146.6850	–	O 77.0e	W4SNC	IREDELL CT
Swansboro	146.7600	–	O	KB2XI	KB2XI
Sylva	147.3450	+	151.4e	KF4DTL	KF4DTL
Taylorsville	147.1950	+	94.8erSWX	W4ERT	ALEXANDER
Thomasville	146.8350	+	● 88.5aRB	KB4BPV	KC4KUL
Thomasville	146.8650	+	88.5	KD4LHP	KD4LHP
Thomasville	147.0000	+	O 88.5	WW4DC	WW4FL
Trenton	145.3100	–	O 82.5l	WB4TQD	PCRN
Tryon	145.3300	–	OE-SUNs WX	KF4JVI	TBARC
Tryon	147.2850	+	Oe	W4RCW	W4RCW
Waxhaw	146.8650	+	94.8e	K4WBT	WBT ARC
Waynesville	147.3900	+	94.8 WX	N4DTR	N4DTR
Whiteville	147.2100	+	Oaz	K4MSD	COLUMBUS C
Wilkesboro	145.3700	–	O 94.8 (CA)	W4FAR	FOOTHILLS
Wilkesboro	146.8200	–	O 94.8	WB4PZA	WB4PZA
Williamston	145.4100	–	131.8ael	K4SER	ROANOKE AR
Wilmington	145.1700	–	O 88.5e	N4JDW	N4JDW
Wilmington	146.6400	–	t(CA)elsRB	KB4FXC	KB4FXC
Wilmington	146.6700	–	O 88.5ae WXz	AD4DN	AD4DN
Wilmington	146.7300	–	88.5e	N4ILM	WILMINGTON
Wilmington	146.8200	–	88.5el	N4ILM	WILMINGTON
Wilmington	146.8950	–	88.5el	N2QEW	N2QEW
Wilmington	147.1350	+	O 88.5	WA4US	WA4US
Wilmington	147.1800	+	88.5ae	AC4RC	AZALEA COA
Wilmington	147.3450	+	82.5el	K4ITL	N4ILM
Wilson	146.7600	–	O 131.8ae	WA4WAR	WILSON ARC
Winston-Salem	146.6400	–	O 100.0ael	W4NC	FORSYTH AR
Yadkinville	147.0150	–	O 100.0 (CA)e	N4YSB	------------
Youngsville	145.1100	–	O 88.5aez	KD4MYE	KD4MYE
Youngsville	145.3900	–	82.5el	WB4TQD	K4ITL

NORTH DAKOTA
FREQUENCY USAGE

Location	Output	Input	Notes	Call	Sponsor
Eastern ND	145.2300	–			SNP
Western ND	145.4700	–			SNP

N E CENTRAL

Location	Output	Input	Notes	Call	Sponsor
Devils Lake	146.8800	–	Oae L(SUPLK 338)	WD0FFQ	RCARC
Harlow	147.0150	+	123.0	KF0HR	KF0HR
Lakota	146.8200	–	Oe	KA0FIN	K0PVG
Maddock	147.2400	+	O 141.3e L(SUPLK 623)	KF0HR	BCARC

144-148 MHz
NORTH DAKOTA

Location	Output	Input	Notes	Call	Sponsor
Rugby	147.0600	−	Oe	N0GUY	------------
St John	146.8500	−	O	VE4IHF	TMARC
N W CENTRAL					
Kenmare	147.3600	+	O 100.0e	K0AJW	SVARC
Minot	146.9700	−	O	K0AJW	SVARC
Minot	147.2700	+	Oa	K0AJW	SVARC
			L(SUPLK 646)		
NORHTWEST					
Williston	147.2100	+	O	K0WSN	WBARC
NORTHEAST					
Cavalier	147.1500	+	Oal	N0CAV	PCARC
Grand Forks	146.9400	−	Oe	WA0JXT	FORXARC
Grand Forks	147.0300	−	O(CA)	WA0LPV	Forx UG
Langdon	146.7900	−	O	KA0BKO	KA0BKO
Mayville	146.9100	−	O	W0KZU	GRARC
NORTHWEST					
Stanley	146.6100	−	O	K0WSN	WBARC
S E CENTRAL					
Carrington	146.6700	−	Oe	KR0W	HN ARC
			L(SUPLK 227)		
Cleveland	147.1800	+	Oae	W0FX	JARC
Jamestown			L(SUPLK 526)		
S W CENTRAL					
Bismarck	146.8500	−	O 107.2e	W0ZRT	CDARC
Bismarck	147.3900	+	Oel	W0ZRT	CDARC
Glen Ullin	147.3000	+	O	KD7RDD	KD7RDD
			162.2/162.2		
Hannover	145.4300	−	O	W0ZRT	CDARC
			L(SUPLK 426)		
Mandan	146.9400	−	Oae	W0ZRT	CDARC
			L(SUPLK 247)		
SOUTHEAST					
Fargo	145.4900	−	O 82.5el	KB0IXM	KB0IXM
Fargo	146.9700	−	OTT	W0RRW	Ernie Ande
Fargo	147.0900	+	O	W0HSC	NDSU ARS
Grandin	146.7600	−	Ox	KC0KAE	Red River
Horace	146.7150	−	O	W0ZOK	W0ZOK
Lisbon	147.0000	−	Oel	N0BQY	N0BQY
Wahpeton	147.3750	+	Oae	W0END	TRARC
Wheatland	147.2550	+	O 123.0els	W0ILO	RRRA
SOUTHWEST					
Bowman	145.3100	−	Oe	KB0DYA	SLARC
			L(SUPLK 269)		
Dickinson	146.8200	−	Oae	K0ND	TRARC
			L(SUPLK 342)		
Killdeer	146.6400	−	Oe	K0ND	TRARC
			L(SUPLK 545)		
Sentinel Butte	146.7300	−	Oe	K0ND	TRARC
			L(SUPLK 736)		

144-148 MHz
OHIO

Location	Output	Input	Notes	Call	Sponsor
OHIO					
ADAMS					
Cherry Fork	147.0000	+	O 94.8 (CA)e	K8GE	DforestRC
Peebles	145.1700	−	O(CA)e	KJ8I	KJ8I
Wrightsville	147.1800	+	O 118.8	KF8RC	N8XGP
ALLEN					
Lima	145.1700	−	Oae	N8GCH	ShawneeRA
Lima	145.3700	−	O 107.2e	KT8APR	LimaDARTS
Lima	146.6700	−	Oaez	WB8ULC	NWOhioARC
Lima	146.7450	−	O 100.0er WX	W8AOH	ALLEN EMA
Lima	146.9400	−	Ot	W8EQ	LAARC
Lima	147.0300	+	Ote	K8TCF	OttawaVRA
ASHLAND					
Ashland	146.7450	−	O 71.9	W3YXS	AshIndARC
Polk	145.1300	−	O 110.9	N8SIW	N8SIW
Widowville	147.1050	+	O 71.9ae WX	N8IHI	AAARC
ASHTABULA					
Conneaut	147.3900	+	O 131.8ae	W8BHZ	ConntARC
Jefferson	146.7150	−	O 141.3ae	K8CY	Ash.CoARC
Orwell	146.6550	−		KF8YF	KF8YF
ATHENS					
Athens	145.1500	−	O(CA)e	W8UKE	AthensARA
Athens	146.6250	−	Oae	K8TUT	K8TUT
Athens	146.7300	−	O	K8TUT	K8TUT
Athens	147.1500	+	O	WD8LWC	SCARF
Jacksonville	147.2250	+	O	KC8QDQ	KC8QDQ
AUGLAIZE					
St Marys	146.8050	−	O 107.2	W8GZ	W8GZ
St Marys	147.3300	+	O 107.2el	K8QYL	Rsvr ARA
Uniopolis	145.3900	−	O 107.2a	KC8KVO	ACARES
BELMONT					
Barnesville	146.6400	−	Ot	WB8WJT	WB8WJT
St Clarsville	145.2100	−	Oe	W8GBH	EOAWA
BROWN					
Georgetown	146.7300	−	O 162.2ae z	N1DJS	K8YGV
BUTLER					
Fairfield	145.2300	−	O	W8PRH	FARA
Fairfield	145.3900	−	Oa	W8PRH	FARA
Fairfield	147.0300	+	O 123.0	WB8CRS	Cinci FMC
Hamilton	145.1500	−	O(CA)e	N8EKG	N8CHL
Hamilton	146.9700	−	O 118.8	W8CCI	BVHFAssoc
Hamilton	147.3300	+	O 118.8	W8CCI	BVHFAssoc
Middletown	146.6100	−	O 77.0 TTel	WB8LV	Dial ARC
Middletown	146.7150	−	Ot	N8COZ	N8COZ
Middletown	147.3150	+	O 77.0 TTel	W8JEU	Dial ARC

262 144-148 MHz
OHIO

Location	Output	Input	Notes	Call	Sponsor
Oxford	145.2100	−	O 118.8	W8CCI	BVHFAssoc
CARROLL					
Carrollton	145.4300	−	O 192.8e	NC8W	NC8W
Carrollton	145.4700	−	O 79.7es WXxz	N8YDF	CCARC
Malvern	147.0750	+	OaelLITZ	K8VPJ	K8VPJ
CHAMPAIGN					
Urbana	146.9550	−	O 100.0e	K8VOR	WD8XX
Urbana	147.3750	+	OtaesWX	WB8UCD	WB8UCD
CLARK					
Springfield	145.3100	−	Oe	W8OG	CLARA
Springfield	145.4500	−	(CA)	K8IRA	IndepndRA
Springfield	146.7300	−	O 77.0 (CA) e	W8OG	CLARA
Springfield	147.2250	+	●t(CA)elx	KA8HMJ	KA8HMJ
CLERMONT					
Bethel	147.2250	+	O 118.8a TTe	WB8NJS	BARA
Felicity	146.6550	−	Oar	W8EMA	CCEMA
Owensville	147.3450	+	O 123.0	W8MRC	MilfordRC
CLINTON					
Blanchester	145.2500	−	O 162.2a	KB8CWC	KB8CWC
Wilmington	147.1200	+	O 123.0.el WXz	WB8ZZR	ClintonRA
COLUMBIANA					
E Liverpool	146.7000	−	O 162.2 (CA)eWX	K8BLP	TrianglRC
Lisbon	146.8050	−	OaeLITZ WX	K8GQB	LAARA
Salem	147.2550	+	O(CA)eWX	KA8OEB	KA8OEB
Salem	147.2850	+	O 88.5ael RB WXz	KB8MFV	KB8MFV
COSHOCTON					
Keene	147.0450	+	O	W8CCA	CCARA
CRAWFORD					
Bucyrus	147.1650	+	88.5aeWX	W8DZN	W8DZN
Galion	146.8500	−	71.9	W8BAE	NCORA
CUYAHOGA					
Cleveland	146.7600	−	O 110.9e	WR8ABC	LEARA
Cleveland	146.8800	−	Oael	WR8ABC	LEARA
Cleveland	147.1950	+	O(CA)el	NA8SA	NGARC
Euclid	145.2100	−	O 110.9	N8CHM	N8CHM
N Royalton	145.1500	−	O 110.9e	K8KRG	NOARS
NorthRoyalton	147.3600	+	Ot	W8DXA	NOH DXAsn
Parma	145.3100	−	O 110.9elz	WD8CHK	WoodchkRC
Parma	145.4100	−	O 110.9 (CA)IRB	KB8WLW	KB8RST
Parma	145.4300	−	O 186.2el	N8SO	N8SO
Parma	146.7300	−	Osx	W8CZW	WR RA

Quality Radio Equipment Since 1942

■ NEW & USED EQUIPMENT

Universal Radio carries an extensive selection of new *and* used amateur and shortwave equipment. All major lines are featured including: Alinco, Icom, Kenwood, Yaesu, Kaito, MFJ, Eton, Grundig, Comet, LDG, Diamond, Sangean, RFspace, AOR, West Mountain, Daiwa, Cushcraft, MFJ, TYT, Wouxun, Miracle, Larsen, Maha and Timewave.

◆ VISIT OUR WEBSITE

Guaranteed lowest prices on the web? Often, but not always. But we *do* guarantee that you will find the Universal website to be the *most* informative.

www.universal-radio.com

◆ VISIT OUR SHOWROOM

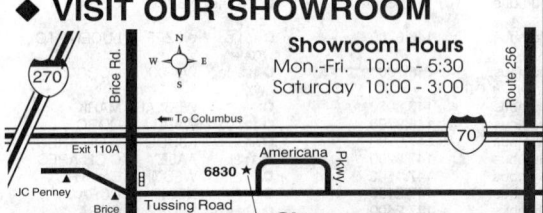

Showroom Hours
Mon.-Fri. 10:00 - 5:30
Saturday 10:00 - 3:00

Universal Radio, Inc.
6830 Americana Pkwy.
Reynoldsburg, OH 43068
➤ 800 431-3939 Orders
➤ 614 866-4267 Info.
➤ 614 866-2339 Fax

264 144-148 MHz
OHIO

Location	Output	Input	Notes	Call	Sponsor
Parma	146.8200	−	O 110.9e	K8ZFR	C.A.R.S.
South Euclid	146.7900	−	Ot(CA)elz	N8APU	HERO
DARKE					
Greenville	146.7900	−	OaeWX	N8OBE	TCARA
DEFIANCE					
Defiance	147.0900	+	O(CA)e	K8VON	DCARC
DELAWARE					
Delaware	145.1700	−	Oe	W8SMK	W8SMK
Delaware	145.1900	−	O	N8DCA	DelCoARES
Delaware	145.2900	−	O 123.0e	KA8IWB	KA8IWB
ERIE					
Berlin Height	146.8050	−	O 110.9e	WB8LLY	Firelands
Sandusky	146.6550	−	O 110.9 (CA)el	W8LBZ	SREL
FAIRFIELD					
Lancaster	146.7000	−	O 94.8ael	K8QIK	LanFarARC
Lancaster	147.0300	+	O 71.9ael	K8QIK	LanFarARC
FAYETTE					
Greenfield	146.6850	−	O(CA)e	N8OOB	N8OOB
Washington CH	147.2700	+	O(CA)e	N8EMZ	FayetteRA
FRANKLIN					
Columbus	145.1100	−	O(CA)elx	WC8OH	WCOARA
Columbus	145.2300	−	Oel	WB8MMR	WB8MMR
Columbus	145.2700	−	82.5e	WA8PYR	WA8PYR
Columbus	145.4300	−	O 123.0aelz	N8PVC	CCRA
Columbus	146.6700	−	O 131.8 (CA)e	W8ZPF	LUCENT TC
Columbus	146.7600	−	O 123.0a WX	W8RXX	CORC
Columbus	146.8050	−	Ot	WB8LAP	MARK
Columbus	146.9700	−	O 123.0al	W8RRJ	CORC
Columbus	147.0600	+	O 94.8	K8DDG	C OH ARES
Columbus	147.0900	+	O 94.8l	AA8EY	C OH ARES
Columbus	147.1500	+	O	W8CQK	Battel RC
Columbus	147.2100	+	O	N8OIF	CCRA
Columbus	147.2400	+	O 179.9ael z	K8DRE	CCRA
Reynoldsburg	146.9100	−	71.9	W8FEH	W8FEH
FULTON					
Archbold	145.4100	−	O 107.2ael pr	WD8IEJ	WD8IEJ
Delta	147.2850	+	Olpr	K8LI	K8LI
Wauseon	147.1950	+	O	K8BXQ	FultonARC
GALLIA					
Gallipolis	147.0600	+	O 74.4 (CA)	KC8ZAB	MOVARC
GEAUGA					
Bainbridge	146.8500	−	O 110.9	W8LYD	ClevQCWA
BainbridgeTwp	147.0600	+	O 110.9	WR8ANN	CVRA

144-148 MHz — OHIO

Location	Output	Input	Notes	Call	Sponsor
Chardon	146.9400	−	O 110.9e	W8DES	GCEMA
Montville	145.3300	−	●	N8XUA	N8XUA
Newbury	147.0150	+	Oer	W8OKE	NORMA
GREENE					
Bellbrook	146.9100	−	Oae	W8GCA	GCARES
Bellbrook	147.0450	+	O(CA)	W8DGN	BARC
Fairborn	145.4100	−	O 118.8e	K8FBN	UpVlyARC
Xenia	147.1650	+	O(CA)e	N8JFA	XeniaARN
GUERNSEY					
Cambridge	146.8500	−	O 91.5ael	W8VP	CARA
Cambridge	147.0000	+	O 91.5e	KB8ZMI	KB8ZMI
HAMILTON					
Cincinnati	145.1900	−	Oaelrxz	W8PRH	FARA
Cincinnati	145.2700	−	O(CA)er	W8DZ	GCARA
Cincinnati	145.3100	−	O	N8SIM	CinMilARC
Cincinnati	145.3700	−	Oer	K8YOJ	HCARPSC
Cincinnati	145.4500	−	Oae	K8ORW	OcasaraUC
Cincinnati	146.6250	−	O 123.0er	K8SCH	OhKyInARS
Cincinnati	146.6700	−	O 123.0123.0 (CA)elprz	K8SCH	OhKyInARS
Cincinnati	146.7000	−	O 123.0	WR8CRA	CRA
Cincinnati	146.7600	−	O	WR8CRA	CRA
Cincinnati	146.8500	−	O 123.0	K8YOJ	HCARPSC
Cincinnati	146.8800	−	123.0elWx	WB8CRS	Cinci FMC
Cincinnati	146.9250	−	O 123.0 (CA)er	K8SCH	OhKyInARS
Cincinnati	147.0600	+	(CA)	W8YX	Unv-Cinci
Cincinnati	147.0900	+	O 123.0ae	WR8CRA	CRA
Cincinnati	147.2400	+	O 123.0	W8VND	QueenCyEN
Cincinnati	147.3000	+	O	WD8NVI	OMIKEA
HANCOCK					
Findlay	147.0450	+	O 100.0	KA8HHW	FndlyARTS
Findlay	147.1500	+	O 88.5ae	W8FT	FRC
HARDIN					
Kenton	146.6250	−	O	W8VMV	KentonARC
HARRISON					
Cadiz	146.6550	−	Oa	WB8FPN	HARC
HENRY					
Napoleon	147.2250	+	Oe	K8TII	HCARC
Napoleon	147.3150	+	Oe	K8TII	HenryCoRC
HIGHLAND					
Hillsboro	146.7450	−	O(CA)e	WA8KFB	HlsboroRC
Hillsboro	147.2100	+	100.0 (CA)e wx	K8HO	HilandARA
HOCKING					
Logan	147.3450	+	Oe	K8LGN	H.V.A.R.C
HOLMES					
Millersburg	146.6700	−	71.9	KD8QGQ	Holmes RA

144-148 MHz
OHIO

Location	Output	Input	Notes	Call	Sponsor
HURON					
Clarksfield	147.3150	+	O 71.9lp	AL7OP	AL7OP
Willard	146.8650	−	O 110.9aer	AC8AP	HuronEMA
JACKSON					
Jackson	146.7900	−	O 167.9	WA8YUL	JacksonRC
Jackson	146.8950	−	167.9aez	K8ZUA	KB8EGI
Ray	147.0150	+	O 100.0	KD8EAD	WO8Z
JEFFERSON					
Steubenville	147.0600	+	OaTT WxZ	WD8IIJ	TSARA
KNOX					
Mount Vernon	146.7900	−	O 71.9 (CA)	K8EEN	MtVernRC
LAKE					
Mentor	147.1650	+	Oez	N8BC	LCARA
Mentor	147.2550	+	O	WB8PHI	WB8PHI
Mentor-O-T-Lk	145.1100	−	O 110.9 (CA)lWX	KF8YK	KF8YK
Painesville	147.2100	+	O 110.9ael z	N8BC	LCARA
Painesville	147.3450	+	Oael	N8GAK	N8GAK
LAWRENCE					
Chesapeake	146.7150	−	O 103.5e	W8SOE	SoOHARA
Willow Wood	146.6100	−	e	W8SOE	SOARA
LICKING					
Alexandria	145.4700	−	Oaez	KC8EVM	KC8EVM
Amsterdam	146.8350	−	O 91.5e	KB8ZMI	KB8ZMI
Jersey	147.3300	+	Olpr	W8NBA	CORC
Newark	145.3700	−	O(CA)	WD8RVK	WD8RVK
Newark	146.8800	−	O(CA)e	W8WRP	NARA
LOGAN					
Bellefontaine	147.0000	+	O 100.0a TTel	W8EBG	CLARC
Lakeview	145.1300	−	O	KA8CHH	KA8QIX
LORAIN					
Amherst	146.6250	−	lpWX	WD8OCS	WA8WUU
Amherst	147.2250	+	Ot(CA)	W8TRT	WARS
Elyria	145.2300	−	O 110.9e	W8HF	W8HF
Elyria	146.7000	−	O 110.9	K8KRG	NOARS
Elyria	147.1500	+	O 110.9ael RB WxZ	KC8BED	LCARA
Lorain	147.0000	−	O 91.5ae WX	N8VUB	N8RBI
S Amherst	145.4700	−	O 110.9 (CA)eRB	WD8CXB	SARA
LUCAS					
Oregon	147.3750	+	OaeWX	W8RZM	ToledoRAC
Toledo	146.6100	−	O 103.5e	K8ALB	GTARA
Toledo	146.9400	−	O 103.5	W8RZM	ToledoRAC
Toledo	147.1200	+	O 103.5e	K8ALB	GTARA
Toledo	147.2700	+	O 103.5123 aTTez	W8HHF	TMRA

144-148 MHz — OHIO

Location	Output	Input	Notes	Call	Sponsor
Toledo	147.3450	+	O 103.5e	WJ8E	WJ8E
MADISON					
London	147.2850	+	O 82.5es	KE8RV	MARC
MAHONING					
Austintown	146.8350	–	O 110.9	AB8AA	AB8AA
Beloit	146.8650	–	Oae	KB8MFV	KB8MFV
Canfield	145.2700	–	O 110.9ael z	KD8DWV	KD8ED
New Springfld	146.7750	–	Oe	W8GMM	EPARC
Youngstown	146.7450	–	O 110.9 (CA) WX	W8QLY	MVARA
Youngstown	146.9100	–	O	W8IZC	W8IZC
Youngstown	147.0000	+	Oael	KB8N	KB8N
Youngstown	147.3150	+	156.7a	K8TKA	TONRC
Youngstown	147.3750	+	Oaez	W8RAJ	W8RAJ
MARION					
Marion	146.8950	–	O 71.9aTT e	WW8MRN	MARC
Marion	147.3000	+	O 71.9aTT e	WW8MRN	MARC
MEDINA					
Brunswick	145.2900	–	110.9 (CA)	K8SCI	N.C.A.R.C
Brunswick	147.0300	+	110.9	W8EOC	M2M
Medina	145.1900	–	110.9el	W8HAC	HAofCLEV
Medina	147.0300	+	O 141.3 (CA)ez	W8EOC	M2M
MEIGS					
Pomeroy	146.8650	–	88.5er	KC8LOE	MeigsCoAR
Pomeroy	147.0450	+	O 67.0r	KC8KPD	BBARC
MERCER					
Coldwater	145.2500	–	O 107.2 WX	W8MCA	MCARES
MIAMI					
Piqua	147.2100	+	Oaer	W8SWS	Piqua ARC
Tipp City	147.2400	+	O	KD8KID	84/24FMA
Troy	145.2300	–	O 100.0 (CA)e	W8FW	MiamiCoRC
MONROE					
Hannibal	147.2400	+	Oe	WB8CSW	MDARC
MONTGOMERY					
Dayton	145.1100	–	O 67.0 (CA) elx	WC8OH	WCOARA
Dayton	146.6400	–	OaeWX	K8MCA	MoCoARES
Dayton	146.8200	–	O 77.0e	WA8PLZ	MWA
Dayton	146.9400	–	O 123.0a	W8BI	DARA
Dayton	146.9850	–	O 123.0l	WF8M	MVRFG
Dayton	147.1350	+	O(CA)z	WB8SMC	FaroutARC
Dayton	147.3600	+	O 77.0e	WA8PLZ	MWA
Kettering	147.0750	+	Oe	W8KMC	KMCN

OHIO 144-148 MHz

Location	Output	Input	Notes	Call	Sponsor
Miamisburg	145.3300	–	O(CA)e	W8DYY	MoundARA
Miamisburg	146.7750	–	O 77.0	W6CDR	W6CDR
Miamisburg	147.0150	+	O 77.0	W8NCI	W8NCI
Miamisburg	147.1950	+	O(CA)eWX	W8DYY	MoundARA
MORGAN					
McConnelsville	147.1950	+	O	WB8VQV	WB8VQV
MORROW					
Mt Gilead	146.7750	–	O 107.2a	WN7C	WN7C
MUSKINGUM					
Philo	146.6100	–	O 74.4	W8ZZV	Znsvl ARC
Zanesville	147.0750	+	O 91.5e	KB8ZMI	KB8ZMI
NOBLE					
Caldwell	147.2850	+	O	NC8OH	NOBLECoAR
OTTAWA					
Oak Harbor	147.0750	+	O 100.0e	K8VXH	OttawaARC
PAULDING					
Paulding	146.8650	–	O	WB8EHJ	WB8EHJ
PERRY					
New Lexington	146.8200	–	O 100.0e	KB8ZMI	KB8ZMI
PICKAWAY					
Circleville	147.1800	+	O	KD8HIJ	PICWYARES
PORTAGE					
Kent	146.8950	–	O 110.9aer WX	N8EQJ	N8KW
Ravenna	145.3900	–	Oae	KB8ZHP	PortageRC
PREBLE					
Eaton	145.4700	–	O(CA)e	K8YR	PrebleARA
PUTNAM					
Ottawa	146.7150	–	Oaez	W8MCB	Ottawa RC
RICHLAND					
Mansfield	145.3300	–	Ote	W8NDB	RC-Mnsfld
Mansfield	146.9400	–	O 71.9aez	K8RT	IARC, INC
Mansfield	147.3600	+	Oaelpr	K8HF	INTERCITY
ROSS					
Bourneville	146.9250	–	O(CA)e	W8BAP	ScioutoARC
Chillicothe	146.8500	–	O 74.4e	W8BAP	ScioutoARC
SANDUSKY					
Clyde	145.3500	–	O 110.9a (CA)elrWXz	NF8E	ClydeARS
Fremont	145.2500	–	O 186.2	W8NCK	SVARC
Fremont	145.4900	–	O 107.2ers WX	N8SCA	SCARES
Fremont	146.9100	–	●	KC8EPF	KC8EPF
SCIOTO					
Portsmouth	145.3900	–	O 136.5	N8QA	Portsm RC
Portsmouth	145.4500	–	O 136.5aer RB WX	W8KKC	SCARES
Portsmouth	147.3600	+	O 136.5	KC8BBU	KC8BBU

144-148 MHz 269
OHIO

Location	Output	Input	Notes	Call	Sponsor
SENECA					
Bascom	145.1500	–	O 107.2	KB8EOC	SenCoEMA
Bascom	145.4500	–	O 107.2ael rWX	W8ID	W8ID
Bascom	146.6850	–	WXx	N8VWZ	N8VWZ
Republic	147.2550	+	O 107.2	KC8RCI	WD8NFQ
SHELBY					
Maplewood	146.8350	–	67.0aeWX	K8ZUK	SCARES
Sidney	147.3450	+	O 107.2el	W8AK	W8AK
STARK					
Alliance	145.3700	–	Oaez	K8LTG	AARC
Canton	145.1100	–	O 110.9lx	W0OZZ	W0OZZ
Canton	145.4900	–	O	W8TUY	W8TUY
Canton	146.7900	–	Oae	W8AL	CantonARC
Canton	147.1200	+	OaelrswXz	WD8AYE	#NAME?
Massillon	146.9550	–	O 110.9epz	WB8HHP	WB8HHP
Massillon	147.1800	+	O 110.9a TTex	W8NP	MARC
Uniontown	145.4500	–	O	WD8BIW	WD8BIW
SUMMIT					
Akron	145.1700	–	O	W8UPD	UofAKRON
Akron	146.6100	–	O 110.9	W8CTT	P.A.R.F.
Akron	146.6400	–	Oae	WB8DJP	Cmnty ARS
Akron	146.9850	–	O	WA8UXP	GoodYrARC
Akron	147.1350	+	alz	W8CTT	P.A.R.F.
Akron	147.3000	+	O	WB8HFZ	Cmnty ARS
Akron	147.3300	+	Ot	WB8CXO	AKCOM
Barberton	147.0900	+	O	WB8OVQ	WB8OVQ
Cuyahoga Fall	147.2400	+	Ot	WD8MJS	IndepndRA
Cuyahoga Fall	147.2700	+	O 110.9e	W8VPV	CFRC
Hudson	145.2500	–	Otae	K8KSW	K8KSW
Norton	146.6850	–	O 110.9a TTelRBxz	WA8DBW	WA8DBW
TRUMBULL					
Cortland	147.1050	+	O 114.8ael prz	N8GZE	N8GZE
Newton Falls	147.2250	+	OewX	N8VPR	N8VPR
Vienna	147.0450	+	O 141.3	W8FBE	W8FBE
Warren	146.9700	–	O 100.0ae WX	W8VTD	WarrenARA
TUSCARAWAS					
New Philadelp	146.9250	–	O 71.9er	W8ZX	TUSCO ARC
Stone Creek	146.7300	–	O 71.9er	W8ZX	TUSCO ARC
UNION					
Marysville	145.3500	–	O 127.3	N8IG	UNION EMA
Marysville	147.3900	+	O	N8YRF	N8YRF

144-148 MHz
OHIO-OKLAHOMA

Location	Output	Input	Notes	Call	Sponsor
VAN WERT					
Delphos	147.1200	+	●a	W8YEK	TRI-CoARC
Middlepoint	146.8500	−	●	W8FY	VWARC
Van Wert	146.7000	−	●(CA)	W8FY	VWARC
VINTON					
McArthur	147.1050	+	● 88.5aer	W8VCO	VCARC
Wellston	147.3750	+	91.5l	N8OJ	W8JL
WARREN					
ClearcreekTwp	145.4300	−	● 88.5ez	WB8ART	CtrvilARS
Franklin	145.2900	−	● 118.8 (CA)r	WB8ZVL	WB8ZVL
Lebanon	146.8650	−	● 118.8a (CA)elr	WC8EMA	WarrenEMA
Mason	145.1300	−	●e	W8BRQ	MasonRC
Springboro	145.4900	−	● 77.0e	W8CYE	K8DZ
WASHINGTON					
Belpre	147.3150	+	● 103.5	KI8JK	KI8JK
Constitution	146.7450	−	114.8aeWX	W8TAP	WTAP
Constitution	146.9700	−	●(CA)	N8NBL	PARK
Marietta	145.3300	−	141.3aRB	W8JL	KC8GF
Marietta	146.8050	−	● 118.8	KI8JK	KI8JK
Marietta	146.8800	−	● 91.5aez	W8HH	MARC
WAYNE					
Doylestown	147.3900	+	● 114.8el WX	W8WKY	SlvrckARA
Orrville	146.7150	−	●TT	KD8SQ	OARS
Wooster	147.2100	+	● 88.54781 (CA) TTe	W8WOO	WARC
Wooster	147.3450	+	110.9	WB8VPG	WB8VPG
WILLIAMS					
Bryan	146.8200		●aelpz	KA8OFE	Wms ARC
WOOD					
Bowling Green	145.1500	−	●	KD8BTI	K5EYP
Bowling Green	146.7900	−	● 103.5	KD8BTI	WCARES
Bowling Green	147.1800	+	● 67.0e	K8TIH	WoodCoARC
Perrysburg	146.8350	−	●a	KB8YVY	KA8WPC
WYANDOT					
Upper Sandsky	147.2100	+	107.2e	KE8PX	KE8PX

OKLAHOMA
LAWTON/ALTUS

Location	Output	Input	Notes	Call	Sponsor
Altus	145.3900	−	● 141.3/141.3es	W5KS	LFSARC
Headrick	146.6400	−	●Bl	WD5BBN	WD5BBN
Lawton	145.1700	−	●tbl WX	KC5AVY	KC5AVY
Lawton	145.4300	−	●te	K5VHF	K5VHF
Lawton	146.8050	−	●te	N5PYD	N5PYD
Lawton	146.9100	−	● 173.8/173.8e	W5KS	LFSARC

144-148 MHz OKLAHOMA

Location	Output	Input	Notes	Call	Sponsor
Lawton	147.3600	+	**O**tesWX	W5KS	LFSARC
Lawton	147.3900	+	**O**e	AB5J	F. Phillip
NORTHEAST					
Bartlesville	145.1500	−	**O** 88.5/88.5 L(IRLP#8310)	KB5KZS	KB5KZS
Bartlesville	146.6550	−	**O** 88.5/88.5 e	W5NS	BARC
Bartlesville	146.7600	−	**O**te L(IRLP/ECHLINK#77)rsWX	W5NS	BARC
Blackwell	145.3100	−	**O**t	KD5MTT	OIDAR
Chouteau	145.1300	−	**O**e	K5LEE	------------
Mounds	146.7750	−	**O**te	WB5NJU	775 Group
Mounds	147.1200	+	**O** 88.5/88.5 e	KD5DRW	KD5DRW
Muskogee	146.7450	−	**O** 88.5/88.5 E-SUN	KK5I	Muskoge RC
Muskogee	146.8500	−	**O**t	KK5I	Muskoge RC
Muskogee	147.3300	+	**O** 88.5/88.5	WA5VMS	WA5VMS
Nowata	145.3700	−	**O**te	N5ZXX	Nowata H.C
Pawhuska	147.2700	+	**O** 88.5/88.5 e	N5ZQW	270 Group
Ponca City	145.2300	−	**O** 123/123 WX	WB5MRE	WB5MRE
Ponca City	146.7300	−	**O**t L(ECHOLINK)	N5PC	KAY CTY AR
Ponca City	146.9700	−	**O**tLITZ	W5HZZ	KAY CTY AR
Preston	145.3300	−	**O** 88.5/88.5	W5KO	W5KO
Preston	147.2250	+	**O** 88.5/88.5 L(ECHOLINK#290541)sWX	WX5OKM	OCSA
Pryor	147.0600	+	**O** 88.5/88.5 esWX	KB5ZB	MCARC
Rose	146.9850	−	**O** 110.9/110.9	KC5DBH	KC5DBH
Stillwater	145.3500	−	**O** 107.2/107.2 (CA)esWX	K5SRC	SWO ARC
Stillwater	146.7150	−	**O**t	W5YJ	OSU ARC
Stillwater	147.2550	+	**O** 107.2/107.2e	K5FVL	K5FVL
Tahlequah	147.2400	+	**O**teWX	N5ROX	EMERG. NET
Vinita	146.7300	−	**O** 88.5/88.5	KC5VVT	NORA
Vinita	147.3600	−	**O** 88.5/88.5 e	KC5VVT	NORA
Winchester	147.1500	−	**O** 88.5/88.5	N5LW	N5LW
NORTHWEST					
Arapaho	145.1900	−	**O** 123/123e sWX	KE5RRK	Custer Cty
Buffalo	145.1300	−	**O** 131.8/131.8 E-SUNsWX	W5HFZ	GBARG
Buffalo	147.1200	+	**O** 203.5/203.5	W5GPR	GPARC

144-148 MHz
OKLAHOMA

Location	Output	Input	Notes	Call	Sponsor
Catesby	145.1700	−	O	W5HFZ	GBARG
			131.8/131.8 E-SUNrsWX		
Cheyenne	147.2250	+	O	N0GB	N0GB
			114.8/114.8		
Elk City	146.7600	−	Ot	KA5BSA	WCenOK ARC
Enid	145.2900	−	O	W5HTK	Enid ARC
			141.3/141.3		
Enid	146.9400	−	Ot	WA5NYX	------------
Enid	147.1500	+	O	W5HTK	------------
Enid	147.3750	+	OtDCS	N5LWT	NW
			L(ECHO LINK)		
Fairview	145.4500	−	Ote	WK5V	MCARA
Fairview	147.0750	+	Ote	WK5V	WK5V
Forgan	147.3900	+	Ot	N5AKN	N5AKN
Guthrie	147.1050	+	Ote	KA5EOS	KA5EOS
Guymon	147.1500	+	O 88.5/88.5 N5DFQ esWX		DBARC
Kingfisher	146.6400	−	O 100/100e W5GLD pWX		W5GLD
Mooreland	145.3900	−	O 88.5/88.5 K5GUD		K5GUD
Seward	145.1700	−	O 123/123e KA5LSU		KF5AQR
Sharon	146.6250	−	O 88.5/88.5 K5GUD		K5GUD
Sharon	147.0000	+	O 100/100r N5WO sWX		WX Watch
Sharon	147.3150	+	O 88.5/88.5 K5GUD		K5GUD
Sharon	147.3600	+	O 88.5/88.5 N5WO eWX		WX Watch
Texhoma	147.3750	+	● 100/100e K5TSI		K5TSI
Vining	147.3000	+	O	KC0GEV	GSPARC
			103.5/103.5eSWX		
Watonga	146.7450	−	O 88.5/88.5 N5WO		WX Watch
Woodward	146.7300	−	O	W5GPR	GPARC
			203.5/203.5e		
OKLAHOMA CITY METRO					
Calumet	146.6100	−	Ot	K5GDE	WhStrawARC
Choctaw	147.0900	+	O	W5RGT	Choctaw AR
			141.3/141.3		
Del City	146.7000	−	O	W5DEL	Del City A
			103.5/103.5 L(IRLP#3867)		
Edmond	145.2100	−	O	K5CPT	COLE
			131.8/131.8e		
Edmond	145.2700	−	O 100/100e W5BIV L(ECHOLINK#73651)s		W5BIV
Edmond	146.7900	−	O 100/100 W5RLW		W5RLW
Edmond	147.0300	+	O	WD5AII	Edmond ARC
			167.9/167.9 (CA)e		
Edmond	147.1350	+	O 79.7/79.7 K5EOK e		EARS
Edmond	147.1800	+	O	WA5A	WA5A
			203.5/203.5e		

144-148 MHz OKLAHOMA

Location	Output	Input	Notes	Call	Sponsor
Elreno	147.2400	+	O 141.3/141.3	W5ELR	ERARC
Newalla	145.1500	−	O 114.8/114.8	K5UV	K5UV
Norman	146.8800	−	Ot(CA)e	N5MS	OUARC
Norman	147.0600	+	O 141.3/141.3 (CA) WX	W5NOR	SCARS
Oklahoma City	145.2500	−	O 141.3/141.3p	KS5B	KS5B
Oklahoma City	145.3300	−	O/100	WN5J	WN5J
Oklahoma City	145.3700	−	O 141.3/141.3	KK5FM	KK5FM
Oklahoma City	145.4100	−	O 141.3/141.3rsBl WX	WX5OKC	ODCEM
Oklahoma City	145.4900	−	O 131.8/131.8	KD5AHH	Bojive RN
Oklahoma City	146.6700	−	O 141.3/141.3e	W5PAA	MMACARC
Oklahoma City	146.7600	−	O 141.3/141.3e	AE5GS	AE5GS
Oklahoma City	146.8200	−	O 151.4/151.4 (CA)	W5MEL	OCAPA
Oklahoma City	146.8500	−	O 141.3/141.3eLITZ	W5PAA	MMACARC
Oklahoma City	146.9250	−	O 141.3/141.3e	W5PAA	MMACARC
Oklahoma City	146.9850	−	O 141.3/141.3 LITZ	W5PAA	MMACARC
Oklahoma City	147.2100	+	O 141.3/141.3 (CA)e	W5MEL	OCAPA
SOUTHEAST					
Ada	145.2700	−	O 141.3/141.3e	KE5GLC	PCARC
Ada	147.2850	+	O 114.8/114.8e	WB5NBA	Asa Arc
Ada	147.2850	+	O 114.8/114.8e	WB5NBA	Ada Arc
Antlers	145.4900	−	Ot	KI5KC	TAAG
Antlers	147.2400	+	Ote	KD5DAR	KD5DAR
Atoka	145.4300	−	O 114.8/114.8eprs	WB5VUE	Atoka E M
Big Cedar	147.3750	+	O 123/123	AB5CP	AB5CP
Broken Bow	147.1350	+	O 67/67ers WX	KD5ABB	McCurtain
Cavanal Mtn	146.6400	−	● 88.5/88.5 ersWX	W5ANR	FSAARC
Clayton	146.7300	−	O 114.8/114.8	KM5VK	KM5VK
Coleman	147.1650	+	O 131.8/131.8	WG5B	WG5B

144-148 MHz
OKLAHOMA

Location	Output	Input	Notes	Call	Sponsor
Daisy	145.2100	–	O 100/100s	KD5OMB	KD5OMB
Durant	146.9850	–	O 118.8/118.8eswX	K5BQG	Durant Br
Durant	147.2550	+	O 114.8/114.8	K5CGE	K5CGE
Durant	147.3900	+	O 118.8/118.8 (CA)	K5KIE	K4KIE
Enterprise	146.6850	–	O L(ECHOLINK)	KB1HSZ	LEARC
Enterprise	147.2700	+	OtsWX	N5JMG	N5JMG
Eufala	145.3100	–	O 127.3/127.3	N5PNE	ROMAC
Honobia	145.1500	+	O 114.8/114.8 E-SUN	KM5SB	KM5SB
Hugo	146.6100	–	O 114.8/114.8 (CA)e	KB5JTR	KARC
Liberty	145.1100	–	O 114.8/114.8 (CA)eWX	W5JWT	W5JWT et a
McAlester	145.3700	–	Ote	W5CUQ	PCARC
Nashoba	145.2900	–	O 162.2/162.2 E-SUN	KM5VK	KM5VK
Nashoba	145.3300	–	O 162.2/162.2 E-SUN EXP WX	KM5VK	KM5VK
Near Davis	146.8650	–	O 192.8/192.8	K5CPT	KN6UG
Seminole	147.0150	+	O	WJ5F	WJ5F
Seminole	147.1950	+	O	WJ5F	WJ5F
Shawnee	145.3900	–	Ot(CA)e LITZ	W5SXA	PCARC
Soper	145.1700	–	O 114.8/114.8	KM5SB	------------
Tecumseh	145.2900	–	O 141.3/141.3	KD5OK	KD5OK
Tecumseh	146.6250	–	O 131.8/131.8 LITZ	KD5WAV	KD5WAV
Velma	147.2250	+	O 123/123	KC5JCO	KD5JCO
Wilburton	146.6250	–	O 88.5/88.5	W5WJL	W5WJL

SOUTHWEST

Location	Output	Input	Notes	Call	Sponsor
Alfalfa	145.1100	–	O 141.3/141.3 WX	K5GSM	K5gsm
Altus	146.7900	–	O 100/100e	WX5ASA	SORA
Altus	147.2850	+	O 100/100	WB5KRH	SOKRA
Anadarko	147.2700	+	Otes	WX5LAW	SPARS/LIRA
Arbuckle Mtns	145.2300	–	● 179.9/179.9ersWX	WG5B	WG5B
Ardmore	146.9700	–	O 131.8/131.8 LITZ	W5BLW	SOARESSS
Blanchard	145.4700	–	O 141.3/141.3	WA7WNM	KS5B

OKLAHOMA

Location	Output	Input	Notes	Call	Sponsor
Chichasha	145.1300	−	**O**t	WA0AQO	CARS
Chickasha	145.2300	−	**O**	WK5S	LFSARC
Clinton	147.3000	+	141.3/141.3 LITZ **O** 127.3/127.3e	KE5FBW	------------
Cyril	147.0450	+	**O** 123/123	KB5LLI	SWIRA
Cyrill	147.0000	+	**O**(CA)	KB5LLI	SWIRA
Davis	145.4500	−	**O** 100/100	KC5TDG	KC5TDG
Davis	147.0750	+	**O**t	KB5LLI	SWIRA
Davis	147.1500	+	**O** 131.8/131.8	WG5B	WG5B
Duncan	146.7300	−	**O**te	WD5IYF	CTARC
Duncan	147.3000	+	**O** 123/123 WX	KB5LLI	SWIRA
Elmore City	146.7450	−	**O** 141.3/141.3rsWX	KB5LLI	SWIIRA
Grandfield	147.2550	+	**O** 192.8/192.8	KB5LLI	SWIRA
Granite	146.7150	−	**O**wx	KB5LLI	S.W.I.R.A
Granite	146.9850	−	**O** 156.7/156.7 DCS(293)e	K5XTL	K5XTL
Hobart	146.8950	146.3950	**O** 100/100e	KD5WVL	HOBART ARE
Lawton	147.1800	+	**O**t	WX5LAW	LIRA
Lawton	147.3300	+	**O**t	WX5LAW	LIRA
Lone Grove	146.7900	−	**O**tWX	W5BLW	SOARESSS
Mangum	147.3450	+	**O**t	W5KRG	Altus Skyw
Marietta	146.8350	−	**O** 131.8/131.8	KF5JFZ	LCMMC
Marlow	146.9550	−	**O**t(CA)	K5UM	Marlow ARC
Newcastle	147.3150	+	**O** 151.4/151.4 LITZ	K5CPT	L & m Radi
Waurika	145.2900	−	**O** 123/123	W5KS	LFSARC
TULSA METRO					
Broken Arrow	146.9100	−	**O**t	W5BBS	BAARC
Claremore	147.0900	+	**O**teLITZ	N5FEE	RCWA
Leonard	145.4500	−	**O**t	W5BBS	BAARC
Liberty Mounds	145.2300	−	**O** 88.5/88.5 (CA)e	N5XBE	N5XBE
Mannford	147.0450	+	**O** 88.5/88.5	W5IAS	Tulsa ARC
Owasso	146.7000	−	**O**t	K5LAD	K5LAD
Sapulpa	145.4300	−	**O** 88.5/88.5 es	KE5OKT	CCARES
Tulsa	145.1700	−	**O**t	BW	AAARC
Tulsa	146.8050	−	**O** 88.5/88.5 (CA)	WA5LVT	TRO inc
Tulsa	146.8800	−	**O** 88.5/88.5 (CA)rsWX	WA5LVT	TRO inc
Tulsa	147.0000	+	**O**t	K5JME	Am Air ARC
Tulsa	147.2850	+	**O** 88.5/88.5 LITZ	KC5TJT	KC5TJT

144-148 MHz
OKLAHOMA-OREGON

Location	Output	Input	Notes	Call	Sponsor
Tulsa	147.3900	+	Ot(CA)e	WB5NJU	39 Group
West Tulsa	145.2700	−	Ote	N5FWX	N5FWX

OREGON
CENTRAL WILLAMETTE VALLEY

Location	Output	Input	Notes	Call	Sponsor
Albany	146.6100	−	O 167.9e	KA7ENW	ELRA
Central Point	145.4100	−	O 100.0ae z	KB7QMV	KB7QMV
Corvallis	146.8200	−	O	WA7TUV	MPRA
Corvallis	147.1600	+	O 100.0 (CA)z	W7OSU	W7OSU
Eugene	145.1700	−	O 100.0e	W7EXH	W7EXH
Eugene	144.4500	−	O 100.0e	W7ARD	W7ARD
Lebanon	147.2000	+	O 167.9e	KA7ENW	ELRA
Mill City	145.1900	−	O 100.0e	WA7ABU	WA7ABU
Salem	145.2900	−	Oelsx	WA7ABU	WA7ABU
Salem	145.3500	−	O 186.2 (CA)e	K7MRR	EHFERG
Salem	147.0600	+	O 100.0e	WA7ABU	W7SAA
Springfield	146.7400	−	O 100.0e	WA7FQD	EARS
Sweet Home	147.1800	+	O	KB7QFW	KB7QFW

CENTRAL-EAST

Location	Output	Input	Notes	Call	Sponsor
Bend	146.7000	−	O 162.2e	W7JVO	HIDARG
Bend	146.9400	−	O 162.2e	W7JVO	HIDARG
Bend	147.0400	+	Oelz	K7RPT	ARRG
Bend	147.3600	+	Oae	KB7LNR	KB7LNR
Chemult	145.4700	−	O 162.2e	WA7TYD	WA7TYD
Fossil	147.2400	+	O	KB7LNR	KB7LNR
La Pine	145.4900	−	O 162.2e	WA7TYD	WA7TYD
La Pine	146.9600	−	O 100.0e	K7ZM	K7ZM
Mitchell	147.1800	+	O 162.2e	W7JVO	HIDARG
Sisters	146.9000	−	O 123.0e	W7DUX	W7DUX
Sun River	146.6400	−	O 162.2ae	WA7TYD	WA7TYD
Terrebonne	147.0600	+	O 162.2e	W7JVO	HIDARG
Warm Springs	145.1100	−	O 162.2e	KB7LNR	KB7LNR

COAST - CENTRAL

Location	Output	Input	Notes	Call	Sponsor
Florence	146.8000	−	O 100.0e LITZ	W7FLO	OCERI
Lincoln City	147.0400	+	O 100.0ae z	W7VTW	LCES
Lincoln City	147.0600	+	O 118.8el	N7HQR	OCRG
Newport	147.3000	+	O 127.3ae z	W7VTW	LCES
Waldport	147.0000	+	O 136.5e	W7VTW	LCES

COAST - NORTH

Location	Output	Input	Notes	Call	Sponsor
Arch Cape	146.7400	−	O 118.8	W7BU	SEARC
Astoria	146.6600	−	O 118.8ae z	KD7UDX	KD7UDX
Astoria	146.7600	−	O 118.8	W7BU	SEARC

OREGON

Location	Output	Input	Notes	Call	Sponsor
Seaside	145.4900	−	O 118.8e	WA7VE	STARS
Tillamook	147.1600	+	O 118.8e	KA7AHV	W7HH
Tillamook	147.2200	+	O 100.0e	W7LI	MHRG
Tillamook	147.2600	+	O 162.2e	N7QFT	N7QFT
COAST - SOUTH					
Brookings	146.8400	−	O 88.5e	W7VN	PBARC
Brookings	146.9600	−	O 88.5e	KL0HH	KL0HH
Brookings	147.2500	+	O 88.5e	KA7GNK	CCES
Coos Bay	147.1000	+	O 146.2e	W7OC	SWORA
Coos Bay	147.2800	+	O 146.2ae z	W7OC	SWORA
Coos Bay	147.3800	+	O 146.2e	W7OC	SWORA
Coquille	146.6100	−	O	K7CCH	CRRC
Gold Beach	146.7400	−	O 88.5e	K7SEG	K7SEG
Langlois	145.2100	−	O 88.5	KA7GNK	CCES
Myrtle Point	145.1900	−	O 146.2e	W7OC	SWORA
Myrtle Point	146.9200	−	O 100.0e	W7EXH	W7EXH
North Bend	145.4100	−	O 103.5	K6TC	K6RGC
Reedsport	147.1800	+	O 146.2	W7OC	SWORA
COLUMBIA RIVER GORGE					
Hood River	147.1000	+	O 100.0e	KF7LN	KF7LN
LOWER COLUMBIA					
Deer Island	146.8800	−	O 114.8	N7EI	KC7TLZ
Rainier	147.2000	+	O 127.3e	K7PP	K7PP
NORTH CENTRAL					
Dufur	147.2600	+	O 82.5e	KE7EEM	WARS
Hood River	145.1500	144.1500	O 107.2e	WA7ROB	WA7ROB
Sisters	147.3400	+	O 100.0e	W7EXH	W7EXH
The Dalles	146.7400	−	O 100	KC7LDD	KC7LLD
NORTH WILLAMETTE VALLEY					
Forest Grove	147.3200	+	O(CA)ez	K7RPT	ARRG
McMinnville	146.6400	−	O 100.0e	W7RXJ	MARC
Newberg	145.4900	−	Oe	K7FM	K7FM
Newberg	147.3400	+	O 77.0	W7EJ	W7EJ
North Plains	145.4500	−	Oe	KE7DC	WA7ZNZ
Oregon City	145.2100	−	O 110.9e	WB7QFD	WB7QFD
Sandy	145.4300	−	O 107.2ael sWX	KJ7IY	WORC
Timberline	147.1200	+	Oelz	K7RPT	ARRG
NORTHEAST					
Baker City	145.2700	−	O 110.9ae z	W7NYW	EOARS
Baker City	147.0600	+	O 110.9ae z	W7NYW	EOARS
Fort Rock	145.1500	−	O 100.20	WA7TYD	WA7TYD
Huntington	145.1700	−	O 110.9e	W7NYW	EOARS
Huntington	147.1200	+	O 100.0 (CA)el	K7OJI	TVRA
Joseph	147.0000	+	O 103.5e	KB7DZR	KB7DZR

144-148 MHz
OREGON

Location	Output	Input	Notes	Call	Sponsor
La Grande	145.1500	–	O 110.9 (CA)	W7NYW	EOARS
La Grande	146.9800	–	O 100.0e	W4PJS	W4PJS
La Grange	147.2600	+	O	K7RPT	ARRG
Pendelton	145.3300	–	O 103.5e	K7RPT	ARRG
Tollgate	146.8000	–	Oe	WA7SDV	SSRA
Ukiah	147.1600	+	Ol	KC7KUG	HARC
Weiser	145.3900	–	O 100.0 (CA)el	K7OJI	TVRA

NW OREGON & SW WASHINGTON

Location	Output	Input	Notes	Call	Sponsor
Beaver Creek	146.9200	–	O 107.2e	AH6LE	AH6LE
Corvallis	146.7800	–	OeLITZ	K7CVO	BCARES
Newberg	145.4700	–	O 107.2el	KR7IS	WORC
Portland	145.3100	–	O 123.0e	W7EXH	W7EXH
Portland	146.9800	–	O 123.0e	W7EXH	W7EXH
Timber	145.2700	–	O 107.2ael sWX	KJ7IY	WORC

PORTLAND METRO

Location	Output	Input	Notes	Call	Sponsor
Aloha	147.3600	+	O 107.2e	WC7EOC	N7QQU
Cedar Mill	147.3800	+	Oe	K7RPT	ARRG
Portland	145.2300	–	O(CA)e	K7LJ	K7LJ
Portland	145.3900	–	O 100.0 (CA)elz	K7LJ	K7LJ
Portland	146.7000	–	O 100.0e	KD7TFZ	KD7TFZ
Portland	146.8000	–	O 107.2ael sWX	KJ7IY	WORC
Portland	146.8400	–	Oe	W7LT	PARC
Portland	146.9400	–	Oe	W7LT	PARC
Portland	146.9600	–	Oaz	W7OTV	OTVARC
Portland	147.0400	+	O(CA)ez	K7RPT	ARRG
Portland	147.2800	+	O 167.9e	WB7QIW	HARC
Scholls	145.1100	–	O	KB7PSM	IRRA
Scholls	146.9000	–	O(CA)elz	K7WWG	K7WWG

SOUTH CENTRAL

Location	Output	Input	Notes	Call	Sponsor
Ashland	146.6200	–	O 100.0e	W9PCI	W9PCI
Central Point	147.3800	+	O 131.8e	KL7VK	KL7VK
Chemult	147.1400	+	O 100.0e	W7EXH	W7EXH
Keno	147.1800	+	O 100.0el	N6MRX	SCARA
Keno	147.3200	+	O 118.8e	KE7CSD	KBRA
Klamath Falls	146.6100	–	O(CA)ez	KE7CSD	KBRA
Klamath Falls	146.8500	–	Oe	KE7CSD	KBRA
Klamath Falls	147.3800	+	O 131.8	KC7YNV	KC7YVN
Lakeview	147.0000	+	O 100.0	KE7QP	KE7QP
Lakeview	147.3400	+	O 100.0e	KE7QP	KE7QP
Wolf Creek	145.2900	–	O 123.0e	K7TVL	RVLA
Wolf Creek	146.8400	–	O 77.0el	W7EXH	W7EXH
Wolf Creek	147.3400	+	O 136.5e	WB6YQP	JARS

SOUTH WILLAMETTE VALLEY

Location	Output	Input	Notes	Call	Sponsor
Blue River	145.1100	–	O 100.0e	W7EXH	W7EXH

144-148 MHz
OREGON

Location	Output	Input	Notes	Call	Sponsor
Blue River	145.3700	–	O 100.0 (CA)elz	W7EUG	LCSARO
Cottage Grove	146.6600	–	O 100.0	W7ZQE	W7ZQE
Dorena	145.2300	–	Oe	W7EXH	W7EXH
Eugene	145.3100	–	O	W7EXH	W7EXH
Eugene	146.8800	–	Oe	WJ7S	BHRA
Eugene	147.0800	+	O 100.0 (CA)e	W7CQZ	W7CQZ
Eugene	147.2600	+	O 100.0el	W7EXH	W7EXH
Eugene	147.3600	+	O	W7EXH	W7EXH
Junction City	146.6800	–	O 100.0e	W7WTQ	LCSARO
Junction City	146.7200	–	O 100.0e	W7NQE	VRC
Oakridge	146.9800	–	Oe	W7EXH	W7EXH
Saginaw	146.7600	–	Oe	W7EXH	W7EXH
SOUTHEAST					
Burns	147.3000	+	O 162.2e	W7JVO	HIDARG
Hampton	147.2000	+	O 162.2e	W7JVO	HIDARG
Juntura	147.2800	+	O 162.2e	W7JVO	HIDARG
Klamath Falls	147.2000	+	O 136.5	WA6RHK	RED CROSS
Lakeview	147.0800	+	O 136.5e	WA6RHK	REDCROSS
Ontario	147.1000	+	O 100.0 (CA)el	K7OJI	TVRA
Silver Lake	146.8000	–	O 173.8e	KE7QP	KE7QP
Vale	146.7200	–	O 103.5	W7PAG	W7PAG
SOUTHWEST					
Agness	147.0400	+	O 88.5e	WA7JAW	WA7JAW
Ashland	147.1600	+	O 136.5e	WA6RHK	WA6RHK
Ashland	147.2600	+	O 123.0es LITZ WX	WX7MFR	NWSJAWS
Bonanza	145.4900	–	O 131.8e	W7OXS	K7DXV
Cave Junction	145.4900	–	O 136.5e	WB6YQP	WA6YSM
Central Point	147.1000	+	O 136.5	KB7SKB	KB7SKB
Glide	145.4300	–	O 82.5e	WA7BWT	WA7BWT
Glide	147.2400	+	O 136.5e	WA7BWT	WA7BWT
Grants Pass	145.1500	–	● 162.2e	N7EZY	KA7YZI
Grants Pass	146.6400	–	Oaez	K7LIX	SOARC
Grants Pass	147.1400	+	Oe	KB7EKF	JCEC
Grants Pass	147.2200	+	Oe	WA6OTP	WA6OTP
Grants Pass	147.3000	+	O 100.0e	K7LIX	SOARC
Jacksonville	145.3300	–	Oe	W9PCI	W9PCI
Lakeview	145.3100	–	O 100.0	KE7QP	KE7QP
Medford	147.0000	+	O 123.0e WX	K7RVM	RVMARC
Medford	147.0200	+	Oez	K7RPT	ARRG
Medford	147.0600	+	O(CA)e	K7FH	WB7RQG
Port Orford	146.8600	–	O 123.0el	K7TVL	K7TVL
Rogue River	146.7600	–	Oe	WB6YQP	JARS
Roseburg	145.2100	–	O 136.5e	WA6RHK	RED CROSS
Roseburg	146.9000	–	O 100.0aez	KC7TLY	UVARC

280 144-148 MHz
OREGON-PENNSYLVANIA

Location	Output	Input	Notes	Call	Sponsor
Ruch	146.7200	–	O 131.8e	KL7VK	KL7VK
Tri-City	147.1200	+	O 100.0ez	KC7UAV	UVARC
Wolf Creek	146.9400	–	O	K7FH	SOAR
UNPUBLISHED					
Newberg	145.4100	–	O	N7ASM	PMRA
The Dalles	146.8200	–	O 82.5e	KF7LN	KF7LN

PENNSYLVANIA
FREQUENCY USAGE - ALL WPA SECTION

APRS	144.3900
APRS	145.7900
D-STAR VOICE SX	145.6700
FM VOICE SX	145.5100
FM VOICE SX	145.5300
FM VOICE SX	145.5500
FM VOICE SX	145.5700
FM VOICE SX	145.5900
FM VOICE SX	145.6100
FM VOICE SX	145.6300
FM VOICE SX	145.6500
FM VOICE SX	146.5200
FM VOICE SX	146.5350
FM VOICE SX	146.5500
FM VOICE SX	146.5650
FM VOICE SX	146.5800
FM VOICE SX	146.5950
FM VOICE SX	147.5250
FM VOICE SX	147.5400
FM VOICE SX	147.5550
FM VOICE SX	147.5700
FM VOICE SX	147.5850
Packet	144.9100
Packet	144.9300
Packet	144.9500
Packet	144.9700
Packet	144.9900
Packet	145.0100
Packet	145.0300
Packet	145.0500
Packet	145.0700
Packet	145.0900
Packet	145.6900
Packet	145.7100
Packet	145.7300
Packet	145.7500
Packet	145.7700
Repeater Input	147.4150
Repeater Input	147.4300

PENNSYLVANIA

Location	Output	Input	Notes	Call	Sponsor
Repeater Input	147.4450				
Repeater Input	147.4600				
Repeater Input	147.4750				
Repeater Input	147.4900				
Repeater Input	147.5050				
Repeater Output	146.4150				
Repeater Output	146.4300				
Repeater Output	146.4450				
Repeater Output	146.4600				
Repeater Output	146.4750				
Repeater Output	146.4900				
Repeater Output	146.5050				
ADAMS					
Gettysburg	145.3500	–	O 103.5 (CA)er	W3KGN	ACARS
ALTOONA 123.0					
Altoona	146.6100	–	O 123.0aez	W3QZF	HARC
Altoona	146.8200	–	O 123.0aez	W3QW	HARC
New Germany	145.2100	–	O(CA)elrz	KB3BLF	CCDES
BEAVER 131.8					
Beaver	146.8500	–	Oer	N3TN	TAARA
Beaver	147.1350	+	Oer	N3TN	TAARA
Beaver	147.1650	+	O 100.0r	N3CYR	N3CYR
Beaver Falls	145.3100	–	O 100.0ael rz	W3SGJ	B.V.A.R.A.
Industry	146.4150	147.4150	O(CA)e	N3CYR	RESCUE40
BERKS					
Pine Grove	145.1700	–	O 110.9el	AA3RG	A.A.R.G.
Pine Grove	146.6400	–	O 82.5 (CA) ersWX	AA3RG	A.A.R.G.
Pottstown	147.2100	+	O 131.8 (CA)er	K3ZMC	P.A.R.T.
Reading	145.1500	–	O 114.8	K3TI	DDXA
Reading	145.4900	–	O 114.8ae	K3TI	DDXA
Reading	146.9100	–	O 131.8e	W3BN	RDGRADIOCL
Reading	147.1800	+	O 110.9 (CA)ersWX	WB3FPL	BerksCoEMA
BRADFORD					
Seeley	146.7900	–	O 179.9e WX	N3YCT	------------
Towanda	147.2850	+	O 82.5ers RB LITZ WX	K3ABC	NTRG
BUCKS					
Doylestown	145.3500	–	O 131.8 (CA)erwX	WA3EPA	WRC ARC
Fairless Hills	147.3000	+	O 131.8elr sRB WX	W3BXW	BEARS

282   144-148 MHz
PENNSYLVANIA

Location	Output	Input	Notes	Call	Sponsor
Hilltown	145.3300	–	O 131.8 (CA)e	W3HJ	HiPointRA
Hilltown	147.3900	+	O 100 (CA) e	W3HJ	CBRA
Perkasie	145.3100	–	O 131.8 (CA)e	W3AI	RF Hill ARC
Southampton	145.2500	–	O 131.8 (CA)rs	W3SK	PWA
Upper Bucks	146.8050	–	O 127.3	N3ITN	------------
Warminster	147.0900	+	O 131.8 (CA)elrs	K3DN	WARC
Warrington	147.0000	+	Oe	WA3ZID	------------

CARBON

Location	Output	Input	Notes	Call	Sponsor
Jim Thorpe	147.2550	+	O 162.2 (CA)ers	W3HA	CARC

CENTRAL 173.8/123.0

Location	Output	Input	Notes	Call	Sponsor
Huntingdon	145.3100	–	Oel	W3WIV	LTRA
Huntingdon	146.7000	–	O	W3VI	------------
Huntingdon	146.7000	–	O	WB3CJB	------------
Lewistown	145.1900	–		W3MCC	W3MCC
Lewistown	146.9100	–	O	K3DNA	JVARC
Philipsburg	146.4300	147.4300	173.8	W3PHB	PARA
Philipsburg	146.6400	–		W3PHB	PARA
State College	145.4500	–	Oael	K3CR	PSARC
State College	146.7600	–	Oael	W3GA	NtnyRC
State College	146.8500	–	Ol	W3YA	NtnyRC

CHESTER

Location	Output	Input	Notes	Call	Sponsor
Paoli	145.1300	–	O 131.8 (CA)ers	WB3JOE	MidAtlARC
Parkesburg	146.9850	+	O 94.8aersRB	WA3GMS	------------
Valley Forge	146.7600	–	O 131.8 (CA)l	W3PHL	PARA Group
West Chester	146.9400	–	O 131.8els LITZ	W3EOC	PARA/CCAR

COLUMBIA

Location	Output	Input	Notes	Call	Sponsor
Berwick	147.2250	+	O 203.5 (CA)ersWX	KB3BJO	CMARC
Bloomsburg	147.1200	+	O 131.8 (CA)elWX	WB3DUC	WB3DUC

CUMBERLAND

Location	Output	Input	Notes	Call	Sponsor
Mt Holly	145.4300	–	O 67ersWX	N3TWT	SMRA

DAUPHIN

Location	Output	Input	Notes	Call	Sponsor
Ellendale	147.0750	+	O 123ers	KB3NIA	HRAC
Harrisburg	145.1100	–	O 131.8er	W3ND	CPRA Inc.
Harrisburg	145.2100	–	O 123e	WB3EYB	------------
Harrisburg	145.2700	–	O 74.4l	W3WAN	WAN-RS
Harrisburg	145.2900	–	O 123r	W3ND	CPRA Inc.
Harrisburg	145.4700	–	O 123 (CA) erWX	W3ND	CPRA Inc.

144-148 MHz
PENNSYLVANIA

Location	Output	Input	Notes	Call	Sponsor
Harrisburg	146.7600	−	O 100 (CA) es	W3UU	HRAC
Harrisburg	147.3750	+	O 123	W3ND	CPRA Inc.
Steelton	147.3000	+	O 100e	N3NJB	HBG REACT
DELAWARE					
Darby	147.3600	+	O 131.8 (CA)esRB	W3UER	DCARA
Media	145.2300	−	O 131.8a	W3AWA	Mobl 6ers
Newtown Square	147.0600	+	O 131.8 (CA)esWX	WB3JOE	MidAtlARC
Newtown Square	147.1950	+	O 100 (CA) elWX	W3DI	MNARC
ERIE 186.2					
Cherry Hill	146.7600	−	Oaelx	WA3USH	+WYZ
Corry	147.0900	+	O	W3YXE	RAC
Erie	146.6100	−	127.3aelrz	W3GV	RAErie
Erie	146.6400	−	O(CA)elz	KA3MJN	KA3MJN
Erie	147.2700	+	Oae	N3APP	N3APP
Union City	146.7300	−	●a	WA3PGL	WA3PGL
Waterford	146.8200	−	127.3er	W3GV	RAErie
JOHNSTOWN 123.0					
Hastings	146.7750	−	O	KA3ZYC	AMARC
Johnstown	145.3900	−	Oer	WA3WGN	+CVARC
Johnstown	146.9400	−	O(CA)erz	WA3WGN	+CVARC
Johnstown	147.3750	+	O(CA)IRBz	N3LZX	NJ3T
Mineral Point	147.0600	+	O 123.0	K3WS	K3WS
N Cambria	146.6550	−	O	KE3DR	KE3DR
JUNIATA					
Tuscarora Mtn	147.0450	+	O 146.2ae WX	K3TAR	T.A.R.A.
LACKAWANNA					
Roaring Brook	145.2700	−	O 88.5	K3FE	------------
Scranton	146.8350	−	O 127.3el LITZ	KB3BIU	BgmU RS
Scranton	146.9400	−	O(CA)ers WX	K3CSG	SPARK
LANCASTER					
Cornwall	145.3900	−	O 118.8e	W3AD	L.R.T.S.
Ephrata	145.4500	−	O 100 (CA) eRB BI LITZ WX	W3XP	EphrataARS
Lancaster	145.3100	−	O 118.8elr sWX	N3FYI	RVARG
Lancaster	147.0150	+	O 118.8ael rsWX	W3RRR	R.R.R.A.
Manheim	145.2300	−	O 118.8aer sWX	K3IR	SPARC Inc.
LEBANON					
Cornwall	147.1050	+	O 141.3IRB	N3KYR	SVARC
Grantville	147.1650	+	O 82.5ers	K3LV	------------

144-148 MHz
PENNSYLVANIA

Location	Output	Input	Notes	Call	Sponsor
Lebanon	146.8800	–	O 74.4l	W3WAN	WAN-RS
Lebanon	147.2400	+	O 82.5es WX	W3BFD	LVSRA
Lebanon	147.3150	+	O 82.5 (CA) ers	K3LV	LVSRA
Newmanstown	147.2850	+	O 131.8 (CA)e	N3SWH	SPARK
LEHIGH					
Allentown	146.7450	–	O 146.2 (CA)elr	N3HES	------------
Allentown	146.9400	–	O 71.9ers LITZ WX	W3OI	LVARC
Allentown	147.1350	+	O 71.9 (CA) ersBl WX	W3OI	LVARC
Allentown	147.2250	+	O 151.4 (CA)	WA3VHL	------------
LUZERNE					
Berwick	145.1300	–	O 77 (CA)rs	NQ3G	B.A.R.S.
Bunker Hill	145.4500	–	Oe	K3YTL	Murgas ARC
Hanover Twp	147.3300	+	O 88.5 (CA) e	WA3CPW	------------
Hazleton	146.6700	–	O 103.5 (CA)	W3OHX	A.R.A.
Hazleton	147.0300	+	O 103.5e	K3BS	A.R.A.
Hunlock Creek	146.8050	–	O 94.8 (CA) e	AD3L	JMRA
Wilkes-Barre	146.4600	147.4600	O 100ae WX	N3FCK	------------
Wilkes-Barre	146.6100	–	O 82.5elrs WX	WB3FKQ	------------
LYCOMING					
Huntersville	145.4500	–	O 167.9ers LITZ WX	KB3DXU	LycCoEMA
Montoursville	145.4900	–	O 167.9	KB3HLL	B.E.R.A.
Trout Run	145.1500	–	O 167.9ers LITZ WX	KB3DXU	LycCoEMA
Waterville	145.3500	–	O 167.9ers LITZ WX	KB3DXU	LycCoEMA
Williamsport	145.3300	–	O 167.9ers LITZ WX	KB3DXU	LycCoEMA
Williamsport	146.7300	–	Oael	W3AVK	WestBranch
Williamsport	147.0900	+	O 167.9 (CA)el	KB3HLL	B.E.R.A.
Williamsport	147.3000	+	O 151.4 (CA)elrsRB WX	W3AHS	MARC
MONROE					
Jackson Twp	145.2300	–	O 77elWX	N3VAE	CRLG
Long Pond	146.4450	147.4450	O 131.8 (CA)es	KB3WW	------------

144-148 MHz PENNSYLVANIA

Location	Output	Input	Notes	Call	Sponsor
Tannersville	146.8650	–	OersRB	N3SEI	MCOES
MONTGOMERY					
Abington	147.2700	+	Ol	W3FRC	FrankfordRC
Eagleville	146.8350	–	O 88.5 (CA) ers	AA3E	Montco OEP
Hatfield	147.3300	+	O(CA)el	WA3RYQ	H.A.R.A.
Horsham	147.1650	+	O 162.2	K3JJO	DELMONT R.C.
Meadowbrook	146.7150	–	O 131.8 (CA)eWX	WA3UTI	HRH-ARC
Souderton	145.1900	–	O 131.8 (CA)ers	N3ZA	TARA
MONTOUR					
Liberty Twp	145.2900	–	Oe	WA2JOC	MCEMA
NORTH CENTRAL 173.8					
Bradford	147.2400	+	O	KD3OH	KD3OH
Coudersport	146.6850	–		N3PC	HARC
Coudersport	146.8800	–		K3CC	------------
Emporium	146.8050	–	O(CA)	N3FYD	CCARC
Emporium	147.1800	+	O(CA)e	WA3WPS	CCARC
Galeton	147.3450	+	O(CA)	KB3EAR	NTRS
James City	146.7300	–		WB3IGM	WB3IGM
Lock Haven	147.3600	+	Oelr	K3KR	K3KR
Ridgway	147.0000	+	O	N3NIA	WA8RZR
Ridgway	147.2850	+		N3NWL	N3NWL
Rockton	147.3150	+	173.8	N3QC	QCARC
Rockton	147.3900	+	Or	N3HAO	KB3ANT
Sigel	147.1050	+		N3JGT	JCEMA
Smethport	147.3000	+	Oer	N3LLR	N3LLR
Ulysses	145.4300	–	Or	K3QBU	PCEMA
NORTHAMPTON					
Bethlehem	146.7750	–	O 136.5 (CA)	K3LPR	------------
Lehigh Valley	146.6550	–	O 136.5el	N3LWY	------------
Nazareth	145.1100	–	O 151.4ers WX	W3OK	DLARCNCEMA
Nazareth	146.7000	–	O 151.4 (CA)elrsRB LITZ WX	W3OK	DLARC
NORTHUMBERLAND					
Milton	146.9850	–	O(CA)eWX	WA3AMI	Milton ARC
Sunbury	147.2700	+	O 100 (CA) ersWX	K3ARR	SVARC
NORTHWEST 186.2					
Atlantic	147.1500	+		K3AWS	AWS
Clarion	146.8650	–	110.9	N3GPM	KE3EI
Edinboro	146.9850	–		KB3PSI	------------
Erie	146.4300	147.4300	Ol	N3OCL	KE3JP
Franklin	145.2300	–	Oaelz	W3ZIC	FVM&KC
Greenville	146.4450	147.4450	O	KE3JP	KE3JP
Guys Mills	147.0300	+	O	W3MIE	CARS

144-148 MHz
PENNSYLVANIA

Location	Output	Input	Notes	Call	Sponsor
Marienville	146.8950	–		N2EVA	N2EVA
Meadville	145.1300	–	**O**elr	W3MIE	CfdARS
Meadville	147.2100	+	**O**aerz	N3PYJ	N3PYJ
Pleasantville	147.1200	+	**O**alrz	W3ZIC	FVM&KC
Springboro	146.4600	147.4600	100.0el	KF8YF	KF8YF
Tionesta	145.4900	–	e	KE3EI	-----------
Union City	146.7000	–	**O**e	WA3UC	WA3UC
Vowinkel	147.0750	+	110.9	N3UOH	N3UOH
Warren	145.1100	–	**O**er	W3GFD	WC RACES
Warren	146.7600	–	**O** 88.5e	KB3ORS	CCAFMA
Waterford	145.4300	–		KE3JP	KE3JP
Youngsville	146.9700	–	**O**e	W3YZR	CCAFMA

PERRY

Location	Output	Input	Notes	Call	Sponsor
Newville	146.4600	147.4600	**O** 67ers	N3TWT	SMRA Inc.

PHILADELPHIA

Location	Output	Input	Notes	Call	Sponsor
Center City	146.6850	–	**O** 146.2 (CA)ls	WM3PEN	HARC
Philadelphia	145.2700	–	**O** 131.8 (CA)e	W3PVI	ChSixARC
Philadelphia	145.4100	–	**O** 127.3 (CA)e	KD3WT	Schuylkill
Roxborough	147.0300	+	**O** 91.5 (CA) el	W3QV	Phil-Mont

PIKE

Location	Output	Input	Notes	Call	Sponsor
Schahola	145.3500	–	**O** 100elrs wx	K3TSA	TSARA

PITTSBURGH 131.8

Location	Output	Input	Notes	Call	Sponsor
Apollo	146.9700	–	**O** 131.8aer xz	N1RS	SARA
Bridgeville	145.1300	–	**O**(CA)	KS3R	SHARC
Carnegie	147.0300	+	**O**e	W3KWH	SCARC
Churchill	146.8200	–		W3GKE	-----------
Clinton	147.2100	+	**O** 100.0a E-SUNlz	K3KEM	K3KEM
Derry	146.4900	147.4900	**O** 131.8ael x	N1RS	SARA
Gibsonia	145.2900	–	(CA)el	WA3UQD	WA3UQD
Irwin	147.1200	+	**O** 131.8 (CA)	W3OC	TRARC
Jeanette	146.9250	–	**O**e	WB3JSI	IwnARA
Mt Lebanon	146.9550	–	**O**	N3RNX	N3RNX
New Kensington	145.3700	–	**O**t(CA)e	WA3WOM	WA3WOM
New Kensington	146.4900	147.4900	**O** 131.8ael x	N1RS	SARA
New Kensington	146.6400	–	**O** 131.8ae	K3MJW	Skyview
Pittsburgh Baldwin	145.3300	–	**O**	K3EOC	ACES
Pittsburgh/Carrick	146.6100	–	**O**aelz	W3PGH	GPVHFS
Pittsburgh Hazelwood	145.4700	–	**O**aex	WA3PBD	GtwyFM

144-148 MHz PENNSYLVANIA

Location	Output	Input	Notes	Call	Sponsor
Pittsburgh Homestead	146.7300	−	Oaex	WA3PBD	GtwyFM
Pittsburgh/N Hills	147.0900	+	O 88.5 (CA) er	W3EXW	NHARC-RPT
Pittsburgh Oakland	146.8800	−	O 88.5 (CA) er	W3EXW	NHARC-RPT
Washington	147.3450	+		N3WMV	N3WMV
West Mifflin	145.2500	−	O(CA)el	AB3PJ	----------
SCHUYLKILL					
Delano	145.3700	−	Ot(CA)e wx	W3EEK	SARA
SNYDER					
Selinsgrove	147.1800	+	O 100 (CA) rsWX	NR3U	SVARC
SOMERSET 123.0					
Central City	146.6250	−	O 123.0 (CA)lz	WR3AJL	W3KKC
Meyersdale	145.2700	−	O(CA)lz	KQ3M	AHRA
Seven Springs	146.8350	−	O 123.0lrxz	W3WGX	AHRA
Somerset	147.1950	+	Oaerz	K3SMT	SARC
SOUTH CENTRAL 123.0					
Bedford	145.4900	−	O	K3NQT	BCARS
Blue Knob	147.1500	+	Oaelrxz	K3OIH	BKRA
Fort Loudon	147.2250	+	O	N3NRI	N3NRI
Upper Strasburg	147.1200	+	O	W3ACH	CVARC
SOUTHWEST 131.8					
Acme	146.6700	−	Oaerz	WA3TVG	LHVHFS
Bentleyville	147.2700	+	O	N3QWW	N3QWW
California	145.1100	−	Oae	KA3FLU	----------
Connellsville	145.1700	−		WB3JNP	WB3JNP
Connellsville	146.8950	−	Oer	W3NAV	CCRC
Derry	145.1500	−	O 131.8a TTer	W3CRC	CRARC
Greensburg	147.1800	+	O(CA) TTe	W3LWW	FARC
Indiana	146.9100	−	O	W3BMD	ICARC
Monongahela	147.2250	+	O(CA)	KA3BFI	MARC, Inc
Mt Pleasant	147.0150	+	O(CA)elx	KA3JSD	KA3JSD
Uniontown	147.0450	+	Oax	W3PIE	UARC
Uniontown	147.2550	+	O	W3PIE	UARC
Washington	145.4900	−	O	W3CYO	W3CYO
Washington	146.7900	−	Oa	K3PSP	K3PSP
Waynesburg	146.4300	147.4300	O 131.8e	N3LIF	GCARA
SULLIVAN					
Laporte	145.3100	−	O 167.9el	N3XXH	EndlessMtn
Laporte	146.9250	−	O 82.5 (CA) ersRB LITZ WX	W3NOD	SCESARA
SUSQUEHANNA					
Elk Mountain	145.4300	−	O 77	N3KZ	UPenn ARC
Silver Lake	145.2900	−	O 131.8 (CA)els	N3HPY	B&B

144-148 MHz
PENNSYLVANIA-PUERTO RICO

Location	Output	Input	Notes	Call	Sponsor
Susquehanna	145.2500	–	O 100aels	WB2BQW	------------
TIOGA					
Bloss Mt	145.2700	–	O 127.3er RB WX	NR3K	PAGCRG
Blossburg	146.9100	–	O 127.3ers WX	N3FE	------------
Dutch Hill	147.0600	+	O 127.3aer WX	NR3K	PAGCRG
Tioga	146.6250	–	O 131.8 (CA)l	KB3EAR	N.T.R.S
UNION					
Lewisburg	146.6250	–	O 110.9elr sRB WX	K3FLT	Milton ARC
WAYNE					
Lake Ariel	146.8800	–	O 127.3 RB	WA2JWR	------------
Newfoundland	147.1950	+	O 131.8 (CA)e	KB3WW	------------
Waymart	146.6550	–	O 146.2ae Bl WX	WB3KGD	------------
WEST CENTRAL 131.8/186.2					
Butler	147.3000	+	Or	N3LEZ	------------
Butler	147.3600	+	O(CA)e	W3UDX	BCARA
Cowansville	146.5050	147.5050	O 131.8elr x	N1RS	SARA
Fombell	146.4750	147.4750		N3ZJM	N3ZJM
Independence	145.4500	–	O	KA3IRT	KA3IRT
Kittanning	145.4100	–	O	K3TTK	FAWA
Leechburg	147.3300	+	Oer	WA3JVG	WA3JVG
Mercer	146.6850	–		W8IZC	------------
New Castle	146.6250	–	O	WA3VRD	B.DeSANZO
New Castle	147.1950	+	Oaelz	N3ETV	N3ETV
Parker	145.1900	–	Oalr	W3ZIC	FVM&KC
Punxsutawney	147.6150	–	O(CA)el	N5NWC	PAARC
Sharon	145.3500	–	Oaelrxz	W3LIF	MercerCARC
Warrendale	147.2400	+	Oe	K3SAL	BCFMA
WYOMING					
Mehoopany	147.2100	+	O 141.3e	WA3PYI	------------
YORK					
Hanover	147.3300	+	O 146.2ers WX	W3MUM	PMRC Inc
Red Lion	146.8650	–	O 123eWX	W3ZGD	Hilltoppers
Shrewsbury	146.7000	–	O 123es	K3AE	SoPaCommGp
York	146.9250	–	O 74.4el	W3WAN	WAN-RS
York	146.9700	–	O 123 (CA) elrsLITZ WX	W3HZU	Keystone

PUERTO RICO
E

Location	Output	Input	Notes	Call	Sponsor
Canovanas	147.1700	+	O	KP4FCC	------------

144-148 MHz — PUERTO RICO

Location	Output	Input	Notes	Call	Sponsor
Ceiba	147.2700	–	O 88.5	KP4FGL	------------
Fajardo	145.1900	–	O	KP3AB	------------
Fajardo	145.2500	–	● 88.5	WP3CB	------------
Fajardo	145.3500	–	O	KP3AB	------------
Fajardo	145.3500	+		KP3AB	CRAN
Fajardo	146.6900	–	Oae	NP3H	CEC
Las Piedras	146.6500	–	Oe	KP4PF	EARCLUB
Las Piedras	146.8900	–	O	KP4JF	PREAHR-NV+
Maricao	147.0700	+	O	WP4CPV	------------
Rio Grande	146.9900	–	O	NP3H	------------
Rio Grande	147.3100	+	● 88.5	NP3EF	------------
Rio Grande	147.3500	+	O	NP3EF	ERGRP
San Lorenzo	147.0300	+	O	WP4LTR	SAMGRP
Yabucoa	145.3300	–	O	WP4BV	------------
Yabucoa	147.1900	+	O	KP4MCR	------------

N

Location	Output	Input	Notes	Call	Sponsor
Aguas Buenas	145.3700	–	O	KP4IA	------------
Aguas Buenas	146.7300	–	O 118.8	KP3AB	------------
Aguas Buenas	146.8500	–	O 127.3a (CA)eBIxz	KP4CK	[PRARL]
Bayamon	145.1500	–	O	KP4ILG	------------
Bayamon	145.3100	–	●	WP4F	------------
Bayamon	146.7300	–	O	KP3AB	------------
Ciales	145.3500	–	O	KP3AB	------------
Corozal	146.6100	–	O#	WP4ENA	------------
Corozal	146.6700	–	●a(CA)e	KP4DH	------------
Corozal	146.7100	–	O	KP4DEU	------------
Corozal	146.8300	–	O	KP4FRA	[FRA/1]
Corozal	147.3300	+	Oe	KP3AJ	------------
Guaynabo	145.2300	–	O 77	WP4OCD	------------
Gurabo	145.1700	–	● 136.5	WP4WC	------------
Gurabo	145.2100	–	O	WP3Z	------------
Gurabo	146.7900	–	O	WP4WC	------------
Gurabo	146.8700	–	O	WP4SE	------------
Gurabo	147.3700	+	O	KP4QW	------------
Lares	146.7900	–	●	KP4ARN	------------
Naranjito	147.0100	+	O	WP4FHR	ARG
Naranjito	147.2300	+	●	WP4NPC	POL
San Juan	147.3900	+		KP4FAK	------------
Toa Baja	145.2700	–		WP3ZQ	------------
Utuado	145.4300	–	O	KP4BOL	------------

S

Location	Output	Input	Notes	Call	Sponsor
Adjuntas	145.4500	–	O	KP4ST	------------
Adjuntas	146.9300	–	O	KP4FRA	[FRA/2]
Barranquitas	145.4100	–	OBIx	KP4RF	------------
Barranquitas	145.4900	–	O	KP4LP	MOLINO
Cayey	145.1100	–	O	KP4CR	------------
Cayey	145.1300	–	O	WP4MXB	------------
Cayey	146.7700	–	O 100.0	KP3AB	------------

290 144-148 MHz
PUERTO RICO-RHODE ISLAND

Location	Output	Input	Notes	Call	Sponsor
Cayey	147.0900	+	O x	KP4ID	[{NV}PRARC]
Jayuya	146.7500	−	O	WP4NPG	LTRGp.
Jayuya	146.9900	−	O	NP3H	CEC.
Jayuya	147.1500	+	O	WP4IFU	ARG
Jayuya	147.2100	+	O	KP4CAR	----------
Orocovis	145.3900	−	O	KP4OG	----------
Ponce	147.3900	+		KP4JLQ	----------
Villalba	145.1900	−	O	KP3AB	----------
Villalba	145.2900	−	O	NP4A	----------
Villalba	147.0500	+	O ex	WP4AZT	----------
Yauco	145.3500	−	O	KP3AB	----------
Yauco	145.4700	−	O	WP4MJP	----------
Yauco	147.3500	−	O	NP4FL	----------
W					
Aguada	145.3300	−	O	NP4WX	----------
Aguada	146.7700	−	O	KP3AB	----------
Aguada	147.0300	+	l	WP4S	RAA
Maricao	147.1300	+	● 100.0e	KP4IP	----------
Maricao	147.2300	+	● 146.2	WP4CPV	CRG
Quebradillas	146.8700	−	●	WP3OF	----------
San Sebastian	147.2900	+	O 123	WP4HVS	PepinoRG

RHODE ISLAND
EAST BAY

Location	Output	Input	Notes	Call	Sponsor
Bristol	145.3300	−	O 94.8	K1CW	K1CW
Newport	146.8800	−	O 100.0 (CA)e	WC1R	WC1R
Portsmouth	145.4500	−	O 100.0es	W1SYE	NwptCntyRC
Portsmouth	147.0750	+	O 67.0 (CA) eL(KA1RCI)sx	KA1RCI	KA1RCI
Portsmouth	147.1200	+	O 173.8e	K1WEW	SubSig ARC
NORTHERN					
Coventry	145.2100	−	O 192.8e	N1JL	N1JL
Coventry	145.3700	−	O 67.0 L(RMT BASE)	N1JBC	N1JBC
Cranston	146.7000	−	O e	K1CR	K1CR
Cranston	147.1050	+	O 103.5s	W1PHR	PHARRG
Cumberland	146.6250	−	O 146.2ers	N1RWW	K1TSR
Cumberland	146.9400	−	O 67.0es WXx	K1KYI	RIAFMRS
East Providence	147.3300	+	O 173.8e L(E147330 I4907)s	W1AQ	W1AQ
Foster	146.9100	−	O 67.0e L(KA1RCI)sx	KA1RCI	KA1RCI
Johnston	145.1900	−	O 67.0 (CA) eL(KA1RCI)rsx	KA1RCI	KA1RCI
Johnston	146.8350	−	O 192.8e	WA1QCA	WA1QCA
Lincoln	145.1700	−	O 67.0e L(KA1RCI NETWORK)x	KA1RCI	KA1RCI

144-148 MHz
RHODE ISLAND-SOUTH CAROLINA

Location	Output	Input	Notes	Call	Sponsor
North Scituate	146.7600	–	O 67.0es WXx	K1KYI	RIAFMRS
West Warwick	145.1300	–	O 77.0e	W1RI	JARCORI
West Warwick	145.3500	–	O 100.0	N1BS	N1BS
SOUTH COUNTY					
Exeter	146.9850	–	O 67.0 L(KA1RCI NETWORK)	KA1RCI	K1DA
Exeter	147.1650	+	O 67.0e	N1VDJ	N1VDJ
Saunderstown	146.7150	–	O 67.0	K1NQG	FARC
Westerly	147.2400	+	O 100.0e	N1LMA	N1LMA
Westerly	147.3900	+	O 67.0 L(KA1RCI NETWORK)	KA1RCI	KA1RCI

SOUTH CAROLINA

Location	Output	Input	Notes	Call	Sponsor
Aiken	145.3500	–	156.7es	N2ZZ	N2ZZ
Aiken	147.2850	+	O(CA)	N4ADM	N4ADM
Anderson	146.7900	–	O 123.0e	N4AW	ANDERSON R
Anderson	146.9700	–	O(CA)e	N4AW	ANDERSON A
Augusta	146.7300	–	OtE-SUN	K4NAB	N.AUG/BELV
Bamberg	145.3300	–	O 156.7	WA4DFP	WA4DFP
Barnwell	147.0300	+	O 156.7e	KK4BQ	SARS
Beaufort	145.1300	–	88.5e	W4BFT	BEAUFORT R
Beaufort	146.6550	–	Oe	W4BFT	BEAUFORT R
Beech Island	147.3450	+	91.5aelr	WR4SC	WR4SC
Caesars Head	145.4700	–	91.5aelr	WR4SC	W3KH
Cassatt	147.1050	+	O 192.8	KG4FAN	KG4FAN
Cayce Pineridge	145.2700	–	156.9	KE4IFI	NARC
Charleston	145.2500	–	123.0ers WX	W4HRS	K4LXF
Charleston	145.4100	–	Oels	WA4USN	CHARLESTON
Charleston	145.4500	–	127.3lrsWX	W4HRS	WA4HVP
Charleston	146.7300	–	103.5lrsRB WX	W4HRS	WA4HVP
Charleston	146.7300	–	91.5lrsRB	W4HRS	WA4HVP
Charleston	146.7600	–	123.0lrsWX	WR4SC	W3KH
Charleston	146.7900	–	Oal	WA4USN	CHARLESTON
Charleston	146.9400	–	123.0elrs WX	WA4USN	WA4USN
Charleston	147.1050	+	123.0lrsWX	WR4SC	W3KH
Charleston	147.3450	+	OtlRB	W4ANK	N7GZT
Charleston	147.3900	+	123.0lrsWX	W4HRS	WA4HVP
Cheraw	145.4900	–	123.0elWX	W4APE	W4EOZ
Cheraw	147.1350	+	O 123.0	K4CCC	K4CCC
Chester	145.3100	–	Oae	W4CHR	CHESTER AR
Clemson University	145.4500	–	Ote	WD4EOG	KD4KAO
Columbia	145.4000	–		KJ4BWK	N7GZT

144-148 MHz
SOUTH CAROLINA

Location	Output	Input	Notes	Call	Sponsor
Columbia	146.7150	–	O(CA)	WB4NEP	------------
Columbia	146.7150	–	91.5lrsRB WX	WR4SC	W3KH
Columbia	147.3300	+	156.6ael WX	N7GZT	K7GZT
Columbia	147.3600	+	O 100.0l	WZ4O	WZ4O
Conway	144.9800	147.4800	el	NE4SC	K4SHP
Conway	145.4000	–	elrsWX	NE4SC	K4SHP
Conway	146.7150	–	162.2lrsRB WX	WR4SC	W3KH
Conway	147.2400	+	123.0	NE4SC	K4SHP
Dillon	146.7450	–	O	W4PDE	GREATER PE
Dorchester	147.1800	+	123.0lrsWX	W4HNK	W4HNK
Eastover	147.0750	+	O 156.7 (CA)	20041002	------------
Elloree	146.6100	–	O 118.8ae	KC4WIF	KC4WIF
Florence	146.6850	–	91.5lrsWX	WR4SC	W3KH
Florence	146.8500	–	Oa	W4ULH	FLORENCE A
Florence	146.9700	–	167.9ae	W4GEY	W4GEY
Florence	147.1950	+	123.0elWX	W4APE	W4EOZ
Florence	147.2850	+	123.0	NE4SC	N4JTH
Fort Jackson	146.7750	–	156.9	N7GZT	N7GZT
Fort Mill	145.1100	–	O 110.9 (CA)	K4YS	SUGAR CREE
Fort Mill	147.1800	+	O	W4DXA	CAROLINA D
Gaffney	145.2500	–	123.0esWX	KG4JIA	KG4JIA
Georgetown	146.7000	–	91.5lrsWX	W4HRS	WA4HVP
Georgetown	147.3750	+	123.0eWX	NE4SC	K4SHP
Greeleyville	145.2300	–	O 123.0l	W4APE	KG4AQH
Greenville	145.3700	–	123.0aers	WB4BLI	WB4BLI
Greenville	146.6100	–	O	W4NYK	BLUE RIDGE
Greenville	146.8200	–	O(CA)	W4NYK	BLUE RIDGE
Greenville	146.9400	–	O 107.2	W4IQQ	GREER ARC
Greenwood	145.1300	–	O	W4JAK	W4JAK
Greenwood	147.1650	+	107.2rs	W4GWD	GREENWOOD
Greenwood	147.3750	+	O	K4LEO	K4LEO
Hilton Head	145.3100	–	100.0e	W4IAR	I.A.R.A.
Hilton Head	147.2400	+	O 100.0e	W4IAR	ISLANDER A
Kingstree	145.3100	–	123.0elWX	NE4SC	K4SHP
Lancaster	146.7000	–	123.0	W4PAX	LANCASTER
Laurens	146.8650	–	O 107.2	KD4HLH	KD4HLH
Leesville	146.6550	–	● 162.2al	N5CWH	N5CWH
Leesville	147.2550	+	O 123.0e	W4RRC	RIDGE ARC
Lexington	147.3900	+	O 156.7e	KA4FEC	KA4FEC
Little Mt	147.2100	+	156.7	K4AVU	MID-CAROLI
Little River	146.8650	–		KF4VGX	KF4VGX
Lucknow	146.9250	–	123.0elWX	W4APE	W4EOZ
Marion	147.0000	–	O 91.5	KO4L	KO4L
Moncks Corner	145.4900	–	123.0lrRB WX	W4HRS	WA4HVP

144-148 MHz
SOUTH CAROLINA

Location	Output	Input	Notes	Call	Sponsor
Moncks Corner	147.1500	+	Oaer	WD4NUN	BERKELEY C
Moncks Corner	147.2100	+	162.2	KB4VFD	KB4VFD
Mountain Rest	147.0300	−	O	KU4OL	KU4OL
Mullins	145.4700	−	123.0elWX	W4APE	W4EOZ
Myrtle Beach	145.1100	−	O 85.4ae	W4GS	GRAND STRA
Myrtle Beach	145.2900	−	85.4	W4GS	W4GS
Myrtle Beach	146.6550	−	O 123.0el	NE4SC	K4SHP
Myrtle Beach	147.0300	+	O	N4JTH	N4JTH
Myrtle Beach	147.0900	+	O 123.0el	NE4SC	K4SHP
Myrtle Beach	147.1200	+	O 85.4a	W4GS	GRAND STRA
Myrtle Beach	147.2850	+	O	N4JTH	N4JTH
Myrtle Beach	147.3300	+	85.4e	W4GS	GRAND STRA
Orangeburg	146.8050	−	O 156.7ael	KJ4QLH	EDISTO ARS
Orangeburg	146.8800	−	123.0lrsWX	WR4SC	W3KH
Orangeburg	147.0900	+	O 156.7	KJ4QJH	EDISTO ARS
Pageland	146.8950	−	123.0elWX	W4APE	W4EOZ
Pickens	146.7000	−	O 107.2	WT4F	FOOTHILLS
Pickens	147.0000	−	151.4l	WB4YXZ	PICKENS RA
Pine Ridge	146.9550	−	O 162.2	KD4BMX	KD4BMX
Pumpkintown	145.2900	−	O 123.0	KU4ZS	KU4ZS
Rock Hill	145.4700	−	162.2aelr	WR4SC	W3KH
Rock Hill	147.0300	−	88.5	K4YTZ	YORK CTY A
Saluda	146.9100	−	123.0rs	W4DEW	W4DEW
Savannah River	145.4500	−	123.0e	W4ZKM	US DEPT OF
Sececa	145.2900	−	162.2ae	K4WD	K4WD
Seneca	147.2700	+	Oez	WA4JRJ	KEOWEE TOX
Simpsonville	146.7300	−	O 100.0	WA4UKX	WA4UKX
Six Mile	145.1700	−	162.2	KK4SM	KK4SM
Smoaks	145.2100	−		KG4LAP	KG4LAP
Spartanburg	147.0900	+	131.8	WR4SC	W3KH
Spartanburg	147.3150	+	91.5e	K4JLA	K4JLA
St George	146.8350	−	103.5rsWX	K4ILT	K4ILT
St George	147.0450	+	103.5e	K4ILT	K4ILT
St George	147.0450	+	103.5elsWX	K4ILT	K4ILT
St Matthews	146.6700	−	O 156.7ae	AD4U	AD4U
Summerton	145.1500	−	O(CA)	N4LWY	LAKE MARIO
Summerville	146.8650	−	123.0	N2OBS	N2OBS
Summerville	146.9850	−	O 123.0	W1GRE	W1GRE
Summerville	147.2700	+	123.0	W4ANK	W4ANK
Sumter	145.1300	−	O	K4JR	------------
Sumter	146.6400	−	O	W4GL	SUMTER ARA
Sumter	147.0150	+	O 156.7	W4GL	SUMTER ARA
Sumter	147.0600	+	Oa	W4VFR	HILLCREST
Union	145.1500	−	Oo	K4USC	K4USC
Union	146.6850	−	O	K4USC	K4USC
Walterboro	145.3900	−	Ol	KG4BZN	KG4BZN
Walterboro	146.7150	−	123.0lrsWX	WR4SC	W3KH
Walterboro	147.1350	+	Oae	KG4BZN	LOW CTY. R

144-148 MHz
SOUTH CAROLINA-SOUTH DAKOTA

Location	Output	Input	Notes	Call	Sponsor
White Hall	146.9100	–	O 156.7e	WA4SJS	COASTAL AR

SOUTH DAKOTA
FREQUENCY USAGE
Statewide	145.2300	–		SNP (PRI)	
Statewide	145.4700	–		SNP (SEC)	

CENTRAL
Huron	147.0900	+	O	KØOH	KØOH
Mitchell	146.6400	–	O 146.2ae	WØZSJ	MARC
Murdo	147.3000	+	O 146.2 L(SDLINK)x	AAØCT	SDARC
Phillip	147.3750	+	O 146.2e L(SDLINK)	NØOMP	SDARC
Pierre	145.3500	–	O 146.2a	KDØS	PARC
Pierre	146.7300	–	O 146.2 L(SDLINK)	WØCQN	SDARC
Reliance	146.9400	–	O 146.2e L(SDLINK)x	NØNPO	MB ARC
Wessington Spr	147.3450	+	O 146.2 L(SDLINK)x	AAØF	SDARC

EAST
Clear Lake	147.3150	+	136.5#	WØGC	Duel Co.ARC

EAST CENTRAL
Brookings	146.9400	–	O 110.9a	WØBXO	BR ARC
Flandreau	146.9850	–	146.2	KØTGA	KØTGA

NORTH CENTRAL
Aberdeen	146.9100	–	O 146.2el	WBØJZZ	HubCtyARC
Aberdeen	147.0300	+	O 146.2 L(GL LINK)	WBØTPF	WBØTPF
Bowdle	147.1200	+	O 146.2 L(GL LINK)	NØAHL	GLARA
Mobridge	147.2100	+	Oe L(GL LINK)	WØYMB	MARC
Redfield	147.1500	+	O	WDØBIA	S ARC

NORTHEAST
Britton	146.6100	–	Ol	NØSHL	TRAC
Garden City	146.6700	–	O 146.2 L(SDLINK)	WDØFKC	GCRA
Gary	145.3900	+	O	KØTY	KØTY
Pierpont	147.3300	+	O 146.2 L(GL LINK)	WØJOZ	GLARA
Sisseton	146.8800	–	Oe	WAØBZD	WAØBZD
Watertown	146.8500	–	O(CA)e	WØWTN	LARC

NW
Reva	147.1500	+	Oe	KDØKMT	KDØKMT

SOUTHEAST
Beresford	147.2400	+	O 141.3	KAØVHV	PD ARC
Humboldt	147.2850	+	O 146.2 L(SDLINK)x	NØLCL	SDARC

144-148 MHz
SOUTH DAKOTA-TENNESSEE

Location	Output	Input	Notes	Call	Sponsor
Sioux Falls	146.8950	–	O 146.2e	W0ZWY	SEARC
Tabor	147.3150	+	Oe	KC0TOW	KC0TOW
Turkey Ridge	147.0000	+	O 146.2 L(SDLINK)	W0SD	SDARC
Vermillion	147.3750	+	O 146.2l	W0MMQ	PD ARC
Yankton	146.8500	–	O 146.2	W0OJY	PD ARC
SOUTHWEST					
Custer	146.8500	–	Olx	KC0BXH	Northern Hills-AR
Custer	147.0900	+	O 141.3/141.3e	WN6QJN	WN6QJN
Hot Springs	146.7000	–	Oe	K0HS	HS ARC
WEST					
New Underwood	146.9700	–	114.8#	KA1OTT	KA1OTT
WEST CENTRAL					
Lead	146.9700	–	146.2/146.2 L(449.200)	KC0BXH	Northern Hills AR
Lead/Terry Peak	146.7600	–	O 146.2lx	KB0BXH	Northern Hills-AR
Rapid City	145.25625		●	KD0LUX	KD0LUX
Rapid City	146.9400	–	Ol	W0BLK	BlkHlsARC
Rapid City	147.2400	+	Oe	KB0BUT	KB0BUT
Terry Peak	147.0300	+	O 146.2 L(SDLINK)	WB0JEK	SDARC

TENNESSEE

Location	Output	Input	Notes	Call	Sponsor
Alamo	147.1350	+	O 131.8elsx	K4WWV	STARNET
Allons	147.0450	+	Oaez	KG4NPF	W4WGM
Allons	147.0450	+	Oaez	KG4NPF	N2UP
Altamont	146.6550	–	167.9eWX	KF4TNP	KF4TNP
Arnold AFB	147.1950	+	O 114.8es	N4HAP	WARC
Athens	145.1500	–	O 141.3e	KG4FZR	KG4FZR
Athens	147.0600	–	O 141.3e	KG4FZR	KC4KUZ
Blountville	147.0000	+	Oe	W4CBX	W4FXO
Bluff City	146.7000	–	O 103.5	KE4CCB	KE4CCB
Bolivar	147.0450	+	O 156.7esWX	KI4LFV	KI4LFV
Bristol	146.6700	–	Oe	W4UD	BRIS ARS/S
Bristol	146.8800	–	O	WD4CYZ	WD4CYZ
Brownsville	146.6550	–	O 156.7ae	KI4BXI	KI4BXI
Camden	145.4900	–	O 131.8e	KF4ZGK	TN VALLEY
Chattanooga	145.1300	–	O	K4CMY	K4CMY&KA4W
Chattanooga	145.2900	–	O	W4PL	K4VCM
Chattanooga	145.3900	–	Oa	W4AM	CHATTANOOG
Chattanooga	146.6100	–	O 107.2	W4AM	CHATTANOOG
Chattanooga	146.7900	–	O	K4VCM	K4VCM
Clarksville	146.9250	–	O 110.9e	K4ORE	CLARKSVILL
Clarksville	147.0000	+	O 167.9el	AC4RS	AC4RS
Cleveland	146.9250	–	Oae	W4GZX	CLEVELAND

144-148 MHz
TENNESSEE

Location	Output	Input	Notes	Call	Sponsor
Cleveland	147.1050	+	O ae	KD4NEC	KD4NEC
Cleveland	147.1800	+	O 118.8	WD4DES	WD4DES
Cleveland	147.3750	+	O 123.0aer	KA4ELN	KA4ELN
Coker Creek	146.8200	−	141.3ers WX	K4EZK	K4EZK
Collegedale	147.0000	+	O 131.8e	KA6UHV	KA6UHV
Collierville	145.3300	−	107.2	WT4E	WT4E
Columbia	147.1200	+	O 127.3ae	W4GGM	MAURY ARC
Cookeville	145.1100	−	Oael	KK4TD	UCARS/KK4T
Cookeville	145.2700	−	O 123.0e	N4ECW	N4ECW
Cookeville	145.4300	−	O ae	WA4UCE	ARS OF TTU
Cookeville	147.2100	+	O aRBz	W4HPL	COOKEVILLE
Covington	145.4900	−	O	KE4ZBI	KE4ZBI
Cross Plains	147.3450	+	O 114.8e	AF4TZ	AF4TZ
Crossville	146.8050	−	131.8IRB	W4EYJ	CUMBERLAND
Crossville	146.8650	−	O 118.8ae	W8EYU	W8EYU
Crossville	146.8950	−	O 118.8ae sWX	W4NSA	W4NSA
Crossville	147.3450	+	O 118.8aer WX	WM4RB	WE4MB
Cumberland City	145.3300	−	O	WD4DBJ	WD4DBJ
Dandridge	146.8950	−	(CA)eRBz	WD4EGD	WD4EGD
Dayton	147.3900	+	Oe	K4DPD	RHEA CO AR
Dellrose	147.1350	+	O 82.5	N4AZY	W4VM
Dover	145.2500	−	O 100.0ae WXz	KR4WG	KR4WG
Dover	145.4100	−	O 123.0aer	N4VIH	WD4DBJ
Dresden	145.1500	−	O 107.2es RB WX	KB4IBW	KB4IBW
Dresden	145.4700	−	O 131.8e	KA4BNI	KA4BNI
Dyersburg	145.1900	−	O 100.0e	K4DYR	K4DYR
Dyersburg	146.7450	−	O	W4MV	W4MV
Eaton	145.1900	−	O 100.0e	K4DYR	K4DYR
Elizabethton	145.1100	−	O	WM4T	WM4T
Elizabethon	145.2900	−	O 103.5e	KF4ZQA	CARTER COU
Erwin	147.1650	+	O aez	KC4DSY	KC4DSY
Fayetteville	147.0300	+	O(CA)e	W4BV	KA4WOG
Franklin	145.1500	−	O 123.0	WC4EOC	K4COM
Gadsden	145.4300	−	107.2elrs WX	WF4Q	WF4Q
Gallatin	147.2400	+	O 114.8el	W4LKZ	SUMNER CO
Gallatin	147.2700	+	O 114.8e	WD4BKY	WD4BKY
Gallatin	147.3000	+	O 114.8ae	W4CAT	CATS
Gatlinburg	146.8500	−	O 127.3l	WA4KJH	------------
Gatlingburg	147.1950	+	103.5e	W4KEV	W4KEV
Georgetown	145.3100	−	O 141.3aer WX	WM4RB	WE4MB
Gray	145.2500	−	O	WM4T	WM4T
Greenbrier	147.0750	+	O 114.8ae	WQ4E	WQ4E

144-148 MHz
TENNESSEE

Location	Output	Input	Notes	Call	Sponsor
Greeneville	145.3900	–	O 186.2e	W4WC	ANDREW JOH
Greeneville	145.4100	–	127.3el	KI4OTQ	KI4OTQ
Greeneville	147.0600	+	O 123.0 RB	N4FV	N4FV
Greenfield	145.3500	–	107.4elp LITZ WX	KE4OVN	KE4OVN
Harriman	146.6400	–	O 100.0	KA4QYI	RCARC
Henderson	147.1050	+	O 156.7ers WX	W4FHU	FREED HARD
Hohenwald	146.8950	–	O 100.0e RB	K4TTC	TTC-ARCH
Huntingdon	146.8350	–	O 123.0e	KF4ZGK	TN VALLEY
Jackson	145.1700	–	O 107.2el	WF4Q	WF4Q
Jackson	145.3100	–	O 107.2e	KF4SC	WF4Q
Jackson	146.7750	–	O 107.2el	WF4Q	WF4Q
Jackson	147.2100	+	O 107.2	WF4Q	WF4Q
Jackson	147.2700	+	O	WB0TMC	WB0TMC
Jamestown	147.0900	+	O 100.0e	KI4KIL	FENTRESS C
Jasper	145.1900	–	O 127.3e	K4DXV	SEQUACHEE
Johnson City	146.7900	–	O(CA)e	W4ABR	JCARA (JOH
Johnson City	147.2700	+	O 103.5	KE4FH	KE4FH
Jonesborough	147.1200	+	E-SUNlRB WX	K4DWQ	K4DWQ
Joyner	147.1500	+	O 82.5l	K4EAJ	K4EAJ
Kingsport	147.7600	–	O	K4JP	K4JP
Knoxville	145.1700	–	118.8e	WB4GBI	WB4GBI
Knoxville	145.2100	–	O 100.0ae z	W4BBB	RACK
Knoxville	145.3700	–	OaelsWX	W4KEV	W4KEV
Knoxville	145.4300	–	O	WB4YLC	KERBELA AR
Knoxville	145.4700	–	O	WB4GBI	WB4GBI
Knoxville	146.6250	–	O 118.8rs	WB4GBI	WB4GBI
Knoxville	146.7300	–	O	WB4GBI	WB4GBI
Knoxville	146.9100	–	Otae	KC4ROG	----------
Knoxville	146.9400	–	Oe	WB4GBI	WB4GBI
Knoxville	147.0000	–	O 100.0e	KD4CWB	KD4CWB
Knoxville	147.0750	+	Oae	WB4GBI	WB4GBI
Knoxville	147.3000	+	O 100.0el RB	W4BBB	RACK
Lafayette	145.3100	–	O 151.4z	KC4ECD	KC4ECD
Lafollette	145.1300	–	Oa	KA4OAK	KA4OAK
Lafollette	146.6700	–	88.5e	K4BGW	W4TZG
Lafollette	147.3600	+	Oe	KA4OAK	KA4OAK
Laverne	145.2300	–	Oa	W4CAT	CATS
Lawrenceburg	146.6550	–	O 100.0	KG4LUY	W4RDM
Lebanon	147.1050	+	O 100.0z	W4LYR	WILSON AMA
Leipers Frk	145.1300	–	156.7	WC4EOC	K4COM
Lexington	147.0750	+	O 107.2el	WF4Q	WF4Q
Livingston	146.7150	–	O 131.8es	KG4NPF	KG4NPF
Lynchburg	145.4500	–	O 127.3e	KF4TNP	KF4TNP

144-148 MHz
TENNESSEE

Location	Output	Input	Notes	Call	Sponsor
Manchester	146.7000	–	114.8e	K4EGC	KR4OJ
Martin	145.6250	–	O 107.2a	W4UTM	UT-MARTIN
Maryville	145.2700	–	O 127.3rs WX	KF4VDX	KF4VDX
Maryville	146.6550	–	Oez	W4OLB	SMOKY MTN
Maryville	146.6850	–	O 88.5aelx	K4DSZ	------------
Maynardville	145.2300	–	Oe	KB4KIE	KB4KIE
Maynardville	145.2300	–	Oe	W4KEV	W4KEV
Mcminnville	146.9700	–	O 151.4 (CA)	WD4MWQ	WD4MWQ
Medina	146.9700	–	O 107.2e	WT4WA	KJ4CLS
Memphis	145.2100	–	O 107.2e WX	W4EM	W4EM
Memphis	145.2500	–	O 146.2	N4ER	N4ER
Memphis	145.4100	–	O 107.2 (CA)	K5FE	K5FE
Memphis	146.6400	–	Oe	K4DTM	K4DTM
Memphis	146.7300	–	O 107.2	N4GMT	N4GMT
Memphis	146.8200	–	O 107.2 (CA)	W4BS	DELTA ARC
Memphis	146.8500	–		WB4KOG	WA4KOG
Memphis	146.8800	–	Oap	WB4KOG	WA4KOG
Memphis	147.0000	–	Otel	W4ZJM	W4ZJM
Memphis	147.0300	+	O 107.2s	W4EM	W4EM
Memphis	147.0600	+	O	WA4MQQ	WA4MQQ
Memphis	147.0900	+	O 107.2aer	W4GMM	W4GMM
Memphis	147.1200	+	O 107.2 (CA)e	N4WAH	N4WAH
Memphis	147.3000	+	O 107.2e	N4GMT	N4GMT
Memphis	147.3600	+	O 107.2	W4BS	DELTA ARC
Monteagle Mtn	145.4100	–	O 114.8l	NQ4Y	NQ4Y
Mooresburg	147.1350	+	114.8lRB	KE4KQI	KJ4TKV
Morgan County	147.3300	+	O 82.5	WD4ORB	MCARC
Morristown	145.4500	–	Oe	KQ4E	KQ4E
Morristown	147.0300	+	O 100.0z	W2IQ	LAKEWAY AR
Morristown	147.2250	+	O 141.3a	WB4OAH	WB4OAH
Morristown	147.3900	+	O	KQ4E	KQ4E
Moscow	145.1100	–	O 107.2al	WA4MJM	KF4OID
Mountain City	145.4700	–	O 103.5ae	W4MCT	JOHNSON CT
Murfreesboro	145.1700	–	O	WB4LHO	WB4LHO
Nashville	145.1100	–	O 151.4	W4RFR	KF4ZIS
Nashville	145.2100	–	O 173.8e RB	WC4EOC	K4COM
Nashville	145.3700	–	Oa	KB4ZOE	FELTS RPTR
Nashville	145.4700	–	O(CA)e	N4ARK	N4ARK
Nashville	146.6100	–	Ote	WA4PCD	WA4PCD
Nashville	146.6400	–	O 114.8ael	AF4TZ	RPT SOC OF
Nashville	146.6700	–	O 114.8ael RB	AF4TZ	RPT SOC OF

144-148 MHz
TENNESSEE

Location	Output	Input	Notes	Call	Sponsor
Nashville	146.7600	−	O 114.8el	WA4PCD	N.R.A.
Nashville	146.7900	−	O 114.8	W4SQE	MUSIC CITY
Nashville	146.8500	−	O 114.8 (CA)e	W4AY	SOTS
Nashville	146.8800	−	OteRB	WA4PCD	N.R.A.
Nashville	146.9550	−	114.8eWX	W4CAT	W4CAT
Nashville	146.9850	−	Oa	KC4PRD	KC4PRD
Nashville	147.0150	−	Ot	AF4TZ	CRAN
Nashville	147.1500	+	O 114.8l	WA4PCD	N.R.A.
Nashville	147.3150	+	123.0	N4ARK	N4ARK
Nashville	147.3600	+	Otal	AF4TZ	RPT SOC OF
Newport	147.0900	+	203.5	KG4LHC	KG4LDK
Nolensville	145.3500	−	O 114.8e	WD4JYD	------------
Oak Ridge	146.8800	−	Oe	W4SKH	OAK RIDGE
Oak Ridge	146.9700	−	Oa	W4SKH	OAK RIDGE
Oakfield	147.3900	+	Ot(CA) RB	WA4BJY	WA4BJY
Oakland	146.9400	−	O	WB4KOG	WA4KOG
Oneida	145.3500	−	O 77.0eRB	KB4PNG	KB4PNG
Oneida	146.8200	−		KB4PNG	------------
Paris	145.2700	−	O 103.5e	N4ZKR	HENRY CO E WX
Paris	147.1650	+	O 114.8	KC4YLL	N4TZV
Paris	147.3300	+	131.8	N4ZKR	N4ZKR
Paris	147.3600	+	Oe	KJ4ISZ	HENRY CO R
Petros	147.2550	+	OeRBz	KJ4SI	KJ4SI/KB4S
Phildelphia	147.2500	−	100.0elWX	W4YJ	W4YF
Pikeville	147.2850	+	O	KF4JPU	KF4JPU
Piperton	145.1300	−	O 107.2er WX	WA4MJM	WA4MJM
Pulaski	146.8050	−	O 114.8el	KF4TNP	KF4TNP
Pulaski	147.3300	+	100.0el	WD4RBJ	WD4RBJ
Puryear	147.1650	+	O	WA4CEX	RIDGE REP
Ramer	146.7000	−	O 162.2ae	WB4MMI	WB4MMI
Ridgetop	145.2900	−	O 114.8	K4DXC	MTDARC, IN
Ripley	145.2300	−	O 100.0	KE4NTL	------------
Rockwood	147.0150	+	OaeRBz	KE4RX	RCARC
Rockwood	147.1200	+	82.5ers	K4EAJ	MORGAN CO
Rogersville	147.3150	+	O 114.8z	KD4HZN	KD4HZN
Saltillo	146.7150	−	O	KB4JUB	SALTILLO A
Sardis	147.1950	+	O 94.8	AF4OQ	AF4OQ
Selmer	146.8050	−	O 107.2e	WB4MMI	MCNAIRY CO
Sevierville	147.3750	+	67	K4PCK	K4PCK
Shelbyville	147.0600	+		K14NJJ	KI4NJJ
Shiloh	145.2900	−	O 107.2el	WF4Q	WF4Q
Smyrna	145.4900	−	O	WB4LHO	I.D. BYARS
Sneedville	147.2400	+	114.8 RB	KE4KQI	KI4YWW
Sparta	147.1650	+	O 123.0ae RB WXz	KR4BT	K44BT & TR

300   144-148 MHz
TENNESSEE-TEXAS

Location	Output	Input	Notes	Call	Sponsor
Telford	146.9250	–	103.5elrs	K4DHT	K4DHT
Tellico Plains	147.3150	+	O 141.3ae	KE4VQM	KE4VQM
Trenton	146.8650	–	Oaz	KN4KP	GIBSON CTY
Union City	146.7000	–	O 100.0e WX	WA4YGM	WA4YGM
Union City	147.0150	+	O 107.2el	WF4Q	WF4Q
Walland	145.3300	–	100.0aeRB WX	AC4JF	AC4JF
Wartburg	146.7450	–	O 100.0elr sWX	AA4YQ	AA4YQ
Watertown	146.7300	–	100.0	K4EHL	K4EHL
Watertown	146.8350	–	O 100.0	W4LYR	W4LYR
Williston	147.1800	+	erswX	WB4KOG	WB4LHD
Winchester	146.8200	–	OaeWX	W4UOT	MTARS
Woodbury	146.9100	–	114.8e	W4YXA	SHORT MTN.

TEXAS

Location	Output	Input	Notes	Call	Sponsor
Abernathy	146.7600	–	O 179.9l	WB5BRY	CRRC
Abilene	145.3500	–	O 110.9ae	KC5PPI	AAHTC
Abilene	145.4900	–	O 88.5	KI5ZS	------------
Abilene	146.7600	–	O 146.2 (CA)	KC5OLO	KCARC
Abilene	146.8000	–	O 88.5 (CA) e	W5TNJ	AARC
Abilene	146.9600	–	O 146.2e	KC5OLO	KCARC
Allen	147.1800	+	O 107.2 (CA) WX	WD5ERD	PARK
Alpine	145.2300	–	O 146.2	AD5BB	BIGBENDARC
Alpine	146.7200	–	Oel	AD5BB	BIGBENDARC
Alvarado	147.2200	+	O 110.9e	K5AEC	TX ADVENT EM CO
Alvin	145.1100	–	O 123	KA5QDG	------------
Alvin	145.2100	–	O 167.9	K5PLD	PEARLAND ARC
Alvin	145.2500	–	O 141.3	KA9JLM	AARC
Alvin	146.7400	–	O 123	KA5QDG	HAMS
Amarillo	146.6600	–	O 88.5	W5WX	PARC
Amarillo	146.7400	–	O 88.5	N5ZLU	SWL SYSTEM
Amarillo	146.9200	–	Oel	N5LTZ	CRI
Amarillo	146.9400	–	O 88.5	W5WX	PARC
Anahuac	145.3300	–	O 123e	KK5XQ	CCOEM
Angleton	147.1800	+	O 141.3es	N9QXT	BCARES
Angleton	147.3400	+	O 103.5l WX	WB5UGT	SALTGRASS
Anhalt	145.1300	–	O 131.8l	W5DK	------------
Archer City	146.8400	–	O 192.8ar	W5GPO	WF VHF ARC
Arlington	146.8600	–	O 110.9 (CA)	WD5DBB	MCR GROUP
Arlington	147.1400	+	O 110.9 (CA)	K5SLD	AARC
Athens	147.2200	+	O 136.5e WX	K5EPH	AARC

144-148 MHz TEXAS

Location	Output	Input	Notes	Call	Sponsor
Atlanta	145.2500	–	O 123	K5JRK	------------
Atlanta	146.9800	–	Oa	K5HCM	RACC
Aubrey	145.2700	–	O 100	K5RNB	------------
Austin	145.1700	–	O 88.5 (CA)	KB5HTB	------------
Austin	145.2100	–	O 97.4e	KA9LAY	------------
Austin	146.6100	–	O 103.5e	WB5PCV	------------
Austin	146.6800	–	O 123	KE5ZW	------------
Austin	146.7800	–	O 107.2e	W5KA	AARC
Austin	146.8400	–	O 103.5	W5WXW	------------
Austin	146.8600	–	●	NØGSZ	------------
Austin	146.8800	–	O 100a	W5KA	AARC
Austin	146.9000	–	Oael	W3MRC	3M ARC
Austin	146.9400	–	O 107.2	W5HS	AARC
Austin	147.1800	+	O(CA)	W5HS	------------
Austin	147.3600	+	O 131.8e	WA5VTV	------------
Azle	147.1600	+	O 110.9	WB5IDM	------------
Baird	147.2600	+	O 88.5l	KK5MV	------------
Baird	147.3000	+	O 146.2a	KF5YZ	------------
Ballinger	147.3200	+	O	W5YP	RCARC
Balmorhea	146.9600	–	O 91.5	KD5CCY	WTNMRC
Bangs	147.0000	+	O 94.8e	KB5ZVV	------------
Bastrop	147.3400	+	O 100	NA6M	------------
Bay City	146.7200	–	O 146.2e	W5WTM	MCARC
Bayside	147.2000	+	O 107.2	AD5TD	------------
Baytown	145.3100	–	O 167.9el	N5JNN	------------
Baytown	146.7800	–	O 123e	K5BAY	BAARC
Beaumont	146.7000	–	O 107.2e	W5RIN	BARC
Beaumont	146.7600	–	O 107.2l	W5GNX	BEARC
Beaumont	147.3000	+	O 103.5	W5XOM	EMERC
Beaumont	147.3400	+	O 118.8l	W5RIN	BARC
Bedias	147.1200	+	O 123	NQ5D	------------
Beeville	147.3000	+	O 103.5	KC5DYC	------------
Bellville	146.8800	–	O 203.5x	WR5AAA	HRRC
Belton	146.7200	–	O 88.5l	NU5D	------------
Belton	147.3000	+	O 123	W5AMK	Dorn
Big Bend	146.8200	–	O 146.2elr	AD5BB	BIGBENDARC
Big Spring	146.8200	–	O 88.5 (CA)	W5AW	BSARC
Big Spring	147.0400	+	O 88.5el	KE5PL	WTXC
Boerne	145.1900	–	O 88.5	KB5TX	KARS
Boerne	146.6400	–	O 88.5	KB5TX	KARS
Bonham	145.4700	–	Oa	K5FRC	FCRC
Borger	147.0600	+	O	WA5CSF	NWTARC
Bowie	145.3900	–	O 192.8 (CA)	W5QT	MONTAGE ARS
Boyd	146.9800	–	Oa	K5JEJ	------------
Brackettville	146.8800	–	O 127.3	KD5HAM	BARS
Brady	146.6200	–	O 114.8 (CA)l	AA5JM	------------
Brady	146.9000	–	O 162.2ael	KC5EZZ	------------

144-148 MHz
TEXAS

Location	Output	Input	Notes	Call	Sponsor
Brenham	145.3900	−	O 103.5	W5AUM	BRENHAM ARC
Brenham	147.2600	+	O 103.5	W5AUM	Brenham ARC
Bridge City	145.4700	−	O 103.5a	W5SSV	JCARC
Brookston	146.7000	−	O 114.8	KD5HIS	------------
Brownfield	146.8000	−	O 162.2a	KA5BQG	TCARC
Brownfield	147.3400	+	O 162.2l	WA5OEO	------------
Brownsville	147.0400	+	O 114.8els WX	W5RGV	STARS
Brownwood	146.8200	−	●	WB5FXD	------------
Brownwood	146.9400	−	O 94.8ae	K5BWD	BWDARC
Bruceville	147.2400	+	O 97.4	W5NCD	------------
Bryan	146.6200	−	O 88.5	KZ5M	------------
Buffalo	145.4500	−	O 146.2 WX	W5VSD	LCARC
Buffalo	147.2800	+	O 146.2ls WX	W5UOK	------------
Buna	145.3900	−	O 118.8	W5JAS	LAREAARC
Burkburnett	146.7000	−	O 192.8e	W5DAD	------------
Burkburnett	146.8800	−	O 192.8ae WX	KD5INN	------------
Burnet	145.2900	−	O 114.8	KB5YKJ	------------
Burnet	146.6600	−	O 88.5	K5HLA	HGLD LKE
Cameron	147.0200	+	O 123eWX	KE5URD	MCARES
Carlton	145.2700	−	O 110.9er WX	W5GKY	------------
Carrollton	145.2100	−	O 110.9ers	N5MJQ	METROARC
Carrollton	146.6100	−	O 110.9	K5ZYZ	NORTH DALLAS RP
Carrollton	147.3200	+	●	K5MOT	MOTOROLA ARC
Carthage	146.7200	−	O	KA5HSA	------------
Carthage	147.1800	147.6800	O 123aes	WA5PC	PANOLA COUNTY A
Castroville	146.8000	−	O 162.2	K5YDE	------------
Castroville	147.2000	+	O 162.2	KD5DX	MCARC
Cat Spring	145.4100	−	O 100el	W5SFA	SFARC
Cedar Hill	147.0600	+	O 110.9 (CA)e	W5WB	SWDCARC
Cedar Hill	147.2600	+	O(CA)	W5AHN	------------
Cedar Hill	147.3200	+	●	K5MOT	MOTOROLA ARC
Cedar Park	145.3700	−	O 103.5	KC5WLF	HAMBUDSARC
Cedar Park	146.9800	−	O 103.5	W2MN	------------
Cedar Park	147.1200	+	O 103.5	W2MN	------------
Celina	146.9000	−	O	K5XG	------------
Centerville	145.2100	−	●	K3WIV	------------
Centerville	147.3000	+	O 114.8 E-SUN	KD0RW	------------
Childress	146.9600	−	O	N5OX	------------
Chita	145.3500	−	O 131.8	W5IOU	ULLWA
Chocolate Bayou	145.3900	−	O 103.5	KA5QDG	HAMS
Clarksville	147.2000	+	O 186.2	KA5BCR	RRCA
Clear Lake	146.8600	−	O 100ael	K5HOU	CLARC

144-148 MHz
TEXAS

Location	Output	Input	Notes	Call	Sponsor
Cleveland	146.9000	−	O ae	N5AK	SHARK
Clifton	147.1800	+	O 123ex	W5BCR	BCRA
Clute	145.3500	−	O 103.5l	WB5UGT	------------
Coldspring	147.1600	+	O 103.5e	WB5HZM	LLRR
Coleman	146.9800	−	O 94.8ae	N5RMO	CARC
College Station	146.6800	−	O 88.5 (CA) e	W5BCS	BARC
College Station	146.8200	−	O 88.5	W5AC	TAMUARC
Columbus	147.1400	+	O 103.5	W5SFA	SFARC
Comanche	146.6800	−	O 94.8s	KC5QHO	CARC
Comfort	145.4900	−	●	WB5Q	------------
Conroe	147.0200	+	O 136.5	N5PJY	CARE
Conroe	147.1400	+	O 136.5e	N5KWN	------------
Copperas Cove	147.2600	+	O 88.5 E-SUNx	K5CRA	CRA
Corinth	145.1700	−	O 110.9 WX	W5FKN	LTARC
Corpus Christi	146.7800	−	O 107.2 (CA)e	N5ADL	NONE
Corpus Christi	146.8200	−	O 107.2	N5CRP	STARC
Corpus Christi	146.8400	−	O 88.5	N5IUT	------------
Corpus Christi	146.8800	−	O 107.2ae	N5CRP	STARC
Corpus Christi	147.0600	+	O 107.2e WX	WA5MPA	------------
Corpus Christi	147.1000	+	O 107.2ae WX	W5DCH	W5DCH
Corsicana	145.2900	−	O 146.2e WX	KD5OXM	NARC
Corsicana	147.3400	+	O rwx	K5NEM	Navarro County
Crockett	145.3100	−	O 103.5	W5DLC	HCARC
Crockett	146.7000	−	O 123ae	WA5EC	HCARC
Crosbyton	147.1600	+	O 179.9l	WB5BRY	CRC
Daingerfield	145.2300	−	O 151.4 (CA)	W5DJC	ETARC
Dallas	145.1300	−	●	W5JBP	SWR SOCIETY
Dallas	145.1900	−	O 110.9 (CA)	KA5CTN	------------
Dallas	145.4300	−	O 110.9e	K5DM	TEXINSARC
Dallas	146.6400	−	O 118.8	K5AHT	RECA
Dallas	146.7000	−	O 110.9e	W5EBQ	------------
Dallas	146.8200	−	O	N5IUF	TRUSTEE
Dallas	146.8800	−	O 110.9 (CA)r	W5FC	DARC
Dallas	146.9600	−	O 110.9 (CA)r	K5JD	------------
Dallas	147.3000	+	O	N5GAR	------------
Del Rio	146.8200	−	O 127.3	KD5HAM	BARS
Denton	146.9200	−	O 110.9 (CA)	W5NGU	DCARC

304 144-148 MHz
TEXAS

Location	Output	Input	Notes	Call	Sponsor
Devers	146.9800	−	O 103.5	N5FJX	HAMS
Devine	146.8800	−	O 141.3	WB5LJZ	----------
Donna	146.7400	−	O 114.8a	KC5YFP	----------
Doss	147.1600	+	O 162.2ael	W5RP	HOTROCS
Dripping Springs	147.7400	−	O 162.2	KA5AMP	----------
Eagle Pass	146.6400	−	O 100.0#	N5UMJ	----------
Eastland	145.3500	−	Oa	KA5BNO	----------
Eddy	145.3100	−	O 123eWXx	N5ZXJ	----------
Eddy	147.1400	+	O 123eWX	W5BEC	BELL COUNTY EOC
Eden	147.3900	+	O 114.8 (CA)l	KD5FUN	----------
Edinburg	146.7600	−	O 114.8lsWX	W5RGV	STARS
El Paso	145.1100	−	●	W5ELP	WTX Dig RC
El Paso	145.3300	−	O 67l	K5BEN	JPARA
El Paso	145.4100	−	O 88.5	WX5ELP	EP SKYWARN
El Paso	146.7000	−	O 114.8al	K5ELP	WTRA
El Paso	146.8800	−	Os	K5ELP	WTRA
El Paso	147.0600	+	●	KJ5EO	El Paso Races
El Paso	147.1000	+	●	KJ5EO	El Paso Races
El Paso	147.1400	+	O	NM5ML	MEGA LINK
El Paso	147.2000	+	O 67a	K5ELP	WTRA
El Paso	147.2400	+	O 162.2	K5WPH	SCARC
El Paso	147.2800	+	O 67l	KD6CUB	----------
El Paso	147.3200	+	O	K5KKO	EPDIG
El Paso	147.3600	+	O 162.2	KE5OIB	----------
Eldorado	146.7200	−	O 100elWXx	KC5EZZ	----------
Eldorado	147.2600	+	O	W5AHN	----------
Elmendorf	145.2100	−	O 162.2e	W5CRS	----------
Elmendorf	146.8600	−	O 123 (CA)	W5ROS	ROOST
Emory	146.9200	−	O 88.5es	W5ENT	RAINS ARA
Euless	147.0100	+	O 110.9	KD5QQQ	----------
Fabens	145.9800	−	O 162.2	W5PDC	----------
Fairfield	145.1100	−	O 146.2	WB5YJL	NAVARRO ARC
Florence	147.3800	+	O 100	K5AB	----------
Flower Mound	145.2300	−	O 110.9es	N5ERS	ERS
Fort Davis	146.6200	−	O 146.2elr	AD5BB	BIGBEND ARC
Fort Davis	147.3600	+	O	W5CDM	----------
Fort Stockton	145.3700	−	O 88.5	KB5GLA	----------
Fort Stockton	146.6800	−	O 88.5l	N5SOR	WTC
Fort Stockton	146.9200	−	O 146.2 E-SUN	AD5BB	BIGBEND ARC
Fort Worth	145.1100	−	O 110.9	K5FTW	FWTXVHFFM
Fort Worth	145.2500	−	O 192.8	KD5HOG	----------
Fort Worth	145.3300	−	O 110.9	W5NRV	Next Generation ARC
Fort Worth	146.6800	−	O 110.9	W5URH	----------
Fort Worth	146.7600	−	O 110.9	K5FTW	FWTX VHFFM

TEXAS

Location	Output	Input	Notes	Call	Sponsor
Fort Worth	146.8000	−	O 110.9	W5URH	------------
Fort Worth	146.8400	−	O 110.9	W5SH	FWKCCL
Fort Worth	146.9400	−	O 110.9r	K5FTW	FWTX VHFFM
Fort Worth	147.2800	+	O 110.9 (CA)	W5SJZ	LMRARC
Franklin	146.9600	−	85.4	W5KVN	------------
Fredericksburg	146.7600	−	O 162.2	W5FJD	------------
Freeport	147.3800	+	O 110.9	KA5VZM	BCARS
Freer	146.7200	−	O 77	KB5ZXD	CACTUS PATCH
Fritch	147.3000	+	Ol	WA5CSF	NWTXRC
Gainesville	145.2900	−	O 100a	K5AGG	------------
Gainesville	147.3400	+	O 100ae	WB5FHI	CCARRA
Galveston	146.6800	−	O 103.5e	WB5BMB	UTMB/ECG
Galveston	147.0400	+	●	WB5BMB	------------
Garland	146.6600	−	O 110.9	K5QHD	GARC
Garland	147.2400	+	O (CA)e	K5QBM	RSARC
Gatesville	146.9600	−	O (CA)e	N5DDR	------------
Geneva	146.7400	−	O 118.8e WX	K5TBR	TBARC
George West	146.9800	−	O 107.2	K5YFL	Live Oak County
Georgetown	146.6400	−	O 162.2e	N5TT	WCARC
Georgetown	147.0800	+	O 100el	NA6M	------------
Giddings	147.2200	+	O 114.8	NE5DX	------------
Goldthwaite	147.1000	+	O 100	K5AB	------------
Goliad	146.7400	−	O 103.5	WB5MCT	VICTORIA ARC
Gonzales	147.2600	+	O 103.5a	KB5RSV	GARC
Graham	147.0000	+	O	N5SMX	Young County A
Graham	147.3400	+	Ol	WB5BJW	LCARC
Granbury	147.0800	+	O 110.9 (CA)	WD5GIC	NTARA
Granbury	147.2400	+	O 162.2er	KE5WEA	------------
Grapevine	145.4000	−	O 136.5	N5EOC	NE TARRANT A
Greenville	147.1600	+	Oa	WD5GSL	MFRC
Hallettsville	147.0800	+	O 173.8	KD5RCH	------------
Hamilton	146.9200	−	O 100	K5AB	------------
Hamilton	147.2000	+	88.5	AB5BX	HARC
Harlingen	145.3900	−	O 114.8l	K5VCG	------------
Harlingen	146.7000	−	O 114.8els WX	W5RGV	STARS
Harlingen	146.8000	−	O 114.8l	W5RGV	STARS
Harlingen	146.9600	−	Or	K5DG	EARTH ARC
Harlingen	147.1000	+	O 114.8ls WX	W5RGV	STARS
Harlingen	147.1400	+	O 114.8els WX	W5RGV	STARS
Harlingen	147.2000	+	O 114.8ael r	AG5B	VBMC-HRL
Harlingen	147.3900	+	O 114.8ls WX	W5RGV	STARS

144-148 MHz
TEXAS

Location	Output	Input	Notes	Call	Sponsor
Haskell	146.7400	−	O	WA5YSZ	------------
Hawkins	147.1000	+	O	W5CKO	ETARS
Helotes	145.1100	−	O 141.3	KB5ZPZ	------------
Hemphill	146.9000	−	O 141.3rs	KA5BQM	------------
Henderson	146.7800	−	O 131.8 WX	KB5NXW	------------
Henly	146.9200	−	O	W5IZN	------------
Henrietta	146.6800	−	O 192.8 (CA)	K5REL	------------
Henrietta	146.8000	−	O 192.8	KA5WLR	------------
Henrietta	147.3200	+	O 192.8	K5REJ	CCOARC
Hewitt	146.9800	−	Or	W5ZDN	HOTARC
Hillsboro	146.7800	−	OaeWX	WB5YFX	------------
Hollywood Park	146.6200	−	O 162.2	K5AWK	------------
Hondo	145.2700	−	O 162.2 (CA)	WA5PPI	------------
Hondo	145.2900	−	O 162.2e	KD5DX	MCARC
Houston	145.1300	−	O 162.6	W5VIN	------------
Houston	145.1700	−	O 103.5	KA5QDG	------------
Houston	145.1700	−	O 123	KA5QDG	------------
Houston	145.1900	−	O 123	W5BSA	------------
Houston	145.3700	−	O 123	N5TRS	Harris County Transta
Houston	145.3900	−	O 123	KA5QDG	------------
Houston	145.4500	−	O(CA)e	KD5HKQ	TARMA
Houston	145.4700	−	O 123	W5RPT	MERA
Houston	146.6200	−	O 123 (CA)	KB5NNP	LHOURA
Houston	146.6400	−	O	W5RRR	JSCARC
Houston	146.6600	−	O 141.3	KA5AKG	NARS
Houston	146.7000	−	O 103.5	WA5TWT	HTTY
Houston	146.7400	−	O 103.5	KA5QDG	HAMS
Houston	146.7600	−	O 103.5 (CA)el	K5WH	COMPAQ AMATEUR
Houston	146.8200	−	O 103.5	K5GZR	GCRC
Houston	146.8400	−	O 103.5	KF5GDR	CHEM
Houston	146.8800	−	O 103.5x	WR5AAA	HRRC
Houston	146.9200	−	O 103.5l WX	WB5UGT	SALTGRASS
Houston	146.9400	−	O 167.9e	WA5CYI	PRRL
Houston	146.9600	−	O 103.5	W5JUC	SFA
Houston	147.0000	+	O 103.5	KR5K	CYPRESS REPEATE
Houston	147.0800	+	O 103.5ae	W5ATP	ECHO
Houston	147.1000	+	O 114.8	K1BDX	------------
Houston	147.2400	+	O 167.9ae	KD5HKQ	TARMA
Houston	147.3000	+	O 151.4	KD0RW	------------
Houston	147.3200	+	O 100ae	WA5QXE	ECHO
Houston	147.3600	+	O 100	K5DX	TDXS
Humble	146.8000	−	O 103.5	KD5KHV	------------
Humble	147.2800	+	O 100el	W5SI	TEAC
Huntsville	145.2700	−	O 103.5	W5RJV	------------

144-148 MHz 307
TEXAS

Location	Output	Input	Notes	Call	Sponsor
Huntsville	146.6400	–	O 131.8e	AE5EP	------------
Huntsville	146.8600	–	O 131.8	W5HVL	WCARG
Hurst	147.1000	+	●	W5HRC	HURST ARC
Irving	145.4500	–	●	N2DFW	DFW REPEATE
Irving	146.7200	–	O 110.9 (CA)	WA5CKF	IRVARC
Ivanhoe	145.1300	–	O 100	K5FRC	Fannin County R
Jacksonville	145.4300	–	O 136.5	KR5Q	------------
Jacksonville	146.8000	–	O 136.5	K5JVL	CCARC
Jasper	147.0000	–	O 118.8l	W5JAS	LAREAARC
Jewett	145.2300	–	O 146.2	KC5SWI	JEWETT PWR
Johnson City	145.2700	–	O 146.213	KR4K	6.25 kHz RAN 13
Katy	147.2000	+	O 141.3e	KT5TX	KARS
Kaufman	146.8400	–	O 136.5s	KE5IGO	KAUFMAN ARE
Kaufman	146.9800	–	●	N5RSE	------------
Kenedy	146.9200	–	O 179.9	W5DK	------------
Kerrville	145.1500	–	O 162.2ael	W5RP	HOTROCS
Kerrville	146.9800	–	O 162.2a	N5HR	HCARC
Kilgore	145.4500	–	O 136.5 (CA)	W5CKO	EAST TX ARC
Killeen	147.0400	+	O 173.8	KK5AN	------------
Kingsville	146.6200	–	O 107.2	KD5QWJ	WILD HORSE D
Kingsville	146.6800	–	O 107.2	K5WHD	WHDH
Kingwood	145.4300	–	Oe	W5SI	TEAC
Kountze	145.2300	–	O 103.5e	N5BTC	BTARC
La Coste	146.6800	–	O 162.2	K5YDE	------------
La Grange	146.8000	–	O 100	KG5YH	FCRC
Lakeway	145.4100	–	O 103.5l	WB5PCV	------------
Lakeway	147.3000	+	O 131.8	K5GJ	T441/LKY EOC
Lamarque	146.9000	–	O 103.5e	KE5AIL	GCARC
Lamesa	145.1500	–	O 100	N5BNX	------------
Lamesa	146.8600	–	O 100	N5BNX	NONE
Lampasas	147.2200	+	O 88.5eWx	KB5SXV	------------
Laredo	145.1500	–	●	W5EVH	------------
Laredo	145.1700	–	O 88.5	K5QI	------------
Laredo	146.8400	–	O	N5LNU	RRGRC
Laredo	146.8800	–	O 100elr WX	W5EVH	------------
Laredo	146.9000	–	O 88.5	K5QI	------------
Laredo	146.9400	–	O 100elr WX	W5EVH	------------
Laredo	147.1200	+	O 100elWx	W5EVH	------------
League City	145.4100	–	O 131.8e WX	WR5GC	GCECG
Leonard	145.4100	–	O	KW5DX	DX CONTEST C
Levelland	146.6800	–	O 103.5e	W5CP	EDXS
Levelland	146.7800	–	O 179.9l	WB5BRY	CRRC
Levelland	146.8800	146.8200	O 103.5	WB5EMR	HCARC
Levelland	147.1200	+	O 162.2al	N5SOU	------------

144-148 MHz
TEXAS

Location	Output	Input	Notes	Call	Sponsor
Lindale	147.1200	+	O rs	W5ETX	ETX Emergency Com
Littlefield	146.6400	−	O 179.9l	WB5BRY	CRRC
Livingston	147.0400	−	O 136.5	WB5HZM	ULLWA
Longfellow	147.3400	+	O 88.5e	N5BPJ	--------------
Longview	145.3500	−	O 136.5e	KD5UVB	--------------
Los Fresnos	145.2900	−	●	K5RGV	K5RGV
Lubbock	145.4300	−	O lx	K5LIB	LARC
Lubbock	146.8400	−	O 88.5	K5LIB	LARC
Lubbock	146.9400	−	O 179.9	WB5BRY	CRRC
Lubbock	147.0000	−	O 179.9l	WB5BRY	CRRC
Lubbock	147.2000	+	O 162.2	WA5OEO	--------------
Lubbock	147.3000	−	O 88.5e	N5ZTL	--------------
Lufkin	145.3700	−	O 100	KD5TD	--------------
Lufkin	146.9400	−	O 141.3ers	W5IRP	DETARC
Lufkin	147.2600	+	O 141.3	K5RKJ	--------------
Lufkin	147.3600	+	O 107.2el	KB5LS	LSARC
Luling	145.2300	−	O 123elx	W5CTX	--------------
Madisonville	146.7800	−	O 103.5r WX	K5PNV	MCARC
Magnolia	146.9800	−	O 156.7	W5JSC	--------------
Marathon	147.0200	+	Oelr	AD5BB	BIGBENDARC
Marathon	147.3200	−	O 88.5l	N5SOR	WTXC
Marble Falls	145.3900	−	O 103.5	K5WGR	--------------
Marshall	146.8600	−	O	KB5MAR	MARC
Mathis	145.1500	−	O 233.6	KC5QPP	--------------
Mayflower	147.1200	+	O 203.5l	W5JAS	LAARC
Mcallen	145.2300	−	O 114.8	N5SIM	EARTH
Mckinney	145.3500	−	O 100x	N5GI	NTRA
Mckinney	146.7400	−	O 110.9e	W5MRC	MARC
Mesquite	145.2500	−	O 110.9	AK5DX	--------------
Mesquite	145.3100	−	O 162.2er WX	WJ5J	HAM
Mesquite	147.0400	+	O 136.5	KD6FWD	--------------
Mexia	145.3900	−	O	W5ZMI	NARC
Miami	145.1100	−	O 88.5lWX	KA5KQH	CRII
Midland	145.1300	−	O 88.5l	W5LNX	SWLS
Midland	146.7600	−	O 88.5	W5QGG	MARC
Midland	146.9000	−	O 88.5l	N5XXO	WTC
Midland	147.2200	+	O 29325e	K5MSO	MIDLAND SO
Midland	147.2800	+	O 88.5l	KB5MBK	--------------
Midland	147.3000	+	O	W5QGG	MARC
Midland	147.3800	+	O	W5CAF	MARC
Minden	145.2500	−	O 123	WB5WIA	--------------
Mineral Wells	146.6400	−	O	W5ABF	MWARC
Mission	146.6600	−	O 114.8	KC5ZVC	--------------
Moody	145.1500	−	O 123 WX	W5ZDN	HOTARC
Mount Pleasant	146.9400	−	O 151.4	WA5YVL	MT PLEASANT ARC
Mount Vernon	147.3200	+	O 151.4	W5XK	--------------
Nacogdoches	146.8400	−	O 141.3e	W5NAC	NARC

144-148 MHz TEXAS

Location	Output	Input	Notes	Call	Sponsor
Nacogdoches	147.3200	+	O 141.3e	W5NAC	NARC
Nassau Bay	145.1500	−	O ae	NB5F	BAARC
New Braunfels	147.0000	−	O 103.5 (CA)	WB5LVI	GVARC
New Waverly	147.1800	+	O 136.5 WX	W5SAM	WCARES
New Waverly	147.3400	+	●	NA5SA	----------
Nocona	147.3600	+	O 110.9ers WX	N5VAV	----------
North Richland Hills	145.3700	−	O 110.9	K5NRH	N. Richland Hills
Notrees	147.0200	+	O 88.5l	N5XXO	SWLS
Oak Hill	147.3200	+	O 114.8 (CA)	W5MOT	CMARC
Odessa	145.3900	−	O 88.5	WT5ARC	WTXARC
Odessa	145.4100	−	O 88.5	W5CDM	----------
Odessa	146.7400	−	O 91.5l	KD5CCY	WTNMRG
Olmito	147.1800	+	O 114.8	KC5WBG	----------
Orange	147.0600	+	O 103.5e	AA5P	DUPONTARC
Orange	147.1800	+	O 103.5e WX	W5ND	OrangeARC
Palestine	145.4900	−	O 136.5	KR5Q	----------
Palestine	146.7400	−	O	KR5Q	----------
Palestine	147.0800	+	O 103.5e WX	W5DLC	----------
Palestine	147.1400	+	O 103.5e	W5DLC	----------
Pampa	146.9000	−	O x	W5TSV	----------
Paradise	146.6200	−	O 131.8	KJ5HO	----------
Paris	146.7600	−	O 203.5er WX	WB5RDD	RRVARC
Paris	147.0400	+	O 100	KC5OOS	----------
Paris	147.3400	+	O 110.9	KA5RLK	----------
Pasadena	145.2500	−	O 167.9	KD5HKQ	TARMA
Pasadena	145.2700	−	O 123 WX	W5PAS	PECG
Pasadena	145.2900	−	O 103.5er WX	W5PAS	PECG
Pasadena	147.0600	+	O 123	KA5QDG	----------
Pasadena	147.1200	+	O 167.9 (CA)	WB5WOV	ARMS
Payne City	146.9000	−	O 136.5	K5CCL	Cedar Creek AR
Pearland	147.2200	+	O 167.9e	K5PLD	PARC
Perryton	146.6400	−	O 88.5	K5IS	----------
Perryton	146.8200	−	O 88.5	K5IS	CAPROCK INTE
Pipe Creek	147.2800	+	O 156.7 (CA)	WD5FWP	BARK
Pittsburg	147.2600	+	O 151.4	WW5DC	----------
Plainview	146.7200	−	O 88.5 (CA)	W5WV	PARC
Plano	145.2500	−	O 123	WD5ERD	----------
Plantersville	145.2500	−	O 203.5	KB5JJE	Cochran

310 144-148 MHz
TEXAS

Location	Output	Input	Notes	Call	Sponsor
Pleasanton	145.4300	–	O 100 (CA)	KD5ZR	ACARC
Pleasanton	147.3400	+	O 123	W5ROS	ROOST
Point	146.8000	–	O 141.3	WR5L	----------
Port Aransas	145.2900	–	O 110.9elx	KG5BZ	----------
Port Aransas	147.0400	+	O 107.2alx	KG5BZ	----------
Port Arthur	146.8600	–	O 103.5	WD5GJP	PARG
Port Arthur	147.2000	+	O 118.8e	KC5YSM	----------
Port Lavaca	147.0200	–	O 103.5a	W5KTC	PLARC
Post	147.0600	+	O 179.9l	WB5BRY	CRC
Quanah	146.6400	–	O	KY7D	----------
Quitman	147.3600	+	O 136.5	W5CKO	ETARS
Ranger	147.0600	+	O 131.8	N5RMA	----------
Refugio	147.1800	–	O 136.5e	AD5TD	----------
Rice	145.4700	–	O 110.9	W5TSM	----------
Richardson	147.1200	+	O (CA)r	K5RWK	RWC
Richmond	145.4900	–	O 123erWX	KD5HAL	EMROG
Robert Lee	147.3400	+	O 88.5eWXx	KC5EZZ	----------
Rockdale	147.2800	+	O 162.2	AF5C	TEMPLE ARC
Rockport	147.2600	+	O 103.5	KM5WW	ROCARC
Rosanky	145.4300	–	●	WB6ARE	----------
Rose Hill	146.7200	–	O 123	K5IHK	TMBLRPTCRP
Rosharon	147.1600	+	O 123eWX	N5QJE	----------
Rosston	145.4900	–	O 85.4e	WD5U	----------
Round Rock	145.3300	–	O 162.2e	WD5EMS	----------
Round Rock	146.7000	–	O 110.9e	N5MNW	----------
Rusk	147.0400	+	O 110.9a	KA5AEP	----------
San Angelo	145.2700	–	O 88.5x	W5QX	SAARC
San Angelo	146.8800	–	O 88.5	K5CMW	----------
San Angelo	146.9400	–	O 103.5 WX	KC5EZZ	SAARC
San Angelo	147.0600	+	O 103.5	N5DE	----------
San Angelo	147.3000	+	O 88.5	N5SVK	----------
San Antonio	145.1700	–	O 141.3l	WD5IEH	----------
San Antonio	145.3300	–	O 146.2	KC5RXY	----------
San Antonio	145.3700	–	O 114.8als	KE5HBB	----------
San Antonio	145.3900	–	O 100	W5SC	SARC
San Antonio	145.4500	–	O 141.3	N5UAP	----------
San Antonio	145.4700	–	O 110.9 (CA)	KD5GSS	----------
San Antonio	146.6600	–	O 110.9e	W5STA	STARS
San Antonio	146.7000	–	O 173.8	KA5IID	----------
San Antonio	146.7200	–	O 162.2 (CA)e	KB5TSO	BARS
San Antonio	146.8200	–	O 179.9 (CA)	WA5FSR	SARO
San Antonio	146.8800	–	O	WB5LJZ	----------
San Antonio	146.9000	–	O(CA)	KD5GAT	SAHARA

144-148 MHz TEXAS

Location	Output	Input	Notes	Call	Sponsor
San Antonio	146.9400	−	O 179.9e WX	WB5FWI	SARO
San Antonio	146.9600	−	O 88.5	K5AWK	SWLS
San Antonio	147.0200	+	O	W5RRA	SWRCARC
San Antonio	147.0400	+	O 123e	KK5LA	-----------
San Antonio	147.0600	+	O 141.3	K5DSF	-----------
San Antonio	147.0800	+	O 162.2	N5CSC	EXPLO700
San Antonio	147.1800	+	O 103.5	K5EOC	SAEM
San Antonio	147.2400	+	●	K5GE	-----------
San Antonio	147.2600	+	O 103.5	K5SOJ	-----------
San Antonio	147.2800	+	O 162.2 (CA)	WD5FWP	-----------
San Antonio	147.3000	+	O 107.2e	W5XW	BEARS
San Antonio	147.3600	+	O 179.9 (CA)	K5SUZ	SARO
San Antonio	147.3800	+	O 162.2 (CA)	AA5RO	AARO
Santa Anna	147.1200	+	O 94.8	KE5NYB	-----------
Santa Anna	147.1400	+	O 94.8	N5RMO	COLEMAN ARC
Sattler	147.1400	+	O 179.9	K5PWX	SARO
Schertz	147.2200	+	O 156.7	W5TXR	-----------
Seabrook	147.2600	+	O 162.2	WB5KCA	LYCRC
Seguin	145.4900	−	O 123alx	W5CTX	-----------
Seguin	146.7600	−	O 141.3	WA5GC	C.A.R.C.
Seminole	145.4500	−	O 88.5	N5SOR	-----------
Seminole	146.7800	−	O 88.5l	N5SOR	WTC
Seymour	147.1000	+	O 192.8	N5ENS	-----------
Shepp	145.2300	−	O 88.5	NZ5V	BCARN
Sherman	147.0000	+	O 100	W5RVT	GCVHFSOC
Sherman	147.0800	+	O 88.5	W5COP	-----------
Shiner	146.6800	−	O 100	KC5QLT	-----------
Shiner	147.1200	+	O 141.3	W5CTX	-----------
Sinton	147.0800	+	O 107.2	W5CRP	W5CRP
Smithville	145.3500	−	O 114.8	KE5FKS	BCARC
Smithville	147.2000	+	O 103.5el	N5ZUA	-----------
Snyder	146.9200	−	O 67aer	K5SNY	SARA
South Padre Island	147.1200	+	O 114.8ls WX	W5RGV	STARS
South Padre Island	147.2400	+	O 114.8	KE5KLY	-----------
Spearman	147.0400	+	O 88.5el WX	N5DFQ	DUST BOWL LIN
Stafford	145.2300	−	O 88.5	W5TI	HTEXIARC
Stephenville	147.3600	+	O 110.9e WX	K5IIY	CTARC
Sterling City	146.6400	−	O 88.5l	N5FTL	WTXC
Stinnett	147.3800	+	O 88.5el WX	N5DFQ	DUST BOWL LIN
Streetman	146.7600	−	O 136.5	KE5DFY	Navarro ARC

312 144-148 MHz
TEXAS

Location	Output	Input	Notes	Call	Sponsor
Sulphur Springs	146.6800	–	O 151.4er	K5SST	HCARC
Sweetwater	145.2500	–	O 162.2l WX	KC5NOX	NCARA
Sweetwater	146.6800	–	O 186.2	KJ5CQ	------------
Taft	147.0000	–	O 107.2x	W5CRP	W5CRP
Taylor	145.4500	–	O 162.2	WC5EOC	WC-ARES
Temple	146.8200	–	O 123	W5LM	TARC
Temple	147.3400	+	O	W5ARO	------------
Texas City	147.1400	+	O 167.9ae	WR5TC	GCRA
The Colony	147.3800	+	O 110.9	K5LRK	LAARK
Timpson	145.1500	–	O 107.2e	KK5XM	------------
Tomball	147.3800	+	●	WB5ZMV	------------
Trinity	145.3300	–	O 103.5	N5ESP	------------
Tulia	147.3600	+	O 88.5	WU5Y	------------
Tyler	145.3700	–	O 88.5el WX	N1EW	------------
Tyler	146.9600	–	Oa	W5CKO	ETARS
Tyler	147.0000	–	O 110.9er WX	K5TYR	TYARC
Tyler	147.2400	+	O 88.5 (CA) e	W5ETX	E TX Emergency Co
Tyler	147.3800	+	O	K5PDQ	------------
Universal City	146.8400	–	O(CA)	WA5VAF	CREST
Utopia	147.1000	–	O 127.3	W5FN	------------
Uvalde	146.9000	–	O 100a	N5RUI	------------
Uvalde	147.2000	+	●	AA5DB	------------
Uvalde	147.2600	–	O 100	W5LBD	------------
Van	146.6200	–	OaesWX	WD5JLE	------------
Venus	145.3900	–	O 136.5er WX	WA5FWC	------------
Vernon	147.0200	+	O	NC5Z	------------
Victoria	145.1300	–	O 103.5e	W5DSC	VARC
Victoria	145.1900	–	O 103.5ex	W5DSC	VCARC
Victoria	147.1600	+	O 141.3el	WD5IEH	------------
Waco	146.6600	–	O 123a	AA5RT	------------
Waco	147.1600	+	O	WA5BU	BAYLOR ARC
Waco	147.3200	+	O 123e	W5TSG	Texas State Guard A
Waco	147.3600	+	O 123	AA5RT	------------
Weatherford	145.2500	–	O 103.5	W0BOD	------------
Weatherford	146.9000	–	O 110.9	KG5CW	------------
Weatherford	147.0400	+	O 110.9	W5URH	------------
Weesatche	147.3200	+	O 162.2el	WD5IEH	------------
Weslaco	146.7200	–	O 114.8	KC5WBG	------------
Wharton	145.3300	–	O 167.9	W5DUQ	Golden Crescent AR
Whitney	146.6200	–	O 123eWX	NZ5T	LWARS
Wichita Falls	146.6200	–	O 156.7	KD5INN	------------
Wichita Falls	146.6600	–	O 192.8 (CA)	K5WFT	------------
Wichita Falls	146.9400	–	O 192.8ar	W5US	WF VHF CLUB

144-148 MHz TEXAS-UTAH

Location	Output	Input	Notes	Call	Sponsor
Wichita Falls	147.0600	+	O 156.7ar	W5GPO	Wichita Falls RC
Wichita Falls	147.1200	+	O 192.8lx	N5LEZ	-----------
Wichita Falls	147.1400	+	O 192.8 (CA)	N5WF	Morton
Wills Point	145.2700	−	O 136.5	WB5HGI	TVARC
Wills Point	147.2800	+	O 136.5er WX	KK5AU	ESARA
Wimberley	147.0600	+	O 103.5	W5FUA	-----------
Wimberley	147.1000	+	O 141.3alx	W5CTX	WARS
Winnsboro	147.1400	+	O 118.8	KG5E	-----------
Yoakum	147.0400	+	O	WA5VIO	LCRC
Yorktown	146.6400	−	O 103.5	KD5BXV	CCARC
Zapata	147.0200	+	O 114.8	KJ5HW	-----------

UTAH
FREQUENCY USAGE

Location	Output	Input	Notes	Call	Sponsor
Salt Lake	147.6000	147.6000		SIMPLEX	
Statewide	145.4100	−	Ot	SHARED	
Statewide	145.7100	145.7100		SIMPLEX	

CENTRAL

Location	Output	Input	Notes	Call	Sponsor
East of Holden	147.1000	+	O 100a (CA)x	N7GGN	-----------
Ephriam	146.6600	−	O 100a L(146.86)xz	W7DHH	-----------
Manti	145.2900	−	O 131.8a L(146.66)xz	WB7REL	-----------
Manti	146.7200	−	O 131.8a L(146.66)z	WB7REL	-----------
Marysvale	147.2000	+	Ox	K1ENT	-----------
Monroe	146.6400	−	O 100a L(146.72)xz	W7JVN	-----------
Richfield	146.8600	−	O 100a L(146.66)z	KD7YE	WB7REL
Salina	146.8600	−	O 100a L(146.66)z	KD7YE	WB7REL

NORTH

Location	Output	Input	Notes	Call	Sponsor
Bear Lake	147.0200	+	O 100e L(147.18)x	K7OGM	K7JL
Bear Lake	147.1200	+	O 100	K7OGM	K7JL
Clarkston	147.2200	+	O 103.5e L(146.72)	AC7O	BARC
Fielding-Riverside	147.2200	+	O 123.0x	AB7TS	GSARC
Logan	145.4100	−	O 103.5	AC7O	BARC
Logan	146.6400	−	OA(*/#)	WA7MXZ	BARC
Logan	146.7200	+	O 103.5a (CA) L(147.26/145.31/449.625)xz	AC7O	BARC/VHFS
Logan	147.2400	+	O 79.7 L(449.325)	N7RRZ	-----------
Logan	147.3200	+	O 88.5	KA7FAP	-----------

314   144-148 MHz
UTAH

Location	Output	Input	Notes	Call	Sponsor
Malad	146.4300	146.4300	O e L(146.85/147.180)x	WA7FDR	
Montpelier	147.1200	+	O 123	AG7BL	K7OGM
Montpelier	147.3800	+	O 100.0 E-SUN RBx	AC7TJ	
Red Spur	145.3100	–	O 103.5a (CA) L(146.72/147.26/449.625)x	WA7KMF	BARC
Tremonton	145.4300	–	O 123ae L(145.29/448.300)	KK7DO	GSARC

NORTH EAST

Location	Output	Input	Notes	Call	Sponsor
Altamont	146.7000	–	O a	WB7CBS	
Altamont	146.7400	–	O 100a	WB7CBS	
Coalville	147.2400	+	O 136.5a L(147.140/147.160)x	K7HEN	
Duchesne	147.2600	+	O	N7PQD	BARC
Myton	145.4900	–	O 136.5a L(147.32)	W7BAR	W7BYU
Roosevelt	146.9200	–	O 136.5e	W7BYU	
Vernal	147.0400	+	O 136.5e L(147.32)x	W7BAR	BARC
Vernal	147.1000	+	O 136.5ae x	W7BAR	BARC
Vernal	147.3400	+	O 136.5x	KK7EX	

PRICE

Location	Output	Input	Notes	Call	Sponsor
Carbon County	145.4100	–	O e	KA7LEG	
Castledale	147.0600	+	O 88.5a (CA) L(147.32) RBx	K7SDC	SDARC
Castledale	147.1400	+	O 88.5a (CA) L(147.32) RBx	K7SDC	SDARC
Price	145.4300	–	O 88.5a	KA7LEG	
Price	145.4700	–	O 88.5a	AA7AM	
Price	147.2200	+	O 88.5	W7CEU	
Scofield	145.3100	–	O 88.5a (CA) L(147.32) RBx	K7SDC	SDARC
Scofield	147.0800	+	O 88.5a (CA) L(147.32) RBx	K7SDC	SDARC
Sunnyside	147.3200	+	O 88.5a (CA)lRBx	K7SDC	SDARC

SOUTH

Location	Output	Input	Notes	Call	Sponsor
Bryce Canyon	145.3500	–	O 123.0 E-SUNx	W6DGL	
Kanab	146.7200	–	O 100a L(146.94)	W7NRC	
Kanab	146.8800	–	O 103.5	W7NRC	
Kanab	147.3600	+	O L(E216167)	WI7M	
Kanab / Jacob Lake	147.3000	+	O 100.0e L(146.800)x	W7NRC	
Page AZ	146.9600	–	O 100 L(146.8)x	W7WAC	

UTAH

Location	Output	Input	Notes	Call	Sponsor
SOUTH EAST					
Hanksville	147.0800	+	O 136.5a (CA) L(147.32) RBx	K7SDC	SDARC
Mexican Hat	145.4100	−	O 100.0 E-SUN	KD7HLL	------------
Moab	146.7600	−	O 88.5a (CA) L(147.32) RBx	K7QEQ	------------
Moab	146.9000	−	O 88.5a (CA) L(146.76) RB	K7QEQ	------------
Monticello	146.6100	−	O 88.5a (CA) L(147.32) RBx	K7SDC	SDARC
SOUTH WEST					
Beaver	146.8400	−	O	K1ENT	------------
Cedar City	145.4700	−	O	WV7H	------------
Cedar City	146.7600	−	Oa(CA)x	K7JH	------------
Cedar City	146.8000	−	OL(146.94)x	WV7H	------------
Cedar City	146.9800	−	O	N7KM	------------
Cedar City	147.0600	+	Oa(CA)	N7DZP	------------
Delta	147.3800	+	O	KB7WQD	------------
Hinckley	147.2600	+	O	N7WPF	------------
Milford	146.9400	−	O 100 L(147.18)x	WR7AAA	WA7GTU
Panguitch	147.1600	+	O 100x	N7NKK	ERC
St George	145.3700	−	Ox	N7ARR	------------
St George	145.4900	−	O 100 L(145.450/146.640) WX(*127 *128)x	W7DRC	DARC
St George	146.6400	−	O 100a	W7DRC	------------
St George	146.7000	−	O 100a (CA)	KA7STK	------------
St George	146.7400	−	O 100x	NR7K	------------
St George	146.8200	−	O 100 L(146.94)x	NR7K	DARC
St George	146.9100	−	O 100ex	NR7K	------------
St George	147.2600	+	OE-SUNx	K7SG	------------
Toquerville	145.4500	−	O 100e L(146.49/146.640)x	KD7HUS	------------
WASATCH FRONT					
Antelope Is	147.0400	+	O 123a (CA)exz	K7DAV	DCARC/VHFS
Bacchus	145.3500	−	O 100 L(HF)	NM7P	UVHFS
Bountiful	147.3000	+	O 123	W7CWK	------------
Brigham City	145.2900	−	O 123e L(145.43/448.300)	N7WFM	UBET
Brighton	145.2700	−	O 100e L(147.180)x	K7JL	------------
Brighton	146.6200	−	O L(146.62(FARNSWORTH))x	W7SP	UARC

144-148 MHz
UTAH

Location	Output	Input	Notes	Call	Sponsor
BYU Campus	145.3300	–	O 100a (CA)	N7BYU	KI7TD
Coalville	147.3600	+	O 100x	WA7GIE	------------
Coalville	147.3800	+	Ox	WB7TSQ	------------
Huntsville	145.2100	–	O	W7DBA	------------
Huntsville	146.6800	–	O 123a L(145.49)x	N7JSQ	ARI
Layton	146.9600	–	O 100x	K7MLA	ERC
Levan Peak	145.2700	–	O 103.5e L(147.120)x	K7JL	------------
Magna	145.3700	–	Ox	K7MLA	ERC
Mapleton	146.8000	–	O 100.0 E-SUN L(448.250)	N6EZO	------------
Midway	147.2000	+	O 88.5 L(449.525)	N7ZOI	------------
Mirror Lake	147.3800	+	O 100x	WA7GIE	------------
Morgan	147.0600	+	O	KB7ZCL	------------
Ogden	145.1125	–	Osz	KE7EGG	------------
Ogden	145.2500	–	Oa	KE7FO	------------
Ogden	145.4100	–	O 123	WB7TSQ	SNP
Ogden	145.4900	–	O 123a L(146.68)x	K7HEN	ARI
Ogden	146.8200	–	O 123x	W7SU	OARC/VHFS
Ogden	146.9000	–	O 123a	W7SU	OARC/VHFS
Ogden	145.9200	–	O 123 L(449.775)	N7TOP	------------
Ogden	147.3800	+	Ox	WB7TSQ	------------
Orem	145.4700	–	O 100a	N7BSA	ExPst1973
Orem	146.7800	–	Oax	N7PKI	------------
Park City	145.2300	–	O 100e L(447.5)	NZ6Z	------------
Payson	147.0200	+	Oax	K7MLA	ERC
Payson	147.3400	+	O 100ex	K7UCS	UTCOARES
Powder Mtn	145.4700	–	O 123x	KC7SUM	------------
Promontory	145.4100	–	O 123 E-SUN L(146.92)z	N7TOP	SNP
Promontory	147.2600	+	O 103.5a (CA) L(146.72/147.26/449.625)x	AC7O	BARC
Provo	145.2300	–	O 131.8es	K7UCS	UTCOARES
Provo	145.6300	145.6300	O L(SHUTTLE AUDIO)	NV7V	------------
Provo	146.7600	–	Oa(CA)ex	W7SP	UARC
Provo	147.2800	+	O 141.3e L(449.675 8.325)x	K7UCS	UTCOARES
Provo Edgemont	147.2200	+	Oa L(145.25)	WA7YZR	KR7D
Salt Lake	145.1250	–	Ol	KF6RAL	------------
Salt Lake	145.1900	–	O 123	W7IHC	------------
Salt Lake	145.2100	–	Oae	AA7JR	UVHFS

144-148 MHz
UTAH-VERMONT

Location	Output	Input	Notes	Call	Sponsor
Salt Lake	145.4500	−	O 100ex	WA7UAH	ERC
Salt Lake	146.6200	−	Oe	W7SP	UARC
			L(146.62 (SCOTTS))x		
Salt Lake	146.7000	−	O 100e	KD0J	SLCOARES
Salt Lake	146.8400	−	Os	N7PCE	SLCOARES
Salt Lake	146.8800	−	O 88.5s	KD0J	UVHFS
Salt Lake	146.9400	−	O 88.5ex	K7JL	UVHFS
Salt Lake	147.0600	+	O	K7CEM	UVHFS
Salt Lake	147.0800	+	O 77	WX7Y	SDARC
			L(147.32)x		
Salt Lake	147.1200	+	O 100e	K7JL	-------------
			L(147.18)x		
Salt Lake	147.1400	+	O 127.3e	K7MLA	-------------
			L(147.160/147.240)x		
Salt Lake	147.1600	+	O 127.3a	K7MLA	-------------
			L(147.140/147.240)		
Salt Lake City	146.7400	−	O 114.8	KD7NX	MARA
Sandy	145.4100	−	O 162.2	KE7GHK	SNP
Snowbird	147.1800	+	O 100e	K7JL	-------------
			L(147.12)x		
Statewide	145.4100	−	O 100e	W7DES	SNP
Sundance	145.2500	−	OL(147.22)	KR7D	-------------
WEST					
Delle	145.3500	−	O	K7HK	-------------
Tooele	146.9800	−	Oa	W7EO	TCARES
			L(145.39)		
Tooele	147.3000	+	O 100	W7EO	-------------
Vernon	145.3900	−	O 100.0a	W7EO	TCARES
			L(146.98)		
Wendover	147.2000	+	O 100	W7EO	TCARES
			L(146.98)x		
VERMONT					
BURLINGTON					
Bolton	145.1500	−	O 100.elx	WB1GQR	RANV
Burlington	146.6100	−	O 100.0e	W1KOO	BrlngtnARC
Essex Jct	146.7900	−	O 103.5	W1HIO	W1HIO
Essex Jct	146.8500	−	O 100.0	W1CTE	Essex HS
Mt Mansfield	146.9400	−	O 100.0	W1CTE	BrlngtnARC
CENTRAL					
Fayston	145.4100	−	O 100.0	K1VIT	VT Intercnt
Killington	146.8800	−	O 110.9ex	W1ABI	NFMRA
EAST CENTRAL					
Barre	147.3900	+	O 100.0	N1IOE	N1IOE
Cabot	146.8200	−	O 100.0	W1BD	CentVtARC
Corinth	147.2100	+	O 100.0l	KB1FDA	KB1FDA
Tunbridge	146.9700	−	O	K1MOQ	K1MOQ
Williamstown	146.6250	−	O 100.0e	W1BD	CentVtARC

144-148 MHz
VERMONT–VIRGINIA

Location	Output	Input	Notes	Call	Sponsor
NORTHEAST					
Glover	147.3750	+	O	KB1BRN	BARF
Jay Peak	146.7450	−	O 100.0	K1JAY	StAlbansRC
NORTHWEST					
St Albans	145.2300	−	O 100.0	N1STA	StAlbansRC
SOUTHEAST					
Marlboro	147.0150	+	O 100.0e	N1HWI	N1HWI
Mt Ascutney	146.7600	−	O 110.9e	W1UWS	CtVlyFMA
Newfane	147.0900	+	O 110.9l	WA1KFX	NFMRA
SOUTHWEST					
Mt Equinox	145.3900	−	O 100.0ex	WA1ZMS	WA1ZMS
Shaftsbury	146.8350	−	O	K1SV	SOVARC
WEST CENTRAL					
Middlebury	147.3600	+	O 100.0	WA1NRA	Add Co ARA
Rutland	147.0450	−	O 100.0e	W1GMW	GreenMtWS
VIRGIN ISLANDS					
USVI					
St Croix	147.2500	+	Oa(CA)e	NP2B	-----------
St John	146.6300	−	O 100	KP2SJ	St. John ARC
St John	146.9100	−	Oe	NP2OW	St John ARC (KP2SJ)
St Thomas	146.8100	−	Oa(CA)el	KP2O	-----------
St Thomas	146.9700	−	O	KP2T	-----------
St Thomas	147.1100	+	O 100	KP2US	-----------
VIRGINIA					
Abingdon	147.3450	+	O 103.5ael	NM4L	MEARS (MOU
Accomac	147.2550	+	O 156.7ez	K4BW	ESHARC
Altavista	146.6550	−	O 100.0e	WA4ISI	WA4ISI
Amelia	145.1900	−	O	WB3R	-----------
Amelia Courtho	145.2500	−	O(CA)	KB4YKV	KB4YKV
Amherst	145.4900	−	136.5 (CA)l	K4CQ	LYNCHBURG
Axton	146.6250	−	O 107.2e	K4TFC	K4TFC
Bald Knob	146.9100	−	77.0	KD4BNQ	KD4BNQ
Bassett	145.1700	−	107.2	KF4RMT	KF4RMT
Bedford	145.2300	−	O	N4CH	N4CH
Bedford	146.6850	−	O 100.0e	WA1ZMS	MTN TOP AS
Bedford	147.1050	+	Oe	WB4JBJ	WB4JBJ
Blacksburg	146.7150	−	O	W9KIC	BRUSH MTN
Bland	145.3500	−	O 103.5 (CA) RB	N4AZJ	T.E. MALLO
Bluefield	145.2500	−	O 100.0	KD8XK	ARA-SOUTH
Bluefield	145.4900	−	(CA)	W8MOP	W8MOP
Bluefield	146.9550	−	O 100.0 (CA)l	WZ8E	ARA-SOUTH
Boydton	147.2400	+	O	KD4ZTK	KD4JMH
Bristol	147.0750	−	77.0	KK4MW	KK4MW
Buckingham	146.7900	−	110.9 E-SUNrsWX	WW4GW	WW4GW

144-148 MHz   VIRGINIA

Location	Output	Input	Notes	Call	Sponsor
Cedar Bluff	146.8050	+	O 103.5	KD4TC	TCARC
Charlottesvill	145.4500	−	151.4ers	K4DND	K4DND
Charlottesville	146.7600	−	O 151.4	WA4TFZ	AARC
Charlottesville	146.8950	−	O 151.4e	WA4TFZ	WA4TFZ/ALB
Charlottesville	146.9250	−	O 151.4e	WA4TFZ	ALBEMARLE
Chesapeake	145.2500	−	100.0e	W4FOS	K4AMG
Chesapeake	146.6100	−	Oaez	W4CAR	WA4YSE/CAR
Chesapeake	146.7900	−	Oe	N4SD	HAMPTON RD
Chesapeake	146.8200	−	162.2	W4CAR	W4CAR
Chesterfield	145.3100	−	O 127.3el	KD4KWP	KD4KWP
Chesterfield	147.3600	+	O(CA)er WX	KA4CBB	KA4CBB
Clinchco	147.1500	+	O 88.5e	KB4RFN	KB4AKS
Clinchco	147.2550	+	O	WD4CYZ	WD4CYZ
Coeburn	145.4300	−	O 103.5ae RBz	AD4OV	AD4OV
Colonial Heights	145.3900	−	O 74.4	KE4EUE	----------
Covington	146.8050	−	O	WA4HTI	VHF COMM A
Danvile	146.7000	−	O 107.2 (CA)eRBz	K4AU	K4AU
Dublin	146.6700	−	O(CA)e	W4CBM	W4CBM
Dublin	147.1800	+	103.5ers	N4NRV	NEW RIVER
Eastville	147.3450	+	O 156.7	KN4GE	ESHARC
Elk Creek	147.2400	+	O 107.2el	N4MGQ	N4MGQ
Enon	147.0600	+	O 107.2 (CA)e	WB4VWR	WA4ECM & W
Fancy Gap	146.9700	−	O 100.0	NC4BL	N4JNE
Fancy Gap	147.0450	+	103.5lWX	W4SNA	K4EZ
Farmville	145.3300	−	Oe	KE4ZBH	SARA
Farmville	146.9100	−	O	KE4ZBH	SARA
Farmville	146.9550	−	136.5	N4CFA	N4CFA
Fincastle	146.6400	−	O	W4WIC	T.E. CHAMB
Forest	146.7750	−	O 131.8p	AG4AN	AG4AN
Franklin	147.2700	+	131.8aers	WT4FP	FRANKLIN P
Franklin	147.3000	+	O 131.8ez	W4LG	FRANKLIN R
Galax	147.0900	+	Oae	W4BRC	BRIARPATCH
Gate City	146.8200	−	Otael	N4WWB	SCOTT CO A
Gloucester	145.3700	−	Ote	W4HZL	W4HZL
Grundy	146.8350	−	O	KK4EH	KK4EH
Grundy	147.3150	+	O	K4NRR	K4NRR
Gum Spring	147.2700	+	O 203.5	WB4IKL	WB4IKL
Hampton	145.1700	−	131.8e	WA4ZUA	WA4ZUA
Hampton	145.4900	−	100.0e	KE4UP	KE4UP
Hampton	146.6700	−	O 173.8e WX	KG4NJA	NASA LANGL
Hampton	146.7300	−	Oe	W4QR	SPARK
Hampton	146.9250	−	e	K4TM	LI4JNI
Hampton	147.2250	+	O 136.5a	KA4VXR	KA4VXR
Hansonville	145.3700	−	103.5e	WR4RC	WR4RC

320 144-148 MHz
VIRGINIA

Location	Output	Input	Notes	Call	Sponsor
Heathesville	147.3300	+	100	KI4ORV	KA4ZIP
Hillsville	147.2100	+	103.5elrs RB WX	K4EZ	K4EZ
Jarratt	146.6250	−	O 100.0e	N4LLE	K4SVA
Keokee	145.4900	−	131.8rs	KG4OXG	KE4PVL
Kilmarnock	146.8350	−	O 173.8ael	W4GFS	KI4ORV
Lexington	147.3000	+	Oae	KI4ZR	ROCKBRIDGE
Lexington	147.3300	+	O	KI4ZR	ROCKBRIDGE
Lynchburg	145.2900	−	103.5	N4TZE	-----------
Lynchburg	145.3700	−	O 186.2 (CA)e	KC4RBA	KC4RBA
Lynchburg	146.6100	−	O 136.5	NN4RB	LARC, INC.
Lynchburg	147.0150	−	O 131.8 (CA)	AB4FU	AB4M
Lynchburg	147.1650	+	O 141.3ae	KE4VNN	-----------
Lynchburg	147.1950	+	O 136.5e	WA4RTS	LYNCHBURG
Marion	146.6400	−	O 103.5a	N4QLF	SMYTH CO A
Martinsville	147.1200	+	107.2 WX	WG8S	KC4SUE
Martinsville	147.1500	+	107.2e	KB4ZGO	KB4ZGO
Martinsville	147.2850	+	O 107.2	K4MVA	PATRICK HE
Mechanicsville	146.8050	−	O	W4TTL	W4TTL
Mecklenburg	147.0000	+	77.0elsRB WX	KB2AHZ	KB2AHZ
Mineral	146.7300	−	100	K4SU	K4SU
Monterey	147.1800	+	O 100.0e	WD4ITN	WD4ITN
Mtain Lake	146.8650	+	O 110.9 (CA)l	WZ8E	ARA-SOUTH
New Kent	145.4100	−	O 127.3ae z	NK4AR	K2QIJ
Newport News	145.2300	−	O 100.0 (CA)	W4MT	PARC
Newport News	147.0750	+	● 100.0ae	AD4ZK	AD4ZK
Newport News	147.1650	+	O(CA)lRB	W4CM	NEWPORT NE
Norfolk	145.3300	−	O 131.8 (CA)eRBz	W4VB	K4DA
Norfolk	147.3750	+	131.8	W4VB	W4VB
Norton	146.8650	−	O 103.5aer sWX	KG4VFO	KG4VFO
Norton	147.0150	−	O 88.5 (CA) e	WD4GSM	K4AXO
Palmyra	145.1700	−	151.4es	W4FCO	W3DRY
Pearisburg	147.1350	+	O 100.0e	N4AZJ	DISMAL PEA
Pearisburg	147.3750	+	100.0	W4NRV	W4NRV
Petersburg	146.9850	−	127.2	KE4SCS	KE4SCS
Petersburg	147.3900	−	74.4 (CA)el rWX	K4SRM	WC4VAA
Portsmouth	145.4400	−	esWX	KI4KWR	KI4KWR
Portsmouth	146.7000	−	O 100.0es	AA4AT	K4SM
Portsmouth	146.8500	−	Oe	W4POX	PORTSMOUTH

VIRGINIA

Location	Output	Input	Notes	Call	Sponsor
Powhatan	147.2100	+	97.4	KC4NSE	------------
Pungoteague	145.1100	−	156.7e	N4TIK	N4TIK
Radford	145.1500	−	O	N3ZE	KA4IXK
Richmond	145.1100	−	Oa	WA4MAS	CENT. VIRG
Richmond	145.4300	−	O 74.4 (CA) wx	W4SQT	METROPOLIT
Richmond	146.6400	−	O(CA)	WB4QEY	------------
Richmond	146.8800	−	O 74.4 (CA) elswx	W4RAT	W4RAT
Richmond	146.9400	−	O 74.4e	N4VEM	VDEM/ARCA
Richmond	147.0300	−	O	WA4JST	COMMONWEAL
Richmond	147.1350	+	O 107.2	KC4VDZ	WB4YMA/KC4
Richmond	147.1800	+	74.4 (CA)el rWX	W4VCU	WC4VAA
Richmond	147.2550	+	O	W4FJ	K4YEF
Roanoke	145.2100	−	O 107.2	N2EDE	N2EDE
Roanoke	145.3900	−	O 107.2l	K4ARO	K4ARO
Roanoke	146.7450	−	O 107.2 (CA)eRBz	K4ROA	SW VA.WIRE
Roanoke	146.9850	−	O 107.2ez	W4CA	ROANOKE VA
Roanoke	147.2700	+	Oe	KB4QWO	ARA-SOUTH
Rustburg	145.2900	−	Ot(CA)	N4UTN	N4UTN
Rustburg	146.8350	−	O 173.8 (CA)e	N4UTN	N4UTN
Saluda	145.4500	−	Oaez	AA4HQ	AA4HQ,KB4J
Smithfield	147.1950	+	O 100.0ae RBz	WT4RA	WTRA
South Boston	145.3500	−	100.0els WX	W4HCH	W4HCH
South Boston	147.0600	−	O(CA)l	KF4AGO	PIEDMONT A
South Hill	145.4700	−	O	N4ZCM	N4ZCM
South Hill	147.2400	+	74.4 (CA)el rWX	W4CMH	WC4VAA
Spotsylvania	146.7750	−	79.9	K4SPT	SPOTSYLVAN
Staunton	146.7000	−	O 131.8	KD4WWF	TEL PIO OF
Staunton	146.8500	−	O 131.8 RB	WA4ZBP	TELE.PIONE
Staunton	146.9700	−	Oz	W4WRN	------------
Staunton	147.0450	+	O 131.8	KE4CKJ	EKRA
Stuarts Draft	147.3600	+	O(CA)z	KB4OLM	KB4OLM
Suffolk	147.0000	−	O 100.0	W4LG	W4LG
Vesta	145.1100	−	100.0elrs	N4FU	NJ1K
Virginia Beach	145.3500	−		W4BBR	W4RVN
Virginia Beach	146.8950	−	O	W4KXV	VBEARS
Virginia Beach	146.9700	−	Oz	W4KXV	VBEARS
Virginia Beach	147.0450	+	rs	WA4TCJ	WA4TCJ
Walkerton	146.7150	−	O	W4TTL	W4TTL & HA
Waynesboro	147.0750	+	Oez	W4PNT	WAYNSBRO R
Williamsburg	146.7600	−	Oaez	KB4ZIN	KC4CMR
Williamsburg	147.1050	+	O	KB4ZIN	KC4CMR

322 144-148 MHz
VIRGINIA

Location	Output	Input	Notes	Call	Sponsor
Wise	145.2100	–	103.5	KF4VDF	KF4VDF
Wytheville	146.7750	–	O 103.5alz	K4EZ	W4VSP
Wytheville	146.8950	–	O 103.5el RB	K4EZ	W4VSP

ALL OF TMARC AREA

SNP	145.1700		O		------------

CULPEPER

Culpeper	147.1200	+	O 146.2	W4CUL	ClpprARA

DAHLGREN

King George	146.7450	–	O 107.2er	W4KGC	NNARC

FREDERICKSBURG

Fredericksburg	147.0150	+	Oe	K4TS	RVARC
Quantico	147.3450	+	O 167.9	K3FBI	FBI ARA
Stafford	147.3750	+	O 79.7aer	WW4VA	SARA
Stafford County	145.2700	–	O 79.7 (CA) eWX	WW4VA	SARA

FRONT ROYAL

Front Royal	145.2100	–	O 141.3 A(*911)	K4QJZ	K4QJZ

HARRISONBURG

Harrisonburg	145.1300	–	O 88.5	N4YET	+WX4C
Harrisonburg	147.3150	+	O	N4YET	N4YET
Penn Laird	147.2250	+	O 131.8	K4KLH	K4KLH

LURAY

Luray	147.0300	+	O 131.8	KE4JSV	KE4JSV
Mt Jackson	146.7150	–	O 146.2e	KB6VAA	ShenCo ARES
New Market	146.6250	–	O 131.8e WX	WA4NIC	Big Mtn RA

SPOTSYLVANIA

Spotsylvania	146.7750	–	O 79.7 (CA) el	K4MQF	K4MQF

WARRENTON

Warrenton	147.1650	+	O 167.9	W4VA	Fauquier ARA

WASHINGTON AREA

Alexandria	146.6550	–	O 141.3 (CA)eZ(911)	K4US	MVARC
Alexandria	147.3150	+	O 107.2l	W4HFH	Alex RC
Alexandria	147.3150	449.6000	O 107.2l	W4HFH	Alex RC
Arlington	145.1500	–	O	WB4MJF	WB4MJF
Arlington	145.4700	–	O 107.2	W4WVP	Arlington ARC
Arlington	146.6250	–	O 107.2er	W4AVA	ARPSC
Dulles	147.3300	+	O 203.5e	K4IAD	E-STAR
Dulles Airport	145.3100	–	O 77.0 (CA) e	W4DLS	DARG
Fairfax	146.7900	–	Oae	NV4FM	NVFMA
Fairfax	146.7900	222.5000	O(CA)elz	NV4FM	NVFMA
Haymarket	145.1300	–	O 107.2	N3KL	N3KL
Loudoun	146.7000	–	O 77.0ae WX	WA4TXE	WA4TXE

VIRGINIA-WASHINGTON

Location	Output	Input	Notes	Call	Sponsor
Manassas	146.9700	–	O 100.0e	W4OVH	OVHARC
Tysons Corner	146.9100	–	Oa(CA)el LITZz	NV4FM	NVFMA
Vienna	146.6850	–	Oe	K4HTA	VWS
Vienna	147.2100	+	Oae	W4CIA	AMRAD
Woodbridge	147.2400	+	O 107.2 (CA)e	W4IY	WWI

WEST
Location	Output	Input	Notes	Call	Sponsor
Page Co	146.6700	–	O 114.8 (CA)	N4PJI	KE4ZLH

WINCHESTER
Location	Output	Input	Notes	Call	Sponsor
Berryville	145.3900	–	O 146.2	K4USS	K4USS
Bluemont	147.3000	+	O 146.2ar	WA4TSC	WA4TSC
Winchester	146.8200	–	O 146.2 (CA)	W4RKC	SVARC

WASHINGTON

FREQUENCY USAGE - WESTERN WA

CROSSBAND	146.6000	146.6000
EXPERIMENTAL	145.5000	145.8000
RPTR INPUTS	144.5100	144.8900
RPTR INPUTS	146.0200	146.4000
RPTR INPUTS	147.6200	147.9800
RPTR OUTPUTS	145.1100	145.4900
RPTR OUTPUTS	146.6200	147.3800
SATELLITE	145.8000	146.0000
SHARED	145.1300	145.1300
SHARED	145.2900	145.2900
SIMPLEX	146.4200	146.5800
SIMPLEX	146.5200	146.5200
SIMPLEX	147.4000	147.5800

FREQUENCY USAGE--IACC AREAS
Snp	145.1300
Snp	145.2900

COLUMBIA RIVER GORGE
Location	Output	Input	Notes	Call	Sponsor
White Salmon	147.0000	+	O 100.0e	KB7DRX	KB7DRX

E WA - ALMIRA
Location	Output	Input	Notes	Call	Sponsor
Almira	147.0000	+	100.0l	N7YPT	LCRG

E WA - CENTRAL
Location	Output	Input	Notes	Call	Sponsor
Saddle Mtn	145.3500	–	100.0a	N7MHE	N7MHE

E WA - CHELAN
Location	Output	Input	Notes	Call	Sponsor
Manson	146.8200	–	103.5/103.5	K7YR	LCRC
McNeal Canyon	147.1000	+	O	K7SMX	LCRC

E WA - CLARKSTON
Location	Output	Input	Notes	Call	Sponsor
Clarkston	145.3500	–	O 114.8e	N7SAU	N7SAU
Potter Hill	145.3900	–	O(CA)r	KA7FAJ	KA7FAJ

E WA - CLE ELUM
Location	Output	Input	Notes	Call	Sponsor
Cle Elum	147.1600	+	O 131.8ae z	WR7UKC	UKCARC

324   144-148 MHz
WASHINGTON

Location	Output	Input	Notes	Call	Sponsor
Sky Meadows	147.3600	+	O 131.8el	WR7KCR	KCRA
E WA - COLFAX					
Kamiak Butte	146.7400	–	Oelx	W7HFI	W7OE
E WA - COLVILLE					
Monumental Mtn	146.6200	–	O 77.0elrx	K7JAR	PARC
E WA - COULEE DAM					
Coulee Dam	146.8600	–	O 100.0	KE7NRA	CDRC
E WA - DAVENPORT					
Teel Hill	147.0400	+	Ol	N7YPT	LCRP
E WA - ELLENSBURG					
Ellensburg	145.2100	–	151.4e	W7HMT	W7HMT
Ellensburg	146.7200	–	O 131.8z	WR7KCR	KCRA
E WA - EPHRATA					
Beezly Hill	145.3100	–	O 100.0 (CA)z	W7TT	W7TT
E WA - GOLDENDALE					
Emer Only	145.3300	–	● 173.8p	KC7SR	KC7SR
Juniper Point	146.8200	–	82.5el	KF7LN	KF7LN
Simcoe Mtn	146.9200	–	88.5	KC7UTD	KC7UTD
E WA - GRANGER					
Cherry Hill	147.0400	+	O 123.0	KB7CSP	KB7CSP
E WA - MEDICAL LAKE					
Booth Hill	145.3700	–	O 141.3	KA7ENA	KA7ENA
E WA - MOLSON					
Ne Wa	145.1100	–	100.0	KK7EC	OCEM
E WA - MOSES LAKE					
Wheeler Rd	146.7000	–	100.0	N7MHE	N7MHE
E WA - NEWPORT					
Cooks Mtn	147.1200	+	O 100.0	WB7TBM	Pend ARC
E WA - NORTHEAST					
Chewelah Pk	145.4300	–	O 100.0e	WR7VHF	IEVHF
Stranger	145.2500	–	O	N7BFS	N7BFS
Stranger Mtn	147.3600	+	O(CA)lx	KL7QLH	W7OE
E WA - OKANOGAN					
Pitcher Mtn	146.7200	–	Oz	KK7EC	OCEC
E WA - OMAK					
Omak	147.2000	+	O 127.0lx	AK2O	SpoRptGr
E WA - OROVILLE					
Buckhorn Mtn	147.1400	+	O 103.5e	KD7ITP	KD7ITP
E WA - PLYMOUTH					
Sillusi Butte	145.4900	–	67.0	KC7RWC	UMESRO
Sillusi Butte	147.0200	+	O 103.5	KC7KUG	HARC
E WA - PULLMAN					
Pullman	145.4700	–	O	WA7WNJ	WA7WNJ
E WA - REPUBLIC					
Republic	145.1900	–	O(CA)lrz	N7XAY	FCARES
E WA - RICHLAND					
Rattlesnake	146.7600	–	100.0e	W7VPA	TCARC

"The Northwest's Largest Ham Convention"

SEA☉PAC '12   SEA☉PAC '13

June 1, 2 & 3, 2012   May 31, June 1 & 2, 2013

NORTHWESTERN DIVISION HAM CONVENTION
Seaside Convention Center – Seaside, Oregon

Commercial Exhibits ● Giant Flea Market ● Banquet/Entertainment
Seminars ● Prizes ● VE Testing ● Special Event Station - W7OTV
Much More - Right on the Beautiful Pacific Northwest Ocean Beach

Registration Information
Will Sheffield, N7THL 503.642.7314
email: n7thl@arrl.net

SEA-PAC
Post Office Box 25466
Portland OR 97298-0466

Exhibitor Information
Al Berg, W7SIC 503.816.7098
email: w7sic@arrl.net

SEA-PAC on the Web: www.seapac.org

144-148 MHz
WASHINGTON

Location	Output	Input	Notes	Call	Sponsor
E WA - RITZVILLE					
Ritzville	146.7200	−	O a	WD7C	WD7C
E WA - RIVERSIDE					
Tunk Mtn	145.4500	−	O 100.0ex	W7GSN	OMRA
E WA - SPOKANE					
Browns Mtn	147.3000	+	O 100.0erx	WC7AAT	SPO CO DES
Farm Bank	147.3400	+	123.0e	WR7VHF	IEVHF
Krell	145.3900	−	O 127.3el	W7UPS	W7UPS
Krell	146.8800	−	O 123.0ae	WR7VHF	IEVHF
Lookout Point	147.0600	+	77.0l	N7BFS	N7BFS
Mica Peak	145.1100	−	O 118.8l	WA7UOJ	WA7UOJ
Mica Peak	145.1500	−	118.8l	WA7RVV	WA7RVV
Mica Peak	147.2400	+	Oelx	WA7HWD	NW Tri. St.
Mica Peak	147.3800	+	O 131.8el	W7OE	W7OE
Spokane	145.1700	−	114.8	K7MMA	K7MMA
Spokane	145.2100	−	100.0 (CA)e	W7TRF	SpoHRC
Spokane	146.6600	−	100.0	N7FM	N7FM
Spokane	147.1600	+	● 136.5	KA7BPO	KA7BPO
Spokane	147.3200	−	O	AK2O	SpoRptGr
Spokane Vly	145.3300	−	100.0	N7FM	WA6HSL
Spokane Vly	147.1400	+	O 127.3e	AD7DD	AD7DD
Spokane [1]	147.2000	+	O 141.3el	AK2O	SpoRptGr
Spokane [2]	147.2000	+	● 141.3	AK2O	SpoRptGr
E WA - SPRAGUE					
Sprague	145.1900	−	100.0	N7YPT	LCRG
E WA - TONASKET					
Aeneas Vly	145.3300	−	O 100.0	KK7EC	OCEM
E WA - TRI-CITIES					
Badger	147.3400	+	123.0	WA7EAQ	WA7EAQ
Horse Heaven Hills	145.3900	−	103.5l	W7UPS	W7UPS
Joe Butte	145.4100	−	O 100.0	N7LZM	N7LZM
Johnson Butte	146.6400	−	O 100.0e	W7AZ	TCARC
Jump Off Joe	147.0800	+	● 94.8e	KC7WFD	KC7WFD
Kennewick Water Tank	147.2200	+	O ae	N7LZM	N7LZM
E WA - TROUT LAKE					
King Mtn	147.0800	+	O 123.0	WA7SAR	YCS&R
E WA - TWISP					
McClure Mtn	147.2200	+	100.0l	KB7SVP	KB7SVP
E WA - WALLA WALLA					
Pikes Peak	147.2800	+	Oelx	KD7DDQ	KD7DDQ
Walla Walla	147.1400	+	94.8e	KH6IHB	KH6IHB
E WA - WENATCHEE					
Birch Mtn	146.6800	−	156.7 (CA)rz	W7TD	ACARC
E Wenatchee	146.7800	−	156.7	N7RHT	N7RHT
Mission Ridge	146.9000	−	O 173.8ex	WR7ADX	MRRA
Naneum	147.2600	+	O 156.7elx	KB7TYR	KB7TYR

WASHINGTON

Location	Output	Input	Notes	Call	Sponsor
Wenatchee	147.2000	+	●tl	AK2O	SpoRptGr
E WA - WHITE SWAN					
Fort Simcoe	146.7200	−	123.0e	KA7IJU	KA7IJU
E WA - YAKIMA					
Ahtanum Ridge	146.9400	−	173.8	W7CCY	W7CCY
Bethel Ridge	145.1700	−	123.0	WA7SAR	YakSO
Bethel Ridge	147.3000	+	O 123.0erx	W7AQ	YakARC
Darland Mtn	146.8600	−	123.0e	WA7SAR	YCS&R
Eagle Pk	145.4700	−	103.5	WA7AAX	WA7AAX
Moxee	146.8400	−	123.0 (CA)lrz	W7AQ	YakARC
Moxee	147.1200	+	94.8	KC7WFD	KC7WFD
Moxee	147.2000	+	O 141.3	AK2O	SpoRptGr
Quartz Mtn	145.2700	−	123.0 E-SUN	WA7SAR	YakSO
Selah	147.2400	+	192.8	KC7VQR	KC7VQR
Yakima	147.0600	+	O 123.0	KB7HDX	BCARES
Yakima Ridge	146.6600	−	123.0 (CA)erz	W7AQ	YakARC
NW OREGON & SW WASHINGTON					
Vancouver WA	145.3700	−	O 123.0el	AB7F	AB7F
SEATTLE/TACOMA					
Auburn	147.2400	+	O 123	K7SYE	Auburn Val
Baldi Mtn	146.9800	−	O 107.2e	K7MMI	COUGAR MT
Belfair	145.1700	−	O 103.5 (CA)e	NM7E	-------------
Bellevue	147.0000	−	O 103.5	W7DX	W.W. DX CL
Enumclaw	147.3000	+	O 88.0e	WB7DOB	-------------
Everett	145.3900	−	O 123	W2ZT	SCARES
Everett	147.1800	−	O 103.5 (CA)e	WA7LAW	SNOHOMISH
Federal Way	146.7600	−	O 103.5ae	WA7FW	FEDERAL WA
Federal Way	147.0400	+	O 103.5e	WA7FW	FEDERAL WA
Gold Mtn	146.6200	−	O 103.5 (CA)e	WW7RA	W W RPTR A
Grass Mtn	145.3700	−	O 136.5e	W7AAO	Pierce Cnt
Green Mtn	146.8800	−	88.5e	WR7V	WR7V
Issaquah	147.0800	+	O 103.5e	W7WWI	SEATAC RPT
Kirkland	145.4900	−	O 103.5	K7LWH	Lake Washington
Lakewood	145.4100	−	O 118.8aelz	K7EK	KC7J
Langley	147.2200	+	O 127.3aez	W7AVM	ISLAND COU
Lynnwood	145.1300	−	O 136.5 TT e	W7UFI	SCARES
Lynnwood	146.7800	−	O 103.5	NU7Z	NU7Z
Lynnwood	146.8000	−	O 136.5 TT e	W7UFI	SCARES
Mercer Island	147.1600	+	O 146.2e	W7IAG	M.I. ARES

144-148 MHz
WASHINGTON

Location	Output	Input	Notes	Call	Sponsor
Olalla	145.3500	–	O 103.5e	W7ZLJ	W7ZLJ
Rattlesnake Mtn	145.1100	–	O 103.5el	KC7SAR	KC SAR Ass
Redmond	145.3100	–	O 103.5e	KC7IYE	KC7IYE
Seatac	146.6600	146.3600	O 103.5	WA7ST	WA7ST
Seattle	146.9000	–	O 103.5el	W7SRZ	WWMST
Seattle	146.9600	–	O 103.5	W7VHY	PSRG
Shelton	146.7200	–	O 103.5e	N7SK	MASON COUN
Silverdale	145.4300	–	O 179.9 (CA)ez	KD7WDG	KITSAP CNT
Skykomish	145.1100	–	O 123el	KC7SAR	KC SAR Ass
Tacoma	145.2100	–	O 141.3	W7DK	Radio Club
Tacoma	146.6400	–	O 103.5 (CA)elz	KB7CNN	KB7CNN
Tacoma	146.9400	–	O 103.5ez	K7HW	K7HW
Tacoma	147.0200	+	O 103.5 (CA)lz	W7TED	STARS-ARS
Tacoma	147.2800	+	O 103.5e	W7DK	R.C. of Ta
Tiger Mtn East	145.2300	–	O 127.3	W7FHZ	CH 1 Rptr
Tiger Mtn East	146.8200	–	O 103.5e	K7LED	MIKE AND K
Tiger Mtn East	147.1000	+	O 123.0	KC7RAS	KC7RAS
Tiger Mtn West	145.3300	144.7000	O 179.9el	K7NWS	Boeing/ be
Woodinville	147.3400	+	O 100 (CA) e	K6RFK	Alan Chand

W WA - NORTH

Location	Output	Input	Notes	Call	Sponsor
Camano Is	147.3600	+	O 123el	KC7MAP	CAMANO IS
Coupeville	146.8600	–	O 127.3l	W7AVM	Island Cnt
Granite Falls	146.9200	–	O 123	WA7VYA	SNOHOMISH DEM
Green Mtn	146.9200	–	O 103.5e	KD7VMK	KD7VMK
King Mtn	147.1600	+	O 103.5	K7SKW	MT. BAKER
Lookout Mtn	146.7400	–	O 127.3 (CA)elz	K7SKW	MT BAKER A
Lyman Hill	147.2000	+	O 118.8el	K7MMI	PSMRG
Lyman Mtn	145.1900	–	O 127.3ex	N7GDE	R.A.S.C.
Mt Constitution	146.7400	–	O 103.5e	K7SKW	MT BAKER A
Orcas Island	145.2500	–	O 131.8	N7JN	San JUAN C
Orcas Island	146.9000	–	O 131.8e	N7JN	SAN JUAN C
Sumas Mtn	145.2300	–	O 103.5el	W7BPD	Blaine P.D

W WA - NORTH COAST

Location	Output	Input	Notes	Call	Sponsor
Forks	145.3700	–	O 114.8ael	K7MMI	PSMRG
Mt Octopus	147.2800	+	O 123.0 (CA)el	K7PP	K7PP
Port Angeles	145.1300	–	O 100aez	WF7W	------------
Port Townsend	145.1500	–	O 114.8ae	W7JCR	JEFFERSON
Striped Peak	146.7600	–	O 100ael	W7FEL	Clallam Cn

W WA - SOUTH

Location	Output	Input	Notes	Call	Sponsor
Alder	145.4500	–	O 110.9ael	KB7CNN	KB7CNN
Ashford	145.2500	–	O	K7DNR	DNR ARC
Baw Faw Pk	147.0600	+	O 110.9e	N7PRJ	BAW FAW RP
Capitol Peak	145.4700	–	O 100ael	K7CPR	Capitol Pk

144-148 MHz
WASHINGTON–WEST VIRGINIA

Location	Output	Input	Notes	Call	Sponsor
Chehalis	145.4300	–	O 110.9	WA7UHD	Chehalis V
Chehalis	146.7400	–	O 110.9	K7KFM	K7KFM
Crawford Mtn	147.3800	+	O 103.5	W7DK	R.C. of Ta
Graham	147.1400	+	O 103.5l	K7EK	K7EK
Kelso	147.2000	+	O 91.5al	K7MMI	PSMRG
Lacey	146.8000	–	O 100ae	WC7I	WC7I
Longview	147.2600	+	O 114.8e	W7DG	Lower Colu
Mineral	146.6800	–	O 103.5e	K7HW	K7HW
Olympia	145.1500	–	O 103.5e	W7PSE	PSE ARG
Olympia	147.3600	+	O 103.5ael z	NT7H	OLYMPIA AR
South Mtn	145.2700	–	O 103.5	W7UVH	W7UVH
Tumwater	147.1200	+	O 173.8e	N7EHP	N7EHP
Woodland	147.3000	+	O 114.8e	W7DG	Lwr Clmbia
W WA - SOUTH COAST					
Aberdeen	147.1600	+	O 88.5e	W7ZA	GRAYS HARB
Cathlamet	147.0200	+	O 118.8el	NM7R	BEACHNET
Cosmopolis	145.3900	–	O 118.8e	W7EOC	ARES Dist.
Grayland	145.3100	–	O 118.8	NM7R	Beachnet
Ilwaco	146.8600	–	O 114.8	W7RDR	------------
KO Peak	147.2000	–	O 127.3ael	K7MMI	PSMRG
Meglar Mtn	145.4500	–	O 118.8 (CA)elz	W7BU	Sunset Empire A
Megler	147.1800	–	O 82.5	NM7R	PACIFIC CO
Neilton	146.9600	–	O 203.5l	WA7ARC	NDCRT
Raymond	147.2400	+	O 103.5 (CA)	KA7DNK	KA7DNK
Saddle Mtn	146.9000	–	O 88.5el	W7ZA	GRAYS HARB
South Bend	147.3400	+	O 82.5	NM7R	NM7R

WEST VIRGINIA

Location	Output	Input	Notes	Call	Sponsor
Amber Ridge	147.2100	+	O 107.2e RB	KB8NJH	KB8NJH
Ansted	146.7900	–	O 100.0ae	KC8QZQ	PLATEAU AR
Beckley	145.1700	–	O 100.0al	WV8B	ARA NORTH
Beckley	145.2300	–	O 100.0el	N8FWL	N8FWL 222
Beckley	145.3100	–	O 100.0al	WV8B	ARA NORTH
Beckley	145.3700	–	O 100.0ael	WV8BD	BLACK DIAM
Beckley	146.8500		88.5elWX	KC8AFH	KC8AFH
Beckley	147.0750		100.0 WX	KC8AFH	PLATEAU AR
Beckley	147.3600	+	O 123.0e	N8FWL	N8FWL 222
Birch River	145.2700	–	O 103.5l	N8FMD	N8FMD
Bluefield	147.0600	–	123	W8MOP	EAST RIVER
Bridgeport	147.1200	+	O 118.8	W8SLH	W0GLI I
Buckhannon	145.4100	–	123.0ae	W8LD	WV WESLEYA
Buckhannon	146.8500	–	103.5el	K8VE	K8VE
Buckhannon	146.9250	–	103.5	AA8CC	AA8CC
Buckhannon	147.0600	+	O 123.0	N8ZAR	N8ZAR

144-148 MHz
WEST VIRGINIA

Location	Output	Input	Notes	Call	Sponsor
Charleston	145.3500	–	O 91.5aer WX	W8GK	KANAWHA AR
Charleston	145.4300	–	O 107.2e RB	WB8YST	WB8YST
Charleston	146.8200	–	O 203.5l	WB8CQV	WB8CQV
Charleston	147.0000	–	O 91.5el	W8XF	W8XF
Clarksburg	146.6850	–	O 103.5el	N8FMD	N8FMD
Clarksburg	147.1650	+	91.5	WV8HC	CENTRAL WV
Clarksburg	147.2100	+	O 103.5	N8FMD	N8FMD
Cowen	146.8350	–	O 110.9el	KC8ECX	NICHOLAS A
Danville	146.6850	–	Ote	WB8NAM	BOONE ARC
Davis	147.1350	+	O 103.5l	KE8MR	KE8MR
Elkins	145.2100	–	O 162.2e	WV8ZH	WV8ZH
Elkins	147.7450	–	O 103.5lrs	K8VE	K8VE
Elkins	146.7750	–	O	KB8BWZ	DAVID W. S
Fairmont	145.3500	–	O 103.5a	W8SP	MARA (MOUN
Fenwick	146.9400	–	O	KD8AB	NICHOLAS A
Flat Top	146.6250	–	O 100.0a	WV8B	ARA NORTH
Flatwoods	146.6550	–	O 123.0e	N8ZPX	N8ZVK
Franklin	147.3450	+	Oe	W3RUA	W3RUA
Frost	145.1100	–	O 107.2e	N8RV	8RARC
Gassaway	146.6100	–	O 103.5	N8YOW	------------
Gassaway	147.2400	+	123	K8SLR	K8SLR
Glenville	145.1300	–	O 103.5	N8OYY	N8OYY
Glenville	145.2900	–	O 91.5ael RBz	WB8WV	N8OYY
Grafton	147.3750	+	O 103.5	W8SLH	W8SLH
Harmon	146.6400	–	103.5	N8JUR	WB8PJC
Hinton	147.2550	+	O 100.0ae	KC8CNL	BLUESTONE
Horsepen Mtn	147.1950	+	O 100.0 (CA)	NV8H	NV8H
Huntington	146.6400	–	1660	N8HZ	WPBY-TV RP
Huntington	147.7600	–	O 131.8	W8VA	TARA
Huntington	146.9850	–	O 131.8els WX	N8OLC	N8OLC
Iaeger	146.6550	–	O 100.0	N8SNW	N8SNW
Keyser	147.3900	+	O 123.0a (CA)er	N8RCG	N8RCG
Lenore	145.3900	–	O	AI4UK	------------
Leon	147.1800	+	O(CA)e	WD8OHX	WD8OHX
Lewisburg	146.7300	–	O 100.0 (CA)	WB8SPW	SOUTHERN W
Lewisburg	146.7600	–	162.2e	KD8BBO	KD8BBO
Lewisburg	147.3900	+	O 100.0	WV8D	WV8D
Logan	146.9700	–	O 100.0 (CA)l	KA8GMX	LOGAN CTY
Madison	147.1200	+	Ote	WB8NAM	BOONE ARC
Marlinton	147.0900	+	O 162.2l	N8PKP	N8PKP
Mcmechen	146.9100	–	O	N8BQ	TRIPLE STA

WEST VIRGINIA

Location	Output	Input	Notes	Call	Sponsor
Middlebourne	147.3600	+	O 110.9e	WV8TC	TYLER CO A
Morganton	147.0750	+	103.5	KD8BMI	KD8BMI
Morgantown	145.4300	−	O 103.5al	W8MWA	MWA
Morgantown	146.7600	−	O 103.5e	W8CUL	WVU ARC
Morgantown	147.0750	+	O 103.5z	KE8MR	KE8MR
Moundsville	146.7150	−	110.9	W8CAL	W8CAL
Mt Zion	145.4500	−	O 107.2e	N8LGY	CARC
Mullens	147.0300	+	ORB	KC8IT	------------
New Martinsville	146.9850	−	Oae	KF8LL	KF8LL
Oceana	147.2850	+	100	WV8B	WV8B
Parkersburg	146.9700	−	Oa	N8NBL	PARKERSBUR
Parkersburg	147.2550	+	O 131.8aer WXz	WC8EC	WCEC
Parkersburg	147.3900	+		WD8CYV	PARK
Parsons	145.3700	−	a	N8ER	N8ER
Pennsboro	147.3000	+	O 103.5e	WV8RAG	WV8RAG
Philippi	145.1500	−	O 107.2e	K8VE	K8VE
Princeton	146.9250	−	O 103.5elrs	WJ1N	------------
Ravenswood	146.6700	−	O 107.2 (CA)	WD8JNU	JACKSON CO
Red House	145.4100	−	123.0	WV8AR	WV AR, INC
Richwood	145.1900	−	Ote	WB8YJJ	WB8YJJ
Richwood	147.1500	+	O 100.0e	KB8YDG	------------
Rockport	145.4900	−	123.0 E-SUN	KB8GYM	KC8LTG
Rockport	147.1350	+	123.0	KC8TLG	KA8JPF
Salt Rock	145.1100	−	O 110.9e	K8SA	K8SA
Scott Depot	147.2700	−	O 123.0e RBz	WV8AR	WV AR, INC
Shirley	145.3100	−	Ote	KB8TJH	KB8TJH
Skyline	147.3600	+	O 127.3e	K7SOB	K7SOB
So Charleston	146.8800	−	O 203.5l	WB8CQV	WB8CQV
Spencer	147.1050	+	O 107.2	KA8AUW	------------
Spruce Knob	147.2850	+	Ol	N8HON	MOUNTAIN A
St Marys	147.0300	+	Ol	WB8ECC	JAMES O. G
Sumerco	147.3450	+	O 100.0 (CA)l	KY8B	LOGAN CTY
Summersville	145.4700	−	O 100.0 (CA)	N8YHK	NICHOLAS A
Summersville	147.0150	+	123.oel	N8FWL	N8FWL
Terra Alta	145.2300	−	123.oels	K8VE	K8VE
Terra Alta	147.0000	+	O 103.5az	KC8KCI	KC8KCI
Union	145.4100	−	O 100.0	W8IFL	MONROE ARC
Webster Spring	146.8950	−	123.oe	KC8HFG	KC8HFG
Weirton	146.9400	−	Oae	W8CWO	S/W ARC
Welch	145.4500	−	O 100.0	WV8ED	POCHNTS CO
West Union	146.9550	−	103.5aels	KD8LEM	DCARS
Weston	145.3900	−	O(CA)	WD8EOM	N8MIN

144-148 MHz
WEST VIRGINIA-WISCONSIN

Location	Output	Input	Notes	Call	Sponsor
Weston	147.3300	+	O 103.5l	K8VE	K8VE
Wheeling	145.1900	−	O 156.7aer WX	KA8YEZ	KA8YEZ
Wheeling	146.7600	−	O(CA)e	W8ZQ	NORTHERN P
Williamson	145.3300	−	O 100.0a RB	WR8M	SAWS

ALL OF TMARC AREA

SNP	145.1700		O		------------

BERKELEY SPRINGS

Berkeley Springs	146.7450	−	O 123.0elr	KK3L	KK3L

CHARLES TOWN

Charles Town	146.8500	−	O 77.0	WA4TXE	WA4TXE

MARTINSBURG

Martinsburg	145.1500	−	O 179.9	W8ORS	OpequonR
Martinsburg	147.2550	+	O 123.0	WB8YZV	WB8YZV

MOOREFIELD

Moorefield	145.1900	−	O 118.8	N8VAA	+N8VAA
Moorefield	146.9850	−	O 123.0e	KD8IFP	PHARC

WISCONSIN
NORTH CENTRAL 114.8

Location	Output	Input	Notes	Call	Sponsor
Antigo	145.3100	−	O 114.8e	KC9JZY	LCARA
Antigo	147.2550	+	O 114.8ers WXx	KC9JZY	LCARA
Granton	146.7750	−	O 114.8e WX	N9RRF	N9RRF
Irma	146.6400	−	O 114.8ex	KB9QJN	M.A.R.G.
Irma	146.9700	−	71.9 (CA)	KC9NW	KC9NW
Lac Du Flambea	146.6700	−	O 107.2	N9AFN	N9AFN
Lac Du Flambea	146.7000	−	O 114.8	W9BTN	W9BTN
Marinette	147.0000	+	O 107.2e WXx	W8PIF	W8PIF
Marshfield	147.1800	+	O 114.8 (CA)e	AA9US	MAARS
Medford	145.4900	−	114.8elx	N9LIE	N9LIE
Medford	147.1500	+	O 114.8ae WX	KB9OBX	BRARA
Oconto Falls	146.8350	−	107.2elWX x	KB9DSV	KB9DSV
Ogdensburg	146.9250	−	O 118.8e WXx	W9GAP	W9GAP
Rhinelander	145.1500	−	O 123.0e	NS9Q	NS9Q
Rhinelander	146.9400	−	114.8elWX	KC9HBX	KC9HBX
Sayner	145.1300	−	114.8elrs WX	WE9COM	WeComm
Shawano	145.3500	−	O 114.8e WXx	KA9NWY	KA9NWY
Shawano	147.2250	+	O 114.8e WXx	N9FZH	N9FZH

144-148 MHz
WISCONSIN

Location	Output	Input	Notes	Call	Sponsor
Stevens Point	146.6700	–	O 114.8e WXx	WB9QFW	CWRA LTD
Stevens Point	146.9850	–	114.8eWX	WB9QFW	CWRA LTD
Suring	145.2900	–	114.8elrs WXx	WE9COM	WeComm,Ltd.
Suring	145.4700	–	O 114.8ers WXx	AB9PJ	AB9PJ
Three Lakes	147.1950	+	O 114.8	N9GHE	N9GHE
Tomahawk	145.4300	–	O 114.8ae WXxz	N9CLE	TOM RP A
Tripoli	147.1200	+	114.8elWX	KC9HBX	KC9HBX
Unity	145.4100	–	O 114.8l WXx	W9BCC	RMRA
Wabeno	145.1100	–	O 107.2el WX	K9ARF	PASS
Waupaca	147.3900	+	O 118.8x	W9KL	WARC
Wausau	145.2450	–	Oex	W9BCC	RMRA
Wausau	145.3700	–	O 114.8ex	KB9KST	KB9KST
Wausau	146.8200	–	O 114.8ex	W9BCC	RMRA
Wausau	146.8650	–	114.8elWXx	W9SM	WVRA
Wausau	147.0600	+	71.9ex	KC9NW	Rich Maier
Wausau	147.1350	+	O 114.8a WXxz	W9SM	W.V.R.A.
Wausaukee	146.8800	–	O 136.5l WX	WA8WG	WA8WG
Willard	147.2700	+	O 114.8	N9UWX	N9UWX
Wisconsin Rapi	146.7900	–	O 114.8ers WXx	W9MRA	MSRA
Wisconsin Rapi	147.3300	+	114.8e	W9MRA	MSRA

NORTH EAST 100.0

Location	Output	Input	Notes	Call	Sponsor
Algoma	146.8050	–	O 146.2	WB9RJB	WB9RJB
Appleton	145.1500	–	O 100.0eprs	KF9CS	O CO RED+
Appleton	145.3300	–	100.0e	W9ZL	FCARC
Appleton	146.6550	–	O 100.0ae prsWXz	KB9BYP	ECR LTD
Appleton	146.7600	–	O 100.0ers WXx	W9ZL	FCARC
Appleton	147.1650	+	O 114.8 WXx	AB9PJ	AB9PJ
Egg Harbor	146.7300	–	O 107.2e	W9AIQ	DOOR CO
Fond Du Lac	145.4300	–	O 97.4ers	K9FDL	F.A.R.A
Fond Du Lac	147.0900	+	O 107.2e WX	K9DJB	FDL RPT
Fond Du Lac	147.3750	+	O 107.2e WX	KB9YET	FOX1
Green Bay	146.6850	–	O 107.2 (CA)	KB9GKC	KB9GKC

334 144-148 MHz
WISCONSIN

Location	Output	Input	Notes	Call	Sponsor
Green Bay	147.0750	+	O 107.2 (CA)eLITZ	N9DKH	ATC
Green Bay	147.1200	+	O 107.2 (CA)eWXxz	K9GB	G B M&K
Green Bay	147.2700	+	O 107.2el WX	KB9ALN	PASS
Green Bay	147.3600	+	O 100.0ae z	K9EAM	G B M&K
Kewaunee	146.8050	−	O 146.2e WX	WB9RJB	WB9RJB
Manitowoc	145.1100	−	100.0e	K9MTW	ManCoRad
Manitowoc	146.6100	−	O 107.2ers WXz	W9MTW	ManCoRad
New Holstein	147.3000	+	107.2rsWX	KA9OJN	C.A.R.E.S
Oshkosh	147.3450	+	O 107.2e	N9GDY	N9GDY
Plymouth	147.0600	+	O 107.2ex	WE9R	SHEB ARC
Sister Bay	147.1800	+	O 107.2 (CA)e	W9AIQ	DC ARC
Sturgeon Bay	147.2100	+	O 107.2ers WXx	W9AIQ	DC ARC
Two Rivers	147.0300	+	O 110.9	N9XFD	N9GHE
NORTH WEST 110.9					
Baldwin	145.2500	−	O 110.9el WXx	WE9COM	WeComm,Ltd
Balsam Lake	147.1950	+	110.9eWX	N9XH	PCARA
Bayfield	146.7000	−	O 103.5lx	N0BZZ	LSAC
Beldenville	146.9550	−	O 110.9el	N0NIC	B.A.T.S.
Beldenville	147.2250	+	O 110.9ae	N0NIC	B.A.T.S.
Chaffey	147.1050	+	O 110.9	KC9EMI	AB9AC
Chippewa Falls	145.2300	−	O 110.9el WX	N9MMU	N.V.W.A.
Chippewa Falls	147.2400	+	O 110.9e WX	W9EAU	E C ARC
Chippewa Falls	147.3750	+	O 110.9x	WD9HFT	WD9HFT
Clam Lake	145.2100	−	110.9e	K9JWM	K9JWM
Earl	145.1100	−	O 110.9el WXx	N9MMU	N.V.W.A.
Eau Claire	146.9100	−	O 110.9ers WX	W9EAU	E C ARC
Hayward	147.2550	+	O 110.9ael WXxz	N9MMU	NVWA
High Bridge	147.2100	+	110.9ers	KC9GSK	KC9GSK
Holcombe	145.4700	−	O 110.9lx	N9LIE	N9LIE
Holcombe	147.3450	+	O 136.5el WXx	N9MMU	N.V.W.A.
Hudson	145.1300	−	O 110.9ers WX	K9ZMA	SCC RACES
Hurley	147.1650	+	O 110.9el WXx	KC0IPA	LSAC
Lampson	146.6550	−	O 110.9el WX	N9PHS	NorWesCo

WISCONSIN

Location	Output	Input	Notes	Call	Sponsor
Menomonie	146.6100	−	O 110.9el WXx	K9KGB	R CDR RA
Menomonie	146.6850	−	110.9ers	N9QKK	N9QKK
New Richmond	145.2700	−	O 110.9lx	N9LIE	N9LIE
Park Falls	147.0000	+	O 110.9e WX	W9PFP	PCRA
Rice Lake	146.7150	−	O 110.9ers WX	W9GDH	Barron EM
Roberts	147.3300	+	110.9eWX	N9KMY	SCVRA
Shell Lake	147.0450	+	O 110.9elr sWXx	N9PHS	NORWESCO
Siren	146.6250	−	O 110.9elr sWXx	N9PHS	NORWESCO
Solon Springs	145.4900	−	O 110.9ael rsWXxz	N9QWH	DC RACES
Spooner/Hertel	145.1900	−	O 110.9 (CA)elz	KB9OHN	BARS
Spooner/Hertel	147.3000	+	O 110.9 (CA)elz	KB9OHN	BARS
Superior	146.7600	−	110.9ers	K9UWS	UWS-ARC
Superior	146.8200	−	O 203.5a	WA9VDW	T P T G
SOUTH CENTRAL 123.0					
Baraboo	145.3150	−	Oex	WB9FDZ	YTARC
Baraboo	146.8800	−	O 123.0ers WXx	WR9ABE	C.W.R.A.
Baraboo	147.3150	+	O 123.0ers WXx	WB9FDZ	YTARC
Beloit	147.1200	+	O 123.0e	K9GJN	K9GJN
Big Flats	146.6250	−	O 123.0e	N9WYQ	N9WYQ
Blue Mounds	147.2250	+	O 123.0e WXx	WD9BGA	Empire Twr
Cambria	147.0150	+	O 123.0ers WX	KC9CZH	KC9CZH
Cambridge	147.3600	+	123.0ers WXx	WE9COM	WeComm,Ltd
Clinton	146.7150	−	O 123.0e	WB9SHS	RCRA
Coloma	146.7000	−	O 123.0ex	W9LTA	W9LTA
Elkhorn	146.8650	−	O 127.3ers WX	W9ELK	LAARC
Friendship	147.0300	+	123.0ers WX	AC9AR	N9OEW
Hollandale	146.6550	−	123.0eWXx	N9QIP	HVARC/WIN
Janesville	145.4500	−	O 123.0e WX	WB9SHS	RCRA
Janesville	147.0750	+	O 123.0ae	K9FRY	K9FRY
Jefferson	145.4900	−	O 123.0 (CA)eWXz	W9MQB	TCARC
Juneau	146.6400	−	O 123.0el WX	W9TCH	ROCK R RC

144-148 MHz
WISCONSIN

Location	Output	Input	Notes	Call	Sponsor
Lohrville	145.2700	–	O 123.0	KB9JJB	KB9JJB
Madison	145.3050	–	O	W9HSY	M A R A
Madison	145.3700	–	123.0eWXx	KC9FNM	Empire
Madison	146.6850	–	O 123.0ers	W9YT	UW BARS
Madison	146.7600	–	O 123.0 (CA)ez	W9HSY	M A R A
Madison	146.9400	–	O 123.0.x	WR9ABE	C W R A
Madison	147.1500	+	O 123.0rs WXz	W9HSY	M A R A
Madison	147.1800	+	O 107.2	WD8DAS	NERT
Markesan	146.9550	–	O 123.0e WX	WB9RBC	G FOX ARC
Mauston	146.8500	–	O 123.0 (CA)ersWX	KB9WQF	JCARC
Mauston	147.1050	+	O 123.0ers	K9UJH	K9UJH
Monroe	145.1100	–	O 123.0ers	KO9LR	GCARA
Montello	146.7450	–	O 123.0ers WX	KC9ASQ	Marq EM
Necedah	147.2100	+	O 123.0.e WX	KC9IPY	JCARC
Rubicon	145.3500	–	O 123.0.e	WB9KPG	WB9KPG
Watertown	145.1900	–	123.0ex	K9LUK	W.I.N.
Wautoma	147.2850	+	O 123.0.e	KC9FWD	KC9FWD

SOUTH EAST 127.3

Location	Output	Input	Notes	Call	Sponsor
Cedarburg	146.9700	–	O 127.3x	W9CQO	O.R.C.
Delafield	146.8200	–	O 127.3 (CA)rsxz	K9ABC	SEWFARS
Kewaskum	146.7900	–	100.0el	N9NLU	KMCG
Milwaukee	145.1300	–	O 127.3 (CA)elrsWXxz	N9LKH	MAARS
Milwaukee	145.2350	–		K9AES	AES
Milwaukee	145.2450	–	el	KC9LKZ	MADOG
Milwaukee	145.2500	–	127.3el	KA9WXN	KA9WXN
Milwaukee	145.2700	–	O 127.3	W9HHX	MSOE ARC
Milwaukee	145.3900	–	O 127.3e	W9RH	MRAC
Milwaukee	146.6250	–	O 127.3	N9BMH	N9BMH
Milwaukee	146.9100	–	O 127.3aer sWXxz	WI9MRC	MKE RPTR
Milwaukee	147.0000	+	146.2a	W9PY	PHANTOM
Milwaukee	147.0450	+	O 127.3	WB0AFB	MATC RC
Milwaukee	147.1050	+	● 127.3 (CA)e	K9IFF	K9IFF
Milwaukee	147.1650	+	O 127.3ael rsWXxz	W9WK	AREC, INC.
Port Washingto	147.3300	+	O 127.3 (CA)ersWXxz	WB9RQR	OZARES
Racine	147.2700	+	O 127.3ers WX	KR9RK	LRA Racine
Slinger	147.2100	+	O 127.3el WXx	KC9PVD	KC9PVD

144-148 MHz
WISCONSIN-WYOMING

Location	Output	Input	Notes	Call	Sponsor
St Lawrence	146.7300	−	O 127.3 WX	WB9BVB	W.C. ARC
Sussex	147.3900	+	O 127.3	W9CQ	WARC, Inc
Union Grove	146.7450	−	O 127.3e	N9OIG	N9OIG
West Milwaukee	147.1350	+	O 141.3	NY9T	Viking Com
SOUTH WEST 131.8					
Black River Fa	145.3900	−	131.8 WX	KC9GEA	N9PPB
Bluff Siding	146.8350	−	O 131.8e	WØNE	Winona ARC
Durand	145.3500	−	110.9e	WB9NTO	WB9NTO
Galesville	147.0000	+	131.8eWXx	N9TUU	W.I.N.
La Crosse	146.9700	−	O 131.8e WXx	WR9ARC	RVRLND ARC
Melrose	145.4500	−	O 110.9	W9LLB	W9LLB
Mount Sterling	147.3600	−	O 131.8e WX	W9DMH	W9DMH
Osseo	145.3300	−	O 110.9lx	N9LIE	N9LIE
Prairie Du Chi	147.1200	+	O 131.8e	WØSFK	W.I.N.
Richland Cente	146.9100	−	O 131.8ers WXx	W9PVR	PVRARC
Tomah	146.8050	−	O 131.8e WXx	N9BOE	N9BOE
Viroqua	145.1700	−	O 131.8e	N9TUU	N9TUU

WYOMING
CENTRAL

Location	Output	Input	Notes	Call	Sponsor
Atlantic City - Limestone Mtn	147.0300	+	O 100.0	KD7BN	KD7BN
Casper	145.1450	−	Oaersxz	N7OSW	N7OSW
Casper	145.2350	−	O 100.0rs	W7VNJ	CARC
Casper	147.2800	+	O 107.2a WX	W7VNJ	CARC
Casper	147.3450	+	Oaex	K7KMT	K7KMT
Casper - Grand View	145.3250	−	O(CA)e	NG7T	NG7T
Casper Mountain	146.6400	−	O 173.8 L(449.575)x	KD7AGA	CDK Net
Casper Mountain	146.9400	−	O 123.0ars x	W7VNJ	CARC
Lander	145.4450	−	110.9	KC7CJN	KC7CJN
Lander	146.7900	−	O L(448.200)	WB7AHL	WB7AHL
Lander	147.0600	+	Ol	N7HYF	WYAME
Riverton	145.1150	−	O 100.0es WX	KØFOP	WYAME
Riverton	145.2800	−	O 100.0ae z	KC7BNC	KC7BNC
Shoshoni	147.3000	+	O(CA)	KB7PLA	KB7PLA
Shoshoni - Copper Mtn	146.8050	−	O 100.0 L(HERC)x	KD7BN	KD7BN

144-148 MHz
WYOMING

Location	Output	Input	Notes	Call	Sponsor
Wheatland - Laramie Peak	145.4150	–	O 100.0 E-SUN L(147.300)x	KD7QDM	NWARA
EAST CENTRAL					
Douglas	145.2650	–	Ot L(449.575)	KD7AGA	CDK Net
Douglas	146.9100	–	146.9l	WB7AEM	GPARA
Douglas	147.1500	+	Oe	KK7BA	CCARC
Esterbrook	147.0300	+	100.0a	KT7V	KT7V
Glenrock	145.2650	–	O	KB7FGN	KB7FGN
Lusk	147.3300	+	Oe	KK7LI	W7IFW
HERC - STATEWIDE					
Casper Mountain	147.4600	147.4600	O 100.0# L(HERC)x	KD7BN	HERC
Cheyenne - Laramie Summit	146.8200	–	O 114.8 L(HERC)x	KC7SNO	ShyWy ARC
Douglas	147.5300	147.5300	O 100.0# L(HERC)	KD7BN	HERC
Dubois	146.8200	–	O 100.0 L(HERC)x	KD7BN	HERC
Gillette	147.5800	147.5800	O 100.0# L(HERC)x	KD7BN	HERC
Lander	147.4300	147.4300	O 100.0# L(HERC)	KD7BN	HERC
Medicine Bow	147.5000	147.5000	O 100.0# L(HERC)	KD7BN	HERC
Rawlins - Nine Mile Hill	147.3900	147.3900	O 100.0#el x	N7RON	N7RON
Rock Springs - Aspen Mtn	146.9400	–	O 100.0 L(HERC)x	KC7LOR	SWARC
Shell Mountain	146.6700	–	O 100.0 L(HERC)x		HERC
Shoshoni - Copper Mtn	146.8050	–	O 100.0 L(HERC)x	KD7BN	HERC
NORTH CENTRAL					
Basin	147.1350	+	O	WB7S	WB7S
Powell	147.2550	+	O	WA7QNS	WA7QNS
Shell	146.6100	–	103.5lrx	KI7W	BHBARC
Shell	146.6700	–	O	WA7NZI	CMARC
Sheridan	146.7300	–	Oa	N7KEO	N7KEO
Sheridan	146.8200	–	O 100.0	W7GUX	SRAL
Thermopolis	147.1650	+	OE-SUN	WA7JRF	WA7JRF
Worland	147.2250	+	O	KB7PLA	KB7PLA
NORTH EAST					
Evanston	146.8600	–	O 100 L(147.18)x	K7JL	UVHFS
Gillette - Antelope Butte	147.3600	+	O 123.0 L(147.300 AND 146.790)x	NE7WY	NWARA
Newcastle - Little Thunder	147.0900	+	O 100.0 L(147.300) WXxz	NE7WY	NWARA

WYOMING

Location	Output	Input	Notes	Call	Sponsor
Newcastle - Mt Pisgah	147.3000	+	O 162.2 L(147.360 AND 146.790)rx	NE7WY	NWARA
Rocky Point - Dinosaur	147.2700	+	O 123.0 E-WIND L(147.300)x	K7WIZ	NWARA
Sundance - Warren Peak	146.7900	–	O 100.0e L(147.360 AND 147.300)x	NE7WY	NE7WY
Wright	146.9850	–	Ot L(449.575)	KD7AGA	CDK Net
Wright - Little Thunder	147.0600	+	O 100.0 L(147.300) WXxz	NE7WY	NWARA
NORTH WEST					
Cody - Cedar Mountain	146.8500	–	O 103.5els	KI7W	CMARC
SOUTH CENTRAL					
Baggs	147.0600	+	O	WB7CBQ	CCARS
Rawlins	147.0450	+	O	WD4MYL	HAMS
Rawlins	147.1800	+	O	KI7QG	CCARS
Rawlins - Choke Cherry	146.7600	–	Oer	KC7CZU	CCARS
Rawlins - EOC	147.2400	+	O	N7GCR	CCARS
Rawlins - Nine Mile Hill	147.3900	+	O 100.0els	N7RON	N7RON
Rawlins - R Hill	146.7000	–	O 162.2	N7RON	CCARS
SOUTH EAST					
Albin	147.1650	+	O 114.8e L(146.775)rWXxs	KC7SNO	ShyWy ARC
Cheyenne	145.2350	–	O 131.8 TT L(ECHOLINK 82001)x	KB7SWR	KB7SWR
Cheyenne	146.7750	–	O 114.8 TT eL(147.165)rWXxz	KC7SNO	ShyWy ARC
Cheyenne	147.1050	+	O 114.8er	KC7SNO	ShyWy ARC
Cheyenne - CJHS	147.0150	+	Ox	KC7OEK	Carey ARC
Cheyenne - Cowboy Estates	147.0300	+	O 131.8el	WB4UIC	WB4UIC
Laramie	145.4450	–	O 123.0 L(COLO CONN)	KB0VJJ	KB0VJJ
Laramie	146.6100	–	Oz	N7UW	UARC
Laramie - Sherman Hill	146.8200	–	O 114.8 L(HERC)x	KC7SNO	ShyWy ARC
Torrington	146.7300	–	O	KF7BR	KF7BR
Torrington	146.8050	–	O	N7CFR	N7CFR
Wheatland	146.8800	–	L(446.975)	WA7SNU	GPARA
SOUTH WEST					
Cokeville	147.3000	+	O	N7BRQ	N7BRQ
Evanston	145.3300	–	O	WA7MEK	UCRACES
Evanston	146.8600	–	100.0l	K7JL	K7JL
Evanston - Medicine Butte	147.0200	+	Ol	K7OGM	————

340 144-148 MHz
WYOMING-ALBERTA

Location	Output	Input	Notes	Call	Sponsor
Kemmerer	147.0900	+	Oarx	W7PIF	LCRACES
Kemmerer	147.3900	+	O	W7PIF	W7PIF
Rock Springs - Aspen Mtn	146.6100	−	O 100.0arxz	N7ERH	SWRACES
Rock Springs - Aspen Mtn	146.6700	−	O 100.0# TTelx	N7ABC	N7ABC
Rock Springs - Aspen Mtn	146.9400	−	O 100.0x	KC7LOR	SWARC
WEST CENTRAL					
Afton - The Narrows	146.9700	−	100.0ers	KD7LVE	SVARC
Big Piney - Hogback Mtn	146.8800	−	O 100.0erx	KC7BJY	SCARC
Dubois	146.8200	−	O 100.0e L(HERC)x	KD7BN	KD7BN
Dubois	147.3150	+	Oelx	KG7ST	KG7ST
Jackson - Rendezvous Mtn	146.7300	−	O 123.0rx	W7TAR	TARRA
Jackson - Snow King East	146.9100	−	O 123.0erx	W7TAR	TCEM
Marbleton	145.1450	−	O 100.0 (CA)er	KC7BJY	KC7BJY
Pinedale - Mt Airy	146.7750	−	O 100.0e L(448.100)rx	KC7BJY	SCARC
Smoot - Salt River Pass	145.2500	−	Oers	W7UY	SVARC

ALBERTA
BANFF

Location	Output	Input	Notes	Call	Sponsor
Banff	146.6700	−	O	VE6MPR	WRN
Canmore	147.3600	+	Oel	VE6RMT	CARA
Lake Louise	146.8800	−	Ol	VE6BNP	WRN
Lake Louise	147.3300	+	OE-SUNsx	VE6HWY	CARA
CALGARY					
Airdrie	145.3100	−	Os	VE6AA	ARES
Calgary	145.2900	−	Olx	VA6CTV	VA6DD
Calgary	146.6100	−	Oe	VE6OIL	SARA
Calgary	146.6400	−	ep	VE6NQ	CARA
Calgary	146.7300	−	Oa	VE6MX	VE6MX
Calgary	146.7600	−	Oa	VE6NOV	CARA
Calgary	146.8500	−	O 110.9/110.9el	VE6RYC	CARA
Calgary	146.9400	−	Ol	VE6RPT	WRN
Calgary	147.0600	−	Oe	VE6AUY	CARA
Calgary	147.0900	+	O	VE6SPR	VE6NZ
Calgary	147.1800	+	O	VE6REC	CARA
Calgary	147.2100	+	O	VE6RPC	CARA
Calgary	147.2400	+	Oes	VE6QCW	VE6NLF
Calgary	147.2700	+	O	VE6RY	CARA

144-148 MHz — ALBERTA

Location	Output	Input	Notes	Call	Sponsor
Calgary	147.3900	+	**O**ael	VE6WRT	VE6CPT
Crossfield	147.1350	+	**O**l	VE6TPA	FARS/CCC
CENTRAL					
Clive	145.4300	−	**O**	VE6GAS	VE6ONE
CENTRAL EAST					
Alix/Bashaw	147.2100	+	**O**ael	VE6PAT	VE6ZH
Stettler	146.7000	−	**O**a	VE6STR	------------
Three Hills	147.3150	−	**O**	VE6TRO	VE6CKV
Youngston	145.4700	−	**O**	VE6YSR	VE6NBR
CENTRAL NORTH					
Camrose	146.7600	−	**O**	VE6WW	RCARC
Pigeon Lake	146.8800	−	**O**ex	VE6SS	------------
Wetaskiwin	145.3700	−	**O**	VE6WCR	VE6KP
CENTRAL SOUTH					
Carbon	146.7150	−	**O**e	VE6RCB	CARA
Kathryn	145.3900	−	**O**l	VE6OTR	WRN
Olds	145.4900	−	**O**al	VE6OLS	VE6KN
Wimborne	146.9700	−	**O**elx	VE6BT	THARC
CENTRAL WEST					
Limestone Mountain	145.2700	−	**O**l	VE6MTR	SARA
Nordegg	145.2100	−	**O**l	VE6PZ	CARL
Rocky Mtn House	146.9100	−	**O**aelx	VE6VHF	CARL
Sundre	147.0750	+	**O** 100.0e E-SUNlx	VE6GAB	VE6GAB
DRUMHELLER					
Hanna	146.8200	−	**O**l	VE6HB	THARC
EDMONTON					
Beaumont	147.1800	+	**O**a	VE6BUZ	LEMIRE
Devon	146.6850	−	**O**	VE6LOS	VE6FQ
Edmonton	145.4100	−	**O**l	VE6NHB	SARA
Edmonton	146.6400	−	**O**	VE6QCR	QCARC
Edmonton	146.8500	−	**O**ae	VE6ETR	VE6BJP
Edmonton	146.9400	−	**O**	VE6MR	VE6MR
Edmonton	147.0600	−	**O**a	VE6HM	NARC
Edmonton	147.1200	+	**O**aeWX	VE6RES	RAES
Edmonton	147.2400	+	**O**l	VE6JN	NARC
Edmonton	147.2850	+	**O**	VE6OSM	VE6JDD
Ft Saskatchewan	147.2700	+	**O**	VE6CWW	------------
Ft Saskatchewan	147.2700	+	**O**	VE6FSR	VE6TCK
Ft Saskatchewan	147.3600	+		VE6GNS	VE6TCK
North Morinville	146.9400	−	**O**	VE6LAW	VE6ZA
Sherwood Park	145.2900	−	**O**	VE6SRV	------------
FT MCMURRAY					
Ft McMurray	146.9400	−		VE6TAC	------------
Ft McMurray	147.0000	+	**O**ae	VE6TRC	TARC
GRANDE PRAIRIE					
Grande Prairie	146.3600	146.3600	**O**a	VE6LGL	PCARC
Grande Prairie	146.8500	−	**O**	VE6BL	PCARC

144-148 MHz
ALBERTA

Location	Output	Input	Notes	Call	Sponsor
Grande Prairie	147.0600	−	Ox	VE6OL	PCARC
Grande Prairie	147.1500	+	O	VE6XN	PCARC
Rycroft	146.9700	−	O	VE6MAR	VE6BHH
Valleyview	147.2400	+	O	VE6YK	------------
LETHBRIDGE					
Lethbridge	146.8800	−	Oe	VE6CAM	VE6CAM
Lethbridge	147.1500	+	Oa	VE6UP	CCRG
Raymond	145.3700	−	O	VE6EEK	VE6FIE
MEDICINE HAT					
Brooks	147.1200	+	Oel	VE6EID	BARC
Brooks	147.2700	−	Oa	VE6NEW	BARC
Medicine Hat	145.4100	−	Ol	VE6CDR	VE6GLF
Medicine Hat	146.7000	−	O	VE6HHO	MHARC
Medicine Hat	147.0600	−	Oalx	VE6HAT	MHARC
Medicine Hat	147.1800	+	O	VE6MHT	MHARC
NORTH					
Athabaska	146.7300	−	Oe	VE6BOX	VE6BOY
NORTH EAST					
Andrew	146.7000	−	Oa	VE6JET	VE6BIK
Ashmont	147.1800	+	EXP	VE6TTL	VE6ARJ
Cold Lake	147.0900	+	Oae	VE6ADI	CLARC
Elk Island	146.6100	−	O	VE6REI	VE6BEX
Glendon	145.4500	−		VE6HOG	VE6XLR
La Corey	147.3750	+	O	VE6MBJ	CLARC
Lloydminster	145.2900	−	Ol	VE6YLL	------------
May Lakes	147.1500	+	Ol	VE6TBC	VE6RMB
Poe	145.4900	−	O	VE6POE	VE6TCK
Slave Lake	147.0300	+	O	VE6SLR	VE6AMY
St Paul	146.6700	−	Oa	VE6SB	VE6BIK
Willingdon	146.7900	−	Oelx	VE6RJK	VE6BIK
NORTH WEST					
Grande Cache	147.3900	+	Ol	VE6YGR	------------
Whitecourt	146.8200	−	Ox	VE6PP	QCARC
PEACE RIVER					
Fairview	147.3750	+	O	VE6AZZ	VE6NN
Peace River	146.7900	−	O	VE6PRC	PRARC
Peace River	146.8200	−	Oa	VE6PRR	------------
Peace River	146.9400	−	Oa	VE6AAF	------------
RED DEER					
Red Deer	147.1500	+	Oaelx	VE6QE	CARL
Red Deer/Penhold	145.3300	−	Olx	VE6REP	SARA
SOUTH					
Claresholm	146.7900	−	Oe	VE6ROT	PHARTS
High River	145.1900	−	O	VE6HWC	FARS
High River	147.0000	+	Oae	VE6CQM	VE6BGL
Milk River	146.7600	−	Oal	VE6BRC	VE6BRX
Nanton	145.1700	−	Oelsx	VE6HRB	FARS
Warner	146.6700	−	O	VE6BBR	VE6BD

144-148 MHz
ALBERTA-BRITISH COLUMBIA

Location	Output	Input	Notes	Call	Sponsor
SOUTH WEST					
Black Diamond	145.3700	−	**O**lsx	VE6HRD	FARS
Burmis /Crowsnest Pass	145.3900	−	**O** A(*ON/#OFF)lsx	VE6HRP	FARS
Chain Lakes	147.0300	+	**O**l	VE6WRO	WRN
Claresholm	145.2100	−	**O**	VE6AAH	VE6ARS
Coleman	145.4900	−	**O**	VE6CNP	FARS
Millarville	145.1900	−	**O**l	VE6HRC	FARS
Pincher Creek	145.4500	−	**O**	VE6PAS	VE6COM
Turner Valley	147.3000	+	●	VE6CBI	VE6CBI
SUNDRE					
Barrier Mountain	147.0300	−	**O** 131.8#lx	VE6AMP	Wild Rose Netwo
YELLOWHEAD					
Hinton	146.7600	−	**O**aex	VE6YAR	VE6YAC
Jasper	146.9400	−	**O**	VE6YPR	YARC
Jasper	147.4800	−	**O**	VE6KMC	------------
BRITISH COLUMBIA					
FRASER VALLEY					
Abbotsford	145.0300	+	**O**	VE7PKV	FVARESS
Abbotsford	146.6100	−	**O** 110.9	VE7RVA	FVARESS
Abbotsford	147.2800	+	110.9	VE7RST	AARESS
Aldergrove	147.3800	+	203.5e	VE7RLY	Langley AR
Chilliwack	145.1100	−	**O**	VA7RSH	Cheam Rptr
Chilliwack	146.9600	−	110.9	VA7CRC	VE7BHG
Chilliwack	147.0000	−		VE7TSG	VE7DBU
Chilliwack	147.1000	+	110.9e	VE7RCK	VE7BHG
Chilliwack	147.2200	+	88.5	VE7VCR	VE7HD
Hope	146.7000	−	77	VE7UVR	VE7HZR
Hope	147.0800	+	**O** 110.9	VE7RVB	FVARESS
Langley City	147.3800	+	77.0e	VE7RLY	Langley AR
Langley South	147.3800	+	110.9e	VE7RLY	Langley AR
Maple Ridge	146.8000	−	156.7	VE7RMR	Maple Ridg
GREATER VANCOUVER					
Burnaby	145.1700	−	**O**	VE7TEL	TPARC
Burnaby	145.3500	−	127.3	VE7RBY	BARC
Burnaby	147.0600	+	**O**	VE7FVR	IPARN
Coquitlam	145.3100	−	**O**	VE7MFS	Coq. Fire
Delta	147.3400	+	107.2	VE7SUN	VE7DID
New Westminster	145.3900	−	**O** 100el	VE7NWR	NWARC
Pemberton	146.9800	−	**O**	VE7PVR	Squamish A
Port Coquitlam	145.4900	−	94.8e	VA7RPC	Poco Fire
Richmond	147.1400	+	79.7	VE7RMD	Richmond A
Sea-to-Sky	146.9600	−	151.4	VA7SQU	VE7IDQ
Squamish	147.0000	+		VE7SQR	Squamish A
Surrey	147.3600	+	110.9e	VE7RSC	Surrey ARC
Vancouver	145.1500	−	**O** 123.0l	VE7ROX	VE7ROX
Vancouver	145.2100	−	**O**	VE7RTY	VE7BBL
Vancouver	145.2700	−	100	VE7RHS	UBC ARS

144-148 MHz
BRITISH COLUMBIA

Location	Output	Input	Notes	Call	Sponsor
Vancouver	145.2900	−	100	VA7IP	VE7LTD
Vancouver	145.4500	−	●	VE7TOK	VE7MBG
Vancouver	146.7200	−		VE7RBI	CBC ARC
Vancouver	146.7200	−		VE7RBC	CBC ARC
Vancouver	146.9400	−	●el	VE7RPT	BCFMCA
Vancouver	147.0400	+	o	VE7RCH	Cheam Rptr
Vancouver	147.1200	+	156.7l	VE7VAN	VE7AS
Vancouver	147.2600	+		VE7RHB	VE7QH
Vancouver	147.2600	+		VE7RNS	VE7QH
Vancouver	147.3000	+	●	VE7RDX	BCDX Club
Whistler	147.0600	+		VE7WHR	VE7WHR
White Rock	146.9000	−	91.5	VE7RWR	WRARC
NORTH COAST					
Hazelton	146.9400	−	o	VE7RHD	BVARC
Kitimat	146.8200	−	o	VE7SNO	Kitimat AR
Kitimat	147.0600	−	o	VE7RAF	VE7ACF
Prince Rupert	146.8800	−	o	VE7RPR	PRARC
Prince Rupert	146.9400	−	o	VE7RKI	VE7EDZ
Prince Rupert	147.2800	+	o	VE7RMM	Prince Rup
Queen Charlotte	146.6800	−	o	VE7RQI	QCI ARC
Terrace	146.0000	+	o	VE7RTK	Terrace AR
Terrace	146.8000	−		VE7FFU	VE7IJJ
Terrace	146.9400	−	o	VE7RDD	Doug Davie
NORTH INTERIOR					
Burns Lake	146.9400	−	100	VE7LRB	LDARC/VE7L
Fishpot - Nazko	147.1500	+	l	VE7MBM	QRES
Fort St James	147.2400	+	100	VE7RFF	VE7XJC
Fort St James	147.3300	+	100	VE7DPG	VA7RC
Fraser Lake	146.8400	−	100l	VE7RES	PGARC
Houston	147.0600	+	100l	VE7RHN	BV ARC
Hudson's Hope	146.8800	−	100	VA7RHH	Hudson's H
Loos	146.8800	−	100el	VE7RES	PGARC
Mackenzie	146.8200	−	100l	VE7MKR	VE7MKR
Mackenzie	147.3300	−	●e	VE7ZBK	Mackenzie
McBride	146.7600	−	100	VE7RMB	PGARC
Pine Pass	146.6400	−	100	VE7RES	PGARC
Prince George	145.4300	−	100el	VE7RES	Prince Geo
Prince George	146.7000	−	100l	VE7FFF	Prince Geo
Prince George	146.9100	−	100l	VE7RWT	Prince Geo
Prince George	146.9400	−	100el	VE7RPM	Prince Geo
Prince George	147.0000	+	l	VE7RUN	VE7EAA
Prince George	147.3000	+	100el	VE7RES	PGARC
Quesnel	146.9700	−	100	VE7GPC	VE7JIU
Quesnel	147.0600	−	o	VE7RQL	Quesnel AR
Quesnel	147.2100	+	100el	VE7RES	PGARC
Smithers	146.8800	−	l	VE7RBH	BV ARC
Tumbler Ridge	147.2700	+	o	VE7RTR	VA7XX
Valemont	147.0000	+	100el	VE7RES	PGARC
Vanderhoof	146.8000	−	100l	VE7RSM	Nechako Cl

144-148 MHz
BRITISH COLUMBIA

Location	Output	Input	Notes	Call	Sponsor
Vanderhoof	146.8800	−	o	VE7RON	VE7UP
Verdun	146.7600	−	100	VE7LRB	LDARC
Wells/Barkerville	147.3800	+	100	VE7RLS	QARC
Williams Lake	146.6200	−	100	VE7RTI	QARC/VE7EQ
Williams Lake	147.1200	+		VE7RWL	W'S LK ARC
Williams Lake	147.1800	+		VE7WLP	WLARC/VE7B
Williams Lake	147.3000	+	100	VE7KDL	VE7PW
PEACE RIVER					
Chetwynd	146.9100	−		VE7ATY	VA7XX
Dawson Creek	146.7600	−	o	VE7RMS	VA7CC
Dawson Creek	146.9400	−	o	VE7RDC	VE7DSD
Fort Nelson	146.9400	−	o l	VE7VFN	FNARC
Fort St John	146.6400	−		VE7RSJ	VA7XX
Fort St John	147.2100	+		VE7RUC	VA7XX
Pouce Coupe	146.2500	+		VE7AGJ	VE7AGJ
SOUTH CENTRAL					
100 Mile House	146.7400	−	a	VE7SCQ	VE7GTH
Apex Mtn	146.9200	−	o l	VE7OKN	OCARC
Barriere	147.2400	+		VE7RTN	IPARN
Barriere	147.3000	+	e	VE7RTN	VE7PW
Barriere	147.3600	+	o	VE7LMR	VE7KDL
Barriere	147.3800	+	o	VA7RTN	VE7MOB
Blackpool	146.9000	−	o 100	VE7RBP	Wells Gray
Christina Lake	146.7600	−	o	VE7RCL	Grand Fork
Clearwater	146.9200	−	o	VE7RWG	Wells Gray
Clinton	146.6800	−	o	VE7RKL	IPARN
Clinton	147.3600	+	o	VE7LMR	VE7PW
Coquihalla	146.9800	−	123.0	VE7TYN	Kamloops A
Coquihalla	147.1000	+	o	VE7LGN	VE7FFK
Ellison	147.2600	444.7000	88.5	VA7UN	VA7UN
Ellison	147.2600	+	88.5	VA7UN	VA7UN
Granite Peak	146.7600	−	a	VE7RNH	Shuswap AR
Kamloops	146.8000	−	100	VE7TRU	VE7PW
Kamloops	146.9400	−	o	VE7DUF	Kamloops A
Kamloops	147.1800	+	o e	VE7KEG	VE7EFL
Kamloops	147.2400	+	o	VE7KIG	VE7LGF
Kamloops	147.3200	+	e l	VE7RLO	Kamloops A
Kelowna	146.6200	−	o a	VE7ROK	OCARC
Kelowna	146.6800	−		VE7OGO	OCARC
Kelowna	146.7000	−	e	VA7NBC	VA7UN
Kelowna	146.7200	−	o	VE7EJP	VA7UN
Kelowna	146.7800	−	o	VE7SFX	VE7EQN
Kelowna	146.8200	−		VE7ROC	OCARC
Kelowna	146.8400	−	88.5	VA7CNN	VA7UN
Kelowna	146.8600	−	88.5	VA7YLW	Orchard Ci
Kelowna	147.0000	+	l	VE7ROW	OCARC
Kelowna	147.1400	+	o	VE7VTC	VE7VTC
Kelowna	147.2400	+	o	VE7RIM	VE7KHQ/IPA
Kelowna	147.3000	+	e	VE7KTV	VA7UN

144-148 MHz
BRITISH COLUMBIA

Location	Output	Input	Notes	Call	Sponsor
Kelowna	147.3600	+		VA7JPL	VA7UN
Lillooett	147.3800	+	o	VE7TJS	Tyler Schw
Lone Butte	147.2200	+	88.5	VE7AZQ	VE7LX
Lytton	147.0600	+	o	VE7HGR	IPARN
Manning Park	147.0600	+	o	VE7MPR	IPARN
Merritt	146.6600	−	o	VE7IRN	IPARN
Merritt	147.0800	+	110.9	VE7RIZ	VE7RIZ
Monashee Pass	146.7400	−	123	VE7SMT	NORAC
Mt Avola	145.3500	−	o	VE7RBP	Wells Gray
Okanagan Shuswap	147.0600	+	o	VE7RNR	NORAC
Oliver	146.8000	−	88.5	VE7CJU	VE7CJU
Oliver	147.1600	+	100	VE7RBD	Oliver ARC
Oliver	147.3800	+	o	VE7ROR	OARC
Osoyoos	146.6600	−	o 156.7l	VE7OSY	KARTS
Osoyoos	146.9400	−		VE7STA	VA7UN
Osoyoos	147.1800	+	88.5	VE7OJP	VA7UN
Osoyoos	147.3400	+	o	VE7EHF	VA7WCN
Penticton	145.3500	−	88.5e	VE7TAJ	VE7CJU
Penticton	146.6400	−	● 77.0elp	VE7RCP	Penticton
Penticton	147.1200	+	o	VE7RPC	Penticton
Revelstoke	147.2000	+	l	VE7RJP	VE7UN
Salmon Arm	146.1600	+	a	VE7CAL	Shuswap AR
Salmon Arm	147.0200	+		VE7RSA	Salmon Arm
Shuswap	147.0800	+	o	VE7LIM	VE7DTN
Sicamous	145.4700	−	o	VE7QMR	VE7HMN
Silver Star	146.9000	−	123	VE7RHW	VE7HW/VE7O
Sorrento	146.6400	−		VE7RXX	VE7EHL
Sorrento	147.1400	+	o	VA7AHR	R.Hickman
Tappen	146.6400	−	lpr	VE7RAM	VE7LOG
Thompson Shuswap	147.0000	−	a	VE7RLD	Kamloops A
Valemont	146.6000	−	o	VE7YCR	Wells Gray
Vernon	146.8000	−	o	VE7EGO	NORAC
Vernon	146.8800	−		VE7RSS	NORAC
Vernon	147.0400	+	a	VE7RIP	NORAC
Vernon	147.2200	+	o	VA7VMR	VE7OHM
Westbank	147.2000	+	e	VE7CJU	VE7CJU

SOUTH EAST

Location	Output	Input	Notes	Call	Sponsor
Cranbrook	146.9400	−		VE7CAP	EKARC
Creston	146.8000	−	o	VE7RCA	CVARC
Fairmont Hot Springs	146.8500	−		VE7RIN	EKARC
Golden	147.1600	+	l	VE7DMO	East Koote
Grand Forks	146.9400	−	100el	VE7RGF	Grand Fork
Grand Forks	147.2800	+	el	VE7RGF	Grand Fork
Kimberley	145.1900	28.6000		VE7REK	EKARC
Kimberley	146.9400	−	o	VE7CAP	Ken MacDon
Kootenay Lake	147.0600	−		VE7BTU	WKARC

144-148 MHz
BRITISH COLUMBIA

Location	Output	Input	Notes	Call	Sponsor
Nakusp	146.9400	–	e	VE7RDM	VE7EDA
Nelson	146.6400	–		VE7RCT	WKARC
Revelstoke	146.7200	–		VE7RBG	OCARC
Rossland	147.1400	+	o	VE7OGM	Ben Peach
Sparwood	147.3000	+	100	VE7RSQ	Karl Ehrle
Trail	146.8400	–		VE7CAQ	BVARC
VANCOUVER ISLAND					
Alberni Valley	145.2900	–	141.3	VE7RTE	VE7TFM
Campbell River	146.7600	–	o	VE7XJR	VE7BMR
Campbell River	146.8200	–		VE7RVR	VE7DAY
Campbell River	146.9600	–		VE7CRC	VE7BMR
Chemainus	146.6800	–		VE7RNA	Cowichan V
Comox Valley	146.7800	–	141.3e	VE7RCV	Comox Vall
Courtenay	146.6200	–	141.3	VE7NIR	North Isla
Courtenay	146.9100	–	141.3	VE7RAP	Comox Vall
Duncan	145.4700	–	oa	VE7RVC	CVARS
East Sooke	145.4300	–	100	VE7RAH	Base ARC
Lund	147.0000	+	100.0	VA7LND	Powell Riv
Malahat	146.9800	–	o 123.0	VE7XMR	CERT-BC
Nanaimo	145.4300	–	141.3l	VA7DJA	NARA
Nanaimo	146.6400	–	l	VE7ISC	NARA
Nanaimo	146.9800	–	141.3	VE7TUB	NARA
Nanaimo	147.1800	+	o	VE7RBB	VE7PI
Parksville	145.3700	–	oa	VE7RPQ	Mid Island
Parksville	147.0800	+	o 141.3l	VE7PQU	ORCA
Parksville	147.2800	+	o 141.3ael	VE7PQA	ORCA
Parksville	147.3400	+	141.3	VE7MIR	MIRA
Port Alberni	147.1500	+	o	VE7RPA	Arrowsmith
Port Alberni	147.2400	+	o 141.3el	VE7KU	Arrowsmith
Port McNeil	146.9200	–	e	VA7RNI	North Isla
Port McNeil	146.9400	–	o	VE7RNI	North Isla
Powell River	147.2000	+	141.3	VE7PRR	Powell Riv
Saanich	145.2900	–	167.9e	VE7SER	Saanich EP
Saltspring Is	146.6600	–	100	VE7RMT	WARA
Saltspring Is	147.3200	+	o	VE7RSI	Friends of
Sayward	146.7000	–	o	VE7RNC	North Isla
Sooke	146.9800	–	103.5	VE7RWS	VE7ED
Sooke	147.2200	+		VE7RSK	Paul Johns
Sunshine Coast	147.2200	+	100.0l	VE7RXZ	VE7ALT
Tofino	146.8800	–	141.3	VE7TOF	Comox Vall
Tofino	147.0000	–	el	VE7RWC	Arrowsmith
Victoria	145.1300	–	114.8e	VE7US	CRERCC
Victoria	145.4100	–	103.5	VE7RSR	Victoria N
Victoria	146.8400	–	100	VE7VIC	WARA
Victoria	147.1200	+	100l	VE7RBA	VE7IA
Victoria	147.2400	+	el	VE7RFR	VE7DAT
Woss Lake	146.8800	–	o	VE7RWV	NIARS

144-148 MHz
MANITOBA

Location	Output	Input	Notes	Call	Sponsor
MANITOBA					
INTERLAKE					
Ashern	146.7000	–	O	VE4SHR	VE4KE
East Selkirk	146.7300	–	O	VE4SLK	SelkirkARC
Gimli	146.8500	–	Otae	VE4GIM	MANRS
Lundar	146.9700	–	Ol	VE4LDR	VE4GM
Teulon	145.4100	–	O	VE4TEU	ILARC
Woodlands	145.4300	–	Ol	VE4SIX	------------
NORTH					
Thompson	146.9400	–	#	VE4TPN	THOMPSON ARC
NORTHWEST					
Dauphin	146.6400	–	Oa	VE4DPN	DARC
Dauphin	147.0300	–	Ox	VE4BMR	MANRS
Flin Flon	146.9400	–	Ox	VE4FFR	FliFlonRC
Swan River	146.9400	–	Ol	VE4SRR	SWANRARC
The Pas	145.3500	–	O	VE4PAS	------------
SOUTH CENTRAL					
Austin	146.9100	–	O	VE4MTR	VE4RE
Basswood	145.1500	–	O 127.3	VE4BAS	VE4TOM
Bruxelles	146.8800	–	Olx	VE4HS	SWARC
Elie	147.2400	+	O 127.3	VE4RAG	VE4TOM
Morris	145.2700	–	Oae	VE4CDN	MANRS
Neepawa	147.2100	+	Oae	VE4NEP	MANRS
Portage	147.1650	+	O	VE4PTG	VE4KE
Winkler	145.1900	+	O	VE4VRG	WinklerARC
SOUTHEAST					
Falcon Lake	146.6400	–	Ol	VE4FAL	VE4AS
Hadashville	147.3600	+	Oers	VE4EMB	MANRS
Lac Du Bonnet	145.3700	–	Ox	VE4PIN	PARC
SOUTHWEST					
Brandon	146.7300	–	Oa	VE4TED	BrandonRC
Brandon	146.9400	–	Ox	VE4BDN	BrandonRC
Killarney	146.8500	–	Ox	VE4KIL	VE4RO
WEST CENTRAL					
Foxwarren	147.0600	+	Ol	VE4PCL	PCLRS
Russell	147.2400	+	Ol	VE4BVR	RARC
WINNIPEG					
Bird's Hill	146.8200	–	O	VE4INT	------------
Milner Ridge	145.2100	–	Oae	VE4MIL	------------
Starbuck	146.6100	–	Olrs	VE4MAN	MANRS
Winnipeg	145.2300	–	O 127.3	VE4ARC	------------
Winnipeg	145.3500	–	Oa	VE4WNR	VE4VE
Winnipeg	146.7600	–	O	VE4CNR	PMCStaff
Winnipeg	147.1200	+	Ol	VE4AGA	VE4AGA
Winnipeg	147.2700	+	O	VE4UMR	UMARS
Winnipeg	147.3000	+	Ol	VE4EDU	MANRS
Winnipeg	147.3300	+	O	VE4RRC	RedRvrCC
Winnipeg	147.3900	+	Olrsx	VE4WPG	MANRS
Winnipeg	147.7800	–	●	VE4WDX	WnpgDXClb

144-148 MHz NEW BRUNSWICK

Location	Output	Input	Notes	Call	Sponsor
NEW BRUNSWICK					
ACADIEVILLE					
Acadieville	145.4300	–	Oel	VE9ACD	IRG
BATHURST					
Allardville	147.3150	+	Oel	VE1BRD	IRG
BELLEDUNE					
Elmtree	145.4100	–	Oel	VE9ELM	IRG
CAMPBELLTON					
7 Mile Ridge	147.3900	+	Oel	VE9VDR	IRG
Campbellton	146.6550	–	O	VE9CTN	VE2FXM
Campbellton	146.9550	–	O	VE9SMR	VE2FXM
DALHOUSIE					
Dalhousie	145.3900	–	O	VE9LED	-----------
Dalhousie	145.4900	–	O	VE9DNB	VE9YN
Dalhousie	146.9700	–	O	VE9MDM	-----------
DOAKTOWN					
Doaktown	146.9100	–	Oel	VE1XI	IRG
EDMUNDSTON					
Edmundston	147.3000	+	Ol	VE9TMR	CRAM
Riceville	145.1300	–	Oel	VE9RCV	IRG
FREDERICTON					
Crabbe Mtn	146.7600	–	Oel	VE1PD	IRG
Fredericton	146.6550	–	O/123.0 L(446.650)p	VE9CWM	VE9HAM
Fredericton	147.1200	+	Oael	VE1BM	IRG
Fredericton	147.1650	+	O 123.0	VE9FTN	VE1KO
Fredericton	147.2550	+	O 123.0	VE9HAM	VE9HAM
Fredericton	147.3000	+	OL(IRLP)	VE9FNB	FARC
Fredericton	147.3600	+	O	VE9DGP	VE9AI
FUNDY					
Fundy Park	145.1700	–	Ol	VE9TCF	-----------
MINTO					
Minto/Chipman	145.1900	–	O	VE9GLA	-----------
MIRAMICHI					
Chapin Is Rd	147.1500	+	Oel	VE9MIR	IRG
Newcastle	146.7300	–	O	VE1NCW	VE1DAB
MONCTON					
Moncton	146.8800	–	O	VE1RPT	VE1NU
Moncton	147.0900	+	Oel	VE1MTN	IRG
Moncton	147.3450	+	OL(IRLP)	VE9TCR	TCARC
PERTH					
Kintore Mtn	147.0600	–	Oel	VE9KMT	IRG
SACKVILLE					
Fairfield	145.2300	–	Oel	VE9SKV	IRG
SAINT JOHN					
Grove Hill	145.3300	–	Oel	VE9STM	IRG
Hampton	145.1300	–	O	VE9HPN	LCARC
Otter Lake	147.3900	+	O	VE9PSA	VE1BAC
Saint John	145.1100	–	O	VE9SNB	VE9SNB

350 144-148 MHz
NEW BRUNSWICK-NEWFOUNDLAND AND LABRADOR

Location	Output	Input	Notes	Call	Sponsor
Saint John	146.8200	−	O	VE9STJ	IRG
Saint John	147.2700	+	O/100.0e L(IRLP)	VE9SJN	LCARC
Spruce Lake	146.8950	−	O	VE9SJW	LCARC
SHEDIAC					
Shediac	147.2250	+	Ol	VE9SBR	SBRG
Shediac	147.3750	+	O	VE9DRB	------------
ST LEONARD					
St Leonard	145.3500	−	OlBl WX	VE9STL	IRG
ST QUENTIN					
St Quentin	145.2300	−	Oel	VE9SQN	IRG
St Quentin	145.4500	−	O	VE9MIK	VE1MIK
ST STEPHEN					
Pleasant Ridge	146.7000	−	Oel	VE1BI	IRG
STANLEY					
Stanley	147.0300	+	Oe	VE9NRV	IRG
SUSSEX					
Scotch Mtn	146.6100	−	Ol	VE9SMT	IRG
TRACADIE					
Pokemouche	147.0300	+	O	VE1AZU	VE1BKU
St Isidore	146.7000	−	Oel	VE9SID	IRG
Tracadie	145.4700	−	O	VE9CR	------------
WOODSTOCK					
Skiff Lake	145.3700	−	Oe	VE9IRG	IRG
Woodstock	146.9700	−	Oa	VE9CCR	CCARC
Woodstock	147.1800	+	O	VE9TOW	CARC

NEWFOUNDLAND AND LABRADOR
AVALON EAST

Location	Output	Input	Notes	Call	Sponsor
Cape Pine	147.1200	+	O	VO1CPR	ILARC
Ferryland	147.2800	+	O	VO1CQD	ILARC
Holyrood	146.7600	−	Oal	VO1BT	SONRA
Mount Pearl	146.8800	−	OL(EIRLP)	VO1CGR	VO1VCP
Portugal Cove South	147.0300	+	O	VO1ILR	ILARC
St John's	146.7900	−	OL(IRLP)	VO1AAA	SONRA
St John's	146.9400	−	tTtel	VO1GT	SONRA
St John's	147.3450	+	O	VO1RCR	AVRAC
Transportable	146.6100	−	ep	VO1RNC	VO1RWT
Transportable	147.0000	−	ep	VO1NET	VO1EMO
AVALON WEST					
Heart's Content	146.9700	−	O	VO1TCR	BARK
Heart's Content	147.3000	+	O	VO1TBR	UTARC
New Harbour	147.0900	+	L(IRLP)	VO1PCR	VO1BIL
Placentia	146.6400	−	O	VO1AWS	VO1ANJ
Placentia	146.8200	−	OL(IRLP)	VO1ARG	PARA
Placentia	147.0100	+	OL(ECHO)	VO1PAR	PARA
Sunnyside	147.2200	+	O	VO1PBR	VO1IRA
Transportable	147.0000	−	ep	VO1NET	VO1EMO

144-148 MHz
NEWFOUNDLAND AND LABRADOR-NOVA SCOTIA

Location	Output	Input	Notes	Call	Sponsor
BURIN PEN					
Marystown	146.8500	–	L(EIRLP)	VO1MST	VO1EE
Transportable	147.0000	–	ep	VO1NET	VO1EMO
CENTRAL NF					
Botwood	147.3850	+	O	VO1BOT	VO1AJ
Eastport	147.3850	+	OL(E)	VO1ISR	VO1ISR
Gander	146.8800	–	Oa	VO1ADE	ARCON
Gander	147.1800	+	Ol	VO1GLR	ARCON
Grand Falls	146.6000	–	O	VO1HHR	VO1HHR
Grand Falls	146.7600	–	Oal	VO1JY	EVARC
Lewisporte Junction	147.3200	+	Ol	VO1LJR	ARCON
Shoal Hr	146.6600	–	Ol	VO1SHR	ARCON
Transportable	147.0000	–	ep	VO1NET	VO1EMO
LABRADOR					
Goose Bay	146.3400	+	O	VO2GB	GARS
Labrador City	146.9400	–	O	VO2KG	HOWL
Labrador City	147.7600	–	Oa	VO2LMC	HOWL
Transportable	147.0000	–	ep	VO1NET	VO1EMO
WESTERN AVALON					
Carbonear	147.9850	–	O#	VO1FRR	Dean Penny
WESTERN NF					
Baie Verte	146.9700	–	O	VO1BVR	BVARC
Corner Brook	147.3600	+	Ol	VO1MO	HUMBARS
Ramea	147.2800	+	O	VO1RIR	VO1UG
St Anthony	147.9600	–	O	VO1GNP	SAARA
Transportable	147.0000	–	ep	VO1NET	VO1EMO

NORTHWEST TERRITORIES

Location	Output	Input	Notes	Call	Sponsor
FT RAE					
Ft Rae	145.1500	–	O	VE8RAE	Yellowknife ARS
YELLOWKNIFE					
Yellowknife	146.9400	–	O L(224.940/224.340)	VE8YK	Yellowknife ARS

NOVA SCOTIA

Location	Output	Input	Notes	Call	Sponsor
AMHERST					
Amherst	147.2850	+	OL(IRLP)	VE1WRC	WCARC
ANTIGONISH					
Antigonish	146.8200	–	Oel	VE1RTI	AARC
BARRINGTON					
Barrington Passage	146.8800	–	O	VE1JNR	VE1MM
French Lake	147.2550	+	Ol	VE1OPK	SCARC
BRIDGETOWN					
Bridgetown	147.0600	–	Oel	VE1BO	NSARA
BRIDGEWATER					
Bridgewater	147.1200	+	OL(IRLP)	VE1KIN	LCARC
Italy Cross	147.0900	+	Oal	VE1VL	LCARC

144-148 MHz
NOVA SCOTIA

Location	Output	Input	Notes	Call	Sponsor
CHESTER					
Sherwood	147.3300	+	**O**el	VE1LUN	LCARC
DARTMOUTH					
Dartmouth	147.1500	+	**O**ae	VE1DAR	DARC
DIGBY					
Digby	147.0150	+	**O**e	VE1AAR	FARC
EAST KEMPTVILLE					
East Kemptville	147.1050	+	**O**	VE1EKV	------------
FREDERICTON					
Oromocto	145.3100	–	**O**e	VE9OPH	Hospital
GREENFIELD					
Granite Village	147.3600	+	**O**	VE1BBY	QCARC
GREENWOOD					
Greenwood	145.2100	–	**O**l	VE1VAL	VE1II
Greenwood	147.2400	+	**O**L(IRLP)	VE1WN	GARC
GUYSBOROUGH					
Lundy	146.7000	–	**O**e	VE1GYS	AARC
HALIFAX					
BeaverBank	147.0450	+	**O**e	VE1MTT	TPARC
Halifax	146.9400	–	**O**/82.5e L(IRLP)	VE1HNS	HARC
Halifax	147.2700	+	**O**el	VE1PSR	HARC
Hammonds Plains	146.6850	–	**O**el	VE1PKT	VE1YZ
HFX Airport	146.9700	–	**O**el	VE1CDN	VE1YZ
HALIFAX-ALL NS					
Halifax	145.2500	–	**O**ep	VE1ECT	VE1AJP
Halifax Portable	145.4100	–	**O**ep	VE1HRM	VE1AJP
INVERNESS					
Kiltarlty Mtn	146.7300	–	**O**el	VE1KIL	------------
KEJIMIKUJIK					
Kejimikujik Nat Park	147.1950	+	**O**eE-SUNI	VE1KEJ	QCARC
KENTVILLE					
Glenmount	147.1800	+	**O**ael	VE1AEH	KCARC
LIVERPOOL					
Liverpool	147.0600	+	**O**	VE1QW	QCARC
Liverpool	147.3000	+	**O**ael	VE1VO	QCARC
Middlefield	147.3900	+	**O**	VE1AVA	QCARC
LOCKEPORT					
Lockeport	145.1500	–	**O**	VE1LFD	------------
MUSQUODOBOIT					
Musquodoboit Hrbr	147.0300	+	**O**el	VE1MHR	ESARC
NEW GERMANY					
Church Lake	145.2900	–	**O**	VE1DSR	DSTAR
NEW GLASGOW					
Pictou	146.7600	–	**O**el	VE1HR	PCARC

144-148 MHz
NOVA SCOTIA-ONTARIO

Location	Output	Input	Notes	Call	Sponsor
PARRSBORO					
Parrsboro	145.4700	–	**O**E-SUNl	VE1PAR	VE1BXK
Parrsboro	146.7450	–	**O**l	VE1NET	VE1BXK
SHEET HARBOUR					
Sheet Harbour	145.4500	–	**O**el	VE1ESR	ESARC
SHELBURNE					
Middle Ohio	146.6100	–	**O**ael	VE1SCR	SCARC
SHERBROOKE					
Sherbrooke	145.3900	–	**O**el	VE1SAB	ESARC
SPRINGFIELD					
Springfield	146.8350	–	**O**el	VE1LCA	LCARC
SPRINGHILL					
Lynn Mtn	147.0000	–	**O**el	VE1SPR	VE1ZX
Springhill	146.8050	–	**O**el	VE1SPH	WARC
Sugarloaf	145.3500	–	**O**eL(IRLP) WX	VE1BHS	VE1ZX
ST PETERS					
Oban	147.1050	+	**O**l	VE1OBN	NSARA
SYDNEY					
Cape Smokey	147.2400	+	**O**ael	VE1CBI	------------
Glace Bay	147.3900	+	**O**	VE1QSL	VE1APE
Rear Boisdale	146.8800	–	**O**el	VE1HAM	------------
Sydney	146.6100	–	**O**el	VE1CR	SARC
Sydney	146.9400	–	**O**a	VE1HK	SARC
Sydney	146.9700	–	**O**	VE1QRZ	VE1APE
TRURO					
Harmony	147.1350	+	**O**L(IRLP)	VE1HAR	VE1II
Nuttby Mtn	146.7900	–	**O**el	VE1XK	TARC
Nuttby Mtn	147.2100	+	**O**e	VE1TRO	TARC
WINDSOR					
Gore	146.6400	–	**O**e	VE1OM	TPARC
Windsor	146.9100	–	**O**	VE1HCA	HCARC
YARMOUTH					
Yarmouth	146.7300	–	**O**eL(IRLP)	VE1YAR	YARC
Yarmouth	146.8650	–	**O**es	VE1LN	EMO
ONTARIO					
CENTRAL					
Barrie	147.0000	+	**O** 156.7e	VE3RAG	BARC
Barrie	147.1500	+	**O** 127.3as	VE3KES	VE3OKS
Berkeley	145.2900	–	**O** 156.7e	VA3CAX	RARC
Dwight	145.2700	–	**O** 156.7e L(IRLP ECHOLINK COARC)	VE3MUS	VE3MUS
Dwight	146.7750	–	**O** 156.7e L(IRLP ECHOLINK)	VE3MUS	VE3MUS
Dwight	146.8200	–	**O** 156.7e L(IRLP ECHOLINK COARC)	VE3MUS	VE3MUS
Edgar	146.8500	–	**O** 156.7e	VE3LSR	LSRA
Edgar	147.3150	+	**O** 156.7e L(IRLP)	VE3LSR	LSRA

144-148 MHz
ONTARIO

Location	Output	Input	Notes	Call	Sponsor
Edger	147.2850	+	O 156.7e L(ANALOG & P25)	VA3IMB	-------
Keswick	147.2250	+	O 118.8e L(IRLP)	VE3YRC	YRARC
Lions Head	146.7150	−	O 156.7e	VE3CAX	RARC
Midland	146.9100	−	OL(ULR)	VE3UGB	SGBARC
Orillia	146.6550	−	O 156.7 L(ECHOLINK)	VA3OPS	-------
Orillia	147.2100	+	O 156.7	VE3ORR	OARC
Parry Sound	145.4900	−	OaL(IRLP) WX	VE3RPL	PARRA
Port Sydney	146.8650	−	O 156.7	VA3MRR	MRG
Sarnia	146.9550	−	O(CA)e L(IRLP)	VE3WHO	-------
Shelburne	146.6850	−	O 88.5 (CA) eL(VE3ULR) WX	VE3ZAP	-------
CENTRAL EAST					
Colborne	147.1650	+	O 162.2	VE3RTY	-------
Dysart Township	147.1050	+	Oe	VA3LTX	-------
Essonville	147.2400	+	Oae L(IRLP ECHOLINK TFMCS)	VE3TBF	TBFRA
Haliburton	145.2100	−	O 162.2	VA3MIN	VHARA
Lindsay	147.1950	+	Oe L(IRLP ECHOLINK)	VE3LNZ	VHARA
Minden	147.0750	+	O 162.2 (CA) L(443.55)	VE3VHH	-------
Omemee	147.0900	+	O 162.2	VA3OME	-------
Oshawa	147.1200	+	O 156.7	VE3OSH	NSARC
Peterborough	146.6250	−	O(CA)el	VE3PBO	PARC
CENTRAL WEST					
Kincardine	146.6100	−	Oe	VE3TIV	BRUCE ARC
Meaford	146.8950	−	O 156.7e L(VE3OSR)	VE3GBT	GBARC
Owen Sound	146.6400	−	O 156.7	VA3YOS	-------
Owen Sound	146.9400	−	Oae L(146.895)	VE3OSR	GBARC
Paisley	146.7300	−	O 97.4 L(IRLP)	VE3XTX	-------
FRONTENAC/LENNOX-ADDINGTON					
Clarendon Station	147.0900	+	O 151.4/151.4#es	VE3KAR	KARC
Kingston	146.7750	−	O	VE3KNR	Kingston ARES
Kingston	146.8050	−	O 151.4/151.4	VE3FRG	Frontenac ARES
Kingston	146.9400	−	L(I 2750)sx	VE3KBR	KARC
HASTINGS					
Eldorado	145.4100	−	O 118.8/118.8 (CA)e	VA3SDR	Tri-County ARC

144-148 MHz — ONTARIO

Location	Output	Input	Notes	Call	Sponsor
HASTINGS/PRINCE EDWARD					
Bancroft	147.2850	+	O/118.8ae WX	VA3FOY	VE3ATP
Belleville	146.9850	−	/118.8 L(l 2090)s	VE3QAR	QARC
Mcarthur Mills	147.1800	+	OE-SUN L(442.700 +)	VA3PLA	Planica ARC
Picton	146.7300	−	O/118.8	VE3TJU	PERC
Stockdale	147.0150	+	91.5/91.5	VE3TRR	VA3CAF
Tweed	145.3700	−	(CA)e L(KJG/I 2947)sx	VE3RNU	VE3LCA
LANARK/LEEDS-GRENVILLE					
Almonte/Union Hall	147.2400	+	O 100.0/100.0	VA3ARE	Almonte ARC
Brockville	146.8200	−	O 100.0/100.0 L(444.000 E.)x	VE3IWJ	VA3TN
Christie Lake	145.2300	−	151.4/151.4 L(KJG/I 2947)	VA3TEL	VE3LCA
Kemptville	146.8500	−	151.4/151.4	VE3KPT	VA3WHS
Lansdowne	146.6250	−	100.0/100.0 s	VA3LGA	LGARES
Lavant	146.6400	−	A(*74 / #)e L(RNU/I 2947)sx	VE3KJG	VE3LCA
Mount Pakenham	145.3300	−	110.9/110.9 (CA)eL(I2018)	VE2REH	ARAI
Perth	146.9550	−	L(KJG)ps	VE3GWS	Lanark North Lee
Smiths Falls	147.2100	+	/100.0a	VE3RLR	RLARC
Toledo	146.8650	−	a	VE3HTN	HTMLUG
METRO TORONTO					
Ajax	147.3750	+	OeL(IRLP)	VE3SPA	SPARC
Ballantrae	145.4700	−	O 103.5e L(CANWARN)	VE3ULR	VE3ULR RA
Ballantrae	147.3300	+	O 103.5 (CA) L(IRLP COARC)x	VA3BAL	COARC
Baltimore	145.1500	−	O 186.2 L(CANWARN)	VE3RTR	VE3ULR RA
Brampton	146.8800	−	Oe L(443.550) WX	VE3PRC	PARC
Grand Valley	146.8350	−	O 103.5	VE3POR	----------
Inglewood	146.7000	−	O 103.5	VE3RDP	PARC
King City	145.3100	−	O 103.5 L(IRLP ECHOLINK)	VE3GSR	VE3GSR
King City	145.3500	−	O 103.5e	VE3YRA	YRARC
King City	146.6100	−	O 103.5e WX	VE3WAS	----------
Mississauga	145.4300	−	O 103.5 (CA)e	VE3MIS	MARC
Mississauga	145.4500	−	O 85.4	VE3YPL	----------
Scarborough	146.7450	−	O 131.8	VA3RTC	----------

356 144-148 MHz
ONTARIO

Location	Output	Input	Notes	Call	Sponsor
Scarborough	146.9400	−	O 103.5	VE3TOR	ETRG
Toronto	145.1100	−	O 82.5	VE3WOO	------------
Toronto	145.1300	−	O 103.5e L(GTU)	VA3GTU	------------
Toronto	145.2300	−	O 103.5l	VE3OBN	SSPBD
Toronto	145.3700	−	O 103.5e L(CANWARN)	VE3CTV	CTV ARC
Toronto	145.4100	−	O 103.5e L(TFM IRLP)	VE3TWR	TFMCS
Toronto	146.9850	−	OL(IRLP)	VE3SKY	SARC
Toronto	147.1800	+	O 103.5e L(VE3YRC)	VE3YRK	------------
Toronto	147.2700	+	O	VE3TNC	------------
Uxbridge	146.6700	−	O 67.0	VE3PIC	PRA
Uxbridge	147.0600	+	O 103.5e L(IRLP TFM)z	VE3RPT	TFMCS
Whitby	146.9700	−	O 156.7e	VA3SUP	------------
Whitby	147.1500	+	O 103.5e	VE3WOM	WARC
NATIONAL CAPITOL REGION					
Cumberland	145.2100	−	O 77.0/77.0 es	VA3EMV	EMRG
Ottawa	145.1900	−	al	VA3OTW	SARC
Ottawa	145.4500	−	/151.4 A(*#) eL(I2596)	VE3RIX	MARG
Ottawa	146.6700	−	136.5sx	VA3EMV	EMRG
Ottawa	146.7000	−	136.5/136.5 L(I 2210)x	VE3TST	VE3HXP
Ottawa	146.7900	−	/156.7a	VA3LCC	Cite Collegiale
Ottawa	146.8800	−	/136.5ps	VA3EMV	EMRG
Ottawa	147.0300	−	/100.0	VE3TEL	PARC
Ottawa	147.1500	+	O 100.0/100.0aeL(444.400 +)	VE3MPC	RCMP EOG
Ottawa	147.3000	+	/100 A(*123/#) L(444.2/53.03)	VE3TWO	OVMRC
Ottawa (E/W)	146.9850	−	123.0/123.0 s	VA3EMV	EMRG
Ottawa area	145.1100	−	/136.5ps	VA3EMV	EMRG
NIAGARA					
Dunnville	147.0750	+	O 107.2e	VE3HNR	DARC
Fonthill	147.3000	+	O 107.2e L(IRLP)	VE3WCR	NPARC
Ridgeway	147.1650	+	O 107.2e L(TFM) RB	VE3RAC	------------
Thorold	145.1900	−	O 107.2 L(VE3RAF)	VE3RAF	RAFMARC
Thorold	147.2400	+	O 107.2 (CA)e	VE3NRS	NPARC
NIPPISSING					
Madawaska	147.2550	+		VA3RRR	------------

ONTARIO

Location	Output	Input	Notes	Call	Sponsor
NORTHEASTERN ONTARIO					
Cobalt	146.9700	–		VE3TAR	------------
Driftwood	147.3600	+	L(VE3AA)	VE3XAA	------------
Elliot lake	147.0000	+	a	VE3TOP	Elliot Lake ARC
Gogama	146.6100	–	L(VE3AA)	VE3OPO	------------
Hearst	146.7000	–	a(CA) Z(911)	VA3YHF	------------
Hearst	146.9400	–	a	VA3GJY	------------
Heyden	145.5700	–	O 100.0/100.0 E-WINDl	VE3SNS	SN Cluster
Kagawong	146.6700	–	Oex	VE3LTR	MARC
Kapuskasing	146.6400	–	a	VE3KKC	------------
Kapuskasing	146.9400	–		VE3NWA	------------
Kirkland lake	146.8800	–		VE3KLR	------------
Little Current	145.3100	–	O 156.7/156.7elx	VE3RXR	VE3AJB
Little current	146.6700	–		VE3LTR	------------
Little Current	147.2700	+	OaesWxx	VE3RMI	------------
Little Current	147.2700	+	a	VE3RMI	MARC
Mattawa	145.4100	–		VE3EOR	------------
Mattawa	147.1500	+		VE3NBR	------------
Montreal r hbr	145.2100	–	L(442.650)	VA3SNR	------------
Powassan / north bay	145.1100	–	a(CA)l	VE3NFM	------------
Ramore	147.2100	+	L(VE3AA)	VE3TIR	------------
Richards landing	146.8800	–	L(442.650)	VE3SJI	------------
Sault Ste Marie	146.9400	–	az	VE3SSM	------------
Sault Ste Marie	147.0600	–		VE3SAP	------------
Sault Ste Marie	147.1500	–	a	VE3YAK	------------
Sudbury	146.7000	–	a	VE3JPF	------------
Sudbury	147.0600	–		VE3SRG	------------
Sudbury	147.0900	+		VA3SRG	------------
Sudbury	147.3900	+		VE3RKN	------------
Temagami	146.9100	–	O	VE3TEM	------------
Timmins	147.0600	+	l	VE3AA	------------
Valley east	147.1200	+		VE3VLY	------------
Wawa	146.9400	–	a	VE3WAW	------------
NORTHWESTERN ONTARIO					
Atikokan	147.1200	+		VE3RIB	------------
Blackhawk	147.0600	+	l	VE3RBK	------------
Dryden	147.2400	+	O	VE3DRY	DARRC
Dryden	147.2550	+	aez	VE3DRY	------------
Ear falls/red lake	147.0000	+		VE3RLD	------------
Fort Frances	146.8200	–	al	VE3RLC	------------
Fort Frances	147.0600	–		VE3FHS	------------
Geraldton	147.9000	–	a	VE3GLD	------------
Ignace	146.5200	146.5200	O	VE3XAK	WARG
Kenora	146.9100	–	a	VE3YQK	------------
Kenora	147.0300	–	al	VE3LWR	------------

144-148 MHz
ONTARIO

Location	Output	Input	Notes	Call	Sponsor
Longlac	147.0600	−		VE3LLT	------------
Sioux lookout	146.8500	−		VE3YXL	------------
Sioux narrows	146.9400	−	al	VE3RSN	------------
Thunder bay	146.8200	−	az	VE3TBR	------------
Thunder bay	146.9400	−		VE3WNJ	------------
Thunder bay	147.0600	−	a L(VE3TBB)	VE3YQT	------------
Thunder Bay	147.2700	+	●	VE3RUM	------------
Thunderbay	145.4500	−	O	VE3BGA	VE3OJ
Upsala	145.4700	−	aL(147.060)	VE3TBB	------------
PRESCOTT-RUSSELL					
Alfred	145.4700	−	O 110.9/110.9ae L(I 2115)sx	VA3PRA	PR ARES
Embrun	147.1950	+	O 110.9/110.9e	VE3EYV	VE3GF
Hammond	147.3300	+	O 110.9/110.9ls	VE3PRV	PR ARES
RENFREW					
Bissett Creek	147.1200	+	A(#22/#) L(146.760)sx	VE3ZBC	RCARC
Foymount	145.4300	−	L(147.000)	VE3UCR	RCARC
Mt St Patrick	147.0600	−	114.8x	VE3STP	CRRA
Pembroke	146.7600	−	/100.0 A(*22/#) L(ZBC/ I 2520)	VE3NRR	RCARC
Pt Alexander	146.7900	−	sx	VA3RBW	RCARC
Renfrew	146.9100	−	114.8/114.8 L(E 131218)x	VE3ZRR	ZRRRG
SOUTH					
Acton	147.0300	+	Os	VE3RSS	------------
Brantford	145.2700	−	O(CA)e	VE3MBX	BLPG
Brantford	147.1500	−	Oe	VE3TCR	BARC
Burlington	147.2100	+	O 131.8e	VE3RSB	BARC
Cambridge	146.7900	−	O 131.8e	VE3SWR	SWARC
Carlisle	146.7150	−	O 131.8 L(ERA)	VEWIK	------------
Georgetown	147.1350	+	O 131.8ae L(IRLP)	VE3OD	HARC
Goring	147.1050	+	O 156.7e L(ERA)	VE3MBR	ERA
Greens Corner	147.2250	+	O 131.8e	VE3BIC	------------
Guelph	145.2100	−	Oesz	VE3ZMG	G.A.R.C.
Kitchener	146.8650	−	O 131.8ez	VE3RCK	KWARC
Kitchener	146.9700	−	O 131.8	VE3KSR	KWARC
New Dundee	145.3300	−	O 131.8e	VE3RND	------------
Oakville	147.0150	+	O(CA)e	VE3OAK	OARC
Simcoe	146.9250	−	O 131.8e L(IRLP)	VE3SME	NARC
Waterloo	147.0900	+	O 131.8 (CA) L(IRLP)	VE3WFM	------------

ONTARIO

144-148 MHz

Location	Output	Input	Notes	Call	Sponsor
SOUTHWEST					
Chatham	147.1200	+	O 100.0ael WXz	VE3KCR	CKARC
Dorchester	147.2400	+	O	VE3NDT	------------
Goderich	146.9100	−	O 123.0	VE3OBC	SRAR
Goderich	147.0300	−	O 123.0	VE3GOD	BWRC
Goderich	147.1950	+	O 123.0e	VE3DFJ	SRARC
Grand Bend	146.7600	−	Oe	VE3RGB	GBRA
Ingersoll	145.1700	−	O 114.8e	VA3PLL	PCARC
Ingersoll	147.2700	+	O 114.8	VE3OHR	OCARC
Ipperwash	146.9400	−	O 114.8 (CA) L(VE3SUE)	VE3TCB	SORT
Leamington	147.3000	+	O	VE3TOM	SPARC
London	145.3900	−	O 114.8	VA3MGI	LARC
London	145.4500	−	O 114.8 L(CANWARN) WX	VE3OME	------------
London	147.0600	+	O 114.8e	VA3LON	LARC
London	147.1800	+	O 114.8e L(VE3SUE ECHOLINK)	VE3TTT	SORT
London	147.3600	+	O 114.8	VE3ISR	------------
Lucan	147.0000	+	O 114.8	VE3MCR	MCRA
McGregor	145.4100	−	O 118.8	VE3EOW	ARES WX
Mitchell	147.2850	+	O 114.8e L(VE3RFC) WX	VE3XMM	FCARC
Paris	145.4900	−	O 131.8e	VE3DIB	------------
Richmond	145.2300	−	O 131.8 L(IRLP)	VE3XXL	------------
Sarnia	145.3700	−	O 123.0e	VE3SAR	LCRC
Sarnia	146.9550	−	O 118.8 (CA)eL(442.350 IRLP)	VE3WHO	------------
St Marys	147.3750	+	O 114.8	VE3SDF	SMARC
Stratford	145.1500	−	O 114.8el	VE3RFC	FCARC WX
Windsor	145.3900	−	O(CA)	VE3SXC	WART
Windsor	145.4700	−	O 118.8e L(444.5)	VE3RRR	WARC
Windsor	147.0600	+	O 118.8ae L(IRLP)	VE3III	SPRARC
STORMONT-DUNDAS-GLENGARRY					
Cornwall	145.1700	−	a(CA)	VE3YGM	VE3IGM
Cornwall	147.1800	+	110.9/110.9 aL(443.650)	VE3SVC	------------
Iroquois	145.2900	−	123.0/123.0 a	VE3IRO	IARG
Moose creek	145.3700	−		VE3OJE	EOVHFRG
Winchester	146.9700	−	O 100.0/100.0	VA3NDC	Iroquois ARC

360 144-148 MHz
PRINCE EDWARD ISLAND-QUEBEC

Location	Output	Input	Notes	Call	Sponsor
PRINCE EDWARD ISLAND					
CAVENDISH					
Cavendish	145.1500	–	Ol	VY2PEI	VY2RU
CENTRAL					
Glen Valley	146.7150	–	Ol	VE1UHF	VE1AIC
CHARLOTTETOWN					
Charlottetown	146.6700	–	Oae L(IRLP)	VE1CRA	VE1AIC
Charlottetown	147.3900	+	O	VY2CRS	CARC
Stratford	147.2550	+	Oel	VY2VB	VY2ROB
MONTAGUE					
Montague	147.1650	+	Oel	VY2EKR	VY2ROB
OLEARY					
OLeary	147.1200	+	Oel	VY2CFB	SPARC
SUMMERSIDE					
Summerside	146.8500	–	Oae L(IRLP) WX	VE1CFR	SPARC
QUEBEC					
Albanel	147.3700	+	Oe	VA2TFL	VE2EFQ
Alma	146.6700	–	O	VE2RCA	VE2CRS
Alma	147.0000	–	O	VE2CVT	VE2CVT
Alma	147.0400	+	O	VA2RIT	VE2TMR
Alma	147.2700	+	O	VE2RVX	VE2DIA
Alma	147.2800	+	O	VE2RPJ	VE2JMP
Alma	147.3600	+	O	VE2LPO	VE2XCP
Amos	147.1500	+	O	VE2RAZ	VE2MLS
Anse St-Jean	146.7700	–	85.4x	VA2RUA	VA2BCA
Arthabaska	147.1400	+	O	VE2RBF	VE2FQG
Arvida	145.3700	–	O 127.3	VE2RAL	VE2FIX
Baie-Comeau	145.2300	–	Oe	VA2RRB	VE2FAZ
Baie-Comeau	146.8200	–	Oex	VA2RSP	VE2FAZ
Baie-Comeau	146.9700	–	Oex	VE2RMH	VE2FAZ
Baie-Comeau	147.0400	+	Oe	VA2LMH	VE2FAZ
Baie-Comeau	147.3000	+	Oex	VE2RBC	VE2FAJ
Baie-Comeau	147.3900	+	Oex	VE2RDE	VE2FAZ
Baie-Johan-Beetz	146.9400	–	O	VE2RJI	VE2AGT
Baie-Trinité	145.4700	–	Oe	VA2RBT	VE2FAZ
Beloeil	147.1600	+	Oe	VE2RGB	VE2GAB
Black Lake	145.1300	–	O 100e	VE2RVA	VE2LES
Blainville	145.4500	–	O 103.5ae	VE2RMR	VE2DJE
Blainville	146.8200	–	136.5p	VE2THE	VE2THE
Blainville Nord	146.8200	–	O 103.5	VE2RNO	VE2THE
Boucherville	145.2500	–	O 103.5	VE2MRQ	VE2MRI
Buckingham	145.4900	–	O 110.9ex	VE2REG	VE2ZVL
Cantley	147.1900	+	O 110.9	VE2MDC	VE2GUY
Cap-à-L'aigle	145.2900	–	O	VA2RKT	VE2CSQ
Cap-de-la-Madeleine	145.7400	145.7400	O 136.5	VE2RBN	VE2MTE

QUEBEC

Location	Output	Input	Notes	Call	Sponsor
Carleton	147.0600	147.7600	x	VE2RXT	VE2FWZ
Causapscal	145.1300	144.6300	O	VE2RTF	VA2DD
Chambord	146.6400	–	O	VE2RVP	VE2SV
Chandler	146.8500	–	Oex	VE2CGR	VA2CEY
Charlesbourg	147.1800	+	O 100e	VA2UX	VE2YSU
Chibougamau Chapais	147.3900	+	O	VA2RRC	VE2PR
Chicoutimi	144.3900	144.3900	O	VE2CCD	VE2CCD
Chicoutimi	145.0900	145.0900	O	VE2SAY	VE2JHG
Chicoutimi	145.2300	–	O	VE2RHS	VA2CRR
Chicoutimi	145.4300	–	O	VE2RMI	VE2MDH
Chicoutimi	147.0700	+	127.3x	VE2RCI	VE2BLM
Chicoutimi	147.1200	+	O	VE2RCC	VE2CRS
Chicoutimi	147.3000	+	Oe	VE2RPA	VE2SV
Chicoutimi - Portatif	147.1800	+	Op	VE2RCF	VE2CRS
Chute des passes	147.2700	+	Oe	VE2RFN	VE2FNN
Coaticook	147.3600	–	O 118.8	VE2RDM	VE2DPD
Contrecoeur	145.3500	–	O 141.3	VE2CKC	VE2AN
Coupe du ciel	147.0300	+	127.3 E-SUN	VE2RKJ	VA2CRR
Covey Hill	144.0000	144.0000	O 100e	VA2REX	VE2JT
Covey Hill	147.2100	+	O	VE2RBV	VE2BCM
Dolbeau	146.7000	–	O	VE2RCD	VE2CRS
Donnacona	145.3300	–	O 100e	VE2RBJ	VE2SBR
Drummondville	146.6200	–	O 110.9	VE2RDL	VE2CRD
Drummondville	146.8300	–	O 110.9	VA2RCQ	VE2ZDB
Drummondville	147.0900	+	O 110.9	VE2RDV	VE2CRD
Fermont	146.8200	–	Oex	VE2RGA	VE2ACP
Fire Lake	147.0600	+	Ox	VE2RGF	VE2ACP
Fleurimont	146.8900	–	O	VA2LGX	VE2LGX
Forestville	146.7000	–	O 151.4 (CA)e	VE2RLI	VE2VD
Forestville	146.9100	–	O 151.4 (CA)e	VE2RFG	VE2VD
Forestville	147.2500	+	Oe	VE2REE	VE2JVJ
Forestville	147.2800	+	Oe	VE2REJ	VE2JEA
Gagnon	146.6900	–	OE-SUNx	VE2RGH	VE2ACP
Gaspé	146.8900	–	Oex	VE2RLE	VE2EPY
Gaspé	146.8900	–	ex	VE2RLE	VE2FXG
Gatineau	147.1000	+	O 110.9e	VE2REH	VE2ZVL
Granby	146.7900	–	O(CA)	VE2RVM	VE2TVM
Granby	147.1800	+	O 118.8e	VE2RTA	VE2EKY
Grand-Mère	146.9200	–	Oex	VE2RGM	VE2GM
Grand-Mère	147.0300	+	O 100	VE2REY	------------
Grand-Mère	147.1600	+	O 100	VE2REY	VE2VXT
Grande Ance	146.6900	–	O(CA)e	VE2RLT	VE2DNB
Grande-Rivière	145.1700	–	Ox	VE2RDI	VE2AIY
Grande-Rivière	146.7300	–	Oe	VE2RBM	VE2FXG

144-148 MHz
QUEBEC

Location	Output	Input	Notes	Call	Sponsor
Grenville	146.8000	–	Oex	VE2RWC	VE2CWB
Ham Sud	145.1900	–	O 123	VE2RFX	VE2OPA
Havelock	146.6800	–	Oex	VE2REX	VE2CYH
Havre-St-Pierre	145.4900	–	O	VE2TIO	------------
Havre-St-Pierre	146.9700	–	Oe	VE2RFD	VE2AGT
Hebertville	146.7900	–	x	VE2RCV	VE2CRS
Hull	146.7400	–	O 123ae	VE2RAO	VE2CRO
Hull	146.9400	–	O 100	VE2CRA	VE2CRA
Hull	147.3600	+	Oe	VE2KPG	VE2KPG
Joliette	147.0300	+	O 103.5e	VE2RHO	VE2BFK
Joliette	147.3000	+	Oe	VE2RLJ	VE2EML
Jonquière	145.0900	145.0900	O	VE2RNU	VE2JHG
Jonquière	145.1700	–	O	VE2RHJ	VE2QY
Jonquière	146.8200	–	Oe	VE2VP	VE2SV
Jonquière	146.8500	–	O	VA2NA	VA2NA
Jonquière	147.0600	+	O	VE2DHC	VE2DHC
Jonquière	147.2400	+	O	VE2RVG	VE2SMP
Jonquière	147.3900	+	O	VE2RLG	VE2JCM
L'Anse-St-Jean	145.1500	–	Oex	VE2RME	VE2XIT
L'Ascension	145.1300	–	x	VE2RMX	VE2DIA
L'Ascension	147.5100	147.5100	O	VA2RGP	VE2APJ
L'Ascension	147.5100	147.5100	O	VA2RGP	VE2APJ
La Baie	146.6100	–	O 85.4e	VE2RCX	VA2BCA
La Baie	146.7300	–	O 127.3a	VE2RCE	VA2BCA
La Pocatière	146.6200	–	O 151.4	VE2RDJ	VE2DBU
La Pocatière	147.3600	+	O 100	VE2RDJ	VE2DBU
La Sarre	146.7000	–	Oe	VE2RSL	CRANOQ
La Tuque	146.7900	–	Oe	VE2RTL	VE2DGS
La Tuque	146.9400	–	Oe	VE2RLF	VE2BGX
Labrieville	147.1000	+	Oe	VE2ROA	VE2AOO
Lac Aux Sables	147.2100	+	OE-SUN	VE2RSA	VE2CSP
Lac Brassard	145.2100	–	E-SUN	VE2RIT	VE2LSO
Lac Castor	145.3900	–	x	VA2RLC	VE2CSQ
Lac Daran	145.2900	–	x	VE2RLD	VE2CSQ
Lac Des Commissaires	146.9700	–	O	VE2RHC	VE2DHC
Lac Édouard	147.2200	+	Oe	VE2RCL	VE2YJA
Lac Etchemin	147.2400	+	O 100x	VE2RKM	VE2KCB
Lac Ha! Ha!	147.3300	+	x	VE2RCK	VE2CRS
Lac Ouachishmana	147.0900	+	OE-SUN	VA2RLL	VE2KIK
Lac Paul (Zone 2)	147.6900	–	O 127.3	VA2RLH	VA2CRR
Lac-à-L'Épaule	145.4900	–	O	VE2RPL	VE2CSQ
Lac-a-la-Tortue	146.8900	–	O	VE2RBR	VE2GM
Lac-Canot	145.4500	–	OE-SUNx	VE2RGU	VE2AFR
Lac-des-Commissaires	146.7300	–	O	VE2RHC	VE2DHC
Laterrière	146.7600	–	O	VE2RGT	VA2BCA
Laval	147.1000	+	O 107.2e	VA2OZ	VE2JKA

QUEBEC

Location	Output	Input	Notes	Call	Sponsor
Le Bic	145.4500	–	O	VE2RXY	VE2BQI
Les Escoumins	146.6700	–	O	VE2REB	VE2PYB
Les Méchins	147.2700	+	Ox	VE2RENM	VE2ENM
Levis-Lauzon	145.1100	–	O 100	VE2RYC	VE2YCQ
Levis-Lauzon	147.1500	+	O 100	VE2RCT	VE2YGB
Longueuil	145.3900	–	Oe	VE2RSM	VE2AZX
Longueuil	146.7300	–	O 100	VE2RVC	VE2SVM
Maria	146.9100	–	O	VE2RXL	VE2KF
Mascouche	147.3400	+	O 103.5e	VE2RHL	VE2AIE
Maskinongé	147.0900	+	O	VA2MLP	VE2MLP
Matagami	146.9100	–	OE-SUN	VE2RBO	VE2SGS
Matane	146.8800	–	Oe	VA2RAM	VE2MWA
Matane	147.1200	+	Oe	VE2RAS	CRAM
Metabetchouan	147.1500	+	O	VE2RPE	VA2NA
Mont Bélair	146.6500	–	O 100	VE2UCD	------------
Mont Bélair	146.7900	–	O 100e	VE2RAX	VE2EZZ
Mont Fournier	147.2700	+	O	VE2RMQ	------------
Mont Jacob (Jonquiere)	145.0100	145.0100	O	VE2RJD	VE2SDJ
Mont Laurier	146.9700	–	O	VE2RMC	VE2RMC
Mont Mégantic	147.1000	+	O 118.8x	VE2RJC	VE2TIC
Mont Rougemont	146.7000	–	Oex	VE2RXW	VE2AIK
Mont St-Adrien	145.1300	–	O 100e	VE2RVA	VE2LES
Mont St-Marguerite	146.6800	–	Ox	VE2LRE	VE2LRE
Mont Ste-Marguerite	147.2500	+	x	VE2RCB	VE2CRS
Mont Ste-Marie	146.6100	–	O 110.9ex	VA2REH	VE2ZVL
Mont Triquet	145.4500	–	O	VE2RAG	VE2LVD
Mont Victor-Tremblay	147.3400	+	OE-SUNx	VE2RTV	VE2SV
Mont Yamaska	146.7750	–	O 123 (CA) eL(147.225) Blx	VE2RAU	VE2MKJ
Mont-Adstock	146.7300	–	O	VE2CTM	VE2TMA
Mont-Apica	145.3500	–	O	VE2RHX	VE2CSQ
Mont-Apica	146.9100	–	O	VE2RCP	VE2CRS
Mont-Bélair	146.9400	–	O	VE2OM	VE2AP
Mont-Bélair	147.0700	+	O 100	VA2TEL	VE2OSQ
Mont-Bromont	146.8800	–	O 94.8x	VE2RMK	VE2KYP
Mont-Carmel	145.4300	–	O	VE2RLB	VE2MEL
Mont-Carmel	146.6700	–	Oex	VE2RTR	VE2MO
Mont-Gladys	147.0900	+	Oe	VE2RMG	VE2CQ
Mont-Laurier	147.1000	+	O 131.8ex	VE2REH	VE2ZVL
Mont-Noir	147.0000	–	Oex	VE2CTT	VE2CCR
Mont-Oneil	147.3900	+	Oex	VE2RMF	CRAQ
Mont-Orford	145.2700	–	O 103.5e	VE2RTO	VE2EKL
Mont-Orford	147.3300	+	O 123ex	VE2TA	VA2RAE
Mont-St-Grégoire	145.5100	145.5100	O	VE2RKL	VE2EKL
Mont-Ste-Anne	146.8200	–	O 100ex	VE2RAA	VE2CQ

QUEBEC

Location	Output	Input	Notes	Call	Sponsor
Mont-Tremblant	146.7200	–	O	VE2RMT	VE2GCK
Mont-Valin	146.8800	–	x	VE2RES	VE2CRS
Mont-Valin	147.2100	+	x	VE2RJZ	VE2CRS
Mont-Wright	145.1300	–	O 77ex	VE2RGW	VE2ACP
Montmagny	146.9700	–	O	VE2RAB	VE2PIA
Montréal	144.3900	144.3900	O	VE2PSL	VE2AH
Montréal	146.6700	–	O	VE2PSL	VE2AH
Montréal	146.9100	–	O 141.3ex	VE2RWI	VE2CWI
Montréal	147.0400	+	Oex	VE2RCU	VE2CUA
Montréal	147.0700	+	Oe	VE2RVL	VE2JGA
Montréal	147.1200	+	O 103.5e	VE2MRC	VE2ESU
Montréal	147.2700	+	O 103.5	VE2RED	VE2ARC
Montréal	147.3900	+	O 103.5e	VE2RIO	RAQI
New Richmond	147.1800	+	Ox	VE2RPG	VE2DSJ
Parc Chibougamau	147.0300	–	O	VE2RTG	VE2CRS
Parc de Chibougamau	145.1100	–	O	VA2RRH	VE2PR
Parc de la Vérendrye	145.4900	–	O	VE2RPV	VE2DY
Parent	145.1900	–	O(CA)e	VE2RPC	VE2NZ
Passes Dangereuses	145.2500	–	O	VA2ADW	VE2EFL
Percé	146.7900	–	Oex	VE2RLC	CRAG
Petite-Rivière Saint-François	147.3900	+	O	VA2RAT	VE2CBA
Pic-Champlain	146.6100	–	Oex	VE2RWM	VE2FWZ
Pierrefonds	145.4900	–	O	VE2RKE	VE2KRA
Pointe-Claire	147.0600	+	Oe	VE2BG	VE2ARC
Pontbriand	147.3700	+	Oex	VE2RSQ	VE2CSQ
Province-de Québec	147.0100	+	O	VE2RUK	VE2DOG
Province-de Québec	147.0100	+	O	VE2RUR	VE2DOG
Québec	144.3900	144.3900	O	VE2ROW	VE2TSO
Québec	145.0300	145.0300	O 100	VE2TPE	VE2TPE
Québec	145.1700	–	O 100	VE2RHT	VE2YSU
Québec	145.3500	–	O 85.4x	VE2RRS	VE2DSU
Québec	146.4900	146.4900	O	VE2DBR	VE2AB
Québec	146.6800	–	O 156.7el	VE2REA	VE2SG
Québec	146.8800	–	O 100e	VE2RIG	VE2SIG
Québec	147.2500	+	O 100	VE2RQE	VE2MEW
Québec	147.3000	+	O 100e	VE2RCQ	CRAQ
Rapide Blanc	146.6100	–	Ox	VE2RRB	VA2HQ
Relai 22 milles (La Tuque)	146.8300	–	Oex	VA2RVD	VE2YJA
Richmond	147.2500	+	O 123	VE2RHP	VE2LBN
Rigaud	147.0000	–	Oe	VE2RM	VE2RM
Rimouski	145.3100	–	O	VE2RKI	VE2FWZ

QUEBEC

Location	Output	Input	Notes	Call	Sponsor
Rimouski	146.9400	–	Oe	VE2CSL	VE2FWZ
Rimouski	147.2400	+	O	VE2RXA	VE2BQA
Rimouski	147.3600	+	O	VE2ROE	VE2FWZ
Ripon	145.4100	–	O 123e	VE2RBH	VE2CRO
Rivière-à-Pierre	146.8000	–	O 100e	VA2SBR	VE2SBR
Riviere-au Tonnerre	147.0300	+	O	VE2RET	VE2AGT
Rivière-du-Loup	146.9500	–	O	VE2RML	-------------
Rivière-du-Loup	147.1500	+	O	VE2RAY	VE2EOT
Roberval	144.3900	144.3900	O	VA2RBM	VA2JGC
Roberval	145.4900	–	O	VA2RRE	VE2PR
Roberval	146.7400	–	O	VA2RRE	VE2PR
Roberval	147.0100	+	O	VE2RSF	VE2PR
Rosemere	145.2100	–	Oe	VE2RXZ	VE2GXZ
Rougemont	145.3100	–	O 103.5e	VE2RAW	VE2AW
Rouyn-Noranda	146.6400	–	Oex	VE2RNR	VE2CFR
Rouyn-Noranda	146.8200	–	Oex	VE2RON	VE2NOQ
Rouyn-Noranda	147.0900	+	O	VE2RYN	VE2PIO
Saguenay (La Baie)	146.9700	–	O	VE2RDC	VE2PLC
saint jean de cherbourg	147.0900	+	Oe	VA2RSJ	CRAM
Saint-Adolphe d'Howard	146.8900	–	O 141.3ex	VE2RUN	VE2WCC
Saint-Lin Laurentides	147.0900	+	O 103.5e	VE2RFO	VE2BFK
Saint-Lin Laurentides	147.3600	+	O 103.5e	VE2RFO	VE2BFK
Senneterre	145.1100	–	O	VE2RSZ	VE2MLS
Sept-Iles	145.1900	–	O 88.5	VE2RDO	VE2NN
Sept-Iles	146.6400	–	O 88.5	VE2RNN	VE2NN
Sept-Iles	146.7000	–	O 88.5	VE2RNN	VE2NN
Sept-Iles	146.7900	–	O 88.5ex	VE2RRU	VE2NN
Sept-Iles	146.9400	–	O	VE2RSI	VE2NN
Sept-Iles	147.0000	+	Oe	VA2RNY	VE2YDQ
Sept-Iles	147.2100	+	O	VA2RSM	VACANT
Sherbrooke	145.2300	–	O	VE2RGX	VE2LGX
Sherbrooke	145.3300	–	O 118.8	VE2RZA	VE2ZAC
Sherbrooke	145.6100	145.6100	O	VE2PAK	VE2SBK
Sherbrooke	146.9700	–	O 118.8e	VE2RSH	VA2HF
Sorel	145.3700	–	O 103.5e	VE2RBS	VE2GFF
Sorel	146.6100	–	O 103.5	VE2FCT	VE2GFF
St-Adolphe d'Howard	146.6500	–	O	VE2RYV	VE2AIK
St-Adrien d'Irlande	145.1300	–	O 100x	VE2RVA	VE2LES
St-Agathe	145.3100	–	O 100	VE2RLO	VE2LLA
St-Aimé-des-Lacs	147.1300	+	OE-SUNx	VE2RJO	VE2JOQ
St-Calixte	145.1900	–	O 141.3ex	VA2 RLD	VA2 DU

QUEBEC
144-148 MHz

Location	Output	Input	Notes	Call	Sponsor
St-Calixte	145.3300	–	O 141.3e	VA2RLD	VA2DU
St-Calixte	145.4300	–	O 103.5e	VA2RLD	VA2DLU
St-Calixte	146.7300	–	O 103.5ex	VE2PCQ	VE2PCQ
St-Calixte	146.8600	–	141.3e	VE2RVK	VE2VK
St-Calixte	147.0100	+	O	VE2REM	VE2AAS
St-Charles-de-Bourget	146.9400	–	x	VE2RCR	VE2CRS
St-Damien-De Brandon	145.2900	–	O 103.5x	VE2RGC	VE2EML
St-Donat	144.3900	144.3900	O 103.5 E-SUN	VA2RIA	VE2MCM
St-Donat	147.0000	+	O 103.5 E-SUN	VA2RIA	VE2MCM
St-Donat	147.0900	+	O 103.5 E-SUN	VE2RRA	VE2BFK
St-Donat de Rimouski	146.7300	–	O 123e	VE2RAC	VE2DLE
St-Donat-de Montcalm	147.3700	+	O 141.3	VA2RSD	VA2HMC
St-Elzéar	146.7600	–	O 100x	VE2RVD	VE2CQ
St-Etienne-des Gres	147.1900	+	Oe	VE2RZX	VE2FJZ
St-Félix D'Otis	145.3100	–	O 85.4	VE2RUS	VA2BCA
St-François-de Sales	145.4700	–	O	VE2RRR	VE2CJQ
St-Georges	147.2800	+	Oe	VE2RSG	VE2BPD
St-Honoré	147.1800	+	Oe	VE2RKT	VE2VJA
St-Honoré	147.2200	+	Oe	VA2RMV	VE2DOG
St-Honoré de Chicoutimi	144.3900	144.3900	O	VA2RCR	VE2SO
St-Honoré de Chicoutimi	144.3900	144.3900	O	VA2RCH	VE2CSQ
St-Honoré de Chicoutimi	145.3300	–	x	VA2RCH	VE2CSQ
St-Honoré de Chicoutimi	147.4800	147.4800	O	VA2RCH	VE2CSQ
St-Hubert	147.3000	+	O	VA2CSA	VA2CSA
St-Hyacinthe	146.9500	–	O	VE2RBE	VE2GGM
St-Jean de Matha	145.4100	–	O 103.5x	VE2RMM	VE2GMV
St-Jean-Port-Joli	147.3100	+	O 100e	VA2RWW	VE2JJN
St-Jean-sur Richelieu	147.2400	+	Oe	VE2RVR	VE2MRW
St-Jérome	145.2900	–	O 141.3e	VE2RFR	VE2BFK
St-Jérome	146.8200	146.0200	O 103.5e	VE2RFR	VE2BFK
St-Jérome	146.8500	–	Oe	VE2RVS	VE2APL
St-Jogues	146.8200	–	Ox	VE2RIN	VE2FXN
St-Joseph-de-Beauce	146.9800	–	O 100	VE2RSJ	VE2BDP
St-Joseph-du-Lac	145.1300	–	Oe	VE2RST	VE2GSB

QUEBEC

Location	Output	Input	Notes	Call	Sponsor
St-Joseph-du-Lac	147.3100	+	☉e	VE2REL	VE2GDR
St-Michel des Saints	145.4700	–	☉ 141.3ex	VA2HMC	VE2EIL
St-Michel-des Saints	145.3300	–	☉ 103.5e	VE2RLP	VE2SMS
St-Nazaire	145.1900	–	x	VA2RAU	VE2NA
St-Onésime-de Kamouraska	147.2100	+	☉e	VE2RAF	VE2BVC
St-Pacome	146.7000	–	☉e	VE2RAK	VE2GEU
St-Pascal	147.0600	+	☉e	VE2RGP	VE2CCS
St-Pascal-de Kamouraska	145.1900	–	☉ 107.2e	VE2RQA	VE2PAC
St-Philémon	145.3700	–	☉ 100	VA2RMS	VA2CCS
St-Raymond	147.2800	+	☉ 100	VE2RCJ	VE2SBR
St-Simon-les Mines	146.6400	–	☉	VE2RSG	VE2BPD
St-Tite-des-Caps	144.3900	144.3900	☉	VA2RSL	VE2CSQ
St-Tite-des-Caps	145.4700	–	☉e	VE2RTI	VE2CSQ
St-Tite-des-Caps	147.0400	+	☉e	VE2RJA	VE2MDA
St-Tite-des-Caps	147.3400	+	☉e	VE2RHM	VE2MRJ
St-Ubalde	145.3900	–	☉ 100e	VE2RBT	VE2SBR
St-Ubalde	146.8500	–	☉ 100ex	VE2RPW	VE2CSP
St-Urbain	146.9100	–	☉	VE2RAT	VE2CCR
St-Zénon	147.3600	+	☉ 103.5	VA2KIK	VE2KIK
Ste-Anne-des Monts	146.7400	–	☉	VE2GIT	VE2GIT
Ste-Anne-du-Lac	146.7600	–	☉x	VE2RMP	VE2BOA
Ste-Aurélie	146.8600	–	☉e	VE2RFB	VE2RIK
ste-catherine de la J C	144.9100	144.9100	☉	VE2PKT	VE2PKT
Ste-Foy	146.6100	–	☉e	VE2RQR	VE2CQ
Ste-Foy	147.1200	+	☉	VE2SRC	VE2FTD
Ste-Marcelline	147.0300	–	☉e	VE2RMA	VE2BFK
Ste-Sophie D'Halifax	146.7300	–	☉E-SUNx	VE2CTM	VE2NBE
Sutton	146.6400	–	☉ex	VE2RTC	VE2DIW
Thetford Mines	147.1600	+	☉x	VE2RDT	VE2JMO
Trois-Rivières	146.9800	–	☉ 110.9e	VE2ROX	VE2EX
Trois-Rivières	147.0600	–	☉	VE2CTR	VE2CTR
Val-Brillant	147.0000	+	☉	VE2ROL	VE2FZR
Val-D'Irene	146.7600	–	☉ex	VE2RKH	VE2FWZ
Val-D'Irene	147.3700	+	☉e	VE2RDD	VA2DD
Val-D'Or	146.7600	–	☉ 114.8x	VE2RYL	VE2DY
Varennes	145.1700	–	☉e	VE2REQ	VE2ESM
Ville de La Baie	145.2700	–	☉	VE2RCZ	VE2CRS
Ville de Saguenay (Jonquière) Holiday Inn	145.4100	–	☉ 100ex	VE2RKA	VE2EFL
Ville Marie	146.7300	–	☉e	VE2RTE	VE2EUA
Weedon	144.3900	144.3900	☉	VE2RDX	VE2BOG

144-148 MHz
QUEBEC-SASKATCHEWAN

Location	Output	Input	Notes	Call	Sponsor
ZEC Gros Brochet	147.3900	+	O 103.5	VA2ZGB	VE2VXT
ARGENTEUIL					
Grenville	146.7150	−	O 123.0/123.0	VE2RCS	VE2HMA
LAURENTIDES					
Lachute	146.8050	−		VE2RWC	Brownsburg Amateur
Rigaud	147.0000	−		VE2RM	------------
NATIONAL CAPITOL REGION					
Chelsea	146.9400	−	O 100.0/100.0eL(I 2040)x	VE2CRA	OARC
Chelsea	147.3600	+	203.5/203.5 #ex	VE2KPG	VE2CV
OUTAOUAIS					
Cantley	147.1050	+	110.9/110.9 (CA) L(I 2018)	VE2REH	ARAI
Gatineau	145.3500	−	● 162.2/162.2 (CA)e	VA2XAD	VA2XAD
Gatineau	145.4900	−	110.9/110.9 (CA) L(I 2018)	VE2REH	ARAI
Gatineau	146.7450	−	123.0/123.0 A(*/#) L(RBH)	VE2RAO	CRAO
Lac Ste-Marie	146.6100	−	110.9/110.9 (CA) L(I 2018)x	VE2REH	ARAI
PAPINEAU					
Ripon	145.4100	−	123.0/123.0 A(*78/#) L(RAO)x	VE2RBH	CRAO
SASKATCHEWAN					
CENTRAL					
Bruno	147.2100	+	OL(IRLP)	VE5DNA	VE5RY
Davidson	145.1900	−		VE5RPD	VE5NED
Kenaston	147.2700	+	O	VE5DPR	VE5NED
Last Mtn	146.8500	−	OE-SUN	VE5AT	VE5UJ
Leroy	146.9100	−	Ol	VE5HVR	VE5HV
Watrous	146.7000	−	Oal	VE5IM	VE5IM
EAST CENTRAL					
Canora	147.3000	+	L(IRLP)	VE5RJM	PARC
Endeavour	147.0800	+	#L(IRLP)	VA5INV	VE5RJM
Norquay	147.3900	+	L(IRLP)	VE5PWO	VE5SS
Preeceville	146.6100	−	L(IRLP)	VE5SS	VE5SS
St Gregor	146.7600	−	Ol	VE5NJR	VE5RY
Theodore	147.3300	+	Ol	VE5CNR	------------
Yorkton	145.4900	−	L(IRLP)	VA5PAR	VE5RJM
LLOYDMINSTER					
Lloydminster	146.9400	−	O	VE5RI	S-A R
MELFORT					
Little Bear Lk	146.8500	−	O	VE5NLR	VE5KRB
Melfort	146.8800	−	Oae L(IRLP)	VE5MFT	MARC

144-148 MHz
SASKATCHEWAN

Location	Output	Input	Notes	Call	Sponsor
Nipawin	146.7900	–	OaL(IRLP)	VE5NIP	MARC
Tisdale	146.7000	–	OL(IRLP)	VE5FXR	VE5FX
MOOSE JAW					
Moose Jaw	146.9400	–	O	VE5CI	Pioneer
NORTH BATTLEFORD					
Lizard Lake	145.3900	–	O	VA5LLR	VE5WDB
Meadow Lake	147.3300	+	OL(IRLP)	VE5MLR	VE5RAE
N Battleford	146.8800	–	aL(IRLP)	VE5BRC	BARC
Unity	147.0000	–	O	VE5URC	VE5BBH
PRINCE ALBERT					
Birch Hills	145.4300	–		VE5VY	VE5VY
Christopher Lk	146.6100	–	OaL(IRLP)	VE5LAK	VE5QU
Elk Point	145.3500	–	l	VE5QU	VE5QU
La Ronge	146.9700	–	O	VE5LAR	------------
Minitinas	147.1500	+	Oel	VE5RPA	NSARC
Prince Albert	146.8200	–	O 100a L(IRLP)	VE5IOU	VE5QU
Prince Albert	147.0600	–	a	VE5PA	N SK ARC
Snowden	147.0900	+	OL(IRLP)	VE5NDR	VE5ND
Waskesiu	146.7600	–	el	VE5BBI	NSARC
Yellow Creek	147.1800	+	OEXP	VE5AG	VE5AG
REGINA					
Regina	147.1200	–	aL(IRLP)	VE5YQR	RARA
Regina	147.2100	+	Os	VE5RTV	ARES
SASKATOON					
Saskatoon	145.2900	147.9900	O 107.2 RB EXP	VE5UFO	MARS
Saskatoon	145.3300	–	l	VA5SV	VE5WDB
Saskatoon	145.4100	–	O	VE5SD	VE5SD
Saskatoon	146.6400	–		VE5SK	VE5AA
Saskatoon	146.7900	–	O	VE5NER	------------
Saskatoon	146.9400	–	O(CA) TT L(IRLP)s	VE5SKN	MARS
Saskatoon	146.9700	–	OL(IRLP)	VE5CC	VE5HG
Saskatoon	147.0900	+	O	VE5EMO	ARES
Saskatoon	147.2700	145.2700	O	VE5ZH	VE5HZ
SOUTH CENTRAL					
Avonlea	147.0600	–	O	VE5ARG	ARG
SOUTHEAST					
Arcola	146.8200	–	EXP	VE5MMR	MooseMtRC
Balgonie	146.6400	–	O	VE5REC	RARA
Estevan	147.0300	+	O	VA5EST	VE5AJ
Estevan	147.1800	+	lEXP	VE5EST	VE5HD
Melville	147.0000	+	OL(IRLP)	VE5MDM	VE5MDM
Moosomin	146.7900	–		VE5MRC	MARC
Weyburn	146.7000	–	L(IRLP)	VE5WEY	VE5HD
Wolseley	146.6700	–	a	VE5WRG	VE5DC
SOUTHWEST					
Eyebrow	147.3600	+	O	VE5YMJ	VE5BBB

370 144-148 MHz
SASKATCHEWAN-YUKON TERRITORY

Location	Output	Input	Notes	Call	Sponsor
Lucky Lake	146.7300	–	O	VE5XW	VE5TT
Stranraer	147.0300	–	OI	VE5UB	VE5HG
Tompkins	146.6700	–		VE5TOM	SWARC
SWIFT CURRENT					
Swift Current	146.7900	–	OL(IRLP)	VE5SCR	SW ARC
Swift Current	146.8800	–	O	VE5SCC	SW ARC

YUKON TERRITORY
YUKON

Location	Output	Input	Notes	Call	Sponsor
Atlin	147.3400	+		VA7ATN	YARA
Atlin Mountain	146.3400	+	OI	VA7ATN	YARA
Bennett Lake	146.9400	–	OI	VE7RFT	YARA
Bennett Lake	147.2400	+		VE7RFT	YARA
Carcross	146.8200	–	OI	VY1RMM	YARA
Carmacks	146.8200	–	OI	VY1RMB	YARA
Dawson City	146.8200	–	OI	VY1RMD	YARA
Faro	147.0600	+	OI	VY1RRH	YARA
Fraser Mountain	146.9400	–	OI	VE7RFT	YARA
Haines Junction	146.8200	–	OI	VY1RHJ	YARA
Haines Junction	146.8800	–		VY1RPM	YARA
Hayes Peak	147.0600	+	OI	VY1RHP	YARA
Keno	146.9400	–	OI	VY1RBT	YARA
Stewart Crosng	147.0600	+	OI	VY1RFH	YARA
Watson Lake	146.8200	–	O	VY1RTM	YARA
Whitehorse	146.8800	–	100	VY1IRL	YARA
Whitehorse	146.9400	–	OI	VY1RPT	YARA
Whitehorse	147.1800	+	OI	VY1RM	YARA
Whitehorse	147.2800	+		VY1ECH	YARA
Whitehorse	147.2800	+		VY1ECH	YARA

222-225 MHz

Location	Output	Input	Notes	Call	Sponsor
ALABAMA					
Albertville	224.6600	–	O 100.0	N4TZV	KF4EYT
Birmingham/ Pilots Knob	224.2200	–	OaTTe L(146/222/440)rRB	K4TQR	H&H RA
Dadeville	224.2400	–	O 146.2	KB4MDD	KB4MDD
Huntsville	224.9400	–	O 100.0e	KC0ONR	NARA
Loxley	224.8600	–	O 118.8/118.8	WB4GMQ	WB4GMQ
Mentone	224.7200	–	O 114.8el	W4OZK	W4OZK
Ranburne/ Turkey Heaven Mtn	224.4800	–		N4THM	Turkey HRA
Roanoke	224.9200	–	Oae	KA4KBX	KA4KBX
Russellville	224.3400	–	OeEXP	NV4B	NV4B/PCRS
Santuck	224.8400	–	O 88.5/88.5	W4KEN	W4KEN
Santuck	224.8800	–	O 123.0/123.0	W4KEN	W4KEN
Shelby Co	224.5000	–	O 100.0/100.0eWx	N4PHP	N4PHP
Warrior	224.1200	–	O	W4GQF	W4GQF
ALASKA					
INTERIOR					
Fairbanks	224.8800	–	O 103.5el	AL7FG	+KL7XO
SOUTH CENTRAL					
Anchorage	224.9400	–	Oe	KL7AA	AARC
SOUTHEAST					
Lena Point	224.0400	–	Oel	KL7PF	JARC
ARIZONA					
CENTRAL					
Mt Union	224.0800	–	O 156.7x	WA7JC	Chuey Mendosa
Towers	224.0400	–	●teRBx	KA6CAT	CMRA
Union Hills	224.5600	–	O 67 (CA)e x	N6IME	J.D.Ward
EAST CENTRAL					
Clay Springs	224.9400	–	Ot	N7KQ	MCRG
NORTH CENTRAL					
Mingus Mt	224.8200	–	O 156.7ex	KI6FH	Rod Rosenbarge
Mt Elden	223.8400	–	● 107.2x	K6DLP	Don Petrone
Prescott	224.7800	–	Ote	KJ7DX	Matt Strandberg
NORTHWESTERN					
Bullhead City	224.9600	–	Ot	K7GOJ	K7RG Dennis Be
Dolan Springs	224.1400	–	Ot	WA7ICI	Allen Tobin

222-225 MHz
ARIZONA-ARKANSAS

Location	Output	Input	Notes	Call	Sponsor
PHOENIX					
Goodyear	224.9600	–	⭕t	KF6LCC	KF6LCC
Mesa	224.6800	–	⭕ 156.7a	W7ARA	ARA
Phoenix	223.9400	–	⭕ 156.7	WK7B	Gary Duffield
Phoenix	224.6400	–	⭕ 88.5e	N0FPE	Dan Nicholson
Phoenix	224.8000	–	⭕ 94.8 (CA)	KA7ATV	KA7IOG c/o Lavern H
Phoenix	224.9400	–	⭕ 156.7	K7ZWI	MCRG
Shaw Butte	224.9000	–	⭕ 156.7ae x	W7ARA	ARA
Tempe	224.2000	–	⭕t	WA2DFI	Scott Cowling
Tempe	224.4000	–	⭕t	WA2DFI	Scott Cowling
Usery Pass	224.0200	–	●tx	N7TWW	FHART
White Tanks	223.9800	–	⭕ 156.7x	N6IME	J.D. Ward
White Tanks	224.6000	–	⭕ 156.7ex	KD7TKT	Condor Connection
SOUTH CENTRAL					
Maricopa	223.8600	–	⭕ 156.7	KE7JVX	Monty Dana
Pima	224.4400	–	⭕t	WB7ONJ	David Wells
Pinal Peak	224.1000	–	⭕ 156.7x	N7MK	Chris Radicke
Sacaton Peak	224.9200	–	⭕ 156.7x	KE7JVX	Monty Dana
SOUTHEASTERN					
Sierra Vista	224.9600	–	⭕ 100ae	N0NBH	Paul Herman
SOUTHWEST					
Yuma	224.0800	–	⭕ 88.5ar	W7DIN	Desert Intertie Networ
TUCSON					
Mt Lemmon	224.0600	–	⭕ 156.7 RB x	KA7LFX	Paul Van Beverhoudt
Mt Lemmon	224.5000	–	⭕ 156.7ex	N7EOJ	U.S.E.R.S.
Tucson	223.9400	–	⭕	N7EOJ	U.S.E.R.S
Tucson	224.0000	–	●t	NR7J	Roberto Ferrari
Tucson	224.1800	–	⭕t	N7EOJ	Budd Turner
Tucson	224.3000	–	⭕tx	K7IOU	BART
Tucson	224.4800	–	⭕t	K6VE	Mountain Repeater A
Tucson	224.7400	–	⭕ 136.5	K7IOU	BART
Tucson	224.9800	–	⭕ 156.7a RB	N7EOJ	U.S.E.R.S.
WEST CENTRAL					
Black Peak	224.0000	–	●t(CA)ex	K7ZEU	CARRA
Guadalupe Peak	224.8800	–	⭕ 156.7ex	KJ6KW	Condor
Lake Havasu	224.2400	–	⭕ 156.7 (CA)	KF7X	James Gould
Lake Havasu	224.8600	–	●t	WC6MRA	CMRA
ARKANSAS					
NORTH					
Harrison	224.4000	–	⭕l	WA9SSO	GathMtARC
Harrison	224.5600	–	⭕e	KF0PB	KF0PB
NORTHEAST					
Batesville	224.5000	–	● 107.2	N5TSC	N5TSC

222-225 MHz 373
ARKANSAS-CALIFORNIA

Location	Output	Input	Notes	Call	Sponsor
NORTHWEST					
Prairie Grove	224.6000	–	**O**ae L(444.7(+))	WA5VTW	WA5VTW
WEST					
Fort Smith	224.8800	223.8800	**O**e	WC5I	WC5I
WEST CENTRAL					
Russellville	224.7000	–	**O**e	KE5EIY	KE5EIY

CALIFORNIA
FREQUENCY USAGE - SOUTHERN CALIFORNIA ----> SEE 220SMA ORG

	222.0000	222.1000		WEAK SIG, CW, SSB
	222.0001	222.0250		EME
	222.0500	222.0600		PROPAGATION BEACONS
	222.1000			CW&SSB CALLING FREQ
	222.1200			FM SIMP~NO AUTO BASE
	222.1400			FM SIMP~NO AUTO BASE
	223.4000			FM SIMPLEX (T~HUNTS)
	223.4200			FM SIMPLEX
	223.4400			FM SIMPLEX
	223.4600			FM SIMPLEX
	223.4800			FM SIMPLEX (ARES)
	223.5000			FM NATIONAL CALL FREQ
	223.5200			FM SIMPLEX
	223.5400			DIG INTER~AREA LINKING
	223.5600			DIG SIMPLEX LAN
	223.5800			DIG INTER~AREA LINKING
	223.6000			DIG GENERAL USE
	223.6200	223.6650		AUTOMATED SIMP(<5W)
	223.6800	223.7400		COORD LNKS&CNTL15KH

Location	Output	Input	Notes	Call	Sponsor
E SIERRA/TAHOE					
Truckee	223.8200	–	**O** 100	N6NMZ	W6SAR
NORCAL-CENTRAL COAST					
Bonny Doon	224.0600	–	**O** 110.9#el	N6NAC	N6NAC
Monterey	224.2400	–	**O** 123aelrs x	N6SPD	N6SPD RG
Salinas	223.3200	–	**O** 146.2el	N6LEX	CCARN
SanLuisObispo	224.5800	–	**O** 151.4#el x	WB6NYS	WB6NYS
SanLuisObispo	224.6800	–	**O** 94.8#	WB6JWB	WB6JWB
SanLuisObispo	224.8600	–	**●**ex	WC6MRA	CMRA
SanLuisObispo	224.9200	–	**●**#elx	N6HYM	TCARS
Shandon	224.7400	–	**O** 131.8#	WB6NYS	ShandonRG
Watsonville	224.3800	–	**●**#	KB6MET	KB6MET
Watsonville	224.8400	–	**O** 156.7#	KB6MET	KB6MET
NORCAL-EAST BAY					
Berkeley	223.7800	–	**O** 131.8x	K6GOD	K6GOD
Berkeley	224.9000	–	**O** 131.8ers	N6BRK	NALCO
Concord	224.7800	–	**O** 77aelrsx	W6CX	MDARC
Concord	224.9200	–	**O** 85.4x	W6AV	WA6YOP

222-225 MHz
CALIFORNIA

Location	Output	Input	Notes	Call	Sponsor
Dublin	224.4000	–	●l	W6WCN	KQ6RC
Fremont	223.9000	–	O	WA6PWW	TRICO ARC
Fremont	224.1800	–	O 94.8elx	KU6V	KU6V
Hayward	223.7600	–	O 123#el	K6GOD	K6GOD
Hayward	223.9400	–	●lrx	KQ6RC	KQ6RC
Hayward	224.4400	–	O 107.2#ex	KC6ZIS	Echo Club
Livermore	224.7400	–	O 100aelrs	KO6PW	SANDIA RAC
Livermore	224.8800	–	O 94.8	K6LRG	L.A.R.G.E.
Moraga	223.9800	–	O 100elx	W6AV	NRA
Moraga	224.2200	–	O 100lr	NC6EO	NCAERO
Oakland	224.0000	–	O 123x	W6JMX	NCHR
Oakland	224.1600	–	O 156.7l	N6WTY	KQ6RC
Oakland	224.7600	–	O 85.4lrx	W6YOP	WA6YOP
San Lorenzo	224.7000	–	O 156.7	KQ6YG	BAARC
San Pablo	224.3000	–	O 82.5ers	WA6KQB	CCCC

NORCAL-NORTH BAY

Location	Output	Input	Notes	Call	Sponsor
Healdsburg	224.3600	–	O 88.5rx	NN6J	Sonomarin
Petaluma	224.9600	–	O 103.5ex	AC6ET	SMRS
Rohnert Park	223.9000	–	O 156.7a	WD6FTB	NORCAL ARG
Santa Rosa	223.7600	–	O 85.4elrx	KE6N	KE6N
Santa Rosa	223.8000	–	O 156.7l	AC6VJ	CONDOR
Santa Rosa	224.8200	–	O 103.5aerx	K6ACS	ACS
Sebastopol	224.4800	–	O 88.5ers	W6SON	SCRA

NORCAL-NORTH COAST

Location	Output	Input	Notes	Call	Sponsor
Crescent City	224.6200	–	O 91.5ael	KA7PRR	KA7PRR
Crescent City	224.7200	–	O 103.5aelx	KA7PRR	KA7PRR
Willits	224.1600	–	O 156.7lx	AC6VJ	CONDOR

NORCAL-NORTH EAST

Location	Output	Input	Notes	Call	Sponsor
Redding	224.8600	–	O 107.2#e	KR7CR	W6QWN

NORCAL-SACRAMENTO VALLEY

Location	Output	Input	Notes	Call	Sponsor
Arbuckle	224.5400	–	O 118.8#e	N6NHI	N6NHI
Auburn	223.8600	–	O 100e	W6EK	SFARC
Auburn	223.9000	–	O 100	N6NMZ	N6NMZ
Auburn	224.0200	–	O 100elx	W7FAT	W7FAT
Auburn	224.5800	–	O 100#e	W4WIL	W4WIL
Carmichael	224.8800	–	O 162.2	KJ6JD	CE ARC
Chico	223.9600	–	●a	WA6UHF	WA6UHF
Chico	224.2800	–	O 110.9x	WA6UHF	WA6UHF
Citrus Heights	224.8000	–	O 131.8#es	AB6OP	Jim
Cohassett	224.3600	–	O 110.9ex	N6YCK	N6YCK
Fairfield	224.3800	–	O 77#rx	W6ER	Solano/ACS
Folsom	223.8200	–	O 136.5elx	N6NMZ	N6NMZ
Folsom	224.7200	–	O 136.5elx	KS6HRP	SHARP
Foresthill	223.7600	–	O 100e	W6SAR	PCSAR
Georgetown	224.8400	–	O 100x	W6HIR	RAMS

222-225 MHz CALIFORNIA

Location	Output	Input	Notes	Call	Sponsor
Grass Valley	224.3200	–	O 151.4els x	AB6LI	AB6LI
Grass Valley	224.4800	–	O 131.8lx	KF6GLZ	N6UG
Grass Valley	224.9000	–	O 151.4ael rsx	KD6GVO	KD6GVO
Lincoln	224.0400	–	O 123lx	KU6V	KU6V
Mt Aukum	224.9800	–	O 156.7lrx	K6SCA	RMRG
Oroville	224.5000	–	O 110.9ex	WA6UHF	WA6UHF
Paradise	224.4400	–	O 100l	K6JSI	The WIN Sy
Rancho Cordova	224.1000	–	O 100r	W6AK	SARC
Red Bluff	224.8000	–	O 110.9ex	N6YCK	N6YCK
Rescue	224.0600	–	O 127.3x	K6ZWZ	K6ZWZK6KRD
Sacramento	223.8800	–	O 100#	K6TTD	K6TTD
Sacramento	224.2200	–	O 123ae	KC6MHT	KC6MHT
Sacramento	224.4000	–	O 162.2el	K6IS	NHRC
Sacramento	224.5600	–	O 94.8esx	WA6ZZK	WA6ZZK
Sacramento	224.7000	–	O 107.2el	AA6IP	AA6IP
Sacramento	224.8200	–	O 67e	KJ6JD	KJ6JD
Vacaville	223.8400	–	O 141.3lx	AC6VJ	CONDOR
Vacaville	223.9000	–	O 136.5	N6NMZ	N6NMZ
Vacaville	223.9200	–	O 103.5lx	KK7RON	KK7RON
Vacaville	224.1200	–	O 141.3ex	KJ6MB	KJ6MB
Vacaville	224.2000	–	O 127.3ael rsx	WV6F	Western Va
Vacaville	224.2400	–	O 136.5#e x	KB6SJG	KB6SJG
Vacaville	224.4200	–	O 100	N6NMZ	N6NMZ
Vacaville	224.7600	–	O 100lrx	W6YOP	YOP HLLS
Williams	224.2600	–	O 100elx	N6NMZ	Colusa SO
Yuba City	224.9600	–	O 100x	W6GNO	W6GNO
NORCAL-SAN JOAQUIN VALLEY					
Bakersfield	224.0600	–	O 100elx	W6LIE	KCCVARC
Bakersfield	224.4200	–	O 156.7#l	W6PVG	W6PVG
Bakersfield	224.5200	–	O 100el	KG6KKV	KG6KKV
Bakersfield	224.7800	–	O 100el	K6RET	K6RET
Clovis	224.3800	–	O 141.3ael x	N6JXL	CARP
Coalinga	224.4400	–	O 100#elrs x	W6VFZ	KARC
Coalinga	224.8200	–	O 100elrsx	N6DL	Kings ARC
Copperopolis	224.3400	–	O 141.3ex	KG6TXA	SALAC
Fiddletown	224.8600	–	O 141.3ex	KG6TXA	SALAC
Fresno	223.7800	–	O 141.3ex	K6JSI	CCAC
Fresno	223.9400	–	O 141.3lx	W6TO	Fresno Ama
Fresno	224.7600	–	●elrx	W6SCE	EARN
Fresno	224.9400	–	O 141.3ex	W7POR	FARA
Glennville	223.3200	–	●elrx	W6SCE	EARN
Ione	224.0000	–	O 107.2#	K6KBE	K6KBE
Lake Isabella	224.6400	–	O 156.7#el x	WB6RHQ	CONDOR

376 222-225 MHz
CALIFORNIA

Location	Output	Input	Notes	Call	Sponsor
Maricopa	224.9800	–	●elx	KC6WRD	FCC
Mariposa	224.1600	–	O 74.4ex	KF6CLR	Delhi ARC
Mariposa	224.3000	–	O 74.4ex	KF6CLR	Delhi ARC
Mariposa	224.5000	–	O 123elsx	W6BRB	W6DNC
Mariposa	224.9600	–	O 156.7ersx	W6BXN	W6BXN
Modesto	224.1400	–	O 136.5esx	WD6EJF	SARA
Oakhurst	224.9000	–	O 156.7el x	WB6BRU	CONDOR
Patterson	224.0800	–	●elsx	NV6RN	VARN
Shaver Lake	223.8200	–	O 114.8ex	K6HJ	SRG
Shaver Lake	224.7000	–	O 156.7x	KE6JZ	SRG
Stockton	223.9400	–	●elx	KD6ITH	KH7I
Stockton	224.6200	–	O 192.8#e x	WA6TCG	VHF-FM
Tehachapi	224.7000	–	O 100ex	W6SCE	EARN
Visalia	223.8800	–	O 103.5elx	N6VYT	TCARC
Walnut Grove	224.6800	–	O #	N6MDJ	N6MDJ
Wofford Heights	225.4000	–	O 74.4#ae x	KB6DJT	KB6DJT

NORCAL-SOUTH BAY

Location	Output	Input	Notes	Call	Sponsor
Fremont	223.7800	–	O 110.9elx	K6GOD	K6GOD
Los Gatos	223.8200	–	O 156.7el	KB6LCS	KB6LCS
Los Gatos	223.8800	–	O 100ersx	K6FB	LCARC
Los Gatos	224.5800	–	O 107.2#el	K6RPT	K6RPT
Los Gatos	224.8000	–	O 118.8ae x	NU6P	NU6P
Los Gatos	224.8800	–	O 88.5e	N6DVC	K6UB
Milpitas	224.7200	–	O 100ers	W6MLP	MARES
Morgan Hill	223.8000	–	O 107.2#el	WA6YBD	WA6YBD
Mountain View	224.1400	–	O 100aelrs	W6ASH	SPECS RA
Palo Alto	223.8600	–	O 107.2ex	K6GOD	K6GOD
San Jose	223.9600	–	O 156.7ael s	W6PIY	WVARA
San Jose	224.0200	–	O 88.5elx	K6UB	K6UB
San Jose	224.0400	–	O 100elx	KU6V	KU6V
San Jose	224.0800	–	O 107.2#l	K6RPT	K6RPT
San Jose	224.1000	–	O 156.7#a e	WA2IBM	IBM ARC
San Jose	224.2600	–	O 123alx	WB6OQS	SCVRS
San Jose	224.2800	–	O 100ex	WA6GFY	LMERA ARC
San Jose	224.3400	–	O 88.5el	NV6RN	VARN
San Jose	224.3600	–	O 156.7#	NV6RN	BKRN
San Jose	224.5400	–	●elx	KC6WRD	Friends Co
San Jose	224.6000	–	O 156.7elx	KB6ABM	CONDOR
San Jose	224.6200	–	O 110.9elr sx	KA2FND	KA2FND
San Jose	224.6400	–	O 110.9#el x	N6NAC	N6NAC

222-225 MHz CALIFORNIA

Location	Output	Input	Notes	Call	Sponsor
San Jose	224.6600	–	●elsx	NV6RN	VARN
San Jose	224.8600	–	O 100#	KB6HDA	KB6HDA
San Jose	224.9400	–	●ex	WA6YCZ	BAYCOM
San Jose	224.9800	–	O 110.9l	NT6S	NT6S
San Martin	223.9200	–	O 100el	KU6V	KU6V
Santa Clara	223.9400	–	●elx	KQ6RC	KQ6RC
Saratoga	224.4600	–	●aelrx	K6BEN	W2NYC
Saratoga	224.6800	–	O 107.2#ae	WB6KHP	CFMA

NORCAL-TAHOE

Location	Output	Input	Notes	Call	Sponsor
So Lake Tahoe	224.0200	–	Oex	NR7A	TARA
So Lake Tahoe	224.6400	–	O 203.5ael	W6SUV	W6SUV
Tahoe City	224.7600	–	O 123elx	W6AV	W6AV
Truckee	223.8200	–	O 100lx	W6SAR	PCSAR

NORCAL-WEST BAY

Location	Output	Input	Notes	Call	Sponsor
San Francisco	224.2200	–	O 67#el	AI6P	KA6TGI
San Francisco	224.4200	–	O 136.5alx	KB6LCS	KB6LCS
San Francisco	224.5000	–	O 114.8#	W6TP	GSPLRC
San Francisco	224.5200	–	O 136.5#el	KA6TGI	KA6TGI
San Francisco	224.8400	–	O 141.3#e	KF6QCH	KF6QCH
Woodside	224.5600	–	O 100l	KB6LED	KB6LED

SOCAL-IMPERIAL COUNTY

Location	Output	Input	Notes	Call	Sponsor
Quartz Pk	224.9600	–	●(CA)e	WB6YFG	COUVRA

SOCAL-KERN COUNTY

Location	Output	Input	Notes	Call	Sponsor
Inyokern	224.9800	–	●(CA)x	W5WH	------------
Rosamond	224.6600	–	O 110.9	KK6KU	------------
Shirley Peak	224.6400	–	O 156.7lx	WB6RHQ	Condor
Tehachapi	224.4400	–	O 94.8x	WB6FYR	------------
Tehachapi	224.7000	–	●lx	W6SCE	EARN

SOCAL-LOS ANGELES COUNTY

Location	Output	Input	Notes	Call	Sponsor
Blueridge	224.0200	–	O 110.9x	KC6JAR	------------
Blueridge	224.4800	–	O 100.0	W6CPA	IRC
Catalina	224.4200	–	O 110.9	AA6DP	CARA
Contractor Pt	224.2400	–	O 162.2x	W6WAX	------------
Contractor Pt	224.2600	–	●(CA)x	KF6HKM	------------
Contractor Pt	224.4800	–	O 110.9 (CA)eL(MRA/IRL)xZ(811)	K6VE	MRA
Contractor Pt	224.5200	–	O 103.5/103.5 (CA) RB Blx	KC6PXL	------------
Covina	223.8400	–	O 151.4/151.4 (CA)eRB	WA6NJJ	------------
Flint Pk	224.9200	–		WB6FYR	ASTRO
Hollywood Hls	224.6800	–	O 114.8 (CA)eE-SUN L(WCRN)SRBx	WA6MDJ	BHARC
Hollywood Hls	224.9600	–	●	W6EEA	AARC
Inglewood	224.4600	–	O 131.8 (CA)	WS6C	------------
Johnstone Pk	223.9800	–	O 103.5e	W6NRY	EARS
La Canada	224.0800	–	O 156.7/156.7x	WR6JPL	JPL ARC

222-225 MHz
CALIFORNIA

Location	Output	Input	Notes	Call	Sponsor
Lancaster	223.9200	–	O 100.0	WA6YVL	------------
Long Beach	224.5000	–	O 156.7	K6SYU	AARA
Loop Cyn-FS	224.8600	–	●x	WC6MRA	CMRA
Los Angeles	224.7000	–	O 114.8	WR6JPL	JPL ARC
Mt Lukens	223.8600	–	●(CA)ex	WS6RG	WestsidARC
Mt Lukens	224.0400	–	●BI	KF6JBN	KARA
Mt Lukens	224.7800	–	●	KF6JWT	------------
Mt Wilson	224.9400	–	O 94.8	WA6DVG	------------
MtDisappntment	224.3000	–	O 100.0rx	K6CPT	LACoDCS
Newhall	223.9800	–	O 110.9 (CA)elRB	WB6DZO	VRA
Oat Mtn	224.3600	–	O 107.2/107.2 (CA) TT(361)esRBx	K6VER	VERA
Oat Mtn	224.4000	–	●lx	WD6FZA	PAPA
Oat Mtn	224.5800	–	O 156.7/156.7 (CA)eL(IRLP)x	K6VGG	VGG ARC
Oat Mtn	224.6200	–	O 82.5x	K6LRB	------------
Oat Mtn	224.7400	–	●lx	W6SCE	EARN
Palos Verdes	223.7800	–	O 100.0e L(IRLP)rRBx	WA6LA	WALA
Palos Verdes	224.3800	–	O 192.8 (CA)e	W6SBA	SBayARC
Palos Verdes	224.6000	–	O 82.5	K6ZMI	------------
Palos Verdes	224.6600	–	O 100.0 (CA)	W6GAA	PARC
Rowland Heights	224.4400	–	O 100.0/100.0 (CA) BI	N6XPG	------------
Saddle Pk	224.3400	–	●	KD6ODU	------------
Santa Anita Rg	224.2800	–	O 107.2	WA6CGR	SCEARA
Signal Hill	223.8000	–	O 156.7s	K6CHE	LB CD&DR
Sunset Ridge	224.0000	–	O 146.2	K6TSG	Sunset Gp
Sunset Ridge	224.0600	–	●	KB6MQQ	------------
Sunset Ridge	224.1600	–	O 71.9 L(WINS)	K6JSI	WIN System
Sunset Ridge	224.8400	–	O 151.4	WA6NJJ	------------
Table Mtn	223.9600	–	O 156.7	WR6AZN	JPL ARC
Verdugo Pk	224.2000	–	O 123.0 (CA)	N6MQS	------------
West Hollywood	224.5600	–	O 77.0	K6CBS	------------
Whittier Hills	223.9400	–	O 100.0/100.0elrsx	W6GNS	RHARC
Whittier Hills	224.1200	–	O 151.4 (CA)e	N6DHZ	SERG

SOCAL-ORANGE COUNTY

Location	Output	Input	Notes	Call	Sponsor
Costa Mesa	224.3200	–	O 151.4	AD6HK	CARA
Fullerton Hills	224.1800	–	O 103.5/103.5 L(145.40)rs	N6ME	WARA
Huntington Bch	223.7600	–	O 94.8ers	KD6KQ	------------
La Habra	224.5000	–	O 162.2	K6SYU	AARA

222-225 MHz — CALIFORNIA

Location	Output	Input	Notes	Call	Sponsor
Mission Viejo	223.9600	–	●	N6QLB	SOC ARES
Pleasants Pk	224.8000	–	●	W7BF	SPARK
Santiago Pk	223.8200	–	●x	KD6ZLZ	------------
Santiago Pk	224.2200	–	● 151.4x	WR6AAC	Vulture
Santiago Pk	224.5400	–	●x	W6YQY	------------
Santiago Pk	224.6200	–	O 74.8x	K6LRB	------------
Santiago Pk	224.6400	–	●x	K6SOA	------------
Santiago Pk	224.7600	–	●e L(EARN)x	W6SCE	EARN
Santiago Pk	224.8000	–	●x	W7BF	SPARK
Santiago Pk	224.8200	–	O 156.7x	K6AEQ	Condor
Santiago Pk	224.8800	–	O 107.2x	KB6TRD	HRAN
Temple Hill	224.1000	–	O 110.9	K6SOA	SOARA
SOCAL-RIVERSIDE COUNTY					
Blythe	224.3200	–	●lx	W6SCE	EARN
Box Springs	224.4600	–	O 110.9r	W6CDF	RivRACES
Chuckwalla Mtn	224.0400	–	●x	WC6MRA	CMRA
Chuckwalla Mtn	224.7000	–	●x	W6YQY	------------
Chuckwalla Mtn	224.7600	–	●lx	W6SCE	EARN
Hemet	224.1200	–	O 97.4pr	W6COH	HemetRACES
Indio	224.3200	–	●lx	W6SCE	EARN
Palm Desert	224.9200	–	O 156.7e	W6DRA	Desert RC
Riverside	224.9800	–	●	KA6RVK	------------
Santa Rosa Mtn	223.8800	–	O 110.9rsx	WA6HYQ	------------
Sierra Pk	223.7600	–	O 110.9ers	W6KRW	OC RACES
Sierra Pk	224.9000	–	●	WA6TQQ	------------
Toro Pk	224.1000	–	●x	W6YQY	------------
Toro Pk	224.1800	–	O 156.7	WB6RHQ	Condor
SOCAL-SAN BERNARDINO COUNTY					
Barstow	224.0400	–	O 156.7	WR6AZN	JPL ARC
Crestline	224.2000	–	●	N6QCU	GTE EARC
Crestline	224.8600	–	O 77.0	W6JBT	CBARC
Keller Pk	224.3400	–	●L(CMRA)sx	KD6ODU	CMRA
Mt Rodman	224.0800	–	O 131.8x	KC6KUY	------------
Ord Mtn	224.3200	–	●lx	W6SCE	EARN
Rim Forest	224.2600	–	O 110.9rsx	W6CDF	------------
Twin Peaks	224.5600	–	O 100.0	WA6TJQ	------------
Upland	224.5800	–	O 88.5 (CA)	K6PQN	------------
Wrightwood	224.4000	–	O 91.5	KW6WW	WCG
SOCAL-SAN DIEGO COUNTY					
Chula Vista	224.9400	–	O 107.2	KK6KD	CV ARC
El Cajon	224.0800	–	O 107.2	WA6BGS	------------
La Mesa	223.8800	–	O 107.2rs	WA6HYQ	------------
Lyons Pk	223.8000	–	●	K6JCC	SDC RACES
Lyons Pk	223.9400	–	O 141.3x	W2IRI	Condor
Mission Hills	223.8000	–	●	WD6APP	SDC RACES
Mt Laguna	224.0600	–	O 107.2	WB6WLV	SANDRA
Mt Otay	223.8600	–	O 107.2	KN6KM	SoBay RG

222-225 MHz
CALIFORNIA-COLORADO

Location	Output	Input	Notes	Call	Sponsor
Mt Otay	224.1600	–	O 107.2lrx	WA6HYQ	------------
Mt Otay	224.2000	–	O 107.2	N6ICC	SANDRA
Mt Otay	224.2600	–	O 107.2	N6VVZ	FILAMARS
Mt Otay	224.6800	–	O 107.2	W6CRC	------------
Mt Palomar	223.9800	–	O 107.2	WA6RKK	------------
Mt Palomar	224.9000	–	O 107.2e	WD6HFR	220 of SD
San Diego	223.9600	–	O 107.2	WD6APP	------------
San Diego	224.7400	–	O 107.2	WD6APP	------------
San Diego	224.9200	–	O 107.2 (CA)	KD6GNB	ECRA
San Marcos	224.1400	–	O 156.7/156.7	AE6GM	------------
Woodson	223.8000	–		K6JCC	SDC RACES

SOCAL-SAN LUIS OBISPO COUNTY

Location	Output	Input	Notes	Call	Sponsor
San LuisObispo	224.5800	–	O 151.4elx	WB6NYS	------------

SOCAL-SANTA BARBARA COUNTY

Location	Output	Input	Notes	Call	Sponsor
Brush Peak	224.0000	–	O 156.7	N6HYM	Condor
Gibraltar Pk	224.0400	–	●l	WC6MRA	CRMA
Goleta	224.1600	–	O 131.8ers	K6TZ	SBARC
Goleta	224.6600	–	O 131.8	K6RCL	CMRA
La Cumbre Pk	224.0800	–	O 131.8/131.8ersRBx	K6TZ	SBARC
Santa Barbara	224.3200	–	O 131.8	N6HYM	------------
Santa Barbara	224.8600	–	O 131.8	WB9KMO	------------
Santa Barbara	224.9000	–	O 131.8	WB6OBB	SBCoRA
Santa Cruz Is	223.9200	–	O 131.8/131.8 E-SUNrsRBx	K6TZ	SBARC
Santa Ynez Pk	224.1200	–	O 131.8/131.8ersRBx	K6TZ	SBARC
Santa Ynez Pk	224.8000	–	●	K6RCL	CMRA

SOCAL-VENTURA COUNTY

Location	Output	Input	Notes	Call	Sponsor
Frazier Mtn	224.7200	–	O 156.7lx	WB6RHQ	Condor
La Conchita	224.7600	–	●lx	W6SCE	EARN
Rasnow Pk	223.9600	–	O 141.3	N6CFC	------------
Red Mtn	224.0200	–	O 127.3/127.3ersx	K6ERN	SMRA
South Mtn	224.1000	–	O 127.3ers WXx	WA6ZSN	SMRA
Thousand Oaks	224.7000	–	O 156.7 (CA)e	K6HB	------------

COLORADO
FREQUENCY USAGE

Location	Output	Input	Notes	Call	Sponsor
STATEWIDE	224.0400	–			CONTROL ACCESS
STATEWIDE	224.2800	–			CONTROL ACCESS
STATEWIDE	224.4400	–			CONTROL ACCESS
STATEWIDE	224.5000	–			CONTROL ACCESS
STATEWIDE	224.5400	–			CONTROL ACCESS
STATEWIDE	224.6600	–			CONTROL ACCESS

222-225 MHz
COLORADO-CONNECTICUT

Location	Output	Input	Notes	Call	Sponsor
STATEWIDE	224.9200	–		CONTROL	ACCESS
BOULDER COUNTY					
Boulder	224.0200	–	Ol	W0IA	RMVHFS
Rolliinsville	224.6000	–	O 100	W0RM	W0RM
COLORADO SPRINGS					
Colorado Springs	224.0600	–	●elx	KB0SRJ	PPFMA
DENVER METRO					
Aurora	223.9800	–	O 100 (CA)	KE0JM	KE0JM
Denver	224.0000	–	O 103.5 (CA)	N0MHU	RMRL
Denver	224.3800	–	O 100/100e l	W0TX	DRC
Denver	224.9800	–	O 107.2/107.2 (CA)ex	W0CRA	CRA
Golden	224.7400	–	O 88.5a	N0POH	ARA
NORTH FRONT RANGE					
Fort Collins	224.5200	–	O 100el	W0UPS	NCARC
Fort Collins	224.8400	–	Ox	W0UPS	NCARC
Fort Lupton	224.9600	–	O	AC0KC	AC0KC
Loveland	224.3200	–	O 100/100 (CA)e	KN6VV	KN6VV
PUEBLO					
Canon City	223.9600	–	O 103.5es RB	WD0EKR	RGARC
Pueblo	224.2600	–	O 88.5ex	ND0Q	PuebloHC
SOUTH CENTRAL					
Cripple Creek	224.9400	–	O 67/67el	WB0WDF	WB0WDF
Walsenburg	224.3200	–	O 88.5e	ND0Q	PuebloHC
WEST CENTRAL					
Glenwood Springs	224.0200	–	●	KI0G	SCARC
Vail	224.8000	–	Ot	N0AFO	ECHO

CONNECTICUT

Location	Output	Input	Notes	Call	Sponsor
FREQUENCY USAGE					
SNP Pair	224.1400	–			
SNP Pair	224.4400	–	O		
FAIRFIELD & SOUTHWEST					
Bridgeport	224.9600	–	77.0/136.5	N1LXV	W1BHZ
Danbury	223.9600	–	O 100.0/100.0 (CA)e	W1QI	CARA
Fairfield	224.1000	–	O	N3AQJ	FUARA
HARTFORD & N CENTRAL					
Avon	224.9400	–	Oe	W1JNR	------------
Bristol	224.1600	–	O 77/77 (CA)l	KB1AEV	KB1AEV
Bristol	224.2200	–	O 118.8ae	W1IXU	W1JJA
Hebron	224.7000	–	156.7	N1CBD	------------
Newington	224.8400	–	Oe	W1AW	NARL

222-225 MHz
CONNECTICUT-FLORIDA

Location	Output	Input	Notes	Call	Sponsor
Vernon	224.1200	–	O 82.5/82.5 el	W1HDN	PVRA
Vernon	224.3600	–	O 77.0/77.0 el	KB1AEV	KB1AEV
Vernon	224.6000	–	O 123.0/123.0	K1WMS	K1WMS
W Hartford	224.2800	–	O 114.8	N1XLU	N1XLU
Wethersfield	224.6800	–	O	K1WMS	K1WMS

LITCHFIELD & NORTHWEST

Location	Output	Input	Notes	Call	Sponsor
Torrington	223.7800	–	O 82.5/82.5 el	W1HDN	PVRA
Warren	224.3200	–	O 77.0/77.0 els	NA1RA	NARA

NEW HAVEN & S CENTRAL

Location	Output	Input	Notes	Call	Sponsor
Ansonia	224.4200	–	Oe	KA1LSD	AnsoniaCD
Meriden	224.8000	–	O 77.0l	K1HSN	Southingtn
Milford	223.8800	–	O	N1JKA	----------
New Haven	224.1800	–	O	WA1UFC	----------
New Haven	224.5000	–	O 77.0/77.0 (CA)e	K1SOX	SPARC

NEW LONDON & SOUTHEAST

Location	Output	Input	Notes	Call	Sponsor
Groton	223.9600	–	O 156.7 (CA)e	W1NLC	SCRAMS
Ledyard	224.3800	–	O 103.5l	W1DX	AWASEC
New London	224.2600	–	Oe	W1NLC	SCRAMS
Salem	224.1400	–	O 103.5el	W1DX	AWASEC

DELAWARE
ALL

Location	Output	Input	Notes	Call	Sponsor
SNP	223.8000	–	O		----------

SOUTH

Location	Output	Input	Notes	Call	Sponsor
Delmar	224.0200	–	O	N3FJM	DARC
Greenwood	224.4400	–	O	W3WMD	CSARC
Millsboro	224.8400	–	OaeZ(911)	K3JL	Sussex ARA

WILMINGTON

Location	Output	Input	Notes	Call	Sponsor
Newark	224.0000	–	O 67.0e	KB3MEC	KB3MEC
Newark	224.7200	–	Oa	N3JCR	+N3JFS
Wilmington	224.5200	–	O 131.8l	W3DRA	DRA

DISTRICT OF COLUMBIA
ALL

Location	Output	Input	Notes	Call	Sponsor
SNP	223.8000	–	O		----------

FLORIDA
CENTRAL - ORLANDO

Location	Output	Input	Notes	Call	Sponsor
Clermont	223.9400	–	Ot	KA0OXH	KA0OXH
Umatilla	224.1400	–	Oe	KA4OPN	SHRA

EAST CENTRAL

Location	Output	Input	Notes	Call	Sponsor
Cocoa	224.5000	–	O	N4LEM	N4LEM

222-225 MHz
FLORIDA

Location	Output	Input	Notes	Call	Sponsor
NORTH CENTRAL					
Anthony	224.1000	–	O	N4TSV	SCARS
			103.5/103.5ex		
Gainesville	224.1600	–	OrsBIx	K4GNV	GARS
NORTH EAST					
Bunnell	224.0200	–	OL(145.45)	KB4JDE	KB4JDE
NORTH EAST - JACKSONVILLE					
Middleburg	224.0000	–	O	N4RVD	N4RVD
NORTH WEST					
Chipley	223.8500	–	Oes	WA4MN	WA4MN
SOUTH CENTRAL					
Okeechobee	224.1000	–	O	KF4EA	KF4EA
SOUTH EAST					
Indiantown	224.8000	–	O	K4NBC	K4NBC
			146.2/146.2eL(449.225 NY)		
SOUTH EAST - MIAMI/FT LAUD					
Coral Springs	224.6800	–	O	N2DUI	WA4EMJ
			131.8/131.8 L(444.575)rsRB LITZx		
Ft Lauderdale	224.4000	–	O	KF4LZA	KF4LZA
			110.9/110.9 L(927.7)		
Hialeah	223.9400	–	O	WB4IVM	WB4IVM
			110.9/110.9a(CA)ersBIx		
Hialeah	224.0600	–	O	WB4IVM	WB4IVM
			110.9/110.9a(CA)ersBIx		
Hialeah	224.5800	–	O	WB4IVM	WB4IVM
			110.9/110.9a(CA)ersBIx		
Hollywood	224.0800	–	O	N4RQY	WA4EMJ
			131.8/131.8ersLITZ		
Miami	224.0000	–	O	AE4EQ	AE4EQ
			110.9/110.9 BI		
Miami	224.1000	–	O	KC4MND	KC4MND
Miami	224.1400	–	●	AE4WE	AE4WE
Miami	224.1600	–	O	WB4TWQ	WB4TWQ
			118.8/118.8e		
Miami	224.8200	–	O	WB4DD	WB4DD
			103.5/103.5		
Miami	224.9200	–	OBI	KB4AIL	KB4AIL
Pembroke Pines	224.8800	–	O 88.5/88.5	KP4BM	KP4BM
Plantation	224.1800	–	O	N4RQY	WA4EMJ
			131.8/131.8ersLITZ		
Plantation	224.7600	–	O	W4AB	BARC
			103.5/103.5		
Plantation	224.9600	–	O	N4RQY	WA4EMJ
			103.5/103.5eL(EC)rsRB		
West Park	224.2200	–	O 94.8/94.8	KG4EOP	KG4EOP
			L(EC-377070)		
Wilton Manors	224.8000	–	O	WA4EMJ	WA4EMJ
			131.8/131.8		

384 222-225 MHz
FLORIDA-GEORGIA

Location	Output	Input	Notes	Call	Sponsor
SOUTH WEST					
Naples	224.3800	–	●	KD4OZW	KD4OZW
			131.8/131.8 L(444.450 443.900 444.075 442.125		
SOUTH WEST - FT MYERS					
Ft Myers	224.5200	–	O	WA4PIL	GCARC
			103.5/103.5		
WEST CENTRAL					
New Port Richey	224.5400	–	O	WA4GDN	GCARC
			103.5/103.5		
WEST CENTRAL - TAMPA/ST PETE					
Riverview	224.2800	–	●te	NI4CE	WCFG
			L(145.290 145.430 146.760 442.550 442.825 4		
St Petersburg	224.6600	–	O	WA4AKH	SPARC
			146.2/146.2a(CA) L(147.060 444.475)		
Tampa	224.7400	–	●	W4RNT	RANT
			146.2/146.2eL(444.250 443.675 442.725 IR-488		

GEORGIA

Location	Output	Input	Notes	Call	Sponsor
Alpharetta	224.5800	–	100.0 RB	K9RFA	RF ACRES
Alpharetta	224.6200	–	100	W4PME	W4ZF
Atlanta	224.1200	–	O 151.4ael RB	N4NFP	BSRG
Atlanta	224.2000	–	O 100.0 (CA)eRB	KC4OVY	KC4OVY
Atlanta	224.3200	–	O 123.0e	N4MTA	DELTA 4 RG
Atlanta	224.3400	–	O 146.2	W4DOC	ATL RC, IN
Atlanta	224.4400	–	O 151.4 (CA)elRB	N4NEQ	BSRG
Atlanta	224.5000	–	O 123.0e	N4MTA	DELTA 4 RG
Atlanta	224.6200	–	O 100.0e	W4PME	MATPARC
Atlanta	224.9600	–	O 100.0e RB	K4RFL	GIRA
Augusta	224.9400	–	O(CA)	WB4KXO	WB4KXO
Biskey Mtn	224.1600	–	O 100.0ael RBz	KC4JNN	KC4JNN
Cedartown	224.7800	–	O 179.9e	KC4KLW	KC4KLW
Chatsworth	224.8600	–	100.0elRB WX	KC4AQS	KC4AQS
Chatswth	224.2400	–	O 71.9 (CA) eRBz	N4YYD	N4YYD
Concord	224.4600	–	110.9elsRB WX	WB4GWA	CONCORD AR
Conley	224.2800	–	O	N4MNA	N4MNA
Cumming	224.8200	–		W4FRT	W4PX
Dahlonega	224.4800	–	100.0 RB	N4KHQ	N4KHQ
Dallas	224.1800	–	O 71.9e	N4YDX	N4YDX
Dallas	224.5400	–	O(CA)e	N4YEA	N4YEA
Dalton	224.4600	–	O 141.3	N4BZJ	N4BZJ

222-225 MHz 385
GEORGIA-IDAHO

Location	Output	Input	Notes	Call	Sponsor
Dalton	224.6800	–	O 141.3	N4BZJ	7.135 RPTR
Dalton	224.7400	–	O 141.3 RBz	N4KVC	7.135 RPTR
Decatur	224.7600	–	Oe	W4BOC	ALFORD MEM
Eastanollee	224.6400	–	e	W4BNG	W4BNG
Eatonton	224.1000	–	O 179.9es	K4SWS	K4SWS
Fayetteville	224.5600	–	131.8elRB	AG4ZR	AG4ZR
Hawkinsville	224.8200	–	O 107.2	WR4MG	KB8CUH
Hiram	224.7000	–	100	W4TIY	PAULDING A
Jasper	224.4000	–	100.0lRB	KC4AQS	KC4AQS
Jasper	224.6400	–	O 100.0	KC4AQS	NP2Y
Jasper	224.9800	–		N4KHQ	N4KHQ
LaGrange	224.7200	–	100.0elRB	WB4BXO	WB4BXO
Lookout Mt	224.5600	–	Otel	W4RRG	KS4QA
Macon	224.6400	–	88.5	WA4DDI	WA4DDI
Marietta	224.2600	–	110.9	KE4QFG	KE4QFG
Marietta	224.9000	–	O(CA)z	W4LMA	LARC-LOCKH
Pine Log Mtn	224.5200	–	OeRB	K4AIS	K4AIS
Pine Mtn	224.3600	–		WB4ULJ	WA4ULK
Pine Mtn	224.6600	–		WB4ULJ	W4OM
Ray City	224.2200	–	O 141.3els WX	WR4SG	KBØY
Rome	224.6400	–	O 141.3	WB4LRA	WB4LRA
Snellville	224.9200	–	O 100.0	W4CSX	MARCEL
Thomasville	224.3200	–	141.0els	WR4SG	SGRA
Valdosta	224.4600	–	O 141.3e RB	WR4SG	SGRA
Villa Rica	224.3000	–	O 131.8ae	KB4TIW	VILLA RICA
Waleska	224.1400	–	Oe	KD4ALC	KD4ALC
Waleska	224.9400	–	O(CA)eRBz	N4GIS	N4GIS
Warner Robins	224.8400	–	O 107.2ae RBz	WR4MG	MID GA RAD
Watkinsville	224.4200	–	O 123.0	KD4AOZ	KD4AOZ
Yorkville	224.8800	–	O 77.0eRB	WD4LUQ	WD4LUQ
Young Harris	224.6600	–	O 100.0	NP2Y	WP2ADK

HAWAII
KAUAI
| Hanamaulu | 223.9800 | – | O | KH6BFU | Ohana ARC |

OAHU
Honolulu	223.9400	–	O	KH6OJ	Ohana ARC
Honolulu	224.7400	–	O	NH7ZD	Ohana ARC
Honolulu	224.9400	–	O	KH7NM	Ohana ARC
Leeward	224.9200	–	O#	NH7QH	NH7QH

IDAHO
FREQUENCY USAGE - IACC AREAS
| # Snp | 224.7200 | – | | | |

222-225 MHz
IDAHO-ILLINOIS

Location	Output	Input	Notes	Call	Sponsor
# Snp	224.8400	–			
N ID - WALLACE					
Goose Hump	224.7600	–	O 131.8	WB7BTU	SCHRA
SOUTH CENT					
Burley	223.2300	224.9200	O	K6ZVA	K6ZVA
SOUTHEAST IDAHO					
Shelley	224.7600	–	O	W7QJR	w7qjr
SW-ID					
Boise	223.9400	–	O	KB7ZD	KB7ZD
Boise	224.5000	–	Oel	KA7EWN	KA7EWN
Emmett	224.8800	–	O 100	K7WIR	WIARA
ILLINOIS					
CENTRAL					
Forest City	223.9800	–		WI9MP	WI9MP
CHICAGO					
Chicago	223.8800	–	110.9	KC9EBB	KC9EBB
Chicago	224.0200	–	103.5	W9TMC	TMCARC
Chicago	224.0600	–	110.9	WD9GEH	WD9GEH
Chicago	224.1000	–	(CA)	WA9ORC	CFMC
Chicago	224.3400	–	103.5	W9RA	DONFAR
DECATUR					
Lovington	223.8600	–	103.5e	KR9X	LRA
NORTH CENTRAL					
Freeport	224.9200	–	100.0 (CA)e	W9FN	W9FN
Joliet	223.8200	–	Oael	W9OFR	WCARL
NORTHEAST					
Batavia	224.4000	–	110.9el	W9XA	W9XA
Bloomingdale	224.2200	–	110.9	K9NB	BARK
Bolingbrook	224.5400	–	110.9e	K9BAR	BARS
Brookfield	224.1600	–	110.9aelz	K9SAD	SADFAR
Buffalo Grove	224.5800	–	110.9 (CA)|	WB9TAL	ARCOMLEAGU
Crystal Lake	224.7000	–	100.0el	K9VI	K9QI
Deerfield	224.2400	–	110.9e	KA9REN	CHINET
Downers Grove	224.6800	–	110.9 (CA)e l	W9DUP	DARC
Glen Ellyn	224.1400	–	110.9aelz	W9CCU	WCRA
Glenview	224.6000	–	110.9	W9AP	NORA
Gurnee	224.0800	–	127.3 (CA)e	W9MAB	GURNEE RG
Hampshire	223.9200	–	● 114.8	W9ZS	W9ZS
Itasca	224.5000	–	192.8	WA9ZZU	WA9ZZU
Lake Zurich	223.8400	–	110.9l	K9SA	K9SA
Lake Zurich	224.8600	–	110.9s	W9SRO	SRO/CFAR
Lisle	224.3600	–	110.9	WB9QXJ	FUBAR
Lisle	224.6200	–	110.9 (CA)e LITZ	WA9AEK	WA9AEK
Lockport	224.9400	–	114.8	N2BJ	ANDREW RC
Lombard	224.2600	–	110.9	WA9VGI	FISHFAR
Naperville	224.2000	–	110.9	W9NPD	NPDARC

ILLINOIS

Location	Output	Input	Notes	Call	Sponsor
New Lenox	224.4200	–	114.8	N2BJ	N2BJ
North Riversid	224.8200	–	110.9	K9ONA	SMCC
Oswego	224.9200	–	110.9	NK9M	NK9M ATVN
Park Forest	223.9600	–	110.9 (CA)	WB9UAR	WB9UAR
Park Ridge	224.7800	–	110.9e	WA9ZMY	FAROUT
Rolling Meadow	224.3800	–	110.9al	WB9WNK	MATS
Schaumburg	223.9400	–	110.9l	N9EP	N9EP
Schaumburg	224.5600	–	110.9l	K9EL	EGDXA
Schaumburg	224.6600	–		WB9YBM	WB9YBM
Schaumburg	224.7600	–	110.9 (CA)e lz	N9CXQ	NAPS
Schaumburg	224.8800	–	110.9	KB2MAU	RAYFAR
Schiller Park	224.9800	–	110.9 (CA)	WB9AET	WAFAR
Techny	224.3200	–	110.9e	NS9RC	NSRC
West Chicago	224.6400	–	110.9	N9XP	N9XP
West Chicago	224.7200	–	103.5l	W9DMW	MOOSEFAR
Westmont	223.8600	–		N9TO	N9TO
Worth	224.1800	–		WA9ORC	CFMC
NORTHWEST					
Lanark	224.8600	–		WB9NLQ	SRG
Rock Island	224.1000	–	110.9e	N9TPQ	N9TPQ
PEORIA					
Dunlap	224.0800	–	156.7 (CA)e l	N9BBO	N9BBO
ROCKFORD					
Mt Morris	224.1200	–	118.8elx	K9AMJ	K9AMJ
Mt Morris	224.8400	–	118.8elrs WX	K9AMJ	K9AMJ
Rockford	223.8800	–	118.8	W9AXD	RARA
Rockford	224.0400	–	118.8 (CA)e l	K9AMJ	K9AMJ
Rockford	224.2800	–	114.8a	N9CWQ	ARECOMM
Rockford	224.4400	–	118.8 (CA)e l	K9AMJ	K9AMJ
SOUTH					
Eagleton	224.8500	–		W9IMP	OTHG
Tunnel Hill	224.8600	–	88.5ers	WB9F	L. CLORE
SOUTH CENTRAL					
Greenville	224.4400	–	103.5e	W9KXQ	OVARC
Mulberry Grove	224.1400	–	103.5	W9KXQ	W9KXQ
SPRINGFIELD					
Tallula	224.4800	–	94.8	K9KGO	K9KGO
ST LOUIS					
Belleville	224.1200	–	127.3az	K9GXU	ST CLAIR
Collinsville	224.0600	–	127.3ers WX	W9AIU	EGYPTN RC
Godfrey	224.3000	–	123.0el	N9GGF	N9OWS+
Maryville	224.7000	–	151.4e	KG9OV	KG9OV
Mascoutah	224.2000	–	l	AA9ME	AA9ME

222-225 MHz
ILLINOIS-INDIANA

Location	Output	Input	Notes	Call	Sponsor
WEST CENTRAL					
Dallas City	224.0200	–	100.0ex	KC9JIC	KC9JIC
Versailles	224.9200	–	103.5	KB9JVU	------------
INDIANA					
EAST CENTRAL					
Marion	224.5200	–	O	KA9IYJ	KA9IYJ
Muncie	223.9200	–	Ols	WB9HXG	MuncieARC
Muncie	224.7000	–	Oae	WD9HQH	Evans/Rust
New Castle	224.1800	–	Ors	N9EYG	N9EYG
Parker City	224.0400	–	OewX	K9EKP	K9EKP
Richmond	224.7400	–	O 127.3s	W1IDX	W1IDX
INDIANAPOLIS					
Franklin	223.9600	–	O 151.4e	KC9LGZ	KC9LGZ
Indianapolis	224.5000	–	O	KC9COP	KC9COP
Indianapolis	224.5400	–	O	KB9RBF	KB9RBF
Indianapolis	224.5800	–	O 127.3 (CA)el	N9ILS	N9ILS
Indianapolis	224.8000	–	O 88.5r	K9XV	K9XV
Indianapolis	224.9800	–	O 77.0e	W9ICE	ICE
Martinsville	224.6600	–	OesWX	K9PYI	MorganRA
Shelbyville	224.4400	–	OesWX	W9JUQ	BRV ARS
NORTH CENTRAL					
Elkhart	224.0800	–	O 131.8el WX	KC9GMH	KC9GMH
Elkhart	224.9000	–	O 131.8 (CA)ex	W9LZX	ElkhartCRA
Elkhart	224.9000	–	O 131.8 (CA)ersWxz	AA9DG	ElkhartCRA
Plymouth	224.5000	–	O 131.8	K9ZLQ	MrshlARC
South Bend	223.9800	–	O 131.8ael	WB9YPA	WB9YPA
NORTHEAST					
Angola	224.9400	–	O 131.8e	WB9DGD	WB9DGD
Columbia City	223.9000	–	O 141.3ers WX	K9KOP	K9KOP
Columbia City	224.8600	–	Oer	N9FGN	N9FGN
Warren	224.4600	–	● 171.3e	N9QVI	N9QVI
NORTHWEST					
Hammond	224.7400	–	O 131.8ae WX	KA9QJG	KA9QJG
Munster	224.0000	–	O 131.8el	W9FXT	IARA
New Carlisle	223.8000	–	O 131.8	N9HXU	N9HXU
Valparaiso	224.1200	–	O 131.8lx	KB9KRI	Duneland
SOUTH CENTRAL					
Bloomington	224.6400	–	O 107.2l WX	K9SOU	BlmHS-ARC
Floyds Knob	224.8200	–	Oe	W9BGW	W9BGW
Frenchtown	224.7000	–	O 103.5e	WB9GNA	WB9GNA
Seymour	224.8600	–	O 203.5	KC9JOY	KC9JOY

222-225 MHz
INDIANA-KANSAS

Location	Output	Input	Notes	Call	Sponsor
Springville	223.8000	–	O 107.2	N9HXU	N9HXU
SOUTHEAST					
Brookville	224.2800	–	Oe	N9HHM	N9HHM
Brookville	224.3200	–	O	N9HHM	N9HHM
Greensburg	224.7800	–	OrsWX	N9LQP	DecaturARC
Versailes	224.4600	–	OerwX	KC9MBX	KC9MBX
SOUTHWEST					
Vincennes	224.6000	–	Oe	W9DP	W9DP
WEST CENTRAL					
Terre Haute	224.8800	–	O 123.0	W9TLC	W9TLC
West Lafayette	224.9600	–	O 88.5e	W9YB	PurdueARC

IOWA
CEDAR RAPIDS

Location	Output	Input	Notes	Call	Sponsor
Cedar Rapids	224.9400	–	O(CA)l	W0HUP	CRRA+SEITS
DES MOINES					
Des Moines	222.0530	222.0530	●	K0HTF	K0HTF
Des Moines	224.9800	–	● 114.8a (CA)elrsWXx	WD0FIA	WD0FIA
Grimes	224.5400	–	114.8elWX x	N0INX	WsideComm
SIOUX CITY					
Sioux City	224.1200	–	O	K0TFT	SARA
SOUTHWEST					
Bridgewater	224.8200	–	● 136.5a (CA)ersWXx	WD0FIA	WD0FIA

KANSAS
CENTRAL

Location	Output	Input	Notes	Call	Sponsor
Hays	224.2800	–	O 131.8/131.8eL(ECHOLINK#3917)	N7JYS	N7JYS
McPherson	223.9400	–	O	WB0UUB	WB0UUB
KANSAS CITY METRO					
Basehor	224.5400	–	O 88.5/88.5 (CA)ers	K0HAM	NEKSUN
Basehor	224.5400	–	O 88.5/88.5 ers	K0HAM	NEKSUN
Gardner	224.7800	–	Oa(CA)er	K0NK	K0NK
Gardner	224.7800	–	O#a(CA)rs	K0NK	K0NK
Kansas City	224.1000	–	Oaer	WB0KIA	KC220ARA
Kansas City	224.1000	–	Oaer	WB0KIA	KC220ARA
Kansas City	224.2000	–	Oa L(ALN#27078)r	WB0KIA	KC220-BYRG
Kansas City	224.2000	–	Oar	WB0KIA	KC220ARA
Kansas City	224.3000	–	Oar	WB0KIA	KC220ARA
Kansas City	224.3000	–	Oar	WB0KIA	KC220ARA
Olathe	224.9400	–	Oa(CA)e	W0QQ	SFTARC
Olathe	224.9400	–	O 88.5/88.5 ers	W0QQ	SFTARC

222-225 MHz
KANSAS-MAINE

Location	Output	Input	Notes	Call	Sponsor
Shawnee	223.9400	–	Oe	WAØCBW	WAØCBW
Shawnee Msn	223.9400	–	Oe	WAØCBW	WAØCBW
WICHITA					
El Dorado	224.5800	–	O	KØFCQ	------------
Wichita	224.0600	–	Oe	KFØM	KFØM

KENTUCKY

Location	Output	Input	Notes	Call	Sponsor
Ashland	223.9400	–	O(CA)e	KC4QK	ASHLAND 24
Dorton	224.5200	–	O	WR4AMS	WR4AMS
Garrett	224.2600	–	79.7e	K4NLT	KF4ZTB
Hazard	224.8200	–	O	WR4AMS	K4ITF
Hopkinsville	224.7800	–	179.9 (CA)e	WD9HIK	WD9HIK
Irvine	224.9400	–	Oe	AD4RT	AD4RU
Lancaster	224.5600	–	O(CA)	KD4RXF	N4YUU
Lexington	224.4200	–	Oaelz	AC4AO	AC4AO
Louisville	224.3000	–	Oe	KA4MKT	KA4MKT
Madisonville	224.2600	–	103.5e	KC4FIE	KC4FIE
Mayfield	224.8200	–	179.9e	WA6LDV	KF4GCD
Meta	224.3800	–		WR4AMS	WR4AMS
Middlesboro	224.1200	–	100.0elRB	WM4MD	KF4GXQ
Nancy	224.1000	–	O 100.0e	AC4DM	AC4DM
Pikeville	224.5800	–	O	WB4F	KEYSER HEI
Pikeville	224.6200	–	ORB	KD4DAR	------------
Prestonsburg	224.7200	–	O 203.5	WR4AMS	K4ITF
Somerset	224.3000	–	Oez	N4AI	N4AI
Somerset	224.8800	–	Oe	N4AI	N4AI
Stanville	224.6800	–	O 100.0e	KJ4VF	------------
Versailles	224.2200	–	e	KY4WC	KY4WC
Whitesburg	224.9600	–	203.5el	KK4WH	KK4WH

LOUISIANA
REG 1 NEW ORLEANS

Location	Output	Input	Notes	Call	Sponsor
New Orleans	224.0000	–	O 114.8	W5MCC	SELCOM
New Orleans	224.9000	–	114.8	WDØGIV	WDØGIV
REG 8 MONROE					
West Monroe	224.9000	–	O 127.3e	K5RUS	K5RUS
REG 9 HAMMOND					
LaCombe	224.6600	–	● 114.8	AA5UY	AA5UY-RA
Madisonville	224.1400	–	O 114.8e	W5NJJ	NLAKE ARC+
STATEWIDE					
Shared	224.6000	–	#	SNP	------------

MAINE
ALL

Location	Output	Input	Notes	Call	Sponsor
Statewide	224.1400	–	O	SNP	NESMC
AUGUSTA					
Augusta	224.7200	–	O/103.5 L(224.24)	KQ1L	KQ1L

222-225 MHz
MAINE-MARYLAND

Location	Output	Input	Notes	Call	Sponsor
CENTRAL/BANGOR					
Corinna	224.8400	–	OE-SUN E-WIND	KB1UAS	RPS
Exeter	224.2400	–	O 103.5	AA1PN	AA1PN
MID-COAST					
Hope	224.0000	–	O	WA1ZDA	WA1ZDA
Washington	224.2800	–	O 91.5 (CA) ex	KC1CG	KC1CG
NORTHWEST					
Hebron	224.6200	–	O 103.5	W1IF	W1IF
Woodstock	223.9400	–	O 103.5#e L(53.09 449.025)	W1IMD	COORDEXP
PORTLAND/SOUTH COAST					
Waldoboro	224.7800	–	O 107.2	N1PS	N1PS
MARYLAND					
ALL					
SNP	223.8000	–	O		------------
ANNAPOLIS					
Davidsonville	223.8800	–	O 107.2ae Z(911)	W3VPR	AARC
BALTIMORE					
Baltimore	224.9600	–	O(CA)elWX	WB3DZO	BRATS
Columbia	224.8600	–	O	W3CAM	W3CAM
Ellicott City	224.3200	–	O	N3EZD	N3EZD
Jessup	224.7600	146.1600	O 107.2l	WA3DZD	MFMA
Jessup	224.7600	–	O 107.2l	WA3DZD	MFMA
Jessup	224.7600	449.0000	O 107.2l	WA3DZD	MFMA
Millersville	224.5600	–	O 107.2	W3VPR	AARC
NW Baltimore	224.8000	–	O	WB3DZO	BRATS
Perry Hall	223.8400	–	O	W3JEH	W3JEH
S Baltimore	224.6800	–	O	KS3L	SummitAR
Towson	224.2400	–	O 107.2ael r	W3FT	BARC
W Baltimore	224.6400	–	O	WA3Z	SummitAR
CENTRAL MD					
Damascus	224.5800	–	O	K3LNZ	PAVHFS
Odenton	224.6000	–	O	N3MIR	N3MIR
FREDERICK					
Frederick	224.2000	–	O 123.0 (CA)e	K3MAD	MADXRA
NORTH CENTRAL					
Manchester	224.1200	–	Oa	N3KZS	N3KZS
NORTH EASTERN SHORE					
Galena	224.0000	–	O 131.8e	KB3MEC	KB3MEC
NORTHEAST MD					
Bel Air	223.9600	–	O(CA)	N3EKQ	N3EKQ
Shawsville	224.9200	–	O	N3UR	N3UR

222-225 MHz
MARYLAND-MASSACHUSETTS

Location	Output	Input	Notes	Call	Sponsor
SOUTH EASTERN SHORE					
Salisbury	224.0200	–	O	N3FJM	DARC
SOUTHERN MD					
Lexington Park	223.9000	–	O	WA3UMY	WA3UMY
WASHINGTON AREA					
Ashton	224.5400	–	O 156.7a	K3WX	K3WX
Jessup	224.7600	146.1600	O 107.2l	WA3DZD	MFMA
Jessup	224.7600	–	O 107.2l	WA3DZD	MFMA
Jessup	224.7600	449.0000	O 107.2l	WA3DZD	MFMA
Rockville	224.9400	–	O(CA)er	K3ATV	MACS

Location	Output	Input	Notes	Call	Sponsor
MASSACHUSETTS					
ALL					
Statewide	224.1400	–	O	SNP	NESMC
BLACKSTONE VALLEY					
Medway	224.6600	–	OL(147.06)	W1KG	W1KG
BOSTON METRO					
Belmont	223.8600	–	O 100 L(I4314)	KB1FX	+KB1GXW
Braintree	224.3600	–	Oe	N1MV	MVARG
Quincy	224.4000	–	O 103.5 (CA) L(MMRA)	N1KUG	MMRA
Wakefield	223.8000	–	OeEXP	N1CSI	N1CSI
Wakefield	224.2600	–	O 67ae	WA1WYA	Wake EMA
Wakefield	224.7200	–	Oae	WA1WYA	+WB1HKY
Waltham	224.9400	–	Oe	W1MHL	WARA
BOSTON SOUTH					
Walpole	224.3200	–	O 118.8er WX	W1ZSA	WalpoleEMA
Wrentham	224.7800	–	O/146.2	N1UEC	EMARG
CAPE AND ISLANDS					
Bourne	224.1400	–	O 110.9e	N1YHS	N1YHS
Harwich	224.3400	–	O 100e L(E468451)	K1KEK	K1KEK
CENTRAL					
Fitchburg	224.3400	–	O 103.5e L(147.315)	WB1EWS	WB1EWS
Leominster	224.7600	–	O 85.4 L(224.44 WINCHENDON MA)x	AA1JD	MEGASYSTEM
Paxton	224.3800	–	O 136.5e	WR1O	WR1O
Spencer	224.5400	–	O	N1VOR	PC Wood
Winchendon	224.4400	–	O(CA)e L(224.76 LEOMINSTER MA)rsx	AA1JD	MEGASYSGRP
MERRIMACK VALLEY					
Andover	224.6800	–	O#ar	WA1WLU	COORDEXP
Haverhill	224.1200	–	O 103.5#e L(224.42 STONEHAM MA)	N1IRS	COORDEXP
Lawrence	224.3000	–	O	N1EXC	N1EXC
Methuen	223.9200	–	O 141.3#	WB1CXB	COORDEXP

MASSACHUSETTS-MICHIGAN

Location	Output	Input	Notes	Call	Sponsor
Methuen	224.9600	–	O 103.5e	N1WPN	NE MUDDUCK
North Andover	224.5200	–	O#ar	WA1WLU	COORDEXP
Pepperell	224.6400	–	OL(919.10 1270.40)	WA1VVH	WA1VVH
Wilmington	224.1600	–	O 67/71.9#e	K1KZP	COORDEXP

METROWEST

Location	Output	Input	Notes	Call	Sponsor
Framingham	224.2400	–	O	KD1T	222 Club
Hopkinton	223.9400	–	O 103.5 (CA) L(MMRA)	K1KWP	MMRA
Lincoln	223.8400	–	Oer	K9YB	Lincoln CD
Marlborough	224.8800	–	O 103.5 L(MMRA)	W1MRA	MMRA
Weston	224.7000	–	O 103.5 (CA) L(MMRA)	N1NOM	MMRA

NORTH SHORE

Location	Output	Input	Notes	Call	Sponsor
Danvers	223.8800	–	Oex	NS1RA	NSRA
Gloucester	224.9000	–	Oe	WV1A	CAARA

SOUTH COAST

Location	Output	Input	Notes	Call	Sponsor
Dartmouth	224.8000	–	O 67e L(927.8375)rs	W1AEC	SEMARA
Fall River	224.1800	–	O 67	K1ZZN	RJL ARC

SOUTH SHORE

Location	Output	Input	Notes	Call	Sponsor
Brockton	223.7800	–	O 88.5r	N1PYN	N1PYN
Norwell	224.0600	–	O 103.5e L(53.33)	N1ZZN	N1ZZN

SPRINGFIELD/PIONEER VALLEY

Location	Output	Input	Notes	Call	Sponsor
Pelham	224.7400	–	O 88.5	WA1VEI	MSRA

THE BERKSHIRES

Location	Output	Input	Notes	Call	Sponsor
Adams	224.1000	–	O 100	K1FFK	NoBARC

MICHIGAN
LOWER PEN NORTHEAST

Location	Output	Input	Notes	Call	Sponsor
Alpena	224.0800	–	O 100alrsz	N8BIT	8BITRG
Lewiston	224.4200	–	Ol	N8SCY	N8SCY
Saginaw	224.2800	–	Oers	K8DAC	SVARA
West Branch	224.2200	–	O 91.9l	W8YUC	RARG

LOWER PEN NORTHWEST

Location	Output	Input	Notes	Call	Sponsor
Manistee	224.1200	–	O 100	KB8BIT	KB8BIT
Stutsmanville	224.5600	–	O 100x	WB8DEL	WB8DEL

LOWER PEN SOUTHEAST

Location	Output	Input	Notes	Call	Sponsor
Ann Arbor	224.3400	–	Oe	W8UHW	W8UHW
Ann Arbor	224.3800	–	●	W8PGW	Arrow ARC
Canton	224.7400	–	O 100 (CA)	W8PMN	W8KFN
Chelsea	224.1600	–	Oe	WD8IEL	CARC
Clio	224.0600	–	O 100el	N8NJN	FAIR
Dearborn	224.5200	–	O 100	K8UTT	Ford ARL
Detroit	224.3600	–	O 103.5ex	KC8LTS	KC8LTS
Durand	224.8600	–	O 100ersWX	N8IES	N8IES

222-225 MHz
MICHIGAN-MINNESOTA

Location	Output	Input	Notes	Call	Sponsor
Flint	224.1800	–	O 88.5elrs wx	KF8UI	KF8UI
Flint	224.4800	–	O 100 (CA) elrsWxz	KC8KGZ	N8IES/MSCG
Glenwood	224.8400	–	O 94.8elrs WXx	W8GDS	W8GDS
Holly	224.6200	223.0600	O 100 (CA) elx	W8FSM	W8FSM
Inkster	224.5800	–	O 100lrs wx	K8DNS	K8DNS
Monroe	224.7800	–	O 100elrs wx	K8RPT	RRRA
Pontiac	224.5600	–	O	WD8INW	WD8INW
Rankin	224.9600	–	O 91.5 DCS elWx	W8YUC	RARG
Roseville	224.4600	–	Ol	N8EDV	N8EDV
Royal Oak	224.8400	–	O 100 (CA) e	KA8ZRR	KA8ZRR
Waterford	224.4200	–	O 77 (CA)e wx	W8JIM	W8JIM
Wayne	224.0000	–	O 107.2el	W8RIF	W8RIF
Westland	224.6800	–	●tl	W2PUT	W2PUT
LOWER PEN SOUTHWEST					
Battle Creek	224.2400	–	Oaez	W8DF	SMARS
Berrien Springs	224.3000	–	O(CA)x	W8YKS	DOCRG
Buchanan	224.2000	–	O(CA)x	N8NIT	DOCRG
Cedar Springs	224.1400	–	O 94.8	NW8J	NW8J
Grand Rapids	224.4400	–	O 94.8e	KB8YNC	KB8YNC
Grand Rapids	224.6400	–	O 94.8al	W8DC	GRARA
Grand Rapids	224.7600	–	Oae	K8SN	K8SN
Hanover	224.2600	–	O 123e	K8WBG	N8RLA
Hanover	224.9000	–	O 123el	K8WBG	K8WBG
Lansing	224.8200	–	O 107.2l	W8FSM	W8FSM
Lansing	224.9800	–	O 100aers	WB8CQM	LCDRA
Moline	223.9200	–	O 94.8 (CA) eWxx	N8JPR	N8JPR
Muskegon	224.7000	–	●taels	N8KQQ	N8KQQ

MINNESOTA
DULUTH

Location	Output	Input	Notes	Call	Sponsor
Duluth	223.9400	–	O	N0BZZ	N0BZZ
METRO					
Arden Hills	223.9400	–	O 100.0l	KA0PQW	HANDIHAMS
Burnsville	224.5400	–	O 100.0a	W0BU	TCRC
Carver	224.3000	–	O 114.8aes	WB0RMK	SMARTS
Columbia Hts	224.5000	–	O 114.8l	N0FKM	N0FKM
Columbia Hts	224.6600	–	O 114.8l	N0FKM	N0FKM
Gem Lake	224.1000	–	O	K0LAV	K0LAV

222-225 MHz
MINNESOTA-NEBRASKA

Location	Output	Input	Notes	Call	Sponsor
Maplewood	224.8800	–	O	N0FKM	N0FKM
Mounds View	224.9400	–	O 100.0e	W0YFZ	ANOKACRC
SOUTH CENTRAL					
St Peter	224.5200	–	O	N0KP	SCAN
SOUTH EAST					
Ellendale	224.6400	–	O 110.9	KA0PQW	HANDIHAM
MISSISSIPPI					
Byhalia	224.5000	–	Oal	N4DRL	N4DRL
Hattiesburg	224.1400	–	136.5elWX	K5PN	K5PN
Taylorsville	224.4800	–	O 136.5el WX	W5NRU	AA5SG
Vicksburg	224.7800	–	O	WB5OWY	
Warsaw	224.8800	–	Oal	N4DRL	N4DRL
MISSOURI					
CENTRAL					
Belle	224.6000	–	O	N0VHN	------------
Eldon	224.5800	–	Ox	N0GYE	------------
EAST CENTRAL					
Union	224.9400	–	O(CA)	WA0FYA	ZeroBeaters
NORTHEAST					
Troy	224.5400	–	Oel	KA0EJQ	PkeLincCo
SOUTHWEST					
Nixa	224.2800	–	O 162.2/162.2ex	K0NXA	Nixa ARC
ST LOUIS METRO					
Clayton	224.3400	–	O	WB0RPN	------------
Imperial	224.0400	–	O	WA0PEZ	------------
Olivette	224.5200	–	O 141.3/141.3ers	W0SRC	SLSRC
St Louis	224.9800	–	O/141.3a (CA)ex	K0GOB	UHF ARA
St Paul	224.6600	–	Or	N0EEA	N0EEA
MONTANA					
SOUTH CENTRAL					
Bozeman	224.7200	–	O 100.0l	W7ED	GHRC
NEBRASKA					
FREMONT					
Fremont	224.6600	–	Oe	WN0L	------------
LINCOLN					
Lincoln	224.3000	–	O	N0GMR	N0GMR
Lincoln	224.9800	–	O	N0FER	N0FER
OMAHA					
Omaha	223.9400	–	Oael	WB0CMC	------------
Omaha/KPTM	224.8200	–	Olx	WB0CMC	------------

222-225 MHz
NEBRASKA-NEW HAMPSHIRE

Location	Output	Input	Notes	Call	Sponsor
Omaha/KPTM	224.9400	–	Ox	KØUSA	AKSARBEN A

NEVADA

Location	Output	Input	Notes	Call	Sponsor
Angels Peak	224.5000	–	O 131.8	K7EET	Tri-State
Christmas Tree Pass	223.8400	–	O	N7HYV	------------
Christmas Tree Pass	224.9800	–	O 100.0	N7LD	NARC
Las Vegas	223.5800	223.5800	O L(145.050)	W7EB	------------
Laughlin	223.8400	–	O 107.2	K6DLP	------------
Lo Potosi Mtn	224.4800	–	O 110.9	W7EB	------------
Moapa/Coyote Springs	223.9200	–	O	N7MLF	------------

CENTRAL
Location	Output	Input	Notes	Call	Sponsor
Warm Springs	222.1000	+	O	WB7WTS	WB7WTS

E SIERRA/TAHOE
Location	Output	Input	Notes	Call	Sponsor
Lake Tahoe	224.0200	–	Oe	NR7A	WA6EWV
Lake Tahoe	224.6400	–	O 123	W6SUV	W6SUV

NORTH CENTRAL
Location	Output	Input	Notes	Call	Sponsor
Elko	224.1400	–	O 100	KE7LKO	WV3LMA

WEST CENTRAL
Location	Output	Input	Notes	Call	Sponsor
Reno	224.1000	–	O	W7UIZ	W7UIZ
Reno	224.1800	–	O 156.7l	KB6TDJ	KB6TDJ
Reno	224.3000	–	O 156.7	W7DED	W7DED
Reno	224.5400	–	O 123	N7KP	N7KP
Reno	224.5800	–	O 123e	AE7I	AE7I
Reno	224.7000	–	Oe	KA7ZAU	KA7ZAU
Reno	224.8000	–	O 114.8	N7OVC	N7OVC
Sparks	223.4000	223.4000	O	KA7ZAU	KA7ZAU
Sparks	223.9200	–	O 103.5	KK7RON	KK7RON
Sparks	224.5000	–	O 103.5e	N7KP	N7KP
Sparks	224.7000	–	O	KA7ZAU	KA7ZAU

NEW HAMPSHIRE
ALL
Location	Output	Input	Notes	Call	Sponsor
Statewide	224.1400	–	O	SNP	NESMC

LAKES REGION
Location	Output	Input	Notes	Call	Sponsor
Pittsfield	224.5400	–	O 103.5	N1AKE	N1AKE
Rochester	224.7800	–	O 131.8	WM1P	MLP

MERRIMACK VALLEY
Location	Output	Input	Notes	Call	Sponsor
Amherst	224.0200	–	O 136.5e	K1ZQ	K1ZQ
Candia	224.8200	–	O 88.5s	W1YVM	W1YVM
Chester	224.2000	–	O 103.5	K1OX	K1OX
Chester	224.5000	–	O 88.5e L(N1IMO-N1IMN)s	N1IMO	N1IMO
Derry	224.4600	–	O 85.4 (CA)ers	K1CA	IntrStRS

222-225 MHz
NEW HAMPSHIRE-NEW JERSEY

Location	Output	Input	Notes	Call	Sponsor
Goffstown	223.9000	–	O 103.5esx	W1AKS	NHRADIO
Mont Vernon	224.1800	–	O	WB1CMG	WB1CMG
Northwood	223.9600	–	O 114.8e L(E267136)	N1QVS	FBG
Pembroke	224.8000	–	O 103.5e	KA1OKQ	KA1OKQ
MONADNOCK REGION					
Milford	224.8600	–	O 136.5 L(2/440 CROSSBAND LINK)	W1DIO	W1DIO
Rindge	224.6000	–	O 88.5	WA1HOG	WA1HOG
Spofford	223.9800	–	O 100eEXP	KK1CW	SLR
SEACOAST					
Exeter	224.2200	–	O 67 L(E54908)	K1KN	K1KN
WHITE MOUNTAINS					
Cannon Mtn	224.0800	–	O 114.8	K1EME	LARK
NEW JERSEY					
ATLANTIC					
Absecon	224.1400	–	●(CA)	N2LXK	----------
BERGEN CO					
Glen Rock	223.3400	–	OtelrsBl	N2SMI	----------
Saddle Brook	224.4200	–	O 88.5	WB2IZC	----------
Saddle Brook	224.5200	–	O	WA2UXC	----------
Wanaque	224.8400	–	O 141.3 (CA)ersWX	W2PQG	10-70 RA
BURLINGTON					
Browns Mills	224.8600	–	O 131.8eBl	K2JZO	----------
Willingboro	223.8800	–	O 131.8 (CA)e	WB2YGO	WARG Inc.
CAMDEN					
Washington Twp	224.6600	–	O 131.8rs	W2MMD	GCARC
Waterford Wks	224.6200	–	OTTer	W2MX	MSARC
CAPE MAY					
Ocean City	223.9800	–	O 156.7 (CA)elrRB LITZ WX	W3PS	METRO-COMM
CUMBERLAND					
Bridgeton	224.8200	–	O 127.3el	KB3LRA	K3PHL
ESSEX CO					
Newark	224.2200	–	O 74.4 TTl RB Bl	KE2TT	----------
Newark	224.2800	–	O 123.0er	W2KB	----------
Verona	224.4800	–	Oe	K2DEE	ESSEX OEM
HUDSON CO					
Union City	224.2000	–	O 131.8 Bl	KD2VN	----------
HUNTERDON					
Mt Kipp	224.1200	–	O 203.5 (CA)el	K2PM	W2CRA
MIDDLESEX CO					
Old Bridge	224.5000	–	O 131.8/131.8 (CA)elrsz	W2CJA	CJRA

222-225 MHz
NEW JERSEY-NEW MEXICO

Location	Output	Input	Notes	Call	Sponsor
Sayreville	224.7800	–	O 123.0	NE2E	------------
MONMOUTH CO					
Ellisdale	224.1800	–	O 131.8a TT	K2NI	HRG
Hazlet	224.9600	–	O(CA)ers EXP WX	KB2SEY	HazltTpOEM
Ocean Twp	224.3800	–	O 156.7el WX	W2UG	AERIALS
MORRIS CO					
Boonton	224.8600	–	O	WA2PTD	------------
Butler	224.7000	–	O 141.3/141.3eE-SUNIrsRB EXP	WB2FTX	Butler RACES
Lk Hopatcong	224.6200	–	OL(INT)	NJ2MC	NNJDSA
Morris Twp	224.9400	–	O 107.2/107.2er	WS2Q	------------
OCEAN					
Barnegat	224.2800	–	OersWX	N2NF	------------
Dover Twp	224.7200	–	O 82.5e LITZ	N4TCT	------------
Forked River	224.7000	–	O 146.2	KE2HC	------------
Jackson	224.3000	–	O 127.3r	N2RDM	CrmRdgRG
Lakewood	223.8200	–	O 162.2el	N2AYM	------------
Toms River	223.9200	–	O 151.4 BI	NJ2AR	JSARS
PASSAIC CO					
Clifton	224.3600	–	O(CA)e	KB2N	CliftonOEM
SALEM					
Salem	224.4600	–	O 77ersWX	N2KEJ	SCOEM
SOMERSET CO					
Martinsville	224.6400	–	O 151.4	N2ZAV	------------
Martinsville	224.8800	–	O 103.5 (CA) TTeLITZ WX	WX3K	SOMERSET
Warrenville	224.0000	–	O 151.4 TT erB LITZ	K2PM	------------
Watchung	223.9600	–	Oers	K2ETS	ETS
SUSSEX					
Newton	224.5000	–	O 151.4elr sRB	W2LV	SCARC
UNION CO					
Newark	224.0200	–	O 123.0	NE2E	------------
Springfield	224.1400	–	O 123.0	W2FCC	------------
WARREN					
Washington	223.7800	–	● 110.9ers	WC2EM	WC EMCOMM
NEW MEXICO					
ALBUQUERQUE					
Albuquerque	223.8200	–	Oe	WA5VJY	NM 220 S
Albuquerque	224.0000	–	O 100.0/127.3x	K5CQH	JRANM
Albuquerque	224.5800	–	O 100ae L(146.58)	KH6JTM	KH6JTM

222-225 MHz 399
NEW MEXICO-NEW YORK

Location	Output	Input	Notes	Call	Sponsor
Rio Rancho	224.4800	–	O	K6LIE	
Sandia Park	224.9400	–	O L(444.1500) RB	W5AOX	W5AOX
NORTH CENTRAL					
Los Alamos	223.9400	–	Oesx	KB5RX	JMRA
Los Alamos	224.0400	–	O 100.0e L(442.000)	KA5BIW	KA5BIW
SOUTH CENTRAL					
Almogordo	224.6000	–	O	WA5IPS	WA5IPS
Dona Ana	224.3400	–	Os	KC5SJQ	KC5SJQ
Las Cruces	223.9400	–	O	N5IAC	N5IAC
SOUTH EAST					
Carlsbad	222.4600	–	O 127.3/127.3#ae	N5MJ	------------
STATEWIDE					
Statewide	224.1600	–	Otprs		ARES/SAR
NEW YORK					
ADIRONDACKS/EAST					
Blue Mtn Lake	224.0400	–	O 123lx	N2JKG	RACES
Plattsburgh	223.9600	–	O 123.0r	WA2LRE	Clin RACES
ALBANY/CAPITAL REGION					
Albany	224.1400	–	O 100 (CA) elx	K2AD	MT Assoc
Gloversville	224.7000	–	Orwx	K2JJI	TRYON AMATE
Schenectady	224.0600	–	Oae	K2AE	SCHENECTADY
Troy	224.4200	–	O(CA)l	W2SZ	RPI AMATEUR
Troy	224.6400	–	Oe	KB2HPW	ARDVARC
BINGHAMTON					
Vestal	224.4800	–	O 88.5 (CA) l	AA2EQ	AA2EQ
CANANDAIGUA					
Bristol	224.6800	–	O 110.9	W2IMT	W2IMT
South Bristol	224.4600	–	O 110.9 E-WIND	NR2M	QHRA
CATSKILLS NORTH					
Schenevus	223.9600	–	O 100e	KC2AWM	CTRC
Sprngfld Ctr	224.9800	–	O	NC2C	OTSEGO COUN
ELMIRA/CORNING					
Elmira	223.9800	–	Oal	NR2P	RATS
Elmira	224.2200	–	O	WB2VPY	CHEMUNG CO
LONG ISLAND - NASSAU CO					
East Rockaway	224.5400	–	O 131.8/131.8 (CA) TT(131.8)e	WA2YUD	------------
LONG ISLAND - SUFFOLK CO					
Bayshore	224.1200	–	O 131.8 (CA)lrs	KB2UR	SSARC
Dix Hills	224.5600	–	O 136.5e L(443.525)	W2RGM	------------

222-225 MHz
NEW YORK

Location	Output	Input	Notes	Call	Sponsor
East Hampton	224.6000	–	O(CA)e	W2HLI	------------
Smithtown	224.6200	–	● 136.5elr	W2LRC	LARKFIELD ARC
West Islip	223.8600	–	O 110.9/110.9aeL(HRDWIRE)rsRB WX	W2GSB	GSBARC
Yaphank	224.6800	–	O 103.5e	W2DQ	SCARC

LOWER HUDSON - WESTCHESTER

Location	Output	Input	Notes	Call	Sponsor
Valhalla	224.4000	–	O 114.8 (CA)elRB WX	WB2ZII	WECA
White Plains	224.2600	–	O 074.4/074.4sRB	NY4Z	Alive Network
Yonkers	224.9400	–	O 088.5 (CA)ersBlz	W2YRC	Yonkers ARC

MID HUDSON

Location	Output	Input	Notes	Call	Sponsor
Cragsmoor	224.6000	–	O	W2NYX	W2NYX
Harriman	223.8000	–	O 107.2elx	W2AEE	COLUMBIA UNIVER
Hudson	224.2800	–	Oes	K2RVW	Rip Van Winkle Amat
Mahopac	224.0000	–	O 74.4al	K2HR	ALIVE NETWORK A
Mahopac	224.7000	–	O 141.3al	K2HR	ALIVE NETWORK A
Middletown	224.5400	–	O 156.7lsx	WR2MSN	METRO 70 CM NET
Mount Beacon	223.9200	–	O 100 (CA) e	W2GIO	MOUNT BEACON A
Nyack	224.3800	–	O 114.8 (CA)el	WA2MLG	ROCKLAND REPEA
Patterson	224.8800	–	O 88.5 TT(THIS REPEATER HAD BEEN COORDINATED	KC2CQS	KC2CQS
Pomona	223.8200	–	O 114.8l	N2ACF	ROCKLAND REPEA

NEW YORK CITY - KINGS

Location	Output	Input	Notes	Call	Sponsor
Brooklyn	223.9400	–	O 107.2er	WA2ZLB	MAARC
Brooklyn	223.9800	–	141.3	KB2PRV	LARA
Brooklyn	224.1000	–	O 136.5rs	W2CXN	AVARA
Brooklyn	224.6000	–	O 100.0	W2SN	------------

NEW YORK CITY - MANHATTAN

Location	Output	Input	Notes	Call	Sponsor
Manhattan	223.7600	–	● 151.7 TT DCS(23) L(430.175)rs	WR2MSN	METRO 70cm
Manhattan	223.9000	–	OeBl	KD2TM	------------
Manhattan	224.0600	–	O	WA2HDE	------------
Manhattan	224.4400	–	O 74.4	NY4Z	K2VZG
Manhattan	224.4600	–	Oelz	N2XBA	LEARC
Manhattan	224.6600	–	O	WA2HDE	66 Rptr Club

NEW YORK CITY - QUEENS

Location	Output	Input	Notes	Call	Sponsor
Glen Oaks	224.8200	–	O 136.5 (CA)eLITZ	WB2NHO	LIMARC

NEW YORK CITY - STATEN ISLAND

Location	Output	Input	Notes	Call	Sponsor
Staten Island	223.8400	222.4000	O 141.3/141.3el	W2RJR	------------

NIAGARA

Location	Output	Input	Notes	Call	Sponsor
Buffalo	224.7600	–	O 107.2	WB2ECR	------------
Buffalo	224.8200	–	O(CA)e L(BARRA)rs	W2EUP	BARRA

222-225 MHz
NEW YORK-NORTH CAROLINA

Location	Output	Input	Notes	Call	Sponsor
Lackawanna	224.5600	–	O 88.5e	W2RFL	
Lancaster	224.6400	–	O 107.2e L(LARC IRLP) WX	W2SO	LARC
Lockport	224.3600	–	O 107.2	K2MJ	------------
Newfane	223.9400	–	O 88.5 (CA) L(224.94)	N2CVQ	NCARA
Newfane	224.9400	–	O 88.5 (CA) eL(223.94) RB	K2AER	NCARA
Niagara Falls	224.4200	–	O 107.2e L(443.925 ECHOLINK) rz	N3AU	
ROCHESTER					
Rochester	224.2600	–	Oaelxz	KE2MK	Xerox ARC
Rochester	224.5800	–	O 110.9ael	N2HJD	ROCHESTER R
Rochester	224.9000	–	O	WS2F	GRIDD
SOUTHERN TIER					
Delevan	224.2000	–	O	K2XZ	------------
ST LAWRENCE					
Canton	224.7400	–	r	KA2JXI	SLVRA
SYRACUSE					
Syracuse	224.1200	–	O	W2YPP	LARC
UTICA/ROME					
Utica	224.6600	–	Oa	WA2CAV	WA2CAV
Verona	224.2600	–	O	KA2NIL	KA2NIL
WAYNE/NEWARK					
Ontario	224.0200	–	O	KA2CKR	DrmInsARC
WEST					
Orangeville	224.7000	–	O	K2XZ	------------

NORTH CAROLINA

Location	Output	Input	Notes	Call	Sponsor
Andrews	224.8800	–	el	K4AIH	WD4JEM
Asheville	224.5200	–	O 91.5	W4MOE	W4MOE
Asheville	224.6000	–	94.8e	KI4DNY	KI4DNY
Barium Springs	224.3000	–	O	WA4WRS	------------
Big Knob	224.6600	–	O 100.0	N2GE	N2GE
Burnsville	224.7400	–	Ol	KD4WAR	KD4WAR
Cary	224.8800	–	O 88.5	W4JYV	KD4WJD
Charlotte	224.4000	–	O	W4BFB	MECKLENBUR
Charlotte	224.8600	–	82.5el	KA4YMZ	JI
Cherry Mtn	224.6400	–	O 71.9ae WX	KG4JIA	KG4JIA
Cherryville	224.9600	–	O(CA)	N4DWP	N4DWP
Clemmons	224.7000	–	O 100.0e	WB9SZL	FORSYTH AR
Clinton	224.2800	–	91.5el	W4TLP	W4TLP
Coats	224.7000	–	O 88.5 (CA) eRB	K4JDR	CAROLINA 4
Delco	224.5000	–	O 88.5IRB	AD4DN	AD4DN
Gastonia	224.6200	–	O 127.3ep	KC4IRA	KC4IRA

NORTH CAROLINA-OHIO

Location	Output	Input	Notes	Call	Sponsor
Greensboro	224.4400	–	O 107.2	WB4GUG	------------
Greensboro	224.9600	–	107.2e	KD4TPJ	KD4TPJ
Grifton	224.8400	–	Oel	WA4DAN	ENC 220 RP
Haw River	224.6200	–	O 107.2a RB	KD4JFN	KD4JFN
Hendersonville	224.2400	–	O	WA4KNI	WA4KNI
Hendersonville	224.9600	–	O	N4UQS	CAP/SUGARL
Hillsborough	224.2600	–	Ol	WR4AGC	DURHAM FM
Jacksonville	224.3200	–	O	KA4SQN	KA4SQN/RAC
Jefferson	224.2200	–	88.5	W4JWO	W4JWO
Kernersville	224.2400	–	107.2lRB	KF4OVA	KF4OVA
Kernersville	224.8200	–	107.2pr	KD4LHP	KD4LHP
Lenoir	224.1600	–	O	KN4K	HIBRITEN R
Locust	224.4800	–	O(CA)l	W4DEX	W4DEX & N4
Louisburg	224.2200	–	eRB	KD4CPV	KD4CPV
Lumberton	224.9200	–	91.5el	K4TH	K4TH
Marshall	224.3600	–	79.7eRB	KF4ZDS	KF4ZDS
Moravian Falls	224.1200	–	123.0e	KA2NAX	KA2NAX
Mt Airy	224.6000	–	107.2e	N4YR	33
Mt Mitchell	224.5400	–	e	N2GE	N2GE
Mt Pisgah	224.2600	–	e	N2GE	N2GE
Raleigh	224.1600	–		K4ITL	PCRN
Rocky Mt	224.5800	–	Oe	KR4AA	N4TUF
Salisbury	224.7600	–	O	KU4PT	BARBER JCT
Shelby	224.0600	–	O	W4NYR	SHELBY ARC
Shelby	224.4600	–	O(CA)	N4DWP	N4DWP
Sophis	224.1400	–	Otl	WR4BEG	BROADCAST
Spruce Pine	224.6800	–		N2EMD	N2EMD
Thomasville	224.4200	–	118.8	W4TNC	EFARG
Trenton	224.7200	–	91.5el	WA4DAN	ENC 220 RP
West Jefferson	224.8400	–	103.5a	W4TRP	W4TRP
Wilmington	224.2000	–	Ot(CA) RB	WA4US	WA4US
Wilmington	224.6800	–	91.5el	N4ILM	WILMINGTON
Zebulon	224.8000	–	88.5el	WB4IUY	WB4IUY

NORTH DAKOTA
FREQUENCY USAGE

Location	Output	Input	Notes	Call	Sponsor
Statewide	224.2400	–		SNP	

OHIO
ALLEN

Location	Output	Input	Notes	Call	Sponsor
Lima	224.9000	–	O 118.8	WB8PJZ	LimaUHFRA

ASHLAND

Location	Output	Input	Notes	Call	Sponsor
Widowville	224.5800	–	O 110.9lp	KD8BIW	W8LY

ASHTABULA

Location	Output	Input	Notes	Call	Sponsor
Austinburg	224.6200	–	Ota	K8PEX	Ash.CoARC
Geneva	223.9600	–	O 146.2	N8WPZ	N8WPZ

ATHENS

Location	Output	Input	Notes	Call	Sponsor
Athens	224.1400	–		K8WJW	K8WJW

222-225 MHz 403
OHIO

Location	Output	Input	Notes	Call	Sponsor
AUGLAIZE					
Uniopolis	223.8800	–	O 107.2a	KC8KVO	ACARES
BROWN					
Mt Orab	224.1800	–	Oa	W8UJM	WA8CFX
BUTLER					
Fairfield	224.1200	–	OaeRB	KA8YRN	FARA
Oxford	224.3400	–	O 77.0	N8ECH	Oxford RS
Oxford	224.6400	–	Oe	N8FTS	WD8JHB
CARROLL					
Carrollton	223.8000	–	Oex	W8SSB	W8SSB
CHAMPAIGN					
Cable	224.8600	–	O 100.0s	WB8UCD	WB8UCD
St Paris	224.6000	–	O 100.0s	WB8UCD	WB8UCD
Urbana	224.9800	–	O 100.0	KB7TSE	KB8PVX
CLERMONT					
Batavia	224.0000	–	O 123.0rs	K8YOJ	ARPSC
CLINTON					
Blanchester	224.5200	–	t	KB8CWC	KB8CWC
Wilmington	224.0800	–	O 123.0	K8IO	K8IO
CUYAHOGA					
Cleveland	224.9000	–	O 141.3e	WB8CQR	LEARA
Cleveland	224.9400	–	O	WX8CLE	KJ5KB
N Royalton	224.7600	–	O	K8SCI	N Cst ARC
Parma	224.3000	–	O 141.3el	N8SO	N8SO
Parma	224.4800	–	O 131.8l	KB8WLW	KB8RST
Shaker Hts	223.9200	–	O	K8ZFR	C.A.R.S.
Walton Hills	224.1000	–	O 141.3l	KA8WDX	KA8WDX
DARKE					
Greenville	224.3800	–	O	N8NR	N8NR
FRANKLIN					
Columbus	224.0600	–	O	K8DDG	C OH ARES
Columbus	224.4600	–	Ol	AA8EY	C OH ARES
Columbus	224.6600	–	Oal	W8RUT	C OhioARG
Columbus	224.8400	–	O 179.9ael z	K8DRE	CCRA
GEAUGA					
Thompson	224.9600	–	O 141.3 (CA)eWX	KB8FKM	KB8FKM
HAMILTON					
Cincinnati	224.0600	–	O	K8YOJ	HmltARPSC
Cincinnati	224.2400	–	O 114.8el	KD8TE	AWARE
Cincinnati	224.6200	–	O 110.9er	W8ESS	E.S.S.
JACKSON					
Ray	223.8800	–	O	WB8LDB	WB8LDB
LAKE					
Fairport Hrbr	224.0800	–	O 141.3e	N8JCV	N8JCV
Painesville	224.5000	–	O 141.3	N8BC	LCARA
LICKING					
Newark	223.9400	–	Ol	KA8PCP	KA8PCP

404 222-225 MHz
OHIO

Location	Output	Input	Notes	Call	Sponsor
LOGAN					
Bellefontaine	224.5000	–	O(CA)elz	KA8GRP	TopOfOhio
LUCAS					
Oregon	224.4400	–	O 103.5e	WJ8E	WJ8E
Toledo	224.1400	–	O 103.5123 aTTez	W8HHF	TMRA
Toledo	224.5400	–	103.5aTTez	WB8OET	WB8OET
MEDINA					
Brunswick	224.8600	–	Oe	W8UQZ	W8UQZ
Valley City	224.6800	–	●	K8WW	K8WW
MIAMI					
Ludlow Falls	224.1000	–	Oa	WD8JPP	WD8JPP
Tipp City	224.4200	–	O(CA)el	WB8WIQ	WB8WIQ
Troy	223.9800	–	O	N8OWV	N8OWV
Troy	224.9400	–	O(CA)l	WB8PMG	WB8PMG
MONTGOMERY					
Dayton	223.9400	–	Oa	W8BI	DARA
Dayton	224.0200	–	O(CA)elz	WB8SMC	FaroutARC
Dayton	224.1600	–	O(CA)el	WC8OH	WCOARA
Dayton	224.6800	–	Oe	KB8CSL	KB8GDE
Dayton	224.7200	–	Oe	KB8CSL	KC8YEX
Dayton	224.8000	–	OerRB	KC8NDF	KC8NDF
Fairborn	224.2600	–	●(CA)	KI6SZ	KI6SZ
Huber Heights	224.3000	–	O 442.95l	NO8I	HHARC
Miamisburg	223.9000	–	Oel	W8COH	WCOARA
Trotwood	224.2000	–	Oa	W8KEL	W8KEL
Vandalia	224.7600	–	O	KB8CSL	KC8YEX
MORROW					
Mt Gilead	224.9400	–	O 71.9e	WY8G	MCRG
MUSKINGUM					
Zanesville	224.9400	–	Oae	KJ8N	Y-City WC
PORTAGE					
Atwater	224.1400	–	O	WA8LCA	WA8LCA
Kent	224.0200	–	O 141.3e	N8BHU	N8BHU
PREBLE					
Eaton	224.4800	–	el	K8YR	PrebleARA
ROSS					
Bainbridge	224.9200	–	O	KD8EAD	KD8EAD
STARK					
Canton	224.6000	–	OaEXP	W8TUY	W8TUY
Canton	224.7800	–	Oae	KB8LWP	KB8LWP
SUMMIT					
Akron	223.9400	–	Oal	WB8CXO	AKCOM
Hudson	224.6400	–	O	N8FNF	WRARG
Norton	224.0600	–		WB8UTW	WB8UTW
TRUMBULL					
Warren	224.1600	–	131.8	N8DOD	N8DOD

222-225 MHz 405
OHIO-OREGON

Location	Output	Input	Notes	Call	Sponsor
VAN WERT					
Van Wert	224.0600	–	O 156.7	N8IHP	N8IHP
WARREN					
Franklin	224.9600	–	O 118.8	KD8EYB	BCAREC
Springboro	224.2200	–	O 100.0	N8RXL	N8RXL
Springboro	224.5600	–	O 77.0	W8CYE	DrakeARC
WASHINGTON					
Marietta	224.2600	–	●alp	W8JL	W8JL
OKLAHOMA					
NORTHEAST					
Bartlesville	224.2600	–	O 88.5/88.5 e	W5RAB	W5RAB
Muskogee	224.3400	–	Ote	KK5I	MuskogARC
OKLAHOMA CITY METRO					
Bethany	224.9600	–	O 103.5/103.5e	N5USR	N5USR
Norman	224.4400	–	Ot	K9KK	K9KK
Oklahoma City	224.1000	–	Ote	W5PAA	MMACARC
Oklahoma City	224.3000	–	O 123/123	NZ5W	NZ5W
Oklahoma City	224.4000	–	O 141.3/141.3e	KK5FM	KK5FM
Oklahoma City	224.8800	–	Ot	WN5J	WN5J
SOUTHEAST					
Nashoba	224.5600	–	O 114.8/114.8 E-SUN	KM5VK	KM5VK
Poteau	224.8800	–	O 88.5/88.5	WC5I	WC5I
SOUTHWEST					
Granite	224.9200	–	O 151.4/151.4eWX	KE5HRS	------------
Tuttle	224.6800	–	Ot	WA7WNM	KS5B
OREGON					
FREQUENCY USAGE					
Statewide	224.6800	–		ORRC TEST	
Statewide	224.8000	–		ORRC TEST	
CENTRAL WILLAMETTE VALLEY					
Monmouth	224.5000	–	O 162.2e	KE7AAJ	KE7AAJ
Salem	224.1600	–	O 100.0e	KE7DLA	KE7DLA
Salem	224.2400	–	Oe	WB7RKR	MN UHF G
Salem	224.6000	–	O 100.0e	KE7DLA	KE7DLA
CENTRAL-EAST					
Hampton	223.9800	–	O 103.5e	K7SQ	HIDARG
COAST - SOUTH					
North Bend	224.9200	–	O 103.5	K6TC	W6JRN
NORTH WILLAMETTE VALLEY					
Colton	223.9400	–	Oe	W7OTV	OTVARC
Sheridan	224.5600	–	O 100.0e	AC7ZQ	AC7ZQ

406 222-225 MHz
OREGON-PENNSYLVANIA

Location	Output	Input	Notes	Call	Sponsor
NORTHEAST					
Pendleton	224.5600	–	O	N7NKT	N7NKT
NW OREGON & SW WASHINGTON					
Longview	224.6600	–	O 114.8rs	NU7D	NU7D
PORTLAND METRO					
Estacada	224.4600	–	O 107.2l	KD7DEG	KD7DEG
Estacada	224.9800	–	O 88.5ae	KU6U	KU6U
Newberg	224.0600	–	O 107.2el	KR7IS	WORC
Portland	224.9400	–	Oe	K7RPT	ARRG
SOUTH WILLAMETTE VALLEY					
Eugene	224.4000	–	Oe	WB7RKR	MN UHF G
SOUTHWEST					
Grants Pass	224.5200	–	Ot(CA)e	WA6VQP	WA6VQP
Roseburg	224.1000	–	Oe	WB7RKR	MN UHF G

PENNSYLVANIA
FREQUENCY USAGE - ALL WPA SECTION

Location	Output	Input	Notes	Call	Sponsor
WPA SNP	223.8000	–		SNP	
BEAVER 131.8					
Beaver	224.8800	–	Oer	N3TN	TAARA
Beaver Falls	223.8800	–		W3UJT	W3UJT
Freedom	224.4600	–	O	N3TN	N3TN
New Brighton	224.7200	–	Oael	N3ALL	N3ALL
BERKS					
Pottstown	224.0200	–	O 131.8e	K3ZMC	P.A.R.T.
Reading	224.1600	–	O 146.2 (CA)ers	K3UIP	BARS
Reading	224.6400	–	O 114.8	K3TI	DDXA
BUCKS					
Chalfont	223.9000	–	O 107.2e	W3DBZ	------------
Feasterville	223.8000	–	O 131.8	N3SP	------------
Feasterville	224.9800	–	O	WB3BLG	PARA Group
Hilltown	224.5800	–	Ote	W3CCX	Packrats
Morrisville	224.5400	–	O 141.3el	WB0YLE	------------
Warminster	223.7600	–	O 186.2ael	K3NAL	NAWC ARC
CARBON					
Palmerton	224.2600	–	O 94.8 (CA) ersRB	N3DVF	EPA-VHF
CHESTER					
Thorndale	224.3600	–	O	AA3VI	------------
Valley Forge	224.9400	–	O	W3PHL	PARA Group
DELAWARE					
Booth's Corner	224.2200	–	O 91.5elrsWX	KA3TWG	Penn-Del
Darby	224.5000	–	O 131.8 (CA)elsRB	W3UER	DCARA
Glenolden	224.1000	–	O 77 (CA)es	N3FCX	------------

PENNSYLVANIA

Location	Output	Input	Notes	Call	Sponsor
ERIE 186.2					
Albion	223.9400	–	O	WA3USH	WA3USH
JOHNSTOWN 123.0					
Johnstown	224.2600	–	O	W3IW	W3IW
Johnstown	224.6800	–	aerRB	KB3BLF	CCDES
LACKAWANNA					
Scranton	224.5600	–	O 136.5el	KC3MN	------------
LANCASTER					
Cornwall	224.8200	–	O 114.8el	N3TPL	LRTS
Cornwall	224.8400	–	O 131.8	KA3CNT	R.H.R.A.
Lititz	224.4400	–	O 131.8al RB	KA3CNT	R.H.R.A.
Rawlinsville	224.3200	–	O 131.8el	WA3WPA	------------
LUZERNE					
Wilkes-Barre	224.6000	–	O 94.8e	N3JDV	------------
LYCOMING					
Williamsport	224.2800	–	O 85.4elBl	N3XXH	EMRG
MONROE					
Long Pond	224.3400	–	O 131.8 (CA)e	KB3WW	------------
Long Pond	224.9200	–	O 127.3el RB	K4MTP	STORM Group
Tannersville	224.6600	–	O 71.9	KB3DCM	------------
MONTGOMERY					
Bryn Mawr	224.4200	–	O(CA)ers	WB3JOE	MidAtlARC
Fairview Village	224.2000	–	O 88.5e	N3CVJ	------------
Norristown	223.8600	–	O	N3CDP	PARA Group
Wyncote	224.3800	–	O 107.2 (CA)e	N3FSC	------------
NORTHAMPTON					
Easton	224.7400	–	O 100e	KB3AJF	------------
NORTHWEST 186.2					
Corry	224.0600	–	O 186.2	KE3PD	KE3PD
Franklin	224.7400	–	Oer	N3QCR	N3MBR
Titusville	224.8200	–		WB3KFO	WB3KFO
PHILADELPHIA					
Center City	224.1800	–	O 127.3e	K3PHL	------------
Philadelphia	224.0600	–	O 131.8eBl	WB3EHB	------------
Philadelphia	224.8000	–	O 131.8 (CA)elRB	K3TU	TUARC
PITTSBURGH 131.8					
Apollo	224.3000	–	O 131.8aerz	N1RS	SARA
New Kensington	224.6400	–	O 131.8	K3MJW	Skyview
Pittsburgh/Carrick	223.9800	–	l	W3PGH	GPVHFS
Pittsburgh Homestead	223.9400	–	O	WA3PBD	GtwyFM
Pittsburgh Homestead	224.1400	–	O	KA3IDK	KA3IDK

222-225 MHz
PENNSYLVANIA-RHODE ISLAND

Location	Output	Input	Notes	Call	Sponsor
Pittsburgh/N Hills	224.1000	–	O 88.5er	W3EXW	NHARC-RPT
SOMERSET 123.0					
Meyersdale	224.5200	–	Ol	KK3L	AHRA
SOUTH CENTRAL 123.0					
Bedford	224.4800	–	O	K3NQT	BCARS
Boswell	224.9600	–	Oael	N3XCC	N3XCC
SOUTHWEST 131.8					
Bentleyville	224.5800	–	O	WA3QYV	M.A.R.C.
E Monongahela	223.9000	–	O(CA)el	N3OVP	N3OVP
Rochester Mills	224.9000	–	O	KB3CNS	------------
Washington	224.4000	–	O	W3CYO	W3CYO
WEST CENTRAL 131.8/186.2					
Cowansville	224.1800	–	Oar	KA3HUK	WPA-220
Evans City	224.9800	–	Oar	KA3HUK	WPA-220
Mars	224.9400	–	Oel	K3RS	K3RS
New Castle	224.0400	–	O	KA3UEX	KA3UEX
New Castle	224.8000	–	O	NO3I	NO3I
Prospect	224.2400	–	O(CA)er	N3HWW	MRG
Slippery Rock	224.8400	–	Oalr	KA3HUK	M.R.G.

PUERTO RICO
E
| Rio Grande | 224.2200 | – | O | WP4N | ------------ |

N
| Corozal | 224.4600 | – | OE-SUN | KP4DH | CACIQUE |

S
Barranquitas	224.0800	–	O	KP4LP	------------
Cayey	223.9800	–	O	KP3AB	------------
Cayey	224.0200	–	O	KP3AB	------------

W
| Aguada | 224.9200 | – | O | KP3AB | ------------ |

RHODE ISLAND
ALL
| Statewide | 224.1400 | – | O | SNP | NESMC |

EAST BAY
| Newport | 223.8200 | – | O 88.5e | N1JBC | N1JBC |

NORTHERN
Coventry	223.9000	–	Oex	KA1ABI	KA1ABI
Coventry	224.8600	–	O 67ers	N1JL	N1JL
Cranston	224.4400	–	O	KA1BRJ	KA1BRJ
East Providence	224.6200	–	O 88.5e	N1LEO	N1LEO
Johnston	223.9600	–	O 127.3 (CA)eL(KA1RCI)rsx	KA1RCI	KA1RCI
Johnston	223.9800	–	O	W1OP	ProvRA
Lincoln	224.0400	–	O 67 (CA)e L(KA1RCI)	KA1RCI	KA1RCI
Lincoln	224.2000	–	O 100 (CA) er	W1MPC	W1MPC

222-225 MHz 409
RHODE ISLAND-TENNESSEE

Location	Output	Input	Notes	Call	Sponsor
North Providence	224.9200	–	O 88.5e	N1JBC	N1JBC
			L(QUAHOG REPEATER NET (QRN))		
North Scituate	223.7600	–	OesWXx	K1KYI	RIAFMRS
Warwick	223.9200	–	Oe	KA1LMX	KA1LMX
			L(E111074)		
West Warwick	224.3000	–	O 100e	K1WYC	K1WYC
West Warwick	224.7600	–	Oe	KA1RCI	KA1RCI
SOUTH COUNTY					
Exeter	224.5600	–	O 100e	KA1RCI	KA1RCI
			L(KA1RCI REPEATER NETWORK)		
Westerly	224.9800	–	Oe	N1LMA	N1LMA
			L(446.575/449.675/448.425/147.27) WX		

SOUTH CAROLINA

Location	Output	Input	Notes	Call	Sponsor
Columbia	224.9000	–	OIRB	N4EOY	AL HARNEY
Fort Mill	224.8000	–	110.9	KD4TRL	SUGAR CREE
Gaffney	224.5000	–	O 123.0es WX	KG4JIA	KG4JIA
Greenville	224.2000	–	Oa	W4ILY	EXPERIMENT
Leesville	224.5600	–	O 162.2e	N5CWH	N5CWH
Myrtle Beach	224.1400	–	aelWX	NE4SC	K4SHP
Orangeburg	224.7800	–	O(CA)e	KO4BR	SOU BELL T
Pickens	224.1400	–	O 131.8e	WR4XM	PICKENS CO
Pickens	224.3200	–	Oe	W4IT	W4IT
Pickens	224.4000	–	O 131.8e	WR4XM	PICKENS CO
Rock Hill	224.8400	–	123.0e	KB4GA	KB4GA
Six Mile	224.1000	–	162.2	KK4SM	WA4SSJ
Sumter	224.1200	–	Ol	W4GL	SARA
Sumter	224.6600	–	O	W4VFR	HILLCREST
West Springs	224.4400	–	O(CA)e	KN4CW	SOU BELL T

SOUTH DAKOTA
SOUTH EAST

Location	Output	Input	Notes	Call	Sponsor
Sioux Falls	223.8600	–	146.2	W0FSD	SEARES

TENNESSEE

Location	Output	Input	Notes	Call	Sponsor
Arlington	224.1200	–	O 107.2e	N4GMT	N4GMT
Athens	224.3000	–	O 141.3el	KF4PVQ	KF4PVQ
Benton	224.3600	–	O 100.0aer WX	W4RRG	KS4QA
Blountville	224.2000	–	O	W4CBX	W4FXO
Buffalo Mt	224.7800	–	O 103.5	KE4FH	KE4FH
Caryville	224.2800	–	118.8e	KA4OAK	KA4OAK
Chattanooga	224.4200	–	elrsWX	NT4M	KA4EMA
Chattanooga	224.7800	–	O	K4VCM	CHATTANOOG
Clarkesville	224.4200	–	O 123.0e	N4PJX	N4PJX
Cleveland	224.1000	–	O 123.0aer WX	KA4ELN	KA4ELN

222-225 MHz
TENNESSEE

Location	Output	Input	Notes	Call	Sponsor
Cleveland	224.3200	–	Oe	KK4US	KK4US
Cleveland	224.9200	–	Ol	W4RRG	W4RRG
Collierville	224.4000	–	O(CA)l	KB4YGI	KB4YGI
Culleoka	224.8600	–	l	WR3S	WR3S
Erwin	224.1800	–	O 88.5ael RB	KB8FPK	KB8FPK
Gallatin	223.9800	–	O 107.2ae	W4CAT	CATS
Gallatin	224.7000	–	O	KD4VUW	KD4VUW
Gatlinburg	224.6200	–	Ol	WR3S	REBEL REPE
Greenbriar	224.8000	–	Oae	WQ4E	WQ4E
Greenbrier	224.7600	–	Oae	WQ4E	WQ4E
Greeneville	224.3000	–	192.8es	WD2E	WD2E
Greeneville	224.7200	–	O 173.8el	K4MFD	K4MFD
Greeneville	224.9000	–	O 100.0s	W4WC	ANDREW JOH
Greeneville	224.9400	–	OaeRB	KB4PSI	KB4PSI
Jackson	224.2400	–	O 131.8e	KA4BNI	KA4BNI
Knoxville	224.2200	–	O 100.0e	KB4FZK	N4OQJ
Knoxville	224.3400	–	O	WB4GBI	WB4GBI
Knoxville	224.3800	–	O 100.0	N4OQJ	KB4FZK
Knoxville	224.5000	–	O 100.0el RB	W4BBB	RACK
Knoxville	224.5800	–	O 100.0e	N4KFI	N4KFI
Knoxville	224.7600	–	Oae	K4PCK	K4PCK
Lavergne	224.3600	–	OaRB	KB4ZOE	FELTS RPT
Madisonville	224.1800	–	O 141.3el	KF4PVQ	KF4PVQ
Memphis	223.9400	–	Otel	W4ZJM	W4ZJM
Memphis	224.4200	–	O	W4BS	DELTA ARC
Memphis	224.7800	–	O	WB4KOG	WA4KOG
Morristown	224.4000	–	Oae	N4RBB	N4RBB
Morristown	224.6400	–	Oael	KC4RGQ	KC4RGQ
Mountain City	224.2800	–	O 103.5e	K4DHT	K4DHT
Murfreesboro	224.6000	–	123.0e	KD4TZZ	KD4TZZ
Nashville	224.1600	–	OaelRB	WR3S	TMS
Nashville	224.4600	–	aelRB	WR3S	WR3S
Nashville	224.6600	–	OalRB	WR3S	WR3S
Nashville	224.8400	–	Oa	KC4PRD	----------
Nashville	224.9600	–	OaelRB	WR3S	WR3S
Newbern	224.6000	–	100	K4DYR	DYER CO AR
Newport	224.5600	–	O 100.0el	AC4JF	AC4JF
Oneida	224.1400	–	OaeRBz	KB4PNG	KC4ALK
Pittsburg	224.7600	–		WR3S	W4LOC
Rockwood	224.8400	–	88.5erswX	KC4WGH	KC4WGH
Rogersville	224.4800	–	Oe	KD4HZN	KD4HZN
Sevierville	224.4400	–	Ot(CA)	N2FUV	N2FUV
Sevierville	224.7000	–	O 100.0el RB	K4IBW	K4IBW
Sevierville	224.8000	–	OelRB	K4IBW	K4IBW
Seymour	224.0600	–	O 156.7	K4ARO	K4ARO
Smithville	223.9600	–		W4RRG	FELTS RPT

222-225 MHz
TENNESSEE-TEXAS

Location	Output	Input	Notes	Call	Sponsor
Springfield	224.2200	–	OaeRBz	KO4BN	KO4BN
Springfield	224.5400	–	●	N8ITF	N8ITF
Sweetwater	224.9000	–	127.3 (CA)e RB LITZ	WD9JGI	WD9JGI

TEXAS

Location	Output	Input	Notes	Call	Sponsor
Alto	223.7800	–	Or	KB2EF	------------
Argyle	223.8600	–	O	WB5NDJ	------------
Arlington	224.8000	–	O 110.9	K5SLD	AARC
Austin	223.9400	–	O	W5HS	------------
Austin	224.8000	–	O	W5KA	AARC
Austin	224.9400	–	Ol	WB5PCV	------------
Beaumont	224.5000	–	O(CA)el	WB5ITT	TRA / Entergy A
Blanket	224.7200	–	O	N5AG	------------
Burleson	224.7400	–	O 110.9a	W8KPJ	KONTAK FAMIL
Cedar Hill	224.1000	–	●	AI5TX	------------
Cedar Hill	224.5000	–	●	W5MAY	SBE 220
Cleveland	224.7800	–	O	N5AK	SHARK
Conroe	224.8000	–	O 100 (CA) el	WB5ITT	TRA / Entergy A
Corpus Christi	224.3400	–	O 107.2e	W5FOF	------------
Cut And Shoot	223.9800	–	O 103.5e	W5WP	------------
Dallas	224.1800	–	O	W5RDW	TI ARC
Dallas	224.4800	–	O 110.9	K5JOI	------------
Dallas	224.6000	–	●	N5MIJ	------------
Dallas	224.7000	–	●	N5MIJ	------------
Dallas	224.8800	–	O	W5FC	DARC
Devers	224.9200	–	O 123	KA5QDG	------------
El Paso	224.8200	–	O	KC5EJ	------------
Euless	224.5600	–	O 110.9	WB4QHM	------------
Everman	224.8600	–	O	AB5XD	------------
Forest Hill	224.1400	–	O	KA5GFH	------------
Fort Worth	223.3200	–	O(CA)e	W0BOD	------------
Fort Worth	224.4200	–	O 110.9	W5SJZ	LRARC
Fort Worth	224.6800	–	Oae	W0BOD	------------
Fort Worth	224.7800	–	O 110.9	N5UN	FW220
Fort Worth	224.9400	–	O 110.9r	K5FTW	FWCTVHFFM
Granbury	224.3400	–	O 88.5 (CA)	WD5GIC	NTXARA
Houston	223.8000	–	O 123	KA5QDG	------------
Houston	223.9600	–	O 123	KA5QDG	HAMS
Houston	224.1000	–	O 103.5	KR5K	CYPRESS
Houston	224.1400	–	●	KA5QDG	HAMS
Houston	224.1600	222.0000	O 103.5e	KB5IAM	HCTA
Houston	224.2000	–	O	WA5TWT	HTTY
Houston	224.2600	–	O	W5WP	HOUSTON ECH
Houston	224.3000	–	O 103.5el	KD5HKQ	TARMA
Houston	224.3200	–	O 123	KA5QDG	HAMS
Houston	224.9600	–	O 123	K5ILS	------------
Hurst	224.3000	–	O	WB5TCD	------------

222-225 MHz
TEXAS-UTAH

Location	Output	Input	Notes	Call	Sponsor
Idalou	223.9000	–	O 123	KC5MVZ	
Irving	224.4000	–	O 110.9	WA5CKF	IARC
Jasper	224.8600	–	O	K5PFE	------------
Karnes City	224.4600	–	Oe	WA5S	
Lubbock	224.8200	–	O(CA)elx	WB5R	------------
Lufkin	224.0400	–	O 103.5	KD5TD	------------
Marshall	223.9400	–	O	K5HR	------------
Midland	223.9400	–	O(CA)elx	WB5RCD	WTX220ASN
Midland	224.9400	–	O(CA)elx	WB5RCD	WTX220ASN
Murphy	223.8200	–	O 110.9	W5RDW	------------
North Richland Hills	223.9400	–	O	W5URH	------------
Odessa	223.9400	–	O(CA)elx	WB5RCD	WTX220ASN
Parker	224.9600	–	O	K5RA	ESIARC
Pasadena	224.4000	–	O 103.5	KD5HKQ	TARMA
Pflugerville	224.4800	–	O 110.9	KG5BZ	------------
Port Aransas	224.4800	–	O 107.2lx	KG5BZ	------------
Port Arthur	223.9500	–	O 100 (CA) WX	KK5LK	------------
Port Arthur	224.8800	–	O 103.5a	KK5LK	------------
Prosper	224.4400	–	Oe	N5TPS	------------
Rose Hill	223.8400	–	O	K5SOH	------------
San Antonio	223.9400	–	O	WR5Q	------------
San Antonio	224.3800	–	O 179.9e	K5SUZ	SARO
San Antonio	224.6600	–	O	KA5OHJ	------------
Spring Branch	224.5800	–	O 131.8	W5DK	------------
Sulphur Springs	224.5800	–	O 151.4	N5REL	------------
The Colony	224.9800	–	●	KB5HOV	LAARK
Trinity	224.6000	–	O 103.5	N5ESP	------------
Vernon	224.4200	–	O 192.8	WB5AFY	------------
Weatherford	223.9000	–	O	KA5HND	RREPGRP
Weatherford	224.2600	–	O	W5URH	------------
Weslaco	224.6200	–	Oel	WA5S	------------
Wichita Falls	224.4000	–	O(CA)	K5HRO	------------
Willis	224.2400	–	O 103.5	WD5CFJ	------------

UTAH
FREQUENCY USAGE
Location	Output	Input	Notes	Call	Sponsor
Statewide	224.8600	–	O	SHARED	

CENTRAL
Location	Output	Input	Notes	Call	Sponsor
Ephriam	223.9200	–	O 88.5 RBx	WX7Y	

NORTH
Location	Output	Input	Notes	Call	Sponsor
Thiokol	224.4000	–	Oa	KE7FO	MTARC

NORTHEAST
Location	Output	Input	Notes	Call	Sponsor
Vernal	223.9000	–	O	WX7Y	------------

PRICE
Location	Output	Input	Notes	Call	Sponsor
Price	224.5000	–	O 88.5	W7CEU	CEU
Scofield	224.9800	–	OeRBx	WX7Y	IREAN/SD

UTAH-VIRGINIA

222-225 MHz 413

Location	Output	Input	Notes	Call	Sponsor
SOUTH					
Hanksville	224.4800	–	O 88.5 RBx	WX7Y	------------
SOUTHEAST					
Moab	224.5800	–	Ol	WX7Y	------------
Monticello	223.9400	–	●x	K7QEQ	GMRA
Monticello	223.9600	–	Olx	WX7Y	------------
WASATCH FRONT					
American Fork	224.4200	–	O 156.7	W7WJC	UCRC
Clearfield	223.8600	–	O 123x	NJ7J	------------
Lehi	224.5600	–	O 100 L(448.200 HF)sx	KB7M	------------
Ogden	224.5000	–	O 167.9 A(*/#)	WB6CDN	IREAN
Payson	224.4800	–	O 88.5 RBx	WX7Y	------------
Payson	224.6000	–	O	WD7N	------------
Pleasant Grove	223.8800	–	O 167.9e	KB7YOT	------------
Point of the Mountain	224.8800	–	156.7	N7IMF	UHDARC
Powder Mtn	224.0000	–	O 167.9lRB x	N7TOP	IREAN
Provo	224.6400	–	O 156.7e	N7IMF	------------
Provo	224.7000	–	O 107.2x	KE7AU	------------
Riverton	224.5400	–	O	K7HEN	------------
Salt Lake	223.8400	223.8400	OaelRBxz	WB6CDN	IREAN
Salt Lake	223.9400	–	O 100s	KDØJ	SLCOARES
Salt Lake	224.7800	–	O 100e	KDØJ	------------
Salt Lake	224.8200	–	OaelRBxz	WB6CDN	IREAN
Sandy	224.6200	–	O 167.9	W7ROY	------------
Sandy	224.7200	–	O 167.9	W7ROY	------------
Syracuse	224.9600	–	Oe	NJ7J	------------
VERMONT					
SOUTHWEST					
Wells	224.9600	–	O	N1VT	NFMRA
VIRGINIA					
Abingdon	224.1000	–	O 77.0el	K4YW	K4YW
Bedford	224.1800	–	O 100.0el	WA1ZMS	MTN TOP AS
Bedford	224.8400	–	Oe	N4PLV	BEDFORD AR
Bluefield	224.4400	–	O 123.0al	N8FWL	N8FWL 222
Bluefield	224.9200	–	O	WA8O	N8LGA
Buckingham	224.4000	–	110.9e	KF4UCI	KF4UCI
Charlottesville	224.1400	–	O 88.5 (CA) e	N4HRV	N4HRV
Charlottesville	224.7600	–	E-SUN	WA4TFZ	WA4TFZ
Chesapeake	224.7400	–	O 100.0e	WF4R	CITY OF CH
Chesapeake	224.9600	–	O 100.0rRB	W4LG	W4LG
Deltaville	224.9000	–	Oaez	AA4HQ	AA4HQKB4JI

222-225 MHz
VIRGINIA

Location	Output	Input	Notes	Call	Sponsor
Fancy Gap	224.8800	–	O 100.0	K4DQ	BEAR CREEK
Gloucester	224.6200	–	Oae	W4GSF	W4GSF
Hampden-sydney	224.2000	–	O	W4JAS	HAMPDEN-SY
Hampton	224.5400	–	O 100.0el	WB4PVT	TIDEWATER
Hillsville	224.3200	–	O 77.0l	K4YW	K4YW
Lake Gaston	224.6000	–	O	W4LG	W4LG
Lynchburg	224.2800	–	O(CA)	AB4M	AB4M
Marshall Manor	224.6000	–	151.4	KG4HOT	K4RKA
Martinsville	224.5000	–	O(CA)	K4RCA	K4RCA
Norfolk	224.4000	–	O 131.8	W4VB	W4VB
Norton/High Kn	224.4200	–	Oe	WD4GSM	WD4GSM
Pearisburg	224.8600	–	O 107.2el	KQ4Q	DPARS
Poor Mtn	224.7800	–	127.3l	K5JCT	K5JCT
Prince George	224.5200	–	74.4l	WA4FC	WA4FC
Richmond	224.4200	–	74.4aeWX	W4MEV	W4MEV
Ridgeway	224.3800	–	OteRB	WS4W	DCCARC
Roanoke	224.1000	–	Ol	N4CH	N4CH
Roanoke	224.4600	–	77.0elRB	K4IJ	K4IJ
Roanoke	224.9400	–	O 107.2	N2EDE	N2EDE
Roanoke/Tinker	224.9000	–	Oe	K4YDG	K4YDG
Rocky Mountain	224.7000	–	136.5	KG4HOT	K4RKA
Spotsylvania	224.9000	–		K4SPT	SPOTSYLVAN
Staunton/El Kn	224.3000	–	O 131.8	KE4CKJ	WD4FOZ
Waynesboro	224.6800	–	O 131.8	KA4RCL	KA4RCL
Wytheville	224.5600	–	O 77.0elRB	K4YW	K4YW
ALL OF TMARC AREA					
SNP	223.8000	–	O	------------	
CULPEPER					
Clark Mtn	224.1800	–	O	K3VB	K9SP
FRONT ROYAL					
Blue Mt	224.1600	–	O(CA)e	KR4DO	KR4DO
HARRISONBURG					
Harrisonburg	224.8200	–	O	N4YET	N4YET
LEESBURG					
Leesburg	224.0200	–	●a	N0NW	N0NW
Lovettsville	224.4600	–	●	W4LAM	W4LAM
LURAY					
Luray	224.3600	–	O	KE4JSV	KE4JSV
SPOTSYLVANIA					
Spotsylvania	224.2600	–	OaWX	KD4QNA	KD4QNA
Spotsylvania	224.9000	–	O 100.0el	K4MQF	K4MQF
WASHINGTON AREA					
Alexandria	224.8200	–	O 107.2	W4HFH	Alex RC
Arlington	224.0600	52.0500	Ol	WB4MJF	+KI4MB
Arlington	224.0600	–	Ol	WB4MJF	+KI4MB
Arlington	224.6200	–	O	WB4MWF	WB4MWF
Bluemont	224.3400	–	O 77.0el	K8GP	DVMS
Fairfax	224.1000	146.1900	O(CA)elr LITZz	W4YHD	NVFMA

222-225 MHz
VIRGINIA-WASHINGTON

Location	Output	Input	Notes	Call	Sponsor
Fairfax	224.1000	–	Oel	W4YHD	NVFMA
Haymarket	224.4000	–	O 77.0el	W4BRM	BRM ARA
Manassas	224.6600	–	O 100.0e	W4OVH	OVHARC
Woodbridge	224.7800	–	O(CA)e	W4IY	WWI
WINCHESTER					
Winchester	224.2200	–	O(CA)	N3HXT	N3HXT

WASHINGTON

Location	Output	Input	Notes	Call	Sponsor
FREQUENCY USAGE - IACC AREAS					
Snp	224.7200	–	t		
Snp	224.8400	–	t		
FREQUENCY USAGE - WESTERN WA					
ACCSB INPUTS	223.0350	223.0650			
ACSSB OUTPUTS	224.6350	224.6650			
CONTROL	223.5200	223.5400			
CROSSBAND	224.0000	224.0000			
HI SPEED DATA	223.5600	223.6000			
HI SPEED DATA	223.6600	223.7600			
RPTR INPUTS	222.1800	222.3800			
RPTR INPUTS	222.4200	223.0200			
RPTR INPUTS	223.0800	223.3000			
RPTR INPUTS	223.2600	223.3800			
RPTR OUTPUTS	223.7800	223.9800			
RPTR OUTPUTS	224.0200	224.6200			
RPTR OUTPUTS	224.6900	224.8200			
RPTR OUTPUTS	224.8600	224.9800			
SHARED	224.7200	224.7200			
SHARED	224.8400	224.8400			
SIMPLEX	223.4000	223.4800			
SIMPLEX	223.5000	223.5000			
E WA - CHEWELAH					
Chewelah	223.8800	–	O	AK2O	SpoRG
E WA - NORTHEAST					
Springdale	223.9000	–	Olx	AK2O	SpoRG
E WA - SPOKANE					
Lookout	224.9800	–	77.4	N7BFS	N7BFS
Spokane	223.9400	–	O	AK2O	SpoRG
Spokane	223.9800	–	O	AK2O	SpoRG
Spokane	224.9200	–	●l	AK2O	SRG
Spokane	224.9400	–	Ol	AK2O	SpoRG
Spokane Vly	224.4000	–	O 114.8l	K7MMA	WA6HSL
Spokane Vly	224.6800	–	O	K7HRT	K7HRT
E WA - WENATCHEE					
Mission Ridge	224.7400	–	O	WR7ADX	W7CCY
E WA - YAKIMA					
Elephant Pk	224.9000	–	Oaerz	W7AQ	YakARC
PORTLAND METRO					
Vancouve WA	224.6400	–	O 123.0l	AB7F	AB7F

222-225 MHz
WASHINGTON-WEST VIRGINIA

Location	Output	Input	Notes	Call	Sponsor
Vancouver WA	224.7200	–	O 100.0e	KB7APU	KB7APU
SEATTLE/TACOMA					
Baldi Mtn	224.7600	–	O 103.5 (CA)	WB7DOB	BRUCE CHES
Brier	224.2200	222.6800	O 77	WA7FUS	-----------
Carnation	223.9000	–	O 103.5ael	KA7AEF	-----------
Enumclaw	223.9200	–	O 103.5l	WB7DOB	Germ Shep S&R
Gold Mtn	224.6600	–	O 103.5e	W7UFI	-----------
Haystack Mtn	223.9400	–	O 123e	W2ZT	-----------
Kirkland	224.3600	–	O 103.5e	NU7Z	5 Cnty Grp
Lake Forest Park	224.2200	–	O 103.5	WA7FUS	-----------
Monroe	224.1000	–	O 123e	K7MJ	-----------
Seattle	224.6800	–	O 103.5e	W7SRZ	WWMST
Tacoma	224.5200	–	O 103.5	K7HW	-----------
Tiger Mtn	223.9800	–	O 100.0	N7NW	-----------
Tiger Mtn East	224.1200	–	O 103.5e	K7LED	MIKE AND K
Tiger Mtn West	224.3400	–	O 110.9 (CA)e	K7NWS	BEARS
SOUTHWEST WASHINGTON					
Vancouver WA	224.3600	–	O 94.8r	W7AIA	CCARC
Yacolt Wash	224.8800	–	O 77.0e	W7RY	W7RY
W WA - NORTH					
Bellingham	224.8600	–	O 103.5	N7FYU	-----------
Blyn Mtn	224.2400	–	O 103.5e	N7NFY	-----------
Buck Mtn	224.5800	–	O 100	K5IN	-----------
Camano Island	223.8800	–	O 103.5	W7MBY	5 Cnty Grp
Camano Island	223.8800	–	O 103.5	W7MBY	5 CNTY ERG
East Sound	224.9800	–	O 103.5e	WA6MPG	-----------
Lyman Hill	223.8600	–	O 103.5e	WA7ZWG	5 Cnty Grp
Lyman Hill	224.7800	–	O 103.5e	N7IPB	-----------
Marysville	224.3800	–	O 103.5e	WA7DEM	SNO CNTY D
Mt Constitution	224.4800	–	O 103.5	N7JN	San Juan C
Mt Constitution	224.5400	–	O 67	WA6PMG	-----------
W WA - NORTH COAST					
Pt Angeles	224.0600	–	O 107.2a (CA)e	W6MPD	W6MPD
W WA - SOUTH					
Capitol Peak	224.2800	–	O 103.5	K5IN	-----------
Crawford Mtn	224.4600	–	O 103.5aelz	NT7H	OLYMPIA AR
Eatonville	224.1800	–	O 103.5e	W7EAT	-----------
South Mtn	224.9200	–	O 103.5	W7FHZ	CH 1 RPTR
W WA - SOUTH COAST					
Raymond	224.0400	–	O 118.8e	N7AXC	Beach Net
Raymond	224.8600	–	O 103.5e	KA7DNK	-----------
South Bend	224.8200	–	O 82.5e	NM7R	NM7R
WEST VIRGINIA					
Ansted	224.8400	–	123.0ael	N8FWL	N8FWL 22 R

222-225 MHz
WEST VIRGINIA-WISCONSIN

Location	Output	Input	Notes	Call	Sponsor
Beckley	224.2400	–	O 123.0ae	N8FWL	N8FWL-222
Beckley	224.3400	–	123.0el	N8FWL	N8FWL-222
Beckley	224.5400	–	O 123.0a	N8FWL	N8FWL 222
Beckley	224.6400	–	O 123.0a	N8FWL	N8FWL 222
Beckley	224.7400	–	123.0l	N8FWL	N8FWL 222
Charleston	224.3600	–	O 107.2e RBz	WB8YST	WB8YST
Charleston	224.7000	–	123.0	WS8L	HUNT KNOB
Craigsville	224.4800	–	O 91.5el	KC8LRN	KC8LRN
Flat Top	224.1200	–	O 100.0a	WV8B	ARA NORTH
Green Bank	224.5200	–	123.0 E-SUN	KC8CSE	KC8CSE
Hillsboro	224.2200	–	O 91.5	KC8LRN	KC8LRN
Leon	223.7800	–	O	WD8OHX	WD8OHX
Lewisburg	224.1400	–	123.0ael	N8FWL	N8FWL-222
Lewisburg	224.8000	–	O 91.5e	KC8LRN	KC8LRN
Lobelia	224.6000	–	123.0el	KC8CSE	KC8CSE
Richwood	223.8600	–	O 107.2	WB8YST	WB8YST
Slaty Fork	224.7200	–	O 91.5el	KC8LRN	KC8LRN
Sutton	224.4000	–	O 123.0	W8COX	W8COX
Webster Spring	224.6600	–	23.0elsRB	KC8CSE	KC8CSE
Williamson	224.1400	–	O	WR8M	SAWS
ALL OF TMARC AREA					
SNP	223.8000	–	O		----------
BERKELEY SPRINGS					
Berkeley Springs	224.7000	–	Oel	W3VLG	222-West
MARTINSBURG					
Martinsburg	224.2800	–	O	K8EP	EPARC

WISCONSIN
NORTH CENTRAL 114.8

Location	Output	Input	Notes	Call	Sponsor
Niagara	223.8200	–	O 114.8a	W9MB	W9MB
Three Lakes	224.5400	–	O 114.8	N9GHE	N9GHE
Wausau	224.6400	–	O 114.8alxz	W9SM	W.V.R.A.

NORTH EAST 100.0

Location	Output	Input	Notes	Call	Sponsor
Appleton	224.5000	–	O 100.0	WJ9K	W9RIC
Green Bay	223.9400	–	O 107.2e	K9JQE	K9JQE
Oshkosh	223.9000	–	O 107.2	W9OSH	W9OSH
Sheboygan Fall	224.9400	–	O 100.0ae	KB5ZJU	KB5ZJU

NORTH WEST 110.9

Location	Output	Input	Notes	Call	Sponsor
Beldenville	224.8400	–	O 110.9aep	N0NIC	B.A.T.S.
Spooner/Hertel	224.5000	–	O 110.9aelz	KB9OHN	BARS

SOUTH CENTRAL 123.0

Location	Output	Input	Notes	Call	Sponsor
Baraboo	224.6600	–	123.0x	KC9FNM	Empire
Madison	224.1600	–	O 123.0alz	WB9RSQ	WB9RSQ
Wisconsin Dell	223.8600	–	O 123.0e	N9ROY	N9ROY

222-225 MHz
WISCONSIN-BRITISH COLUMBIA

Location	Output	Input	Notes	Call	Sponsor
SOUTH EAST 127.3					
Cedarburg	224.1800	–	O 127.3x	W9CQO	O.R.C.
New Berlin	224.9600	–	O 127.3	WD9EUF	WD9EUF
Racine	223.8000	–	127.3e	N9WWR	N9WWR
Racine	224.8000	–	O 127.3el WXx	KC9QKJ	ARLOW
West Allis	224.5200	–	O 127.3a	KA9JCP	KA9JCP
WYOMING					
CENTRAL SOUTH					
Rawlins	223.8600	–	O	KD7SU	KS7SU
SOUTH EAST					
Wheatland	224.6800	–	O	AE7AF	AE7AF
ALBERTA					
CALGARY					
Calgary	224.8500	–	O	VE6RYC	CARA
			110.9/110.9		
Calgary	224.9400	–	●	VE6AMC	VE6AMC
EDMONTON					
Edmonton	224.7600	–	O	VE6TTC	VE6TTC
NORTH EAST					
St Paul	223.5000	–	Ox	VE6SB	----------
RED DEER					
Red Deer	224.8000	–	Oa	VE6KLM	VE6MB
BRITISH COLUMBIA					
FRASER VALLEY					
Abbotsford	224.2600	–	110.9	VE7RVA	FVARESS
Maple Ridge	224.8800	–	O	VE7RMR	Maple Ridg
GREATER VANCOUVER					
Burnaby	224.8000	–	127.3e	VE7RBY	VE7BYY
Burnaby	224.9600	–		VE7VYL	VE7EWS
Coquitlam	223.9200	–		VE7VFB	VA7LNX
Coquitlam	224.9400	223.6600		VE7MFS	VE7NZ
Vancouver	224.3000	–	●e	VE7RPT	BCFMCA
Vancouver	224.6000	–	127.3	VE7NYE	PJ Van Bag
Vancouver	224.6400	–	e	VE7VCT	VECTOR
Vancouver	224.7000	224.1000		VE7RHS	UBC ARS
Vancouver	224.8400	–	O	VE7TOK	Murray Gje
SOUTH CENTRAL					
Kelowna/Vernon	224.9400	–	Ol	VA7OKN	VE7OHM
Osoyoos	222.6000	+	156.7	VE7OSY	KARTS
VANCOUVER ISLAND					
Sayward	224.6200	–	O	VE7RNC	NIARS
Sidney	222.5400	146.0600	100	VE7XMT	WARA
Victoria	224.5000	–	O	VE7RGP	Rogers Cab
Victoria	224.9000	–	O	VE7BEL	WARA

222-225 MHz
MANITOBA-ONTARIO

Location	Output	Input	Notes	Call	Sponsor
MANITOBA					
WINNIPEG					
Winnipeg	224.9400	–	Ox	VE4RPT	VE4ABA
NEWFOUNDLAND AND LABRADOR					
AVALON EAST					
St John	224.1000	–	TTl	VO1KEN	VO1ST
ONTARIO					
CENTRAL EAST					
Essonville	224.8400	–	Oae L(TFMCS)	VE3TBF	TBFRA
LANARK/LEEDS-GRENVILLE					
Lavant	224.7800	–	#	VE3KNA	VA3WK
METRO TORONTO					
Mississauga	224.6200	–	O 103.5ae L(444.250 IRLP) WX	VE3RSD	----------
Oakville	224.2400	–	O 131.8e L(PMO / TNK ASTERISK)	VE3RSD	----------
Toronto	224.3000	–	O 103.5 L(SSPBD)	VA3WHQ	SSPBD
Toronto	224.4000	–	O 103.5	VE3KRC	KAO
Uxbridge	224.8600	–	O 103.5e L(TFM IRLP)	VE3BEG	TFMCS
York	224.8400	–	O 105.3e	VE3EBX	----------
NATIONAL CAPITOL REGION					
Ottawa	223.5400	223.5400	EXP	VE3YMK	VE3BYT
Ottawa	224.7200	–		VE3ORF	OVMRC
Ottawa	224.8000	–	#	VE3OTT	OVMRC
NIAGARA					
Fonthill	224.5800	–	O 107.2	VE3NRS	NPARC
Fonthill	224.8000	–	O 107.2 RB	VE3PLF	COBRA
Niagara Falls	224.1800	–	O 107.2e L(ERA IRLP)	VE3WAJ	----------
SOUTH					
Acton	224.7200	–	O 103.5e L(442.125)	VE3PAQ	PRO-ARA
Burlington	224.7400	–	O 131.8e	VE3RSB	BARC
Carlisle	224.9600	–	O 131.8 L(ERA)	VE3WIK	ERA
Hamilton	224.4800	–	O 131.8 L(ECHOLINK)	VA3ODX	ODXA
Hamilton	224.5200	–	O 131.8 L(ERA)	VA3TWO	ERA
Kitchener	224.3400	–	O 131.8e	VE3IXY	KWARC
SOUTHWEST					
St Thomas	224.7800	–	O 114.8	VE3STR	EARS
Windsor	224.7000	–	O 118.8e	VE3RRR	WARC

222-225 MHz
QUEBEC-SASKATCHEWAN

Location	Output	Input	Notes	Call	Sponsor
QUEBEC					
Beaconsfield	224.6000	–	Oe	VE2RNC	VE2HOT
Blainville Nord	224.4000	–	O	VE2RNO	VE2THE
Chicoutimi	224.5000	–	O	VA2RDI	VE2MDH
Drummondville	223.9000	–	O 110.9	VE2ROK	VE2YLA
Farnham	224.8400	–	O 103.5	VA2RDH	VE2WDH
Havelock	224.7000	–	Oe	VE2RPT	VE2FMK
Havelock	224.8000	–	O	VE2HOT	VE2HOT
Joliette	224.6200	–	O	VE2RHO	VE2BFK
L'ange Gardien	224.5000	–	O 110.9e	VE2REH	VE2ZVL
Mont-Yamaska	224.3000	–	Oe	VE2RMV	VE2ULU
Montreal	224.9000	–	Oe	VE2RHH	MTL220
Rigaud	224.9800	–	Oe	VE2RM	MTL220
Saint-Lin Laurentides	224.9200	–	O 103.5e	VE2RFO	VE2BFK
St Calixte	224.4000	–	Ox	VA2RLD	VA2DLU
St-Adolphe d'Howard	224.7600	–	141.3ex	VE2RUN	VE2WCC
St-Adolphe D'howard	224.2200	–	O 141.3	VE2RVK	VE2VK
St-Bruno	224.7600	–	O 141.3	VE2RVK	VE2VK
St-Calixte	222.0500	2310.0000	O	VE2RVK	VE2VK
St-Calixte	224.7400	–	O 141.3	VE2LED	VE2VK
Ste-Foy	224.2200	–	O 100e	VA2MD	VE2CMD
Ste-Marcelline	224.5600	–	Oe	VE2RJR	VE2BLV
Trois-Rivieres Ouest	224.1000	–	O	VE2RTZ	VE2TRZ
OUTAOUAIS					
Buckingham	224.5000	–	110.9/110.9 (CA) L(I 2018)	VE2REH	ARAI
Hull	224.7600	–	O 110.9/110.9 (CA)eL(I 2018)	VE2REH	ARAI
SASKATCHEWAN					
SASKATOON					
Saskatoon	222.7000	+	O	VE5UFO	VE5SD
SOUTHEAST					
Estevan	224.7000	223.7000	O	VA5EST	VE5AJ

420-450 MHz

ALABAMA

Location	Output	Input	Notes	Call	Sponsor
ALABAMA					
Alabaster/Shelby County	444.5500	+	O 100.0e WX	N4PHP	N4PHP
Albertvfille	442.9500	+	OerRB WX x	KF4EYT	KF4EYT
Anniston	444.0500	+	O 203.5 (CA)eWX	KF4RGR	-------------
Anniston / Oak Mtn	443.3500	+	Oe	KJ4JGK	EMA / DHS
Anniston/Cheaha Mt	444.7500	+	O 131.8e	WB4GNA	Calhoun ARC
Arab	443.2250	+	O 77.0/77.0 eL(EL/255619) WXz	KE4Y	BMARC
Argo/ Trussville	442.1250	+	O	K4YNZ	KE4ADV
Ashcroft Corner Pickens Co	444.4000	+	O 110.9e RB	W4GLE	W4GLE
Athens	442.8500	+	O	KD4NTK	WD4LPG
Auburn	444.1250	+	O/ARESae rWxz	W4LEE	East AL: ARC
Auburn	444.8000	+	O 156.7ae	K4RY	AUARC
Battleground / Cullman	444.9500	+	107.2/107.2	WR4JW	WR4JW
Bessemer	443.7000	+	O 131.8/131.8e	KK4BSK	HC ARC
Bessemer	444.6250	+	O 100.0	KA4KUN	ALABEARS
Birmingham	443.1250	+	146.2l	N4VSU	Alabama Po
Birmingham	443.4500	+	O 131.8/131.8e	KK4BSK	HC ARC
Birmingham	443.9000	+		W4CUE	BARC
Birmingham	444.4250	+	● 131.8e L(52.525) RBx	KE4ADV	KE4ADV
Birmingham Red Mt	443.1750	+	O 131.8/131.8	KK4BSK	HC ARC
Birmingham/ Forestdale	444.7250	+	Oa	W4YMW	W4YMW
Birmingham/ Red Mtn	444.6500	+	O 131.8	KA5GET	KA5GET
Birmingham/ Ruffner Mtn	444.1000	+	O 162.2e L(ECHOLINK 146760)	K4TQR	H&H Repeat
Birmingham/ RuffnerMtn	444.8250	+	O 131.8/131.8ae	AG4ZV	AG4ZV
Birmingham/ ShadesMtn	444.9750	+	● 156.7/156.7	KB4TUE	KB4TUE

420-450 MHz
ALABAMA

Location	Output	Input	Notes	Call	Sponsor
Blountsville	442.7500	+	Oal	W4BLT	Blount ARC
Bluff / Fayette	443.0750	+	O 203.8el	N7OEY	N7OEY
Boaz	443.0500	+	O 123.0el RB	KC0ONR	KC0ONR
Brewton	444.6500	+	Oe L(ECHOLINK)	KI4GGH	KI4GGH
Brewton	444.7250	+	O	WB4ARU	Brewton ARU
Chalkville/Pinson	442.6500	+	131.8	KA5GET	KA5GET
Cherokee County	444.4000	+	O 100.0ez	KC4OR	KC4OR
Clanton EMA	443.5000	+	O/RACESr	KF4LQK	Montgomery
Columbiana	444.6000	+	O 156.7/156.7	KC4EUA	WA4CYA
Cordova	442.3000	+	Oe	N5IV	N5IV
Cullman	444.9000	+	O	N4UAI	N4UAI
Dadeville	444.5250	+	O 146.2ae RB WXz	KB4MDD	KB4MDD
Decatur	442.3500	+	O	W9KOP	W9KOP
Decatur	442.6750	+	Oe	W9KOP	W9KOP
Decatur/ Brindley Mtn	443.8500	+	Oe	W4ATD	DARC
Dothan	444.0250	+	107.2/107.12	KD1Z	KD1Z
Dothan	444.0250	+	107.2/107.12	KD1Z	KD1Z
Dothan	444.0250	+	O 107.2/107.2	KD1Z	KD1Z
Dothan	444.6750	+	O 156.7/RACESer	KI4ZP	KI4ZP
Dothan	444.7750	+	O	WB4ZPI	WARC
Dothan	444.8500	+	O 186.200/186.200e	KE4GWW	------------
Dothan	444.9000	+	O	WA4MZL	WA4MZL
Douglas	442.4500	+	O 100.0el	KC0ONR	KC0ONR
Douglas	442.6250	+	203.5/RACESeWXx	KF4EYT	KF4EYT
Eufaula	442.0750	+	O 203.5el	N4TKT	N4TKT
Eufaula	444.9250	+	151.4e	WB4MIO	WB4MIO
Falkville	443.3250	+	O 107.2/107.2 RB	WR4JW	WR4JW
Fayette	444.8500	+	O	N4GRX	N4GRX
Flagg Mountain	442.5000	+	O 88.5 TT	W4YH	W4YH
Flint Ridge	444.2000	+	O 179.0/179.0#(CA) DCSe	W4TH	Bankhead ARC
Florence	444.1250	+	O 123.0/123.0e	K4NDL	NFRA
Florence	444.2000	+	O 123.0/123.0	KI4SP	KI4SP
Florence	444.7750	+	O 100.00/ARESe	KF4GZI	EMA/ARES

420-450 MHz
ALABAMA

Location	Output	Input	Notes	Call	Sponsor
Florence	444.7750	+	O 100.0/100.0 E-SUNS	KF4GZI	EMA ARES
Foley	444.7500	+	O 186.2/186.2	KG4LWP	KG4LWP
Fort Payne	442.6000	+	O 100.0/100.0elWX	KF4FWZ	KF4FWZ
Fort Payne	444.6250	+	O 141.3e	W4OZK	ALBDR
Fort Payne	444.8000	+	O 100.0/100.0 RB	KF4FWX	KF4FWX
Friendship	444.5750	+	O 100.0e	KE4LTT	KE4LTT
Fultondale	443.8750	+	Oe	KE4YO	N4KWX
Gadsden	444.7750	+	O 100.0 (CA)ex	K4BWR	K4BWR
Gadsden	444.8500	+	O 100.0	N4NAK	N4NAK
Gadsden/ Hensley Mtn	444.6750	+	100.0/100.0	K4VMV	K4VMV
Georgiana	444.9000	+	151.4/151.4 e	K4TNS	Jim Bell Wireless
Guntersville	444.2500	+	O 100.0/100.0eL(EL/246370) RB	KC0ONR	GARC
Gurley/ Keel Mt	442.9750	+	O 100.0/100.0 (CA) RB	K4DED	K4DED
Helicon	442.7250	+	O	W4FSH	W4FSH
Holtville	444.9500	+	O 88.5	K4IZN	K4IZN
Hoover / Shades Mt	444.9750	+	156.7/156.7a	KB4TUE	KB4TUE
Horton	443.7250	448.7350	● 203.5 (CA)el	AG4LU	AG4LU
Huntsville	442.0000	+	O 203.5	KE4BLC	KE4BLC
Huntsville	442.3750	+	O 156.7/156.7	KC4HRX	KI4QWP
Huntsville	443.0000	+	OTTe	W4DNR	W4DNR
Huntsville	443.1250	+	O 107.2e	WA1TDH	WA1TDH
Huntsville	443.1500	+	● 103.5	W4DYN	Dynatics ARC
Huntsville	443.2500	+	O 103.5lRB	KE4LRX	W4VM
Huntsville	443.3000	+	O 156.70	KE4GNN	R.F. HSV
Huntsville	443.4750	+	O 103.5a RB	W4VM	W4VM
Huntsville	443.7500	+	O 186.2/186.2	W4LDX	W4LDX
Huntsville	443.8000	+	O 110.9	W4PS	NARA
Huntsville	444.2250	+	O 100.0/100.0	N4DTC	AI4PJ
Huntsville	444.3750	+	O 100.0 L(ECHOLINK)	W4XE	W4XE
Huntsville	444.5000	+	●	WB4LTT	WB4LTT
Huntsville	444.5750	+	O 100.0e RB	KB4CRG	KB4CRG
Huntsville	444.9750	+	O 103.5/103.5	W4FMX	W4FMX

424 420-450 MHz
ALABAMA

Location	Output	Input	Notes	Call	Sponsor
Huntsville/ Brindley Mt	444.5250	+	ODCS(143)	W4WLD	W4WLD
Huntsville/ Drake Mtn	442.7750	+	O 203.5l	KB4CRG	KB4CRG
Huntsville/ Green Mtn	444.3000	+	103.5ae	W4XE	W4XE
Huntsville/ Monte Sano	443.6250	+	O 127.3/127.3 (CA) L(RB) RB	W4XE	W4XE
Huntsville/ MonteSano	443.5000	+	O 110.9a RB	W4HSV	NARA
Huntsville/ MonteSano	444.1750	+	O 151.4 (CA)el	KD4TFV	KD4TFV
Jasper	441.8000	+	O 123.e	W4JMT	WA4JUJ
Jasper	443.9250	+	O 123.0/123.0elWXx	N4MYI	N4MYI
Jemison	444.4750	+	O 100.00/100.00	WB4UQT	----------
Killen	444.4250	+	O 203.5/203.5 (CA)eE-SUN E-WIND WX	KS4QF	WX4LC/ELFS
Lanett	442.0500	+	O 141.3	K4DXZ	Chattahoochee Valley
Leesburg	443.1750	+	O 100.0	N4GIS	N4GIS
Leesburg	444.0250	+	O 100.0ae WXz	KB4AEA	Cherokee EMA
Lineville	444.0000	–	O	WB4VBA	WB4VBA
Loxley	443.2000	+	O 118.8/118.8	WB4GMQ	WB4GMQ
Loxley	443.6500	+	O 118.8/118.8	WB4GMQ	WB4GMQ
Madison	443.0250	+	O 110.9/110.9 L(IRLP)	W4WWM	W4WWM
Magnolia Springs	444.5500	+	O 82.5	WA4VSH	WA4VSH
Mentone	443.4000	+	O 103.5el WX	W4OZK	W4OZK
Minor	444.9250	+	O 203.5/203.5l	N7OEY	----------
Minor / B,ham	444.9250	+	O 203.5el	N7OEY	N7OEY
Mobile	444.5000	+	O 123.0/ARES eL(ECHOLINK/IRLP) WX	WB4QEV	Mobile EMA
Mobile County	444.5250	+	O 123.0/123.0eWX	WX4MOB	WX4MOB
Montgomery	444.4500	+	O 100.0ael z	WD4JRB	WD4JRB
Montgomery	444.5000	+	O 100.0/100.0 (CA)el	W4AP	MARC
Montgomery	444.6250	+	● 141.3/141.3e	W4OZK	ALBDR
Moulton	442.4250	+	OeRB WX	N4IDX	Bankhead ARC
Moulton	444.7750	+	Oe	N4IDX	Bankhead ARC
Nectar/Skyball Mt	443.7750	+	O	W4BLT	Blount Co. ARC

420-450 MHz 425
ALABAMA

Location	Output	Input	Notes	Call	Sponsor
Odenville/ Bald_Rock	443.7750	+	O	K4JDH	K4YNZ
Opelika	442.1750	+	O 203.5e	N4TKT	N4TKT
Opelika	442.9000	+	O	W4LEE	EAARC/EAMC
Opelika	444.4250	+	OeWX	WX4LEE	EMA ARC
Parrish	443.2750	+	O 123.0/123.0eWX	WR4Y	Walker Co. ARC
Pelham	446.4000	29.5600	Ol	KR4UD	KR4UD
Pell City	442.5750	+	O 131.8/131.8 TTe	K4CVH	CVHRA
Phenix City	444.2000	+	O 123.0 (CA)elz	WA4QHN	WA4QHN
Phenix City	444.7250	+	O 203.5e	N4TKT	N4TKT
Quinton/Flint Ridge	444.2000	+	O 179.9/179.9 (CA)e	W4TH	Bankhead DX Cl
Rainsville	442.5500	+	● 100.00	KF4BCR	KF4BCR
Ranburne/Turkey Heaven	444.1750	+	●x	N4THM	Turkey Heaven R
Roanoke	444.2750	+	O 141.3/141.3aelsWX	KA4KBX	KA4KBX
Roanoke	444.9000	+	O	KJ4JNX	D-STAR
Robertsdale	444.6250	+	O 141.3/141.3e	W4OZK	ALBDR
Rogersville	442.0250	+	O 100.0/100.0elrWX	KF4GZI	EMA/ARES
Rogersville	442.5000	+	Ol	KJ4LEL	ELRA/KJ4LEL
Rogersville	442.9250	+	O 203.5/203.5a(CA)elr	AE4HF	AE4HF
Rogersville	444.4750	+	88.5l	KF4CSZ	KF4CSZ
Ruffner Mt	439.5250	146.1600	O 88.5/88.5 e	K4HAL	HC ARC
Russellville	444.6750	+	O	KI4OKJ	PCRS/K4NXB
Russellville	444.8000	+	O 210.7/210.7el	KD9Q	KD9Q
Salem	444.1000	+	Oe	WA4QHN	WA4QHN
Santuck	444.2250	+	O/PKTe	K4GR	K4GR
Selma	442.0250	+	O 100.00e	N4KTX	N4KTX
Shelby / Lay Lake	444.3500	+		WB4CCQ	WB4CCQ
Shelby Co	442.0000	+	100.0elp	N4PHP	N4PHP
Smith	444.8500	+	O 123.0/123.0eL(ECHOLINK)	KF4AEJ	KF4AEJ
South Community	444.8250	+	O 100.0	KI4ONH	KI4ONH
Spanish Fort	444.6000	+	O	KC4JPD	KC4JPD
Springville/ SimonsMtn	443.6500	+	O 131.8	KA5GET	KA5GET
Theodore	444.1000	+	O	N4LMZ	N4LMZ
Troy	443.0000	+	100.0l	W4NQ	Troy Radio
Trussville	442.1000	+	O 103.5e RB	KC4ANB	KC4ANB

420-450 MHz
ALABAMA-ALASKA

Location	Output	Input	Notes	Call	Sponsor
Turkey Haven Mt	444.1750	+	●x	N4THM	THRA
Tuscaloosa	442.1500	+	OeRB	W4MD	W4MD
Tuscaloosa	442.3750	+	Oa	N4BWP	N4BWP
Tuscaloosa	442.5500	+	173.8	KX4I	KX4I
Tuscaloosa	442.9500	+	●	W4MD	Tri Net
Tuscaloosa	443.8250	+	O 118.8ae WXz	W4XI	TARC
Tuscaloosa	444.1250	+	O 210.7/210.7	W4UAL	Unjiversity of AL ARC
Tuscaloosa	444.1250	+	O	W4UAL	Unjiversity of AL ARC
Tuscaloosa	444.1750	+	210.7/210.7 #	W4UAL	University Of AL ARC
Tuscaloosa	444.5750	+	O 210.7/210.7	KD9Q	KD9Q
Tuscaloosa	444.7000	+	O 156.7/156.7	WA4CYA	WA4CYA
Tuscaloosa	444.9000	+	O 210.7el	KD9Q	KD9Q
Tuscaloosa/Birmingham	443.5750	+	●lx	KX4I	AICN Hub
Union Hill	442.2750	+	Ox	KE4TFI	KE4TFI
Union Hill	442.8000	+	● 162.2	W5MEI	W5MEI
Vernon	444.2500	+	110.9/110.9	KI4QAH	KI4QAH
Vinemont	442.2750	+	110.9l	W4CFI	W4CFI
Waterloo	442.1250	+	O 100.0el	KF4GZI	Lauderdale EMA/ARE
Wetumpka	443.7250	+	O 100.0e	KG4RCK	KG4RCK
Wood Mtn	443.8250	+	O	W4CCA	CCARC

ALASKA
INTERIOR

Location	Output	Input	Notes	Call	Sponsor
Canyon Creek	444.9000	+	103.5lx	KL7KC	ARCTIC ARC
Delta Junction	449.6000	−	103.5	KL2AV	KL2AV
Fairbanks	444.1000	+	Ox	KL7NO	KL7NO
Fairbanks	444.8000	+	O 103.5ael x	KL7KC	ARCTIC ARC
Nenana	449.6500	−	O 103.5	WL7BDO	WL7BDO

SOUTH CENTRAL

Location	Output	Input	Notes	Call	Sponsor
Anchorage	444.7000	+	O 103.5ae z	KL7AA	AARC
Bethel	444.1000	+	O 100e	AL7YK	BARK
Eagle River	444.1000	+	O 100.0 (CA) TTe	KL7GG	KL7GG
Ft Richardson	444.5000	+	O 100.0 (CA) TTeRB	KL7GG	GG/ADES
Kodiak	444.5500	+	O 136.5lRB	WL7AML	WL7AML
Palmer	443.9000	+	O 103.5els	WL7CVF	AARC/ARES
Wasilla	444.6000	+	O	KL7SG	MARA

SOUTHCENTRAL

Location	Output	Input	Notes	Call	Sponsor
Anchorage	443.3000	+	O 103.5els	WL7CVG	AARC/ARES

420-450 MHz 427
ALASKA-ARIZONA

Location	Output	Input	Notes	Call	Sponsor
SOUTHEAST					
Juneau	444.5000	+	O ael	KL7PF	JARC
Juneau	444.7000	+	O ael	WA6AXO	WA6AXO
ARIZONA					
ARIZONA					
Arizona	441.5000	441.5000			Simplex
CENTRAL					
Anthem	442.5250	+	O 114.8e	W6PAT	Griffin A.R.C.
Bill Williams Mtn	448.0200	−	● 136.5x	NR7G	K7FY
Bill Williams Mtn	448.2750	−	● 107.2lx	K6DLP	Don Petrone
Bill Williams Mtn	449.7500	−	O 91.5rx	K7NAZ	Bill Williams Mt.
Chino Valley	449.2500	−	O 192.8	K7POF	Bob Sitterley
Clarkdale	441.7750	+	O 156.7	K9FUN	K9FUN
Crown King	447.3000	−	O 88.5x	W7WHP	W7WHP
Glassford Hill	442.3500	+	O 100	N7KPU	N7KPU
Mingus Mtn	442.1500	+	O 100elx	WA7UID	M.M.R.G.
Mingus Mtn	449.4250	−	● 141.3elx	WA6LSE	WA6LSE
Mingus Mtn	449.7000	−	O 107.2lRBx	N7CI	S.A.R.B.A.
Mingus Mtn	449.7250	−	● 107.2elx	K6DLP	Donald Petrone
Mt Ord	444.5000	+	O 100elx	W7MDY	A.R.A.
Mt Ord	444.9000	−	O 107.2x	WB7TUJ	S.A.R.B.A.
Mt Tritle	442.1000	+	●DCS(606)x	W1OQ	NORTHLINK
Prescott	441.8500	+	● 151.4a (CA)	K7CBK	Lee T. Cunningh
Prescott	449.6750	−	● 88.5a (CA)lRB	WB7BYV	Steve Crumley
Prescott Valley	443.0500	+	O 136.5	WB6ALS	WB6ALS
Prescott Valley	445.3000	−	O 100	AE7TV	Gene Bockman
Squaw Peak	447.4000	−	O 100x	KB7EDI	KB7EDI
Squaw Peak	447.5000	−	● 141.3elx	WA6LSE	WA6LSE
Squaw Peak	447.7000	−	● 107.2lx	K6DLP	Don Petrone
Squaw Peak	448.2000	−	●DCS(606)x	WB7EVI	NORTHLINK
Tonopah	440.4750	+	O 123	WT9S	Jay Freeman
Towers Mtn	448.5750	−	O 100ex	WB7EVI	W1OQ
Towers Mtn	448.6000	−	●t DCS(411)elx	KA7MIZ	KA7MIZ
Towers Mtn	449.0000	−	O 107.2lRBx	K7STA	S.A.R.B.A.
Towers Mtn	449.1750	−	O 100elx	WB7EVI	NORTHLINK
Wild Flower	447.2250	−	● 162.2x	K7YXD	K7YXD
Wild Flower	449.2250	−	O 123ex	WW7B	D.A.W.N.
EAST CENTRAL					
Clay Springs	442.8000	+	O 100	N7KQ	H.T.A.W.A.
Globe	448.5000	−	O 103.5	AE7CW	Chuck Wyatt
Greens Peak	448.3750	−	O 100lx	W7ARA	A.R.A.

420-450 MHz
ARIZONA

Location	Output	Input	Notes	Call	Sponsor
Greens Peak	448.8500	–	O 110.9x	W7IXA	S.A.R.B.A.
Greens Peak	449.3500	–	O 162.2elx	W7OTA	W7OTA
Greens Peak	449.8500	–	O 107.2x	K7KI	S.A.R.B.A.
Porter Mt	449.0500	–	O 100eRBx	W7OTA	W7OTA
Red Sky Ranch	449.6250	–	O 136.5e	NR7G	NR7G
Show Low	449.1500	–	O 110.9 RB	KQ7Y	Sunrise A.R.S.
Signal Peak	449.6500	–	O 100erx	WR7GC	Gila County Emergen
FLAGSTAFF					
Flagstaff	440.4000	+	O 100	W7LUX	W7LUX
Mormon Mtn	449.6000	–	O 162.2ex	KD7IC	Jonathan P. Koger
Mt Elden	448.1000	–	● 110.9lx	K6DLP	Donald Petrone
Mt Elden	448.4750	–	O 100ex	W7ARA	A.R.A.
Mt Elden	448.6250	–	O 107.2lx	N7MK	S.A.R.B.A.
Mt Elden	448.8750	–	O 100ex	W7ARA	A.R.A.
Mt Elden	449.3250	–	O 103.5ae x	NO7AZ	John Lindsey
NORTH CENTRAL					
Grand Canyon	442.0750	+	O 100elx	N7FHQ	NORTHLINK
Navajo Mtn	448.7500	–	● 100elRB x	NA7DB	NA7DB
NORTH WEST					
Bullhead City	449.3750	–	O 123elx	K7REW	K7REW
Golden Valley	448.0500	–	● 100lx	WB7BTS	WB7BTS
Kingman	446.2250	–	● 151.4	K7RLW	K7RLW
Kingman	448.5000	–	● 114.8lx	K7MCH	K7MCH
Kingman	448.6500	–	O 151.4el	K7MPR	KD7MIA
Kingman	449.4750	–	●	K7RLW	K7RLW
Kingman	449.5500	–	● 151.4el	KD7MIA	KD7MIA
Kingman	449.8000	–	● 151.4	K7RLW	K7RLW
Kingman	449.9000	–	●	K7RLW	K7RLW
Meadview	449.9000	–	●	K7RLW	K7RLW
NORTHEASTERN					
Overgaard	446.6000	–	O 100e	N7QVU	Jerry Wyatt
South Mtn - Alpine	448.7250	–	● 100elx	WB5QHS	J.P.A.R.A.
Window Rock	442.0000	+	O 100x	KD7LEN	N.A.R.C.
Yale Point	448.0000	–	O 100ex	KD7LEN	N.A.R.C.
NORTHWESTERN					
Golden Valley	449.8750	–	O 127.3e	W8MIA	August Hoecker
Hualapai Mtn	446.4000	–	● 100a (CA)elx	N7DPS	N7DPS
Hualapai Mtn	447.1250	–	O 156.7x	KA6NLS	S.A.R.S
Hualapai Mtn - Low Peak	448.5500	443.8550	O 123ex	K7MPR	M.A.R.C.
Kingman	443.1750	+	O 156.7a (CA)x	WA7I	Jack Gunnoe
Kingman	449.5500	–	O 151.4l	KD7MIA	KD7MIA
Kingman	449.7500	–	O 79.7e	KC8UQP	KC8UQP
White Hills	447.6000	–	O 107.2e	K7OK	K7AC

420-450 MHz
ARIZONA

Location	Output	Input	Notes	Call	Sponsor
PHOENIX					
Bell Butte	447.7500	–	O 100ael	AI7R	City of Tempe
Chandler	442.9750	+	O 100	W7MOT	M.A.R.C.A.
Chandler	444.2750	+	O 100	KE7JVX	Monte Dana
Chandler	447.5000	–	O 100ae	WB5DYG	Sgt. Scott Picque
Chandler	448.4500	–	O 136.5er	NØFPE	NØFPE
Chandler	448.9250	–	O 123r	N7SCE	N7SCE
Chandler	449.9500	–	O 100el	WW7CPU	I.E.A.R.S
Chase Tower	444.3000	+	O 100ae	W7ARA	A.R.A.
Far North Mountain	448.8500	–	O 136.5lx	K7PNX	City of Phoenix,
Fountain Hills	447.7750	–	● 110.9x	N7MK	F.H.A.R.T.
Gilbert	449.8250	–	O 100e	AJ7T	Ron McKee
Glendale	445.6000	–	● 156.7	KB7NAS	Steve Mendelsoh
Glendale	447.4000	–	O 100er	KD7HJN	Glendale Radio
Glendale	447.5750	–	O 151.4a RB	KC7GHT	KC7GHT
Glendale	448.3250	–	O 100eRB	KB7FQO	KB7FQO
Glendale	449.5750	–	O 100eRB	KB7OBJ	N6IME
Goodyear	446.5500	–	O 100	KD7YAT	Monty Dana
Maryvale Hospital	446.2250	–	O 114.8	WA7MKS	WA7MKS
Mesa	440.4250	+	●DCS(54)e	KF7EUO	Tim Owen
Mesa	449.3750	–	O 100l	K7DAD	M.A.R.A.
Mesa	449.6000	–	O 100el	WB7TJD	SUP-ARC
Mesa	449.6250	–	O 100a	W7ARA	A.R.A.
Mesa	449.8500	–	● 118.8 RB	W5WVI	W5WVI
Mesa	449.9500	–	● 88.5er	WB7TUJ	Doug Pelley
North Mountain	449.0250	–	O 136.5lx	K7PNX	City of Phoenix,
North Phoenix	447.3250	–	O 131.8lRB	KB7OBJ	Chris Barford
Peoria	441.1750	+	●t	KA7ATV	KA7ATV
Peoria	444.7500	+	● 146.2	KA7PTW	KA7PTW
Phoenix	441.2000	+	O 77	KB7CGA	Gary L. Duddy
Phoenix	441.8000	+	● 162.2	WA7UID	WB7CWW
Phoenix	442.0500	+	O 100	W7MOT	M.A.R.C.A.
Phoenix	442.6000	+	O 100	N1KQ	M.C.R.G.
Phoenix	442.6750	+	O 123e	WW7B	Morgan E. Hoagli
Phoenix	442.7000	+	O 77	WW7B	Morgan E. Hoagli
Phoenix	446.1500	–	O 100el	W7TBC	T.A.R.C.
Phoenix	447.9500	–	O 100a (CA)e	N7TWB	N7TWB
Phoenix	449.2000	–	O 100el	KC5CAY	KC5CAY
Queen Creek	448.7750	–	Ote	KF6EZT	Bruce Barnes
Sacaton Mtn	448.0250	–	O 136.5elx	K7PNX	City of Phoenix,
Scottsdale	440.0000	+	O 100	WA7APE	S.A.R.C.
Scottsdale	440.4500	+	O 100	W7JSW	W7JSW
Scottsdale	441.1000	+	O 103.5	WØNWA	Jeff Daugherty
Scottsdale	441.6250	+	O 100el	W7ARA	A.R.A.
Scottsdale	442.0250	+	O 100el	W7MOT	M.A.R.C.A.
Scottsdale	443.1500	+	O 100	W7MOT	M.A.R.C.A.

430   420-450 MHz
ARIZONA

Location	Output	Input	Notes	Call	Sponsor
Scottsdale	444.0750	+	● 167.9x	WB7NNP	L.R.G.
Scottsdale	444.1250	+	● 179.9	WB7NNP	L.R.G.
Scottsdale	445.9000	−	O 91.5ae	KB6POQ	KB6POQ
Scottsdale	448.5250	−	O 127.3a	N7DJR	David Bohmke
Scottsdale	448.6750	−	● 107.2l	W7IXA	S.A.R.B.A.
Scottsdale	448.9000	−	● 110.9lRB	WA7VEI	WA7VEI
Scottsdale	449.0500	−	● 110.9a (CA)lRB	WA7VEI	P.M.C. Inc
Scottsdale	449.4250	−	O 100	KØNL	Gregory Banks
Shaw Butte	442.8500	+	● 100ex	WB7EVI	A.R.A.
Shaw Butte	447.6250	−	● 107.2 RBx	WA7ZZT	S.M.U.G.
Shaw Butte	449.3500	−	● 88.5elx	N7ULY	WB7TUJ
Shaw Butte	449.5250	−	O 100aex	W7ARA	A.R.A.
South Mountain	442.9000	+	O 100x	W7ZAA	Zachary Altman
South Mtn	442.0000	+	● 107.2lRBx	WA7ZZT	S.M.U.G.
South Mtn	442.1250	+	O 100elx	N7AUW	NORTHLINK
South Mtn	442.2000	+	O 136.5lx	K7PNX	City of Phoenix, EOC
South Mtn	442.5500	+	O 100x	WA7ZZT	W.S.R.G.
South Mtn	442.8000	+	O 100x	KX7KW	M.C.R.G.
South Mtn	443.0500	+	O 100x	W7MOT	M.A.R.C.A.
Sun City	449.8000	−	O 100ae	W7JHQ	W.V.A.R.C.
Sun City West	442.4500	+	O 146.2	KA7G	Gerald R. McManus
Tempe	443.1250	+	O 100	WD8MHM	WD8MHM
Tempe Butte	442.3750	+	O 100aex	K7JGB	Andrew Moccaldi
Thompson Peak	448.8250	−	O 100ex	W7IFH	W7IFH
Tolleson	448.0750	−	O 100 RB	AJ9Y	AJ9Y
Usery	448.8000	−	O 100elx	W7BSA	Explorer Post 599
Usery Mtn	445.8380	−	Ox	KE7JFH	F.H.A.R.T.
Usery Mtn	447.2500	−	● 88.5eRBx	WB7TUJ	Harold Pierson
Usery Mtn	447.4250	−	O 107.2x	KC7WYD	Roger Chico M. Lope
Usery Mtn	447.6500	−	● 186.2a (CA)lx	W7SGK	Doug Pelley
Usery Mtn	449.1000	−	O 100lx	W7ARA	A.R.A.
White Tanks E Peak	440.1000	+	Ox	KE7JFH	F.H.A.R.T.
White Tanks E Peak	446.4000	−	O 100erx	W7GDY	Tri City ARA
White Tanks E Peak	446.6750	−	O 146.2x	KC7WVE	Felix H. Pinto
White Tanks E Peak	448.2250	−	● 88.5ex	N7ULY	WB7TUJ
White Tanks E Peak	448.8750	−	● 107.2lx	K6DLP	Don Petrone
White Tanks E Peak	449.1500	−	● 107.2lRBx	WA7GBL	S.A.R.B.A.
White Tanks Mid Peak	441.7250	+	O 100elx	W7EX	A.R.A.

420-450 MHz
ARIZONA

Location	Output	Input	Notes	Call	Sponsor
White Tanks Mid Peak	442.2750	+	○ 100elx	W1OQ	NORTHLINK
White Tanks Mid Peak	442.9000	+	○ 100x	N0AET	S.C.G.R.C.
White Tanks Mid Peak	442.9250	+	○ 114.8x	AE7JG	Zachary A. Altma
White Tanks W Peak	448.7500	−	● 107.2elx	KD7GC	W.T.M.R.G., Inc.
SOUTH CENTRAL					
Casa Grande	446.8250	−	○ 88.5a	KJ7YM	KJ7YM
Childs Mtn	448.1000	−	○ 100erx	KL7DSI	A.A.R.C.
Coolidge	446.6000	−	○ 151.4	KC7KMM	Tony Starns
Elephant Head Peak	449.3750	−	○ 107.2ex	WE7GV	G.V.A.R.C.
Elephant Head Peak	449.8500	−	● 100elx	WA7BGX	C.A.R.B.A.
Elgin	448.5000	−	○ 91.5	K6RCK	K6RCK
Green Valley	449.2250	−	○ 100	AA7RP	AA7RP
Keystone Mtn	444.8750	+	○ 100x	KC0LL	KC0LL
Maricopa	449.1250	−	○ 136.5	W9LEO	W9LEO
Mt Lemmon	444.9750	+	○ 100ex	KC0LL	KC0LL
Mt Lemmon	445.2250	−	○ 103.5x	W7ATN	ATN/Pueblo HS
Mt Lemmon	448.3500	−	○ 107.2x	N1DHS	N1DHS
Mt Lemmon	448.6250	−	● 100lx	AK7Z	C.A.R.B.A.
Mt Lemmon	449.7750	−	○ 107.2x	KB7GNX	Marvin G. Staffor
Sacaton Peak	447.7250	−	○ 100e	N7ULY	WB7TUJ
Vail	446.5500	−	○ 100e	KE7ULC	Ronald P. Barton
Vail	449.5500	−	○ 107.2el	K7LHR	Don Stiver
SOUTHEASTERN					
Benson	445.3000	−	○ 131.8x	K7SPV	S.P.V. ARC
Benson	448.8250	−	○ 107.2e	WA7PIQ	WA7PIQ
Dragoon	449.7000	−	● 100elx	WA7PIQ	C.A.R.B.A.
Guthrie Peak	448.9750	−	○ 100lRBx	N7GP	J.P.A.R.A.
Guthrie Peak	449.3750	−	○ 100x	K7EAR	E.A.A.R.S. Inc.
Heliograph Peak	440.6500	+	○ 141.3x	K7EAR	E.A.A.R.S. Inc.
Heliograph Peak	440.7000	+	○ 141.3ex	K7EAR	E.A.A.R.S. Inc.
Heliograph Peak	447.8250	−	● 100eRBx	K7EAR	E.A.A.R.S. Inc.
Heliograph Peak	448.6750	−	● 100elx	K7JEM	C.A.R.B.A.
Heliograph Peak	449.4000	−	○ 100ex	K7EAR	E.A.A.R.S. Inc.
Juniper Flats	449.5250	−	○ 100erx	K7RDG	C.A.R.A.
Mule Mtn	445.8500	−	○x	N2QWF	F.H.A.R.T.
Mule Mtn	448.7500	−	● 107.2 RB x	KC7IM	C.A.R.B.A.
Oracle	448.7000	−	● 107.2 RB	WA7ELN	WA7ELN
Pinal Peak	445.8630	−	○x	N2QWF	F.H.A.R.T.
Pinal Peak	448.1750	−	○ 100x	WB5QHS	J.P.A.R.A.
Pinal Peak	448.4250	−	○ 103.5elx	KD7DR	S.A.R.B.A.
Pinal Peak	448.4750	−	○ 100lx	W7ARA	A.R.A.
Pinal Peak	448.6500	−	● 107.2el RBx	WA7KUM	S.A.R.B.A.

432 420-450 MHz
ARIZONA

Location	Output	Input	Notes	Call	Sponsor
Pinal Peak	449.4500	–	●x	W7MOT	M.A.R.C.A.
Red Mountain	449.9500	–	● 107.2elx	W7JPI	C.A.R.B.A
Sierra Vista	444.1250	+	● 103.5	W6SEL	Dx-Pony
Sierra Vista	447.9500	–	O 100el	K7RDG	C.A.R.A
Sierra Vista	449.8250	–	O 100ael	NØNBH	NØNBH
SOUTHWEST					
Oatman Mtn	448.3000	–	● 131.8lx	KD7DR	S.A.R.B.A.
Telegraph Pass	448.6250	–	● 131.8lRB x	W7SRC	Y.A.R.B.A.
Telegraph Pass	449.0750	–	O 88.5elx	W7DIN	D.I.N.
Yuma	445.6800	–	● 123a (CA)	KE7LVR	Peter Efroymson
Yuma	446.6000	–	O 162.2a (CA)	KD7GXW	Mark Buono
Yuma	449.9250	–	O 88.5el	W7DIN	D.I.N.
Yuma	449.9750	–	● 100a (CA)elRB	W7DIN	D.I.N.
TUCSON					
Catalina	440.4000	+	O 156.7e	WØHF	O.V.A.R.C
Marana	448.0000	–	O 100e	KC7CPB	Michael Ellis
Mt Lemmon	444.9250	+	O 156.7lx	K7RST	R.S. of T.
Mt Lemmon	445.8750	–	Ox	N7NHD	Henry Zappia
Mt Lemmon	448.5500	–	● 110.9ex	N7OEM	Pima County
Oro Valley	447.4250	–	● 107.2	WB7NUY	S.A.R.A.
Tucson	441.7500	+	O 107.2e	K7PCC	P.C.C.A.R.C.
Tucson	442.1500	+	● 110.9a (CA)e	AB7AA	AB7AA
Tucson	444.1000	+	O 156.7al	WØHF	O.V.A.R.C
Tucson	446.9000	–	O 100e	K7ICU	N7ZQT
Tucson	447.5000	–	O 136.5a (CA) RB	N7XJQ	N7XJQ
Tucson	447.6250	–	● 107.2e	W7HSG	C.A.R.B.A.
Tucson	447.8750	–	● 88.5e	KB7RFI	KB7RFI
Tucson	448.3000	–	● 107.2l	W7RAP	C.A.R.B.A.
Tucson	448.3250	–	● 156.7	K7RST	R.S. of T.
Tucson	448.7750	–	● 179.9lr	W7SA	C.R.C.
Tucson	448.9000	–	● 162.2a (CA)elRB	KG7KV	S.P.A.R.C.
Tucson	448.9750	–	● 100a (CA)lRBx	N7CK	C.A.R.B.A.
Tucson	449.3000	–	O 156.7	K7RST	R.S. of T.
Tucson	449.4750	–	O 107.2a (CA)e	N7DQP	N7DQP
Tucson	449.6750	–	O 77	NR7J	N7OXL
Tucson	449.8000	–	Ot DCS(503)e	N1DHS	N1DHS
Vail	449.6250	–	O 123el	N7ZQT	K7ICU
WEST CENTRAL					
Black Peak	448.2750	–	● 107.2lx	K6DLP	Don Petrone

420-450 MHz ARIZONA-ARKANSAS

Location	Output	Input	Notes	Call	Sponsor
Black Peak	448.6500	–	● 131.8elx	WB6VTM	Cactus Radio Clu
Bullhead City	448.9500	–	O 123a (CA)	K7PFK	Paul Krick
Bullhead City	449.3750	–	O 123	K7REW	Darryl Whiteside
Bullhead City	449.9750	–	O 123	K7REW	Darryl Whiteside
Crossman Peak	447.5400	–	●lx	WB6T	KB6CRE
Fort Mohave	449.9500	–	O 100	K9TLT	Thomas L. Tatro
Golden Valley	448.4000	–	O 123a (CA)er	N7FK	N7FK
Golden Valley	448.5000	–	● 114.8a (CA)	K7MCH	K7MCH
Guadalupe Peak	448.9750	–	O 100lRBx	WB7FIK	Cactus Radio Clu
Hualapai Mtn	446.3000	–	O 123x	K3MK	Matt Krick
Hualapai Mtn	448.2500	–	● 131.8x	N7SKO	WECOM, INC
Kingman	446.1500	–	O 100e	W7KDS	N.A.D.R.S.
Lake Havasu City	448.7250	–	● 100 RB	W7DXJ	W7DXJ
Lake Havasu City	449.9500	–	O 141.3e	W7DXJ	W7DXJ
Oatman Mtn	448.6200	–	● 131.8elx	KF6BXP	Cactus Radio Clu
Parker	447.7250	–	● 100	KE6PCV	KE6PCV
Potato Patch	448.1000	–	●tx	K6DLP	K6DLP
Potato Patch	448.6800	–	● 131.8elx	W6PNM	Cactus Radio Clu
Ram Peak	448.0200	–	●	WR7RAM	K7FY
Smith Peak	443.7750	+	O 100elx	W7ARA	A.R.A.
Topock	449.3500	–	O 67	K6PNG	Ray Retzlaff

ARKANSAS
CENTRAL

Location	Output	Input	Notes	Call	Sponsor
Alexander	444.3000	+	O 131.8/131.8e	N5TKG	N5TKG
Bauxite	443.8250	+	O 141.3	KJ5ZT	KJ5ZT
Cabot	442.4750	+	O 85.e	WA5JK	WA5JK
Cabot	443.6500	+	O 82.5lrs WX	W5RHL	W5RHL
Center Ridge	444.1000	+	O 114.8e	N5XF	N5XF
Conway	443.5250	+	O 114.8	W5AUU	FaulkCoARC
Conway	443.8000	+	O 114.8	W5AUU	FalkCoARC
Conway	443.9750	+	O 114.8	W5AUU	W5AUU
Damascus	442.1000	+	O	KD5GMX	KD5GMX
Greers Ferry	443.6500	+	O 88.5lrs WX	W5RHL	W5RHL
Hot Springs	444.0000	+	O	WB5PIB	WB5PIB
Hot Springs	444.6000	+	O 114.8ers WXx	W5LVB	W5LVB
Hot Springs Village	444.7250	+	O	W5HSV	HSV ARC
Jacksonville	442.6000	+	O	N5KRN	N5KRN
Little Rock	443.0000	+	O 100.0elr sWX	N5CG	CAUHF
Little Rock	443.1250	+	O 114.8el	AC5XV	AC5XV

434 420-450 MHz
ARKANSAS

Location	Output	Input	Notes	Call	Sponsor
Little Rock	443.2000	+	O 114.8elr sWX	N5CG	CAUHF
Little Rock	444.0750	+	● 114.8	WA5OOY	WA5OOY
Little Rock	444.2000	+	O 114.8el	W5DI	CAREN
Little Rock	444.4000	+	O 114.8l	WA5OOY	WA5OOY
Little Rock	444.4500	+	O 100.0	W5FD	CAREN
Little Rock	444.8000	+	● 146.2e WX	K5XT	K5XT
Little Rock	444.8500	+	O 114.8lrs WX	N5CG	CAUHF
Malvern	442.2250	+	O 114.8el	N5CG	CAUHF
Malvern	443.5000	+	O 136.5ael WXx	W5BXJ	W5BXJ
Malvern	443.6000	+	O 114.8 (CA)elrsWX	N5CG	CAUHF
Malvern	444.1500	+	O 88.5elx	K5TAC	K5TAC
Maumelle	442.7000	+	O 114.8ae	K6MFM	K6MFM
North Little Rock	442.3250	+	O 85.4/85.4	NT5LA	ElksARC
North Little Rock	443.9000	+	O 114.8	N5QLC	N5QLC
North Little Rock	444.6500	+	O 114.8	W5RXU	W5RXU
North Little Rock	444.7000	+	O 114.8elr sWX	N5CG	CAUHF
Prattsville	442.8750	+	O 85.4/85.4	KD5RTO	PVARC
White Hall	442.1750	+	O 85.4ers	KJ5PE	PinBlufARC
White Hall	443.7000	+	OesWX	AF5AR	WhtHallCC
Wrightsville	444.4250	+	O 85.4el	N5CG	CAUHF
EAST					
Forrest City	443.4500	+	O 100.0/100.0	KD5DF	KD5DF
Helena	444.8750	+	O 91.5x	N5JLJ	N5JLJ
EAST CENTRAL					
Searcy	444.5000	+	O 192.8e	N5QS	NCAARS
Stuttgart	443.3250	+	O	KB5LN	KB5LN
Vilonia	444.8250	+	O 84.5e	W5AMI	W5AMI
NORTH					
Green Forest	442.4500	+	OWX	KE5LXK	NWAUHF
Harrison	442.9000	+	O	N5NBJ	N5NBJ
Harrison	443.5000	+	Oelx	KC0UJJ	KC0UJJ
Harrison	444.8500	+	O 100.0l	WA9SSO	GathMtARC
Mountain Home	442.3000	+	OersWX	K5OZK	OZARC
Mountain Home	442.5500	+	s	K5BAX	K5BAX
Mountain Home	443.1250	+	O	K5FOY	K5FOY
Mountain Home	444.0000	+	O 100.0	WB5NFC	WB5NFC
Mountain Home	444.9750	+	O 100.0lRB	WB5NFC	NAR VoIP
Yellville	444.0250	+	Oe	W5YS	Marion Cty
NORTH CENTRAL					
Clinton	443.3000	+	O 114.8el	W5DI	CAREN
Quitman	444.0500	+	O 127.3e	KC5PLA	KC5PLA

420-450 MHz
ARKANSAS

Location	Output	Input	Notes	Call	Sponsor
NORTHEAST					
Batesville	444.2500	+	O 94.8rs WX	KD5HPK	KD5HPK
Batesville	444.7500	+	O 94.8 WX	KD5AYE	KD5AYE
Batesville	444.9000	+	O 94.8rs	KD5HPK	KD5HPK
Black Rock	442.4000	+	O	W5WEC	W5WEC
Dell	444.6500	+	O 131.8e L(146.670)rsWX	W5ENL	MissCoARA
Harrisburg	444.5250	+	O	N5OHO	PARC
Jonesboro	443.1500	+	O 107.2e	K5NEA	NEARC
Jonesboro	443.5750	+	O 100.0er WX	KE5HKW	CC RACES
Jonesboro	443.8750	+	O	W5FGD	W5FGD
Jonesboro	444.4750	+	Ol	K5CRS	K5CRS
Jonesboro	444.6000	+	O 107.2e	NI5A	AISTC
Lake City	443.3250	+	OersWX	KC5TEL	RESPOND
Trumann	443.5000	+	O 107.2l	NI5A	AISTC
NORTHWEST					
Bentonville	442.9500	+	O 97.4	KE5LXK	NWAUHF
Berryville	443.8000	+	O 100.0/100.0	N6WI	------------
Brentwood	442.0750	+	O 97.3	KE5LXK	NWAUHF
Decatur	442.8500	+	O 123.0/123.0l	N5UXE	N5UXE
Decatur	443.9250	+	O 114.8/114.8lx	N5UXE	N5UXE
Elkins	444.1750	+	O	K5HOG	K5HOG
Eureka Springs	444.4750	+	O 110.9ers WX	WC5AR	WashCoEM
Farmington	442.5250	+	O 103.5	KC5PET	KC5PET
Fayetteville	442.5000	+	O	AB5UB	AmRedCross
Fayetteville	443.1000	+	O(CA)el	KA9UBD	KA9UBD
Fayetteville	443.1500	+	O	KA5TGN	KA5TGN
Fayetteville	444.0750	+	O 141.3/141.3	W4GYV	W4GYV
Fayetteville	444.9250	+	O	N5SRA	N5SRA
Ozone	442.6250	+	Oe	KC5LVW	KC5LVW
Prairie Grove	444.7000	+	Oe L(224.6(-))	WA5VTW	WA5VTW
Rudy	443.7250	+	● 123.0ers WX	KD5ZMO	CCARC
Siloam Spgs	444.3250	+	O 114.8e	N5YEI	N5YEI
Springdale	442.0500	+	O 110.9ael	WC5AR	WC5AR
Springdale	443.6500	+	O	WA5NUO	WA5NUO
SOUTH					
Crossett	444.9750	+	O 127.3e	N5SEA	SEAARC
SOUTH CENTRAL					
Sheridan	444.9000	+	O 114.8	KB5ZES	Grant ARC

420-450 MHz
ARKANSAS-CALIFORNIA

Location	Output	Input	Notes	Call	Sponsor
SOUTHEAST					
Monticello	444.8250	+	O 127.3/127.3lx	W5GIF	W5GIF
SOUTHWEST					
Arkadelphia	444.8750	+	O 114.8e	KB5ILY	KB5ILY
Athens	444.9750	+	O 88.5/88.5 esx	KD5NUP	HowCoSAR
Dequeen	444.8000	+	O 85.4	WA5LTA	SWARC
Manning	444.6750	+	O 114.8/114.8elWX	W5RHS	W5RHS
Nashville	444.3500	+	O 88.5/88.5 esWX	N5BAB	N5BAB
Nashville	444.9750	+	O 88.5/88.5 es	KD5NUP	HowCoSAR
Willisville	444.9250	+	O 100.0l	KB5ROZ	ARKLA
WEST					
Fort Smith	444.3000	+	O 88.5l	W5ANR	FSAARC
Hartford	442.4250	+	O 136.5e	WD5MHZ	WD5MHZ
Van Buren	444.7750	+	Ot	KC5YQB	KC5YQB
WEST CENTRAL					
Mount Ida	444.4750	+	O 114.8ex	KA5WPC	KA5WPC
Mt Magazine	443.2500	+	O 123.0/123.0 WX	N5XMZ	N5XMZ
Ola	444.5500	+	Oa	WA5YHN	WA5YHN
Russellville	442.7500	+	O 114.8e	K5RLB	K5RLB
Russellville	443.4000	+	O	K5PXP	ARVARF
Russellville	443.5750	+	O 114.8	K5PXP	ARVARF
Russellville	444.5750	+	O 114.8e	W5MAN	W5MAN

CALIFORNIA
FREQUENCY USAGE - SOUTHERN CALIFORNIA

Location	Output	Input	Notes	Call	Sponsor
So Cal	431.0000		O		PACKET
So Cal	439.0000		O		PACKET
So Cal	440.0000		O		SIMPLEX
So Cal	441.5000		O		PACKET
So Cal	441.5200		O		CONTROL
So Cal	444.4600		O		SIMPLEX
So Cal	445.0000		O		SIMPLEX
So Cal	446.0000		O		SIMPLEX
So Cal	446.5000		O		SIMPLEX
So Cal	446.5200		O		SIMPLEX
So Cal	446.8600	−	O		TESTPAIR
So Cal	446.8800	−	O		TESTPAIR
So Cal	449.4600		O		SIMPLEX
So Cal ATV	439.5000		O		SIMPLEX
E SIERRA/TAHOE					
Independence	442.3000	+	● 131.8l	W6TD	W6TD
Meyers	442.0750	+	O 127.3l	K6LNK	CARLA
Tahoe City	440.9250	+	● 94.8l	KH8AF	KH8AF

420-450 MHz   CALIFORNIA

Location	Output	Input	Notes	Call	Sponsor
Tahoe City	442.1750	+	O 167.9l	KH6AF	KH8AF
Truckee	440.2750	+	● 114.8l	KJ6GM	KJ6GM
Truckee	440.7000	+	O 131.8el	W6SAR	W6SAR
NORCAL-CENTRAL COAST					
Aptos	441.9250	+	O 100	WA6HHQ	WA6HHQ
Arroyo Grande	443.9750	+	O 127.3ers	KK6DJ	SLOECC
Bonny Doon	441.3000	+	O 156.7a	WB6ECE	WB6ECE RG
Bonny Doon	441.3000	+	O 100elx	WB6ECE	WB6ECE RG
Carmel	443.8000	+	O 110.9el	KG6UYZ	KG6UYZ
Felton	444.1500	+	O 123elsx	W6WLS	W6WLS
Greenfield	442.0750	+	O 114.8el	K6LNK	CARLA
King City	441.6500	+	O 123elrsx	N6SPD	N6SPD RG
King City	443.9750	+	●#lx	WB6FRM	NCCRA
King City	444.0750	+	●elsx	WB6ORK	WB6ORK
King City	444.5500	+	●ex	W6FM	W6FM
Lompoc	443.2750	+	●el	K7AZ	K7AZ
Lompoc	444.8000	+	●ls	WA6VPL	WA6VPL
Los Osos	444.9750	+	O 127.3ers	WB6MIA	SLOECC
Monterey	441.3000	+	O 136.5#e x	WB6ECE	WB6ECE RG
Monterey	441.3250	+	●elrs	WE6R	WE6R
Monterey	441.6500	+	O 123aelrs x	N6SPD	N6SPD RG
Monterey	444.2750	+	O 100aelrs x	N6SPD	N6SPD RG
Monterey	444.5250	+	O 123ersx	W6JSO	W6JSO
Monterey	444.7000	+	O 123ers	K6LY	NPSARC
Nipomo	443.7000	+	O 100	KA7DXP	KA7DXP
Nipomo	444.2750	+	●el	WA6VPL	WA6VPL
Nipomo	444.7000	+	O 100e	KB6Q	KB6Q
Panoche	442.6500	+	O 141.3e	WR6E	AC6E
Paso Robles	442.6750	+	O 110.9ae	W6HD	RadioRanch
Pismo Beach	444.6000	+	O 131.8e	KB6BF	KB6BF
Prunedale	441.1250	+	O 123#	KC6UDC	KC6UDC
Prunedale	442.7750	+	O 110.9	KG6NRI	KG6NRI
Prunedale	443.9000	+	O 123#ers	W6TAR	ECTAR
Salinas	440.7000	+	O 100l	W6RTF	w6rtf
Salinas	441.4500	+	O 123ersx	K6JE	FPRA
Salinas	442.0250	+	O 146.2el	N6LEX	CCARN
Salinas	442.6000	+	O 110.9a	KG6UYZ	KG6UYZ
Salinas	443.6000	+	O 110.9ex	W6MOW	W6MOW
San LuisObispo	444.0250	+	O 127.3ers x	KK6DJ	SLOECC
SanLuis Obispo	443.5000	+	O 100elx	K6LNK	CARLA
SanLuisObispo	441.0750	+	94.8#	WB6JWB	WB6JWB
SanLuisObispo	442.3000	+	O 127.3elr s	W6BHZ	CPARC
SanLuisObispo	442.7000	+	O 127.3ers x	WB6FMC	WB6FMC

438 420-450 MHz
CALIFORNIA

Location	Output	Input	Notes	Call	Sponsor
SanLuisObispo	442.8750	+	●elrsx	WB6FMC	WB6FMC
SanLuisObispo	443.5750	+	●ex	W6FM	W6FM
SanLuisObispo	443.8000	+	●#el	N6HYM	N6HYM
SanLuisObispo	444.1000	+	O 127.3ers x	KD6EKH	SLOECC
SanLuisObispo	444.4750	+	●elx	W6FM	W6FM
SanLuisObispo	444.5250	+	O 127.3ex	W6FM	W6FM
SanLuisObispo	444.9000	+	●e	KC6WRD	FCC
Santa Cruz	440.4500	+	O 100#aes	W6WL	W6WL
Santa Cruz	440.5500	+	O 94.8aes	AB6VS	LPARC
Santa Cruz	440.8500	+	O 94.8aers x	W6JWS	W6JWS
Santa Cruz	440.9250	+	O 123ers	K6BJ	SCCARC
Santa Cruz	441.6750	+	O 123#	N7WG	N7WG
Santa Cruz	443.4750	+	O 127.3#el rs	WB6PHE	WB6PHE
Santa Cruz	443.6750	+	O 136.5ae s	WA6NMF	WA6NMF
Scotts Valley	444.0000	+	O 94.8l	W6WLS	W6WLS
Soledad	440.5250	+	O 146.2el	N6LEX	CCARN
Soledad	443.4750	+	O 100er	WA6RQX	WEST COAST
Watsonville	443.0500	+	O 94.8ers	K6RMW	K6RMWK6GDI
Watsonville	443.3500	+	O 123#	KB6MET	KB6MET
NORCAL-EAST BAY					
Antioch	440.6500	+	O 127.3ers	K6RGK	O.T.H.E.R.
Antioch	444.7250	+	O 114.8#l	KD6QDW	NORCALRUG
Bakersfield	442.7500	+	O 141.3elr x	WA6RQX	WCRN
Berkeley	440.0175	+	O 156.7x	K6GOD	K6GOD
Berkeley	440.8250	+	O 114.8lx	WI6H	WI6H
Berkeley	440.9000	+	O 131.8ers	N6BRK	NALCO
Berkeley	440.9250	+	●DCSelx	KH8AF	KH8AF
Berkeley	442.2750	+	O 100#	WA6ZTY	WA6ZTY
Berkeley	442.6750	+	●elsx	WB6UZX	WB6UZX
Berkeley	442.7250	+	●elx	K6DJR	CALNET
Berkeley	443.1750	+	O 179.9x	K6ATF	K6ATF and
Concord	440.3000	+	●aelx	N6AMG	ERG
Concord	440.3250	+	●#lx	WB6FRM	NCCRA
Concord	440.8750	+	O 79.7aelr sx	WA6HAM	CCRA
Concord	441.2000	+	●elx	N6GVI	CATS
Concord	441.3250	+	O 100aelrs x	W6CX	MDARC
Concord	441.7500	+	●elrx	W6YOP	YOP HLLS
Concord	441.8250	+	●#ex	WB6BDD	WB6BDD
Concord	442.4500	+	●ersx	KI6O	KI6O
Concord	442.6500	+	O 100#x	WA6ZTY	WA6ZTY
Concord	443.5000	+	●ex	K6JJC	RMRG
Concord	443.5750	+	●#elx	K6IRC	ARN

CALIFORNIA

Location	Output	Input	Notes	Call	Sponsor
Concord	443.8000	+	O 100ex	K6POU	MDRA
Concord	444.8750	+	O 123#ex	K6FJ	K6FJ
Danville	440.6500	+	Ol	N6TRB	W6FQ
Dublin	442.1500	+	O 123ael	WD6INC	W1LLE
El Cerrito	444.7000	+	●el	CATS	CATS
Fremont	440.0000	+	O 233.6el	WA6FSP	WA6FSP
Fremont	440.1750	+	O 131.8ers x	K6GOD	SPV FIRE
Fremont	441.1250	+	O 100es	N3MMQ	ACWD
Fremont	441.1250	+	O 100#e	KC6WXO	ACWDRC
Fremont	442.6000	+	O 107.2	WA6PWW	TRICO ARC
Fremont	443.4000	+	●ex	WA6KPX	YAARC
Fremont	443.7000	+	O 136.5elx	K6JJC	RMRG
Fremont	443.7250	+	O 127.3elr sx	N6HWI	WB6PHE
Fremont	444.8000	+	●erx	WA6GEL	Red Carpet
Hayward	440.0500	+	O 156.7	KQ6YG	KQ6YG
Hayward	440.1750	+	O 131.8e	K6GOD	GOD
Hayward	440.4750	+	O 71.9aels	KK6AN	NorCal RUG
Hayward	440.9500	+	O 100	KB6LED	KB6LED
Hayward	441.8000	+	●l	KQ6RC	KQ6RC
Hayward	442.1000	+	O 141.3#lx	W6JMX	W6JMX
Hayward	442.3500	+	O 107.2	K6GOD	GOD
Hayward	442.8750	+	O 100	K6DDR	K6DDR
Hayward	443.3250	+	O 114.8el	K6LNK	CARLA
Hayward	444.8250	+	O 127.3#er s	K6EAG	Hayward RC
Livermore	444.1250	+	O 100e	K7FED	K7FED
Martinez	444.4500	+	O 107.2ers	KF6HTE	MtzARC
Monterey	442.2250	+	●e	WH6KA	WH6KA
Moraga	442.4500	+	●ersx	KI6O	KI6O
Moraga	443.4250	+	●lrx	KB7IP	N. CA Assn
Newark	444.1500	+	O 103.5e	N3EL	DX2N CLUB
Oakland	440.3500	+	O 123elrs	KM6EF	GSARC
Oakland	440.4000	+	●elx	WB6WTM	WB6WTM
Oakland	440.5750	+	O 118.8ers x	W6EBW	EBMUD
Oakland	441.2250	+	O 100lx	W6RCA	W6RCA
Oakland	441.4250	+	O 114.8	WT6L	WT6L
Oakland	441.4750	+	O 127.3lrx	W6YOP	YOP HLLS
Oakland	442.2000	+	●elx	KH8AF	KH8AF
Oakland	442.2500	+	O 103.5l	KD6QDW	KD6QDW
Oakland	442.4000	+	O 77aersx	WB6NDJ	ORCA
Oakland	443.2000	+	●elx	N6GVI	CATS
Oakland	443.3500	+	O 186.2rsx	AC6OT	SSARO
Oakland	443.3750	+	O 114.8#e x	WB6SHU	W6BUR
Oakland	443.4750	+	O 100	N6QOP	CARLA
Oakland	443.8750	+	●l	W6MTF	W6MTF

440   420-450 MHz
CALIFORNIA

Location	Output	Input	Notes	Call	Sponsor
Oakland	443.9750	+	O 100elx	WW6BAY	Bay Net
Oakland	444.2500	+	O 100ex	WB6TCS	WB6TCS
Oakland	444.6500	+	●#lx	K6PUE	NORCAL
Oakland	444.7250	+	O 114.8	KK6RQ	KK6RQ
Oakland	444.8000	+	●#	KD6GLT	KD6GLT
Orinda	440.6250	+	O 79.7aelrsx	WA6HAM	CCRA
Orinda	441.9750	+	●#elx	W6CBS	W6CBS
Orinda	443.0500	+	O 114.8el	N6QOP	CARLA
Orinda	443.5000	+	Oel	K6LNK	CARLA
Orinda	443.8250	+	O 136.5elx	K6JJC	RMRG
Orinda	444.7750	+	O 127.3lrx	W6YOP	YOP HLLS
Pittsburg	440.1250	+	Oaelrsx	K6PIT	K6BIV
Pleasanton	442.0750	+	O 103.5el	K6LNK	CARLA
Pleasanton	442.6250	+	O 94.8elrsx	W6SRR	Sunol Ridg
Pleasanton	442.9250	+	●rx	W6RGG	W6RGG
Pleasanton	443.6500	+	●DCSx	K6TEA	K6TEA
Pleasanton	444.2750	+	Oel	N6LDJ	HORK
Richmond	440.9750	+	●#e	K6LOU	K6LOU
Richmond	442.1500	+	O 100ae	WA6DUR	WA6DUR
Richmond Heigh	441.6500	+	O 100l	K6JSI	WIN System
San Francisco	441.5750	+	O 146.2l	KC6IAU	KC6IAU
San Leandro	442.7750	+	●el	KB6NCL	KG6KCL
San Leandro	444.2000	+	O 107.2er	W6RGG	AC RACES
San Pablo	444.2750	+	O 82.5ers	WA6KQB	CCCC
San Ramon	444.0250	+	O 79.7aelrsx	WA6HAM	CCRA
San Ramon	442.5500	+	●	N6APB	N6APB
South San Fran	440.6000	+	●DCSl	K6HN	K6HN
Walnut Creek	442.5250	+	O 88.5e	K6MFM	K6MFM
Walnut Creek	443.4750	+	O 114.8l	K6LNK	CARLA
NORCAL-NORTH BAY					
American Canyo	443.9000	+	O 173.8el	W6FMG	MARRN
Benicia	441.2500	+	O 100er	KR6BEN	BeniciaARC
Benicia	442.7500	+	O 100aer	KR6BEN	BeniciaARC
Calistoga	441.6750	+	O 123elrx	WA7G	WIN System
Calistoga	441.9000	+	O 151.4ersx	W6CO	SARS
Calistoga	444.0750	+	O 192.8#el rx	WA6RQX	WCRN
Calistoga	444.1500	+	●elrsx	N6PMF	YOP HLLS
Calistoga	444.1750	+	O 151.4el	N6TKW	NARC
Calistoga	444.4750	+	●#elx	K6IRC	ARN
Clear Lake	442.8250	+	●elx	WR6COP	K6COP
Cobb	442.8750	+	O#e	KE6QDW	KE6QDW
Geyserville	442.0500	+	O 100#e	WA6OYK	WA6OYK
Geyserville	443.4750	+	O 110.9el	K6LNK	CARLA
Kelseyville	441.3500	+	O 100#ex	KG6UFR	CRS

420-450 MHz
CALIFORNIA

Location	Output	Input	Notes	Call	Sponsor
Kelseyville	441.4250	+	O 100#ex	N6GJM	CDF/VIP
Laytonville	440.8250	+	O 114.8el	WI6H	WI6H
Mill Valley	440.9250	+	●DCSel	KH8AF	KH8AF
Mill Valley	442.2000	+	●DCSelx	KH8AF	KH8AF
Mill Valley	443.2500	+	O 179.9erx	K6GWE	ACS
Mill Valley	444.6750	+	●elx	KJ6RA	Patio RS
Napa	440.0500	+	Oers	W6CO	SARS
Napa	440.8500	+	O 173.8#ae	N6NAR	NARS
Napa	441.6750	+	O 107.2erx	WA7G	WA7G
Napa	441.8000	+	O 151.4aer	W6CO	SARS
Napa	442.2500	+	O 151.4elr	N6TKW	HAMSEXY
Napa	443.4500	+	O 127.3er	WU7Q	WU7Q
Napa	444.5250	+	OaDCSel	K6ZRX	K6ZRX
Novato	440.2500	+	●elx	N6GVI	CATS
Novato	440.9250	+	●DCSelx	KH8AF	KH8AF
Novato	442.2000	+	●elx	KH8AF	KH8AF
Novato	443.6000	+	●elsx	KI6B	SMRS
Petaluma	444.2250	+	●elr	NI6B	SMRS
Pt Reyes Stn	445.4250	+	●el	WB6TMS	SMRS
San Anselmo	440.5500	+	O 100#	W6RV	WY8T
San Rafael	440.9250	+	●DCSel	KH8AF	KH8AF
San Rafael	442.1750	+	●DCSel	KH8AF	KH8AF
San Rafael	443.5250	+	82.5er	K6GWE	ACS
Santa Rosa	440.2000	+	O 88.5elrs	KD6CJQ	KD6CJQ
Santa Rosa	440.4500	+	O 88.5	K6EAR	EARA
Santa Rosa	441.3000	+	O 88.5lrs	KV6A	SKM
Santa Rosa	441.3750	+	O 114.8es	W6SON	SCRA
Santa Rosa	443.8250	+	O 100#	WB7ABP	WB7ABP
Santa Rosa	444.3750	+	●lrx	WB6RUT	WB6RUT
Santa Rosa	444.9000	+	O 88.5#es	KF6SZA	KF6SZA
Sausalito	442.2500	+	O 114.8e	K6ER	K6ER
Sausalito	444.5500	+	●lx	W5ANT	ADC
Sebastopol	441.1000	+	O 192.8ers	WA6FUL	WA6FUL
Sebastopol	441.3750	+	O 88.5ers	W6SON	SCRA
Sebastopol	442.3250	+	●el	N6AMG	ERG
Sebastopol	443.4250	+	O 114.8elrs	WA6FUL	Seb C ERT
Sebastopol	444.8250	+	O 131.8	WA6TIP	WA6TIP
Willits	444.1500	+	●lr	WB6TMS	SMRS
Yountville	444.7250	+	O 151.4es	N6TKW	NARC

NORCAL-NORTH COAST

Location	Output	Input	Notes	Call	Sponsor
Crescent City	442.5250	+	O 127.3ael	KA7PRR	KA7PRR
Crescent City	443.0500	+	O 100#	KD6GDZ	KD6GDZ
Eureka	442.0000	+	O 100#	AE6R	AE6R
Eureka	442.2250	+	●elrx	WA6RQX	WA6RQX
Hopland	444.7500	+	O 100elrx	WA6RQX	WA6RQX
Hopland	444.8750	+	O 141.3elr	WA6RQX	SMRA
Laytonville	443.0000	+	O 100l	K6JSI	WIN System

442   420-450 MHz
CALIFORNIA

Location	Output	Input	Notes	Call	Sponsor
Laytonville	444.8000	+	●elrx	WA6RQX	WA6RQX
McKinleyville	440.1000	+	O 100e	KJ6BDK	ESARA
Pt Arena	443.0750	+	O 100el	N6MVT	CARLA
Samoa	443.1500	+	O 103.5	WA6HZT	WA6HZT
Scotia	443.2500	+	O 103.5#l	K6FWR	FWRA
Smith River	443.1000	+	O 100l	K6SLS	WIN System
Ukiah	440.0250	+	O 141.3elr x	WA6RQX	SMRA
Ukiah	440.8500	+	O 141.3elr	WA6RQX	WA6RQX
Willits	440.0750	+	●elrx	WA6RQX	WA6RQX
Willits	443.1750	+	O 123elx	K7WWA	K7WWA
Willits	444.5000	+	O 103.5ae	WD6FGX	LLVRG
Willits	444.9250	+	O 100elrsx x	K7WWA	K7WWA

NORCAL-NORTH EAST

Location	Output	Input	Notes	Call	Sponsor
Alturas	441.2250	+	O 100el	K6PRN	KJ6RA
Alturas	442.3500	+	O 85.4#ex	WB6HMD	WB6HMD
Bella Vista	444.6250	+	O 107.2e	W6DY	W6DY
Burney	440.2500	+	O 103.5#	KI6WG	KI6WG
Burney	440.7500	+	O 123el	K6LNK	CARLA
Canby	444.6750	+	O 156.7el	K6PRN	KJ6RA
Chester	444.5000	+	O 103.5e	KF6CCP	KF6CCP
Cohasset	444.1250	+	●DCSlx	KH8AF	KH8AF
Lakehead	442.1750	+	●ex	KH8AF	KH8AF
McCloud	443.4750	+	O 100l	K6JKL	CARLA
Mineral	440.9750	+	O 100elx	N6TZG	N6TZG
Mt Shasta City	444.3500	+	O 100el	K6PRN	Patio RS
Mt Shasta City	444.4750	+	O 100aels x	K7TVL	Ore Conn
Mt Shasta City	444.8250	+	O 100e	AB6MF	AB6MF
Quincy	440.7250	+	O 100el	K6LNK	CARLA
Quincy	441.6250	+	O 100#x	W6RCA	W6CBS
Quincy	444.7000	+	O 123ers	KR6G	KR6G
Red Bluff	444.1500	+	●lx	KH8AF	KH8AF
Redding	440.0500	+	O #elx	NA0SA	N.A.S.A.
Redding	442.8500	+	●el	WR6TV	W6QWN
Redding	443.0500	+	O 110.9el	WR6TV	W6QWN
Redding	443.2500	+	O 100elx	K6LNK	CARLA
Redding	444.5500	+	O 100elrsx	NC6SV	SCARS
Redding	444.6500	+	O 131.8	KD6LOM	KD6LOM
Shasta Lake	442.0750	+	O 114.8el	K6JKL	CARLA
Susanville	443.9000	+	O 91.5elsx	K6LRC	K6LRC
Susanville	444.9750	+	O 91.5elrs x	K6LRC	K6LRC
Westwood	441.0250	+	O 123el	N6TZG	N6TZG
Westwood	442.2000	+	●DCSelx	KH8AF	KH8AF
Yreka	443.7500	+	O 100aelrx	K6SIS	SCARA
Yreka	444.2250	+	●elx	K6PRN	Patio RS
Yreka	444.9000	+	O 100e	AB6MF	AB6MF

420-450 MHz — CALIFORNIA

NORCAL-SACRAMENTO VALLEY

Location	Output	Input	Notes	Call	Sponsor
Alleghany	444.9250	+	O 88.5x	WR6ASF	WA6HWT
Auburn	440.5750	+	O 94.8e	K6ARR	SFARC
Auburn	443.6000	+	O 141.3elx	N6LYE	N6LYE
Auburn	444.4750	+	O 162.2	KO6KD	KO6KD
Auburn	444.5000	+	O 94.8#ex	WA6IOK	GBAY
Auburn	444.6000	+	O 192.8e	N6NMZ	N6NMZ
Auburn	444.9000	+	O 94.8#	W6CUL	W6CUL
Cameron Park	440.1250	+	●aelx	N6RDE	N6RDE
Camino	441.2250	+	O 82.5#ael x	N6YBH	N6YBH
Chico	440.5000	+	●a	WA6UHF	WA6UHF
Chico	440.5500	+	●el	WB6RHC	WB6RHC
Chico	440.6500	+	O 110.9ae sx	W6RHC	GEARS
Chico	440.6750	+	●elrsx	N6EJX	N6EJX
Chico	441.2250	+	O 114.8#	W6CBS	W6CBS
Chico	441.4000	+	O 110.9elx	WB6RHC	WB6RHC
Chico	442.3750	+	O 100ex	W6ECE	CARA
Chico	444.0000	+	O 136.5#	KE6ADC	BARE
Citrus Heights	441.1750	+	O 123e	KG6ZTE	PARA
Citrus Heights	444.7250	+	●ae	KA6FTY	KA6FTY
Colfax	440.9500	+	O 192.8l	N6NMZ	N6NMZ
Cool	440.9750	+	●	N6TZG	N6TZG
Diamond Spring	444.0750	+	●lx	W5ANT	ADC Assc.
Dixon	444.5250	+	●l	K6JWN	K6JWN
El Dorado Hill	441.1000	+	O 123el	N6QDY	N6QDY
ElDoradoHills	444.4500	+	O 85.4#ael x	WT6G	WT6G
Elk Creek	444.2000	+	O 100#ers x	N6YCK	N6YCK
Esparto	441.1250	+	O 127.3lrx	K6SCA	RMRG
Fair Oaks	440.7250	+	O 162.2ex	WB6HEV	PARE
Fairfield	440.9250	+	●DCSelx	KH8AF	KH8AF
Fairfield	441.1500	+	O 77elr	K6SOL	SCARS
Fairfield	442.2250	+	●elx	KH8AF	KH8AF
Fairfield	442.7750	+	O 77e	KC6UJM	KC6UJM
Fairfield	443.4000	+	●	WL3DZ	DX-PINOY
Fiddletown	443.8750	+	O 156.7elr x	K6SZQ	RMRG
Folsom	440.3500	+	O 156.7elx	AB6LI	AB6LI
Folsom	442.3500	+	O 136.5ael x	KS6HRP	SHARP
Folsom	442.5250	+	O 77ae	K6MFM	K6MFM
Folsom	443.1250	+	O 100e	W6YDD	YDD 1.2
Foresthill	442.7000	+	O 114.8#a e	KA6ZRJ	KA6ZRJ
Foresthill	442.8750	+	O 131.8ae	N6NMZ	PCSAR
Georgetown	441.5750	+	●#lx	K6IRC	ARN

444   420-450 MHz
CALIFORNIA

Location	Output	Input	Notes	Call	Sponsor
Georgetown	443.1750	+	●#elx	K6IRC	ARN
Georgetown	443.5500	+	●lx	K6SRA	NCCRA
Georgetown	443.8500	+	●x	WA6APX	WA6APX
Georgetown	444.0250	+	O 107.2elx	K6JJC	RMRG
Grass Valley	440.1000	+	O 151.4lsx	KO6CW	KO6CW
Grass Valley	440.5250	+	O 192.8ael x	KB6LCS	KB6LCS
Grass Valley	441.0250	+	O 100#elx	W6RCA	W6CBS
Grass Valley	442.1500	+	O 151.4ls x	AB6LI	AB6LI
Grass Valley	442.4250	+	●elx	KF6GLZ	N6ZN
Grass Valley	442.6250	+	●#elsx	W6AI	W6AI
Grass Valley	442.9500	+	O 107.2el	N6VYQ	INTERCITY
Grass Valley	443.0250	+	O 114.8ael rsx	WA6WER	CPRA
Grass Valley	443.6500	+	O 118.8es	KG6BAJ	CPRA
Grass Valley	444.0500	+	O 136.5ex	K6NP	GBTPRC
Grass Valley	444.7500	+	O 167.9e	K6RTL	NCAA
Jackson	443.6750	+	O 156.7elx	W6LP	RMRG
Kelsey	444.8250	+	●#	W6TIQ	W6TIQ
Lincoln	443.2250	+	O 167.9el	W6LHR	LHARG
Lotus	441.7250	+	O 82.5ls	AG6AU	EDCARC
Marysville	440.4250	+	O 123#	KG6PND	KG6PND
Marysville	443.3250	+	O 136.5elx	K6JJC	RMRG
Maxwell	442.2750	+	O 100el	N6NMZ	Patio RS
Mt Shasta	440.2750	+	O 118.8elr x	N6QGZ	WA6YOP
Nevada City	444.9500	+	O 100e	W6JP	W6JP
Oroville	440.9000	+	O 110.9elr	W6SCR	Butte SCR
Oroville	441.4750	+	O 114.8#el rx	W6YOP	YOP HLLS
Oroville	442.3500	+	O 110.9ex	WA6UHF	WA6UHF
Placerville	440.7000	+	O 123elx	WA6BTH	P&F
Placerville	441.0500	+	O 127.3#	N6UUI	TEL PNRS
Placerville	441.6250	+	●#e	W6RCA	W6CBS
Placerville	442.4750	+	O 110.9lx	WA6BTH	P&F
Placerville	443.9250	+	O 179.9ae s	N6QDY	CARUN
Plymouth	442.0500	+	O 156.7lx	K6SCA	RMRG
Pollock Pines	442.4750	+	O 123aelx	WA6KQV	P&F
Red Bluff	442.4000	+	O 110.9#e	W6QWN	W6QWN
Red Bluff	442.9500	+	O 67elx	KI6FEO	KI6FEO
Red Bluff	443.1000	+	O 100#	N6YCK	N6YCK
Redding	444.1000	+	O 131.8#	KD6LOM	KD6LOM
Rescue	441.2500	+	●es	W7KEZ	W7KEZ
Rocklin	442.9500	+	O 67el	KI6FEO	KI6FEO
Roseville	442.1250	+	O 179.9#	N6UG	N6UG
Roseville	442.5750	+	O 162.2e	KD6PDD	HPARCS
Roseville	444.3500	+	O 114.8e	K6GBM	GBM School

420-450 MHz CALIFORNIA

Location	Output	Input	Notes	Call	Sponsor
Sacramento	440.2000	+	O 131.8	KU6P	SCCESA
Sacramento	441.4500	+	O 100#alr	KJ6KO	KJ6KO
Sacramento	441.7750	+	●er	N6ICW	N6ICW
Sacramento	441.8500	+	O 77e	NA6DF	SHARK
Sacramento	441.9500	+	O 151.4el	K6YC	K6YC
Sacramento	442.3250	+	●#elx	KF6BIK	W6GU
Sacramento	442.4000	+	●#elx	WB6GWZ	WB6GWZ
Sacramento	442.5000	+	O 151.4esx	WA6ZZK	WA6ZZK
Sacramento	442.6000	+	O 100	N6NA	RCARCS
Sacramento	442.8000	+	O 100#alr	W6AK	SARC
Sacramento	442.9000	+	O 136.5e	K6NP	GBTPRC
Sacramento	443.2750	+	●e	KJ6JD	WU7Q
Sacramento	443.4500	+	●e	N0RM	WB6RVR
Sacramento	443.9000	+	O 136.5ael rs	W6YDD	YDD 1.2
Sacramento	444.3000	+	●#ers	N6ICW	N6ICW
Sacramento	444.4250	+	●elx	K6PRN	Patio RS
Sacramento	444.6250	+	O 123#ael	KC6MHT	KC6MHT
Shingle Spring	441.3000	+	O 127.3e	N2THD	N2THD
Stonyford	443.0750	+	O 114.8elx	K6LNK	CARLA
Sutter	443.8500	+	O 127.3#x	WD6AXM	WD6AXM
Vacaville	440.0250	+	O 127.3ael rsx	WV6F	Western Va
Vacaville	440.5250	+	O 136.5	KB6LCS	KB6LCS
Vacaville	440.7500	+	O 100#elx	K6LNK	CARLA
Vacaville	441.6000	+	●#alx	W6RCA	W6CBS
Vacaville	441.7750	+	●elrx	N6ICW	N6ICW
Vacaville	441.9750	+	●#alx	W6RCA	W6CBS
Vacaville	442.0000	+	O 179.9	N6UG	N6UG
Vacaville	442.0250	+	O 179.9lx	W6KCS	W6KCS
Vacaville	442.3000	+	●elx	W6NQJ	N6ZN
Vacaville	442.5500	+	●#ex	N6APB	N6APB
Vacaville	442.8500	+	O 146.2#ex	AB6CQ	CNARN
Vacaville	442.9750	+	O 136.5elx	K6JJC	RMRG
Vacaville	443.3000	+	O 131.8	KB5JR	WV6F
Vacaville	443.7500	+	●elr	K9GVF	CALNET
Vacaville	443.9500	+	O 136.5x	K6MVR	MVRC
Vacaville	444.1250	+	●e	W6SEL	DX-PINOY
Vacaville	444.5250	+	●lsx	AA6GV	SMRS
Vacaville	444.5750	+	●elx	W5ANT	ADC
Vacaville	444.7500	+	O 107.2ex	WA6RTL	NCAA
Vacaville	444.8500	+	●#lx	W6PUE	NORCAL
Vacaville	444.9250	+	O 151.4#lx	AB6LI	AB6LI
Volcano	440.4500	+	O 127.3x	W6KAP	W6KAP
Walnut Grove	443.7000	+	●ex	WA6JIV	WA6JIV
Woodland	440.4750	+	O 192.8ers	KC6UDS	YoloARS
Woodland	444.1000	+	O 71.9esx	KE6YUV	BARK
Zamora	440.1500	+	●x	W6OF	HQPPARC

446 420-450 MHz
CALIFORNIA

Location	Output	Input	Notes	Call	Sponsor
Zamora	441.8500	+	O 156.7#x	K6KCP	K6KCP
NORCAL-SAN JOAQUIN VALLEY					
Ahwahnee	444.5000	+	O 131.8ae x	WB6NIL	WB6NIL
Angels Camp	441.1250	+	O 156.7lrx	K6SCA	RMRG
Auberry	444.2750	+	O 127.3lrsx	KG6IBA	KG6IBA
Auberry ca	441.4750	+	●x	W6JCA	W6JCA
Bakersfield	440.8500	+	O 141.3el	KE6CUW	KK6AC
Bakersfield	443.0000	+	O 141.3#el x	KK6AC	KK6AC
Bakersfield	443.2750	+	O 141.3x	N6RDN	N6RDN
Bakersfield	443.9000	+	O 100e	W6LIE	KCCVARC
Bakersfield	444.6750	+	O 107.2#el	KG6FOS	KG6FOS
Bakersfield	444.7500	+	O 141.3#	N6SMU	N6SMU
Bakersfield	444.9250	+	O 103.5el	K6RET	K6RET
Bakersfield	447.6400	–	O 100#elx	K6JSI	WIN System
Bakersfield	447.7200	–	●#elx	KB6OOC	CALNET
Clovis	440.1000	+	●ars	W6NBK	Nigel Keep
Clovis	440.3500	+	O 141.3ael	NI6M	CARP
Clovis	443.8000	+	O 114.8e	KE6JZ	KE6JZ
Clovis	444.7250	+	O 141.3ael x	K6ARP	CARP
Coalinga	440.5250	+	O 146.2el	N6LEX	CCARN
Coalinga	440.6750	+	O 146.2ael rsx	W6EMS	CNARN
Coalinga	440.7500	+	O 114.8elx	K6JKL	CARLA
Coalinga	441.6750	+	O 100elx	K6JSI	WIN System
Coalinga	441.9000	+	O 100#elrs x	N6OA	Kings ARC
Coalinga	442.0250	+	O 146.2elx	N6LEX	PBI
Coalinga	442.4250	+	●#elx	KF6FM	SwRRC
Coalinga	443.3250	+	O 94.8elx	K6JJC	RMRG
Coalinga	443.3250	+	O 141.3elx	W6WYT	W6WYT
Coalinga	443.7250	+	O 107.2lx	K6NOX	N6LYE
Coalinga	444.7750	+	O 141.3ael	WA6RQX	WA6RQX
Coarsegold	442.9000	+	O 127.3e	W6HMH	W6HMH
Coarsegold	444.3750	+	O 123al	K6MXZ	K6MXZ
Columbia	440.8500	+	O 146.2	K6DEL	DELCOM
Columbia	440.9750	+	O 103.5aers	N6EUO	TCARES
Concord	440.7750	+	●elx	N6BLA	CALNET
Copperopolis	440.0000	+	O 141.3lx	KG6TXA	SALAC
Copperopolis	441.6500	+	O 156.7	KD6FVA	KD6FVA
Copperopolis	442.3750	+	●elrsx	N6MAC	N6MAC
Dunlap	443.8250	+	O 141.3elr sx	N6IB	N6IB
Fiddletown	442.2500	+	O 107.2lrx	W6SF	KD6FVA
Fresno	440.3750	+	●elx	N6AMG	ERG
Fresno	441.4000	+	●elx	K6TVI	Calnet

420-450 MHz CALIFORNIA

Location	Output	Input	Notes	Call	Sponsor
Fresno	441.8000	+	O 141.3ael x	N6LYE	N6LYE
Fresno	442.3500	+	O 71.9#lx	WB6TIA	ACES
Fresno	442.8000	+	O 146.2#	KJ6NKZ	KJ6NKZ
Fresno	442.9500	+	O 103.5elx	KK6AC	KK6AC
Fresno	443.1250	+	O#e	N6PNZ	N6PNZ
Fresno	443.2500	+	O 107.2sx	WQ6CWA	QCWA
Fresno	443.3000	+	O 107.2x	K6NOX	N6LYE
Fresno	443.3750	+	●lx	KE6JZ	SRG
Fresno	443.4000	+	●lx	NA6MM	NCCRA
Fresno	443.4250	+	O 141.3ex	W6WYT	W6WYT
Fresno	443.6000	+	O 114.8ex	N6LYE	N6LYE
Fresno	443.6000	+	O 141.3#el x	W6FSC	N6MTS
Fresno	443.6500	+	O 141.3#	KE6SHK	KE6SHK
Fresno	443.8750	+	O 107.2ael	N6LDG	N6LDG
Fresno	443.9750	+	●lx	K6SRA	NCCRA
Fresno	444.1000	+	O 100e	W6NIF	Jim Erbe
Fresno	444.2000	+	O 141.3x	W6TO	Fresno ARC
Fresno	444.2500	+	O 100elx	K6JSI	CCAC
Hanford	444.9500	+	O 100aelrs	KA6Q	Kings ARC
Lodi	444.2500	+	O 114.8elr x	WB6ASU	WB6ASU
Los Banos	444.0000	+	O 123e	K6TJS	AA6LB
Madera	443.6000	+	O 186.2e	N6LYE	N6LYE
Maricopa	443.0750	+	●es	KC6WRD	FCC
Mariposa	441.3500	+	O 107.2ex	K6SIX	K6SIX
Mariposa	441.4250	+	O 74.4ex	KF6CLR	Delhi ARC
Mariposa	442.7000	+	O 88.5ex	NV6RN	VARN
Mariposa	443.0750	+	O 107.2ael sx	K6IXA	K6IXA
Mariposa	444.7000	+	O 94.8elsx	W6BXN	TurlockARC
Meadow Lakes	442.5250	+	O 141.3ex	N6IB	N6IB
Merced	440.8000	+	O 114.8ex	N6LYE	N6LYE
Merced	442.2000	+	O 141.3lx	KM6OR	KM6OR
Merced	442.4000	+	●#elx	KF6FM	SwRRC
Merced	442.6750	+	O 107.2elx	KG6KKV	ARRG
Modesto	440.2250	+	O 136.5essx	WD6EJF	SARA
Modesto	440.8000	+	O 107.2elx	N6LYE	N6LYE
Modesto	442.0750	+	O 123elx	K6LNK	CARLA
Modesto	442.5500	+	●x	N6APB	K6PBX
Modesto	443.1750	+	O 107.2ex	K6JJC	RMRG
Modesto	443.5250	+	O 107.2#lx	K6JSI	WIN System
Modesto	443.8250	+	●elx	K6JJC	RMRG
Modesto	444.2250	+	O 107.2#x	N6OGN	KI6AG
Mount Bullion	441.5500	+	O 77elx	K6RDJ	WB6PBN
Mountain Ranch	440.9000	+	●ael	N6GVI	CATS
Oakhurst	441.1750	+	O 146.2erx	W6WGZ	MCARC
Oakhurst	444.0500	+	O 107.2ae	WB6NIL	WB6NIL

420-450 MHz
CALIFORNIA

Location	Output	Input	Notes	Call	Sponsor
Parkfield	443.7000	+	O 141.3#elx	AA6GZ	N6GSM
Pine Grove	441.5250	+	O 100aesx	K6ARC	ACARC
Pioneer	443.6250	+	O #lx	K6MSR	MSR
Porterville	440.2500	+	● elrsx	AB6MJ	AB6MJ
Porterville	440.8250	+	● elx	W6KGB	GRONK
Porterville	441.5250	+	O 67aelrs	KR6DK	KR6DK
Porterville	442.2750	+	O 100#	AC6KT	AC6KT
Porterville	443.9250	+	O 141.3#ex	AE6WR	AE6WR
San Andreas	441.7000	+	● #ex	W6ALL	W6ALL
San Andreas	443.3500	+	O 156.7lrx	K6SCA	RMRG
San Benito	440.6000	+	O 67elx	KI6FEO	KI6FEO
Selma	442.0500	+	● rsx	AB6MJ	AB6MJ
Sonora	440.4000	+	● lx	WB6WTM	WB6WTM
Sonora	443.4750	+	O 103.5ael	K6LNK	CARLA
Sonora	444.6500	+	● elx	K6KVA	K6KVA
Springville	441.9750	+	O 100elrsx	KE6WDX	KE6WDX
Stockton	440.0750	+	O 131.8x	KE6DXF	KE6DXF
Stockton	442.2750	+	O 103.5#el	K6GTO	K6GTO
Stockton	442.7250	+	O 77elx	KI6FEO	KI6FEO
Stockton	443.1000	+	● el	N6GVI	CATS
Stockton	444.0000	+	O 123	AB6IS	AB6IS
Stockton	444.3250	+	O 94.8e	K6KJQ	K6KJQ
Tehachapi	440.6250	+	O 88.5elx	W6SLZ	BVSET
Tehachapi	442.9250	+	O 131.8ex	KI6HHU	KI6HHU
Tehachapi	444.4250	+	O 100el	KG6KKV	KG6KKV
Three Rivers	440.5500	+	O 156.7es	WA7HRG	WA7HRG
Tracy	443.0000	+	● el	KH7I	KH7I
Turlock	442.1750	+	O 110.9	WB6PBN	K6RDJ
Twain Heart	441.9250	+	O 123lrx	W6YOP	YOP HLLS
Valley Springs	441.0750	+	O 118.8ers	W6EBW	EBMUD
Visalia	440.4000	+	O 103.5elrsx	WA6BAI	TCARC
Visalia	440.4500	+	O 141.3ex	N6BYH	N6BYH
Visalia	441.9750	+	O 82.5#aes	W6ARE	W6ARE
Visalia	443.0250	+	O 88.5#ae	WA6BLB	WA6BLB
Visalia	443.2000	+	● elx	KM6OR	KM6OR
Visalia	443.3500	+	O 141.3ex	WA6YLB	WA6YLB
Visalia	444.4500	+	O 127.3	WA6MSN	WA6MSN
Visalia	444.8250	+	O 141.3#ersx	W6BLP	N6SGW
Visalia	444.8750	+	O 192.8lrx	WA6RQX	WCRN
Weldon	444.0500	+	O 131.8	KA6IYS	KA6IYS
Westley	440.5000	+	● elx	N6AMG	ERG
Westley	441.2750	+	O 77elx	K6RDJ	KF6EQR
Westley	443.6250	+	● aelx	K6MSR	MSR
Westley	444.1750	+	O 141.3elrx	WA6RQX	WA6RQX

420-450 MHz
CALIFORNIA

Location	Output	Input	Notes	Call	Sponsor
NORCAL-SOUTH BAY					
Boulder Creek	441.3000	+	O 100elx	WB6ECE	WB6ECE RG
Campbell	441.0250	+	O 156.7ers	K9GVF	K9GVF
Campbell	442.1750	+	O 100el	K9GVF	CalNet
Cupertino	440.1250	+	O 114.8#l	W6AMT	AMT ARC
Cupertino	440.1500	+	O 100ers	W6TDM	Cupertino
Cupertino	441.5500	+	●aels	W6VB	W6VB
Cupertino	442.1250	+	●aesx	WR6BAT	K6LLK
Cupertino	442.3500	+	●e	K6GOD	GOD
Cupertino	443.1500	+	O 100lrs	K6SA	SARA
Fremont	444.4750	+	O#elx	W6ARA	PAARA
Hollister	441.9000	+	O 110.9el	W6MOW	W6MOW
Los Altos	440.8750	+	O 100rs	KH6N	KH6N
Los Altos	441.2500	+	●el	WB6WTM	WB6WTM
Los Altos	443.6750	+	●ael	K6MSR	MSR
Los Gatos	440.6500	+	O 94.8#ex	WA6JZN	WA6JZN
Los Gatos	441.0500	+	O 123#ex	N6UUI	TEL PNRS
Los Gatos	441.6250	+	O 100#	W6RCA	W6CBS
Los Gatos	441.7000	+	O 127.3el	K6UB	K6UB
Los Gatos	442.3000	+	O 114.8elx	K6INC	SCAN INT'L
Los Gatos	443.0250	+	●aex	WA6ABB	WA6ABB
Los Gatos	443.7500	+	O 100elrx	K9GVF	K9GVF
Los Gatos	443.9500	+	●#	K6INC	SCAN INT'L
Los Gatos	444.9250	+	O 156.7elx	KB6LCS	WA6HWT
Los Gatos	444.9750	+	●elx	W5ANT	ADC
Los Altos Hills	443.8500	+	●el	W6BUG	Bay Users
Los Altos Hills	444.2250	+	O 131.8#a ex	KE6JTK	KE6JTK
Milpitas	441.3000	+	O 100ex	WB6ECE	WB6ECE RG
Milpitas	442.3500	+	O 100e	K6GOD	GOD
Milpitas	443.0250	+	●ers	K6EXE	K6EXE
Morgan Hill	440.5750	+	O 114.8#	KA6ZRJ	KA6ZRJ
Mountain View	440.8000	+	O 100aelrs	W6ASH	SPECS RA
Palo Alto	440.2000	+	O 123ers	N6BDE	N6BDE
Palo Alto	441.1000	+	O 114.8elr sx	K6GOD	K6GOD
Palo Alto	441.5750	+	●#elx	K6IRC	ARN
Palo Alto	441.8500	+	O 114.8#x	K6OTR	SCAR
Palo Alto	442.0000	+	O 151.4ex	WW6HP	HPSVRC
Palo Alto	442.5750	+	O 100elrsx	K6FB	LCARC
Palo Alto	442.8000	+	O 114.8	K6OTR	SCAR
Palo Alto	443.0000	+	●aex	W6OOL	W6OOL
Palo Alto	443.2250	+	O 100elx	WW6BAY	Bay Net
Palo Alto	444.3500	+	●elx	KJ6VU	NCCRA
Palo Alto	444.4250	+	O 100#ers x	KJ6VU	Bay-Net
Palo Alto	444.9500	+	O 162.2ex	KB6LED	KB6LED
San Jose	440.1000	+	O 127.3elr sx	W6SMQ	W6SMQ

450 420-450 MHz
CALIFORNIA

Location	Output	Input	Notes	Call	Sponsor
San Jose	440.2250	+	O 123e	K6LLC	LAPU-LAPU
San Jose	440.2750	+	O 127.3elr x	W6YOP	YOP HLLS
San Jose	440.3750	+	●elx	N6TNR	ERG
San Jose	441.1500	+	O 100e	KC6BJO	KAISER HP
San Jose	441.1750	+	O 103.5aer	KF6FWO	MARA
San Jose	441.2750	+	●elrx	K6BEN	W2NYC
San Jose	441.3000	+	O 100elx	WB6ECE	WB6ECE RG
San Jose	441.3500	+	O 88.5aels	W6PIY	WVARA
San Jose	441.7250	+	●elx	WA6QDP	WA6QDP
San Jose	441.7750	+	O 100#	W6NSA	CCARC
San Jose	441.9500	+	O 100el	N6MPX	MSARC
San Jose	442.1750	+	●#elx	N1UFD	CALNET
San Jose	442.3500	+	O 123	K6GOD	K6GOD
San Jose	442.3750	+	O 114.8	K6JDE	K6JDE
San Jose	442.4250	+	O 107.2er	W6UU	SCCARA
San Jose	442.5000	+	O 100ersx	WB6ZVW	CPRA
San Jose	442.7000	+	O 100e	N6MNV	Rolm ARC
San Jose	442.7750	+	O 131.8e	KU6V	KU6V
San Jose	442.8250	+	●elx	WR6COP	K6COP
San Jose	442.8500	+	O 100#ex	WA6MIA	WA6MIA
San Jose	442.8750	+	O 100#	WA6YLV	WA6YLV
San Jose	442.9000	+	O 162.2elx	WR6ABD	LPRC
San Jose	442.9500	+	O 85.4#ex	K6YZS	K6YZS
San Jose	443.0750	+	O 123e	K6LNK	CARLA
San Jose	443.2750	+	O 107.2ers x	K6SNY	SARES-RG
San Jose	443.3000	+	O 136.5#el x	KB5JR	KB5JR
San Jose	443.4500	+	●el	K6MF	K6MF
San Jose	443.4750	+	O 123elx	K6LNK	CARLA
San Jose	443.5500	+	●#elx	WB6FRM	NCCRA
San Jose	443.6250	+	●aelx	K6MSR	MSR
San Jose	443.7750	+	O 100ex	WA6GFY	LMERA ARC
San Jose	443.9000	+	O 100#	K6RDC	CCARC
San Jose	444.0000	+	●	WA6INC	AD1U
San Jose	444.0250	+	O 136.5elx	K6JJC	RMRG
San Jose	444.0500	+	●als	KB6FEC	KB6FEC
San Jose	444.1000	+	●#er	N6TLQ	N6TLQ
San Jose	444.1750	+	O 192.8elr x	WA6RQX	WA6RQX
San Jose	444.3000	+	O 173.8ers x	W7AFG	AREA-Amate
San Jose	444.3000	+	O 162.2aer s	W7AFG	AREA-Amate
San Jose	444.3250	+	O 127.3#	KD6AOG	KD6AOG
San Jose	444.4000	+	●elx	WA6YCZ	BAYCOM
San Jose	444.4500	+	O 100e	WB6JSO	WB6JSO
San Jose	444.6000	+	O 141.3alx	WB6OQS	SCVRS

420-450 MHz
CALIFORNIA

Location	Output	Input	Notes	Call	Sponsor
San Jose	444.6250	+	O 110.9ael sx	N6NAC	N6NAC
San Jose	444.7500	+	O 100e	N9JIM	K6LHE
San Jose	444.8000	+	●e	WA6GEL	Red Carpet
San Jose	444.9000	+	O 110.9elx	KU6V	KU6V
Santa Clara	442.0250	+	O 100#rs	K6SNC	SCARS
Saratoga	443.1250	+	●aelr	K6BEN	W2NYC
NORCAL-TAHOE					
Alpine	441.5500	+	●#	N6LZR	SARC
Cisco Grove	443.4750	+	O 100el	K6LNK	CARLA
Incline	441.5500	+	O 127.3elx	K6LNK	CARLA
Incline Village	440.8500	+	O 100#	NU7Y	NU7Y
Meyers	442.0750	+	O 127.3el	K6LNK	CARLA
Rubicon Spring	444.9875	+	O 156.7#el rs	KA6GWY	KA6GWY
So Lake Tahoe	442.4750	+	O 114.8el	WA6EWV	TARA
So Lake Tahoe	442.8250	+	O 88.5ael	W6SUV	W6SUV
Tahoe City	440.2750	+	O 114.8elx	K1BMW	YOP HLLS
Tahoe City	440.9250	+	●DCSlx	KH8AF	KH8AF
Tahoe City	441.1750	+	O 107.2elx	N7VXB	N7VXB
Tahoe City	442.1750	+	●elx	KH8AF	KH8AF
Tahoe City	442.9500	+	O 131.8#	WA6FJS	Tahoe ARC
Tahoe City	443.9750	+	●lx	K6SRA	NCCRA
Tahoe City	444.9500	+	●lx	W6PUE	NORCAL
Truckee	440.7000	+	O 131.8el	W6SAR	PCSAR
Truckee	441.7500	+	●elr	W6XN	YOP HLLS
NORCAL-WEST BAY					
Belmont	440.0750	+	O 114.8	K6HN	K6HN
Brisbane	440.7000	+	●elx	K6CV	K6CV
Daly City	440.5000	+	●elx	N6AMG	ERG
Daly City	440.5250	+	O 225.7	N3TC	N3TC
Daly City	440.6750	+	●DCSlx	K6TEA	K6TEA
Daly City	441.3750	+	O 146.2l	KC6IAU	KC6IAU
Daly City	442.3750	+	O 114.8	K6JDE	K6JDE
Daly City	442.4750	+	O 114.8ae	KF6REK	BAARC
Daly City	442.7500	+	O #x	W6BUR	W6BUR
Daly City	444.8000	+	●elx	WA6GEL	Red Carpet
Kensington	441.8875	+	O #lx	AH6KD	Trbo-6
La Honda	440.1000	+	O 114.8es	WA6DQP	WA6DQP
Los Altos Hill	441.5250	+	O 123es	K6AIR	K6AIR
Pacifica	440.7250	+	●ersx	WA6AFT	WB6JKV
Pacifica	441.0750	+	O 114.8ersx	WA6TOW	CARC
Pacifica	441.7250	+	●DCSl	K6HN	K6HN
Pescadero	442.3250	+	●l	KB6NAN	KB6NAN
Redwood City	441.4000	+	O 114.8e	WD6GGW	WD6GGW
Redwood City	444.5000	+	O 100es	K6MPN	SCARES
San Bruno	442.8500	+	O 114.8	K6JDE	K6JDE

420-450 MHz
CALIFORNIA

Location	Output	Input	Notes	Call	Sponsor
San Carlos	444.1250	+	●alx	W6CBS	W6CBS
San Francisco	441.4500	+	❍ 85.4#e	W6EE	W6EE
San Francisco	442.0500	+	❍ 127.3elr	WA6GG	Northern C
San Francisco	442.0750	+	❍ 100ael	N6MVT	CARLA
San Francisco	443.1000	+	❍ 114.8elx	W6TP	GSPLRC
San Francisco	443.6750	+	●lx	K6MSR	MSR
San Francisco	444.8500	+	❍ 114.8el	K6KYA	K6KYA
San Francisco	444.9250	–	❍ 136.5	KB6LCS	N6NMZ
SoSanFrancisco	441.2500	+	❍ 141.3es	K6DNA	GNEARC
SoSanFrancisco	442.7000	+	❍ 173.8ae	N6MNV	N6MNV
SoSanFrancisco	443.9250	+	❍ 136.5	KG6TN	KG6TN
Woodside	440.4500	+	❍ 107.2es	N6ZX	KMARC
Woodside	440.9500	+	❍ 162.2x	KB6LED	KB6LED
Woodside	441.3000	+	❍ 123e	WB6ECE	WB6ECE RG
NORTH EAST					
Susanville	443.0250	+	❍ 91.5e	K6LRC	K6ME
Susanville	443.9000	+	❍ 91.5e	K6LRC	K6ME
Susanville	444.9750	+	❍ 91.5	K6LRC	K6ME
SOCAL -LA,OR,RIV,SBAR,SBER,SD,VE					
Covers Area	449.4400	–	●	K6XI	------------
SOCAL RIV,SBER					
Covers Area	448.6400	–	●RBx	KF6BYA	CACTUS
SOCAL-#29 PALMS					
Yucca Valley	447.0000	–	❍ 136.5	N6GIW	------------
SOCAL-#BIG BEAR					
Big Bear	446.4000	–	❍ 162.2	WA6ITC	------------
SOCAL-#FALLBROOK					
Red Mtn	445.6000	–	❍ 103.5	N6FQ	FARC
SOCAL-#KERN					
Ridgecrest	447.0200	–	❍ 123.0	W5HMV	------------
SOCAL-#LA CENTRAL					
Altadena	445.6400	–	❍ 156.7	W6TOI	Downey ARC
Cerro Negro	445.2000	–	❍ 103.5	WR6JPL	JPLARC
Covers Area	445.9000	–	❍ 123.0	KB6MRC	------------
Culver City	445.6000	–	❍ 131.8	K6CCR	CCARES
Hollywood Hills	445.6600	–	❍ 156.7 OR MOTOTRBO	N6DVA	DV ARA CC11 & ALL CALL
Mt Lukens	445.9200	–	❍ 186.2 Blx	KD6AFA	------------
Mt Lukens	449.2000	–	❍ 88.5x	KO6TD	------------
Mt Thom	445.6800	–	❍ 136.5x	N6JLY	CVRC
Mt Wilson	449.7000	–	❍ 131.8x	W6NVY	LAUSDARC
SOCAL-#LA EAST					
Bellflower	448.3400	–	❍ 192.8 BI	KB6MRC	------------
Johnstone Peak	446.4000	–	❍ 103.5x	WA6FZH	------------
Sunset Ridge	449.5000	–	❍ 146.2x	WA6ITC	------------
Whittier Hills	445.5600	–	❍ 100.0	W6GNS	RHARC
SOCAL-#LA NORTH					
Cyn Country	445.9000	–	❍ 107.2	KC6TKA	------------
Oat Mtn	447.2000	–	❍ 67.0	WB5EKU	------------

420-450 MHz
CALIFORNIA

Location	Output	Input	Notes	Call	Sponsor
Santa Clarita	448.3400	–	O 67.0	N6NMC	------------
Simi Valley	445.5800	–	O 141.3	N6KYD	------------
SOCAL-#LA SOUTH					
Bellflower	448.3400	–	O 151.4 Bl	KA6GXY	------------
Palos Verdes	447.0000	–	O 203.5	W6TRW	TRW ARC
SOCAL-#LA WEST					
El Segundo	445.6200	–	O 127.3	W6HA	HARC
Pac Palisades	445.5200	–	O 123.0	K6BDE	BDE ARC
W Los Angeles	447.3200	–	O 103.5	WA6QAG	VA Hospital
SOCAL-#ONTARIO					
Alta Loma	447.2000	–	O 114.8	K6ONT	ONT RACES
Chino Hills	445.5600	–	O 136.5	K6OPJ	CHINO RACES
Ontario	445.5800	–	O 131.8	K6ONT	ONT RACES
SOCAL-#ORANGE					
Fountain Valley	447.3200	–	O 94.8er	WA6FV	FVACT
Huntington Bch	445.5800	–	O 94.8	W6VLD	BOEING
Knotts Berry Farm	445.5200	–	O 85.4	K6KBF	KNOTTS ARC
SOCAL-#ORANGE SOUTH					
Aliso Viejo	445.1000	–	O 110.9	KI6DB	LNACS
Laguna Hills	445.6600	–	O 110.9	K6SOA	SOARA
Seal Beach	445.2000	–	O 141.3	KI6RBW	------------
SOCAL-#PALM SPRINGS					
Goat Mtn	447.5800	–	O 136.5	WB6QFE	------------
Indio	445.6400	–	O 131.8	K6IFR	------------
Indio	447.5800	–	O 100.0	W6KSN	------------
Palm Springs Tram	449.7000	–	O 107.2	KF6BM	Desert Repeater
Thousand Palms	447.2200	–	O 107.2	KA6GBJ	------------
SOCAL-#PALMDALE					
Hauser Peak	446.4000	–	O 100.0	KD6PXZ	------------
Juniper Hills	449.5000	–	O 192.8	WA6GDF	------------
Ten-Hi	445.2000	–	O 123.0	N6GLT	------------
Ten-Hi	445.6000	–	O 100.0	KJ6W	------------
SOCAL-#SAN BERNARDINO					
Alta Loma	445.9000	–	O 146.2	N6RPG	------------
Fontana	447.3200	–	O 136.5	KA6GRF	RACES
Loma Linda	445.6000	–	O 118.8	K6LLU	LLHARC
Loma Linda	447.0000	–	O 156.7	KE6CPF	LLRACES
SOCAL-#SAN DIEGO					
El Cajon	445.9000	–	O 107.2	WA6BGS	ARC EL CAJON
Laguna Pk	449.5000	–	O 107.2	WB6WLV	SANDRA
Mission Valley	447.3200	–	O 107.2	W6UUS	CONVAIR
Mt Otay	449.2000	–	O 107.2	WB6WLV	SANDRA
Mt San Miguel	447.5800	–	O 123.0	KF6HPG	CORA
Palomar Mtn	446.4000	–	O 67.0	KE6YRU	Motorola User Gr
Palomar Mtn	447.0000	–	O 107.2	W6NWG	PARC
Palomar Mtn	449.3000	–	O 100.0	KA6UAI	------------
San Diego	445.2000	–	O 123.0 Bl	W2NOR	------------

420-450 MHz
CALIFORNIA

Location	Output	Input	Notes	Call	Sponsor
San Diego	445.5800	–	O	K6KHO	------------
San Diego	445.6800	–	O 123.0	N6DCR	------------
SOCAL-#SANTA BARBARA					
Broadcast Pk	449.3000	–	O 131.8	WB6OBB	------------
Painted Cave	447.2000	–	O 131.8	N6HYM	------------
Santa Barbara	446.4000	–	O 131.8	K6TZ	SBARC
SOCAL-#SD NORTH					
Vista	445.5600	–	O 146.2	KJ6ZD	------------
SOCAL-#VENTURA					
Newbury Park	445.9000	–	O 123.0	W4EG	------------
Sulphur Mtn	447.3200	–	O 100.0	WA6ZSN	SMRA
Ventura	445.6000	–	O 114.8	KB6LJQ	------------
Ventura	447.0000	–	O 103.5	K6ERN	SMRA
SOCAL-#VICTORVILLE					
Adelanto	445.6800	–	O 100.0	KR1IS	------------
Hesperia	447.0000	–	O 136.5	KC6OPU	------------
Table Mtn	447.2000	–	O 94.8	WR6AZN	JPLARC
SOCAL-IMP					
Covers Area	448.6200	–	●x	W7SRC	CACTUS
SOCAL-IMP,LA,OR,RIV,SBER,SD					
Covers Area	446.0400	–	●	KF6FM	SWRRC
Covers Area	446.2600	–	●	N6CIZ	------------
Covers Area	446.6000	–	●	K6SBC	SBER CNTY
Covers Area	446.6800	–	●	WA6LWW	BFI
Covers Area	448.0200	–	●	WR6TWE	TWEMARS
Covers Area	448.2000	–	●	WR6RED	SCRN
Covers Area	448.2200	–	●RBx	WB6VTM	CACTUS
Covers Area	448.6000	–	●RBx	WA6COT	RRN
Covers Area	448.6600	–	●RBx	WB6TZC	CACTUS
Covers Area	448.8400	–	●	K6OW	LARA
Covers Area	449.4400	–	●	KE6VK	DRONK
Covers Area	449.3400	–	●	KB6CRE	BARN
Covers Area	449.4400	–	●	WR6OP	------------
Covers Area	449.5200	–	●	WB6SLC	------------
Covers Area	449.7200	–	●	WB6TZL	GRONK
Covers Area	449.8600	–	●	KD6DRS	------------
Covers Area	449.9200	–	●	K6DLP	------------
SOCAL-IMP,RIV,SBER					
Covers Area	448.6400	–	●RBx	K6TMD	CACTUS
Covers Area	448.6800	–	●RBx	WA6VAW	CACTUS
SOCAL-IMP,RIV,SBER,SD					
Covers Area	447.1400	–	●	WB6SLR	GRONK
Covers Area	447.7200	–	●	WB6DIJ	CALNET
Covers Area	447.8000	–	●	WA6SYN	ECRA
Covers Area	448.7400	–	●RBx	KF6BYA	CACTUS
Covers Area	448.7800	–	●	K6JB	------------
Covers Area	448.8000	–	●	K6JSI	WINSYSTEM
Covers Area	449.0000	–	●RBx	WB6TZF	CACTUS
Covers Area	449.1800	–	●	N6LVR	ECRA

420-450 MHz
CALIFORNIA

Location	Output	Input	Notes	Call	Sponsor
Covers Area	449.5800	–	●	N6CKS	------------
SOCAL-IN,KE,LA,MO,SBER					
Covers Area	442.2400	+	●	W6TD	GRONK
Covers Area	442.3400	+	●	W6TD	GRONK
Covers Area	444.3000	+	●	W6TD	GRONK
Covers Area	444.4000	+	●	W6TD	GRONK
Covers Area	444.5000	+	●	W6IY	------------
Covers Area	444.5800	+	●	WA6VVC	------------
Covers Area	447.1600	–	●	K6RFO	GRONK
Covers Area	447.4800	–	●	N6SRC	SWRRC
Covers Area	447.7200	–	●	KB6OOC	CALNET
COVERS AREA	448.8000	–	●	WI6RE	WINSYSTEM
SOCAL-KE,LA,OR,RIV,SBAR,SBER,SD,VE					
Covers Area	448.9800	–	●RBx	WA6KXK	CACTUS
SOCAL-KE,LA,OR,RIV,SBAR,SBER,VE					
Covers Area	447.0400	–	●	WA6GML	------------
Covers Area	447.0800	–	●	WA6LWW	BFI
Covers Area	447.1000	–	●	WB6ORK	SARS
Covers Area	447.1600	–	●	K6KMN	GRONK
Covers Area	447.2800	–	●	N6ME	WARN
Covers Area	447.4400	–	●	KD6OFD	CALNET
Covers Area	447.5400	–	●	KB6CRE	BARN
Covers Area	447.6400	–	●	K6JSI	WINSYSTEM
Covers Area	448.3800	–	●	WD6AWP	------------
Covers Area	448.4600	–	●	N6RTR	------------
Covers Area	448.5200	–	●	N6ENL	SCRN
Covers Area	448.6800	–	●RBX	WB6TZH	CACTUS
Covers Area	448.7600	–	●RBX	WA6COT	RRN
Covers Area	448.8600	–	●	W6HWW	LARA
Covers Area	449.0200	–	●	WR6WHT	SCRN
Covers Area	449.1200	–	●	N6KHZ	AARC
Covers Area	449.3800	–	●	WD6FZA	------------
So Cal	447.8600	–	●	KK6AC	------------
SOCAL-KE,LA,SBER					
Covers Area	445.0800	–	●	AD6VR	------------
Covers Area	445.2400	–	●	KW6WW	------------
Covers Area	445.3400	–	●	KA6YTT	------------
Covers Area	445.4800	–	●	KA6YTT	------------
Covers Area	446.0400	–	●	WD6FM	SWRRC
Covers Area	446.0600	–	●	K6SRC	SWRRC
Covers Area	446.1000	–	●	K7GIL	HDRN
Covers Area	446.3000	–	●	K7GIL	HDRN
Covers Area	446.3800	–	●	K7GIL	HDRN
Covers Area	446.5400	–	●	N6LXX	PIN
Covers Area	446.6000	–	●	K6SBC	SBER CNTY
Covers Area	446.8200	–	●	WB6FIU	------------
Covers Area	446.9000	–	●	WD6DIH	ALERT
Covers Area	446.9400	–	●	WB6BVY	------------
Covers Area	447.2800	–	●	WR6TM	TWEMARS

420-450 MHz
CALIFORNIA

Location	Output	Input	Notes	Call	Sponsor
Covers Area	447.5600	–	●	KB6CRE	BARN
Covers Area	447.8200	–	●	W6IY	------------
Covers Area	447.9000	–	●	WD6AML	SARS
Covers Area	448.0800	–	●	KC6WRD	------------
Covers Area	448.3600	–	●	W7BF	------------
Covers Area	448.4200	–	●	WB6IOJ	------------
Covers Area	448.4600	–	●	N6RTR	------------
Covers Area	448.6400	–	●	K6BDI	------------
Covers Area	448.9400	–	●	K6SBC	SBER CNTY
Covers Area	449.3800	–	●	K6SBC	SBER CNTY
Covers Area	449.4000	–	●	WA6SBH	------------
Covers Area	449.6800	–	●	K7GIL	HDRN
Covers Area	449.7800	–	●	K7GIL	HDRN
Covers Area	449.8000	–	●	WB6BWU	------------
So Cal	446.9000	–	●	WA6WDB	------------
So Cal	447.2200	–	●	W6IER	IEARC
SOCAL-KE-LA-OR-RIV-SBER-VE					
Covera Area	448.6600	–	RBx	KF6BXW	CACTUS
SOCAL-LA					
Covers Area	447.6200	–	●RB	N6GKR	CACTUS
SOCAL-LA,OR					
Covers Area	445.0800	–	●	WB6BBZ	------------
Covers Area	445.1200	–	●	KK6HS	------------
Covers Area	445.2200	–	●	W6BAB	Pasadena City Colleg
Covers Area	445.3600	–	●	KA6P	BARC
Covers Area	445.3600	–	●	KA6P	BARC
Covers Area	445.4000	–	●	K6BBB	------------
Covers Area	445.4600	–	●	K6LAM	------------
Covers Area	445.7200	–	●	WA6TWF	SS
Covers Area	446.1000	–	●	WB6NLU	------------
Covers Area	446.3000	–	●	N6SIM	------------
Covers Area	446.3200	–	●	WA6TWF	SS
Covers Area	446.3600	–	●	WA6TWF	SS
Covers Area	446.4400	–	●	KB6VWN	------------
Covers Area	446.4400	–	●	K6QEH	Raytheon
Covers Area	446.4400	–	●	WA6FZH	------------
Covers Area	446.5400	–	●	N6MIK	------------
Covers Area	446.6000	–	●	W6KGB	GRONK
Covers Area	446.8600	–	●	W6AGO	ELSEG ARC
Covers Area	446.9200	–	●	W6SCE	EARN
Covers Area	447.0600	–	●	WA6DYX	------------
Covers Area	447.1000	–	●	WD6AML	SARS
Covers Area	447.1400	–	●	KE6SWJ	SPEAR
Covers Area	447.6600	–	●	KE6QH	SCRN
Covers Area	447.9400	–	●	N6XZE	------------
Covers Area	447.9800	–	●	NW6B	SWAN
Covers Area	448.0200	–	●	WR6PV	TWEMARS
Covers Area	448.5400	–	●	W6YRA	UCLA RC
Covers Area	448.8000	–	●	K0VAC	PALMTREE

420-450 MHz
CALIFORNIA

Location	Output	Input	Notes	Call	Sponsor
Covers Area	449.0400	–	●	N6MH	----------
Covers Area	449.0800	–	●	WB6HTS	----------
Covers Area	449.1200	–	●	N6KHZ	AARC
Covers Area	449.3200	–	●	WD6CZH	ZARC
Covers Area	449.3600	–	●	N6WZK	MCARC
Covers Area	449.6200	–	●	WA6TFD	BHARC
Covers Area	449.8400	–	●	NG6Q	----------
Covers Area	449.8400	–	●	NG6Q	----------
Covers Area	449.9800	–	●	K6IUM	RTD ARC
SOCAL-LA,OR,RIV,SBAR,SBER,SD,VE					
Covers Area	445.0200	–	●	W6CDF	----------
Covers Area	445.1600	–	●	KE6FQA	----------
Covers Area	445.1800	–	●	WB9RNW	----------
Covers Area	445.3000	–	●	K6RH	----------
Covers Area	445.3200	–	●	N6EW	BHARC
Covers Area	445.4200	–	●	WD6FZA	PAPA
Covers Area	445.5400	–	●	W6GJS	ABC RC
Covers Area	445.7000	–	●	K7SA	----------
Covers Area	445.7200	–	●	WA6TWF	SS
Covers Area	445.7400	–	●	K6JHX	----------
Covers Area	445.7600	–	●	KD6DDM	----------
Covers Area	445.7800	–	●	N6OYF	----------
Covers Area	445.7800	–	●	N6VYA	----------
Covers Area	445.8000	–	●	WA6IBL	----------
Covers Area	445.8200	–	●	KA6CBE	HAMS
Covers Area	445.8600	–	●	K6IFR	----------
Covers Area	445.8800	–	●	W6OC	----------
Covers Area	445.9400	–	●BI	K6JP	SCJHC
Covers Area	445.9800	–	●	WZ6A	SWAN
Covers Area	446.0200	–	●	K6BFS	WEEVIL
Covers Area	446.0800	–	●	N6AOL	SRARC
Covers Area	446.1000	–	●	WB6NLU	----------
Covers Area	446.1200	–	●	WB6MIE	----------
Covers Area	446.2400	–	●	K6VGP	DARN
Covers Area	446.3200	–	●	WA6TWF	SS
Covers Area	446.3400	–	●	WA6TWF	SS
Covers Area	446.3400	–	●	WA6TWF	SS
Covers Area	446.3600	–	●	WA6TWF	SS
Covers Area	446.3800	–	●	KD6KQ	BRAVO
Covers Area	446.4200	–	●	W6YJ	----------
Covers Area	446.4200	–	●	W6YJ	----------
Covers Area	446.4600	–	●	WA6APQ	----------
Covers Area	446.4800	–	●	WA6LSE	FASTNET
Covers Area	446.5800	–	●	WD6FZA	PAPA
Covers Area	446.7000	–	●	WA6TWF	SS
Covers Area	446.7200	–	●	KB6CRE	BARN
Covers Area	446.7400	–	●	K6VGP	DARN
Covers Area	446.7800	–	●	WA6LWW	BFI
Covers Area	446.8200	–	●	WA6LIF	----------

420-450 MHz
CALIFORNIA

Location	Output	Input	Notes	Call	Sponsor
Covers Area	446.8400	–	●	W6OCS	------------
Covers Area	446.9000	–	●	WD6DIH	ALERT
Covers Area	446.9400	–	●	K6PVC	------------
Covers Area	446.9600	–	●BI	KG6ALU	------------
Covers Area	447.0800	–	●	K6ZXZ	BFI
Covers Area	447.0800	–	●	K6ZXZ	BFI
Covers Area	447.1200	–	●	K6PV	PV ARC
Covers Area	447.1400	–	●	WB6TZL	GRONK
Covers Area	447.1600	–	●	WB6TZL	GRONK
Covers Area	447.1800	–	●	KG6GI	HROC
Covers Area	447.2400	–	●	AA4CD	------------
Covers Area	447.2400	–	●	WA6UZS	CDMARC
Covers Area	447.2600	–	●	AA4CD	------------
Covers Area	447.2600	–	●	WA6UZS	CDMARC
Covers Area	447.3600	–	●	W6TWE	TWEMARS
Covers Area	447.3800	–	●	W6YJ	------------
Covers Area	447.4200	–	●BI	W6EMS	------------
Covers Area	447.4600	–	●	WA6VLD	------------
Covers Area	447.5400	–	●	KB6CRE	BARN
Covers Area	447.6400	–	●	W6PL	WIN
Covers Area	447.6800	–	●	WR6ORG	SCRN
Covers Area	447.7000	–	●	W6YQY	------------
Covers Area	447.7600	–	●	KB6OOC	CALNET
Covers Area	447.7800	–	●	WA6EQU	CROSSBAR
Covers Area	447.8400	–	●	WA6JQB	LPARG
Covers Area	447.8600	–	●	WR6SP	TWEMARS
Covers Area	447.8800	–	●	K6DLP	------------
Covers Area	447.9600	–	●	NW6B	SWAN
Covers Area	448.0200	–	●	W6TWE	TWEMARS
Covers Area	448.0400	–	●	WD6AWP	------------
Covers Area	448.0600	–	●	K6JSI	WINSYSTEM
Covers Area	448.1000	–	●	K6JTH	------------
Covers Area	448.1200	–	●	KA6JRG	CALNET
Covers Area	448.1400	–	●	WB6SRC	SWRRC
Covers Area	448.2000	–	●	WB6DYM	SCRN
Covers Area	448.2400	–	●RBx	WA6ZPS	SPARC
Covers Area	448.2600	–	●BI	K6IRF	------------
Covers Area	448.3000	–	●	WA6ZJT	------------
Covers Area	448.3200	–	●	W6KRW	CPRA
Covers Area	448.4000	–	●	KE6PCV	CALNET
Covers Area	448.4200	–	●	WJ6A	------------
Covers Area	448.4400	–	●	WA6ZJT	------------
Covers Area	448.4800	–	●	KB6C	FRN
Covers Area	448.5000	–	●	WA6VLD	------------
Covers Area	448.5000	–	●	WA6VLD	------------
Covers Area	448.5200	–	●	N6ENL	SCRN
Covers Area	448.5600	–	●	WA6ZRB	SWAT
Covers Area	448.6000	–	●RBx	K6TVE	RRN
Covers Area	448.7000	–	●	WR6BRN	SCRN

420-450 MHz   CALIFORNIA

Location	Output	Input	Notes	Call	Sponsor
Covers Area	448.7200	–	●RBX	WA6COT	RRN
Covers Area	448.7400	–	●RBX	WA6COT	RRN
Covers Area	448.7600	–	●RBX	WA6COT	RRN
Covers Area	448.8200	–	●	W6ZOJ	LARA
Covers Area	448.8800	–	●	W6ZOI	LARA
Covers Area	448.9000	–	●	WA6ZSG	WIN
Covers Area	448.9200	–	●	N6SLD	CRA
Covers Area	448.9600	–	●	K6MOT	MARC
Covers Area	448.9600	–	●	K6MOT	MARC
Covers Area	449.0200	–	●	N6JAM	DRONK
Covers Area	449.0200	–	●	WB6DTR	----------
Covers Area	449.0400	–	●	WB6ZQX	----------
Covers Area	449.0600	–	●	W6NVY	----------
Covers Area	449.1000	–	●	W6KRW	OC RACES
Covers Area	449.1800	–	●	W6KRW	OC RACES
Covers Area	449.2200	–	●	WB6CYT	GFRN
Covers Area	449.2200	–	●	WB6YMH	GFRN
Covers Area	449.2400	–	●	WA6TXY	OMARS
Covers Area	449.2600	–	●	W6NVY	----------
Covers Area	449.3400	–	●	WB6UKD	----------
Covers Area	449.3800	–	●BI	WD6FZA	----------
Covers Area	449.4000	–	●	WA6SBH	----------
Covers Area	449.4000	–	●	WA6SBH	----------
Covers Area	449.4400	–	●	WB6SSO	----------
Covers Area	449.5200	–	●	WB6SLC	----------
Covers Area	449.5400	–	●	W6AP	----------
Covers Area	449.5600	–	●	W6AP	----------
Covers Area	449.6000	–	●	WV6H	CARE
Covers Area	449.6000	–	●	N6UL	----------
Covers Area	449.6200	–	●	WB6DTR	DRONK
Covers Area	449.6400	–	●	WA6VLF	----------
Covers Area	449.6600	–	●	W6YJ	----------
Covers Area	449.6800	–	●	KC6N	----------
Covers Area	449.7400	–	●	W6KGB	GRONK
Covers Area	449.7600	–	●	WB6YMI	GFRN
Covers Area	449.7800	–		K6CHE	LBARC
Covers Area	449.7800	–	●	WB6DTR	DRONK
Covers Area	449.8000	–	●	WB6BWU	----------
Covers Area	449.8000	–	●	WB6BWU	----------
Covers Area	449.8200	–	●	KE6LE	----------
Covers Area	449.9000	–	●	WB6IOS	----------
Covers Area	449.9200	–	●	K6DLP	----------
Covers Area	449.9600	–	●	W6AP	----------
So Cal	447.0200	–	●	KC6IJM	Ventura OES/AC
So Cal	449.4400	–	●	W6AMG	----------
SOCAL-LA,OR,RIV,SBER					
Covers Area	445.1200	–	●	W6GAE	LAPRG
Covers Area	445.1200	–	●	W6GAE	LPARG
Covers Area	445.1400	–	●	K6IFR	AARC

420-450 MHz
CALIFORNIA

Location	Output	Input	Notes	Call	Sponsor
Covers Area	445.2400	–	●	WB6VMV	ELSEG ARC
Covers Area	445.3400	–	●	W6LAR	------------
Covers Area	445.3600	–	●	KA6P	BARC
Covers Area	445.3800	–	●	WA6LSE	FASTNET
Covers Area	445.3800	–	●	K6CCC	FASTNET
Covers Area	445.4000	–	●	K6BBB	------------
Covers Area	445.4000	–	●	WD6DIH	ALERT
Covers Area	445.4400	–	●	W6UE	CALTEC ARC
Covers Area	445.5000	–	●	WB6ZSU	SCEARA
Covers Area	445.8400	–	●	W6AJP	------------
Covers Area	446.0200	–	●	W6FNO	SJARC
Covers Area	446.1000	–	●	WB6EVM	------------
Covers Area	446.2200	–	●	KI6QK	------------
Covers Area	446.2200	–	●	KI6QK	------------
Covers Area	446.2800	–	●	KF6JEE	------------
Covers Area	446.6500	–	●	WD6FZA	PAPA
Covers Area	446.6600	–	●	W6KGB	GRONK
Covers Area	447.1400	–	●	WB6TZL	GRONK
Covers Area	447.1600	–	●	WB6IZC	GRONK
Covers Area	447.1600	–	●	WB6TZL	GRONK
Covers Area	447.8200	–	●	KJ6TQ	MARS
Covers Area	447.9200	–	●	KD6LVP	------------
Covers Area	448.0000	–	●	N6RDK	------------
Covers Area	448.0800	–	●	KD6ZLZ	------------
Covers Area	448.2800	–	●	K6MIC	------------
Covers Area	448.3600	–	●	W7BF	------------
Covers Area	448.7600	–	●RBx	WA6COT	RRN
Covers Area	448.7800	–	●	WH6NZ	------------
Covers Area	448.9400	–	●BI	AC6PT	------------
Covers Area	449.0400	–	●	N6MH	------------
Covers Area	449.0800	–	●	K6JR	------------
Covers Area	449.1600	–	●	AB6Z	------------
Covers Area	449.2800	–	●	WB6VSJ	------------
Covers Area	449.3000	–	●	N6BOX	Moreno Valley ARA
Covers Area	449.3400	–	●	N3RP	------------
Covers Area	449.4800	–	●	N6YN	LAX RB
Covers Area	449.6000	–	●	KB6BF	------------
Covers Area	449.6400	–	●	W6NVY	------------
Covers Area	449.6800	–	●	W6KRW	OC RACES
Covers Area	449.7400	–	●	W6KGB	GRONK
Covers Area	449.8000	–	●	WB6VPQ	------------
Covers Area	449.8000	–	●	WB6BWU	------------
Covers Area	449.8400	–	●	N7QT	------------
Covers Area	449.8400	–	●	N6JXI	------------
Covers Area	449.8800	–	●	K6TEM	HAMWATCH
Covers Area	449.9000	–	●	WB6IOS	------------
SOCAL-LA,OR,RIV,SBER,SD					
Covers Area	445.0200	–	●	W6CDF	------------
Covers Area	445.0400	–	●	K6HOG	------------

CALIFORNIA

Location	Output	Input	Notes	Call	Sponsor
Covers Area	445.1000	–	●	WA6KRC	------------
Covers Area	445.2600	–	●	KA6AZB	HAMS
Covers Area	445.2800	–	●	K6AHM	DARN
Covers Area	445.4600	–	●	NO6B	LARG
Covers Area	445.4800	–	●	K6TEM	HAMWATCH/FIR
Covers Area	445.5000	–	●	N6EX	SCEARA
Covers Area	445.8400	–	●	WB6ALD	------------
Covers Area	445.9400	–	●BI	K6JP	SCJHC
Covers Area	445.9600	–	●	KE6QH	AARC
Covers Area	445.9600	–	●	AA6FV	------------
Covers Area	446.0400	–	●	WA6FM	SWRRC
Covers Area	446.0600	–	●	KF6FM	SWRRC
Covers Area	446.1000	–	●	WB6EVM	------------
Covers Area	446.1600	–	●	KA6KVX	------------
Covers Area	446.2000	–	●	WD6AZN	OERBA
Covers Area	446.5400	–	●	KA6ANH	PIN
Covers Area	446.5400	–	●	KA6ANH	PIN
Covers Area	446.5600	–	●	WD6FZA	PAPA
Covers Area	446.5800	–	●	WD6FZA	PAPA
Covers Area	446.6200	–	●	WB6TZL	------------
Covers Area	446.6400	–	●	N6RTR	------------
Covers Area	446.6800	–	●	WA6LWW	BFI
Covers Area	446.7600	–	●	WD6FZA	PAPA
Covers Area	446.8000	–	●	N6LXX	------------
Covers Area	446.8200	–	●	WA6LIF	------------
Covers Area	446.8200	–	●	WA6LIF	------------
Covers Area	446.9000	–	●	WD6DIH	ALERT
Covers Area	446.9200	–	●	W6SCE	EARN
Covers Area	446.9800	–	●	WA6WLZ	------------
Covers Area	447.0600	–	○ 114.8	AA1Z	------------
Covers Area	447.0600	–	●	WA6DYX	------------
Covers Area	447.1400	–	●	KK6KK	------------
Covers Area	447.3000	–	●	W6NRY	EARS
Covers Area	447.3400	–	●	KM6JY	------------
Covers Area	447.3600	–	●	WR6HP	TWEMARS
Covers Area	447.4000	–	●RBX	W6LKO	LKO ARC
Covers Area	447.4600	–	●	KM6NP	SCARA
Covers Area	447.4800	–	●	NA6S	------------
Covers Area	447.4800	–	●	KK6KK	------------
Covers Area	447.5000	–	●	KØJPK	------------
Covers Area	447.5200	–	●	K6CF	------------
Covers Area	447.5200	–	●	K6CF	------------
Covers Area	447.5600	–	●	WB6LST	BARN
Covers Area	447.6000	–	●	W6GAE	LAPRG
Covers Area	447.6200	–	●RBX	N6DD	RAVEN
Covers Area	447.6600	–	●	KE6QH	SCRN
Covers Area	447.7200	–	●	N6DKA	CALNET
Covers Area	447.7400	–	●	KE6PCV	CALNET
Covers Area	447.7600	–	●	WB6DIJ	CALNET

462 420-450 MHz
CALIFORNIA

Location	Output	Input	Notes	Call	Sponsor
Covers Area	447.8000	–	●	WB6EGR	----------
Covers Area	447.8800	–	●	K6DLP	----------
Covers Area	447.9000	–	●	WD6AML	----------
Covers Area	447.9400	–	●	W6BRP	----------
Covers Area	447.9800	–	●	KV6D	SWAN
Covers Area	447.9800	–	●	N6ACV	SWAN
Covers Area	448.1000	–	●	AF6J	SCRN
Covers Area	448.1600	–	●	KF6FM	SWRRC
Covers Area	448.1600	–	●	W7DOD	SWRRC
Covers Area	448.1800	–	●RBx	WB6TZU	SKYLINE
Covers Area	448.3600	–	●	W7BF	----------
Covers Area	448.3600	–	●	W7BF	----------
Covers Area	448.4000	–	●	N6AJB	CALNET
Covers Area	448.4200	–	●	K6IOJ	----------
Covers Area	448.4200	–	●	K6IOJ	----------
Covers Area	448.4800	–	●	KB6C	FRN
Covers Area	448.5000	–	●	WA6VLD	----------
Covers Area	448.5200	–	●	N6ENL	SCRN
Covers Area	448.5400	–	●	N6MQS	A-TECH
Covers Area	448.5800	–	●	KF6JBN	KARA
Covers Area	448.6200	–	●RBx	K6DLV	CACTUS
Covers Area	448.6800	–	●RBx	WA6JAF	CACTUS
Covers Area	448.7000	–	●	K6JTH	SCRN
Covers Area	448.7200	–	●RBx	WA6TZF	CACTUS
Covers Area	448.8200	–	●	W6JYP	LARA
Covers Area	448.8400	–	●	K6MVH	LARA
Covers Area	448.9400	–	●BI	KF6ITC	----------
Covers Area	448.9600	–	●	K6MOT	MARC
Covers Area	449.0400	–	●	N6MH	----------
Covers Area	449.1200	–	●	N6KHZ	AARC
Covers Area	449.2800	–	●	KK6KK	----------
Covers Area	449.3200	–	●	WD6CZH	----------
Covers Area	449.4000	–	●	WA6SBH	----------
Covers Area	449.4200	–	●	KE6TZF	SRRG
Covers Area	449.5200	–	●	WA6HJW	----------
Covers Area	449.5800	–	●	N6IPD	IREC/ALERT
Covers Area	449.6600	–	●	W6YJ	----------
Covers Area	449.7200	–	●	WB6IZC	GRONK
Covers Area	449.8000	–	●	WA6DPB	----------
Covers Area	449.9000	–	●	WB6IOS	----------
Covers Area	449.9400	–	●	W6JBO	----------
Covers Area	449.9400	–	●	WB6NVD	----------
Covers Area	449.9800	–	●	KA6MEP	RTD ARC
Covers Area	449.9800	–	●	K6IUM	RTD ARC
So Cal	447.0200	–	●	N6AJB	----------
So Cal	449.1400	–	●	WD6AZN	OERBA
SOCAL-LA,OR,RIV,SBER,SD,VE					
Covers Area	448.2200	–	●RBx	WA6EQU	CROSSBAR
Covers Area	448.6400	–	●RBx	WB6TZD	CACTUS

420-450 MHz
CALIFORNIA

Location	Output	Input	Notes	Call	Sponsor
SOCAL-LA,RIV,SBER					
Covers Area	447.6200	–	●RBx	WA6JBD	------------
SOCAL-LA,SBAR,SD,VE					
Covers Area	447.2200	–	●	WB6TZE	RRN
Covers Area	447.7400	–	●	W6AMS	CALNET
Covers Area	447.9200	–	●	N6HYM	------------
Covers Area	449.0000	–	●RBx	WB6TZE	RRN
Covers Area	449.0200	–	●	WB6DYM	SCRN
Covers Area	449.3600	–	●BI	N6VVY	------------
SOCAL-LA,SBAR,VE					
Covers Area	440.1200	+	●	WB6DAO	LPARG
Covers Area	445.3400	–	●	KC6JAR	------------
Covers Area	446.2000	–	●	WB6TZL	------------
Covers Area	446.2800	–	●	KC6YIO	SPEAR
Covers Area	446.6000	–	●	W6KGB	GRONK
Covers Area	446.7600	–	●	WD6FZA	PAPA
Covers Area	446.7800	–	●	WA6LWW	BFI
Covers Area	446.9000	–	●	WD6DIH	ALERT
Covers Area	447.3400	–	●	W6TWE	TWEMARS
Covers Area	447.3400	–	●	W6FRT	OFARTS
Covers Area	447.4800	–	●	W8AKF	------------
Covers Area	447.5000	–	●	KE6HGO	------------
Covers Area	447.5400	–	●	KB6CRE	BARN
Covers Area	447.6000	–	●	KE6DTF	LPARG
Covers Area	447.8200	–	●	KJ6TQ	MARS
Covers Area	448.1400	–	●	W7DOD	SWRRC
Covers Area	448.1800	–	●RBx	K6ERN	SMRA
Covers Area	448.3600	–	●	W7BF	------------
Covers Area	448.3800	–	●	WD6AWP	------------
Covers Area	448.4000	–	●	N6NHJ	CALNET
Covers Area	448.4800	–	●	KB6C	FRN
Covers Area	448.7400	–	●RBx	WA6COT	RRN
Covers Area	448.8000	–	●	WD5B	------------
Covers Area	449.1400	–	●	W6NM	GRONK
Covers Area	449.1400	–	●	WA6VPL	------------
Covers Area	449.3600	–	●	N6WZK	MCARC
SOCAL-OR					
Covers Area	445.3600	–	●	KA6P	BARC
Covers Area	445.3600	–	●	KA6P	BARC
Covers Area	446.1400	–	●	W6OPD	------------
Covers Area	446.7000	–	●	WA6TWF	SS
Covers Area	446.7200	–	●	N6KXK	IDEC
Covers Area	448.1200	–	●	WB6KOD	------------
Covers Area	449.4800	–	●	WB6NLU	------------
Covers Area	449.9800	–	●	K6IUM	RTD ARC
SOCAL-OR,RIV,SBER,SD					
Covers Area	448.9800	–	●RBx	KF6BYB	CACTUS
SOCAL-OR,RIV,SD					
Covers Area	449.0000	–	●RB	KF6ALG	CACTUS

420-450 MHz
CALIFORNIA

Location	Output	Input	Notes	Call	Sponsor
SOCAL-OR,SD					
Covers Area	448.7600	−	●x	WD6APP	------------
SOCAL-RIV,SBER					
Covers Area	445.3000	−	●	W6CDF	------------
Covers Area	447.2800	−	●	K6JB	HDRN
Covers Area	447.9200	−	●	WB6AMY	------------
Covers Area	448.0400	−	●	K6SBC	SBER CNTY
Covers Area	448.4400	−	●	K6SBC	SBER CNTY
Covers Area	448.5000	−	●	K7SRC	SWRRC
Covers Area	448.6200	−	●RBx	WD6ASB	CACTUS
Covers Area	448.6500	−	●	W7DXJ	CACTUS
Covers Area	448.6800	−	●RBx	W6PNM	CACTUS
Covers Area	448.9200	−	●	K7SRC	SWRRC
Covers Area	448.9800	−	●RBx	WB7FIK	CACTUS
Covers Area	449.0000	−	●RBx	N6DD	CACTUS
Covers Area	449.2400	−	●	K6JR	SWRRC
SOCAL-SBAR					
Covers Area	444.8000	+	●	WA6VPL	------------
Covers Area	445.4800	−	●	N6VMN	------------
SOCAL-SBER					
Covers Area	446.8600	−	●l	KN3ICK	------------
Covers Area	448.2400	−	●RB	WB6LVZ	CACTUS
SOCAL-SD					
Covers Area	445.2200	−	●	KF6ATL	CALNET
Covers Area	445.3000	−	●	KM6VH	------------
Covers Area	445.7400	−	●	K6ODB	------------
Covers Area	445.8800	−	●	KM6NP	SCARA
Covers Area	446.0400	−	●	W6SRC	SWRRC
Covers Area	446.1400	−	●	WB6FMT	------------
Covers Area	446.1800	−	●	N6JOJ	------------
Covers Area	446.4200	−	●	W6CRC	------------
Covers Area	446.6600	−	●	KM6NP	SCARA
Covers Area	446.8000	−	●	KG6HSQ	------------
Covers Area	447.0400	−	●	KK6KD	------------
Covers Area	447.3600	−	●	AA4CD	------------
Covers Area	447.6000	−	●	AA4CD	------------
Covers Area	447.6200	−	●RBx	KB6BOB	CACTUS
Covers Area	447.9400	−	●	N6CRF	------------
Covers Area	448.2800	−	●	WB6NIL	------------
Covers Area	448.7800	−	●	K6JCC	RACES
Covers Area	449.0800	−	●	K6JSI	WINSYSTEM
Covers Area	449.1200	−	●	K6XI	------------
Covers Area	449.1400	−	●	N6VCM	ECRA
Covers Area	449.1600	−	●	WA6SYN	ECRA
Covers Area	449.2400	−	●	N6WB	Escondido ARC
Covers Area	449.3200	−	●	W6YJ	------------
Covers Area	449.6000	−	●	WV6H	CARE
Covers Area	449.8200	−	●Bl	W6LKK	------------
Covers Area	449.8400	−	●	N6OEI	------------

420-450 MHz
CALIFORNIA-COLORADO

Location	Output	Input	Notes	Call	Sponsor
Covers Area	449.9000	–	●	K6RYA	------------
Covers Area	449.9800	–	●	WA6SYN	ECRA
SOCAL-VE					
Covers Area	446.6600	–	●	W6KGB	GRONK
Covers Area	447.1400	–	●	WB6TZL	GRONK
Covers Area	447.1800	–	●	W6KGB	GRONK
Covers Area	448.3400	–	●	W6NE	------------
SOCAL-VE,LA,OR,RIV,SBER,SD					
Covers Area	448.6200	–	●RBx	WB6LVZ	CACTUS
Covers Area	449.0000	–	●RBx	WB6TZA	CACTUS

COLORADO
FREQUENCY USAGE

Location	Output	Input	Notes	Call	Sponsor
STATEWIDE	447.0500	–			CONTROL ACCESS
STATEWIDE	447.3000	–			CONTROL ACCESS
STATEWIDE	448.0500	–			CONTROL ACCESS
STATEWIDE	448.3250	–			CONTROL ACCESS
STATEWIDE	448.8250	–			CONTROL ACCESS
STATEWIDE	449.0750	–			CONTROL ACCESS
STATEWIDE	449.1000	–			CONTROL ACCESS
STATEWIDE	449.2750	–			CONTROL ACCESS
STATEWIDE	449.4250	–			CONTROL ACCESS
BOULDER COUNTY					
Boulder	447.7500	–	O 141.3/141.3 L(IRLP 3450)	N0SZ	RMHR
Boulder	447.9750	–	O 107.2/107.2 (CA)x	W0CRA	CRA
Boulder	448.9000	–	O 100 (CA)	W0DK	BARC
Boulder	449.4000	–	O 91.5	K0DK	K0DK
Boulder	449.5500	–	O 100l	W0IA	RMVHFS
Longmont	448.5250	–	O 151.4 L(ECHOLINK 223853)	N0EPA	N0EPA
Longmont	448.8000	–	O 88.5es	W0ENO	LARC
CENTRAL					
Aspen	447.0500	–	O 136.5/136.5lx	K0VQ	RFARC
El Jebel	447.1500	–	O 136.5/136.5l	K0VQ	RFARC
Lake George	449.7000	–	O 107.2elx	KC0CVU	CMRG
Salida	449.9250	–	O 103.5/103.5x	WZ0N	WZ0N
COLORADO SPRINGS					
Colorado Springs	447.0250	–	O 123 (CA) elRB	KF0WF	CSARA
Colorado Springs	447.3500	–	O 151.4/151.4e	K0IRP	GGARC
Colorado Springs	447.4750	–	O 107.2 (CA)el	NX0G	MARC
Colorado Springs	447.5500	–	O 123e	WA6IFI	WA6IFI

420-450 MHz
COLORADO

Location	Output	Input	Notes	Call	Sponsor
Colorado Springs	448.0000	–	O 107.2/107.2 (CA)	N0CAM	CMRG
Colorado Springs	448.1000	–	O 192.2 (CA)elx	KC0CVU	CMRG
Colorado Springs	448.2500	–	O 123	N0KG	N0KG
Colorado Springs	448.3000	–	O 100/100e	AA0L	AA0L
Colorado Springs	448.4500	–	OtelrsWxx	KB0SRJ	PPFMA
Colorado Springs	448.6000	–	O 114.8l	W0MOG	W0MOG
Colorado Springs	448.7250	–	O 123	KA0TTF	KA0TTF
Colorado Springs	448.8000	–	O 100 (CA) el	KB0SRJ	PPFMA
Colorado Springs	449.5750	–	●	W9USN	RMHARC
Monument	447.7250	–	O 100/100 (CA) RB	K0NR	K0NR
Palmer Divide	449.7250	–	O 100	N0PWZ	N0PWZ
Woodland Park	448.6500	–	O 107.2el	NX0G	MARC
Woodland Park	449.0250	–	O 141.3ls	KA0WUC	MARC

DENVER METRO

Location	Output	Input	Notes	Call	Sponsor
Arvada	448.6250	–	O 100/100e l	W0TX	DRC
Aurora	448.2750	–	O 156.7/156.7 (CA)e	W0BG	W0BG
Aurora	448.4000	–	O 94.8/94.8	N0ZUQ	N0ZUQ
Aurora	448.7000	–	O 146.2/146.2	WQ8M	WQ8M
Aurora	449.1500	–	O 136.5/136.5el	WR0AEN	CARN
Brighton	449.9250	–	O	KD0BJT	KD0BJT
Broomfield	448.9250	–	O 131.8 RB	W0LMA	W0LMA
Broomfield	449.8250	–	O 103.5el Wxx	W0WYX	RMRL
Castle Pines North	449.9500	–	● 77	W9SL	W9SL
Denver	447.0750	–	O 156.7/156.7	WA0MJX	WA0MJX
Denver	447.1500	–	O 107.2/107.2 (CA)ex	W0CRA	CRA
Denver	447.2250	–	O 141.3elx	W0KVA	RMHR
Denver	447.5250	–	O 203.5/146.2ersWX	N0ESQ	EmCommCO
Denver	447.5750	–	O 107.2/107.2esx	W0CRA	CRA
Denver	447.8250	–	O 100/100e s	W0TX	DRC
Denver	447.9000	–	●	WB0TPT	WB0TPT
Denver	447.9250	–	O 100 (CA)	K0FEZ	RADOPS EJ
Denver	448.0750	–	O 123	W0IG	W0IG
Denver	448.5000	–	O 100e	KB0UDD	CRRG
Denver	448.5500	–	O 82.5e	W0KIZ	HPRA

COLORADO

420-450 MHz

Location	Output	Input	Notes	Call	Sponsor
Denver	448.6750	–	O 100x	KA0HTT	KA0HTT
Denver	448.7500	–	Ote	N0ELY	N0ELY
Denver	449.0000	–	O 136.5/136.5elx	WR0AEN	CARN
Denver	449.2250	–	O 141.3/141.3 (CA)esx	N0SZ	RMHR
Denver	449.3500	–	O 100/100e x	W0TX	DRC
Denver	449.4500	–	O 103.5e WXx	WB5YOE	RMRL
Denver	449.6000	–	O 100e	WA0KBT	DRL
Denver	449.6500	–	O 136.5/136.5lWX	WR0AEN	CARN
Denver	449.6750	–	O 136.5/136.5el	WR0AEN	CARN
Denver	449.7500	–	●	WN0EHE	RMRL
Denver	449.8750	–	O 103.5exz	N0MHU	RMRL
Devils Head	447.5250	–	O 146.2/146.2ersWX	N0ESQ	EmCommCO
Evergreen	448.2250	–	O 141.3/141.3eL(IRLP 7132)	N0SZ	RMHR
Fairplay	447.1250	–	O 103.5/103.5e	WZ0N	WZ0N
Firestone	447.6500	–	O 141.3/141.3	K2AD	RMHR
Fort Collins	447.7000	–	O 100/100e lWX	W0UPS	NCARC
Golden	447.1750	–	O 186.2es WX	WA2YZT	WA2YZT
Golden	448.1250	–	O 107.2	N0PYY	DenPDEEB
Golden	448.3750	–	●	W0OX	W0OX
Golden	448.8500	–	O 88.5ae	K0IBM	ARA
Golden	448.9750	–	O 123x	W0GV	FRG
Golden	449.5250	–	O 100elr	KE0SJ	KE0SJ
Golden	449.6250	–	O 141.3/141.3eL(IRLP 3750)	W0KU	RMHR
Lakewood	449.7750	–	● 100/100 (CA)	WA0YOJ	WA0YOJ
Lakewood	449.9750	–	●	WN0EHE	WN0EHE
Parker	448.4250	–	●	K0VKM	CRA
Sedalia	449.1250	–	O 103.5x	W0WYX	RMRL
Westminster	449.3000	–	O 100/100 L(IRLP 3699)	N1UPS	N1UPS

GRAND JUNCTION

Location	Output	Input	Notes	Call	Sponsor
Collbran	449.5000	–	O 107.2/107.2 E-SUN E-WINDlrsWX	KB0SW	GMRA
Grand Junction	447.5000	–	O 114.8/114.8	KC0ARV	KC0ARV
Grand Junction	448.1500	–	O 107.2	KE0TY	KE0TY

420-450 MHz
COLORADO

Location	Output	Input	Notes	Call	Sponsor
Grand Junction	449.0000	–	●te	KBØSW	KBØSW
Grand Junction	449.3000	–	O 107.2/107.2 (CA)elrsWXx	WA4HND	GMRA
Grand Junction	449.5750	–	O 131.8/131.8elrsRB WXx	WA4HND	GMRA
Loma	447.0000	–	O 107.2/107.2elrsx	KBØSW	GMRA
NORTH CENTRAL					
Winter Park	447.4500	–	O 103.5/103.5	WA4CCC	WØIG
NORTH FRONT RANGE					
Estes Park	449.8000	–	O 123/123e l	NØFH	EVARC
Fort Collins	447.2750	–	O 100 (CA) ersWXx	WØUPS	NCARC
Fort Collins	447.4500	–	O 123/123l x	KCØRBT	WØIG
Fort Collins	449.8500	–	O 100 (CA)	WØQEY	CSUARC
Ft Collins	447.7250	–	O 100 E-SUN	W7RF	W7RF
Greeley	448.4750	–	O 100/100	KCØKWD	WARS
Greeley	449.3250	–	O 136.5/136.5el	WRØAEN	CARN
Greeley	449.7250	–	O 127.3ars WX	KØOJ	KØOJ
Loveland	448.0250	–	O 100/100s WX	WØUPS	NCARC
Severance	447.2000	–	O 82.5/82.5	N6RFI	N6RFI
PUEBLO					
Canon City	447.7500	–	O 103.5es	WDØEKR	RGARC
Pueblo	447.1750	–	● 88.5ex	NDØQ	PuebloHC
Pueblo	447.9500	–	● 88.5ex	NDØQ	PuebloHC
Pueblo	449.6250	–	O 186.6el	KCØCVU	CMRG
Pueblo	449.8500	–	O	WAØVTO	STARS
Pueblo	449.9750	–	O 103.5/103.5lRB	KØJSC	KØJSC
Westcliffe	448.1500	–	O 103.5e	KBØTUC	RGARC
SOUTH CENTRAL					
Canon City	449.0000	–	O 67 E-SUNl	WBØWDF	WBØWDF
Cripple Creek	447.4000	–	O 67 E-SUNl	WBØWDF	WBØWDF
Salida	449.6500	–	Oelx	KCØCVU	CMRG
SOUTHEAST					
La Junta	449.6500	–	O 100/100e	KØIKN	CCRC
Lamar	449.5000	–	O 123l	KCØHH	LAMAR ARC
Springfield	449.2000	–	O 118.8/118.8elWX	KZØDEM	BCDEARC
Trinidad	449.6000	–	O 107.2elx	KCØCVU	CMRG

420-450 MHz
COLORADO-CONNECTICUT

Location	Output	Input	Notes	Call	Sponsor
SOUTHWEST					
Cortez	449.1750	–	O 127.3	KD5LWU	KD5LWU
Silverton	447.5250	–	OE-SUNx	KB5ITS	KB5ITS
WEST CENTRAL					
Breckenridge	447.8500	–	O 100/100e x	N0SZ	RMHR
Carbondale	449.7250	–	O 179.9x	K0ELK	RFARC
Cedaredge	447.3500	–	O 107.2/107.2elrsWx	KD0EH	GMRA
Cedaredge	449.8250	–	O 100/100	W0ALC	W0ALC
Delta	449.4000	–	O 131.8/131.8 E-SUNlrsWx	N0MOR	GMRA
Glenwood Springs	447.1000	–	O 107.2	KI0G	SCARC
Glenwood Springs	447.6000	–	●	KI0G	SCARC
Glenwood Springs	449.6000	–	O 107.2/107.2elrsWx	N0XLI	GMRA
Gunnison	449.9500	–	O	K5GF	K5GF
Montrose	447.2000	–	O 107.2/107.2elrsWx	WA4HND	GMRA
Parachute	449.8000	–	O 107.2/107.2 (CA)elrsWx	N2XYY	GMRA
Rio Blanco	449.7000	–	O 107.2/107.2 (CA)elrsWx	N2XYY	GMRA
Vail	449.9000	–	O 107.2/107.2	N0AFO	ECHO
CONNECTICUT					
FREQUENCY USAGE					
SNP Pair	442.0000	+	O		
FAIRFIELD & SOUTHWEST					
Ansonia	442.9000	+	O 77.0e	WK1M	------------
Bridgeport	441.5000	+	77.0ae	N1LXV	------------
Bridgeport	443.5500	+	77.0	WA1YQE	------------
Bridgeport	449.4000	–	O 114.8	KA1HCX	CAFI
Danbury	443.6500	+	O 114.8/114.8el	W1HDN	PVRA
Danbury	447.7750	–	O 100.0	W1QI	CARA
Fairfield	446.8250	–	O 100.0	N3AQJ	FUARA
Greenwich	443.4000	+		N1LNA	
New Canaan	447.2750	–	O 123.0/123.0a	W1FSM	W1FSM
Norwalk	448.0750	–	O 114.8/114.8 (CA)	W1NLK	GNARC
Stamford	447.1250	–	O 114.8/114.8e	W1EE	SARA
Westport	442.2500	+	O	KG1M	------------

420-450 MHz
CONNECTICUT

Location	Output	Input	Notes	Call	Sponsor
HARTFORD & N CENTRAL					
Avon	444.9500	+	●	K1IIG	AVON RPT
Bristol	442.8500	+	O 77.0/77.0 l	N1JGR	ICRC
Bristol	444.6500	+	O 77.0/77.0 el	KB1AEV	KB1AEV
Bristol	448.8750	−	O 110.9e	W1IXU	W1JJA
Coventry	449.8750	−	O 162.2	K1JCL	------------
E Hartford	443.2500	+	O 141.3/141.3e	W1EHC	EH CERT
E Hartland	448.0000	−	O 162.2e	W1XOJ	YANKEE NET
Farmington	442.7000	+	O 173.8e	N1GCN	N1GCN
Farmington	448.5750	−	O 146.2/146.2e	WA1ARC	ARC
Glastonbury	449.6250	−	O 110.9/110.9e	W1EDH	CT ARE SVC
Hartford	443.1000	+	O 114.8e	W1HDN	PVRA
Manchester	449.2250	−	O 77.0/77.0	WA1YQB	------------
Newington	443.0500	+	O 100.0/100.0	W1OKY	NARL
Newington	444.3500	+	O	KA1BQO	------------
Newington	449.5750	−	O 79.7 (CA) el	WA1UTQ	------------
Plainville	447.0750	−	O 110.9/110.9e	AA1WU	N1GLA
Vernon	442.6000	+	O 77.0/77.0 el	KB1AEV	KB1AEV
Vernon	443.3000	+	O 114.8/114.8	W1HDN	PVRA
Vernon	443.7500	+	O 77.0/77.0 e	W1BRS	BEARS MAN
LITCHFIELD & NORTHWEST					
Torrington	443.6000	+	O 82.5/82.5 (CA)el	W1HDN	PVRA
Torrington	447.2250	+	O 77.0/77.0 aelz	KB1AEV	KB1AEV
Torrington	449.7750	−	O 141.3/141.3e	K1KGQ	------------
Washington	441.8500	+	O 77.0/77.0 els	NA1RA	NARA
Watertown	441.6500	+	O 77.0/77.0 el	KB1AEV	KB1AEV
NEW HAVEN & S CENTRAL					
Bethany	441.1000	+	Olr	W1EDH	MARA
Branford	449.3250	−	O 103.5/103.5eWx	N1HUI	BFD-OEM
Durham	446.9250	−	O 77.0/77.0 el	KB1MMR	------------
East Haven	449.8250	−	O 110.9/110.9e	KA1MJ	SCARA

420-450 MHz
CONNECTICUT-DELAWARE

Location	Output	Input	Notes	Call	Sponsor
EastHaddam	440.8000	+	O 110.9	K1IKE	Ares/Races
Guilford	449.4750	−	O 110.9ael r	NI1U	KM1R
Guilford	449.9000	444.4000	O 110.9	KM1R	KM1R
Hamden	444.4500	+	O 100.0/100.0e	WA1MIK	----------
Meriden	448.0000	−	192.8	W1XOJ	NYNES
Middletown	446.8750	−	O 156.7elr	K1IKE	----------
Milford	441.7000	+	O 77.0 (CA) N1KGN el		----------
Woodbridge	442.5000	+	O#(CA) DCS(073)e	W1WPD	SPARC
NEW LONDON & S EAST					
Mystic	446.5750	+	O 127.3/127.3	KB1CJP	KB1CJP
NEW LONDON & SOUTHEAST					
Groton	448.9750	−	O 156.7	W1NLC	SCRAMS
Norwich	449.7250	−	O 156.7/156.7	N1NW	RASON
Salem	443.4000	+	O 103.5e	W1DX	----------
WINDHAM & NORTHEAST					
Killingly	444.1000	+	O 77.0/77.0 el	N7PRD	KB1AEV

DELAWARE
Location	Output	Input	Notes	Call	Sponsor
ALL					
SNP	442.9000	+	O		----------
SNP	447.8750		O		----------
DOVER					
Dover	444.5000	+	O 114.8	N3IOC	N3IOC
Dover	449.7250	−	O 131.8 (CA)IWX	W3BXW	BEARS
Wyoming	449.7750	−	O 114.8	N3IOC	N3IOC
NORTH					
Middletown	444.8500	+	O 100.0el	W3CER	ChristianaHosp
SOUTH					
Bethany Beach	448.7250	−	O 131.8 (CA)IWX	W3BXW	BEARS
Delmar	444.0500	+	O 156.7	K3RIC	K3RIC
Harrington	442.4500	+	O 131.8	N3HTT	N3HTT
Lewes	443.5500	+	O 156.7ers	W4ALT	STAR-NET
Millsboro	449.8250	−	O 156.7e	K3JL	Sussex ARA
Seaford	442.0000	+	O 131.8el	N3KZ	UPennARC
Seaford	448.1750	−	Oa	W3GLB	W3GLB
WILMINGTON					
Delaware City	448.8250	−	O 127.3	N3HTT	DelMarVa
Newark	444.9500	+	O 100.0	W3CER	ChristianaHosp
Newark	449.0250	−	O 131.8	W3DRA	DRA
Wilmington	444.4000	+	O 100.0	W3CER	ChristianaHosp

472 420-450 MHz
DELAWARE-FLORIDA

Location	Output	Input	Notes	Call	Sponsor
Wilmington	448.3750	−	O 131.8	W3DRA	DRA

DISTRICT OF COLUMBIA
ALL

SNP	442.9000	+	O		------------
SNP	447.8750	−	O		------------

WASHINGTON AREA

Washington	448.5750	−	O	K3VOA	VOA ARC
Washington	448.8750	−	O	KC3VO	RACES/AR
Washington	449.9750	−	O 107.2al	WA3KOK	NERA

FLORIDA
CENTRAL

Location	Output	Input	Notes	Call	Sponsor
Bartow	444.9500	+	O	WC4PEM	PCEM
			127.3/127.3eL(146.985 444.625)rsWXx		
Clermont	442.4750	+	O	K4VJ	K4VJ
			103.5/103.5 E-SUN		
Davenport	444.6250	+	O	WC4PEM	PCEM
			127.3/127.3eL(146.985 444.950)rsWX		
Lakeland	442.6750	+	O	N4AMC	N4AMC
			114.8/114.8 BI		
Lakeland	442.9750	+	O 100/100	W4CLL	W4CLL
Lakeland	444.3000	+	O	WP3BC	WP3BC
			127.3/127.3eL(145.13) BI		
Pebbledale	442.8250	+	O 100/100e	NI4CE	WCFG
			L(145.290 145.430 442.550 442.950 443.450 I		
The Villages	444.5750	+	O 91.5/91.5	WA1UTQ	WA1UTQ
			e		
Winter Haven	441.8000	+	O	KE4WDP	KE4WDP
			127.3/127.3		
Winter Haven	444.8000	+	O	KE4WDP	KE4WDP
			127.3/127.3		

CENTRAL - ORLANDO

Location	Output	Input	Notes	Call	Sponsor
Altamonte Springs	442.7500	+	O	N1FL	SARG
			103.5/103.5eL(147.090 147.165)rs		
Altamonte Springs	442.9750	+	O	N4EH	LMARS
			103.5/103.5e		
Bushnell	443.1250	+	Otae	W1LBV	W1LBV
Christmas	442.6250	+	O	K4FL	K4FL
			103.5/103.5 DCS(172)eL(145.29) RB		
Clermont	442.4500	+	O	KG4RPH	KG4RPH
			103.5/103.5		
Clermont	444.9750	+	Ot	KA0OXH	KA0OXH
Deland	442.2000	+	O 88.5/88.5	K4KWQ	K4KWQ
			DCS(411) L(IR-4672 EC)		
Deland	444.1500	+	O 88.5/88.5	K4HEK	K4HEK
			E-SUN L(IR-4563)		
Eustis	443.5500	+	O	KD4MBN	KD4MBN
			103.5/103.5		

FLORIDA

Location	Output	Input	Notes	Call	Sponsor
Eustis	444.8750	+	O 103.5/103.5	N4ZSN	N4ZSN
Kissimmee	444.4500	+	O 103.5/103.5a(CA) L(147.210 927.7000 IR-4	K4SLB	K4SLB
Lake Buena Vista	442.0500	+	O 123/123	KD4JYD	KD4JYD
Lake Buena Vista	442.0500	+	O 123/123	KD4JYD	KD4JYD
Lake Buena Vista	444.0000	+	O 103.5/103.5eL(145.110 EC-86525)	AC0Y	AC0Y
Longwood	443.7000	+	O 103.5/103.5eL(927.65)	KD4JYD	KD4JYD
Orlando	442.0000	+	O 103.5/103.5	WD4WDW	DEARS
Orlando	442.2500	+	O 103.5/103.5e	KD4Z	KD4Z
Orlando	442.3750	+	● 100/100 DCS(411)el	NN4TT	NN4TT
Orlando	442.5000	+	O 103.5/103.5eL(146.700 145.110 444.000 4	AC0Y	AC0Y
Orlando	442.5750	+	O 103.5/103.5	AC0Y	AC0Y
Orlando	442.7000	+	O 103.5/103.5ers	N2HBX	OCCA
Orlando	443.1000	+	O 103.5/103.5 L(IR-4949 EC-44310)	K4ZPZ	K4ZPZ
Orlando	443.3250	+	O 103.5/103.5a(CA)eRB	WD4IXD	WD4IXD
Orlando	443.3500	+	Ot	KA0OXH	KA0OXH
Orlando	443.3750	+	O 103.5/103.5eL(IR-4775 EC-225634)	K4UCF	ARCUCF
Orlando	443.5250	+	O 103.5/103.5ers	N2HBX	OCCA
Orlando	443.6500	+	O 103.5/103.5a(CA)eL(IR-2897 EC-2397) RB	KW4GT	USARC
Orlando	443.9500	+	Otel	KA0OXH	KA0OXH
Orlando	444.1250	+	O 103.5/103.5eL(EC-38990)	W4AES	AESOARC
Oviedo	442.9500	+	O 103.5/103.5a(CA)e	WD4DSV	WD4DSV
St Cloud	444.1000	+	O 123/123e L(145.350 EC-458245)rsx	KG4EOC	EOCARDS
Tavares	442.9000	+	O 103.5/103.5 (CA)eL(EC-347254)rs	K4FC	LARA
The Villages	443.2250	+	O 103.5/103.5ers	K4VRC	VARC
Winter Park	442.5250	+	O 103.5/103.5ers	N2HBX	OCCA

DEEP SOUTH

Location	Output	Input	Notes	Call	Sponsor
Key West	443.1000	+	O 156.7/156.7	WA4JFJ	FKARC

420-450 MHz
FLORIDA

Location	Output	Input	Notes	Call	Sponsor
Key West	443.3750	+	● 110.9/110.9rsBIx	W4HN	W4HN
Key West	444.7000	+	○ 94.8/94.8 eL(442.400 444.850 443.450)	N9LCK	MCSO
Marathon	444.0250	+	○ 107.2/107.2eIWX	KA4EPS	ATTATA
Marathon	444.8500	+	○ 94.8/94.8 a(CA)eL(444.700 442.400 443.450)rx	N9LCK	MCSO
Plantation Key	443.4500	+	○ 94.8/94.8 a(CA)eL(444.700 442.400 444.850)rx	N9LCK	MCSO
West Summerland Key	442.4000	+	○ 94.8/94.8 a(CA)eL(444.700 444.850 443.450)rx	N9LCK	MCSO

EAST CENTRAL

Location	Output	Input	Notes	Call	Sponsor
Cocoa	444.4000	+	○ 103.5/103.5e	W4JAZ	ARJS
Cocoa	444.6750	+	○ 103.5/103.5	WB4OEZ	WB4OEZ
Cocoa	444.7500	+	● 107.2/107.2r	N4LEM	N4LEM
Cocoa Beach	444.6500	+	○ 107.2/107.2es	W2SDB	IRARC
Ft Pierce	443.4750	+	○ 107.2/107.2ers	W4SLC	SLC EAR
Ft Pierce	444.5000	+	○ 107.2/107.2 A(325) (CA)eL(444.800 147.345 IR-4	W4AKH	FPARC
Ft Pierce	444.6000	+	○ 107.2/107.2er	W4SLC	SLC EAR
Ft Pierce	444.8000	+	○ 107.2/107.2a(CA)eL(147.345 IR-4545 EC-2004)r	W4AKH	FPARC
Melbourne	442.4000	+	○ 107.2/107.2 L(444.825 IR-4342 EC-44342) RB W	K4RPT	OMRA
Melbourne	443.0000	+	●a(CA)l	WB2GGP	WB2GGP
Melbourne	443.8000	+	○ 103.5/103.5	WB4OEZ	WB4OEZ
Melbourne	444.4250	+	○ 100/100a (CA)e	W4MLB	PCARS
Melbourne	444.5750	+	○ 103.5/103.5	WB4OEZ	WB4OEZ
Melbourne	444.8250	+	● 167.9/167.9eL(224.120 442.400)	KI4SWB	KI4SWB
Merritt Island	444.7750	+	○ 107.2/107.2a(CA) E-SUN L(IR-4227 EC-302025)	KC2UFO	SKYANDCOM
Palm Bay	444.4750	+	○ 107.2/107.2aTT(# * IN # OUT)eL(IR-4954 EC-255	KI4HZP	KI4HZP
Palm Bay	444.5750	+	○ 151.4/151.4aTT(# *)	KI4HZP	KI4HZP
Port St John	444.3500	+	○ 103.5/103.5e	W4PLT	W4PLT
Port St Lucie	442.0000	+	○ 107.2/107.2eWX	AD3N	AD3N

420-450 MHz
FLORIDA

Location	Output	Input	Notes	Call	Sponsor
Port St Lucie	443.6500	+	O	K4PSL	PSLARA
			107.2/107.2es		
Port St Lucie	444.0000	+	O	K4NRG	NRG
			107.2/107.2eL(927.6625 IR)rsWXxz		
Rockledge	444.5250	+	O	K4EOC	BEARS
			103.5/103.5er		
Titusville	442.8500	+	O	N3EH	N3EH
			107.2/107.2es		
Valkaria	444.7000	+	● 77/77e	K4HV	K4HV
Vero Beach	444.8500	+	O 88.5/88.5	KA4EPS	ATTATA
			elWX		
NORTH CENTRAL					
Gainesville	444.9250	+	OersBIx	K4GNV	GARS
Lake City	444.9000	+	O	WB4VFT	CARS
			110.9/110.9eL(442.100 442.900)rsx		
Live Oak	442.9250	+	O	KC4GOL	KC4GOL
			127.3/127.3e		
Live Oak	443.6000	+	O	KC4GOL	KC4GOL
			127.3/127.3a(CA)eL(EC-198563) BI		
Macclenny	444.0750	+	O 100/100	AB4GE	AB4GE
Ocala	444.3250	+	Oe	KA2MBE	KA2MBE
			L(145.43)x		
Summerfield	443.2500	+	O	KI4LOB	KI4LOB
			141.3/141.3a(CA)eL(147.360 EC-317403)		
NORTH EAST					
Daytona Beach	444.8500	+	O	W4TAM	W4TAM
			127.3/127.3		
Deltona	444.2500	+	O	NP4ND	NP4ND
			103.5/103.5e		
Flagler Beach	443.1500	+	O	KG4TCC	FECA
			107.2/107.2eL(145.410 145.470)s		
Hollister	443.9000	+	O 94.8/94.8	W4OBB	PARCI
			e		
Orange City	442.9250	+	O	KW4LCB	KW4LCB
			103.5/103.5eL(EC-369183)x		
Orange City	444.2000	+	O 88.5/88.5	W3FL	W3FL
			L(IR-4793)		
Ormond Beach	442.4000	+	Ot(CA)e	N4JRF	N4JRF
Ormond Beach	442.6500	+	O	KA2AYR	KA2AYR
			127.3/127.3a(CA)e		
Ormond Beach	443.8250	+	O	KE4NZG	KE4NZG
			118.8/118.8a(CA)		
Ormond Beach	443.8750	+	O	KE8MR	KE8MR
Palm Coast	442.3250	+	O	KG4TCC	FECA
			107.2/107.2es		
Palm Coast	443.3000	+	O	KG4TCC	FECA
			107.2/107.2eL(145.47)		
San Mateo	444.9500	+	O	W4OBB	W4OBB
			156.7/156.7e		

420-450 MHz
FLORIDA

Location	Output	Input	Notes	Call	Sponsor
Starke	442.2750	+	O 123/123e L(145.370 EC-343849)sx	W4SA	PCARC
Vero Beach	444.8750	+	O 107.2/107.2	W4VRB	RATS
NORTH EAST - JACKSONVILLE					
Durbin	444.5750	+	O 127.3/127.3esx	AJ4FR	AJ4FR
Jacksonville	444.4000	+	O 127.3/127.3aeL(146.700 145.370)rsxz	W4IZ	NOFARS
Jacksonville	444.8250	+	O 156.7/156.7er	W4IJJ	W4IJJ
Jacksonville Beach	444.8750	+	O	KB4ARS	BARS
St Augustine	443.5000	+	Oe	KF4MX	KF4MX
Yulee	442.9000	+	O 127.3/127.3e	KC5LPA	KC5LPA
NORTH WEST					
Chipley	444.7500	+	O 103.5/103.5	WA4MN	WA4MN
DeFuniak Springs	443.7500	+	O 100/100e	KJ4JAH	KJ4JAH
Freeport	443.1000	+	O 100/100 E-SUNrsWX	WF4X	WCARC
Madison	444.3000	+	O 94.8/94.8 L(444.1)	K4III	K4III
Perry	444.1000	+	O 94.8/94.8 eL(444.3)x	K4III	K4III
NORTH WEST - PENSACOLA					
Crestview	444.9500	+	O 100/100e sz	N4NID	N4NID
Eglin AFB	444.8000	+	O 100/100a	W4NN	Eglin ARS
Ft Walton Beach	444.9750	+	O	W4RH	W4RH
Navarre	443.9750	+	O 100.0/100.0esx	K4DPS	K4DPS
Navarre	444.2000	+	O 131.8/131.8	KC4ERT	NCERT
Pensacola	443.7000	+	O 100/100e	WB4OQF	WB4OQF
Pensacola	443.8500	+	O 100/100e	WA4ECY	CSARC
Pensacola	444.7000	+	O 100/100ea (CA)eL(146.820 146.790 147.000 147.360) RB	N4FIV	N4FIV
NORTH WEST - TALLAHASSEE					
Crawfordville	444.4500	+	O 94.8/94.8 E-SUNrs	K4WAK	SPARC
Tallahassee	442.1000	+	O 94.8/94.8 esx	K4TLH	TARS
Tallahassee	442.8500	+	O 94.8/94.8 esx	K4TLH	TARS
Tallahassee	443.4000	+	O 131.8/131.8eL(EC-3950)sRBx	KJ4G	NFDG
Tallahassee	443.9500	+	O 94.8/94.8e aerx	AE4S	AE4S

420-450 MHz FLORIDA

Location	Output	Input	Notes	Call	Sponsor
Tallahassee	444.0000	+	O 94.8/94.8 eL(EC-1922)	KD4MOJ	KD4MOJ
Tallahassee	444.4000	+	O 131.8/131.8	N4NKV	N4NKV
SOUTH CENTRAL					
Arcadia	444.2000	+	O 100/100e L(147.075)	W4MIN	DARC
Avon Park	444.1250	+	ODCS(51)e L(444.825 444.925 145.330 147.270 145.2	W4HEM	HCEM
Avon Park	444.8250	+	O 100/100e s	W4HEM	HCEM
Brighton	444.9250	+	O 100/100e s	W4HEM	HCEM
Clewiston	443.5250	+	O 82.5/82.5 L(145.150 442.800 443.525 224.160 EC)	KJ4GNM	WB4TWQ
Clewiston	444.4000	+	O 82.5/82.5 E-SUN L(145.350 443.525 444.500 442.80	WB4TWQ	KJ4GVO
Lake Placid	442.3500	+	O 100/100e	KE4WU	HCARC
Lake Placid	444.1750	+	ODCS(51)e L(444.825 444.925 145.330 147.270 145.2	W4HEM	HCEM
Lake Placid	444.5250	+	O 206.5/206.5rs	WW4EOC	WW4EOC
Okeechobee	444.0500	+	O 100/100	K4OKE	OARC
Sebring	444.1500	+	ODCS(51)e L(444.825 444.925 145.330 147.270 145.2	W4HEM	HCEM
Wauchula	442.3250	+	O 127.3/127.3eL(146.625)rs	N4EMH	HARG
SOUTH EAST					
Boca Raton	442.6000	+	O 107.2/107.2 L(IR-4548)	KG4GOQ	KG4GOQ
Boca Raton	442.8750	+	O 110.9/110.9ers	WB4QNX	BRARA
Boca Raton	443.1500	+	O 110.9/110.9	K4LFK	K4LFK
Boca Raton	443.5000	+	O 131.8/131.8a(CA)z	WF3I	WBARC
Boca Raton	444.7000	+	O 123/123a(CA)e	KC4GH	BRFD
Boynton Beach	443.1000	+	O 110.9/110.9e	KG4DWP	BBFR
Boynton Beach	444.6500	+	O 127.3/127.3a(CA)elz	NR4P	NR4P
Dania Beach	441.5250	+	O 77/77	KG4UGK	KG4UGK
Deerfield Beach	444.4250	+	O 110.9/110.9	N4ZUW	N4ZUW
Juno Beach	444.2000	+	O 110.9/110.9eL(IR-8641 EC-86410) WX	W2WDW	W2WDW
Jupiter	443.8250	+	O 103.5/103.5eWX	KA4EPS	ATTATA

478 420-450 MHz
FLORIDA

Location	Output	Input	Notes	Call	Sponsor
Jupiter Farms	444.4000	+	O	WA4JFC	JFCERT
			110.9/110.9ex		
Lake Worth	444.8500	+	O	KA4EPS	ATTATA
			103.5/103.5elWX		
Mangonia Park	444.3250	+	●	AD4C	AD4C
			179.9/179.9		
Palm Beach Gardens	444.2250	+	O	W4JUP	JTRG
			110.9/110.9a(CA)ers		
Royal Palm Beach	443.9750	+	O	K4EEX	PWARC
			110.9/110.9es		
Stuart	444.9000	+	O	WX4MC	MCARES
			107.2/107.2eL(EC-315546)rs		
Wellington	442.0500	+	O	K4VOW	WRC
			103.5/103.5eL(IR-4394 EC)rx		
West Palm Beach	443.8750	+	O	KF4LZA	KF4LZA
			110.9/110.9 L(IR-4111 EC-41119)		
West Palm Beach	444.1250	+	O	KG4GOQ	KG4GOQ
			107.2/107.2 L(IR-4548)		
West Palm Beach	444.3000	+	O	KA2UFO	KA2UFO
			110.9/110.9eL(EC-512895)		

SOUTH EAST - MIAMI/FT LAUD

Location	Output	Input	Notes	Call	Sponsor
Aventura	442.2500	+	O	K4PAL	PARC
			114.8/114.8 L(46.850 147.375 443.825 IR-4022)		
Aventura	443.8250	+	O	K4PAL	PARC
			107.2/107.2		
Coral Springs	443.8500	+	O	WR4AYC	WR4AYC RG
			110.9/110.9eL(145.110 EC-46246) WX		
Coral Springs	444.5750	+	O	N2DUI	WA4EMJ
			131.8/131.8eL(224.68)rsRB LITZx		
Davie	443.6750	+	O	N4RQY	WA4EMJ
			131.8/131.8elrsRB		
Davie	443.7250	+	O 94.8/94.8	KE4JTT	KE4JTT
Deerfield Beach	442.3250	+	O	N4KS	NBARA
			110.9/110.9a(CA)		
Ft Lauderdale	442.5000	+	O	W4BUG	GCARA
			110.9/110.9el		
Ft Lauderdale	442.5500	+	O	N4RQY	WA4EMJ
			131.8/131.8elrsRB		
Ft Lauderdale	443.0500	+	O	K4BRY	K4BRY
			131.8/131.8a(CA)eBI		
Ft Lauderdale	443.6250	+	O	KF4LZA	KF4LZA
			110.9/110.9 L(IR-4864 EC-48646)		
Ft Lauderdale	443.7500	+	O	KF4LZA	CCRC
			110.9/110.9a(CA)eL(927.700 IR-4787 EC-47873)		
Ft Lauderdale	443.8000	+	O	KD4CPG	KD4CPG
			131.8/131.8e		
Ft Lauderdale	444.0500	+	●DCS(25)e	KB2TZ	KB2TZ
			WX		
Ft Lauderdale	444.8250	+	O	W4AB	BARC
			110.9/110.9a(CA)e		

FLORIDA

Location	Output	Input	Notes	Call	Sponsor
Hiaheah	442.3750	+	o	N2GKG	N2GKG
			103.5/103.5a(CA) TT(*05ON/#05OFF)eL(145		
Hialeah	442.9250	+	o	WD4DPS	WD4DPS
			110.9/110.9lBl		
Hialeah	443.6500	+	oDCS(251)	KF4ZCL	KF4ZCL
			L(145.43)		
Hialeah	443.9500	+	o	WB4IVM	WB4IVM
			110.9/110.9a(CA)ersBlx		
Hialeah	444.2250	+	● 67/67a	KE4YUW	KE4YUW
			(CA)e		
Hialeah	444.3500	+	o	KA4EPS	ATTATA
			103.5/103.5e		
Hialeah	444.7500	+	o	WB4IVM	WB4IVM
			110.9/110.9a(CA)ersBlx		
Hialeah	444.8000	+	o	WB4IVM	WB4IVM
			110.9/110.9a(CA)ersBlx		
Hollywood	443.2500	+	oa(CA)	N2VNG	KZ4TI
Hollywood	443.3250	+	o	N4RQY	WA4EMJ
			131.8/131.8elrsRB		
Hollywood	444.1500	+	o 88.5/88.5	WF2C	HMRH
			a(CA)		
Hollywood	444.1750	+	o	AC4XQ	AC4XQ
			107.2/107.2a(CA)eL(53.030 145.210) LITZ x		
Margate	444.0250	+	o	KA4EPS	ATTATA
			107.2/107.2eWX		
Miami	442.0750	+	o 88.5/88.5	KI4GQO	KI4GQO
			eL		
Miami	442.1000	+	o 88.5/88.5	W4CSO	W4CSO
			eL(EC-4410)		
Miami	442.1500	+	● 94.8/94.8	K4AG	K4AG
			rsBlx		
Miami	442.2750	+	ot	AE4WE	AE4WE
Miami	442.5250	+	o 88.5/88.5	KR4DQ	KR4DQ
			ex		
Miami	442.6250	+	o	KC4SJL	KC4SJL
			103.5/103.5eBl		
Miami	442.6500	+	● 94.8/94.8	KB4ELI	KB4ELI
			eL(IR-4489 EC-44891)rsBlx		
Miami	442.7250	+	o	KC4MND	KC4MND
Miami	442.8000	+	o	WB4TWQ	WB4TWQ
			118.8/118.8e		
Miami	442.9500	+	o	KB4MBU	KB4MBU
			103.5/103.5eL(29.620 EC-208739) Bl		
Miami	442.9750	+	oa(CA) Bl	WD4RXD	RC de Cuba
Miami	443.0750	+	o	KZ4TI	KZ4TI
			107.2/107.2ex		
Miami	443.1750	+	o	AC4XQ	AC4XQ
			107.2/107.2exz		
Miami	443.2250	+	o 94.8/94.8	KD4BBM	KD4BBM

480 420-450 MHz
FLORIDA

Location	Output	Input	Notes	Call	Sponsor
Miami	443.4250	+	O 94.8/94.8 L(IR-8369 EC-83690)	KF4LZA	KF4LZA
Miami	443.4500	+	O 110.9/110.9rsRB Blx	AE4EQ	AE4EQ
Miami	443.4750	+	Ot	KB4AIL	KB4AIL
Miami	443.5250	+	O 110.9/110.9	WB4TWQ	KE4WZD
Miami	443.5500	+	O 110.9/110.9 L(145.41)rsx	W4HN	W4HN
Miami	443.5750	+	O 94.8/94.8	WA4PHG	Teletrole
Miami	443.6000	+	O 103.5/103.5a(CA) L(EC-210790) WX	N4LJQ	N4LJQ
Miami	443.6500	+	O 67/67 Blx	KF4ZCL	KF4ZCL
Miami	443.7000	+	ODCS(174) L(145.150 442.800 443.525 224.160 443.700)	WY4P	WY4P
Miami	443.7750	+	OBl	KS4WF	KS4WF
Miami	443.9250	+	O 110.9/110.9a(CA) Bl	AE4EQ	AE4EQ
Miami	444.0000	+	O 110.9/110.9e	WB4ESB	SIRA, Inc.
Miami	444.1250	+	Oe	KA4EPS	ATTATA
Miami	444.2500	+	Ot	AE4WE	AE4WE
Miami	444.2750	+	O 94.8/94.8	K4PCS	K4PCS
Miami	444.3000	+	O 103.5/103.5	WB4DD	WB4DD
Miami	444.3750	+	O 94.8/94.8 L(145.470 224.600 147.045 145.170 442.950 2	KC4MNE	KC4MNE
Miami	444.4500	+	● 110.9/110.9 Bl	WA4PHG	Teletrol
Miami	444.5000	+	O 127.3/127.3 L(145.230 146.700) RB Blxz	KC2CWC	KI4RAL
Miami	444.5250	+	O 114.8/114.8e	KD4IMM	KD4IMM
Miami	444.6000	+	O 94.8/94.8	K4AG	K4AG
Miami	444.6750	+	O 110.9/110.9 L(29.620 145.150 442.800 443.525	WB4TWQ	WB4TWQ
Miami	444.8750	+	● 88.5/131.8 L(147.000 146.835 442.350 444.200	KI4GQO	KI4GQO
Miami	444.9500	+	O 110.9/110.9 Bl	WY4P	WY4P
Miami	444.9750	+	O 179.9/179.9eL(EC-10725) Blx	W4NR	W4NR
Miramar	442.4000	+	O 131.8/131.8ae	N4VPD	N4VPD
Miramar	444.1000	+	O 103.5/103.5a(CA) DCS(23)eL(147.030 EC-27019	N2YAG	N2YAG
Pembroke Pines	441.9000	+	O 110.9/110.9 L(EC-468418)	KI4JRT	KI4JRT

420-450 MHz FLORIDA

Location	Output	Input	Notes	Call	Sponsor
Pembroke Pines	444.5500	+	● 146.2/146.2 E-SUN E-WIND BI	KC4MNI	KC4MNI
Pembroke Pines	444.7750	+	O 88.5/88.5 KP4BM BI	KP4BM	KP4BM
Plantation	441.4250	+	O 110.9/110.9 L(IR-8091)	K4GET	K4GET
Plantation	442.8500	+	O 110.9/110.9	WA4YOG	WA4YOG
Plantation	443.2000	+	O 131.8/131.8eL(EC)rsRB	N4RQY	WA4EMJ
Riviera Beach	443.9250	+	O 110.9/110.9eL(146.925)s	KF4ACN	KF4ACN
Southwest Ranches	442.5750	+	O 103.5/103.5l	W4RCC	W4RCC
Wilton Manors	442.6750	+	O 131.8/131.8	WA4EMJ	WA4EMJ
SOUTH WEST					
Ave Marie	444.0750	447.0750	O 103.5/103.5 RB	N4DJJ	KC1AR
Ft Myers	444.4500	+	O 77/77 L(443.900 444.075 442.125 224.380)	WB4FOW	WB4FOW
Marco Island	443.6500	+	O 141.3/141.3	K5MI	MIRC
Murdock	444.6000	+	O 82.5/82.5 eL(442.600 444.875 EC-209942)	N9OJ	N9OJ
Naples	443.9000	+	● 67/67 N5ICT L(444.450 442 125 444.075 224.380)	N5ICT	N5ICT
SOUTH WEST - FT MYERS					
Cape Coral	444.7250	+	O 136.5/136.5eL(IR-4171 EC-41712) RB WX(	KN2R	KN2R
Ft Myers	442.2250	+	O 103.5/103.5eL(444.450 443.900) RB	WB4FOW	WB4FOW
Ft Myers	442.4500	+	O 136.5/136.5a(CA)	WB2FAU	GCARC
Ft Myers	443.0500	+	O 136.5/136.5eL(EC-628724)	KK4ECD	KK4ECD
Ft Myers	444.7750	+	O 136.5/136.5e	WX4L	WX4L
Lehigh Acres	442.8000	+	O 82.5/82.5 eL(145.150 442.800 443.525 224.160 29.6	WB4TWQ	WB4TWQ
Lehigh Acres	444.5000	+	O 67/67e L(145.150 442.800 443.525 224.160 29.62	WB4TWQ	AE4ES
Naples	444.9000	+	O 67/67e	WA1QDP	WA1QDP
Port Charlotte	442.9250	+	O 136.5/136.5e	W4DUX	PRRA
Punta Gorda	444.8500	+	● 136.5/136.5elrs	KØRTU	KØRTU
Punta Gorda	444.9750	+	O 136.5/136.5 L(146.745)rs	WX4E	CARS

482 420-450 MHz
FLORIDA

Location	Output	Input	Notes	Call	Sponsor
WEST CENTRAL					
Brooksville	442.1250	+	Or	K4BKV	HCARA
Dade City	443.6000	+	O	KD4QLF	KD4QLF
			146.2/146.2 E-SUN		
Port Richey	442.6500	+	O	KG4YZY	KG4YZY
			146.2/146.2eWX(*)		
Port Richey	444.6500	+	O	WA4GDN	GCARC
			103.5/103.5		
Spring Hill	442.0500	+	O	K4SH	K4SH
			103.5/103.5e		
Spring Hill	443.8250	+	O	N4TIA	N4TIA
			103.5/103.5e		
WEST CENTRAL - SARASOTA					
Bradenton	442.1250	+	O 100/100	KF4MBN	MC ARES/RACES
			Z(*911)		
Bradenton	443.2250	+	O	KF4MBN	MC ARES/RACES
			103.5/103.5		
Bradenton	444.8750	+	O	N9OJ	N9OJ
			151.4/151.4eL(442.300 444.600 EC-209942)		
Sarasota	442.3000	+	O 82.5/82.5	N9OJ	N9OJ
			eL(444.600 444.875 EC-209942)		
Sarasota	443.5500	+	O 100/100e	WC4EM	SCEM
			rsx		
Sarasota	444.5500	+	O	KD4MZM	KD4MZM
			141.3/141.3e		
Sarasota	444.9250	+	Oae	W4IE	SARA
			L(146.91)		
Venice	443.7500	+	O 100/100r	WC4EM	SCEM
			s		
WEST CENTRAL - TAMPA/ST PETE					
Brandon	443.5000	+	O	K4TN	BARS
			127.3/127.3		
Brandon	443.7250	+	O 77/77ers	WA8ZZC	WA8ZZC
			BI		
Dunedin	444.9750	+	O 100/100	KE4EMC	KE4EMC
			E-SUN L(146.7)x		
Largo	443.4000	+	O	WE4COM	PCACS
			156.7/156.7eL(145.17)rs		
Lutz	443.6750	+	O	W4RNT	RANT
			146.2/146.2eL(224.740 442.725 444.250 IR-488		
Lutz	442.2500	+	O	W4RNT	RANT
			146.2/146.2 L(443.675 442.725 224.74 IR-4880		
New Port Richey	444.2000	+	O	KJ4ZWW	UPARC
			146.2/146.2		
Palm Harbor	442.5000	+	O	KJ4ZWW	UPARC
			146.2/146.2		
Palm Harbor	442.9250	+	O	KJ4ZWW	UPARC
			110.9/110.9eL(EC-489389)		
Riverview	442.5500	+	O 100/100e	NI4CE	WCFG
			lrwx		

420-450 MHz   483
FLORIDA-GEORGIA

Location	Output	Input	Notes	Call	Sponsor
Seffner	444.0000	+	o	W4AQR	W4AQR
			103.5/103.5aeL(444.675 443.425 1291.500		
Seffner	444.2250	+	oDCS(351)	KJ4ARB	FDWS
			E-SUN L(444.0000 443.4250. 1291.5000 9		
Seminole	442.6250	+	o	W4ORM	GSOTW
			103.5/103.5l		
Seminole	443.4250	+	o 88.5/88.5	K3AAF	FDWS
			E-SUN L(444.0000 147.0000 444.2250) Bl		
St Petersburg	442.9000	+	o	N4AAC	N4AAC
			103.5/103.5eL(145.31)		
St Petersburg	443.6250	+	o	N0RW	N0RW
			151.4/156.7e		
St Petersburg	443.9250	+	o	W4ABC	W4ABC
			127.3/127.3l		
St Petersburg	444.4750	+	o	WA4AKH	SPARC
			146.2/146.2a(CA) L(147.060 224.660)		
Sun City Center	442.4500	+	o	W4KPR	KPARC
			162.2/162.2a(CA)e		
Tampa	442.7250	+	o	W4RNT	RANT
			146.2/146.2eL(224.740 443.675 444.250 l		
Tampa	443.0250	+	o	N4TP	TARCI
			146.2/146.2a(CA)z		
Tampa	443.3500	+	o	KP4PC	KP4PC
			127.3/127.3 (CA) Bl		
Tampa	443.7750	+	o	WA4SWC	WA4SWC
			103.5/103.5x		
Tampa	444.0000	+	o 88.5/88.5	W4AQR	W4AQR
			a(CA) E-SUN L(444.675 443.425 1291.500		
Tampa	444.5250	+	●	KB4ABE	KB4ABE
			192.8/192.8		
Tampa	444.6000	+	o 88.5/88.5	W4EFK	W4EFK
Tampa	444.7500	+	o	N4TP	TARCI
			146.2/146.2ers		
Tampa	444.9000	+	o	W4HSO	STARC
			141.3/141.3a(CA)ers		
Valrico	443.1500	+	o	W7RRS	W7RRS

GEORGIA

Location	Output	Input	Notes	Call	Sponsor
Acworth	441.8000	+	o 77.0	KC4YNF	KC4YNF
Adairsville	443.7250	+	e	WB4AEG	WB4AEG
Albany	444.5000	+	o	W4MM	W4MM
Athens	440.6370	+	sWX	KJ4PXY	WA4YIH
Athens	442.9500	+	esWX	N4ZRA	KD4AOZ
Athens	444.3000	+	o 127.3	K4GZX	K4GZX
Atlanta	421.2500	434.0000	o	W4ZTL	MATPARC
Atlanta	440.6000	+	l	W4DOC	ATLANTA RA
Atlanta	442.0250	+	o 127.3	W4CML	----------
Atlanta	442.2250	+	100	WB5EGI	WB5EGI

484 420-450 MHz
GEORGIA

Location	Output	Input	Notes	Call	Sponsor
Atlanta	442.4750	+	O 72.3	NA4DR	DATARADIOE
Atlanta	442.5250	+	O 110.9	N4XQM	N4XQM
Atlanta	442.6250	+	e	WD4EIW	WD4EIW
Atlanta	442.6750	+	O 100.0el	KE4PVE	KE4PVE
Atlanta	442.8000	+	Otl	N4NFP	BSRG
Atlanta	442.8750	+	O 100.0e RB	K4RFL	GIRA
Atlanta	442.9750	+	Ot(CA)l	W4OO	WA4YNZ
Atlanta	443.0250	+	O 127.3l	W4CML	------------
Atlanta	443.3120	+	l	W4AQL	ALEXANDER
Atlanta	443.6000	+	O 146.7a RB	KA5WZY	GPEARC
Atlanta	443.6500	+	O 123.7l	W4CML	W4CML
Atlanta	443.8000	+	O 151.4 (CA)elRB	N4NFP	BSRG
Atlanta	444.0500	+	O 151.4e	N4NEQ	BSRG
Atlanta	444.1500	+	O 100.0e	W4PME	MATPARC
Atlanta	444.4500	+	O 146.2e	W4DOC	ATL RC, IN
Atlanta	444.5000	+	O 110.9	KD4GPI	TURNER ARA
Atlanta	444.7750	+	O 151.4a (CA)elRB	N4NEQ	BSRG
Atlanta	444.8250	+	O 146.2 (CA)e	W4DOC	ATL RC, IN
Atlanta	444.9750	+	Ot(CA)lRB	W4OO	WA4YNZ
Austell	442.8250	+		WA4YUR	WA4YUR
Bainbridge	443.0000	+	O 100.0e	W4DXX	W4DXX
Baldwin	442.3500	+	O	WD4NHW	SPARC
Ball Ground	443.9500	+	● 131.8ael	KB3KHP	KB3KHP
Barnesville	443.6750	+	O	N4GWO	N4GWO/N4GW
Biskey Mtn	443.5000	+	O 100.0ael RBz	KC4JNN	KC4JNN
Blairsville	442.2000	+	O	KF4SKT	KF4SKT
Blairsville	444.6000	+	O 100.0a	W6IZT	W6IZT
Blueridge	442.1250	+	O 146.2	KD4GRU	KD4GRU
Bogart	443.3000	+	Ote	WW4GA	WW4GA
Bogart	443.4750	+	Ote	W4EEE	OCONEE CTY
Braselton	441.8250	+	88.5esWX	WX4TC	TRI-COUNTY
Brunswick	440.5620	+	els	K3RCB	K4KAH
Brunswick	443.4250	+	Oa	KD4CPO	KD4CPO
Brunswick	444.9750	+	O	K4TVE	K4TVE
Buchanan	444.2750	+	ts	N4CHC	N4CHC
Buford	440.7250	+	elsWX	KJ4BDF	WA4YIH
Buford	442.6500	+		KD4YOR	KD4YOR
Calhoun	443.6750	+	O 100.0es WX	K4WOC	K4WOC
Canton	443.0750	+	O 107.2 (CA)es	WA4EOC	WB4NWS
Carrollton	444.0750	+	O 131.8	W4FWD	W4FWD
Cartersville	443.1750	+	O 100.0	N4GIS	N4GIS

420-450 MHz   485
GEORGIA

Location	Output	Input	Notes	Call	Sponsor
Cedartown	442.3000	+	100.0e	KI4GOM	KI4GOM
Cedartown	443.5750	+	O 107.2 (CA)e	KD4NTF	KD4NTF/KD4
Cedartown	444.9500	+	107.2rsWX	KE4VCV	KE4VCV
Chatsworth	443.0000	+	O	W4DRC	------------
Chatsworth	444.8500	+	141.3es	K4SSP	K4SSP
Clayton	442.8250	+	O 162.2e	W1CP	W1CP
Clayton	444.5000	+		KK4BSA	NEGA COUNC
Cleveland	442.6250	+	O 100.0	K4VJM	K4VJM
Cleveland	443.3250	+		WC4DK	WC4DK
Cleveland	443.5500	+	123.0e	K4GAR	GATEWAY AR
Cobb County	443.4500	+	O 103.7els	WC4RAV	WC4RAV
Cochran	442.8750	+	O 77.0aelr WX	W4MAZ	W3LAP
Cochran	444.7750	+	O	N4MXC	MGRA
Cochran	444.9750	+	O 77.0eRB	W4MAZ	W3LAP
College Park	442.3500	+	100.0 RB WX	KG4PTO	KG4PTO
Columbus	441.9750	+	OWX	WB4ULK	WB4ULK
Commerce	441.9750	+	O 162.2	NE4GA	NORTHEAST
Commerce	442.2620	+	elsWX	NE4GA	NORTEAST G
Concord	443.4000	+	O 110.9	WB4GWA	WB4GWA/CON
Conyers	442.5500	+	O 151.4l	WB4JEH	------------
Conyers	444.5500	+	O 151.4l	WB4JEH	------------
Conyers	444.7500	+	O 162.2 (CA)l	KC4ELV	KC4ELV
Cornelia	444.2750	+	O 100.0	WB4VAK	WB4VAK
Covington	443.5750	+	100.0e	KA4IJL	KA4IJL
Covington	444.1750	+	O 100.0el	KE4PVE	KE4PVE
Covington	444.8000	+	O 88.5al	WA4ASI	GEORGE HAW
Cumming	441.9000	+	O 141.3 (CA)elWX	WB4GQX	WB4GQX
Cumming	442.5750	+	100.0e	W4BPY	W4BPY
Cumming	443.4000	+	O 107.2e	N1IB	N1IB
Cumming	443.8750	+		W4PX	W4PX
Cumming	444.3500	+	e	NA4MB	NA4MB
Cumming	444.6250	+	O 123.0 (CA)eRBz	W4CBA	W4CBA
Dahlonega	443.1000	+	O 100	N4KHQ	N4KHQ
Dahlonega	444.9000	+	O 100.0	N4BBQ	N4KHQ
Dallas	441.9250	+	O 162.2	W4CSX	W4CSX
Dallas	442.9500	+	77.0e	KJ4KKB	KJ4KKB
Dallas	443.4750	+	O 77.0ae RB WX	WB4QOJ	WB4QOJ
Dallas	444.7000	+	O 77.0eRB	WD4LUQ	WD4LUQ
Dallas	444.7250	+	O 123.0e	AG4PR	AG4PR
Dalton	441.8500	+	O 100.0	KC4YVV	KC4YVV
Dalton	442.1750	+	O 141.3ae	N4BZJ	N4BZJ

z

420-450 MHz
GEORGIA

Location	Output	Input	Notes	Call	Sponsor
Dalton	444.5000	+	O 141.3	N4BZJ	N4BZJ
Decatur	442.2000	+	Oa	N3APR	N3APR
Decatur	444.2500	+	O	W4BOC	ALFORD MEM
Doraville	0.00000	445.7120		WB4HRO	HRO ATLANT
Douglas	443.0000	+	O 141.3e	KE4ZRT	KE4ZRT
Douglasville	444.5750	+	O 88.5	W4SCR	SKINT CHES
Dry Branch	444.6500	+	O 77.0	KC4TVY	KF4CXL
Dublin	440.5250	+		KJ4YNR	KD4IEZ
Dublin	442.6000	+	O 77.0 (CA)	KD4FOC	KD4FOC
Duluth	442.4000	+	O 100.0es	W2SJB	W2SJB
Eastanollee	442.5000	+	e	W4BNG	W4BNG
Eatonton	442.0750	+		WJ4SR	WJ4SR
Eatonton	442.4250	+	O 123.0	WJ4SR	WJ4SR
Eatonton	443.1750	+	Ote	K4SWS	WJ4SR
Eatonton	444.4250	+	179.9esRB	K4SWS	WJ4SR
Eatonton		+	186.2els WX	K4EGA	K4EGA
Elberton	444.7000	+	118.8	KI4CCZ	KI4CCZ
Ellijay	442.7000	+	77.0s	KC4ZGN	KC4ZGN
Ellijay	443.9870	+		W4HHH	W4HHH
Emerson	443.4250	+	O 103.5el RB	AE4JO	ETOWAH VAL
Evans	444.9000	+	Oe	W4QK	W4QK
Fayetteville	444.6000	+	77.0elsRB WX	W4PSZ	FAYETTE CO
Flintstone	443.0250	+	100.0elRB	KK4MH	KK4MH
Flowery Branch	443.9000	+	O 131.8	K4RHJ	W4TL
Fort Mtain	440.6500	+	elsWX	KJ4KLF	WB4QDX
Gainesville	441.8620	+	esWX	AA4BA	AA4BA
Gainesville	444.0750	+	100.0esWX	AA4BA	AA4BA
Gainesville	444.9250	+	O	W4GM	W4GM
Gainesville	444.9500	+	O 131.8	W4ABP	LANIERLAND
Gray	444.2750	+	O 123.0e RB WX	W4OCL	W4OCL
Gray	444.4870	+	elsWX	WR4DH	WM4F
Graysville	444.5250	+	131.8	N4YAV	N4YAV
Greensboro	444.8500	+	O 103.5 (CA)	N4YXL	------------
Griffin	441.8500	+	OelWX	KF4QLF	KF4QLF
Griffin	443.5500	+	O	NQ4AE	NQ4AE
Hapeville	442.8250	+	O 167.9	KC4ENL	KC4ENL
Hiawassee	444.6750	+	O 186.2al RB	KC4CBQ	KC4CBQ
High Pt	443.4500	+	O 77.0ae RB	KB4VAK	G.R.O.U.P.
Hinesville	444.8500	+	O	KG4OGC	LCECARC
Hiram	443.7000	+	167.9	W4TIY	PAULDING A
Hogansville	444.3000	+	Oa	KC4YNY	KC4YNY
Irwinton	444.9250	+	O 77.0	WB4NFG	WB4NFG
Jackson	443.3250	+	● 123.0aers	W4DNS	W4DNS

486

420-450 MHz 487
GEORGIA

Location	Output	Input	Notes	Call	Sponsor
Jasper	441.8750	+	100.0lRB	W4MAA	W4MNM
Jasper	442.7500	+	O 141.3e	N3DAB	N3DAB
Jasper	443.3750	+	O 100.0lRB	KC4AQS	KC4AQS
Jasper	443.4250	+	O	KB4MDE	KB4MDE
Jasper	443.5620	+	elsRB WX	KC4AQS	KC4AQS
Jasper	443.6250	+	O 100.0e RB	KF4OYP	KF4LMW
Jasper	443.7500	+	O 103.5e	N2UGA	N3DAB
Jasper	444.3750	+	O 103.5 (CA)e	KB4IZF	KB4IZF
Jasper	444.4250	+		KD4YDD	KD4YDD
Jasper	444.4250	+	100.0lRB	W4MAA	M&M 10-10
Jesup	441.6750	+	131.8	N4ZON	N4ZON
Jesup	444.9250	+	O 141.3e	N4PJR	N4PJR & N4
Jonesboro	443.2250	+	(CA)elr	WA4DIW	WA4DIW
Kingsland	444.6250	+	118.8	W4COJ	N4PAO
Kingston	444.1250	+	t	AF4PX	KG4EYJ
Knoxville	443.5250	+	O 114.8l	N4PQR	------------
Lafayette	442.3000	+	94.8eRB WX	KJ4ILK	KJ4ILK
LaGrange	440.5120	+	e	WB4BXO	WB4BXO
Lakemont	444.7500	+	Ote	N4ZRF	------------
Lavonia	442.4750	+	O 203.5 (CA)e	K4NVG	LAVONIA AR
Lawrenceville	440.5500	+	elsWX	WD4STR	WA4YIH
Lawrenceville	442.8500	+	O 82.5e	WB4HJG	WB4HJG
Lawrenceville	442.9000	+	O 123.0 (CA)s	KF4RLZ	KF4RLZ
Lawrenceville	444.0000	+	O 127.3e	WB4QDX	WB4QDX
Lawrenceville	444.0250	+	O 127.3l	W4CML	------------
Lawrenceville	444.2000	+	100	KF4HQV	KF4HQV
Lindale	443.3000	+	127.3e	KA4ZTY	KA4ZTY
Lithia Springs	442.9250	+	O 100.0els WX	WB4RL	WB4RL
Lookout Mt	442.6500	+	O 100.0e RB	W4RRG	W4RRG
Lula	444.4000	+	O 71.9	WB4HJG	WB4HJG
Mableton	442.3250	+	Otaez	W4JLG	------------
Macon	442.2000	+	e	WA9DDK	WA9DDK
Macon	442.2750	+	O 123.0ael RBz	WA4DDI	WM4F
Macon	442.7000	+	O 97.4s	W4MAZ	W4MAZ
Macon	443.0750	+	88.5esWX	KJ4PEO	KJ4PEO
Macon	443.2000	+		KD4UTQ	KD4UTQ
Macon	444.7000	+	O 103.5	WA4DDI	WA4DDI
Madras	442.2500	+	O 141.3e	K4HAC	K4HAC
Marietta	442.0000	+	Oaelz	N1KDO	N1KDO
Marietta	442.3500	+	100.0lsRB WX	KG4PTO	KG4PTO

420-450 MHz
GEORGIA

Location	Output	Input	Notes	Call	Sponsor
Marietta	442.3750	+	Ot(CA)	KE4QFG	KE4QFG
Marietta	442.4250	+	O 107.0s WX	WK4E	COBB ARES
Marietta	442.6000	+	O 100.0	WA4OKJ	WA4OKJ
Marietta	442.7250	+	Ot(CA)	KE4QFG	KE4QFG
Marietta	443.5000	+	Oe	WB4BQX	DELTA 4 RG
Marlow	442.4750	+	O 114.8es RB	W1MED	W1MED
Mcdonough	444.8750	+	O 100.0 (CA)ers	KE4UAS	KE4UAS
Monroe	442.0500	+	77.0elsWX	WE4RC	WALTON CO
Monroe	443.9250	+	O 123.0	KQ4XL	KD4WOU
Moultrie	443.3250	+	114.8e	N4JMD	N4JMD
Moultrie	444.6250	+	O 123.0e	W1BPP	FBC-MOULTR
Newnan	441.8750	+	82.5er	WX4ACS	COWETA CO
Omaha	443.7250	+	77.0e	KI4VDP	KI4VDP
Peachtree City	442.5000	+	O 77.0eRB WX	W4PSZ	KD4YDC
Pelham	440.6500	+	elsWX	KJ4PYB	WA4YIH
Perry	444.9500	+	O 107.2	WR4MG	MID GA RAD
Pine Log Mt	443.2000	+	O 103.5el	KD4APP	KD4APP
Pine Mtn	444.4000	+	Oe	WB4ULJ	WA4ULK
Quitman	444.6000	+	O 127.3e	WA4NKL	------------
Rex	443.9750	+	O(CA)	KB4NPO	------------
Ringgold	443.9250	+	O(CA) RB	W4BAB	W4BAB
Rockmart	443.2750	+	13	NU4T	NU4T
Rome	441.8250	+	O 100.0el	KA4MLK	N4GIS
Rome	443.5250	+		NU4T	NU4T
Rossville	442.4750	+	O 100.0	W4RRG	KS4QA
Roswell	442.0750	447.0250	Ota	W8BLA	W8BLA
Roswell	443.1500	+	O 100.0	W4PME	MATPARC
Saint Marys	443.0250	+	2e	N3EAY	N3EAY
Sandy Springs	441.9500	+	156.7aelRB	KE4OKD	ETOWAH VAL
Savannah	427.2500	439.2500	OteRB	WA4VHP	SAVANNAH A
Savannah	442.7000	+	esWX	W4LHS	CARS
Smyrna	444.6500	+	O	N4IBW	------------
Snellville	442.4500	+	Ot	W4CML	N1IP
Snellville	443.0500	+	Ot	N1IP	N1IP
Snellville	444.5250	+	O 82.5 (CA)	W4GR	GWINNETT A
Social Circle	443.8250	+	123.0e	W4VZB	W4VZB
Split Silk	444.1000	+	77.0esWX	KD4HLV	KD4HLV
Statham	442.3000	+	Ote	WW4T	WW4T
Stockbridge	443.1250	+	O 100.0	KG4PUW	KG4PUW
Stone Mtain	440.7000	+	els	WX4GPB	W4DOC
Sugar Hill	442.1500	+		KD4GPI	KD4GPI
Sugar Hill	443.7750	+	O 82.5e	N4YF	NY4F
Sumner	444.9000	+	141.3	W4CCS	W4CCS
Sweat Mt	444.4750	+	O 100.0z	NF4GA	N FULTON A
Sycamore	444.9250	+	141.3	KF4BI	KF4BI

420-450 MHz
GEORGIA-HAWAII

Location	Output	Input	Notes	Call	Sponsor
Sylvania	441.8000	+	●te	AF4MI	AF4MI
Tifton	445.5620	+	elsWX	W4PVW	COASTAL PL
Tifton	444.8750	+	O 141.3es WX	KE4RJI	KE4RJI
Toccoa	441.9250	+	100.0esWX	KI4AEM	KI4AEM
Twin City	444.2500	+	elWX	N4SFU	N4SFU
Tyrone	444.6750	+	O 77.0els WXz	KN4YZ	KD4YDC
Valdosta	443.7120	+	141.3els WX	W4VLD	W4VLD
Valdosta	444.3500	+	O 141.3ae RB	WR4SG	WR4SG
Valdosta	444.7000	+	O 141.3 (CA)ez	KF4BJM	VARC
Vidalia	442.5000	+	O 88.5e	KE4PMP	KE4PMP
Villa Rica	441.9750	+		KI4GOM	KI4GOM
Villa Rica	442.7750	+	O 131.8a WX	KB4TIW	VILLA RICA
Waleska	441.3500	+	●t	KD4DXR	KD4DXR
Waleska	443.8500	+	O 192.8	K4PLM	PINE LOG M
Warm Springs	440.6750	+	esWX	KJ4KLE	WB4QDX
Warm Springs	442.4000	+	Oez	N4UER	N4UER
Warner Robbins	443.1500	+	82.5el	WM4B	KJ4PSI
Warner Robins	442.9000	+	O 107.2	WR4MG	MGRA
Watkinsville	444.7250	+	O 123.0	KD4AOZ	KD4AOZ
Waycross	444.0250	+	O 141.3lz	AE4PO	AE4PO
Winder	443.0000	+	77.0lsRB WX	AK4GA	AK4GA
Woodstock	442.2750	+		KF4RMB	KF4RMB
Woodstock	444.2250	+	O(CA)e	KE4SJO	KE4SJO
Wrightsville	443.0250	+	O 156.7l	WA4RVB	WA4RVB

HAWAII
HAWAII

Location	Output	Input	Notes	Call	Sponsor
Glenwood	442.0250	+	O 156.7al	AH6GG	AH6GG
Hilo	442.9250	+	O 107.2e	NH6XO	NH6XO
Hilo	444.7500	+	Oal	AH6JA	BIARC
Hilo	444.9250	+	Oel	KH6KL	KH6KL
Kahua	442.2750	+	O 136.5	AH6GR	MCDA
Kau	444.6000	+	Oael	KH6EJ	BIARC
Kohala	444.4500	+	O	KH7EJ	BIARC
Kona	443.4000	+	O 100.0e	KH7MS	KH7MS
Kona	444.9000	+	O	AH6RF	AH6RF
Mountain View	444.3500	+	Oel	KH6QAJ	KH6QAJ
Ocean View	443.4000	+	O 77.0els	KH7MS	KH7MS
Ocean View	444.1500	+	Oalr	AH6JA	BIARC
Pahoa	442.2500	+	O 114.8el	NH6P	W6YM
Waikoloa	444.9750	+	Oes	KH6CQ	KH6CQ

420-450 MHz
HAWAII

Location	Output	Input	Notes	Call	Sponsor
KAUAI					
Kapaa	444.3000	+	O#	WH6TF	WH6TF
Lihue	442.9250	+	O 107.2	NH6XO	NH6XO
Lihue	444.6750	+	● 100	KH6CVJ	KH6CVJ
LANAI					
Lanai City	442.2250	+	O 110.9	KH6RS	MCDA
Puu Kilea	442.0750	+	O 110.9	KH6RS	MCDA
MAUI					
Crater	442.8500	+	O 110.9	AH6GR	AH6GR
Haleakala	442.1000	+	O 136.5e RB	AH6GR	AH6GR
Haleakala	443.1500	+	O(CA)eRBz	KH6DT	KH6DT
Haleakala	443.9250	+	O 123.0	NH6XO	NH6XO
Haleakala	444.2250	+	O 110.9	AH6GR	MCDA
Hana	442.3000	+	O 110.9	AH6GR	MCDA
Kaanapali	442.3500	+	O 136.5 RB	KH6RS	MCDA
Kapalua	442.0000	+	O 110.9	KH6RS	MCDA
Portable	443.8000	+	O 100.0	AH6GR	AH6GR
Puu Mohoe	442.0500	+	O 136.5	KH6RS	MCDA
Wailuku	442.7500	+	O 136.5el	AH6GR	AH6GR
Wailuku	444.9500	+	O(CA)pr	KH6DT	KH6DT
Wailulu	442.7500	+	O 136.5el	AH6GR	AH6GR
Wailulu	443.2250	+	O 110.9	AH6GR	MCDA
MOLOKAI					
Puu Hoku	442.1250	+	O 110.9	AH6GR	MCDA
Puu Nana	442.3000	+	O 136.5	AH6GR	MCDA
OAHU					
Diamond Head	444.5000	+	Oel	WH6CZB	EARC
Honolulu	442.3000	+	O 103.5	WH6DIG	HIPRN
Honolulu	442.8000	+	Oel	KH6AZ	KH6AZ
Honolulu	443.3000	+	Ol	WH6F	WH6F
Honolulu	443.4500	+	O 103.5l	KH6OJ	Ohana ARC
Honolulu	443.6750	+	O	WH6UG	WH6UG
Honolulu	443.7750	+	O 123.0	NH6XO	NH6XO
Honolulu	443.9500	+	O 118.8	KH7TK	AH7GK
Honolulu	444.0000	+	O	NH6WP	SFHARC
Honolulu	444.0500	+	Opr	KH6OCD	DEM
Honolulu	444.2000	+	Oer	KH6OCD	DEM
Honolulu	444.3250	+	Oer	AH6RH	RACES
Honolulu	444.3500	+	O 103.5elr	AH6CP	RACES
Honolulu	444.4750	+	●	WH7MN	UFN
Honolulu	444.7250	+	O 100.0l	WH6FM	WH6FM
Honolulu	444.8250	+	O	AH6HI	AH6HI
Honolulu	444.8750	+	O	KH6MP	KH6MP
Honolulu	444.9000	+	O 103.5el	AH6CP	AH6CP
Kaaawa	443.4750	448.8250	O 100.0el	KH6HFD	HFD MULTI
Kaala	444.7750	+	O	NH6XO	KH6MP
Kailua	444.1500	+	Ol	WH6CZB	EARC

420-450 MHz
HAWAII-IDAHO

Location	Output	Input	Notes	Call	Sponsor
Kailua	444.4250	+	O	AH6HI	AH6HI
Kaimuki	443.1000	+	Oel	NH6WP	OARC
Kaimuki	444.6500	+	O 114.8e	KH6FV	KH6FV
Kaimuki	444.8500	+	O 114.8e	KH6FV	KH6FV
Kaneohe	443.2750	+	O 118.8	NH6XO	KH6MP
Kokohead	442.7750	+	O 123.0el	NH6XO	KH6MP
Leeward	442.1750	+	O 103.5	KH6MEI	KH6MEI
Leeward	442.6000	+	O	KH6NYC	KH6NYC
Leeward	444.8000	+	O 171.3	NH7QH	NH7QH
Manawahua	443.4750	448.8250	O 100.0e	KH6HFD	HFD MULTI
Manawahua	443.5500	+	O 114.8e	KH6HFD	HFD
Maunakapu	442.4500	+	O 167.9ex	KH7O	RED CROSS
Maunakapu	442.4750	+	●elx	WR6AVM	UFN
Maunakapu	444.1000	+	Ol	WH6CZB	EARC
Mokuleia	443.3000	+	O 114.8e	KH6HFD	HFD
Mokuleia	443.6000	448.8250	O 100.0el	KH6HFD	HFD MULTI
Mokuleia	444.5500	+	O 114.8e	KH6FV	KH6FV
Portable	444.0750	+	Opr	KH6OCD	DEM
Portable	444.1750	+	Opr	KH6OCD	DEM
Portable	444.2750	+	Opr	KH6OCD	DEM
Portable	444.8750	+	O	KH6MP	KH6MP
Round Top	443.4250	+	O 114.8el	KH6HFD	HFD
Round Top	443.7750	+	O 123.0el	NH6XO	NH6XO
Round Top	443.8250	+	O 100.0e	KH6HFD	HFD MULTI
Round Top	444.7000	+	O 100.0	KH6MEI	KH6MEI
Waimanalo	442.5000	+	●	KH7Q	KH7Q
Waimanalo	443.6000	448.8250	O 100.0l	KH6HFD	HFD MULTI
Waimanalo	444.0250	+	O	KH6CB	KH6CB
Waimanalo	444.3750	+	O 114.8el	KH6HFD	HFD
STATE					
STATE	443.3750	+	O	SNP	SNP

IDAHO
FREQUENCY USAGE - IACC AREAS

Location	Output	Input	Notes	Call	Sponsor
Snp	443.0000	+	t		

FREQUENCY USAGE - N ID LINK

Location	Output	Input	Notes	Call	Sponsor
Mullan	439.0500				
Mullan	439.2000				

CENT ID

Location	Output	Input	Notes	Call	Sponsor
McCall	442.5000	+	O 100	KC7MCC	CI ARC

N ID - BONNERS FERRY

Location	Output	Input	Notes	Call	Sponsor
Bonners Ferry	443.0250	+	100.0	KE7MDQ	KE7MDQ
Moyie Springs	444.2750	+	O	KF7MJA	NSDAssn

N ID - COEUR D ALENE

Location	Output	Input	Notes	Call	Sponsor
Id Mica	443.9750	+	100.0esz	K7ID	KARS

N ID - COTTONWOOD

Location	Output	Input	Notes	Call	Sponsor
Cottonwood Butte	444.9500	+	O 100.0lx	K7EI	K7EI

N ID - KELLOGG

Location	Output	Input	Notes	Call	Sponsor
Wardner Pk	444.0000	+	O 127.3	N7SZY	N7SZY

420-450 MHz
IDAHO

Location	Output	Input	Notes	Call	Sponsor
N ID - LEWISTON					
Craig Mtn	442.1000	+	103.5	K7EI	K7EI
Craig Mtn	444.9250	+	O 100.0lx	K7EI	K7EI
Lewiston Hill	444.9000	+	O 100.0 (CA)lx	K7EI	K7EI
N ID - MOSCOW					
Moscow Mtn	444.9750	+	O 100.0lx	K7EI	K7EI
Moscow Mtn/West	442.8000	+	103.5e	W7NGI	W7NGI
N ID - OROFINO					
Wells Bench	444.8750	+	100.0l	K7EI	K7EI
N ID - RATHDRUM					
Rathdrum	442.8500	+	● 110.9	KC7TIG	KC7TIG
Rathdrum	444.2500	+	110.9	KC7TIG	KC7TIG
N ID - SANDPOINT					
Cocolalla	444.7750	+	● 127.3	N7LNA	K7LNA
Sagle	444.0250	+	100.0	KD6PGS	KD6PGS
Sandpoint	443.6250	+	136.5l	K7LNA	K7LNA
Schweitzer	444.0750	+	100.0l	K7MEE	BCEM
N ID - SPIRIT LAKE					
Spirit Lake	442.0000	+	110.9e	K7ZOX	K7ZOX
NORTH					
Burley ID	449.2000	−	Ox	WA7UHW	-------------
Lava Hot Spr	449.3750	−	O 88.5 A(80*/#)lx	AE7TA	BARC
S CENT					
Burley	449.2000	−	O	KC7SNN	ISRA MHCH
Twin Falls	442.6000	+	O	W7CTH	W7CTH
S WEST ID					
Ontario, OR	444.1500	+	100	K7OJI	TVRA
SOUTHEAST IDAHO					
Idaho Falls	443.0000	+	O 100.0	WA4VRV	WA4VRV
Idaho Falls	448.1750	+	O 100.0	K6LOV	K6LOV
Pocatello	447.7500	−	O 100.0	W7RSR	-------------
Pocatello	449.6750	−	O	KØIP	-------------
SOUTHERN					
Boise	444.5000	+	O 100	WR7ID	W7OHM
SW ID					
Boise	443.2000	+	O 100 RB	KB7SYE	KB7SYE
Boise	443.8000	+	O	N7DJX	N7DJX
Boise	444.6750	+	O 156.7/156.7alx	N7KNL	N7KNL
Marsing	443.5500	+	O 100/100e l	K7ZZL	DP ARC
SW ID / E OR					
Nyssa, OR	442.3500	+	O 100	W7PAG	W7PAG
SW ID, E OR					
Ontario, OR	443.0500	+	O	NB7C	NB7C

IDAHO-ILLINOIS

Location	Output	Input	Notes	Call	Sponsor
SW IDAHO					
Boise	443.0000	+	O 100	W7NCG	W7NCG
Idaho City	443.3500	+	O 100	KD7LXW	KD7LXW
SW-ID					
Boise	443.2500	+	O 110.9/110.9elRB	K7ZZL	DP ARC
Boise	443.6000	+	OE-SUNlrs WXx	W7VOI	VOI ARC
Boise	443.8500	+	O 100 E-SUNrsWX	KD7QAS	VOI ARC
Boise	444.0250	+	O	N7FYZ	N7FYZ
Boise	444.3000	+	O(CA)	W7VOI	VOI ARC
Boise	444.4500	+	O 100.0 (CA)elx	KB7LVC	KB7LVC
Boise	444.6500	+	O 110.9ex	KA7EWN	KA7EWN
Boise	444.9000	+	O 100	W7VOI	VOIARC
Cascade	443.3000	+	O 110.9/110.9elRB	K7ZZL	W7ZRQ+DPARC
Fruitland	443.6500	+	O	KC7BSA	KC7BSA
ILLINOIS					
BLOOMINGTON					
Athens	444.9750	+	210.7els WX	KD9Q	KD9Q
Bloomington	444.9500	+	97.4	W9NUP	W9NUP
El Paso	444.3500	+	107.2	KE9HB	KE9HB
Normal	442.7000	+	107.2eWX	WB9UUS	WB9UUS
CENTRAL					
Litchfield	444.4500	+	103.5	AC9P	AC9P
Nokomis	442.1500	+	88.5	N9TZ	W9COS
CHAMPAIGN					
Champaign	443.48125	+		W9YR	Synton ARC
Champaign	444.1000	+	162.2e	K9SI	K9SI
Champaign	444.5250	+	162.2e	K9BF	Ben Fisher
Champaign	444.6500	+	103.5	W9YH	SYNTON ARC
Kansas	443.6250	+	162.2	W9COD	W9COD
CHICAGO					
Chicago	440.3000	+	114.8	W9BMK	DUCFAR
Chicago	441.2750	+	114.8	KA2DRQ	KA2DRQ
Chicago	441.90625	+		WA9ORC	CFMC
Chicago	442.09375	+	e	NS9RC	NSRC
Chicago	442.1250	+	203.5	WD9GEH	WD9GEH
Chicago	442.1750	+	107.2	AA9RA	AA9RA
Chicago	442.4000	+	114.8e	K9NBC	PARC
Chicago	442.4500	+	●	K9QKB	MRCA
Chicago	442.5750	+	131.8	N9OZG	SATURN
Chicago	442.7250	+	114.8e	NS9RC	NSRC
Chicago	442.9750	+	114.8 (CA)l WXx	WA9VGI	FISHFAR

420-450 MHz
ILLINOIS

Location	Output	Input	Notes	Call	Sponsor
Chicago	443.3750	+	114.8	K9QKW	WB9RFQ
Chicago	443.6750	+	114.8 (CA) WX	KC9DFK	CHI-TOWN
Chicago	443.7500	+	114.8 (CA)	WA9ORC	CFMC
Chicago	443.8000	+	114.8a	K9SAD	SADFAR
Chicago	443.8750	+	114.8ae	WA9TQS	WSNSTVARC
Chicago	443.9250	+	114.8	K9VO	CHIFAR
Chicago	443.9750	+	114.8	KB9PTI	AIRA
Chicago	444.3750	+	114.8 (CA)z	K9GFY	SARA
Chicago	444.6250	+	110.9	N9SHB	N9SHB
Chicago	444.7250	+	114.8l	W9TMC	TMC ARC
Homewood	442.3750	+	114.8lWX	WA9WLN	WALDOFAR
Schiller Park	443.6000	+	114.8 (CA)	WB9AET	WAFAR
Tinley Park	441.8000	+	107.2 (CA)	W9IC	W9IC
DECATUR					
Bement	443.5750	+	103.5 (CA)e	KB9WEW	PCESDA
Cadwell	440.64375	+	e	W9BIL	MARK
Decatur	442.2500	+	103.5e	WA9RTI	MACONCOARC
Decatur	443.8000	+	123	K9HGX	CENOIS ARC
Decatur	444.1750	+	100.0elWX	K9MCA	KC9CWL
Lovington	444.2750	+	103.5e	WC9V	KR9X
Monticello	442.7250	+	103.5esWX	KB9ZAM	UBIQUITOUS
Mt Zion	444.8000	+	103.5 (CA)e	KO9I	W9EHR
EAST CENTRAL					
Arcola	444.3750	+	192.8	WA9WOB	ARC NET
Clinton	442.3750	+	91.5es	KA9KEI	DARC
Hoopeston	444.8250	+	67	KB9YZI	KB9YZI
Loda	442.4250	+	179.9 (CA)	K9UXC	K9UXC
Watseka	444.6250	+	103.5sWX	W9QKF	W9QKF
NORTH CENTRAL					
Channahon	444.6000	+	114.8e	W9PXZ	W9PXZ
Dixon	443.8250	+	136.5	KA9PMM	KA9PMM
Dixon	444.8000	+	114.8	W9DXN	RRARC
Freeport	442.0000	+	146.2ers WX	W9SBA	NWIL ARES
Freeport	443.2750	+	114.8	KB9RNT	KB9RNT
Joliet	440.0000	+	114.8e	KC9LYB	KC9LYB
Joliet	440.1500	+	156.7 (CA)	KB9LWY	KB9LWY
Joliet	442.3000	+	114.8e	W9OFR	WCARL
Joliet	442.9250	+	114.8 (CA)l WXx	WA9VGI	FISHFAR
Malta	442.9500	+	131.8 (CA)l WXx	WA9VGI	FISHFAR
Marseilles	442.6000	+	OelWX	KA9FER	KA9FER
Oregon	443.9500	+	141.3e	KB9DBG	KB9DBG
Princeton	444.1500	+	103.5 (CA)	N9ECQ	N9ECQ
Roscoe	442.7500	+	131.8ers WX	WX9WAS	WX9WAS
Sterling	444.0250	+	82.5el	N9JWI	N9JWI

420-450 MHz ILLINOIS

Location	Output	Input	Notes	Call	Sponsor
Winnebago	442.3500	+	88.5 (CA)e	W9TMW	W9TMW
NORTHEAST					
Algonquin	444.0250	+	103.5	N9IVM	N9IVM WEST
Arlington Heig	444.0250	+	100.0e	N9IVM	N9IVM EAST
Aurora	443.2000	+	114.8ex	N9EAO	FROGFAR
Aurora	443.4250	+	114.8e	W9LSL	W9LSL
Barrington Hil	442.1500	+		WD9IAE	WD9IAE
Batavia	442.10625	+		W9CEQ	FRRL
Batavia	443.6500	+	114.8 (CA)l	W9XA	W9XA
Batavia	444.1000	+	100.0ex	KA9LFU	ELFAR
Batavia	444.2250	+	114.8	WB9IKJ	FERMI RC
Batavia	444.3000	+	114.8	W9CEQ	FRRL, INC.
Bellwood	444.5750	+	114.8	KC9ZI	KC9ZI
Berwyn	444.1500	+	146.2	WA9HIR	WA9HIR
Blue Island	442.6750	+	131.8	W9SRC	STARS
Bolingbrook	443.5250	+	114.8e	K9BAR	BARS
Bolingbrook	443.7000	+	114.8 (CA)e lWxz	W9BBK	V BOLNGBRK
Calumet City	443.9500	+	131.8	KA9OOI	CHUMPS
Calumet City	444.4250	+	114.8e	KP4EOP	CC ESDA
Cary	443.0750	+	114.8 (CA)l	WB9PHK	STROKE
Cherry Valley	442.6750	+	100	W9FT	PIGFAR
Crystal Lake	443.2000	+	131.8l	N9EAO	FROGFAR #2
Crystal Lake	443.4750	+	114.8e	N9HEP	N9HEP
Crystal Lake	444.1750	+	114.8	KA9ATL	KA9ATL
Crystal Lake	444.8000	+	203.5	KB2MAU	RAYFAR
Deer Park	444.0000	+	114.8	KP4EOP	KP4EOP
Dekalb	444.4500	+	114.8px	KB9FMU	KB9FMU
Downers Grove	442.5500	+	114.8 (CA)	W9DUP	DARC
Downers Grove	442.8750	+	114.8	W9YRC	York RC
Downers Grove	443.2000	+	100	N9EAO	FROGFAR #3
Downers Grove	443.9000	+	114.8	N9ATO	SERCOMM
Downers Grove	444.4750	+	114.8	W9CCU	WCRA
East Dundee	443.0250	+	114.8	W9DWP	W9DWP
Elgin	444.9500	+	114.8	WR9ABQ	VARA
Elmhurst	440.8500	+	114.8	KB9UUU	KB9UUU
Elwood	441.9750	+	114.8eWX	W0COP	W0COP
Frankfort	443.3250	+	114.8	WD9HSY	WD9HSY
Frankfort	444.5500	+	114.8ers WX	WW9AE	PRL WCEMA
Glendale Heigh	440.10625	+		KC9PWC	SPRAG-SWC
Glendale Heigh	444.8750	+	114.8epx	K9XD	K9XD
Grant Park	441.3500	+	114.8lWX	WA9WLN	WALDOFAR
Grayslake	444.6000	+	114.8	W9GWP	W9GWP
Gurnee	443.1500	+	114.8e	N9OZB	ARG
Gurnee	443.5000	+	127.3 (CA)e	W9MAB	GURNEE RG
Hampshire	444.6750	+	114.8 (CA)e lz	W8ZS	SKYHAWK
Hampshire	444.7000	+	114.8l	W8ZS	SKYHAWK

ILLINOIS

Location	Output	Input	Notes	Call	Sponsor
Hinsdale	444.2000	+	114.8e	KB9OYP	KB9OYP
Ingleside	444.5500	+	107.2	N9IFG	WeLCARS
Kankakee	444.8000	+	100.0ael	W9AZ	KARS
La Grange Park	443.3000	+	114.8	K9ONA	SMCC
Lake Villa	444.4000	+	114.8aelz	WB9RKD	WB9RKD
Lake Zurich	440.74375	+		KC9OKW	SUHFARS
Lake Zurich	443.2500	+	114.8 (CA)	K9SA	SUHFARS
Lake Zurich	443.3500	+	114.8 (CA)e l	K9SA	K9SA
Lake Zurich	443.8500	+	114.8ers WX	KD9GY	LC RACES
Libertyville	442.5250	+	114.8ers WX	K9IQP	LKCNTRACES
Lisle	442.2500	+	114.8l	WA9WSL	IHARC
Lisle	442.7000	+	203.5 (CA) LITZ	WA9AEK	WA9AEK
Lockport	442.0250	+	100	NC9T	P.A.D.X.A.
Lockport	443.2250	+	141.3	KB9KV	ANDREW RC
Lombard	444.2500	+	114.8 (CA)e lWX	N9ECQ	LOMBRD OEM
Marengo	442.3750	+	151.4l	W9DMW	MOOSEFAR
Mchenry	444.0750	+	● 88.5	KB9I	KB9I
Melrose Park	442.6250	+	114.8	W9FT	PIGFAR
Morris	442.0000	+	94.8	KC9KKO	JP WATTERS
Morris	443.3250	+	114.8eWX	KB9SZK	GCARC
Naperville	443.0500	+	114.8erWX	NE9MA	NEMA
New Lenox	444.4000	+	141.3l	N2BJ	N2BJ
North Chicago	442.3250	+	107.2e	N9FJS	LBRG
Oak Forest	443.2750	+	114.8	N9ZD	N9ZD
Oak Lawn	444.6500	+	110.9	KB9WGA	BCRC
Oak Lawn	444.9000	+	114.8 (CA)e lz	W9OAR	W9OAR
Orland Park	444.7750	+	114.8 (CA)	WA9PAC	PIONEER
Orland Park	444.8500	+	71.9	WD9HGO	WD9HGO
Palatine	443.0000	+	114.8r	KA9ORD	KA9ORD
Plainfield	440.0750	+	162.2ep	KC9QHH	PARC
Plainfield	442.8500	+	114.8	W9CJC	ARP
Plato Center	444.9750	+	● 114.8	W9ZS	VARA
Rolling Meadow	442.8000	+		KC9RBB	SPRAG-N9EP
Rolling Meadow	442.8000	+	114.8l	N9EP	SPRAG-N9EP
Round Lake Bea	443.7750	+	127.3	N9JSF	N9JSF
Sandwich	444.4250	+	131.8ers WX	KA9QPN	SEMA
Schaumburg	440.8000	+	114.8 (CA)e	KC9GFU	ANTFACTORY
Schaumburg	442.2750	+	114.8	K9IIK	SARC
Schaumburg	442.9000	+	114.8 (CA)l WXx	WA9VGI	FISHFAR
Schaumburg	443.1000	+	114.8 (CA)l	WB9PHK	STROKE
Schaumburg	443.4000	+	114.8	KB2MAU	RAYFAR

420-450 MHz ILLINOIS

Location	Output	Input	Notes	Call	Sponsor
Schaumburg	443.5750	+	114.8	N9KNS	MOTO ARC
Schaumburg	443.6250	+	114.8 (CA)elz	N9CXQ	NAPS
Schaumburg	443.7250	+	114.8	N9KNS	MOTO ARC
Schaumburg	444.5000	+	114.8	K9PW	CARP
Schaumburg	444.8000	+	203.5	KB2MAU	RAYFAR
Sugar Grove	442.4750	+	a	KA9HPL	KA9HPL
Sycamore	442.6500	+	146.2	N9EX	N9EX
Wasco	444.9250	+	Oe	N9MEP	GFAR
Wauconda	442.5000	+	114.8	K9SGR	K9SGR
Waukegan	441.3750	+	88.5	N9IJ	N9IJ
Wayne	440.26875	+	esWX	W9DPA	DPA EMCOMM
West Chicago	441.8500	+	114.8e	KC9JBW	WC ESDA
Wheaton	444.0500	+	114.8e	WA9E	Tower ARC
Wheaton	444.2750	+	114.8 (CA)el	KA9KDC	KA9KDC
Wheeling	443.3250	+	114.8	WB9OUF	WB9OUF
Yorkville	443.5500	+	114.8	WA9JON	WA9JON
Zion	444.8250	+	74.4	KA9VMV	KA9VMV
NORTHWEST					
Rock Island	444.9000	+	100.0e	W9WRL	QCRG
Stockton	443.9750	+	127.3	N9NIX	N9NIX
PEORIA					
Canton	444.7250	+	103.5e	K9ILS	FCARC
Dunlap	443.1250	+	156.7	N9BBO	N9BBO
East Peoria	443.0000	+	103.5aez	KA9GCI	PEKIN RPTG
Kickapoo	444.2000	+	103.5e	W9HOI	HIFC
Pekin	444.0000	+	103.5az	KA9GCI	PEKIN RPTG
Peoria	442.1250	+	103.5e	W9GAO	HIFC
Peoria	443.46875	+		W9PIA	PAARC
Peoria	444.0500	+	103.5e	WX9PIA	PALS
Peoria	444.3750	+	156.7 (CA)	N9BBO	N9BBO
Peoria	444.4750	+	103.5	W9JWC	BUARC
Tremont	444.5500	+	e	W9TAZ	TCARS
ROCKFORD					
Belvidere	442.8250	+	114.8e	N9KUX	N9KUX
Mt Morris	442.6750	+	114.8elrsWX	K9AMJ	K9AMJ
Rockford	442.0750	+	114.8a	N9CWQ	ARECOMM
Rockford	442.1750	+	118.8elx	K9AMJ	K9AMJ
Rockford	442.7750	+	118.8	WW9P	P.A.R.S.
Rockford	443.3250	+	123.0ae	KE4CLD	RVCITHAMS
Rockford	443.4500	+	114.8e	WB9TFX	WB9TFX
Rockford	443.9250	+	118.8elx	K9AMJ	K9AMJ
Rockford	444.3500	+	114.8 (CA)el	K9AMJ	K9AMJ
Rockford	444.7250	+	107.2esWXx	WX9MCS	NIRA
Rockford	444.8500	+	114.8 (CA)el	K9AMJ	K9AMJ

498 420-450 MHz
ILLINOIS

Location	Output	Input	Notes	Call	Sponsor
SOUTH					
Carbondale	442.0250	+	88.5	W9UIH	SIU ARC
Carbondale	443.5250	+	88.5e	KA9YGR	KA9YGR
Eagleton	443.4000	+		W9IMP	OTHG
Metropolis	444.9750	+	123.0 (CA)z	N9IBS	MAMA ARC
SOUTH CENTRAL					
Effingham	444.1250	+	110.9e	K9UXZ	NTARC
Farina	443.0500	+	103.5	W9FIU	ROGER RIES
Geff	444.0000	+	123.0eswX	KC9GMX	UBIQUITOUS
Greenville	442.9250	+	103.5e	KB9EGI	OVARC
Johnsonville	442.6250	+	123.0ers WX	KC9NPJ	KC9NPJ
Mattoon	444.9250	+	103.5e	W9MBD	MARK
Salem	442.2000	+	103.5ez	W9CWA	CWA
SOUTHEAST					
Herod	444.8000	+	88.5	K9OWU	SCAN
Mt Carmel	442.3250	+	114.8sWX	AI9H	W9GH
Mt Carmel	444.7750	+	114.8eswX	AI9H	K9BJE
Olney	444.9750	+	114.8 (CA)e sWX	N9QZA	RADIO
Robinson	442.8000	+	107.2eswX	WA9ISV	CCARC/IEMA
SPRINGFIELD					
Jacksonville	444.6750	+	103.5 (CA)z	K9JX	JARS
Pawnee	442.6000	+	94.8	N9MAF	N9MAF
Springfield	443.3750	+	94.8	WA9KRL	WA9KRL
Springfield	443.78125	+	e	W9DUA	SVRC
Springfield	444.1000	+	(CA)	K9PLR	PIONEER AR
Springfield	444.4000	+	103.5	K9CZ	K9CZ
Springfield	444.5000	+	103.5ae	WX9DX	WX9DX
Springfield	444.6000	+	103.5 (CA)e lxz	WS9V	MR DX
Tallula	442.6750	+	151.4	K9KGO	K9KGO
Tallula	444.9000	+	151.4	K9KGO	K9KGO
Taylorville	442.0500	+	79.7	N9HW	CCARC
ST LOUIS					
Albers	444.7750	+	151.4 (CA)	WD9IQN	WD9IQN
Alton	442.7750	+	123.0e	K9HAM	LCRC
Alton	442.9000	+	79.7aelz	K9HAM	LCRC
Belleville	442.2750	+	127.3lrs	K9GXU	ST CLAIR
Belleville	444.6250	+	127.3	K9GXU	ST CLAIR
Carlinville	443.2750	+	100.0e	N9OWS	N9OWS
Carlinville	443.7500	+	107.2e	N9OWS	N9OWS
Collinsville	442.1750	+	103.5 (CA)	KD6TVP	KD6QKX
Collinsville	443.1250	+	103.5	KA9YMH	KA9YMH
Edwardsville	442.4000	+	127.3ers WX	W9AIU	EGYPTN RC
Gillespie	444.2500	+	103.5 (CA)e sWXxz	WS9V	MR DX

420-450 MHz
ILLINOIS-INDIANA

Location	Output	Input	Notes	Call	Sponsor
Godfrey	442.2250	+	79.7aelz	K9HAM	LCRC
Godfrey	442.3500	+	123.0e	KB9GPF	KB9GPF
Godfrey	443.2750	+	123	N9GGF	N9GGF
Godfrey	443.4000	+	123	N9GGF	N9OWS
Granite City	442.5500	+	127.3	KZ9D	KZ9D
Maryville	443.2000	+	103.5e	KB9KLD	KB9KLD
Mascoutah	443.9000	+	l	AA9ME	AA9ME
Mascoutah	443.9750	+	l	AA9ME	AA9ME
Mascoutah	444.2250	+	l	AA9ME	AA9ME
Mascoutah	444.8750	+	110.9l	KB9QKR	KB9QKR
O'fallon	443.1000	+	127.3	K9AIR	SPARC
Shiloh	444.3000	+	127.3e	AA9RT	KB9VTP
Troy	442.0750	+	al	AA9MZ	AA9MZ
Troy	444.5750	+	al	AA9MZ	AA9MZ
Waterloo	444.7000	+	127.3aez	N9OMD	N9OMD
WEST CENTRAL					
Beardstown	443.9500	+		W9ACU	IVARC
Dallas City	444.9250	+	123.0eWxx	KA9JNG	KA9JNG
Galesburg	444.4500	+	103.5l	W9GFD	KNOXCARC
Galva	443.3000	+	103.5	WA9BA	AARO
Galva	443.3500	+	225.7ep	W9YPS	AARO
Geneseo	444.8750	+	136.5e	W9MVG	SHAFER MEM
Kewanee	442.1750	+	225.7	N9ZK	AARO
Macomb	444.3000	+	103.5	WB9TEA	LEARC
Monmouth	444.3250	+	173.8	KD9J	KD9J
Quincy	442.9000	+	114.8l	WA9VGI	FISHNET
Quincy	443.6750	+	186.2ex	KC9JBD	H.R.G.
Quincy	443.9000	+	103.5e	W9AWE	WIARC
Versailles	443.9250	+	88.5	KB9JVU	KB9JVU

INDIANA
EAST CENTRAL

Location	Output	Input	Notes	Call	Sponsor
Connersville	442.0500	+	OsWX	N9TU	N9TU
Dalton	441.9500	+	O 127.3ers	KG9ND	KG9ND
Eaton	444.1000	+	O	K9NZF	K9NZF
Liberty	444.8000	+	O 186.2eWX	KB9YSN	KB9YSN
Marion	442.7500	+	O 131.8er	KB9CRA	KB9CRA
Marion	444.2250	+	Oaer	KB9CRA	KB9CRA
Marion	444.7500	+	O 131.8l	WB9VLE	WB9VLE
Modock	443.3250	+	OeWX	K9NZF	K9NZF
Muncie	441.8250	+	O 110.9e WXx	N9CZV	N9CZV
Muncie	443.4500	+	O 127.3ae	WD9HQH	Evans/Rust
Muncie	444.3750	+	OalrsWX	WB9HXG	MuncieARC
New Castle	444.2750	+	Ors	N9EYG	N9EYG
Portland	442.2000	+	O 131.8er	WA9JAY	WA9JAY
Portland	443.4750	+	O 100.0 WX	W9JKL	W9JKL

500   420-450 MHz
INDIANA

Location	Output	Input	Notes	Call	Sponsor
Richmond	441.6500	+	O 131.8	KD8AKE	KD8AKE
Rushville	442.6000	+	O 127.3ers	K9PQP	E Ctrl Rpt
Winchester	441.8000	+	O 110.9	N9CZV	N9CZV
Yorktown	441.7000	+	O 127.3es WX	W9YFD	W9YFD
INDIANAPOLIS					
Anderson	443.3500	+	Oer	WA9CWE	MadisonEMA
Anderson	444.6750	+	O 131.8ers WX	WA9EOC	AndersnEOC
Brownsburg	444.2000	+	Oe	KC9CTQ	KC9CTQ
Danville	442.9000	+	Oelr	WB9CIF	WB9CIF
Danville	444.5750	+	O 88.5aelrsx	WX9HC	HendrixARC
Franklin	443.5250	+	O 118.8	AA9YP	AA9YP
Franklin	444.6250	+	O 151.4e	KC9LGZ	KC9LGZ
Greenfield	444.4500	+	Oers	W9ATG	HancockARC
Greenfield	444.7250	+	Or	W9ATG	HancockARC
Indianapolis	441.9250	+	O 100.0e	K9RAG	K9RAG
Indianapolis	442.0000	+	O	KA9GIX	KA9GIX
Indianapolis	442.3750	+	O	K9DC	K9DC
Indianapolis	442.5000	+	O 100.0	WA9MVP	CentralIN
Indianapolis	442.6500	+	O 77.0eWX	W9ICE	ICE
Indianapolis	442.9500	+	O	KB9RBF	KB9RBF
Indianapolis	443.0000	+	O 100.0e	WB9PGW	WB9PGW
Indianapolis	443.1000	+	O 100.0e	KC9GMJ	WISH Tech
Indianapolis	443.2500	+	O 100.0el WX	KM9E	HarrisnARA
Indianapolis	443.4250	+	O 94.8l	K9IP	DREGs
Indianapolis	443.6000	+	O 156.7ers WX	W9VCS	W9VCS
Indianapolis	443.7500	+	O 100.0r	K9LPW	Cent IN RA
Indianapolis	443.8000	+	O	KC9COP	KC9COP
Indianapolis	443.8500	+	OsWX	W9IRA	Indy RA
Indianapolis	443.9500	+	O(CA)e	WB9OLI	WB9OLI
Indianapolis	444.0000	+	O 100.0	NE9T	IndyMidARC
Indianapolis	444.3250	+	O 136.5els WXx	KB9SGN	KB9SGN
Indianapolis	444.8750	+	O	KA9GIX	KA9GIX
Martinsville	444.2500	+	O 100.0 WX	W9ZSK	SGRL
Martinsville	444.9500	+	O 100.0e WX	K9PYI	MorganRA
Mooresville	444.7000	+	O 88.5ers	KB9DJA	KB9DJA
New Whiteland	444.0750	+	O 100.0	KM9S	KM9S
Nineveh	442.1500	+	Oe	KA9SWI	KA9SWI
Noblesville	443.5500	+	O 77.0elrs WX	N9EOC	HamCoARES
Noblesville	443.9000	+	O 118.8l	W9ICE	ICE

420-450 MHz 501
INDIANA

Location	Output	Input	Notes	Call	Sponsor
Plainfield	442.2750	+	O 123.0 (CA)	AB9D	AB9D
Shelbyville	444.9750	+	O	W9JUQ	BRV ARS
NORTH CENTRAL					
Culver	444.9250	+	O 131.8es WXz	N9GPY	N9GPY
Delong	443.9250	+	O 131.8e WXz	N9GPY	N9GPY
Elkhart	442.3750	+	O 131.8e WX	KC9GMH	KC9GMH
Elkhart	443.1500	+	O 131.8 WX	KC9OHC	KC9OHC
Elkhart	443.3250	+	O 131.8	KC9GMH	KC9GMH
Elkhart	443.4750	+	O 131.8ersx	AA9JC	AA9JC
Frankfort	442.0750	+	O 131.8	W9FAM	W9FAM
Frankfort	442.5750	+	O	N9SFA	
Goshen	443.8500	+	O 131.8e	KB9ORC	KB9ORC
Kokomo	442.3000	+	Oe	W9KRC	KRC
Kokomo	442.4000	+	O 131.8	KA9GFS	KA9GFS
Kokomo	443.0000	+	O	KA9GFS	KA9GFS
Kokomo	444.0250	+	O 131.8l	N9LLO	N9LLO
Logansport	443.6500	+	Oes	W9VMW	Cass ARC
Middlebury	442.4750	+	O 131.8ersx	AA9JC	AA9JC
Mishawaka	442.0500	+	O 131.8ae	W9AMR	W9AMR
Mishawaka	444.1000	+	O 131.8	N9GVU	N9GVU
Nappanee	443.0250	+	O 97.4e	WD9ATU	WD9ATU
Notre Dame	443.3500	+	O 131.8	ND1U	ND ARC
Rossville	443.5000	+	O 88.5es WX	WI9RES	WIRES
Russiaville	442.5250	+	Oe	N9KYB	N9KYB
South Bend	440.4750	+	O 192.8els WX	N9UPW	N9UPW
South Bend	442.5000	+	O	N9OCB	N9OCB
South Bend	442.6500	+	O 131.8	KC9MEC	KC9MEC
South Bend	444.1750	+	O 131.8e	KA9MXW	KA9MXW
South Bend	444.7000	+	O 131.8 (CA)e	W9TEW	W9TEW
South Bend	444.9750	+	O 107.2e	K9SIQ	K9SIQ
Syracuse	444.2750	+	O 131.8elrsWX	AA9JC	AA9JC
Tipton	443.1250	+	Oe	K9TRC	TiptonARC
Wabash	442.3250	+	O 131.8er	KB9LDZ	WabashARC
Warsaw	443.0500	+	O 131.8s WXx	KA9OHV	KA9OHV
NORTHEAST					
Andrews	442.9250	+	O	KC9DZ	Huntinton
Angola	442.8750	+	O 131.8e	WB9DGD	WB9DGD

502 420-450 MHz
INDIANA

Location	Output	Input	Notes	Call	Sponsor
Angola	444.3500	+	O 131.8 (CA)e	WB9DGD	WB9DGD
Angola	444.9000	+	O 131.8el WXx	W9LKI	W9LKI
Auburn	442.4500	+	O 131.8e	KA9LCF	TCXO
Bluffton	443.8750	+	O 141.8elr sWX	K9SLQ	EMA
Columbia City	442.9000	+	O 141.3ers WX	K9KOP	K9KOP
Columbia City	444.5500	+	O 131.8ers WX	WC9AR	WhitleyARC
Decatur	443.7250	+	O	KB9KYM	AdamsARC
Decatur	444.3250	+	O	K9OMW	K9OMW
Fort Wayne	442.5500	+	O 141.8el	N9VZJ	N9VZJ
Fort Wayne	443.1000	+	O 131.8	WB9VLE	WB9VLE
Fort Wayne	443.2750	+	O 131.8e	KC9AUQ	KC9AUQ
Fort Wayne	443.8000	+	Oers	W9INX	ACARTS
Fort Wayne	444.2500	+	O 131.8ex	WD9AVW	WD9AVW
Fort Wayne	444.3000	+	O 131.8	W9VD	W9VD
Fort Wayne	444.6000	+	Oe	WA7NXI	WA9NXI
Fort Wayne	444.8000	+	Ol	W9FEZ	MizpahARC
Fort Wayne	444.8750	+	O	W9TE	FWRC
Gary	442.7500	+	O 131.8e WX	W9CTO	W9CTO
Huntington	443.9750	+	O 131.8ls	KC9GX	KC9GX
Kendallville	443.5250	+	Oe	KC9LUT	KC9LUT
Lagrange	443.6750	+	O 131.8rs	WS9S	WS9S
Larwill	444.4250	+	O 131.8	N9STR	N9STR
Roanoke	444.1500	+	O	WB9VLE	WB9VLE
Wolflake	442.8000	+	O	N9MTF	N9MTF
NORTHWEST					
Burns Harbor	444.6750	+	O 97.4	N9FI	BethSteel
Crown Point	443.4500	+	O 131.8r WX	W9EMA	Lake EMA
Hammond	442.2000	+	O 173.8e	W9FXT	W9FXT
Hammond	444.7500	+	O 131.8ae WX	KA9QJG	KA9QJG
Hebron	442.3500	+	O 131.8ep	N9TAX	N9TAX
Knox	442.9500	+	Oe	W9QN	W9QN
Laporte	444.9500	+	O 131.8	W9SAL	W9SAL
Merrillville	442.0750	+	O 131.8elr sWXx	W9LJ	LakeCoARC
Michigan City	441.9500	+	O 131.8	W9LY	MCARC
New Carlisle	442.4250	+	O 131.8	AB9OZ	AB9OZ
New Carlisle	444.5250	+	O	AB9OZ	AB9OZ
North Judson	442.0000	+	O 131.8 WXx	N9LV	N9LV
Valparaiso	442.2500	+	O 131.8ers	K9PC	PorterARC
Valparaiso	444.3500	+	O 131.8x	KB9KRI	Duneland

420-450 MHz INDIANA

Location	Output	Input	Notes	Call	Sponsor
Valparaiso	444.4500	+	O 131.8rs WX	KE9EMA	Porter Emg
SOUTH CENTRAL					
Bedford	442.2500	+	O 136.5alr sWXx	N9UMJ	N9UMJ
Bedford	442.6750	+	O(CA)e	N9WEV	N9WEV
Bedford	444.0500	+	O 107.2er WX	W9QYQ	HoosrHills
Bloomington	442.8250	+	O 136.5es	K9IU	K9IU
Bloomington	442.9250	+	O 107.2l	K9SOU	BlmHS-ARC
Bloomington	443.7750	+	O 136.5elr sWXx	KB9SGN	KB9SGN
Bloomington	444.9000	+	O 136.5e WX	WB9HZX	WB9HZX
Columbus	443.0750	+	O 136.5ers WX	WB9AEP	CARC
Floyds Knob	442.3000	+	O 146.2e	WB9GNA	WB9GNA
Floyds Knob	444.2000	+	O 67.0 (CA) e	N9CVA	N9CVA
Kirksville	443.0500	+	O 136.5e	WB9TLH	WB9TLH
Marengo	443.3000	+	OrsWX	KC9OLF	SoInARC
Nashville	443.2750	+	O 136.5elr sWXx	KA9SWI	KA9SWI
Paoli	444.0250	+	O 103.5e	KB9OHY	OrangeARC
Salem	444.9250	+	O 136.5els WXx	KB9SGN	KB9SGN
Seymour	441.5500	+	OWX	KC9JOY	KC9JOY
Seymour	443.7250	+	O 103.5ers	N9KPA	N9KPA
Springville	442.8750	+	O 107.2	N9HXU	N9HXU
SOUTHEAST					
Brookville	442.2500	+	OeWX	KB9YSN	KB9YSN
Greensburg	444.5250	+	OersWX	N9LQL	N9LQL
Lawrenceburg	443.8750	+	O 146.2rs	K9GPS	LV ARC
Osgood	441.7750	+	OsWXx	WY9L	RCARC
Scipio	442.9750	+	O 146.2ers WX	W9SCI	SCICSG
SOUTHWEST					
Alfordsville	441.9000	+	OelrsWX	KC9QAG	KC9QAG
Boonville	442.4000	+	O 107.2ers	WB9QVR	WB9QVR
Chandler	442.1250	+	O 141.3rs	AA9MM	AA9MM
Chrisney	443.6000	+	O	W9DRB	W9DRB
Evansville	443.2500	+	O 146.2elr sWXx	W9KXP	W9KXP
Evansville	443.3250	+	O 123.0	N9JCA	N9JCA
Evansville	443.5500	+	O 107.2	K9RVB	K9RVB
Evansville	444.1500	+	O 88.5 (CA) ersWX	WB9KQF	WB9KQF
Evansville	444.5000	+	O	W9MAR	MidwestARS

504   420-450 MHz
INDIANA-IOWA

Location	Output	Input	Notes	Call	Sponsor
Francisco	442.0500	+	O 210.7	KC9MEW	KC9MEW
Jasper	444.6750	+	O 107.2er WX	N9MZF	N9MZF
Linton	444.3500	+	O 100.0el	KA9JOK	KA9JOK
Lynnville	443.8500	+	O 136.5elr sWXx	W9KXP	W9KXP
Monroe City	442.7500	+	O 156.7el WXx	W9KXP	W9KXP
Petersburg	443.1250	+	O 136.5e	K9MNS	K9MNS
Petersburg	444.0000	+	O	KB9EDT	KB9EDT
Vicksburg	442.4250	+	O 118.8els WXx	KB9SIP	KB9TUN
Vincennes	443.6750	+	OesWX	W9EOC	Old Post
Vincennes	443.9250	+	O 107.2al WXxz	W9EAR	EARS
Washington	442.7000	+	O 107.2	KB9LOW	KB9LOW

WEST CENTRAL

Location	Output	Input	Notes	Call	Sponsor
Battleground	444.1750	+	O 88.5eps	WB9CZC	WB9CZC
Clinton	442.1750	+	O 151.4ers WX	K9KSA	Vermillion
Cloverdale	444.4750	+	O 136.5els WXx	KB9SGN	KB9SGN
Coatesville	444.4000	+	O 151.4e	KC9HKT	KC9HKT
Crawfordsville	444.8000	+	O 77.0	KB9GPB	KB9GPB
Foster	443.4500	+	O	N9UWE	N9UWE
Greencastle	442.2250	+	Ors	WB9EOC	PutRACES
Otterbein	444.0750	+	O 88.5e	KC9BPE	KC9BPE
Terre Haute	442.5500	+	Oe	NC9U	NC9U
Terre Haute	443.0250	+	O	NS9M	NS9M
Terre Haute	444.6000	+	O 77.0els WX	W0THI	W0THI
Terre Haute	444.7500	+	O 151.4	W9EQD	TerreHaute
Terre Haute	444.8500	+	O 151.4	K9EDP	K9EDP
West Lafayette	444.5000	+	O 88.5e	W9YB	PurdueARC
Williamsport	443.6750	+	O 156.7elr WX	WB9ARC	BARC

IOWA
BURLINGTON

Location	Output	Input	Notes	Call	Sponsor
Burlington	444.7000	+	100.0e	WA6GUF	WA6GUF
Mt Pleasant	444.9500	+	Oe	W0MME	MPARC
Winfield	443.3500	+	O	WB0VHB	WB0VHB

CEDAR RAPIDS

Location	Output	Input	Notes	Call	Sponsor
Cedar Rapids	443.0000	+	192.8e	W0VCK	Venture2K
Cedar Rapids	443.8000	+	192.8	N0MA	rf.org
Cedar Rapids	444.0750	+	Oe	N3AVA	N3AVA
Cedar Rapids	444.3000	+	192.8 (CA)e	NN0V	NN0V
Coralville	444.7500	+	Oex	K0GH	CvlleRPTR
Homestead	442.4250	+	151.4l	WC0C	WC0C

IOWA

Location	Output	Input	Notes	Call	Sponsor
Marion	444.3750	+	192.8	KX9Y	rf.org
Morse	443.2000	+	151.4l	WCØC	WCØC
Van Horne	444.4000	+	136.5p	WØRTM	WØRTM
CENTRAL					
Ames	443.2500	+	●	KIØQ	WØDP/KIØQ
Ames	443.3750	+	114.8ael wxz	WØISU	CyclonARC
Ames	444.2500	+	●p	WØDP	WØDP+KIØQ
Baxter	444.2250	+	151.4elWX	KCØNFA	KCØNFA
Boone	443.9000	+	❍aers	KBØTLM	BARK
Chelsea	442.1250	+	151.4l	WDØGAT	------------
Grundy Center	443.3250	+	110.9aelrs wx	NØMXK	NØMXK
Laurel	444.8000	+	151.4elWX	WCØC	WCØC
Marshalltown	443.3250	+	110.9aelrs	NØMXK	NØMXK
Newton	442.3000	+	151.4elWX	KCØNFA	NewtonARA
Sheldahl	442.2000	+	❍	NØQFK	NØQFK
Toledo	444.0000	+	114.8e	KCØKDC	KCØKDC
COUNCIL BLUFFS					
Council Bluffs	442.5250	+	51503aeprs	WBØGXD	WBØGXD
DAVENPORT					
Davenport	444.4250	+	❍	WBØVQP	WBØVQP
Muscatine	444.2750	+	192.8e	WAØVUS	WAØVUS
DES MOINES					
Des Moines	432.3500	432.3500	●	KØHTF	KØHTF
Des Moines	443.5000	+	151.4e	WØKWM	CITS
Des Moines	444.1000	+	151.4aers	KØDSM	PC ARES
Des Moines	444.5750	+	❍ 151.4ex	WØKWM	CITS
Des Moines	444.6250	+	151.4	WAØQBP	WAØQBP
Gilman	444.1500	+	❍ 151.4e	NFØT	NFØT
Grimes	443.4000	+	151.43lWXx	NØINX	WsideComm
Grimes	444.7250	+	460526epx	NØINX	NØINX
Indianola	444.1250	+	114.8aeprs	NØPBO	NØPBO
Johnston	442.5750	+	151.4aeprs	NØVPR	NØVPR
Johnston	442.7250	+	151.4p	NØVPR	NØVPR
Johnston/Camp	442.8000	+	151.4elWX	KCØMTI	KCØMTI
Kelly	444.4250	+	151.4lWXx	KCØMTI	KCØMTI
Madrid	442.6000	+	151.4e	NØSFF	NØSFF
DUBUQUE					
Dubuque	444.2250	+	114.8elx	WØDBQ	GRARC
EAST CENTRAL					
Maquoketa	442.2250	+	❍	KBØCAQ	MARG
MASON CITY					
Mason City	443.2000	+	❍	KØUXA	KØUXA
NORTH CENTRAL					
Algona	444.8250	+	110.9e	KCØMWG	KARO
Humboldt	442.4000	+	❍ 110.9el	KØHU	KØHU
Williams	444.5000	+	151.4lWXx	KBØJBF	WCRA

420-450 MHz
IOWA

Location	Output	Input	Notes	Call	Sponsor
NORTHEAST					
Frankville	444.1000	+	103.5	KØRTF	KØRTF
NORTHWEST					
Alta	444.7500	+	110.9ex	WBØFNA	WBØFNA
Gillette Grove	444.7000	+	224540ex	KGØCK	KGØCK
Scranton	444.3000	+	● 151.4ael rsWxx	NØVPR	WCRA
West Bend	444.7750	+	110.9e	NØQQS	SignalInc
SIOUX CITY					
Brunsville	444.2250	+	110.9aelrs	KDØXD	------------
LeMars	444.6750	+	56352e	KIØEO	KIØEO
Sioux City	444.4750	+	110.9	KCØDXD	KCØDXD
Sioux City	444.7250	+	110.9l	KØNH	KØNH
SOUTHEAST					
Moravia	444.4750	+	146.2lWxx	WØALO	WØALO
Ottumwa	444.8500	+	100.0 (CA)e lwx	KEØBX	OLRG
SOUTHWEST					
Atlantic	444.2000	+	151.4	WAØC	WAØC
Bridgewater	443.8000	+	●	WDØFIA	WDØFIA
Corning	444.4500	+	127.3l	NØDTS	NØDTS
Elk Horn	444.9000	+	151.4l	WAØC	WAØC
Glenwood	443.3250	+	●aelrsWx xz	NØWKF	NØWKF
Greenfield	444.7000	+	114.8/151.4 aelrsWx	NØBKB	NØBKB
Honey Creek	444.8000	+	● 97.4e	ABØVX	ABØVX
Menlo	444.5500	+	151.4aers Wx	NØBKB	NØBKB
Minden	442.0750	+	●aelrsWx x	NØZHX	NØZHX
Mineola	442.0250	+	●aelrsWx x	NØWKF	NØWKF
Mo Valley	444.0750	+	●lx	NØZHX	NØZHX
Pacific Jct	443.0250	+	●	NØWKF	NØWKF
WATERLOO					
Cedar Falls	444.6500	+	136.5elWx x	NØCF	NØCF
Oelwein	443.9500	+	●	KFØHA	KFØHA
Waterloo	444.5500	+	103.5el	KBØVGG	KBØVGG
Waterloo	444.9000	+	136.5/203.5 Wxx	WØALO	WØALO
Waterloo	444.9250	+	136.5e	WØALO	WØALO
Waterloo	444.9750	+	136.5e	WØMG	NE IA RAA
WEST CENTRAL					
Denison	444.0000	+	●e	KCØLGI	------------
Mondamin	444.9250	+	136.5aers	KØBVC	BVARC
Woodbine	444.3500	+	136.5123a TTelrs	KØBVC	BVARC

KANSAS

Location	Output	Input	Notes	Call	Sponsor
KANSAS					
CENTRAL					
Belpre	444.6000	+	O 88.5/88.5	KC0EVO	KC0EVO
Clay Center	442.7500	+	O 118.8/118.8al	N0XRM	N0XRM
Ellsworth	444.7750	+	O 88.5/88.5 elrs	K0HAM	W0DOB
Hays	442.4500	+	O 131.8/131.8eL(#3917)	N7JYS	N7JYS
Hays	443.6000	+	O 107.2/107.2e	KC0PID	EllisCo
Hays	444.8250	+	O 100.0/100.0aelr	KC0IVE	FHSU ARC
Hillsboro	442.5000	+	O 110.9/110.9	N0SGK	K-Link
Hillsboro	442.7750	+	O	KC0RVV	MCARC
Hoisington	443.6500	+	●a(CA)el	WA6LIF	T2 RADIONE
McPherson	442.3750	+	O 88.5/88.5 lrs	K0HAM	MCRC
McPherson	443.8500	+	O 110.9/110.9	N5NIQ	N5NIQ
McPherson	444.6000	+	O 110.9/110.9el	N0SGK	N5NIQ
Pawnee Rock	444.3250	+	O 88.5/88.5 elrs	K0HAM	W0DOB
Russell	442.8500	+	O 141.3/141.3eL(ECHOLINK#3917)	KC0HFA	KC0HFA
Russell	444.9500	+	O 131.8/131.8el	AB0UO	RUSSELL CO
Salina	442.2000	+	O 118.8/118.8ers	N0KSC	N0KSC
Salina	443.9000	+	O	W0CY	CKARC
Salina	444.8750	+	Op	N0KSC	N0KSC
Sterling	444.4500	+	O 100.0/100.0aer	WB0LUN	WB0LUN
EAST CENTRAL					
Burlingame	443.8750	+	O 88.5/88.5	N0OFG	------------
Eskridge	444.9750	+	O 88.5/88.5 eL(IRLP)	WL7LZ	------------
Mound City	444.4250	+	Oer	W0PT	MnCrkARC
New Strawn	444.9250	+	O	KB0ITP	KB0ITP
Paola	444.7000	+	O	WS0WA	WhtStWrls
Towanda	443.0000	+	O	N0RDZ	------------
KANSAS CITY METRO					
Basehor	443.5500	+	Oel	N0GRQ	N0GRQ
Basehor	443.5500	+	Oel	N0GRQ	N0GRQ
Basehor	443.6500	+	●t(CA)elrs	K0SUN	NEKSUN
Basehor	443.6500	+	●telrs	K0SUN	NEKSUN
Belton	442.8000	+	O 151.4/151.4	KA0OXO	BARC

420-450 MHz
KANSAS

Location	Output	Input	Notes	Call	Sponsor
Blue Springs	444.9500	+	O 107.2e RBx	KBØVBN	BluSprRPTR
Edgerton	442.4750	+	Oe	WBØOUE	WBØOUE
Edgerton	442.4750	+	Oe	WBØOUE	WBØOUE
Excelsior Spgs	443.3250	+	● 141.3/141.3a(CA)elx	KØAMJ	KØBSJ
Excelsior Spgs	446.6500	+	O 156.7	KØESM	RayClay RC
Holden	444.3750	+	O 107.2/107.2x	NØNDP	NØNDP
Hoover	442.0750	+	O 151.4	KAØFKL	----------
Independence	444.5750	+	O 186.2l	NØOEV	----------
Kansas City	442.4000	+	● 186.2/186.2a(CA)el	KØLW	BYRG
Kansas City	442.5500	+	O 186.2./186.2eL(ALN#2180)	WBØYRG	BYRG
Kansas City	442.8500	+	O 186.2/186.2a(CA)	WDØGQA	BYRG
Kansas City	442.8500	+	O 186.2/186.2a(CA)	WDØGQA	BYRG
Kansas City	442.9750	+	O 151.4/151.4x	KØORB	SJMC ARC
Kansas City	443.1000	+	O 186.2/186.2	NGØN	BYRG
Kansas City	443.2500	+	O 131.8/131.8esx	WØOEM	WØOEM
Kansas City	443.3500	+	Oa(CA)	WVØT	SEIDKR
Kansas City	443.4500	+	Olx	WØWJB	WØWJB
Kansas City	443.6500	+	●	KSØO	OPARC
Kansas City	443.7750	+	O 110.9/110.9	WAØNQA	ArtShrnRC
Kansas City	443.8500	+	O 107.2/107.2a(CA)	WDØGQA	BYRG
Kansas City	443.8500	+	O 107.2/107.2a(CA)	WDØGQA	BYRG
Kansas City	444.0000	+	Oe	NØHYG	NØHYG
Kansas City	444.0000	+	Oe	NØHYG	NØHYG
Kansas City	444.0250	+	O 186.2/186.2ae	WBØYRG	BYRG
Kansas City	444.1250	+	O 123/123	NØNKX	NØNKX
Kansas City	444.2500	+	O 151.4/151.4	KØHAM	NEKSUN
Kansas City	444.2500	+	O 151.4/151.4	KØHAM	NEKSUN
Kansas City	444.3500	+	O	NØAAP	NØAAP
Kansas City	444.8500	+	O 151.4/151.4elr	WBØNSQ	WBØNSQ
Kansas City	444.8500	+	O 151.4/151.4elr	WBØNSQ	WBØNSQ
Kearney	443.9000	+	O 127.3e	KBØEQV	KBØEQV

420-450 MHz   KANSAS

Location	Output	Input	Notes	Call	Sponsor
Kearney	444.2000	+	Oa(CA)e	KØKMO	MJARS
Leavenworth	442.3500	+	O 100.0/100.0e	NØMIJ	-----------
Leavenworth	442.3500	+	O 107.2/107.2e	NØMIJ	-----------
Lee's Summit	444.3000	+	O 131.8	KØMRR	-----------
Lee's Summit	444.4500	+	O 151.4/151.4erx	NØNDP	NØNDP
Lenexa	442.0500	+	O 151.4/151.4 L(IRLP#5870)	KCØEFC	KCØEFC
Lenexa	442.0500	+	O 151.4/151.4l	KCØEFC	KCØEFC
Lenexa	442.6000	+	O 186.2/186.2a(CA)el	WBØYRG	BYRG
Lenexa	442.6000	+	O 186.2/186.2a(CA)el	WBØYRG	BYRG
Liberty	443.3750	+	O 192.8	KCØSKA	kc0ska
Mission	442.1000	+	O 167.9/167.9r	NØWIZ	WB6DWW
Mission	442.1000	+	O 167.9/167.9r	NØWIZ	WB6DWW
Oak Grove	444.2750	+	O 123/123	KBØTHQ	PHRRL
Olathe	442.2000	+	O 151.4/151.4a(CA)eL(IRLP#3534)	KE5BR	SFTARC
Olathe	442.2000	+	O 151.4/151.4a(CA)e	KE5BR	SFTARC
Overland	442.1500	+	● 82.5/82.5	WØLHK	WØLHK
Overland Park	442.1500	+	● 82.5/82.5	WØLHK	WØLHK
Peculiar	442.0250	+	186.2/186.2a(CA)el	WØMCJ	BYRG
Platte City	444.1500	+	O 88.5/88.5e	W5USI	W5USI
Platte Woods	444.5500	+	O 151.4/151.4lLITZx	KDØEAV	KDØEAV
Platte Woods,	444.0500	+	O 151.4/151.4elsLITZx	KDØEAV	Platte Cou
Roeland Park	443.7250	+	O 151.4/151.4a(CA)er	WØERH	JCRAC
Roeland Park	443.7250	+	O 151.4/151.4a(CA)er	WØERH	JCRAC
Shawnee Msn	442.2500	+	●/141.3a(CA)e	KØGXL	SMMC
Shawnee Msn	442.2500	+	●/141.3a(CA)e	KØGXL	SMMC
Shawnee Msn	443.5250	+	● 118.8/118.8e	KØGXL	SMMC
Shawnee Msn	443.5250	+	● 118.8/118.8e	KØGXL	SMMC
Shawnee Msn	444.7500	+	●a(CA)elr	WBØRJQ	WBØRJQ

510 420-450 MHz
KANSAS

Location	Output	Input	Notes	Call	Sponsor
Smithville	443.6250	+	O 114.8	N0VER	N0VER
NORTH CENTRAL					
Beloit	442.8000	+	Oae L(ECHOLINK)	WA0CCW	SVRC
Miltonvale	442.1000	+	Oel	WB0SRP	WB0SRP
Minneapolis	442.5000	+	O 162.2/162.2el	KC0NPM	N0UJQ
Minneapolis	444.8500	+	O 162.2/162.2ael(ECHOLINK#382015)rsLITZ	KS0LNK	K-LINK
Phillipsburg	442.7250	+	O	KD0ARW	KD0ARW
NORTHEAST					
Basehor	442.0000	+	Oe	N0RC	DMR-NEKSUN
Home City	444.3500	+	O 88.5/88.5 aer	N0NB	N0NB
Lawrence	444.9000	+	O 88.5/88.5 eL(ECHOLINK#444900)rsx	K0HAM	NEKSUN
Leavenworth	444.8000	+	O 151.4/151.4aer	W0ROO	PKARC
Lecompton	443.8000	+	Ol	K0USY	DMR-BFARC
Lecompton	444.8250	+	O 88.5/88.5 eL(ECHOLINK#399595)	K0USY	BFARC
Manhattan	444.1750	+	O 88.5/88.5	W0QQQ	KSU ARC
Manhattan	444.5250	+	O 88.5/88.5 elrs	N0UJQ	K-Link
Ottawa	444.1000	+	O 88.5/88.5 e	KX0N	----------
Stilwell	444.0750	+	Otel	K0HQ	WB0JQM-SMC
NORTHWEST					
Colby	444.4000	+	O 141.3/141.3el	K0ECT	SKECT
Edson	444.5500	+	O 88.5/88.5	KC0GLA	----------
SOUTH CENTRAL					
Haviland	442.0250	+	O 103.5/103.5	KB0OKR	KB0OKR
Haviland	444.1250	+	O 156.7/156.7a(CA)	KB0VFV	N0FEK
Kiowa	442.1500	+	Oael	KB5MDH	KDE-TV36
Newton	443.1000	+	Oa(CA)lrx	KB0SOF	NEWTON ARC
Newton	444.5250	+	O 103.5/103.5elr	KS0LNK	K-Link
Pratt	444.8000	+	O 100.0/100.0ers	WG0Q	WG0Q
Wellington	444.2500	+	O	WA0ZFE	WA0ZFE
Winfield	444.0250	+	O 97.4/97.4	KD0HNA	CWCOARC
Winfield	444.3000	+	O 97.4/97.4 e	KD0HNA	----------
SOUTHEAST					
Chanute	442.6500	+	O	WA5FLV	----------
Coffeyville	442.8750	+	O 91.5/91.5 r	WR0MG	CARC/MGARC

KANSAS

Location	Output	Input	Notes	Call	Sponsor
Coffeyville	444.5500	+	O 91.5/91.5 e	N0TAP	COFYVLARC
Elk Falls	442.8250	+	Oer	WX0EK	EKRS
Fort Scott	444.1750	+	O	KB0SWH	FT. SCOTT
Gas	442.4500	+	O 179.9	WI0LA	IARC
Humboldt	442.9000	+	● 156.7/156.7	KZ0V	KZ0V
Independence	443.5250	+	O 91.5/91.5 e	N0VDS	-------------
Independence	443.7000	+	OE-SUN	N0VDS	N0VDS
Parsons	442.2000	+	O L(ECHOLINK#453003)	AA0PK	PAARC
Parsons	443.4750	+	O L(ECHOLINK#305758)	W0PIE	W0PIE
Pittsburg	444.8000	+	O 91.5/91.5 a(CA)e	K0PRO	PRO
Pittsburg	444.9000	+	O 91.5/91.5 e	K0PRO	PRO

SOUTHWEST

Location	Output	Input	Notes	Call	Sponsor
Dodge City	442.3750	+	O 123.0/123.0ae	KU0L	KU0L
Dodge City	444.5500	+	O 141.3/141.3el	K0ECT	SKECT
Ensign	443.3750	+	Or	K0BAI	K0BAI
Garden City	442.5000	+	O 141.3/141.3el	K0ECT	SKECT
Garden City	443.2250	+	O 100.0/100.0	W0MI	SANDHILLS
Hugoton	444.5250	+	O 141.3/141.3el	K0ECT	SKECT
Hugoton	444.9000	+	O 88.5/88.5 el	W0QS	SPARK
Jetmore	444.5000	+	O 141.3/141.3e	K0ECT	SKECT
Liberal	443.1000	+	O 141.3/141.3ar	K0ECT	SPARK
Liberal	444.1000	+	Oel	W0KKS	SPARK
Montezuma	444.2500	+	O 141.3/141.3a(CA)ls	K0ECT	SKECT
Russell Spring	444.3000	+	O 141.3/141.3el	K0ECT	SKECT
Syracuse	444.0000	+	O 141.3/141.3el	K0ECT	SKECT

TOPEKA

Location	Output	Input	Notes	Call	Sponsor
Carbondale	443.1250	+	Oe	WB0PTD	-------------
Hoyt	444.7250	+	O 88.5/88.5 elrs	K0HAM	NEKSUN
Topeka	442.2250	+	O 88.5/88.5 eL(ECHOLINK#157353)r	W0CET	KVARC
Topeka	444.4000	+	O 88.5/88.5 er	N0CBG	GldnCyRA

512 420-450 MHz
KANSAS-KENTUCKY

Location	Output	Input	Notes	Call	Sponsor
WEST CENTRAL					
Horace	442.1750	+	o	KD0EZS	------------
Ransom	443.5750	+	o 88.5/88.5 elrs	K0HAM	NEKSUN
Syracuse	443.1250	+	o 100.0/100.0	KA0TAO	KA0TAO
WICHITA					
College Hill	444.5750	+	o 100.0/100.0eL(ECHOLINK)	N0EQS	CHARS
Colwich	444.2000	+	o 94.8/94.8	W0KA	------------
Derby	443.2750	+	o 156.7/156.7 L(ECHOLINK #44447 ALN # 2095)	KC0SOK	ALRERC
El Dorado	444.1500	+	o	K0CKN	FlntHlsRC
Haysville	442.6000	+	oa(CA)er	KA0RT	KA0RT
Mulvane	443.5500	+	o	N0KTA	MLVANEARC
Rose Hill	442.7000	+	o 103.5/103.5	KF0AO	KF0AO
Wichita	442.0000	+	o(CA)	N0ITL	NCRARC
Wichita	443.3250	+	oe	W0VFW	
Wichita	444.0000	+	oa(CA)er	WA0RJE	TECNICHAT
Wichita	444.0750	+	o 82.5/82.5 (CA)r	N0HM	I.C.U.C
KENTUCKY					
Agnes	442.6000	+	179.9e	W4RRA	W4XXA
Allen	444.7750	+	o 123.0a RB	N4IWZ	N4IWZ
Ashland	443.4500	+	88.5s	KZ4G	KZ4G
Ashland	444.7500	+	o 88.5	KC8ERN	KC8ERN
Ashland	444.9750	+	o 107.2 (CA)e	KC4QK	ASHLAND 24
Beattyville	444.8250	+	o 192.8e RB	KC4UPE	KC4UPE
Bowling Green	444.1000	+	oael	W4WSM	W4WSM
Bowling Green	444.7000	+	o 136.5e	WB4JM	WB4JM
Bowling Green	1280.0000	439.2500	e	KY4TV	AM TV NETW
Brandenburg	444.5750	+	o	KE4JBH	KE4JBH
Brooks	443.7000	+	o 79.7	KY4KY	BULLITT AR
Brooksville	444.2000	+	141.3esRB	WB4CTX	WB4CTX
Brushy Fork	444.6000	+	o	KD4DZE	KF4WMM
Burlington	443.5250	+	o 131.8lRB	N8OXA	WA4ZKO
Cane Valley	443.9500	+	ot	W4LJM	W4LJM
Cerulean	444.6500	+	179.9e	KY4KEN	KY4KEN
Clearfield	441.8750	+	107.2e	KD4DZE	KD4DZE
Corbin	444.9000	+	o 100.0lRB	WB4IVB	WB4IVB
Covington	444.1750	+	o 131.8ael RB WXz	KC4COV	NKRA-NKDXE
Cox's Creek	443.4500	+	o 151.4 (CA)	AE4NU	KT4GB

420-450 MHz — KENTUCKY

Location	Output	Input	Notes	Call	Sponsor
Cumberland Gap	443.9500	+	100.0 E-SUNs	W4HKL	WM4MD
David	443.9000	+	O 167.9l	KC4KZT	KC4KZT
Dixon	443.1500	+	77.0es	AJ4SI	------------
Dorton	442.1500	+	O 167.9	KD4RTR	KD4RTR
Dry Ridge	444.4250	+	O 107.2lr RB	WA4ZKO	NKDXE-NKRA
Earlington	443.9500	+	O 179.9	KG4WCQ	KG4WCQ
Edgewood	444.3500	+	O 123.0ars	K4CO	K4CO
Elizabethtown	444.8000	+	Oael	W4BEJ	LINCOLN TR
Fairdealing	443.5000	+	118.8s	KI4HUS	MCARC KI4H
Florence	443.1750	+	O 131.8ael RB WXz	KC4COV	NKRA-NKDXE
Fort Wright	441.8500	+	Ote	KY4JD	KY4JD
Fort Wright	442.5250	+	O 123.0ez	KY4JD	NKRA
Foster	443.1250	+	O	KU4ML	KU4ML
Frankfort	442.1750	+	O 67.0	K4NGQ	K4NGQ
Frankfort	443.3250	+	O	WA4CMO	DIV. OF EM
Garrett	442.4000	+	O 79.7	KF4JJD	KF4ZTB
Georgetown	443.6250	+	O	KF4NTQ	SCOTT CO.
Glasgow	444.9250	+	O	KY4X	KY4X
Graefenburg	443.5500	+	N4HZX	------------
Grayson	441.9750	+	107.2es	KD4DZE	KD4DZE
Grethel	444.5250	+	O	KJ4VF	KJ4VF
Harlan	442.6250	+	O 100.0e	W4YMT	------------
Hartford	442.6750	+	77.0elRB WX	KD4BOH	KD4BOH
Hawesville	444.6250	+	O(CA)	KB4QFL	KB4QFL
Hazard	443.9750	+	eRB	K4TDO	K4TDO
Henderson	444.2750	+	107.2	N4GYT	N4GYT
Henderson	444.7250	+	O 82.5e	KY4K	WEHT ARC
Highland Heights	444.9000	+	O 123.0	W4YWH	W4YWH
Hindman	444.4000	444.9000	eWX	K4TDO	------------
Hopkinsville	444.7500	+	O 103.5a	KE4AIF	KE4AIF
Horsecave	444.8500	+	103.5e	N4GER	KF4QZN
Hudson	444.9000	+	179.9	KY4SP	KC4JTV
Independence	444.0750	+	O 110.9ae	KB8SBN	KB8SBN
Irvine	442.9000	+	Oel	W4CMR	CHESTNUT M
Irvine	444.0000	+	Oe	AD4RT	AD4RU
Latonia	442.4000	+	Ot(CA)	AA4XV	AA4XV
Lawrenceburg	443.3750	+	s	KY4LAW	K4TG
Lexington	443.0250	+	O 123.0 (CA)e	KE4OOL	KE4OOL
Lexington	444.1250	+	88.5e	KB8QLC	KA4MKG
Lexington	444.5500	+	Oe	KC4DUU	KC4DUU
Lexington	444.7250	+	Ot(CA)	KE4ISR	------------
Lexington	444.7250	+	RB	AD4YJ	AD4YJ
Lexington	444.9500	+	Oe	N4DUE	FAYETTE CO
Lexington	923.2500	439.2500		KY4ATV	BLUEGRASS

420-450 MHz
KENTUCKY

Location	Output	Input	Notes	Call	Sponsor
London	442.9000	+	77.0e	KI4FRJ	KI4FRJ
London	443.3000	+	O 192.8 WX	N8OCX	N8OCX
Louisville	442.0000	+	O(CA) RB	N4ORL	N4ORL
Louisville	442.1000	+	Ot(CA)e	N4RBL	N4RBL
Louisville	442.4500	+	O 151.4 (CA)e	KD4CLR	OLDHAM COU
Louisville	442.5000	+	O	KB4RYM	KB4RYM
Louisville	442.7250	+	O 151.4er WXz	KB4YJ	KB4YJ
Louisville	443.3500	+	O	K4ULW	K4ULW
Louisville	443.5000	+	O	WD9EQC	----------
Louisville	443.9750	+	O 100.0e	N4KWT	----------
Louisville	444.1000	+	O 173.8ae RBz	N4UL	N4UL
Louisville	444.3000	+	O 141.3	KY4NDN	KY4NDN
Louisville	444.6000	+	O 151.4e	N4NMC	N4MRM
Lynch	442.3500	+	100.0	WB4IVB	WB4IVB
Lynch	443.8500	+	100.0	W4NFR	W4NFR
Madisonville	442.4250	+	O	KC4FIE	KC4FIE
Madisonville	442.5750	+	O 100.0 (CA)	AE4LW	AE4LW
Madisonville	442.7750	+	Oe	KC4FIE	KC4FIE
Madisonville	444.6000	+	O(CA)	KC4FIE	KC4FIE
Magnolia	443.6750	+	77.0aesWX	WA4FOB	
Mammoth Cave	444.4750	+	O 103.5e	N4GER	KF4QZN
Manchester	444.2750	+	79.7e	KF4IFC	KF4IFC
Manchester	444.5000	+		KD4GMH	KG4UKF
Mayfield	441.8750	+	179.9e	WA6LDV	KF4GCD
Maysville	441.9500	+	186.2 (CA)e	KE4YEY	----------
Maysville	443.5000	+	O 123.0 (CA)e	KF4BRO	GREATER MA
Meta	443.5000	+	O	WB4UBY	WB4UBY
Middlesboro	442.3250	+	100.0elRB	WM4MD	KF4GXQ
Middlesboro	443.1500	+	146.2el	KD4PBC	KD4PBC
Middlesboro	444.1500	+	O 100.0l	WB4IVB	WB4IVB
Millard	443.4250	+	O(CA)e	KD4RTR	----------
Monticello	444.7500	+	O(CA)e	WB9SHH	WB9SHH
Morehead	442.5000	+	Ot	K4GFY	K4GFY
Morehead	443.2500	+	O 100.0l	KJ4VF	----------
Morgantown	444.4250	+	O 103.5e	N4GER	KF4QZN
Mt Sterling	442.0500	+	100.0elRB	KD4ADJ	NX4B
Murray	443.8000	+	91.5e	K4MSU	MSUARC
Nancy	443.6000	+	O 100.0e	AC4DM	AC4DM
Nebo	444.8500	+	O	AA4NI	RABBIT RID
Nicholasville	444.7750	+	O 167.9 (CA) RB	KC4UPE	R.A.R.E. I
Nicholasville	444.9750	+	ORB	WB4CWF	JAWS
Olive Hill	444.9250	+	Oa	KO4LI	KO4LI

420-450 MHz
KENTUCKY-LOUISIANA

Location	Output	Input	Notes	Call	Sponsor
Owensboro	443.1000	+	O 110.9	N4WJS	N4WJS
Owensboro	443.6500	+	110.9e	N4WJS	N4WJS
Owensboro	444.5500	+	103.5esWX	KI4JXN	----------
Paducah	443.0000	+	O 179.9e	KD4DVI	KD4DVI
Paducah	444.0000	+	141.3e	W4WWS	KI4OIP
Paintsville	441.5250	+	O 127.3	N4KJU	JOHNSON CO
Paintsville	443.8250	+	127.3	KR4MT	KR4MT
Paris	444.5250	+	100.0e	WD4GPO	----------
Phelps	444.5750	+	O	N4MVY	N4MVY
Pikeville	444.2000	+	O	KD4RTR	KD4RTR
Pikeville	444.3750	+	O	KD4DAR	KD4DAR
Pikeville	444.4750	+	OeRB	AD4BI	AD4BI
Richmond	444.6250	+	192.8	KE4ISW	KE4ISW
Rineyville	444.2250	+	O 151.4	KF4RBD	KF4RBD
Rockport	444.0750	+	77.0elRB WX	KD4BOH	KD4BOH
Russell Spring	444.4000	+	179.9	KV4D	KV4D
Russellville	442.3500	+	O 136.5	KE4SZK	KE4SZK
Salvisa	444.8750	+	O 167.9 (CA)e	KC4UPE	KC4UPE
Salyersville	444.0500	+	O 127.3a	KE4NLL	KE4NLL
Shelbyville	442.3750	+	O(CA)	KE4YRE	KF4ALP
Shepherdsville	444.4000	+	79.7	AC4VV	----------
Simpsonville	444.4500	+	O 100.0e	KO4OT	KE4YRI
Somerset	443.4000	+	136.5e	KE4LVT	KE4LVT
Springfield	444.6000	+	O	W4SJH	J. MURRAY
Stanton	442.0750	+	O(CA) RB	N4VOS	N4VOS
Tompkinsville	443.2250	+	151.4	AJ4EW	AJ4EW
Union	441.8000	+	O 179.9ae	AD4CC	AD4CC
Versailles	443.7750	+	e	KY4WC	KY4WC
Waddy	443.2250	+	O(CA)	KS4TO	KE4ZIJ
Watergap	444.3250	+	127.3	KR4MT	KR4MT
Waynesburg	442.9750	+	Ot(CA)ers WX	AG4TY	----------
Whitesburg	444.2500	+	107.2l	KK4WH	KK4WH
Williamsburg	444.0500	+	O 100.0a RB	KB4PTJ	KB4PTJ
Winchester	441.9000	+	O 203.5e	KF4CBT	KF4CBT
Withamsville	444.4000	+	O 131.8ael RB WXz	KC4COV	NKRA-NKDXE

LOUISIANA
REG 1 NEW ORLEANS

Location	Output	Input	Notes	Call	Sponsor
Belle Chasse	444.1750	+	O 114.8elrs	KA5EZQ	PPOEP
Gretna	444.2000	+	O 114.8l	W5UK	GNOARC
Metairie	444.0000	+	O 114.8e L(147.240)	W5GAD	JARC
Metairie	444.5750	+	114.8	N5OZG	N5OZG

420-450 MHz
LOUISIANA

Location	Output	Input	Notes	Call	Sponsor
Metairie	444.7750	+	114.8	N5OZG	N5OZG
New Orleans	444.1500	+	O ae	KB5AVY	KB5AVY
New Orleans	444.3250	+	● elrs	WB5LHS	GOHSEP
New Orleans	444.3750	+	● ers	N5NWM	N5NWM
New Orleans	444.5500	+	O (CA)el	N5GWF	FUN F ARC
New Orleans	444.6500	+	KE5WWX		----------
New Orleans	444.7000	+	O ae	WB5HVV	WB5HVV
New Orleans	444.7000	+	O 114.8ae	WB5HVV	WB5HVV
New Orleans	444.8000	+	O e L(146.61)	W5MCC	SELCOM
New Orleans	444.8250	+	O 114.8el	W5MCC	SELCOM
New Orleans	444.9750	+	O 110.9ael	KB5AVY	KB5AVY
Port Sulphur	444.0750	+	O 114.8e L(146.655)rs	KA5EZQ	PPOEP

REG 2 BATON ROUGE

Location	Output	Input	Notes	Call	Sponsor
Baton Rouge	442.4000	+	● elrs	WB5LHS	GOHSEP
Baton Rouge	442.9250	+	O 107.5er	KD5CQB	EBRP OEP
Baton Rouge	443.1000	+	107.2 L(IRLP)	KD5QZD	KD5QZD
Baton Rouge	443.5500	−	O 107.5er	KD5CQB	EBRP OEP
Baton Rouge	443.9250	−	O 107.5er	KD5CQB	EBRP OEP
Baton Rouge	444.3000	+	O	N5UHT	N5UHT
Baton Rouge	444.3500	+	O	N5NXL	BRRG
Baton Rouge	444.4000	+	O 107.2e	W5GIX	BR ARC
Baton Rouge	444.4500	+	O 107.2/107.2 (CA)ersBl Wxz	W5GSU	OMIK-BR
Baton Rouge	444.6000	+	O 136.5/136.5 (CA)e	W5GQ	WAFB-TV-E
Baton Rouge	444.6750	+	● elrs	WB5LHS	GOHSEP
Baton Rouge	444.8500	+	O 107.2elr	KC5BMA	RASC
Baton Rouge	444.9500	+	O 107.2el	KE5QJQ	CARCC
Gonzales	444.7250	+	O ae L(147.225) Z(*911)	K5ARC	ASCN ARC
Ravenswood	443.2000	+	● elrs	WB5LHS	GOHSEP
Walker	444.5250	+	O 107.2e	W5LRS	LARS

REG 3 THIBODAUX

Location	Output	Input	Notes	Call	Sponsor
Des Allemands	443.4000	+	O 100 (CA) z	KC5OYJ	KC5PBN
LaPlace	443.8250	+	O 114.8 (CA)	KD5CQA	Plantation
Schriever	444.5000	+	O e	W5YL	THBDX ARC

REG 4 LAFAYETTE

Location	Output	Input	Notes	Call	Sponsor
Carencro	443.8000	+	O el	W5NB	DRCC
Eunice	444.8250	+	O (CA)e	KE5CTU	KE5CTU
Krotz Springs	443.2500	+	O 103.5/103.5 TTel	W5SJL	LaCrossConn
Lafayette	443.1500	+	103.5/103.5 TTel	NG5T	TV-10 RG
Morgan City	444.6250	+	O 100 (CA) ez	KB5GON	N5DVI
Opelousas	444.8750	+	O 103.5 (CA)eBl	N5TBU	N5TBU

420-450 MHz — LOUISIANA

Location	Output	Input	Notes	Call	Sponsor
REG 5 LAKE CHARLES					
Kinder	442.9250	+	O 131.8ex	W5ELM	W5ELM
Lake Charles	444.2250	+	O 103.5	KI5EE	KI5EE
Lake Charles	444.3000	+	O 88.5	W5BII	SWLARC
REG 6 ALEXANDRIA					
Alexandria	443.3000	+	O 173.8ael rZ(911)	KC5ZJY	CLARC
Leesville	444.7000	+	O 118.8e	W5LSV	WCLARC
Many	444.2000	+	O 173.8rz	K5MNY	ARCS
Moreauville	444.7000	+	O 173.8	KA5KON	KA5KON
REG 7 SHREVEPORT					
Bossier City	444.3000	+	●ters	N5FJ	N5FJ
Linville	443.9000	+	O 107.5es	KB5VJY	KB5VJY
Shreveport	444.5000	+	O 186.2e	KC5OKA	ARK-LA-TEX
Shreveport	444.9000	+	O 186.2	N5FJ	SARA
REG 8 MONROE					
Bastrop	443.9250	+	O 127.3e	NE5WX	NE5WX
Bernice	444.0750	+	O	W5JC	W5JC
Calhoun	444.0000	+	OarsRB LITZ WXz	W5KGT	W5KGT
Calhoun	444.7000	+	OarsRB LITZ WXz	W5KGT	W5KGT
Columbia	444.5250	+	O	K5NOE	K5NOE
Jonesboro	444.8000	+	O	WB5NIN	JAARO
Ouachita Parish	444.1000	+	OE-SUN L(145.17)prsRB	W5KGT	NELA-ARES
Rayville	444.9500	+	O	WA5KNV	WA5KNV
Ruston	444.3500	+	O 94.8 (CA)	W5MCH	PHARA
Ruston	444.8750	+	O	AD5AQ	AD5AQ
West Monroe	443.7000	+	Oe	KB5VJY	KB5VJY
West Monroe	443.8000	+	Oe	KB5VJY	KB5VJY
West Monroe	444.2500	+	OsWX	KB5TLB	KB5TLB
West Monroe	444.3000	+	O	KB5TLB	KB5TLB
REG 9 HAMMOND					
Franklinton	442.4250	+	●elrs	WB5LHS	GOHSEP
Hammond	442.3250	+	●elrs	WB5LHS	GOHSEP
Hammond	444.2500	+	O 107.2e	WB5NET	SELARC
Kentwood	442.0500	+	O 107.2el	WB5ERM	WB5ERM
LaCombe	443.2000	+	O 114.8lx	W5UK	N5UK
LaCombe	443.9500	+	O 114.8els	W5MCC	SELCOM
LaCombe	444.1000	+	Oe	K5OZ	K5OZ
Loranger	443.8750	+	O 107.2el	KC5WDH	KC5WDH
Madisonville	444.0500	+	Oe	W5NJJ	NLAKE ARC+
Slidell	444.4250	+	O 114.8e	W5SLA	OzoneARC
STATEWIDE					
Shared	440.5500	+	#p	----------	----------
Shared	442.9000	+	#	----------	----------

420-450 MHz
MAINE

Location	Output	Input	Notes	Call	Sponsor
MAINE					
ALL					
Statewide	441.4500	+	OpEXP	SNP	NESMC
AUGUSTA					
Belgrade Lakes	449.2750	−	O 88.5e L(W1PIG)sx	W1PIG	KARS
Fayette	443.2000	+	O 88.5ae L(E15061 W1PIG)rsWXx	W1PIG	KARS
CENTRAL/BANGOR					
Brownville	444.9500	+	O 103.5 L(147.105)	N1BUG	N1BUG
Holden	444.4000	+	O	KD1OM	PSARC
Millinocket	449.2750	−	O	KA1EKS	KA1EKS
MID-COAST					
Hope	449.5250	−	O	WA1ZDA	WA1ZDA
Knox	443.5000	+	O 103.5erx	KD1KE	KD1KE
Washington	444.9000	+	O 91.5ae L(147.135)x	WZ1J	WZ1J
NORTHWEST					
Farmington	449.9250	−	O 123.0	W1BHR	BHRG
Rangeley	449.5750	−	O 173.8a E-SUN L(E387155 CL-100)	KD5FUN	KD5FUN
Saint Albans	449.7250	−	O 103.5	N1GNN	N1GNN
Skowhegan	446.3250	−	O 203.5	W1LO	W1LO
Woodstock	449.0250	−	O 82.5/136.5 L(223.94 & 53.09)x	W1IMD	W1IMD
PORTLAND/SOUTH COAST					
Acton	441.5000	+	O 156.7ae L(CCS NETWORK) EXPx	N1KMA	CLEOSYS
Alfred	448.7250	−	O 103.5aer	WJ1L	RACES
Auburn	442.0000	+	OaeWX	W1HOW	W1HOW
Brunswick	444.4000	+	O 88.5 E-WINDsx	KS1R	MARA
Brunswick	447.5750	−	O 88.5 E-WINDsx	KS1R	MARA
Cape Elizabeth	444.1000	+	O 82.5	W1KVI	PAWA
Cornish	441.5000	+	O 146.2e L(CCS NETWORK) EXPx	N1KMA	CLEOSYS
Cornish	444.0000	+	O 167.9e L(CCS NETWORK)x	N1VAR	DESME
Sanford	441.5000	+	O 156.7e L(CCS NETWORK)x	N1KMA	CLEOSYS
Sanford	441.6000	+	O 203.5e	W1LO	W1LO
Waterboro	444.6000	+	O 82.5e L(E44600) WXx	W1CKD	PRG
West Newfield	441.7000	+	O 127.3e L(CCS NETWORK)sEXPx	N1KMA	CLEOSYS
Windham	444.9500	+	O 146.2e L(29.68)	N1FCU	N1FCU

420-450 MHz
MAINE-MARYLAND

Location	Output	Input	Notes	Call	Sponsor
WASHINGTON COUNTY					
Cooper	444.3000	+	O 100.0esx	W1LH	W1LH
MARYLAND					
ALL					
SNP	442.9000	+	O		------------
SNP	447.8750	−	O		------------
ANNAPOLIS					
Annapolis	442.3000	+	O 107.2ael rsz	KB3CMA	AARC/MMARC
Davidsonville	444.4000	+	O 156.7	W3VPR	AARC
Millersville	449.1250	−	O 107.2aer z	W3CU	MMARC
BALTIMORE					
Baltimore	447.5250	−	O	N3MCQ	N3MCQ
Baltimore	448.3250	−	Oaelz	WB3DZO	BRATS
Baltimore	449.6750	−	O 167.9el	N3ST	N3ST
Baltimore City	448.2750	−	O 156.7	K3CUJ	Col.ARA
Cockeysville	448.5250	−	O	KB3BHO	Boumi AR
Dayton	443.9500	+	te	W3YVV	W3YVV
E Baltimore	449.5750	−	Ol	W3PGA	Aero ARC
Ellicott City	449.4750	−	O 156.7	K3CUJ	Col. ARA
Ellicott City	449.5250	−	O 100.0	N3EZD	N3EZD
Jessup	444.0000	146.1600	O 107.2l	WA3DZD	MFMA
Jessup	444.0000	+	O 107.2l	WA3DZD	MFMA
Jessup	444.0000	223.1600	O 107.2l	WA3DZD	MFMA
NE Baltimore	448.0750	−	O 91.5	K3GOD	CARC
NW Baltimore	443.3500	−	O(CA)	WB3DZO	BRATS
Severn	442.4000	+	O 100.0	KP4IP	PRARN
Towson	449.2250	−	O 100.0e RB	N3CDY	N3CDY
Towson	449.2250	51.3800	O 131.8el RB	N3CDY	N3CDY
Towson	449.2750	−	O 107.2ael	N3CDY	N3CDY
Towson	449.6250	−	O 107.2ael r	W3FT	BARC
CENTRAL MD					
Glen Burnie	442.6000	+	O 127.3 (CA)	N3MIR	GBURG
CUMBERLAND					
Cumberland	442.3000	+	O 167.9 (CA)ersWX	AB3FE	AB3FE
Cumberland	444.0000	+	O 123.0el	KK3L	KK3L
Cumberland	444.5000	+	O 118.8	W3YMW	Mtn ARC
Midland	442.7500	+	O 167.9ers WX	AB3FE	AB3FE
FREDERICK					
Boonsboro	442.9500	+	O 94.8e	KD3SU	KD3SU
Frederick	442.8000	+	O 79.7 L(P25 NAC 797)	N3ITA	N3ITA

420-450 MHz
MARYLAND

Location	Output	Input	Notes	Call	Sponsor
Frederick	444.1000	+	O 167.9l	N3ST	N3ST
Frederick	444.8000	+	O 141.3	W3ICF	FARG
Frederick	448.1250	−	O 123.0e L(P25)	K3MAD	MADXRA
Frederick	448.4250	−	Oe	K3ERM	Fdk ARC
Jefferson	443.3000	+	O 100.0	K3LMS	K3LMS
Myersville	447.1250	−	O 100.0	N3JDR	N3JDR
Thurmont	448.0250	−	O 103.5	K3KMA	K3KMA
HAGERSTOWN					
Clear Spring	442.6500	+	O 79.7ewX	N3UHD	N3UHD
Hagerstown	447.9750	−	Oe	W3CWC	Anttm RA
NORTH CENTRAL					
Hampstead	443.8000	+	O 123.0al	N3KZ	WN3A/UPa
Manchester	446.6750	+	O 107.2	N3KZS	N3KZS
Westminster	449.8750	+	O 127.3el	K3PZN	CCARC
NORTH EASTERN SHORE					
Centreville	448.2250	−	O 107.2e	N8ADN	K.I. ARC
Chestertown	449.1750	−	O 156.7 (CA)rsWX	K3ARS	Kent ARS
St Michaels	449.9250	−	O 156.7	K3SVA	K3SVA
NORTHEAST MD					
Bel Air	449.7750	−	O 162.2aer	WB0EGR	HarfdCoRACES
Charlestown	442.9500	+	O 103.5a	N3RCN	+N3AJJ
Elkton	447.3250	−	O 131.8 (CA)lWX	W3BXW	BEARS
Elkton	447.7250	−	O 94.8ar	N3XJT	Cecil Co. DES
HavreDeGrace	444.1500	+	O 131.8el	N3KZ	UPennARC
Jarrettsville	448.4750	−	O	N3UR	N3UR
Port Deposit	449.8250	−	O 167.9 L(222.92)	WA3SFJ	CBRA
Shawsville	449.3750	−	Ol	W3EHT	W3EHT
Whiteford	442.6500	+	O 107.2el RB WX	N3CDY	N3CDY
SOUTH EASTERN SHORE					
Ocean City	443.4500	+	O 151.4 WX	N3HF	N3HF
Salisbury	442.6500	+	O 156.7	N3HQJ	Muddy Hole
SOUTHERN MD					
Accokeek	444.5000	+	O	W3TOM	W3TOM
Brandywine	443.6000	+	O 103.5	WA3YUV	WA3YUV
Golden Beach	447.1250	−	O 131.8	WX3SMD	W3SMD
Indian Head	442.4500	+	O	WB3IUT	WB3IUT
LaPlata	443.7000	+	Oa	KA3GRW	CCARC2
Lexington Park	443.0500	+	OaelsRBz	WA3UMY	WA3UMY
Orme	447.0750	−	O 167.9l	N3ARN	CMRG
WASHINGTON AREA					
Ashton	443.1500	+	O 156.7a	K3WX	ARCS
Bethesda	447.9250	−	Oe	K3YGG	NIHRAC
Bowie	442.1500	+	O	W3XJ	W3XJ

420-450 MHz
MARYLAND-MASSACHUSETTS

Location	Output	Input	Notes	Call	Sponsor
Burtonsville	443.6500	+	O 107.2	WA3UTY	WA3UTY
Germantown	443.4000	+	O 107.2al	WA3KOK	NERA
Germantown	444.2000	+	O	KV3B	MARC
Hyattsville	447.5750	−	O 156.7e	KB3KOU	KB3KOU
Jessup	444.0000	146.1600	O 107.2l	WA3DZD	MFMA
Jessup	444.0000	223.1600	O 107.2l	WA3DZD	MFMA
Jessup	444.0000	+	O 107.2l	WA3DZD	MFMA
Laurel	442.5000	+	O 156.7e	W3LRC	LARC
Laurel	444.7000	+	O 167.9	WA3GPC	CMRG
Rockville	442.7500	+	O 156.7 (CA)r	KV3B	MARC
Rockville	443.9000	+	Or	WA3YOO	MontCoRACES
Silver Spring	443.4500	+	O 156.7 WX	N3HF	N3HF
Silver Spring	444.2500	+	Oa	WB3GXW	WB3GXW
Silver Spring	449.0250	+	O 156.7el	N3AUY	+KD3R
Silver Spring	449.0250	29.5600	O 141.3el	N3AUY	+KD3R
Suitland	448.9250	−	O 167.9l	N3ST	CMRG
Upper Marlboro	444.6500	+	Oe L(MOTOTRBO CC6/TS1/TS2/ID-1)rs	N3LHD	N3LHD

WESTERN MD

Location	Output	Input	Notes	Call	Sponsor
Frostburg	443.4000	+	O 107.2 (CA)e	WA3KOK	NERA
McHenry	444.4250	+	O 100.0	W3KKC	McARC

MASSACHUSETTS
ALL

Location	Output	Input	Notes	Call	Sponsor
Statewide	441.4500	+	O 162.2	SNP	NESMC

BLACKSTONE VALLEY

Location	Output	Input	Notes	Call	Sponsor
Medway	449.1250	−	O 146.2 L(CLAYNET)	W1CLA	ClayCtrARC
Milford	446.8250	−	O 100.0e L(E3819 MMRA)s	WA1QGU	GMARG
Uxbridge	447.3250	−	ODCS(353 P25NAC:353) L(WESTBORO 448.775)	W1WNS	ATT

BOSTON METRO

Location	Output	Input	Notes	Call	Sponsor
Boston	443.5500	+	O 110.9ex	WN9T	BARC
Boston	444.7000	+	O 88.5e	W1KRU	BPSRG
Boston	448.7250	−	ODCS(343 P25NAC:444)	W1NAU	W1NAU
Braintree	442.5000	+	O 118.8 L(I4086)	AE1TH	Braintree
Brookline	446.3250	−	O 146.2 L(CLAYNET)	W1CLA	ClayCtrARC
Burlington	446.7750	−	O 88.5 L(MMRA)	W1DYJ	MMRA
Cambridge	444.7500	+	O 162.2e L(927.6625)	N1OMJ	N1OMJ
Cambridge	449.7250	−	O 114.8 (CA)ex	W1XM	MIT UHF

420-450 MHz
MASSACHUSETTS

Location	Output	Input	Notes	Call	Sponsor
Newton	442.7500	+	O 141.3aer	WA1GPO	FARA
Reading	446.5250	−	151.4	WA1RHN	WA1RHN
Waltham	443.0500	+	107.2 L(KC2LT)x	KC2LT	KC2LT
Waltham	449.0750	−	O 88.5e	WA1PBU	WalthamARA
Watertown	442.2000	+	● 162.2	N1OMK	N1OMK
Woburn	449.8250	−	O 136.5e	N1OMJ	N1OMJ
BOSTON SOUTH					
Canton	449.4250	−	O 88.5e	K1BFD	EMARG
North Attleborough	447.9750	−	O 88.5e	KA1IG	NAEMA
Taunton	443.4000	+	O 88.5	WG1U	WG1U
Walpole	446.4375	−	O 123.0er EXP	W1ZSA	WEM
Walpole	448.9750	−	O 141.3ers	W1ZSA	WEM
Walpole	449.6750	−	O 146.2epr s	N1UEC	ARCEM
Wrentham	444.4500	+	O 127.3 E-SUN	K1LBG	WEMA
Wrentham	448.5750	−	O 88.5ex	K1LBG	WEMA
CAPE AND ISLANDS					
Brewster	444.9000	+	O 141.3ep s	N1ZPO	N1ZPO
CENTRAL					
Auburn	443.9000	+	O 100.0e	K1WPO	K1WPO
Auburn	448.1250	−	O 88.5er	K1WPO	K1WPO
Clinton	442.3000	+	O 74.4ae	N1KUB	Clinton CD
Fitchburg	442.9500	−	O 88.5 (CA)	WB1EWS	WB1EWS
Gardner	442.1000	+	O 88.5ers WXx	W1GCD	GardnerOEM
Paxton	447.9875	−	O 136.5/162.2 L(YANKEE NETWORK)	W1XOJ	NYNES
Princeton	448.6250	−	O 88.5er WXx	W1OJ	W1OJ
Rutland	442.8500	+	O 100.0 L(224.38 IN PAXTON MA)	KA1AQP	KA1AQP
West Millbury	444.9000	+	O 100.0e L(224.38 PAXTON)	KA1AQP	KA1AQP
Worcester	443.3000	+	O 100.0 L(E421904)	N1OHZ	N1OHZ
Worcester	449.0250	−	O 88.5a L(E460920 145.310)	W1WPI	WPIWA
Worcester	449.8750	−	O DCS(P25NAC:250)	N1PFC	WECT
FRANKLIN COUNTY					
Deerfield	443.4500	+	O 173.8 L(TO 442.200 AMHERST MA)	AB1RS	AB1RS
Greenfield	448.8750	−	O 136.5e L(29.6)	KB1BSS	FCARC

420-450 MHz
MASSACHUSETTS

Location	Output	Input	Notes	Call	Sponsor
South Deerfield	442.5000	+	O 136.5ex	N1PMA	N1PMA
MERRIMACK VALLEY					
Haverhill	447.2750	−	O 88.5e	K1KKM	PRA
Lawrence	447.6250	−	O 88.5	N1EXC	N1EXC
Lowell	442.2500	+	O 88.5e L(MMRA)	W1MRA	MMRA
Lowell	444.9625	+	O 179.9	KB2KWB	Coqui HRC
North Andover	444.1000	+	O 123.0ae x	N1LHP	N1LHP
North Reading	446.8750	−	O 88.5	N1FOS	N1FOS
Pepperell	442.9000	+	O 100.0ers	N1MNX	N1MNX
Wilmington	441.9000	+	O 110.9a	N1LHP	N1LHP
METROWEST					
Concord	447.5750	−	O 110.9e	N1CON	CWA
Framingham	448.1750	−	O 88.5 L(I4610 WA1NVC)	WA1NVC	WA1NVC
Holliston	441.7000	+	O 88.5 L(927.8875)	KD1BC	KD1BC
Hopkinton	448.0250	−	O 88.5er	W1FY	FARA
Marlborough	446.6750	−	O 88.5 (CA) er	N1EM	AARC
Marlborough	447.8750	−	O 136.5 L(MRO NET)	K1IW	K1IW
Marlborough	449.9250	−	O 88.5 (CA) eL(E94940 I4148 MMRA)s	W1MRA	MMRA
Medfield	441.5000	+	O 88.5r	N1KUE	MEMA
Natick	447.6750	−	O 203.5er	KB1DFN	NATICK EMA
Northborough	441.6000	+	O 88.5	K1WPO	W1DXH
Southborough	448.3750	−	O 88.5er	W1EMC	EMC ARC
Southborough	449.5750	−	O 88.5 L(MMRA)	W1BRI	MMRA
Wellesley	444.6000	+	O 88.5e L(COLLOCATED WITH 147.030)	W1TKZ	WellslyARS
Westborough	448.7750	−	O DCS(244 P25NAC:353)	W1WNS	ATT
Weston	442.7000	+	O 88.5 (CA) L(MMRA)	W1MRA	MMRA
NORTH SHORE					
Beverly	444.9500	+	O 100.0	N1GSC	N1GSC
Beverly	447.8500	−	O 88.5 E-SUNr	WA1PNW	BEMA
Danvers	442.8000	+	O 136.5 (CA)ersx	NS1RA	NSRA
Gloucester	443.7000	+	O	W1GLO	CAARA
Lynn	442.4000	+	O 88.5#	N1VGJ	UNCOORD
Lynn	443.9500	−	O 151.4 (CA)e	W1SWR	PCD
Salem	446.6250	−	O 88.5	NS1RA	NSRA
Topsfield	447.4750	−	O 146.2e	WA1KAT	MAREX-NA

524   420-450 MHz
MASSACHUSETTS-MICHIGAN

Location	Output	Input	Notes	Call	Sponsor
SOUTH COAST					
Assonet	442.5500	+	O 67.0 (CA)	WG1U	WG1U
Fall River	444.3500	+	O 88.5 (CA) ersx	W1ACT	FRARC
SOUTH SHORE					
Bridgewater	444.5500	+	O 88.5e	W1MV	MARA
Norwell	443.6000	+	O 88.5	NS1N	NS1N
SPRINGFIELD/PIONEER VALLEY					
Amherst	442.2000	+	O 173.8	AB1RS	AB1RS
Belchertown	443.7000	+	O 71.9e	N1SIF	N1SIF
Florence	449.5250	−	O 167.9 (CA) E-SUN E-WINDx	KA1OAN	KA1QFE
Granville	442.7500	+	O 77.0 L(KB1AEV LINK SYSTEM)	KB1AEV	KB1AEV
Granville	449.8250	−	O 107.2ex	N1PAH	N1PAH
Holyoke	443.2000	+	O 127.3s	W1TOM	MTARA
THE BERKSHIRES					
Mt Greylock	449.4250	−	O 162.2ex	K1FFK	NBARC
Pittsfield	443.8500	+	O 162.2e L(I4101)	KE3HT	LTL

MICHIGAN
LOWER PEN NORTHEAST

Location	Output	Input	Notes	Call	Sponsor
Alpena	442.2750	+	O 131.8	KD8KUB	KD8KUB
Alpena	442.4750	+	O 100aelrs	N8BIT	8BITRG
Bad Axe	443.5500	+	O 114.8e WXx	KA8WYN	KA8WYN
Bay City	444.5000	+	O 123eWX	KB8YUR	BAARC
Breckenridge	442.6500	+	O 103.5elr sWX	W8QPO	W8QPO
Cheboygan	444.8500	+	O 110.9ex	WB8DEL	WB8DEL
Farwell	443.0250	+	O 103.5lrs WX	KG8XS	KG8XS
Glennie	444.8000	+	O 100ers WX	K5EKP	K5EKP RS
Hale	444.2750	+	O 141.3 (CA)erswX	K5EKP	K5EKP RS
Harrison	442.8500	+	O 103.5e WX	KA8DCJ	KA8DCJ
Mackinaw City	444.3750	+	O 103.5er WX	W8AGB	CCECPSCO
Mayville	443.7750	+	O 100lx	KB8ZUZ	KB8ZUZ
Midland	443.3250	+	O 103.5elr sWX	W8QN	Midland County ARE
Midland	444.3500	+	O 131.8	WB8WNF	PRAC
Mio	444.4750	+	O 141.3 (CA)elrsWX	K5EKP	K5EKP RS
Roscommon	443.1000	+	Ol	WF8R	CRARC
Saginaw	443.6000	+	O 103.5ers	KC8VOA	KC8VOA

MICHIGAN 420-450 MHz

Location	Output	Input	Notes	Call	Sponsor
Ubly	442.3250	+	O 103.5e	KC8KOD	KC8KOD
Watrousville	442.5000	+	O 91.5rsWX	N8UT	AREA

LOWER PEN NORTHWEST

Location	Output	Input	Notes	Call	Sponsor
Big Rapids	443.9000	+	OarsWX	KB8QOI	BRAARC
Cadillac	442.2000	+	O 114.8el	WI0OK	KF8KK
Cadillac	444.8250	+	O	K8CAD	WEXARC
Glen Arbor	444.7250	+	O 114.8el	WI0OK	N7LMJ
Hart	443.6750	+	O 94.8ers	W8VTM	OCARS
Holton	444.6750	+	O 94.8e	N8DWZ	WD8MKG
Kalkaska	444.9250	+	Oe	W8KAL	AA8ZV
Lake City	444.5250	+	O 100e	KA8ABM	KA8ABM
Mancelona	442.8000	+	O K8WQK		Cherryland ARC
Morley	442.0750	+	O 103.5 (CA)elrsWXx	K8SN	K8SN
Mt Pleasant	442.8250	+	O 100ersWXx	KC8RTU	KC8RTU
Pellston	442.9500	+	O 103.5	WA8EFE	WA8EFE
Stutsmanville	442.3750	+	O 107.2erWXx	N8DNX	N8DNX
Traverse City	442.5000	+	O 114.8ers	W8SGR	CARC
Traverse City	442.9000	+	O 94.8er	W8LDR	W8LDR
White Cloud	444.9750	+	O 94.8eWX	KB8IFE	KB8IFE

LOWER PEN SOUTHEAST

Location	Output	Input	Notes	Call	Sponsor
Adrian	443.3750	+	O 107.2eWX	K8ADM	K8ADM
Ann Arbor	443.5000	+	O 100es	W8PGW	Arrow ARC
Ann Arbor	443.6500	+	O 100	N8AMX	Washtenaw Adva
Ann Arbor	444.0750	+	O 82.5	WR8DAR	RADAR
Ann Arbor	444.6750	+	●t(CA)er	AA8B	AA8B
Ann Arbor	444.9750	+	O 107.2el	WD8DPA	WD8DPA
Beverly Hills	443.2250	+	O 107.2 (CA)ersxz	W8HP	DART
Bridgeport	443.4000	+	●t(CA)e	KC8BXI	KC8BXI
Brooklyn	443.9000	+	●t(CA)	N8GY	N8GY
Chelsea	443.5750	+	O 100esWX	WD8IEL	CARC
Clio	444.3750	+	Oel	N8NJN	FAIR
Dansville	444.5750	+	O 107.2 (CA)elWXx	N8OBU	N8OBU
Dearborn	442.8000	+	O 107.2 (CA)ers	WR8DAR	RADAR
Dearborn	443.4250	+	O 107.2	K8UTT	Ford ARL
Dearborn	444.3500	+	O 82.5l	K8UH	K8UH / W2PUT
Detroit	442.1750	+	O 123elWXx	KC8LTS	KC8LTS
Detroit	442.4500	+	O 100 (CA)	N8PYN	N8PYN
Detroit	443.0250	+	O 107.2eWX	KC8DCS	SpiritARC

526 420-450 MHz
MICHIGAN

Location	Output	Input	Notes	Call	Sponsor
Detroit	443.0750	+	O 123 (CA) elrsWXxz	WW8GM	GMARC
Detroit	443.4750	+	O 88.5ers WXx	WR8DAR	N8COP
Detroit	444.0000	+	O 100 DCS esx	WB8CQP	DRCG
Detroit	444.2250	+	O 107.2 DCS	N8XN	Ind Repeater Soc
Dundee	442.8250	+	O 100ers WX	K8RPT	RRRA
Durand	442.6250	+	O 100elrs WX	N8IES	N8IES
East Lansing	442.9000	+	O 77	W8MSU	MSUARC
Farmington Hills	442.7000	+	O 100	WA8SEL	FARC
Fenton	442.3500	+	O 107.2 (CA)elsWXx	W8FSM	W8FSM
Fenton	443.9250	+	O 151.4 (CA)el	KC8YGT	KC8YGT
Fenton	443.9750	+	●t(CA) DCSeWXx	KB8PGF	KB8PGF
Flint	442.0000	+	O 107.2	N8UMW	N8UMW
Flint	443.6750	+	●t(CA)	WB8YWF	WB8YWF
Flint	444.2000	+	O 107.2	W8ACW	GCRC
Flint	444.4500	+	O 100 (CA)l	N8JYI	N8JYI
Flint	444.6000	+	Oel	W8JDE	FAIR
Frankenmuth	444.0250	+	O 100elrs WXx	KB8SWR	KB8SWR
Garden City	444.7250	+	O 107.2 (CA)ers	KA8SPW	KA8SPW
Garden City	444.8750	+	O 107.2	K8DNS	K8DNS
Grosse Ile	444.9000	+	O 107.2e WX	N8ZPJ	N8ZPJ
Holly	442.2500	+	O 100e	KA8ZAU	KA8ZAU
Howell	445.5250	+	O 100ers	W8LRK	LARK
Ida	442.6500	+	O 100ers WX	K8RPT	RRRA
Lapeer	442.7500	+	O 123ersx	W8LAP	LCARA
Luna Pier	444.5500	+	O 100e	N8OSC	N8OSC+RRRA
Milan	444.1000	+	O 82.5el	W2PUT	W8PUT
Milford	442.1500	+	O 100elrs WX	K1DE	K1DE
Milford	444.4250	+	O 118.8	WR8DAR	N8PO
Millington	444.6500	+	O 100rsWX	KC8KGZ	Michigan Specialized
Mt Clemens	443.6250	+	O 151.4alr sWXx	KC8UMP	KC8UMP
Munith	442.3250	+	O 77e	KB8UB	KB8UB
New Hudson	442.7750	+	●tel	N8BK	N8BK
North Branch	443.4500	+	O 100elwX	W8ECG	KG8ID
Northville	443.1000	+	O 82.5er	WR8DAR	W8ICN

420-450 MHz MICHIGAN

Location	Output	Input	Notes	Call	Sponsor
Novi	444.8000	+	O 110.9e	WA8UMT	NARC
Ovid	444.0000	+	O 173.8	N8TSK	N8TSK
Owosso	442.4000	+	O 100 (CA) ersWX	N8DVH	N8DVH
Petersburg	442.2000	+	OlWX	K8OF	K8OF
Pontiac	443.8250	+	O	WN8G	WN8G
Pontiac	444.3250	+	O 107.2ers WX	W8OAK	Oakland Co Eme
Rankin	442.3000	+	O 91.5el	W8YUC	RARG
Romeo	442.5500	+	O 110.9e	WA1APX	WARTS
Romulus	442.2750	+	O 107.2	W8TX	W8TX
Roseville	445.5000	−	●talp	N8MET	N8MET
Royal Oak	443.7250	+	O 100 (CA) e	KA8ZRR	KA8ZRR
Saginaw	444.9500	+	O 100elrs WXx	KB8VGJ	KB8VGJ
Southfield	442.1000	+	O	KC8LIY	KC8LIY/KA8UUV
Southfield	444.6250	+	●t	W5TH	W5TH
Sterling Heights	442.9250	+	O 100e	N8LC	LCARC
Swartz Creek	444.1500	+	●tel	WD8JOF	RARG
Troy	442.6000	+	O 107.2	K8FBI	FBIRC
Warren	443.5500	+	O 107.2 (CA)eWXx	KA8WYN	KA8WYN
Waterford	442.3750	+	O 77 (CA)el WX	W8JIM	N8EPL
Waterford	442.4750	+	O 88.5 (CA) elWXz	W8JIM	W8JIM
Wayne	443.1500	+	O 107.2ae	W8RIF	W8RIF
Westland	443.1250	+	O 107.2lrs	N8DJP	N8DJP
Westland	443.2750	+	O 107.2elr s	N8ISK	N8ISK
Yale	443.3000	+	O 100.0ers	N8ERV	N8ERV
LOWER PEN SOUTHWEST					
Aurelius	443.8750	+	O 100 (CA) elWXx	KC8LMI	KC8LMI
Battle Creek	443.9500	+	O 94.8aelz	W8DF	SMARS
Berrien Springs	442.7750	+	O 88.5elrs WX	W8MAI	BARA
Berrien Springs	442.8250	+	O(CA)x	W8YKS	DOCRG
Buchanan	443.6500	+	O(CA)x	N8NIT	DOCRG
Cassopolis	443.5500	+	O 131.8ers WX	N8VPZ	N8VPZ
Cedar Springs	443.0750	+	O 94.8	NW8J	NW8J
Centreville	442.1500	+	O 94.8s	N9OVJ	ARPSA
Charlotte	443.6250	+	O 100aers WX	N8HEE	EFFECT
Coldwater	443.3000	+	O 123rsWX	WD8KAF	BCARC
Crystal Lake	442.1250	+	O 107.2l	KB8LCY	KB8LCY
Dimondale	442.0500	+	O 100 (CA) e	N9UV	N9UV

528 420-450 MHz
MICHIGAN

Location	Output	Input	Notes	Call	Sponsor
Eagle	443.3500	+	O 100 (CA) elrwX	K8VEB	EARS
Eaton Rapids	443.2500	+	O 100a	KD8JGN	KD8JGN
Edwardsburg	443.0750	+	O 131.8ael WX	KD8BHP	KD8BHP
Fruitport	442.3000	+	O 94.8	KE8LZ	N8UKF
Glennwood	443.4000	+	O 94.8elrs WXx	W8GDS	W8GDS
Grand Haven	443.7750	+	●t	W8GVK	W8GVK
Grand Ledge	442.5250	+	O 107.2el	KC8QYW	KB8HWT
Grand Rapids	442.0000	+	●te	K8EFK	K8EFK
Grand Rapids	443.8000	+	O 94.8ael WXxz	KA8YSM	IRA
Grand Rapids	444.1000	+	O 94.8 (CA) WX	N8NET	N8NET
Grand Rapids	444.2500	+	O 114.8	KC8EST	Kent County Emerge
Grand Rapids	444.3250	+	O 82.5	N8WKN	N8WKN
Grand Rapids	444.4000	+	O 94.8al	W8DC	GRARA
Grand Rapids	444.6250	+	O 94.8l	KR8T	KR8T
Grand Rapids	444.7750	+	O 94.8l	K8WM	K8WM
Holland	443.8250	+	O 94.8elrs WX	K8DAA	HARC
Holt	444.9250	+	Oae	KE8DR	KE8DR
Hudsonville	442.2500	449.2500	●t	K8TB	K8TB
Hudsonville	444.9000	+	O 94.8e	K8IHY	K8IHY
Jackson	443.1750	+	O 77ersWX x	WD8EEQ	WD8EEQ
Jackson	444.1750	+	O 100ersx	KA8YRL	KA8YRL
Kalamazoo	444.6500	+	●te	W8VY	KARC
Kalamazoo	444.8750	+	O	K8KZO	SMART
Lansing	442.0250	+	O 173.8e	N8JI	N8JI
Lansing	442.4250	+	●teWX	KD8PA	KD8PA
Lansing	442.7250	+	O 100e	KB8SXK	KB8SXK
Lansing	444.1250	+	O 107.2er	N8DEF	WIRE
Lansing	444.7500	+	O 100	KC8BFK	KC8BFK
Lowell	443.8500	+	O 94.8aers WXz	K8LHS	ARGYL
Mason	443.7000	+	O(CA)el	WB8RJY	WB8RJY
Moline	442.1750	+	●tersWXx	K8SN	K8SN
Muskegon	442.9500	+	●taels	N8KQQ	N8KQQ
Muskegon	443.2000	+	O 94.8	N8UKF	N8UKF
Muskegon	444.5500	+	O 94.8e	W8ZHO	MAARC
Muskegon	444.9500	+	O 94.8er	K8WNJ	MCES (Muskegon Co
Niles	442.2250	+	O 94.8er WX	KC8OVZ	KC8OVZ
Niles	444.1250	+	O 94.8el	WB9WYR	BRRG
Oshtemo	444.0750	+	O 94.8e	KB8CRR	N8DAN & KB8CRR
Romulus	445.5000	−	O 136.5elp	KD8NNY	KD8NNY
Saranac	444.7250	+	O 94.8e	KC8SIV	Saranac Comm Sch

420-450 MHz
MICHIGAN-MINNESOTA

Location	Output	Input	Notes	Call	Sponsor
Saugatuck	442.7000	+	O 94.8e	AC8GN	AC8GN
Sister Lakes	442.2750	+	O 88.5ers WX	W8MAI	BARA
St Johns	443.5250	+	O 100ers WX	W8CLI	CCARPSC
St Johns	444.8500	+	O 141.3lrs WX	WC8CLI	CCARA
Whitehall	443.2500	+	O 94.8rs	K8COP	K8COP
Zeeland	445.5000	−	O 94.8	KD8CAO	KD8CAO

UPPER PEN CENT

Location	Output	Input	Notes	Call	Sponsor
Escanaba	444.3000	+	O	WD8RTH	WD8RTH
Gladstone	444.4500	+	O	N8OYR	N8OYR
Iron Mountain	444.8500	+	O 100.0ae WX	WA8FXQ	MichACon
Marquette	443.4500	+	O 100.0	K8LOD	HARA
Marquette	443.5000	+	O 100.0	KB0P	KB0P
Marquette	444.8000	+	Oe	KE8IL	MrquttRA
Menominee	444.0750	+	O 107.2e	W8PIF	M&MARC
Negaunee	444.2000	+	O	N8PUM	CUPRA

UPPER PEN EAST

Location	Output	Input	Notes	Call	Sponsor
Moran	444.6250	+	OeEXP	K8EUP	MADARC
Newberry	444.9000	+	O 131.8	W8ARS	EUPAR
SaultSte Marie	442.8500	+	Oe	KB8SKC	KB8SKC
St Ignace	444.1000	+	O(CA)	K8HEW	K8HEW

UPPER PEN WEST

Location	Output	Input	Notes	Call	Sponsor
Calumet	442.5500	+	O 100.0	W8CDZ	CCRAA
Copper Harbor	444.1500	+	O 107.2e	K9SJ	K9SJ
Gaastra	444.1750	+	O 107.2e	N8LVQ	IRARC
Houghton	444.5000	+	Oe	W8YY	HuskyARC

MINNESOTA
CENTRAL

Location	Output	Input	Notes	Call	Sponsor
Annandale	442.9250	+	O 114.8	N0GEF	N0GEF
Avon	443.6500	+	O 85.4e	KG0CV	KG0CV
Becker	443.4750	+	O 85.4	KB0RRN	KB0RRN
Big Lake	443.6000	+	O 114.8e	N0JDH	SHERBCRG
Buffalo	444.3750	+	O 156.7	N0FWG	N0FWG
Cambridge	443.9750	+	O 114.8e	WR0P	ICSES
Crown	442.9250	+	O 127.3	N0GEF	N0GEF
Foreston	443.6750	+	O 114.8	N0GOI	MAGIC
Hutchinson	443.4000	+	O 146.2e	KB0WJP	CRARC
Isanti	443.3250	+	O 146.2el	KB0QYC	LSAC
Litchfield	443.8000	+	O 146.2	KC0CAP	KC0CAP
Little Falls	443.1250	+	O 123.0	KA0JSW	LKARRA
Otsego	442.9500	+	O 114.8	W0IDS	W0IDS
St Cloud	442.2250	+	O 85.4e	W0SV	STCLDARC

DULUTH

Location	Output	Input	Notes	Call	Sponsor
Duluth	442.8000	+	O	KB0QYC	LSAC
Duluth	444.1000	+	Ol	W0GKP	ARAC

530 420-450 MHz
MINNESOTA

Location	Output	Input	Notes	Call	Sponsor
Duluth	444.2000	+	O 103.5e	KC0RTX	KC0RTX
Duluth	444.3000	+	O 103.5	N0EO	SVAMTRS
EAST CENTRAL					
Center City	443.6250	+	O 146.2a	KC0ASX	CCARES
North Branch	443.8750	+	O 146.2e	K0DMF	K0DMF
METRO					
Arden Hills	442.0750	+	O 114.8l	WI9WIN	W.I.N.
Bloomington	444.3250	+	O 131.8	N0BVE	N0BVE
Burnsville	444.3000	+	O 114.8ae	W0BU	TCRC
Chaska	442.1250	+	O 114.8	KD0JOS	WB0ZKB
Chaska	443.0000	+	O 100.0	KA0KMJ	KA0KMJ
Cologne	444.6000	+	O e	N0KP	SCAN
Columbia Hts	444.5500	+	O 114.8e	N0FKM	N0FKM
Columbia Hts	444.7500	+	O 114.8l	N0FKM	N0FKM
Columbus	444.9750	+	O 94.8e	K0MSP	MIDWESTRA
Edina	444.1250	+	O 114.8	W0EF	TCFMCLUB
Edina	444.2000	+	O 114.8	WC0HC	HC RACES
Edina	444.8500	+	O 127.3e	WC0HC	HC RACES
Falcon Heights	442.7000	+	O 114.8	KG0BP	HANDIHAM
Forest Lake	442.0500	+	O 167.9	KB0UPW	RAMCOES
Gem Lake	444.9500	+	O 114.8	N0ODK	N0ODK
Golden Valley	444.1750	+	O 114.8	K0LAV	K0LAV
Lino Lakes	443.2000	+	O 127.3e	WC0HC	HENNRACES
Little Canada	444.7250	+	O 151.4e	WD8CBO	WD8CBO
Maple Grove	442.4000	+	O 100.0a	KC0VOE	KC0VOE
Maplewood	442.6000	+	O 100.0	KE0L	KE0L
Maplewood	444.8250	+	O 156.7	KC0MQW	SPEARS
Minneapolis	442.0000	+	O 114.8e	W0MR	MINING ARC
Minneapolis	443.0000	+	O 114.8a	K0SEY	K0SEY
Minneapolis	443.3000	+	● 118.8	N0YNT	UofM ARC
Minneapolis	443.3750	+	O 114.8	N0NKI	N0NKI
Minneapolis	444.2500	+	O 179.9	KA0JQO	KA0JQO
Minneapolis	444.2500	+	O 114.8	KA0KMJ	KA0KMJ
Minneapolis	444.2500	+	O 100.0	W0YC	UOFM RC
Minneapolis	444.6500	+	O	N0BVE	MRHA
Minneapolis	444.8750	+	O	WB0MPE	WB0MPE
Moundsview	444.5250	+	O 114.8	W0MDT	BAKKEN ARS
New Brighton	443.4250	+	● 114.8e	N0YNT	N0YNT
New Hope	447.7000	+	O 100.0	WB0YTX	WB0YTX
Oakdale	444.2750	+	O 67.0	K0LAV	K0LAV
Plymouth	444.3750	+	O 114.8	N0FWG	N0FWG
Plymouth	444.5000	+	O 127.3e	W0PZT	HC SHERIFF
Ramsey	444.9750	+	O 114.8e	K0MSP	MIDWESTRA
Richfield	444.4750	+	O 118.8e	WB0PWQ	RICHPSAF
Robbinsdale	444.7250	+	O 162.2	K0LTC	RARC
Robbinsdale	444.7750	+	O 114.8e	K0YTH	MNYARC
Shoreview	444.0750	+	O 114.8 (CA)	K9EQ	K0TCA
St Louis Park	444.1000	+	O 114.8	W0EF	TCFMCLUB
St Louis Park	444.9000	+	O 114.8	KG0SG	KG0SG

MINNESOTA

Location	Output	Input	Notes	Call	Sponsor
St Paul	443.1000	+	O 114.8ae	N0NKI	N0NKI
St Paul	444.0500	+	O 114.8l	N0GOI	MAGIC
St Paul	444.8000	+	O 114.8	WD0HWT	MARA
West St Paul	442.5500	+	O 100.0e	W0DCA	DCEC
White Bear Lak	444.2500	+	O 100.0	WD0HWT	MARA
NORTH CENTRAL					
Bemidji	444.0250	+	O 71.9	W0BJI	PBARC
Brainerd	444.9250	+	O	W0UJ	BAARC
Grand Rapids	444.5500	+	O 123.0ae	K0GPZ	NLARC
Nisswa	443.9250	+	O 123.0	W0UJ	BAARC
Pinewood	442.2250	+	O 118.8l	KC0FTV	KC0FTV
NORTH EAST					
Gilbert	443.5000	+	O 141.3	KB0QYC	LSAC
Grand Marais	444.2500	+	O 151.4	W0BBN	BWARC
Hinkley	444.5750	+	O 146.2e	KB0QYC	LSAC
Mcgregor	444.4500	+	O 151.4e	N4TGO	N4TGO
NORTH WEST					
Bemidji	444.9500	+	123.0e	NI0K	NI0K
Fergus Falls	444.2000	+	O 151.4ae	K0QIK	LKREGARC
Karlstad	444.9750	+	O 100.0	KA0NWV	KA0NWV
Mahnomen	444.5000	+	O	W0BJI	PBARC
Thief River Fa	444.8000	+	OewX	WB0WTI	WB0WTI
NORTHCENTRAL					
Cohasset	444.1500	+	O 114.8e	KB0CIM	KB0CIM
NORTHEAST					
Tamarack	443.2000	+	O 114.8	N0BZZ	N0BZZ
NORTHWEST					
Moorhead	444.8750	+	O 123.0el	W0ILO	W0ILO
SOUTH CENTRAL					
Albert Lea	443.5250	+	O 100.0e	WA0RAX	ALARC
Fairmont	443.9250	+	O	K6ZC	CMARS
Fairmont	444.3500	+	O 136.5	N0PBA	PBANET
Mankato	443.6500	+	O 114.8ae	WA2OFZ	WA2OFZ
Mankato	444.6750	+	O 100.0	W0WCL	MARC
St Peter	444.1500	+	O	WQ0A	SCAN
Waseca	442.3000	+	O 141.3e WX	KB0UJL	WCEM
Waseca	443.7500	+	Oe	WA0CJU	VARS
SOUTH EAST					
Austin	443.5000	+	Oa	N0RZO	AUSTIN ARC
Ellendale	442.9250	+	O 114.8	KA0PQW	HANDIHAM
Owatonna	444.4500	+	O 100.0ael	WB0VAK	WB0VAK
Red Wing	442.2500	+	O 136.5	KC0LXM	HIWATVATC
Rochester	443.8500	+	O 71.9	W0MXW	ROCHARC
Spring Valley	444.5250	+	Oae	N0ZOD	BLUFLDSER
Winona	444.2250	+	Oae	W0NE	WINONARC
SOUTH SE					
Faribault	444.6250	+	O 100.0ae	WB0NKX	WB0NKX

420-450 MHz
MINNESOTA-MISSISSIPPI

Location	Output	Input	Notes	Call	Sponsor
SOUTH WEST					
Wabasso	444.5250	+	O 141.3ael	KB0CGJ	REDWARA
Worthington	444.8500	+	O 141.3es WX	W0DRK	NPRRC
SOUTHEAST					
Rochester	443.4500	+	O 100.0	NZ0S	NZ0S
SOUTHWEST					
Tyler	444.6750	+	O 136.5e	KB0NLY	KB0NLY
STATEWIDE					
Statewide	443.7000	+	O 186.2ep	K0YTH	MNYARC
Statewide	443.7000	+	O 173.8p	N0GEF	N0GEF
Statewide	443.7000	+	167.9	WG0C	WG0C
WEST CENTRAL					
Alexandria	442.0250	+	O 88.5e	W0ALX	RUNESARC
Madison	444.9000	+	O 136.5e	NY0I	WCARC
Willmar	444.8000	+	O 146.2	KB0MNU	KCEM

MISSISSIPPI

Location	Output	Input	Notes	Call	Sponsor
Aberdeen	444.4500	+	O 210.7a	KD5AHI	MONROE CTY
Bay St Louis	444.7500	+	179.9e	WO5V	KE5PXB
Biloxi	444.2500	+	77.0el	KB5CSQ	KB5CSQ
Brandon	444.9000	+		K5RKN	KD5RWF
Byhalia	444.3000	+	110.9ers	W5GWD	W5GWD
Clinton	444.0000	+	O 100.0	W5PFR	JARC, INC
Columbus	444.9250	+	100.0es	KC5ULN	KC5ULN
Corinth	441.8000	+	103.5es	WB5CON	ALCORN CO
Corinth	443.9000	+	123.0aelRB WX	KJ5CO	KJ5CO
Ellisville	442.2500	+	O 136.5el	AA5SG	AA5SG/N5HO
Ellisville	443.8750	+	136.5lWX	N5EKR	N5EKR
Gautier	426.2500	439.2500	O	KA5NOJ	KA5NOJ
Gautier	911.2500	439.2500		KA5NOJ	------------
Gloster	443.8250	+	Oez	N5ZNS	N5ZNS
Greenville	444.6750	+	107.2aelp	N5PS	G.R.A. INC
Grenada	444.7000	+	O 107.2a	AD5IT	AD5IT
Gulfport	444.1500	+	77.0aels WX	WD5BJT	WD5BJT
Gulfport	444.3500	+	77.0el	N5UCF	SCMSRC
Hattiesburg	442.7250	+	O 167.9	N5LRQ	------------
Hattiesburg	443.3500	+	O 136.5 (CA)	W5CJR	W5CJR
Hattiesburg	443.7000	+	136.5e	W5CJR	HATTIESBUR
Hattiesburg	444.7750	+	136.5el	K5IJX	K5IJX
Heidelberg	444.3000	+	O 100.0e	KC5RC	JONES CO A
Hernando	444.9250	+	O 107.2e	N5PYQ	SRA
Horn Lake	444.6500	+	●	N5NBG	------------
Indianola	444.8500	+	O 136.5	AB5DU	AB5DU
Jackson	443.6250	+	O	AA5RZ	------------

420-450 MHz
MISSISSIPPI-MISSOURI

Location	Output	Input	Notes	Call	Sponsor
Jackson	444.4500	+	O 141.3 (CA) RB	KB5LCL	------------
Jackson	444.6000	+	O 100.0	KB5CO	JARC, INC
Jackson	444.7000	+	O	NC5Y	NC5Y
Laurel	442.3750	+	136.5eWX	WV5D	WV5D
Laurel	443.6500	+	O 100.0	W5NRU	AA5SG/N5HO
Laurel	444.9750	+	136.5	KC5PIA	KB5AAB
Leakesville	444.2250	+	136.5e	KE5WGF	GREEN CO E
Mccomb	444.8750	+	O 100.0	W5WQ	SW MS ARC
Meridian	444.1000	+	O 131.8e RB	KB5BRZ	WB5AKR
Meridian	444.5000	+	O 107.2e	W5LRG	LAUDERDALE
Natchez	443.8000	+	Oae	N5IAT	N5IAT
Nettleton	444.6250	+	O 192.8a	AB5MU	AB5MU
New Albany	444.1500	+	O	WB5YCR	NEMARC
New Hebron	444.5250	+	Otae	N5NNI	N5MRS
O'Reilly	444.9750	+	O 107.2 (CA)el	N5PS	DELTA ARA/
Olive Branch	444.7000	+	107.2ersWX	W5OBM	W5OBM
Oxford	444.3500	+	107.2esWX	W5LAF	W5UMS
Pascagoula	443.6500	+	O 123.0	KC5LCW	KC5LCW
Pearl	444.3750	+	O 88.5ae	KB5HAV	------------
Perkinston	442.4750	+	136.5elrs RB WX	K5GVR	K5GVR
Philadelphia	444.9500	+	Oe	WB5YGI	NESHOBA AR
Picayune	443.7250	+	O 179.9	KE5LT	KE5LT
Pinola	444.8500	+	O	KC5LXF	KC5LXF
Richton	444.6250	+	O(CA) RB	N5OCF	N5OCF
Ridgeland	443.7000	+	O 77.0	N5WDG	N5WDG
Sataria	444.7750	+	O 107.2l	N5PS	DELTA ARA/
Soso	444.2750	+	136.5eWX	WV5D	WV5D
Starkville	444.7500	+	O	KD5GVU	MAGNOLIA A
Stennis Space Ctr	444.6500	+	O	WB4FUR	NASA/SSC A
Taylorsville	442.2000	+	O 167.9el WX	AA5SG	AA5SG
Tishomingo	444.9750	+	203.5eWX	KE5IPO	KE5IPO
Tupelo	444.9500	+	O 192.8e	N5VGK	------------
Vicksburg	444.9250	+	OaeRBz	WB5TTE	WB5TTE
Waynesboro	443.5000	+	●aRB	W5SAR	W5SAR
Waynesboro	443.5500	+	O	W5SAR	W5SAR
West Point	443.4500	+	O	N5WXD	N5WXD
Wiggins	443.3000	+	O 167.9 (CA)e	KB5DZJ	KB5DZJ

MISSOURI
CAPE GIRARDEAU

Location	Output	Input	Notes	Call	Sponsor
Cape Girardeau	444.2000	+	Ox	W0RMS	W0RMS

420-450 MHz
MISSOURI

Location	Output	Input	Notes	Call	Sponsor
CENTRAL					
Boonville	442.7000	+	O 77/77el	KA0GFC	KA0GFC
Boonville	444.7000	+	O 77el	KA0GFC	KA0GFC
Camdenton	442.2000	+	O 100/100e l	KB8KGU	----------
Centralia	444.8000	+	O 103.5a (CA)ers	AF0AM	----------
Freeburg	443.7000	+	O 77/77elx	KA0GFC	KA0GFC
Holts Summit	443.8000	+	O	KB0NXX	KB0NXX
Mexico	444.8250	+	Oax	AA0RC	AudrainARC
Moberly	443.9750	+	O	K0MOB	TriCtARC
Osage Beach	444.5000	+	O 127.3e LITZ	N0QVO	----------
Stover	444.9250	+	O	N0AYI	N0AYI
Windsor	442.7250	+	O 107.2/107.2	W0OA	W0OA
Windsor	443.8750	+	O 107.2/107.2x	N0TLE	BYRG
COLUMBIA/JEFF CITY					
Ashland	444.1750	+	O 107.2/107.2elx	KA0GFC	KA0GFC
California	444.6250	+	O 127.3rsx	K0MCA	MOCtyARES
Centralia	443.0250	+	O 77/77ex	N0PBM	W0SMI
Columbia	444.4250	+	O 77/77lx	K0SI	CMRA
Columbia	444.9750	+	Oa(CA)erx	N0LBA	N0LBA
Holts Summit	444.8750	+	127.3/127.3eL(147.42) RB	KB4VSP	KB4VSP
Jefferson City	443.1750	+	O 77elsx	W0SMI	ShowMeINT
EAST CENTRAL					
De Soto	442.8500	+	O	K0MGU	K0MGU
Defiance	443.5250	+	OTT	N0RVC	N0RVC
Farmington	443.6750	+	O 100	K0OWG	----------
Foristell	444.4750	+	O 77/77els	W0ECA	ECA OF STC
High Hill	444.0250	+	O 77/77l	W0SMI	ShowMeINT
Pevely Mo	443.7250	+	O 192.8/192.8x	K0AMC	K0RWU
Potosi	444.4000	+	O 100/100	AB0TL	AB0TL
Washington	444.1000	+	O 151.4	N0MFD	N0MFD
Washington	443.3500	+	141.3/141.3ex	WA0FYA	ZBARC
JOPLIN					
Joplin	443.4750	+	O	WB0UPB	4StARCP
Joplin	444.5000	+	O 100/100	WD6FIC	WD6FIC
KANSAS CITY METRO					
Belton	442.8000	+	O 151.4/151.4	KA0OXO	BARC
Blue Springs	444.9500	+	O 107.2e RBx	KB0VBN	BluSprRPTR
Excelsior Spgs	443.3250	+	● 141.3/141.3a(CA)elx	K0AMJ	K0BSJ

420-450 MHz — MISSOURI

Location	Output	Input	Notes	Call	Sponsor
Excelsior Spgs	444.6500	+	O 156.7	K0ESM	RayClay RC
Holden	444.3750	+	O 107.2/107.2x	N0NDP	N0NDP
Hoover	442.0750	+	O 151.4	KA0FKL	----------
Independence	444.5750	+	O 186.2l	N0OEV	----------
Kansas City	442.5500	+	O 186.2/186.2el	WB0YRG	BYRG
Kansas City	442.9750	+	O 151.4/151.4x	K0ORB	SJMC ARC
Kansas City	443.1000	+	O	NG0N	BYRG
Kansas City	443.2500	+	O 131.8/131.8esx	W0OEM	W0OEM
Kansas City	443.3500	+	Oa(CA)	WV0T	SEIDKR
Kansas City	443.4500	+	Olx	W0WJB	W0WJB
Kansas City	443.7750	+	O 110.9/110.9	WA0NQA	ArtShrnRC
Kansas City	444.0250	+	O 186.2/186.2ae	WB0YRG	BYRG
Kansas City	444.1250	+	O 123/123	N0NKX	N0NKX
Kansas City	443.3500	+	O	N0AAP	N0AAP
Kearney	443.9000	+	O 127.3e	KB0EQV	KB0EQV
Kearney	444.2000	+	Oa(CA)e	K0KMO	MJARS
Lee's Summit	443.3000	+	O 131.8	K0MRR	----------
Lee's Summit	444.4500	+	O 151.4/151.4erx	N0NDP	N0NDP
Liberty	443.3750	+	O 192.8	KC0SKA	kc0ska
Oak Grove	444.2750	+	O 123/123	KB0THQ	PHRRL
Peculiar	442.0250	+	●a(CA)el	W0MCJ	BYRG
Platte City	444.1500	+	O 88.5/88.5 e	W5USI	W5USI
Platte Woods	444.0500	+	O 151.4/151.4elslLITZx	KD0EAV	PlatteCoARG
Platte Woods	444.5500	+	O 151.4/151.4lLITZx	KD0EAV	KD0EAV
Smithville	443.6250	+	O 114.8	N0VER	N0VER

NORTHEAST

Location	Output	Input	Notes	Call	Sponsor
Ewing	444.8750	+	O 100	KB0YKI	----------
Marceline	443.1500	+	O 100/100x	KD0ETV	----------

NORTHWEST

Location	Output	Input	Notes	Call	Sponsor
Amity	443.1250	+	O 146.2	KB0ALL	KB0ALL
Bethany	443.0750	+	O 100/100x	N2OYJ	N2OYJ
Graham	444.4750	+	O 146.2	N0GGU	N0GGU
Osborn	442.6750	+	O 127.3/127.3	N0SWP	N0SWP
Rockport	444.7750	+	O 100/100x	N2OYJ	N2OYJ

ROLLA

Location	Output	Input	Notes	Call	Sponsor
Rolla	443.8250	+	Oa(CA)l	W0EEE	UMR ARC

SOUTH CENTRAL

Location	Output	Input	Notes	Call	Sponsor
Belle	442.6000	+	O 127.3	N0VHN	----------

420-450 MHz
MISSOURI

Location	Output	Input	Notes	Call	Sponsor
Mountain Grove	444.9500	+	O ae	K0KNC	ToARC
Newberg	443.4250	+	O 100/100	KB0WD	------------
Rolla	443.6000	+	O 114.8/114.8l	WB9KHR	------------
Willow Spgs	443.9750	+	Ot	KC5DGC	------------
SOUTHEAST					
Dexter	443.9000	+	O 100x	N0DAN	N0DAN
Park Hills Mo	442.0500	+	O 100/100x	KD0KIB	KD0KIB
Poplar Bluff	444.9250	+	O 179.9/179.9x	AB0JW	SEMOARA
Southeast	444.5750	+	O 107.2/107.2	KC0LAT	KMS
SOUTHWEST					
Bolivar	443.6750	+	O 107.2/107.2x	KD0JAU	LksAraARA
Carthage	442.3250	+	O 103.5/103.5	W0LF	CARC
Highlandville	442.1250	+	O 162.2/162.2ers	WA6JGM	CC ARC
Highlandville	444.8750	+	Oers	WA6JGM	CC ARC
Kimberling Cty	444.3000	+	O	N0NWP	N0NWP
Monett	444.6500	+	O 123	K0SQS	K0SQS
Neosho	445.5250	+	O 127.3/127.3esx	KC0NJZ	SWARG
Nevada	444.0000	+	O	K0CB	K0CB
Nevada	444.2250	+	O 127.3x	W0HL	W0HL
Nixa	442.2750	+	O 162.2/162.2elx	K0NXA	Nixa ARC
SPRINGFIELD					
Springfield	442.3750	+	Oex	W0PM	W0PM
Springfield	444.0500	+	O 77e	WB0QIR	------------
Springfield	444.4000	+	O 100a (CA)e	W0EBE	SW MO ARC
Springfield	444.6000	+	O 77e	W6OQS	EARS
Springfield	444.7250	+	O 136.5	W0YKE	SMSU ARC
ST JOSEPH					
St Joseph	444.9250	+	O 100ex	WA0HBX	WA0HBX
ST LOUIS METRO					
Berkeley	443.6500	+	●	KB0PE	KB0PE
Bridgeton	443.4500	+	O 146.2el	KB0TUD	NWAR/EAsn
Clayton	442.1000	+	O 141.3ers	KB0MWG	SLSRC
Clayton	444.0000	+	O	K0CEH	------------
Crystal City	443.6250	+	O 100x	K0TPX	TwnCtyARC
High Ridge	444.5500	+	O 192.8/192.8 (CA) L(146.925)	K0AMC	AMARC
High Ridge	444.7500	+	O 192.8/192.8 (CA)l	K0AMC	AMARC
High Ridge	444.8500	+	O 192.8/192.8 (CA)l	K0AMC	AMARC

420-450 MHz
MISSOURI-MONTANA

Location	Output	Input	Notes	Call	Sponsor
Imperial	442.5000	+	Oa(CA)e	KE0PE	KE0PE
New Haven	444.9000	+	O	KA0BWH	------------
Olivette	443.0750	+	O 141.3/141.3ers	W0SRC	SLSRC
St Charles	443.2500	+	O 151.4l	N0KQG	------------
St Charles	444.6500	+	Oar	WB0HSI	StChasARC
St Louis	442.8250	+	O 127.3el	K0GFM	SMARC
St Louis	442.8750	+	O 141.3a (CA)el	W0MA	BEARS-STL
St Louis	443.1500	+	Oe	N0FLC	N0FLC
St Louis	443.3000	+	O 123	KA9HNT	XEEARC
St Louis	443.4750	+	O 77elrs	WD0EFP	WD0EFP
St Louis	443.5500	+	O/141.3a (CA)ex	K0GOB	UHF ARA
St Louis	443.7750	+	OeEXP	W0XEU	------------
St Louis	444.0500	+	Oe	W0SLW	14739RPTR
St Louis	444.1500	+	Oa(CA)e	WB0QXW	K0YCV
St Louis	444.6250	+	O	K9GXU	StClairARC
St Paul	444.2000	+	Olr	KA0EJQ	KA0EJQ
St Peters	442.4750	+	O	N0FHN	------------
St Peters	444.2750	+	O 141.3/141.3es	KB3HF	KB3HF
Webster Groves	443.8500	+	O 141.3a (CA)es	N0UHJ	KC0VSJ

WEST CENTRAL
Location	Output	Input	Notes	Call	Sponsor
Clinton	443.3000	+	O 107.2e L(147.195)	W0DR	RATS
Richmond	442.0250	+	O	KC0VNB	KC0VNB
Warrensburg	443.2000	+	O 107.2e	W0AU	WAARCI

MONTANA
CENTRAL
Location	Output	Input	Notes	Call	Sponsor
Lewistown	442.0000	+	O 100.0	K7VH	K7EC

EAST CENTRAL
Location	Output	Input	Notes	Call	Sponsor
Sidney	444.5000	+	Ol	W7DXQ	LYARC

NORTH CENTRAL
Location	Output	Input	Notes	Call	Sponsor
Cut Bank	441.2000	+	O	KE7QIP	KE7QIP
Cut Bank	443.3000	+	O	W7DPK	HARK
Cut Bank	443.3250	+	O 100.0	K7IQA	HARK
Cut Bank	443.3750	+	O 88.5eRB	W7DPK	HARK
Great Falls	444.3500	+	Oae	W7ECA	GFAARC
Great Falls	449.5000	–	O 100.0l	W7ECA	GFAARC
Havre	444.7000	+	O 114.8	KE7BBN	KE7BBN
Havre	447.1250	–	O 100.0	W7HAV	Hi-Line ARC

NORTHEAST
Location	Output	Input	Notes	Call	Sponsor
Plentywood	444.0000	+	Ol	KB7QWG	KB7QWG
Plentywood	444.6000	+	Ol	KB7QWG	KB7QWG
Plentywood	448.3500	–	O	KD7ZEB	Sheridan County.
Scobey	443.5000	+	O	N0PL	N0PL

420-450 MHz
MONTANA

Location	Output	Input	Notes	Call	Sponsor
NORTHWEST					
Bigfork	442.0750	+	O 88.5ael RBxz	KA5LXG	FVRG
Bigfork	444.6000	+	O 103.5	KE7JI	KE7JI
Columbia Falls	444.4000	+	O	W7HGM	W7HGM
Eureka	443.8000	+	O 100.0	WR7DW	WR7DW
Eureka	444.2500	+	O 100.0	WR7DW	WR7DW
Kalispell	442.2000	+	O 100.0	N7ONV	N7ONV
Kalispell	443.1000	+	● 107.2l	N7XVF	N7HSG
Kalispell	448.9750	−	● 107.2	N7XVF	W7HSG
Lakeside	442.6250	+	O 123.0	KA7G	KA7G
Lakeside	448.6750	+	● 107.2	W7HSG	W7HSG
Libby	444.3500	+	O	KB7SQE	KB7SQE
Libby	444.8250	+	O	KB7SQE	KB7SQE
Lookout Pass	444.2000	+	O 131.8	WR7HLN	WR7AGT
Somers	448.4500	−	O 100.0 RB	N7LT	N7LT
Whitefish	443.7750	+	O 100.0	K7LYY	FVARC
Whitefish	444.6500	+	O 100.0 E-SUN	WR7DW	WR7DW
Whitefish	444.7500	+	O 100.0e	K6KUS	K6KUS
Whitefish	444.9750	+	O 100.0	K7LYY	FVARC
Yaak	444.2250	+	O	W3YAK	N3AAW
SOUTH CENTRAL					
Bozeman	447.0000	−	O 162.2ae	KL7JGS	KL7JGS
Bozeman	447.7000	−	O 77.0a	KI7XF	ERA
Bozeman	447.9500	−	O 100.0	WA7U	WA7U
Bozeman	448.3500	−	O 100.0	KB7KB	KB7KB
Bozeman	449.0000	−	O 100.0l	KL7JGS	KL7JGS
SOUTHEAST					
Billings	449.2500	−	O 100.0	WB6EHV	WB6EHV
Billings	449.7000	−	O 103.5	KE7YDB	KE7YDB
Billings	449.7500	−	O	N7VR	N7VR
Billings	449.8000	−	O 100.0 E-SUN	KA7MHP	KA7MHP
Red Lodge	449.9000	−	O 100.0	KE7FEL	KE7FEL
Worden	447.9000	−	O	AE7V	AE7V
SOUTHWEST					
Boulder	449.2000	−	O 131.8l	WR7HLN	WR7AGT
Butte	449.4000	−	O 131.8	WR7HLN	KB8ML
Dillon	444.1000	+	O 100.0	WR7HLN	WR7AGT
Dillon	449.7750	−	Ol	K7IMM	DARC
Gold Creek	449.3000	−	O 131.8l	WR7HLN	WR7AGT
Helena	444.1000	+	O 131.8l	WR7HLN	WR7AGT
Helena	448.9000	−	O 131.8	WR7HLN	WR7AGT
Helena	449.5500	−	O 123.0	W7MRI	W7MRI
Toston	449.3000	−	O 131.8l	WR7HLN	WR7AGT
WEST CENTRAL					
Frenchtown	449.0500	−	O 146.2	N7DWB	N7DWB
Hamilton	448.3000	−	O 151.4	AE7OD	AE7OD

420-450 MHz
MONTANA-NEBRASKA

Location	Output	Input	Notes	Call	Sponsor
Missoula	444.8000	+	O 88.5	W7PX	HARC
Missoula	448.9000	–	O 131.8	WR7HLN	WR7AGT
Stevensville	442.2500	+	O 88.5	KE7WR	KE7WR
Stevensville	444.4250	+	O 203.5	KD7HP	KD7HP
Stevensville	447.5000	–	O 203.5	W7FTX	BARC
NEBRASKA					
EAST					
Weston	443.6000	+	Os	KC0DUG	------------
FREMONT					
Fremont	444.1750	+	O	W0UVQ	W0UVQ
Fremont	444.3750	+	Oes	KF0MS	------------
GRAND ISLAND					
Grand Island	443.9500	+	O 123.0rs	WY0F	GI 440 ASS
St Libory	444.9250	+	O 123.0els	WY0F	GI 440
KEARNEY					
Axtell	444.6250	+	Ol	KA0RCZ	KA0RCZ
Kearney	444.8500	+	O 74.4aelz	KA0RCZ	KA0RCZ
LINCOLN					
Lincoln	443.0000	+	Oes	N0FER	------------
Lincoln	443.5000	+	Oal	N0GVK	N0GVK
Lincoln	443.6750	+	Oes	W0MAO	NEMA
Lincoln	444.3000	+	O 103/103a el	N0GVK	N0GVK
Lincoln	444.6750	+	O(CA)e	KA0WUX	KA0WUX
LINCOLN/OMAHA					
Gretna	444.9000	+	Oes	W0MAO	NE. GOVT
NORTH CENT					
O'Neill	444.8750	+	O	KB0GRP	------------
NORTH EAST					
Norfolk	444.2500	+	O	W0OFK	EVARC
OMAHA					
Bellevue	443.3500	+	Osz	WB0QQK	WB0QQK
Bellevue	443.8250	+	O(CA)sz	WB0QQK	WB0QQK
Bellevue	444.8750	+	OeL(29.64)	WB0QQK	WB0QQK
Murray	442.5750	+	● 100el	KA0IJY	------------
Omaha	442.4750	+	Oel	K0IJY	------------
Omaha	442.9000	+	Oe	N0UP	N0UP
Omaha	442.9500	+	O 146.2/146.2	KC0YUR	KC0UAD
Omaha	443.7700	+	Os	W0EQU	ARC DIS SVC
Omaha	443.9250	+	Ol	KG0S	KG0S
Omaha	443.9750	+	O 146.2/146.2	KC0YUR	KC0UAD
Omaha	444.0500	+	O	KA0JTI	KA0JTI
Omaha/KPTM	444.9500	+	Ox	WB0CMC	WB0CMC
Valley	443.5500	+	Oels	K0AWB	K0AWB
SCOTTSBLUFF					
Scottsbluff	444.8250	+	Oaersz	W0KAV	W0KAV/KW0R

540 420-450 MHz
NEBRASKA-NEVADA

Location	Output	Input	Notes	Call	Sponsor
SOUTH CENT					
Oxford	443.3500	+	O(CA)	KXØM	KXØM
SOUTH EAST					
Beatrice	443.0750	+	Oes	KCØSWG	KCØSWG
Beatrice	444.4500	+	Oels	WBØRMO	JCARS
Brownville	444.2250	+	Ol	KØTIK	KØTIK
Fairbury	444.2750	+	Oaels	WBØRMO	JCARS
Julian	444.6250	+	Oes	WØMAO	NE. GOVT
NE City	442.1000	+	Oael	KØTIK	KØTIK
Wilber	443.4000	+	Oes	NØYNC	Saline EMA

NEVADA

Location	Output	Input	Notes	Call	Sponsor
Angel Peak	447.3250	−	O 100rs	N7SGV	SMRC
Angel Peak	447.4750	−	O 110.9	N7OK	SDARC
Angel Peak	448.7750	−	●	WH6CYB	----------
Angel Peak	449.5000	−	● 146.2/146.2 (CA)elx	N7TND	LVRA
Angel Peak	449.6500	−	●	WR7NV	FARS
Angel Peak	449.8000	−	O 131.8 Bl	N6JFO	PINOYHAM
Apex Mtn	447.6250	−	O 114.8	N7YOR	HDRA
Apex Mtn	447.8500	−		KD5MSS	----------
Black Mt	448.9500	−	O 146.2	WAØVJR	FARS
Black Mtn	448.0000	−	O	KD8S	----------
Black Mtn	448.6250	−	O 114.8	NX7R	HDRA
Blue Diamond Hill	446.2250	−	O 85.4 E-SUN L(146.52)	W7HTL	----------
Blue Diamond Hill	447.9500	−	O 100	K6JSI	WINS System
Blue Diamond Hill	448.1250	−	O	AK7DB	----------
Christmas Tree	448.7000	−	●	WB6TNP	TRISTATE
Christmas Tree Pass	448.2000	−	●	WR7RED	SCRN
Henderson	447.6750	−	O 100/100e L(145.420)	K7FED WXx	----------
Henderson	448.7500	−	O	WR6AVM	----------
Hi Potosi Mtn	449.0000	−	●	N6DD	Cactus
Hi Potosi Mtn	449.1750	−	●	WA7HXO	LVRA
Hi Potosi Mtn	449.9500	−	●	KB6CRE	----------
Hi Potosi Mtn	449.9750	−	O 100	KB6XN	----------
Las Vegas	446.7250	−	O	K2RIC	----------
Las Vegas	447.0250	−	O	KI6VEJ	----------
Las Vegas	447.0750	−	O 100	NK2V	----------
Las Vegas	447.1000	−	O	WR7NV	----------
Las Vegas	447.2750	−	O 110.9	KG7SS	----------
Las Vegas	447.3000	−	100.0/100.0	KG7SS	----------
Las Vegas	448.0500	−	O	KF6QYX	----------
Las Vegas	448.0750	−	O 127.3	WN9ANF	----------
Las Vegas	448.3000	−	O	KE7KD	----------
Las Vegas	448.4500	−	OL(146.94)	WB6EGR	----------

NEVADA

Location	Output	Input	Notes	Call	Sponsor
Las Vegas	448.5000	–	O 100	K7UGE	LVRAC
Las Vegas	448.6750	–	O	N8DBM	----------
Las Vegas	448.7250	–	●	WB6TNP	----------
Las Vegas	448.9000	–	O	KE7CCH	----------
Las Vegas	449.6750	–	O 192.8	WA7CYC	----------
Lo Potosi Mtn	448.5250	–	●	WR7BLU	SCRN
Lo Potosi Mtn	448.8250	–	●	KG6ALU	KARC
Lo Potosi Mtn	449.2500	–	●	WB6TNP	TRISTATE
Lo Potosi Mtn	449.4000	–	●	W7OQF	LVRA
Low Potosi Mountain	448.9250	–	●	WB6TNP	----------
Low Potosi Mt	447.2250	–	O 151.4	N6LXX	----------
Low Potosi Mt	447.9000	–	O	WB6ORK	----------
Mesquite	449.8350	–	O	N7AOR	----------
Opal Mtn	448.8000	–	●	WB6TNP	TRISTATE
Pahrump	448.8500	–	O 127.3	N7HYV	----------
Pahrump local	447.5000	–	O 123	W7NYE	----------
Pahrump local	447.7000	–	O	WB6RTH	----------
Pahrump Valley	447.4000	–	100	K6JSI	WINS System
Red Mtn	449.1000	–	●	WA7LAT	LVRA
Red Mtn	449.1500	–	O 127.3	WA7HXO	LVRA
Spirit Mt	449.3000	–	O	N6JFO	----------

ALLSTAR

Location	Output	Input	Notes	Call	Sponsor
Las Vegas	445.0000	–	ODCS(606)	WB6EGR	----------
Las Vegas	447.4250	–	O 173.8 L(447.25)	WB9STH	----------
Las Vegas	448.4750	–	O 100	WB6EGR	----------
North Las Vegas	447.2500	–	O 100 L(447.425)	WB9STH	----------
Sunrise Mt	447.8000	–	O 100	K7IZA	----------

CARLA

Location	Output	Input	Notes	Call	Sponsor
Reno	440.7500	+	O 127.3	K6LNK	CARLA
Reno	441.5500	+	O 127.3	K6LNK	CARLA
Topaz Lake	443.4750	+	O 110.9	K6LNK	CARLA

CENTRAL

Location	Output	Input	Notes	Call	Sponsor
Dyer	443.6000	+	O 131.8el	W7WOW	W7WOW
Tonopah	444.3500	+	● 67l	KB7PPG	KB7PPG
Warm Springs	444.8500	+	● 94.8l	WA6TLW	WA6TLW

E SIERRA/TAHOE

Location	Output	Input	Notes	Call	Sponsor
Bishop	444.2000	+	● 94.8	K6BDI	K6BDI
Bishop	444.7250	+	● 131.8e	W6KGB	W6KGB
Bishop	444.8000	+	O 88.5	WA6ZFT	WA6ZFT
Incline Village	443.2250	+	● 114.8	WA6OOU	WA6OOU
Lake Tahoe	442.4750	+	Oel	WA6EWV	WA6EWV
Lake Tahoe	442.8250	+	O 88.5	W6SUV	W6SUV
Lake Tahoe	443.7000	+	●l	WA6EWV	WA6EWV
Lake Tahoe	444.1750	+	O 146.2e	W6SUV	W6SUV
Laws	444.6500	+	O 94.8	WA6TLW	WA6TLW
Tahoe City	444.9500	+	● 94.8l	WA6TLW	WA6TLW

420-450 MHz
NEVADA

Location	Output	Input	Notes	Call	Sponsor
EAST CENTRAL					
Ely	444.5750	+	O l	WB7WTS	WB7WTS
Ely	444.6500	+	O 94.8l	WB7WTS	WB7WTS
ECHO/IRLP					
Black Mtn	447.7750	−		KP4UZ	----------
Henderson	447.6500	−	O 123	KE7OPJ	----------
Pahrump	448.3500	−	103.5#	N7MRN	----------
ECHOLINK					
Henderson	448.8750	−	O 114.8	K7RSW	HDRA
Las Vegas	446.3000	−	O	K7RRC	----------
IRLP					
Black Mtn	449.7500	−	O 123	N7ARR	NARRI
Blue Diamond Hill	446.2000	−	O 77 E-SUN	W7HTL	----------
Las Vegas	447.0000	−	O 123	N7ARR	NARRI
Las Vegas	447.7250	−	O 123	N7ARR	NARRI
Pahrump	449.7500	−	O 123	N7ARR	----------
NORTH CENTRAL					
Battle Mountain	442.2500	+	O 100	KE7LKO	KE7LKO
Battle Mountain	443.9000	+	O	KC7LCY	N7EV
Battle Mountain	444.8500	+	O 94.8l	WA6TLW	WA6TLW
Battle Mountain	444.9750	+	O 100el	KE7LKO	WB7BWV
Battle Mountain	446.9750	−	O 186.2l	W7LKO	N7EV
Carlin	441.9750	+	O 186.2	W7LKO	N7EV
Carlin	443.8500	+	O 100	KE7LKO	KE7LKO
Carlin	444.3500	+	O 100	KE7LKO	WV3LMA
Elko	443.3750	+	O 100e	KE7LKO	WV3LMA
Elko	443.9500	+	O 100e	KE7LKO	WB7BTS
Elko	444.1000	+	O 100	KC7YNS	KC7YNS
Elko	444.7000	+	O l	W7LKO	WA7BWF
Elko	446.9750	−	O 186.2l	W7LKO	N7EV
Spring Creek	442.1250	+	● 127.3	NB9E	NB9E
Tuscarora	444.6500	+	O 94.8l	WA6TLW	WA6TLW
Winnemucca	442.3500	+	O 100e	KH6QAI	KH6QAI
Winnemucca	442.8250	+	O 141.3	WO7I	WO7I
Winnemucca	443.7000	+	O 103.5	WA6MNM	WA6MNM
Winnemucca	444.9500	+	O 94.8	KA7HQZ	KA7HQZ
NORTH EAST					
Wells	444.8500	+	● 94.8l	WA6TLW	WA6TLW
NORTH WEST					
Empire	444.6750	+	O	KS2R	KS2R
Gerlach	440.1750	+	O 100	KD6KAC	KD6KAC
Gerlach	444.2000	+	O 100el	KF7EHY	KF7EHY
Gerlach	444.3250	+	O 107.2e	N9NPF	N9NPF
Portola	444.1000	+	O 100l	N7PLQ	N7PLQ
PORTABLE					
Gerlach	441.6750	+	O 123ep	KD7VMK	KD7VMK
Gerlach	442.8000	+	O 123p	KD7VMK	KD7VMK
Gerlach	443.4500	+	O 100p	KD6THY	KD6THY

420-450 MHz
NEVADA

Location	Output	Input	Notes	Call	Sponsor
Reno	440.8000	+	○ 123ep	W7TA	K7JN
Reno	441.8000	+	● 100ep	KA7FOO	KA7FOO
Reno	442.4000	+	○ 110.9ep	W7RHC	N7KP
SOUTH					
Laughlin	448.7500	−	●e	K7RLW	K7RLW
LaVegas	448.7750	−	● 131.8	WH6CYB	NH7M
WEST					
Wells NV	449.7500	−	○lx	WA7BWF	EARC
WEST CENTRAL					
Carson City	441.2500	+	○ 123el	W7DI	K7VC
Carson City	441.9750	+	○l	KB7MF	KB7MF
Carson City	443.3250	+	○ 127.3	K6LNK	CARLA
Carson City	444.2000	+	○ 110.9el	W7RHC	W7NIK
Carson City	444.4750	+	○ 162.2	KI6SSF	KI6SSF
Carson City	444.5500	+	○ 127.3	WA6JQV	WA6JQV
Cold Springs	443.6500	+	○ 100lx	KE7DZZ	KE7DZZ
Fallon	443.6500	+	○ 126e	KE6UNR	KE6UNR
Fernley	443.5000	+	○ 100l	N7PLQ	N7PLQ
Fernley	444.3000	+	○ 88.5	KK7ECV	KK7ECV
Gardnerville	440.3000	+	○ 141.3e	KD7FPK	KC7STW
Gardnerville	442.1500	+	○ 123el	KD7FPK	KD7FPK
Gardnerville	443.9750	+	○ 123e	KD7FPK	KD7FPK
Hawthorne	440.7250	+	○ 127.3	K6LNK	CARLA
Hawthorne	444.8500	+	● 94.8lx	WA6TLW	WA6TLW
Lovelock	444.5000	+	● 94.8	WA6TLW	WA6TLW
Minden	442.7500	+		NV7CV	WA6EYD
Minden	443.7500	+	○ 123el	W7DI	K7VC
Reno	440.2000	+	○ 107.2	KB6TDJ	KB6TDJ
Reno	440.4250	+	○ 123e	W7ROZ	K7JN
Reno	440.5500	+	○ 110.9el	W7RHC	W7NIK
Reno	440.7250	+	○ 123	KD7DTN	KD7DTN
Reno	440.7500	+	○ 127.3	K6LNK	CARLA
Reno	441.3000	+	○ 114.8l	KD7DTN	KD7DTN
Reno	441.4000	+	○ 123	NV7L	NV7L
Reno	441.5500	+	○ 127.3	K6LNK	CARLA
Reno	441.6500	+	○ 123e	N7ARR	W7AOR
Reno	441.8500	+	○ 123	W7UNR	N7KP
Reno	442.0250	+	○ 156.7	W6KCS	W6KCS
Reno	442.1750	+	○ 94.8l	WA6TLW	WA6TLW
Reno	442.3750	+	○ 123	W7RHC	W7NIK
Reno	442.5500	+	○ 110.9	W7NIK	W7NIK
Reno	442.8500	+	○ 141.3	N7ACM	N7ACM
Reno	443.0250	+	● 114.8	K7JN	K7JN
Reno	443.0750	+	○ 123e	W7TA	K7JN
Reno	443.4500	+	○ 103.5	NH7M	NH7M
Reno	443.7750	+	● 131.8	NH7M	NH7M
Reno	444.0250	+	●	WA7RPS	WA7RPS
Reno	444.3500	+	○ 123e	KE7R	NN7B
Reno	444.4000	+	○ 118.8	K6ALT	KL2P

420-450 MHz
NEVADA–NEW HAMPSHIRE

Location	Output	Input	Notes	Call	Sponsor
Reno	444.4250	+	○ 131.8e	K7HVY	K7HVY
Reno	444.5250	+	○l	N7PLQ	N7PLQ
Reno	444.6000	+	● 123	W9CI	W9CI
Reno	444.6500	+	● 94.8l	WA6TLW	WA6TLW
Reno	444.7000	+	● 110.9	W7RHC	W7NIK
Reno	444.7500	+	● 94.8l	WA6TLW	WA6TLW
Reno	444.7750	+	○ 100e	KK7RON	KK7RON
Reno	444.8250	+	○ 123l	WA7DG	KK7SL
Reno	444.9000	+	○ 123e	KD7DTN	KD7DTN
Reno	444.9250	+	○ 100elx	WA7DG	KK7SL
Reno	445.0000	−	○ 123	KB2LUC	KB2LUC
Reno	448.6250	−	○ 100	KE7DZZ	KE7DZZ
Silver Springs	444.5000	+	○	KE7CRZ	KE7CRZ
Sparks	440.0000	+	○ 110.9l	W7NIK	W7NIK
Sparks	440.0250	440.0250	○ 123l	N7PLQ	N7PLQ
Sparks	440.0500	+	○ 100l	N7PLQ	N7PLQ
Sparks	441.6500	+	○ 123e	N7ARR	W7AOR
Sparks	443.0500	+	○ 123	N7PLQ	N7PLQ
Sparks	443.4000	+	● 88.5e	KD7DPW	KD7DPW
Sparks	443.6000	+	● 103.5e	N7KP	N7KP
Sparks	443.6250	+	● 103.5	N7KP	N7KP
Sparks	443.6750	+	● 103.5	KK7RON	KK7RON
Sparks	443.8000	+	● 103.5l	N7KP	N7KP
Sparks	443.9500	+	○ 100	AE7CW	AE7CW
Sparks	444.1750	+	○ 123l	KC5CZX	KC5CZX
Sparks	444.2500	+	○ 146.2	KR7EK	KR7EK
Sparks	444.2750	+	○ 123el	KY7Y	KY7Y
Sparks	444.3000	+	● 88.5	KK7ECV	KK7ECV
Sparks	444.8000	+	○ 123	N7PLQ	N7PLQ
Sparks	444.9750	+	○ 123	N7PLQ	N7PLQ
Sun Valley	440.3000	+	○ 141.3	KC7STW	KC7STW
Sun Valley	443.1750	+	○ 123	N7TGB	N7TGB
Sun Valley	444.1500	+	○ 146.2l	KR7EK	KR7EK
Topaz Lake	443.4750	+	○ 110.9	K6LNK	CARLA
Verdi	440.0750	+	○ 123	N7PLQ	N7PLQ
Washoe City	440.3750	+	○ 97.4	NH7M	NH7M
Wellington	440.0500	+	○ 94.8	KD7NHC	KD7NHC
Yerington	444.8750	+	○ 100lx	W7DED	W7DED

NEW HAMPSHIRE
ALL
Location	Output	Input	Notes	Call	Sponsor
Statewide	441.4500	+	○pEXP	SNP	NESMC

DARTMOUTH/LAKE SUNAPEE
Location	Output	Input	Notes	Call	Sponsor
Claremont	443.9500	+	○ 103.5	KU1R	SCARG
Claremont	447.0750	−	○ 131.8 L(I4650 KA1UAG)	KA1UAG	KA1UAG
Enfield	444.9000	+	○ 131.8 L(KA1UAG/N1IOE NETWORK)	KA1UAG	KA1UAG
Hanover	441.9500	+	○ 88.5 L(K1JY)	K1JY	K1JY

420-450 MHz NEW HAMPSHIRE

Location	Output	Input	Notes	Call	Sponsor
Hanover	443.5500	+	O 136.5es	W1FN	TSRC
Sunapee	442.3500	+	O 88.5 L(K1JY)	K1JY	K1JY
Warner	447.6750	−	O 88.5 L(K1JY)	K1JY	K1JY
West Lebanon	443.5000	+	O 131.8 L(KA1UAG/N1IOE NETWORK)	KA1UAG	KA1UAG
LAKES REGION					
Alton	444.0500	+	O 88.5 L(146.700 NORTHWOOD)	K1JEK	K1JEK
Center Barnstead	446.4750	−	O 88.5e L(E511025) WX	K1DED	K1DED
Gilford	442.3500	+	O 88.5 L(K1JY)	W1VN	CNHARC
New Durham	442.0500	+	O 88.5e L(53.210/52.210)p	N1EUN	N1EUN
Pittsfield	442.1500	+	O 88.5 L(N1IMO-N1IMN)s	N1IMO	N1IMO
Rochester	441.4000	+	O 88.5e	N1UBB	N1UBB
MERRIMACK VALLEY					
Bedford	441.7500	+	O 136.5 DCS(65)p	KB1MSY	KB1MSY
Bedford	444.1500	+	O 131.8 L(ALCANET)	KD6LFW	Alcanet
Bow	448.6750	−	O	KB1IIT	KB1IIT
Bow	449.1750	−	O 167.9	N1IIC	WA2SLO
Candia	449.5250	−	O 88.5e	W1ASS	W1ASS
Chester	442.5500	+	O 88.5	K1JC	K1JC
Chester	443.2500	+	O 88.5 L(E290466)	KA1LCR	KA1LCR
Chester	449.3250	−	Oe	WA1DMV	WA1DMV
Deerfield	449.2250	−	O 88.5 L(K1JY)	K1JY	K1JY
Deerfield	449.4500	−	O 123.0	WA1ZYX	Saddlbk RA
Derry	441.3000	+	O 107.2 L(KC2LT 448.275 HUDSON NH)sx	KC2LT	KC2LT
Derry	441.5500	+	O 141.3 L(I7220)	N1TEC	N1TEC
Derry	446.3750	−	O 88.5ers	N1VQQ	N1VQQ
Derry	447.8250	−	O 88.5e L(WA1ZYX/CANNON)rsx	N1VQQ	N1VQQ
Derry	448.9250	−	O 85.4	N1MWK	BRE
Derry	449.6250	−	● 85.4x	K1CA	IntrStRS
Epsom	443.8500	+	O 88.5ex	W1ASS	W1ASS
Goffstown	443.4000	+	O 203.5e	W1LO	W1LO
Goffstown	444.2000	+	O 186.2s	N1PA	EWARN
Hollis	443.5000	+	O 88.5e L(N1IMO-N1IMN)s	N1IMO	N1IMON1IMN
Hollis	444.2500	+	O 88.5e L(447.825 53.97 449.875)rsx	N1VQQ	N1VQQ

546 420-450 MHz
NEW HAMPSHIRE

Location	Output	Input	Notes	Call	Sponsor
Hudson	447.7250	−	O 114.8 L(E15837)	NE1B	RptRschAsn
Hudson	448.2750	−	O 107.2e L(KC2LT 443.05 WALTHAM AND 441.8 GEORGE	KC2LT	KC2LT
Hudson	448.4375	−	O L(DMR-MARC)	K1MOT	MARC-NE
Hudson	449.9750	−	O 71.9 (CA) eL(E355114 222MHZ/440MHZ SEL LINKS)s	WA1SOT	WA1SOT
Londonderry	442.0000	+	O 100.0e WX	K1DED	D DEMERS
Loudon	443.7500	−	O 123.0e L(2M LINK)	N1WEB	W1DIO
Manchester	449.2750	−	O 141.3	N1OOL	N1OOL
Mont Vernon	447.1250	−	O 88.5 L(I4881)	WA1HCO	WA1HCO
Nashua	444.8000	+	O 131.8e L(ALCANET)	K1SI	Alcanet
Nashua	448.8250	−	O 88.5e L(N1IMO-N1IMN SYSTEM)s	N1IMO	N1IMON1IMN
Northwood	443.2000	−	O 88.5e	N1QVS	FBG
Pelham	443.1500	+	O 131.8	K1SI	Alcanet
Pembroke	443.6500	+	O 131.8 L(NHRC NETWORK)	KA1OKQ	NHRC
Salem	448.3250	−	O 88.5 L(53.65)	N1WPN	N1WPN
Salem	449.7750	−	O	NY1Z	MtMRH RS
Windham	442.6000	+	O 88.5 L(53.650 PL 71.9)	N1WPN	N1WPN

MONADNOCK REGION

Location	Output	Input	Notes	Call	Sponsor
Alstead	444.7500	+	O 110.9 L(WRRC AND NFMRA)rs	WR1NH	NFMRA
Greenfield	448.5250	−	O 123.0e L(HUB REPEATER FOR NH 2M REP. NET)	WA1UNN	WA1UNN
Keene	444.6500	+	O 141.3ex	WA1ZYX	HylandHill
Pack Monadnock	443.3500	−	O 110.9ers x	KA1OKQ	KA1OKQ
Peterborough	449.3750	−	O 88.5 L(N1IMO-N1IMN)s	N1IMO	N1IMON1IMN
Temple	447.4250	−	O 141.3ex	WA1ZYX	Temple Mt
Walpole	443.8000	+	O 141.3 (CA)e	WA1ZYX	KA1QFA
Walpole	444.8500	+	O 110.9e L(WRRC AND NFMRA)rs	W2NH	WRRC

SEACOAST

Location	Output	Input	Notes	Call	Sponsor
Greenland	444.4000	+	O 100.0s	W1WQM	PCARC
Madbury	447.3750	−	ODCS(244 P25NAC:353)	W1WNS	ATT

WHITE MOUNTAINS

Location	Output	Input	Notes	Call	Sponsor
Franconia	449.8750	−	O 123.0ex	WA1ZYX	Cannon Mtn

420-450 MHz 547
NEW HAMPSHIRE-NEW JERSEY

Location	Output	Input	Notes	Call	Sponsor
Mt Washington	448.9750	−	O 141.3es	W1NH	W1NH
Sargent's Purchase	448.2250	−	O 88.5	WA1PBJ	NETARC
Whitefield	449.8250	−	O 82.5	N1PCE	N1PCE
			L(NNH REPEATER NETWORK)s		

NEW JERSEY
ATLANTIC

Location	Output	Input	Notes	Call	Sponsor
Absecon	442.9000	+	● 110.9 (CA)	N2LXJ	N2LXK
Atlantic City	444.3500	+	O 107.2 (CA)	AA2BP	N2JVM
Atlantic City	447.5750	−	O 156.7e	K2ACY	
Brigantine	449.4250	−	O 131.8 (CA) RB	KA2OOR	
Egg Harbor Twp	448.7750	−	O 118.8 (CA)er	K2BR	SCARA
W Atlantic City	443.2500	+	O 146.2e	W2HRW	SPARC
BERGEN CO					
Alpine	442.7000	+		W2MR	
Alpine	442.9000	+	O 141.3/141.3aTT	K2ETN	CRRC
Englewood	448.9750	−	Oesz	W2LGY	ST BARNABAS
Fort Lee	441.3000	+	● 114.8a	W2IP	BCFMA
Fort Lee	442.9500	+	O 141.3 (CA) TTelLITZ	K2QW	
Fort Lee	443.9500	+	O 100r	W2MPX	METROPLX
Franklin Lakes	443.1000	+	O 141.3	K2GCL	BCFMA
Hasbrouck Hts	442.5000	+	● 141.3 (CA)e	K2OMP	
Little Ferry	441.8500	+	O 136.5	W2NIW	
Midland Park	444.9000	+	O 114.8 (CA)	WA2CAI	
Montvale	446.9750	−	O 141.3	K2ZD	
Paramus	441.7500	+	O 136.5/136.5lrsBl	N2SMI	
Paramus	444.1000	+	O 141.3	W2AKR	BCFMA
Paramus Park	441.9500	+	O 114.8e	KA2MRK	
WoodRidge	443.7500	+	O 141.3 (CA)eL(442.950) RB LITZ	W2RN	
BURLINGTON					
Bordentown	449.0250	−	O 203.5eBl LITZ	K2JZO	
Browns Mills	448.3250	−	● 127.3 (CA)erswX	KC2QVT	BURLCO OEM
Browns Mills	449.6750	−	O 141.3 Bl WX	K2JZO	
Burlington	447.6750	−	O 103.5e	WA2EHL	
Cinnaminson	445.6250	−	O 127.3e	K2CPD	CINNPDOEM

420-450 MHz
NEW JERSEY

Location	Output	Input	Notes	Call	Sponsor
Willingboro	442.0500	+	O 118.8 (CA)e	WB2YGO	WARG Inc.
CAMDEN					
Blue Anchor	445.1250	−	O 91.5ers WX	KB2AYS	------------
Camden	442.1500	+	O 156.7e	N2KDV	------------
Camden	444.3000	+	O 131.8eBl	WB3EHB	------------
Camden	448.0250	−	O 131.8es	N2HQX	DVRC
Cherry Hill	444.9000	+	O 131.8 (CA)elRB	K3RJC	------------
Cherry Hill	445.4750	−	O 131.8eBl LITZ WX	N3EHL	------------
Gloucester City	447.7750	−	O 146.2ers	NJ2GC	GCARC
Pine Hill	442.3500	+	O 131.8 (CA)el	K2UK	CCAPRA
Sicklerville	446.3750	−	O 131.8e	N3PUU	------------
Waterford Wks	442.3000	+	O 131.8 (CA)elsRB WX	KA2PFL	------------
Waterford Wks	442.7000	+	O 131.8 (CA)el	N3KZ	UPenn ARC
Waterford Wks	444.4500	+	●DCSeRB	W2FLY	------------
CAPE MAY					
Cape May	449.8750	−	O 146.2ers	KC2JPP	------------
Cape May CH	447.4750	−	Oters	NJ2DS	------------
Ocean City	448.4250	−	O 131.8 (CA)lRB	N3KZ	UPenn ARC
Ocean City	448.6250	−	O 131.8	WA3UNG	------------
CUMBERLAND					
Centerton	448.1250	−	O 192.8e	KE2CK	------------
Greenwich	443.7000	+	O 131.8 (CA)elRB	N3KZ	UPenn ARC
Vineland	447.4250	−	O 131.8 (CA)elrsRB WX	W3BXW	BEARS
Vineland	448.5250	−	O 156.7	N2EHS	------------
ESSEX CO					
Irvington	449.4750	−	O 114.8 (CA)eprsz	N2JGC	I-ART
Newark	446.1250	−	O 141.3 TT RB Blz	N2NSS	PARA
Newark	446.9000	−	O 141.3 (CA)elrz	N2BEI	SCJRA
Verona	448.8750	−	O 151.4/151.4 (CA)	W2UHF	MEARC
West Orange	440.0500	+	O 141.3	W2NJR	NJRA
West Orange	442.6000	+	O 141.3lRB	N2MH	------------
West Orange	445.0250	+	O 141.3/141.3 (CA) TTelrsLITZxz	W2NJR	NJRA
GLOUCESTER					
Franklinville	443.4500	+	O 162.2e	W2RM	------------

548

420-450 MHz 549
NEW JERSEY

Location	Output	Input	Notes	Call	Sponsor
Mantua	449.9750	−	O 131.8 (CA) WX	W2FHO	----------
Pitman	442.1000	+	O 131.8	W2MMD	GCARC
Williamstown	445.2750	−	O 131.8eBl	AA2QD	----------
HUDSON CO					
Bayonne	446.6250	−	O 141.3 E-SUN Bl WX	AA2QD	BARC
Cliffside Park	447.4250	−	● 127.3/127.3 Bl	KB2OOJ	LARA
Guttenberg	441.7500	+	O 114.8elr sBl	N2SMI	----------
Hudson City	441.2000	+	O 192.8/192.8ez	N2DCS	
Jersey City	440.6250	+	O 141.3 (CA)eRB WX	WB2TAW	----------
Secaucus	441.5500	+	O 91.5 (CA) ersz	KC2IES	Secaucus RACE
HUNTERDON					
Bloomsbury	449.5750	−	O 151.4 (CA)elrRB WX	N3MSK	N3ODB
Cherryville	444.8500	+	O 141.3 (CA)e	W2CRA	----------
Frenchtown	448.1250	−	O 151.4el RB LITZ	K2PM	FrenchtownRG
Mt Kipp	446.4750	−	O 203.5eBl	W2CRA	
MERCER					
Princeton	442.8500	+	O 131.8 (CA)elRB	N3KZ	UPenn ARC
Trenton	442.2000	+	O 141.3	N2GBK	----------
West Trenton	442.6500	+	O 131.8 (CA)ersWX	W2ZQ	DVRA
MIDDLESEX CO					
Carteret	447.6750	−	O 136.5 TT	K2ZV	----------
New Brunswick	440.0500	445.4500	O 123.0/123.0lBlz	NE2E	----------
Old Bridge	446.1750	−	131.8/131.8 (CA)elrsz	W2CJA	PSARN
Sayerville	443.2000	+	O 141.3/141.3 (CA)eL(146.760)rsLITZx	K2GE	RBRA
Sayreville	444.2500	+	O 123.0/123.0lBlz	NE2E	----------
South Amboy	446.9000	−	O 118.8 (CA)elrz	N2BEI	SCJRA
South River	443.5000	+	O 141.3 (CA)eL(IRLP4287)rsLITZ	WB2SNN	South Rvr EM
MONMOUTH CO					
Asbury Park	449.5250	−	O 141.3	W2NJR	NJRA
Brown Mills	440.4250	+	● 203.5 TT DCS(23) L(430.175)rsWXz	WR2MSN	Metro 70

550 420-450 MHz
NEW JERSEY

Location	Output	Input	Notes	Call	Sponsor
Ellisdale	447.5250	−	O 131.8 (CA)	K2NI	HRG
Howell Twp	440.3000	+	O 141.3r	KB2RF	Howell TwpPD
Middletown	448.7250	−	O 151.4r	N2DR	MT RACSOEM
Ocean Twp	443.0000	+	O 127.3/127.3eL(IRLP)	WW2ARC	AERIALS
Union Beach	442.1500	+	O 192.8	KC2QVK	-------------
Wall Township	444.3500	+	O(CA)r	WB2ANM	Wall Tsp EM
Wall Twp	448.1250	−	O 141.3	W2NJR	NJRA
MORRIS CO					
Boonton	449.7750	−	O 151.4/151.4eL(IRLP)	N2WNS	-------------
Budd Lake	448.6750	−	O 136.5 (CA)elrRB LITZ WX	WS2V	-------------
Budd Lake	448.9250	−	O 136.5r LITZ	N2VUG	-------------
Butler	449.9250	−	O 151.4/151.4elrRB EXP	WB2FTX	Butler RACES
Chatham	449.1750	−	O 141.3/141.3er	WB2CMK	-------------
Lk Hoptacong	441.6000	+	OL(INT)	NJ2MC	NNJDSA
Long Branch	440.8500	+	O 94.8 (CA) elRBz	WR2M	WR2M RC
Long Valley	444.0000	+	O 141.3/141.3ers	N2GS	CWRACES
Morris Twp	443.2500	+	O 141.3/141.3er	WS2Q	-------------
Parsippany	440.1000	+	O 141.3/141.3er	WB2JTE	PTHOEM
Randolph	441.5000	+	O 141.3/141.3e	WA2SLH	-------------
OCEAN					
Barnegat	449.4750	−	O 131.8 (CA)elrsLITZ WX	KA2PFL	-------------
Beach Haven	448.5750	−	O 141.3er WX	WA2NEW	BeachHavEM
Eagleswood Twp	442.7500	+	O 131.8 (CA)elswX	KA2PFL	-------------
Lakehurst	443.3500	+	O 141.3e	W2DOR	JSARS
Lakehurst	447.2250	−	O 131.8 (CA)elrsRB WX	W3BXW	BEARS
Lakewood	449.3750	−	O 141.3 (CA)elBl LITZ	NE2E	-------------
Lakewood	449.8250	−	O 103.5ers	W2RAP	EARS
Manahawkin	448.0750	−	O 131.8 (CA)elrsRB WX	W3BXW	BEARS
Toms River	444.0000	+	O 141.3	WA2OTP	-------------
PASSAIC CO					
Garrett Mtn	440.9500	+	● 097.4/097.4 TTersz	WX2KEN	WX2KEN RG

420-450 MHz 551
NEW JERSEY

Location	Output	Input	Notes	Call	Sponsor
Little Falls	443.0500	+	O 141.3/141.3 (CA)	WV2ZOW	A.R.R.L.
Little Falls	449.0750	−	O 141.3/141.3eL(927.8000)r	W2VER	VRACES
Paterson	444.6000	+	● 131.8/131.8ersWxz	KC2MDA	TECNJ
Wanaque	444.1500	+	O 141.3 (CA)ersWX	W2PQG	10-70 RA
Wanaque	446.1750	−	Oa	WA2SNA	RAMPO ARC
Wayne	446.8500	−	Oe	W2GT	Party Line
West Patterson	442.5500	+	O 141.3	W2FCL	Lnd Rovers
SOMERSET CO					
Bedminster	443.9000	+	O 151.4/151.4 (CA) RB	W2UHF	MEARC
Green Brook	442.2500	+	141.3	W2QW	RVRC
Green Brook	444.5000	+	O 131.8/141.3 (CA) L(444.2)rsWX	N2NSV	BEARS
Green Brook	447.1250	−	O 141.3e	N2IKJ	WATCHUNG
Somerville	448.7250	−	ODCS(205)s	KC2YOG	NJDHSS MCC
Warrensville	443.6500	+	O 131.8/131.8l	N3KZ	UPARC
SUSSEX					
Hopatcong	446.7750	−	O 136.5elr RB	WS2V	------------
Hopatcong	448.1750	−	O 151.4e	N2OZO	------------
Hopatcong Boro	440.8500	+	Ot(CA)el RB	WR2M	WR2M RC
Newton	443.0000	+	O 103.5rs	W2LV	SCARC
Vernon	449.0750	−	O 141.3elrs	W2VER	VRACES
Vernon	449.0750	−	O 141.3er RB	W2VER	Vern RACES
UNION CO					
Murray Hill	449.9750	−	O 141.3/141.3 (CA)rsWX	W2LI	TRI-CTY RA
Roselle Park	445.9750	−	141.3 (CA) TTelrsLITZ WX	NJ5R	------------
Springfield	446.3750	−	O 141.3 (CA) TTerz	W2FCC	RAHWAY VLY
Summit	440.0500	+	O 141.3/141.3 (CA)elrsLITZ WXz	W2NJR	NJRA
WARREN					
Mont Mt	444.3500	+	Ote	N3FHN	------------
Washington	443.8500	+	O 110.9r	W2SJT	PJARC
Washington	446.4250	−	O 162.2lRB WX	K2FN	------------

552 420-450 MHz
NEW MEXICO

Location	Output	Input	Notes	Call	Sponsor
NEW MEXICO					
ALBUQUERQUE					
Albuquerque	442.0500	+	O 100.0e L(145.1600)rs	K5BIQ	BC-OEM
Albuquerque	442.6000	+	O 100.0 (CA)x	WA5YUE	----------
Albuquerque	443.5000	+	O 123.0	KB5XE	----------
Albuquerque	443.6500	+	O 100.0	K5LXP	----------
Albuquerque	444.0000	+	O 100e L(145.3300)x	W5CSY	ARCC
Albuquerque	449.5500	−	O 71.9e	K5FIQ	URFMSI
Bernalillo	442.6500	+	O 114.8/114.8	N0WJE	----------
Rio Rancho	442.3500	+	O 100a	WA5OLD	----------
Rio Rancho	443.0000	+	O 100.0e L(147.1000)rs	NM5RR	SCARES
Rio Rancho	443.7000	+	O 100.0 E-SUN	KC5IZR	KC5IZR
Rio Rancho	444.1800	+	O 100.0epr s	W5SCA	SCARES
Rio Rancho	444.7000	+	O 100.0e	K5CPU	Intel EARS
Sandia Crest	442.1000	+	O 162.2e L(147.38)x	KB5GAS	Albuq. Gas
Sandia Crest	442.7500	+	O 162.2ex	KC5IPK	----------
Sandia Peak	442.4750	+	O 100ex	WA5IHL	----------
Tijeras	444.1500	+	O 100.0 L(224.9400)x	W5AOX	----------
CENTRAL					
Belen	442.7000	+	O 100	KC5OUR	VCARA
Los Lunas	444.1750	+	O 100.0 (CA)e	WA5TSV	LLARA
Mountainair	444.0750	+	O 100.0	WB5NES	----------
Socorro	444.2750	+	O 100.0	WB5QZD	----------
EAST CENTRAL					
Clovis	443.4500	+	O 131.8 (CA)e	KA5B	ENM ARC
Clovis	444.4500	+	O 88.5/88.5 e	WS5D	----------
Clovis	444.9250	+	O 131.8ers	KA5B	ENMARC
McAlister	447.4000	−	Ors	W5DDR	----------
Texico	442.7500	+	O 162.2/162.2aers	KB5TZK	----------
Tucumcari	443.7500	+	O	WA5EMA	----------
MEGA-LINK					
Albuquerque	444.3250	+	O 100.0 (CA)exZ(123)	NM5ML	Mega-Link
Carlsbad	449.2750	−	O 67 (CA)lr sZ(123)	NM5ML	Mega-Link
Clovis	442.5250	+	O 67.0/67.0	NM5ML	MegaLink

420-450 MHz 553
NEW MEXICO

Location	Output	Input	Notes	Call	Sponsor
Eagle Nest	444.3500	+	O 100.0 (CA)exZ(123)	NM5ML	Mega-Link
Ruidoso	444.3750	+	O 67.0 (CA) exZ(123)	NM5ML	Mega-Link
NORTH CENTRAL					
La Cueva	442.1250	+	O 107.2e	N9PGQ	------------
Los Alamos	442.0000	+	Oe L(224.040)	KA5BIW	KA5BIW
Los Alamos	444.7750	+	O 131.8e RB	WD9CMS	------------
Pajarito Peak	443.1000	+	O 100ers	NM5SC	SCARES
Santa Fe	442.8250	+	O 131.8a	KB5ZQE	------------
Santa Fe	449.2750	−	O 146.2/146.2ersLITZ	K9GAJ	------------
Taos Ski Valley	444.9750	+	O 123.0x	N5TSV	
NORTH EAST					
Des Moines	444.8000	+	O 77.0ex	N5BOP	SGRC
Wagon Mound	444.4000	+	O 100.0	N7JNI	Mora ARC
NORTH WEST					
Aztec	447.4500	−	O 107.2 E-SUN RB	KB5ITS	------------
Farmington	447.6250	−	O 100e L(448.675)rs	KA5DVI	------------
Huerfano	448.6500	−	O 127.3e	KB5ITS	------------
SOUTH CENTRAL					
Alamogordo	442.4100	+	O 100a	KC5OWL	------------
Alamogordo	442.9500	+	O 85.4/85.4 e	N6CID	------------
Alamogordo	444.7000	+	Oprs	N7DRB	ARES/RACES
Alamogordo	444.8250	+	O 67.0e	K5LRW	Alamo ARC
Alamogordo	444.9750	+	Oeprs	N7DRB	------------
Caballo	448.5000	−	O 100/100rs	NM5C	------------
Cloudcroft	444.0250	+	O 100.0/100.0eL(147.34)rsx	KE5MIQ	SMRC
Dona Ana	441.4250	446.9250	● 79.7s 100.0	KG5ES	KC5SJQ
High Rolls	442.8000	+	E-SUN	W5AKU	------------
Las Cruces	442.0000	+	O 203.5/203.5 L(443.850)	WA5JXY	------------
Las Cruces	447.5000	−	O	N5IAC	------------
Las Cruces	448.2000	−	O 100.0 (CA)e	N5BL	MVRC
Las Cruces	449.5750	−	Oe	KC5EVR	------------
Ruidoso	443.6000	+	O 85.4/85.4 e	N5SN	Greenville Rptr A
Ruidoso	443.8250	+	O 100.0e L(146.74)rsWXx	K5FBK	------------
Ruidoso	443.9250	+	O 162.2/162.2 (CA)eE-SUNlrsRB WXx	K5RIC	ARC

554 420-450 MHz
NEW MEXICO-NEW YORK

Location	Output	Input	Notes	Call	Sponsor
Ruidoso Downs	443.4000	+	O 100.0/100.0eprsWX	KE5MWM	ARC
San Patricio	442.7500	+	● 123.0e	W0ZW	----------
SOUTH EAST					
Artesia	442.0000	+	O	KU5J	----------
Artesia	442.4500	+	O 162.2e L(147.36)sLITZx	K5CNM	Eddy Co ARES/SKY
Artesia	444.9750	+	O	W5COW	----------
Carlsbad	444.4500	+	156.7/156.7	N5MJ	----------
Hagerman	444.4250	+	● 127.3/127.3ae 179.9/179.9 (CA)elx	W5GNB	----------
Hagerman	444.5500	+	O 162.2/162.2 L(52.525) RB	W5GNB	----------
Hagerman	444.9500	+	O 179.9/179.9e	W5GNB	----------
Hobbs	442.5250	+	O 203.5	KM5BS	----------
HobbS	444.1500	+	O 203.5	AH2AZ	----------
Hobbs	444.2750	+	O 162.2e	AH2AZ	----------
Jal	444.2500	+	O 162.2/162.2 L(147.22)x	N5SOR	----------
SOUTH WEST					
Columbus	442.0500	+	rsx	KB0TYJ	----------
Deming	449.4750	–	O 77.0e	WA6RT	DARC
Deming	449.8500	–	O 100.0e	N5WSB	Luna Co.AR
Glenwood	448.7750	–	O 103.5e L(448.800)	WY5G	----------
Silver City	448.0500	–	O 100.0els x	K5GAR	Gila ARS
Silver City	448.8000	–	O 100.0 L(448.775)	WY5G	----------
Silver City	448.8750	–	O 100.0	WA7ACA	----------
Silver City	449.3000	–	O 114.8e	K5GTG	Delsa ARC
STATEWIDE					
Statewide	444.1800	+	Oprs		ARES/SAR
WEST CENTRAL					
Gallup	449.7500	–	O 100.0rs	KC5WDV	----------
Grants	444.9500	+	O 100.0x	WB5EKP	CARCUS

NEW YORK
ADIRONDACKS EAST

Location	Output	Input	Notes	Call	Sponsor
Blue Mtn	442.7500	+	O 123lx	N2JKG	RACES
Lake Placid	449.6750	–	● 192.8	N2NGK	N2NGK
Long Lake	443.8500	+	● 162.2/162.2ex	KC2ZZO	Bear Bait Radio Club
Plattsburgh	448.0750	–	●tr	WA2LRE	Clin RACES
Plattsburgh	449.7750	–	O 123.0e	W2UXC	ChmpVlyRC
Plattsburgh	449.8250	–	O 100.0	N2MMV	Interplex

420-450 MHz
NEW YORK

Location	Output	Input	Notes	Call	Sponsor
Whiteface Mtn	447.7750	–	●telrs	N2JKG	Clin RACES
ALBANY/CAPITAL REGION					
Albany	444.0000	+	O 100 (CA) elx	K2AD	MT Assoc
Albany	444.7000	+	O 82.5ersx	KB2SIY	KC2FCP
Austerlitz	442.8500	+	O 156.7 TT eRBx	WA2ZPX	WA2ZPX
Chatham	444.1000	+	Oe	WA2PVV	Col CRA
Cohoes	449.8250	–	O 136.5elr	KG2BH	CohEddy Ct
Defreestville	444.3000	+	O 100l	K2CWW	RENSSELAER A
Grafton	442.2000	+	Oelrs	N2LOD	RENSSELAER A
Grafton	442.9500	+	O	K2CBA	GURU
Grafton	444.6000	+	O 136.5	N2ZQF	N2ZQF
Grafton	444.6500	+	Oe	K2RBR	K2RBR
Halfmoon	448.8750	–	O 203.5	W2GBO	W2GBO
Knox	444.3500	+	O	WB2QBQ	WB2QBQ
Knox	444.5000	+	O 127.3l	KB2IXT	HMARC
Schenectady	443.5500	+	O 203.5	W2EWY	W2EWY
Schenectady	443.7500	+	Oe	WZ2X	WZ2X
Schenectady	444.2000	+	Oal	K2AE	SCHENECTADY
Troy	443.0000	+	O	W2SZ	RPI AMATEUR
Troy	444.8500	+	Ol	K2RBR	NiMo ARC
Troy	447.2250	–	O 100 (CA)l	KD3NC	KD3NC
Troy	448.4250	–	Oel	W2GBO	Tel Pionrs
Troy	448.9750	–	O 100e	W2GBO	W2GBO
AUBURN					
Auburn	444.1500	+	O 71.9ae	W2QYT	W2QYT
Auburn	444.5000	+	O 100l	N2HLT	N2HLT
Auburn	444.6500	+	O 71.9	K2INH	K2INH
Poplar Ridge	449.9750	444.9250	O 71.9	W2FLW	W2FLW
Skaneateles	442.3000	+	Oae	W8JGP	W8JGP
BATH/HORNELL					
Alfred	444.8000	+	O 100	N2HLT	N2HLT
Bath	442.0500	+	O 131.8 (CA)l	N3KZ	UNIV OF PENNS
Bath	442.9500	+	Ol	KB2WXV	Keuka LARA
Branchport	422.6000	+	O 110.9	N2LSJ	N2LSJ
BINGHAMTON					
Binghamton	442.7000	+	O 100	K2ZG	K2ZG
Binghamton	444.1000	+	O 146.2	WA2QEL	Susquehanna Va
Endicott	444.3000	+	O 173.8e	N2YOW	N2YOW
Owego	444.7000	+	O 131.8 (CA)l	N3KZ	UNIV OF PENNS
Vestal	444.5500	+	O 88.5 (CA)l	AA2EQ	AA2EQ
CANANDAIGUA					
Bristol	443.6000	+	O 110.9	W2IMT	W2IMT
Bristol	444.5500	+	O 110.9l	WR2AHL	W2HYP

556 420-450 MHz
NEW YORK

Location	Output	Input	Notes	Call	Sponsor
Middlesex	442.5000	+	⊙l	W2CSA	W2CSA
South Bristol	442.9250	+	⊙ 110.9alrs	N2HJD	RRRA
CATSKILLS NORTH					
Cooperstown	442.3500	+	⊙er	NC2C	OTSEGO COUNTY A
Schenevus	447.1250	−	⊙ 100	KC2AWM	KC2AWM
Sharon Springs	449.2750	−	⊙ 167.9	KF2JT	KF2JT
Stamford	448.7250	−	⊙px	WA2MMX	WA2MMX
Summit	442.5000	+	⊙ 100	KB2NSE	KB2NSE
Walton	443.0000	+	⊙ers	K2NK	Del Cty ES
CORTLAND/ITHACA					
Cortland	442.8500	+	⊙e	KB2FAF	KB2FAF
Cortland	443.1500	+	⊙ 127.3e	KB2FAF	KB2FAF
Cortland	444.4500	+	⊙	WA2VAM	FngrLksRA
Dryden	449.0250	−	⊙ 103.5	AF2A	TOMPKINS COUNTY
Norwich	442.6500	+	⊙	K2DAR	CHENANGO VALLE
Norwich	443.6000	+	⊙	K2DAR	ChngoARA
ELMIRA/CORNING					
Corning	444.3500	+	⊙(CA)elz	N2IED	CORNING AMATEU
Elmira	443.5500	+	⊙ 100	N2HLT	N2HLT
Elmira	444.2000	+	⊙(CA)erxz	KA3EVQ	ROOKIES
FRANKLIN					
Malone	444.6500	+	110.9a(CA) L(KW2F)	NG2C	------------
LONG ISLAND - NASSAU CO					
Carle Place	445.9750	−	⊙ 123.0/123.0 DCS(073)eRB BI	N2YXZ	------------
Cedarhurst	445.6750	−	⊙ 179.9/179.90ers	K2AAU	------------
East Meadow	443.3250	+	⊙ 136.5/136.5 TTelrs	K2CX	ROCK HILL RA
East Meadow	443.8000	+	⊙ 141.3er	AA2UC	N2TJV
East Meadow	444.7500	+	⊙ 110.9/110.9elrs	WB2ERS	INTERPLEX NETWO
East Meadow	444.8875	+	⊙ 179.9/179.9ers	NC2PD	NCPARC
Huntington	448.2250	−	● 156.7 L(147.33;147.93)	W2ATT	MIDDLE ISLNY
Mineola	441.3500	+	● 107.2e	W2EJ	PLAZA RPTR GROU
Mineola	443.3250	+	⊙ 123.0/123.0 RB BI	KC2DVQ	RC os Pirates
Oceanside	447.9250	−	⊙ 114.8lrs RB	N2ION	------------
Plainview	446.4250	−	⊙ 136.5/136.5 DCSes	WB2WAK	------------
Plainview	446.4750	−	⊙ 136.5 (CA)lsRB WX	WB2WAK	PHOENIX
Plainview	447.3500	−	⊙ 114.8	N2FLF	NCWA
Plainview	449.1250	−	⊙ 136.5 (CA)e	WB2NHO	LIMARC

420-450 MHz 557
NEW YORK

Location	Output	Input	Notes	Call	Sponsor
Syosset	444.5500	+	O 141.3/141.3e	W2MRK	------------
Syosset	447.9750	−	O 136.5 (CA)lRB	WB2CYN	PHOENIX
Syosset	448.0250	−	O 136.5/136.5el	N2HBA	NCAPD
Valley Stream	444.6500	+	O 103.5 (CA)e	WB2IIQ	------------
Valley Stream	448.6250	−	O 136.5 (CA)e	N2ZEI	------------

LONG ISLAND - SUFFOLK CO

Location	Output	Input	Notes	Call	Sponsor
Babylon	446.7750	−	O 114.8 (CA)ers	KB2UR	SSARC
Bethpage	449.3000	−	O 110.9 TT el	K2ATT	NYT PIONRS
Dix Hills	448.5000	−	O 114.8 L(443.475)	W2RGM	------------
Dix Hills	448.5250	−	O 114.8e L(443.5)	W2RGM	------------
Greenlawn	447.6250	−	O 114.8	WA2AMX	------------
Greenport	440.0500	+	O 107.2/107.2aersz	W2AMC	Peconic ARC
Hauppauge	448.4250	−	O 136.5l	W2LRC	LARKFIELD AR
Holtsville	442.0500	+	O 114.8 (CA)	AG2I	Symbol Tech
Huntington	448.6750	−	O 141.3 (CA)l	WR2ABA	LARKFIELD AR
Islip Terrace	447.7750	−	● 114.8 (CA)elRB	WA2UMD	------------
Manorville	444.7000	+	● 114.8 RB	WR2UHF	GABAMFKRA
Mattituck	448.6750	−	● 141.3/141.3 (CA) TT(*911)sRBz	K1IMD	Radio Guys
Melville	442.9500	+	O 114.8e L(53.11)rs	WB2CIK	------------
Port Jefferson	449.5250	−	O 136.5 (CA)el	W2RC	RADIO CENTRL
Riverhead	449.0750	−	O 114.8lrs RB	N2ION	------------
Rocky Point	443.9000	+	O 136.5 WX	N2FXE	------------
Sag Harbor	449.6750	−	O 94.8/94.8	K1IMD	Radio Guys
Selden	445.7250	−	O 091.5/091.5 TTelrs	K2LI	------------
Selden	447.5250	−	●t(CA)el RB	WA2UMD	------------
Selden	447.8000	−	●t(CA)el RB	WA2UMD	------------
Selden	448.8250	−	O 114.8e L(146.76)	WA2VNV	SBRA

420-450 MHz
NEW YORK

Location	Output	Input	Notes	Call	Sponsor
Setauket	449.1750	−	O 114.8er	W2SBL	Symbol Tch ARC
Upton	442.4000	+	114.8/114.8 (CA)	K2BNL	BNL RC
Wading River	442.3000	+	O 100.0 (CA)eL(447.3)rsz	N2NFI	----------
West Islip	440.8500	+	O 110.9/110.9elrsRB WXz	W2GSB	GSBARC
Woodbury	441.0000	+	O 151.4/151.4e	KC2AOY	LIRRARC
Yaphank	446.6250	−	O 110.9ers	W2DQ	SCRC

LOWER HUDSON - WESTCHESTER

Location	Output	Input	Notes	Call	Sponsor
Hastings	443.6000	+	O 110.9ls RB EXPz	N2ION	----------
Mt Vernon	446.7250	−	O 141.3/141.3 L(224.700)sRB	NY4Z	Alive Network
Valhalla	440.6500	+	Ot(CA)elr RB BI	WR2I	----------
Valhalla	447.4750	−	O 114.8elr sRB WX	WB2ZII	WECA
Yonkers	440.1500	+	Ot(CA)erBl WX	W2YRC	Yonkers ARC
Yonkers	443.3500	+	● 179.7 TT DCS(23) L(430.175)rsz	WR2MSN	Metro 70
Yorktown Heights	443.1500	+	O 88.5	AF2C	YCDARC/MSARC

MID HUDSON

Location	Output	Input	Notes	Call	Sponsor
Clove Mountain	449.9750	444.9250	O 88.5e	N2CJ	DutchRACES
Cragsmoor	445.7250	−	O 100	WB2BQW	NORTHEAST CONN
Cragsmoor	448.6250	−	O 162.2	K2UG	HUDSON VALLEY C
Goshen	449.6750	−	O 162.2/162.2#ersWx	KC2OUR	ORANGE COUNTY A
Hudson	449.9250	−	Oes	K2RVW	Rip Van Winkle Amat
Kingston	442.0500	+	O 103.5	K2HVC	HUDSON VALLEY S
Lake Peekskill	449.9250	−	O 179.9es	N2CBH	PEEKSKILL CORTLA
Livingston	449.0250	−	O 114.8l	N2LEN	N2LEN
Mahopac	448.9250	−	O 74.4al	K2HR	ALIVE NETWORK A
Marlboro	447.7250	−	O 100e	WA2BXK	WA2BXK
Middletown	442.8500	+	Ox	WA2ZPX	WA2ZPX
Middletown	443.3500	+	O 156.7ls	WR2MSN	METRO 70 CM NET
Middletown	449.5250	−	O 123rsWx	WA2VDX	WA2VDX
Mohonk Lake	447.9250	−	O 118.8	K2MTB	K2MTB
Mount Beacon	449.5750	−	O 100 (CA) e	WA2GZW	MOUNT BEACON A
Newburgh	449.4750	−	O 71.9	N2HEP	N2HEP
Nyack	443.8500	+	O 114.8l	N2ACF	ROCKLAND REPEA
Pawling	448.1250	−	O 88.5	KA2NAX	KA2NAX
Pomona	444.4500	+	O 114.8l LITZx	N2ACF	ROCKLAND REPEA
Port Jervis	445.9250	−	O 114.8# TT(CALL INVALID - OPEN PAIR ?)ers	KB2TM	KB2TM

420-450 MHz NEW YORK

Location	Output	Input	Notes	Call	Sponsor
Putnam Valley	448.7250	−	O 107.2es	N2CBH	PCARA
Washingtonville	447.5250	−	O 82.5x	KQ2H	KQ2H
Woodstock	449.1750	−	O 82.5x	KQ2H	KQ2H
Wurtsburo	449.2250	−	O 107.2x	KQ2H	KQ2H
Wurtsburo	449.8750	−	O 114.8lx	N2ACF	N2ACF

MONROE COUNTY

Location	Output	Input	Notes	Call	Sponsor
Churchville	443.1000	+	O 110.9e L(ECHOLINK)	KB2CHM	----------
Greece	444.8750	+	O 110.9 L(443.8) RB	N2KG	----------
Ogden	443.8000	+	O 110.9	K1NXG	----------
Rochester	443.9000	+	O 110.9e	KB2CHY	----------
Rochester	444.8500	+	O 110.9e L(ECHOLINK)x	WB2KAO	----------

NEW YORK CITY - BRONX

Location	Output	Input	Notes	Call	Sponsor
Bronx	440.6000	+	O 141.3l	NY4Z	Alive Network
Bronx	440.8000	+	O 162.2/162.2	N2CUE	----------
Bronx	442.7500	+	O 77.0/77.0 (CA)rsBl	N2YN	----------
Bronx	442.7500	+	O 77.0	N2YN	----------
Bronx	443.3000	+	O 123.0/123.0sRB Blz	N2NSA	----------
Bronx	447.6250	−	O 136.5/136.5el	N2HBA	NCAPD
Bronx	447.7250	−	O 141.3/141.3eL(443.325/448.325)rs	WA2LYQ	----------

NEW YORK CITY - KINGS

Location	Output	Input	Notes	Call	Sponsor
Brooklyn	440.2000	+	O 88.5/88.5	KB2NGU	----------
Brooklyn	440.5000	+	O 136.5/136.5 L(440.500/447.225) Bl	N2XPK	----------
Brooklyn	441.1000	+	O 136.5/136.5 (CA) TTrsBl EXPz	N2ROW	----------
Brooklyn	445.4750	−	ODCSelWx	WG2MSK	KCRA
Brooklyn	446.6750	−	O 114.8es	WA2JNF	----------
Brooklyn	447.2250	−	114.8lBl	N2CHP	----------
Brooklyn	448.3750	−	O 162.2/162.2e	KB2NGU	----------
Brooklyn	448.9750	−	● 136.5/136.5 Bl	KB2PRV	LARA
Brooklyn	449.3750	−	O 136.5rs	W2CXN	BTHS ARC
Brooklyn	449.7750	−	088.5/088.5 DCS(114)eBl	K2MAK	----------

NEW YORK CITY - MANHATTAN

Location	Output	Input	Notes	Call	Sponsor
Manhattan	440.0000	+	O 114.8 (CA)lBl	N2KPK	MARC
Manhattan	440.4250	+	● 156.7 TT DCS(23) L(430.175)rsWXz	WR2MSN	Metro 70
Manhattan	441.4500	+	O 141.3/141.3 DCS(075)lRB Blz	NE2E	----------

560 420-450 MHz
NEW YORK

Location	Output	Input	Notes	Call	Sponsor
Manhattan	442.0500	+	O 141.3	NY4Z	Alive Network
Manhattan	442.4500	+	179.9/179.9 BI	KB2RQE	LARA
Manhattan	443.7000	+	O 141.3 (CA)el	K2JRC	BEARS
Manhattan	444.2000	+	O 136.5/136.5es	WB2ZZO	HOSARC
Manhattan	445.0750	−	O 114.8 (CA)el	WA2CBS	BCARS
Manhattan	445.1750	−	O(CA)elr RBz	NB2A	LAW ENFCMT
Manhattan	445.9000	−	● 206.5el	KQ2H	-----------
Manhattan	446.2750	−	O 74.4 (CA) IRB	NY4Z	Alive Netwrk
Manhattan	446.9000	−	O 136.5 (CA)elrz	N2BEI	SCJRA
Manhattan	447.1750	−	● 141.3el	WB2ZTH	ARCECS
Manhattan	447.8250	−	O 107.2er	WA2ZLB	MAARC
Manhattan	448.4750	−	O 127.3 L(443.5)	W2RGM	-----------
Manhattan	448.5000	−	O 127.3	W2RGM	-----------
Manhattan	449.0250	−	O 114.8/114.8z	N2JDW	Manh RS
Manhattan	449.3250	−	O 136.5 RB	W2ML	-----------
New York		−	O 088.5/088.5eBIz	K2MAK	-----------

NEW YORK CITY - QUEENS

Location	Output	Input	Notes	Call	Sponsor
Flushing	449.7250	−	O 114.8 DCS(1DMR)eBI	KC2CQR	-----------
Glen Oaks	447.0250	−	O 107.2/107.2 TTelrs	K2TC	NE NET
Maspeth	449.2750	−	● 88.5/88.5	KB2YHS	-----------
Queens Village	442.6500	+	● 141.3e	WB2QBP	ARCECS
Whitestone	445.6750	−	O 179.9	K2AAU	-----------
Whitestone	447.3250	−	O 107.2/107.2 L(223.650) BI	KC2EFN	HARA

NEW YORK CITY - RICHMOND

Location	Output	Input	Notes	Call	Sponsor
Staten Island	442.3000	+	141.3/141.3 es	KC2RQR	-----------

NEW YORK CITY - STATEN ISLAND

Location	Output	Input	Notes	Call	Sponsor
Staten Island	440.5500	+	O 141.3 L(445.575)	KC2LEB	SIRS
Staten Island	445.1250	−	O 141.3/141.3	KC2GOW	-----------
Staten Island	445.3250	−	O 156.7	W2CWW	SI ARA
Staten Island	445.8250	−	O 156.7/156.7 (CA) TTeL(146.880)SRB EXP	KA2PBT	SI UHF RA
Staten Island	445.8750	−	O 136.5/136.5 TTeL(927.2125)	N2BBO	-----------

420-450 MHz
NEW YORK

Location	Output	Input	Notes	Call	Sponsor
Staten Island	447.2250	–	O 192.8 DCS(2051-2510)eEXP	N2CBU	NBFFRC
Staten Island	447.3750	–	O 141.3/141.3 TTrsz	KC2CIG	NYCRA
Staten Island	447.7250	–	O 71.9/71.9 TT BI	KB2EA	------------
NIAGARA					
Buffalo	442.6250	+	107.2e	KC2KOO	------------
Buffalo	443.5250	+	O 151.4 L(146.865)	WB2ECR	------------
Buffalo	444.0000	+	Oe L(BARRA ECHOLINK IRLP)x	WA2HKS	BARRA
Colden	442.1000	+	O 88.5e L(BARC) RB	W2IVB	BARC
Colden	442.3250	+	O 107.2	WB2ELW	STARS
Eden	442.1500	+	O 107.2	W2BRW	------------
Eden	444.2000	+	O 88.5 L(IRLP)	WB2JPQ	ILS
Hamburg	443.4000	+	O 100.0 (CA)e	WB2DSS	------------
Kenmore	443.8750	+	O 107.2 L(ILS)	KC2KOO	------------
Kenmore	444.7500	+	O 151.4	WB2DSS	BARRA
Lackawanna	444.1500	+	O 88.5e L(ILS IRLP)	WB2JPQ	ILS
Lancaster	443.8500	+	O 107.2e L(LARC IRLP)	W2SO	LARC
Lewiston	443.9250	+	O 151.4 L(224.420 ECHOLINK)	N3AU	------------
Lockport	444.6250	+	Oer	W2OM	NCRACES
New Oregon	444.3750	+	O 88.5e L(ILS IRLP)	WB2JPQ	ILS
Newfane	444.8000	+	O 107.2 (CA)el	K2AER	NCARA
Orchard Park	443.9750	+	O 141.3e	KB2TRQ	------------
Orchard Park	444.6750	+	O 88.5e L(IRLP)	N2XFX	------------
Royalton	443.4500	+	O 107.2e L(51.640) RB	KD2WA	------------
Sanborn	442.5750	+	O 151.4e	N3AU	------------
West Seneca	442.4000	+	O 100.0 (CA)e	WA2OLW	------------
OSWEGO/FULTON					
Hannibal	442.3500	+	O	K2QQY	ARES
QUEENS					
Far Rockaway	442.1000	+	O 074.4/074.4e	NY4Z	Alive Network
ROCHESTER					
Canadice	443.7500	+	O 100	N2HLT	N2HLT

420-450 MHz
NEW YORK

Location	Output	Input	Notes	Call	Sponsor
Canandaigua	443.0750	+	O	KC2NFU	KC2NFU
Fairport	444.9000	+	O 110.9	N2BZX	N2BZX
Fairport	447.1750	–	O(CA)ep	WB2SSJ	WB2SSJ
Mendon	444.7000	+	O 110.9alrz	N2HJD	ROCHESTER RADIO
Rochester	442.6500	+	Oi	K2SA	Genesee RA
Rochester	442.7000	+	O 110.9elrs	K2RRA	ROCHESTER RADIO
Rochester	442.8000	+	O 110.9aelrz	N2HJD	ROCHESTER RADIO
Rochester	442.9000	+	O 110.9alrz	N2HJD	RRRA
Rochester	443.0000	+	Or	N2WPB	ROCHESTER RADIO
Rochester	443.7000	+	Oaz	K2SA	Genesee RA
Rochester	443.9000	+	O 110.9e	KB2CHY	ROCHESTER RADIO
Rochester	444.4000	+	O	W2RFC	R F COMMUNICATIO
Rochester	444.8250	+	Oex	KE2MK	Xerox ARC
Rochester	444.8500	+	O 110.9 (CA)x	WB2KAO	WB2KAO
Rochester	444.9500	+	O	WR2AHL	GRIDD
SOUTHERN TIER					
Alma	444.1000	+	O 107.2e L(146.955 147.210 145.430 ECHOLINK) WX	KA2AJH	-----
Delevan	444.1750	+	O 88.5	K2XZ	-------------
Limestone	444.6500	+	O 88.5 L(442.750)	W3VG	-------------
Mayville	444.4500	+	O 88.5 L(442.75)	WB2EDV	-------------
Napoli	444.9750	+	O 100.0l	N2HLT	-------------
Olean	442.1250	+	O 127.2e	N2XFX	-------------
Olean	444.8500	+	O	K2XZ	-------------
Perrysburg	443.0000	+	O 107.2 L(53.610)	WB2DSS	-------------
Perrysburg	444.9000	+	O 107.2e	KC2DKP	-------------
Pomfret	443.3500	+	O 88.5e L(442.750)rsx	W2SB	NCARC
Ripley	443.1250	+	O 127.3e	K2OAD	-------------
Sherman	442.7500	+	O 88.5el	WB2EDV	-------------
ST LAWRENCE					
Ogdensburg	443.5250	+		N2MX	-------------
Parishville	444.8500	+	123.0	W2LCA	NCARC
Potsdam	443.3500	+	151.4 L(146.895) Z(*911)	K2CC	CUARC
SYRACUSE					
Camillus	444.7000	+	O 103.5e	KB2ZBI	KB2ZBI
Canastota	443.0000	+	O	N2UDF	N2UDF
Cazenovia	444.0000	+	O 151.4ae	N2LZI	James I McHerron M
Clay	444.1000	+	O 110.9el	WA2U	WA2U
Dewitt	448.5750	–	O 141.3 (CA)	K2OOP	K2OOP

420-450 MHz
NEW YORK

Location	Output	Input	Notes	Call	Sponsor
Liverpool	443.2000	+	O 103.5e	W2ISB	W2ISB
Pompey	442.5500	+	O 71.9e	W2JST	W2JST
Syracuse	442.2000	+	O	WA2VAM	WA2VAM
Syracuse	442.4000	+	O 123aesxz	W2QYT	W2QYT
Syracuse	442.7500	+	O 100	N2HLT	N2HLT
Syracuse	442.9000	+	O 103.5 TT(CALL CANCELLED)	N2NUP	N2NUP
Syracuse	443.1000	+	O 103.5	WA2AUL	WA2AUL
Syracuse	443.3000	+	O 103.5	WB2LHP	LARC
Syracuse	443.3500	+	O 103.5p	KA2CTN	KA2CTN
Syracuse	443.4000	+	O 103.5elz	KA2CTN	KA2CTN
Syracuse	443.4500	+	O 131.8	N2UQG	N2UQG
Syracuse	444.2000	+	Oa	K2IV	NiMo ARC
Syracuse	448.8750	–	O 141.3l	K2OOP	K2OOP
Syracuse	448.9250	–	O	K2OOP	K2OOP
UPPER HUDSON					
Corinth	448.1250	–	Oer	WA2UMX	SARATOGA CO
Lake George	443.4500	+	O 100r	KT2M	Warr RACES
Lake George	444.7500	+	O 110.9l	WA2DDQ	N.E. FM As
Saratoga Spr	448.2250	–	O 100elrz	WA2UMX	SARATOGA CO
UTICA/ROME					
Ilion	444.4000	+	O	KB3BIU	KB3BIU
Kirkland	443.8500	+	O 103.5r	KA2FWN	KA2FWN
Utica	442.1000	+	O 100elx	KR1TD	MT Assoc
Utica	444.8500	+	O	W2JIT	Deerfld RA
Verona	443.6500	+	Oael	KA2NIL	KA2NIL
Westmoreland	444.9000	+	Ol	K2GVI	ROME RADIO C
WATERTOWN					
Dry Hill	442.5000	+	Oz	N2YQI	N2YQI
Watertown	442.4500	+	O 100	N2HLT	N2HLT
Watertown	443.1500	+	Oaelx	KE2UA	TIARA
Watertown	444.0500	+	Oz	KA2QJO	KA2QJO
WATKINS GLEN					
Branchport	442.6000	+	O 110.9	N2LSJ	N2LSJ
Penn Yan	442.2500	+	O 100alz	N2HLT	N2HLT
Watkins Glen	442.1500	+	O 123l	N2IED	CARA
WAYNE/NEWARK					
Clyde	449.0750	–	O	KA2NDW	KA2NDW
Palmyra	444.2500	+	Oe	W2RFM	GRID
Sodus Point	444.9500	+	Oa	WA2AAZ	DRUMLINS AMA
WEST					
Attica	442.8750	+	O 100.0 L(N2HLT)	N2HLT	------------
Attica	444.0500	+	O 88.5e L(443.600)	N2XFX	------------
Batavia	444.2750	+	O 141.3 (CA)e	W2SO	LARC
Wethersfield	442.0000	+	O 110.9e L(145.11) RBx	WR2AHL	BARRA

564 420-450 MHz
NEW YORK-NORTH CAROLINA

Location	Output	Input	Notes	Call	Sponsor
Wethersfield	443.6250	+	O 141.3e L(147.315)	WA2CAM	------------

NORTH CAROLINA

Location	Output	Input	Notes	Call	Sponsor
Ahoskie	444.2000	+	O 131.8	WB4YNF	WB4YNF
Ahoskie	444.7500	+	O 131.8	WB4YNF	WB4YNF
Air Bellows	442.1500	+	94.8eRB	WA4PXV	WA4PXV
Air Bellows	443.5750	+	173.8eRB	WA4PXV	WA4PXV
Albemarle	444.9000	+	110.9l	N4HRS	KD4ADL
Andrews	442.6000	+	O 151.4e	WD4NWV	WD4NWV
Andrews	443.6500	+	el	K4AIH	WD4JEM
Apex	442.0750	+	O 114.8p	KD4PBS	KD4PBS
Asheville	442.5500	+	Oel	WA4TOG	WA4TOG
Asheville	442.6500	+	O	KD4GEU	------------
Asheville	443.2750	+	O 103.5 (CA)el	KF4TLA	KF4TLA
Asheville	443.9000	+	91.5e	N4HRS	NC HEARS
Auburn	442.2750	+	O	N4ZCM	------------
Banner Elk	444.4000	+	103.5aes	K4DHT	K4NOW
Bath	442.5500	+	82.5rs	N4VJJ	N4JEH
Bladenboro	444.7250	+	O 77.0l	N4DBM	W4DEX & N4
Brevard	442.8500	+	Oe	AG4AZ	AG4AZ
Bryson City	443.4000	+	151.4	NØSU	NØSU&K4JAT
Bunn	444.2500	+	88.5	KC4WDI	N4EWS
Burgaw	444.0750	+	O 88.5el	N4JDW	N4JDW
Burlington	443.0250	+	107.2	WB4IKY	WB4IKY
Burlington	443.6000	+	O 123.0aers	K4EG	K4EG
Burlington	444.3500	+	107.2	WB4IKY	WB4IKY
Burnsville	443.6500	+	Oaelz	KD4WAR	KD4WAR
Burnsville	444.1250	+	920	KI4M	KI4M
Cane Mt	443.4500	+	100.0 (CA)e lsRB WX	KD4RAA	KD4RAA REP
Canton	443.4750	+	O 156.7l	KE4UIU	------------
Canton	444.8500	+	100.0e	KI4GMA	KI4GMA
Carthage	443.9250	+	107.2	KB4CTS	KB4CTS
Cary	444.4750	+	107.2	KB4CTS	KB4CTS
Cary	444.7750	+	O 100.0 (CA)elRB	K4JDR	CAROLINA 4
Castalia	444.9750	+	107.2l	N4JEH	N4JEH
Chapel Hill	442.1500	+	O 131.8e	W4UNC	OCRA
Chapel Hill	443.4750	+	O 131.8e	W4UNC	OCRA
Charlotte	442.6500	+	88.5e	WØUNC	WA2EDN
Charlotte	442.7250	+	110.9elrs	KD4ADL	KD4ADL
Charlotte	443.9500	+	O	KD4OWV	------------
Charlotte	444.1750	+	110.9el	N4HRS	NC HEARS
Charlotte	444.3500	+	O 118.8e	K4KAY	K4KAY
Charlotte	444.4500	+	O 82.5	W4CQ	CHARLOTTE

420-450 MHz
NORTH CAROLINA

Location	Output	Input	Notes	Call	Sponsor
Charlotte	444.4750	+	100.0e	KI4PJL	KI4PJL
Charlotte	444.6000	+	O 100.0	W4BFB	MECKLENBUR
Charlotte	444.6750	+	O	W4WBT	CHARLOTTE
Charlotte	444.9500	+	O 136.5el	WA1WXL	KQ1E
Cherry Mtn	442.5000	+	O 94.8ae WX	KG4JIA	KG4JIA
China Grove	443.2500	+	O 136.5	N4UH	KQ1E
Clayton	443.6750	+	146.2e	N4TCP	N4TCP
Clayton	444.1500	+	O 100.0r	K4JDR	CAROLINA 4
Clinton	443.0750	+	88.5eWX	N4JDW	N4JDW
Clyde	444.0500	+	s	KJ4VKD	KJ4VKD
Coats	444.5500	+	100.0 (CA)e lsRB WX	K4JDR	CAROLINA 4
Columbia	442.7250	+	131.8e	K4OBX	WHAT
Columbia	443.3000	+	O 131.8el	KX4NC	COLUMBIA E
Concord	442.5250	+	O 94.8 (CA) e	N2QJI	N2QJI
Concord	442.2500	+	162.2	W4ZO	W4ZO
Concord	444.7750	+	110.9l	KD4ADL	N4HRS
Crowder's Mt	443.6750	+	O	KD4FRP	-----------
Dallas	444.2250	+	110.9el	N4HRS	N4HRS
Denton	443.6500	+	t	K4AE	LARC
Dobson	444.5250	+	100.0	W4DCA	W4DCA
Durham	444.1000	+	Oal	WR4AGC	DURHAM FM
Durham	444.5750	+	O 88.5el	W4BAD	KG4GAL
Durham	444.9250	+	O 94.8	KB4WGA	KB4WGA
Earl	442.5750	+	82.5	KI4ZJI	KI4ZJI
Elizabeth City	443.3250	+	123.0el	KE4H	KE4H
Elizabeth City	444.3000	+	O 131.8el	WA4VTX	TAARS
Elm City	442.3250	+	O 88.5el	K2IMO	K2IMO
Fayetteville	444.4000	+	O 100z	K4MN	CAPE FEAR
Forest City	442.0000	+	O 114.8	AI4M	AI4M
Forest City	443.3000	+	O 114.8e	AI4M	AI4M
Fountain	444.4250	+	O 88.5lWX	N4HAJ	N4HAJ
Franklin	444.3750	+	131.8e	K4KSS	K4KSS
Garner	443.8250	+	114.8 (CA)e lRB WX	W1SMW	W1SMW
Gastonia	442.7000	+	O 100.0	KC4YOT	KC4YOT
Gastonia	442.7750	+	O 123.0	KG4LWG	KG4LWG
Gastonia	443.7500	+	OaelRBz	KC4ZTI	KC4ZTI
Gastonia	444.0250	+	82.5e	KA4YMY	KA4YMY
Gastonia	444.0750	+	O 88.5elr	WX4BRW	BLUE RIDGE
Gastonia	444.1500	+	O 141.3ael RBz	AG4EI	AG4EI
Gastonia	444.5500	+	O(CA)	N4GAS	GASTON CTY
Gastonia	444.7500	+	O 162.2	K4GNC	KC4YOT
Goldsboro	443.0000	+	O 88.5 (CA) e	K4CYP	WAYNE CO A
Graham	443.7250	+	O 156.7e	K4GWH	K4GWH

420-450 MHz
NORTH CAROLINA

Location	Output	Input	Notes	Call	Sponsor
Grantsboro	444.3500	+	Oe	KR4LO	KR4LO
Grantsboro	444.8750	+	85.4	KF4IXW	KF4IXW
Greensboro	442.8620	+	es	W4GSO	GREENSBORO
Greensboro	444.2250	+	O 146.2lz	K4GWH	K4GWH
Greensboro	444.9500	+	100.0lpr	KF4DWV	W4GG
Greenville	444.6250	+	131.8el	KE4TZN	KE4TZN
Greenville	444.7250	+	91.5elWX	N4HAJ	N4HAJ
Greenville	444.8000	+	O 131.8	WB4PMQ	WB4PMQ
Hatteras Island	444.9250	+	O 131.8e	K4OBX	W4HAT
Henderson	442.1250	+	88.5l	KG4IWI	KG4IWI
Henderson	444.3750	+	O 100.0	KB4WGA	KB4WGA
Hendersonville	442.4500	+		WA4TOG	WA4TOG
Hendersonville	444.2500	+	91.5	WA4KNI	WA4KNI
Hickory	442.3750	+		WA4PXV	WA4PXV
Hickory	444.0000	+	O	K4JEQ	K4JEQ
Hickory	444.3750	+	107.2	KC4FM	K4ICU
Hickory	444.8000	+	94.8	KF4LUC	KF4LUC
High Point	442.7750	+	O 127.3e	N4ROZ	N4ROZ
High Point	443.9000	+	Oe	W4UA	HPARC
Hillsborough	444.4500	+	100.0aelr	WR4AGC	DURHAM FM
Holly Ridge	442.0250	+	88.5elsWX	N4JDW	N4JDW
Holly Springs	444.3250	+	O 100.0 (CA)elr	KF4AUF	K4JDR
Hubert	444.6750	+	88.5elWX	N4HAJ	N4HAJ
Huntersville	443.2250	+	O 110.9	W8EMX	W8EMX
Jackson	444.3250	+	107.2l	KB4CTS	KB4CTS
Jefferson	443.0750	+	94.8	W4JWO	W4JWO
Jefferson	443.5250	+	103.5	W4YSB	ASHE COUNT
Jefferson	444.3000	+	103.5s	W4YSB	ASHE CO AR
Johnsonville	444.2000	+	179.9	N1RIK	N1RIK
Kannapolis	443.3500	+	O 136.5a	N4JEX	W1WBT
Kernersville	442.9750	+	107.2lRB	KF4OVA	KF4OVA
Kernersville	444.6250	+	107.2elRB WX	KF4OVA	KF4OVA
King	444.2000	+	107.2e	KE4QEA	------------
Kinston	442.0000	+	O 88.5 (CA) elWX	N4HAJ	N4HAJ
Kinston	444.5750	+	O 88.5 (CA) N4HAJ e	N4HAJ	N4HAJ
Kornegay	444.1250	+	91.5 WX	N4HAJ	N4HAJ
Laurinburg	443.8250	+	O 77.0l	N4DBM	W4DEX & N4
Level Cross	442.8250	+	O 82.5el	K4ITL	PCRN
Lexington	442.2750	+	146.2p	KO0NTZ	KO0NTZ
Lexington	442.9250	+	tRB	K4CH	LARC
Lexington	444.5000	+	Ot	W4PAR	HSMVHF SOC
Lincolnton	442.3500	+	O 141.3a RBz	WA4YGD	WA4YGD
Linville	442.1750	+	136.5	W4JJO	KC4UBR
Linville	444.5750	+	Otl	N4DBM	W4DEX & N4

420-450 MHz
NORTH CAROLINA

Location	Output	Input	Notes	Call	Sponsor
Locust	443.7000	+	O(CA)l	WA4LBT	WM. GLENN
Lumberton	444.6250	+	O 88.5e	WB4DVN	WB4DVN
Margarettsvill	442.3500	+	100.0el	K4MJO	K4MJO
McCain	442.2500	+	107.2	N1RIK	N1RIK
Mcleansville	444.1250	+	Ot	WB4GUG	WB4GUG
Middlesex	444.6500	+	O 179.9e	NE4J	NE4J
Mills River	442.0250	+	88.5 (CA)e	W4ENC	W4ENC
Mint Hill	444.8250	+	110.9el	KD4ADL	KD4ADL
Monroe	443.3000	+	O 100.0ls	W4ZO	W4ZO
Monroe	444.4250	+	O 94.8	NC4UC	UCARS
Mooresville	443.8250	+	110.9el	WG8E	KD4ADL
Moravian Falls	442.6750	+	O 88.5e	KA2NAX	KA2NAX
Morganton	443.3000	+	O 94.8lWX	KC4QPR	KC4QPR
Morganton	443.8000	+	Ote	KC4QZL	KC4QZL
Morganton	444.6250	+	110.9el	KD4ADL	KD4ADL
Morrisville	444.0750	+	100.0	KC4SCO	AG4BJ
Mt Airy	443.4250	+	110.9el	KD4ADL	N4HRS
Mt Airy	443.5000	+	107.2e	N4YR	N4YR
Mt Airy	444.8250	+	O 100.0ael RB	KF4UY	KF4UY
Mt Gilead	442.2000	+	100.0	KI4DH	KI4DH
Mt Mitchell	442.2250	+	O 107.2e	N4YR	N4YR
Mt Mitchell	443.6000	+	e	N2GE	N2GE
Nashville	443.7000	+	O 107.2es	N4JEH	N4JEH
Nashville	444.2250	+	107.2	KB4CTS	KB4CTS
Needmore	444.5500	+	88.5	KT4WO	KT4WO
New Bern	442.0750	+	100.0 WX	N4HAJ	N4HAJ
New Bern	444.9000	+	O 100.0e	W4EWN	NBARC (NEW
Newell	442.1250	+	156.7e	WT4IX	WT4IX
Newport	444.8250	+	O 88.5 (CA) lsRB	N4HAJ	-------------
Newport	444.9750	+	O	W4YMI	CCARS
Newton	442.6250	+	O	KE4KIV	KE4KIV
Oxford	444.6000	+	O	NO4EL	GRANVILLE
Pineview	444.2750	+	100.0 (CA)e lsRB WX	NC4BJ	CAROLINA 4
Piney Knob	443.8750	+	O 103.5el	KC4KPW	KC4KPW
Polkville	444.9750	+	O(CA)	N4DWP	N4DWP
Powells Point	442.8500	+	131.8e	W4PCN	OBRA
Raeford	442.1000	+	100.0ewX	KG4HDV	KG4HDV
Raleigh	442.4500	+	O(CA)	N4LMR	N4LMR
Raleigh	442.5750	+	t	W4MLU	W4FAL
Raleigh	442.6000	+	107.2e	KB4CTS	KB4CTS
Raleigh	442.6750	+	O 100.0r	NC4SU	NCSU ARC
Raleigh	442.9500	+	94.8	W4MLU	W4FAL
Raleigh	443.1000	+	100.0eRB	W4RLH	K4JDR
Raleigh	443.1250	+	O	WA4NNA	WA4NNA
Raleigh	443.1750	+	100.0	W4BAD	W4BAD
Raleigh	443.2250	+	Ot(CA)e	N4ZCM	N4ZCM

420-450 MHz
NORTH CAROLINA

Location	Output	Input	Notes	Call	Sponsor
Raleigh	443.3750	+	Ot	W1IFL	W1IFL
Raleigh	444.3000	+	82.5	W4FAL	W4FAL
Raleigh	444.5250	+	O 82.5az	W4RNC	RALEIGH AR
Raleigh	444.6750	+	O 100.0ael	KD4RAA	BNR/NT ARC
Raleigh	444.8250	+	O 146.2elz	K4GWH	K4GWH
Reidsville	443.9750	+		W4BJF	ROCKINGHAM
Reidsville	444.8000	+	O 107.2	K4YEC	K4YEC
Res Triangle	444.4250	+	O 156.7el	WA1YYN	WA1YYN
Res Triangle	443.6250	+	O	W4EUS	ERICSSON A
Roanoke Rapids	444.5500	+	O 192.8el	KA4BQM	KA4BQM
Rocky Mt	444.7000	+	O 107.2 (CA)e	N4JEH	CARL H. BR
Rocky Mt	444.8500	+	O 131.8e	WN4Z	ROCKY MOUN
Rolesville	444.9500	+	88.5	KF4HFQ	FCARC
Rougemont	443.2750	+	O 100.0ae RB	NC4CD	NC4CD
Salisbury	443.1500	+	O 136.5ae	N4UH	WA4PVI
Sanford	441.9500	+	136.5	KB4HG	KB4HG
Sauratown Mtn	443.0500	+	O 136.5l	KQ1E	KQ1E
Sauratown Mtn	444.7500	+	100.0el	W4SNA	W4SNA
Scotland Neck	444.0750	+	203.2e	NC4FM	N4JEH
Selma	444.0000	+	O 100.0 (CA)e	N4HAJ	N4HAJ
Shelby	444.2750	+	127.3	AE6JI	AE6JI
Shelby	443.3250	+	O	W4NYR	SHELBY ARC
Smithfield	444.0250	+	100.0 (CA)e lSRB WX	WX4NC	CAROLINA 4
Sophia	443.0750	+	Oel	WR4BEG	BROADCAST
Sophia	444.9750	+	100.0elpr	KE4QAP	KB4TWG
Southern Pines	442.4000	+	O 179.9l	N1RIK	N1RIK
Sparta	442.6000	+	94.8lRB	WA4PXV	WA4PXV
Sparta	443.9500	+	100.0l	W4DCA	W4DCA
Sparta	444.4250	+	162.2	KI4M	KI4M
Spruce Pine	443.9250	+	123.0e	KK4MAR	MAYLAND AR
Stacy	444.0000	+	131.8	KD4KTO	KD4KTO
Stanfield	443.2000	+	Otl	N4DBM	W4DEX & N4
Statesville	443.2750	+	127.3	KI4UBG	KI4UBG
Statesville	443.4500	+	Oa	N4VOZ	N4VOZ
Statesville	444.7000	+	O 94.8p	AE4GA	AE4II
Summerfield	444.4750	+	88.5	KD4DNY	KD4DNY
Sylva	444.1500	+	s	KJ4VKD	KJ4VKD
Sylva	444.7000	+	131.8lWX	K4RCC	K4RCC
Tarboro	444.5000	+	O 100.0el	NC4FM	N4JEH
Tarboro	444.9250	+	O 118.8e	N4NTO	N4NTO
Taylorsville	441.6250	+	123.0	W4ERT	ALEXANDER
Thomasville	441.8000	+	t	W4TNC	LARC
Thomasville	442.7500	+	118.8 RB	KD4LHP	KD4LHP
Thomasville	443.3250	+	88.5s	KD4LHP	KD4LHP
Troy	443.4000	+	tRB	W4WAU	EFARG

420-450 MHz
NORTH CAROLINA-NORTH DAKOTA

Location	Output	Input	Notes	Call	Sponsor
Tryon	442.8750	+	123.0	K4SV	K4SV
Tryon	442.5550	+	107.2	KJ4SPF	KJ4SPF
Waxhaw	444.5250	+	94.8es	K4WBT	WBT ARC
Waynesville	443.8750	+	91.5	K4KGB	NC HEARS
Waynesville	444.4500	+	O el	N4DTR	N4DTR
Waynesville	444.8750	+	131.8elWX	K4RCC	K4RCC
Wendell	444.8750	+	O 100.0e RB	KD4RAA	CAROLINA 4
Wilkesboro	442.4750	+	O 107.2al	KE4DGP	
Wilkesboro	443.5500	+	O 94.8l	WB4PZA	BLUE RIDGE
Wilkesboro	443.7750	+	O 118.8l	WB4SRV	WA4PXV
Williamston	444.2500	+	131.8el	K4SER	ROANOKE AR
Wilmington	442.1750	+	O	WA4US	WA4US
Wilmington	442.2000	+	Ot(CA) RB	WA4US	WA4US
Wilmington	442.5000	+	88.5e	AC4RC	AZALEA COA
Wilmington	442.7500	+	t(CA)elRB	KB4FXC	KB4FXC
Wilmington	443.4000	+	O 88.5ewWX	AD4DN	AD4DN
Wilmington	443.8500	+	O	WA4US	WA4US
Wilmington	443.9500	+	O	WA4US	WA4US
Wilmington	444.0500	+	O 88.5el	N4JDW	N4JDW
Wilmington	444.1750	+	88.5el	N4ILM	WILMINGTON
Wilmington	444.2000	+	O	WA4US	WA4US
Wilmington	444.4500	+	O	WA4US	WA4US
Wilmington	444.5000	+	67.0lRB	KB4FXC	KB4FXC
Wilmington	444.6500	+	O	WA4US	WA4US
Wilmington	444.7750	+	O 131.8el WX	N4PLY	N2QEW
Wilmington	444.8500	+	88.5e	N4ILM	WILMINGTON
Wilson	444.9000	+	O 179.9el	W4EJ	W4EJ
Wingate	444.8750	+	127.3	WB4U	WB4U
Winston-Salem	444.2750	+	O 100.0	W4NC	FORSYTH AR
Winston-Salem	444.7250	+	O 107.2 (CA)e	KD4MMP	------------
Yadkinville	442.0250	+	100.0	KD4KMK	KD4KMK
Yadkinville	442.8000	+	O 100.0a	N4AAD	N4AAD
Youngsville	442.1750	+	t	N4TAB	K4ITL
Youngsville	442.3000	+	100.0el	WB4IUY	WB4IUY
Youngsville	443.2000	+	O 88.5ael	KC4WDI	KD42LH & K
Zebulon	444.2000	+	88.5elRB	WB4IUY	WB4IUY

NORTH DAKOTA
FREQUENCY USAGE

Location	Output	Input	Notes	Call	Sponsor
Statewide	443.7000	+		SNP	
Statewide	444.3250	+		SNP	
Statewide	444.7250	+		SNP	
N E CENTRAL					
Maddock	442.2500	+	O 141.3	KFØHR	KFØHR
N W CENTRAL					
Minot	442.3000	+	O	KØAJW	SVARC

420-450 MHz
NORTH DAKOTA-OHIO

Location	Output	Input	Notes	Call	Sponsor
Minot	444.4000	+	o	W0CQ	W0CQ
Minot	444.8000	+	o	K0AJW	SVARC
NORTHWEST					
Williston	443.8500	+	oe	K0WSN	WBARC
S E CENTRAL					
Jamestown	444.2500	+	o	N0HNM	N0HNM
Jamestown	444.9250	+	o	WB0TWN	WB0TWN
S W CENTRAL					
Bismarck	444.2000	+	oae L(52.525)	N0FAZ	N0FAZ
Bismarck	444.6500	+	oe	KC0AHL	Hillside A
Center	444.9000	+	o	KE0VF	KE0VF
SOUTHEAST					
Fargo	443.9000	+	o 100.0e	KE0VN	KE0VN
Horace	443.7500	+	o	W0ZOK	W0ZOK
Wahpeton	443.8000	+	o 107.2	W0END	TRARC
SOUTHWEST					
Dickinson	442.6750	+	o	K0ND	TRARC
Killdeer	444.6750	+	o	K0ND	TRARC
Sentinel Butte	443.6750	+	o	K0ND	TRARC
OHIO					
ADAMS					
Peebles	442.6750	+	o(CA)e	KJ8I	N8JSZ
Peebles	444.0250	+	o	WD8LSN	WD8LSN
Seaman	444.5125	+	o(CA)e	KC8FBG	KC8FBG
ALLEN					
Lima	444.0750	+	oae	N8GCH	ShawneeRA
Lima	444.7750	+		WB8PJZ	WB8PJZ
ASHLAND					
Ashland	442.8000	+	o	W8IVG	KB8GF
Polk	442.1500	+	o 88.5	KG8FV	LLWA
Polk	443.3250	+	131.8 (CA)	N8SIW	N8SIW
Widowville	444.3250	+	o 131.8	KD8JBF	KD8JBF
ASHTABULA					
Geneva	443.6250	+	o 146.2	N8WPZ	N8WPZ
Kingsville	443.6500	+	o 103.5e	N8XUA	N8XUA
Orwell	444.2500	+	ael	KF8YF	KF8YF
ATHENS					
Athens	442.1000	+	o	K8LGN	HVARC
AUGLAIZE					
Cridersville	444.9250	+	o	W8EQ	LAARC
St Marys	444.2000	+	o 107.2el	K8QYL	Rsvr ARA
Wapakoneta	442.1500	+	107.2arWX	KD8CQL	A.C.E.M.A
BUTLER					
Cincinnati	442.5000	+	a	WA3ZUS	WA3ZUS
Fairfield	443.6500	+	oae	W8PRH	FARA
Hamilton	442.6500	+	o	WD8KPU	FARA
Hamilton	443.3375	+	o 123.0	KD8OFL	KD8OFL

420-450 MHz
OHIO

Location	Output	Input	Notes	Call	Sponsor
Hamilton	444.1125	+	O 118.8	KD8EYB	BCAREC
Hamilton	444.6500	+	O 123.0	K8KY	K8KY
Middletown	443.5375	+	O 118.8e	W8MUM	MiamiUARC
Middletown	444.4750	+	O 100.0 TT el	AG8Y	AG8Y
Middletown	444.8250	+	O 77.0el	W8BLV	Dial ARC
Monroe	442.5500	+	O 118.8e	WA8MU	WA8MU
Monroe	443.0875	+	Oep	KC8ECK	KC8ECK
West Chester	442.3250	+	123	KC8RKM	KC8RKM
West Chester	442.7000	+	●l	W8VVL	QCEN
West Chester	444.9750	+	●prxz	K8CR	K8CR
CARROLL					
Carrollton	442.4000	+	Ot(CA)e	K8VPJ	K8VPJ
Carrollton	442.5875	+	Oe	N8RQU	N8RQU
Carrollton	442.6250	+	●(CA)e	K8VPJ	K8VPJ
Carrollton	443.2750	+	O	KC8RKA	KC8RKA
Carrollton	444.2125	+	Oe	NC8W	NC8W
Malvern	443.2000	+	aelRB	K8NNC	CC ARES
CHAMPAIGN					
Urbana	443.1750	+	O 123.0e	WB8UCD	WB8UCD
Urbana	443.3500	+	O	KA8HMJ	KA8HMJ
CLARK					
N Hampton	444.3750	+	O 127.3e	K8IRA	IndpndRA
Springfield	443.3000	+	O	W8BUZ	W8BUZ
Springfield	444.4125	+	●t(CA)elx	KA8HMJ	KA8HMJ
CLERMONT					
Batavia	444.3250	+	OaelrWXx	N8NKS	N8NKS
Cincinnati	444.0750	+	O 110.9	KB8SBN	KB8SBN
Cincinnati	444.9250	+	a	K8CF	K8CF
Goshen	443.4500	+	O 146.2	K8DV	K8DV
Loveland	442.7750	+	Oar	WD8KPU	WD8KPU
Loveland	444.5250	+	O 100.0	WU8S	WU8S
CLINTON					
Blanchester	442.0250	+	t	KB8CWC	KB8CWC
Wilmington	443.2375	+	Oe	AB8KD	AB8KD
Wilmington	443.2750	+	O	N8ASB	N8ASB
Wilmington	443.3750	+	O	K8IO	K8IO
Wilmington	444.5750	+	141.3er	WB8ZZR	WB8ZZR
COLUMBIANA					
E Liverpool	442.1750	+	O(CA)e	K8BLP	TrianglRC
Lisbon	442.5250	+	162.2ae	KD8XB	KD8XB
Lisbon	444.4625	+	O 162.2lp	KC8RPR	KC8RPR
Lisbon	444.9125	+	O 162.2 RB WXx	W8MMN	W8MMN
Minerva	442.9500	+	O	KC8PHW	KC8PHW
Salem	442.1000	+	O 88.5ael RB WXz	KB8MFV	KB8MFV
Salem	444.6750	+	O 156.7 (CA)eWXz	KA8OEB	KA8OEB

572 420-450 MHz
OHIO

Location	Output	Input	Notes	Call	Sponsor
COSHOCTON					
Fresno	443.5375	+	O	KB9JSC	KB9JSC
CRAWFORD					
Bucyrus	442.5250	+	88.5ae	W8DZN	W8DZN
CUYAHOGA					
Brecksville	442.6500	+	Otaz	K8IIU	B.A.R.F.
Brook Park	442.0500	+	●	WB8ZQH	WB8ZQH
Brookpark	443.1250	+	O 131.8ez	N8LXM	N8LXM
Cleveland	442.7750	+	O(CA)lp	KF8YK	KF8YK
Cleveland	444.1000	+	O(CA)el	NA8SA	NGARC
Cleveland	444.2750	+	●l	N8OND	N8OND
Cleveland	444.3500	+	131.8e	N8OOF	OBES
Cleveland	444.7000	+	O 131.8e	WR8ABC	LEARA
Euclid	442.8125	+	131.8	N8KXX	N8KXX
Euclid	444.4750	+	O 110.9	N8CHM	N8CHM
Highland Hill	444.9500	+	151.4	WB8APD	SMART
Highland Hils	442.1250	+	O 82.5 (CA) elRB WX	WX8CLE	CLEWARN
HighlandHills	444.4000	+	O 131.8	WR8ABC	LEARA
N Olmsted	444.0125	+	O 131.8	W8IZ	W8IZ
N Royalton	443.1500	+	O 131.8	K8SCI	N Cst ARC
N Royalton	443.9000	+	Ot(CA)l	WA8CEW	WA8CEW
N Royalton	444.0750	+	Oel	K8YSE	K8YSE
Parma	442.2250	+	O(CA)elRB	KB8WLW	KB8RST
Parma	442.4500	+	O 131.8 RB	KB8WLW	KB8RST
Parma	443.8250	+	O 131.8	K8ZFR	C.A.R.S.
Parma	444.0500	+	Otel	W8DRZ	W8DRZ
Parma	444.4500	+	131.8x	W8QV	ARSC
Parma	444.7750	+	●	WR8SS	SSARS
Parma	444.9000	+	131.8	W8CJB	WR RA
Shaker Hts	443.8000	+	●	KD8LDE	KD8LDE
Shaker Hts	444.7500	+	Oa	K8ZFR	C.A.R.S.
DARKE					
Greenville	444.1750	+	O(CA)	N8OBE	N8OBE
Greenville	444.3500	+	O	N8KPJ	N8KPJ
DEFIANCE					
Defiance	442.5750	+	O 107.2el wx	K8VON	DCARC
DELAWARE					
Delaware	443.5500	+	Olpr	W8SJV	W8SJV
Powell	443.6125	+	O 103.5elpr	KI4IVP	KI4IVP
Westerville	443.2125	+	O	K8MDM	K8MDM
ERIE					
Berlin Hts	443.3500	+	lRB	WD8OCS	WD8OCS
Sandusky	442.7250	+	O(CA)e	WA8VOE	N8BPE
Sandusky	444.3750	+	O 110.9e	W8LBZ	SREL
Vermilion	443.0500	+	O 131.8	W8DRZ	W8DRZ
Wakeman	443.5250	+	●	K8KXA	K8KXA

420-450 MHz
OHIO

Location	Output	Input	Notes	Call	Sponsor
FAIRFIELD					
Lancaster	443.8750	+		K8QIK	LanFarARC
Pickerington	443.9500	+	o	W8LAD	W8LAD
Pickerington	444.2250	+	t	K8VKA	K8VKA
FAYETTE					
Greenfield	444.7750	+	o(CA)e	N8OOB	N8OOB
Washington CH	442.0750	+	o 77.0	N8QLA	N8QLA
Washington CH	444.6125	+	ot(CA)	N8EMZ	FayetteRA
FRANKLIN					
CanalWinchstr	443.7000	+	elp	KB8LJL	KB8LJL
Columbus	442.6000	+	114.8	W8LT	OSUARC
Columbus	442.8000	+	o 151.4ae WX	K8NIO	K8NIO
Columbus	443.4250	+		N8RQJ	N8RQJ
Columbus	443.5250	+	ol	WB8YOJ	WB8YOJ
Columbus	443.5750	+	ol	WB8YOJ	WB8YOJ
Columbus	443.8125	+	t	K8MK	K8MK
Columbus	444.1000	+	oel	WB8MMR	WB8MMR
Columbus	444.1750	+	o 82.5e	WA8PYR	WA8PYR
Columbus	444.2000	+	151.4	W8RXX	CORC
Columbus	444.2750	+	o 94.8ae	WB8INY	COARES
Columbus	444.3000	+	oal	WB8YOJ	WB8YOJ
Columbus	444.4000	+	o	W8RW	W8RW
Columbus	444.5250	+	o 179.9ael z	K8DRE	CCRA
Columbus	444.5500	+	o 123.0ael z	N8PVC	CCRA
Columbus	444.8000	+	oae	K8DDG	COARES
Columbus	444.8500	+	●	N8EXT	N8EXT
Columbus	444.9000	+	o	N8ADL	N8ADL
Columbus	444.9750	+	oTT	WR8ATV	ATCO
Gahanna	442.5000	+	o	KB8SXJ	CCRA
Galloway	443.4750	+	tRB	N8IHU	N8IHU
Groveport	442.5500	+	o(CA)	WA8DNI	WA8DNI
FULTON					
Delta	444.4500	+	o 103.5lpr	K8LI	K8LI
Fayette	442.0750	+	oe	AB8RC	AB8RC
Wauseon	443.4000	+	ae	KB8MDF	KB8MDF
GALLIA					
Gallipolis	442.0000	+	o 74.4	KC8ZAB	MOVARC
GEAUGA					
Bainbridge	444.2250	+	o 131.8e	KF8YK	KF8YK
Chardon	444.5625	+	(CA)	KF8YK	KF8YK
Chardon	444.8125	+	o 131.8ae	KF8YK	KF8YK
Chesterland	444.6000	+	o 131.8l	K9IC	K9IC
Middlefield	442.2500	+	o 131.8e	KC8IBR	WRARA
Montville	443.4500	+	●	N8XUA	N8XUA
Newbury	444.6250	+	o	WB8QGR	WB8QGR
Newbury	444.9750	+		K8SGX	K8SGX

574 420-450 MHz
OHIO

Location	Output	Input	Notes	Call	Sponsor
GREENE					
Bellbrook	442.6750	+	O(CA)e	W8TOG	W8TOG
Bellbrook	442.7250	+	Oae	W8GCA	GCARES
Bellbrook	443.6750	+	O(CA)e	W8DGN	BARC
Bellbrook	444.8750	+	●(CA)	N8NQH	N8NQH
Fairborn	442.3750	+	O 118.8	K8FBN	UpVlyARC
Fairborn	442.5750	+	127.3 (CA)z	N8QBS	N8QBS
Fairborn	442.8250	+	186.2	N8QBS	N8QBS
Xenia	443.1000	+	Oaelz	N8JFA	N8JFA
Xenia	444.2875	+		N8OIE	N8OIE
Xenia	444.4375	+	O 123.0	KC8QBL	KC8QBL
GUERNSEY					
Cambridge	444.3750	+	O 91.5e	KB8ZMI	KB8ZMI
HAMILTON					
Cincinnati	442.1250	+	●RB	W8MM	W8MM
Cincinnati	442.2000	+	O(CA)l	N8JRX	WhiprSnap
Cincinnati	442.4750	+	O 114.8elp	KD8TE	KD8TE
Cincinnati	443.4000	+	O 123.0e	WB8CRS	Cinci FMC
Cincinnati	443.7000	+	O(CA)	W8NWS	W.A.R.N.
Cincinnati	443.9000	+	O 123.0	WR8CRA	CRA
Cincinnati	444.2250	+	O 110.9l	W8ESS	E.S.S.
Cincinnati	444.3000	+	O 118.8	KD8EYB	BCAREC
Cincinnati	444.7500	+	O(CA)l	KB8BWE	CinciUHFG
Cincinnati	444.8625	+	O	K8YOJ	HCARPSC
Colerain Twp	443.5750	+	123.0 (CA)	K8CR	K8CR
Harrison	442.8000	+	O(CA) TTe	N8WYF	N8WYF
HANCOCK					
Findlay	442.8750	+	O 100.0	N8RTN	FndlyARTS
Findlay	444.1500	+	O 88.5	W8FT	FRC
Findlay	444.5750	+	O	WB8PBR	WB8PBR
HARDIN					
Kenton	442.4000	+	O	N8MTZ	N8MTZ
HENRY					
Deshler	444.9375	+	O	W8SMW	W8SMW
HIGHLAND					
Hillsboro	443.0750	+	O 100.0 (CA)eWX	W8CTC	HILSBUHFC
Hillsboro	444.6750	+	Oe	WA8KFB	HlsboroRC
HOCKING					
Logan	443.1250	+	e	K8LGN	H.V.A.R.C
HOLMES					
Millersburg	444.8750	+	131.8	KD8CJ	KD8CJ
HURON					
Clarksfield	442.1750	+	71.9	AL7OP	AL7OP
Greenwich	442.9000	+	Oe	KA8LKN	KA8LKN
Norwalk	442.6750	+	O 162.2a (CA)elrWXxz	KA8VDW	SREL
JACKSON					
Jackson	442.2250	+	Ol	WB8LDB	WB8LDB

420-450 MHz   OHIO

Location	Output	Input	Notes	Call	Sponsor
Oak Hill	444.1125	+	O	K8NDM	K8NDM
JEFFERSON					
Wintersville	443.7750	+	Oa	WD8IIJ	TSARA
KNOX					
Fredericktown	442.3250	+	O(CA)	N8NMQ	N8NMQ
Mt Vernon	442.1000	+	71.9el	KD8EVR	KD8EVR
Mt Vernon	444.7500	+	O	KC8YED	KC8YED
LAKE					
Eastlake	443.7000	+	O(CA)	N8KT	CLARA
Mentor-O-T-Lk	444.1875	+	(CA) WX	KF8YK	KF8YK
Painesville	444.6500	+	131.8aelz	N8BC	LCARA
Painesville	444.8625	+	OteRB	W8SKG	W8SKG
Wickliffe	444.1500	+	O(CA)l	WA8PKB	WA8PKB
Wickliffe	444.7250	+	(CA) RB	WA8PKB	WA8PKB
LAWRENCE					
Willow Wood	444.6250	+	O	W8SOE	So OH ARA
LICKING					
Amsterdam	443.9250	+	91.5e	KB8ZMI	KB8ZMI
Hebron	444.6500	+	O	KB8TRL	KB8TRL
Johnstown	442.7750	+	O 151.4	W4TLB	COARES
Newark	442.0500	+	O(CA)	WD8RVK	WD8RVK
Newark	444.5000	+	O 141.3 (CA)l	W8WRP	NARA
LOGAN					
Bellefontaine	443.0250	+	O	KA8GRP	KA8GRP
Bellefontaine	443.2500	+	O 186.2	N8IID	N8IID
Bellefontaine	443.8250	+	O 186.2ael z	W8EBG	LognCoEMA
East Liberty	444.4500	+	O 127.3771 TTelz	KA7UUC	Honda-Ame
LORAIN					
Amherst	442.5000	+	Oe	NA8VY	NA8VY
Elyria	443.9875	+	O 162.2a (CA)elrWxxz	KA8VDW	SREL
Elyria	444.1750	+	O 11 RB	KC8BED	LCARA
Elyria	444.8000	+	O	K8KRG	NOARS
Lorain	443.6000	+	Oae	WA8CAE	WA8CAE
Lorain	444.1250	+	●l	WD8CHL	WD8CHL
Lorain	444.5875	+	O 131.8ae p	N8VUB	N8VUB
N Ridgeville	444.5000	+	O 131.8	K8IC	K8IC
Wellington	444.6625	+	O	K8TV	K8TV
LUCAS					
Maumee	444.7000	+	O 103.5	W8TER	W8TER
Oregon	443.3000	+	O 103.5e	N8UAS	N8UAS
Oregon	443.7500	+	O 103.5ae	KI8CY	KI8CY
Oregon	443.9750	+	●a	KG8EE	KG8EE
Oregon	443.9250	+	O 103.5	WB8NLS	WB8NLS
Sylvania	443.7750	+	O 103.5	KC8GWH	KC8GWH

420-450 MHz
OHIO

Location	Output	Input	Notes	Call	Sponsor
Toledo	442.8500	+	O 103.5123 aTTez	W8HHF	TMRA
Toledo	442.9500	+	O(CA)elr WX	WJ8E	WJ8E
Toledo	444.0250	+	taers	W8MTU	LucasARES
Toledo	444.2750	+	O 107.2	W8AK	W8AK
Toledo	444.8500	+	O 103.5	N8EFJ	N8EFJ
Toledo	444.9500	+	O 103.5	N8LPQ	N8LPQ
MAHONING					
Canfield	442.7500	+	O 131.8aelz	KC8WY	KC8WY
New Springfld	443.5250	+	O	KF8YF	KF8YF
Salem	444.7625	+	O 162.2	N8TPS	N8TPS
Youngstown	443.2250	+	O 156.7a	N8FAL	K8EAU
Youngstown	443.2500	+	O	W8IZC	W8IZC
MEDINA					
Brunswick	443.0250	+	O 131.8	N8OVW	N8OVW
Brunswick	444.9250	+	O 110.9	W8EOC	M2M
Hinckley Twp	443.4250	+	O 131.8e WX	W8WGD	B.A.R.C.
Hinkley	443.3625	+	O 131.8l	KB8WLW	KB8WLW
Medina	444.2750	+	O●	N8OND	N8OND
Medina	444.9250	+	O 131.8	W8EOC	M2M GP.
Wadsworth	442.4750	+	O 131.8	AL7OP	AL7OP
West Salem	443.3000	+	O 131.8	KE8X	KE8X
MEIGS					
Pomeroy	444.0500	+	OeWX	KC8KPD	BBARC
MERCER					
Celina	442.2250	+	O 107.2107.2	W8ARG	W8ARG
Celina	443.0750	+	O 107.2 WX	KC8KVO	ACARES
Ft Recovery	442.6750	+	O 107.2ae WX	KB8SCR	KB8SCR
MIAMI					
Piqua	442.1250	+	O 123.0	N8OWV	N8OWV
Piqua	444.7250	+	lpr	W8AK	W8AK
Piqua	444.8375	+	O	WF8M	MVRFG
Tipp City	444.5375	+	t	N8RVS	N8RVS
Troy	442.9750	+	(CA)z	WD8CMD	WB8CMD
Troy	443.6375	+	O	KB8MUV	KB8MUV
West Milton	444.5625	+	●	N8EIO	N8EIO
MONTGOMERY					
Clayton	442.1750	+	Ote	N8PS	N8PS
Dayton	442.0000	+	O	WB8HSV	WB8HSV
Dayton	442.1000	+	O	W8BI	DARA
Dayton	442.7500	+	O 77.0	W6CDR	W6CDR
Dayton	443.0000	+	O(CA)ez	WB8SMC	FaroutARC
Dayton	443.6000	+	Oe	KB8CSL	KB8GDE

420-450 MHz
OHIO

Location	Output	Input	Notes	Call	Sponsor
Dayton	443.7250	+	o	WB8YXD	WB8YXD
Dayton	443.7500	+	o 123.0	W8AK	W8AK
Dayton	443.7750	+	o 4267lpr	WF8M	MVRFG
Dayton	444.0500	+	o 100.0l	KA8PGJ	NationalC
Dayton	444.2125	+	●lp	WB8TIA	M V HOSP
Dayton	444.2500	+	oe	K8MCA	MVUS
Dayton	444.7625	+	77.0 (CA)	KI8FT	KI8FT
Englewood	443.5000	+	o 103.5	KB8ZR	3Z
Englewood	444.6000	+		KC8QGP	K7DN
Fairborn	444.3125	+	●(CA)l	KI6SZ	KI6SZ
Huber Heights	442.9250	+	olprRB	W8AK	W8AK
Huber Heights	442.9500	+	o 118.8l	NO8I	HHARC
Kettering	444.6625	+	● 123.0 (CA)	W8GUC	W8GUC
Miamisburg	442.3000	+	o 4235 (CA)lpr	WB8VSU	WB8YXD
Miamisburg	442.4500	+	123	NV8E	NV8E
Miamisburg	443.2250	+	77.0 (CA)e	W8COH	WCOARA
Miamisburg	444.7000	+	o(CA)el	N8BYT	N8BYT
Trotwood	443.9250	+	o(CA)	W8ZOL	W8ZOL
Trotwood	443.9750	+	o	W8PB	W8PB
Union	442.8500	+	oa	WA8ZWJ	Union RC
W Carrollton	443.8500	+	o	N8ZS	N8ZS
W Carrollton	444.5000	+	oaelz	K8ZQ	WCARG
W Carrollton	444.7875	+	o	N8ZS	N8ZS
MUSKINGUM					
Roseville	442.1750	+	o 91.5	KA8GOO	TRI CO RC
Zanesville	442.2500	+	o 91.5e	KB8ZMI	KB8ZMI
Zanesville	444.9500	+	o 91.5aex	W8TJT	W8TJT
OTTAWA					
Oak Harbor	442.2500	+	oe	K8VXH	OttawaARC
Oak Harbor	444.4250	+	●lRB WX	KB8TEP	KB8TEP
Oak Harbor	443.8500	+	oewX	WB8JLT	WB8JLT
PICKAWAY					
Circleville	442.7000	+	o	KD8HIJ	KC8ITN
PIKE					
Elm Grove	442.3500	+	o	KC8BBU	KC8BBU
Lucasville	443.2000	+	o 114.8p	KB8SDC	KB8SDC
PORTAGE					
Kent	442.0250	+	131.8	N8BHU	N8BHU
Kent	444.3000	+	131.8	N8BHU	N8BHU
Ravenna	442.8750	+	o	KB8ZHP	PortageRC
PREBLE					
Eaton	442.9000	+	173.8	KB8RQD	KB8RQD
Eaton	444.0250	+	elpr	W8VFR	W8VFR
Eaton	444.9125	+		N8ZRD	N8ZRD
Eaton	444.9375	+	o 4106elpr	W8VFR	W8VFR
PUTNAM					
Miller City	443.5625	+	o 107.2	NO8C	NO8C

578 420-450 MHz
OHIO

Location	Output	Input	Notes	Call	Sponsor
Ottawa	442.7000	+	O	N8PCO	N8PCO
Ottawa	443.8875	+	O 107.2e	N8PFM	N8PFM
RICHLAND					
Lexington	443.2250	+	O 146.242 TT	WD8Q	MASER
Mansfield	443.0750	+	O 151.4a (CA)elrwXxz	KA8VDW	SREL
Mansfield	444.0250	+	O 71.9	W8NW	W8NW
Mansfield	444.7000	+	O 971 RB	W8WER	ICARC
ROSS					
Bainbridge	443.6250	+	O	KD8FJH	SE OH.NET
Chillicothe	444.4250	+	O	W8BAP	SciotoARC
Londonderry	444.3500	+	O	KD8EAD	KD8EAD
SANDUSKY					
Bellevue	442.6250	+	O 110.9ael rwX	NF8E	ClydeARS
Fremont	443.0000	+	aez	N8TRQ	N8TRQ
Fremont	443.4500	+	O	KC8EPF	KC8EPF
Gibsonburg	443.1875	+	107.2	KC8RCI	WD8NFQ
SCIOTO					
McDermott	443.3250	+	a	KB8RBT	KB8RBT
SENECA					
Attica	443.6750	+	OeRB	N0CZV	N0CZV
Republic	444.4375	+	O 107.2	KC8RCI	WD8NFQ
Tiffin	443.8000	+	O 107.2	K8EMR	K8EMR
Tiffin	444.8250	+	O 188650a el	W8MTD	CTS
SHELBY					
Anna	442.3500	+	Otel	KC8CFI	Honda-Ame
Ft Loramie	444.9625	+	O	KC8OIG	KC8OIG
Sidney	442.4750	+	Oe	W8JSG	W8JSG
Sidney	443.2000	+	aelrsWXz	AA8OF	SCARES
Sidney	443.9000	+	O 156.7	N2OJD	N2OJD
Sidney	444.8875	+	O 107.2	N6JSX	N6JSX
STARK					
Alliance	442.3500	+	Oe	K8LTG	AARC
Canton	442.0750	+	O 131.8	N8GNO	N8GNO
Canton	442.3000	+	O 131.8lx	W0OZZ	W0OZZ
Canton	443.3750	+	Oae	KB8LWP	KB8LWP
Canton	443.8500	+	Oe	W8TUY	WD8PTW
Canton	444.5750	+	O 131.8a	N8EOO	KC8GL
Massillon	442.8500	+	O 131.8aez	W8NP	MARC
Massillon	443.6750	+	O 131.8ae RBz	WA8GXM	WA8GXM
North Canton	443.9750	+	O(CA)e	WB8AVD	WB8AVD
Uniontown	442.0000	+	Ot	WB8OVQ	WB8OVQ
Waynesburg	442.2000	+	O	KC8ONY	K8SFD

420-450 MHz
OHIO

Location	Output	Input	Notes	Call	Sponsor
SUMMIT					
Akron	442.6000	+	O	WD8MDF	WD8MDF
Akron	442.7000	+	Oael	WB8AZP	WB8AZP
Akron	443.1125	+	(CA)	W8UPD	U/AkrnRC
Akron	444.2000	+	O 131.8 TT elRBxz	WA8DBW	WA8DBW
Akron	444.4875	+	a	KC8MXW	KC8MXW
Akron	444.5125	+	●	WB8AVD	WB8AVD
Akron	444.5500	+	●arWX	W8ODJ	W8ODJ
Cuyahoga Fls	444.8500	+		K8EIW	K8EIW
CuyahogaFalls	443.7875	+	t	W8DFA	W8DFA
Fairlawn	443.7500	+	OaeWxz	N8NOQ	N8NOQ
Hudson	444.3750	+	O 131.8	KD8DFL	WRARG
Macedonia	443.5500	+	Ot(CA)z	K8ICV	NERTNORTH
Norton	442.5750	+	O 131.8	W8MBF	AmishNERT
Norton	444.0000	+	O	WD8KNL	WD8KNL
Norton	444.4250	+	OaeWxz	WA8DBW	WA8DBW
Richfield	442.5500	+		N8CPI	N8CPI
Richfield	443.9250	+	O 131.8e	KA8JOY	KA8JOY
Stow	442.4250	+	O	AF1K	AF1K
TRUMBULL					
Cortland	443.8750	+	Ot	WA8ILI	WA8ILI
Cortland	444.8375	+	Oelp	WA8ILI	WA8ILI
Fowler	443.5750	+	Oel	WD8PVC	WD8PVC
Girard	443.1000	+	O	W8IZC	W8IZC
Warren	442.8250	+	131.8aerWX	W8FBE	W8FBE
Warren	443.0000	+	O(CA)e	W8VTD	WarrenARA
Warren	443.7250	+	O 131.8	N8DOD	N8DOD
TUSCARAWAS					
Uhrichsville	443.5000	+	O	K8CQA	K8CQA
UNION					
Jerome	444.1250	+	192.8	N8IJV	W8RW
VAN WERT					
Delphos	443.1500	+	O 107.2	KB8UDX	KB8UDX
Van Wert	442.0250	+	O 156.7	N8IHP	N8IHP
Van Wert	444.8500	+	136.5	W8FY	VWARC
VINTON					
McArthur	442.5250	+	●t(CA)l	KB8TNN	KB8TNN
WARREN					
Franklin	442.4250	+	O 77.0a (CA)e	WE8N	BEARS
Franklin	443.1500	+	O 118.8 (CA)r	WB8ZVL	WB8ZVL
Lebanon	444.1875	+	Oar	WC8EMA	WCARES
Loveland	443.8000	+	●a	WB8BFS	WB8BFS
Mason	442.2750	+	O 110.9l	W8ESS	E.S.S.
Mason	444.1500	+	O	WB8WFG	WB8WFG
Mason	444.9500	+	O 131.8ae	W8SAI	W8SAI

580 420-450 MHz
OHIO-OKLAHOMA

Location	Output	Input	Notes	Call	Sponsor
Morrow	444.6250	+	O 123.0	N8GCI	N8GCI
WASHINGTON					
Constitution	444.1000	+	te	N8ILO	N8ILO
Marietta	442.6000	+	taRB	W8JL	KC8GF
Marietta	442.9000	+	●alp	W8JL	W8JL
Marietta	443.0500	+	O 186.2el RB	W8JTW	W8JTW
Marietta	443.4000	+	91.5al	W8HH	M.A.R.C.
Marietta	444.0000	+	Ol	WD8BRZ	WD8BRZ
WAYNE					
Doylestown	442.2750	+	O 110.9el	W8WKY	SlvrckARA
Rittman	442.3750	+	●	N8CD	SARTECH
Wooster	443.1750	+	O(CA)	W8WOO	WARC
Wooster	443.4000	+	Otlp	K8WAY	K8WAY
Wooster	444.2500	+	O 131.8e	KD8EU	WAYNE ARG
WILLIAMS					
Bryan	444.4000	+	O 107.2	N8VO	N8VO
WOOD					
Bowling Green	442.1250	+	O 100.0	K8TIH	WoodCoARC
Bowling Green	443.5125	+	O 103.5	KD8BTI	WCARES
Bowling Green	444.4750	+	O 67.0ae	K8TIH	WCARC
Perrysburg	444.6500	+	Oa	KB8YVY	KA8WPC

OKLAHOMA
LAWTON/ALTUS

Location	Output	Input	Notes	Call	Sponsor
Altus	442.0500	+	O 100/100e WX	WX5ASA	Altus Skyw
Headrick	444.1000	+	Ot	WD5BBN	------------
Hollis	442.0250	+	O 100/100 WX	WX5ASA	Altysa Sky
Lawton	442.1750	447.1250	O 123/123	AF5Q	AF4Q
Lawton	443.6000	+	O 123/123	N5PLV	N5PLV
Lawton	443.8500	+	Ot	W5KS	LFSARC
Lawton	444.9000	+	O 118.8/118.8e	K5VHF	K5VHF
Medicine Park	444.0750	+	O 123/123e L(IRLP)	WX5LAW	LIRA

NORTHEAST

Location	Output	Input	Notes	Call	Sponsor
Bartelsville	444.7750	+	O 88.5/88.5 ersLITZ WX	W5NS	BARC
Bartelsville	443.1250	+	O 88.5/88.5	KB5KZS	KB5KZS
Bartelsville	444.9750	+	O 88.5/88.5 WX	W5IAS	TARC
Blackwell	444.9500	+	O(CA)	KD5MTT	Oidar
Hichita	444.6000	+	O 88.5/88.5 WX	W5IAS	Tulsa ARC
Ketchum	444.8750	+	O 88.5/88.5 WX	W5RAB	W5RAB
Muskogee	443.1000	+	O 88.5/88.5	W5IAS	WA5VMS/TAR

420-450 MHz
OKLAHOMA

Location	Output	Input	Notes	Call	Sponsor
Okmulgee	444.8250	+	O t(CA)e	W5KO	W5KO
Pawhuska	444.4250	+	O 88.5/88.5	N5ZQW	270 Group
Ponca City	444.6000	+	O	W5RAB	270 GROUP
Ponca City	444.7000	+	O t	W5HZZ	KAY COUNTY
Pryor	444.6750	+	O 88.5/88.5	KB5TVA	GRDA
Pryor	444.8000	+	O 88.5/88.5	KB5TVA	GRDA
Skiatook	442.1750	+	O t	W5RAB	W5RAB
Skiatook	444.7250	+	O t	WA5LVT	TRO inc
Stillwater	442.6000	+	O 103.5/103.5	K5FVL	K5FVL
Stillwater	443.8750	+	O te	W5YJ	OSU ARC
Stillwater	444.5250	+	O 88.5/88.5 esWX	K5FVL	K5FVL/TARC
Stillwater	444.9000	+	O 141.3/141.3esWX	K5FVL	K5FVL
Tahlequah	442.2250	+	O 88.5/88.5 WX	N5ROX	Emerg Net/
Vinita	444.3750	+	O 88.5/88.5 e	KC5VVT	NORA

NORTHWEST

Location	Output	Input	Notes	Call	Sponsor
Alva	443.4500	+	O 103.5/103.5sWX	KC0GEV	GSPARC
Blanchard	444.6250	+	O 127.3/127.3eL(IRLP#212302) WX	W5LHG	------------
Buffalo	442.0750	+	O 131.8/131.8 E-SUNsWX	W5HFZ	GBARG
Camp Houston	442.0500	+	O 131.8/131.8 E-SUNrsWX	W5HFZ	GBARG
Enid	443.0000	+	O t	WD5GUG	WD5GUG
Enid	443.2000	+	O t	WD5GUG	WD5GUG
Enid	444.0000	+	O t	WA5QYE	Enid ARC
Enid	444.8250	+	O t	N5LWT	N5LWT
Fairview	444.7250	+	O t	N5RHO	N5RHO
Guymon	444.9750	+	O 88.5/88.5 es	N5DFQ	DBARC
Kingfisher	444.9750	+	O tewX	W5GLD	W5GLD
Laverne	444.6750	+	O 94.8/94.8 sWX	K5GUD	TSARG
Lindsay	444.8750	+	O 131.8/131.8	N5RAK	KE5KK
Mooreland	444.2750	+	O t	K5GUD	K5GUD
Mooreland	444.8750	+	O 88.5/88.5	K5GUD	K5GUD
Perry	442.9250	+	O 141.3/141.3eWX	KL7MA	NCRG
Pond Creek	442.3000	+	O 141.3/141.3e	KW5FAA	MMACARC/SW
Seward	442.0750	+	O	KA5LSU	KA5LSU
Vici	444.9500	+	O 88.5/88.5 WX	N5WO	WX Watch

420-450 MHz
OKLAHOMA

Location	Output	Input	Notes	Call	Sponsor
Woodward	442.2000	+	O 88.5/88.5 WX	N5DFQ	DBARC
OKLAHOMA CITY METRO					
Arbuckle Mtns	443.0750	+	●tersWX	WG5B	WG5B
Bethany	442.8500	+	O 103.5/103.5e	N6USR	N5USR
Bethany	444.0500	+	O 192.8/192.8	WA5CZN	Bojive RN
Del City	443.3000	+	O 162.2/162.2 L(IRLP#8440.)	W5DEL	Del City
Del City	444.0000	+	O 141.3/141.3	KX5RW	WR5G
Edmond	442.2250	+	O 131.8/131.8e	K5CPT	L & M Radi
Edmond	443.1500	+	O 179.9/179.9	N5TWC	KC5GEP
Edmond	443.4250	+	O 88.5/88.5	K5EOK	EARS
Elreno	442.2500	+	O 141.3/141.3	K5OL	K5OL
Elreno	444.2500	+	Ot	W5ELR	ERARC
Guthrie	443.2500	+	O 88.5/88.5 sWX	W5IAS	Tulsa ARC
Norman	442.1250	+	O 107.2/107.2	WA5LKS	WA5LKS
Norman	443.7000	+	O 141.3/141.3	W5NOR	SCARS
Norman	444.3500	+	O 141.3/141.3e	N5KUK	N5KUK
Norman	444.7500	+	O 141.3/141.3e	N5KUK	N5KUK
Oklahoma City	442.1500	+	O 141.3/141.3	KE5IOB	KOKH FOX
Oklahoma City	442.5000	+	● 203.5/203.5e	N5KNU	N5KNU
Oklahoma City	442.5750	+	O 131.8/131.8	AD5RM	AD5RM
Oklahoma City	442.6250	+	O 146.2/146.2 EXP	WD5AII	EARC
Oklahoma City	442.7000	+	O 141.3/141.3	W5PAA	MMACARC
Oklahoma City	442.7750	+	O 141.3/141.3e	KK5FM	------------
Oklahoma City	443.0500	+	O 100/100	W5RLW	W5RLW
Oklahoma City	443.1000	+	O /100	WN5J	WN5J
Oklahoma City	443.2750	+	O 141.3/141.3	W5MEL	OCAPA
Oklahoma City	443.8750	+	O 162.2/162.2	AD5RM	AD5RM
Oklahoma City	444.1000	+	O 141.3/141.3e	W5PAA	MMACARC

OKLAHOMA

Location	Output	Input	Notes	Call	Sponsor
Oklahoma City	444.2000	+	O 167.9/167.9 (CA)e	WD5AII	Edmond ARC
Oklahoma City	444.2250	+	O 141.3/141.3eLITZ WX	WX5OKC	ODCEM
Oklahoma City	444.3000	+	O 141.3/141.3e	W5MEL	OCAPA
Oklahoma City	444.6750	+	O	KB5LSB	KB5LSB
Seward	444.7750	+	O 141.3/141.3e	KK5FM	KK5FM
The Village	443.4000	+	O 141.3/141.3	KB5QND	KB5QND

SOUTHEAST

Location	Output	Input	Notes	Call	Sponsor
Ada	443.8000	+	O 114.8/114.8	WB5NBA	Ada ARC
Antlers	444.2000	+	O 88.5/88.5 es	KD5DAR	KD5DAR
Cavanal Mtn	444.5000	+	OtersLITZ WX	W5ANR	FSAARC
Daisy	442.4000	+	O 88.5/88.5	W5CUQ	PCARC
Durant	444.1250	+	O 114.8/114.8	AB5CC	AB5CC
Enterprise	442.1000	+	O 123/123e	KA5HET	KA5Het
Kingston	443.4500	449.4500	O 127.3/127.3	N4SME	NTXRA
McAlester	444.9750	+	O 88.5/88.5 sWX	W5CUQ	PCARC/TARC
Nashoba	442.9000	+	O 114.8/114.8 (CA) E-SUN	KM5VK	KM5VK
Pocola	444.0250	+	O	KB5SWA	KB5SWA
Purcell	444.5500	+	O 141.3/141.3	W5IF	W5IF

SOUTHWEST

Location	Output	Input	Notes	Call	Sponsor
Ardmore	444.0750	+	OesWX	KE5BAL	KE5BAL
Blanchard	442.0000	+	O 141.3/141.3	WØDXA	WØDXA
Cement	444.0000	+	O 141.3/141.3e	KW5FAA	MMACARC/SW
Cement	444.4500	+	O 123/123e	WX5LAW	LIRA
Cyrill	442.2750	+	O 123/123e WX	KB5LLI	SWIRA
Davis	443.0000	+	O 100/100	KC5LBP	KC5LBP
Duncan	444.8250	+	O 118.8/118.8e	WD5IYF	CTARC
Grandfield	442.2000	+	O 123/123	WX5LAW	LIRA
Granite	442.0750	+	O 141.3/141.3e	K5XTL	k5XTL
Granite	444.6500	+	O 100/100 WX	WX5ASA	Altus Skyw
Headrick	443.3000	+	O 123/123	WX5LAW	LIRA

584 420-450 MHz
OKLAHOMA-OREGON

Location	Output	Input	Notes	Call	Sponsor
Lawton	444.6000	+	O 123/123	N5PLV	N5PLV
Lawton	444.7000	+	Ot	KD5IAE	SWAN
Newcastle	444.6750	+	Ot	KB5LSB	KB5LSB
Oklahoma City	444.8500	+	141.3/141.3e O 141.3/141.3e	KW5FAA	MMACARC/SW

TULSA METRO

Location	Output	Input	Notes	Call	Sponsor
Broken Arrow	444.0000	+	Ote	W5BBS	BAARC
Broken Arrow	444.5750	+	O	KC5JKU	KC5JKU 8 K
Claremore	442.0750	+	O 88.5/88.5	KB5TVA	GRDA
Claremore	444.3500	+	Oe	KC5ARC	RCWA
Jenks	442.0500	+	O 88.5/88.5	NO5R	NO5R
Leonard	443.6000	+	Ot	W5BBS	BAARC
Mannford	442.0000	+	O 88.5/88.5 (CA) WX	W5IAS	Tulsa ARC
Owasso	444.3000	+	Ot	K5LAD	K5LAD
Tulsa	443.0000	+	Ot	W5IAS	Tulsa ARC
Tulsa	443.8500	+	O 88.5/88.5 eprsWx	W5IAS	TARC
Tulsa	444.8500	+	O 88.5/88.5	K5JME	AAARC
Tulsa	444.9500	+	O 88.5/88.5 ep	WA5LVT	TRO inc

OREGON
FREQUENCY USAGE

Location	Output	Input	Notes	Call	Sponsor
Statewide	442.0000	+			ORRC TEST
Statewide	443.0000	+			ORRC TEST

CENTRAL WILLAMETTE VALLEY

Location	Output	Input	Notes	Call	Sponsor
Albany	442.8500	+	O 167.9e	KA7ENW	ELRA
Albany	444.9750	+	O 100.0	KD6VLR	KD6VLR
Aumsville	440.7250	+	O 100.0e	WO7Z	WO7Z
Corvallis	440.4250	+	O 100.0e	K7TVL	K7TVL
Corvallis	442.3000	+	O 162.2e	N8GFO	BCARES
Cottage Grove	440.8750	+	Oael	WB7LCS	WB7LCS
Eagle Crest	442.5000	+	O 100.0e	KE7DLA	KE7DLA
Eugene	440.5750	+	Oael	WB7LCS	WB7LCS
Eugene	443.8000	+	O	K7RPT	ARRG
Keizer	440.8000	+	O 100.0	KD7QJO	KD7QJO
Lyons	440.6000	+	O 100.0e	WO7Z	WO7Z
Myrtle Creek	444.1500	+	O 186.2e	KC7UAV	WA6KHG
Oakridge	441.6750	+	O 100.0ael	K7UND	K7UND
Roseburg	440.6250	+	O 114.8e	WA7JAW	WA7JAW
Salem	441.7000	+	O 186.2	KC7NOS	KC7NOS
Salem	443.1750	+	O 88.5e	AD7ET	AD7ET
Salem	443.3500	+	Oe	KC7CFS	KC7CFS
Salem	444.1250	+	Oelz	K7RPT	ARRG
Salem	444.2500	+	O 100.0	WA7ABU	W7SAA
Salem	444.9500	+	O 100.0els	K7LWV	WA7ABU
Sisters	441.6250	+	O 100.0el	K7UND	K7UND

420-450 MHz 585
OREGON

Location	Output	Input	Notes	Call	Sponsor
Walton	443.0500	+	O 162.2e	W7SLA	W7SLA
CENTRAL-EAST					
Bend	442.1250	+	O 123.0el	K7UND	K7UND
Bend	443.0500	+	O 162.2ae	KB7LNR	KB7LNR
Bend	443.6500	+	O 162.2e	KB7LNR	KB7LNR
Bend	444.2500	+	O 103.5e	W7JVO	HIDARG
Bend	444.7500	+	O 156.7e	W7JVO	HIDARG
COAST - CENTRAL					
Florence	442.5750	+	O 100.0e	W7FLO	OCERI
Hebo	440.9000	+	O 118.8elr sWX	W7GC	OCRG
Lincoln City	443.7500	+	O 118.8e	W7CG	OCRG
Newport	444.7500	+	O 118.8elr sWX	W7CG	OCRG
Waldport	444.4750	+	O 103.5e	W7VTW	LCES
COAST - NORTH					
Astoria	440.9250	+	O 100.0e	N7BAG	N7BAG
Astoria	444.7750	+	Oe	KD7UDX	KD7UDX
Manzanita	440.1750	+	O 100.0e	W7EM	KD7YPY
Manzanita	444.4250	+	O 107.2e	W7MOC	W7MOC
Rockaway Beach	442.7500	+	O 118.8e	W7GC	OCRG
Tillamook	440.5250	+	O 100.0e	W7EM	KD7YPY
Tillamook	442.9750	+	O 100.0ae p	N7IS	N7IS
COAST - SOUTH					
Brookings	444.0000	+	O 100.0e	K6JSI	K6JSI
Brookings	444.9750	+	O 131.8e	KA7GNK	WA7JAW
Coos Bay	440.8000	+	O 103.5e	WA7JAW	WA7JAW
Coos Bay	442.0750	+	O 77.0ael	W7EXH	W7EXH
Coos Bay	443.1250	+	Ote	W7OC	SWORA
Florence	444.0000	+	O	W7OC	SWORA
Myrtle Point	444.1750	+	O	W7OC	SWORA
Myrtle Point	444.5250	+	O 100.0e	WA7JAW	WA7JAW
Port Orford	440.7250	+	O 114.8e	KD7IOP	WA7JAW
Reedsport	440.7250	+	O 114.8l	WA7JAW	RVLA
Sticks	444.7000	+	O 114.8e	KD7IOP	KD7IOP
COLUMBIA RIVER GORGE					
Mosier	442.5750	+	Oe	KC7UNO	KC7UNO
The Dalles	444.7000	+	O 100.0e	KF7LN	KF7LN
LOWER COLUMBIA					
Deer Island	441.9250	+	O 114.8e	N7EI	CARA
NORTH CENTRAL					
Corvalis	441.9750	+	O 100.0e	W7CQZ	W7CQZ
Lake Oswego	442.7750	+	O 100.0	K7RUN	K7RUN
NORTH COAST					
Astoria	444.5000	+	O 100.0e	N7BAG	N7BAG
NORTH WILLAMETTE VALLEY					
Boring Oregon	441.9500	+	O 100.0e	KD7TFZ	KD7TFZ
Canby	442.9000	+	O 123.0e	WB7QAZ	WB7QAZ

420-450 MHz
OREGON

Location	Output	Input	Notes	Call	Sponsor
Colton	440.2500	+	O e	W7OTV	OTVARC
Colton	443.7000	+	O 103.5e	N7PIR	KD6LVP
Cottage Grove	441.6500	+	O 100.0el	K7THO	K7THO
Estacada	440.8500	+	O 107.2l	KD7DEG	KD7DEG
Forest Grove	442.3250	+	O(CA)ez	K7RPT	ARRG
Forest Grove	442.3500	+	O e	K7RPT	ARRG
McMinnville	441.7250	+	O 127.3e	W7TRP	W7TRP
McMinnville	441.8000	+	O 100.0e	W7YAM	YCARES
McMinnville	444.0000	+	O 100.0e	N7OCS	N7OCS
Newberg	441.8750	+	O 100.0el	AH6LE	AH6LE
Newberg	442.7250	+	O	N7ASM	PMRA
Newberg	444.3000	+	O 127.3	K7WWG	K7WWG
North Plains	442.4000	+	O el	KE7DC	WA7ZNZ
Portland	440.7000	+	O 100.0es LITZ WX	KS7O	KS7O
Portland	443.5500	+	O 100.0e	KC7TP	K7GDS
Sandy	442.4250	+	O 100.0e	KD7TFZ	KD7TFZ
Sandy	442.7000	+	O 100.0	K7LTA	K7LTA

NORTHEAST

Location	Output	Input	Notes	Call	Sponsor
Hermiston	443.7500	+		KA7TUR	KA7TUR
Huntington	444.1500	+	O 100.0 (CA)el	K7OJI	TVRA
Spout Springs	444.7250	+	O 100.0e	K7EI	K7EI
Vale	442.3500	+	O 110.9e	W7PAG	W7PAG
Weston	444.6500	+	O e	N7DWC	N7DWC

NORTHWEST

Location	Output	Input	Notes	Call	Sponsor
Banks	440.8750	+	O 103.5	KC7UQB	KC7UQB

NW OREGON & SW WASHINGTON

Location	Output	Input	Notes	Call	Sponsor
Aloha	442.5250	+	O 107.2el	KA7OSM	WORC
Astoria	440.8250	+	O 118.8e	N7HQR	W7GC
Astoria	444.5000	+	O 118.8e	K7GA	K7GA PARC
Colton	441.7750	+	O 77.0e	KD7DMM	KD7DNM
Colton	442.9250	+	O 107.2ael sWX	WB7DZG	WORC
Newberg	443.4250	+	O 107.2el	KR7IS	WORC
Portland	440.2000	+	O 100.0e	N7BAR	N7BAR
Portland	443.0500	+	O 123.0e	WA7BND	WA7BND
Saint Helens	444.6250	+	O 107.2el	N7EI	CARA
Timber	441.8250	+	O 107.2ael sWX	KJ7IY	WORC

PORTLAND METRO

Location	Output	Input	Notes	Call	Sponsor
Aloha	442.0500	+	●	K7WWG	K7WWG
Aloha	443.0250	+	O 146.2	WN7VHF	WN7VHF
Aloha	443.3500	+	O 156.7	NM7B	NM7B
Beaver Creek	440.9500	+	O 100.0e	KE7AVI	KE7FBE
Beaverton	444.8500	+	O 123.0e	K7PSV	PSTVHOSP
Gresham	441.6250	+	O 146.2e	KW7HAM	KD6KPC
Gresham	442.6250	+	O	WB7SKD	IRRA
Gresham	444.3750	+	●	K7KL	K7KL

OREGON

Location	Output	Input	Notes	Call	Sponsor
Hillsboro	443.6500	+	O el	K7AUO	TERAC
Hillsboro	444.9750	+	O 107.2e	K7CPU	IEARS
North Plains	442.8250	+	O 110.9e	NA7A	NA7A
Oregon City	440.0500	+	O e	WB7QFD	HCARC
Oregon City	442.0750	+	O 103.5e	KD7LNB	OC RACES
Portland	440.3000	+	O e	KC7MZM	KC7MZM
Portland	440.3500	+	127.3 (CA)z	KB7OYI	KB7OYI
Portland	440.4000	+	O 123.0e	W7RAT	W7RAT
Portland	440.4500	+	O 103.5el	N7PIR	NODE 3420
Portland	440.6250	+	O	KB7WIQ	KB7WIQ
Portland	440.6500	+	O 100.0l	N7FWL	TCRA
Portland	440.6750	+	O 136.5	WB2QHS	WB2QHS
Portland	440.8250	+	O 107.2e	KF7JJN	K7LHS
Portland	442.0250	+	O 100.0 (CA)ez	N7NLL	N7NLL
Portland	442.2250	+	O(CA)ez	K7RPT	ARRG
Portland	442.4500	+	O 103.5ae z	KB7SJE	KB7SJE
Portland	442.8000	+	O 123.0e	W7EXH	W7EXH
Portland	443.1500	+	O 107.2ael sWX	KJ7IY	WORC
Portland	443.2250	+	O 107.2e	W7PMC	PPMC
Portland	443.4750	+	O 167.9e	W7QIW	HARC
Portland	443.6250	+	O	W7DTV	DIGITAL TV
Portland	443.7750	+	O	K7RUN	K7RUN
Portland	443.8500	+	O 107.2e	KB7OYI	KB7OYI
Portland	443.9500	+	O 103.5l	N7QOR	N7QOR
Portland	444.0000	+	O	K0HSU	HEART
Portland	444.2750	+	O 118.8 (CA)	WA7PCG	WA7PCG
Portland	444.5750	+	O 167.9	KG0D	KG0D
Sandy	442.8750	+	O 107.2ael sWX	KJ7IY	WORC
Sandy	443.2500	+	O el	W7RY	W7RY
Scappoose	442.6000	+	O 118.8	KD7FCA	KD7FCA
Scholls	442.1500	+	O	KB7PSM	IRRA
Sherwood	442.6750	+	O 100.0e	AH6LE	AH6LE
Tigard	440.1000	+	O 162.2e	K7ICY	K7ICY
Timberline	444.2250	+	O ez	K7RPT	ARRG
West Linn	441.6500	+	O 107.2e	WA7DRO	WA7DRO
West Linn	443.0500	+	O 123.0e	WA7BND	WA7BND
West Linn	444.1750	+	O 123.0e	WA7BND	WA7BND
Wilsonville	444.9000	+	O 100.0e	KD7OFU	WARES

SOUTH CENTRAL

Location	Output	Input	Notes	Call	Sponsor
Ashland	442.3000	+	O 123.0el	K7VTL	K7VTL
Cave Junction	442.8250	+	O 203.5e	K7TVL	K7TVL
Central Point	443.1500	+	O 131.8e	KL7VK	KL7VK
Keno	440.6750	+	O 173.8el	K7TVL	K7TVL
Klamath Falls	443.4500	+	O 173.8e	KA7BTV	KA7BTV

420-450 MHz
OREGON-PENNSYLVANIA

Location	Output	Input	Notes	Call	Sponsor
Klamath Falls	443.9000	+	O(CA)elz	KE7CSD	KBRA
Klamath Falls	444.0000	+	Oe	K7DXV	KA7DZI
Rogue River	440.8500	+	O 100.0e	K7TVL	K7TVL
Wolf Creek	444.5000	+	O 186.2e	K7TVL	K7TVL

SOUTH WILLAMETTE VALLEY

Location	Output	Input	Notes	Call	Sponsor
Blue River	442.0750	442.0750	O 100.0ael	W7EXH	W7EXH
Blue River	443.1000	+	O 100.0	K7SLA	W7ZQD
Cottage Grove	440.8500	+	O 100.0e	W7ZQE	W7ZQE
Cottage Grove	443.0250	+	O 156.7e	K7SLA	W7ZQE
Eugene	442.1250	+	O 100.0e	K7THO	K7THO
Eugene	442.9000	+	Oe	W7EXH	W7EXH
Eugene	443.5000	+	O 100.0e	W7EXH	W7EXH
Eugene	443.9500	+	O 103.5el	N7QOR	N7QOR
Roseburg	440.3000	+	O 88.5e	WB6MFV	DOUGRPT
Roseburg	441.8500	+	O 100.0e	K7TVL	K7TVL
Roseburg	441.8750	+	O 186.2e	WB6MFV	WB6MFV
Saginaw	440.1000	+	●l	W7EXH	W7EXH

SOUTHEAST

Location	Output	Input	Notes	Call	Sponsor
Applegate	444.9750	447.9750	O 100.0e	K7TVL	K7TVL
Gilbert Peak	444.5500	+	O 173.8e	K7TVL	K7TVL
Phoenix	444.7500	+	O 100.0e	K7TVL	K7TVL

SOUTHWEST

Location	Output	Input	Notes	Call	Sponsor
Ashland	440.7000	+	O 162.2es LITZ	WX7MFR	NWSJAWS
Cave Junction	444.7750	+	O 173.8e	KK7BF	KK7BF
Central Point	440.8250	+	O 136.5	WA6RHK	WA6RHK
Central Point	444.1000	+	Ol	W9PCI	W9PCI
Crescent CA	443.3750	+	O 100.0el	K7TVL	K7TVL
Glide	444.6250	+	O 91.5e	WB7RKR	WB7RKR
Grants Pass	440.5500	+	O 173.8	K7TVL	RVLA
Grants Pass	442.7000	+	O	N6DFV	WB6YQP
Jacksonville	444.2000	+		W9PCI	W9PCI
Jacksonville	444.3000	+	Oael	W9PCI	W9PCI
Rogue River	444.8250	+	O 100.0e	K7TVL	RVLA

PENNSYLVANIA
FREQUENCY USAGE - ALL WPA SECTION

Location	Output	Input	Notes	Call	Sponsor
Mobile Repeaters	446.4000	446.4000		CROSS-BAND	
Mobile Repeaters	446.4250	446.4250		CROSS-BAND	
Mobile Repeaters	446.4500	446.4500		CROSS-BAND	
Mobile Repeaters	446.4750	446.4750		CROSS-BAND	
Mobile Repeaters	446.5000	446.5000		CROSS-BAND	
Mobile Repeaters	446.5250	446.5250		CROSS-BAND	
Mobile Repeaters	446.5500	446.5500		CROSS-BAND	
Mobile Repeaters	446.5750	446.5750		CROSS-BAND	
Mobile Repeaters	446.6000	446.6000		CROSS-BAND	
WPA SNP	442.0000	+		SNP	
WPA SNP	442.0250	+		SNP	

420-450 MHz PENNSYLVANIA

Location	Output	Input	Notes	Call	Sponsor
ADAMS					
BigFlatSoMt	443.0500	+	Ot	W3BD	KRAP
Biglerville	443.1000	+	O 103.5 (CA)elr	W3KGN	ACARS
ALTOONA 123.0					
Altoona	442.1000	+		NU3T	BKRA
Altoona	444.6000	+	O 123.0ae	W3VO	HARC
Carrolltown	443.5250	+	107.2l	KB3BLF	CCDES
BEAVER 131.8					
Beaver	442.4500	+	ael	KA3IRT	KA3IRT
Beaver Falls	442.9750	+	100.0	W3SGJ	B.V.A.R.A.
Fombell	443.6250	+	O	N3ZJM	----------
Freedom	444.2500	+		N3TN	TAARA
Rochester	443.8250	+	O	KA3RFA	KA3RFA
BERKS					
Earlville	443.5500	+	O 131.8e	K3ZMC	PART
Pottstown	442.7500	+	O 141.3e	KI3I	----------
Reading	443.4500	+	O 114.8e	K3TI	DDXA
Reading	448.7250	–	O 146.2 (CA)ers	K3UIP	BARS
Reading	449.6250	–	O 114.8el	K3CX	----------
Texter Mt	449.0750	+	O 131.8e	N3SWH	SPARK
BRADFORD					
Sylvania	442.9000	+	O 131.8 (CA)elRB	N3KZ	UPenn ARC
Towanda	444.2500	+	O 151.4e	WA3GGS	----------
Troy	444.0500	+	O 100 (CA) LITZ WX	KB3DOL	----------
BUCKS					
Bensalem	444.2000	+	O 131.8 (CA)lrsRB WX	W3BXW	BEARS
Fairless Hills	447.1250	–	O(CA) DCS lrsRB WX	WA3BXW	BEARS
Hilltown	442.9000	+	O 123e	W3HJ	HighpointRA
Plumstead	449.7250	–	O 136.5ers	K3BUX	UpperBucksRC
Plumsteadville	447.9750	–	O 131.8 (CA)e	KB3AJF	----------
Quakertown	443.2000	+	O 114.8 (CA)e	WA3KEY	BLURA
Southampton	448.2250	–	O 131.8rs	W3SK	PWA
Springtown	442.9500	+	O 131.8 (CA)elrsRB WX	W3BXW	BEARS
Warminster	443.9500	+	O 131.8 (CA)ers	K3DN	WARC
CARBON					
Lake Harmony	442.1000	+	O 131.8 (CA)elRB	N3KZ	UPenn ARC
Nesquehoning	447.6250	–	O 103.5 (CA)	N3REA	----------

420-450 MHz
PENNSYLVANIA

Location	Output	Input	Notes	Call	Sponsor
Palmerton	449.3750	–	O 100ers	W3EPE	EPAD2
White Bear	449.4750	–	O 103.5a	AA3TL	------------
CENTRAL 173.8/123.0					
Pennfield	442.3500	+	Oer	N3RZL	ElkOES
Philipsburg	444.7500	+	O 173.8e	W3PHB	PARA
Reedsville	443.5500	+	Oa	KA3ANJ	JMRA
Ridgway	442.2000	+	O	N3RZL	ElkOES
Rossiter	444.5750	+		N3FXN	N3FXN
State College	442.3000	+	O(CA)l	N3KZ	WN3A
State College	443.6500	+	O(CA)e	K3CR	PSARC
State College	444.7000	+	O	N3EB	N3EB
CHESTER					
Bucktown	446.1750	–	O 100aelrs LITZ WX	W3EOC	CCAR
Cochranville	449.6750	–	O 94.8 (CA) RB	WB3LGG	------------
Honeybrook	447.1250	–	O 131.8 (CA)elrsRB WX	W3BXW	BEARS
New London	448.9750	–	O 107.2	KB3DRX	------------
Oxford	448.8750	–	O 100aelrs WX	W3EOC	CCAR
Paoli	445.6750	–	O 131.8 (CA)el	WB3JOE	MARC
Thorndale	447.0750	–	O 123 (CA) LITZ	AA3VI	------------
Valley Forge	443.8000	+	O 131.8 (CA)elRB	N3KZ	UPenn ARC
Valley Forge	443.9000	+	O	W3PHL	PARA Group
West Chester	446.5250	–	O 100elrs LITZ WX	W3EOC	CCAR
CUMBERLAND					
Harrisburg	442.4500	+	O 131.8 (CA)elRB WX	W3BXW	BEARS
Mechanicsburg	443.3000	+	67ers	N3TWT	SMRA
Mt Holly Springs	444.3000	+	O 127.3e	KB3HJC	------------
Summerdale	442.2000	+	O 131.8 (CA)lRB	N3KZ	UPenn ARC
DAUPHIN					
Harrisburg	444.4500	+	O 123 (CA) r	W3ND	CPRA Inc
Harrisburg	448.0750	–	O 123er	W3ND	CPRA Inc.
Hershey	449.9250	–	O 123eWX	KA3RMP	------------
DELAWARE					
Darby	444.0500	+	O 131.8 (CA)elsRB	W3UER	DCARA
Deepwater	446.9250	–	O 173.8el s	KA3TWG	Penn-Del
Lawrence Park	447.3750	–	O 100lWX	K3MN	M-N ARC
Newtown Square	442.2500	+	O 131.8 (CA)l	W3DI	M-N ARC

420-450 MHz
PENNSYLVANIA

Location	Output	Input	Notes	Call	Sponsor
Newtown Square	442.6000	+	O 131.8 (CA)l	WA3NNA	------------
ERIE 186.2					
Cherry Hill	444.9250	+	O	WA3USH	WA3USH
Corry	444.8000	+	ar	W3YXE	RACorry
Erie	444.5000	+	O	KA3MJN	KA3MJN
Erie	444.8750	+	O 127.3aers	W3GV	RAE
Meadville	444.0750	+	O	W3MIE	C.A.R.S.
Union City	443.5000	+	O	N3UBZ	N3UBZ
JOHNSTOWN 123.0					
Johnstown	442.8250	+	110.9l	KB3BLF	CCDES
LACKAWANNA					
Scranton	442.5500	+	O 100erwx	N3FCK	------------
Scranton	448.8250	−	O 136.6ar WX	N3EVW	------------
LANCASTER					
Cornwall	442.1500	+	O 131.8 (CA)elrsRB WX	W3BXW	BEARS
Cornwall	447.9250	−	O 82.5l	K3LV	LVSRA
Cornwall	449.0250	−	O 162.2	W3AD	LRTS
Ephrata	444.6500	+	O 131.8 (CA)eBl	W3XP	EphrataARS
Holtwood	448.6250	−	O 114.8el RB	N3TPL	------------
Lancaster	446.4750	−	O 94.8elrs WX	N3FYI	RVARG
Lancaster	449.2250	−	O 131.8e LITZ	KA3CNT	R.H.R.A.
Lancaster	449.3250	−	O 173.8ael	KA3CNT	R.H.R. Assoc
Lancaster	449.5750	−	O 114.8e	W3RRR	R.R.R.A.
Manheim	443.2500	+	O 114.8aer sWX	K3IR	SPARC Inc.
Manheim	449.9750	−	O 114.8aer sWX	K3IR	SPARC Inc.
Quarryville	448.1750	−	O 94.8	N3EIO	KC3LE
LEBANON					
Eagles Peak	442.4000	+	O 131.8 (CA)lRB	N3KZ	UPenn ARC
Grantville	448.2250	−	O 192.8e	AA3RG	A.A.R.G.
Lebanon	447.6750	−	O 82.5ers RB	K3LV	LVSRA
Schaefferstown	448.9250	−	Ote	N3JOZ	------------
LEHIGH					
Allentown	443.3500	+	O 100ersBl LITZ	N3XG	EPA D2
Allentown	443.5000	+	O 156.7 (CA)e	N3HES	------------
Allentown	444.1000	+	O 151.4ers	KA3NRJ	KeystoneRG

420-450 MHz
PENNSYLVANIA

Location	Output	Input	Notes	Call	Sponsor
Allentown	444.1500	+	O 131.8 (CA)elRB	N3KZ	UPenn ARC
Allentown	448.7750	−	O 131.8e RB	N3MFT	----------
Center Valley	444.3000	+	O 179.9a	W3LR	NLCRA
Coopersburg	443.5900	+	O 151.4e	W3LR	----------
Coopersburg	449.2750	−	O 151.4l	W3LR	NLCRA
Ironton	449.8750	−	O 131.8	KA3ZAT	----------
Slatington	447.7250	−	O 131.8 (CA)elrsRB WX	W3BXW	BEARS

LUZERNE

Location	Output	Input	Notes	Call	Sponsor
Berwick	447.9250	−	O 74.4	N3OAP	BARS
Dallas	449.2750	−	O 151.4	W3LR	----------
Hazleton	449.4250	−	O 103.5e RB	W3HZL	A.R.A.
Jenkins Twp	443.6000	+	O 82.5	W3LR	----------
Wilkes-Barre	442.2000	+	O 131.8 (CA)lRB	N3KZ	UPenn ARC
Wilkes-Barre	443.4000	+	O 77 (CA)el	WX3N	----------
Wilkes-Barre	449.8250	−	O 82.5elrs WX	WB3FKQ	----------

LYCOMING

Location	Output	Input	Notes	Call	Sponsor
Montoursville	443.5000	+	● 167.9ers WX	KB3DXU	LycCoEMA
Williamsport	443.0500	+	O 167.9 (CA)e	N3SSL	----------
Williamsport	443.2000	+	O 77 (CA)el	WX3N	----------
Williamsport	444.0000	+	O	W3AVK	WestBranch

MONROE

Location	Output	Input	Notes	Call	Sponsor
Blakeslee	446.5750	−	O 151.4e	W3IIY	----------
Camelback Mtn	442.5000	+	O 131.8 (CA)elRB	N3KZ	UPenn ARC
Camelback Mtn	444.4500	+	O 131.8 (CA)elrsRB WX	W3BXW	BEARS
Long Pond	448.2750	−	O 131.8 (CA)e	N3BUB	----------
Long Pond	448.4750	−	O 123el LITZ	N3VAE	----------
Pohopoco Mtn	445.3750	−	O 131.8el WX	K4MTP	----------
Ross Twp	446.2250	−	O 131.8el WX	N3TXG	----------
Wooddale	448.3750	−	O 91.5 (CA)e	N3JNZ	----------

MONTGOMERY

Location	Output	Input	Notes	Call	Sponsor
Blue Bell	447.0250	−	O 131.8e	KB3BKH	U.A.R.C.
Eagleville	449.9250	−	O 100	K3CX	----------
Green Lane	449.1250	−	O 88.5elrs WX	AA3E	Montco OEP
Horsham	444.5500	+	O 100	WA3TSW	----------

420-450 MHz
PENNSYLVANIA

Location	Output	Input	Notes	Call	Sponsor
Meadowbrook	443.1500	+	O 131.8 (CA)elWX	WA3UTI	HRH-ARC
Norristown	448.6750	–	O 131.8 (CA)	N3CB	------------
UpperPotsgrove	445.8250	–	O 156.7ael RB LITZ WX	W3PS	METRO-COMM
NORTH CENTRAL 173.8					
Bradford	444.4000	+	O 173.8e	KD3IJ	KD3IJ
Clearfield	446.6250	+	O	K3EDD	K3EDD
Coudersport	443.3000	+	O	KB3EAR	KB3EAR
Kane	443.0250	+		WB3IGM	------------
Russell	444.4750	+	Oe	W3GFD	W3GFD
Sigel	443.2750	+	Oe	N3GPM	N3GPM
St Marys	443.6750	+	O	WA8RZR	------------
NORTHAMPTON					
Bangor	447.2250	–	O 131.8 (CA)elLITZ	N3TXG	------------
Little Offset	448.5250	–	O 131.8e	KA2QEP	------------
Nazareth	443.4500	+	O 127.3	KB3KKZ	------------
Northampton	444.9000	+	O 151.4e	W3OK	DLARC
Wind Gap	443.7000	+	O 151.4el	KA3HJW	K3LZ
Wind Gap	447.5750	+	O 131.8 (CA)elrsRB WX	W3BXW	BEARS
NORTHWEST 186.2					
Clarion	442.6500	+		KE3EI	KE3EI
Clarion	444.3250	+	Oa	N3HZX	------------
Greenville	443.4250	+	O	KE3JP	KE3JP
New Bethlehem	444.4250	+		N3TNA	N3TNA
Oil City	444.1250	+	Oe	W3ZIC	FVMKC
Sheffield	442.7000	+	el	N3KZ	------------
Tionesta	442.2000	+	Oe	KE3EI	KE3EI
Utica	442.6000	+	O	KE3JP	KE3JP
Vowinkel	443.3750	+	O	N3GPM	N3GPM
Warren	442.9250	+		W3KKC	------------
Warren	443.9000	+	O	N3DDY	------------
Waterford	443.9500	+	100.0el	KF8YF	KF8YF
PERRY					
Newport	444.5500	+	O 123elWX	W3ND	CPRA Inc.
PHILADELPHIA					
Center City	443.1000	+	O 131.8eBI	K3QFP	CCRG
Philadelphia	440.1500	+	O 151.4el	K3CX	------------
Philadelphia	441.7000	+	O 74.4 (CA)l	W3WAN	WAN-RS
Philadelphia	442.4000	+	O 131.8 (CA)lRB	N3KZ	UPenn ARC
Philadelphia	442.5500	+	91.5e	W3SBE	SBE Ch. 18
Philadelphia	442.8000	+	O 131.8 (CA)elRB	K3TU	TUARC
Philadelphia	446.8750	–	O 131.8e	KD3WT	OARA

420-450 MHz
PENNSYLVANIA

Location	Output	Input	Notes	Call	Sponsor
Philadelphia	449.7750	–	O 141.3 RB	WB0CPR	------------
Roxborough	444.8000	+	O 186.2 (CA)el	W3QV	Phil-Mont
PIKE					
Bushkill	449.7750	–	O 156.7 (CA)l	KC2UFO	Skywatchers
Greentown	444.6500	+	O 114.8 (CA)	WA2AHF	------------
Lake Wallenpaupack	442.3500	+	●tl	WA2ZPX	------------
PITTSBURGH 131.8					
Apollo	444.9000	+	O 131.8aer xz	N1RS	SARA
Apollo	444.9250	+	O 131.8elr	N1RS	SARA
Bridgeville	442.5000	+	O(CA)z	KS3R	SHARC
Canonsburg	443.6500	+	O 131.8el	N3FB	N3FB
Carnegie	444.4500	+	O 103.5e	W3KWH	SCARC
Clinton	443.0000	+	●tE-WIND	K3KEM	K3KEM
Clinton	444.8500	+	O 131.8 E-WINDl	K3KEM	K3KEM
Coraopolis	444.1500	+	Oalx	KA3IRT	KA3IRT
Irwin	442.2500	+	O 131.8e	W3OC	TRARC
Leechburg	442.8000	+	O 131.8elr	N1RS	SARA
Leechburg	442.8000	29.5800	O 141.3elr	N1RS	SARA
Monroeville	444.0000	+	Oe	K3CFY	Dot0RG
Mt Lebanon	442.5500	+	131.8	W3SRL	WA3SH
Murrysville	443.5000	+	O	W3GKE	W3GKE
N Huntingdon	444.7750	+	Ol	K3CFY	K3CFY
New Kensington	442.8000	+	O 131.8elr	N1RS	SARA
New Kensington	442.8000	29.5800	O 141.3elr	N1RS	SARA
Pittsburgh/Carrick	444.9500	+	Oaelz	W3PGH	GPVHFS
Pittsburgh Downtown	442.6250	+	Otal	K3DUQ	DUARC
Pittsburgh Hazelwood	443.1000	+	O	WA3PBD	GtwyFM
Pittsburgh Hazelwood	444.0500	+	O	KA3IDK	------------
Pittsburgh Homestead	444.1000	+	Oaex	KB3CNN	GtwyFM
Pittsburgh/N Hills	444.4000	+	O 88.5 (CA) er	W3EXW	NHARC-RPT
Pittsburgh Oakland	443.4500	+	100.0 (CA)e	W3YJ	U of Pitt
Pittsburgh Oakland	443.5500	+	O(CA)	WA3YOA	NHARC
Pittsburgh Oakland	444.3500	+	Oer	W3EXW	NHARC-RPT
Pittsburgh Oakland	444.6500	+	O(CA)e	W3VC	CMUARC

PENNSYLVANIA

Location	Output	Input	Notes	Call	Sponsor
Pittsburgh/W Mifflin	444.5000	+	**O**ae	KA3IDK	KA3IDK
Pittsburgh/W Mifflin	444.5250	+	**O**ae	KA3IDK	GtwyFM
Pittsburgh/W Mifflin	444.5500	+	**O**	KA3IDK	------------
SCHUYLKILL					
Pottsville	443.0000	+	**O** 77 (CA)el	WX3N	------------
Snyders	447.1750	−	**O** 131.8 (CA)elsRB	W3BXW	BEARS
SOMERSET 123.0					
Central City	443.5750	+	**O**t	KE3UC	W3KKC
Jennerstown	444.4750	+	**O** 123.0r	NJ3T	------------
Meyersdale	442.2000	+	**O** 131.8 (CA)l	N3KZ	------------
Meyersdale	444.3750	+	**O** 107.2l	W3KKC	NET.ENG.
Mt Davis	443.7250	+	**O** 103.5lrz	WA3P	SMST-EMA
Seven Springs	443.9250	+	**O** 123.0lrz	KB9WCX	SMST-EMA
Somerset	443.2500	+		K3SMT	SCARC
Somerset	443.9500	+	**O** 88.5 (CA) lrz	N3VFG	SMST-EMA
Windber	443.1500	+	**O** 123.0r	N3LZV	------------
SOUTH CENTRAL 123.0					
Bedford	444.2000	+	**O**	K3NQT	BCARS
Chambersburg	443.7000	+	**O** 131.8 (CA)elx	N3KZ	UofPA ARC
Huntingdon	442.6000	+		WO3T	WO3T
SOUTHWEST 131.8					
Bentleyville	443.8000	+	**O**(CA)e	KA3GIR	MARC
Cherry Valley	442.3250	+		KC8PHW	KC8PHW
Connellsville	444.8250	+	**O** 151.4 TTl	N3LGY	SWPDA
Derry	442.2750	+	**O** 131.8r	KE3PO	KE3PO
E Monongahela	444.4250	+	**O**(CA)	W3CSL	MARC
E Monongahela	443.3500	+	**O**(CA)l	W3CDU	MARC
Georgeville	442.8500	+	**O**	KB3CNS	KA3SXQ
Greensburg	442.1500	+	**O**elr	WC3PS	KE3PO
Hopwood	443.7500	+	**O**	W3PIE	UARC
Indiana	444.9750	+	**O**	W3BMD	ICARC
Laurel Mtn	442.3750	+	**O**t(CA)elx	KA3JSD	KA3JSD
Long Branch	443.1250	+	**O**(CA)e	W3RON	W3RON
Mt Pleasant	444.8750	+	**O**(CA)l	KA3JSD	KA3JSD
New Stanton	442.5750	+	**O**t(CA)	N3HOM	N3HOM
Perryopolis	444.6250	+		K3MI	K3MI
PGH/Brentwood	443.6000	+	**O** 131.8e	AB3PJ	S.W.Y.A.N.
Punxsutawney	443.4750	+	**O**	N5NWC	N5NWC
Washington	442.1250	+	**O** 131.8	N3WMV	N3WMV
Washington	443.3000	+	**O**	W3CYO	W3CYO
West Newton	442.7000	+	**O**(CA)elp	N3OVP	N3OVP

420-450 MHz
PENNSYLVANIA

Location	Output	Input	Notes	Call	Sponsor
SULLIVAN					
Laporte	446.9250	–	O 82.5 (CA) elrsRB LITZ WX	W3NOD	SCDES
Laporte	449.9250	–	O 82.5 (CA) elrsRB LITZ WX	W3NOD	SCDES
SUSQUEHANNA					
Elk Mountain	440.1000	+	O 131.8 (CA)el	N3KZ	UPenn ARC
Elk Mountain	447.3750	–	O 131.8 (CA)elsLITZ WX	N3HPY	B&B
TIOGA					
Jackson Summit	443.1000	+	O 127.3 (CA)e	N3FE	————
Wellsboro	444.6000	+	O 127.3e	N3FE	————
Wellsboro	447.3250	–	O 103.5 (CA)eRB	KB3EAR	N.T.R.S.
WARREN					
Grand Valley	443.0500	+		W3GFD	————
WAYNE					
Waymart	448.8750	–	O 146.2aer sWX	WB3KGD	————
WEST CENTRAL					
Sandy Lake	443.1750	+		WA3NSM	WA3NSM
WEST CENTRAL 131.8/186.2					
Brookville	444.2750	+	elr	N3GPM	JCEMARS
Butler	442.3000	+	Or	KA3HUK	KA3HUK
Butler	443.3250	+	O	KV3N	KV3N
Butler	443.9000	+	Oaer	N3LEZ	BCEMA
Cowansville	444.3000	+	O 131.8elrx	N1RS	SARA
Evans City	442.6750	+	Oar	N3XCD	N3XCD
Ford City	443.9750	+	O	K3TTK	FAWA
Mars	443.7000	+	Or	K3SAL	K3SAL
N Washington	442.9000	+	O(CA)er	K3PGS	MRG
New Bethlehem	442.7250	+		N3TNA	N3TNA
New Castle	443.0750	+	O	N3ZJM	————
New Castle	444.0250	+	O	KA3UEX	KA3UEX
New Castle	444.7250	+	O(CA)el	N3ETV	N3ETV
Punxsutawney	442.4750	+	elr	N3GPM	JCEMARS
Saxonburg	443.2000	+		W3SYV	Butler Co
Sharpsville	444.3750	+	Oaelz	KB3GRF	KB3GRF
Strattanville	444.2250	+	ar	N3HZV	N3HZV
Vandergrift	444.3000	+	O 131.8elr	N1RS	SARA
WYOMING					
Forkston	442.0000	+	O 131.8 (CA)elRB	N3KZ	UPenn ARC
YORK					
Hanover	447.8750	–	O 103.5 (CA)elRB	WA0OJS	————

420-450 MHz
PENNSYLVANIA-PUERTO RICO

Location	Output	Input	Notes	Call	Sponsor
Peach Bottom	444.9000	+	O 100ers	KY3ARS	YARS
Red Lion	449.4250	−	O 123e	N3NRN	
Reesers Summit	446.4250	−	O 123elWX	W3ND	CPRA Inc.
Shrewsbury	449.7250	−	O 123es	K3AE	SoPaCommGp
York	442.0500	+	O 131.8 (CA)el	N3KZ	UPenn ARC
York	447.2750	−	O(CA)e	W3HZU	Keystone

PUERTO RICO
E

Location	Output	Input	Notes	Call	Sponsor
Ceiba	448.5500	−	O	WP4DE	RODE
Fajardo	448.2500	−	O	NP3H	
Fajardo	448.7250	−	O	WP4NGX	
Juncos	447.4750	−	O	WP4NGX	
Luquillo	447.8250	−	O	KH2RU	
Luquillo	447.9000	−	O 100	WP3HY	
Luquillo	449.5500	−	O	WP4KER	NV
Luquillo	449.7500	−	O	NP3EF	
Patillas	447.1500	−	O 107.2	KP4KGZ	
Rio Grande	447.3750	−	●	KP4SQ	NV
Rio Grande	448.1500	−	O 100	KB9EZX	
Rio Grande	448.6750	−	● 100.0	KP4IP	
Rio Grande	449.7500	−	O 100	NP3EF	
San Lorenzo	447.5500	−	O 100	WP4LTR	
Yabucoa	447.6250	−	O 100	KP4MCR	
Yabucoa	447.6750	−	● 100	KP4DDF	
Yabucoa	448.3500	−	O	WP4BV	

N

Location	Output	Input	Notes	Call	Sponsor
Aguas Buenas	447.1750	−	● 136.5	WP4YF	
Aguas Buenas	447.2250	−	77.0	KP3BR	
Aguas Buenas	449.1250	−	O	KP4PQ	PRARL
Arecibo	449.2500	−	O 100	WP4DCB	NV
Bayamón	447.1000	−	O	WP4CIE	
Bayamón	447.1250	−		WP4IWJ	
Bayamón	447.3500	−	O	KP4DH	
Bayamón	448.2750	−	O 136.5	NP3HD	
Bayamón	448.4500	−	O	KP3CB	
Bayamon	449.6000	−	O#	KP4ILG	
Bayamon	449.6250	−	O#	WP4KMB	
Bayamon	449.6500	−	● 67.0a (CA)	KP4KSL	
Bayamon	449.6750	−	O	KP4XC	NV
Corozal	447.5000	−	O 94.8	WP4AIX	
Corozal	447.7000	−	● 151.4	KP3I	NV
Corozal	447.9500	−	O	KP4AOB	NV
Corozal	448.2250	−	O	WP4F	
Corozal	449.2000	−	O	KP3AV	NV
Guaynabo	447.8500	−	O	KP4GA	
Gurabo	448.9000	−	Oa	WP4WC	

420-450 MHz
PUERTO RICO

Location	Output	Input	Notes	Call	Sponsor
Gurabo	449.0000	–	Oe	WP4KAG	————
Hatillo	447.5750	–	O 100	WP3HY	————
Naranjito	448.1250	–	O	NP4CQ	NV
Naranjito	449.9250	–	O	WP4FUI	————
San Juan	449.1750	–	OEXP	NP3A	NV
San Juan	449.9500	–	O	N1TKK	————
Toa Baja	447.2750	–	● 100	WP3TM	NV
Toa Baja	448.0750	–	Oe	WP3ZQ	NV
Utuado	448.6250	–	100#	KP4IP	HOLD
Vega Baja	448.3750	–	O	KP3JD	————
NORTH					
Gurabo	449.9000	–	O	WP4YF	————
S					
Adjuntas	448.8250	–	O 127.3	WP4NQR	NV
Barranquitas	447.2500	–	O	KP4LP	NV
Barranquitas	447.6500	–	● 127.3e	WP4YF	————
Barranquitas	448.7750	–	67	NP3EF	————
Barranquitas	449.4250	–	Oa(CA)	NP4UG	NV
Barranquitas	449.5750	–	● 100.0ae	KP3JD	————
Cayey	447.2000	–	O 127.3	WP4MXB	————
Cayey	449.9750	–	O	KP3AB	————
Jayuya	447.0500	–	●	WP4AZT	————
Jayuya	447.7250	442.7260	O	WP4CBC	————
Jayuya	447.8000	–	O#	WP4IT	NV
Jayuya	448.1000	–	O	KP3AB	————
Jayuya	448.5000	–	O	WP4AZT	————
Jayuya	448.7000	–	O	KP4QY	NV
Jayuya	449.1000	–	O	KP4GBF	————
Orocovis	447.3250	–	O 136.5	NP4TX	————
Orocovis	447.5250	–	O 136.5	KP4FRE	NV
Ponce	449.2250	–	a	NP3MQ	NV
Villalba	448.0250	443.0025	O 173.8	WP4NVY	————
Villalba	448.6000	–	O	KP4IP	————
SOUTH					
Orocovis	449.7750	–	O 127.3/127.3	KP4NIN	————
Ponce	448.1750	–	O	WP3KI	NONE
W					
Aguada	447.7750	–	O	KP4KJU	NV
Aguada	447.9250	–	O	WP4MJP	————
Aguada	448.5750	–	● 100.0	KP4IP	————
Aguadilla	447.4250	–	O	WP4KZN	————
Aguadilla	447.9750	–	O	WP4IR	CDXC
Isabela	447.4000	–	Oe	WP4MMR	————
Maricao	448.6500	–	O	KP4IP	————
Maricao	449.1500	–	O	KP4KJU	NV
Maricao	449.9750	–	O	KP3AB	————
Sabana Grande	449.8500	–	O	WP4MJP	————
San German	448.3250	–	O 100	WP4GAV	————

PUERTO RICO-RHODE ISLAND

Location	Output	Input	Notes	Call	Sponsor
San Sebastian	448.2000	–	O	WP4KJI	------------
San Sebastian X	449.4500	–	O	WP4HVS	PepinoRG
Temp/Emerg	447.0000	–	Temp	EMERG.	PR/VI
Temp/Emerg	448.0000	–		EMERG.	PR/VI

RHODE ISLAND
ALL
Location	Output	Input	Notes	Call	Sponsor
Statewide	441.4500	+	OpEXP	SNP	NESMC

EAST BAY
Location	Output	Input	Notes	Call	Sponsor
Bristol	443.1500	+	O 94.8	K1CW	K1CW
Little Compton	446.3750	–	O 67.0 (CA) E-SUN E-WIND L(KA1RCI NETWORK)rEXP	KA1RCI	KA1RCI
Newport	448.3250	–	O 186.2 L(N1JBC COVENTRY)	KC2GDF	Pmp
Portsmouth	442.3500	+	O 103.5	WG1U	WG1U
Portsmouth	447.5250	–	O 88.5e	WA1TAQ	WA1TAQ

NORTHERN
Location	Output	Input	Notes	Call	Sponsor
Coventry	443.6500	+	O 167.9 E-SUN	N1JL	N1JL
Cranston	448.9250	–	O 127.3e	K1CR	K1CR
East Providence	441.7500	+	O 192.8e	W1AQ	ARASNE
Greenville	448.0750	–	O 146.2	N1MIX	S.E.M.A
Johnston	441.5500	+	O 88.5	NN1U	NN1U
Johnston	447.0250	–	O 77.0e L(I5920) WX	N1JBC	N1JBC
Johnston	449.3250	–	O 127.3 (CA)eL(KA1RCI)x	KA1RCI	KA1RCI
Lincoln	444.5000	+	O 67.0 (CA) eL(KA1RCI NETWORK)rEXP	KA1RCI	KA1RCI
Lincoln	447.7750	–	O(CA)e L(KA1RCI)	KA1RCI	KA1RCI
North Providence	449.2250	–	O 141.3e L(QRN)	N1JBC	N1JBC
Providence	441.3500	+	O 103.5 (CA)eL(KA1RCI)x	KA1RCI	KA1RCI
Providence	444.2000	+	O 88.5 L(E524936)	N1RWX	N1RWX
Providence	446.4750	–	O 146.2e WX	N1MIX	N1MIX
Providence	448.5250	–	O 88.5e	N1MIW	N1MIW
Scituate	447.4250	–	OL(443.85)	K1KYI	RIAFMRS
West Warwick	444.8500	+	O 88.5e	WW1EMA	WWEMA
West Warwick	446.7250	–	O 100.0e	K1WYC	K1WYC

SOUTH COUNTY
Location	Output	Input	Notes	Call	Sponsor
Exeter	443.8500	+	O 141.3 L(447.425)x	AA1PL	RIAFMRS
West Greenwich	449.9375	–	ODCS(244)e	W1WNS	ATT

420-450 MHz
RHODE ISLAND–SOUTH CAROLINA

Location	Output	Input	Notes	Call	Sponsor
Westerly	449.6750	–	O 127.3	N1LMA	N1LMA

SOUTH CAROLINA

Location	Output	Input	Notes	Call	Sponsor
Aiken	443.4000	+	O 107.2e	AC4WW	AC4WW
Augusta	441.5250	+	91.5rswX	WR4SC	W3WA4HVP
Augusta	444.8000	+	teWX	KE4RAP	KE4RAP
Augusta	444.9500	+	162.2eswX	W4DV	W4DV
Barnwell	442.0000	+	91.5aelr	KG4HIE	KC4YI
Barnwell	449.2500	–	156.7e	KK4BQ	KK4BQ
Beaufort	443.8500	+	123.0e	W4BFT	BEAUFORT R
Bennettsville	443.0000	+	123.0e	KG4HIE	KG4HIE
Bluffton	442.6750	+	100.0eswX	W4IAR	I.A.R.A.
Calhoun Falls	444.0000	+	t	KI4CCZ	KI4CCZ
Calhoun Falls	444.5750	+	103.5	KI4CCZ	KI4CCZ
Ceasers Head	443.1250	+	123.0l	K4ECG	K4ECG
Charleston	441.5750	+	123.0lrswX	WR4SC	W3KH
Charleston	441.7250	+	123.0lrswX	WR4SC	W3KH
Charleston	442.1500	+	123.0lrswX	W4HRS	N4SJW
Charleston	444.3000	+	Oae	N4MNH	N4MNH
Charleston	444.6000	+	Oae	KT4YW	KC4OOZ
Charleston	444.7750	+	123.0lrswX	W4HRS	WA4HVP
Charleston	444.9500	+	O 103.5el	KD4PBC	KD4PBC
Cheraw	444.3750	+	91.5e	KG4HIE	KG4HIE
Clemson University	444.6250	+	O 156.7e	WD4EOG	CLEMSON AR
Clover	443.7250	+	127.3er	KC4KPJ	KC4KPJ
Columbia	441.7250	+	91.3lrsRBwX	WR4SC	W3KH
Columbia	442.2000	+	82.5elRB	N7GZT	N7GZT
Columbia	442.7750	+	tel	N7GZT	N7GZT
Columbia	443.2000	+		KI4BWK	N7GZT
Columbia	444.2000	+	162.2e	N5CWH	N5CWH
Conway	441.6750	+	162.2lrsRBwX	WR4SC	W3KH
Conway	442.7870	+	elrswX	NE4SC	K4SHP
Cowpens	443.6250	+	O 136.5ae	KE4EAN	KE4EAN
Darlington	444.6000	+	162.2ae	KJ4OEF	KJ4GSI
Dillon	443.9750	+	123.0e	NE4SC	K4SHP
Dillon	444.9500	+	162.2aer	KJ4OEF	KI4WHZ
Donalds	442.6000	+	107.2e	WJ4X	WJ4X
Easley	444.9250	+	O 103.5 (CA)e	AC4RZ	AC4RZ
Florence	441.5750	+	91.5lrsRBwX	WR4SC	W3KH
Florence	441.8750	+	123.0	WD4CHS	WD4CHS
Florence	442.0500	+	123.0elwX	W4APE	W4EOZ
Florence	444.0000	+	e	W4ULH	W4ULH
Florence	444.8500	+	162.2aelr	KJ4OEF	KJ4DIA

420-450 MHz   SOUTH CAROLINA

Location	Output	Input	Notes	Call	Sponsor
Fort Mill	443.4750	+	O 110.9ae	K4YS	SUGAR CREE
Gaffney	443.0000	+	123.0els	KG4JIA	KG4JIA
Gaffney	444.9000	+	123.0el	KU4ZS	KU4ZS
Georgetown	444.9250	+	123.0eWX	NE4SC	K4SHP
Greeleyville	441.5250	+	123.0el	W4APE	KG4AQH
Greeleyville	444.7500	+	123.0	W4APE	KG4AQH
Greenville	441.6750	+	91.5lrsRB WX	WR4SC	W3KH
Greenville	442.1750	+	O 123.0l	KU4ZS	KU4ZS
Greenville	442.2500	+	O(CA)eRB	KB4PQA	KB4PQA
Greenville	443.3500	+	O(CA)	W4IQQ	GREER ARC
Greenwood	443.9000	+	O 107.2	W4GWD	GREENWOOD
Greenwood	444.8250	+	162.2	KK4SM	KK4SM
Hilton Head	444.3500	+	123.0elrs	W4IAR	I.A.R.A.
Holly Hill	444.8250	+	O 103.5e	K4ILT	K4ILT
Inman	442.3250	+	123	N4ULE	N4ULE
Iva	443.2500	+	123.0lrs	AI4JE	AI4JE
Knightsville	441.3500	+		WA4USN	WA4USN
Ladson	443.7750	+	123.0	N2OBS	N2OBS
Lake City	442.0000	+	162.2aelr	WR4SC	KC4YI
Lake Murray	444.6500	+	te	N4UHF	N4UHF
Lake Wylie	444.0500	+	O 136.5el	KQ1E	KQ1E
Lancaster	444.1000	+	192.8	W4PAX	LANCASTER
Laurens	443.1750	+	O 146.2e	KD4HLH	KD4HLH
Laurens	443.7750	+	O 141.3e	KF4Y	K4BYF
Leeds	441.5750	+	162.2aelr	WR4SC	KC4YI
Leesville	443.3250	+	162.2	N5CWH	N5CWH
Leesville	443.5000	+	162.2el	N5CWH	N5CWH
Lexington	421.2500	439.2500	O	N4GUP	N4GUP
Liberty	443.9750	+	O 103.5	N4VDE	N4VDE
Mt Pleasant	441.4500	+		WA4USN	WA4USN
Mtain Rest	442.7750	+	O 127.3 (CA)e	AE4PZ	AE4PZ
Myrtle Beach	442.1000	+	123.0ael WX	NE4SC	K4SHP
Myrtle Beach	444.6750	+	O 85.4ae	W4GS	GSARC (GRA
Myrtle Beach	444.9000	+	O 100.0el	NE4SC	K4SHP
Myrtle Beach	444.9750	+	123.0e	NE4SC	K4SHP
Newberry	442.4250	+	O 91.5	WD4CWY	WD4CWY
Nichols	441.7750	+	123.0e	NE4SC	K4SHP
Orangeburg	441.7500	+	123.0lrsRB WX	WR4SC	W3KH
Orangeburg	444.9750	+	Oae	AD4U	EARS (EDIS
Pacolet	441.9000	+	O 100.0	AG4VT	AG4VT
Palmetto	444.8000	+	91.5e	KB4RRC	KO4L
Pelzer	442.9250	+	162.2	AC4RZ	AC4RZ
Pickens	442.1250	+	O	WT4F	WT4F
Pickens	442.4000	+	O 127.3e	WR4XM	PICKENS CO
Pickens	443.4500	+	110.9	AC4RZ	AC4RZ

420-450 MHz
SOUTH CAROLINA-SOUTH DAKOTA

Location	Output	Input	Notes	Call	Sponsor
Rock Hill	441.5250	+	162.2rsWX	WR4SC	W3KH
Rock Hill	443.3750	+	110.9el	KD4ADL	JKD4ADL
Rock Hill	447.7250	+	127.3er	KC4KPJ	WC4ABD
Six Mile	441.8000	+	110.9eWX	W4TWX	W4TWX
Six Mile	441.8750	+	O 123.0e	WB4TWX	WB4TWX
Six Mile	441.8750	+	110.9	KK4SM	WA4SSJ
Spartanburg	441.9500	+	162.2aelr	WR4SC	WR4SC
Spartanburg	442.0750	+	te	K4II	K4II
Spartanburg	442.8000	+	192.8eWX	KI4WVC	KI4WVC
Summerville	442.3000	+	OteRB	KC4ED	KC4OOZ
Summerville	443.8000	+	123.0rsWX	W4HNK	W4HNK
Sumter	421.2500	439.2500	O	WZ4O	WZ4O
Sumter	444.1500	+	O 123.0ez	W4GL	SARA
Sumter	444.4000	+	123.0ae	K2JLB	K2JLB
Union	442.1000	+		K4USC	K4USC
Walterboro	441.6750	+	123.0lrsRB WX	WR4SC	W3KH
Walterboro	444.5500	+	123.0l	KG4BZN	KG4BZN
Waltersboro	444.8500	448.8500	123.0lrsWX	W4HRS	WA4HVP

SOUTH DAKOTA
FREQUENCY USAGE

Location	Output	Input	Notes	Call	Sponsor
Statewide	443.3250	+		SNP	
Statewide	443.7000	+		SNP	

CENTRAL

Location	Output	Input	Notes	Call	Sponsor
Huron	443.8500	+		W0NOZ	Huron ARC
Sioux Falls	444.8250	+	O 146.2ae L(SDLINK 146.2) RB	K0MCM	SDARC

EAST

Location	Output	Input	Notes	Call	Sponsor
Madison SD	440.1750	+	131.8#	KB0MRG	KB0MRG

EAST CENTRAL

Location	Output	Input	Notes	Call	Sponsor
Brookings	444.0500	+	O	N0VEK	N0VEK
Brookings	444.3000	+	136.5/136.5 #	W0BXO	N0VEK
Brookings	444.7000	+	O 103.5	KG0XM	KG0XM

NORTH CENTRAL

Location	Output	Input	Notes	Call	Sponsor
Bath	443.4000	+	O	WB0JZZ	HubCtyARC

NORTHEAST

Location	Output	Input	Notes	Call	Sponsor
Clear Lake	444.9500	+	O 146.2	W0GC	DCARC
Watertown	444.5500	+	O 82.5	K0TY	K0TY
Webster	442.1000	+	O 88.5/88.5 e	KC0MYX	KC0MYX
Webster	444.3000	+	O 100.0/100.0	KC0MYX	KC0MYX

SOUTHEAST

Location	Output	Input	Notes	Call	Sponsor
Sioux Falls	444.0000	+	123.00 L(445.625)	K9VKG	K9VKG
Sioux Falls	444.2000	+	O 82.5a	W0ZWY	SEARC
Sioux Falls	444.9000	+	#	KD0ZP	KD0ZP-KB0BBA

420-450 MHz
SOUTH DAKOTA-TENNESSEE

Location	Output	Input	Notes	Call	Sponsor
Yankton	444.4500	+	O 146.2l	W0OJY	PD ARC
WEST CENTRAL					
Rapid City	444.5750	+	146.2 RB	W0BLK	BlkHills ARC
Rapid City	444.7500	+	O 146.2 L(SDLINK)	W0BLK	W0BLK
Rapid City	444.8250	+	O 146.2	W0BLK	NQ0F
Terry Peak {Lead}	444.9750	+	146.2	KC0BXH	No.Hills ARC

TENNESSEE

Location	Output	Input	Notes	Call	Sponsor
Alamo	443.7500	+	O 131.8elsx	K4WVV	STARNET
Algood	444.4250	+	O 91.5elRB WX	N2BR	N2BR
Arlington	442.7750	+	O 107.2e	N4GMT	N4GMT
Arnold AFB	443.9500	+	O 107.2es	N4HAP	WARC
Athens	442.2750	+	O 141.3e	KG4FZR	KC4KUZ
Athens	443.2750	+	O 100.0e	KG4FZR	KC4KUZ
Bartlett	444.2500	+	O	WA4PAJ	------------
Bean Station	443.4500	+	100.0eWX	W2IQ	LAKEWAY AR
Bluff City	442.2000	+	O 100.0	KE4CCB	KE4CCB
Bluff City	444.5000	+	O 77.0e	KE4CCB	KE4CCB
Brownsville	444.5250	+	O 107.2aer WX	KI4BXI	KI4BXI
Brunswick	443.7000	+	O 107.2	KF4BB	BELLEVUE B
Camden	443.3000	+	100.0elrs WX	KA4BNI	TEMA
Camden	444.5000	+	O 131.8e	N4QDE	N4QDE
Castalian Spri	442.7500	+	O 123.0	KE4SWV	KE4SWV
Centerville	443.7000	+	O 123.0	N4XW	N4XW
Chattanooga	442.1500	+	OaelRBz	KG4OVQ	ANDREW S.
Chattanooga	442.4250	+	O(CA)eRB	W4YI	W4YI
Chattanooga	442.9000	+	Ol	N4WT	N4WT
Chattanooga	443.1250	+		KT4OL	KT4OL
Chattanooga	443.1250	+	Or	KT4OL	KT4OL
Chattanooga	443.1500	+		W4PL	K4VCM
Chattanooga	443.5500	+	e	WB4LRD	KA4WFB
Chattanooga	443.9000	+	Ot(CA)e	N4AFB	KA4WFB
Chattanooga	444.1000	+	Oa	W4AM	CHATTANOOG
Chattanooga	444.2000	+	Ot(CA)e	N4AFB	KA4WFB
Chattanooga	444.8750	+	O 156.7 (CA)e	N4WT	N4WT
Chattanooga	444.9000	+	● 88.5ae RB	W4YI	W4TI
Clarksville	442.9000	+	110.9aer	W4CHM	N3ORX
Clarksville	443.5500	+	110.9	K4ORE	K2LAW
Clarksville	444.3250	+	O 107.2	WA4BZU	------------
Clarksville	444.5000	+	O 123.0ael	AC4RS	AC4RS

420-450 MHz
TENNESSEE

Location	Output	Input	Notes	Call	Sponsor
Clarksville	444.9500	+	100.0e	N4PJX	N4PJX
Cleveland	442.2500	+	O 118.8	WD4DES	WD4DES
Cleveland	442.4000	+	123.0e	KA4ELN	KA4ELN
Cleveland	442.4500	+	O 88.5e	KD4NED	KD4NED
Cleveland	442.9250	+	● 100.0al WX	W4OAR	OCOEE ARS
Cleveland	444.2750	+	Oae	W4GZX	CARC
Clinton	442.1500	+	100.0	WX4RP	WX4RP
Collegedale	443.5750	+	O 131.8e	KA6UHV	KA6UHV
Collierville	442.6250	+	O 162.2	WB4EPG	WB4EPG
Collierville	443.0000	+	O 107.2	KA7UEC	KA7UEC
Collierville	443.6250	+	O 107.2 RB	KA7UEC	KA7UEC
Collierville	444.1250	+	107.2e	NU5O	KJ4FYA
Collierville	444.6250	+	107.2	WT4E	WT4E
Collinwood	443.9500	+	O 100.0el WX	KF4AKV	KF4AKV
Columbia	442.7250	+	O 100.0	KG4LUY	W4RDM
Columbia	443.1750	+	100.0eWX	W4GGM	W4GGM
Columbia	444.9250	+	O 107.2	WA4AKM	K2GJY
Cookeville	442.3000	+	O 107.2e	WA4UCE	WA4UCE
Cookeville	443.1750	+	O 173.8el RB WX	KB4TEN	KB4TEN
Cookeville	443.2000	+	O 107.2e	N4ECW	N4ECW
Cookeville	443.5000	+	O	K4DAV	K4DAV
Cookeville	444.6000	+	107.2e	WA4PPL	COOKVL/PUT
Cross Plains	443.9000	+	107.2e	AG4QK	AG4QK
Crossville	443.8750	+	O 88.5aer WX	WM4RB	WE4MB
Crossville	444.9500	+	O 118.8el RB	W4EYJ	CUMBERLAND
Dayton	442.0750	+	Oez	KJ4BJ	KJ4BJ
Deason	443.3500	+	O 107.2l	WA4AWI	WA4AWI
Decaturville	443.3250	+	O 131.8e	KA4P	DECATUR CO
Dover	444.9250	+	O	N4VIH	N4VIH
Dresden	442.1500	+	O 131.8ael RB WX	KA4BNI	KA4BNI
Dripping Sprin	443.9250	+	162.2	N4PYI	W4BZU
Dunlap	442.6000	+	●aelrs	KB4ACS	W4HP
Dyersburg	444.4750	+	O 107.2e	K4DYR	K4DYR
Elizabethon	441.8000	+	O 88.5e	WM4T	WM4T
Elizabethton	442.7500	+	O 88.5e	KN4E	KN4E
Etowah	443.2500	+	141.3	KG4FZR	KC4KUZ
Eva	443.6250	+	Oel	AD4QG	KF4GCB
Fisherville	443.1250	+	OtelRB	W4RSG	KA4JXT
Franklin	443.8500	+	O	N4ULM	------------
Franklin	444.0250	+	O 110.9ael r	WC4EOC	K4COM
Franklin	444.7250	+	O 107.2l	WA4AKM	K2GJY
Gallatin	443.6000	+	O 156.7el	WC4EOC	K4COM

420-450 MHz
TENNESSEE

Location	Output	Input	Notes	Call	Sponsor
Gallatin	444.0000	+	lp	WD4BKY	DPL GROUP
Gallatin	444.3500	+	O 114.8	W4LKZ	SUMNER CO
Gallatin	444.4500	+	O 107.2ae	W4CAT	CATS
Gallatin	444.7750	+	O 107.2l	WA4AKM	K2GJY
Gatlinburg	443.3000	+	O 100.0l	WA4KJH	------------
Gatlinburg	444.9000	+	88.5e	W4UO	W4UO
Georgetown	442.0250	+	O 100.0aerWX	WE4MB	WM4RB
Gladeville	443.3750	+	151.4	KG4SFI	KG4SFI
Goodspring	444.0500	+	Ot	K4CRS	K4CRS
Greenback	443.0500	+	O 100.0e	KM4H	LOUDON CO
Greenbrier	444.2500	+	Oae	WQ4E	WQ4E
Greeneville	441.8500	+	O 100.0	KI4OTQ	KI4OTQ
Greeneville	443.2000	+	O 100.0 (CA) RB	W4WC	ANDREW JOH
Greeneville	444.2000	+	O 173.8	K4MFD	K4MFD
Greeneville	444.6500	+	O 100.0	WB4NKL	WB4NKL
Greeneville	444.7500	+	192.8e	WD2E	WD2E
Greenville	442.7000	+	O 100.0aer	KF4FTD	N4FV
Harriman	442.8750	+	O 136.5	KC4WHL	KC4WHL
Henderson	442.2750	+	O	KE4PFW	KE4PFW
Henderson	442.5750	+	O(CA)elWX	KU4RT	KU4RT
Henderson	444.7500	+	O 100.0	K4TC	CHESTER CO
Hixson	444.4500	+	Oa(CA)el RBz	WJ9J	WJ9J
Hohenwald	442.0000	+	eRB	K4TTC	TTC-ARCH
Hohenwald	444.8500	+	O 100.0ae RB	K4YN	K4YN
Hornbeak	442.4000	+	O 131.8el	KA4BNI	KA4BNI
Huntingdon	444.3750	+	Oaez	KB4YTM	CARROLL CO
Indian Mound	442.6250	+	107.2elrs WX	AA4TA	TEMA
Jackson	442.9000	+	114.8lWX	WF4Q	WEST TN AR
Jackson	443.8250	+	107.2aelr RB	KE4OVN	KE4OVN
Jackson	444.4500	+	123.0elrs WX	KG4RGG	TEMA
Jackson	444.5500	+	O 114.8el WX	WF4Q	WF4Q
Jackson	444.7250	+	O 107.2	WB0TMC	WB0TMC
Jackson	444.8750	+	131.8elWX	KA4BNI	KA4BNI
Jamestown	443.6250	+	O 100.0	KC4MJN	ARC OF FEN
Jasper	442.0500	+	O 127.3e	KD4XV	SEQUACHIE
Jefferson City	444.6250	+	Ot	KD4TUD	KD4TUD
Jefferson City	444.9500	+	100.0ers WX	KG4GVX	KG4GVX
Joelton	442.9500	+	167.9eWX	KF4TNP	KF4TNP
Johnson City	421.2500	434.0000	Oe	WD4ATV	------------
Johnson City	442.2500	+	O 88.5es WX	KN4E	KN4E

420-450 MHz
TENNESSEE

Location	Output	Input	Notes	Call	Sponsor
Johnson City	443.1500	+	O 146.2el	KD4PBC	KD4PBC
Johnson City	443.2500	+	W4BUC	KT4TD	
Johnson City	444.1000	+	O 103.5	KE4FH	KE4FH
Jonesborough	442.0500	+	100.0 E-SUN RB WX	K4DWQ	------------
Joyner	444.4000	+	O 82.5es	K4EAJ	K4EAJ
Kirkland	443.8750	+	O 107.2ael r	WC4EOC	K4COM
Knoxville	442.5000	+	O 103.5e	W4KEV	W4KEV
Knoxville	443.0250	+	O	N4UAG	N4UAG
Knoxville	443.0750	+	O 100.0e	K4TJY	K4TJY
Knoxville	443.2500	+	88.5	WA4FLH	WA4FLH
Knoxville	443.5000	+	O 100.0ael	KD4CWB	------------
Knoxville	443.8000	+	O 100.0	KD4CWB	KA4AZQ
Knoxville	444.0000	+	O 100.0	KD4CWB	KD4CWB
Knoxville	444.1750	+	O 203.5ae	KN4QB	KN4QB
Knoxville	444.2250	+	O 100.0e	W4NCS	W4NCS
Knoxville	444.3000	+	O 118.0e	WB4GBI	WB4GBI
Knoxville	444.3250	+	Ote	N4KFI	N4KFI
Knoxville	444.4250	+	Otae	KC4NNN	KC4NNN
Knoxville	444.5250	+	O 123.0e	KB4REC	KB4REC
Knoxville	444.5750	+	O 100.0el RB	W4BBB	W4BBB
Knoxville	444.9250	+	O	KD4TZD	KD4TZD
Lafayette	444.1250	+	O 107.2 RB	KC4ECD	KC4ECD
Lafollette	443.7000	+	O	KB4OTK	KB4OTK
Lake City	442.8000	+	O 100.0e	WD4LUR	WD4LUR
Laneview	443.8500	+	O 107.2ael z	KE4OVN	KE4OVN
Lawrenceburg	443.4000	+	O 100.0e	KF4AKV	KF4AKV
Lebanon	443.0000	+	O 100.0	KW4LS	KW4LS
Lebanon	443.2750	+	O 107.2el	WA4AWI	WA4AWI
Lebanon	443.5750	+	O 141.3	W4LYR	WILSON AMA
Lebanon	444.2750	+	Ot	W4RYR	WA4AXH
Lenior City	444.2500	+	114.8rsRB	KF4VDX	KI4RRI
Lewisburg	442.1000	+	O 107.2	KF4TNP	KF4TNP
Lexington	442.0750	+	O 131.8el	KA4BNI	KA4BNI
Lexington	442.9250	+	O 123.0e WX	N5YKR	N5YKR
Linden	443.5000	+	100.0elsRB WX	WA4RNN	K4TTC
Lobelville	442.8500	+	107.2elrs WX	WA4VVX	TEMA
Loretto	442.8750	+	O 203.5e	KF4OCK	KF4OCK
Madisonville	443.3250	+	O 141.3el	KF4PVQ	KF4PVQ
Madisonville	443.6000	+	100.0aes	KJ4OOY	KJ4OOY
Manchester	443.2250	+	107.2elRB WX	KF4TNP	KF4TNP
Manchester	444.0750	+	O 127.3e	KF4TNP	KF4TNP

420-450 MHz
TENNESSEE

Location	Output	Input	Notes	Call	Sponsor
Maryville	442.0000	+	O(CA)e	K4BTL	KE4IAV
Maryville	444.0750	+	O 100.0ae RBz	KC4PDQ	KC4PDQ
Maryville	444.3500	+	O 88.5	KD4CLA	KD4CLA
Maryville	444.7000	+	127.3e	KJ4JNO	KJ4JNO
Maryville	444.7750	+	O 94.8rs WX	KF4VDX	KF4VDX
Maryville	444.8250	+	O 100.0ae RB	KE4FGW	KE4FGW
Mason	442.7500	+	O 107.2	N4GMT	N4GMT
Mcewen	443.9250	+	O 107.2e	KE4KNZ	--------------
Mckenzie	443.8750	+	O	KD4KPV	KD4KPV
McMinnville	444.3000	+	151.4e	WB4CWS	WB4CWS
McMinnville	444.8500	+	Ot(CA)	WD4MWQ	WD4MWQ
Medina	442.0500	+	Oal	WA4BJY	A R ECHO S
Memphis	441.8870	+	e	KK4BWF	NS4B
Memphis	442.1750	+	O 107.2	W4GMM	W4GMM
Memphis	442.8250	+		WF4G	WF4G
Memphis	443.0000	+	Ote	W4ZJM	W4ZJM
Memphis	443.1000	+	Ot	W4RSG	MEGA SYSTE
Memphis	443.2000	+	O 107.2	W4BS	DELTA ARC
Memphis	443.2500	+	O 107.2es	W4EM	W4EM
Memphis	443.4000	+	Oa	WA4QWW	--------------
Memphis	443.9500	+	Ot(CA)eRB EXP	N4ER	W4XF/WD4T
Memphis	443.9870	+		WA4MQQ	LEADING ED
Memphis	444.0250	+	O	K4RDK	K4RDK
Memphis	444.0750	+	O 107.2	KF4ATY	LEARC
Memphis	444.1000	+	Ot(CA) RB	W4RSG	MEGA SYSTE
Memphis	444.1750	+	O 107.2e WX	W4EM	W4EM
Memphis	444.5000	+	Ot(CA)e	N4WAH	N4WAH
Memphis	444.7750	+	O 107.2 RB	W5KUB	W5KUB
Memphis	444.8000	+		K0JXI	K0JXI
Memphis	444.8250	+	O 107.2	K5FE	FEDEX ARC
Memphis	444.8500	+	O 107.2e	K7AG	--------------
Memphis	444.9500	+	O	WB4NNE	UNIV OF TN
Milan	442.1000	+		WD4PAX	--------------
Milan	442.6750	+	O 131.8el	KA4BNI	KA4BNI
Millersville	443.4000	+	tRB	N8ITF	N8ITF
Monteagle Mt	441.2500	+	O 107.2l	NQ4Y	NQ4Y
Morristown	444.6000	+	100.0e	KG4GVX	KG4GVX
Morristown	444.8000	+	Otae	WB4OAH	WB4OAH
Morristown	444.9750	+	Ot	KQ4E	KQ4E
Mountain City	441.6000	+	e	K4DHT	K4DHT
Mountain City	443.9250	+	O 103.5	K4DHT	K4DHT
Mt Juliet	444.4000	+	Ot(CA)e	N4PYI	N4PYI
Mt Juliet	444.7500	+	O 156.7el	N4PYI	N4PYI
Murfreesboro	441.8750	+	107.2	KD4TZZ	KD4TZZ

420-450 MHz
TENNESSEE

Location	Output	Input	Notes	Call	Sponsor
Murfreesboro	442.1750	+	107e	KA4VFD	KA4VFD
Murfreesboro	444.6500	+	O 107.2	W4CAT	CATS
Nashville	442.6500	+	100	KB4ZOE	W4RRG
Nashville	442.8000	+	107.2elrsWX	KG4RGG	TEMA
Nashville	443.4500	+	O 107.2e	KE4PJW	KE4PJW
Nashville	443.7250	+	107.2elrsWX	W1ARN	MTEARS / T
Nashville	443.8000	+	O 123.0	KG4NRC	KG4NRC
Nashville	444.0500	+	O 107.2	N4PYI	N4PYI
Nashville	444.1500	+	O 107.2aelRB	AF4TZ	RPT SOC OF
Nashville	444.2000	+	Otez	N4ARK	-----------
Nashville	444.2250	+	O 114.8el	N4ARK	N4ARK
Nashville	444.3000	+	O 107.2	WA4BZU	-----------
Nashville	444.5250	+	O 107.2	WA4BGK	WA4BGK
Nashville	444.5500	+	O	WA4PCD	WA4PCD
Nashville	444.5750	+	Ot	WA4WCK	WA4WCK
Nashville	444.6250	+	O 107.2 (CA)	WA4TOA	NASHVILLE
Nashville	444.6750	+	OtRB	WA4PCD	WA4PCD
Nashville	444.8000	+	O 110.9l	N4PYI	N4PYI
Nashville	444.8750	+	O 107.2	WA4AKM	K2GJY
Nashville	444.9750	+	O 107.2 (CA)lRB	WA4AKM	K2GJY
Newport	443.7500	+	203.5	KG4LHC	KG4LDK
Nolensville	443.6500	+	Ot	W4RYR	WA4AXH
Nunnely	444.0750	+	Ol	KG4UHH	KG4UHH
Oakfield	442.2000	+	Ot(CA)l	WA4BJY	WAYNE MURL
Oneida	442.8250	+	OeRBz	KT4PN	KE4QQF
Paris	443.6750	+	O 107.2e	KB4TKM	KB4TKM
Paris	444.9000	+	O 131.8esWX	N4ZKR	N4ZKR
Paris Landing	443.2000	+	131.8elWX	KA4BNI	KA4BNI
Pasquo	443.9750	+	O 107.2a	W4CAT	TEMA
Piperton	444.0750	+	O 107.2erWX	WA4MJM	WA4MJM
Prospect	444.6000	+	O 118.8	WA4AUX	WA4AUX
Pulaski	442.1500	+	118.8el	WD4RBJ	WD4RBJ
Pulaski	443.5500	+	O 100.0ls	K4NVX	K4NVX
Ripley	443.6000	+	O 131.8e	KA4BNI	KA4BNI
Rockwood	443.9750	+	es	KE4RX	ROANE CO A
Rogersville	443.3500	+	●t	K4GX	K4GX
Selmer	442.8000	+	O 131.8aelr	KA4BNI	KA4BNI
Seviereville	442.3000	+	t	W4SRT	AE4SC
Sevierville	443.2250	+	O 100.0ers	KJ4HPM	KJ4HPM
Sevierville	443.6750	+	O 100.0elRB	K4IBW	K4IBW

420-450 MHz
TENNESSEE-TEXAS

Location	Output	Input	Notes	Call	Sponsor
Sevierville	444.7250	+	O 146.2 (CA)e	N4CKB	N4CKB
Seymour	443.3750	+	156.7elRB	KF4DYE	KF4DYE
Seymour	444.4750	+	O 88.5	K4ARO	K4ARO
Shelbyville	442.7000	+	107.2aelr	NQ4U	BCARS
Shelbyville	443.8250	+	O	KC4KRM	KC4RSR
Signal Mountain	443.1250	+	elrsWX	NT4M	KA4EMA
Signal Mountain	444.7000	+	●aesWX	KB4ACS	------------
Smithville	442.0000	+	107.2e	AB4ZB	AB4ZB
Smithville	444.8250	+	O 107.2	N4PYI	K2GJY
Sneedville	442.4500	+	100.0s	KE4KQI	NORTH EAST
Sparta	444.3750	+	O 123.0ae z	KD4WX	KD4WX
Spencer	443.7750	+	O 123.0	KA4MHJ	KA4MHJ
Springfield	442.6000	+	●	N8ITF	N8ITF
Sweetwater	443.7250	+	●ta	KF4PVQ	KF4PVQ
Tallassee	443.5750	+	192.8	WB4TVW	KJ4ZXW
Tellico Plains	442.5500	+	O 141.3ers WX	K4EZK	K4EZK
Thompsons Sta	443.0750	+	O 107.2el	WC4EOC	K4COM
Thompsons Sta	443.4750	+	O 110.9el	W4BZU	W4BZU
Troy	444.5750	+	Ote	W4RB	W4RB
Walden	443.3750	+	O 118.8e	W4WQS	W4WQS
Walland	443.5500	+	ersWX	AC4JF	AC4JF
Watertown	444.9000	+	O 141.3 (CA)	W4LYR	W4LYR
Waynesboro	443.1000	+	167.9elRB WX	KF4TNP	KF4TNP
White Bluff	442.2250	+	123.0esWX	KG4HDZ	KG4HDZ
White Bluff	442.3750	+	O 123.0ae WX	KG4HDZ	KG4HDZ
Williston	442.4250	+	131.8elWX	KA4BNI	IND - KA4B
Williston	444.4000	+	ersWX	WB4KOG	WB4LHD
Woodbury	442.8250	+	O 107.2 WX	KA4VFD	KA4VFD

TEXAS

Location	Output	Input	Notes	Call	Sponsor
Abernathy	444.0000	449.9000	O 118.8r	WB5BRY	CRRC
Abilene	443.5000	+	●	AI5TX	ARMADILLO
Abilene	444.0000	+	O 167.9 WX	KD5YCY	BCARN
Abilene	444.1750	+	O 100lWX	WX5TX	CPARC
Abilene	444.2500	+	O 88.5lWX	N5TEQ	CPARC
Abilene	444.5000	+	O 91.5a	KD5EFB	------------
Abilene	444.7500	+	●	KB5GAR	------------
Abilene	444.8750	+	O 114.8	KE5OGP	------------
Adkins	444.7750	+	O 123e	KK5LA	------------
Albany	444.9000	+	O 114.8l	N5TEQ	CPARC
Aledo	443.2000	+	O 110.9l	KA5HND	------------

420-450 MHz
TEXAS

Location	Output	Input	Notes	Call	Sponsor
Allen	441.5000	+	O	N5LTN	ESIARC
Allen	441.5750	+	Oaer	K5PRK	Plano Amateur Radio
Allen	442.5500	+	Ox	WB5WPA	----------
Allen	444.2500	+	O	K5PRK	PARK
Alpine	443.9250	+	●	WX5II	INTERTIE
Alvin	442.2000	+	O 103.5	KA5QDG	----------
Alvin	442.7750	+	O 141.3 (CA)	KA9JLM	AARC
Alvin	443.9250	+	●	AI5TX	----------
Alvin	444.0500	+	O 103.5	W5ITI	----------
Alvin	444.7500	+	●	KA5AXV	----------
Amarillo	443.5000	+	●	N5LTZ	ARMADILLO
Amarillo	444.0500	+	O 88.5l	KC5EZO	----------
Amarillo	444.2000	+	O 88.5	N5LTZ	CRI
Amarillo	444.4750	+	O 88.5	W5WX	PARC
Amarillo	444.5250	+	O 146.2lx	WR5FM	CARE WTX
Anahuac	442.1000	+	O 103.5	KB5FLX	ARCDCT
Anahuac	443.5000	+	●	AI5TX	----------
Anahuac	444.8750	+	O 103.5l	WB5UGT	SALTGRASS
Andrews	442.1250	+	O 146.2l	KB5MBK	----------
Angleton	442.3000	+	O 127.3	KE5WFD	----------
Angleton	444.4250	+	O 103.5l	WB5UGT	SALTGRASS
Anhalt	442.6750	+	O 131.8l	W5DK	----------
Anthony	442.9500	+	O 67l	N5ZRF	AMIGO
Anton	441.6750	+	O 100	K5KTM	----------
Argyle	443.2250	+	O	KA0BRN	----------
Argyle	443.5500	+	O 110.9	WB5NDJ	----------
Arlington	441.3500	+	●	NR5E	ALERT
Arlington	443.4000	+	O 110.9l	WD5DBB	MCRG
Arlington	443.6750	+	●	AI5TX	----------
Arlington	443.8500	+	●	WA5VHU	----------
Arlington	444.2000	+	O 100	K5SLD	AARC
Arlington	444.5500	+	●	W5PSB	----------
Athens	441.7250	+	O 100	KF5WT	BSA CAMP
Athens	443.3000	+	O 100	KF5WT	----------
Athens	443.7000	+	●	AI5TX	----------
Austin	441.5250	+	O 107.2	K5TRA	----------
Austin	441.7500	+	O 77	N5YQ	----------
Austin	441.7750	+	O 131.8 (CA)	W5JWB	----------
Austin	441.8000	+	●	W5AAF	----------
Austin	441.8750	+	O 100	N5JGX	----------
Austin	441.9250	+	O 88.5	WA6KGI	----------
Austin	441.9750	+	O 97.4ae	KA9LAY	----------
Austin	442.0250	+	O 114.8	W5TRI	ATT LABS
Austin	442.1500	+	O 186.2e	AA5BT	----------
Austin	442.2750	+	O 110.9	KN5X	----------
Austin	442.4000	+	O	K5FX	----------
Austin	442.4500	+	O 141.3el	WB5UGT	SALTGRASS

420-450 MHz
TEXAS

Location	Output	Input	Notes	Call	Sponsor
Austin	442.4750	+	O 127.3	KE3D	
Austin	442.5000	+	O 162.2ls wx	W5LNX	SW LYNX SYS
Austin	442.6000	+	O 141.3	K5TCR	TCREACT
Austin	443.0750	+	O 123	K5TRA	----------
Austin	443.9500	+	●	AI5TX	
Austin	444.0000	+	O 107.2l	WB5PCV	----------
Austin	444.1000	+	O 103.5	W5KA	AARC
Austin	444.5750	+		WB5ICB	
Austin	444.6000	+	Oael	W3MRC	3M ARC
Austin	444.7750	+	O 110.9 (CA)	AA5R	HELPS
Austin	444.9500	+	O 110.9x	N5RVD	----------
Baird	443.8500	+	O 88.5	NZ5V	BCARN
Balmorhea	442.7000	+	O 91.5l	KD5CCY	WTNMRG
Bastrop	441.9500	+	●	WB6ARE	----------
Bastrop	442.7250	+	O 114.8	WB6ARE	----------
Bastrop	443.1750	+	O 114.8e	WB6ARE	----------
Bastrop	443.7500	+	O 114.8	KE5FKS	BCARC
Baytown	443.8000	+	O 123	K5BAY	BAARC
Baytown	443.8750	+	O 173.8	N5XUV	HCTA
Baytown	444.9750	+	O 167.9el	N5JNN	
Beaumont	444.5000	+	O 100 (CA) elWxx	WB5ITT	Triangle Repeate
Beaumont	444.7000	+	O 107.2l	W5RIN	BARC
Beaumont	444.9000	+	O 103.5	W5XOM	EXOMERC
Bedford	442.3000	+	O	KA5SYL	
Bedford	442.8250	+	O 110.9e	N5VAV	TRAIN
Bee Cave	443.6250	+	●	AI5TX	
Bee Cave	443.9250	+	●	K5GJ	
Beeville	443.5250	+	O 141.3el	WD5IEH	----------
Bellare	441.8250	+	Oael	AK5G	
Benbrook	441.6250	+	●	K5SXK	BBRC
Big Lake	442.3000	+	O 162.2	N5SOR	----------
Big Lake	442.6500	+	O 146.2l	KB5MBK	----------
Big Spring	442.1000	+	O 162.2el	KE5PL	WTXC
Big Spring	442.6250	+	O 146.2l	KB5MBK	----------
Big Spring	443.3500	+	O 156.7	N5BTJ	----------
Big Spring	443.9500	+	●	KE5PL	ARMADILLO
Big Spring	444.4750	+	Oel	KK5MV	
Black	444.4250	+		N5LTZ	CRI
Blanco	443.9750	+	●	WA5JEC	INTERTIE
Bluffton	444.8000	+	O 100	W5KFT	BARC
Boerne	442.7500	+	O 162.2l	W5VEO	SWLS
Boerne	444.9000	+	O 123e	W5VEO	
Bonham	443.7500	+	O	K5FRC	FCARC
Boonsville	443.9000	+	O 100	K5RHV	----------
Borger	444.6000	+	O 141.3	WB5ZDK	----------
Boyd	444.8250	+	O 110.9	W5OYS	----------

420-450 MHz
TEXAS

Location	Output	Input	Notes	Call	Sponsor
Brackettville	443.6250	+	●	WB5TZJ	INTERTIE
Brady	444.8750	+	O 162.2ael WX	WA5HOT	HOT-HOG
Brenham	443.2500	+	O 103.5l	W5AUM	BRENHAM ARC
Brownfield	442.2250	+	O 146.2lx	WR5FM	C.A.R.E.
Brownfield	444.8250	+	O 118.8	W5HFT	
Brownsville	441.3000	+	O 151.4	N5XWO	
Brownsville	443.3750	+	O 114.8l	KC5MAH	
Brownsville	444.6000	+	O 114.8	W5RGV	STARS
Brownwood	443.9250	+	●	AI5TX	
Brownwood	444.7000	+	O 94.8	K5BWD	BARC
Bruceville	440.6250	+	●	W5HAT	DIGTRX AMATEUR
Bruceville	444.4750	+	O	W5NCD	
Bryan	443.4000	+	O 162.2el	W5AC	TAMU ARC
Bryan	443.4500	+	O 127.3ex	KD5DLW	
Bryan	444.2000	+	O 127.3	KC5HHN	
Buchanan Dam	444.2750	+	O	WA5PJE	
Buda	444.2250	+	O 114.8 (CA)	N5SBH	
Bulverde	443.2500	+	O 103.5l	WA5KBQ	
Bulverde	444.3500	+	O 131.8	W5DK	
Buna	442.4250	+	O 118.8	W5JAS	LAREAARC
Burkburnett	444.0250	+	O 192.8r WX	N5JDD	Witchita Falls Repeat
Burkburnett	444.5000	+	O 192.8	W5DAD	BURKRGR
Burnet	444.8250	+	O 114.8	KB5YKJ	
Caddo	444.7250	+	O 110.9e WX	KB5WB	
Canadian	443.7500	+	●	N5LTZ	
Canton	443.2000	+	●	N4RAP	
Canyon	443.6500	+	O 88.5l	N5LTZ	CRI
Canyon Lake	444.4500	+	O 114.8	W5ERX	
Carrollton	441.6250	+	●	K5JG	
Carrollton	441.8250	+	●	K5GWF	
Carrollton	442.4750	+	●	WO5E	
Carrollton	442.6500	+	O 110.9r	N5MJQ	METROCARC
Carrollton	444.4500	+	O 110.9l	K5AB	
Carrollton	444.8750	+	●	K5MOT	MORTOROLA
Carthage	444.8000	+	O 151.4	KA5HSA	
Cat Spring	444.8750	+	O 103.5el	W5SFA	SFARC
Cedar Creek	444.0500	+	O 141.3	W5CTX	
Cedar Hill	442.1000	+	O 100rs	N5IUF	TRS
Cedar Hill	442.3250	+	●	KM5R	
Cedar Hill	442.4000	+	O 110.9	W5MAY	SBE
Cedar Hill	443.5000	+	●	AI5TX	
Cedar Hill	443.7250	+	●	W5AHN	ASHCRAFT REPEAT
Cedar Hill	443.9750	+	●	N5UN	FW 440
Cedar Hill	444.5000	+	O	W5AUY	SWDCARC
Cedar Hill	444.9500	+	O 110.9	N5DRP	Texas Disaster Resp

420-450 MHz TEXAS

Location	Output	Input	Notes	Call	Sponsor
Cedar Park	444.7750	+	O 162.2	W5CGU	
Celina	444.0000	+	O	K5XG	
Celina	444.5125	+	O	KE5UT	
Centerville	442.7750	+	●	K3WIV	
Centerville	442.9750	+	●	K3WIV	GULLS
Centerville	443.6750	+	●	AI5TX	
Channelview	441.6000	+	O 203.5e WX	KC5TCT	CVFDRC
Channelview	443.6000	+	O 103.5el	KC5TCT	
Choate	443.6500	+	●	K5ZZT	INTERTIE
Christine	443.7750	+	O 141.3el	WD5IEH	
Clarendon	444.2750	+	O 127.3	KE5NCA	
Clear Lake	442.7500	+	O 103.5ael	K5HOU	CLARC
Cleburne	444.0000	+	O 136.5 WX	KY5O	
Cleveland	444.6500	+	O	N5AK	SHARK
Clifton	444.4000	+	O 123e	W5BCR	BOSQUECOAR
Clute	441.8500	+	O 103.5a	N5VSQ	
Clute	444.7250	+	O 103.5l	KB5HII	SALTGRASS
Coleman	443.3000	+	O 94.8e	N5RMO	CARC
College Station	443.0500	+	O 88.5	W5AC	TAMU ARC
College Station	443.6250	+	●	W6TRO	
College Station	444.5500	+	O 127.3	N1WP	
Colleyville	441.9000	+	O 110.9e WX	W5RV	
Colleyville	442.9500	+	O 110.9	N5SVZ	
Collinsville	444.7250	+	O 100	N5IUF	TRS
Colorado City	444.8500	+	O 162.2l	K5WTC	WTXC
Columbus	442.7500	+	O 141.3l WX	WB5UGT	SALTGRASS
Commerce	444.5250	+	O 103.5e	W5AMC	TAMUC
Conroe	441.7500	+	O 123el	KE5PTZ	
Conroe	442.1250	+	O 123e	WM5E	
Conroe	442.1500	+	O 192.8e	WD5CFJ	
Conroe	442.1750	+	O 192.8e	WD5CFJ	
Conroe	442.2500	+	O 103.5	WB5DGR	
Conroe	442.5250	+	O 127.3	W5DCW	
Conroe	442.9000	+	O 151.4	WB5DGR	
Conroe	443.4250	+	O 203.5l	KC0EJX	NSLS
Conroe	444.4250	+	O 203.5	KB5HII	
Conroe	444.5750	+	O 103.5l	KB5LS	LSARC
Conroe	444.8000	+	O 100 (CA) el	WB5ITT	TRA
Coppell	441.8000	+	O 107.2aer	KD5OEW	Coppell ARC
Coppell	444.2250	+	O 110.9er	K5CFD	
Copperas Cove	443.3250	+	O 88.5	K5CRA	CRA
Corpus Christi	442.6000	+	O 162.2	N5IUT	LYNX
Corpus Christi	443.5000	+	●	N5HN	INTERTIE
Corpus Christi	443.7000	+	●	WA2MCT	

420-450 MHz
TEXAS

Location	Output	Input	Notes	Call	Sponsor
Corpus Christi	443.9500	+	●	WA5MPA	INTERTIE
Corpus Christi	444.3500	+	●	WD5FJX	
Corpus Christi	444.6000	+	O 114.8e	K5GGB	NONE
Corpus Christi	444.9000	+	O 107.2	K5GGB	NONE
Corsicana	442.7250	+	O 110.9l	KE5CDK	Navarro ARC
Crockett	443.6000	+	O 100e	WA5FCL	HCARC
Crockett	444.2250	+	O 107.2l	WB5UGT	SALTGRASS
Crosby	441.5500	+	●	KB5OVJ	----------
Crosby	442.0500	+	O 103.5e	KB5IJF	----------
Crosby	442.4000	+		KB5OVJ	----------
Crosby	443.7000	+	●	AI5TX	----------
Crosby	444.1250	+	O 103.5	KB5NNP	----------
Crosby	444.7750	+	O 103.5e	W5TWO	Two Two Club of Tex
Crosbyton	442.2750	+	O 107.2	KC5MVZ	----------
Cypress	442.6500	+	O 156.7al	N5LUY	----------
Dale	443.0000	+	O 114.8	KE5AMB	----------
Dallas	440.5750	+	Oar	W5FC	(DARC) Dallas Amate
Dallas	440.6375	+	Or	W5EBQ	----------
Dallas	441.9250	+	O 110.9elr	W5EBQ	----------
Dallas	441.9500	+	O 162.2er	AB5U	----------
Dallas	442.0250	+	O 127.3	K5TIT	K5TIT
Dallas	442.0750	+	O 110.9 (CA)er	N5IAG	DCREACT
Dallas	442.2750	+	O 110.9	N5ZW	----------
Dallas	442.4250	+	O 110.9 (CA)erWX	W5FC	DARC
Dallas	443.1000	+	O	N5GAR	----------
Dallas	443.3500	+	O 110.9 (CA)	WD5EEH	----------
Dallas	443.4750	+	●	K5TIT	K5TIT
Dallas	443.8250	+	O 103.5	K5XG	----------
Dallas	443.9500	+	●	AI5TX	----------
Dallas	444.0750	+	O 110.9er	K5MET	----------
Dallas	444.1500	+	O 100rs	N5IUF	TRS
Dallas	444.6500	+	●	W5DS	DART
Davy	443.1250	+	O 141.3el	WD5IEH	----------
Decatur	442.6000	+	O	WB5TYE	NTWG
Decatur	444.4000	+	O 156.7l WX	KA5PQK	----------
Del Rio	443.5000	+	●	WB5TZJ	INTERTIE
Del Rio	443.7250	+	O 100	KD5HAM	BARS
Denton	440.7125	+	Oar	KE5YAP	----------
Denton	441.3000	+	O 146.2e	N5API	NONE
Denton	441.3250	+	O 88.5e	W5NGU	DCARA
Denton	442.7250	+	O 100	N5IUF	TRS
Denton	443.5250	+	O 118.8	WA5LIE	4SQR
Denton	444.0500	+	O 110.9ar	W5NGU	DCARA
Devers	442.5750	+	O 103.5	KA5QDG	----------
Devers	444.8500	+	O 151.4 (CA)el	N6LXX	----------

420-450 MHz
TEXAS

Location	Output	Input	Notes	Call	Sponsor
Devine	443.9000	+	●	WB5LJZ	----------
Dickens	444.3250	+	O 162.2 WX	WX5LBB	SPSST
Doss	442.3000	+	O 162.2l	W5RP	HOTROCS
Double Mountain	443.7000	+		AI5TX	----------
Dripping Springs	444.3250	+	O 186.2 (CA)	W5MOT	CMARC
Dumas	444.3500	+	O 88.5	N5LTZ	CRI
Duncanville	441.3500	+	O 114.8	W5GSR	----------
Duncanville	441.5500	+	O 110.9	KG5LL	----------
Eagle Pass	442.1000	+	O 100.0#	N5UMJ	----------
Eastland	444.8000	+	O 107.2e WX	KB5WB	----------
Eden	443.9750	+	●	AI5TX	ARMADILLO
Edgewood	444.2000	+	O 136.5	W5EEY	----------
Egan	443.7500	+	O 110.9el	KB5YBI	Johnson Co. AR
El Campo	442.1250	+	O 103.5l	K5SOI	----------
El Campo	442.2750	+	O 103.5l WX	WB5UGT	----------
El Paso	441.7000	+	O 100a	N5ZFF	----------
El Paso	442.0000	+	Ol	K5KKO	EPDIG
El Paso	442.1000	+	O 123l	N5FAZ	EPDIG
El Paso	442.1250	+	O 103.5l	N5FAZ	RAVE RADIO
El Paso	442.2500	+	O 100l	K5WPH	SCARC MEGALI
El Paso	442.5500	+	O 100	K5JAL	JPARA
El Paso	442.6000	+		KJ5EO	EPACS
El Paso	442.8250	+	O 100l	K5ELP	----------
El Paso	443.0000	+		KJ5EO	RACES
El Paso	443.3750	+	O 100 (CA)	N6TOC	----------
El Paso	443.4000	+	O 100l	K5WPH	SCARC
El Paso	443.6500	+	●	W5DPD	MARIE
El Paso	443.7000	+	●	WB5LJO	JACKS PK
El Paso	443.9250	+	●	KA5CDJ	MARIE
El Paso	444.2000	+	O 100al	K5ELP	WTRA
El Paso	444.3250	+	O 103.5l	NB5O	ROCKET BOX
Elgin	442.8000	+	O 114.8	KC5WXT	Bastrop ARES
Euless	441.3250	+	O	KC5GVN	----------
Euless	442.9000	+	O	W5EUL	----------
Everman	441.5250	+	O 110.9	AB5XD	----------
Fabens	442.4500	+	O 203.5	W5PDC	NONE
Flatonia	443.8250	+	O 141.3	WB5UGT	SALTGRASS
Florence	442.9000	+	O 100	K5AB	----------
Floresville	441.8500	+	O 179.9	WB5LOP	----------
Flower Mound	444.8500	+	O 110.9er	N5ERS	EMERGENCY R
Floydata	444.7750	+	O 162.2l	WA5OEO	----------
Fort Davis	443.6750	+	●	AI5TX	----------
Fort Davis	444.6250	+	O 146.2 (CA)elr	AD5BB	BIGBEND ARC
Fort Davis	444.9000	+	O 146.2l	N5HYD	----------

420-450 MHz
TEXAS

Location	Output	Input	Notes	Call	Sponsor
Fort Stockton	442.8000	+	O 146.2l	KD5CCY	WTNMRG
Fort Stockton	443.6500	+	●	N5SOR	INTERTIE
Fort Stockton	444.8000	+	O 162.2	N5SOR	------------
Fort Worth	423.9750	+	●	N5UN	FW440
Fort Worth	440.5500	+	O	KB5DRP	TEXAS DISASTER R
Fort Worth	440.5875	+	O	KF5LOG	NTX DEG
Fort Worth	441.3000	+	●	W7YC	------------
Fort Worth	441.3250	+	Oar	KE5DPN	------------
Fort Worth	441.3750	+	O 110.9	KB5ZMY	HANDLEY AMATEU
Fort Worth	441.6750	+	O	K5AMM	GBARC
Fort Worth	442.1250	+	O 156.7r	KA5GFH	------------
Fort Worth	442.2000	+	O 110.9 (CA)	W5SJZ	LMRARC
Fort Worth	442.2250	+	●	K5HIT	SWAUARC
Fort Worth	443.0500	+	O 88.5	WD5GIC	NTARA
Fort Worth	443.1500	+	O 110.9	N5PMB	------------
Fort Worth	443.4500	+	●	N4MSE	NTXRA
Fort Worth	443.9250	+	●	K5SXK	INTERTIE
Fort Worth	443.9750	+	●	N5UN	FW440
Fort Worth	443.9750	+	●	N5UN	FW 440
Fort Worth	444.1000	+	O 110.9	K5FTW	FWTX VHFFM
Fort Worth	444.3000	+	O 110.9	K5MOT	------------
Fort Worth	444.5250	+	●	WB5JHR	------------
Fort Worth	444.6000	+	●	N5HKA	------------
Fort Worth	444.9000	+	O 110.9	W5NRV	NGARC
Fredericksburg	443.7000	+	●	AI5TX	ARMADILLO
Fredericksburg	444.1750	+	O 162.2	W5FJD	------------
Freeport	444.9000	+	O 141.3el	KA5VZM	BCARS
Freestone	441.8250	+	O 123	AK5G	------------
Gail	443.7500	+	O 162.2l	KK5MV	------------
Gail	444.6000	+	O 100l	N5SVF	------------
Gainesville	442.7750	+	O 100	WB5FHI	CCOARC
Gainesville	443.1250	+	O 100	K5AGG	------------
Galveston	443.1250	+	●	N5KIT	GULL
Galveston	443.2750	+	O 103.5	N5FOG	GCATS
Galveston	443.9500	+	●	AI5TX	------------
Galveston	444.9500	+	●	WB5BMB	------------
Garden City	442.9000	+	O 91.5l	KD5CCY	WTNMRG
Gardendale	442.1500	+	●	WD5MOT	MOTOWTX
Gardendale	444.4000	+	O 88.5l	N5LTZ	------------
Gardendale	444.5250	+	O 146.2lx	WR5FM	CARE WTX
Gardendale	444.8375	+	O 1lx	WD5MOT	Motorola ARC
Garland	441.3500	+	O	AB6ST	------------
Garland	441.7750	+	O 91.5rWX	KD5ZKV	------------
Garland	442.7000	+	O 110.9 (CA)er	K5QHD	GARC
George West	443.6750	+	●	KD5FVZ	INTERTIE
George West	444.9250	+	O 233.6	KC5QPP	WTNMRG
Georgetown	441.5750	+	O 100ae	N5KF	------------

TEXAS

Location	Output	Input	Notes	Call	Sponsor
Georgetown	441.6250	+	O 103.5ae	K5SCT	SCARS
Georgetown	442.2000	+	O 100	K5AB	------------
Georgetown	443.7750	+	O 131.8	KE5ZW	------------
Georgetown	444.5250	+	O 100ael	NA6M	------------
Giddings	442.5750	+	O 114.8	NE5DX	------------
Goldthwaite	442.6000	+	O 100	K5AB	------------
Gonzales	443.1500	+	O	KC5JNT	------------
Granbury	440.6500	+	O	K1DRP	TXDRP_Granbur
Granbury	442.0250	+	O 88.5 (CA)	WD5GIC	NTARA
Granbury	443.6250	+		AI5TX	------------
Grangerland	444.0750	+	O	N5QBX	------------
Grangerland	444.7000	+	O 100 (CA)	KC5DAQ	HARS
Greenville	441.6000	+	O 100	N5SN	GREENVILLE R
Greenville	443.9000	+	O 71.9	N5SN	GREENVILLE R
Halletsville	444.7500	+	O 127.3a	KC5RXW	------------
Harlingen	443.6000	+	O 114.8er	K5VCG	AK5Z
Harlingen	444.9750	+	O 114.8els WX	W5RGV	STARS
Haslet	444.3250	+	O	K9MK	------------
Haslet	444.4750	+	●	N5GRK	------------
Heath	441.3750	+	O 141.3	KK5PP	------------
Helotes	442.0000	+	O 123ae	W5ROS	ROOST
Henly	444.6750	+	O	W5IZN	------------
Henrietta	444.7250	+	O 192.8	K5REJ	CCARC
Henrietta	444.8500	+	O 192.8 (CA)	KA5WLR	------------
Hillsboro	443.2750	+	O 123aWX	WB5YFX	------------
Hollowood Park	442.2000	+	O 162.2	K5AWK	------------
Hondo	443.3500	+	O 141.3e	KD5DX	MCARC
Houston	441.5000	+	O 100	N5BET	RDL
Houston	441.5250	+	O 103.5	KD5HKQ	TARMA
Houston	441.5750	+	O 88.5	KF5AHR	------------
Houston	441.6750	+	O 88.5	W5INP	------------
Houston	441.7000	+	O	W5OMR	------------
Houston	441.7750	+	●	KD5DFB	------------
Houston	441.8750	+	O 114.8	W5ICF	------------
Houston	442.0000	+	O 103.5	K5DX	TDXS
Houston	442.0750	+	O 100	KG4BON	------------
Houston	442.4500	+	O 103.5l	WB5UGT	SALTGRASS
Houston	442.5000	+	O 123 (CA)	WA5F	RACFE
Houston	442.6000	+	O 156.7	KD5DFB	------------
Houston	442.8250	+	O 103.5al	KC5UIB	------------
Houston	442.9250	+	O 103.5	KB5IAM	HCTA
Houston	443.0750	+	O 88.5	KC5AWF	BRA
Houston	443.1000	+	O 123	K5IHK	TMBLRPTCRP
Houston	443.1750	+	O 103.5	KB5IAM	HCTA
Houston	443.2000	+	O 123 (CA) e	W5QV	------------
Houston	443.3250	+	O 103.5l	KB5FLX	ARCDCT

420-450 MHz
TEXAS

Location	Output	Input	Notes	Call	Sponsor
Houston	443.5250	+	O 136.5	AD5OU	----------
Houston	443.5750	+	O 103.5	KB5IAM	HCTA
Houston	443.6500	+	●	N5TZ	----------
Houston	443.6750	+	O 103.5#	N5TRS	----------
Houston	443.7250	+	O 146.2	KB5TFE	----------
Houston	443.7500	+	O 94.8	KB5TFE	----------
Houston	443.8250	+	O 103.5l WX	WB5UGT	SALTGRASS
Houston	443.9000	+	O 77	K1BDX	----------
Houston	443.9000	+	O 114.8	K1BDX	----------
Houston	444.0250	+	O 156.7l	W5JSC	----------
Houston	444.2000	+	O 114.8e	W5AVI	----------
Houston	444.2250	+	O 103.5	KR5K	----------
Houston	444.2500	+	●	WD5X	----------
Houston	444.2500	+	●	WD5KCX	----------
Houston	444.3000	+	O 100l	N5XWD	TRS
Houston	444.3250	+	●	KB5OVJ	----------
Houston	444.3750	+	O 103.5	KA5AKG	----------
Houston	444.4000	+	O 103.5	WD5BQN	ECHO
Houston	444.4500	+	O 103.5 (CA)	K5WH	COMPAQ
Houston	444.5000	+	O 103.5	WB5CEM	----------
Houston	444.5500	+	O 123	W5RPT	MERA
Houston	444.6000	+	O 71.9lWX	WR5AAA	HRRC
Houston	444.6250	+	●	WB5ZMV	----------
Houston	444.7250	+	O 103.5203.5	WB5UGT	----------
Houston (West)	444.2500	+	●	W5TMR	----------
Humble	443.5500	+	O 103.5el	W5SI	TEAC
Huntsville	442.8500	+	O 127.3e	W5SAM	W.C. ARES
Huntsville	443.9750	+	●	AI5TX	----------
Hurst	442.8500	+	O 110.9	KM5HT	Hurst ARC
Hurst	443.5750	+	O 110.9l	WB5TCD	----------
Idalou	443.0000	+	O 67ae	N5TYI	----------
Idalou	443.2750	+	O 107.2	KC5MVZ	----------
Ingram	443.9250	+	●	AI5TX	----------
Iraan	443.9500	+	●	AI5TX	----------
Irving	442.3750	+	O 110.9	WA5CKF	Irving ARC
Irving	442.6750	+	O 110.9	WA5CKF	IRVINGARC INC.
Irving	444.8000	+	O 110.9e WX	AL7HH	----------
Jacksonville	444.5250	+	O 136.5	K5JVL	CCARC
Jasper	442.2000	+	O 192.8l	W5JAS	LAARC
Jasper	444.5500	+	O 118.8	W5JAS	LAARC
Johnson City	440.6250	+	O 146.213	KR4K	----------
Joshua	444.1250	+	O 88.5e	KB5YBI	JCARC
Junction	443.6500	+	●	AI5TX	----------
Katy	441.9750	+	O 123	W5EMR	----------
Katy	442.3250	+	O 103.5	KB5FLX	ARCDT

420-450 MHz   TEXAS

Location	Output	Input	Notes	Call	Sponsor
Katy	442.3500	+	O 103.5e	WD8RZA	----------
Katy	444.0750	+	O 103.5l	WB5UGT	SALTGRASS
Katy	444.9250	+	O 123	K5ILS	----------
Kaufman	440.6500	+	O	KA5DRP	Texas Disaster R
Keene	443.1250	+	O 110.9e	KC5PWQ	----------
Keller	443.1750	+	O 100	NT5J	TRS
Kempner	443.3750	+	O 88.5	KD5CO	----------
Kent	443.9250	+	●	KE5PL	ARMADILLO
Kent	444.0250	+	O 146.2lx	WR5FM	CARE WTX
Kerrville	443.6250	+	●	K5ZZT	INTERTIE
King Mountain	444.9250	+	O 146.2l	KB5MBK	----------
Kingsville	444.2250	+	O 107.2el	WA5SWC	----------
Kingwood	444.8250	+	O 103.5	W5SI	TEAC
La Feria	442.1000	+	O 114.8	WD5KBZ	NONE
La Grange	443.7000	+	●	AI5TX	----------
La Grange	444.7250	+	O 141.3l WX	WB5UGT	SALTGRASS
La Marque	442.0250	+	O 103.5e	K5BS	TARS
Lago Vista	444.8500	+	O 103.5	KC5WLF	----------
Lakeway	444.4000	+	O 103.5	WB5PCV	----------
Lamesa	442.7000	+	O 91.5l	KD5CCY	WTNMRG
Lamesa	443.5000	+	●	KE5PL	----------
Lamesa	444.7500	+	O 162.2l	K5WTC	WTXC
Lamesa	444.9500	+	O 100	N5SVF	----------
Lampasas	443.6500	+	●	KE5ZW	ARMADILLO
Lampasas County	444.4250	+	O E-SUN	K6STU	----------
Laredo	440.6000	+	O	KE5WFB	DCC
Laredo	442.3000	+	●	N5LNU	----------
Laredo	442.7000	+	88.5ax	N5LNU	RRGRC
Laredo	444.1500	+	O 100elr WX	W5EVH	----------
League City	442.2250	+	O 131.8ex	WR5GC	GCECG
Leander	441.6000	+	O 100e	KE5RS	----------
Levelland	441.5000	+	O 67a	KB5STL	----------
Levelland	442.0000	+	O 67a	N5SOU	----------
Levelland	443.1250	+	O 103.5e	W5CP	EDXS
Levelland	443.1500	+	O 136.5 (CA)	KC5TAF	----------
Levelland	444.3750	+	O 162.2l	WA5OEO	----------
Little Elm	444.3500	+	O	WA5YST	----------
Littlefield	444.8500	+	O 162.2l	WA5OEO	----------
Live Oak	444.9750	+	O 100e	KE5BWO	----------
Livingston	442.3000	+	O 146.2	WA5QLE	----------
Livingston	443.1250	+	O 103.5l WX	WB5UGT	SALTGRASS
Llano	443.5000	+	●	AI5TX	----------
Lockhart	444.3000	+	O 203.5l	WB5UGT	SALTGRASS
Longfellow	443.9750	+	●	WX5II	INTERTIE

620 420-450 MHz
TEXAS

Location	Output	Input	Notes	Call	Sponsor
Longview	444.7250	+	O 136.5 WX	KD5UVB	GCEC
Los Fresnos	444.5000	+	●	K5RGV	K5RGV
Lubbock	441.6750	+	O 97.4	W5WAT	----------
Lubbock	441.9750	+	O 97.4	W5WAT	----------
Lubbock	442.1750	+	O 97.4	W5WAT	----------
Lubbock	442.4750	+	O 97.4	K5WAT	----------
Lubbock	443.0750	+	O 88.5	K5LIB	LARC
Lubbock	443.9250	+	O	AI5TX	----------
Lubbock	444.0000	449.9000	O 118.8r	WB5BRY	CRRC
Lubbock	444.0250	+	O 146.2lx	WR5FM	CARE WTX
Lubbock	444.1000	+	O 146.2	K5TTU	TTARC
Lubbock	444.4500	+	O 114.8	KZ5JOE	----------
Lubbock	444.5000	+	O 118.8e	WB5BRY	CRRC
Lubbock	444.6250	+	O 118.8e	KC5OBX	----------
Lubbock	444.9000	+	O 162.2	KA5ETX	CERT
Lubbock	444.9750	+	O 162.2l	WA5OEO	----------
Lufkin	444.1000	+	O 91.5	KD5NWH	----------
Lufkin	444.4250	+	O 203.5l	WB5UGT	SALTGRASS
Lufkin	444.5750	+	O 107.2el	KB5LS	LSARC
Lufkin	444.9000	+	O 107.2	KD5TD	----------
Lufkin	444.9750	+	O 107.2ers	W5IRP	DETARC
Madisonville	442.4750	+	O 85.4a	KK5Z	----------
Magnolia	441.6000	+	O 127.3 (CA)	KB5FLX	----------
Magnolia	442.9500	+	O 123	W5JON	----------
Magnolia	443.0250	+	O 103.5	KB5FLX	ARCDT
Magnolia	443.1500	+	O 203.5	W5QOD	INTERCONNECT TE
Magnolia	443.8500	+	O 156.7	W5JSC	----------
Magnolia	444.6750	+	O 192.8	KD0RW	----------
Manchaca	442.3250	+	O 167.9	KE5AST	----------
Manor	442.4250	+	O 100e	KI4MS	----------
Marathon	443.5000	+	●	AI5TX	----------
Marathon	448.0000	−	Oelr	AD5BB	BIGBENDARC
Marble Falls	442.8500	+	O 103.5	K5WGR	----------
Markham	444.7000	+	O 146.2	WA5SNL	MCARC
Marshal	443.1750	+	O	KB5TSY	----------
Marshall	444.1500	+	O	KB5MAR	Marshal ARC
Mcallen	444.3000	+	O 114.8ls WX	W5RGV	STARS
Mccamey	443.4750	+	Ol	KK5MV	----------
Mccamey	444.7000	+	●	N5SOR	----------
Mcelroy Mt	442.4000	+	O 146.2l	KD5CCY	BEAN
Mcelroy Mt	443.9500	+	O	N5HYD	INTERTIE
Mckinney	442.3500	+	O 100	KF5TU	PAGER
Mckinney	442.5750	+	O 127.3elx	N5GI	N. Texas Repeater A
Melissa	443.2000	+	O 100e	W5MRA	MERA
Mesquite	441.3000	+	O 110.9 (CA)r	AK5DX	----------

TEXAS

Location	Output	Input	Notes	Call	Sponsor
Mesquite	442.6250	+	O 110.9 (CA)	AK5DX	------------
Mesquite	443.3750	+	O 162.2er WX	N5AIB	------------
Mesquite	444.4250	+	O 156.7l WX	KA5PQK	------------
Miami	444.8500	+	O 88.5l	N5LTZ	CRI
Midland	441.7000	+	O	W5QGG	MARC
Midland	441.9250	+	O 162.2	W5MDS	ARES
Midland	442.0250	+	O 162.2	N5MXE	
Midland	442.2000	+	O 162.2l	W5LNX	SWLS
Midland	442.9750	+	O 162.2e	K5PSA	PSARAPB
Midland	443.2750	+	O 162.2	N5XXO	
Midland	443.3000	+	O 123	W5WRL	
Midland	443.4000	+	O	KD5CCY	WTNMRG
Midland	443.5750	+		KE5PL	------------
Midland	443.6500	+	●	KE5PL	ARMADILLO
Midland	443.7250	+		N5SOR	INTERTIE
Midland	443.8000	+	O 162.2e	KK5MV	NONE
Midland	443.9750	+	●	KE5PL	ARMADILLO
Midland	444.2000	+	O 162.2	W5QGG	MARC
Midland	444.6000	+	O 146.2l	KB5MBK	------------
Midland	444.7750	+	O 88.5	W5UA	WTDXA
Mineral Wells	442.7000	+	O 85.4	WB5TTS	------------
Missouri City	444.0000	+	O	W5XC	
Missouri City	444.1500	+	O 103.5	W5XC	CYPRESS
Mont Belvieu	441.8000	+	O 103.5	KK5XQ	CCOEM
Montgomery	441.7250	+	O 103.5	WA5AIR	SALTGRASS
Moody	443.9250	+	●	AI5TX	
Moulton	444.4750	+	O 127.3 (CA)	KC5RXW	------------
Mound Creek	441.9250	+	●	WD5IEH	
Mount Pleasant	442.1000	+	O 173.8l	KA5FGJ	RAILS
Mount Pleasant	444.9500	+	O 151.4l	W5XK	ETXARC
Murphy	441.7000	+	●	AA5BS	
Nacogdoches	443.9500	+		KD5MBZ	------------
Nacogdoches	444.0500	+	O 141.3e	W5NAC	NARC
Nassau Bay	442.4750	+	O	NB5F	BAARC
New Braunfels	443.5000	+	O 146.2l	WD5IEH	
New Braunfels	443.8500	+	O 103.5	WB5LVI	
New Waverly	442.2750	+	●	NA5SA	
New Waverly	442.7250	+	O 103.5l	WA5AIR	SALTGRASS
North Richland Hills	441.7500	+	O 100	K5NRH	N. Richland Hills
North Richland Hills	443.6000	+	O 110.9	W5URH	------------
Notrees	442.5000	+	O 162.2l	N5SOR	WTC
Notrees	442.6000	+	O 146.2l	KB5MBK	------------
Notrees	443.7000	+	●	AI5TX	------------

622 420-450 MHz
TEXAS

Location	Output	Input	Notes	Call	Sponsor
Notrees	444.6750	+	O 162.2l	N5XXO	SWLS
Oak Ridge North	441.3250	+	O 123	KW5O	----------
Odessa	441.9000	+	O 173.8	N5MW	----------
Odessa	442.3000	+	O 91.5l	KD5CCY	WTNMRG
Odessa	443.6250	+	●	KE5PL	Armadillo
Odessa	444.1000	+	O 162.2el	W5CDM	WTC
Odessa	444.2375	+	O 71	KA3IDN	----------
Odessa	444.4250	+	O 162.2	WT5ARC	WTARC
Odessa	444.9750	+	O 179.9el	K5PSA	PSARAPB
Onalaska	443.0250	+	O 67	WB5HBU	----------
Ovalo	444.9750	+	O 103.5e	KD5YCY	----------
Ozona	443.6250	+	●	KE5PL	----------
Palestine	442.3750	+	O 136.5	KR5Q	----------
Palestine	444.6000	+	O 103.5e	K5PAL	PACARC
Pampa	444.4000	+	O 88.5l	N5LTZ	CRI
Pandale	443.9250	+	●	WB5TZJ	----------
Paradise	441.9250	+	O 173.8	KJ5HO	----------
Paris	442.1250	+	O 151.4e	N4RAP	RRVARC
Paris	444.4750	+	O	KI5DX	----------
Paris	444.5000	+	●	N4RAP	RAILS
Pasadena	441.6250	+	O 103.5 (CA)	KD5HKQ	TARMA
Pasadena	442.3750	+	●	WA5LQR	----------
Pasadena	443.3750	+	O 123	KD5HKQ	TARMA
Pasadena	443.4500	+	O 114.8	WB5ZMY	PASADENA OEM
Pasadena	444.2750	+	O 103.5ae WX	W5PAS	PECG
Pearland	441.9250	+	●	N5KJN	----------
Pearland	443.0500	+	O 167.9	K5PLD	PARC
Penwell	443.6750	+	OBI	N5SOR	INTERTIE
Penwell	444.5750	+	O 146.2lx	WR5FM	----------
Pflugerville	441.8250	+	O 114.8	KC5CFU	----------
Pflugerville	444.3500	+	●	K5UUT	----------
Pine Springs	444.0500	+	●	N5SOR	ZIA
Pipe Creek	442.3750	+	O 156.7 (CA)	WD5FWP	BARK
Plainview	441.5750	+	O 156.7l	WR5FM	CARE WTX
Plainview	443.9500	+	●	AI5TX	ARMADILLO
Plano	441.3000	+	O 179.9 WX	N5UIG	----------
Plano	443.6500	+	●	AI5TX	----------
Plano	444.1750	+	●	W5SUF	----------
Plantersville	444.9000	+	O 100	KF5GXZ	----------
Pleasanton	443.9750	+	OBI	NU5P	INTERTIE
Plum Grove	444.1750	+	O 103.5el	WB5UGT	SALTGRASS
Port Aransas	444.1000	+	O 107.2l	KG5BZ	----------
Port Arthur	444.8000	+	O 118.8e	KC5YSM	----------
Port Lavaca	442.6750	+	O 103.5	W5KTC	PLARC
Portable	440.6000	+	Oar	K5MIJ	ROCKWALL DIGITAL

420-450 MHz
TEXAS

Location	Output	Input	Notes	Call	Sponsor
Potosi	443.1000	+	O 88.5e	KD5YCY	----------
Prosper	442.0500	+	●	N5TPS	----------
Ranger	443.6750	+	●	AI5TX	----------
Ranger	444.9500	+	O 88.5	K6DBR	----------
Rankin	443.9250	+	●	KE5PL	ARMADILLO
Refugio	443.0500	+	O 103.5ex	K5WAG	RCARC
Refugio	443.8750	+	O 103.5	AD5TD	----------
Richardson	441.8750	+	O 131.8a	W5ROK	RCARC
Richardson	442.8000	+	O 110.9	W5VV	ALCATEL
Richardson	443.3250	+	O 110.9 (CA)e	NT5NT	NNARC
Richardson	444.0250	+	O 110.9l	WX5O	----------
Richardson	444.3750	+	O	N5GI	----------
Richardson	444.6750	+	O	N5UA	DFW Remote Ba
Richland Hills	441.8500	+	O 110.9elr	N5VAV	----------
Richmond	444.5250	+	O 123erwX	KD5HAL	FBCOEM
Rio Medina	443.0000	+	●	W5TSE	----------
Rockwall	440.6750	+	Oar	W5MIJ	TEXAS INTERC
Rockwall	441.5250	+	O 141.3er	KK5PP	----------
Rockwall	442.2500	+	●	N5MIJ	----------
Rockwall	443.5500	+	O 162.2e	K5GCW	----------
Rosenberg	442.5500	+	●	WB5TUF	----------
Rosharon	441.9500	+	O 167.9e WX	N5QJE	----------
Round Rock	441.7000	+	O 110.9	KM5MQ	RRARE
Round Rock	442.8250	+	O 114.8	W5TEY	----------
Round Rock	443.1000	+	O 110.9	N5ECG	----------
Round Rock	443.6750	+	●	AI5TX	----------
Round Rock	444.8750	+	O 88.5e	WD5EMS	----------
Rowlett	441.3250	+	O 162.2er WX	AB5U	----------
Rowlett	441.9500	+	O 110.9elr	AB5U	----------
Saginaw	441.9750	+	O	N5GMJ	----------
Saint Hedwig	444.0750	+	O 123	WA5FSR	SHARC
San Angelo	441.7500	+	O 162.2l WX	KC5EZZ	----------
San Angelo	442.2500	+	O 162.2	W5RP	----------
San Angelo	443.7000	+	●	AI5TX	----------
San Angelo	444.1250	+	O 71.9l	KC5EZZ	----------
San Angelo	444.2250	+	O 162.2el WX	KC5EZZ	----------
San Angelo	444.3500	+	O 162.2el	N5SVK	----------
San Antonio	441.5500	+	O	KD5GDC	----------
San Antonio	441.9000	+	O 103.5	KE5HBB	----------
San Antonio	442.0750	+	O 100	W5SC	SARC
San Antonio	442.1250	+	O 127.3 (CA)	KD5GSS	----------
San Antonio	442.3750	+	O 141.3 (CA)	WD5FWP	----------

420-450 MHz
TEXAS

Location	Output	Input	Notes	Call	Sponsor
San Antonio	442.6250	+	O 127.3	KB5ZPZ	----------
San Antonio	442.8750	+	O 82.5	K5RTO	PERSONAL
San Antonio	443.0250	+	O 315	N5XO	----------
San Antonio	443.4000	+	O 88.5 (CA)	KD5GAT	SAHARA
San Antonio	443.4750	+	O 162.2l	WB5FNZ	----------
San Antonio	443.5500	+	O 141.3	WA5LNL	----------
San Antonio	443.5750	+	O 141.3 E-SUNl	WD5IEH	----------
San Antonio	443.6250	+	O 123el	WA5DXJ	----------
San Antonio	443.6750	+	●	AI5TX	----------
San Antonio	443.7000	+	●	W5FQA	INTERTIE
San Antonio	443.7250	+	OBl	WX5II	Intertie
San Antonio	443.8750	+	O 162.2l	AA5RO	AARO
San Antonio	443.9000	+	●	WB5LJZ	----------
San Antonio	443.9500	+	●	WX5II	INTERTIE
San Antonio	444.0250	+	O	K5DSF	----------
San Antonio	444.1000	+	O 179.9ae	WB5FWI	SARO
San Antonio	444.1250	+	O	K5SUZ	SARO
San Antonio	444.2000	+	●	WR5Q	----------
San Antonio	444.2500	+	O(CA)	KJ5UU	SAARMI
San Antonio	444.3250	+	●	W5DKK	----------
San Antonio	444.5750	+	O 141.3l	WB5UGT	SALTGRASS
San Antonio	444.6000	+	O 141.3	AB5QW	----------
San Antonio	444.6250	+	O 141.3el	WD5IEH	----------
San Antonio	444.9500	+	O 103.5l	WA5KBQ	----------
San Marcos	443.5250	+	O 114.8	AE5BA	----------
San Marcos	443.6500	+	●	AI5TX	----------
Santa Anna	444.4500	+	O 94.8	N5RMO	COLEMAN ARC
Santa Fe	443.4750	+	●	N5NWK	----------
Santa Maria	444.2750	+	O 114.8els WX	W5RGV	STARS
Schertz	443.3250	+	O 118.8	K9CTF	----------
Schertz	444.8250	+	O 172e	W5TXR	----------
Schertz	444.8750	+	O 100 (CA)	KB5MXO	SCTA
Seabrook	443.2500	+	O 127.3e	KE5VJH	----------
Seguin	441.7250	+	O 156.7e	K5RGD	----------
Seguin	442.2250	+	O 141.3alx	W5CTX	----------
Seguin	444.0000	+	O	W5WD	CRC
Seminole	443.2000	+	O 91.5	KD5CCY	WTNMRG
Seminole	444.0500	+	O 146.2lx	WR5FM	CARE WTX
Seymour	444.9250	+	O 192.8	N5LEZ	----------
Sheffield	443.5000	+	●	N5SOR	INTERTIE
Sherman	444.7500	+	O 100	W5RVT	SHERMAN
Shiner	443.4500	+	O 141.3el	WD5IEH	----------
Shiner	444.2750	+	O 141.3	W5CTX	----------
Slidell	442.9250	+	O 110.9 WX	W5FKN	LTARC
Smyer	442.0750	+	O 146.2	KB5MBK	HTI
Snook	441.5000	+	O 103.5	W5FFP	----------

420-450 MHz
TEXAS

Location	Output	Input	Notes	Call	Sponsor
Snyder	443.6250	+	●	AI5TX	-------------
Sonora	443.9750	+	●	N5SOR	INTERTIE
Southlake	442.1750	+	O	N1OZ	-------------
Southlake	443.0750	+	O	N5LLH	-------------
Speaks	442.5250	+	●	K5SOI	-------------
Spearman	442.0000	+	O 88.5el WX	N5DFQ	DUST BOWL LIN
Spring	441.3750	+	O 100	KC2EE	-------------
Spring	441.5250	+	O 151.4 (CA)	KC5DAQ	HARS
Spring	442.6750	+	O 103.5l	KB5FLX	ARCDCT
Spring	442.7000	+	O 103.5l WX	WA5AIR	SALTGRASS
Spring	442.8000	+	O 88.5e	K5JLK	SMCARC
Spring	444.3500	+	O 103.5	KA2EEU	-------------
Stephenville	444.7750	+	O 88.5	AB5BX	RAILS
Sterling City	441.5750	+	O 156.7lx	WR5FM	CARE
Sterling City	443.6750	+	●	AI5TX	ARMADILLO
Stinnett	443.2000	+	O 88.5el WX	N5DFQ	DUST BOWL LIN
Sugarland	443.0000	+	●	KC5EVE	-------------
Sugarland	444.4750	+	O 173.8e	W5KDE	-------------
Sulphur Springs	444.8250	+	●	K5SST	-------------
Sundown	444.7250	+	●	KD5SHB	-------------
Sweet Home	442.0500	+	O 103.5	K5SOI	K5SOI
Sweet Home	443.8250	+	O 203.5	WB5UGT	-------------
Sweetwater	443.6500	+	●	AI5TX	-------------
Sweetwater	444.7750	+	O 162.2el	KE5YF	NCARA
Tabor	443.5250	+	O 127.3e	KD5DLW	-------------
Taft	444.2000	+	O 103.5	W5CRP	W5CRP
Taft	444.8000	+	O 107.2ex	K5YZZ	-------------
Temple	444.7000	+	O 123	W5LM	TARC
Texas City	443.8500	+	O 156.7	W5JSC	-------------
Texas City	444.9250	+		WB5BMB	-------------
The Woodlands	443.2250	+	O 203.5	KC0EJX	NSLS
The Woodlands	443.3000	+	O 203.5l	KC0EJX	NSLS
Timpson	444.6750	+	O 107.2e	KK5XM	-------------
Tom Bean	441.6500	+	●	N5MRG	NTRS
Trinity	444.9250	+	O 103.5	N5ESP	-------------
Trophy Club	441.3500	+	O	KA5R	Alliance ARC
Tuxedo	442.0250	+	88.5	KD5YCY	BCARN
Tyler	444.4000	+	O 110.9elrx	K5TYR	TYLER ARC
Tyler	444.7500	+	O 110.9e	WB5UOM	-------------
Tyler	444.8500	+	O	W5ETX	ETECS
Universal City	444.5500	+	O(CA)	WA5VAF	-------------
Van Alstyne	443.8000	+	O 103.5e	W5VAL	VARC
Vanhorn	444.9500	+	O 162.2l	N5SOR	-------------
Venus	443.7750	+	O 110.9l	WS5J	JARS

626 420-450 MHz
TEXAS

Location	Output	Input	Notes	Call	Sponsor
Vernon	444.1500	+	O 192.8	NC5Z	-------------
Victoria	443.2250	+	O 141.3el	WD5IEH	-------------
Victoria	443.5500	+	O 103.5ax	KC5WUA	-------------
Victoria	443.8000	+	O 103.5e	W5DSC	VARC
Victoria	443.9750	+	●	WD5IEH	INTERTIE
Victoria	444.6500	+	O 103.5	K5SOI	K5SOI
Victoria	444.6750	+	O 162.2	WB5MCT	-------------
Vidor	443.6750	+	●	AI5TX	-------------
Waco	442.4500	+	Oa	WA5BU	BARC
Waco	442.8750	+	O 123	W5ZDN	HOTARC
Waco	444.1500	+	O 123	AA5RT	-------------
Waco	444.7250	+	O 123	AA5RT	SV70RC
Walburg	443.3000	+	O 88.5	K5AB	-------------
Watauga	444.5750	+	O 110.9	W7YC	-------------
Watauga	444.6250	+	O	W5URH	-------------
Waxahachie	441.6500	+	O 110.9	N5OUW	-------------
Wayside	442.3250	+	O 146.2lx	WR5FM	C.A.R.E.
Wayside	443.4000	448.3000	O 146.2lx	WR5FM	C.A.R.E.
Wayside	443.9750	+	●	N5LTZ	ARMADILLO
Wayside	444.5750	+	O 88.5l	N5LTZ	CRI
Weatherford	440.6125	+	Oar	KT5DRP	TXDRP
Weatherford	442.4500	+	O 156.7l	KA5PQK	-------------
Weatherford	443.2500	+	O 110.9l	W5URH	-------------
Weatherford	443.7000	+	●	AI5TX	-------------
Weatherford	443.8000	+	O 110.9	W5URH	-------------
Weatherford	444.1750	+	●	W5SUF	-------------
Weatherford	444.2750	+	O 103.5	W0BOE	-------------
Weatherford	444.7500	+	O 110.9ae	K5RNB	-------------
Webster	442.8750	+	●	N5JJY	-------------
Webster	442.9750	+	●	KE5LYY	GULLS
Weslaco	444.2000	+	O 114.8	KC5WBG	-------------
West Columbia	443.6250	+	●	AI5TX	-------------
Wharton	444.1250	+	O 167.9	W5DUQ	Golden Crescent AR
Wharton	444.6500	+	O 203.5l	WB5UGT	SALTGRASS
Whitney	442.2000	+	O 103.5	W5WK	-------------
Whitney	444.6750	+	O	K5AQL	Burks
Wichita Falls	442.5250	+	O 192.8	W5DAD	-------------
Wichita Falls	444.0000	+	O 192.8 (CA)	N5WF	Morton
Wichita Falls	444.2000	+	O 118.8	WB5ALR	TFR GROUP
Wichita Falls	443.3250	+	O 192.8	K5WFT	-------------
Wichita Falls	444.7500	+	O 192.8	KD5INN	-------------
Wichita Falls	444.7750	+	O 173.8	K5HRO	-------------
Wichita Falls	444.8000	+	O 192.8 WX	W5GPO	-------------
Wichita Falls	444.9750	+	O 192.8	N5LEZ	-------------
Willis	442.6250	+	O 156.7	W5JSC	-------------
Wimberley	442.5500	+	O 141.3el	W5CTX	WARS
Wimberley	444.1500	+	O 114.8 (CA)	WA5PAX	-------------

420-450 MHz 627
TEXAS-UTAH

Location	Output	Input	Notes	Call	Sponsor
Woodlands	444.1000	+	O/136.5 E-SUN	THE	W5WFD
Wortham	443.9000	+	O 136.5	KE5DFY	----------

UTAH
FREQUENCY USAGE
Statewide	446.0000	446.0000	O	SIMPLEX	
Statewide	446.5000	446.5000	O	SIMPLEX	
Statewide	447.8000	447.8000	O	SIMPLEX	
Statewide	448.5000	448.5000	O	SIMPLEX	
Statewide	449.2500	−	O	SHARED	

CENTRAL
East of Holden	449.3000	−	O 88.5 RBx	WB7REL	W7DHH
Fairview	449.0250	−	Oex	WA7X	----------
High Top	449.2500	−	O 131.8 L(145.29)x	WB7REL	----------
Horseshoe	447.3000	−	O 131.8 L(223.92)x	WB7REL	----------
Manti	448.2750	−	O 107.2a L(146.66)	WB7REL	----------
Manti	448.9750	−	●lx	WA7FFM	DARS
Manti	449.7500	−	O 131.8a (CA)	N7YFZ	----------
Marysvale	449.8000	−	Ox	N7ZSJ	----------
Richfield	447.4500	−	O 114.8 L(146.72)x	W7DHH	----------
Salina	447.1500	−	ORBx	KD7YE	WB7REL
Sterling	447.8500	−	O 131.8	WB7REL	----------

NORTH
Bear Lake	448.4500	−	O 123.0	K7OGM	BEARS
Bear Lake	448.9750	−	●l	K7OGM	DARS
Bear Lake	449.7000	−	O 100	K7OGM	----------
Logan	447.0000	−	O	WA7MXZ	----------
Logan	449.3250	−	O 156.7 A(*007/#)	N7RRZ	----------
Logan	449.6250	−	O 103.5a (CA) L(147.26/145.31/146.72)x	AC7O	BARC
Preston ID	448.7500	−	O 88.5	KE7EYY	----------
Riverside	449.5750	−	OL(449.8) RB	WA7KMF	BARC
Thiokol	448.3000	−	O 123a L(145.29/145.43 123)	KK7DO	GSARC
Wellsville	449.8000	−	O 103.5	WA7KMF	BARC

NORTHEAST
Vernal	449.7000	−	O 136.5	W7BYU	W7BYU

PRICE
Castledale	447.6250	−	O 100lx	K7YI	----------
Castledale	447.7000	−	O 88.5a (CA)x	WX7Y	----------

628 420-450 MHz
UTAH

Location	Output	Input	Notes	Call	Sponsor
Castledale	448.5500	–	O 88.5 RBx	WX7Y	N7QLO
Cedar Mtn	447.1250	–	● 100lx	K7YI	------------
Helper	447.0250	–	O 88.5lx	K7SDC	N7TAG
Indian Canyon	447.3250	–	O 114.8	N7KYY	------------
Price	448.3000	–	O 88.5	W7CEU	------------
Price	449.3500	–	O	KA7LEG	------------
Scofield	448.9000	–	OL(147.34) x	KF7OY	------------
Sunnyside	449.0500	–	O 88.5a (CA) L(147.32) RBx	K7SDC	SDARC
SOUTH					
Kanab	449.8500	–	O	W7NRC	------------
Kanab	449.8750	–	O	WI7M	------------
Page AZ	448.7500	–	Ox	NA7DB	------------
Page, Az	449.9250	–	Ox	W7CWI	LPARG
SOUTH EAST					
Mexican Hat	449.9000	–	O 123 E-SUN	KD7HLL	------------
Moab	449.1000	–	●lx	K7QEQ	GMRA
Monticello	447.1000	–	O 107.2lx	N0NHJ	------------
Monticello	447.4000	–	●lx	K7QEQ	GMRA
SOUTH WEST					
Black Hill	449.9750	–	Oa	NR7K	------------
Cedar City	448.1000	–	O	N7DZP	------------
Cedar City	448.4000	–	O 100eRBx	WA7GTU	------------
Cedar City	448.6500	–	●lRBx	KB6BOB	DARS
Cedar City	449.5000	–	O 100 RB	WA7GTU	------------
Cedar City	449.9000	–	O 100 RB	WA7GTU	------------
Kolob Peak	448.5000	–	O	K7WS	------------
Milford	448.6750	–	●elx	K7JL	DARS
Seegmiller	449.3250	–	Ox	NR7K	------------
St George	446.7000	446.7000	Oa	KA7STK	------------
St George	448.6250	–	●	KD7YK	DARS
St George	448.7250	–	O	WB6TNP	------------
ST George	449.3500	–	Os	KI2U	------------
St George	449.4250	–	O 203.5a (CA)	KA7STK	------------
St George	449.5250	–	O 100 A(*123) (CA)	KA7STK	------------
St George	449.7000	–	O 100	K7SG	------------
St George	449.7250	–	Oa	KD7YK	------------
St George	449.7500	–	O 123	W7AOR	N7ARR
Webb Hill	449.9500	–	O	NR7K	------------
STATEWIDE					
Statewide	447.5750	–	Op	WA7GTU	------------
WASATCH FRONT					
Alpine	449.3750	–	O	N7XHO	------------
Antelope Is	447.2000	–	O 127.3x	K7DAV	DCARC
Bountiful	447.2250	–	● 156.7	N7TDT	------------

420-450 MHz
UTAH

Location	Output	Input	Notes	Call	Sponsor
Bountiful	447.4250	–	O 192.8	KD7RTO	
Bountiful	447.6500	–	O 123p	W7CWK	
Bountiful	448.8000	–	● 88.5 RB	KA7SLC	RMRA
Bountiful	449.3500	–	O 123	W7CWK	
Bountiful	449.9250	–	O 100eRBx	K7DAV	DCARC
Brighton	449.5250	–	O 131.8e L(147.2)x	K7JL	
Clearfield	447.1500	–	O 114.8	KR7K	
Clearfield	447.3250	–	O 118.8	W7UTA	
Clearfield	447.3500	–	O	N7CRG	CSERG
Clearfield	448.8250	–	O 123e	KØNOD	CSERG
Clearfield	449.9500	–	O 123	NJ7J	
Clinton	447.0500	–	O 114.8a RB	KK7AV	
Coalville	448.6500	–	●x	WA7GIE	DARS
Coalville	448.9000	–	ORBx	WB7TSQ	
Coalville	449.5500	–	O 100x	WA7GIE	
Draper	447.0000	–	O 123.0	KE7QGT	
Draper	447.3750	–	O	AA7XY	
Draper	448.3500	–	Oe	N7GAD	
Eden	447.6000	–	O	KJ7YE	
Erda	447.3000	–	O 88.5	N7SLC	
Eureka	448.2250	–	O 146.2ax	KC7MVI	UVCC
Farmington	449.7000	–	O 100	K7DOU	DCARC
Grantsville	447.4750	–	O 114.8	KK7AV	
Huntsville	448.0250	–	O 123	W7DBA	
Kamas	448.7500	–	● 100l	WA7GIE	DARS
Lake Mtn	449.9750	–	O 131.8ex	K7UCS	UTCOARES
Layton	449.2500	–	O 100	AI7J	SNP
Layton	449.8750	–	O 167.9x	W7MVK	
Lehi	447.6000	–	O 162.2	KD7RBR	
Lehi	448.2000	–	O 123 L(224.560 HF)sx	KB7M	
Lehi	448.7000	–	O 114.8e	N7IMF	
Lehi	448.8750	–	O 100x	WB7RPF	ERC
Midway	449.9500	–	O	N7ZOI	
Murray	447.0250	–	O 100	WØHU	SLCO ARES
Murray	447.2500	–	O 100.0es	KE7LMG	SLCO ARES
Murray	448.1250	–	O 192.8a (CA)	N7HIW	
Murray	448.8250	–	O	N7TGX	
Ogden	448.2750	–	O 107.2x	WB7TSQ	
Ogden	448.5750	–	O 100	W7SU	OARC
Ogden	448.6000	–	O 123	W7SU	OARC
Ogden	449.6000	–	O 136.5 E-SUNx	AI7J	
Ogden	449.7750	–	OE-SUN L(447.775) RB	N7TOP	
Orem	447.2750	–	O 100e	K7UCA	UTCOARES

630 420-450 MHz
UTAH

Location	Output	Input	Notes	Call	Sponsor
Orem	449.5750	–	Op	N7FOC	----------
Park City	447.5000	–	Oe	NZ6Z	----------
			L(145.23)		
Park City	448.4750	–	O	KB7HAF	----------
Payson	447.0000	–	O	NV7V	----------
Payson	447.1250	–	O 100es	K7UCA	UTCOARES
Payson	448.0250	–	O 131.8 RB	N7HMF	----------
Payson	448.9500	–	O	WA7FFM	----------
Payson	449.2250	–	O 100e	K7MLA	ERRS
Pleasant Grove	449.3250	–	O 114.8	N7UEO	----------
Powder Mtn	447.7750	–	O 123	N7TOP	----------
			L(449.775)x		
Provo	447.4250	–	O	N7EVC	----------
Provo	448.3250	–	● 103.5ex	K7UCS	UTCOARES
Provo	448.9000	–	Op	KF7OY	----------
Provo	449.1750	–	O 131.8	KA7EGC	----------
Provo	449.2000	–	Oep	WA7FFM	----------
Provo	449.4750	–	O 100	WA7GIE	----------
			L(449.425)x		
Provo	449.6750	–	● 173.8ae	K7UCS	UTCOARES
			L(147.28/448.325)		
Provo	449.8250	–	O 167.9	KB7YOT	----------
Provo	449.8500	–	O	WA7FFM	UVRMC
Provo BYU	449.0750	–	O 167.9	N7BYU	KI7TD
Riverdale	449.0750	–	O 123l	W7RSS	----------
Salem	447.0750	–	O 131.8	N7FQ	----------
Salt Lake	433.6000	423.6000	O 100	WA7GIE	----------
Salt Lake	445.1000	445.1000	OaelRBxz	WB6CDN	IREAN
Salt Lake	447.1750	–	Op	W7SAR	----------
Salt Lake	447.5250	–	O 107.2	K2NWS	----------
			WXx		
Salt Lake	447.9000	–	O 114.8e	WD7SL	OLRC So Jordan
			RBx		
Salt Lake	448.0000	–	O 127.3p	K7SLC	SLCOARES
Salt Lake	448.0000	–	O 100	W7DES	----------
Salt Lake	448.0500	–	O 100	K7CSW	SLPEAKARC
Salt Lake	448.1500	–	O 127.3	KI7DX	WA7X
			L(53.15)x		
Salt Lake	448.1750	–	O 203.5x	N7HIW	----------
Salt Lake	448.4000	–	Ox	W7IHC	----------
Salt Lake	448.4250	–	O 100	WD7SL	ERC
Salt Lake	448.4500	–	O 100e	K6TUG	SLCOARES
Salt Lake	448.5250	–	O	N7GXT	----------
Salt Lake	448.5500	–	O 100	W7IHC	----------
Salt Lake	448.6250	–	●lRBx	WA7GIE	DARS
Salt Lake	448.8500	–	●x	KD7PB	----------
Salt Lake	449.0000	–	●lRBx	WA7GIE	DARS
Salt Lake	449.0250	–	O 146.2ae	WA7X	YOUARK
			x		

420-450 MHz
UTAH-VERMONT

Location	Output	Input	Notes	Call	Sponsor
Salt Lake	449.1000	−	O 146.2ae x	WA7X	YOUARK
Salt Lake	449.2500	−	Op	K7MLA	SNP
Salt Lake	449.2500	−	O 88.5	W7XDX	------------
Salt Lake	449.2750	−	O 88.5x	K7OJU	------------
Salt Lake	449.3000	−	Op	K7DOU	------------
Salt Lake	449.4250	−	O 100 L(449.475)x	WA7GIE	------------
Salt Lake	449.5000	−	O 100ex	K7JL	------------
Salt Lake	449.5250	−	O 100lx	K7JL	------------
Salt Lake	449.6500	−	O 167.9l	W7YDO	------------
Salt Lake	449.7250	−	O 151.4ex	WA7UAH	ERC
Salt Lake	449.7500	−	O	KA7OEI	------------
Salt Lake	449.9000	−	O 100	KD0J	SLCOARES
Sandy	447.6250	−	O 100	KD7IMR	------------
Sandy	448.3750	−	O 100.0	W7ROY	------------
Sandy	449.1500	−	O 100ex	K7JL	------------
Sandy	449.4000	−	O 100ae	K7JL	------------
Spanish Fork	447.4000	−	O 100x	K7DSN	------------
Springville	447.3250	−	O 114.8e	N7KYY	------------
Springville	447.4750	−	O 186.2	WD7N	------------
Statewide	449.2500	−	O 100	W7DES	SNP
U of U Hospital	448.1000	−	O 114.8	KD7NX	------------
West Haven	448.7750	−	O 123 L(449.775)	N7TOP	------------
West Jordan	447.5750	−	O 114.8	K7LNP	------------
West Mtn	448.2500	−	O 100.0x	N6QWU	------------
West Point	447.0750	−	O 123.0# L(E401462)	W7WPC	KE7OJJ
WEST					
Tooele	449.3500	−	O 100	W7EO	------------
Vernon	448.9750	−	●lx	WA7GIE	DARS
Vernon	449.9500	−	O 100	W7EO	TCARES
Wendover	448.6750	−	●lRBx	WA7GIE	DARS
Wendover	449.5500	−	O 123 L(449.425)x	WA7GIE	------------
VERMONT					
BURLINGTON					
Bolton	445.0250	−	●tel	WB1GQR	RANV
Burlington	443.1500	+	O 100.0	W1FP	NETARC
Monkton	444.6500	+	O 110.9el	W1AAK	NFMRA
Mt Mansfield	447.1750	−	O 110.9l	W1IMD	Brlngtn ARC
CENTRAL					
Killington	444.5500	+	O 110.9el	W1ABI	NFMRA
Pico Peak	444.5000	+	O 71.9l	KA1UAG	KA1UAG
EAST CENTRAL					
Cabot	449.6250	−	O 67.0	K1US	K1US
Corinth	443.9000	+	O 131.8l	KA1UAG	KA1UAG

420-450 MHz
VERMONT-VIRGINIA

Location	Output	Input	Notes	Call	Sponsor
White River Jct	444.0000	+	O 141.3	N1DAS	N1DAS
Williamstown	444.6000	+	O 110.9l	W1JTB	NFMRA
Williamstown	447.8750	−	O 100.0l	N1IOE	N1IOE
NORTHEAST					
Burke	449.1250	−	O 110.9l	W1AAK	NFMRA
Jay Peak	447.2250	−	O 100.0	K1JAY	StAlbansRC
NORTHWEST					
St Albans	443.4000	+	O 162.2	N1STA	StAlbansRC
SOUTHEAST					
Grafton	441.7000	+	O 110.9l	KB1PIH	W River RC
Mt Ascutney	448.1250	−	O 110.9l	W1IMD	NFMRA
Newfane	444.7000	+	O 110.9l	WA1KFX	NFMRA
SOUTHWEST					
Mt Equinox	444.0500	+	O 100.0l	K1EQX	NFMRA
WEST CENTRAL					
Rutland	449.1750	−	O 100.0e	WA1ZMS	WA1ZMS

VIRGINIA

Location	Output	Input	Notes	Call	Sponsor
Abingdon	442.9750	+	O 100.0e	KB8KSP	ARA-SOUTH
Accomack	444.3000	+	O 156.7Iz	K4BW	K4BW
Altavista	444.4250	+	O 100.0e	WA4ISI	WA4ISI
Amelia	443.2000	+		KB4YKV	KB4YKV
Ashburn	442.1000	+		KQ4CI	KQ4CI
Ashburn	448.8250	−		KQ4CI	KQ4CI
Bassett	442.7250	+	107.2 RB	KF4RMT	KF4RMT
Bassett	444.8750	+	107.2	KF4RMT	KF4RMT
Bedford	442.6500	+	O 100.0el	WA1ZMS	MTN TOP AS
Bedford	443.8000	+	O 100.0e	WA1ZMS	MTN TOP AS
Bedford	444.3500	+	Ol	N4CH	N4CH
Big A Mtn	444.8750	+	O	KB4WTP	KB4WTP
Blackstone	442.2500	+	146.2eWX	W2CPB	W2CPB
Bland	443.8500	+	103.5el	KD8DZP	KD8DZP
Bluefield	442.4500	+	(CA)	W8MOP	W8MOP
Bluefield	443.6250	+	O 100.0el	WZ8E	ARA-SOUTH
Bluefield	444.6250	+	Oal	WZ8E	ARA-SOUTH
Boyton	444.7250	+	71.9 RB	K4MMS	K4MMS
Buckingham	444.9500	+	110.9 E-SUNrsWX	WW4GW	WW4GW
Charlottesvill	443.0000	+	O 151.4	W4UVA	W4UVA
Charlottesvill	444.0000	+	O 151.4e	WA4TFZ	WA4TFZ/ABB
Charlottesville	442.0750	+	O 151.4ers	KF4UCI	KF4UCI
Charlottesville	442.2500	+	151.4ersRB	WA4TFZ	K4RKA
Check	443.3500	+	114.8lr	KG4MAV	KG4MAV
Chesapeake	444.0000	+	162.2	W4CAR	W4CAR
Chester	444.2000	+	O 107.2	KD4KWP	KD4KWP
Chesterfield	433.0750	438.7750	l	WA3KOK	NERA
Chesterfield	442.1500	+	O(CA)er WX	KA4CBB	KA4CBB

420-450 MHz
VIRGINIA

Location	Output	Input	Notes	Call	Sponsor
Chesterfield	442.4500	+	O 107.2el RB	WA3KOK	(NERA)
Christiansburg	444.6500	+	O 107.2aers	WD4BSB	WD4BSB
Clifton Forge	444.3750	+	103.5el	K4IJ	------------
Copper Ridge	444.5500	+	103.5	KB4WTP	KB4WTP
Covington	442.2500	+	O 100.0	WA4PGI	VHF COMM A
Daleville	444.4750	+	103.5el	K4IJ	K4IJ
Danville	443.8500	+	Oe	KQ4I	KQ4I
Danville	444.7000	+	O 107.2 (CA)eRBz	K4AU	K4AU
Fancy Gap	442.4250	+	t	K4AE	LARC
Fancy Gap	442.5750	+	203.0	K4IL	K4GW
Fancy Gap	444.0500	+	tIrwX	K4EZ	K4SWN
Fancy Gap	444.1000	+	O 77.0ep wX	WA4LOY	KA2ZPF
Fancy Gap	444.9250	+	100.0	KD4FWS	KD4FWS
Forest	442.4750	+	Oe	AG4AN	AG4AN
Fork Mtain	443.1750	+	136.5e	KD4TMB	KD4TMB
Franklin	444.8250	+	O 131.8aer RB	WT4FP	FRANKLIN P
Fredricksburg	442.8500	+		K4SPT	SPOTSYLVAN
Gasburg	442.0000	+	O	W4LG	W4LG
Gate City	441.9000	+	103.5aelr WX	K4GV	K4GV
Gate City	444.7000	+	Oael	N4WWB	SCOTT CO A
Gretna	443.0000	+	100	WA4ISI	WA4ISI
Gretna	444.0750	+	O 123.0 (CA)e	KD4TBC	KD4TBC
Gum Spring	442.8000	+	O 203.5	KB4MIC	KB4MIC
Hampton	443.5000	+	100.0e	W4HPT	KC4F
Hampton	443.6500	+	O 173.8ae sWX	KG4NJA	WB5POJ
Hampton	443.7500	+	O 100.0p	WA4OHX	WA4OHX
Hampton	444.5500	+	167.9	W4QR	SPARK
Henry	442.1000	+	107.2es	KG4UAV	KG4UAV
Hillsville	442.1250	+	O 103.5	KB4YFV	KB4YFV
Hillsville	442.3250	+	O 100.0e	KB4GHT	KB4GHT
Independence	443.3750	+	103.5	KI4URL	KI4URL
Jonesville	442.5750	+	O 100.0el	WB4IVB	WM4MD
King George	448.4750	–	79.7	KG4SCP	SPOTSYLVAN
Lawrenceville	444.4000	+	O 74.7	KC4TJY	------------
Lexington	444.1500	+	Ol	KI4ZR	ROCKBRIDGE
Lexington	444.3000	+	Oae	KI4ZR	RARC
Louisa	442.2250	+	131.8	KD4OUZ	KD4OUZ
Lynchburg	420.0500	426.0500	O 136.5	K4CQ	KB4CVN
Lynchburg	442.2000	+	O 103.5e	N4IFC	N4IFC
Lynchburg	442.3500	+	O 136.5ae	KE4VNN	------------
Lynchburg	442.4000	+	O 107.2 (CA)e	KF4YI	KF4YI

420-450 MHz
VIRGINIA

Location	Output	Input	Notes	Call	Sponsor
Lynchburg	442.9500	+	O t(CA)	AB4FU	AB4FU
Lynchburg	443.4500	+	O 186.2 (CA)e	KC4RBA	KC4RBA
Lynchburg	443.5000	+	O 103.5	K4IJ	K4IJ
Lynchburg	444.5000	+	O 136.5 RB	K4CQ	LARC,INC.
Martinsville	442.1000	+	100.0	N4FU	N4FU
Martinsville	442.2250	+	103.5es	KB4ZGO	KB4ZGO
Martinsville	443.3000	+	107.2el	K4IJ	MARTINSVIL
Martinsville	443.7500	+	107.2	W4DLW	W4DLW
Martinsville	443.8250	+	107.2aRB	KF4RMT	KF4RMT
MtLake/BaldKno	441.9500	+	107.2	KD4BNQ	KD4BNQ
Newport News	442.9000	+	O 100.0 (CA)	W4MT	PARC
Norfolk	442.9500	+	O 131.8 (CA)eIRB	W4VB	K4DA
Norfolk	444.4750	+	● 74.4aers WX	W4VB	W4NMH
Norfolk	444.6750	+	O 107.2e	WD4MIZ	WD4MIZ
Oilville	444.8000	+	O 203.5 (CA)	KB4MIC	KB4MIC
Pearisburg	444.6750	+	O 103.5	K4WCH	K4IJ
Pearisburg	444.9750	+	O 103.5e	N4AZJ	DISMAL PEA
Petersburg	443.5870	+		WA4FC	KD4BPZ
Petersburg	443.8250	+	Oe	WB4KZI	WB4KZI
Petersburg	444.9000	+	t(CA)elrwx	K4SRM	WC4VAA
Poor Mtn	442.3000	+	110.9l	K5JCT	K5JCT
Pops Peak	441.7000	+		N4JNE	N4JNE
Portsmouth	443.8000	+	Oe	W4POX	PORTSMOUTH
Potts Mtn	442.0250	+	107.2ers WX	KC4TJY	KC4TJY
Pound	444.8500	+	O 103.5	KF4VDF	KF4VDF
Powhatan	443.1000	+	O	KN4YM	AC4OG
Prince George	442.2750	+	O 103.5	W4RDF	W4RDF
Pulaski	442.0750	+	107.2l	K4XE	K4XE
Pulaski	442.7750	+	O 91.5e	WS4J	WS4J
Richmond	441.6000	+	(CA)l	WA4AYB	WA4AYB
Richmond	442.3000	+	O 114.8	KC4VDZ	WB4YMA
Richmond	442.5500	+	O 74.4 (CA) elsWX	W4RAT	W4RAT
Richmond	444.6500	+	O 203.5e	W4FEG	W4FEG
Richmond	444.8500	+	O t	AB4SF	-----------
Richmond	444.9750	+	74.4 (CA)el rWX	W4VCU	WC4VAA
Roanoke	441.7750	+	O te	K4IJ	K4IJ
Roanoke	442.5000	+	O 107.2e	W4CA	ROANOKE VA
Roanoke	442.6000	+	O t	K4ARO	K4ARO
Roanoke	442.7000	+	O t	W7CP	W7CP/K1GG/
Roanoke	442.7500	+	O 107.2lRB	WD4KZK	WD4KZK
Roanoke	442.8500	+	Oe	N3ZE	ARA-SOUTH

420-450 MHz VIRGINIA

Location	Output	Input	Notes	Call	Sponsor
Roanoke	444.1750	+	O 103.5el	K4IJ	K4IJ
Roanoke	444.2750	+	103.5el	K4IJ	K4IJ
Roanoke	444.9250	+	O 107.2e	WB8BON	WB8BON
Roanoke/Poor M	443.6750	+	110.9	K5JCT	K5JCT
Roanoke/SugarL	444.8500	+	O 107.2el RB	WD4KZK	N4MGQ
Slings Gap	444.7750	+	107.2	WD4KZK	WD4KZK
South Boston	443.9250	+	O	KF4AGO	PIEDMONT A
South Boston	444.6250	+	100.0els WX	W4HCH	W4HCH
South Hill	443.5250	+	O 100.0el	K4MJO	K4MJO
South Hill	444.1250	+	t(CA)elrwX	W4CMH	WC4VAA
Spoon Mtn	443.4000	+	107.2el	WD4KZK	K4RCA
Standardsville	443.9000	+	151.4ers	KF4UCI	KF4UCI
Staunton	444.1000	+	O 131.8	KE4CKJ	EKRA
Stuarts Draft	444.0500	+	Oez	KB4OLM	KB4OLM
Virginia Beach	441.9000	+		W4BBR	W4RVN
Virginia Beach	444.4000	+		W4BBR	W4RVN
Virginia Beach	444.9500	+	Oz	W4KXV	VBEARS
Waynesboro	444.7750	+	151.4e	KF4UCI	KF4UCI
Whitetop Mt	443.0000	+	O 103.5e	KM4X	MTN EMPIRE
Williamsburg	444.1000	+	Oa	KB4ZIN	KC4CMR
Willis	442.9000	+	114.8ers	N4USA	KG4MAV
Willis	443.8750	+	Oe	W4DUM	W4DUM
Winchester	448.7750	−	146.2	W4RKC	SHEN.VAL A
Wintergreen	444.5500	+	O 136.5	K4CQ	K4CQ
Wytheville	442.0000	+	O 103.5ael RB	W4VSP	W4VSP
Wytheville	442.5250	+	O 103.5l	K4EZ	K4EZ
ALL OF TMARC AREA					
SNP	442.9000	+	O	------------	------------
SNP	447.8750	−	O	------------	------------
CULPEPER					
Banco	443.2500	+	O 107.2l	WA3KOK	NERA
Gordensville	444.4000	−	O 151.4ers	KF4UCI	KF4UCI
DAHLGREN					
King George	448.4750	−	O 79.7l	KG4SCP	KG4SCP
FREDERICKSBURG					
Quantico	443.5500	+	O 167.9	K3FBI	FBI ARA
Stafford County	444.4500	+	O 79.7 (CA) eWX	WW4VA	SARA
FRONT ROYAL					
Front Royal	442.7250	+	O 107.2el	NO4N	K4QJZ +NERA
Linden	442.3500	+	Oa	N3UR	N3UR
HARRISONBURG					
Harrisonburg	444.6000	+	O 151.4	N4YET	N4YET
Penn Laird	443.1500	+	O	N4DSL	N4DSL
SPOTSYLVANIA					
Fredericksburg	442.8500	+	O 107.2el	K4MQF	K4MQF

420-450 MHz
VIRGINIA-WASHINGTON

Location	Output	Input	Notes	Call	Sponsor
Spotsylvania	442.7000	+	O 114.8 WX	KD4QNA	KD4QNA
Spotsylvania	447.8750	−	Ot	N2XHZ	N2XHZ
WARRENTON					
Warrenton	442.2500	+	O	W4VA	Fauquier ARA
WASHINGTON AREA					
Alexandria	443.1000	+	O 107.2	KI4PIW	TJHSST
Alexandria	444.6000	+	O 107.2l	W4HFH	Alex RC
Alexandria	444.6000	147.9150	O 107.2l	W4HFH	Alex RC
Arlington	443.2000	+	Oe L(ICOM IDAS)	AB4YP	AB4YP
Arlington	444.5500	+	O 88.5	K4AF	Pentagon
Arlington	448.6250	−	O 107.2er	W4AVA	ARPSC
Arlington	449.3250	−	O 151.4	W8HNT	W8HNT
Ashburn	448.8250	−	O 77.0	KQ4CI	KQ4CI
Bull Run Mtn	447.7750	−	O 67.0	WA3KOK	NERA
Dulles	444.7500	+	O 100.0e	K4IAD	E-Star
Fairfax	448.3750	−	O	K4XY	VWS
Falls Church	447.4250	−	O 91.5e	KC1AD	KC1AD
Falls Church	447.6250	−	O 107.2er	W4AVA	ARPSC
Haymarket	448.2250	−	O 77.0el	W4BRM	BRM ARA
Haymarket	448.9750	−	Oe L(MOTOTRBO CC6)	W4YP	W4YP
Haymarket	449.0250	−	O 156.7el	N3AUY	+KD3R
Herndon	443.0000	+	O 88.5	N2LEE	N2LEE
Lorton	448.6750	−	O 100.0	WA3TOL	NARC
Loudoun	442.1000	+	O 77.0al WX	WA4TXE	WA4TXE
Manassas	442.2000	+	O 100.0e	W4OVH	OVHARC
Manassas	443.5000	+	O 110.9els RB	K4GVT	K4GVT
Nokesville	442.6000	+	O 100.0 (CA)elrs	WC4J	PWC ARES
Reagan Airport	444.7500	+	O 203.5e	K4DCA	E-Star
Tysons Corner	447.0250	−	O 100.0 (CA)ez	NV4FM	NVFMA
Woodbridge	444.9000	+	O 127.3 (CA)e	W4IY	WWI
WINCHESTER					
Berryville	442.4750	+	Oe	K3XRY	Mt Wx AR
Bluemont	449.9250	−	O 146.2	WA4TSC	WA4TSC
Winchester	442.0000	+	O 146.2	W3IF	W3IF
Winchester	448.7750	−	O 146.2	W4RKC	SVARC
Winchester	449.1750	−	O 141.3 A(888)erWX	WA4RS	WinchesterARS

WASHINGTON
FREQUENCY USAGE - EAST WASH LINK

Location	Output	Input	Notes	Call	Sponsor
Spokane	430.0750	439.0750		AK2O	

420-450 MHz
WASHINGTON

Location	Output	Input	Notes	Call	Sponsor
Spokane	430.1750	439.1750		AK2O	
Spokane	439.0750	430.0750		AK2O	
Spokane	441.2500			AK2O	
Spokane	446.2250	–		AK2O	
Spokane	446.2500	446.2500		AK2O	
Wenatchee	430.0250			AK2O	
Wenatchee	430.1000			KB7TYR	
Wenatchee	430.3500			KB7TYR	
Wenatchee	439.0250	430.0250		AK2O	
Wenatchee	439.1000			KB7TYR	
Wenatchee	439.1750	430.1750		AK2O	
Wenatchee	439.3500			KB7TYR	
Wenatchee	440.8750			WA7PUD	
Wenatchee	441.2250	+		AK2O	
Yakima	442.6250	+	●	WA7SAR	

FREQUENCY USAGE - IACC AREAS

Snp	443.0750	+	t		

FREQUENCY USAGE - WESTERN WA

CROSSBAND	440.0250	440.0250			
DATA	440.7000	440.7750			
DATA	440.8000	440.9000			
DATA	441.0000	441.0000			
DATA RPTRS	445.7000	445.7750			
RPTR INPUTS	445.0000	445.6750			
RPTR INPUTS	446.0500	449.8750			
RPTR OUTPUTS	440.0500	440.6750			
RPTR OUTPUTS	440.9250	444.9750			
SHARED	440.0000	440.0000			
SHARED	443.0000	443.0000			
SIMPLEX	445.8000	445.9000			
SIMPLEX	445.9750	446.0250			
SIMPLEX	446.0000	446.0000			

COLUMBIA RIVER GORGE

Hood River Mountain	443.1750	+	O 88.5	NB7M	KA7JNU

E WA - CHELAN

McNeal Canyon	444.5250	+	O 94.8	K7SMX	K7SMX

E WA - CLARKSTON

Clarkston	444.3750	+	O 131.8ez	N7SAU	N7SAU

E WA - CLE ELUM

Cle Elum	444.9250	+	O 131.8ez	W7HNH	W7HNH
Cle Elum Link Only	442.5500	+	●	W7HNH	W7HNH
Sky Meadows	442.2000	+	O 131.8l	WR7KCR	KCRA

E WA - DAVENPORT

Link Only	443.0750	+	●l	N7YPT	LCRG

E WA - DAYTON

Skyline Rd Tower	444.4750	+	● 123.0el	N7LZM	N7LZM

420-450 MHz
WASHINGTON

Location	Output	Input	Notes	Call	Sponsor
E WA - DEER PARK					
Scoop	444.6500	+	123.0	KA7ENA	KA7ENA
Scoop Link Only	444.9500	+	O 110.9l	WA7UJO	WA7UJO
E WA - ELLENSBURG					
Ellensburg	444.8250	+	100.0	K7RMR	K7RMR
E WA - EPHRATA					
Beezley Hill	443.9000	+	Or	W7TT	CWARC
Beezley Hill	444.9000	+	O 103.5	W7DTS	W7DTS
E WA - GOLDENDALE					
Juniper Point	443.3500	+	82.5el	KF7LN	KF7LN
E WA - HARTLINE					
Hartline	443.5000	+	173.8	WA7ZFX	WA7ZFX
E WA - LIND					
Lind Hill Link Only	443.7000	+	● 123.0l	N7HZS	N7HZS
E WA - MABTON					
Missouri Falls	443.8250	+	O 100.0	KB7CSP	KB7CSP
E WA - MEDICAL					
Medical Lake	443.6000	+	100.0	WA7RVV	WA7RVV
E WA - NEWPORT					
Cooks Mtn	444.5750	+	O 100.0	KB7TBN	PCARC
E WA - OKANOGAN					
Pitcher Mtn	443.5500	+	100.0	W7GSN	ORA
E WA - PLYMOUTH					
Sillusi Butte	444.3250	+	O 123.0	KC7KUG	HARC
E WA - PROSSER					
Prosser	444.8750	+	141.3	WB7WHF	WB7WHF
E WA - PULLMAN					
Pullman	444.3000	+	103.5	KC7AUI	KC7AUI
E WA - RICHLAND					
Banton Co	442.8750	+	● 203.5	WA7BCA	BCARES
E WA - SPOKANE					
Foothills	443.9250	+	O 100.0	K7MMA	K7MMA
Hwy 27	444.4250	+	O 100.0	N7FM	N7FM
Krell Hill	444.1250	+	● 100.0	KC7AAD	KC7AAD
Lookout Mtn	444.1500	+	114.8	N7BFS	N7BFS
Lookout Mtn	444.1750	+	84.5	N7BFS	N7BFS
Mica Peak	444.3500	+	192.8	N1NG	N1NG
Riblets	444.9000	+	123.0	WR7VHF	IEVHF
Spo Vly Link Only	443.6500	+	●l	W7TRF	SHRC
Spokane	442.0250	+	O	W6LNB	W6LNB
Spokane	443.8500	+	114.8	KD7IKZ	KD7IKZ
Spokane	444.7000	+	141.3l	AK2O	SpRptGrp
Spokane Co Emer Rptr	443.4000	+	100.0	AD7FO	AD7FO
Spokane Vly	442.4250	+	O	K7HRT	K7HRT
Spokane Vly	444.4750	+	88.5l	W7TRF	SHRC
Tower Mtn	443.8000	+	123.0	KA7ENA	KA7ENA
E WA - TRI-CITIES					
Kennewick	443.7750	+	O 203.5	W7JWC	W7JWC

420-450 MHz WASHINGTON

Location	Output	Input	Notes	Call	Sponsor
Kennewick	443.9500	+	123.0 (CA)l	W7UPS	W7UPS
Kennewick	444.4000	+	● 250.3	KD7JC	KD7JC
Rattlesnake	444.1000	+	100.0	W7AZ	TCARC
E WA - TWISP					
McClure Mtn	444.8000	+	110.9lRB	KB7SVP	KB7SVP
E WA - WALLA WALLA					
Hertzer Pk	443.4500	+	123.0	AL1Q	AL1Q
Walla Walla	444.2500	+	O	KL7NA	KL7NA
E WA - WENATCHEE					
Badger Mtn	444.7500	+	O 100.0ael	N7RHT	N7RHT
Link Only	442.2500	+	●	N7RHT	N7RHT
Wenatchee	443.6500	+	Oa	KB7MWF	KB7MVF
Wenatchee Mtn	444.4500	+	100.0	KC7VCR	WA7ZFX
E WA - WINTHROP					
Mazama	444.8500	+	127.3	WB6WUI	WB6WUI
E WA - YAKIMA					
Bethel Ridge	444.6000	+	123.0	WA7SAR	YakSO
Moxee Link Only	442.6250	+	●	WA7SAR	YAKSO
Selah	444.2750	+	O 110.9	W7HAR	W7HAR
Tieton Orchard	444.2250	+	123.0	W7YKM	NHRA
Tieton Site B	442.7250	+	123.0	W7YKM	NHRA
W Rattlesnake	444.5500	+	O	KC7IDX	KC7IDX
Yakima Link Only	444.6250	+	●	WA7SAR	yAKIMA S&R
E WA-MEDICAL					
Medical Lake	444.8500	+	100.0l	K7EI	K7EI
E WA-SPOKANE					
Spokane	444.0500	+	123.0	KC7SD	WA6HSL
IACC					
E WA-Kennewick	444.0500	+	100.0	W7UPS	W7UPS
NORTHEAST					
Plymouth	449.3250	−	Ol	KC7KUG	HARC
NW OREGON & SW WASHINGTON					
Vancouver WA	442.3750	+	O 123.0ael	AB7F	AB7F
Vancouver WA	444.5500	+	O 131.8e	N7XMT	WB7DFV
Woodland	440.5750	+	O 100.0el	N8VJP	N8VJP
PORTLAND METRO					
Camas	444.5250	+	O 103.5	KD7TFZ	KD7TFZ
Vancouver WA	440.1500	+	O	KB7PSM	KB7PSM
Vancouver WA	443.6750	+	O 107.2	KE7FUW	KE7FUW
Vancouver WA	443.9000	+	O 179.9	KE7FBE	KE7FBE
SEATTLE/TACOMA					
Bainbridge Island	444.4750	+	O 103.5	W7NPC	BAINBRIDGE
Baldi Mtn	441.6250	+	O 100	KE7KKA	KE7KKA
Baldi Mtn	441.7000	+	O 103.5el	W7PSE	PSE AMATEU
Baldi Mtn	442.3250	448.3250	● 107.2l	K7MMI	Cougar ARG
Baldi Mtn	442.6250	+	O 103.5	K7EK	GARY KOHTA
Baldi Mtn	444.8000	+	O 141.8	K7OET	------------
Bellevue	441.1000	+	O 156.7	KC7IYE	KC7IYE
Bothell	442.5500	+	O 103.5	WA7HJR	PSRRG

640 420-450 MHz
WASHINGTON

Location	Output	Input	Notes	Call	Sponsor
Bremerton	442.2500	+	O 127.3l	K7OET	EMERALD CI
Buck Mtn	441.2000	+	O	K7PP	K7PP
Buck Mtn	441.9500	+	O 97.4l	K5IN	---------------
Buck Mtn	442.5000	+	O 123e	W2ZT	---------------
Buck Mtn	443.4000	+	O 123el	K7PP	K7PP
Buck Mtn	444.3000	+	O 103.5e	WA7WKT	ARNE W SKO
Cougar Mtn	441.5500	+	O 103.5e	W7WWI	SEATAC RPT
Cougar Mtn	442.3250	+	O 131.8	K7MMI	COUGAR MT
Cougar Mtn	443.7000	+	O 103.5e	WA7EBH	---------------
Cougar Mtn	444.3250	+	O 127.3 (CA)	K7OET	EMERALD CI
Dash Point	443.9500	+	O 131.8	N7QOR	N7QOR
Dupont	442.9250	+	O 110.9e	W7CPU	IEARS
Duvall	441.8500	+	O 203.5e	N6TJQ	Mark Mille
Duvall	443.2500	+	O 123e	KE7GFZ	CDCNCL
Edmonds	440.3750	+	O 103.5	NU7Z	5-Cnty Eme
Edmonds	444.0250	+	O 103.5l	NU7Z	---------------
Everett	441.6500	+	O 123.0	N7NFY	---------------
Everett	441.8750	+	O 103.5e	W7EAR	Ev'grn ARS
Everett	443.9250	+	O 100lLITZ	W7FLY	BEARS
Federal Way	442.9500	+	O 103.5ae	WA7FW	DAVID SWAR
Federal Way	443.5750	+	O 100	KSØF	KSØF
Fort Lawton	444.1500	+	O 100a	W7GVJ	MONTE MUEL
Gold Bar	442.1750	+	O 103.5	W7EAR	EVERGREEN
Gold Mtn	441.2500	+	O 97.4el	K7PP	K7PP
Gold Mtn	442.6500	+	O 103.5 (CA)ez	WW7RA	W WASH RPT
Green Mtn	441.7500	+	O 103.5el	W7PSE	PSE ARG
Haystack Mtn	444.9750	+	O 114.8e	KD7GWM	---------------
Haystack Ridge	443.8750	+	O 127.3e	N7NFY	SNOHOMISH
Highline	443.3750	+	O 103.5	N7IO	---------------
Issaquah	442.0250	+	O 103.5	W7GLB	SEATAC RPT
Kirkland	441.0750	+	O 103.5el	K7LWH	Lake Washi
Kirkland	443.2000	+	O 103.5	K7PAR	PUGET AMAT
Lake Forest Park	442.0000	+	O 141.3	NU7Z	---------------
Mercer Island	440.1500	+	O 103.5e	W7MIR	MERCER IS
Monroe	443.2250	+	O 103.5e	K7MJ	---------------
Mountlake Terrace	443.7250	+	O 103.5	WE7SCA	ESCA RACES
North Bend	442.7250	+	O 103.5e	W7EFR	E-SIDE FIR
Olalla	440.2250	+	O 103.5 (CA)lz	WR7HE	HERMAN ENT
Port Ludlow	441.5750	+	O 103.5a (CA)ez	N7PL	PORT LUDLO
Port Orchard	444.1000	+	O 100 (CA)z	K7BTZ	ERNEST BEE
Poulsbo	442.2000	+	O 103.5el	WA6PMX	WA6PMX
Quilcene	443.4250	+	O 103.5e	WO7O	---------------
Rattlesnake Mtn	441.7750	+	O 103.5el	W7PSE	PSE ARC

420-450 MHz WASHINGTON

Location	Output	Input	Notes	Call	Sponsor
Rattlesnake Mtn	442.3000	+	○ 123	W7SRG	W7SRG
Redmond	440.6750	+	○ 103.5el	N6OBY	REDMOND AR
Renton	443.6000	+	○ 103.5	K7FDF	City of Re
Roosevelt Hill	443.6500	+	○ 141.3e	W7ACS	Seattle AC
Sammamish	440.2500	+	○ 123	W7SRG	------------
Seatac	441.4500	+	○ 186.2l	KF6VTA	
Seatac	443.1000	+	○ 103.5	KE7WMH	SeaTac FD
Seattle	440.5250	+	○ 141.3	WA7UHF	WA7UHF
Seattle	441.8000	+	○ 141.3e	W7AW	West Seatt
Seattle	442.8750	+	○ 141.3	WA7UHF	Seattle UH
Seattle	443.0000	+	○ 141.3e	W7ACS	Seattle AC
Seattle	443.5500	+	○ 103.5el	W7SRZ	WW MST
Seattle	444.0000	+	○ 103.5	K7SPG	------------
Seattle	444.2250	+	○ 123e	KC7LFW	NWFACARA
Seattle	444.3750	+	○ 203.5	AJ7JA	------------
Seattle	444.7000	+	○ 103.5e	WW7SEA	WW7SEA
Seattle	444.7750	+	○ 173.9	KB7FHQ	CHILDRENS
Seattle	444.8250	+	○ 103.5el	W7SRZ	ARES DISTR
Seattle Columbia Ctr	444.5500	+	○ 141.3	WW7SEA	COLUMBIA C
Shelton	443.2500	+	○ 100e	N7SK	MASON COUN
Shoreline	440.3000	+	○ 103.5	KC7ONX	Shoreline
Shoreline	442.8250	+	○ 103.5	K7UW	SHORELINE
Shoreline	444.7250	+	○ 103.5	WB7UFR	K7CHN
Snohomish	442.9750	+	○ 103.5e	W7ERH	Bill Rourk
Snoqualmie	444.9250	+	○ 88.5e	KE7FDW	------------
Squak Mtn	444.5250	+	○ 103.5e	N7KGJ	Joe Basta
Sultan	444.1250	+	○ 103.5e	W7SKY	SKY VALLEY
Sumner	443.6250	+	○ 103.5e	W7PSE	PSE ARG
Tacoma	440.6250	+	○ 103.5e	W7DK	Radio Club
Tacoma	442.4500	+	○ 103.5 (CA)lz	NB7N	STARS
Tacoma	443.6750	+	○ 103.5el	WW7MST	WWMST
Tacoma	444.1750	+	○ 103.5a (CA)ez	K7HW	------------
Tacoma	444.7500	+	○ 192.8ael	KB7CNN	KB7CNN
Three Sisters	444.6750	+	○ 136.5e	N7BUW	BOB MIZENE
Tiger Mtn East	442.2750	+	○ 114.8	W7FHZ	CH1 RPTR G
Tiger Mtn East	442.3000	+	○ 123.0e	W7SRG	Samm ARES
Tiger Mtn East	442.6000	+	● 127.3e	K7TGU	------------
Tiger Mtn East	443.3250	+	○ 103.5	N6OBY	REDMOND AR
Tiger Mtn East	444.6500	+	○ 131.8	WA7HTJ	------------
Tiger Mtn West	441.1250	+	○ 123l	WB0CZA	WB0CZA
Tiger Mtn West	442.0750	447.0250	○ 110.9e	K7NWS	BEARS
University Place	442.3750	+	○ 103.5e	K7NP	U.P. Rptr
University Place	443.1500	+	○ 173.6e	N7EHP	------------
Vashon Island	443.5000	+	○ 103.5	W7VMI	W7VMI
Woodinville	442.7750	442.7750	○ 100e	WA7TZY	WA7TZY&K6R

420-450 MHz
WASHINGTON

Location	Output	Input	Notes	Call	Sponsor
SOUTHWEST WASHINGTON					
Battle Ground	444.6500	+	O 118.8	N7QXO	N7QXO
Hazel Dell	443.8000	+	O 100.0	KC7QPD	KC7QPD
LaCenter	444.9250	+	O 94.8	K7ABL	K7ABL
Longview	440.3750	+	O 123.0el	AB7F	AB7F
Vancouver WA	440.7750	+	O 136.5e	KB7APU	KB7APU
Vancouver WA	443.9250	+	O 94.8e	W7AIA	CCARC
Vancouver WA	443.9750	+	O 123.0el	KB7APU	KB7APU
Yacolt	440.3250	+	O	W7RY	W7RY
Yacolt	443.1250	+	O 94.8e	W7AIA	CCARC
W WA - NORTH					
Anacortes	441.7250	+	O 103.5el	W7PSE	PSE ARG
Arlington	440.4000	+	O 123ae	N7XCG	------------
Bellingham	440.4750	+	O 103.5	WC7SO	
Bellingham	441.9250	+	O 103.5e	N7FYU	ALLEN HART
Blyn Mtn	442.1000	+	O 100e	W5RFL	CHARLES ME
Camano Island	441.0500	+	O 103.5	W7MBY	5 CNTY ERG
Cultus Mtn	444.3500	+	O 100e	K7OET	------------
Darrington	442.6750	+	O 127.3ael	W7MB	------------
Everett	444.5750	+	O 103.5a (CA)l	WA7LAW	WA7LAW
Ferndale	442.8250	+	O 156.7ael z	W7SSO	Whatcom Co
King Mtn	443.6500	+	O 103.5l	W7SKW	MT. BAKER
Lookout Mtn	442.2500	+	O 156.7e	W7SSO	W7SSO
Lookout Mtn	443.7500	+	O 103.5e	WA7ZWG	MT. BAKER
Lyman Hill	442.8000	+	O 123.0e	N7NFY	N7NFY
Lyman Hill	444.5000	+	O 103.5	WA7ZUS	MIKE OLDS
Lyman Mtn	442.4000	+	O 107.2e	W7UMH	Mt Baker A
Matts Matts	445.5250	+	O 103.5a	WR7V	MARK MC KI
Maynard Hill	441.1250	+	O 123l	WB0CZA	WB0CZA
Maynard Hill	442.4250	+	O 103.5e	W7UDI	PSE ARG
Mt Constitution	442.0000	+	O 110.9e	K7SKW	MT. BAKER
Mt Constitution	442.7500	+	O 103.5el	W7UMH	NW WA 10/6
Mt Constitution	444.0500	+	O 103.5 (CA)elz	K7SKW	MT BAKER A
Orcas Island	443.4500	+	O 103.5e	N7JN	SAN JUAN C
Roche Harbor	441.6000	446.0060	O 131.8 (CA)e	W6QC	------------
Sumas Mtn	440.3750	+	O 131.8el	W7MBY	SUMAS MT R
W WA - NORTH COAST					
Neilton	444.7000	+	O 118.8aer LITZ	W7EOC	AUX EMERGE
Pt Angeles	443.7000	+	O 103.5e	WA7EBH	CHARLES ST
Sequim	442.0500	+	O 103.5 (CA)el	KO6I	------------
Sequim	442.1250	+	O 123el	KC7LGT	------------
Sequim	444.2750	+	O 100 (CA) e	AF7DX	------------

420-450 MHz
WASHINGTON-WEST VIRGINIA

Location	Output	Input	Notes	Call	Sponsor
Sequim	444.9000	+	O 131.8e	K6MBY	------------
W WA - SOUTH					
Ashford	442.5750	+	O 141.3e	K7DNR	WADNR ARC
Capitol Peak	440.5000	+	O 110.9ae	K5IN	K5IN
Capitol Peak	443.5250	+	O 173.8	WB7DPF	------------
Capitol Peak	444.9500	+	O 118.8	W7EOC	GRAYS HARB
Chehalis	443.2750	+	O 123l	AB7F	AB7F
Chehalis	443.4500	+	O 110.9e	K7KFM	------------
Crawford Mtn	441.4000	+	O 103.5ael z	NT7H	OLYMPIA AR
Eatonville	442.7250	+	O 103.5	WW7CH	------------
Electron	444.2500	+	O 103.5el	W7PSE	PSE ARG
Graham	442.3500	+	O 141.3l	K7EK	K7EK
Graham	444.6750	+	O 127.3e	N7BUW	BOB MIZENE
Kalama	442.8250	+	O 131.8 TTl	WB7DFV	R.F. ASSOC
Lacey	442.4750	+	O 100ae	WC7I	------------
Longview	442.1250	+	O 114.8e	N3EG	------------
Longview	444.9000	+	O 114.8e	W7DG	Lower Colu
Olympia	440.5500	+	O 103.5el	W6TOZ	WW7MST
Olympia	440.7250	+	O	NT7H	OARS
Olympia	443.0750	+	O 103.5	KC7CKO	------------
Olympia	443.8000	+	O 146.2el	W7USJ	W7USJ
Pack Forest	443.9750	+	O 100e	W7PFR	Gobblers K
Randle	444.8750	+	O 100	AB7F	AB7F
Rooster Rock	444.9750	+	O 110.9e	KB7WVX	MICHAEL DA
South Mtn	440.6500	+	O 100l	K7CH	------------
South Mtn	441.9250	+	O 100e	W7UVH	W7UVH
South Mtn	444.4500	+	O 100	KD7HTE	K7CH
Woodland	444.4750	+	O 100l	K7LJ	K7LJ
W WA - SOUTH COAST					
Aberdeen	444.6000	+	O 100e	KA7DNK	KA7DNK
Aberdeen	444.8250	+	O 118.8er LITZ	N7UJK	------------
Chinook	444.9250	+	O 82.5el	NM7R	Beachnet
Cosmopolis	444.3750	+	O 100l	WA7ARC	NDCRT
Ko Peak	441.6750	+	O 118.8e	N7XAC	NM7R&N7XAC
Long Beach	444.8000	+	O 118.8el	NM7R	PACIFIC CO
Minot Peak	440.0500	+	O 118.8ers	N7UJK	------------
Naselle Ridge	440.6750	+	O 118.8	NM7R	Beachnet
Pacific	444.4000	+	O 118.8l	NM7R	PACIFIC CO
Raymond	442.1500	+	O 127.3 TTl	KB7IEU	KB7IEU
Raymond	443.8250	+	O 103.5 (CA)	KA7DNK	KA7DNK
South Bend	442.6750	+	O 118.8ael	NM7R	BEACH-NET

WEST VIRGINIA

Location	Output	Input	Notes	Call	Sponsor
Alderson	444.4000	+	100.0el	KC8IT	N8LVE
Beckley	443.0500	+	O 123.0e	N8FWL	N8FWL 222

644 420-450 MHz
WEST VIRGINIA

Location	Output	Input	Notes	Call	Sponsor
Beckley	443.2250	+	ORB	W8LG	------------
Beckley	444.1250	+	Ote	N8LVE	------------
Beckley	444.5250	+	O 110.9l	WB8YST	WB8YST
Beckley	444.8000	+	O 100.0	WV8B	ARA NORTH
Beckly	443.1000	+	107.2lr	KE4QOX	KE4QOX
Belington	444.9000	+	O 141.3e	N8SCS	N8SCS
Bluefield	444.4500	+	123	W8MOP	EAST RIVER
Buckhannon	442.6750	+	103.5ae	W8LD	WV WESLEYA
Buckhannon	442.2500	+	Oaez	N8ZAR	N8ZAR
Buckhannon	444.4750	+	O 146.2ers	K8VE	K8VE
Charleston	442.9250	+	O 71.9	KB8QKM	------------
Charleston	443.3000	+	123.0	WS8L	HUNT KNOB
Charleston	444.3500	+	O 107.2el RBz	WB8YST	WB8YST
Charleston	444.9500	+	O 203.5lRB	WB8CQV	WB8CQV
Clarksburg	444.1750	+	O 103.5	N8FMD	N8FMD
Cross Lanes	444.5000	+	151.4	AB8DY	AB8DY
Elkins	442.1000	+	162.2e	KD8JCS	WV8ZH
Elkins	444.8500	+	162.2e	N8RLR	N8RLR
Fairmont	443.8750	+	O 103.5a	W8SP	MOUNTAINEE
Flatwoods	444.2000	+	O	W8FES	N8ZVK
Gilbert	442.7250	+	tel	KB8PCW	KB8PCW
Glenville	443.3250	+	O	KA8ZXP	KA8ZXP
Grafton	444.7500	+	118.8l	W8SLH	WD8LNB
Hamlin	443.9500	+	123.0aer	N8IKT	N8IKT & LI
Hernshaw	444.7000	+	203.5l	WB8CQV	WB8CQV
Hinton	443.9000	+	O 100.0e	KC8CNL	BLUESTONE
Huntington	421.2500	434.0000	Oe	WA4GSS	OHIO VALLE
Huntington	443.5500	+	162.2l	KB8TGK	KB8TGK
Huntington	444.8500	+	162.2el	KB8TGK	KB8TGK
Huntington	444.8500	+	O 131.8	WB8ZER	WB8ZER
Hurricane	444.0750	+	O	K8WRF	------------
Kenova	443.6000	+	O 162.2l	KC8PFI	KC8PFI
Keyser	444.1250	+	O 103.5l	N8RCG	N8RCG
Lewisburg	444.7250	+	O 103.5	KF8FO	KF8FO
Morgantown	444.7000	+	O 103.5l	W8MWA	MWA
Morgantown	444.8000	+	Oe	W8CUL	WVU ARC
Moundsville	444.0750	+	123	KC8FZH	KC8FZH
Mullens	444.0000	+	100	KC8IT	KC8IT
Parkersburg	441.8500	+	rsWX	AB8WV	AB8WV
Pennsboro	442.8500	+	O 103.5e	WB8NSL	WB8NSL
Petersburg	442.1500	+	127.3el	KC8VBC	KC8VBC
Princeton	443.7000	+	O 123.0ae	KB8UJG	KB8UJG
Red House	444.2250	+	123.0ael WX	WV8AR	WV AMATEUR
Richwood	443.3750	+	O 123.0	KC8SDN	KC8SDN
Richwood	443.4750	+	O 141.3	KB8YDD	WA8YWO
Rockport	443.3500	+	O 123.0ae	N8LHL	N8LHL
Shirley	444.4250	+	Ote	KB8TJH	KB8TJH

420-450 MHz
WEST VIRGINIA-WISCONSIN

Location	Output	Input	Notes	Call	Sponsor
St Joseph	444.8750	+	123.0e	W8CAL	W8CAL
Stonewood	443.2750	+	91.5	KD8TC	KD8TC
Terra Alta	443.1750	+	O 141.3el	K8VE	K8VE
Thomas	441.9000	+	103.5l	K7SOB	K7SOB
Welch	443.7250	+	O	N8SNY	N8SNY
Weston	443.9750	+	123	N8MIN	N8MIN
Wheeling	421.2500	434.0000	O	KB8QHO	KB8QHO
Wheeling	441.9500	+		N8EKT	N8EKT
Wheeling	443.0250	+	O 156.7ar WX	KA8YEZ	KA8YEZ
Wheeling	444.5750	+	156.7	W8MSD	W8MSD
Wheeling	444.9750	+	O	N8EKT	N8EKT
ALL OF TMARC AREA					
SNP	442.9000	+	O	----------	----------
SNP	447.8750	−	O	----------	----------
BERKELEY SPRINGS					
Berkeley Springs	442.4500	+	O 107.2al	WA3KOK	N.E.R.A.
Berkeley Springs	443.8500	+	O 123.0l	KK3L	KK3L
Berkeley Springs	444.7500	+	O 127.3	K7SOB	K7SOB
Berkeley Springs	444.9500	+	O 118.8l	N2OCW	N2OCW
CHARLES TOWN					
Charles Town	444.3500	+	O 123.0 L(P25 NAC 734)	N3EAQ	N3EAQ
MARTINSBURG					
Martinsburg	442.8500	+	O 100.0e	N8RAT	N8RAT
MOOREFIELD					
Moorefield	442.4000	+	O 127.3a	K7SOB	K7SOB
Moorefield	444.4000	+	O 103.5e	KD8IFP	PHARC
Moorefiled	447.3250	−	O 103.5e	KD8AZC	KD8AZC
ROMNEY					
Romney	443.2000	+	O 127.3l	K7SOB	K7SOB

WISCONSIN
NORTH CENTRAL 114.8

Location	Output	Input	Notes	Call	Sponsor
Amberg	443.7000	+	O 100.0ex	WI9WIN	W.I.N.
Gillett	444.2250	+	O 107.2	WØLFE	WØLFE
Granton	444.0500	+	O 114.8	N9RRF	N9RRF
Irma	442.7750	+	O 114.8ex	KB9QJN	M.A.R.G.
Marshfield	444.8500	+	O 114.8elx	WI9WIN	WIN
Medford	444.8250	+	114.8elx	N9LIE	N9LIE
Plover	442.0500	+	O 114.8e	W9SM	WVRA
Pound	442.0000	+	O 100.0ex	WI9WIN	W.I.N.
Rudolph	443.3250	+	O 114.8e	WD9GFY	WERA
Sayner	444.4000	+	114.8elx	WI9WIN	W.I.N.
Stevens Point	444.7000	+	O 114.8 (CA)el	KC9NW	KC9NW
Suring	442.5500	+	O 114.8 WXx	AB9PJ	AB9PJ
Waupaca	444.6750	+	O 114.8ae	AA9NV	AA9NV

646   420-450 MHz
WISCONSIN

Location	Output	Input	Notes	Call	Sponsor
Waupaca	444.9000	+	O 114.8l	N5IIA	N5IIA
Wausau	442.2000	+	O 114.8elx	WI9WIN	W.I.N.
Wausau	442.46875	+	O(CA)ex	W9BCC	RMRA
Wausau	443.3250	+	O 100.0l	KA9HQE	KA9HQE
Wausau	443.5250	+	O 114.8el	W9SM	WVRA
Wausau	443.7500	+	O 71.9 (CA) elWXxz	KC9NW	KC9NW
Wausau	444.1000	+	O 114.8a WXxz	W9SM	W.V.R.A.
Wausau	444.3000	+	O 114.8 (CA)ex	W9BCC	RMRA
Wausau	444.4250	+	114.8eWXx	W9SM	W.V.R.A.
NORTH EAST 100.0					
Appleton	442.1750	+	O 100.0ers	W9RIC	W9RIC
Appleton	443.6500	+	O 100.0rs	W9ZL	FCARC
Chilton	444.8000	+	O 107.2x	KD9TZ	KD9TZ
Fond Du Lac	442.4000	+	O 107.2elx	WI9WIN	W.I.N.
Fond Du Lac	442.4500	+	O 107.2	W9OSH	W9OSH
Fond Du Lac	443.8750	+	O 100.0 WX	N9WQ	NFDL ARS
Fond Du Lac	444.6000	+	O 123.0lx	N9GMT	FM38
Green Bay	443.4000	+	O 100.0lx	WI9WIN	W.I.N.
Green Bay	443.5000	+	O 107.2 (CA)el	KB9AMM	TEARUG
Green Bay	444.20265	449.20265	O	K9EAM	K9EAM
Green Bay	444.5500	+	O 107.2e	KB9GKC	KB9GKC
Green Bay	444.7500	+	O 100.0l	W9OSL	W9HAM
Green Bay	444.7750	+	O 107.2 (CA)exz	K9EAM	G B M&K
Kaukauna	444.4500	+	O 100.0	ND9Z	ND9Z
Manitowoc	443.1500	+	O 100.0e	W9RES	W9RES
Oshkosh	442.0750	+	O 107.2e	N9GDY	N9GDY
Oshkosh	443.6250	+	O 123.0lx	N9GMT	FM38
Plymouth	443.2250	+	O 107.2ers WX	KD9TZ	S CTY 440
Plymouth	444.3500	+	O 114.8ex	WE9R	WERA
Porterfield	444.4000	+	100	W4IJR	W4IJR
Sheboygan	442.48125	+	O	N9YLS	N9YLS
Sturgeon Bay	444.0000	+	O 107.2l	K9KJM	K9KJM
NORTH WEST 110.9					
Bayfield	443.8500	+	Olx	N0BZZ	LSAC
Beldenville	443.2250	+	O 110.9ae	N0NIC	B.A.T.S.
Chippewa Falls	442.3000	+	O 110.9	WD9HFT	WD9HFT
Chippewa Falls	444.0000	+	O 110.9	WD9HFT	WD9HFT
Colfax	442.8000	+	O 110.9elx	WI9WIN	W.I.N.
Colfax	444.3500	+	O 110.9	W9RMA	W9RMA
Eau Claire	443.3000	+	O 110.9e	KB9R	KB9R
Holcombe	444.5250	+	O 110.9lx	N9LIE	N9LIE
New Richmond	444.6750	+	O 110.9lx	N9LIE	N9LIE

420-450 MHz 647
WISCONSIN

Location	Output	Input	Notes	Call	Sponsor
Park Falls	442.48125	+	O .	W9PFP	W9PFP
Rice Lake	442.1000	+	O 110.9elx	WI9WIN	W.I.N.
Rice Lake	443.6500	+	O 110.9ers	W9GDH	ARC2
River Falls	443.0250	+	O 110.9ael WXx	WI9WIN	W.I.N.
Spooner/Hertel	443.5000	+	O 110.9ael z	KB9OHN	BARS
SOUTH CENTRAL 123.0					
Arlington	443.3500	+	123.0e	KC9HEA	KC9HEA
Baraboo	443.5750	+	O 123.0ex	N9BDR	Empire Twr
Baraboo	443.7250	+	O 123.0e	KØVSC	KØVSC
Baraboo	443.9000	+	100.0elx	WI9WIN	W.I.N.
Baraboo	444.5000	+	O 123.0lx	N9GMT	FM38
Berlin	444.9500	+	O 123.0lx	N9GMT	FM38
Big Flats	444.7250	+	O 114.8e	N9WYQ	N9WYQ
Blue Mounds	444.0500	+	O 123.0e WXx	WD9BGA	Empire Twr
Clinton	443.1750	+	O 123.0e	WB9SHS	RCRA
Coloma	442.6750	+	O 123.0ex	W9LTA	W9LTA
Delavan	443.3750	+	O 123.0 WX	KA9EKG	KA9EKG
East Troy	440.7750	+	127.3l	N9WMN	N9WMN
Edgerton	442.3000	+	O 123.0el WXx	WI9WIN	W.I.N.
Elkhorn	443.7000	+	O 123.0ars	N9LOH	LAARC
Fitchburg	444.0000	+	O 123.0x	KA9VDU	KA9VDU
Hancock	442.7250	+	O 123.0elx	WI9WIN	W.I.N.
Hollandale	444.5500	+	O 123.0el WXx	WI9WIN	W.I.N.
Ixonia	442.0250	+	O 114.8e	WA9YVE	WARC
Janesville	444.7500	+	O 123.0e WX	WB9SHS	RCRA
Jefferson	444.9000	+	123.0e	AB9KL	AB9KL
Madison	441.4000	+	123.0l	WI9WIN	W.I.N.
Madison	442.5750	+	O 123.0e	KØVSC	KØVSC
Madison	443.4000	+	O 123.0el WXx	N9KAN	SWRG
Madison	443.6000	+	O 123.0	W9YT	UW BARS
Madison	443.7750	+	O 123.0 (CA)eLITZ WXx	WI9HF	UWHC
Madison	444.2000	+	O 107.2	WD8DAS	NERT
Madison	444.3750	+	O 123.0ae WXx	N9BDR	Empire Twr
Madison	444.5750	+	123.0e	KB9DRZ	Empire Twr
Madison	444.7750	+	O 123.0	NG9V	NG9V
Mauston	442.2750	+	O 123.0ers	K9TD	K9UGJ
Necedah	444.1250	+	O 123.0elr s	K9UJH	K9UJH
North Freedom	443.6750	+	O 114.8l WX	KD9UU	SWRG

420-450 MHz
WISCONSIN

Location	Output	Input	Notes	Call	Sponsor
Prairie Du Sac	444.2500	+	O 123.0e	N9KXX	N9KXX
Watertown	440.1500	+	123.0elx	WI9WIN	W.I.N.
Wisconsin Dell	443.8500	+	O 123.0ersx	N9ROY	N9ROY

SOUTH EAST 127.3

Location	Output	Input	Notes	Call	Sponsor
Allenton	442.3500	+	O 123.0elx	N9GMT	FM38
Brookfield	444.2000	+	127.3	KB9YQU	KB9YQU
Burlington	442.8500	+	O 88.5el WX	N9RNA	COWFAR
Cedarburg	442.1000	+	O 127.3e	K9QLP	CFD/WERA
Delafield	444.1250	+	O 127.3 (CA)ersxz	K9ABC	SEWFARS
Germantown	442.8750	+	O 127.3e	W9CQ	WARC, Inc
Germantown	444.5250	+	O 114.8	WD9IEV	WD9IEV
Kewaskum	444.2750	+	127.3el	N9NLU	KMCG
Merton	444.6250	+	O 127.3el	W9JPE	W9JPE
Milwaukee	442.0500	+	● 127.3x	K9MWL	R.A.M.W.L.
Milwaukee	442.4250	+	O 127.3rs	N9UUR	N9UUR
Milwaukee	442.46875	+	el	KC9LKZ	MADOG
Milwaukee	443.0500	+	O 114.8l	W9HHX	MSOE ARC
Milwaukee	443.2750	+	127.3elx	WI9WIN	W.I.N.
Milwaukee	443.3250	+	O 127.3e	N9PAY	ATC
Milwaukee	443.5500	+	O 127.3e	N9LKH	N9LKH
Milwaukee	443.8000	+	O 123.0elx	N9GMT	FM38
Milwaukee	443.9500	+	O 127.3a	AA9JR	AA9JR
Milwaukee	444.4500	+	O 114.8a	W9EFJ	W9EFJ
Milwaukee	444.8500	+	● 127.3 (CA)elx	W9DHI	WERA
Mount Pleasant	441.81875	+	OelWX	WI9RAC	RCARES
New Berlin	442.6750	+	O 127.3	WA9AOL	WA9AOL
New Berlin	443.0500	+	O 127.3l	KT9AC	KT9AC
New Berlin	443.3000	+	O 127.3	W9LR	WERA
Port Washingto	443.5250	+	O 114.8 (CA)erswXz	WB9RQR	OZARES
Port Washingto	443.7500	+	O 127.3ex	W9CQ	O.R.C.
Racine	442.0000	+	O 127.3rs	KR9RK	LRA Racine
Racine	444.0500	+	O 114.8	KA9LOK	KA9LOK
Slinger	442.6500	+	127.3	WB9BVB	WB9BVB
Slinger	443.8250	+	O 127.3el WX	KC9PVD	KC9PVD
Town Of Lisbon	444.2250	+	O 151.4	KC9HBO	N9AAO
Trevor	442.6000	+	O 123.0elx	KA9VZD	KA9VZD
Union Grove	442.2500	+	O 114.8lx	N9OIG	N9OIG
West Allis	444.4250	+	O 127.3	N9MKX	R.R.A.R.C.

SOUTH WEST 131.8

Location	Output	Input	Notes	Call	Sponsor
Galesville	442.5000	+	O 131.8el WXx	WI9WIN	W.I.N.
La Crosse	444.4750	+	O 131.8	WR9ARC	RVRLND ARC
La Crosse	444.7500	+	O 131.8e	N0EXE	N0EXE

420-450 MHz 649
WISCONSIN-WYOMING

Location	Output	Input	Notes	Call	Sponsor
Northfield	443.5500	+	O 131.8elx	WI9WIN	W.I.N.
Osseo	444.2000	+	O 110.9lx	N9LIE	N9LIE
Platteville	444.3250	+	O 131.8e WX	KC9KQ	HVARC
Prairie Du Chi	444.4500	+	O 131.8e	WI9WIN	W.I.N.
Richland Cente	442.7000	+	131.8elx	W9PVR	W.I.N.
Tomah	444.8000	+	O 131.8elx	WI9WIN	W.I.N.

WYOMING
CENTRAL

Location	Output	Input	Notes	Call	Sponsor
Casper	449.5000	−	O	NB7I	NB7I
Casper	449.7500	−	OeE-SUN	N7EUE	N7EUE
Casper	449.9250	−	O	W7TOY	W7BLM
Casper Mountain	447.5000	−	Ox	KD7AGA	CARC
Casper Mountain	449.5750	−	Ot L(146.640)	KD7AGA	CDK Net
Casper Mountain	449.9000	−	O 100.0 L(IRLP)	K7YE	CDK Net
Lander	449.9000	−	Ol	N7HYF	WYAME
Riverton	448.2000	−	Oe	KD7BN	KD7BN
Riverton	449.2000	−	Ol	KD7BN	W7PAW
Riverton - Griffy Hill	449.9750	−	● DCS(DCS261N)elsWX	N7HYF	WYAME
Shoshoni	449.4500	−	O	KB7PLA	KB7PLA
Shoshoni - Copper Mtn	449.0000	−	O 100.0 L(HERC)x	KD7BN	KD7BN
Thermopolis	449.6750	−	O 114.8 L(52.525)	WA7JRF	WA7JRF
Worland	449.6000	−	O	KB7PLA	KB7PLA

EAST CENTRAL

Location	Output	Input	Notes	Call	Sponsor
Douglas	449.7000	−	O	NX7Z	NX7Z

HERC - STATEWIDE

Location	Output	Input	Notes	Call	Sponsor
Copper Mountain	449.0000	−	O 100.0lx	KD7BN	KD7BN
Rawlins - Nine Mile Hill	449.8000	−	O 146.2e L(HERC)x	N7RON	N7RON
Wright - Pumpkin Butte	449.2000	−	O 100.0l	KD7BN	-------------

NORTH CENTRAL

Location	Output	Input	Notes	Call	Sponsor
Shell	449.6500	−	O	WB7QQA	CMARC
Sheridan	449.7000	−	O	W7GUX	SRAL
Sheridan	449.8500	−	O	N7KEO	N7KEO

NORTH EAST

Location	Output	Input	Notes	Call	Sponsor
Gillette	448.0000	−		K7VU	K7VU
Gillette	449.7500	−	O 123.0e L(IRLP NODE 3307)	WR7CW	K7RDC
Gillette	449.9500	−	O	KJ7UG	KJ7UG

NORTH WEST

Location	Output	Input	Notes	Call	Sponsor
Cody	448.3500	−	O 42.0l	KC7NP	KC7NP
Jackson - Snow King West	447.7000	−	O 123.0e L(IRLP 3464)rWXx	W7TAR	TARRA

650 420-450 MHz
WYOMING-ALBERTA

Location	Output	Input	Notes	Call	Sponsor
Worland	448.2500	–	O 42.0l	KC7NP	KC7NP
NORTHEAST					
Evanston WY	449.3250	–	Ox	N7LMN	------------
SOUTH CENTRAL					
Rawlins	448.3000	–	O	KD7SU	KD7SU
Rawlins	449.4000	–	O 147.5l	KJ7AZ	HAMS
Rawlins - Nine Mile Hill	449.8000	–	O 146.2e L(HERC)x	N7RON	N7RON
SOUTH EAST					
Cheyenne	447.0250	–	O 131.8	N7DEN	N7DEN
Cheyenne - Chalk Bluffs	449.3000	–	O 131.8 (CA)xz	WU7G	WU7G
Cheyenne - Crystal Lake	448.1500	–	O 100.0 TT L(145.235)x	N7GT	KB7SWR
Laramie	447.1000	–	O 114.8	N7QJL	N7CTM
Laramie	449.0750	–	O	WB7CJO	WB7CJO
Torrington	448.6000	–	O	N7CFR	N7CFR
Wheatland	449.6000	–	O	WA7SNU	WA7SNU
Wheatland	449.6250	–	O	WA7SNU	GPARA
Wheatland	449.7750	–	100.0	N7UCL	N7UCL
SOUTH WEST					
Evanston	448.1500	–	O	N7LMN	N7LMN
Evanston	449.3250	–	O	N7LMN	N7LMN
Fort Bridger	449.7250	–	O 123.0	KF7ELU	KF7ELU
Kemmerer	449.0750	–	123.0	KC7FDO	KC7FDO
Kemmerer	449.8250	–	O	N7HCH	ORARC
WEST CENTRAL					
Bedford - Lone Star Ranch	447.0000	–	● 100.0rs	W7UY	W7UY
Pinedale - Mt Airy	448.1000	–	O 100.0e L(146.775)rx	KC7BJY	SCARC

ALBERTA
CALGARY

Location	Output	Input	Notes	Call	Sponsor
Calgary	444.0000	+	Ox	VE6RYC	CARA
Calgary	444.0750	+	OE-SUN	VE6AQK	VE6AQK
Calgary	444.1250	+	O	VE6WRT	VE6CPT
Calgary	444.2750	+	O 110.9	VE6ZV	VE6AQK
Calgary	444.3500	+	O	VE6EHX	CARA
Calgary	444.4000	+	Ol	VE6NOV	CARA
Calgary	444.4750	+	O	VE6DDC	VE6FH
Calgary	444.4750	+	O	VE6GAB	VE6GAD
Calgary	444.5750	+	O 110.9	VE6RY	CARA
Calgary	444.6500	+	O	VE6RPN	VE6DNY
Calgary	444.6750	+	O	VE6FIL	FARS
Calgary	444.7500	+	Ol	VE6KQ	VE6KQ
Calgary	444.9000	+	Olx	VE6WRT	WRN
Calgary	444.9250	+	O	VE6CPT	VE6CPT
Calgary	449.4500	–	O	VE6SPR	VE6NZ

420-450 MHz 651
ALBERTA

Location	Output	Input	Notes	Call	Sponsor
CENTRAL EAST					
Hardisty	444.0250	+	o	VE6TDW	VE6TDW
Legal	444.6500	+	o	VE6DFW	VE6DFW
Legal	444.7250	+	o	VE6DFW	VE6DFW
CENTRAL NORTH					
Pigeon Lake	443.1500	+	o	VE6LPR	----------
EDMONTON					
Beaumont	444.9750	+	o	VE6SBE	VE6AVK
Edmonton	444.1000	+		VE6HM	VE6NC
Edmonton	444.4000	+	o	VE6GPS	VE6JTM
Edmonton	444.8000	+	o	VE6SBR	VE6SBS
Edmonton	444.9750	+		VE6EAR	VE6ETU
Ft Saskatchewan	444.4500	+	o	VE6TCK	VE6TCK
Sherwood Park	444.3000	+	o	VE6DXX	VE6DXX
Sherwood Park	448.2500	–	o	VE6SBR	VE6SBS
LETHBRIDGE					
Lethbridge	444.0500	+	o	VE6HDO	VE6HDO
Lethbridge	444.1000	+	o	VE6IRL	VE6COM
Lethbridge	444.6750	+	o	VE6COM	VE6COM
Lethbridge	444.7000	+	op	VE6DES	VE6DES
Lethbridge	444.8500	+	ol	VE6XA	VE6XA
Lethbridge	449.7500	–	ol	VE6CAM	SARC
MEDICINE HAT					
Medicine Hat	444.0750	+	o	VE6MHU	VE6MLD
Medicine Hat	444.4750	+	o	VE6MLT	----------
Medicine Hat	444.8000	+	o	VE6GLF	VE6GLF
Medicine Hat	449.9250	–	o	VE6VOA	VE6MLD
NORTH					
Slave Lake	444.3500	+	o	VE6AMY	VE6AMY
NORTH EAST					
Ashmont	444.1500	+	ol	VE6TTL	VE6ARJ
Cold Lake	442.2000	+	o	VE6TAR	CLARC
Elk Island	443.3750	+	o	VE6REI	VE6REI
Glendon	444.9750	+	o	VE6COW	VE6XLR
Lloydminster	444.7250	+	oa	VE5FD	VE6FF
St Paul	444.5000	+	o	VE6SB	----------
PEACE RIVER					
Peace River/Tangent	444.6000	+		VE6AAF	----------
RED DEER					
Alix/Bashaw	448.9750	–	o	VE6PAT	VE6ZH
Red Deer	443.3750	+	o	VE6ONE	VE6ONE
Red Deer	444.5500	+		VE6SCR	VA6AQK
Red Deer	444.5500	+	o	VE6YX	VE6CIA
SOUTH					
Claresholm	444.4750	+	o	VE6CC	VE6CC
High River	444.1500	+	o	VE6HRB	FARS
High River	444.7250	+	o	VE6HRB	FARS

420-450 MHz
ALBERTA-BRITISH COLUMBIA

Location	Output	Input	Notes	Call	Sponsor
YELLOWHEAD					
Hinton	447.8250	–	o	VE6YAR	YARC
BRITISH COLUMBIA					
FRASER VALLEY					
Abbotsford	430.7500	439.7500		VE7RYY	FVCCG
Abbotsford	442.0250	+	110.9el	VE7RVA	FVERESS
Chilliwack	442.8000	+	o 110.9	VA7RSH	Cheam Repe
Chilliwack	444.7000	+	oel	VE7RAD	VE7IHR & V
Langley	441.3750	+	oe	VE7RMH	VE7AVM
Langley	443.9750	+	o	VE7RLY	Langley AR
Maple Ridge	443.6250	+	156.7	VE7RMR	Maple Ridg
GREATER VANCOUVER					
Burnaby	442.2000	+	110.9el	VA7LNK	VA7DX/VE7H
Burnaby	442.4750	+	e	VA7PRE	VE7RMY
Burnaby	442.8500	+	o	VE7RBY	Burnaby AR
Burnaby	443.6750	+	o	VE7CBN	VE7XL
Burnaby	444.7500	+	123.0l	VE7ROX	VE7ROX
Delta	444.4250	+	107.2	VE7RDE	Delta ARS
New Westminster	442.3750	+	110.9	VA7HPS	VE7ISV
North Vancouver	430.9500	439.9500	o	VE7RYZ	VE7PSA
Port Coquitlam	443.1000	+	94.8	VE7UDX	VE7ZZX
Richmond	442.3750	+	203.5	VE7RMD	Richmond A
Surrey	442.3500	+	o	VE7RUK	WestCoastU
Surrey	443.6000	+		VE7MAN	VE7MAN
Surrey	443.7750	+	110.9e	VE7RSC	Surrey ARC
Vancouver	441.9750	+	o	VE7RHS	UBC ARS
Vancouver	442.2250	+	o	VE7RPS	VE7MMA
Vancouver	442.3250	+	100	VE7VHF	VE7CIM
Vancouver	442.5750	+	o	VE7ZIT	Radio Fili
Vancouver	442.9500	+	el	VE7AAU	RADIO ATS
Vancouver	443.2000	+	ol	VE7NSR	VE7CHU
Vancouver	443.2500	+	o	VE7RCH	Cheam Repe
Vancouver	443.2750	+	o	VE7RCI	Cheam Repe
Vancouver	443.4000	+	el	VE7RAG	BCFMCA
Vancouver	443.5000	+	107.2	VE7???	???
Vancouver	443.5250	+	●e	VE7RPT	BCFMCA
Vancouver	443.5500	+		VA7RPA	Radio Pino
Vancouver	443.7250	+	o	VE7RDJ	VE7AOV
Vancouver	443.8000	+	●t	VE7UHF	VE7MQ
Vancouver	444.0000	+	156.7	VE7URG	Gary Skett
Vancouver	444.0750	+	o	VE7TOK	VE7MBG
Vancouver	444.1000	+		VE7ROY	VE7COT
Vancouver	444.2250	+	o	VE7RFI	Rogers Cab
Vancouver	444.4000	+	103.5	VE7BAS	VE7BAS
Vancouver	444.4750	+	o	VE7PRA	Pacific Ri
Vancouver	444.6750	+	o	VE7CDN	Can. Airli
Vancouver	444.8250	+	156.7	VE7VYL	BCFMCA
Vancouver	444.9500	+		VE7RNV	VE7CHU

BRITISH COLUMBIA 420-450 MHz

Location	Output	Input	Notes	Call	Sponsor
Vancouver	444.9750	+	⊙t	VE7SKY	VE7WF
NORTH COAST					
Terrace	444.9750	+	⊙	VE7RDD	Doug Davie
NORTH INTERIOR					
Nimpo Lake	444.8250	+	88.5	VA7SPY	VE7EWS
Quesnel	444.8000	+	100	VE7RES	PGARC
Williams Lake	444.1000	+	⊙	VE7ZIG	VE7IG
SOUTH CENTRAL					
Barriere	442.6500	+	l	VA7RTN	VE7MOB
Barriere	442.8750	+	l	VE7RTN	VE7PW
Blackpool	444.0000	+	⊙	VE7RBP	WELLS GRAY
Clinton	442.6500	+		VE7LMR	VE7PW
Clinton	442.8250	+		VE7LMR	VE7PW
Edgewood Nakusp	449.2500	–	⊙	VE7SMT	NORAC
Falkland	442.4500	+	⊙	VE7RAM	VE7EHL
Kamloops	432.4750	+	l	VE7TSI	Kamloops A
Kamloops	442.0500	+	103.5	VE7CRW	VE7NI
Kamloops	442.1500	147.9200	e	VE7RLO	Kamloops A
Kamloops	442.1750	147.9200	e	VE7RLO	Kamloops A
Kamloops	447.5000	–	156.7	VE7RXD	VE7EJE
Kamloops	449.2500	–	⊙	VE7RLO	Kamloops A
Kamloops	449.3000	–	⊙	VE7RHM	VE7LDM
Kamloops	449.5000	–	⊙	VE7KIG	IPARN
Kelowna	442.2250	+	88.5	VA7MET	VE7MET
Kelowna	442.7750	+	⊙	VE7KEL	OCARC
Kelowna	444.3000	+	el	VE7KTV	VA7UN
Kelowna	444.8250	+	156.7	VA7KEL	OCARC
Kelowna	444.8500	+	●	VE7CJU	VE7CJU
Kelowna	449.1250	–	⊙	VA7KEL	OCARC
Oliver	444.6000	+	100	VE7RSO	VA7WCN
Penticton	444.5000	+	⊙	VE7RPC	Penticton
Sorrento	444.1000	+	⊙	VE7SPG	Shuswap AR
Vernon	441.1500	147.5550	l	VA7NWS	VA7JMP
Vernon	444.3500	+	100	VE7RFM	VE7DQ
SOUTHEAST					
Cranbrook	443.6250	+	⊙	VE7CAP	EKARC
Grand Forks	442.0750	+		VE7UGF	Grand Fork
Nelson	444.5500	+		VE7RCT	WKARC
VANCOUVER ISLAND					
Campbell River	442.4500	+	⊙	VE7NVI	VE7JZ
Campbell River	443.6500	+	l	VE7CRC	CRARS
Chemainus	442.6000	+	141.3	VE7RNA	Cowichan A
Chemainus	444.8000	+	131.8el	VE7RNX	VA7DN
Comox Valley	447.5750	–	⊙	VE7RAP	Comox Vall
Courtenay	443.7000	+	141.3	VE7NIR	North Isla
Gibsons	442.6500	+	⊙ 123.0e	VE7RXZ	VE7ALT
Langford	442.7250	+	te	VE7FRF	VE7DAT
Nanaimo	442.5250	+	⊙	VA7ZSU	Mount Bens

420-450 MHz
BRITISH COLUMBIA-MANITOBA

Location	Output	Input	Notes	Call	Sponsor
Nanaimo	443.9000	+	141.3l	VE7DJA	NARA
Nanaimo	444.7250	+	141.3e	VE7ITS	NARA
Nanoose Bay	444.3000	+	O 141.3	VA7LPG	VE7IT
Parksville	442.2750	+	136.5	VA7JPS	VE7PI
Parksville	444.2000	+	Oael	VE7PQD	ORCA
Port Alberni	444.4500	+	O	VE7KU	Arrowsmith
Port Alberni	444.7500	+	O	VE7RTE	Arrowsmith
Port Alberni	449.4500	−	O	VE7KU	Arrowsmith
Powell River	444.5000	+	e	VE7PRR	Powell Riv
Qualicum Beach	445.0000	144.7700	O	VE7RQR	Mid Island
Saanich	443.0750	+	Oe	VA7XMR	CERT-BC
Saanich	449.4500	−	100	VE7SLC	Saanich Em
Saltspring Island	443.8500	+	O	VE7RSI	VA7DN
Saturna Island	444.5500	+	97.4	VA7RMI	VE7MIA, VE
Sayward	443.7000	+	O	VE7RNC	North Isla
Survey Mountain	444.9250	+	100	VE7RWS	VE7ED
Texada Island	444.0250	+	141.3	VE7TIR	Powell Riv
Victoria	442.7000	+	e	VE7RFR	VE7DAT
Victoria	442.7750	+	O	VA7CRT	CERT-BC
Victoria	443.0250	+	100	VE7RWS	CRERCC
Victoria	443.5750	+	O	VE7RAA	Camosun Co
Victoria	443.8250	+	100.0e	VE7VOP	Vic. Emerg
Victoria	443.9000	+	141.3el	VE7RFR	VE7DAT
Victoria	443.9500	+	O	VE7RTC	WARA
Victoria	444.1500	+	103.5e	VE7US	CRERCC
Victoria	444.2500	+	O	VE7IA	VE7IA
Victoria	444.4500	+	100	VE7SLC	Saanich Em
Victoria	444.5500	+	O	VE7RGP	Rogers Cab
Victoria	444.8750	+	107.2	VE7VIC	WARA
Victoria	449.8750	146.2400	l	VE7XIC	WARA

MANITOBA
INTERLAKE

Location	Output	Input	Notes	Call	Sponsor
Selkirk	444.1500	+	Oe	VE4SLK	E Selkirk

NORTHWEST

Location	Output	Input	Notes	Call	Sponsor
Dauphin	448.4000	−	O	VE4BMR	DARC
Swan River	443.4000	+	O	VE4SRR	SwanRivARC

SOUTHWEST

Location	Output	Input	Notes	Call	Sponsor
Killarney	449.5000	−	O 127.3	VE4KIL	----------

WINNIPEG

Location	Output	Input	Notes	Call	Sponsor
Winnipeg	433.7500	+	O 5.0/5.0	VE4KEG	----------
Winnipeg	434.0000	1253.2500	O	VE4EDU	----------
Winnipeg	443.5000	+	Olrsx	VE4VJ	----------
Winnipeg	444.0000	+	127.3/127.3	VE4UHF	----------
Winnipeg	444.5000	+	O	VE4AGA	VE4AGA
Winnipeg	444.7500	+	O 127.3	VE4PAR	----------

420-450 MHz
NEW BRUNSWICK-NOVA SCOTIA

Location	Output	Input	Notes	Call	Sponsor
NEW BRUNSWICK					
BELLEDUNE					
Elmtree	444.3500	+	OL(LINK)	VE9ELM	IRG
DALHOUSIE					
Dalhousie	444.6000	+	O	VE9FMG	VE9DEN
FREDERICTON					
Fredericton	448.7000	–	O 141.3	VE9FTN	VE1KO
Fredericton	449.2500	–	O	VE9ZC	FARC
MACES BAY					
Maces Bay	444.8750	+	OI	VE9MBY	IRG
MONCTON					
Moncton	432.2500	+	O 141.3l	VE9UDM	VE9MDB
Moncton	442.2500	+	O 141.3l	VE9UDM	VE9MDB
Moncton	442.6000	+	O	VE9MER	VE9MCD
Moncton	443.3500	+	OI	VE9LNK	------------
Moncton	444.9750	+	O	VE1PJX	VE1XW
Moncton	449.3250	–	OI	VE9SHM	TCARC
SAINT JOHN					
Spruce Lake	443.6000	+	O 141.3 L(HUB)	VE9SJW	LCARC
ST ANDREWS					
St Andrews	448.1000	–	O 141.3	VE1IE	VE9NZ
ST GEORGE					
Bethel	443.5000	+	O	VE9XF	VE9XF
NEWFOUNDLAND AND LABRADOR					
AVALON EAST					
St John's	444.9000	+	Oae	VO1RCR	AVRAC
St John's	447.1000	–	L(EIRLP)	VO1KEN	VO1ST
AVALON WEST					
Placentia	447.1250	–		VO1SEP	VO1SO
WESTERN NF					
Corner Brook	444.4000	+	O	VO1MO	HUMBARS
NOVA SCOTIA					
AMHERST					
Amherst	442.4250	+	OL(IRLP)	VE1WRC	WCARC
ANTIGONISH					
Antigonish	443.5000	+	OL(HUB)	VE1RTI	------------
BARRINGTON					
French Lake	443.8000	+	O	VE1KDE	BAARS
DARTMOUTH					
Dartmouth	444.6000	+	O	VE1DAR	DARC
GORE					
Gore	449.9000	–	OL(HUB)	VE1NSC	NSARA
GREENWOOD					
Greenwood	449.0500	–	O	VE1VLY	GARC
HALIFAX					
Halifax	444.2500	+	OI	VE1PSR	HARC

420-450 MHz
NOVA SCOTIA-ONTARIO

Location	Output	Input	Notes	Call	Sponsor
Halifax	444.3500	+	Oel	VE1PSR	HARC
Halifax	444.4500	+	Oel(LINK)	VE1PSR	HARC
Halifax	444.5500	+	Oel(LINK)	VE1PSR	HARC
Halifax	444.6500	+	Oel(LINK)	VE1PSR	HARC
Halifax-All NS	449.1500	−	Oep	VE1HRM	VE1AJP
HFX Airport	444.0000	+	Oel(HUB)	VE1CDN	VE1YZ
INVERNESS					
Kiltarlty	444.9000	+	Oel	VE1KIL	----------
LIVERPOOL					
Middlefield	444.3000	+	O	VE1AVA	----------
MUSQUODOBOIT					
Musquodoboit Hbr	449.4250	−	Oel(LINK)	VE1MHR	ESARC
Musquodoboit Hbr	449.4500	−	Oel(LINK)	VE1MHR	ESARC
NEW GLASGOW					
New Glasgow	448.5000	−	Oel(LINK)	VE1HR	NSARA
PARRSBORO					
Kirkhill	443.4500	+	OE-SUNI	VE1PAR	VE1BXK
SHEET HARBOUR					
Sheet Harbour	444.4250	+	Oel	VE1ESR	ESARC
Sheet Harbour	444.8750	+	Oel	VE1ESR	ESARC
SHELBURNE					
Shelburne	444.2750	+	Oe	VE1BBC	EOC
SHERBROOKE					
Sherbrooke	449.8750	−	Oel	VE1SAB	ESARC
SPRINGFIELD					
Springfield	444.8500	+	Oel(HUB)	VE1LCA	----------
SPRINGHILL					
Lynn Mtn	444.2000	+	Oel(HUB)	VE1SPR	VE1ZX
Sugarloaf	448.9250	−	OL(HUB)	VE1BHS	VE1ZX
SYDNEY					
Boisedale	449.9000	−	Oel(HUB)	VE1HAM	----------
TRURO					
Nuttby	444.7500	+	Oel(LINK)	VE1XK	TARC
Nuttby	444.9000	+	Oel(LINK)	VE1XK	NSARC
YARMOUTH					
Yarmouth	442.7000	+	Ols	VE1LN	----------
Yarmouth	444.7000	+	Oel	VE1YAR	VE1RB
ONTARIO					
CENTRAL					
Barrie	444.2000	+	O 141.3e L(IRLP)	VE3KES	ARE
Berkeley	444.7500	+	O 156.7e	VA3CAX	RARC
Collingwood	442.6000	+	O 156.7	VE3BMR	----------
Collingwood	443.8000	+	O 156.7e L(IRLP)	VE3RMT	CARC
Edgar	442.8750	+	O 156.7	VA3NLS	

420-450 MHz ONTARIO

Location	Output	Input	Notes	Call	Sponsor
Goodwood	442.0750	+	O 103.5e L(GTU)	VE3GTU	-------------
Goring	444.4250	+	O 156.7 L(WIK SED SNM WAJ)	VA3NEG	ERA
Huntsville	443.1250	+	O 156.7e L(IRLP ECHOLINK)	VE3MUS	VE3MUS
Huntsville	444.9500	+	O 103.5 L(LINK7)	VE3UHN	-------------
Moonstone	444.2750	+	O	VE3QSB	
Orangeville	444.0250	+	O 156.7e L(IRLP ECHOLINK)	VE3NSL	OAREX
Orillia	442.5750	+	O 103.5 L(LINK7)	VE3UOR	-------------
Orillia	444.5500	+	O	VE3ORC	OARC
Parry Sound	443.5750	+	O	VE3RPL	PARRA
Parry Sound	444.8000	+	O 103.5 L(ECHOLINK)	VE3UPS	-------------
Sarnia	442.3500	+	O(CA)e L(IRLP)	VE3WHO	-------------
Shelburne	443.6250	+	Oe	VE3DRC	-------------
Shelburne	443.8750	+	O 88.5e L(VE3ZAP)	VE3ZAP	-------------
Singhampton	444.9000	+	O 156.7e L(ERA)	VA3WIK	ERA
CENTRAL EAST					
Baltimore	444.9750	+	O 103.5 L(VE3YYZ)	VE3MXR	YYZ GROUP
Colborne	443.3750	+	O	VE3RTY	-------------
Kawartha Lakes	444.6500	+	O 156.7	VE3CKL	-------------
Omemee	444.9000	+	O 162.2e L(IRLP)	VA3OME	OCR
Oshawa	443.0000	+	O 136.5	VE3NAA	NSARC
Oshawa	443.8000	+	O 136.5	VA3NSR	NSARC
Peterborough	444.5750	+	O 162.2	VA3PBO	PARC
CENTRAL WEST					
Dundalk	442.9250	+	O 131.8	VA3SED	-------------
Owen Sound	442.3500	+	O 156.7e L(VE3OSR)	VE3OSR	-------------
Owen Sound	443.0250	+	O	VE3RBT	-------------
FRONTENAC/LEEDS-ADDINGTON					
Kingston	434.8000	434.8000	203.5/203.5 #	VE3FRG	FRONTENAC A
FRONTENAC/LENNOX-ADDINGTON					
Kingston	443.3000	+	s	VE3KTO	Kingston ARES
HASTINGS/PRINCE EDWARD					
Belleville	444.4750	+	118.8/118.8	VE3QAR	QARC
Marmora	443.4750	+	OA(1* #) L(I 2176)	VE3OUR	VE3LIZ

420-450 MHz
ONTARIO

Location	Output	Input	Notes	Call	Sponsor
LAKE SIMCOE					
Newmarket	443.2750	+	O 103.5 (CA) L(ILP ECHOLINK)	VA3PWR	-----------
LANARK/LEEDS-GRENVILLE					
Almonte	444.3000	+	O 100.0/100.0 L(I 2220)	VA3AAR	Almonte ARC
Brockville	444.0000	+	100.0/100.0	VE3IWJ	Brockville PG
Lavant	444.8500	+		VE3DVQ	WCARC
Rideau Ferry	442.2000	+	O#	VE3REX	LNLARES
Smiths Falls	444.7500	+	136.5 A(* OPEN # DROP)	VE3WDP	-----------
METRO TORONTO					
Acton	442.8250	+	O 103.5	VA3GTU	-----------
Aurora	442.0250	+	O 141.3e L(CANWARN)	VE3ULR	VE3ULR RA
Aurora	444.1000	+	O 103.5 L(SSPBD)	VE3WDX	SSPBD
Ballantrae	442.4750	+	O 103.5e	VA3URU	GTARS
Ballantrae	442.8500	+	O 136.5 L(VE3WIK WAJ SED)	VE3SNM	ERA
Ballantrae	443.7000	+	O 103.5 (CA) L(IRLP COARC)	VA3BAL	COARC
Brampton	443.5500	+	O(CA)eWX z	VE3PRC	PARC
Brampton	444.9500	+	O 103.5	VA3OPR	-----------
Brougham	444.6000	+	O	VE3DAX	SPARC
Caledon	444.1750	+	O 103.5	VE3WOO	-----------
Etobicoke	442.7750	+	O 103.5e	VA3GTU	-----------
Etobicoke	442.8000	+	O 103.5e L(GTU)	VA3GTU	-----------
Etobicoke	443.1000	+	O	VE3SKI	SARC
King City	443.7750	+	O 103.5 L(IRLP ECHOLINK)	VE3JOP	VE3JOP
Mississauga	444.2500	+	O 103.5ae L(147.540 IRLP) WX	VA3PMO	-----------
Mississauga	444.5750	+	O 103.5 (CA)e	VE3MIS	MARC
Newmarket	442.6000	447.2000	O 103.5e	VE3CAY	RARC
Raglan	444.5250	+	OL(SSPBD ECHOLINK)	VE3OBI	SSPBD
S Richmond Hill	444.2250	+	O 118.8e L(VE3MOT)	VE3YRC	YRARC
Scarborough	443.3500	+	O 131.8	VE3RTC	-----------
Scarborough	443.7500	+	O 103.5e L(GTU)	VA3GTU	-----------
Scarborough	443.8250	+	O 88.5e	VATVB	-----------
Toronto	442.1750	+	O 136.5	VA3UKW	-----------
Toronto	442.3750	+	O 103.5e L(GTU)	VA3GTU	-----------

420-450 MHz ONTARIO

Location	Output	Input	Notes	Call	Sponsor
Toronto	442.6500	+	O 100.0e	VA3GTU	----------
Toronto	442.7500	+	O 82.5 L(SSBPD)	VE3WOO	----------
Toronto	442.9750	+	O 103.5 L(ECHOLINK)	VA3GTU	----------
Toronto	443.0500	+	O 103.5e L(IRLP ECHOLINK YYZ)	VE3YYZ	TARCS
Toronto	443.3250	+	O 103.5 (CA)	VE3VOP	MARC
Toronto	443.5000	+	103.5/103.5eL(IRLP)	VE3NIB	----------
Toronto	443.6500	+	O 103.5 L(IRLP)	VE3NOR	NARC
Toronto	443.9000	+	O 127.3l	VE3OBN	SSPBD
Toronto	444.0000	+	O 103.5e L(TFM IRLP)	VE3TWR	TFMCS
Toronto	444.4750	+	O 103.5e	VE3URU	GTARS
Toronto	444.7000	+	O 103.5 L(IRLP ECHOLINK)	VE3MUS	VE3MUS
Toronto	444.7750	+	O 103.5 (CA)e	VE3ATL	ALTARC
Toronto	444.8500	+	O 136.5	VE3UKW	----------
Unionville	442.2750	+	O 103.5 L(ECHOLINK)	VA3CTR	CCARS
Uxbridge	442.1000	+	O 103.5e L(TFM IRLP)z	VE3RPT	TFMCS
Vaughan	444.3000	+	O(CA)eIRB	VE3UKC	----------
Whitby	443.4750	+	O 103.5e	VE3WOM	WARC
Whitby	444.3750	+	O 103.5e	VE3WOQ	WARC
NATIONAL CAPITOL REGION					
Cumberland	444.3500	+	O 100.0/100.0	VA3RCB	VE3CVG
Ottawa	443.8000	+	O 136.5	VE3OCE	EMRG
Ottawa	444.1250	+	136.5/136.5 L(I 2210)x	VE3TST	VE3HXP
Ottawa	444.2000	+	A(*123/#) L(147.3/53.03)	VE3TWO	OVMRC
Ottawa	444.4000	+	/100al	VE3MPC	CPCARC
Ottawa	444.4750	+	O	VE3URU	Greater Toronto
Ottawa	444.5000	+	100.0/100.0 123.0/123.0	VA3LGP	VE3JGL
Ottawa	444.5500	+	O 151.4/152.3	VE3ORF	VA3MPM
Ottawa	444.5500	+	151.4/151.4	VA3KPT	VA3WHS
Ottawa	444.9500	+	/136.5s	VA3EMV	EMRG
NIAGARA					
Campden	443.5750	+	O 107.2e	VE3ALS	----------
Fonthill	443.1750	+	O 107.2e	VE3RNR	NPARC
Fonthill	444.7250	+	O 107.2 L(IRLP) RB	VE3PLF	COBRA

420-450 MHz
ONTARIO

Location	Output	Input	Notes	Call	Sponsor
Niagara Falls	442.4250	+	O 107.2 L(ERA IRLP)	VA3WAJ	-------------
Niagara Falls	442.9000	+	O 107.2 (CA)e	VE3GRW	-------------
Thorold	442.2500	+	O/107.2 L(VE3RAF)	VE3RAF	RAFMARC
Thorold	443.7250	+	O 107.2	VE3RFM	RAFMARC

NORTHEASTERN ONTARIO

Location	Output	Input	Notes	Call	Sponsor
Echo Bay	444.4750	+	O 100.0/100.0 E-WINDI	VE3SNT	SN CLUSTER
Little current	444.3000	+		VE3RQQ	-------------
Sault Ste Marie	442.6500	+	aL(VE3SJI) Z(Y)	VE3SSM	-------------
Searchmont	444.4500	+	O 100.0/100.0 E-WINDI	VE3SNB	SN CLUSTER
Timmins	444.9000	+	I	VE3AA	-------------

NORTHWESTERN ONTARIO

Location	Output	Input	Notes	Call	Sponsor
Thunder bay	443.8500	+	●	VE3TBU	-------------
Thunderbay	442.0750	+	O 100.0/100.0	VE3TBR	LARC
Thunderbay	442.8250	+	O	VE3BGA	VE3OJ

RENFREW

Location	Output	Input	Notes	Call	Sponsor
Arnprior	443.2000	+	O 136.5/136.5 A(*/#)eL(I 2910)s	VE3YYX	Arnprior FD
Pembroke	448.0250	−	/100.0 A(*22/#) L(ZBC/I 2520)sx	VE3NRR	RCARC

SOUTH

Location	Output	Input	Notes	Call	Sponsor
Acton	442.1250	+	O 136.5e L(224.720)	VE3PAQ	PRO-ARA
Brantford	443.0250	+	OL(IRLP)	VE3TCR	BARC
Burlington	443.1500	+	Oe L(442.450)	VE3BUR	-------------
Burlington	443.2000	+	O	VA3BUR	-------------
Burlington	444.8250	+	O 131.8e	VE3RSB	BARC
Carlisle	443.6750	+	O 131.8e L(ERA)	VE3WIK	-------------
Grassie	442.7250	+	O 131.8 L(ECHOLINK)	VE3BQQ	TECHNET
Halton Hills	443.4250	+	O 131.8ae L(ECHOLINK)	VA3HR	HARC
Halton Hills	443.9500	+	O 131.8 (CA)eL(ECHOLINK ASTERISK IRLP 146.580)	VE3ZRB	-------------
Halton Hills	444.1250	+	O 131.8 (CA)eL(ECHOLINK ASTERISK IRLP 146.580)	VE3ADT	-------------
Hamilton	442.5000	+	O 136.5e	VE3RDM	HPESS
Hamilton	442.5250	+	O 103.5 L(LINK7)	VE3UHM	-------------
Hamilton	442.5500	+	O 136.5e	VE3GIV	HPESS
Hamilton	443.0750	+	O	VE3ZOE	-------------

420-450 MHz   661
ONTARIO

Location	Output	Input	Notes	Call	Sponsor
Hamilton	444.0750	+	O 131.8ae L(IRLP)	VE3NCF	HARC
Kitchener	442.2000	+	O 131.8e L(ERA)	VE3SED	-------
Kitchener	442.3500	+	O 131.8e	VE3BAY	KWARC
Kitchener	444.8750	+	O 131.8e L(IRLP ECHOLINK)	VE3RBM	KWARC
Milton	442.3000	+	O	VE3HAL	-------
Oakville	442.2250	+	O 131.8 L(ECHOLINK)	VA3ODX	ODXA
Oakville	442.4500	+	Oe L(443.150)	VE3OKR	OKR RG
Oakville	444.3250	+	Oe	VE3OAK	OARC
Simcoe	442.0500	+	O 131.8e	VE3BIC	-------
Waterford	444.5500	+	O 131.8e RB	VE3HJ	-------
Woodstock	442.8750	+	O 131.8	VA3OHR	TCERG

SOUTHWEST

Location	Output	Input	Notes	Call	Sponsor
Grand Bend	442.0500	+	O 114.8e L(VE3SUE)	VE3SRT	SORT
Ingersoll	443.4500	+	O 114.8	VE3OHR	-------
London	444.2000	+	O 88.5ae L(OEG)	VE3IWR	OEG
London	444.4000	+	O 114.8e L(IRLP 442.200)	VE3SUE	SORT
London	444.6125	+	Oe L(IPSC MOTOTRBO DIGITAL)	VE3RGM	SARC
London	444.9250	+	O 114.8 L(IRLP)	VE3NMN	-------
Lucan	444.5750	+	O	VE3MCR	MCRA
Richmond	443.2250	+	O 131.8e	VE3XXL	-------
Sarnia	442.3500	+	O 118.8 (CA)eL(146.955 IRLP)	VE3WHO	-------
Sarnia	444.7000	+	O 114.8	VA3LAM	-------
St Mary's	443.3750	+	O 114.8e L(VE3RFC)	VA3SMX	FCARC
St Marys	444.5250	+	O 114.8	VE3SDF	SMARC
St Thomas	443.8250	+	O 114.8	VE3STR	EARS
Stratford	444.9750	+	O 114.8e L(IRLP)	VE3FCG	FCARC
Windsor	444.3000	+	O 118.8ae	VE3RRR	WARC
Windsor	444.4000	+	Oe	VE3UUU	-------
Windsor	444.5000	+	O 118.8ae L(145.470)	VE3III	SPRARC
Woodstock	443.9250	+	O 131.8	VE3WHR	TCERG

STORMON-DUNDAS-GLENGARRY

Location	Output	Input	Notes	Call	Sponsor
Cornwall	443.6500	+	O 110.9/110.9	VE3MTA	SVARC

662 420-450 MHz
ONTARIO-QUEBEC

Location	Output	Input	Notes	Call	Sponsor
STORMONT-DUNDAS-GLENGARRY					
Lancaster	444.1500	+	O	VE2REH	ARAI
			110.9/110.9 (CA)eL(l 2018)		
Moose creek	443.0500	+	151.4/151.4	VE3TYF	------------
Williamsburg	443.1500	+	O	VA3ESD	SDEG
			110.9/110.9		

PRINCE EDWARD ISLAND

CENTRAL					
Glen Valley	444.6750	+	Ol	VE1UHF	VE1AIC
CHARLOTTETOWN					
Charlottetown	443.3000	+	Oael	VE1AIC	VE1AIC
Charlottetown	443.8500	+	Oel	VY2UHF	VY2ROB
Charlottetown	444.4000	+	Oae	VE1AIC	VE1AIC
			L(IRLP)		
Charlottetown	449.1000	–	Oae	VE1CRA	VE1AIC
			L(HUB)		
SUMMERSIDE					
Summerside	444.5000	+	Oae	VE1CFR	SPARC
			L(HUB)		

QUEBEC

Location	Output	Input	Notes	Call	Sponsor
Acton Vale	443.9500	+	O 110.9	VE2RBY	VE2GKE
Alma	449.4200	–	O	VE2RIU	VE2DIA
Alma	449.6200	–	O	VA2RIU	VE2TMR
Anjou	440.4400	440.4400	O	VA2GGR	VA2GGR
Baie-Comeau	442.3500	+	O 131.8e	VE2RBG	VE2FVV
Baie-Comeau	442.6200	+	O	VE2RUU	VE2RUU
Baie-Comeau	443.8500	+	Oex	VE2RMH	VE2FAZ
Baie-Comeau	444.0000	+	O 123	VA2RLP	VE2TPE
Baie-Comeau	447.6200	–	Oe	VE2RBC	VE2FAJ
Baie-Comeau	449.6000	–	O	VE2RBD	VE2RBD
Bedford	443.8000	+	O 103.5	VE2RSN	VE2TUA
Blainville	443.1000	+	O 141.3ae	VE2RMR	VE2DJE
Blainville	444.6000	+	O 131.8e	VE2REG	VE2ZVL
Blainville	444.9800	+	e	VE2PCQ	VE2PCQ
Blainville	449.7200	–	O 103.5	VE2RVV	VE2SMB
Blainville Nord	442.6000	+	O 136.5	VE2RNO	VE2THE
Boucherville	449.8200	–	O 103.5	VE2MRQ	VE2MRI
centre ville Québec	444.4500	+	O 100	VA2MB	VE2MBK
Charny	444.6000	+	Oe	VE2RDB	VE2FTO
Chicoutimi	449.0200	–	Oex	VE2RKA	VA2NA
Chicoutimi	449.7000	–	O	VE2RDH	VE2MDH
Coaticook	440.5000	+	118.8e	VE2RDM	VE2DPD
Coaticook	444.8500	+	O 118.8	VE2RDM	VE2DPD
Coaticook	449.2700	–	O 118.8	VE2RJV	VE2GNN
Coaticook	449.8500	–	118.8x	VE2RDM	VE2DPD

QUEBEC

Location	Output	Input	Notes	Call	Sponsor
Colline Poudrier	449.7200	–	O	VE2GPA	VE2GPA
Contrecoeur	443.6500	+	O 141.3	VE2CKC	VE2AN
Covey Hill	440.0000	440.0000	Oex	VA2REX	VE2JT
Cowansville	447.6700	–	O 118.8	VE2RCZ	VE2CAF
Delson	442.1500	+	O	VE2LHF	VE2LHF
Drummondville	442.9500	+	O 110.9	VE2RBU	VE2YLA
Drummondville	444.0500	+	O 110.9	VE2RBZ	VE2ZBR
Drummondville	444.1500	+	O 110.9e	VE2RDL	VE2CRD
Fleurimont	442.9200	+	O	VE2RLX	VE2LGX
Gatineau	444.2500	+	O 110.9	VA2UHF	VE2GUY
Gatineau	444.6000	+	O 110.9e	VE2REH	VE2ZVL
Gatineau	444.7000	+	O 123	VA2CMB	VA2CMB
Gatineau	445.0250	–	O 100.0/100.0	VE2AAR	VE2AAR
Granby	448.6200	–	O 118.8	VE2RGJ	VE2JRG
Grand-Mere	449.5200	–	O	VE2RLM	VE2CM
Grand-Mere	449.6700	–	O 110.9	VE2RGM	VE2GM
Grand-Mere	449.9200	–	O	VA2RTI	VE2JTR
Grand-Mere	449.9700	–	O 110.9ex	VA2RDX	VE2PWP
Grenville	443.8500	+	O 123ex	VE2RCS	VE2HMA
Hull	443.3000	+	O 100	VE2CRA	VE2CRA
Hull	443.9500	+	O 123e	VE2RAO	VE2CRO
Iberville	449.7500	–	O 103.5	VE2RJE	VE2MCJ
Joliette	444.6200	+	O 103.5e	VE2RLJ	VE2EML
Joliette	444.8000	+	O 103.5ep	VE2RIA	VE2MCM
Joliette	449.1200	–	Oe	VE2RHO	VE2BFK
Jonquière	440.0700	440.0700	O	VE2RNU	VE2JHG
Jonquière	449.0000	–	O	VE2RPA	VE2SV
Jonquière	449.1000	–	Oe	VE2RFL	VE2EFL
L'Anse-St-Jean	449.9000	–	Oe	VE2RME	VE2XIT
La Baie	444.9500	+	Oe	VE2RCX	VA2BCA
La Pocatière	448.9700	–	Oe	VE2RIP	VE2XIT
Lac Daran	442.1000	+	O	VE2RLD	VE2CSQ
Lac Daran	442.2000	+	x	VE2RLD	VE2CSQ
Lac Larouche	449.6200	–	O	VE2RPV	VE2RPV
Lac-a-la-Tortue	443.2000	+	O	VE2RBR	VE2GM
Laval	444.9500	+	O 107.2e	VE2OCZ	VE2JKA
Laval	447.5200	–	141.3p	VE2VK	VE2VK
laval	448.1700	–	O 107.2	VE2JKA	VE2JKA
Legardeur	442.3000	+	O 103.5	VE2CZX	VE2BFK
Levis-Lauzon	444.1000	+	O 100	VE2RHD	VE2CQ
Longueuil	442.4000	+	O 103.5e	VE2HPB	VE2UF
Longueuil	445.2200	445.2200	O	VE2RSM	VA2AZX
Magog	444.2500	+	O 118.8e	VE2RZZ	VE2CGM
Mascouche	443.8000	+	Oe	VE2RTM	VE2KAR
Mascouche	448.8200	+	Ox	VE2RTM	VE2KAR
Mercier	442.1000	+	O	VE2RTF	VE2BCM
Mercier	444.5000	+	O	VE2RTS	VE2BCM
Mont Bélair	444.2000	+	Oe	VE2RAX	VE2EZZ

420-450 MHz
QUÉBEC

Location	Output	Input	Notes	Call	Sponsor
Mont Bélair	444.9000	+	O 100	VA2TEL	VE2OSQ
Mont Bélair	448.6200	–	O 100	VE2UCD	------------
Mont Bélair (Québec)	448.6200	–	O 100e	VE2UCD	VE2JTX
Mont Orford	444.5500	+	100e	VE2RMO	VE2HR
Mont Rougemont	444.3200	+	O 103.5e	VE2RAW	VE2AW
Mont St-Bruno	449.1000	–	Oe	VE2RST	VE2CLM
Mont Sutton	447.2000	–	Oe	VE2RTC	VE2DIW
Mont-Carmel	447.0700	–	O 110.9ex	VE2RIR	VE2EX
Mont-Carmel	447.6700	–	O 100ex	VA2RES	VA2OMU
Mont-Cosmos	449.8700	–	O 156.7	VA2III	VE2WP
Mont-Gladys	442.4000	+	O	VE2RMG	VE2CQ
Mont-Laurier	444.6200	+	O	VE2RMC	VE2RMC
Mont-Orford	442.0000	+	O 118.8e	VE2RTO	VE2EKL
Mont-St-Bruno	444.1000	+	O 103.5e	VE2RSP	VE2GGY
Mont-St-Grégoire	444.2000	+	Oe	VE2RKL	VE2EKL
Mont-Ste-Anne	447.3700	–	O 110.9	VE2RAA	VE2CQ
Mont-Yamaska	442.3500	+	O 103.5ex	VA2RMY	VA2LRT
Mont-Yamaska	443.3000	+	O 103.5	VE2RMV	VE2ULU
Montréal	442.2500	+	O 141.3el	VE2RXM	VE2XM
Montréal	442.4500	+	O 103.5	VA2CVM	VE2LPN
Montréal	442.5000	+	O 141.3ex	VE2RCW	VE2WCC
Montréal	442.6000	+	103.5x	VE2RNO	VE2THE
Montréal	442.6500	+	O 103.5e	VE2ETS	VE2ETS
Montréal	442.8000	+	O	VE2JGA	VE2JGA
Montréal	442.9000	+	O 103.5	VE2REZ	VE2EZ
Montréal	443.0500	+	O 141.3ex	VE2RWI	VE2CWI
Montreal	443.7000	+	O 100	VE2RHH	MTL220
Montréal	444.2500	+	O 88.5x	VE2RVH	VE2VNH
Montréal	444.3700	+	O 103.5e	VE2LLL	VE2AAS
Montréal	444.4000	+	Oe	VE2REM	UMS
Montréal	444.9000	+	O 107.2e	VA2RDG	VE2JKA
Montréal	447.0200	–	O 103.5	VE2RJX	VE2JX
Montréal	447.9700	–	O 103.5	VA2RJX	VA2JX
Montréal	448.7200	–	O 103.5	VA2CME	VA2CBL
Montréal	449.3000	–	O	VE2AIF	VE2ACG
Montréal	449.4700	–	O	VE2WM	VE2WM
Montréal	449.9200	–	O 103.5	VE2RIO	RAQI
Montréal	449.9700	–	O 77e	VE2RJS	VE2ARC
Montreal-Nord	448.6500	–	O	VE2RPT	VE2FMK
Mt-Orford	446.5000	446.5000	O 71.9 E-SUNx	VE2DCR	VE2DCR
Parc des Laurentides	442.3700	+	O 110.9x	VE2RMG	VE2CQ
Parc des Laurentides	442.5000	+	O	VE2RMG	VE2CQ
Pointe-Claire	448.6500	–	O	VE2RHI	VE2RHI
Québec	444.3000	+	Oe	VE2RXR	VE2XR
Québec	444.5000	+	O 100	VE2REA	VE2TPE

420-450 MHz QUEBEC

Location	Output	Input	Notes	Call	Sponsor
Québec	444.5000	+	O 100	VE2RTB	VE2TEP
Québec	445.1000	445.1000	O 100	VA2MD	VE2TSO
Richmond	443.7500	+	O 123	VE2RHP	VE2LBN
Rigaud	442.2500	+	Ox	VE2RM	VE2RM
Rigaud	442.6200	449.7200	O 100	VE2RM	MTL220
Rigaud	444.0000	+	O 100ex	VE2RM	VE2RM
Rimouski	442.6200	+	O	VE2RWM	VE2CSL
Rock Forest	442.5000	+	O 123	VE2RVO	VE2VF
Rock Forest	448.3700	−	O 123	VA2CAV	VE2MKJ
Rosemere	445.1500	445.1500	O	VE2RXZ	VE2GXZ
Saint-Lin Laurentides	444.6500	+	O 103.5e	VE2RFO	VE2BFK
Salaberry-de Valleyfield	444.3500	+	Oe	VE2RVF	VE2BYB
Sherbrooke	441.1700	441.1700	O	VE2PAK	VE2SBK
Sherbrooke	444.7500	+	O	VE2RQM	VE2KIT
Sorel	442.1500	+	O 103.5	VE2RBS	VE2GGF
Sorel	446.2500	144.7700	O 103.5e	VE2CBS	VE2GFF
St-Antoine-sur Richelieu	447.1200	−	O	VE2RSO	VE2WA
St-Calixte	432.0100	432.0100	O	VE2RVK	VE2VK
St-Calixte	434.8000	432.4000	141.3e	VE2RVK	VE2VK
St-Calixte	434.8000	440.8000	141.3e	VE2RVK	VE2VK
St-Calixte	434.8000	432.4000	141.3e	VE2RVK	VE2VK
St-Calixte	442.6000	+	103.5x	VA2RLD	VA2DU
St-Calixte	442.7200	+	O 103.5e	VE2RLD	VA2DLU
St-Calixte	443.5500	+	O 141.3	VE2RVK	VE2VK
St-Calixte	443.5500	+	O 141.3	VE2RVK	VE2VK
St-Calixte	443.6000	+	O 141.3	VE2RVK	VE2VK
St-Calixte	444.0000	+	O 103.5ex	VA2 RLD	VA2 DU
St-Calixte	444.9000	+	O 1072	VA2RDG	VE2JKA
St-Calixte	447.1200	−	O 103.5ex	VE2PCQ	VE2PCQ
St-Calixte	449.9800		e	VE2PCQ	VE2PCQ
St-Charles de Bourget	444.2000	+	O	VE2RCR	VE2CRS
St-Constant	442.2000	+	O	VE2APO	VE2AFP
St-Donat	444.6000	+	O 103.5 E-SUN	VE2RRA	VE2BFK
St-Donat	444.8000	+	O 103.5 E-SUN	VA2RIA	VE2MCM
St-Eleuthere	442.3700	+	O 110.9x	VE2NY	VE2TC
St-Eleuthere	442.6200	+	O 123	VE2NY	VE2TC
St-Hubert	449.0200	−	O	VA2ASC	VA2ASC
St-Hyacinthe	444.4500	+	Oe	VE2RBE	VE2GGM
St-Jean-de-Matha	447.8200	−	O	VE2RHR	VE2JHR
St-Jean-sur Richelieu	442.8500	+	O 141.3	VE2RVR	VE2CVR
St-Jérome	449.7500	−	O	VE2RJE	VE2MCJ
St-Joseph-de Beauce	445.0500	445.0500	O	VE2RSJ	VE2BDP

666 420-450 MHz
QUEBEC

Location	Output	Input	Notes	Call	Sponsor
St-Joseph-de Sorel	446.5200	144.7700	O 103.5	VE2CBS	VE2CBS
St-Joseph-du-Lac	449.8700	–	O 123	VE2RST	VE2GSB
St-Michel-Des Saints	443.8500	+	O 103.5	VE2ESN	VE2ESN
St-Nazaire	447.1200	–	x	VA2RAU	VA2NA
ST-Pamphile	447.7700	–	O 100x	VA2LLL	VE2SG
St-Pascal-de Kamouraska	449.5700	–	Ox	VE2RQA	VE2MEL
St-Simon-les Mines	449.9700	–	O 100	VE2RSG	VE2BPD
St-Tite-des-Caps	447.2000	–	Oe	VE2RSB	VE2BPU
St-Ubalde	442.3000	+	O	VE2RZT	VE2TRZ
Ste-Agathe	448.2700	+	Ox	VE2RLO	VE2LLA
Ste-Foy	442.7000	+	O	VE2RCH	VE2MER
Ste-Foy	444.7000	+	O	VE2RSX	VE2VEM
Ste-Foy	444.8000	+	O	VA2ROY	VE2LRI
Ste-Marcelline	444.7000	+	O 103.5e	VE2RMS	VE2BFK
Ste-Sophie D'Halifax	448.9200	–	O	VE2RNB	VE2NBE
Ste-Therese	448.4200	–	O 103.5	VE2RWW	VA2MAC
Ste-Victoire de Sorel	446.5000	144.7700	O 103.5	VE2RBS	VE2GFF
Taché	449.0200	–	O	VE2RTX	VE2SV
Thetford Mines	448.1700	–	Oe	VE2CVA	VE2LES
Trois-Rivières	442.7500	+	O	VE2VIP	VE2ZZ
Trois-Rivières	448.6700	–	O 136.5e	VE2RBN	VE2MTE
Trois-Rivières	449.1700	–	O 110.9x	VE2RTZ	VE2TRZ
Val-Belair	447.6200	–	O	VE2RGG	VE2TEB
Varennes	448.2700	–	O	VE2REQ	VE2ESM
Victoriaville	442.8500	+	Ox	VE2RMD	VE2MF
Victoriaville	443.5000	+	O	VE2RBF	VE2FQG
Victoriaville	444.6000	+	O 110.9	VE2RHY	VE2HY
Waterloo	443.9000	+	Oe	VE2ESM	VE2ESM
ARGENTEUIL					
Brownsburg	442.3500	+	O 100.9/100.9	VE2RWC	BARC
Grenville	443.8500	+	123.0/123.0l	VE2RCS	VE2HMA
LAURENTIDES					
Rigaud	444.0000	+		VE2RM	----------
OUTAOUAIS					
Cantley	444.6000	+	110.9/110.9 (CA) L(l 2018)	VE2REH	ARAI
Cantley	444.7000	+	● 123.0/123.0 (CA)e	VA2CMB	VA2CMB
Chelsea	443.3000	+	/100x	VE2CRA	OARC
Chelsea	444.5000	+	O 146.2/146.2	VE2GFV	VE2GFV
Gatineau	433.1000	+	L(9600B RPTR)	VE2UQH	CRAO

420-450 MHz
QUEBEC-YUKON TERRITORY

Location	Output	Input	Notes	Call	Sponsor
Gatineau	443.9500	+	123.0/123.0 A(*/ #)eL(VHF)	VE2RAO	CRAO
Gatineau	444.2500	+	/110.9l	VA2UHF	GRAC
Gatineau	444.9000	+	● 162.2/162.2 (CA)e	VA2XAD	VA2XAD

SASKATCHEWAN
REGINA
Avonlea	444.1500	+	o	VE5AHR	------------
Regina	444.2500	+	o	VE5UHF	------------
Regina	447.2500	–	o	VE5BBZ	------------

SASKATOON
Saskatoon	441.0000	+	o	VE5RPH	------------
Saskatoon	443.9750	+	o	VE5PJH	VE5PJH
Saskatoon	448.0000	–	o	VE5HG	VE5HG

SOUTHEAST
| Estevan | 444.8000 | + | o | VA5EST | VE5AJ |

YUKON TERRITORY
YUKON
| Beaver Creek | 449.9000 | – | ol | VY1RHH | YARA |

902-928 MHz

Location	Output	Input	Notes	Call	Sponsor
ALABAMA					
Huntsville	927.5875	902.5875	O 100.0	W4XE	W4XE
Huntsville/ MonteSano	927.5000	902.5000	O 100.0	W4XE	W4XE
ARIZONA					
CENTRAL					
Pinal Peak	927.4125	902.4125	O 151.4lx	W7ARA	ARA
Pinal Peak	927.8375	902.8375	●t	N7TWW	FHART
EAST CENTRAL					
Greens Peak	927.2875	902.2875	O 151.4ael RBx	N9CZV	N9CZV
Porter Mtn	927.3375	902.3375	O 151.4ael RBx	N9CZV	N9CZV
NORTH CENTRAL					
Bill Williams Mtn	927.0750	902.0750	O 218.1lx	WB7BYV	Steve Crumley
Maricopa	927.6500	902.6500	O 151.4 RB	KE7JVX	Monty Dana
Mingus Mtn	927.0875	902.0875	O 151.4lx	WB7BYV	WB7BYV
Mingus Mtn	927.2625	902.2625	O 141.3x	WA7JC	WA7JC
Mt Elden	927.8375	902.8375	●tx	N7TWW	FHART
Prescott	927.3875	902.3875	O 151.4	WB7BYV	Steve Crumley
Prescott	927.5875	902.5875	O 131.8el	WB7BYV	WB7BYV
Towers Mountain	927.2875	902.2875	O 151.4x	KF7EZ	KF7EZ
NORTH WEST					
Kingman	927.6125	902.6125	●	K7RLW	K7RLW
NORTHEASTERN					
Greens Peak	927.1625	902.1625	O 151.4elx	W7ARA	ARA
NORTHWESTERN					
Dolan Springs	927.9125	902.9125	●DCS(606)e	KC7UJL	KC7UJL
NW TUCSON					
Oracle	927.3750	902.3750	●DCS(156)x	WA7ELN	Troy Hall
PHOENIX					
Chandler	927.4375	902.4375	O 151.4e	W7MOT	MARCA
Phoenix	927.0125	902.0125	O 151.4	KQ7DX	Scott Willard
Phoenix	927.7125	902.7125	O 151.4e	NØFPE	NØFPE
Scottsdale	927.1625	902.1625	O 151.4	W7ARA	ARA
Scottsdale	927.3875	902.3875	O 151.4	W7MOT	M.A.R.C.A.
Scottsdale	927.6875	902.6875	O 151.4l	KØNL	Gregory Banks
SMnt	927.2125	902.2125	O 151.4elx	W7MOT	M.A.R.C.A.
Tempe Butte	927.0375	902.0375	●DCS(23)x	KQ7DX	Scott Willard
Usery Pass	927.4625	902.4625	●tx	N7MK	FHART

670 902-928 MHz
ARIZONA-CALIFORNIA

Location	Output	Input	Notes	Call	Sponsor
White Tanks	927.3625	902.3625	O 151.4x	WW7B	Morgan E. Hoaglin
SOUTH CENTRAL					
Mt Lemmon	927.3125	902.3125	ODCS(606) erx	N7OEM	Tom Long
SOUTHEASTERN					
Sierra Vista	927.9125	902.9125	O 100ael	N0NBH	N0NBH
SOUTHWEST					
Yuma	927.4625	902.4625	● 88.5	W7DIN	George Strickrogh
TUCSON					
Tucson	927.8500	902.8500	O 114.8l	W7FDF	W7FDF
Tumamoc Hill	927.9750	902.9750	ODCS(606) rx	N7OEM	Tom Long
Vail	927.8875	902.8875	ODCS(606)	WB4LDS	Don Stiver
WEST CENTRAL					
Lake Havasu	927.4375	902.4375	ODCS(532) elx	K7GDM	KA3IDN

ARKANSAS
NORTHWEST

Location	Output	Input	Notes	Call	Sponsor
Aurora	927.5625	902.5625	ODCS(143)	W4GYV	W4GYV
Fayetteville	927.5125	902.5125	ODCS(143)	W4GYV	W4GYV

CALIFORNIA
FREQUENCY USAGE - SOUTHERN CALIFORNIA

Location	Output	Input	Notes	Call	Sponsor
So Cal	927.6000			SIMPLEX	
So Cal	927.7000	902.7000		TEST PAIR	
So Cal	927.8000			SIMPLEX	

NORCAL-CENTRAL COAST

Location	Output	Input	Notes	Call	Sponsor
Felton	927.9250	–	O 123e	W6MOW	W6MOW
Monterey	927.2875	–	Oelrsx	W6JSO	W6JSO
Monterey	927.9750	–	●DCSelrs	WE6R	WE6R
Salinas	927.9500	–	ODCSelx	KG6UYZ	KG6UYZ

NORCAL-EAST BAY

Location	Output	Input	Notes	Call	Sponsor
Berkeley	927.9875	–	O 114.8lx	WI6H	WI6H
Clayton	927.1125	–	●lx	N6AMG	ERG
Hayward	927.6250	–	O 162.2	KB6LED	KB6LED
Modesto	927.2000	–	O 100el	W6RD	WB6PBN
Moraga	927.3250	–	O 127.3l	K6SJH	K6SJH
Newark	927.5500	–	O 103.5el	N3EL	N3EL
Oakland	927.0250	–	●DCSelx	WA6JQV	WA6JQV
Oakland	927.1750	–	O 100el	K6LNK	CARLA
Oakland	927.4250	–	●DCSelx	WA6JQV	WA6JQV
Oakland	927.5750	–	O 100ers	N6SSB	BA900UG
Oakland	927.6500	–	O 131.8elx	NC9RS	NC9RS.COM
Palo Alto	927.9625	–	O 141.3lx	WI6H	WI6H
Pleasanton	927.3750	–	O 88.5#elx	N6QL	N6QL
San Pablo	927.0250	–	●DCSelx	WA6JQV	WA6JQV
San Pablo	927.4500	–	●DCSelx	WA6JQV	WA6JQV
Walnut Creek	927.8250	–	O 127.3ex	WU7Q	WU7Q

902-928 MHz 671
CALIFORNIA

Location	Output	Input	Notes	Call	Sponsor
NORCAL-NORTH BAY					
American Canyon	927.4000	–	O 192.8el	K6ZRX	HAMSEXY
Napa	927.5250	–	O 173.8elx	K6ZRX	K6ZRX
Novato	927.3500	–	O 131.8#	KM6PA	KM6PA
Santa Rosa	927.5250	–	O 173.8elx	K6ZRX	K6ZRX
NORCAL-NORTH COAST					
Willits	927.7500	–	O 103.5elrsx	K7WWA	K7WWA
NORCAL-NORTH EAST					
Corning	927.6375	–	O 123elx	NC9RS	NC9RS.COM
Redding	927.1250	–	O 107.2ex	KK6JP	WR6TV
NORCAL-SACRAMENTO VALLEY					
Auburn	927.1500	–	●	N6NMZ	N6NMZ
Auburn	927.3625	–	Oelrsx	KI6SSF	KI6SSF
Auburn	927.7750	–	O 77	NA6DF	SHARK
Chico	927.9625	–	O 141.3l	WI6H	WI6H
Dixon	927.8000	–	O 103.5l	K6JWN	K6JWN
El Dorado	927.0250	–	●DCSlx	WA6JQV	WA6JQV
El Dorado	927.1625	–	O 131.8lx	N6UG	N6UG
El Dorado	927.4750	–	●DCSlx	WA6JQV	WA6JQV
ElDorado Hills	927.0125	–	O 100elx	NC9RS	NC9RS.COM
Elverta	927.9500	–	●elrsx	N6ICW	N6ICW
Folsom	927.2750	–	O 127.3	K6ZWZ	K6ZWZ
Georgetown	927.8500	–	O 123e	K6YC	K6YC
Grass Valley	927.1375	–	O 77elx	N6NMZ	N6NMZ
Grass Valley	927.1875	–	O 131.8lx	KF6GLZ	KF6GLZ
Grass Valley	927.2500	–	●	WB4YJT	WB4YJT
Livermore	927.0250	–	●DCSlx	WA6JQV	WA6JQV
Livermore	927.4375	–	●DCSelx	WA6JQV	WA6JQV
Lodi	927.1000	–	O 100el	N6GKJ	N6GKJ
Modesto	927.0250	–	●DCSlx	WA6JQV	WA6JQV
Modesto	927.0375	–	O 100lx	WA6JQV	WA6JQV
Placerville	927.1750	–	O 114.8el	K6LNK	CARLA
Rescue	927.2375	–	O 127.3x	K6ZWZ	K6ZWZK6KRD
Sacramento	927.2000	–	O 100e	K6YC	K6YC
Sacramento	927.2125	–	●elrx	N6ICW	N6ICW
Stockton	927.6125	–	O 107.2el	NC9RS	NC9RS
Sunol	927.6875	–	O 77elx	NC9RS	NC9RS.COM
Vacaville	927.0250	–	●DCSelx	WA6JQV	WA6JQV
Vacaville	927.0375	–	O 100e	WA6JQV	WA6JQV
Vacaville	927.0500	–	O 77aelrsx	N6ICW	N6ICW
Vacaville	927.0625	–	O 167.9x	W6KCS	Steve Dold
Vacaville	927.1250	–	O 131.8lx	W6NQJ	N6ZN
Vacaville	927.2625	–	●el	KI6SSF	KI6SSF
Vacaville	927.3375	–	O 162.2el	KI6SSF	KI6SSF
Volcano	927.9000	–	O 127.3#x	W6KAP	W6KAP
Walnut Grove	927.3000	–	O 100#elx	K6YC	K6YC
NORCAL-SAN JOAQUIN VALLEY					
Bakersfield	927.1250	–	ODCSe	K6RET	K6RET

902-928 MHz
CALIFORNIA

Location	Output	Input	Notes	Call	Sponsor
Clovis	927.0375	–	O 100ex	W6JPU	W6NCG
Coalinga	927.6625	–	O 146.2elx	NC9RS	NC9RS.COM
Fresno	927.0250	–	●DCSelx	WA6JQV	WA6JQV
Fresno	927.0375	–	O 100elx	WA6JQV	WA6JQV
Lodi	927.0750	–	O 100elrsx	WB6ASU	WB6ASU
Lodi	927.0875	–	O 100ex	N6GKJ	N6GKJ
Mount Bullion	927.1500	–	O 100elx	K6RDJ	WB6PBN
Patterson	927.6250	–	O 100#	KK6AT	KK6AT
Ridgecrest	927.0125	–	88.5l	NC9RS	NC9RS.COM
San Andreas	927.0750	–	O 100el	N6GKJ	N6GKJ
San Andreas	927.2250	–	O 100elx	W6RD	WB6PBN
Westley	927.1000	–	O 100elx	W6RD	WB6PBN

NORCAL-SOUTH BAY

Location	Output	Input	Notes	Call	Sponsor
Cupertino	927.1375	–	ODCSelrsx	WA6FUL	WA6FUL
Cupertino	927.2125	–	ODCSersx	WA6FUL	WA6FUL
Los Gatos	927.0250	–	●DCSelx	WA6JQV	WA6JQV
Los Gatos	927.0500	–	ODCSel	K6DND	K6DND
Los Gatos	927.1500	–	O 156.7l	N6NMZ	N6NMZ
Los Gatos	927.2500	–	O 114.8elx	KD6YYJ	KD6YYJ
Los Gatos	927.4625	–	●DCSelx	WA6JQV	WA6JQV
Los Gatos	927.9125	–	O 167.9ael x	K6DND	K6DND
Palo Alto	927.8625	–	ODCSelx	WW6BAY	Bay-Net
San Jose	927.8125	–	O 123l	N6SPB	N6SPB
San Jose	927.9000	–	ODCSl	N6TBQ	LPRC
Santa Clara	927.7375	–	O 100#elrs	K6SNC	K6WAR

NORCAL-TAHOE

Location	Output	Input	Notes	Call	Sponsor
Meyers	927.6750	–	O 156.7elx	NC9RS	NC9RS.COM
Reno/Tahoe	927.0125	–	O 88.5elx	NC9RS	NC9RS.COM

NORCAL-WEST BAY

Location	Output	Input	Notes	Call	Sponsor
Half Moon Bay	927.7000	–	●e	N6IMS	N6IMS
Pacifica	927.4000	–	O 114.8#e	WB6JKV	WB6JKV
Vacaville	927.0875	–	O 127.3ael rsx	WV6F	WV6F

SOCAL-#BARSTOW

Location	Output	Input	Notes	Call	Sponsor
Flash II	927.9875	902.9875	O 114.8l	N6RTR	-----------

SOCAL-#COASTAL

Location	Output	Input	Notes	Call	Sponsor
Catalina	927.9375	902.9375	ODCS(311)	KR6AL	-----------

SOCAL-#KE,LA,OR,SBER

Location	Output	Input	Notes	Call	Sponsor
Blue Ridge	927.2250	902.2250	O 123.0l	N6LXX	-----------
Tehachapi	927.7250	902.7250	ODCS(411)	WA6CGR	SCEARA

SOCAL-#LA CENTRAL

Location	Output	Input	Notes	Call	Sponsor
Mt Harvard	927.5625	902.5625	O 123.0l	N6LXX	-----------
Mt Lukens	927.9750	902.9750	O 103.5	N6VGU	-----------
Mt Wilson	927.2500	902.2500	O 114.8 L(224.940)	WA6DVG	-----------
Pasadena	927.9625	902.9625	O 100.0	W6DMV	-----------
Santa Anita Ridge	927.6250	902.6250	ODCS(411)	WA6CGR	SCEARA

902-928 MHz   673
CALIFORNIA

Location	Output	Input	Notes	Call	Sponsor
SOCAL-#LA EAST					
Sunset	927.1625	902.1625	O 151.4l	N6RTR	------------
Sunset	927.5500	902.5500	O 123.0l	N6LXX	------------
Sunset	927.6125	902.6125	O 151.4	K6DLP	------------
SOCAL-#LA NORTH					
Contractors	927.6875	902.6875	O# DCS(606)	K6LRB	------------
Oat Mtn	927.5875	902.5875	O 131.8l	N6LXX	------------
SOCAL-#LA SOUTH					
Palos Verdes	927.6625	902.6625	ODCS(606)	K6LRB	------------
SOCAL-#LA WEST					
Woodland Hills	927.8375	902.8375	O 162.2	WS6RG	WSRG
SOCAL-#LA,OR					
Hollywood Hills	927.2750	902.2750	O 103.5	W6DEK	------------
Signal Peak	927.1375	902.1375	ODCS(411)	N6EX	SCEARA
SOCAL-#PALMDALE					
Hauser Mtn	927.3750	902.3750	O 114.8	WB6FYR	------------
Phelan	927.4750	902.4750	ODCS(532)l	N6LXX	------------
Pinon Hills	927.3500	902.3500	O 88.5	KA6YTT	------------
SOCAL-#SAN BERNARDINO					
Crestline	927.4875	902.4875	ODCS(411)	K6LRB	------------
Crestline	927.6750	902.6750	O 82.5l	N6RTR	------------
SOCAL-#SAN DIEGO					
Black Mtn	927.3875	902.3875	O 151.4	K6XI	------------
Mt Otay	927.3375	902.3375	O 151.4	WA6OSB	------------
Mt San Miguel	927.5750	902.5750	O 151.4l	N6LXX	------------
Palomar Mtn	927.5375	902.5375	ODCS(606)	KE6YRU	------------
Palomar Mtn	927.9750	902.9750	100.0	W6NWG	PARC
SOCAL-#SANTA BARBARA					
Santa Barbara	927.4625	902.4625	O 131.8	KG6MNB	UCSB
SOCAL-#VENTURA					
Red Mtn	927.8750	902.8750	O 103.5	WB6ZTQ	SMRA
SOCAL-LA,OR					
Covers Area	927.9500	902.9500	●	KA6RWW	------------
SOCAL-LA,OR,RIV,SBER,SD					
Covers Area	927.1250	902.1250	●	KD6WLY	------------
Covers Area	927.4000	902.4000	●	WA6FDG	------------
Covers Area	927.6500	902.6500	●DCS(411)	N6CA	SBMS
Covers Area	927.9000	902.9000	●	KD6WLY	------------
SOCAL-RIV,SBER					
Covers Area	927.4125	902.4125	●	K6DLP	------------
SOCAL-SD					
Covers Area	927.1500	902.1500	●	K6MOT	MARC
SOUTH EAST					
Meyers	927.6750	902.6750	O 107.2el	NC9RS	KJ6KO
Tahoe City	927.0250	902.0250	● 432e	WA6JQV	WA6JQV
Tahoe City	927.0375	902.0375	O 100	WA6JQV	WA6JQV
Tahoe City	927.8750	902.8750	●l	WA6TLW	WA6TLW

674 902-928 MHz
COLORADO-FLORIDA

Location	Output	Input	Notes	Call	Sponsor
COLORADO					
BOULDER COUNTY					
Boulder	927.7500	902.7500	O 91.5/91.5 l	N0SZ	RMHR
NORTH FRONT RANGE					
Fort Collins	927.8250	902.8250	O 100/100	AB0SF	AB0SF
Fort Collins	927.9500	902.9500	O 100/100e	K1TJ	K1TJ
PUEBLO					
Westcliffe	919.1000	–	O 88.5/88.5 lx	ND0Q	PuebloHC
CONNECTICUT					
NEW HAVEN & S CENTRAL					
Branford	927.8125	902.8125	ODCS(311)e	N1HUI	BFD OEM
Hamden	927.4125	902.4125	O/100.0	WA1MIK	------------
N Guilford	927.4875	902.4875	O/192.8 DCS(311)e	NI1U	Guilford Radio Societ
NEW LONDON & SOUTHEAST					
Norwich	927.4375	902.4375	O 156.7/156.7	N1NW	Rason
DELAWARE					
ALL					
SNP	920.0000	–	O		------------
SNP	927.7000	902.7000	O		------------
DISTRICT OF COLUMBIA					
SNP	920.0000	–	O		------------
SNP	927.7000	902.7000	O		------------
FLORIDA					
CENTRAL					
Auburndale	927.0125	902.0125	O 127.3/127.3	W4PUH	W4PUH
CENTRAL - ORLANDO					
Eustis	927.5750	902.5750	O 100/100e	K4AC	LARA
Kissimmee	927.7000	902.7000	O 103.5/103.5 DCS(411)eL(147.2100 444.4500 EC	N4GUS	ARRGUS
Leesburg	927.6000	902.6000	O 100/100e	K4AC	LARA
Minneola	927.5375	902.5375	O 100/100e	W4ALR	W4ALR
EAST CENTRAL					
Ft Pierce	927.7000	902.7000	O 100/100e lrsWXxz	K4NRG	NRG
Palm Bay	927.6250	902.6250	O 100/100e L(EC-183236) BI	KM4OP	KM4OP
Port St Lucie	927.6625	902.6625	O 100/100e L(444.000 146.985 927.700)rsWXxz	K4NRG	NRG

902-928 MHz
FLORIDA-GEORGIA

Location	Output	Input	Notes	Call	Sponsor
NORTH CENTRAL					
Trenton	921.2000	–	O e	N4TSV	N4TSV
NORTH EAST					
Daytona Beach	919.3000	145.7700	O 103.5/103.5l	KE4NZG	KE4NZG
Daytona Beach	919.3000	446.9000	O 103.5/103.5l	KE4NZG	KE4NZG
Daytona Beach	919.3000	–	O l	KE4NZG	KE4NZG
SOUTH EAST					
Boca Raton	927.6250	902.6250	O 100/100x	KI4LJM	KI4LJM
Boca Raton	927.6875	902.6875	O 100/100x	KI4LJM	KI4LJM
Ft Pierce	927.6000	902.6000	O 100/100 L(444)	K4NRG	NRG
Ft Pierce	927.6125	902.6125	O 100/100 L(444)	K4NRG	NRG
SOUTH EAST - MIAMI/FT LAUD					
Coral Gables	927.6875	902.6875	● 110.9/110.9er	WA4PHG	Teletrol
Ft Lauderdale	921.5000	–	● l	WA4PHG	Teletrol
Ft Lauderdale	927.6750	902.6750	● DCS(25)e	KB2TZ	KB2TZ
Ft Lauderdale	927.7000	902.7000	O 110.9/110.9eL(224.4)	KF4LZA	KF4LZA
Homestead	927.5250	902.5250	O 100/100e L(146.925)rsx	KF4ACN	KF4ACN
Miami	923.0000	–	O	WB4TWQ	WB4TWQ
Pompano Beach	927.5500	902.5500	O 100/100e L(146.61)	W4BUG	GCARA
WEST CENTRAL - TAMPA/ST PETE					
Tampa	927.5500	902.5500	O 141.3/141.3	N2MFT	N2MFT

GEORGIA

Location	Output	Input	Notes	Call	Sponsor
Atlanta	927.0620	902.0620	151.4l	K5TEX	K5TEX
Atlanta	927.5120	902.5120		KD4GPI	TARA
Atlanta	927.6000	902.6000	88.5eWX	WE4RC	AI4JI
Buford	927.6250	902.6250		N4GJF	N4GJF
Cumming	927.6870	902.6870	e	W4FRT	W4PX
Grayson	927.5250	902.5250	107.2	K7TMD	K7TMD
Jasper	927.6620	902.6620	100.0aelRB	W4MAA	M&M 10-10
Lawrenceville	927.5500	902.5500	100.0es	WX4NET	WX4NET
Marietta	927.0870	902.0870	151.4lRB	K5TEX	SPYDER RAD
Marietta	927.5750	902.5750	100	N4YCI	N4NEQ
Milton	927.6500	902.6500	lRB	K5TEX	SPYDER RAD
Moultrie	927.0120	902.0120	100.0e	N4JMD	N4JMD
Savannah	923.0000	910.2500	O	WA4VHP	------------
Stone Mtain	927.7120	902.7120	223	KG4LMT	KG4LMT
Valdosta	927.4870	902.4870	O 141.3els	WR4SG	KB0Y

676 902-928 MHz
HAWAII-IOWA

Location	Output	Input	Notes	Call	Sponsor
HAWAII					
HAWAII					
Kona	927.1375	902.1375	O 100.0#	WB6EGR	WB6EGR
OAHU					
Honolulu	925.6000	922.0000	O#eRB	AH6CP	AH6CP
IDAHO					
SW IDAHO					
Boise	927.8375	902.8375	●DCSl	N7CVR	N7CVR
Emmett	927.7375	902.7375	Ot DCS(412)	NB7C	NB7C
ILLINOIS					
NORTH CENTRAL					
Joliet	927.5250	902.5250	151.4e	N9WYS	N9WYS
Wilmington	927.6750	902.6750	O	N9GI	N9GI
NORTHEAST					
Huntley	927.7250	902.7250	114.8	AB9OU	AB9OU
Lake Zurich	927.6875	902.6875	151.4	WA9FPT	WA9FPT
Lockport	927.5875	902.5875	Oe	N9OWR	N9OWR
West Chicago	927.7000	902.7000	114.8aelz	W9DMW	MOOSEFAR
INDIANA					
EAST CENTRAL					
Lynn	927.0125	902.0125	O 131.8e WX	K9NZF	K9NZF
Lynn	927.5750	902.5750	O 131.8e WX	K9NZF	K9NZF
Muncie	927.7125	902.7125	O 151.4	N9CZV	N9CZV
Winchester	927.6875	902.6875	O 151.4	N9CZV	N9CZV
INDIANAPOLIS					
Indianapolis	927.4875	902.0375	O 131.8l	W9ICE	ICE
Indianapolis	927.9875	902.0625	O 77.0el	W9ICE	ICE
Indianapolis	927.9875	902.9875	O 77.0el	W9ICE	ICE
NORTH CENTRAL					
Elkhart	927.6500	902.6500	O 131.8l WX	KC9GMH	KC9GMH
NORTHEAST					
Laotto	927.4625	902.4625	O 141.3	KB9VTK	KB9VTK
Roanoke	927.5125	902.5125	O 131.8	WB9VLE	WB9VLE
SOUTH CENTRAL					
Floyds Knob	927.5250	902.5250	O 67.0e	N9CVA	N9CVA
Floyds Knob	927.8750	902.8750	O 67.0e	N9CVA	N9CVA
WEST CENTRAL					
Otterbein	927.5625	902.5625	O 88.5ae	W9CBA	W9CBA
IOWA					
SOUTHEAST					
Moravia	927.3370	902.3370	136.5	WØALO	WØALO

Location	Output	Input	Notes	Call	Sponsor
SOUTHWEST					
Mo Valley	927.3250	902.3250	110.9l	N0ZHX	N0ZHX
WATERLOO					
Waterloo	927.3370	902.3370	● 136.5ael rs	W0ALO	W0ALO

KANSAS
KANSAS CITY METRO

Location	Output	Input	Notes	Call	Sponsor
Kansas City	927.0125	902.0125	O 186.2/186.2eL(ALN#2181)	WB0YRG	BYRG
Kansas City	927.1125	902.1125	O 186.2/186.2eL(ALN#2327)	WB0YRG	BYRG
Kansas City	927.5875	902.5875	O	WB0KIA	------------
Kansas City	927.5875	902.5875	O 151.4/151.4eL(ALN#27077)	WB0YRG	BYRG
Kansas City	927.9125	902.9125	O 186.2/186.2l	WB0YRG	BYRG
Merriam	927.7125	902.7125	O 151.4/151.4a(CA)eL(ECHOLINK 307578 AL	K0KN	SMMC
Merriam	927.7125	902.7125	O 151.4/151.4a(CA)eL(ECHOLINK#307578 AL	K0KN	SMMC

NORTHEAST

Location	Output	Input	Notes	Call	Sponsor
Lawrence	927.8250	902.8250	ODCS(071) l	K0USY	BFARC

WEST CENTRAL

Location	Output	Input	Notes	Call	Sponsor
Victoria	927.9750	902.9750	O 131.8/131.8	KD0EZQ	------------

KENTUCKY

Location	Output	Input	Notes	Call	Sponsor
Lexington	927.7250	902.7250	O 751 DCS e	KA4MKG	K4RBH
Paducah	927.5120	902.5120	141.3	W4WWS	W4WWS

LOUISIANA
REG 8 MONROE

Location	Output	Input	Notes	Call	Sponsor
West Monroe	927.9750	902.9750	O	KB5TLB	KB5TLB

STATEWIDE

Location	Output	Input	Notes	Call	Sponsor
Shared	920.0000	–		SNP	------------

MARYLAND
ALL

Location	Output	Input	Notes	Call	Sponsor
SNP	920.0000	–	O		------------
SNP	927.7000	902.7000	O		------------

BALTIMORE

Location	Output	Input	Notes	Call	Sponsor
Dayton	927.5375	902.5375	156.7e	W3YVV	W3YVV
Owings Mills	927.5125	902.5125	O 156.7	N3CDY	N3CDY
Towson	927.4875	902.4875	O 156.7er	N3CDY	N3CDY

678 902-928 MHz
MARYLAND-MASSACHUSETTS

Location	Output	Input	Notes	Call	Sponsor
NORTHEAST MD					
Whiteford	927.5625	902.5625	O 156.7ael r	N3CDY	N3CDY
WASHINGTON AREA					
Ashton	927.7250	902.7250	O 156.7	K3WX	WA3KOK
MASSACHUSETTS					
BOSTON METRO					
Boston	927.0625	902.0625	ODCS(244) L(I4977)X	K1RJZ	MMRA
Cambridge	927.6625	902.6625	O 88.5e L(444.75)	N1OMJ	N1OMJ
Waltham	927.1375	902.1375	O 131.8/100	W1MHL	WARA
Woburn	927.4375	902.4375	O 131.8/100eL(449.825)	N1OMJ	N1OMJ
BOSTON SOUTH					
North Attleborough	927.7875	902.7875	O 127.3ers	N1SEC	N1SEC
Norton	927.7125	902.7125	O 131.8/100	KB1HTO	KB1HTO
Raynham	927.4250	902.4250	O/131.8e	W1WCF	W1WCF
Taunton	927.6875	902.6875	O/131.8e	KA1DTA	KA1DTA
Wrentham	927.4875	902.4875	O 131.8	N1UEC	N1UEC
CENTRAL					
Fitchburg	927.5625	902.5625	O 74.4	W1HFN	W1HFN
Worcester	927.7375	902.7375	ODCS(244)e	WE1CT	WorcECTeam
MERRIMACK VALLEY					
Pepperell	927.4625	902.4625	O 88.5/.0e L(224.64 RPT 1270.40 AUX.)x	WA1VVH	H Chase
METROWEST					
Framingham	927.5375	902.5375	O 131.8	WA1NVC	WA1NVC
Framingham	927.5875	902.5875	O 131.8/100p	WA1NVC	WA1NVC
Hopkinton	927.8875	902.8875	O 131.8 L(E551833 I4624)	N3HFK	N3HFK
Marlborough	927.7000	902.7000	ODCS(244)	W1MRA	MMRA
NORTH SHORE					
Georgetown	927.7250	902.7250	O 100e	W1ASS	W1ASS
Peabody	927.9375	902.9375	O 131.8/100eL(W1WNS 448.775)x	W1WNS	W1WNS
Salem	927.7500	902.7500	O/131.8	NS1RA	NSRA
SOUTH COAST					
Assonet	927.4625	902.4625	O/103.5e	WG1U	WG1U
Dartmouth	927.6500	902.6500	O 67	W1SMA	SCMARG
Dartmouth	927.8375	902.8375	O 67 L(I8884 NEAR900)	W1AEC	SEMARA
Fall River	927.0375	902.0375	ODCS(31)e x	NN1D	NN1D

902-928 MHz
MASSACHUSETTS-MISSOURI

Location	Output	Input	Notes	Call	Sponsor
Rehoboth	927.5750	902.5750	O/131.8e	N1UMJ	N1UMJ
SOUTH SHORE					
Abington	927.4500	902.4500	Oe	WG1U	WG1U
Hingham	927.8250	902.8250	O 131.8 L(E465199 I4335 NEAR-900)	NS1N	NS1N
Marshfield	927.4750	902.4750	O 131.8/100eL(E465188 I4571 NEAR-900)	N1ZZN	+KC1HO
Pembroke	927.6250	902.6250	O 131.8/100e	W1EHT	SSBG
Plymouth	927.4125	902.4125	O 67ex	N1OTY	N1OTY
SPRINGFIELD/PIONEER VALLEY					
Feeding Hills	927.8000	902.8000	ODCS(244) ex	W1KK	W1KK
Holyoke	927.8375	902.8375	ODCS(244) ex	AA1KK	W1KK
THE BERKSHIRES					
Adams	927.8750	902.8750	O/100	K1FFK	NoBARC
MICHIGAN					
LOWER PEN SOUTHEAST					
Auburn Hills	927.2125	902.2125	●tex	WB8ROI	WB8ROI
Dansville	927.5250	902.5250	O 131.8 (CA)el	KB8FUN	N8OBU
Dearborn	927.1250	902.1250	Ors	WR8DAR	RADAR
Fenton	927.5375	902.5375	O 131.8elx	N8VDS	N8VDS
Holly	927.2625	902.2625	O 131.8 (CA)elx	W8FSM	W8FSM
Pontiac	927.5125	902.5125	O 131.8e	N8NM	N8NM
Riverview	927.4875	902.4875	O 131.8 (CA)l	KC8LTS	KC8LTS
LOWER PEN SOUTHWEST					
Battle Creek	927.5500	903.5500	●t	WD8BVL	WD8BVL
Grand Rapids	927.2625	902.2625	●te	N8WKM	N8WKM
Greenville	927.4875	902.4875	●telwX	KB8ZGL	KB8ZGL
Jackson	927.2250	902.2250	O 131.8 (CA)elWXxz	N8URW	KC8LMI
Lowell	927.6875	902.6875	O 131.8el	KB8ZGL	KB8ZGL
MINNESOTA					
DULUTH					
Duluth	927.4875	902.4875	O 103.5	KB0QYC	LSAC
Duluth	927.6000	902.6000	O 114.8	KB0QYC	LSAC
METRO					
Lino Lakes	927.4875	902.4875	O 103.5e	WD8CBO	WD8CBO
White Bear Lak	919.1000	–	Ol	K0LAV	K0LAV
MISSOURI					
SOUTHWEST					
Nixa	927.5375	902.5375	O 162.2/162.2ex	K0NXA	Nixa ARC

680 902-928 MHz
NEVADA

Location	Output	Input	Notes	Call	Sponsor
NEVADA					
Angel Peak	927.2500	902.2500	O 114.8l	WB6TNP	------------
Angel Peak	927.3375	902.3375	O 151.4	N9CZV	------------
Angel Peak	927.6625	902.6625	ODCS(606) Irsx	N7SGV	------------
Apex	927.6750	902.6750	O 82.5	N6JFO	------------
Apex Mt	927.0500	902.0500	ODCS(411)	KG7SS	------------
Apex Mtn	927.5875	902.5875	O 131.8l	KG7SS	------------
Apex Mtn	927.6750	902.6750	O 82.5 L(2M) Bl	N6JFO	PINOYHAM
Beacon Hill	927.4625	902.4625	151.4/151.4	WB6TNP	------------
Christmas Tree	927.8875	902.8875	Ot DCS(606)lx	WB6TNP	------------
Hi Potosi Mtn	927.5250	902.5250	O 127.3/127.3	WB6TNP	------------
Hi Potosi Mtn	927.9125	902.9125	Ot DCS(606)x	KB6XN	------------
Las Vegas	927.1250	902.1250	O 103.5/103.5	K7IZA	------------
Las Vegas	927.1375	902.1375	DCS(411)	WB6EGR	------------
Las Vegas	927.1625	902.1625	ODCS(074)	N7TNB	------------
Las Vegas	927.1875	902.1875	O 151.4	N7OK	SDARC
Las Vegas	927.7250	902.7250	O 146.2	WB9STH	------------
Las Vegas	927.7875	902.7875	ODCS(432)	WB9STH	ALLSTAR
Low Potosi Mt	927.0375	902.0375	O 141.3	WB6TNP	------------
Low Potosi Mt	927.5625	902.5625	O 123 L(SO CAL)	WB6TNP	------------
Opal Mtn	927.3125	902.3125	ODCS(606) lx	WB6TNP	------------
Sunrise Mt	927.2875	902.2875	O 151.4	N7OK	ALLSTAR
Las Vegas	927.4250	902.4250	82.5/82.5	WB9STH	------------
E SIERRA/TAHOE					
Bishop	927.0125	902.0125	O 100l	NC9RS	KJ6KO
IRLP					
Las Vegas	927.1125	902.1125	●DCS(432) WX(WX)	N3TOY	------------
NORTH CENTRAL					
Battle Mountain	906.1000	+	● 114.8	WA6TLW	WA6TLW
Elko	927.4875	902.4875	O 100	KE7LKO	WV3LMA
NORTH WEST					
Olinghouse	927.4625	902.4625	O 114.8	N7KP	N7KP
WEST CENTRAL					
Carson City	902.2250	925.2250	● 114.8l	N6GKJ	N6GKJ
Carson City	927.2250	902.2250	● 114.8l	N6GKJ	N6GKJ
Reno	902.0500	927.0500	O 162.2	KI6SSF	KI6SSF
Reno	902.8750	927.8750	●l	WA6TLW	WA6TLW
Reno	906.1000	+	● 114.8	WA6TLW	WA6TLW

902-928 MHz
NEVADA–NEW JERSEY

Location	Output	Input	Notes	Call	Sponsor
Reno	908.7500	+	O 114.8l	WA6TLW	WA6TLW
Reno	920.7500	–	Ol	WA6TLW	WA6TLW
Reno	927.0125	902.0125	O 88.5e	NC9RS	KJ6KO
Reno	927.0250	902.0250	● 432	WA6JQV	WA6JQV
Reno	927.0375	902.0375	O 100	WA6JQV	WA6JQV
Reno	927.0625	902.0625	O 100l	W6KCS	W6KCS
Reno	927.0875	902.0875	O 114.8e	N7ROJ	N7ROJ
Reno	927.3375	902.3375	O 162.2	KI6SSF	KI6SSF
Reno	927.3500	902.3500	O 114.8	W7RHC	N7KP
Reno	927.5125	902.5125	O 114.8e	N7ROJ	N7ROJ
Reno	927.6620	902.6620	O 123	N6JFO	N6JFO

NEW HAMPSHIRE
DARTMOUTH/LAKE SUNAPEE

Location	Output	Input	Notes	Call	Sponsor
West Lebanon	927.7625	902.7625	O 131.8/100 L(KA1UAG)	KA1UAG	KA1UAG

MERRIMACK VALLEY

Location	Output	Input	Notes	Call	Sponsor
Deerfield	927.6875	902.6875	O/88.5e	W1ASS	W1ASS
Goffstown	927.7125	902.7125	Oe	W1ASS	W1ASS
Mont Vernon	927.7875	902.7875	L(224.18/53.11)	WB1CMG	WB1CMG

MONADNOCK REGION

Location	Output	Input	Notes	Call	Sponsor
Rindge	920.2000	–	OL(224.18)	WB1CMG	+WA1HOG

NEW JERSEY
BERGEN CO

Location	Output	Input	Notes	Call	Sponsor
Glen Rock	927.3000	902.3000	O 141.3elr BI	N2SMI	N2SMI

GLOUCESTER

Location	Output	Input	Notes	Call	Sponsor
Deptford	927.6375	902.6375	O 123elrs RB	KC2DUX	----------

OCEAN

Location	Output	Input	Notes	Call	Sponsor
Barnegat	927.8375	902.8375	O 162.2e	N2AYM	----------

PASSAIC CO

Location	Output	Input	Notes	Call	Sponsor
Little Falls	927.3375	902.3375	O 141.3/141.3 L(927.8000)r	W2VER	VRACES

SOMERSET CO

Location	Output	Input	Notes	Call	Sponsor
Greenbrook	927.6625	902.6625	O 141.3/141.3e	W2QW	RVRC

SUSSEX

Location	Output	Input	Notes	Call	Sponsor
Hardyston	927.3375	902.3375	O 141.3elr s	W2VER	VRACES
Vernon	918.0750	–	O 141.3elr s	W2VER	VRACES
Vernon	927.3375	902.3375	O 141.3elr s	W2VER	VRACES

682 902-928 MHz
NEW MEXICO-NEW YORK

Location	Output	Input	Notes	Call	Sponsor
NEW MEXICO					
NORTH CENTRAL					
Los Alamos	927.1125	902.1125	O DCS(432)	K4KIY	------------
Los Alamos	927.9000	902.9000	O 131.8e	WD9CMS	------------
NEW YORK					
ALBANY/SCHENECTADY					
Albany	920.8000	–	O(CA)l	KD3NC	KD3NC
New Scotland	921.0000	–	O 100 (CA) elx	K2AD	MountTop A
Schenectady	921.3000	–	O 100 (CA) el	K2AD	MountTop A
ELMIRA/CORNING					
Elmira	923.2500	434.0000	O	KB3APR	ARAST
LONG ISLAND - SUFFOLK CO					
Bohemia	927.9625	902.3125	O 151.4/151.4eL(446.100)rsBl	N2HBA	NCAPD
Old Bethpage	927.3125	902.3125	O 192.8/192.8 DCS(031)	W2YMM	------------
LOWER HUDSON - WESTCHESTER					
Valhalla	927.9875	902.9875	O 114.8/114.8ers	WB2ZII	WECA
MID HUDSON					
Mount Beacon	921.2000	–	O 100 (CA) e	N2HPA	MOUNT BEACON A
Nyack	927.8500	902.3750	O 114.8l	N2ACF	ROCKLAND REPEA
NEW YORK CITY - KINGS					
Brooklyn	927.5875	902.5875	O 151.4s	N2UOL	------------
Brooklyn	927.9625	902.3125	O 151.4/151.4eL(446.100)rsBl	N2HBA	PSARN
NEW YORK CITY - MANHATTAN					
New York	927.9375	902.9375	O 151.4 (CA)l	KQ2H	------------
NEW YORK CITY - QUEENS					
Kew Gardens	927.6000	902.6000	O 151.4	N2EZZ	------------
NIAGARA					
Cheektowaga	927.3250	902.3250	O 88.5 L(IRLP)	N2LYJ	------------
Colden	927.2500	902.2500	O 107.2 DCSeL(BARC)	W2IVB	BARC
Colden	927.5250	902.5250	O 107.2	W2ERD	------------
Eden	927.2000	902.2000	O DCS(411)	W2BRW	------------
Royalton	927.4500	902.4500	O 107.2	K2DWA	------------
Springville	927.6250	902.6250	O 88.5	K2PMS	------------
ROCHESTER					
Rochester	919.0250	–	Oel	W2RFM	GRID
SOUTHERN TIER					
Delavan	927.4000	902.4000	O 88.5	K2XZ	------------

902-928 MHz
NORTH CAROLINA-PENNSYLVANIA

Location	Output	Input	Notes	Call	Sponsor
NORTH CAROLINA					
Angier	927.5370	902.5370	131.8l	NC4RA	NC4RA
Charlotte	927.6120	902.6120	118.8e	K4KAY	K4KAY
Gastonia	927.0120	902.0120	073.0e	KA4YMZ	KA4YMZ
Gastonia	927.0370	902.0370	O 94.8ep	KC4IRA	KC4IRA
Gastonia	927.7120	902.7120	100.0	KG4DNC	KG4DNC
Hendersonville	927.5620	902.5620	127.3e	N4KOX	N4KOX
Waynesville	927.6620	902.6620	O 131.8a	N4DTR	N4DTR
OHIO					
CUYAHOGA					
Cleveland	927.6875	902.6875	131.8	K9ZOE	K9ZOE
Parma	927.5875	902.5875	Ot(CA)	KD8B	KD8B
Parma	927.6125	902.6125	O 131.8l	KB8WLW	KB8RST
FRANKLIN					
Groveport	927.4875	902.4875	131.8 (CA)e	KA8ZNY	KA8ZNY
HAMILTON					
Cincinnati	902.5500	927.5500	O 110.9er	W8ESS	E.S.S.
MEDINA					
Medina	927.6375	902.6375	131.8	W8CJB	W8CJB
Wadsworth	927.6625	902.6625	O 131.8	WB8UTW	NERT
PORTAGE					
Mantua	927.7125	902.7125	O 131.8	K8ICV	K8ICV
STARK					
Uniontown	919.0250	–	Ot	WB8OVQ	WB8OVQ
SUMMIT					
Akron	927.5375	902.5375	OaTTelRB xz	WA8DBW	WA8DBW
WARREN					
Mason	927.6625	902.6625	O	W8SAI	W8SAI
WAYNE					
Wooster	927.4875	902.4875	Ote	KD8B	KD8B
OREGON					
CENTRAL WILLAMETTE VALLEY					
Monmouth	927.0000	902.7000	O 162.2e	KE7AAJ	KE7AAJ
NORTH WILLAMETTE VALLEY					
Estacada	927.1750	902.1750	O 123.0e	K7KSN	K7KSN
NW OREGON & SW WASHINGTON					
Gales Creek	927.1125	902.1125	O 107.2e	KJ7IY	WORC
Hood River	927.1625	902.1625	O 151.4e	KF7LN	KF7LN
PORTLAND METRO					
Canby	927.6750	902.6750	O 114.8e	KD7OFU	KD7OFU
Portland	927.1250	902.1250	O 103.5e	KD6LVP	KD6LVP
PENNSYLVANIA					
FREQUENCY USAGE - ALL WPA SECTION					
WPA SNP	920.0000	–			SNP

684   902-928 MHz
PENNSYLVANIA-TENNESSEE

Location	Output	Input	Notes	Call	Sponsor
BERKS					
Earlville	927.5250	902.5250	O 131.8l	N3KKL	----------
BUCKS					
Hilltown	927.3125	902.3125	ODCS(131)ers	K3BUX	UBRC
Morrisville	927.6500	902.6500	O 141.3el	WB0YLE	----------
West Rockhill	927.8625	902.8625	O 131.8e	KS3Z	----------
LANCASTER					
Cornwall	927.5875	902.5875	O 114.8s	N3TUQ	LRTS
LUZERNE					
Wilkes-Barre	927.8125	902.8125	O 82.5elrs WX	WB3FKQ	----------
PHILADELPHIA					
Philadelphia	927.8875	902.8875	O 91.5l	W3SBE	SBE Ch. 18
PITTSBURGH 131.8					
Pittsburgh Homestead	920.5000	–	O	KA3IDK	KA3IDK
SOMERSET 123.0					
Central City	921.0000	–	O 123.0lp	KE3UC	W3KKC

PUERTO RICO

Location	Output	Input	Notes	Call	Sponsor
E					
San Lorenzo	918.1000	–	O	WP4LTR	----------
N					
Caguas	927.1000	927.1000	●E-SUN	KP3AB	----------

RHODE ISLAND

Location	Output	Input	Notes	Call	Sponsor
NORTHERN					
Cumberland	927.6750	902.6750	ODCS(244) EXP	N3LEE	TSARA
Johnston	921.7000	–	O	W1OP	ProvRA
Lincoln	927.6125	902.6125	O(CA)e L(KA1RCI)	KA1RCI	KA1RCI
North Providence	927.7625	902.7625	O 67	KA1EZH	KA1EZH
Providence	921.9000	–	O	WA1TAQ	WA1TAQ

SOUTH CAROLINA

Location	Output	Input	Notes	Call	Sponsor
Columbia	927.6370	902.6370	132.0e	N5CWH	N5CWH
Pickens	927.5120	902.5120	O 100.0e	KE4PAB	KE4PAB

TENNESSEE

Location	Output	Input	Notes	Call	Sponsor
Collierville	927.5370	902.5370	O 162.2	WB4EPG	WB4EPG
Collierville	927.5370	902.5370	O 162.2	WB4EPG	WB4EPG
Elizabethton	927.9870	902.9870	O 103.5el	K4TMM	K4TMM
Greeneville	927.5120	902.5120	100.0	KD4PBC	KD4PBC
Memphis	927.6120	902.6120	O 146.2es	W4EM	MID SOUTH
Mooresburg	927.6120	902.6120	114.8	KE4KQI	KE4KQI
Morristown	920.8000	–	O(CA)e	KQ4E	KQ4E

902-928 MHz
TENNESSEE-VERMONT

Location	Output	Input	Notes	Call	Sponsor
Newbern	920.0000	–	100	K4DYR	DYER CO AR
Newport	927.7000	902.7000	203.5	KG4LHC	KG4LDK
Sevierville	927.7250	902.7250	118.8e	WB4GBI	WB4GBI
Troy	927.6000	902.6000	◯te	W4RB	W4RB

TEXAS

Location	Output	Input	Notes	Call	Sponsor
Amarillo	927.1625	902.1625	◯ 151.4lx	N5TBD	----------
Arlington	927.7375	902.7375	◯	W5PSB	----------
Austin	927.1125	902.1125	◯ 432lx	K5TRA	----------
Austin	927.1250	902.1250	◯ 103.5lx	K5TRA	----------
Austin	927.1375	902.1375	◯ 131.8lx	K5TRA	----------
Austin	927.1625	902.1625	◯ 151.4lx	WA6UFQ	----------
Big Spring	927.7250	902.0125	◯ 146.2lx	KA3IDN	----------
Corpus Christi	927.3125	902.3125	◯ 82.5e	W5DCH	W5DCH
Duncanville	927.0375	902.0375	◯ 110.9	KD5OBX	----------
Gardendale	927.0625	902.0625	◯ 203.5lx	WR5FM	CARE WTX
Gardendale	927.1250	902.1250	◯ 103.5lx	KA3IDN	----------
Grapevine	927.8750	902.8750	◯ 103.5ls	N5ERS	Emergency Repe
Lubbock	927.0125	902.0125	◯ 225.7lx	KA3IDN	----------
Midland	927.0375	902.0375	◯ 141.3lx	KA3IDN	----------
Midland	927.0500	902.0500	◯ 411lx	KE5PL	----------
Midland	927.1375	902.1375	◯ 411l	KA3IDN	----------
Notrees	927.0875	902.0875	◯ 151.4l	KA3IDN	----------
Odessa	927.0250	902.0250	◯ 532l	KD4LXC	----------
Odessa	927.1875	902.1875	◯ 151.4l	KA3IDN	----------
Penwell	927.1125	902.1125	◯ 432lx	WR5FM	902 HUB
Sterling City	927.1625	902.1625	◯ 151.4lx	KA3IDN	----------
Sweetwater	927.1125	902.1125	◯ 432el	KC5NOX	NCARA

UTAH
CENTRAL
Location	Output	Input	Notes	Call	Sponsor
Richfield	927.9375	902.9375	◯x	K1ENT	----------

NORTH
Location	Output	Input	Notes	Call	Sponsor
Wellsville	927.5125	902.5125	◯ 103.5	WB7ASQ	BARC

WASATCH FRONT
Location	Output	Input	Notes	Call	Sponsor
Murray	920.0000	–	◯	K7JL	----------
Salt Lake	927.1125	902.1125	◯ 432 DCS(432)	W7XDX	----------
Salt Lake	927.3875	902.3875	◯	N7SLC	----------
Salt Lake	927.4125	902.4125	◯	AA7J	----------
Salt Lake	927.4875	902.4875	◯x	K7JL	----------
Salt Lake	927.5875	902.5875	◯ 432 DCS(432)	W7XDX	----------
Salt Lake	927.6125	902.6125	◯ 151.4ex	KE7WKS	----------
Saratoga Springs	927.3125	902.3125	◯ 151.4	KE7WKS	----------

VERMONT
EAST CENTRAL
Location	Output	Input	Notes	Call	Sponsor
Williamstown	927.4875	–	◯ 131.8l	N1IOE	N1IOE

686 902-928 MHz
VERMONT-WASHINGTON

Location	Output	Input	Notes	Call	Sponsor
WEST CENTRAL					
Rutland	921.2000	–	O 100.0l	W1AD	W1AD
VIRGINIA					
Bedford	921.1000	–	O 100.0el	WA1ZMS	MTN TOP AS
Fancy Gap	927.4870	902.4870	O 100.0l	N4JNE	N4JNE
Lynchburg	921.0000	–	O 100.0	K4CQ	LARC, INC
Pearisburg	927.5370	902.5370	100.0eRB	K4GWC	K4GWC
Poor Mtn	927.5120	902.5120	100.0e	KE4NYV	KE4NYV
Roanoke	919.5000	–	O 100.0el RB	WD4KZK	WD4KZK
Slings Gap	927.6000	902.6000	107.2l	WD4KZK	KA4QYN
ALL OF TMARC AREA					
SNP	920.0000	–	O	------------	
SNP	927.7000	902.7000	O	------------	
FREDERICKSBURG					
Fredericksburg	927.5250	902.5250	O 192.8	W1ZFB	W1ZFB
FRONT ROYAL					
Linden	927.5875	902.5875	O 156.7e	KD8DWU	KD8DWU
WASHINGTON AREA					
Alexandria	919.6000	–	O 107.2l	W4HFH	Alex RC
Alexandria	927.6000	902.6000	O 107.2l	W4HFH	Alex RC
Haymarket	927.6250	902.6250	O 77.0el	W4BRM	BRM ARA
WASHINGTON					
FREQUENCY USAGE - WESTERN WA					
RPTR INPUTS	902.3000	903.0000			
RPTR OUTPUTS	927.3000	928.0000			RPTR OUTPUTS (25KHZ SPACI
E WA - KENNEWICK					
Kennewick	903.3000	+	●EXP	WI7B	W7IB
E WA - PROSSER					
Prosser Tower	927.9875	902.9875	114.8	KB7CSP	KB7CSP
E WA - SPOKANE					
Krell	927.2500	902.2500	114.8	W7IF	W7IF
SEATTLE/TACOMA					
Baldi Mtn	927.9500	902.9500	O 114.8el	K7EK	K7EK
Gold Mtn	927.4125	902.4125	O 114.8	N7NFY	N7NFY
Haystack Mtn	927.7375	902.7375	O 114.8	N7NFY	N7NFY
Kirkland	927.6500	902.6500	O 114.8e	AA7UJ	L WA HAM C
Lk Forest Park	927.3500	902.3500	O 114.8	NU7Z	NU7Z
Rattlesnake Mtn	927.8875	902.8875	O 114.8	N7NFY	N7NFY
Shoreline	927.6375	902.6375	O 114.8e	NU7Z	NU7Z
Tacoma	927.8000	902.8000	O 114.8e	K7HW	K7HW
Tiger Mtn East	927.4500	902.4500	O 114.8	W7FHZ	Ch1 Rptr G
Tiger Mtn West	927.4000	902.4000	O 123	WB0CZA	WB0CZA
University Place	927.6000	902.6000	O 114.8	K7NP	UP RPTR GR
W WA - NORTH					
Blaine	927.3750	902.3750	O 114.8e	W7BPD	Blaine PD

902-928 MHz
WASHINGTON-QUEBEC

Location	Output	Input	Notes	Call	Sponsor
Cultus Mtn	927.5500	902.5500	O 114.8e	K7OET	------------
Lookout Mtn	927.4875	902.4875	O 114.8e	WA7ZWG	WA7ZWG
Lyman Mtn	927.6875	902.6875	O 114.8e	W7UMH	W7UMH

W WA - SOUTH

Location	Output	Input	Notes	Call	Sponsor
Ashford	927.5250	902.5250	O 114.8	K7DNR	WADNR ARC
Baw Faw Peak	927.9250	902.9250	O 114.8	K7CH	K7CH
Capitol Peak	927.3000	902.3000	O 114.8	W7SIX	W7SIX
Kalama	927.2750	902.2750	O 114.8	W7UVH	W7UVH
South Mtn	927.2500	902.2500	O 114.8	W7UVH	W7UVH
Tumwater	927.7500	902.7500	O 114.8e	KD7HTE	KD7HTE

WEST VIRGINIA

Location	Output	Input	Notes	Call	Sponsor
Beckley	927.7250	902.7250	123.0l	KE4QOX	EM97IW
Flat Top	927.5250	902.5250	100.0100.0	WV8B	WV8B

ALL OF TMARC AREA

Location	Output	Input	Notes	Call	Sponsor
SNP	920.0000	–	O		------------
SNP	927.7000	902.7000	O		------------

WISCONSIN
NORTH EAST 100.0

Location	Output	Input	Notes	Call	Sponsor
Green Bay	927.5125	902.5125	O	KB9MWR	ATC
Sturgeon Bay	920.0000	–	O	K9KJM	K9KJM

NORTH WEST 110.9

Location	Output	Input	Notes	Call	Sponsor
Eau Claire	927.6000	902.6000	O 110.9	N9QWH	N9QWH

SOUTH EAST 127.3

Location	Output	Input	Notes	Call	Sponsor
Milwaukee	927.5125	902.5125	O 223ex	N9PAY	ATC/MATC

NEWFOUNDLAND AND LABRADOR
AVALON EAST

Location	Output	Input	Notes	Call	Sponsor
St John's	919.1000	–		VO1KEN	VO1ST

QUEBEC

Location	Output	Input	Notes	Call	Sponsor
Blainville	904.9000	920.9000	O	VE2THE	VE2THE
Mont-Belair	919.1000	–	O	VE2RPQ	APQ
Mont-Belair	919.2000	–	O	VE2GPQ	APQ
Montreal	920.0000	–	Oe	VE2RHH	MTL220
Quebec	921.1200	–	Oe	VA2OLM	VE2OLM
Ste-Marcelline	920.0000	910.0000	OE-SUN	VE2RVQ	VE2BFK
Ste-Marcelline	920.0000	915.0000	OE-SUN	VE2RVQ	VE2BFK
Ste-Marcelline	923.2500	910.2500	OE-SUN	VE2RVQ	VE2BFK
Ste-Marcelline	923.2500	–	OE-SUN	VE2RVQ	VE2BFK
Ste-Marcelline	923.2500	913.2500	OE-SUN	VE2RVQ	VE2BFK
Ste-Marcelline	923.2500	919.2500	OE-SUN	VE2RVQ	VE2BFK
Ste-Marcelline	923.2500	919.2500	OE-SUN	VE2RVQ	VE2BFK
Ste-Marcelline	923.2500	439.2500	OeE-SUN	VE2RVQ	VE2BFK

1240 MHz and Above

Location	Output	Input	Notes	Call	Sponsor
ALABAMA					
Birmingham	1291.0000	1271.0000	O 100.0	N4PHP	N4PHP
ALASKA					
SOUTH CENTRAL					
Nikiski	10369.810	445.4500	O 103.5 TTl RB	KL7UW	KL7UW
ARIZONA					
CENTRAL					
Pinal Peak	1283.6500	–	O 100/100 A(NO) DCS(NO) L(443.250R)x	KD7DR	SARBA
Usery Mt	1284.6500	–	O 107.2/107.2 A(NO) DCS(NO) L(927.4625 & 2	N7TWY	CHRIS RADICK
NORTHWESTERN					
Hayden Peak	1286.7000	–	Ota(NO) DCS(NO)lx	N6RHZ	CAL.MICROWA
SOUTHEASTERN					
Haystack Mt	1284.7000	–	O 131.8/131.8 A(NO) DCS(NO)lx	K7SPV	SAN PEDRO VA
Sierra Vista	1282.5000	–	O 100/100 A(NO) DCS(NO) L(147.36+ 449.825-)	NØNBH	PAUL HERRMA
TUCSON					
Tucson	1283.5000	–	O 110.9/110.9 A(NO) DCS(NO)IRB	KG7KV	CHRIS BORDEN
CALIFORNIA					
FREQUENCY USAGE - SOUTHERN CALIFORNIA					
So Cal	1260.0000			OSCAR	
So Cal	1283.0000	–		TESTPAIR	
So Cal	1294.1000			PACKET	
So Cal	1294.2500			DIGITAL	
So Cal	1294.3000			D-STAR NARROW VOICE	
So Cal	1294.5000			FM SPLX	
So Cal	1294.7000			RMT BASE	
So Cal	1294.9000			NOV SSB	
So Cal	1296.0000			WEAK SIG	
So Cal	1296.1000			SSB CALL	
NORCAL-CENTRAL COAST					
Monterey	1286.7000	–	O 162.2#e s	K6LY	NPSARC
Watsonville	1286.2000	–	O 110.9e	N6NAC	N6NAC

1240 MHz and Above
CALIFORNIA

Location	Output	Input	Notes	Call	Sponsor
NORCAL-EAST BAY					
Berkeley	1285.3000	–	O 88.5#	KK6PH	23 CM Club
Berkeley	1285.5500	–	O 114.8ers	N6BRK	NALCO ARES
Fremont	10369.1500	–	O 100#ex	AD6FP	50MHzAndUp
Livermore	1282.2250	–	O 88.5lx	W6RLW	ARRC
Oakland	1284.4500	–	●#	KD6GLT	KD6GLT
Pinole	1286.6000	–	O 114.8el	N6PBC	N6PBC
Pleasanton	1284.7250	–	O 88.5#elx	N6QL	N6QL
Pleasanton	1284.7500	–	O 88.5#elx	N6QL	N6QL
Pleasanton	1287.6250	–	O 88.5#el	K6LRG	L.A.R.G.E.
NORCAL-NORTH BAY					
American Canyo	1285.7000	–	O 173.8el	W6FMG	W6FMG
AmericanCanyon	1287.4000	–	O 88.5el	WZ6X	WZ6X
Calistoga	1283.9000	–	O 88.5el	WZ6X	WZ6X
Cordelia	1282.4000	–	O 88.5e	WZ6X	WZ6X
Corte Madera	1287.9000	–	O 88.5lx	W6RLW	ARRC
Guerneville	1285.1000	–	O 88.5l	W6GHZ	NMG
Mill Valley	1285.0500	–	O 88.5el	W6GHZ	NMG
Petaluma	1286.2500	–	O 88.5aelx	W6GHZ	NMG
Santa Rosa	1283.2000	–	O 88.5#elx	KC6REK	KC6REK
Vallejo	1284.3500	–	O 131.8l	KC6PGV	NCRG
NORCAL-SACRAMENTO VALLEY					
Auburn	1282.7000	–	O 162.2	AA6LK	AA6LK
Folsom	1283.7500	–	O 88.5el	W6YDD	YDD 1.2
Georgetown	1285.7500	–	O 88.5elx	K6RTL	NCAA
Paradise	1287.1000	–	O 88.5l	KE6IIV	WZ6X
Red Bluff	1286.9000	–	O 100el	K6JDS	K6JDS
Rescue	1284.8000	–	O 107.2x	W6OIU	HAWK
Roseville	1282.6500	–	O 100l	KA6OIJ	KA6OIJ
Sacramento	1284.8500	–	O 88.5#	KD6GFZ	KD6GFZ
Vacaville	1282.9000	–	O 88.5er	K6SOL	Solano/ACS
Vacaville	1285.8500	–	O 100lx	W6YDD	YDD 1.2
Vacaville	1285.9000	–	O 156.7#x	KD6ZNG	HARC
Vacaville	1291.9000	–	O 127.3#	WV6F	Western Va
NORCAL-SAN JOAQUIN VALLEY					
Bakersfield	1283.3000	–	O 88.5#e	N6UPH	N6UPH
Bakersfield	1285.4500	–	O 103.5elx	WC6MRA	CMRA
Clovis	1286.3000	–	O 141.3#el x	N6JXL	CARP
Fresno	1283.4500	–	O 100#ex	W6YEP	W6YEP
Mariposa	1284.3000	–	O 88.5x	W6BXN	TurlockARC
Mariposa	1287.6000	–	O 88.5lx	W6RLW	ARRC
Visalia	1286.3000	–	O 103.5elx	N6VYT	TCARC
Westley	1282.8000	–	●elx	K6RDJ	KF6EQR
NORCAL-SOUTH BAY					
Campbell	1284.5000	–	O 100#s	K6KMT	K6KMT
Cupertino	1284.0000	–	O 100#	N6MBB	N6MBB
Cupertino	1285.6500	–	O 110.9l	W6MOW	MARG
Cupertino	1292.5200	–	O#e	KW6KW	KW6KW

1240 MHz and Above
CALIFORNIA

Location	Output	Input	Notes	Call	Sponsor
Los Altos	1283.1500	–	O 100ex	W6SRI	SRI INT
Los Altos	1286.4000	–	O 88.5#	AA6IW	AA6IW
Mountain View	1284.2500	–	O 88.5#e	N6SGI	SGIARC
Palo Alto	1282.5000	–	O 88.5elx	W6YX	SUARC
Palo Alto	1284.9500	–	O 88.5ex	K6BAM	BAMA
Palo Alto	1292.5500	–	O 88.5#	WA6ITV	WA6ITV
San Jose	1282.0000	–	O 88.5l	W6RLW	ARRC
San Jose	1282.2000	–	O 88.5lx	W6RLW	ARRC
San Jose	1283.1000	–	O 88.5#ael	N6AKK	CarJack
San Jose	1283.4000	–	O 94.8al	N6EEZ	N6EEZ
San Jose	1283.5500	–	O 88.5#ael	N6AKK	CarJack
San Jose	1283.7000	–	O 100ex	WA6GFY	LMERA ARC
San Jose	1284.3000	–	O 100#e	N6AKB	N6AKB
San Jose	1285.0000	–	O 88.5lx	W6RLW	ARRC
San Jose	1285.8000	–	O 127.3#	KD6AOG	KD6AOG
San Jose	1285.9500	–	O 100aelx	KU6V	KU6V
San Jose	1286.0000	–	O 110.9elx	N6NAC	N6NAC
San Jose	1286.0750	–	O 88.5#ae WB6OCD WB6OCD x		
San Jose	1286.1500	–	O 127.3#x	KD6AOG	KD6AOG
San Jose	1286.2000	–	O 100aels	W6PIY	WVARA
San Jose	1286.3250	–	O 88.5l	N6SPB	N6SPB
San Jose	1286.4500	–	●el	K6MF	K6MF
San Jose	1286.5000	–	O 173.8elr sx	W7AFG	AREA-Amate
San Jose	1287.2000	–	O 88.5a	KE6STH	KE6STH
San Jose	1287.7000	–	O 88.5lx	W6RLW	ARRC
Santa Clara	1286.8500	–	O 88.5#	K6GDS	K6GDS
Santa Clara	1287.0000	–	O 88.5#e	K6CPU	IEARS
Saratoga	1283.0000	–	O 88.5l	W6RLW	ARRC
Saratoga	1287.5000	–	O 88.5el	K6UB	K6UB

NORCAL-TAHOE

Location	Output	Input	Notes	Call	Sponsor
So Lake Tahoe	1285.0000	–	O 123#e	N3KD	N3KD
Tahoe City	1287.8000	–	O 88.5lx	W6RLW	ARRC

NORCAL-WEST BAY

Location	Output	Input	Notes	Call	Sponsor
Daly City	1285.1000	–	O 131.8lx	KC6PGV	NCRG
Los Altos Hill	1282.6000	–	O 100er	K6AIR	K6AIR
Redwood City	1284.7000	–	O 114.8el	WD6GGW	WD6GGW
Redwood City	1285.2500	–	O 88.5#el	KE6UIE	KE6UIE
San Bruno	1286.0500	–	O 123#lrs	KM6EF	GSARC
San Francisco	1284.9000	–	O 67e	KA6TGI	KA6TGI

SOCAL-#LA CENTRAL

Location	Output	Input	Notes	Call	Sponsor
Mt Disappointment	1285.3000	–	O 100.0	K6CPT	LA RACES
Mt Harvard	1287.1250	–	O 114.8	WA6TFD	BHARC
Mt Lukens	1282.0750	–	O 100.0	KO6TD	------------
Mt Lukens	1284.4750	–	O 77.0	WA6DPB	------------
Mt Wilson	1287.2500	–	O 127.3	WD8CIK	PAPA

1240 MHz and Above
CALIFORNIA

Location	Output	Input	Notes	Call	Sponsor
SOCAL-#LA EAST					
Sunset Ridge	1282.8250	–	O 88.5	K6TEM	————
West Covina	1282.8750	–	O 103.5	WB6QZK	————
SOCAL-#LA NORTH					
Canyon Country	1282.0000	–	O 100.0	KI6JL	————
Contractors Pt	1282.8500	–	O 123.0	W6CPA	IRC
Frazier Peak	1282.9750	–	O 88.5	W6RLW	ARRC
Oat Mountain	1286.5000	–	O 67.0	KF6HHV	Baykitty ARC
SOCAL-#LA SOUTH					
Palos Verdes	1282.3750	–	O 100.0	WB6NIL	MIPL
Palos Verdes	1282.4750	–	O 131.8	WA6DPB	————
Rancho Palos Verdes	1287.1500	–	O 114.8	WA6MDJ	————
Rolling Hills	1282.1750	–	O 127.3	K6RH	RHRC
Signal Hill	1282.2000	–	O 156.7	K6CHE	LBRACES
SOCAL-#LA WEST					
Hollywood Hills	1282.0500	–	O 103.5	N6VGU	————
Los Angeles	1282.5750	–	O 103.5	K6PYP	————
SOCAL-#ORANGE					
Anaheim	1283.1000	–	O 114.8	KB6ZDB	————
Bolero Pk	1282.7250	–	O 88.5	W6KRW	OCCC
Fountain Valley	1287.5000	–	O 100.0	W6RLW	ARRC
Orange	1283.1500	–	O 85.4	W6OPD	————
Santiago Peak	1282.0250	–	O 88.5	W6KRW	OCCC
Sierra Peak	1282.2750	–	O 88.5	W6KRW	OCCC
Signal Pk	1282.5250	–	O 88.5	W6KRW	OCCC
SOCAL-#ORANGE SOUTH					
San Clemente	1282.7750	–	O 88.5	W6KRW	OCCC
SOCAL-#SAN DIEGO					
Otay Mtn	1282.3000	–	O 103.5	WB6WLV	SANDRA
Otay Mtn	1285.8000	–	O 88.5	WA6ZFT	ECRA
Pt Loma	1285.4000	–	O 88.5	WA6ZFT	ECRA
SOCAL-#VENTURA					
Red Mtn	1282.1000	–	O 127.3	K6ERN	SMRA-ERN
SOCAL-LA,OR					
Canyon Country	1284.3000	–	●	KI6JL	ESSN
Contractors PT	1283.0250	–	●	W6WAX	————
Mt Disappointment	1283.2500	–	●	K6VGP	DARN
Mt Lukens	1286.3250	–	●	KC6MQP	————
Palos Verdes	1283.5500	–	●	N6UL	————
Palos Verdes	1285.1500	–	●	KV6D	SWAN
Santa Anita Rg	1283.9000	–	●	WA6CGR	SCEARA
Torrance	1284.0750	–	●	KE6LDM	————
Tujunga	1285.2500	–	●	NW6B	————
Whittier	1283.0500	–	●	KA6VHA	————
SOCAL-LA,OR,RIV,SBER					
Heaps Peak	1287.3500	–	●	AF6HP	MARC
Keller Peak	1285.2000	–	●	WC6MRA	CMRA

1240 MHz and Above
CALIFORNIA-FLORIDA

Location	Output	Input	Notes	Call	Sponsor
Keller Peak	1286.2500	–	●	KG6YS	MARA
Mt Wilson	1284.1000	–	●	K6JP	SCJHC
Running Spr	1286.0000	–	●	KA6RWW	------------
Sierra Peak	1287.3500	–	●	AF6HP	METS
Sunset Ridge	1284.0500	–	●	WC6MRA	CMRA
Sunset Ridge	1285.2750	–	●	WH6NZ	------------
Sunset Ridge	1286.9250	–	●	K6TEM	------------
SOCAL-LA,OR,RIV,SBER,SD					
Santiago Peak	1286.1500	–	●	WA6SVT	ATN
Santiago Peak	1286.3750	–	●	AF6HP	MARC
SOCAL-LA,OR,SBAR,VE					
Saddle Peak	1283.3750	–	●	NF6R	PAPA
Saddle Peak	1283.5000	–	●	WB6FOD	CMRA
SOCAL-LA,OR,VE					
Oat Mtn	1283.8250	–	●	KC6WTL	SCARA
SOCAL-OR					
Fountain Valley	1286.1250	–	●	W6TMB	FOCUS
Huntington Bch	1283.4000	–	●	WB6WAJ	------------
Loma Ridge	1286.2750	–	●	W6KRW	OCCC
Mission Viejo	1283.4500	–	●	KM6NP	SCARA
SOCAL-RIV,SBER					
Chuckwalla	1283.3000	–	●	WC6MRA	CMRA
SOCAL-SBAR					
Santa Ynez	1284.0500	–	●	K6RCL	CMRA
SOCAL-SD					
San Miguel	1284.3000	–	●	WV6H	CARE
SOCAL-VE					
Oxnard	1285.7500	–	●	W6KGB	------------
COLORADO					
DENVER METRO					
Denver	1287.9000	–	○	WØCRA	CRA
NORTH FRONT RANGE					
Fort Collins	1283.5500	–	○ 100/100	K1TJ	K1TJ
SOUTH CENTRAL					
Cripple Creek	1287.7000	–	○ 67 E-SUN	WBØWDF	WBØWDF
DELAWARE					
ALL					
SNP	1283.0000	–	○		------------
DISTRICT OF COLUMBIA					
SNP	1283.0000	–	○		------------
FLORIDA					
CENTRAL					
The Villages	1292.1500	1272.1500	○ 91.5/91.5 e	WA1UTQ	WA1UTQ

1240 MHz and Above
FLORIDA-IOWA

Location	Output	Input	Notes	Call	Sponsor
SOUTH EAST - MIAMI/FT LAUD					
Hialeah	1291.1000	1271.1000	O 110.9/110.9a(CA)ersBlx	WB4IVM	WB4IVM
Miami	1293.0000	1273.0000	Oe	WB4TWQ	WB4TWQ
WEST CENTRAL - TAMPA/ST PETE					
Tampa	1291.5000	1271.5000	O 88.5/88.5 a(CA) DCS(33)eL(444.000 444.675 443.425 147	W4AQR	W4AQR

GEORGIA

Location	Output	Input	Notes	Call	Sponsor
Atlanta	427.2500	1253.0000	ORB	N4NEQ	BSRG
Atlanta	1282.6000	–	l	W4DOC	ATLANTA RA
Atlanta	1292.0000	1272.0000	O	KB4KIN	MATPARC
Cumming	1284.4000	–	e	NA4MB	NA4MB
Lawrenceville	1282.5500	–	elsWX	WD4STR	WA4YIH
Stone Mtain	1282.7000	–	els	WX4GPB	W4DOC
Tifton	1282.6500	–	elsWX	W4PVW	COASTAL PL
Valdosta	1282.8250	–	141.3elsWX	W4VLD	VALDOSTA A

ILLINOIS
CHICAGO

Location	Output	Input	Notes	Call	Sponsor
Chicago	1292.2000	1272.2000	e	NS9RC	NSRC
NORTHEAST					
Batavia	1291.9000	1271.9000	l	W9NE	W9XA
Batavia	1292.0000	1272.0000	88.5l	W9XA	W9XA
Lisle	1293.1000	1273.1000	114.8 (CA)e LITZ	WA9AEK	WA9AEK
Wayne	1292.6000	1272.6000	esWX	W9DPA	DPA EMCOMM
PEORIA					
Peoria	1292.4000	1272.4000		W9PIA	PAARC
SPRINGFIELD					
Springfield	1293.2500	1273.2500	103.5ersWXxz	WS9V	MR DX

INDIANA
INDIANAPOLIS

Location	Output	Input	Notes	Call	Sponsor
Indianapolis	1293.5000	1273.5000	O 77.0	W9ICE	ICE
NORTHEAST					
Roanoke	1286.3500	–	O 131.8	WB9VLE	WB9VLE
NORTHWEST					
Valparaiso	1292.0000	1272.0000	O 88.5e	KB9KRI	Duneland

IOWA
DES MOINES

Location	Output	Input	Notes	Call	Sponsor
Des Moines	1285.5000	–	O	W0KWM	CITS

1240 MHz and Above
KANSAS-NEVADA

Location	Output	Input	Notes	Call	Sponsor
KANSAS					
KANSAS CITY METRO					
Shawnee Msn	1285.0000	–	O e	KØGXL	SMMC
Shawnee Msn	1285.0000	–	O e	KØGXL	SMMC
WICHITA					
Valley Center	1288.0000	1275.0000	O 88.5/88.5 e	KØPY	----------
LOUISIANA					
STATEWIDE					
Shared	1283.0000	–		SNP	----------
MAINE					
PORTLAND/SOUTH COAST					
Brunswick	1284.0000	–	O esx	KS1R	MARA
MARYLAND					
ALL					
SNP	1283.0000	–	O		
MASSACHUSETTS					
THE BERKSHIRES					
Adams	1283.9000	–	O	K1FFK	NoBARC
MICHIGAN					
LOWER PEN SOUTHEAST					
Clawson	1282.4000	–	O 100	N8UDK	N8UDK
Detroit	1284.0500	–	O	KA8RAD	MetroARC
LOWER PEN SOUTHWEST					
Berrien Springs	1282.0000	–	O(CA)	W8YKS	DOCRG
Berrien Springs	2410.0000	2306.0000	O(CA)x	W8YKS	DOCRG
NEVADA					
Black MTN	1284.4500	–	O 110.9/110.9	K7FAY	CMRA
Black Mtn	1293.9000	1273.9000	O 114.8	NX7R	HDRA
Las Vegas	1286.6000	–	O	N7ZEV	----------
Lo Potosi Mtn	1284.0500	–	●	WC6MRA	CMRA
NORTH CENTRAL					
Elko	1283.1000	–	O 100	KE7LKO	WV3LMA
WEST CENTRAL					
Carson City	1253.0000	1253.0000	O	KB7MF	KB7MF
Carson City	1293.0000	1283.0000	O	KB7MF	KB7MF
Gardenerville	1273.0000	+	O 88.5e	N7KD	N7KD
Reno	1250.0000	1250.0000	● e	KD7EOC	KD7BQX
Reno	1255.0000	1255.0000	O el	WA6DDF	WA6DDF
Reno	1286.5000	–	O 88.5lx	W6CYX	W6CYX
Reno	2430.0000	2430.0000	O	WA6DDF	WA6DDF

1240 MHz and Above
NEVADA-OKLAHOMA

Location	Output	Input	Notes	Call	Sponsor
Reno	2441.2500	2441.2500	O	WA6DDF	WA6DDF

NEW HAMPSHIRE
MERRIMACK VALLEY
Goffstown	1290.1000	1270.1000	O	K1GHZ	NHMRA

NEW JERSEY
MORRIS CO
Butler	1282.0500	–	O 151.4elrs	WB2FTX	Butler RACES/OEM
Parsippany	1287.5000	–	O 141.3	WA2UEM	WA2UEM

OCEAN
Lakewood	1295.0000	1275.0000	O 127.3el	N2AYM	----------

NEW MEXICO
SOUTH CENTRAL
Organ	1293.9000	1273.9000	Osx	KC5SJQ	KC5SJQ

NEW YORK
LONG ISLAND - SUFFOLK CO
Islandia	1286.0000	–	●L(449.65)RB	WR2UHF	GABAMFKRA

NEW YORK CITY - QUEENS
Glen Oaks	1288.0000	–	O 136.5 (CA)e	W2VL	Long Island Mobile A

NIAGARA
Royalton	1283.4500	–	O 107.2e L(443.500) RB	KD2WA	----------

ROCHESTER
Rochester	1288.0000	1268.0000	Ol	N2HJD	ROCHESTER RADIO

OHIO
FRANKLIN
Columbus	1292.3000	1272.3000	Ol	WB8YOJ	WB8YOJ

LUCAS
Toledo	1285.0000	–	O	WJ8E	WJ8E
Toledo	1287.0000	–	O	WJ8E	WJ8E

MIAMI
Ludlow Falls	1292.0800	1272.0800	Otl	WD8JPP	WD8JPP

SUMMIT
Akron	1292.2000	1272.2000	OaTTelRBxz	WA8DBW	WA8DBW

OKLAHOMA
OKLAHOMA CITY METRO
Oklahoma City	1283.1000	–	Ot	WN5J	WN5J

1240 MHz and Above
OREGON-TEXAS

Location	Output	Input	Notes	Call	Sponsor
OREGON					
PORTLAND METRO					
Clackamas	1291.0000	1271.0000	O 107.2ael	KB7WUK	WORC
Hillsboro	1291.5000	1271.5000	Oel	K7AUO	TERAC
PENNSYLVANIA					
FREQUENCY USAGE - ALL WPA SECTION					
WPA SNP	1283.0000	–		SNP	
CHESTER					
Glen Mills	1295.8000	1280.8000	O 94.8e	W3LW	------------
LYCOMING					
Williamsport	1285.0000	–	●t(CA)e	N3PFC	------------
NORTHAMPTON					
Easton	1294.0000	1274.0000	OlLITZ	N2ZAV	------------
PHILADELPHIA					
Philadelphia	1294.1000	1274.1000	O 127.3el	K3PHL	------------
PITTSBURGH 131.8					
Pittsburgh/W Mifflin	1285.0000	–	O	KA3IDK	KA3IDK
PUERTO RICO					
E					
Luquillo	1285.0000	–	●	WP4KER	------------
RHODE ISLAND					
NORTHERN					
Cranston	1291.5000	–	O	KA1BRJ	KA1BRJ
SOUTH CAROLINA					
Greenville	1250.0000	1280.0000		WA4MWC	KB4PQA
Pickins	421.2500	1253.2500	123.0e	N4VDE	N4VDE
TENNESSEE					
Chattanooga	1291.0000	1271.0000		W4PL	K4VCM
Memphis	1292.0000	1272.0000	Oe	N4HKS	MID SOUTH
Nashville	1284.4000	–	OlRB	WA4AKM	------------
Smithville	1286.5000	–	Oael	KB4ZOE	------------
TEXAS					
Austin	1292.4000	1272.4000	O 88.5	W5NFC	------------
Bee Cave	1292.5000	1272.5000	O 88.5	K5VH	------------
Dallas	1292.3000	1272.3000	O 100	AD5KZ	------------
Dallas	1292.6000	1272.6000	●	N5MIJ	------------
Fort Worth	1292.7800	1272.7800	O 110.9	N5UN	FW1200
Houston	1292.1000	1272.1000	O	WA5KXG	------------
Mesquite	1292.0000	1272.0000	O 156.7 (CA)	AK5DX	------------
San Antonio	1292.0000	1272.0000	O	KB5BI	------------

1240 MHz and Above
TEXAS-WEST VIRGINIA

Location	Output	Input	Notes	Call	Sponsor
San Antonio	1292.3000	1272.3000	●	W5DKK	------------
San Antonio	1293.3000	1273.3000	O	WD5STR	SANANTONIODSTA
Temple	1292.1000	1272.1000	O	K5CTX	------------
Venus	1292.9800	1278.9800	OerwX	WA5FWC	------------

UTAH
FREQUENCY USAGE
| Statewide | 1283.0000 | – | O | SHARED | |

WASATCH FRONT
Salt Lake	1284.0000	–	Ox	WA7GIE	------------
Salt Lake	1285.0000	–	88.5 L(448.4)x	K7OJU	------------
Salt Lake	1286.0000	–	O	AA7XY	------------

VIRGINIA

Bedford	1283.1000	–	O 100.0el	WA1ZMS	MTN TOP AS
Roanoke	1291.0200	1271.0200	O	N4CH	N4CH
Virginia Beach	1284.6000	–		W4BBR	W4RVN

ALL OF TMARC AREA
| SNP | 1283.0000 | – | O | | ------------ |

WASHINGTON AREA
| Alexandria | 1282.6000 | – | O 107.2l | W4HFH | Alex RC |
| Bull Run Mtn | 1286.1000 | – | O | N3KL | N3KL |

WASHINGTON
FREQUENCY USAGE - WESTERN WA
CROSSBAND	1292.0000	1292.0000			
DIGITAL	1248.0000	1252.0000			
FM LINKS	1282.0000	1288.0000			
NB FM LINKS	1246.0000	1248.0000			
NB FM LINKS	1275.0000	1276.0000			
RPTR INPUTS	1268.0000	1275.0000			
RPTR OUTPUTS	1288.0000	1295.0000			

SEATTLE/TACOMA
Baldi Mtn	1292.3000	1272.3000	O 103.5el	N7FSP	N7FSP
Everett	1293.0000	1273.0000	O 103.5	W7ERH	BILL ROURK
Tacoma	1292.4000	1272.4000	O 103.5el	KB7CNN	------------
Tiger Mtn East	1292.2000	1272.2000	O 103.5el	KB7CNN	------------

SOUTH WEST WASHINGTON
| Vancouver WA | 1292.5000 | 1272.5000 | O 94.8e | W7AIA | CCARC |

W WA - NORTH
| Bellingham | 1290.9500 | 1270.9500 | O 103.5 | N7FYU | N7FYU |

WEST VIRGINIA
ALL OF TMARC AREA
| SNP | 1283.0000 | – | O | | ------------ |

1240 MHz and Above
WISCONSIN-QUEBEC

Location	Output	Input	Notes	Call	Sponsor
WISCONSIN					
NORTH CENTRAL 114.8					
Wausau	1282.1000	–	elx	W9BCC	RMRA
NORTH EAST 100.0					
Sturgeon Bay	1282.1000	–	O	K9KJM	K9KJM
SOUTH EAST 127.3					
Milwaukee	1290.0500	1270.0500	el	KC9LKZ	MADOG
BRITISH COLUMBIA					
VANCOUVER ISLAND					
Vancouver	1291.9400	1271.9400	el	VE7RAG	BCFMCA
MANITOBA					
WINNIPEG					
Winnipeg	1280.5000	–	O	VE4KEG	------------
Winnipeg	1289.2500	915.0000	O	VE4EDU	------------
Winnipeg	1292.0000	1272.0000	O	VE4AGA	------------
ONTARIO					
METRO TORONTO					
Toronto	1284.0000	–	O	VA3GTU	------------
Tottenham	1285.0000	–	O	VE3VGA	------------
Uxbridge	1286.0000	–	O 103.5e L(IRLP TFMCS)	VE3RPT	TFMCS
QUEBEC					
Joliette	1284.0000	–	O 103.5e	VE2RHO	VE2BFK
Montreal	1283.0000	–	O 103.5e	VE2RIO	RAQI
Montreal	2310.1000	448.6000	O	VE2RVK	VE2VK
Saint-Lin Laurentides	1284.0000	–	O 141.3e	VE2RFO	VE2BFK
St-Adolphe d'Howard	2310.1500	448.6000	O	VE2RVK	VE2VK
St-Calixte	1283.6000	–	O 141.3	VE2RVK	VE2VK
St-Calixte	1296.0700	2310.0000	O	VE2RVK	VE2VK
Ste-Marcelline	1280.0000	1252.0000	OE-SUN	VE2RVQ	VE2BFK
Ste-Marcelline	1280.0000	1255.0000	OE-SUN	VE2RVQ	VE2BFK
Ste-Marcelline	1280.0000	1265.0000	OE-SUN	VE2RVQ	VE2BFK
Ste-Marcelline	1289.2500	1241.2500	OE-SUN	VE2RVQ	VE2BFK
Ste-Marcelline	1289.2500	1253.2500	OE-SUN	VE2RVQ	VE2BFK
Ste-Marcelline	1289.2500	1265.2500	OE-SUN	VE2RVQ	VE2BFK
Ste-Marcelline	1289.2500	–	OE-SUN	VE2RVQ	VE2BFK
Ste-Marcelline	2442.0000	1255.0000	OE-SUN	VE2RVQ	VE2BFK
Ste-Marcelline	2442.0000	2398.0000	OE-SUN	VE2RVQ	VE2BFK
Ste-Marcelline	2442.0000	2412.0000	OE-SUN	VE2RVQ	VE2BFK
Ste-Marcelline	2442.0000	2428.0000	OE-SUN	VE2RVQ	VE2BFK

Amateur Television (ATV)

Location	Output	Input	Notes	Call	Sponsor
ALABAMA					
Gadsden	421.2500	439.2500	O	N5XNQ	N5XNQ
Gadsden	421.2500	1255.0000	O	N5XNQ	N5XNQ
Huntsville	421.2500	439.2500	O	W4ATV	TVATV
ARIZONA					
CENTRAL					
Shaw Butte	1241.2500	1265.0000	OA(NO) DCS(NO)lx	W7ATV	ARIZONA AMAT
White Tanks	1253.2500	2441.5000	OA(NO) DCS(NO) L(448.4 VOICE 2417.5 FMTV)x	WA6SVT	Amateur TV Net
White Tanks	1289.2500	421.2500	OA(NO) DCS(NO) E-WINDlprsWXxz	W7ATV	ARIZONA AMAT
TUCSON					
Mt Lemmon	1277.2500	2441.5000	OA(NO) DCS(NO) L(434 IN 919.25 OUT 2417 LINK)	W7ATN	ARIZONA ATN
ARKANSAS					
CENTRAL					
Little Rock	421.2500	439.2500	O	N5AT	ARES
Pine Bluff	426.2500	439.2500	Oer	K5DAK	PinBlufARC
NORTH					
Harrison	421.2500	439.2500	O	K5YWL	K5YWL
CALIFORNIA					
FREQUENCY USAGE - SOUTHERN CALIFORNIA					
So Cal Atv	144.3450				ATV-SPLX VOICE
So Cal Atv	146.4300		100.0		ATV-RPT VOICE
So Cal Atv	426.2500				ATV-SPLX
So Cal Atv	434.0000				ATV-RPT INPUT-H SYNC A
So Cal Atv	913.2500				ATV
So Cal Atv	915.0000				ATV
So Cal Atv	919.2500				RPT OUT
So Cal Atv	1241.2500				ATV-RPT OUT
So Cal Atv	1253.2500				ATV-RPT OUT
So Cal Atv	1265.2500		EXP		ATV-SPLX
So Cal Atv	1277.2500				ATV-RPT OUT
So Cal Atv	1289.2500				ATV
So Cal Atv	2398.0000				ATV-FM-SPLX
So Cal Atv	2417.0000				ATV-FM-LINKS
So Cal Atv	2441.5000				ATV-FM-RPT INPUT, H-SY
So Cal Atv	3380.0000				ATV-WFM-RPT OUTPUT
So Cal Atv	3480.0000				ATV-WFM-RPT OUTPUT

702 Amateur Television (ATV)
CALIFORNIA

Location	Output	Input	Notes	Call	Sponsor
So Cal Atv	5910.0000			ATV-FM-RPT OUTPUT	
So Cal Atv	10400.0000			ATV	
NORCAL-EAST BAY					
Concord	427.2500	1289.2500	O ersx	W6CX	MDARC
Concord	1241.2500	1289.2500	O ersx	W6CX	MDARC
NORCAL-SAN JOAQUIN VALLEY					
Lodi	1252.0000	915.0000	O elrsx	WB6ASU	WB6ASU
Springville	427.2500	910.2500	O x	N6BYH	N6BYH
NORCAL-SOUTH BAY					
Palo Alto	2433.7500	1255.0000	O#es	W6YX	SUARC
San Jose	923.2500	427.2500	●#aerx	W2NYC	W2NYC
SanJose	427.2500	1255.2500	O 123#ers	K6BEN	K6BEN
SOCAL-#LA CENTRAL					
Mt Wilson	1241.2500	434.0000	Ol	W6ATN	ATN
Mt Wilson	1241.2500	2441.5000	Ol	W6ATN	ATN
SOCAL-#LA EAST					
Sunset Ridge	1277.2500	2441.5000	Ol	AF6HP	METS
Sunset Ridge	1277.2500	434.0000	Ol	AF6HP	METS
SOCAL-#LA NORTH					
Oat Mtn	919.2500	434.0000	Ol	W6ATN	ATN
Oat Mtn	919.2500	2441.5000	Ol	W6ATN	ATN
SOCAL-#ORANGE					
Santiago Peak	1253.2500	434.0000	Ol	W6ATN	ATN hub
Santiago Peak	1253.2500	2441.5000	Ol	W6ATN	ATN hub
Santiago Peak	3480.0000	10400.0000	O	AF6HP	METS
Santiago Peak	5910.0000	434.0000	Ol	W6ATN	ATN
Santiago Peak	5910.0000	2441.5000	Ol	W6ATN	ATN
Sierra Peak	3380.0000	10400.0000	Ol	AF6HP	METS
Sierra Peak	3380.0000	2441.5000	Ol	AF6HP	METS
Sierra Peak	3380.0000	434.0000	Ol	AF6HP	METS
SOCAL-#SAN BERNARDINO					
Heaps Peak	3380.0000	2441.5000	O	AF6HP	METS
Heaps Peak	3380.0000	10400.0000	O	AF6HP	METS
Snow Peak	1241.2500	434.0000	Ol	W6ATN	ATN
Snow Peak	1241.2500	2441.5000	Ol	W6ATN	ATN
SOCAL-#SAN DIEGO					
Mt Palomar	1241.2500	2441.5000	O	W6WNG	Palomar ARC
Mt Palomar	1241.2500	915.0000	O	W6NWG	Palomar ARC
Pt Loma	1277.2500	434.0000	Ol	W6ATN	ATN
Pt Loma	1277.2500	2441.5000	Ol	W6ATN	ATN
SOCAL-#SANTA BARBARA					
Santa Barbara	1277.2500	434.0000	Ol	WB9KMO	ATN
Santa Barbara	1277.2500	2441.5000	Ol	WB9KMO	ATN
SOCAL-#VICTORVILLE					
Blue Ridge	919.2500	434.0000	Ol	W6ATN	ATN
Blue Ridge	919.2500	2441.5000	Ol	W6ATN	ATN

Amateur Television (ATV)
COLORADO-LOUISIANA

Location	Output	Input	Notes	Call	Sponsor
COLORADO					
BOULDER COUNTY					
Boulder	421.2500	1277.2500	Os	W0BCR	BCARES
FLORIDA					
EAST CENTRAL					
Cocoa	427.2500	439.2500	Oe L(146.94)rs	K4ATV	LISATS Inc
SOUTH EAST - MIAMI/FT LAUD					
Miami	435.0000	910.2500	Oe	KC4JHS	KC4JHS
SOUTH WEST - FT MYERS					
Cape Coral	421.2500	439.2500	O	W1RP	W1RP
WEST CENTRAL - SARASOTA					
Laurel	421.2500	434.0000	Oers	N4SER	SERC
GEORGIA					
Dalton	421.2500	1265.0000	O	N4BZJ	N4BZJ
IDAHO					
SW-ID					
Burley	434.0000	1253.2500	O	K6ZVA	ISRA MHCH
INDIANA					
INDIANAPOLIS					
Indianapolis	425.2500	439.2500	Oe	K9LPW	CentIN RA
NORTHEAST					
Fort Wayne	910.2500	427.2500	O	W9TE	FWRC
Fort Wayne	910.2500	439.2500	O	W9TE	FWRC
SOUTHWEST					
Evansville	421.2500	434.0000	OersWX	W9KXP	W9KXP
KANSAS					
KANSAS CITY METRO					
Kansas City	426.2500	439.2500	Oer	WR0ATV	KC ATV Gp
Kansas City	426.2500	439.2500	Oer	WR0ATV	KC ATV Gp
SOUTHEAST					
Pittsburg	426.2500	1252.0000	O	K0PRO	PRO ATV
TOPEKA					
Topeka	427.2500	1252.0000	O	WA0VRS	911 Top
WICHITA					
Wichita	421.2500	439.2500	O	KA0TV	ICUC-UHF-T
LOUISIANA					
REG 1 NEW ORLEANS					
New Orleans	421.2500	439.2500	O	WD0GIV	WD0GIV

704 Amateur Television (ATV)
MARYLAND-NEW YORK

Location	Output	Input	Notes	Call	Sponsor
MARYLAND					
BALTIMORE					
Baltimore	439.2500	426.2500	O	W3WCQ	BRATS
			L(AUDIO 430.75)		
Baltimore	439.2500	1253.2500	O	W3WCQ	BRATS
			L(AUDIO 1293.75)		
Baltimore	911.2500	426.2500	O	W3WCQ	BRATS
			L(AUDIO 915.75)		
Baltimore	1289.2500	426.2500	OI	W3WCQ	BRATS
WASHINGTON AREA					
Laurel	923.2500	1265.2500	O	K3UQQ	CATS
			L(AUDIO 147.495)		
Rockville	923.2500	1277.2500	O	K3ATV	MACS
MICHIGAN					
LOWER PEN SOUTHEAST					
Clawson	1253.2500	439.2500	O	N8UDK	DATS
Flint	1253.2500	439.2500	O 100lrs	KC8KGZ	Michigan Specialized
LOWER PEN SOUTHWEST					
Grand Rapids	421.2500	439.2500	Oex	K8DMR	K8DMR
MINNESOTA					
METRO					
New Brighton	910.2500	426.2500	OI	NØNMB	RCES
New Brighton	1253.2500	426.2500	OI	NØNMB	RCES
SOUTH EAST					
Wabasha	421.2500	439.2500	Oe	WAØUNB	WAØUNB
NEBRASKA					
OMAHA					
Omaha/KPTM	421.2500	434.0000	OH SYNC	WBØCMC	GOATS
Omaha/KPTM	1248.2500	434.0000	OH SYNC	WBØCMC	----------
NEVADA					
Hi Potosi Mtn	1241.2500	913.0000	O	KB7BY	----------
Hi Potosi Mtn	1265.0000	913.0000	O	KB7BY	----------
NEW MEXICO					
NORTHWEST					
Farmington	421.2500	439.2500	O	NO3Y	NO3Y
NEW YORK					
CORTLAND/ITHACA					
Ithaca	421.2500	439.2500	O	AF2A	TOMPKINS COUNTY
ELMIRA/CORNING					
Elmira	421.2500	434.0000	O	KB3APR	ARAST

OHIO

Location	Output	Input	Notes	Call	Sponsor
ALLEN					
Lima	421.2500	439.2500		WB8ULC	NWOhioARC
COLUMBIANA					
Lisbon	421.2500	434.0000		KC8PHW	KC8PHW
FRANKLIN					
Columbus	427.2500	439.2500		WR8ATV	ATCO
Columbus	1258.0000	1280.0000		WR8ATV	ATCO
Columbus	1268.0000	+		WR8ATV	ATCO
Columbus	2433.0000	2398.0000		WR8ATV	ATCO
Columbus	10350.0000	10450.0000		WR8ATV	ATCO
VAN WERT					
Van Wert	434.0000	923.2500		W8FY	VWARC

OKLAHOMA

Location	Output	Input	Notes	Call	Sponsor
TULSA METRO					
Tulsa	913.2500	434.0000	Owx	W5IAS	Tulsa ARC

OREGON

Location	Output	Input	Notes	Call	Sponsor
CENTRAL WILLAMETTE VALLEY					
Salem	910.0000	426.2500	O	K7ATV	SATVA
PORTLAND METRO					
Portland	426.2500	910.2500	Ol	WB2QHS	WB2QHS
Portland	1253.2500	426.2500	Oe	W7AMQ	OATA

PENNSYLVANIA

Location	Output	Input	Notes	Call	Sponsor
LANCASTER					
Manheim	923.2500	910.2500	Oerswx	K3IR	SPARC Inc.
PHILADELPHIA					
Philadelphia	421.2500	439.2500	Or	W3PHL	PARA Group
Philadelphia	923.2500	910.2500	Or	W3PHL	PARA Group
PITTSBURGH					
Carnegie	426.2500	439.2500	O	W3KWH	SCARC
Pittsburgh Hazelwood	421.2500	910.2500	O	WA3PBD	GFMA
Pittsburgh Hazelwood	923.2500	910.2500	O	WA3PBD	GFMA
SOUTHWEST					
Acme	421.2500	439.2500	O	W3NBN	LHVHFS
YORK					
Dover	439.2500	426.2500	Otel	W3HZU	Keystone

PUERTO RICO

Location	Output	Input	Notes	Call	Sponsor
N					
Aguas Buenas	426.2500	1252.0000	O	KP4IA	M/Vision

TEXAS

Location	Output	Input	Notes	Call	Sponsor
Beaumont	421.2500	439.2500	O	KE5O	------------

706 Amateur Television (ATV)
TEXAS–BRITISH COLUMBIA

Location	Output	Input	Notes	Call	Sponsor
Houston	421.2500	1255.0000	O	W5GFP	HATS
Marshall	421.2500	439.2500	O	K5FBI	------------
Mesquite	421.2500	1248.0000	O	AK5DX	NTSC
Waco	421.2500	439.2500	O	W5ZDN	HOTARC

UTAH
FREQUENCY USAGE

Location	Output	Input	Notes	Call	Sponsor
ATV Intercomm	145.7300	145.7300	Oe	SIMPLEX	

WASATCH FRONT

Location	Output	Input	Notes	Call	Sponsor
Salt Lake	1248.0000	439.2500	O	KA7OEI	------------
Salt Lake	1252.0000	2416.0000	Oex	WA7GIE	------------

WASHINGTON
E WA-SUNNYSIDE

Location	Output	Input	Notes	Call	Sponsor
Rattlesnake	421.2500	439.2500		N7IWA	N7IWA

E WA-YAKIMA

Location	Output	Input	Notes	Call	Sponsor
Eagle Peak	1253.2500	434.0000		N7IWA	N7IWA
Little Bald Mtn	923.2500	426.2500		N7IWA	N7IWA

SEATTLE/TACOMA

Location	Output	Input	Notes	Call	Sponsor
Cougar Mtn	1253.2500	434.0000	O	KF7BQH	WWATS
Federal Way	1290.1000	1270.1000	O	WA7FW	FWARC
Seattle	1277.2500	434.0000	O	WW7ATS	WWATS

WEST VIRGINIA

Location	Output	Input	Notes	Call	Sponsor
Huntington	443.0000	+	Oe	N8HZ	WPBY-TV RP

WISCONSIN
NORTH CENTRAL

Location	Output	Input	Notes	Call	Sponsor
Wausau	421.2500	1250.0000	Oelx	AD9W	RMATS

ALBERTA
CALGARY

Location	Output	Input	Notes	Call	Sponsor
Calgary	910.2500	439.2500	Osx	VE6RTV	CARA
Calgary	923.2500	439.2500	O	VE6TVR	VE6CDU
Calgary	1276.0000	1282.0000	O	VE6CDU	VE6CDU

BRITISH COLUMBIA
FRASER VALLEY

Location	Output	Input	Notes	Call	Sponsor
Abbotsford	1289.0000	1246.0000		VE7RVA	FVARESS

GREATER VANCOUVER

Location	Output	Input	Notes	Call	Sponsor
Vancouver	1246.0000	2410.0000		VE7VHF	VE7CIM
Vancouver	1289.0000	2434.0000		VE7VHF	VE7CIM
Vancouver	2310.0000	147.5250		VE7VHF	VE7CIM

SOUTH CENTRAL

Location	Output	Input	Notes	Call	Sponsor
Kelowna	439.2500	2410.0000		VE7KTV	VA7UN
Vernon	1289.0000	1246.0000		VE7VTV	VE7VVW

VANCOUVER ISLAND

Location	Output	Input	Notes	Call	Sponsor
Vancouver	915.0000	147.5250		VE7VHF	VE7CIM

MANITOBA

Location	Output	Input	Notes	Call	Sponsor
WINNIPEG					
Winnipeg	1253.2500	434.0000		VE4EDU	------------
Winnipeg	1289.2500	915.0000		VE4EDU	------------
Winnipeg	1292.0000	1272.0000	○	VE4AGA	------------

ONTARIO

NATIONAL CAPITOL REGION

Location	Output	Input	Notes	Call	Sponsor
Ottawa	439.2500	1246.0000	eL(914.000)	VE3TVA	VE3CZO
Ottawa	914.0000	1246.0000	L(439.250)	VE3TVA	VE3CZO

QUEBEC

Location	Output	Input	Notes	Call	Sponsor
Joliette	439.2500	910.0000		VA2ATV	VE2BFK
Saint-Lin Laurentides	439.2500	1255.0000		VE2RFO	VE2BFK
Ste-Foy	1257.7500	438.5000		VE2RQT	CRAQ
Ste-Foy	1278.7500	434.0000		VE2RQT	CRAQ
Ste-Marcelline	439.2500	910.0000		VE2RVQ	VE2BFK

APCO 25

Location	Output	Input	Notes	Call	Sponsor
ARIZONA					
PHOENIX					
Usery Mtn	448.7250	–	⬤ 293lx	KE7JFH	F.H.A.R.T.
CALIFORNIA					
NORCAL-NORTH COAST					
Willits	442.1000	+	⬤DCSlx	K7WWA	WI6H
NORCAL-SAN JOAQUIN VALLEY					
Fresno	443.6000	+	⬤ 114.8ex	N6LYE	N6LYE
Madera	443.6000	+	⬤ 186.2e	N6LYE	N6LYE
Merced	440.8000	+	⬤ 114.8ex	N6LYE	N6LYE
SOCAL-LA,OR,RIV,SBER					
Covers Area	445.3800	–	●	K6CCC	------------
COLORADO					
COLORADO SPRINGS					
Colorado Springs	927.7250	902.7250	⬤DCS(144)eRBx	WA6IFI	WA6IFI
Colorado Springs	927.8000	902.8000	⬤DCS(116)e	W0MOG	W0MOG
Colorado Springs	927.8500	902.8500	⬤DCS(114)e	KC0CVU	CMRG
Woodland Park	447.6750	–	⬤ 179.9/179.9 (CA) DCS(205)els	KA0WUC	MARC
DENVER METRO					
Woodland Park	927.9000	902.9000	⬤(CA) DCS(205)e	KA0WUC	MARC
PUEBLO					
Canon City	927.7000	902.7000	⬤DCS(114)e	WB0WDF	WB0WDF
SOUTH CENTRAL					
Silvercliff	927.7750	902.7750	⬤DCS(116)el	KB0TUC	RGARC
FLORIDA					
CENTRAL					
Lakeland	147.3750	+	⬤ 293/293e	W4CLL	N4KEG
CENTRAL - ORLANDO					
Eustis	146.8950	–	⬤ 293/293 (CA)eL(147.390 (APCO25) 147.345 (APCO2	W4ALR	LCSO
Groveland	147.3450	+	⬤ 293/293 (CA)eL(146.895 (APCO25) 147.390 (APCO	KD4MBN	LCPS
Orange City	442.8750	+	⬤DCS(411)e	W4ORL	W4ORL

710 APCO 25
FLORIDA

Location	Output	Input	Notes	Call	Sponsor
Orlando	442.0750	+	O 103.5/103.5x	W4LOV	KD4JYD
Tavares	147.3900	+	O 293/293e L(147.345 (APCO25) 146.895 (APCO25))rsz	K4AUS	LCSO

NORTH EAST
Location	Output	Input	Notes	Call	Sponsor
Crescent City	145.1900	–	O 49/49e WX	KJ4UOP	KJ4UOP

NORTH EAST - JACKSONVILLE
Location	Output	Input	Notes	Call	Sponsor
Jacksonville	147.3150	+	O 293/293	W4RNG	Jax Range
Jacksonville	444.2000	+	O 55/55sx	K4QHR	K4QHR

NORTH WEST - TALLAHASSEE
Location	Output	Input	Notes	Call	Sponsor
Tallahassee	146.9100	–	O 94.8/94.8 aer	K4TLH	TARS

SOUTH EAST
Location	Output	Input	Notes	Call	Sponsor
Boca Raton	147.3900	+	O 293/293e rsx	KS4VT	KS4VT
Boca Raton	442.0000	+	O 293/293e r	KS4VT	KS4VT
Palm Beach Gardens	146.6250	–	O 293/293a (CA)ers	W4JUP	JTRG
Riviera Beach	146.8800	–	O 293/293e rs	W4PBC	PBCRACES
West Palm Beach	145.2300	–	O 293/293e rsx	N4QPM	N4QPM
West Palm Beach	145.3900	–	O 293/293e rs	W4PBC	PBCRACES
West Palm Beach	147.3600	+	O 293/293e rs	W4PBC	PBCRACES
West Palm Beach	444.2750	+	O 110.9/110.9er	W4PBC	PBCRACES

SOUTH EAST - MIAMI/FT LAUD
Location	Output	Input	Notes	Call	Sponsor
Ft Lauderdale	146.7900	–	O 293/293e sx	N4MOT	MARC
Ft Lauderdale	443.0000	+	O 293/293e sx	N4MOT	MARC
Ft Lauderdale	443.4000	+	●teWX	N4BIF	N4BIF
Hollywood	442.7750	+	O 110.9/110.9 L(EC-329701) BI WX(99*)	K4ABB	K4ABB
Plantation	146.7900	–	O 293/293e sx	W4MOT	MARC

SOUTH WEST - FT MYERS
Location	Output	Input	Notes	Call	Sponsor
Cape Coral	147.2250	+	O 555/555	W4LWZ	FMARC

WEST CENTRAL - SARASOTA
Location	Output	Input	Notes	Call	Sponsor
Englewood	146.8050	–	O 103.5/103.5	W4AC	TARC
Venice	444.1000	+	O 100/100 TT(100)ez	W4AC	TARC

APCO 25
HAWAII–MASSACHUSETTS

Location	Output	Input	Notes	Call	Sponsor
HAWAII					
HAWAII					
Hilo	444.7250	+	O 123.0l	WH6FM	WH6FM
Hilo	444.9000	+	O 100.0l	WH6FM	WH6FM
OAHU					
Honolulu	444.7250	+	O/100.0l	WH6FM	WH6FM
ILLINOIS					
CHICAGO					
Chicago	145.1100	–	107.2	W9GN	UFDA
Chicago	443.6750	+	114.8 (CA) WX	KC9DFK	CHI-TOWN
Chicago	443.7500	+	114.8 (CA)	WA9ORC	CFMC
NORTH CENTRAL					
Marseilles	146.7450	–	114.8elWX	KA9FER	KA9FER
Marseilles	442.6000	+	023elWX	KA9FER	KA9FER
NORTHEAST					
Crystal Lake	145.2700	–	107.2	W9DWP	W9DWP/KAPS
East Dundee	443.0250	+	114.8	W9DWP	W9DWP
Gurnee	443.1500	+	114.8e	N9OZB	ARG
Morris	146.7150	–	94.8	KC9KKO	JP WATTERS
Morris	147.2700	+	107.2eWX	KB9SZK	GCARC
Morris	442.0000	+	94.8	KC9KKO	JP WATTERS
Morris	442.3250	+	114.8eWX	KB9SZK	GCARC
Schaumburg	145.3700	–	107.2	K9SO	AMA
Schaumburg	442.9000	+	114.8 (CA)l WXx	WA9VGI	FISHFAR
Schaumburg	443.5750	+	114.8	N9KNS	MOTO ARC
Schaumburg	443.7250	+	114.8	N9KNS	MOTO ARC
WEST CENTRAL					
Quincy	146.8200	–	100.0l	WA9VGI	FISHNET
Quincy	442.9000	+	114.8l	WA9VGI	FISHNET
MARYLAND					
FREDERICK					
Frederick	442.8000	+	ONAC 797	N3ITA	N3ITA
MASSACHUSETTS					
BLACKSTONE VALLEY					
Uxbridge	447.3250	–	O 353 DCS(244) L(WESTBORO MA 448.775)	W1WNS	ATT
BOSTON METRO					
Boston	448.7250	–	O 444 DCS(343)	W1NAU	W1NAU
Waltham	146.6400	–	O 293 L(E490278)	W1MHL	WalthamARA
CENTRAL					
Worcester	146.9250	–	O 293	W1YK	WPIWA
Worcester	449.8750	–	O 250	N1PFC	WECT

712 APCO 25
MASSACHUSETTS-TEXAS

Location	Output	Input	Notes	Call	Sponsor
METROWEST					
Southborough	145.2700	–	O 244 DCS(244)	W1EMC	EMC ARC
Westborough	448.7750	–	O 353 DCS(244) L(927.6125)	W1WNS	ATT
MICHIGAN					
LOWER PEN SOUTHEAST					
Detroit	147.3300	+	O 151.4 DCS(293)ex	KC8LTS	KC8LTS
MINNESOTA					
METRO					
Minneapolis	146.7000	–	ODCS(293)e	WCØHC	HC RACES
NEW HAMPSHIRE					
SEACOAST					
Madbury	447.3750	–	O 353 DCS(244) L(WESTBORO MA 448.775)	W1WNS	ATT
NEW MEXICO					
NORTH CENTRAL					
Los Alamos	444.7750	–	ODCS(311)eRB	WD9CMS	----------
Los Alamos	927.9000	902.9000	ODCS(293)e	WD9CMS	----------
OHIO					
CUYAHOGA					
Brooklyn	442.9250	+	O 25ap	K5BLS	NOHP25GRP
FRANKLIN					
Columbus	443.6500	+		W8DIG	W8KHW
OKLAHOMA					
SOUTHWEST					
Granite	146.9850	–	O 156.7/156.7 DCS(293)e	K5XTL	K5XTL
OREGON					
CENTRAL WILLAMETTE VALLEY					
Eugene	145.3900	–	O 293ael	WB7LCS	WB7LCS
TEXAS					
Austin	146.6800	–	O 123	KE5ZW	----------
Cedar Park	442.6500	+	O 114	KE5ZW	----------

APCO 25
BRITISH COLUMBIA

Location	Output	Input	Notes	Call	Sponsor
BRITISH COLUMBIA					
FRASER VALLEY					
Chilliwack	444.6250	+		VE7RCK	VE7BHG
GREATER VANCOUVER					
Burnaby	442.2000	+		VA7LNK	VA7DX/VE7H
Delta	440.7250	+		VE7SUN	VE7DID
New Westminster	444.6000	+		VE7NWR	VE7KA
Whistler	443.8500	+		VE7SLV	VA7BC
SOUTH CENTRAL					
Kelowna	1282.0000	–		VE7CJU	VE7CJU
VANCOUVER ISLAND					
Ganges	444.8500	+		VE7XNR	VA7DN
Ladysmith	440.7000	+		VA7DXH	VA7DN
Saltspring Island	440.8500	+		VE7MDD	VA7DN
Saltspring Island	440.9500	+		VE7MDN	VA7DN

D-Star

Location	Output	Input	Notes	Call	Sponsor
ALABAMA					
Alabaster	146.7300	−	/DV EXP	N4RON	AARC
Alabaster	442.0750	+	/DV	N4RON	AARC
Alabaster	1248.6000	1248.6000	/DD	N4RON	AARC
Alabaster	1293.0000	1273.0000	/DV	N4RON	AARC
Anniston / Oak Mtn	145.2800	−	OEXP	KJ4JGK	EMA / DHS
Anniston / Oak Mtn	443.3500	+	OEXP	KJ4JGK	EMA / DHS
Anniston/Cheaha Mt	145.3000	−	O/D-STAR	WB4GNA	Mentone Ed.
Anniston/Cheaha Mt	442.4250	+	O/D-STAR	WB4GNA	Mentone Ed.
Anniston/Cheaha Mt	1251.0000	1251.0000	/DD	WB4GNA	Mentone Ed.
Anniston/Cheaha Mt	1285.0000	−	/DV	WB4GNA	Mentone Ed.
Argo/Trussville	145.2600	−	O/DV EXP	K4YNZ	K4YNZ
Birmingham	145.4100	−	O/D-STAR	K4DSO	BARC
Birmingham	443.2000	+	/DV	K4DSO	BARC
Birmingham	443.9750	+	O/DV	KI4SBB	Mentone Ed
Birmingham	1250.0000	1250.0000	/DD	K4DSO	BARC
Birmingham	1251.0000	1251.0000	O/D-D	KI4SBB	Mentone Ed
Birmingham	1282.5000	1270.0000	O/DV	KI4SBB	Mentone Ed
Birmingham	1283.4000	−	/DV	K4DSO	BARC
Birmingham	1285.5000	1270.5000	O/DV	KI4SBB	Mentone Ed
Clanton	145.1800	−	O/DV L(GATEWAY)	KF4LQK	AEMA ARC
Clanton	444.3750	+	O/D-STAR L(GATEWAY)	KF4LQK	AEMA ARC
Clanton	1285.5000	−	O/DV L(GATEWAY)	KF4LQK	AEMA ARC
Enterprise	145.1300	−	Oe	KJ4OTP	Coffee Co. EMA
Enterprise	442.6500	+	Oe	KJ4OTP	Coffee Co. EMA
Fort Payne	145.4400	−	O/D-STAR	KI4SAY	Mentone Ed.
Fort Payne	1285.0000	−	/DV	KI4SAY	Mentone Ed.
Greenville	145.1900	−	O/DV	K4TNS	Jim Bell Wireless
Greenville	442.2250	+	O/D-STAR elWX	K4TNS	Jim Bell Wireless
Guntersville	145.1400	−	O/D-STAR	KI4RYX	KF4EYT
Huntsville	145.3600	−	O/DV EXP	W4WBC	Mentone Ed.
Huntsville	145.4300	−	/DV	KI4PPF	HIT
Huntsville	443.3750	+	●/D-STAR	KI4PPF	HIT

ALABAMA-ARIZONA

Location	Output	Input	Notes	Call	Sponsor
Huntsville	443.3750	+	/DV	KI4PPF	HIT
Huntsville	443.4250	+	/DV	W4WBC	Mentone Ed.
Huntsville	1251.8000	1251.8000	/DD	KI4PPF	HIT
Huntsville	1253.5000	1253.5000	/DD	W4WBC	Mentone Ed.
Huntsville	1282.5000	−	O/DV	W4WBC	Mentone Ed.
Huntsville	1284.0000	−	/DV	KI4PPF	HIT
Magnolia Springs	145.3100	−	O/D-STAR	KI4SAZ	Mentone Ed.
Magnolia Springs	444.3000	+	O/D-STAR	KI4SAZ	Mentone Ed.
Magnolia Springs	1251.0000	1251.0000	/DD	KI4SAZ	Mentone Ed.
Magnolia Springs	1285.0000	−	/DV	KI4SAZ	Mentone Ed.
Mentone	443.3250	+	/DV	KI4SAY	Mentone Ed.
Mentone	1251.0000	1251.0000	/DD	KI4SAY	Mentone Ed.
Mobile	145.3900	−	/DV	W4IAX	MARC
Mobile	444.9000	+	/DV	W4IAX	MARC
Mobile	444.9000	+	O/D-STAR	W4IAX	Mobile ARC
Montgomery	146.9200	−	O/DV	W4AP	MARC
Roanoke	145.4000	−	O/DV	KJ4JNX	Pike ARC
Roanoke	145.4000	−	O/D-STAR	KI4JNX	Pike ARC
Roanoke	444.9000	+	O/DV	KJ4JNX	Pike ARC
Roanoke	1251.6000	1251.6000	O/DD	KJ4JNX	Pike ARC
Roanoke	1283.0000	−	/DV	KJ4JNX	Pike ARC
Talladega / Bald Mtn	145.1600	−	OeEXP	N4WNL	TRAC
Tuscaloosa	146.6050	−	/DV	W4KCQ	TARC
Tuscaloosa	147.5800	146.4800		W4TTR	Tall Twr RC
Tuscaloosa	442.9000	+	/DV	W4TTR	Tall Twr RC
Tuscaloosa	444.0750	+	O/D-STAR	W4KCQ	TARC
Tuscaloosa	1248.2000	1248.2000	/DD	W4TTR	Tall Twr RC
Tuscaloosa	1249.0000	1249.0000	/DD	W4KCQ	TARC
Tuscaloosa	1249.0000	1249.0000	/DD	W4KCQ	TARC
Tuscaloosa	1284.4000	−	/DV	W4KCQ	TARC
Tuscaloosa	1284.4000	−	O/DV	W4KCQ	TARC
Tuscaloosa	1287.9500	−	/DV	W4TTR	Tall Twr RC

ARIZONA
CENTRAL

Location	Output	Input	Notes	Call	Sponsor
Usery Mt	1285.6500	−	OA(NO) DCS(NO) L(445.975- & 145.15?)x	KE7JFH	Fountain Hills Am Ra
Usery Mt	1297.5000	1297.5000	OA(NO) DCS(NO) L(445.975- & 145.15?)x	KE7JFH	Fountain Hills Am Ra
Usery Pass	145.1250	−	Olx	KE7JFH	N7MK
White Tanks	1283.8500	−	OA(NO) DCS(NO)lx	K7PNX	City of Phoenix
White Tanks	1283.9000	−	OA(NO) DCS(NO)lx	W7MOT	MARCA
White Tanks	1298.0000	1298.0000	OA(NO) DCS(NO)lx	K7PNX	City of Phoenix
White Tanks	1299.5000	1299.5000	OA(NO) DCS(NO)lx	W7MOT	MARCA

D-Star 717
ARIZONA-CALIFORNIA

Location	Output	Input	Notes	Call	Sponsor
KINGMAN					
Kingman	1284.0000	–	OA(NO) DCS(NO)	W7KDS	Northern AZ Digit
Kingman	1299.0000	1299.0000	OA(NO) DCS(NO)l	W7KDS	Northern AZ Digit
NORTHEASTERN					
Kingman	145.1350	–	O	W7KDS	NADRS
PHOENIX					
Scottsdale	445.9500	–	●a	KF7CUF	SPRC-SW
Usery Mtn	445.9750	–	Oalx	KE7JFH	F.H.A.R.T.
White Tanks	145.1350	–	Oelx	W7MOT	MARCA/ARA
White Tanks	145.1350	–	Oelx	W7MOT	MARCA/ARA
White Tanks Mid Peak	440.7250	+	Oalx	K7PNX	W7KHZ
White Tanks Mid Peak	440.8130	+	Oaelx	W7MOT	A.R.A.
SOUTHEASTERN					
Pinal Peak	445.8500	–	●ax	N7CI	F.H.A.R.T.
SOUTHERN					
Mt Lemmon	147.4100	146.4100	Oex	K7RST	RST
SOUTHWEST					
Yuma	445.9750	–	●a	N7YDX	Yuma DX Associ
TUCSON					
Mt Lemmon	445.9000	–	●ax	K7RST	R.S. of T.
Mt Lemmon	1284.2500	–	OA(NO) DCS(NO)lx	K7RST	RADIO SOC OF
Mt Lemmon	1298.2500	1298.2500	OA(NO) DCS(NO)lx	K7RST	RADIO SOC OF
Tucson	145.1150	–	O	KR7ST	RST
Tucson	445.9500	–	●a	KR7ST	R.S. of T.
Tucson	1284.7500	–	OA(NO) DCS(NO)l	KR7ST	RADIO SOC OF
Tucson	1298.7500	1298.7500	OA(NO) DCS(NO)l	KR7ST	RADIO SOC OF
WEST CENTRAL					
Kingman	445.9000	–	●a	W7KDS	N.A.D.R.S.

CALIFORNIA

Location	Output	Input	Notes	Call	Sponsor
FREQUENCY USAGE - SOUTHERN CALIFORNIA					
SO CAL	1283.0000	–		DVOICE TEST PAIR	
SO CAL	1294.3000			DVOICE SIMPLEX	
SO CAL	1299.1000			DDATA TEST	
LOS ANGELES COUNTY					
Blueridge	147.5400	144.9850	Ot	W6CPA	IRC
Contractor's Point	147.5600	145.0050	Ot	WA6IRC	IRC
HRO Burbank	147.5700	145.0150	Otl	KB6HRO	------------
NORCAL-EAST BAY					
Concord	147.4250	146.4250	O#ersx	W6CX	MDARC
Concord	147.4750	146.4750	O#elrsx	K6MDD	K6MDD

718 D-Star
CALIFORNIA

Location	Output	Input	Notes	Call	Sponsor
Concord	1284.2000	–	Oelrsx	K6MDD	K6MDD
Fremont	444.6875	+	O#x	K6LRG	K6LRG
Fremont	1286.6250	–	Ox	K6LRG	K6LRG
Livermore	444.6125	+	O#el	W6UUU	N6LDJ
Oakland	440.0375	+	O#l	W6YYY	N6LDJ
NORCAL-NORTH BAY					
Santa Rosa	145.0400	144.6400	O#r	K6ACS	K6DRC
Santa Rosa	442.1125	+	O#er	K6ACS	K6ACS
NORCAL-SACRAMENTO VALLEY					
Chico	1286.5250	–	Olsx	K6CHO	AREA
Folsom	147.6750	–	Oex	KS6HRP	SHARP
Folsom	1284.5000	–	Oel	KD6SAC	K6HLE
Oroville	444.2750	+	Olr	KJ6LVV	LOARN
Volcano	144.9600	144.5600	O#elrx	W6DHS	N6RDE
Volcano	440.6000	+	Oelrsx	W6DHS	N6RDE
NORCAL-SAN JOAQUIN VALLEY					
Dunlap	443.8500	+	Oex	WD6SJV	DCTS
Dunlap	1285.3000	–	Oex	WD6SJV	DCTS
Mariposa	145.1300	–	Oelsx	W6HHD	W6HHD
Mariposa	444.8000	+	Oelsx	W6HHD	W6HHD
Mariposa	1284.1000	–	Oelsx	W6HHD	W6HHD
Visalia	145.4500	–	Oelrsx	K6VIS	TCARC
Visalia	440.0500	+	Oelrsx	K6VIS	TCARC
Visalia	1286.3250	–	Oelrsx	K6VIS	TCARC
NORCAL-SOUTH BAY					
Palo Alto	444.0750	+	Oelx	WW6BAY	Bay Net
San Jose	440.3000	+	Oel	W6IOS	CARC-SJ
San Jose	444.0250	+	Oelsx	K6HLE	AREA
San Jose	1286.5250	–	Oersx	K6HLE	AREA
NORCAL-WEST BAY					
San Francisco	147.1050	+	Oersx	W6PW	SFARC
ORANGE COUNTY					
HRO Anaheim	147.5700	145.0150	Otl	W6HRO	-----------
Laguna Beach	146.1150	+	Oter	K6SOA	SOARA
SAN BERNARDINO COUNTY					
Keller Peak	147.5500	144.9950	Ote	KI6WZX	-----------
SAN DIEGO COUNTY					
Palomar Mtn	147.5700	145.0150	Ot	KI6MGN	PAPA System
SOCAL-#LA NORTH					
Burbank	1287.8000	–	O	KB6HRO	HRO DVoice
Burbank	1299.3000	1299.3000	O	KB6HRO	HRO DData
Contractors Pt	1282.6500	–	O	WA6IRC	IRC DVoice
Contractors Pt	1299.7000	1299.7000	O	WA6IRC	IRC DData
SOCAL-#ORANGE					
Anaheim	1282.5500	–	O	W6HRO	HRO DVoice
Anaheim	1299.5000	1299.5000	O	W6HRO	HRO DData
Laguna Beach	1282.6000	–	O	K6SOA	SOARA DVoice
Laguna Beach	1299.9000	1299.9000	O	K6SOA	SOARA DData

CALIFORNIA-DELAWARE

Location	Output	Input	Notes	Call	Sponsor
SOCAL-#SAN DIEGO					
Pauma Valley	1282.6750	–	O	KI6MGN	PAPA DVoice
Pauma Valley	1298.5000	1298.5000	O	KI6MGN	PAPA DData
SOCAL-LA CENTRAL					
Topanga	1286.8000	–	●	KJ6BWR	PAPA DVoice
Topanga	1298.9000	1298.9000	●	KJ6BWR	PAPA DData
SOCAL-SAN DIEGO					
Mt Otay	1283.8000	–	●	KW6HRO	PAPA DVoice
Mt Otay	1298.7000	1298.7000	●	KW6HRO	PAPA DData

COLORADO
BOULDER COUNTY

Location	Output	Input	Notes	Call	Sponsor
Boulder	145.3875	–	ODCSes	WØDK	BCARES
Boulder	1283.8625	–	ODCSes	WØDK	BCARES
Boulder	1299.5000	1299.5000	ODCSes	WØDK	BCARES
DENVER METRO					
Boulder	446.8625	–	ODCSes	WØDK	BCARES
Castle Rock	446.8250	–	ODCSers WX	WØDTF	ARESD22
Colorado Springs	446.9125	–	ODCS	KCØCVU	CMRG
Denver	145.2500	–	ODCSelrsx	WØCDS	CO DSTAR
Denver	446.9625	–	ODCSelrsx	WØCDS	CO DSTAR
Denver	1283.9625	–	ODCSelrsx	WØCDS	CO DSTAR
Denver	1299.9000	1299.9000	ODCSelrsx	WØCDS	CO DSTAR

CONNECTICUT
FAIRFIELD & SOUTHWEST

Location	Output	Input	Notes	Call	Sponsor
Norwalk	441.6000	+	O	W1NLK	GNARC
HARTFORD & N CENTRAL					
Bristol	145.1400	–	Oe	W1IXU	WA1IXU
Bristol	448.3750	–	Oe	W1IXU	WA1IXU
Newington	147.3900	+	O	W1HQ	ARRL OPS
Newington	442.1000	–	O	W1HQ	ARRL OPS
Newington	1284.1250	–	O	W1HQ	ARRL OPS
Rocky Hill	145.2700	–	Oe	W1VLA	WB1EXV
Rocky Hill	444.1500	+	Oe	W1VLA	WB1EXV
Vernon	145.2600	–	Oe	AA1HD	PVRA
Vernon	442.1500	+	Oe	AA1HD	PVRA
LITCHFIELD & NORTHWEST					
Torrington	444.1000	+	O	N1GAU	N1GAU
NEW HAVEN & S CENTRAL					
Meriden	145.4900	–	Oe	W1ECV	SARA
Meriden	444.2500	+	Oe	W1ECV	SARA

DELAWARE
WILMINGTON

Location	Output	Input	Notes	Call	Sponsor
Wilmington	448.2750	–	Oe L(DSTAR)rs	W3JKS	W3JKS
Wilmington	448.2750	–	Oelrs	W3JKS	W3JKS

720 D-Star
DISTRICT OF COLUMBIA-FLORIDA

Location	Output	Input	Notes	Call	Sponsor
DISTRICT OF COLUMBIA					
WASHINGTON AREA					
Washington	147.3600	+	ODSTARel	W3AGB	AlexGrahamBell
Washington	444.1625	+	ODSTARel	W3AGB	AlexGrahamBell
Washington	1283.1000	–	Oel	W3AGB	AlexGrahamBell
FLORIDA					
CENTRAL					
Lakeland	146.6550	–	Oe L(444.7750 1293.5500)	KJ4ACN	N4KEG
Lakeland	444.7750	+	Oe L(146.6550 1293.5500)sWXx	KJ4ACN	WCFDC
Lakeland	1293.5500	1273.5500	O L(146.6550 444.7750)	KJ4ACN	WCFDC
CENTRAL - ORLANDO					
Altamonte Springs	442.3000	+	OL(146.97)	W4PLB	OARC
Leesburg	444.5000	+	Oe	KJ4TJD	LADG
Orlando	145.2900	–	OL(442.025 1291.3000)	KJ4MMC	AESOARC
Orlando	146.8200	–	O L(443.2750 1285.0000)	K1XC	OARC
Orlando	443.1375	+	Oex	KJ4OVA	1KDA
Orlando	443.2750	+	O L(146.8200 1285.0000)	K1XC	OARC
Orlando	443.6250	+	Oex	W4AES	AESOARC
Orlando	1285.0000	–	O L(146.8200 443.2750)	K1XC	OARC
Sanford	145.1500	–	OL(146.97) p	W4PLB	OARC
Wildwood	443.7000	+	Os	W4VLG	W4VLG
EAST CENTRAL					
Cocoa	146.7300	–	Oel	KJ4OXT	N3EH
Cocoa	443.1750	+	Oe L(147.03)	KJ4OXT	N3EH
Melbourne	442.0250	+	O	K4RPT	OMRA
NORTH CENTRAL					
Ocala	145.4600	–	Oers	KK4DFC	MERT
Summerfield	145.4900	–	Oa(CA) E-SUN L(EC-498305)	WD4MIC	LEARN
NORTH EAST					
Daytona Beach	145.3800	–	Oersxz	KA4RES	FARESDSTAR
NORTH EAST - JACKSONVILLE					
Durbin	145.3600	–	Oersxz	KA4RES	FARESDSTAR
Jacksonville	146.8800	–	Oa(CA)e	W4RNG	Jax Range
Palm Coast	145.3200	–	Oersxz	KA4RES	FARESDSTAR
NORTH WEST					
Greensboro	444.1250	+	Oe	K4GFD	K4GFD

D-Star 721
FLORIDA

Location	Output	Input	Notes	Call	Sponsor
NORTH WEST - PENSACOLA					
Crestview	145.1300	–	Oex	K4FWB	KB4OID
Crestview	444.6000	+	Oex	K4FWB	KB4OID
Crestview	1291.3000	1271.3000	O	K4FWB	N4GXX
Milton	147.3300	+	Oersx	KI4WZA	SRCACS
Milton	444.9250	+	Oersx	KI4WZA	SRCACS
NORTH WEST - TALLAHASSEE					
Tallahassee	146.8350	–	Oe	NF4DG	NFDG
			L(443.4500 1293.0000)s		
Tallahassee	443.4500	+	Oe	NF4DG	NFDG
			L(146.8350)s		
Tallahassee	1293.0000	1273.0000	Oe	NF4DG	NFDG
			L(146.8350 443.4500)s		
SOUTH EAST - MIAMI/FT LAUD					
Miami	145.2800	–	OBI	KB4AIL	KB4AIL
Pompano Beach	145.3400	–	Oe	W4BUG	GCARA
			L(442.2000 1291.6000)		
Pompano Beach	442.2000	+	Oa(CA)	W4BUG	GCARA
			L(145.340 1291.600)		
WEST CENTRAL - TAMPA/ST PETE					
Dunedin	444.0750	+	●l	KA9RIX	Homey HC
Largo	444.5000	+	●l	KA9RIX	Homey HC
Palm Harbor	444.3500	+	O	KJ4ZWW	UPARC
Plant City	147.2000	+	O	N4CLL	PCDC
Plant City	442.0250	+	O	N4CLL	PCDC
Plant City	1292.1000	–	O	N4CLL	PCDC
Safety Harbor	1292.0000	1272.0000	Oe	KJ4ARB	FDWS
			L(1293.000 1253.000)rs		
St Petersburg	145.3900	–	●l	KA9RIX	Homey HC
St Petersburg	444.0625	+	ODCS(546)	KA9RIX	KA9RIX
			L(145.110 444.725)		
St Petersburg	444.1750	+	O 88.5/88.5	KA9RIX	BEARS
			aeL(444.000 444.725 145.390) RBz		
St Petersburg	444.7250	+	OtaTT(*)	KA9RIX	Homey HC
			E-SUN L(145.390 444.175 444.275 444.07		
Tampa	147.0100	+	OE-SUN	KJ4ARB	FDWS
			L(1293.0000 444.6750 1292.0000 1252.00		
Tampa	147.2625	+	Oe	NI4M	NI4M
			L(443.5625)rs		
Tampa	443.5625	+	Oersx	NI4M	NI4M
Tampa	443.9875	+	O 88.5/88.5	KJ4ARB	FDWS
			E-SUN L(444.0000 443.4250 1291.500 14		
Tampa	444.6750	+	OE-SUN	KJ4ARB	FDWS
			L(147.0100 1293.0000 1253.0000 1292.00		
Tampa	444.8125	+	Oe	W4RNT	RANT
			L(442.725 444.250)		
Tampa	1293.0000	1273.0000	OE-SUN	KJ4ARB	FDWS
			L(147.0100 444.6750 1292.0000 1252.000		

722 D-Star
GEORGIA-ILLINOIS

Location	Output	Input	Notes	Call	Sponsor
GEORGIA					
Albany	440.7000	+	eswX	KJ4KLD	GA D-STAR
Appling	445.6500	−	eswX	KJ4PYA	GA D-STAR
Morrow	442.1750	+		K4USD	W2XAB
Morrow	1292.1000	1272.1000		K4USD	W2XAB
Pembroke	440.7000	+	eswX	KJ4GGV	GAD-STAR W
Perry	444.6250	+	ls	KN4DS	KN4DS
Warm Springs	440.6750	+	eswX	KJ4KLE	GA D-STAR
HAWAII					
HAWAII					
Hilo	444.7250	+	O 123.0l	WH6FM	WH6FM
OAHU					
Honolulu	147.1800	+	O#	WH6DIG	NH7QH
Honolulu	444.9250	+	O#	WH6DIG	NH7QH
Leeward	145.4500	−	O#	WH6DHT	NH7QH
Leeward	442.7000	+	O#p	WH6DHT	NH7QH
Leeward	1293.0000	1273.0000	●#	WH6DHT	NH7QH
IDAHO					
N ID - MOYIE					
Moyie Springs	145.1250	−		KF7MJA	NSDA
SW ID					
Boise	145.5000	−	O	W7VOI	VOIARC
Boise	444.3500	448.3500	O	W7VOI	VOIARC
ILLINOIS					
CHAMPAIGN					
Champaign	443.48125	+		W9YR	Synton ARC
CHICAGO					
Chicago	441.90625	+		WA9ORC	CFMC
Chicago	442.09375	+	e	NS9RC	NSRC
Chicago	1292.2000	1272.2000	e	NS9RC	NSRC
DECATUR					
Cadwell	145.1950	−	e	W9BIL	MARK
Cadwell	440.64375	+	e	W9BIL	MARK
NORTHEAST					
Batavia	147.2250	+		W9CEQ	FRRL
Batavia	442.10625	+		W9CEQ	FRRL
Batavia	1291.9000	1271.9000	l	W9NE	W9XA
Glendale Heigh	440.10625	+		KC9PWC	SPRAG-SWC
Lake Zurich	440.74375	+		KC9OKW	SUHFARS
Rolling Meadow	442.8000	+		KC9RBB	SPRAG-N9EP
Wayne	440.26875	+	eswX	W9DPA	DPA EMCOMM
Wayne	1292.6000	1272.6000	eswX	W9DPA	DPA EMCOMM
PEORIA					
Peoria	145.1050	−		W9PIA	PAARC
Peoria	443.46875	+		W9PIA	PAARC

ILLINOIS-KENTUCKY

Location	Output	Input	Notes	Call	Sponsor
Peoria	1292.4000	1272.4000		W9PIA	PAARC
SPRINGFIELD					
Springfield	443.78125	+	e	W9DUA	SVRC

INDIANA
EAST CENTRAL

Location	Output	Input	Notes	Call	Sponsor
Marion	443.4000	+	O 131.8er	W9EBN	GrantARC
Muncie	145.4900	−	O	W9DUK	DelawrARC
INDIANAPOLIS					
Anderson	441.7500	+	OersWX	WA9EOC	AndersnEOC
Fishers	441.4500	+	O	WR9AND	HamCoAG
Indianapolis	147.3900	+	O	W9ICE	ICE
Indianapolis	444.1250	+	O	W9ICE	ICE
Plainfield	442.7750	+	O	KA9ZYL	KA9ZYL
NORTHEAST					
Fort Wayne	442.99375	+	O	W9TE	FWRC
WEST CENTRAL					
Lafayette	146.7300	−	Oe	W9ARP	WARP
Lafayette	444.3000	+	O	W9ARP	WARP

IOWA
DES MOINES

Location	Output	Input	Notes	Call	Sponsor
Grimes	147.1050	+	aelrsx	KDØIAN	DMRAA
Grimes	443.1750	+	aelrsx	KDØIAN	DMRAA

KANSAS
KANSAS CITY METRO

Location	Output	Input	Notes	Call	Sponsor
Kansas City	443.4000	+	Oa(CA)el	WØCW	BYRG
Kansas City	1285.0500	−	Oe	WØCW	BYRG
Louisburg	145.1200	−	O	KØHAM	NEKSUN
Louisburg	442.1250	+	O	KØHAM	NEKSUN
Louisburg	1257.0000	1257.0000	O	KØHAM	NEKSUN
Louisburg	1287.0000	−	O	KØHAM	NEKSUN
NORTHEAST					
Topeka	442.0250	+	Ors	WØSIK	NEKSUN
NORTHWEST					
Colby	444.6500	+	Oe	NWØK	TARC
WEST CENTRAL					
Scott City	444.7000	+	O	WØMI	SHARC

KENTUCKY

Location	Output	Input	Notes	Call	Sponsor
Lexington	145.4600	−	e	W4DSI	W4DSI
Lexington	441.8120	+		W4DSI	W4DSI
Middlesboro	443.4620	+		AJ4G	AJ4G
Middlesboro	145.3000	−		AJ4G	AJ4G
Middlesboro	1282.4000	−		AJ4G	AJ4G

LOUISIANA-MARYLAND

Location	Output	Input	Notes	Call	Sponsor
LOUISIANA					
REG 1 NEW ORLEANS					
Jefferson	146.9250	–	Oel	W5GAD	JARC
Jefferson	444.9250	+	Oel	W5GAD	JARC
Jefferson	1251.0000	1251.0000	Oel	W5GAD	JARC
Jefferson	1285.0000	1265.0000	Oel	W5GAD	JARC
REG 2 BATON ROUGE					
Baton Rouge	146.8800	–	Oelr	KD5CQB	EBR RACES
REG 4 LAFAYETTE					
Carencro	147.0000	+	Oe	W5NB	DRCC
REG 6 ALEXANDRIA					
Leesville	147.3450	+	Ol	KE5PFA	W5JZQ
Many	146.8050		Ol	N5MNY	KC5UCV
REG 7 SHREVEPORT					
Minden	147.4200	144.9200	Ol	N5MAD	KC5UCV
Shreveport	147.3600	+	Ol	W5SHV	SDT
Shreveport	442.0000	+	Ol	W5SHV	SDT
Shreveport	1253.0000	1253.0000	Ol	W5SHV	SDT
Shreveport	1293.0000	1273.0000	Ol	W5SHV	SDT
REG 8 MONROE					
Ruston	145.1400	–	Ol	N5APB	N5APB
West Monroe	442.0000	+	Ol	WA5WX	W5CFI
REG 9 HAMMOND					
Franklinton	147.4400	144.9000	Oelrs	KF5BSZ	WPWIN
Franklinton	444.5875	+	Oelrs	KF5BSZ	WPWIN
Franklinton	1253.0000	1253.0000	Oelrs	KF5BSZ	WPWIN
Franklinton	1293.0000	–	Oelrs	KF5BSZ	WPWIN
MAINE					
PORTLAND/SOUTH COAST					
Brunswick	447.5750	–	OtE-WINDx	KS1R	MARA
West Newfield	146.6700	–	O/146.2e L(CCS NETWORK) EXPx	N1KMA	CLEOSYS
MARYLAND					
BALTIMORE					
Towson	145.1400	–	OelWX	W3DHS	BCACS
Towson	442.1125	+	ODSTARel WX	W3DHS	BCACS
Towson	1282.7000	–	OelWX	W3DHS	BCACS
NORTHEAST MD					
Bel Air	447.9875	–	O A(DSTAR)	KB3TOG	HarfdCoRACES
Bel Air	447.9875	–	O	KB3TOG	HarfdCoRACES
Bel Air	1282.3000	–	OL(DSTAR)	KB3TOG	HarfdCoRACES

MASSACHUSETTS–MICHIGAN

Location	Output	Input	Notes	Call	Sponsor
MASSACHUSETTS					
BOSTON METRO					
Boston	145.1600	−	O	W1MRA	MMRA
MERRIMACK VALLEY					
Westford	145.3300	−	O	WB1GOF	PART
Westford	442.4500	+	O	WB1GOF	PART
METROWEST					
Holliston	145.1400	−	O	W1DSR	DigitalARC
SOUTH COAST					
Fall River	145.4200	−	O	K1RFI	SEMARG
Fall River	145.4200	−		K1RFI	SEMARG
			DCS(DSTAR)		
Fall River	449.5250	−	OeEXPx	NN1D	SEMARG
SPRINGFIELD/PIONEER VALLEY					
Feeding Hills	145.1500	−	Oex	W1KK	W1KK
Feeding Hills	449.1750	−	Oex	W1KK	W1KK
Feeding Hills	1248.5000	−	O	W1KK	W1KK
			DCS(DSTAR DATA)ex		
Feeding Hills	1282.5000	−	Oex	W1KK	W1KK
Holyoke	447.3750	−	Oex	AA1KK	W1KK
Holyoke	447.3750	−	O	AA1KK	W1KK
			DCS(DSTAR)ex		
MICHIGAN					
LOWER PEN NORTHEAST					
Gaylord	444.0375	+	OWXx	KD8QCC	CCECPSCO
LOWER PEN NORTHWEST					
Elmira	145.3200	−	Oers	NM8ES	NMARES
Elmira	444.1125	+	Oers	NM8ES	NMARES
Holton	145.3600	−	O	WD8MKG	WD8MKG
Reed City	444.0625	+	Oelrs	WB8COX	WB8COX
Stutsmanville	443.3750	+	OelrWXx	W8CCE	N8DNX
Traverse City	145.3600	−	Oel	WI0OK	KF8KK
LOWER PEN SOUTHEAST					
Adrian	145.2800	−	Oe	N8TTH	Southeastern Mic
Adrian	443.3375	+	Ors	N8TTH	Southeastern Mic
Auburn Hills	444.2625	+	O	K8DXA	Tri-County D-Sta
Hell	147.2100	+	OelrsWX	K8LCD	Livingston Count
Howell	145.3200	−	O	W8LIV	Livingston Count
Howell	444.0375	+	O	W8LIV	Livingston Count
Lansing	443.7375	+	Ors	KD8IEG	Lansing/Ingham
Norton Shores	444.0875	+	O	N8DWY	N8DWY
Owosso	145.2400	−	OelWX	W8SHI	Shiawassee Cou
Owosso	444.3000	+	OelsWX	W8SHI	N8DVH
Pinckney	444.0625	+	OelrsWX	K8LCD	Livingston Count
Port Huron	146.6900	−	Oel	K8ARC	ARCARS
LOWER PEN SOUTHWEST					
Charlotte	145.2000	−	Oelrs	K8ETN	Eaton County A
Charlotte	443.4375	+	Oelrs	K8ETN	ECARC

D-Star
MICHIGAN-MISSOURI

Location	Output	Input	Notes	Call	Sponsor
Coldwater	146.7300	−	●erwXz	KD8JGF	Branch County Ares/
Grand Rapids	147.2900	+	●	WX8GRR	N8WKM
Hillsdale	145.4200	−	●elrsWx	KD8IFO	Hillsdale County Ares
Hillsdale	442.2375	+	●elrs	KD8IFO	Hillsdale County ARE
Holton	444.0125	+	●e	KC8LBZ	KC8LBZ
Ithaca	147.1500	+	●sWX	KD8IEK	GCARA
Ithaca	443.1375	+	●lrs	KD8IEK	Gratiot County Amate
Jackson	145.1200	−	●el	K8JXN	CARS
Jackson	443.4625	+	●lrs	K8JXN	CARS
Lansing	147.0500	+	●	KD8IEG	L/IC ARPSC
Lowell	443.1125	+	●	W8LRC	Lowell Amateur Radio
Moline	442.5500	+	●elx	WX8GRR	N8WKM
St Johns	145.4400	−	●ers	KD8IEI	CCARPSC
St Johns	442.9375	+	●elrs	KD8IEI	CCAPRSC

MINNESOTA
METRO

Location	Output	Input	Notes	Call	Sponsor
Chaska	147.2700	+	●	KD0JOS	WB0ZKB
Chaska	442.1250	+	●	KD0JOS	WB0ZKB
Chaska	1283.5000	−	●	KD0JOS	WB0ZKB
Golden Valley	145.1500	−	●	K0FVF	K0TI
Golden Valley	442.9000	+	●	K0FVF	K0TI
Minneapolis	147.2700	+	●	WB0ZKB	WB0ZKB
Minneapolis	1283.3000	−	●	KD0JOU	WB0ZKB
Moundsview	145.4050	−	●rs	W0ANA	ANOKA ARES
Moundsview	443.7750	+	●rs	W0ANA	ANOKA ARES
Moundsview	1287.0000	1282.0000	●rs	W0ANA	ANOKA ARES

NORTHWEST

Location	Output	Input	Notes	Call	Sponsor
Bemidji	145.2450	−		W0BJI	PBARC

SOUTH EAST

Location	Output	Input	Notes	Call	Sponsor
Rochester	443.8500	+	●	W0MXW	ROCHARC

SOUTH WEST

Location	Output	Input	Notes	Call	Sponsor
Slayton	146.7900	−	●esWX	W0DRK	NPRRC

SOUTHWEST

Location	Output	Input	Notes	Call	Sponsor
Wanda	444.0250	+		KD0IAI	RAARA

MISSISSIPPI

Location	Output	Input	Notes	Call	Sponsor
Brandon	145.1700	−		K5RKN	KD5RWF
Brandon	444.8250	+		K5RKN	KD4RWF
Perkinston	145.1700	−		K5GVR	K5GVR

MISSOURI
COLUMBIA/JEFF CITY

Location	Output	Input	Notes	Call	Sponsor
Columbia	442.3250	+	●lsx	WX0BC	WX0BC

JOPLIN

Location	Output	Input	Notes	Call	Sponsor
Joplin	146.4500	147.4500	●x	N0CSW	N0CSW
Joplin	444.6250	+	●tLITZx	N0CSW	N0CSW

MISSOURI-NEW HAMPSHIRE

Location	Output	Input	Notes	Call	Sponsor
KANSAS CITY METRO					
Kansas City	443.4000	+	Oa(CA)el	W0CW	BYRG
Kansas City	1285.0500	−	Oe	W0CW	BYRG
SPRINGFIELD					
Ozark	146.7750	−	Oersx	W0OMD	W0OMD
Ozark	442.2250	+	Otersx	W0OMD	W0OMD
ST LOUIS METRO					
St Louis	147.0150	+	Oelx	K0MDG	MODigGRP
St Louis	442.5750	+	Oelx	K0MDG	MODigGRP
St Louis	1285.0000	−	Oel	K0MDG	MODigGRP
NEBRASKA					
GRAND ISLAND					
Grand Island	146.6650	−	Oels	W0MAO	NEMA
KEARNEY					
Kearney	147.0300	+	Oels	W0MAO	NEMA
LINCOLN					
Lincoln	145.2500	−	Oes	W0MAO	NEMA
Lincoln	442.1500	+	Oes	W0MAO	NEMA
OMAHA					
Omaha	145.1750	−	Oel	KD0CGR	ODCGr
Omaha	442.1250	+	O	KD0CGR	------------
			DCS(DSTAR)e		
Papillion	146.8950	−	Oer	KC0OAU	Sarpy Co. EMA
NEVADA					
Las Vegas	449.5750	−	ODCS(B)	W7AES	------------
Las Vegas	1251.0000	1251.0000	ODV	N7ARR	NARRI
Las Vegas	1282.3900	−	ODCS(A)	W7AES	------------
Las Vegas	1299.3900	−	ODCS(A)	W7AES	------------
NEW HAMPSHIRE					
LAKES REGION					
West Ossipee	147.0750	+	OteEXPx	K1LTM	Whittier
West Ossipee	147.0750	+	t	K1LTM	Whittier
			DCS(DSTAR)eEXPx		
West Ossipee	442.6500	+	OtesEXPx	K1LTM	Kencom
MERRIMACK VALLEY					
Bow	447.3250	−	OtE-SUN	KA1SU	KA1SU DV
Bow	447.3250	−	O	KA1SU	KA1SU DV
			DCS(DSTAR) E-SUN		
Derry	447.2250	−	O	NN1PA	NN1PA
Derry	447.2250	−	O	NN1PA	NN1PA
			DCS(DSTAR)		
Goffstown	446.5750	−	O	NE1DV	EWARN
Goffstown	448.8750	−	OesWXx	W1RCF	NHIT
Goffstown	1248.5000	−		N1HIT	NHIT
			DCS(DSTAR DATA)		

728 D-Star
NEW HAMPSHIRE-NEW YORK

Location	Output	Input	Notes	Call	Sponsor
Goffstown	1285.0000	–	eswXx	N1HIT	NHIT
Manchester	441.8000	+	Op	K1COM	EWARN
Salem	145.3100	–		K1HRO	K1HRO ARC
			DCS(DSTAR)		
Salem	444.3500	+	O	K1HRO	K1HRO ARC

SEACOAST

Location	Output	Input	Notes	Call	Sponsor
East Kingston	446.7250	–	O	KB1TIX	Seacoast
Hampton	449.4750	–	Oe	K1HBR	HBAR
Kensington	145.4000	–	O	KB1TIX	SeacoastDA
Kensington	145.4000	–	O	KB1TIX	SeacoastDA
			DCS(DSTAR)		
Madbury	145.3800	–	O	N1HIT	NHIT

WHITE MOUNTAINS

Location	Output	Input	Notes	Call	Sponsor
Twin Mountain	442.2500	+	O	KB1UVE	Seacoast

NEW JERSEY
ATLANTIC

Location	Output	Input	Notes	Call	Sponsor
Atlantic City	444.65625	+	Oel	KC2TGB	------------
Egg Harbor Twp	445.16875	–	Oer	KC2VAC	DSTAR Grp

BURLINGTON

Location	Output	Input	Notes	Call	Sponsor
Burlington	445.33125	–	OelrswX	KC2QVT	BurlCo OEM

CAMDEN

Location	Output	Input	Notes	Call	Sponsor
Lindenwold	440.24375	+	Oers	K2EOC	CCOEM

CAPE MAY

Location	Output	Input	Notes	Call	Sponsor
Cape May Ct Hse	146.7750	–	Oers	NJ2DS	JCDUG
Cape May Ct Hse	1255.3000	+	Oers	NJ2DS	JCDUG
Ocean View	440.09375	+	Oers	NJ2CM	RACES/ARES

CUMBERLAND

Location	Output	Input	Notes	Call	Sponsor
Bridgeton	445.31875	–	OerswX	KC2TXB	CumbEmOpCl

SALEM

Location	Output	Input	Notes	Call	Sponsor
Woodstown	445.03125	–	OlrswX	KB2EAH	Salem Co.

SOMMERSET CO

Location	Output	Input	Notes	Call	Sponsor
Martinsville	441.6500	+	Oe	NJ2DG	CNJDG
Martinsville	1284.0000	–	Oe	NJ2DG	CNJDG

NEW MEXICO
ALBUQUERQUE

Location	Output	Input	Notes	Call	Sponsor
Sandia Crest	443.8000	+	Oelx	W5MPZ	SNLARC

NORTH CENTRAL

Location	Output	Input	Notes	Call	Sponsor
Belen	444.5250	+	Oel	W5URD	URFMSI
Los Alamos	442.4250	+	Ors	NM5WR	LADSRA

SOUTH CENTRAL

Location	Output	Input	Notes	Call	Sponsor
Las Cruces	146.8400	–	O#	W5GB	NMSU

NEW YORK
ALBANY/CAPITAL REGION

Location	Output	Input	Notes	Call	Sponsor
Voorheesville	443.3000	+	Oe	K2DLL	Saratoga County RA

L(OTHER D-STAR SYSTEMS)rx

NEW YORK-OHIO

Location	Output	Input	Notes	Call	Sponsor
MID HUDSON					
Carmel	445.8750	–	O 114.8r	K2PUT	PUTNAM EMER
NEW YORK CITY - MANHATTAN					
Manhattan	445.2750	–	ODSTARe L(INT)	K2DIG	DigIntGrp
Manhattan	1253.0000	1233.0000	ODSTARe L(INT)	K2DIG	DigIntGrp
Manhattan	1293.0000	1273.0000	ODSTARe L(INT)	K2DIG	DigIntGrp
NIAGARA					
Royalton	443.6875	+	O L(D-STAR)	K2DWA	------------
SOUTHERN TIER					
Gerry	444.5000	+	O 88.5e L(WB2EDV)	AC2JC	------------
ST LAWRENCE					
Potsdam	443.3500	+	O	K2CC	K2CC ARC
Potsdam	1272.0000	+	O	K2CC	K2CC ARC
Potsdam	1298.0000	1298.0000	O	K2CC	K2CC ARC

NORTH CAROLINA

Location	Output	Input	Notes	Call	Sponsor
Burlington	145.3200	–		AK4EG	AI4UE
Burlington	444.8870	+		AK4EG	AI4UE
Burlington	1284.4000	–		AK4EG	AI4UE
Burlington	1299.4000	1299.4000		AK4EG	AI4UE
Chapel Hill	442.5370	+		KB4HG	KB4HG
Charlotte	145.1400	–		KI4WXS	KI4WXS
Charlotte	443.8620	+	e	KI4WXS	KI4WXS
Gastonia	443.9870	+		KA4YMZ	KA4YMZ
Gastonia	1292.0000	1272.0000		KA4YMZ	KA4YMZ
Mt Airy	444.5620	+		KJ4HFV	W4DCA
Raleigh	442.2120	+	e	K4ITL	PCRN
Shelby	145.0800	146.4800		W4NYR	SHELBY ARC
Shelby	444.1870	+		W4NYR	SHELBYARC

OHIO

Location	Output	Input	Notes	Call	Sponsor
ALLEN					
Lima	443.6250	+		KT8APR	LimaDARTS
BUTLER					
Hamilton	145.1600	–		W8RNL	R&L ELECT
Hamilton	442.6250	+		W8RNL	R&L ELECT
Hamilton	1293.0000	1273.0000		W8RNL	R&L ELECT
CLINTON					
Wilmington	442.1500	+		W8GO	ClintonRA
CUYAHOGA					
Cleveland	145.3500	–		WB8THD	WB8APD
Cleveland	442.3250	+		WB8THD	WB8APD

730 D-Star
OHIO-PENNSYLVANIA

Location	Output	Input	Notes	Call	Sponsor
FAIRFIELD					
Stoutsville	443.0625	+		KD8FJH	KD8FJH
FRANKLIN					
Columbus	145.3900	−		W8DIG	CODIG
Columbus	145.4900	−		W8CMH	K8NIO
Columbus	442.6500	+		W8DIG	CODIG
Columbus	444.0000	+		W8CMH	K8NIO
Columbus	1285.0000	−		W8DIG	CODIG
HAMILTON					
Cincinnati	145.3500	−		K8BIG	K8CLA
Cincinnati	147.1500	+		K8CLA	K8CLA
Cincinnati	444.0000	+		K8BIG	K8CLA
LORAIN					
Elyria	443.4375	+		WA8DIG	NODIG
Elyria	444.5250	+		WD8OCS	WD8OCS
Lorain	444.3125	+		KB8O	KB8O
LUCAS					
Toledo	442.7500	+		W8HHF	TMRA
MONTGOMERY					
Dayton	147.1050	+		W8RTL	DARA
Dayton	443.0500	+		W8RTL	DARA
Huber Hts	145.2700	+		W8HEQ	DARA
Huber Hts	444.0875	+		W8HEQ	DARA
TUSCARAWAS					
PortWashinton	444.8250	+		W8ZX	TUSC ARC

OKLAHOMA
OKLAHOMA CITY METRO

Location	Output	Input	Notes	Call	Sponsor
Oklahoma City	147.3450	+	OtEXP	WD5AII	EARC
Oklahoma City	444.2125	+	O	WD5AII	EARC
TULSA METRO					
Tulsa	443.0250	+	O	NM5I	Tulsa D-Star Group

OREGON
NORTH WILLAMETTE VALLEY

Location	Output	Input	Notes	Call	Sponsor
Sherwood	1292.0000	1272.0000	Oe	WB7DZG	WORC
NW OREGON & SW WASHINGTON					
Gaston	146.6100	146.0150	Oe	KJ7IY	WORC
Gaston	444.3125	+	Oe	WB7DZG	WORC
PORTLAND METRO					
Hillsboro	440.5500	+	Oe	KD7REX	N7QQU
Hillsboro	441.6375	+	Oe	KK7DS	KK7DS
Sherwood	1248.7500	1248.7500	Oe	WB7DZG	WORC

PENNSYLVANIA
CENTRAL

Location	Output	Input	Notes	Call	Sponsor
Kylertown	147.2550	+		W3PHB	N3SPW
CHESTER					
Bucktown	445.08125	−	Oelrs	KB3SLR	CCAR

PENNSYLVANIA-TEXAS

Location	Output	Input	Notes	Call	Sponsor
Bucktown	1255.6000	+	O elrs	KB3SLR	CCAR
Devault	440.00625	+	O elrsWX	KB3SLS	CCAR
Devault	1255.7000	+	O elrsWX	KB3SLS	CCAR
Pocopson	146.4900	147.4900	O elBl	W3EOC	CCAR
Pocopson	445.06875	+	O elrsBl	W3EOC	CCAR
Pocopson	1255.5000	+	O elBl	W3EOC	CCAR
DELAWARE					
Drexel Hill	440.04375	+	O elrs	N3AEC	Delco ARES
Drexel Hill	1255.5250	+	O elrs	N3AEC	Delco ARES
Media	440.05625	+	O elrs	W3AEC	Delco ARES
Media	1255.5500	+	O elrs	W3AEC	Delco ARES
MONTGOMERY					
Eagleville	440.01875	+	O elrsWX	AA3E	MontcoRACES
Eagleville	1255.5750	+	O elrsWX	AA3E	MontcoRACES
Wyndmoor	146.6100	−	O elrs	K3PDR	PDRA
Wyndmoor	445.18125	−	O elrsWX	K3PDR	PDRA
PITTSBURGH					
Pittsburgh Oakland	444.3500	+	O er	W3EXW	NHARC-RPT
SOUTHWEST					
Greensburg	442.1500	+	O elr	WC3PS	KE3PO

RHODE ISLAND
EAST BAY

Location	Output	Input	Notes	Call	Sponsor
Portsmouth	145.3000	−		W1AAD	NCRC
			DCS(DSTAR)		
NORTHERN					
West Warwick	147.0450	+	O	W1HDN	PVRA
West Warwick	147.0450	+	Ot	W1HDN	PVRA
			DCS(DSTAR)		

TEXAS

Location	Output	Input	Notes	Call	Sponsor
Austin	440.6500	+	O	W5KA	AUSTIN ARC
Austin	1293.1000	1273.1000	O	W5KA	AUSTIN ARC
Burleson	440.7000	+	O	K5JCR	JOHNSON COU
Centerville	147.3800	+	O#s	KF5MQZ	------------
Dallas	147.3600	+	O	K5TIT	TEXAS INTERC
Dallas	442.0000	+	O	K5TIT	K5TIT
Dallas	443.0000	+	O	N5DA	NTRN
Dallas	443.0250	+	Oe	NT5RN	------------
Dallas	1293.0000	1273.0000	O	N5MIJ	------------
Houston	440.6000	+	Oe	W5HDR	HDEARC
Houston	1293.0000	1273.0000	Oe	W5HDR	HDEARC
Houston	1293.2000	1273.2000	Oe	W5HDT	HD1200EMCOM
Laredo	147.3600	+	O	KE5WFB	D-STAR Comm
Magnolia	440.7125	+	O	N5MDS	MDSTAR.ORG
Magnolia	1291.0000	1271.0000	O	N5MDS	MDSTAR.ORG
Mesquite	145.1500	−	Ors	N5DA	------------

732 D-Star
TEXAS-VIRGINIA

Location	Output	Input	Notes	Call	Sponsor
Rockwall	440.6000	+	O	K5TIT	Texas Interconnect T
Rockwall	1292.7000	1272.7000	O	N5MIJ	------------
San Antonio	440.6000	+	O	WD5STR	SANANTONIODSTA
San Antonio	440.7000	+	O	WA5UNH	SARO
Temple	440.5250	+	O	K5CTX	------------
Walburg	145.1300	–	O	KE5RCS	HOTERA
Walburg	440.5750	+	O	KE5RCS	HOTERA
Walburg	1293.2000	1273.2000	O	KE5RCS	HOTERA

UTAH
NORTH

Location	Output	Input	Notes	Call	Sponsor
Wellsville	449.5750	–	O	NU7TS	BARC

PRICE

Location	Output	Input	Notes	Call	Sponsor
Castledale	448.0750	–	Ox	K2NWS	------------

WASATCH FRONT

Location	Output	Input	Notes	Call	Sponsor
Murray	145.1500	–	Oes	KO7SLC	SLCO ARES ARRL
Murray	447.9500	–	Os	KO7SLC	SLCO ARES ARRL
Murray	1298.7500	1298.7500	Oes	KO7SLC	SLCO ARES ARRL
Ogden	145.1125	–	Oesz	KE7EGG	------------
Ogden	447.9500	–	Oesz	KE7EGG	------------
Ogden	1284.4000	–	Oesz	KE7EGG	------------
Ogden	1298.7500	1298.7500	Oesz	KE7EGG	------------
Provo	1284.5000	–	O	W7OAD	------------
Salt Lake	145.1250	–	Oelx	KF6RAL	
Salt Lake	147.3800	+	Oelx	WA7GIE	
Salt Lake	448.0750	–	Oelx	KF6RAL	
Salt Lake	448.7250	–	Oelx	WA7GIE	
Salt Lake	1250.0000	1250.0000	Oex	KF6RAL	
Salt Lake	1287.0000	–	Oex	KF6RAL	
Salt Lake	1299.2500	1299.2500	Oex	KF6RAL	

VIRGINIA

Location	Output	Input	Notes	Call	Sponsor
Portsmouth	443.9620	446.9620		KI4KWR	KI4KWR
Richmond	443.7120			W4FJ	K4YEF
Seaford	441.8120	446.8140		W4MT	W4MT

FREDERICKSBURG

Location	Output	Input	Notes	Call	Sponsor
Stafford	145.3200	–	Ol	WS4VA	SARA
Stafford	447.2750	–	Ol	WS4VA	SARA
Stafford	447.2750	–	ODSTAR	WS4VA	SARA
Stafford	1282.2000	–	Ol	WS4VA	SARA

WASHINGTON AREA

Location	Output	Input	Notes	Call	Sponsor
Alexandria	145.3800	–	Ol	W4HFH	Alex RC
Alexandria	145.3800	–	ODSTAR	W4HFH	Alex RC
Alexandria	442.0600	+	Ol	W4HFH	Alex RC
Alexandria	1284.6000	–	Ol	W4HFH	Alex RC
Haymarket	145.4500	–	Ol	N4USI	AO-27 Ctrl Op
Haymarket	145.4500	–	ODSTAR	N4USI	AO-27 Ctl Op
Haymarket	442.4125	+	Ol	N4USI	AO-27 Ctrl Op

VIRGINIA-ALBERTA

Location	Output	Input	Notes	Call	Sponsor
Manassas	146.8650	−	○es	W4OVH	OVHARC
Manassas	146.8650	−	○e L(DSTAR)	W4OVH	OVHARC
Manassas	442.5125	+	○DSTARes	W4OVH	OVHARC
Reagan Airport	443.5125	+	○l	K4DCA	E-Star
Reagan Airport	1283.2000		○l	K4DCA	E-Star
Tysons Corner	145.3400	−	○l	NV4FM	NVFMA
Tysons Corner	145.3400	−	○DSTAR	NV4FM	NVFMA
Tysons Corner	448.0350	−	○l	NV4FM	NVFMA
Tysons Corner	448.0350	−	○DSTAR	NV4FM	NVFMA
Tysons Corner	1282.8000	−	○l	NV4FM	NVFMA

WASHINGTON
NW OREGON & SW WASHINGTON

Location	Output	Input	Notes	Call	Sponsor
Vancouver WA	440.4625	+	○e	K7CLL	CCARES
Vancouver WA	1248.9500	1248.9500	○e	K7CLL	CCARES

PORTLAND METRO

Location	Output	Input	Notes	Call	Sponsor
Vancouver WA	1292.5250	1272.5250	○e	K7CLL	CCARES

SEATTLE/TACOMA

Location	Output	Input	Notes	Call	Sponsor
Burien	443.4250	+	○	KF7CLD	HI LINE RP
Federal Way	146.8400	−	○e	WA7FW	Federal Wa
Federal Way	443.8500	+	○e	WA7FW	FWARC
Federal Way	1249.2500	1249.2500	○e	WA7FW	Federal Wa
Seattle	442.9000	+	○e	WA7LZO	SARS

W WA - NORTH

Location	Output	Input	Notes	Call	Sponsor
Bellingham	146.7000	−	○	W7CDC	W7CDC
Mt Pilchuck	440.3250	+	○	NR7SS	N7SS
Mt Pilchuck	1251.6500	1251.6500	○	NR7SS	N7SS

WYOMING
EAST CENTRAL

Location	Output	Input	Notes	Call	Sponsor
Gillette - Antelope Butte	145.3400	−	○	NE7WY	NEWARA

SOUTH EAST

Location	Output	Input	Notes	Call	Sponsor
Cheyenne	447.2250	−	○	KC7SNO	SHYWY

ALBERTA
BANFF

Location	Output	Input	Notes	Call	Sponsor
Banff	147.0300	+	○	VE6WRO	WW

CALGARY

Location	Output	Input	Notes	Call	Sponsor
Calgary	146.8050	145.6050	○	VE6CPT	VE6CPT
Calgary	147.0900	+	○	VE6GHZ	VE6DDE
Calgary	147.2850	+	○	VE6IPG	CARA
Calgary	443.9500	+	○	VE6IPG	CARA
Calgary	444.9500	+	○	VE6GHZ	VE6DD
Calgary	1275.9500	+	○	VE6IPG	CARA

EDMONTON

Location	Output	Input	Notes	Call	Sponsor
Edmonton	449.9000	+	○	VE6KM	NARC
Edmonton	1275.5000	+	○	VE6KM	NARC

D-Star
ALBERTA-ONTARIO

Location	Output	Input	Notes	Call	Sponsor
EDMONTON/SHERWOOD PARK					
Edmonton/SherwoodPark	440.8500	+	Os	VE6DXX	VE6DXD
Edmonton/SherwoodPark	440.9000	+	Os	VE6DXP	VE6DXX
BRITISH COLUMBIA					
GREATER VANCOUVER					
Surrey	145.0400	+		VA7ICM	ICOM
Surrey	442.0000	+		VA7ICM	ICOM
Surrey	1247.0000	+		VA7ICM	ICOM
Vancouver	147.0200	+		VE7RAG	BCFMCA
SOUTH CENTRAL					
Kelowna	145.0900	+		VE7DIG	OCARC
VANCOUVER ISLAND					
Saltspring Island	1291.4500	1271.4500		VA7DSR	WARA
Victoria	145.0800	+		VE7VIC	WARA
Victoria	442.0000	+		VE7VIC	WARA
Victoria	1251.7500	1298.7500		VE7VIC	WARA
Victoria	1291.4750	1271.4750		VE7VIC	WARA
Victoria	1291.5000	1271.5000		VE7VIC	WARA
NEWFOUNDLAND AND LABRADOR					
AVALON EAST					
St John	145.0900	+	TTl	VO1ILP	VO1PX
St John	443.4000	449.4000	TTl	VO1ILP	VO1PX
St John	1251.0000	1251.9400	TTl	VO1ILP	VO1PX
St John	1291.0000	1271.9400		VO1ILP	VO1PX
ONTARIO					
CENTRAL					
Edgar	145.1900	−	Oe L(D-STAR) WX	VE3LSR	LSRA
Edgar	444.3500	+	O 156.7e L(D-STAR)	VE3LSR	LSRA
LANARK/LEEDS GRENVILLE					
Almonte/Union Hall	145.5500	−	O	VA3AAR	ALMONTE ARC
Almonte/Union Hall	444.1000	+	O	VA3AAR	ALMONTE ARC
LANARK/NORTH LEEDS					
Almonte/Union Hall	1281.0000	−	O	VA3AAR	ALMONTE ARC
Almonte/Union Hall	1299.3000	1299.3000	O	VA3AAR	ALMONTE ARC
METRO TORONTO					
Mississauga	443.8125	+	Oe L(PMO/TNK D-STAR)	VA3PMO	----------
Toronto	442.7000	+	O L(D-STAR)	VE3YYZ	TARCS

ONTARIO

Location	Output	Input	Notes	Call	Sponsor
Toronto	444.6375	+	OL(P-25 D-STAR NAC 293 L YYZ)	VE3YYZ	TARCS
Toronto	1250.0000	1250.0000	O 103.5e L(D-STAR)	VE3YYZ	TARCS
Toronto	1287.5000	–	O 103.5e L(D-STAR)	VE3YYZ	TARCS
Uxbridge	443.2250	+	O 103.5e L(TFM IRLP D-STAR)	VE3RPT	TFMCS

NATIONAL CAPITOL REGION
Location	Output	Input	Notes	Call	Sponsor
Ottawa	145.5300	–	O	VA3ODG	OARDG
Ottawa	444.8500	–	O	VA3ODG	OARDG
Ottawa	1282.0000	–	O	VA3ODG	OARDG
Ottawa	1299.2000	1299.2000	O	VA3ODG	OARDG
Stittsville	443.6000	+	O	VE3BFH	ALMONTE ARC

SOUTHWEST
Location	Output	Input	Notes	Call	Sponsor
London	442.3000	+	Oe L(D-STAR)	VE3TTT	SORT

STORMONT-DUNDAS-GLENGARRY
Location	Output	Input	Notes	Call	Sponsor
Cornwall	145.5700	–	O	VA3SDG	John Vining
Cornwall	444.4500	+	O	VA3SDG	John Vining

IRLP Repeaters

The following is a list of repeaters in the US and Canada that are interconnected through the Internet Radio Linking Project (IRLP). For more information, see **irlp.net**.

Our thanks to Dave Cameron, VE7LTD, for providing this information.

United States

State	City	Call Sign	Repeater Output Frequency (MHz)	CTCSS	Node
AK	Bethel	AL7YK	444.1	100	3465
AL	Tuscaloosa	W4UAL	145.21	103.5	4719
AL	Moulton	KN4CI	146.96	107.2	8003
AL	Huntsville	W4VM	147.18	100	4950
AL	Huntsville	KB4CRG	444.575	100	4641
AR	Desha	K5NES	147.225	107.2	3956
AR	Springdale	AD5ZX	442.525	100	3298
AR	Maumelle	K6MFM	442.7	114.8	3511
AR	Springdale	NX5V	443.65	97.4	3953
AR	Harrison	AJ5C	442.175	123	4311
AR	Berryville	N6WI	443.8	100	4671
AR	Little Rock	K5DTE	443.2	114.8	7492
AZ	Tolleson	AJ9Y	448.075	100	3423
AZ	Phoenix	KC7GHT	447.575	151.4	3820
AZ	West Chandler	WW7CPU	448.95	100	5430
AZ	Kingman	KC8UQP	449.75	79.7	7359
AZ	Phoenix	N7TWB	447.95	100	7460
AZ	Lake Havasu	WA6YZF	447.54	136.5	7537
AZ	Phoenix	K0NL	449.425	100	7570
AZ	Tucson	K7IOU	224.74	136.5	3033
AZ	Tucson	N6DGT	146.7	127.3	3300
AZ	Green Valley	WE7GV	145.27		3826
AZ	Tucson	WD7F	146.94	110.9	3892
AZ	Safford	K7EAR	146.9	141.3	7787
AZ	Phoenix	WK7B	145.23	94.5	7893
AZ	Prescott	N7NGM	52.56	100	3301
AZ	Tucson	N7HOR	147.3	110.9	3924
AZ	Tonopah	WT9S	440.475	123	3107
AZ	Maricopa	W9LEO	441.1	136.5	3354
AZ	Pinnacle Peak	W0NWA	441.1	103.5	4243
AZ	Sun City West	KA7G	442.45	91.5	8383
AZ	Tucson	W7FDF	927.85	114.8	3850
CA	San Gabriel Valley	WB6DAO	447.6	107.2	3910
CA	San Jose	K6MF	1286.45	123	3900
CA	San Jose	K6MF	1206.45	123	3930
CA	San Jose	W6RLW	1285	88.5	7670
CA	Santa Barbara	W6MV	445.22	131.8	3013
CA	Perris	KC6ORG	445.86	103.5	3051
CA	Barstow	N6TAP	449.08	100	3077
CA	Cloverdale	WB6QAZ	449.7	88.5	3183
CA	Hollywood	WD8CIK	445.14	127.3	3190
CA	Hemet	KB6JAG	446.88	74.4	3204
CA	Los Angeles	W6DVI	445.16	103.5	3339
CA	Palm Springs	K6IFR	445.25	131.8	3540

738 IRLP Repeaters

State	City	Call Sign	Repeater Output Frequency (MHz)	CTCSS	Node
CA	Mt Disappointment	K6VGP	446.24	100	3556
CA	Los Angeles	KE6PCV	447.72	100	3650
CA	Santa Barbara	K6TZ	446.4	131.8	3673
CA	Intertie	K6JSI	440	100	3727
CA	Thousand Oaks	W6AMG	449.44	131.8	3785
CA	Los Angeles	WB5EKU	446.58	127.3	3830
CA	Hemet	K6JRM	446.86	100	3912
CA	Hemet	W6COH	446.88	74.4	3987
CA	Fullerton	KI6DXN	449.46	123	4036
CA	Palmdale	KJ6W	445.6	100	5850
CA	Edom Hill	K6IFR	445.86	100	7097
CA	Arcadia	K6TEM	445.48	131.8	7729
CA	Bakersfield	W2MGM	447.04	136.5	7814
CA	Palomar Mtn	KA6UAI	449.3	100	7870
CA	Hollywood	K6CBS	224.56	77	3125
CA	Pasadena	WR6JPL	224.08	156.7	3340
CA	Auburn	W7FAT	224.02	100	3373
CA	Palos Verdes	WA6LA	223.78	100	3460
CA	San Francisco	KU6V	224.18	94.8	3620
CA	Santa Rosa	WX6ZZ	223.9	88.5	3923
CA	Sunnyvale	KB6BA	223.9		3927
CA	Napa	WA7G	224.16		7425
CA	Morgan Hill	KU6V	223.92	100	7584
CA	Palos Verdes	W6RE	224.66	110.8	7607
CA	Oxnard	W6KGB	1285.75	100	7840
CA	Santiago Peak	WD6AWP	145.14	136.5	3141
CA	Palm Springs	W6DRA	145.48	110.9	3170
CA	Los Angeles	KC6PXL	145.12	107.2	3180
CA	Laguna Beach	K6SOA	147.645	103.5	3278
CA	Santa Cruz	K6BJ	146.79	110.9	3287
CA	Hemet	N7OD	145.42	94.8	3318
CA	Poway	KF6HPG	145.18	88.5	3341
CA	Saratoga	K6SA	146.655	107.2	3505
CA	Claremont	N6USO	145.44	114.8	3671
CA	San Ardo	N6SPD	145.37	136.5	3718
CA	Santa Rosa	KD6RC	146.79	100	3796
CA	Orangevale	K6RTL	146.625	88.5	3856
CA	Sacramento	K6MVR	147	151.4	3880
CA	Woodland Hills	KD6GDB	445.04	136.5	3895
CA	Sacramento	K6IS	145.19	107.3	7211
CA	Willits	K7WWA	145.13	162.2	7457
CA	Visalia	WA6BAI	146.88	103.5	7628
CA	Rio Dell	N7HOZ	51.84	103.5	8120
CA	Lompoc	WA6VPL	52.88	114.8	3572
CA	Lone Pine	N6BKL	52.9	82.5	3640
CA	San Pedro	N6RJA	446.525	100	7867
CA	Barstow	WD6BNG	147.03		7421
CA	Walnut Creek	K6MFM	442.525	88.5	7190
CA	Santa Rosa	KK6JAB	444.9	88.5	3206
CA	Los Angeles	N6EW	445.32		3331
CA	San Francisco	K6KYA	444.85	114.8	3884
CA	Bakersfield	WA6LVX	52.56	82.5	8730
CA	Sacramento	N6ICW	927.05	77	3100
CA	Templeton	W6SMV	443.525	100	3470
CA	Coalinga	N6DL	147.33	100	3946
CA	Mt. Diablo	W6CX	147.06	100	3004
CA	Sacramento	N6FR	147.39	146.2	3057
					3172

IRLP Repeaters

State	City	Call Sign	Repeater Output Frequency (MHz)	CTCSS	Node
CA	San Bernardino	KE6TZG	146.385	146.2	3216
CA	Santa Cruz	W6WLS	147.18	94.8	3228
CA	Duarte	KA6AMR	146.085	110.9	3686
CA	Redding	W6REB	147.3	100	3812
CA	Hollister	N6SBC	147.315	94.8	7464
CA	Sacramento	N6ICW	147.195	123	7650
CA	Morgan Hill	K7DAA	147.33	103.5	7662
CA	Oakland	WB6TCS	147.21	100	8410
CA	Eureka	WB6HII	147.445	103.5	3560
CA	Sacramento	KJ6JD	224.82		7797
CA	San Dimas	AE6TV	449.16	77	3012
CA	Oakland	WB6NDJ	442.4	77	3115
CA	Nipomo	KB6Q	444.7	100	3139
CA	Oceanside	W6YJ	446.86	151.4	3160
CA	Smith River	K6SLS	443.1	100	3165
CA	Willits	K7WWA	444.925	100	3219
CA	Monterey	N6SPD	441.65	94.8	3234
CA	San Jose	WB6KHP	444.7	127.3	3246
CA	Livermore	K7FED	444.125	100	3319
CA	Sacramento	W6YDD	443.9	136.5	3367
CA	Sylmar	K6HOG	445.04	107.3	3410
CA	Sunnyvale	AF6EQ	0		3497
CA	Monterey	N6SPD	444.275		3589
CA	Pleasanton	WB6BDD	441.825	100	3667
CA	San Jose	KJ6VU	443.225	114.8	3802
CA	Atwater	K6IXA	443.075	100	3840
CA	Fresno	K6JSI	444.25	107.2	3847
CA	Bakersfield	KG6FOS	444.75	100	3901
CA	Santa Barbara	K6MF	440.12	141.3	3920
CA	Susanville	K6LRC	443.9	85.4	5060
CA	San Luis Obispo	W6FM	444.525	91.5	5570
CA	Stockton	W6KAP	440.45	127.3	5750
CA	Redondo Beach	W6TRW	447	127.3	7067
CA	San Carlos	W6CBS	441.6125	100	7540
CA	Sacramento	K6MFM	442.525	100	7990
CA	San Carlos	KR6WP	440.075	77	8240
CA	Pittsburg	K6BIV	440.125	114.8	8420
CO	Grand Junction	KE0TY	448.15	127.3	3467
CO	Colorado Springs	N0PWZ	449.725	100	3043
CO	Denver	W0CRA	447.575	107.2	3291
CO	Boulder	N0SZ	447.75	141.3	3450
CO	Colorado Springs	WD0C	447.1	107.2	3621
CO	Westminster	N1UPS	449.3	100	3699
CO	Grand Junction	WA4HND	449.3	107.2	3710
CO	Lamar	KC0HH	449.5	123	3774
CO	Fort Lupton	AC0KC	447.3	107.2	3887
CO	Springfield	KZ0DEM	449.2	118.8	7142
CO	Grand Junction	KB0YNA	449.65	151.4	7279
CO	Denver	WR0AEN	449.675	107.2	7708
CO	Denver	N0PQV	145.34	103.5	3350
CO	Breckenridge	WB0QMR	146.7	107.2	3972
CO	Estes Park	N0FH	146.685	123	7268
CO	Rifle	N0SWE	146.88	107.2	7287
CO	Vail	N0AFO	146.61	107.2	7772
CO	Denver	WÿMTZ	145.43	103.5	7981
CO	Canon City	WD0EKR	447.75	103.5	3081
CO	Centennial	W0CBI	449.6	100	3345

740   IRLP Repeaters

State	City	Call Sign	Repeater Output Frequency (MHz)	CTCSS	Node
CO	Golden	W0KU	449.625	141.3	3750
CO	Carbondale	K0ELK	449.725	179.9	3722
CO	Limon	KC0VJD	147.06	103.5	3794
CO	Greeley	KC0KWD	147	100	3839
CO	Colorado Springs	KC0CVU	147.345	107.2	3854
CO	Denver	W0CRA	147.225	107.2	3990
CO	Colorado	N0SZ	449.225	141.3	3015
CT	Norwalk	K1RFD	448.075	114.8	4579
CT	Niantic	N1BOW	446.75	77	5960
CT	West Haven	K1SOX	147.505	77	7505
CT	Tolland	W1GPO	53.15	162.2	8088
CT	Vernon	W1HDN	146.79	82.5	4159
CT	Branford	N1HUI	449.325	103.5	4344
CT	Vernon	KB1AEV	147.345	77	4395
CT	Danbury	K1RFD	147.3	100	4593
CT	Bristol	KB1AEV	224.16	77	4096
CT	Woodbridge	W1WPD	442.5		4663
DC	Washington	WA3KOK	449.975	107.2	4000
FL	Naples	KC1AR	147.505	67	8127
FL	Flagler County	N2TDI	145.41	123	4246
FL	Clearwater	N4BSA	146.97	146.2	4647
FL	Orlando	K4UCF	146.64	103.5	4775
FL	Delray Beach	W2GGI	145.5	110.9	8847
FL	Venice	KB2WVY	442.05	100	4434
FL	Bartow	WC4PEM	146.985	127.3	4128
FL	Kissimmee	N4ARG	147.21	103.5	4338
FL	Key Largo	KC4SFA	147.165		5520
FL	Wellington	WB2NBU	147.285		7830
FL	Port Charlotte	K4VMS	442.2	100	4021
FL	West Palm	W2WDW	443.875	110.9	4111
FL	Bartow	WC4PEM	444.95	127.3	4156
FL	Merritt Island	KC2UFO	444.775	107.2	4227
FL	Fort Pierce	W4AKH	444.8	107.2	4545
FL	Boynton Beach	NR4P	444.65	127.3	4667
FL	Ft. Lauderdale	KI4VFB	443.75	110.9	4787
FL	Valkaria	K4HV	444.7	77	4853
FL	Ft. Lauderdale	KF4LZA	443.625	110.9	4864
FL	Tampa	N4TCP	443.675	146.2	4880
FL	Deerfield Beach	KA4EPS	442.75	110.9	4887
FL	Orlando	K4ZPZ	443.1	103.5	4949
FL	Cocoa	W4JAZ	444.4	103.5	7710
FL	Port Charlotte	N4FOB	442.7	136.5	8317
FL	Miami	KF4LZA	443.425	94.8	8369
FL	Orlando	KW4GT	443.65	103.5	8566
FL	Lake Worth	W2WDW	444.475	110.9	8641
FL	Melbourne	K4RPT	444.825		8709
FL	Beverly Hills	KC0MPD	444.6	146.2	8717
FL	St. Petersburg	K4LX	443.2	100	8910
GA	Atlanta	W4DOC	146.82	146.2	4550
GA	Jesup	N4PJR	146.925	141.3	5030
GA	Cumming	WB4GQX	441.9	141.3	4065
GA	Gray	WA7RZW	444	67	4522
HI	Pearl Harbor	KH6FV-6	443.55	114.8	3217
HI	Keaau	AH6HN	147.28		3277
HI	Honolulu	KH6FV-2	443.425	114.8	3080
HI	Kailua-Oahu	KH6FV-4	444.375	114.8	3197
HI	Wailuku Heights	AH6GR	442.75	136.5	3440

IRLP Repeaters 741

State	City	Call Sign	Repeater Output Frequency (MHz)	CTCSS	Node
HI	Kaanapali	KH6RS	442.35	136.5	7001
HI	Wailuku	KH6RS	443.225	110.9	7018
HI	Mt. Haleakala	KH6RS	442.1	136.5	7020
HI	Honolulu	AH7GK	443.95	203.5	7309
IA	Gilman	NF0T	444.375	151.4	3162
IA	Mondamin	K0BVC	444.925	136.5	3328
IA	Honey Creek	AB0VX	444.8	97.4	3548
IA	Des Moines	K0PCG	444.575	151.4	4110
ID	Idaho Falls	W7RUG	447.62	88.5	3754
ID	Payette	NB7C	443.05	114.8	3417
ID	Boise	KB7SYE	443.2	100	7339
ID	Fruitland	KC7BSA	443.65	100	3130
ID	Twin Falls	W7CTH	442.6	146.2	3541
ID	Lewiston	W7TRO	444.4	162.2	7510
ID	Rathdrum	KC7TIG	444.25	110.9	8350
IL	Downers Grove	W9DUP	145.43	107.2	5370
IL	Chicago	KP4EOP	443.975	114.8	4134
IL	Hanover Park	WA6TMJ	223.78	100	7970
IL	Dixon	W9DXA	444.8	114.8	4350
IL	Chicago	N9VMR	440.9	100	4512
IL	Barrington	N9EP	442.8	114.8	4630
IL	Danville	N9UWE	443.45	88.5	4670
IL	Aurora	W9CEQ	444.3	114.8	4850
IL	Belleville	K9GXU	444.625	127.3	4979
IL	Deer Park	KP4EOP	444	114.8	7040
IN	West Lafayette	W9YB	146.76	88.5	4315
IN	Fort Wayne	W9FEZ	145.33		8380
IN	Goshen	W9BIF	224.82	146.2	4927
IN	Kirksville	WB9TLH	443.05	136.5	4187
IN	Culver	N9GPY	443.925	131.8	4961
IN	Plymouth	K9WZ	147.285	131.8	4330
IN	Indianapolis	K9DC	147.315	94.8	4735
IN	Anderson	KB9VE	147.09	110.9	4834
IN	Indianapolis	N9ILS	224.58	127.3	8912
IN	Williams	N9UMJ	442.25	136.5	4253
IN	Indianapolis	K9IP	443.425	94.8	4730
IN	Culver	N9GPY	444.925	131.8	4960
IN	Terre Haute	NS9M	443.025		7810
KS	Colby	NW0K	146.82	156.7	3608
KS	Goodland	KS0GLD	147.03	88.5	3769
KS	Hays	N7JYS	147.045	131.8	3917
KS	Ottawa	KX0N	147.39	151.4	7989
KS	Wallace	WA0VJR	444.525	146.2	3148
KS	Olathe	KE5BR	442.2	151.4	3534
KS	Russell	N7JYS	442.475	131.8	3913
KY	Somerset	N4AI	224.3		4458
KY	Nancy	AC4DM	146.88	77	8321
KY	Williamsburg	KB4PTJ	444.05	100	4076
KY	Nancy	AC4DM	443.6	100	4209
KY	Bowling Green	W4WSM	444.1		4678
KY	Henderson	KY4K	444.725	82.5	4945
LA	New Orleans	W5MCC	146.86	114.8	3914
LA	Houma	W5YL	147.3	114.8	8402
LA	De Ridder	WB5UGT	443.25	173.8	3486
LA	Alexandria	N5ZUA	444.975	173.8	3517
LA	Lafayette	W5NB	443.8	103.5	7221
LA	Baton Rouge	WB5LHS	444.625	156.7	8266

IRLP Repeaters

State	City	Call Sign	Repeater Output Frequency (MHz)	CTCSS	Node
MA	Wrentham	N1UEC	927.4875	131.8	4486
MA	Hopkinton	N3HFK	927.8875	131.8	4624
MA	Boston	K1RJZ	927.0625	DPL244	4977
MA	Marlborough	W1MRA	927.7	DPL244	4978
MA	Salem	NS1RA	927.75	131.8	8682
MA	Marlborough	W1MRA	449.925	88.5	4133
MA	Framingham	WA1NVC	448.175	88.5	4610
MA	Brookline	W1CLA	446.325	146.2	4942
MA	Boston	KB1GXW	223.86	100	4314
MA	New Bedford	NB1MA	145.11	67	4245
MA	Scituate	W1QWT	145.39		4320
MA	Springfield	W1TOM	146.67	127.3	4322
MA	Danvers	NS1RA	145.47	136.5	4427
MA	Fairhaven	W1SMA	145.49	67	4617
MA	Canton	K1BFD	146.745	146.2	4632
MA	Norwood	W1JLI	147.21	100	4393
MA	Framingham	W1FY	147.15	100	4355
MA	Bridgewater	W1MV	147.18	67	4388
MA	Wrentham	N1UEC	147.09	146.2	4751
MA	Whitman	WA1NPO	147.225	67	8691
MA	Marshfield	N1ZZN	927.475	131.8	4571
MD	Braintree	AE1TH	442.5	118.8	4086
MD	Clarksville	WA3KOK	448.725	107.2	4542
MD	Ocean City	N3KZS	147.015	156.7	4234
MD	Manchester	WA0OJS	146.895	107.2	7070
MD	Baltimore	W3YT	146.865	123	8676
MD	Baltimore	N3CDY	440	100	4040
MD	Ocean City	N3HF	443.45	151.4	4291
MD	Silver Spring	N3HF	443.45	156.7	4712
MD	Severn	KP4IP	442.4	100	7192
MD	Boonsboro	KD3SU	442.95	94.8	8657
MD	Ashton	WA3KOK	927.725	156.7	4088
MI	Pinckney	W2GLD	446.425	131.8	4615
MI	Grand Rapids	N8JPR	223.92	94.8	4167
MI	Lowell	W8LRC	145.27	94.8	4635
MI	Hudsonville	K8TB	440.5	94.8	4835
MI	Beverly Hills	W8HP	443.225	107.2	4502
MI	Bangor	K8BRC	147.36	94.8	4642
MI	Grand Rapids	K8SN	442.175	103.5	4168
MI	Holland	K8DAA	443.825	94.8	4373
MI	Muskegon	N8KQQ	442.95	94.8	4391
MI	Milan	W2PUT	444.1	82.5	4428
MI	Stutsmanville	N8DNX	442.375	107.2	4450
MI	Maybee	K8RPT	442.825	100	4529
MI	Charlotte	N8HEE	443.625	100	7930
MI	Ishpeming	KB0P	443.5	100	8993
MN	Minnetonka	N0BVE	145.45		3590
MN	Mankato	N0PBA	147.24	136.5	3239
MN	Fairmont	N0PBA	444.35	136.5	3945
MN	Shoreview	K9EQ	444.075	114.8	4779
MN	North Branch	K0DMF	443.875	146.2	8193
MO	Kansas City	N0NDP	444.45		3309
MO	Kansas City	KD0EAV	444.05	151.4	3759
MO	Kansas City	K0AMJ	443.325	141.3	3849
MO	Nixa	K0NXA	442.275	162.2	3995
MO	St. Louis	KB5YZY	146.85	141.3	3453
MO	St. Louis	KB0TUD	443.45		3591

IRLP Repeaters

State	City	Call Sign	Repeater Output Frequency (MHz)	CTCSS	Node
MO	St. Louis	W0MA	442.875	127.3	3934
MO	St. Louis	K0GFM	442.825	127.3	3616
MO	Holden	N0NDP	444.375	107.2	7894
MT	Billings	N7VR	449.75	100	3398
MT	Bozeman	KB7KB	448.35	100	3692
MT	Eureka	KC7CUE	145.43	100	3363
MT	Libby	KB7SQE	444.35	100	3056
MT	Lakeside	KA7G	442.625	123	7068
NC	Hendersonville	W4FOT	146.64	91.5	4686
NC	Newport	K4GRW	145.45		4903
NC	Wilmington	N4JDW	145.17	88.5	7480
NC	Clayton	N4TCP	443.675	146.2	4637
NC	Buxton	K4OBX	442.425	100	8536
NC	Raleigh	KD4RAA	146.775	100	4260
NC	Raleigh	KD4RAA-2	441.725	100	4270
NC	Waynesville	K4RCC	444.875	131.8	4397
NC	Hendersonville	N2CKH	443	127.3	7280
ND	Fargo	KB0IXM	145.49	82.5	4549
ND	Wheatland	KC0SHM	444.375	123	7478
NE	Lincoln	K0RPT	145.145	123	3915
NE	Ainsworth	WM0L	147.36	131.8	3142
NE	Hastings	W0WWV	443.2		3258
NE	Omaha	KG0S	443.925	103.5	7536
NE	Grand Island	KC0MWM	439.7	162.2	7479
NH	Derry	K1CA	146.85	85.4	4561
NH	Derry	N1TEC	441.55	127.3	7220
NJ	Blue Anchor	KB2AYS	445.125	131.8	4449
NJ	Brigantine	K2ACY	447.575	156.7	4466
NJ	Asbury Park	W2NJR	449.525	141.3	4935
NJ	Brick	N2QKV	224.76	131.8	8929
NJ	Springfield	W2OEM	147.505	123	4377
NJ	Camden	WB3EHB	444.3	203.5	4546
NJ	Freehold	KB2RF	440.3	141.3	4665
NJ	West Orange	WA2JSB	146.415	85.4	4469
NJ	Westampton	KC2QVT	448.325	127.3	3740
NJ	South River	WB2SNN	443.55	141.3	4287
NJ	Lyndhurst	KC2JES	441.25	127.3	4329
NJ	West Orange	N2MH	442.6	141.3	4740
NJ	Sayreville	K2GE	443.2	141.3	4789
NJ	Wood-Ridge	W2RN	443.75	141.3	7290
NM	Santa Fe	K9GAJ	449.275	146.2	3939
NM	Lordsburg	WB5QHS	145.25	88.5	3093
NM	Albuquerque	KB5GAS	147.38	162.2	3676
NM	Albuquerque	NM5HD	145.37	162.2	7706
NM	Albuquerque	K6LIE	224.48		3285
NM	Clovis	WS5D	444.45	88.5	3713
NM	Albuquerque	NO5DE	442.475	100	3979
NM	Rio Rancho	KC5IPK	442.75	162.2	7855
NV	Las Vegas	N3TOY	927.1125		3418
NV	Las Vegas	WB9STH	927.425	82.5	3088
NV	Las Vegas	W7HTL	446.2	77	3166
NV	Las Vegas	N7ARR	447.725	107.2	3194
NV	Henderson	KE7OPJ	447.65	123	3336
NV	Las Vegas	KP4UZ	447.775	114.8	3395
NV	Pahrump	N7ARR	449.75	123	3491
NV	Pahrump	N7MRN	448.35	103.5	3571
NV	Las Vegas	WB9STH	447.425	173.8	3629

744 IRLP Repeaters

State	City	Call Sign	Repeater Output Frequency (MHz)	CTCSS	Node
NV	Las Vegas	N7ARR	447	123	3641
NV	Mesquite	N7ARR	449.75	123	3705
NV	Henderson	K7IZA	447.8	100	3724
NV	Las Vegas	KF6QYX	447.4	100	3911
NV	Las Vegas	NK2V	447.075	100	7918
NV	Las Vegas	N7ARR	145.37	123	3290
NV	Tonopah	N7ARR	146.64	123	3396
NV	Amargosa Valley	N7ARR	146.91	123	7337
NV	Las Vegas	N7ARR	147	123	3260
NV	Clark County	N7SGV	147.18		3376
NV	Pioche	N7ARR	147.12	123	7244
NV	Reno	N7ARR	441.65	123	3082
NV	Las Vegas	WO3B	449.45	100	3632
NV	Las Vegas	W7AOR	448.225	100	3646
NV	Elko	W7LKO	444.95	100	3806
NV	Reno	N7TGB	443.175	123	5560
NV	Gerlach	KD6KAC	444.175	100	7249
NV	Reno	N7ACM	442.85	141.3	7397
NY	Buffalo	N2LYJ	927.3625	88.5	4844
NY	Plainview	KE2EJ	447.2	136.5	4016
NY	Bayshore	WA2RYY	448.175	107.2	4148
NY	Bethpage	W2YMM	449.3	156.7	4265
NY	Eastern Long Island	K1IMD	449.975	94.8	4480
NY	Manhatten	WA2ZLB	447.825	107.2	4551
NY	Sag Harbor	K2GLP	448.675	141.3	4878
NY	Selden	K2TC	445.725	91.5	8186
NY	New York	WA2CBS	445.075	114.8	8232
NY	Staten Island	KC2GOW	445.125	141.3	8327
NY	West Islip	KK2NY	223.86	156.7	7737
NY	New Windsor	WB2BQW	145.25	100	3390
NY	Albany	K2ALB	147.12		3499
NY	Malverne	NC2EC	146.67	136.5	4223
NY	Manorville	N2NFI	145.37	136.5	4411
NY	Eden	WB2JPQ	146.835	88.5	4715
NY	Potsdam	K2CC	146.895	151.4	4747
NY	East Hampton	N2NEI	145.27	136.5	4819
NY	New Hyde Park	WA2GUG	145.41	114.8	4827
NY	Long Island	W2RGM	147.075	136.5	4951
NY	S. Bristol	WR2AHL	145.11	110.9	8058
NY	New Paltz	K2MTB	447.925	118.8	4666
NY	GlenOaks	W2VL	146.85	136.5	4438
NY	Rochester	WR2ROC	146.79	110.9	4252
NY	Chatham	WA2PVV	444.1	100	3387
NY	New York City	N2VYS	51.11	136.5	4204
NY	Wellsville	KC2VUX	147.21	123	4025
NY	Cortland	KB2FAF	147.18	71.9	4090
NY	Middletown	WA2ZPX	147.39	123	4130
NY	East Windham	N2LEN	147.15	114.8	4207
NY	Selden	W2KPQ	147.375	136.5	4478
NY	Lancaster	W2SO	147.255	107.2	4908
NY	Rochester	K2GXT	147.075	110.9	5800
NY	Nyack	WB2RRA	147.165	114.8	5930
NY	Buffalo	WB2JPQ	444.15	88.5	4068
NY	Macedon	KB2SOZ	444.925	88.5	4222
NY	Rochester	WR2ROC	444.25	110.9	4250
NY	Flushing	WB2JSM	444.2	136.5	4277
NY	Ithaca	AF2A	449.025	103.5	4306

IRLP Repeaters

State	City	Call Sign	Repeater Output Frequency (MHz)	CTCSS	Node
NY	Buffalo	K2ILH	444		4591
NY	Hauppauge	WR2UHF	444.7	114.8	4700
NY	Brooklyn	K2RMX	446.825	141.3	4915
NY	Branchport	N2HLT	434.05	100	7720
NY	New York City	WB2HWW	440.7	114.8	7820
NY	Staten Island	KC2RQR	442.3	141.3	8643
OH	Cleveland	WR8ABC	146.88	110.9	4282
OH	Lima	KT8APR	145.37	107.2	4370
OH	Toledo	WJ8E	147.345	103.5	4071
OH	Cleveland	KB8ENV	147.52	123	3425
OH	Delta	K8LI	147.285	103.5	4479
OH	Akron	WB8CXO	147.33	110.9	4710
OH	Pataskala	W8NBA	147.33	123	8094
OH	Kettering	W8KMC	147.075		8131
OH	Archbold	WD8IEJ	145.41		8866
OH	Sandusky	KL0AD	444.2	103.5	3468
OH	Eaton	W8VFR	444.9375	67	4106
OH	Columbus	K8EHB	443.55		4186
OH	Chardon	KF8YK	444.8125	131.8	4203
OH	Dayton	WB8VSU	442.3	123	4235
OH	Dayton	WF8M	443.775	131.8	4267
OH	Dayton	W8AK	442.925	123	4523
OH	Columbus	W8DIG	443.65	179.9	4694
OH	Pleasant Plain	NG8Y	444.4375		4718
OH	Warren County	WE8N	442.425	77	5690
OH	Marietta	K8KHW	444.125	103.5	8322
OH	Bellbrook	N8NQH	444.875	94.8	8421
OH	Mason	W8SAI	444.95	131.8	8577
OK	Oklahoma City	W5PAA	146.85	141.3	3761
OK	Oklahoma City	W5DEL	145.25	103.5	3867
OK	Bartlesville	W5NS	146.76	88.5	7764
OK	Bartlesville	KB5KZS	443.125	88.5	3050
OK	Lawton	WX5LAW	444.075	123	3704
OK	Altus	WX5ASA	442.05	100	8115
OK	Oklahoma City	W5DEL	443.3	162.2	8440
OR	Portland	AH6LE	146.92	107.2	3000
OR	Eugene	KC7RJK	145.5	100	3543
OR	Medford	W9PCI	145.33	100	7700
OR	Portland	W7RAT	440.4	123	3039
OR	Lake Oswego	K7RPT	147.12		3231
OR	Portland	N7PIR	440.45	103.5	3420
OR	Portland	WA7BND	443.65	123	3916
OR	Portland	WA7ABU	444.95	100	7638
OR	Salem	W7RY	444.025	77	7951
OR	Buxton	K7QDX	927.125	103.5	5050
PA	Philadelphia	WB0CPR	449.775	141.3	4882
PA	Cochranville	WB3LGG	449.675	94.8	7340
PA	Laporte	N3XXH	145.31	167.9	4038
PA	Hummelstown	KF3EM	146.925	114.8	4354
PA	Harrisburg	W3ND	145.29	88.5	7060
PA	Mountville	KA0JQO	147.105	94.8	4288
PA	Media	K3TAT	147.195		4790
PA	Pottsville	W3SC	147.345	131.8	4867
PA	Pottstown	K3ZMC	443.55	131.8	4317
PR	Aguadilla	WP4LHN	448.575	100	7675
PR	Rio Grande	KP4EOP	448.15	100	7777
PR	Maricao	KP4IP	147.13	100	7008

746 IRLP Repeaters

State	City	Call Sign	Repeater Output Frequency (MHz)	CTCSS	Node
PR	Hatillo	WP3HY	447.575	100	7578
RI	Cumberland	K1TSR	927.675		4335
SC	Simpsonville	AA4LB	146.73	100	4200
SC	Charleston	N4SJW	145.45	123	4557
SC	Columbia	N7GZT	442.2	82.5	3220
SD	Aberdeen	N0AHL	147.03	146.2	7046
SD	Mina	KC0QJZ	443	141.3	3868
SD	Sioux Falls	K9VKG	444.2	82.5	3908
SD	Watertown	KB0LCR	443.725	146.2	3263
TN	Gleason	KA4BNI	145.47	100	4364
TN	Nashville	W4RPT	145.37		4660
TN	Nashville	AF4TZ	147.015	114.8	4900
TN	Collegedale	KA6UHV	443.575	131.8	4169
TN	Hohenwald	K4TTC	442	100	4705
TN	Chattanooga	W4YI	442.425		7520
TX	Eagle Pass	W5EVH	146.64	100	3338
TX	Laredo	W5EVH	146.94	100	3378
TX	Port Aransas	KG5BZ	145.29	110.9	3456
TX	Bonham	K5FRC	145.47		3602
TX	Aubrey	K5RNB	145.27	100	3751
TX	Victoria	K5COD	145.19	103.5	3951
TX	Odessa	N5XXO	444.1	162.2	3035
TX	Fort Worth	N5VAV	441.85	110.9	3832
TX	Arlington	K5SLD	444.2	100	3412
TX	Austin	K5VPW	147.32	114.8	3364
TX	Commerce	WB5MQP	147.02	167.9	3711
TX	Bayou Vista	N5ZUA	147.04	100	3753
TX	Loving/Graham	K7KAB	147	110.9	3969
TX	Laredo	W5EVH	147.12	100	5380
TX	Corpus Christi	W5DCH	147.1	107.2	5841
TX	Groves	N5BZM	147.2	118.8	7645
TX	Houston	N5XWD	444.3	123	3018
TX	McKinney	N5GI	0		3079
TX	El Paso	N5FAZ	442.125	103.5	3097
TX	College Station	W5AC	443.05	88.5	3127
TX	Houston	KE5HTA	441.875	114.8	3283
TX	Port Lavaca	W5KTC	442.675	103.5	3299
TX	Pedernales Falls	N5ZTW	444.325	114.8	3357
TX	Georgetown	NA6M	444.525	100	3402
TX	Wimberly	KE5FGY	444.15	114.8	3539
TX	Beeville	W5LOS	444.925	136.5	3639
TX	Pharr	N5SIM	440.6	82.5	3657
TX	Dallas	N5GI	442	127.3	3695
TX	Bastrop	WB5UGT	444.3	203.5	3696
TX	Fort Worth	K5MOT	444.3	110.9	3747
TX	San Antonio	WD5IEH	443.575	141.3	3795
TX	Lufkin	WB5UGT	444.425	203.5	3829
TX	Houston	AD5OU	443.525	136.5	3843
TX	Houston	WA5DTR	444.25	192.8	3869
TX	Plum Grove	WB5UGT	444.175	103.5	3962
TX	Gonzales	WD5IEH	443.125	141.3	3986
TX	Houston	K5DX	442	103.5	3989
TX	Wichita Falls	N5LEZ	444.975	192.8	4640
TX	Canyon Lake	W5ERX	444.45	114.8	7149
TX	Bonham	K5FRC	443.75	100	7901
TX	Harlingen	K5VCG	443.6	114.8	3600
UT	American Fork	KB7TEB	449.175	131.8	3065

IRLP Repeaters

State	City	Call Sign	Repeater Output Frequency (MHz)	CTCSS	Node
UT	Big Water	W7WAC	145.51		3362
UT	Castle Dale	K7SDC	449.05	88.5	3270
UT	Castle Dale	WX7Y	448.55	88.5	3280
UT	Cedar City	WA7GTU	449.9	100	3574
UT	Clearfield	NJ7J	449.95	123	3876
UT	Clearfield	K0NOD	448.825	123	4654
UT	Clearfield	N7SWW	147.52		7401
UT	Huntsville	W7DBA	448.025	123	3211
UT	Salt Lake City	N7GTE	449.425	100	3837
UT	Layton	K7NEL	445.5		7232
UT	Layton	K7NEL	145.67		7517
UT	Logan	W7BOZ	449.3	103.5	7576
UT	Magna	KD7KQG	438.025	123	3584
UT	Manti	WB7REL	146.66	100	3576
UT	Monroe	AC7OD	147.5		3771
UT	Provo/Salt Lake City	W7SP	146.76		3352
UT	Salt Lake City	K7MLA	147.14	127.3	3215
UT	Salt Lake City	WA7GIE	449.425	100	5620
UT	Salt Lake City	W7DES	146.44		3578
UT	St George	W7DRC	146.64	100	7935
UT	Winchester Hills	KA7STK	449.425	203.5	3310
UT	Logan	AC7O	147.2	103.5	3381
VA	Lynchburg	WA1ZMS	224.18	100	5330
VA	Charlottesville	KG4HOT	224.6	151.4	8478
VA	Richmond	W4MEV	224.42	74.4	8635
VA	Hillsville	K4EZ	146.895	103.5	3569
VA	Charlottesville	K4DND	145.45	151.4	4703
VA	Petersburg	KE4SCS	146.985	127.3	4769
VA	Cumberland	WW4GW	146.79	110.9	8134
VA	Front Royal	K4QJZ	51.94	141.3	4331
VA	Richmond	W4RAT	146.88	74.4	4424
VA	Richmond	W4RAT	442.55	74.4	4995
VA	Hampton	KA4VXR	147.225	136.5	4183
VA	McLean	W4CIA	147.21		4721
VA	Williamsburg	KB4ZIN	147.105		4943
VA	Isle of Wight	WT4RA	147.195	100	8373
VA	Petersburg	KG4YJB	444.275	103.5	4055
VA	Roanoke	KS4BO	443.675	110.9	4208
VA	Richmond	KC4VDZ	442.3	114.8	5770
VA	Muck Cross	KB2AHZ	442	100	8187
VA	Roanoke	K4IJ	444.175	103.5	8226
VI	St. Thomas	KP2O	146.81	100	8784
VT	Bolton	WB1GQR	145.15	100	7230
WA	Spokane	N7BFS	224.98	107.2	3250
WA	Kennewick	W7UPS	145.39	103.5	3223
WA	Whidbey Island	W7AVM	146.86	127.3	3333
WA	Spokane Valley	KE7PG	145.33	100	3502
WA	Spokane	N7FM	146.66	100	3507
WA	Seattle	K7LWH	145.49	103.5	3978
WA	Spokane	KD7DMP	444.15	114.8	3255
WA	Bellingham	K7SKW	147.16	103.5	3276
WA	Oroville	KD7ITP	147.14	103.5	3377
WA	Maple Valley	KF7NPL	147.26	103.5	3615
WA	Spokane	N1NG	147.36		3957
WA	Tacoma	W7DK	147.28	103.5	7110
WA	Otis Orchards	AD7DD	147.14		7205
WA	Issaquah	KF7BIG	442.125	103.5	3067

748　IRLP Repeaters

State	City	Call Sign	Repeater Output Frequency (MHz)	CTCSS	Node
WA	Chinook	NM7R	444.925	82.5	3105
WA	Kennewick	W7JWC	443.775	203.5	3122
WA	Sequim	AF7DX	444.275	100	3311
WA	Battle Ground	N7QXO	444.65	100	3329
WA	Sequim	KC7LGT	442.125	123	3529
WA	Yacolt	KC7NQU	441.2	107.2	3599
WA	Vancouver	AB7F	442.375	123	3652
WA	Medical Lake	WA7RVV	443.6	100	3755
WA	Seattle	K7SPG	444	103.5	5860
WA	Olympia	K5IN	440.5	110.9	7217
WA	Seattle	W7TWA	441.625		7377
WA	Seattle	WW7SEA	444.7	103.5	7378
WA	Seattle	AJ7JA	444.375	88.5	7784
WA	Seattle	WW7SEA	444.55	141.3	7795
WI	Ogdensburg	W9GAP	146.925	118.8	4294
WI	Milwaukee	N9LKH	145.13	127.3	5590
WI	Hubertus	K9JAC	146.85	127.3	7550
WI	Merrill	KB9QJN	146.64	114.8	4618
WI	Green Bay	N9DKH	147.075	107.2	4619
WI	Wausau	W9BCC	146.82	114.8	4709
WI	Wausau	W9BCC	444.3	114.8	4380
WI	La Crosse	W9UUM	444.75	131.8	4994
WV	Hillsboro	KC8LRN	224.22	91.5	4126
WV	Buckhannon	AA8CC	146.925		8550
WV	Elkins	AB8E	442.1	103.5	4737
WY	Gillette	K7RDC	449.75	162.2	3307
WY	Jackson	W7TAR	447.7	123	3464
WY	Sinclair	KD7SU	448.3	123	7102
WY	Casper	KD7AGA	449.575	100	7707
WY	Rawlins	N7RON	146.7	173.8	7045
WY	Rock Springs	N7ABC	444.5	162.2	7955
				123	

Canada

State	City	Call Sign	Repeater Output Frequency (MHz)	CTCSS	Node
AB	Edmonton	VE6HM	147.06	100	1068
AB	Lethbridge	VA6IRL	146.97		1270
AB	Red Deer	VE6QE	147.15		1353
AB	Porcupine Hills Lookout	VE6AAH	145.21	103.5	1890
AB	Edmonton	VE6RES	147.12	100	1909
AB	Edmonton	VE6AFP	147.21		1919
BC	Vancouver	VE7RHS	145.27	100	1000
BC	Nanaimo	VE7ISC	146.64		1003
BC	Vancouver	VE7RHS	441.975	100	1010
BC	Birken	VA7IP	145.49		1011
BC	North Vancouver	VE7RNV	444.55		1015
BC	Chemainus	VE7RNA	146.68		1020
BC	Victoria	VE7VIC	146.84	100	1030
BC	Vernon	VE7RVN	444.275		1050
BC	Coquitlam	VE7MFS	145.31		1070
BC	Chilliwack	VE7RAD	444.7		1073
BC	Kamloops	VE7TSI	146.96		1080
BC	Port Alberni	VE7KU	147.24		1120
BC	Nanoose Bay	VA7LPG	444.3	141.3	1130
BC	Squamish	VE7SQR	147		1147
BC	Parksville	VA7RFR	147.08	141.3	1179
BC	Parksville	VE7PQA	147.28	141.3	1180

IRLP Repeaters 749

State	City	Call Sign	Repeater Output Frequency (MHz)	CTCSS	Node
BC	Richmond	VE7UHF	443.8	100	1190
BC	Vancouver	VA7SCA	444.4	100	1269
BC	Vancouver	VE7RPS	442.225	107.2	1396
BC	Abbotsford / Chilliwack	VE7RVA	146.61	110.9	1461
BC	Kelowna	VE7KTV	147.3	88.5	1473
BC	Chilliwack	VE7VCR	147.22	88.5	1503
BC	Vernon	VE7NOR	444.275		1524
BC	Osoyoos	VE7RSO	146.66		1567
BC	Cranbrook	VE7CAP	146.94		1660
BC	Vancouver	VE7RPT	146.94		1694
BC	Abbotsford	VE7ASM	147.28	110.9	1705
BC	Nanaimo	VE7BSM	444.725	141.3	1755
BC	Nakusp	VE7EDA	146.94		1811
BC	Pitt Meadows	VE7MTY	443.625	156.7	1849
BC	Maple Ridge	VE7RMR	146.8	156.7	1910
BC	Surrey	VE7RSC	147.36	110.9	1980
BC	Whistler	VE7WHR	147.06		2010
MB	Winnipeg	VE4WRS	145.45		1066
MB	Winnipeg	VA4FIL	443.6		1205
MB	Winnipeg	VE4KEY	444.975	664	1553
MB	Swan River	VE4SRR	146.94		1700
MB	Flin Flon	VE4FFR	146.94		1750
NB	Saint John	VE9SJN	147.27		2009
NB	Moncton	VE9TCR	147.345		2133
NB	Fredericton	VE9ZC	147.3		2780
NB	Moncton	VE9SHM	449.325		2805
NL	Grand Falls-Windsor	VO1HHR	146.6		2350
NL	Marystown	VO1MST	146.85		2390
NS	Halifax	VE1NSG	146.94		2050
NS	Beechville	VE1PS	449.25		2064
NS	Greenwood	VE1WN	147.24		2080
NS	Sugarloaf	VE1BHS	145.35		2109
NS	Maitland Bridge	VE1KEJ	147.195		2268
NS	Truro	VE1HAR	147.135		2370
NS	Yarmouth	VE1YAR	146.73		2952
NS	Bridgewater	VE1KIN	147.12		2973
ON	Pickering	VE3SPA	147.375		1404
ON	Ottawa	VE2CRA	146.94	100	2040
ON	Ottawa	VE3RIX	145.45		2596
ON	Vaughan	VE3JOP	443.775	103.5	2069
ON	Toronto	VA3URU	442.475	103.5	2075
ON	Belleville	VE3BIP	146.985	118.8	2090
ON	Hammond	VE3PRV	147.33	110.9	2115
ON	Marmora	VE3OUR	443.475		2176
ON	Ingersoll	VE3OHR	147.27	114.8	2184
ON	Toronto	VE3SKY	146.985		2195
ON	Georgetown	VE3OD	147.135	131.8	2200
ON	Windsor	VE3III	147.06	118.8	2202
ON	Huntsville	VE3MUS	145.27	156.7	2203
ON	Ottawa	VE3TST	444.125	136.5	2210
ON	Edgar	VA3NLS	442.875	156.7	2236
ON	Niagara Region	VE3WCR	147.3	107.2	2248
ON	Whitby	VE3WOM	146.97	156.7	2255
ON	Toronto	VE3NIB	443.5	103.5	2271
ON	Almonte	VA3UW	147.24		2280

750 IRLP Repeaters

State	City	Call Sign	Repeater Output Frequency (MHz)	CTCSS	Node
ON	Lavent	VE3KJG	146.64		2947
ON	Hamilton	VE3NCF	444.075	131.8	2313
ON	London	VE3SUE	444.4	114.8	2400
ON	Simcoe	VE3SME	146.925	131.8	2405
ON	Kitchener	VE3RBM	444.875	131.8	2410
ON	Ignace	VA3IGN	147.18	123	2414
ON	Waterloo	VE3WFM	147.09	131.8	2430
ON	Toronto	VE3RAK	444.7	103.5	2450
ON	Ballantrae	VA3BAL	147.33	103.5	2461
ON	Parry Sound	VE3RPL	145.49	118.8	2480
ON	Perth	VA3TEL	145.23		2947
ON	Sarnia	VE3WHO	146.955		2524
ON	Omemee	VA3OME	147.09	162.2	2650
ON	Mississauga	VE3RSD	224.62	103.5	2651
ON	Burlington	VE3RSB	147.21	131.8	2680
ON	Barrie	VE3LSR	147.315	156.7	2688
ON	Orangeville	VE3ORX	444.025	103.5	2700
ON	Brampton	VA3OPR	444.95	103.5	2718
ON	Kingston	VE3KBR	146.94	151.4	2750
ON	Kingston	VE3FRG	146.805	203.5	2088
ON	Kingston	VE3FRG	434.8	203.5	2088
ON	Windsor	VE3EOW	145.41	118.8	2759
ON	Atikokan	VE3RIB	147.12		2768
ON	Leamington	VE3TOM	147.3	118.8	2803
ON	Stratford	VE3FCG	444.975	114.8	2843
ON	Little Current	VE3RQQ	444.3		2860
ON	Newmarket	VA3PWR	443.275	103.5	2871
ON	London	VE3NMN	444.925	114.8	2874
ON	Toledo	VE3HTN	146.865		2947
ON	Newmarket	VE3YRC	147.225	118.8	2920
ON	Tweed	VE3RNU	145.37		2947
ON	Mississauga	VE3MIS	145.43	103.5	2998
ON	Mt Pakenham	VE2REH	145.33	110.9	2018
ON	Williamsburg	VE3ESD	443.15	110.9	2141
ON	Pembroke	VE3NRR	146.76		2520
PE	Charlottetown	VE1CRA	146.67		2030
PE	Summerside	VE1CFR	146.85		2363
QC	Cantley	VE2REH	147.105	110.9	2018
QC	Chelsea	VE2CRA	146.94	100	2040
QC	St. Jerome	VA2RMP	443.55	103.5	2006
QC	Gatineau	VE2REH	147.105	110.9	2018
QC	Gatineau	VE2RAO	443.95	123	2332
QC	Quebec City	VE2RAX	146.79	100	2125
QC	Gatineau	VE2RAO	443.95	123	2332
SK	Saskatoon	VE5CMR	443.15		1330
SK	The Battlefords	VE5BRC	147.24		1340
SK	Saskatoon	VE5CC	449.625		1360
SK	Prince Albert	VE5LAK	146.61		1370
SK	Meadow Lake	VE5MLR	147.33		1380
SK	Regina	VE5YQR	147.12		1550
SK	Yorkton	VA5PAR	145.49		1710
SK	Preeceville	VE5SS	146.61		1858
SK	Nipawin	VE5NIP	146.79		2820
YT	Whitehorse	VY1IRL	146.88	100	1500
YT	Haines Junction	VY1RPM	146.88	100	1662

EchoLink Repeaters

The following is a list of repeaters in the United States and Canada that provide EchoLink capability. For more information about EchoLink, see www.echolink.org.

Our thanks to Jonathan Taylor, K1RFD, for providing this information.

United States

State	City	Call Sign	Repeater Output Frequency (MHz)	CTCSS	Node
AK	Bethel	AL7YK	146.1	114.8	14610
AL	Gadsden	K4JMC	147.16	100	242727
AL	Birmingham	K4TQR	146.76	88.5	146760
AL	Brewton	KI4GGH	444.65		373450
AL	Moulton	KN4CI	146.96	107.2	523154
AL	Dothan	N3FU	444.025	107.2	587877
AL	Roanoke	N4BCB	147.22		47197
AL	Opelika	WB4BYQ	147.06	123	392108
AL	Montgomery	WD4JRB	144.45	100	212144
AR	Hot Springs Village	K5UBM	444.725		474900
AR	Nashville	KE5DJC	147.045	94.8	586886
AR	Harrison	KF0PB	224.56		596930
AR	Texarkana	N5MFI	146.62	100	628287
AR	Malvern	W5BXJ	147.36	136.5	147360
AZ	Green Valley	AA7RP	449.225	107.2	1029
AZ	Tucson	K7IOU	224.74	136.5	22474
AZ	Clarkdale	K9FUN	441.775	156.7	282931
AZ	Phoenix	KC7GHT	447.575	151.4	173098
AZ	Sacaton Peak	KE7JVX	444.275	100	422112
AZ	Overard	N7QVU	446.6	100	530421
AZ	Mingus Mt	WB7BYV	927.087	151.4	204752
AZ	Tonopah	WT9S	440.475	123	505324
CA	Selma	AB6MJ	441.525	67	10191
CA	Thousand Oaks	K0AKS	147.15	127.3	5874
CA	Big Bear Lake	K6BB	147.33	131.8	335272
CA	Santa Cruz	K6BJ	146.79	94.8	354814
CA	Sacramento	K6MVR	147	136.5	38951
CA	Los Banos	K6TJS	147.21	123	126601
CA	Livermore	K7FED	442.125	100	6778

752   EchoLink Repeaters

State	City	Call Sign	Repeater Output Frequency (MHz)	CTCSS	Node
CA	San Francisco	KA6TGI	224.52	67	68042
CA	Hemet	KB6JAG	446.88	74.4	416226
CA	Sierra Peak	KD6DDM	146.61	103.5	497278
CA	Madera	KD6FW	146.7	141.3	88988
CA	Redding	KE6CHO	145.11	94.8	390402
CA	Rohnert Park	KE6ZQH	146.52		63213
CA	San Francisco	KF6REK	442.475	114.8	64372
CA	Bakersfield	KG6FOS	444.675	107.2	74416
CA	Fallbrook	KG6HSQ	446.8	127.3	65043
CA	Bakersfield	KG6KKV	147.15	100	56555
CA	Los Altos	KH6N	440.875	100	96932
CA	Adelanto	KI6IES	146.025	91.5	362175
CA	Mountain House	KJ6OBV	146.655	100	587482
CA	Chino Hills	KJ6RAY	445.15	127.3	530401
CA	Adelanto	KR1IS	445.68	100	487258
CA	San Francisco	KR6DD	145.23	100	271122
CA	San Diego	N6DCR	445.68	123	117645
CA	Montebello	N6PMG	449.14		629585
CA	Monterey	N6SPD	441.65	94.8	202044
CA	Escondido	N6WB	146.88	107.2	2846
CA	Hemet	N7OD	145.42	88.5	3341
CA	Covina	N7YMM	449.675	100	123069
CA	San Diego	W1CDM	449.98	88.5	1314
CA	Napa Valley	W6CO	144.8	151.4	70359
CA	Hemet	W6COH	446.88	74.4	39871
CA	Mt Aukum	W6HMT	52.64	88.5	198910
CA	San Jose	W6NSA	441.775	100	67113
CA	Salinas	W6RTF	145.49	100	184524
CA	South Lake Tahoe	WA6EWV	147.24	123	279922
CA	Huntington Beach	WD6AWP	145.14	110.9	448040
CO	Denver	K0GUR	448.325	210.7	24340
CO	Pueblo	KA0SWT	147.48		481174
CO	Fort Collins	KC0RBT	447.45	123	447450
CO	Denver	N0OBA	145.19	131.8	10079
CO	Glenwood Springs	N0SWE	146.88	107.2	243117
CO	Boulder	W0IA	449.55	100	217236
CO	Denver	W0TX	449.35	100	4140
CO	Fort Collins	W0UPS	145.115	100	4236
CO	Winter Park	WA4CCC	447.45	103.5	468062
CT	Salem	K1IKE	440.8	110.9	44080
CT	West Haven	K1SOX	147.505	77	7505
CT	Norwich	KA1CQR	146.73	156.7	638282
CT	Durham	KB1MMR	446.925	77	313834

EchoLink Repeaters

State	City	Call Sign	Repeater Output Frequency (MHz)	CTCSS	Node
CT	Shelton	N1BDF	146.985	141.3	387772
CT	Norwalk	ND1L	448.075	114.8	610081
CT	New Canaan	W1FSM	146.775	100	107213
CT	Vernon	W1HDN	145.41	141.3	146790
CT	Norwalk	W1NLK	448.075	114.8	46272
CT	Danbury	W1QI	147.3	100	1037
CT	Woodbridge	W1WPD	442.5	77	46633
FL	Durbin	AJ4FR	444.575	127.3	422890
FL	Hollywood	K4ABB	442.9	88.5	329701
FL	Ft Lauderdale	K4FK	147.33	103.5	581415
FL	West Palm Beach	K4LJP	146.97	77	314823
FL	Kissimmee	K4SLB	444.45	103.5	6457
FL	Orlando	K4ZPZ	443.1	103.5	44310
FL	Ocala	KA2MBE	145.43	141.3	161986
FL	Miami	KB4ELI	442.65	94.8	44891
FL	Naples	KC1AR	147.505	100	81270
FL	Merritt Island	KC2UFO	444.775	107.2	302025
FL	St Petersburg	KE4CGL	145.39	203.5	188923
FL	Sun City	KE4ZIP	147.225	146.2	587115
FL	Ft Lauderdale	KF4LZA	443.625	110.9	48646
FL	Balm	KF4MM	145.21	77	342674
FL	Palm Coast	KG4IDD	145.47	123	24216
FL	Dunnellon	KI4LOB	147.36	123	317405
FL	Melbourne	KI4SWB	442.4	107.2	44342
FL	Orange Park	KI4UWC	146.925	156.7	465626
FL	Ft Lauderdale	KI4VFB	443.75	110.9	47873
FL	Freeport	KJ4EZZ	145.23	100	564764
FL	Lake Wales	KJ4IDH	147.33	127.3	429535
FL	Cape Coral	KN2R	444.725	136.5	41712
FL	Palm Coast	N2TDI	145.41	123	102826
FL	Kissimmee	N4ARG	147.21	103.5	47210
FL	Stuart	N4BG	444.9	107.2	315546
FL	Port Charlotte	N4FOB	442.7	136.5	495622
FL	Orlando	N4HHA	443.4	103.5	390721
FL	Panama City	N4JTC	145.21		322151
FL	Boynton Beach	NR4P	444.65	127.3	237703
FL	Delray Beach	W2GGI	147.075	110.9	88477
FL	West Palm Beach	W2WDW	443.875	110.9	41119
FL	Sun City Center	W4KPR	147.09	162.2	311633
FL	Titusville	W4REN	146.91		350095
FL	Port St Joe	W4WEB	147.3	103.5	495353
FL	Milton	W5CL	145.49	100	629156
FL	New Port Richey	WA4GDN	146.67		46670

754   EchoLink Repeaters

State	City	Call Sign	Repeater Output Frequency (MHz)	CTCSS	Node
FL	Naples	WB2QLP	146.67	136.5	389568
GA	Newport Beach	AK6TT	449.28	127.3	589232
GA	Hinesville	KF4MND	145.47		406496
GA	Brunswick	KG4PXG	146.685		8345
GA	Lafayette	KJ4ILK	442.3	94.8	416775
GA	Warner Robins	N4CI	146.85		311671
GA	Toccoa	N4DME	147.33	127.3	505625
GA	Dahlonega	N4KHQ	146.835	100	137890
GA	Savannah	W4SGA	146.97	123	416682
GA	Lawrenceville	WB4QDX	444	127.3	23551
GA	Dallas	WD4LUQ	444.7	77	204551
GA	Cochran	WM4B	145.11		292763
HI	Hilo	AH6JA	145.31		471133
IA	Denison	KD0JZS	144		501320
IA	Ottumwa	KE0BX	146.97	100	13213
IA	Clarion	N0AGE	146.955	103.5	617318
IA	Grimes	N0INX	444.725	151.4	460526
IA	Mt Pleasant	WB0VHB	147.165	156.7	339174
ID	Meridian	K7WIR	224.88	100	477476
ID	Middleton	KD7QAS	443.85	100	410789
ID	Boise	N7WTF	145.29	100	517296
IL	Northbrook	AA9VI	442.725	114.8	7641
IL	Champaign-Urbana	K9CU	146.76	162.2	8231
IL	Alton	K9HAM	145.23	79.7	204755
IL	Downers Grove	W9DUP	145.43	107.2	5370
IL	Clinton	KB9GIG	146.985		509749
IL	Dallas City	KC9JIC	145.33	82.5	506709
IL	Tuscola	KC9PXI	444.45	123	548372
IL	Lake Zurich	KD9GY	443.85	114.8	78073
IL	Peoria	KT9Y	444.05	103.5	473545
IL	New Lenox	N2BJ	444.4	141.3	27022
IL	Oak Forest	N9ZD	443.275	114.8	161122
IL	Greenville	W9KXQ	147.165	103.5	228190
IL	Winbago	W9TMW	442.35	88.5	280970
IL	Peoria	W9UFF	146.76		97114
IL	Orland Park	WD9HGO	444.85	71.9	55233
IL	Peoria	WX9PIA	444.05	103.5	629244
IN	Decatur	AB9SO	443.725		16145
IN	Lawrenceburg	K9GPS	443.875	146.2	110888
IN	Wolf Lake	N9MTF	147.27	131.8	147270
IN	Bloomington	W9AML	146.94	103.5	576672
IN	Kokomo	W9KRC	147.375		529155
IN	Michigan City	W9LY	146.97	131.8	193001

EchoLink Repeaters 755

State	City	Call Sign	Repeater Output Frequency (MHz)	CTCSS	Node
IN	Ft Wayne	W9VD	444.3	131.8	37585
KS	Merriam	K0KN	927.712	151.4	307578
KS	Hutchinson	KB0FJI	147.12		105011
KS	Wichita	W0VFW	145.27		358668
KY	Murray	K4MSU	443.8	91.5	207370
KY	Corbin	KF4IFC	444.275	79.7	16883
KY	Richmond	KF4REN	146.865	192.8	451988
KY	Benton	KI4HUS	145.39	118.8	328811
KY	Columbia	KY4TF	147.195	136.5	499695
KY	Louisville	N4KWT	443.975	100	600977
KY	Louisville	W4CN	147.18	79.7	425970
KY	Paducah	W4NJA	147.06		458276
LA	W Orleans	KB5AVY	444.975	118.8	7052
LA	Shreveport	KC5XR	146.7		520478
LA	Pineville	KD5DFL	144		169091
LA	Morgan City	W5BMC	146.44		507010
LA	Kinder	W5ELM	146.925	203.5	92225
LA	Lafayette	W5EXI	147.04		370324
MA	Worcester	N1OHZ	443.3	100	421904
MA	Milford	W1BRI	446.825	100	3819
MA	Marlborough	W1MRA	449.925	88.5	4133
MA	Martha's Vineyard	W1FC	147.345	88.5	242147
MA	Gloucester	W1GLO	145.13		480139
MA	Springfield	W1TOM	146.67	127.3	21095
MA	Brewster	WA1YFV	147.255	67	403358
MA	Westford	WB1GOF	146.955	74.4	380799
MD	Chestertown	K3ARS	147.375	156.7	249466
MD	Annapolis	KA2JAI	442.3	107.2	90911
MD	Silver Spring	N3HF	443.45	156.7	84345
MD	Hagerstown	N3UHD	442.65	79.7	481682
MD	Frederick	N3WZ	144	167.9	635158
MD	Frederick	W3ICF	146.73	141.3	14613
MD	Greenbelt	WA3NAN	146.835		40045
MD	Silver Spring	WB3GXW	147.225	156.7	147225
ME	Augusta	W1PIG	145.29	100	15061
MI	Ironwood	K8DLM	146.76		573763
MI	Big Rapids	K8FSU	443.9		389479
MI	West Branch	K8OAR	146.94	103.5	457206
MI	Rockwood	K8UH	927.687	411	74379
MI	Newberry	KC8QZG	146.61		240336
MI	Calumet	KD8JAM	147.315	100	405654
MI	New Hudson	N8BK	442.775	107.2	331551
MI	Grosse Pointe	N8BNA	146.74	100	540557

756 EchoLink Repeaters

State	City	Call Sign	Repeater Output Frequency (MHz)	CTCSS	Node
MI	Grand Haven	N8FQ	145.49	94.8	469574
MI	Lansing	NE8K	146.94	100	620311
MI	Battle Creek	W8DF	224.24		360014
MI	Menominee	W8PIF	147	107.2	481872
MI	Traverse City	W8TVC	145.27	114.8	56464
MI	Ann Arbor	W8UM	145.23	100	301138
MI	Roscommon	WF8R	145.45		205097
MI	Detroit	WW8GM	443.075	123	99846
MN	Brainerd	W0UJ	145.13		233515
MN	North Branch	K0DMF	443.875	146.2	23958
MN	Madison	K0LQP	146.73		275196
MN	Chaska	KA0KMJ	443	100	150438
MN	Ellendale	KA0PQW	224.64	110.9	267582
MN	Ellendale	KA0PQW	442.925	114.8	267582
MN	Hampton	K0JTA	147.36	136.5	9636
MN	Hutchinson	KB0WJP	147.375	146.2	252922
MN	Karlstad	KA0NWV	145.47	77	23832
MN	Knife River	KC0MKS	443.85		239444
MN	Litchfield	KC0CAP	443.8	146.2	72238
MN	Blue Earth	KC0NPJ	147	100	484492
MN	Edina	KG0BP	444.85	110.9	320484
MN	Minneapolis	KA0KMJ	444.425	114.8	192344
MN	Avon	KG0CV	443.65		619244
MN	New Brighton	N0FKM	145.29	114.8	268460
MN	Glenville	NX0P	444.975	100	513917
MN	Ramsey	K0MSP	145.37	107.2	4655
MN	Ramsey	K0MSP	444.975	114.8	9644
MN	Redwood Falls	KB0CGJ	146.865	141.3	29141
MN	Maple Lake	W0EQO	145.23	114.8	309436
MN	Minnetonka	N0BVE	145.45		89680
MN	Pinewood	KC0FTV	442.225	118.8	414532
MN	Rochester	W0STV	146.625	100	420993
MN	Wabasso	KB0CGJ	444.525	141.3	29141
MN	Wyoming	N0VOW	146.895	82.5	342623
MN	St Louis Park	W0EF	146.76		77598
MN	West St Paul	W0DCA	147.39	77	255364
MO	Ava	N0RFI	146.625	110.9	280629
MO	Ballwin	WD0FNS	1282.6	141.3	87622
MO	Boonvle	KA0GFC	442.7	77	239712
MO	Chillicothe	K0MPT	147.225		408916
MO	Holts Summit	KB4VSP	444.875	127.3	471579
MO	Joplin	N0CSW	145.35	91.5	543723
MO	Independence	N0OEV	444.575	186.2	50031

EchoLink Repeaters 757

State	City	Call Sign	Repeater Output Frequency (MHz)	CTCSS	Node
MO	Lamoni	W0YO	146.73		127303
MO	Kansas City	KD0EAV	444.05	151.4	422327
MO	Laurie	KA0RFO	146.955	192.8	154449
MO	Mansfield	K5HEZ	147.09	162.2	65704
MO	Mexico	AA0RC	147.255		296997
MO	Nixa	K0NXA	145.27	162.2	113667
MO	Raytown	K0GQ	145.17	151.4	403841
MO	Rolla	WB9KHR	443.6	114.8	231270
MO	Springfield	W0PM	147.225	162.2	231270
MO	St Charles	N0KQG	443.25	151.4	84139
MO	St Louis	K0AMC	146.925	192.8	185485
MO	St Louis	W0SLW	147.39	100	4527
MO	St Louis	N0OBG	147.39	100	4527
MO	St Louis	WB0QXW	145.21	123	466277
MO	Rolla	WB9KHR	443.6	114.8	231270
MS	Hattiesburg	N5LRQ	147.315	136.5	410934
MS	Wiggins	N5UDK	147.51	136.5	385237
MS	Clinton	W5PFR	444	100	112793
MS	Sharon	W5PPB	145.45	77	39154
MT	Butte	KB8ML	449.4	131.8	449400
MT	Havre	KF7CNW	447.125	100	606109
MT	Bozeman	KL7JGS	449.9	100	207198
MT	Billings	N7YHE	147.2	100	104664
MT	Toston	WR7AGT	449.3	131.8	449300
MT	Macdonald Pass	WR7HLN	444.1	131.8	111730
NC	Shelby	AI4RF	147.045	127.3	603431
NC	Franklin	K2BHQ	145.23	151.4	400632
NC	Raleigh	K4JDR	441.725	100	42704
NC	Waxhaw	K4WBT	146.865	94.8	84335
NC	Bakersvle	KC4TVO	146.5		469253
NC	Burnsvle	N2EMD	146.895	123	611482
NC	Greensboro	N5ODE	145.15	100	590301
NC	Wilmington	NI4SR	147.375	67	559874
NC	Winston Salem	W4NC	146.64	100	384157
NC	Greensboro	W8JFQ	145.25	88.5	249694
NC	Elizabeth City	WA4VTX	444.3	131.8	312941
NC	Ahoskie	WB4YNF	444.2	131.8	219598
NC	Greenville	WD4JPQ	145.35	131.8	73724
ND	Fargo	KK7AV	438.2	114.8	201723
ND	Valier	N0CAV	147.15		331011
NE	Lincoln	K0SIL	147.195		393355
NE	Mccook	KD0MTI	446.925		557714
NE	Omaha	KG0S	443.925	103.5	572977

EchoLink Repeaters

State	City	Call Sign	Repeater Output Frequency (MHz)	CTCSS	Node
NE	Neligh	N0NNE	146.835	131.8	225896
NE	Tucson	WD7F	146.94	110.9	1125
NH	Henniker	K1PDY	146.895	100	321904
NH	Derry	NM1D	146.745	114.8	501047
NH	Goffstown	W1AKS	147.135		600646
NH	Hanover	W1FN	145.33	100	363356
NJ	Hillsdale	K2ZD	446.975	141.3	350129
NJ	Forked River	KC2GUM	146.445	131.8	548032
NJ	Clifton	KB2N	224.36		336643
NJ	Tinton Falls	WB2ABT	147.045	67	562568
NJ	Fair Lawn	W2NPT	145.47	107.2	300501
NJ	Greenbrook	W2QW	442.25	141.3	311438
NJ	Morristown	WS2Q	145.37	151.4	330007
NM	Farngton	KB5ITS	146.76	100	249880
NM	Belen	KC5OUR	146.7		632009
NM	Gallup	KC5WDV	449.75	100	6810
NM	Albuquerque	KC7YWB	146.7		617907
NM	Ruidoso	KR5NM	146.92	100	346920
NM	Alamogordo	N6CID	442.95	85.4	474106
NM	Rio Raho	NM5RR	443	100	6748
NM	Roswell	W5GNB	444.55		383142
NV	Pahrump	AD7DP	146.85	173.8	331480
NV	Henderson	K7RSW	448.875	114.8	7745
NV	Reno-Sparks	KA7ZAU	146.895	123	357948
NV	Reno	KC5CZX	444.175	123	512874
NV	Reno	N7MLF	224.7		419865
NV	Sun Valley	N7TGB	443.175	123	
NV	Gerlach	W7BRD	440.175	100	7238
NV	Las Vegas	WR7NV	145.35	100	5069
NY	Lowville	AB2XN	146.955		427886
NY	Cortland	K2IWR	147.18	71.9	614766
NY	Johnstown	K2JJI	146.7		510372
NY	Brooklyn	K2RMX	446.825	141.3	255375
NY	Ghent	K2RVW	147.21		372818
NY	Farmingville	K2SPD	145.31	118.8	45717
NY	Napanoch	KC2FBI	147.535	100	461132
NY	East Greenbush	KC2IVI	147.33	146.2	48899
NY	Niagara Falls	N3AU	224.42	107.2	8718
NY	East Aurora	W2DXA	147.39	88.5	421912
NY	Staten Island	W2RJR	223.84	141.3	168188
NY	Troy	W2SZ	146.82		428054
NY	Bethpage	W2YMM	449.3	156.7	1224
NY	Pompey	WW2N	145.27	103.5	64224

EchoLink Repeaters

State	City	Call Sign	Repeater Output Frequency (MHz)	CTCSS	Node
OH	East Liverpool	K8BLP	146.7	162.2	30022
OH	Delaware	K8EHB	443.55		262738
OH	Delta	K8LI	147.285	103.5	43515
OH	Lancaster	K8QIK	147.03	71.9	405426
OH	Kent	K8SRR	146.895	110.9	508081
OH	Defiance	K8VON	147.09		215376
OH	N Royalton	K8YSE	444.075	131.8	6563
OH	Independence	K8ZFR	146.82	110.9	343470
OH	Keen	KB8HEA	147.045		52824
OH	Salem	KB8MFV	147.285	88.5	43358
OH	Cleveland	KB8WLW	145.41	110.9	146520
OH	New Matamoras	KD8LXJ	145.5	103.5	480098
OH	Chardon	KF8YK	444.813	131.8	44024
OH	Polk	KG8FV	442.15	88.5	353296
OH	Middletown	W8BLV	146.61	77	323719
OH	Hamilton	W8CCI	146.97	118.8	369045
OH	Columbus	W8DIG	443.65	179.9	443650
OH	Van Wert	W8FY	146.7	107.2	315705
OH	Vandalia	W8GUC	444.662	123	296027
OH	North Olmsted	W8IZ	444.012	131.8	3049
OH	Dayton	WB8SMC	147.135		43988
OK	Enid	N5UBY	147.375		255318
OK	Blanchard	W5LHG	444.625	127.3	212302
OR	Medford	K7RVM	444.45		572479
OR	Joseph	KB7DZR	147	103.5	323569
OR	Bend	KB7LNR	146.36		211222
OR	Tlamook	KD7YPY	442.975		266640
OR	Mt Defiance	KF7LN	927.162	151.4	97040
OR	Washington County	KJ7IY	145.27	107.2	82962
OR	Portland	KW7HAM	927.137	131.8	335671
OR	Umatilla	W6NMR	147.02	103.5	200848
OR	Central Point	W9PCI	145.33	100	385956
OR	Salem	WA7ABU	444.95	100	592473
OR	Canby	WB7QAZ	442.9	123	429797
PA	Eagleville	AA3E	146.835	88.5	570945
PA	Pine Grove	AA3RG	146.64	82.5	149493
PA	Somerset	AK3J	147.195	123	506066
PA	Erie	K3WWA	147.315		380167
PA	Coraopolis	KA3IRT	444.15	100	176150
PA	Reading	KA3KDL	445.715	100	41809
PA	Derry	KE3PO	145.15	131.8	314685
PA	Lancaster	N3FYI	446.475	114.8	24905
PA	Ridgway	N3RZL	144.39		391112

760 EchoLink Repeaters

State	City	Call Sign	Repeater Output Frequency (MHz)	CTCSS	Node
PA	Beaver	N3TN	146.85	131.8	286427
PA	Yeadon	N3UXQ	444.5	151.4	610840
PA	Matamoras	W2TAO	145.57	100	278703
PA	Illiamsport	W3AHS	147.3	151.4	277377
PA	Easton	W3IFI	145.27	151.4	346074
PA	Pittsburgh	W3KWH	147.03	123	147030
PA	Center Valley	W3LR	443.59	151.4	230150
PA	Meadville	W3MIE	147.03	186.2	349977
PA	Newtown Square	WA3NNA	442.6	131.8	480581
PA	Philadelphia	WB0CPR	449.775	141.3	403147
PA	Mohnton	WB3FPL	147.18	110.9	570646
PR	Humcaco	KP4MCR	147.19	71.9	78470
PR	Juncos	WP4SE	146.87		128413
SC	Union	K4USC	146.685		264598
SC	Aiken	N2ZZ	145.35	100	5764
SC	Myrtle Beach	NE4SC	145.4	123	376627
SC	Greenwood	W4GWD	147.165	107.2	584003
SC	Greenville	W4NYK	146.61		545072
SC	Liberty	WA4SSJ	443.45	110.9	7226
SC	Union	K4USC	146.685		264598
SC	Pickens	WX4PG	442.4	127.3	4031
SD	Sioux Falls	KD0ZP	444.9	146.2	74079
SD	Clear Lake	W0GC	444.3	136.5	578534
TN	Memphis	KA7UEC	443.3	107.2	236040
TN	Oakland	KE7UA	146.94		194927
TN	Athens	KG4FZR	442.275	141.3	608045
TN	Monteagle	NQ4Y	145.41	114.8	2043
TN	Memphis	W4RSG	443.1	107.2	299408
TX	Fort Worth	K5AMM	441.675		463758
TX	Austin	K5AXW	442.15	186.2	136958
TX	Rowlett	K5FER	441.325	162.2	394576
TX	Harlingen	K5RAV	146.7	114.8	67509
TX	Austin	K5TRA	927.125		242585
TX	Humble	KB5WAQ	147.28	100	302646
TX	Amarillo	KC5EZO	444.05	88.5	307304
TX	San Angelo	KC5EZZ	441.75	162.2	76362
TX	Sweetwater	KC5NOX	145.25	162.2	252137
TX	Yorktown	KD5BXV	146.64	103.5	237915
TX	Coppell	KD5OEW	441.8	107.2	484806
TX	Corsicana	KD5OXM	145.29	146.2	502586
TX	Richmond	KD5YOU	145.49	123	6709
TX	Leander	KE5RS	441.6	100	8327
TX	Cedar Park	KE5TNO	145.37	103.5	4735
TX	Denison	KF5AUD	147	100	550670

EchoLink Repeaters 761

State	City	Call Sign	Repeater Output Frequency (MHz)	CTCSS	Node
TX	Midland	KK5MV	444.525	156.7	79706
TX	Cleburne	KY5O	444	136.5	100032
TX	Austin	N0GSZ	146.86	146.2	608525
TX	Port Arthur	N5BZM	147.2	118.8	458549
TX	Austin	N5JGX	441.875	100	341697
TX	Longview	N5REO	145.35	136.5	62763
TX	Austin	N5SMN	146.94		43388
TX	Dallas	N5UA	444.675	110.9	257890
TX	Temple	N5ZXJ	145.31	123	1947
TX	Georgetown	NA6M	147.08	100	147080
TX	Nash	NG5U	146.62	100	617912
TX	Cedar Park	W2DB	441.35	114.8	424532
TX	Belton	W5BEC	147.14	123	99000
TX	Jasper	W5JAS	147	118.8	480827
TX	Austin	W5JWB	441.775	131.8	366882
TX	Port Lavaca	W5KTC	147.02	103.5	463336
TX	Denton	W5NGU	444.05	110.9	165165
TX	Humble	W5OMR	441.7	23	4817
TX	Borger	W5RAW	147.06		387265
TX	San Antonio	W5ROS	147.34	123	294707
TX	Austin	WA5YZD	444.1		43010
TX	San Angelo	WB5VRM	444.35	162.2	412402
TX	Conroe	WD5CFJ	224.24	103.5	50073
TX	San Antonio	WD5IEH	443.575	141.3	3763
UT	Castle Dale	K7SDC	449.05	88.5	64264
UT	West Point	KE7OJJ	447.075	123	401462
UT	Provo	N7BYU	145.33	100	96806
UT	Panguitch	N7NKK	147.16	100	551925
UT	Logan	W7BOZ	449.3	103.5	558836
UT	Sandy	N7GAD	448.35		132045
UT	Provo	N7MKP	449.975	131.8	42450
UT	Orem	KD7LRJ	145.47	100	44866
UT	Cedar City	N7AKK	147.06		91510
UT	St. George	KA7STK	146.91	100	88660
UT	Clearfield	K0NOD	448.825	123	332144
UT	Price	K7SDC	449.05	88.5	64264
UT	Castledale	WX7Y	448.55	88.5	69883
UT	West Point	KE7OJJ	447.05	123	401462
UT	Provo BYU	N7BYU	145.33	100	96806
UT	Logan	W7BOZ	449.3	103.5	558836
UT	Cedar City	WA7GTU	449.9	100	193065
UT	Manti	WB7REL	146.66	100	212338
WA	Lakewood	KB7IOG	446.05		342398
WA	Winthrop	KB7SVP	147.22	100	354157

762 EchoLink Repeaters

State	City	Call Sign	Repeater Output Frequency (MHz)	CTCSS	Node
WA	Issaquah	KF7BIG	442.125	103.5	529661
WA	Apple Valley	KF7NPL	147.26	103.5	566369
WA	Tacoma	N3KPU	147.22	146.2	561264
WA	Spokane	W7TRF	443.475	88.5	282039
WA	Seattle	WA7HJR	444.65	131.8	482474
WA	Ephrata	WB7WSP	444.9	103.5	411928
WI	Green Bay	K9JQE	223.94	107.2	69044
WI	Iola	N5IIA	444.9	114.8	273426
WI	Ogdensburg	W9GAP	146.925	118.8	409257
WI	Westby	W9HQ	146.715	131.8	455438
WI	Park Falls	W9PFP	444.75	110.9	590359
WI	Germantown	WD9IEV	444.525	114.8	222430
WV	Petersburgva-	K7SOB	442.15	127.3	140739
WV	Salt Rock	K8SA	145.11	110.9	2175
WV	Huntington	KB8TGK	443.85	162.2	150734
WV	Hillsboro	KC8LRN	224.22	91.5	1266
WV	Beckley	W8VT	443.8	141.3	606945

Canada

State	City	Call Sign	Repeater Output Frequency (MHz)	CTCSS	Node
AB	Calgary	VA6RP	444.75		287151
AB	Lethbridge	VE6ROT	146.79		113371
BC	Delta	VA7DEP	444.425		168180
BC	Sooke	VE7RAH	145.43	100	49290
BC	Richmond	VE7RMD	147.14	79.7	526129
BC	Prie George	VE7SDE	147.12		638952
BC	Mcleod Lake	VE7ZBK	147.33		373776
NB	Miramichi	VE1NWC	146.73		128650
NB	Fredericton	VE9DGP	147.36		237401
NB	Woodstock	VE9DKS	147.18		288465
NB	Saint John	VE9SJN	147.27		285237
NS	West Chezzetcook	VE1ESC	147.03		94232
NS	Harmony	VE1HAR	147.135		161248
ON	Brockville	VE3IWJ	146.82	100	158695
ON	Cornwall	VE3PGC	443.65	110.9	463095
ON	Kapuskasing	VA3NKP	146.93		524524
ON	Hearst	VA3YHF	146.7		534843
ON	Timmins	VE3AA	147.06		122823
ON	Huntsville	VE3KR	446.55	156.7	184398
ON	Mississauga	VE3MIS	145.43	103.5	404792
ON	Huntsville	VE3MUS	146.775	156.7	150444
ON	Toronto	VE3RAK	444.7	103.5	2068
ON	Hamilton	VE3RFI	443.25	151.4	327534
ON	Burlington	VE3RSB	147.21	131.8	417869

EchoLink Repeaters

State	City	Call Sign	Repeater Output Frequency (MHz)	CTCSS	Node
ON	London	VE3TTT	147.18	114.8	10741
ON	Whitby	VE3WOM	146.97	156.7	484101
ON	Mississauga	VE3YPL	145.45	85.4	414510
ON	Smiths Falls	VE3RLR	147.21		525543
ON	Toronto	VE3YYZ	443.05	103.5	223557
QC	St-Calixte	VE2OCZ	146.85	123	4796
QC	Jonquière	VE2RHJ	145.17		148167
QC	Mascouche	VE2RHL	147.345	103.5	107300
QC	Quebec	VE2RIG	146.88	100	39339
QC	Montreal	VE2RVL	147.075	103.5	613838
SK	Rocanville	VE5LCM	146.31		425463
SK	Preecevle	VE5SS	146.61		581167

WiRES-II Repeaters

A number of Vertex Standard (Yaesu) WiRES-II—Wide-coverage Internet Repeater Enhancement System—nodes are available for public access. WiRES-II is a technique of using Internet VoIP technology to link two repeaters or home stations, across a country or across a continent. Nonproprietary DTMF signaling is used to establish the Internet link. For more information on the Web, see **www.vxstd.com/en/wiresinfo-en/**.

State	City	Call Sign	Repeater Output Frequency (MHz)	CTCSS	Node
AZ	Tucson	WD7F	146.94	110.9	1128
AZ	Tucson	K7IOU	224.74	136.5	1381
CA	Cypress	W6DXC	438.5		1101
CA	Los Angeles	K6JP	1200		1145
CA	La Puente	N6UME	438.6		1472
FL	Miami	KE4YUW	442.8	110.9	1156
FL	Lake Worth	W4YVM	444.25		1465
FL	Hialeah	AB4CB	443.525	82.5	1563
FL	Hialeah	WY4P	145150	110.9	1581
FL	Hialeah	N2GKG	145.37	110.9	1632
KS	Overland Park	KF0RS	147.55	151.4	1344
MN	Minneapolis	N0BVE	145.45		1427
NH	Salem	K1HRO	438.5		1340
NJ	Union City	KB2BQG	446.65	162.2	1576
NY	Depew	N2JPD	146.55	107.2	1627
NY	Bronx	KC2SEW	144.45	123	1661
TX	Caddo Mills	KE4TB	146.58	110.9	1656
VA	Chesapeake	N3GX	144.555	77	1564
WA	Spokane	K7HRT	445		1463

Advertising Contact Information

Advertising Department Staff
Debra Jahnke K1DAJ, *Sales Manager, Business Services*
Janet Rocco, W1JLR, *Account Executive*
Lisa Tardette, KB1MOI, *Account Executive*
Diane Szlachetka, KB1OKV, *Advertising Graphic Design*
Zoe Belliveau, W1ZOE, *Business Services Coordinator*

Call Toll Free: 800-243-7768
Direct Line: 860-594-0207   Fax: 860-594-4285
E-mail: ads@arrl.org   Web: www.arrl.org/ads

Advertising Deadline:
Contact the Advertising Department in early January 2013 for advertising placements in the 2013-2014 ARRL Repeater Directory.

If your company provides products or services of interest to ARRL Members, please contact the ARRL Advertising Department today for information on advertising in ARRL publications.

Please Note: All advertising in future editions of the ARRL Repeater Directory will be **Full Page** only.

Index of Advertisers

Advertiser	Page
Advanced Specialties	239
CheapHam.com	4
Colorado Connection	151
Colorado Repeater Association	149
Command Productions	9
Cushcraft	13
hamcity.com	3
Ham Radio Outlet	Cover 3
Ham Station	183
Hy-Gain	13
ICOM America	Cover 4
Long Island Mobile Amateur Radio Club	251
MFJ Enterprises, Inc.	11
Mirage	12
Radio Club of JHS 22 NYC	17
Sea Pac Ham Convention	325
Universal Radio	263
YAESU USA	Cover 2, 6, 7